Kolleg Politik und Wirtschaft

Wirtschaft NEU

Märkte, Akteure und Institutionen

Unterrichtswerk für die Oberstufe

bearbeitet von:
Andreas Hamm-Reinöhl
Stephan Podes
Hartwig Riedel
Jürgen Straub

C.C.BUCHNER

Kolleg Politik und Wirtschaft

Wirtschaft NEU
Märkte, Akteure und Institutionen

Bearbeitet von: Andreas Hamm-Reinöhl, Stephan Podes, Hartwig Riedel und Jürgen Straub

---

Zu diesem Lehrwerk sind erhältlich:
- Lehrermaterial auf **CD-ROM**, ISBN 978-3-7661-8881-6
- Lehrermaterial zum **Download (Einzellizenz)**, Bestell-Nr. 888101
- Lehrermaterial zum **Download (Kollegiumslizenz)**, Bestell-Nr. 888102

Weitere Materialien finden Sie unter www.ccbuchner.de.

Dieser Titel ist auch als digitale Ausgabe **click & study** unter www.ccbuchner.de erhältlich.

1. Auflage, 3. Druck 2019
Alle Drucke dieser Auflage sind, weil untereinander unverändert, nebeneinander benutzbar.

Dieses Werk folgt der reformierten Rechtschreibung und Zeichensetzung. Ausnahmen bilden Texte, bei denen künstlerische, philologische oder lizenzrechtliche Gründe einer Änderung entgegenstehen.

Die Mediencodes enthalten ausschließlich optionale Unterrichtsmaterialien. An keiner Stelle im Schülerbuch dürfen Eintragungen vorgenommen werden. Auf verschiedenen Seiten dieses Buches finden sich Verweise (Links) auf Internetadressen. Haftungshinweis: Trotz sorgfältiger inhaltlicher Kontrolle wird die Haftung für die Inhalte externer Seiten ausgeschlossen.

© 2017 C.C.Buchner Verlag, Bamberg
Das Werk und seine Teile sind urheberrechtlich geschützt. Jede Nutzung in anderen als den gesetzlich zugelassenen Fällen bedarf der vorherigen schriftlichen Einwilligung des Verlags. Das gilt insbesondere auch für Vervielfältigungen, Übersetzungen und Mikroverfilmungen. Hinweis zu § 52 a UrhG: Weder das Werk noch seine Teile dürfen ohne eine solche Einwilligung eingescannt und in ein Netzwerk eingestellt werden. Dies gilt auch für Intranets von Schulen und sonstigen Bildungseinrichtungen.

Redaktion: Simon Hameister
Layout und Satz: HOCHVIER GmbH & Co. KG, Bamberg
Umschlag: tiff.any GmbH, Berlin
Druck und Bindung: Firmengruppe Appl, aprinta Druck, Wemding

www.ccbuchner.de

ISBN 978-3-7661-8880-9

ZUR BENUTZUNG DER LEHR- UND ARBEITSBÜCHER

Unsere Oberstufenreihe **Kolleg Politik und Wirtschaft** geht in die nächste Generation. In den neu bearbeiteten Titeln tragen wir verstärkt der **Kompetenzorientierung** und den Anforderungen der **Binnendifferenzierung** Rechnung. Ziel der Bände bleibt es, den Schülerinnen und Schülern Anregungen zur selbstständigen Arbeit zu geben und den Unterrichtenden Hilfen für einen methoden- und handlungsorientierten Unterricht anzubieten.

Zum Aufbau der Kapitel
Der Kapitelaufbau folgt dem Doppelseiten- bzw. Vierseiten-Prinzip. Dieser Aufbau erleichtert die Strukturierung der Unterrichtsstunden.

Einführung	Jedes Kapitel beginnt mit einem Problemaufriss, einer Lernstandserhebung und der Formulierung der im Kapitelverlauf zu erwerbenden Kompetenzen.
Materialien	Die Materialienseiten sind multiperspektivisch angelegt und vertiefen zentrale Themenaspekte. Sie ermöglichen einen vielseitigen und kompetenzorientierten Unterricht. In den Randspalten werden zentrale Begriffe und wichtige Zusatzinformationen knapp erklärt, um eine genaue fachwissenschaftliche Verwendung zu erleichtern. Die Darstellung aktueller Kontroversen fördert die Urteilskompetenz der Schüler.
Erklärfilme	Erklärfilme (drei bis fünf Minuten) zu wichtigen Fach- und Grundbegriffen können auf der Verlagshomepage (www.ccbuchner.de) kosten- und werbefrei abgerufen werden. Mithilfe von Mediencodes können sie entweder direkt (Quick-Response-Code ↔ Smartphone) oder über die Eingabe des jeweiligen Mediencodes in das Suchfeld der Verlagshomepage bezogen werden.
Aufgaben	Jede Themeneinheit schließt mit Aufgaben ab, die gezielt auf die Probleme und Zusammenhänge vorangegangener Lernsequenzen eingehen. Angebote in der Randspalte zum Helfen (H) und Fordern (F) unterstützen die Binnendifferenzierung des Unterrichts, methodische Hinweise fördern die Handlungsorientierung.
Methoden	Methodenseiten nehmen für das jeweilige Thema zentrale Fach- und Unterrichtsmethoden und Arbeitsweisen auf und stärken so die Methodenkompetenz.
Zusammenfassungen	Orientierungswissen am Ende der Unterkapitel sichert das erworbene Wissen und ermöglicht eine Wiederholung zentraler Inhalte.
Kompetenzen anwenden	Kompetenzseiten runden die Kapitel ab und wenden die am Kapitelbeginn formulierten Kompetenzen mit komplexen Aufgabenstellungen an.
Selbstdiagnose	Zum Abschluss der Großkapitel findet sich jeweils eine Tabelle zur Selbstdiagnose. Diese hilft zu überprüfen, inwieweit die im Laufe des Kapitels zu erwerbenden Kompetenzen von den Schülerinnen und Schülern bereits beherrscht werden.

Das **Register** dient dem Auffinden zentraler Begriffe und ermöglicht Querverbindungen innerhalb der einzelnen Themengebiete.

Aufgrund der besseren Lesbarkeit wird im Folgenden darauf verzichtet, immer beide Geschlechter anzusprechen („Bürgerinnen und Bürger"...), auch wenn selbstverständlich beide gemeint sind.

INHALT

A Einführung in die Ökonomie – die Grundlagen ökonomischer Entscheidungen

1 Ökonomische Entscheidungen – Grundlagen und Folgen 8
1.1 Individuelle Entscheidungen in einer Welt der Knappheit 10
1.1.1 Wie werden Entscheidungen getroffen? 10
1.1.2 Individuelle Entscheidungen: ein universeller Erklärungsanspruch?! 14
   Methode: Experimente im Wirtschaftsunterricht – das Ultimatumspiel 18
1.1.3 Abschied vom Homo Oeconomicus? 19
1.2 Individuelle Entscheidungen und ihre Folgen: Nutzen und Kosten für die Gesellschaft 24

2 Der Marktmechanismus 32
2.1 Wie reagieren Nachfrage und Angebot auf Veränderungen auf dem Markt? ... 34
2.1.1 Welche Faktoren bestimmen die Nachfrage auf einem Markt? 34
2.1.2 Wie stark wirkt sich eine Preisänderung auf die Nachfrage aus? 38
2.1.3 Welche Faktoren bestimmen das Angebot auf einem Markt? 41
2.1.4 Wie wirken sich Preisänderungen auf unterschiedlichen Märkten aus? 43
2.2 Preisbildung auf Märkten 49
2.2.1 Wie bildet sich ein Preis auf dem Markt? 49
2.2.2 Ist der Markt ein effizientes und gerechtes Instrument zur Güterverteilung? ... 52
2.2.3 Warum schwanken Preise? 56
   *Methode: Visualisierung und Analyse von Zusammenhängen mit Hilfe
   von Kreislaufdiagrammen, Fließschemata und Wirkungsgefügen* 59
2.2.4 Märkte ohne vollständige Konkurrenz – was läuft schief? 64
2.2.5 Wie wirken sich staatliche Eingriffe auf Märkten aus? 69
   Methode: Arbeiten mit dem Preis-Mengen-Diagramm – Beispiel Kombilohn ... 71

B Politische und rechtliche Rahmenbedingungen ökonomischer Entscheidungen

3 Wirtschaftsordnungen 78
3.1 Wie reagieren die Menschen auf Anreize? 80
3.2 Wirtschaftsordnungen im Vergleich 82
3.2.1 Wie lassen sich Wirtschaftsordnungen analysieren? 82
3.2.2 Die freie Marktwirtschaft: Stärken und Schwächen 86
3.2.3 Die Planwirtschaft: Funktion und Grenzen 91
3.2.4 Die Marktwirtschaft – frei oder gelenkt? 94
3.3 Die Soziale Marktwirtschaft 98
3.3.1 Wie ist die Soziale Marktwirtschaft entstanden? 98
3.3.2 Welches sind die Grundzüge der Sozialen Marktwirtschaft? 102
3.3.3 Warum sind Monopole gefährlich?
   Das Wettbewerbsprinzip in der Sozialen Marktwirtschaft 104
3.3.4 Worin besteht das Soziale der Sozialen Marktwirtschaft? 108
3.3.5 Herausforderungen für die Soziale Marktwirtschaft 112

4 Die Soziale Marktwirtschaft: Korrekturen am Marktgeschehen 122
4.1 Einkommensentstehung und -verteilung 124
4.1.1 Woher kommt das Einkommen der Haushalte? 124
   *Methode: Umgang mit statistischem Material –
   Aspekte der Einkommens- und Vermögensverteilung in Deutschland* 126
4.1.2 Brauchen wir mehr Umverteilung der Einkommen? 132
4.2 Die Stellung des Verbrauchers auf dem Markt 141
4.2.1 Müssen die Verbraucher geschützt werden? 141
4.2.2 Wer schützt die Verbraucher? 144

4.2.3	Der Verbraucher hat Verantwortung, hat er auch Macht?	146
4.2.4	Konzeptionen der Verbraucherpolitik	150
4.3	**Markt und Umwelt**	**155**
4.3.1	Die Gefährdung der Erde als Ökosystem	155
4.3.2	Ökonomie versus Ökologie: Warum versagt der Markt beim Umweltschutz?	158
4.3.3	Marktwirtschaftliche Instrumente: Was kann man tun?	161

C Die Welt der Unternehmen

5 Die grundlegenden Entscheidungen bei der Unternehmensgründung … 170

5.1	Welche Eigenschaften zeichnen Unternehmer aus?	172
5.2	Der schwierige Weg zur Existenzgründung und ihre Bedeutung für Wirtschaft und Gesellschaft	178
5.3	Welche Rechtsform passt zu einem Unternehmen?	182
	Methode: Standortanalyse mit Hilfe einer Entscheidungsmatrix	188

6 Grundlegende Funktionen und Ziele des Unternehmens … 194

6.1	Wie produzieren Unternehmen?	196
6.2	Das Unternehmen im Spannungsfeld unterschiedlicher Interessen und Ziele	204
6.3	Fallstudie: der VW-Skandal	208

7 Die grundlegenden Entscheidungen bei der Unternehmensgründung … 216

7.1	Was ist Marketing?	218
7.2	Wie kann die Stellung eines Unternehmens im Markt bestimmt werden?	220
7.3	Marktforschung	226
7.4	Mit welcher (Marketing-)Strategie sollen Unternehmen ihre Ziele erreichen?	229
7.5	Instrumente der Marketingstrategie – der Marketing-Mix	234
7.6	Marketing-Controlling	238
7.7	Wo liegen die Grenzen des Marketings?	240

8 Unternehmerische Entscheidungen … 248

8.1	Investition und Finanzierung	250
8.2	Woher kommt das Geld?	253
8.3	Finanzierung von börsennotierten Aktiengesellschaften	256
8.4	Crowdinvesting	259
8.5	Darstellung des Unternehmens in der Bilanz	264
8.6	Die Gewinn- und Verlustrechnung	266

9 Der Mitarbeiter im Unternehmen … 272

9.1	**Die Arbeitswelt im Wandel**	**274**
9.1.1	Schafft die Wissensarbeit die Wissensarbeit ab?	274
9.1.2	Wem nützen die neuen Beschäftigungsformen?	278
9.1.3	Personalwirtschaft im Zeichen des Fachkräftemangels	280
9.1.4	Wie finden Unternehmen geeignete Mitarbeiter?	282
9.2	**Die Gestaltung der Arbeitsbedingungen**	**288**
9.2.1	Tarifautonomie und Tarifverträge – wie werden Konflikte ausgetragen?	288
9.2.2	Können Mitarbeiter im Betrieb mitentscheiden?	295
9.2.3	Mitbestimmung auf Unternehmensebene – Garant für sozialen Frieden oder Standortnachteil?	300

INHALT

D Wirtschaftspolitik

10 Wirtschaftspolitische Zielsetzungen, Konjunktur und Wirtschaftskreislauf 306

- **10.1 Wirtschaftspolitische Zielsetzungen** 308
  - 10.1.1 Wann soll der Staat eingreifen? 308
  - 10.1.2 Stetiges und angemessenes Wirtschaftswachstum: Wie viel und welches Wachstum brauchen wir? 313
  - 10.1.3 Hoher Beschäftigungsgrad: Alles gut auf dem Arbeitsmarkt? 317
  - 10.1.4 Stabiles Preisniveau: Gefühlt wird alles teurer? 321
  - 10.1.5 Warum sind außenwirtschaftliche Gleichgewichte ein Problem? 324
  - 10.1.6 Nachhaltige Entwicklung und gerechte Einkommensverteilung – gleichrangig mit den Zielen des magischen Vierecks? 327
- **10.2 Konjunktur** 335
  - 10.2.1 Die Konjunktur fährt Achterbahn – ist das normal? 335
  - 10.2.2 Wie entstehen konjunkturelle Schwankungen und was macht der Staat dagegen? 339
  - *Methode: Der Wirtschaftskreislauf – wie die Volkswirtschaft eines Landes in ihrer Gesamtheit dargestellt werden kann* 343

11 Der Arbeitsmarkt – Beschäftigungspolitik zwischen Angebot und Nachfrage 348

- **11.1 Beschäftigung: Strukturelle Ungleichgewichte auf dem Arbeitsmarkt?** 350
- **11.2 Was kann die Wirtschaftspolitik tun?** 359
  - 11.2.1 Mit Staatsnachfrage erfolgreich? 359
  - 11.2.2 Weist die Angebotstheorie den Weg? 362
- **11.3 Was soll die Wirtschaftspolitik tun?** 369
  - 11.3.1 Wirtschaftspolitische Maßnahmen und Beschäftigung 369
  - 11.3.2 Das Beispiel Mindestlohn 372
  - *Methode: Kontrovers politisch argumentieren – die Pro-Kontra-Debatte* 374
  - 11.3.3 Die Rolle der Tarifparteien 376

12 Finanzpolitik und Staatsverschuldung 384

- **12.1 Finanzpolitik** 386
  - 12.1.1 Was macht der Staat eigentlich mit unserem Geld? 386
  - 12.1.2 Gibt es eine gerechte Finanzpolitik? 390
- **12.2 Ursachen und Folgen der Staatsverschuldung** 398
  - 12.2.1 Warum verschuldet sich der Staat? 398
  - 12.2.2 Folgen einer hohen Staatsverschuldung 403
  - 12.2.3 Raus aus den Schulden – aber nur wie? 407

13 Strukturpolitik und Strukturwandel 414

- **13.1 Strukturwandel: Wohin entwickeln sich Wirtschaft und Arbeitswelt?** 416
  - 13.1.1 Mit welchen Veränderungen müssen wir rechnen? 416
  - 13.1.2 Industrie oder Dienstleistungen als Wachstumsmotoren der Zukunft? 418
  - 13.1.3 Wem nützt der Trend zur Sharing Economy? 420
- **13.2 Transformationsprozesse und die Rolle des Staates** 426
  - 13.2.1 Soll der Aufbau Ost weiterhin finanziert werden? 426
  - 13.2.2 Staatliche Strukturpolitik – Wie viel Staat verträgt die Marktwirtschaft? 430
  - *Methode: Ein wissenschaftliches Poster erstellen* 433
  - 13.2.3 Fallstudie: Subventionen auf dem Prüfstand – Sollen Elektroautos subventioniert werden? 434

E Globale Märkte und internationale Wirtschaft

14 Deutschland im globalen Wettbewerb 444

- **14.1 „Made in Germany" – Label ohne Wert?** 446
- **14.2 Was macht die besondere Stellung Deutschlands im globalen Handel aus?** 448

14.3	Wie attraktiv ist der Standort Deutschland?	450
14.4	Kontrovers diskutiert: Werden die deutschen Exporterfolge auf dem Rücken hoch verschuldeter Staaten ausgetragen?	454

15 Dimensionen des Globalisierungsprozesses ... 460

15.1	Lässt sich Globalisierung erklären und messen?	462
15.2	Welche Faktoren bestimmen den Globalisierungsprozess?	466
15.3	Internationale Arbeitsteilung und Handelsströme	468
15.4	Globalisierung und Nachhaltigkeit	470
	Methode: Die Auswertung komplexer Schaubilder	473
15.5	Wie erklärt die ökonomische Theorie internationale Arbeitsteilung?	475
15.6	Welche Rolle spielen internationale Unternehmen im Globalisierungsprozess?	481
15.7	Schaffen global player eine einheitliche Weltkultur?	483

16 Geld- und Währungspolitik ... 490

16.1	Die Rolle des Geldes und der Kapitalmärkte für die Volkswirtschaft	492
16.1.1	Die Rolle des Geldes und die Geldschöpfung	492
16.1.2	Welche Rolle spielen die Kredit- und Aktienmärkte?	499
16.1.3	Warum sind stabile Preise so wichtig?	504
16.1.4	Muss die EZB unabhängig sein, um stabile Preise zu sichern?	508
	Methode: Verfassen eines Kommentars	510
16.1.5	Welche geldpolitische Strategie verfolgt die EZB?	511
16.1.6	Die Geldpolitik der EZB in der Realität	514
16.2	Währungspolitik in der Europäischen Union	522
16.2.1	Freie oder flexible Wechselkurse?	522
16.2.2	Wie beeinflussen die Wechselkurse den Außenhandel?	525
16.2.3	Hat der Euro noch eine Zukunft?	529

17 Globale Finanzmärkte und Finanzmarktordnung ... 536

17.1	Krisenindikatoren und deren Zusammenhang	538
17.2	Von der Finanz- zur Weltwirtschaftskrise	541
17.3	Fehler im System – warum sind Finanzmärkte so krisenanfällig?	543
17.4	Können Finanzmärkte kontrolliert und reguliert werden?	546
17.5	Können die beschlossenen Maßnahmen zur Finanzmarktregulierung Finanzkrisen verhindern?	548
17.6	Weltfinanzordnung – lässt sich die weltweite Steuervermeidungspolitik von Unternehmen politisch kontrollieren?	551
	Methode: Die kategoriale Urteilsbildung – wie ist die Steuervermeidungspolitik großer Konzerne zu beurteilen?	555

18 Globalisierungsgewinner und -verlierer – Global Economic Governance ... 562

18.1	Wodurch ist die Weltwirtschaft gefährdet und wer kümmert sich darum?	564
18.2	Entwicklungsländer – Verlierer der Globalisierung?	569
18.3	Welthandelspolitik – die Rückkehr des Protektionismus	573
18.4	Multilaterale Handelsordnung unter dem Dach der WTO oder regionale Handelsabkommen?	575
18.5	TTIP – Soll die EU mit den USA ein Freihandelsabkommen schließen?	577

Anhang

Register	586
Bildnachweis	591

Zeichnung von Ed Arno

Ökonomische Entscheidungen – Grundlagen und Folgen

1

Die Ökonomie erforscht wirtschaftliche Zusammenhänge und Probleme. Zentrale Fragestellungen sind: Wie verhalten sich Wirtschaftsakteure in Entscheidungssituationen? Welche Ziele verfolgen sie, welche Mittel stehen ihnen zur Verfügung? Kernprinzip allen Wirtschaftens ist das Knappheitsprinzip. Die Bedingung der Knappheit erfordert ein Verhalten, das die vorhandenen Güter möglichst effizient einsetzt, um die menschlichen Bedürfnisse zu erfüllen. Der Mensch wird in dieser Perspektive zum Homo Oeconomicus, der darauf bedacht ist, nach dem Kosten-Nutzen-Prinzip seinen Nutzen zu maximieren. Zwangsläufig wird man verunsichert: Entspricht diese Annahme, der Mensch handle stets als Homo Oeconomicus, überhaupt der Wirklichkeit?

Und: Welche Konsequenzen ergeben sich aus dem Streben nach dem eigenen Vorteil für den Einzelnen und die Gesellschaft? Wirkt sich dieses Verhalten automatisch vorteilhaft für alle aus? So sah es der Begründer der klassischen Nationalökonomie, Adam Smith. Doch die vom Menschen verursachte Gefährdung der Umwelt und andere Phänomene zeigen: Das Streben nach dem eigenen Vorteil kann unter bestimmten Bedingungen auch negative Folgen für die gesamte Gesellschaft haben.

Was wissen und können Sie schon?

1. Offensichtlich haben Ökonomen nicht das beste Image in der Öffentlichkeit. Stellen Sie Überlegungen dazu an, woran das liegen könnte (Zeichnung S. 8).
2. Welche zentralen Inhalte Ihres bisherigen Unterrichts im Fach Wirtschaft haben Sie richtig gut verstanden? Beschreiben Sie die betreffenden Begriffe und Zusammenhänge und erläutern Sie diese an Beispielen.
3. Notieren Sie die Inhalte, die Sie bislang noch nicht verstanden haben, wenn Sie sich mit dem Thema Wirtschaft beschäftigt haben.
4. Welche Inhalte haben Sie besonders interessiert, und worüber möchten Sie noch mehr erfahren?

KOMPETENZEN

Am Ende dieses Kapitels sollten Sie Folgendes wissen und können:

Sie können das Problem der Knappheit und das Denken in Grenzkosten und Grenznutzen als Kernprinzipien allen Wirtschaftens erläutern.

Sie können unter gegebenen Entscheidungsmöglichkeiten die Opportunitätskosten identifizieren, die beste Alternative wählen und die Entscheidung begründen.

Sie können wirtschaftliche Entscheidungen, Handlungen und Dilemmasituationen mit den Kategorien der ökonomischen Verhaltenstheorie (v. a. Präferenzen, Restriktionen, Nutzen, Opportunitätskosten) analysieren.

Sie können die Reichweite der Annahmen und die Erklärungskraft des Homo Oeconomicus-Modells beurteilen.

1 Ökonomische Entscheidungen – Grundlagen und Folgen

1.1 Individuelle Entscheidungen in einer Welt der Knappheit

1.1.1 Wie werden Entscheidungen getroffen?

M 1 ● Wie soll man sich entscheiden?

Knappheit als Differenz zwischen Erwünschtem und Vorhandenem betrifft fast alle Lebensbereiche. Die Entscheidungssituation eines Schülers der 12. Klasse an einem Montagmorgen könnte wie folgt aussehen:

1./2. Stunde: Unterricht in Deutsch (hier wird ein Film angesehen und analysiert). Deutsch ist Lieblingsfach, vielleicht auch später Studienfach.

3./4. Stunde: Unterricht in Mathematik. Der Lehrer hält einen sehr anspruchsvollen, die volle Aufmerksamkeit verlangenden Unterricht.

5./6. Stunde: Klausur in Biologie. Versagen in der Klausur führt zu einem Punkteabzug im Abiturzeugnis.

Problem des Schülers: Er hat zu wenig für die Biologie-Klausur gelernt.

Wie soll er sich entscheiden?

Autorentext

M 2 ● Knappheit – Kernprinzip allen Wirtschaftens

Knappheit im umgangssprachlichen Sinn bedeutet, dass etwas nicht in ausreichender Menge zur Verfügung steht, um einen Bedarf zu decken. Ökonomisch formuliert herrscht Knappheit, wenn mit den vorhandenen Ressourcen nicht alle existenten Bedürfnisse befriedigt werden können. Bei Ressourcen handelt es sich um materielle und immaterielle Güter zu Produktions- und Konsumzwecken, aber auch um persönliche Fähigkeiten, Wissen und Zeit.

Nun ist Knappheit in individueller Perspektive immer mit dem Verzicht auf bestimmte Entscheidungsalternativen verbunden: Angenommen, man hat an einem Wochenende die Möglichkeit, ein Musikkonzert oder ein Theaterstück zu besuchen; die Ressourcen (Zeit, vielleicht auch das Geld) reichen aber nicht aus, beide Handlungsalternativen zu realisieren. Die Knappheitsbedingungen werden spürbar. Weitere Beispiele verdeutlichen, dass Knappheit allgegenwärtig ist: Der Autokauf von Herrn Frisch führt zugleich zu seinem finanziell bedingten (temporären) Urlaubsverzicht, die Software-Anschaffung der Firma CLIO bedeutet einen Verzicht auf Weiterentwicklung eines eigenen EDV-Systems, Frau Heines Heirat mit dem Bibliothekar zieht einen Verzicht auf die Heiratsanträge des vielsprechenden Nachwuchssängers sowie des Amateurboxers nach sich. Man kann davon sprechen, dass menschliches Leben unter der „Bedingung universaler Knappheit" [...] steht. [...]

Nun verursacht ein Individuum in sozialen Handlungszusammenhängen nicht nur Kosten bei sich selbst, sondern auch bei anderen Individuen: Jeder Nutzer eines knappen Guts (seien es Nahrungsmittel, Eintrittskarten oder heiratswillige Männer) entzieht dieses Gut einem anderen potenziellen Nutzer. Jener verursacht damit Knappheitsfolgen in Form ungestillter Bedürfnisse bei diesem. Diese Knappheitsfolgen, oder anders formuliert: Diese Knappheitspreise, also die nicht gestillten Bedürfnisse, die man bei der Nutzung eines Guts unbekannten Dritten aufbürdet, sind schwierig zu erfassen, da sie subjektiv und zudem äußerst wandelbar sind. Es bedarf also eines Informationssystems, welches

---

Bedürfnisse

Die Stufenleiter der Bedürfnisse wurde von dem amerikanischen Forscher Abraham Maslow (1908-1970) entwickelt. Er unterscheidet physiologische Grundbedürfnisse (Essen, Trinken), Sicherheitsbedürfnisse (Schutz vor Gefahren), Soziale Bedürfnisse (Anerkennung und Geborgenheit), Individualbedürfnisse (Geltung, Ansehen) und das Bedürfnis der Selbstverwirklichung (Individualität und Entfaltung). Die ersten drei Bedürfnisse nennt Maslow auch „Defizitbedürfnisse", da sie ein Gefühl des Mangels hervorrufen und negative Folgen wie z. B. Krankheit zu erwarten sind, wenn diese Bedürfnisse nicht ausreichend befriedigt werden. Wenn ein Bedürfnis erfüllt ist, tritt das nächst höhere an seine Stelle.

die Nutzer über die von ihnen verursachten Knappheitsfolgen informiert. Und es bedarf eines Koordinationssystems, welches die aus den Knappheitsfolgen resultierenden Interessenkonflikte koordiniert. Viele Interessenkonflikte speisen sich aus konfligierenden Ressourcenansprüchen. [...] Nutzer von Ressourcen entziehen anderen Individuen Nutzungsmöglichkeiten. Aus diesem Sachverhalt heraus entwickeln sich ubiquitäre Konfliktsituationen. Wie lassen sich solche Konfliktsituationen entschärfen bzw. koordinieren? [...] Eine gewisse antagonistische Beziehung zwischen individuellen Interessen bleibt unaufhebbar. Insofern kann es nur darum gehen, entgegenstehende Einzelinteressen durch kollektive Regelungen für Knappheitskonflikte zu koordinieren. Diese Regelungen sind äußerst mannigfaltig: Sie umfassen archaisch anmutende Verfahren zur interpersonellen Aufteilung knapper Ressourcen wie das Prinzip der Stärke oder das Windhundverfahren („Wer zuerst kommt, mahlt zuerst."). Weitere denkbare Koordinationsregeln sind das Losverfahren, die Bürokratie, politische Eliten und – preislich geregelte Märkte. Letztere gelten als besonders effiziente Koordinationsverfahren, da sie über tatsächlich herrschende Knappheit recht verlässliche Auskunft geben. Dies gilt aber nur unter der Voraussetzung, dass sich Markt- und Knappheitspreise entsprechen.

Gerd-Jan Krol/Jan Karpe/Andreas Zoerner, Die Stellung der Privaten Haushalte im Wirtschaftsgeschehen, Braunschweig 2005, S. 40 – 43

ubiquitär
überall verbreitet

M 3 ● Wie das Kosten-Nutzen-Prinzip unsere Entscheidungen beeinflusst

Weil die Menschen Zielkonflikten ausgesetzt sind, erfordern Entscheidungen einen Vergleich von Kosten und Nutzen alternativer Aktionen. In vielen Fällen sind die Kosten einer Aktivität jedoch nicht so offensichtlich, wie es zunächst erscheinen mag. [...] Die Opportunitätskosten einer Gütereinheit bestehen in dem, was man aufgibt, um die Einheit zu erlangen. Bei jedweder Entscheidung sollten sich die Entscheidungsträger der Opportunitätskosten bewusst sein, die jede mögliche Aktion begleiten. [...] Ökonomen gehen in der Regel davon aus, dass sich die Menschen rational verhalten. Rationale Menschen setzen unter den gegebenen Möglichkeiten systematisch und zielstrebig alle ihre Fähigkeiten und Fertigkeiten ein, um ihre Ziele zu erreichen. In der Volkswirtschaftslehre werden Sie Unternehmungen kennen lernen, die vor der Entscheidung stehen, wie viele Arbeitskräfte sie einstellen sollen und wie viel sie produzieren sollen, um ihren Gewinn zu maximieren. Sie werden Konsumenten begegnen, die versuchen, mit ihrem Einkommen unter Berücksichtigung der gegebenen Preise das Bündel an Gütern und Dienstleistungen zu kaufen, das ihnen den höchstmöglichen Nutzen verschafft. Rationale Menschen sind sich bewusst, dass die Entscheidungen im Leben nicht nur schwarz oder weiß sind, sondern gewöhnlich irgendwo dazwischen. Zum Abendbrot besteht die Entscheidung nicht darin, zu Fasten oder sich den Bauch vollzuschlagen, sondern darin, noch ein Stück Pizza mehr zu essen oder nicht. [...] Viele Entscheidungen im Leben richten sich darauf, bestehende Pläne in kleinen Schritten abzuwandeln. Nationalökonomen nennen dies marginale Veränderungen. Rationale Menschen treffen ihre Entscheidungen in der Regel dadurch, dass sie den marginalen Nutzen (Grenznutzen) und die marginalen Kosten (Grenzkosten) miteinander vergleichen. [...] Ein rationaler Entscheidungsträger entscheidet sich dann und nur dann für eine bestimmte Aktion, wenn der Grenznutzen der Aktion die Grenzkosten übersteigt.

N. Gregory Mankiw/Mark P. Taylor, Grundzüge der Volkswirtschaftslehre, 5. Aufl., Stuttgart 2012, S. 6 f. (übers. v. Adolf Wagner und Marco Herrmann)

Opportunitätskosten
vgl. S. 13

M 4 ● Was wir uns leisten können

Für Christiane, Heike, Jens und Xaver beträgt das monatliche Budget für Bier und Kinobesuch 120 Euro. Damit könnten sie pro Monat maximal 40 Gläser Bier in der Kneipe trinken oder aber 20-mal ins Kino gehen. Natürlich könnten sie auch beides kombinieren. Die für sie bei einem gegebenen Einkommen möglichen Konsum-Kombinationen werden durch eine sogenannte *Budgetgerade* abgebildet:

120 Euro = 3 Euro · Bier + 6 Euro · Kino

[Folgendes] Schaubild stellt diese Gerade dar:

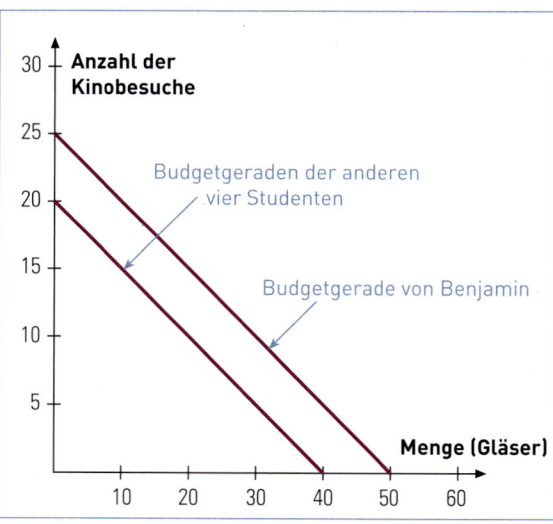

In allgemeiner Form lautet diese Budgetgerade:

$$y = p_1 x_1 + p_2 x_2$$

Dabei ist y das verfügbare Einkommen, p_1 ist der Preis von Gut 1, x_1 ist die Menge von Gut 1, p_2 ist der Preis von Gut 2 und x_2 ist die Menge von Gut 2.

Löst man die Gleichung nach x_2 auf, erhält man:

$$x_2 = \frac{y}{p_2} - \frac{p_1 x_1}{p_2}$$

Die Steigung der Budgetgeraden wird also vom Verhältnis der Preise der beiden Güter bestimmt, der y-Achsenabschnitt vom Einkommen und dem Preis des auf der y-Achse abgebildeten Gutes x_2. Durch ein höheres Einkommen verschiebt sich die Budgetgerade nach oben, bei einer Veränderung des Verhältnisses der Güterpreise dreht sie sich. Wird z. B. Gut x_2 billiger, dreht sie sich nach oben.

Alle Kombinationen von Kinobesuch und Bier, die auf der Budgetgeraden liegen, können von den Studenten realisiert werden. Kombinationen, die darüber liegen, sind nicht zu bezahlen und damit auch nicht zu verwirklichen. Die Gerade wird deshalb auch als Budgetrestriktion bezeichnet. Von der Möglichkeit, sich bei anderen Studenten zu verschulden oder das Konto zu überziehen, wird in der Haushaltstheorie abgesehen. Kombinationen, die unterhalb dieser Linie liegen, sind nicht effizient, da die vorhandenen Konsummöglichkeiten nicht voll ausgeschöpft werden. Natürlich könnte man dann das verbleibende Geld sparen, aber auch diese Option wird in der einfachen Mikrotheorie nicht berücksichtigt.
[Benjamin hat reiche Eltern und deshalb 150 Euro für Bier und Kino zur Verfügung.] Die Budgetgerade von Benjamin lautet:

150 Euro = 3 Euro · Bier + 6 Euro · Kino

Wie das Schaubild verdeutlicht, liegt sie rechts von den Budgetgeraden der vier anderen Studenten. Benjamin kann sich also mehr Bier und mehr Kinobesuche leisten. Nachdem sich die Studenten ihre Budgetgerade aufgestellt haben, wissen sie immerhin, was sie sich leisten können.

Peter Bofinger, Grundzüge der Volkswirtschaftslehre, 3., aktualisierte Aufl., München 2011, S. 83 f.

M 5 ● Die Folgen der Knappheit: Opportunitätskosten

Greifen wir zu einem Beispiel. Ich kenne einen Professor, der auf der Tastatur wahre Wunder vollbringt und genauso schnell tippt wie sein Sekretär. Sollte er deshalb seinen Mitarbeiter entlassen und all seine Arbeiten und Briefe selbst tippen? Auf keinen Fall! Es liegt ganz in seinem Interesse, seine extrem gut bezahlten Arbeitsstunden und seine Energie auf die eigenen Studien zu verwenden und seinem Sekretär, der einen geringeren Stundenlohn hat, das Tippen zu überlassen. Warum? Weil das Tippen – und sei es auch auf einem noch so leistungsfähigen Computer – für unseren Professor höhere Kosten mit sich bringt. Man spricht von den sogenannten Opportunitätskosten, die in unserem Fall dadurch entstehen, dass der Professor seine Zeit damit verbringt, die eigenen Manuskripte abzutippen, anstatt viele wichtige, brillante Artikel und Bücher zu schreiben (eine Arbeit, die nur eine hoch qualifizierte und folglich teure Kraft leisten kann). Selbst wenn er noch schneller tippen könnte als sein Sekretär (dem gegenüber er dann einen „absoluten Kostenvorteil" besäße), sollte er sich trotzdem besser auf seine eigentlichen Aufgaben, Lehre und Forschung, spezialisieren. Denn hier ist sein absoluter Kostenvorteil ihm gegenüber natürlich noch viel größer (was man zumindest hoffen sollte ...).

André Fourcans, Die Welt der Wirtschaft, 4. Aufl., Frankfurt/New York 1998, S. 108 f. (übers. v. Sabine Schwenk)

Aufgaben

1. a) Diskutieren Sie, welche Ressourcen im Beispiel knapp sind (M 1).
   b) Stellen Sie in der Gruppe Handlungsmöglichkeiten des Schülers zusammen. Wie soll sich der Schüler entscheiden? Begründen Sie Ihre Entscheidung mit Hilfe einer Gegenüberstellung der jeweiligen Kosten und des jeweiligen Nutzens (M 1).
   c) Arbeiten Sie heraus, welche Folgen die Knappheit allgemein hat und welche Koordinationssysteme zur Lösung der daraus resultierenden Interessenkonflikte denkbar sind (M 2).

2. Arbeiten Sie Kosten und Nutzen eines zusätzlichen Jahres an der Universität heraus (M 3).

3. Betrachten Sie das Schaubild in M 4. Für das Verständnis des Marktgeschehens ist es nun interessant zu sehen, wie sich die Situation für die Studenten verändert, wenn Bier teurer wird. Angenommen, der Preis für einen Bier steigt von 3 € auf 4 €: Zeichnen Sie die veränderten Budgetgeraden bei unverändertem Budget ein. Vergleichen Sie die Situation vor und nach der Preiserhöhung.

4. a) Erläutern Sie den Begriff „Opportunitätskosten" (M 5).
   b) Nennen Sie mögliche Opportunitätskosten folgender Entscheidungen:
      – Sie gehen abends ins Kino.
      – Sie machen eine Ausbildung.
      – Sie gehen eine feste Beziehung ein.

1.1.2 Individuelle Entscheidungen: ein universeller Erklärungsanspruch?!

M 6 ● Worum es in der Ökonomie wirklich geht

Hanno Beck (* 1966), Wirtschaftspublizist und Professor für Volkswirtschaftslehre an der Hochschule Pforzheim

Ich behaupte, dass jeder Mensch ein Ökonom ist und nahezu immer ökonomisch denkt, auch wenn ihm das oft nicht bewusst ist. [...] Ökonomie bedeutet einfach, aus dem Leben, aus seinem Leben, das Beste zu machen. Findet sich irgendjemand, dem dieses Ziel völlig fremd wäre? Wir alle stehen täglich, ja fast stündlich vor Entscheidungen, deren Inhalt es ist, das Beste aus dem Leben zu machen: Soll ich noch eine Stunde im Bett liegen bleiben oder joggen gehen? Soll ich Kaffee oder Tee trinken? [...] Jetzt werden Sie wahrscheinlich fragen, was denn die Frage nach Schlafen oder Joggen mit Ökonomie zu tun hat oder warum die Entscheidung für oder gegen Kaffee einen Wirtschaftswissenschaftler erfordert. [...] Ökonomie ist ein Abwägen und ein Kalkulieren, und am Ende dieses Prozesses steht eine (hoffentlich) gut begründete nutzenmehrende Entscheidung. [...] Um was es den Ökonomen eigentlich geht, ist die Maximierung von Nutzen – eben das Beste aus dem Leben machen. Dass wir uns dabei oft des Geldes als Maßstab bedienen, liegt daran, dass wir uns auf diese Maßeinheit für den Nutzen geeinigt haben, was uns den Vergleich von Nutzensituationen erleichtert. Wichtiger ist aber: Nicht das Geld, sondern der Nutzen der Menschen ist unsere Zielgröße. Geld ist nur ein Weg unter vielen, diesen Nutzen zu messen. Was bedeutet das für die obigen Beispiele? Ganz einfach, wenn Sie morgens im Bett liegen und sich fragen, ob Sie liegen bleiben oder joggen gehen sollen, so wägen Sie ab, [...] Sie kalkulieren, welche der beiden Alternativen Ihren Nutzen maximiert – eine ganz simple Handlung, die wir täglich, ja stündlich begehen, ein ganz und gar ökonomisches Kalkül. [...] Bei allem was wir tun, wägen wir Pro und Kontra, Für und Wider, Kosten und Nutzen gegeneinander ab, und nur in den seltensten Fällen messen wir Pro und Kontra dann in Euro und Cent. Natürlich werden Sie jetzt einwenden, dass Sie nicht alle Entscheidungen unter der Maßgabe treffen, Ihren Nutzen zu maximieren, beispielsweise wenn Sie an eine karitative Organisation spenden. [...] Aber bitte fragen Sie sich doch einmal, wie Sie sich fühlen, wenn Sie etwas gespendet haben – doch meistens recht gut – oder? Das wäre ein Hinweis darauf, dass Ihre Spende auch Ihnen einen gewissen Nutzen erbringt. [...] Aus dieser Überlegung heraus ergibt sich eine zweite Definition von Ökonomie: Ökonomie bedeutet, dass Menschen auf Anreize reagieren. Viel kompakter kann man unser Verhaltensmodell nicht an den Mann oder die Frau bringen: Menschen reagieren auf Anreize. Wer diesen Satz inhaliert, hat das komplette Rüstzeug zum Ökonomen. Die Idee, dass Menschen auf Anreize reagieren, rührt ja unmittelbar aus der Überlegung, dass Menschen ihren Nutzen maximieren wollen: Ich hadere mit mir, ob ich im Bett bleiben oder joggen gehen soll. Wenn ich weiß, dass es mir nach dem Joggen besser geht und ich den Tag gelassener beginne, werde ich doch aufstehen. Ein Anreiz (die Aussicht auf Wohlbefinden) beeinflusst unmittelbarer mein Verhalten (ich stehe doch auf). Ich schwanke zwischen Tee und Kaffee? Wenn ich weiß, dass ich nicht mehr schlafen kann, wenn ich nach 22 Uhr literweise Kaffee trinke, werde ich den Kamillentee bevorzugen. Der Anreiz (Aussicht auf eine ruhige Nacht) bewirkt eine Reaktion (den Griff zum Tee). Wohin Sie auch blicken, Sie werden immer wieder feststellen, dass Sie gefangen sind in diesem Schema zwischen dem Streben nach Nutzen und den damit verbundenen Anreizen.

Hanno Beck, Der Alltagsökonom, 2. Auflage, Frankfurt am Main 2006, S. 19 ff.

M 7 ● Zentrale Elemente der ökonomischen Verhaltenstheorie

1. Die ökonomische Verhaltenstheorie trifft Aussagen über Entscheidungen und Handlungen von Individuen. Dabei [...] bietet sie Mustererklärungen an, die für sich in Anspruch nehmen, für große Gesamtheiten das übliche Verhalten vieler Menschen [...] zu erklären. So mag es immer auch beobachtbare Fälle/Situationen geben, in denen einzelne Menschen sich anders entscheiden bzw. anders handeln als von der Theorie für die Mehrheit prognostiziert.

2. Die ökonomische Verhaltenstheorie erklärt Entscheidungen und Handlungen von Menschen aus einem Zusammenspiel von (individuellen) Präferenzen – das sind Wünsche, Ziele, Werte usw. – und überindividuellen Rahmenbedingungen, den Handlungsrestriktionen, die dem individuellen Handeln zunächst entzogen bleiben. Nicht jedes Ziel kann (sofort) erreicht werden. Restriktionen begrenzen den Handlungsraum von Individuen. Nicht immer reicht das Einkommen, um der Tochter den Wunsch nach einem Pferd zu erfüllen [...] Individuelle Ziele werden [...] „unter Nebenbedingungen" verfolgt [...].

3. Wie wählen Menschen nun aus vielen möglichen Optionen ihre Handlungen aus? Die ökonomische Verhaltenstheorie unterstellt, dass Menschen dies nicht immer wieder willkürlich, sondern nach einem bestimmten Muster tun: Sie entscheiden sich rational unter den Möglichkeiten, die ihnen ins Blickfeld geraten, i. d. R. systematisch für die für sie vorteilhafteste Alternative. Aber Achtung: Dies bedeutet nicht, dass die gewählte Handlungsoption objektiv die beste ist: Schon die Lebensweisheit „Hinterher ist man immer schlauer!" zeigt, dass man sich auch trotz (vermeintlich) guter Argumente falsch entscheiden kann. Es kommt also auf die wahrgenommenen (entdeckten) Möglichkeiten und deren Bewertungen durch die Individuen an. Unter diesen wird dann diejenige verfolgt, die die kostengünstigste Erreichung des Ziels verspricht. Dabei bezieht sich „Kosten" nicht nur auf monetär messbare Größen wie Ausgaben, Verlust usw. (und demzufolge Nutzen nicht nur auf Gewinn, Einkommen, Güter usw.), vielmehr unterstellt die ökonomische Verhaltenstheorie auch die Einbeziehung immaterieller Größen wie Prestige, Zeit, Macht, Status usw. in die individuelle Nutzenabwägung.

4. Nun haben in der ökonomischen Verhaltenstheorie die beiden Erklärungsvariablen – Präferenzen und Restriktionen – einen unterschiedlichen Rang: Wenn auch beide Faktoren das Handeln beeinflussen, so erklärt die ökonomische Verhaltenstheorie das Verhalten der Menschen mit den Anreizen, denen diese ausgesetzt sind, und somit auch Verhaltensveränderungen zunächst nicht mit einer Veränderung der Präferenzen, sondern mit Veränderungen der Restriktionen bzw. der (äußeren) Handlungsanreize. Warum? Theorien sollten zwar so komplex wie nötig, aber auch so einfach wie möglich sein. So ist der Ansatz, Handlungsergebnisse von den Rahmenbedingungen des Handelns her zu erklären, vor allem ein methodischer Kniff: Rahmenbedingungen (und vor allem deren Veränderungen) lassen sich viel leichter ermitteln und beobachten als individuelle Präferenzen. Werden Ökonomen um Empfehlungen gebeten, wie bestimmte Missstände zu entschärfen sind, so raten sie ebenfalls zu Veränderungen der Handlungsbedingungen, da diese i. d. R. leichter und sicherer zu bewerkstelligen sind als die Beeinflussung unzähliger individueller Einstellungen.

5. Daher untersucht die ökonomische Verhaltenstheorie eher Situationen als Personen: Deren Ziele werden als mittelfristig konstant angesehen. Was dann das Handeln beeinflusst und Handlungsveränderungen hervorruft, sind die (Veränderungen der) Rahmenbedingungen bzw. Anreize in der jeweiligen Handlungssituation.

6. Wenn sich die ökonomische Verhaltenstheorie auf individuelle Entscheidungen und Handlungen bezieht, welchen Beitrag kann sie dann zur Erklärung gesellschaftlicher Phänomene, zum Verhalten von Gruppen, von Kol-

lektiven leisten? Der Ansatz der ökonomischen Verhaltenstheorie führt kollektives Verhalten bzw. dessen Auswirkungen (bspw. Umweltbelastungen) stets auf das Verhalten/die Handlungen von Individuen zurück. Parteien, Gewerkschaften, Verbände usw. entscheiden und handeln nicht wie eine Person, sondern Stellungnahmen und das Verhalten dieser Gruppen ergeben sich aus dem Zusammenspiel des Verhaltens ihrer einzelnen Mitglieder. Diese wiederum, so unterstellt die ökonomische Verhaltenstheorie, folgen auch innerhalb ihrer Verbände rational ihren jeweils eigenen Interessen.

Andreas Zoerner, Unterricht Wirtschaft, Heft 22, 2/2005, S. 27

Grundannahmen des ökonomischen Verhaltensmodells
Der einzelne Mensch ist Handlungseinheit

1. Methodologischer Individualismus

Achtung: Dies heißt nicht, den Menschen als isoliertes Wesen, sondern sein Verhalten im Zusammenhang mit anderen Menschen und Institutionen zu behandeln.

2. Anreize bestimmen menschliches Verhalten

Individuen reagieren in systematischer und vorhersagbarer Weise, wenn ihnen Handlungsmöglichkeiten positiv/negativ erscheinen.

3. Anreize werden durch Präferenzen hervorgerufen

Es erfolgt eine strikte Trennung zwischen Präferenzen und Einschränkungen (Restriktionen). Die Handlungsmöglichkeiten des Individuums werden auf beobachtbare Änderungen der Einschränkungen zurückgeführt (z. B. durch beobachtbare Restriktionen, in Form von relativen Preisen, Kosten von Gütern und Handlungen (Zeitkosten).

4. Individuen sind auf ihren Vorteil bedacht (Eigennutzorientierung)

Eigennutz kann unter wechselseitigen Umweltbedingungen unterschiedliche Formen annehmen (z. B. Familie, Freunde, Stammkunden, anonyme Umgebung).

5. Handlungsmöglichkeiten werden durch Einschränkungen beeinflusst und durch Institutionen vermittelt

Einschränkungen sind z. B.:
- verfügbares Einkommen, inkl. Vermögen und Kreditmöglichkeiten
- relative Preise (d. h. im Vergleich zu alternativen Gütern und Handlungen)
- Zeit für Konsum und Handlungen
- Rechtsnormen (bei Verletzung entstehen Kosten in Form von Bußen, Gefängnis o. Ä.)

Institut für ökonomische Bildung, Oldenburg

M 8 ● Ob Gary Becker die Flirt- und Dating-App Tinder geliebt hätte?

Der amerikanische Nobelpreisträger war verheiratet, und wahrscheinlich hätte seine Ehefrau nicht sonderlich viel Sympathie dafür gehabt, dass sich ihr Mann auf dem Smartphone fremde Frauen ansieht. Becker, der vor einem Jahr verstorben ist, hätte ihr dann wahrscheinlich erklärt, dass er Tinder aus rein wissenschaftlichem Interesse nutzt – und das kleine, noch recht junge Handyprogramm den Markt für Liebe und Verabredungen ein ganzes Stück effizienter macht. Ganz klar, Becker hätte Tinder geliebt.

Tinder? Markt für Liebe? Beides ist erklärungsbedürftig. Tinder ist die erfolgreichste von mehreren Anbandelungs-Apps, die in den vergangenen Jahren und Monaten auf den Markt gekommen sind und sich schnell verbreitet haben. Millionen Menschen in Deutschland und auf der ganzen Welt nutzen Tinder & Co. Die Programme funktionieren alle nach demselben Prinzip: Flirtwillige Nutzer basteln Profile mit Bildern und einigen persönlichen Informationen. Auf dem Handybildschirm werden ihnen dann potentielle Partner präsentiert, deren Bilder sie im Sekundentakt nach rechts (ja, ich will) oder links (besser nicht) wischen können. Signalisieren beide Nutzer Interesse, kann der Flirt beginnen und eine reale Verabredung vereinbart werden.

Das revolutioniert den Markt für Liebe, den Gary Becker in seinem 1976 erschienenen Buch „Der ökonomische Ansatz zur Erklärung menschlichen Verhaltens" skizziert hat. Der Forscher aus Chicago war überzeugt, unseren Alltag mit dem Modell des Homo Oeconomicus, dem streng rationalen Nutzenmaximierer, erklären zu können: die Berufswahl, die Diskriminierung und eben auch die Partnerwahl und Familienplanung. Demnach heiraten wir nur dann und setzen nur dann Kinder in die Welt, wenn unser Nutzen daraus größer ist als die Kosten, etwa für Windeln und entgangene Freiheit. Das klingt furchtbar unromantisch. Lässt man sich aber einen Augenblick auf den Gedanken ein, dass selbst in diesem allzu menschlichen Bereich die Prinzipien des Marktes gelten könnten, wird schnell klar, warum man Tinder für eine riesige Effizienzmaschine halten kann: Mit den Worten eines Sonntagsökonomen gesprochen, reduzieren die Flirt-Apps die Transaktionskosten auf dem Liebesmarkt, sie ermöglichen eine bessere Partnerallokation und steigern das Wohlfahrtsniveau.

Transaktionskosten entstehen praktisch immer, wenn Güter – hier Zärtlichkeiten und Liebe – ausgetauscht werden. Es gibt sie, weil Anbieter und Nachfrager erst zueinanderfinden, verhandeln und unter Umständen einen Vertrag abschließen müssen. Sind die Kosten zu hoch, kommt kein Geschäft zustande, der Markt versagt. Im Fall des Flirtens sah das in der tinderlosen Welt so aus: Singles mussten sich erst von der Couch erheben und sich an einen Ort mit potentiellen Partnern begeben (Marktzugangsbarriere). Gelang es ihnen, ins Gespräch zu kommen, mussten mühsam die Präferenzen erkundet werden. Ist der Flirtpartner auf eine Affäre oder eine feste Beziehung aus? Ist sie oder er überhaupt auf dem Markt? Und findet das Objekt der Begierde meine breiten Schultern überhaupt attraktiv?

Tinder & Co. reduzieren diese Kosten drastisch. „Tinder hat mir erlaubt, den Markt wieder zu betreten", schreibt ein Ökonom in einem amerikanischen Fachforum. Die meisten Apps gibt es umsonst oder für wenige Euro, damit sind die Fixkosten gering. Ist die App einmal installiert, kann sich der Nutzer durch Hunderte fremde Profile klicken. Das erhöht im Vergleich zur realen Welt nicht nur die Auswahl und damit die Trefferwahrscheinlichkeit, auch die Grenzkosten für jede weitere Flirtgelegenheit sinken quasi auf null. Da die Tinder-Nutzer mit ihren Interessen, Absichten und Vorlieben nicht hinter dem Berg halten, sind die Präferenzen offenbart, Tinder sorgt also für (fast) vollkommene Informationen auf einem (fast) vollkommenen Markt. Das ist ein Zustand, von dem Männer wie Gary Becker geträumt haben. [...]

Wer nun glaubt, die neuen Apps liefern die Garantie zum Verlieben, muss allerdings enttäuscht werden. 100 Matches, 8 Telefonnummern, 4 Verabredungen – kein Sex, fasst ein Nutzer in einem amerikanischen Ökonomenforum seine Tinder-Erfahrung zusammen. „Technologie wird deine fundamentalen Probleme nicht lösen", sagt ein anderer.

Johannes Pennekamp, Frankfurter Allgemeine Sonntagszeitung, 26.4.2015

Gary Stanley Becker (1930 – 2014), US-amerikanischer Ökonom, erhielt 1992 „für seine Ausdehnung der mikroökonomischen Theorie auf einen weiten Bereich menschlichen Verhaltens und menschlicher Zusammenarbeit" den Alfred-Nobel-Gedächtnispreis für Wirtschaftswissenschaften.

Aufgaben

1. Erklären Sie weitere ökonomische Alltagssituationen mit Hilfe des Modells der Nutzenmaximierung (M 6, M 8).
2. Beurteilen Sie den Ansatz, auch alle anderen menschlichen Entscheidungssituationen mit Hilfe ökonomischer Kategorien zu erklären (M 6, M 8).
3. Nehmen Sie Stellung zu dem Vorwurf, die ökonomische Verhaltenstheorie würde sich ausgiebig mit den Restriktionen, aber kaum mit den Präferenzen der Akteure beschäftigen (M 7).

Experimente im Wirtschaftsunterricht – das Ultimatumspiel

Spielanleitung für die Spielleitung

Jede/r Schüler/in nimmt zuerst die Rolle von Spieler A ein und entscheidet sich laut Aufgabenblatt für eine von elf festgelegten Verteilungen von 1.000 (fiktiven) Euro. In der zweiten Runde findet er/sie sich in der Rolle von B und entscheidet, welchen der elf Verteilungen er/sie zustimmen würde beziehungsweise welche er/sie ablehnen würde. Das Ergebnis lässt sich nach dem Muster der Abbildung darstellen und analysieren.

Muster für eine Auswertung (bei einer Gruppe von 14 Spielern)

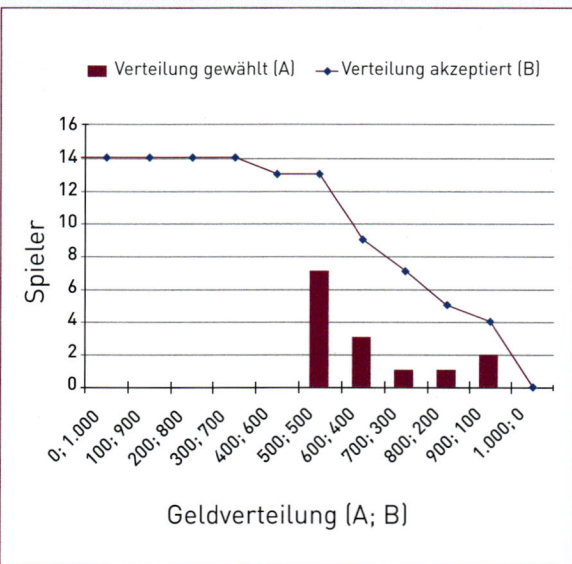

Rollenkarte Spieler A

Spielbeschreibung

Ein Betrag von 1.000 (fiktiven) Euro soll unter zwei Personen aufgeteilt werden. Spieler A muss Spieler B ein Angebot machen, wie viel letzterer erhalten soll. Spieler B kann dem Angebot zustimmen oder es ablehnen. Wenn Spieler B zustimmt, wird das Geld dem Vorschlag gemäß aufgeteilt. Lehnt er jedoch ab, so gehen beide leer aus.
Die Regeln sind sehr streng: Beide Personen dürfen nicht miteinander kommunizieren, sodass Feilschen unmöglich ist. Spieler A stellt B ein Ultimatum. Die Summe verschwindet, wenn sie nicht beim ersten Versuch aufgeteilt wird, und das Spiel ist nicht wiederholbar.

Aufgabe

Sie sind in der Rolle von Spieler A: Entscheiden Sie sich für eine der folgenden elf Verteilungen (die Auszahlung an Spieler A ist zuerst genannt): 1.000:0 / 900:100 / 800:200 / 700:300 / 600:400 / 500:500 / 400:600 / 300:700 / 200:800 / 100:900 / 0:1.000

Aufgabe

Spielen Sie das Ultimatumspiel in Variationen und überprüfen Sie die jeweiligen Ergebnisse. Zwei mögliche Variationen sind:

a) Mehrere Spieler werben um die Gunst eines einzigen Partners (d. h. eines Monopolisten).

b) Die Spieler befinden sich nicht nacheinander in der Rolle A und B, sondern werden auf die Rollen A und B aufgeteilt: erstens zufällig, zweitens entscheidet ein Geschicklichkeitsspiel über die Aufteilung. Der Gewinner hat die Rolle von Spieler A. Ist der Verlierer eher bereit, niedrigere Angebote zu akzeptieren, oder rächt er sich?

Rollenkarte Spieler B

Spielbeschreibung

Ein Betrag von 1.000 (fiktiven) Euro soll unter zwei Personen aufgeteilt werden. Spieler A muss Spieler B ein Angebot machen, wie viel letzterer erhalten soll. Spieler B kann dem Angebot zustimmen oder es ablehnen. Wenn Spieler B zustimmt, wird das Geld dem Vorschlag gemäß aufgeteilt. Lehnt er jedoch ab, so gehen beide leer aus.
Die Regeln sind sehr streng: Beide Personen dürfen nicht miteinander kommunizieren, sodass Feilschen unmöglich ist. Spieler A stellt B ein Ultimatum. Die Summe verschwindet, wenn sie nicht beim ersten Versuch aufgeteilt wird, und das Spiel ist nicht wiederholbar.

Aufgabe

Sie sind in der Rolle von Spieler B: Entscheiden Sie sich, welchen der folgenden elf Verteilungen (die Auszahlung an Spieler A ist zuerst genannt) Sie zustimmen würden: 1.000:0 / 900:100 / 800:200 / 700:300 / 600:400 / 500:500 / 400:600 / 300:700 / 200:800 / 100:900 / 0:1.000

1.1.3 Abschied vom Homo Oeconomicus?

M 9 ● „Wir sind keine kalten Nutzenmaximierer"

FAZ: Herr Sutter, Sie beschäftigen sich als Wirtschaftswissenschaftler mit der Frage, wie wir Entscheidungen treffen. Warum?

Professor Sutter: Die Wirtschaft ist doch nichts anderes als ein System, das bestimmt wird von den täglichen Entscheidungen von Milliarden von Menschen. Alle diese Menschen lassen sich dabei in ihren Entscheidungen von unterschiedlichsten Anreizen beeinflussen, wie wir Ökonomen das nennen. Dies können natürlich die Preise von bestimmten Gütern sein: Ist beispielsweise ein neues Auto gerade besonders billig, entschließe ich mich eher zum Kauf. Aber auch ganz andere Umstände spielen bei unseren Entscheidungen eine Rolle: zum Beispiel, wie man selbst im Vergleich zu jemand anderem dasteht. Oder ob wir ein bestimmtes Verhalten als fair betrachten oder nicht.

Da hat die Universität Studenten jahrzehntelang etwas anderes beigebracht: Wir entscheiden stets so, dass wir unseren Nutzen maximieren, hieß es immer.

Ja, der klassische Ansatz hat in der Tat so funktioniert und dabei häufig Nutzen mit irgendeiner Form von Auszahlung gleichgesetzt. Weil sich damit wunderbar rechnen lässt. Aber dieser Ansatz hält der Realität nicht stand: Er geht nämlich davon aus, dass wir in Sekundenbruchteilen alle unsere unterschiedlichen Optionen wahrnehmen, sie bewerten und dann die beste auswählen. Doch wer kennt schon alle Optionen? Dies ist bereits bei einer vermeintlich simplen Entscheidung wie der Wahl eines neuen Stromanbieters nahezu unmöglich – weil es einfach so unglaublich viele Anbieter gibt.

Gibt es weitere Einschränkungen?

Aber ja. Selbst viele der uns bekannten Optionen sind mit großen Unsicherheiten verbunden. Nehmen Sie nur die Studienwahl: Wer weiß denn schon, was beispielsweise dabei herauskommt, wenn man Volkswirtschaftslehre, Altphilologie oder Theologie studiert? Uns fehlt ebenjene vollständige Information, von der viele klassische Ökonomen ganz selbstverständlich ausgehen. Nun würden diese zwar einwenden: Es genügt doch, die Wahrscheinlichkeit zu kennen, mit der ein bestimmtes Ereignis eintritt. Aber nur weil Joachim Gauck es als Pastor ins Bundespräsidentenamt geschafft hat, lässt sich daraus doch nicht ableiten, dass dies nun einem bestimmten Prozentsatz aller Theologie-Studenten gelingen wird.

Bei aller Kritik: Dass Menschen stets das Beste für sich herausholen wollen, würden Sie aber nicht bezweifeln, oder?

Dazu haben wir unlängst ein wirklich faszinierendes Experiment mit Taxifahrern gemacht. Es fand in Athen statt – einer Stadt, in der Taxifahrer normalerweise mehrere Stunden auf den nächsten Fahrgast warten müssen. Das heißt: Jeder Taxifahrer hat einen hohen Anreiz, aus jeder Fahrt das Maximum herauszuholen. Aber genau das ist verblüffenderweise nicht geschehen. Die Mehrheit der Menschen handelt, so das Ergebnis unserer Forschung, viel fairer als angenommen – sie nutzt einen Informationsvorsprung viel seltener aus als gedacht.

Wie haben Sie das festgestellt?

Unsere Testpersonen haben sich ein Taxi genommen und dann jeweils unterschiedliche Situationen durchgespielt: Einmal haben sie nur das Fahrtziel genannt. Ein anderes Mal haben sie den Fahrer zusätzlich darüber informiert, dass sie fremd in der Stadt seien. Und beim dritten Mal haben sie außerdem schon beim Einsteigen um eine Quittung am Ende der Fahrt gebeten – was ja nichts anderes bedeutet, als dass ihr Arbeitgeber die Fahrt zahlen wird. Nun war es in der Tat so, dass mehr Fahrer kleine Umwege eingebaut haben, wenn sie

Matthias Sutter (* 1968), österreichischer Volkswirt, forscht als Professor für Verhaltensökonomie an der Universität Köln auf dem Feld der experimentellen Wirtschaftsforschung und Verhaltensökonomik. Er sagt, dass die Mehrheit der Menschen viel fairer als angenommen handelt.

hörten, dass der Gast fremd sei. Und ein paar haben zusätzlich Gebühren erfunden, als sie wussten, dass ihr Gast die Rechnung gar nicht selbst bezahlen muss. Das wirklich Erstaunliche an unserem Experiment aber war: Fast 70 Prozent der Fahrer sind all diesen Versuchungen nicht erlegen. Wir sind also keine kaltherzigen, egoistischen Nutzenmaximierer, sondern haben einen Sinn für Fairness.

Was macht Sie so sicher, dass dies nicht nur für Taxifahrer, sondern im gesamten Berufsleben gilt?

Auch dazu haben wir Versuche angestellt: Stellen Sie sich vor, wir beide haben jeder zehn Euro auf der Hand. Davon kann jeder von uns so viel auf den Tisch legen, wie er möchte – der Betrag wird dann um 50 Prozent erhöht und darauf zu gleichen Teilen an uns beide verteilt. Wenn jeder alles setzt, hat am Ende also jeder 15 Euro statt zehn Euro: Das ist gewissermaßen ein Sinnbild dafür, dass sich durch Zusammenarbeit ein höherer Wert schaffen lässt. Das Risiko besteht nun darin, dass man selbst alles setzt und der andere nichts -, dann hat der andere 17,50 Euro, und einem selbst bleiben nur 7,50 Euro. Diese Gefahr ist durchaus gegeben, da sich die Personen in unseren Versuchen vorher nicht kennen. Trotzdem ist das Ergebnis erstaunlich: Mehr als 50 Prozent der Menschen wählen die Kooperation. Und zwar ohne zu wissen, ob dies von der Gegenseite honoriert wird.

Mit Verlaub: Was hat eine solch künstlich geschaffene Situation denn mit dem echten Berufsleben zu tun?

Die Bereitschaft zur konditionalen Kooperation, wie wir das in der Fachsprache nennen, zeigt sich nicht nur im Experiment, sondern lässt sich meiner festen Überzeugung nach genauso im Berufsleben beobachten. Auch da sind die Menschen grundsätzlich gewillt zu kooperieren, wenn – und das ist das spannende Resultat unserer Forschung - sie davon ausgehen können, dass die anderen dies auch tun. Im Büroalltag heißt das: Wenn wir morgens ins Büro kommen und es sieht so aus, als seien alle schwer beschäftigt, hat dies einen interessanten Effekt auf die meisten von uns.

Welchen?

Wir wollen dann mitmachen, mitarbeiten, uns jedenfalls nicht verweigern. Und dazu reicht es eben aus, dass wir glauben, alle anderen würden viel arbeiten. Jedem Unternehmen, das Erfolg haben will, muss also daran gelegen sein, eine solche Grundstimmung im Büro zu erzeugen.

Matthias Sutter, Frankfurter Allgemeine Sonntagszeitung, 22.2.2015; das Gespräch führte Dennis Kremer

M 10 ● So schlau wie das Trompetentierchen

Das blaue Trompetentierchen (Stentor Coeroleus), so darf man vermuten, ist ein eher schlichter Geselle, es hat beinahe nichts, was man als Gehirn oder Nervensystem identifizieren könnte. Dennoch ist das Verhalten dieses Tierchens bemerkenswert rational: Stellt man es vor die Wahl zwischen billigem und teuren Futter, wobei der Preis des Futters sich über die Mühe bestimmt, welche das Tier aufwenden muss, um an das Futter zu gelangen, so achtet es auf den Preis des Futters. Ist sein bevorzugtes Futter teuer, gibt es sich mit dem billigen, zweitklassigen Futter zufrieden, wird das bevorzugte Menü billiger, so spuckt es das bereits verzehrte zweitklassige Futter aus und wendet sich der günstiger gewordenen Lieblingsspeise zu. Ähnliche Versuche haben Ökonomen und Biologen mit vielen Tieren – Tauben, Ratten, Schlangen – angestellt, mit stets ähnlichen Ergebnissen: Tiere verhalten sich, wenn es um Futter geht, bemerkenswert rational, als hätten sie die Einführung in die VWL gelesen, speziell das Kapitel „Konsumentenverhalten".

Während Forscher also bei Tieren Hinweise auf rationales Verhalten suchen, dreht sich die Debatte bei Menschen eher darum, dass sie irrational sind – die Annahme des Homo Oeconomicus gerät vor allem in der Presse immer mehr unter Beschuss. Diese publizistische Kritik am Homo Oeconomicus leidet oft an einem falschen Wissenschaftsverständnis – ohne Kunstgriffe wie den Homo Oeconomicus ist keine Wissenschaft, keine Modellbildung möglich. So funktioniert Wissenschaft: Man macht vereinfachende Annahmen, eliminiert Umwelteinflüsse, beispielsweise durch die Schaffung von Laborbedingungen, und entwickelt auf der Basis dieser Annahmen ein Modell. Dieses Modell erklärt dann einen Ausschnitt aus der Realität, gerade deswegen, weil es die Realität reduziert. Kein Modell hat den Anspruch die gesamte Welt erklären zu können – das wäre die Landkarte im Maßstab 1:1. Der Homo Oeconomicus ist nicht das Weltbild der Ökonomen, er ist ihr Versuch, gedankliche Laborbedingungen herzustellen, unter denen man neue Erkenntnisse über die Welt gewinnt. Wer diese Annahme wegen ihrer Realitätsferne kritisiert, verfehlt den entscheidenden wissenschaftstheoretischen Punkt diese Modells, er müsste dann auch Physiker dafür kritisieren, dass sie Versuche im Vakuum vornehmen statt unter normalen Bedingungen.

Hanno Beck, Behavioral Economics, Wiesbaden 2014, S. 6 f.

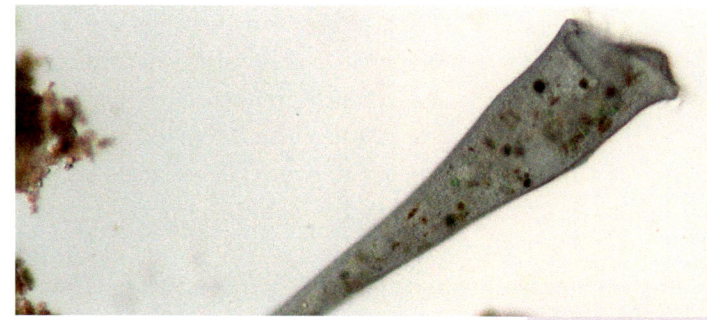

Exemplar eines Trompetentierchens (Stentor Coeruleus); diese werden max. 2 mm lang

M 11 ● Modellprinzipien in der Ökonomie und Psychologie

Traditionelle Ökonomie	Behavioral Economics
Erwartungsnutzentheorie	Prospect Theory
Menschen maximieren ihren Nutzen gemäß des erwarteten Nutzens	Menschen haben Angst vor Verlusten, bewerten Eintrittswahrscheinlichkeiten unterschiedlich und orientieren sich an Referenzwerten
Exponentielles Diskontieren	Hyperbolisches Diskontieren
Zukünftiger Nutzen wird abgezinst; der Zeitpunkt der Diskontierung spielt keine Rolle, Menschen verhalten sich konsistent: wer einmal einen Entschluss gefasst hat (mit dem Rauchen aufzuhören), tut dies auch	Zukünftiger Nutzen ist zeitpunktabhängig; Menschen erliegen Versuchungen, sie beschließen, morgen mit dem Rauchen aufzuhören, tun es dann aber nicht
Eigennutzmaximierung	Sozialer Nutzen
Menschen denken nur an ihren eigenen Nutzen	Menschen achten auch auf das Wohlergehen anderer Menschen, legen Wert auf Fairness

Hanno Beck, Behavioral Economics, Wiesbaden 2014, S. 22

Aufgaben

1. Arbeiten Sie im Detail heraus, welche Einschränkungen des Modells vom Homo Oeconomicus M 9 und M 10 zum Ausdruck bringen. Entwerfen Sie anschließend ein übersichtliches Tafelbild, in dem Grundannahmen und Einschränkungen des Modells deutlich werden.

2. Ökonomen sind mit ihrer Idee vom „Homo Oeconomicus" nicht lebensfremd. Begründen Sie diese These (M 9, M 10).

ORIENTIERUNGSWISSEN

Welt der Knappheit
M 2, M 4

Die „Welt der Ökonomen" ist von wenigen grundlegenden Prinzipien bestimmt. Das Knappheitsprinzip ist das Kernprinzip allen Wirtschaftens. Während die Bedürfnisse und Wünsche tendenziell grenzenlos sind, sind die verfügbaren Ressourcen begrenzt. Von einem Gut mehr zu haben, bedeutet in der Regel, von einem anderen Gut weniger zu haben. Dabei muss sich Knappheit nicht nur auf materielle Ressourcen beziehen. Andere Beispiele sind Zeit und Wissen.

Kosten-Nutzen-Prinzip
M 3

In wirtschaftlichen Entscheidungssituationen werden Kosten und Nutzen gegeneinander abgewogen (Handeln nach dem Kosten-Nutzen-Prinzip). Gewählt wird die Alternative, die einen zusätzlichen Nutzen verspricht, der höher ist als die zusätzlichen Kosten.

Opportunitätskosten
M 5

Knappheit erzeugt Kosten: Die Wahl einer Alternative bedingt, dass die zweitbeste Alternative nicht genutzt werden kann. Die dadurch entstehenden Kosten bezeichnet man als Opportunitätskosten. Sie entsprechen dem Nutzen, der einem dadurch entgeht, dass man die alternative Aktivität nicht ausführen kann.

Ökonomische Verhaltenstheorie – der Homo Oeconomicus
M 6, M 7

Im Zentrum der ökonomischen Verhaltenstheorie steht das Modell des Homo Oeconomicus als idealtypisches Menschenbild: Die Menschen handeln rational, sie maximieren ihren Nutzen.
Dieses Verhaltensmodell des perfekten Nutzenmaximierers hat seit jeher Kritik auf sich gezogen. Es liegen Beobachtungen vor, die zeigen: Wirtschaftssubjekte handeln auch nicht-rational und sind nicht nur an der Maximierung des materiellen Eigennutzes interessiert, sondern besitzen auch soziale Präferenzen (Ziele).

Der Homo Oeconomicus auf dem Prüfstand
M 9
Das Ultimatumspiel
Methode

Mit Hilfe verhaltensökonomischer Experimente versucht man deshalb, die Grundannahmen des Homo Oeconomicus-Modells genauer zu überprüfen. Als besonders aufschlussreich haben sich sogenannte Verteilungsspiele erwiesen. Zu dieser Kategorie gehört das Ultimatumspiel. Dieses und andere Experimente zeigen, dass die Theorie vom Homo Oeconomicus das Verhalten der Menschen in Verteilungsfragen nicht korrekt vorhersagen kann: Die Menschen akzeptieren Verteilungen nicht, die sie als ungerecht oder unfair empfinden; und das, obwohl sie streng materiell betrachtet besser gestellt wären als zuvor. Normen wie Fairness, aber auch Gefühle wie Neid spielen hier eine Rolle.

Folgen für die Theoriebildung
M 10

Man wird sich trotz dieser Erkenntnisse nicht ohne weiteres vom Homo Oeconomicus verabschieden. Als theoretische Vereinfachung hat dieses Modell mit seiner Annahme von einem selbstinteressierten, vorteilsorientierten menschlichen Verhalten unter Knappheitsbedingungen gute Dienste geleistet. Und man sollte ein Modell erst dann ersetzen, wenn es durch eines abgelöst werden kann, das sich besser bewährt hat. Ein solches ist aber nicht in Sicht. Somit bleiben die Grundannahmen des Homo Oeconomicus-Modells nach wie vor sinnvoll: Wirtschaftliches Handeln ist knappheitsbedingt und nutzenorientiert.

Taxi, Taxi!

Hinter alltäglichen Rätseln steckt bisweilen mehr, als man auf den ersten Blick vermutet, auch hinter einer Beobachtung, die eher anekdotischer Natur ist: Warum ist es so schwer, an regnerischen Tagen ein Taxi zu bekommen? [...]
[Das] haben Ökonomen und Psychologen vor knapp 20 Jahren behauptet. Erklärt haben sie das mit den Vorlieben der Taxifahrer: Die Taxifahrer wollen nicht ihr Einkommen maximieren, sondern sie haben ein Einkommensziel im Kopf. Wenn sie das während ihrer Schicht erreichen, stellen sie den Dienst ein und gehen nach Hause. Das würde das Taxi-Regen-Rätsel lösen: Bei Regen verdienen Taxifahrer ihr Geld rascher, weswegen sie ihr Einkommensziel früher erreichen und dann nach Hause gehen und ihre Kunden im Regen stehen lassen.

Spätestens seit 1997, als prominente Ökonomen und Psychologen für New Yorker Taxifahrer genau dieses Verhalten nachgewiesen haben wollen, gilt diese Idee in der Literatur als gesetzt: Taxifahrer haben ein festes Einkommensziel im Kopf. Und wir bekommen deswegen kein Taxi, wenn es regnet.

Hanno Beck, Frankfurter Allgemeine Sonntagszeitung, 16.11.2014

Aufgabe

Setzen Sie sich mit dem dargestellten Befund und seiner Bedeutung für die ökonomische Modellbildung auseinander.

1.2 Individuelle Entscheidungen und ihre Folgen: Nutzen und Kosten für die Gesellschaft

M 1 ● Das Gemeinwohl als „Nebenwirkung" individueller Nutzenmaximierung

Die unsichtbare Hand

Und [der Mensch] wird wie von einer unsichtbaren Hand geleitet, um einen Zweck zu fördern, den zu erfüllen er in keiner Weise beabsichtigt hat. [...] [J]a gerade dadurch, dass er das eigene Interesse verfolgt, fördert er häufig das der Gesellschaft nachhaltiger, als wenn er wirklich beabsichtigt, es zu tun.
Adam Smith (1723-1790), Der Wohlstand der Nationen, München 1974 (engl. Original: 1776), S. 371 (übers. v. Horst Claus Recktenwald)

Arbeit kostet den Menschen Zeit und auch Energie. Die meisten denken wohl mit Sympathie an das Märchen vom Schlaraffenland, wo Milch und Honig fließen und den Menschen die gebratenen Tauben in den Mund fliegen, wo also eine Befriedigung der materiellen Bedürfnisse ohne jede Anstrengung vollzogen werden kann. Und sie wären sehr froh, wenn sie mehr freie Zeit und mehr Geld hätten. Daher haben wir ein Interesse daran, mit möglichst wenig Arbeit möglichst viel Geld zu verdienen. Wir sind Egoisten. Damit sind die wichtigsten Elemente des Menschenbildes der Marktwirtschaft schon beschrieben. Denn wie jedes System baut die Marktwirtschaft auf bestimmten Annahmen und Erkenntnisse auf.
Die Ausgangspunkte der Marktwirtschaft sind:
1. Der Mensch hat Bedürfnisse und muss sie befriedigen.
2. Der Mensch ist ein soziales Wesen, er lebt und agiert in einer Gesellschaft.
3. Der Mensch ist egoistisch, sein Bestreben ist wesentlich darauf ausgerichtet, dass es ihm selbst gut geht.

Der menschliche Egoismus hat viele religiöse, politische und philosophische Führer und Denker herausgefordert, die durch alle möglichen Appelle und Überlegungen versucht haben, den Menschen von seinem Egoismus und Materialismus zu „heilen". Zu einer nachhaltigen Verhaltensänderung hat das zumindest bei der Mehrheit der Menschen jedoch nicht geführt. Die Stärke der Marktwirtschaft (oder ihr Realismus?) liegt darin, dass sie nicht versucht, den menschlichen Egoismus auszumerzen, sondern ihn in Betracht zieht und ausnutzt. Egoismus ist eigentlich asozial, denn er bedeutet schließlich, dass jeder nur an sich denkt. Aber andererseits kann der egoistische Mensch sein Bedürfnis nur mit anderen befriedigen. Wenn der Mensch mit geringem Aufwand gut leben will, braucht er andere, die ihm das ermöglichen. [...]
Antrieb des ökonomischen Handels ist das Interesse, Gewinn zu erzielen. Dieser Gewinn lässt sich aber nur realisieren, wenn ein Marktteilnehmer auch für andere gewinnbringend ist. Nur wenn er Produkte anbietet, die anderen ein Bedürfnis in der erwarteten Qualität und zu einem akzeptablen Preis befriedigen, kann er seinen Vorteil sichern. [...] Die Marktwirtschaft geht also vom menschlichen Egoismus aus, nutzt ihn jedoch zur Sicherung des Gemeinwohls.

Eckart Stratenschulte, Wirtschaft in Deutschland, Bonn 2006, S. 20 f.

M 2 ● Die unsichtbare Hand des Marktes – eine Win-win-Situation

Das Schöne an unserem einfachen Beispiel für den Aktienmarkt ist, dass wir daraus bereits sehr wichtige Einsichten in den Marktprozess gewinnen können. Der Markt ermöglicht Handel und sorgt dafür, dass sich Käufer und Verkäufer besser stellen können als in einer Situation ohne einen Markt. Nehmen wir an, es werden Aktien der HyperTec AG zum Kurs von 123 € gehandelt. Schauen wir dazu einen Verkäufer an, der eine Verkaufsorder zum Kurs von 120 € abgegeben hat. Da er die Aktie bei einem Kurs von 119 € noch behalten hätte, bringt er damit zum Ausdruck, dass er einer Aktie der HyperTec AG einen Wert von maximal 119 € beimisst. Da er die Aktie zu einem Kurs von 123 verkaufen kann, erzielt er einen Handelsgewinn von 4 €. Mit umgekehrtem Vorzeichen gilt das auch für einen Käufer. Wer eine Kauforder für 126 € abgibt, bringt damit zum Ausdruck, dass er der Aktie einen Wert von mindestens 126 € beimisst. Wenn er die Aktie dann zu 123 € erhält, erzielt er einen Handelsvorteil von 3 €.

Entscheidend für Marktprozesse ist daher, dass Käufer und Verkäufer den Wert eines Gutes unterschiedlich einschätzen. [...] Dies ist darauf zurückzuführen, dass Anleger in der Regel ganz unterschiedliche Einschätzungen darüber haben, wie sich die Geschäftslage eines Unternehmens entwickeln wird. Ganz allgemein gibt es daher in der Volkswirtschaftslehre (wie auch in der Betriebswirtschaftslehre) keinen objektiven Wertbegriff. [...] Der Wert eines Gutes oder einer Aktie wird immer durch die individuelle Situation eines Anbieters oder eines Nachfragers bestimmt. [...] Im Fall einer Aktie wie der HyperTec AG ist die höhere Wertschätzung der Nachfrager, die mit ihren Orders zum Zuge gekommen sind, darauf zurückzuführen, dass sie die Entwicklung des Unternehmens deutlich optimistischer einschätzen als diejenigen Anbieter, die ihre Aktien verkaufen wollten und es auch konnten.

Nach: Peter Bofinger, Grundzüge der Volkswirtschaftslehre, 3. Aufl., München 2011, S. 18

M 3 ● Dilemma-Situationen – von wegen Win-win

Dieses Spiel verdankt seinen Namen der folgenden Anekdote: Zwei isoliert voneinander inhaftierten Gefangenen legt der Staatsanwalt jeweils ein minder schweres und ein schweres Verbrechen zur Last. Ersteres kann er beweisen, für den Nachweis des letzteren benötigt er das Geständnis mindestens eines Gefangenen. Er bietet nun jedem Gefangenen eine Kronzeugenregelung an. Gesteht Gefangener A und schweigt Gefangener B, so wird A als Kronzeuge freigelassen und B zu zehn Jahren Gefängnis verurteilt. Ein entsprechendes Angebot ergeht an B. Gestehen beide Gefangenen, so wird das Geständnis strafmildernd bewertet: Sowohl für A als auch B lautet das Urteil auf fünf Jahre. Schweigen aber beide, so können sie nur für das minder schwere Verbrechen zu einem Jahr Gefängnis verurteilt werden (siehe Abbildung S. 26).

Versetzen wir uns in dem symmetrischen Entscheidungskonflikt in die Lage des Gefangenen A. Schweigt mein Mitgefangener B – so räsoniert A –, dann ist es besser zu gestehen (Freispruch anstelle von einem Jahr Gefängnis). Gesteht dagegen B, so ist „gestehen" gleichfalls günstiger („nur" 5 anstelle von 10 Jahren). Ergo werde ich (A) gestehen. Was A recht ist, ist B billig. Folgen beide dieser Logik, werden sowohl A als auch B gestehen. Das Resultat ist fünf Jahre Gefängnis, obwohl wechselseitige Kooperation („schweigen") zu einem wesentlich günstigeren Ergebnis von je einem Jahr Haft verholfen hätte. Ohne vertragliche Abmachung (oder eine gehörige Portion Vertrauen) ist die Kooperationslösung jedoch nicht realisierbar.

Die erste Zahl in jeder der vier Zellen ist die Höhe der Strafe für Gefangenen A, die zweite Zahl bezeichnet das Strafmaß für Gefangenen B. Sind beide Gefangenen kooperativ, d. h. schweigen beide, dann beträgt ihre Strafe jeweils nur ein Jahr. Jeder der beiden Gefangenen hat aber einen Anreiz zu gestehen, sei es, um als Kronzeuge zu profitieren (aggressives Motiv) oder aber, um der Höchststrafe mit Sicherheit zu entgehen (defensives Motiv). Folgen beide der individuell-rationalen Strategie „gestehen", dann ist das Resultat für A und B fünf Jahre Haft. Hätten sie dagegen beide geschwiegen, wären sie mit einem Jahr wesentlich besser davon gekommen. Das Dilemma besteht darin, dass die individuell rationalen Strategien zu einem kollektiv

Gefangenendilemma

Bezeichnung für eine Situation aus der Spieltheorie, in der individuell rationales Verhalten der einzelnen Gruppenmitglieder zu einem für die Gruppe nicht Pareto-optimalem (niemand kann besser gestellt werden, ohne dass ein anderer schlechter gestellt wird) Ergebnis führt.
Helge Peukert, http://wirtschaftslexikon.gabler.de (19.4.2016)

unerwünschten (suboptimalen) Resultat führen.

Weshalb ist das Gefangenendilemma von so großer Bedeutung in den Sozialwissenschaften und – nebenbei bemerkt – auch in einer Naturwissenschaft wie der Biologie? Das Modell, abstrahieren wir einmal von der Anekdote, illustriert den Grundkonflikt zwischen rationalen, eigeninteressierten Handlungen und den für alle Betroffenen „irrationalen" Konsequenzen. Anwendungsbeispiele sind das Problem sozialer Ordnung in Thomas Hobbes „Leviathan", der Rüstungswettlauf im Kalten Krieg (Aufrüstung ist hier „gestehen", Abrüstung „schweigen"), Situationen von Konflikt und Symbiose in der Biologie, das Problem der Erzeugung kollektiver Güter in der Ökonomie, die Nutzung knapper Ressourcen in der Ökologie u. a. m. Während die Theorie von Adam Smith die Harmonie der rationalen Verfolgung von Eigeninteressen mit der allgemeinen Wohlfahrt in den Mittelpunkt rückt, bildet das Modell des Gefangenendilemmas einen Gegenpol. Es beschreibt diejenigen Konfliktsituationen, in denen keine „invisible hand" existiert, welche individuell-rationale Entscheidungen und kollektive Vernunft zur Deckung bringt.

Anmerkung: Die „Auszahlungen" stehen hier für die Anzahl der Haftjahre.

Zwei-Personen-Gefangenendilemma

		Gefangener B	
		Schweigen	Gestehen
Gefangener A	Schweigen (≈ Kooperation)	1;1	10;0
	Gestehen (≈ Nichtkooperation)	0;10	5;5

Andreas Diekmann, Empirische Sozialforschung, 9. Aufl. 2014, S. 205 f.

M 4 ● Was die Kuh des einen Bauern frisst, fehlt der anderen

Schaffner
hier: Gutsverwalter

Für den Bauern Jakob Marti war die Welt noch in Ordnung. Was auch immer geschah: Jeden Morgen trieb er seine Kühe auf die Weide, jeden Abend brachte er sie zurück in den Stall.

Weit musste Bauer Marti nicht laufen, denn sein Hof grenzte unmittelbar an die große Weide, auf der auch seine Nachbarn ihr Vieh grasen ließen. Und wenn der Jakob Marti einmal Holz brauchte für seinen Ofen, dann ging er einfach in den Wald und fällte welches. Das machten sie damals alle so in Dürrenroth im Bezirk Trachselwald im Schweizer Kanton Bern. Und genau das war das Problem.

Denn nicht nur der Jakob Marti und seine Freunde, die Alteingesessenen, durften Wald und Weide benutzen, sondern auch die Neuzugezogenen – und die wurden immer mehr. Eng war es plötzlich auf der Weide und licht im Wald. Streit brach aus zwischen den Dorfbewohnern, die ihre Kühe nicht mehr satt bekamen. Der zuständige Schaffner Samuel Glasner musste einschreiten. Und das Ergebnis war, dass jeder Bauer seine eigene Wiese einzäunen durfte und von nun an jeder Herr über die eigenen Grashalme war. Im Jahr 1596 war das gewesen. Während der folgenden dreihundert Jahre folgten viele Dörfer diesem Beispiel. Die Gemeinde-Äcker wurden aufgelöst, sie galten als altmodisch, angestaubt und deshalb abwrackreif.

Schon der griechische Philosoph Aristoteles hatte beobachtet, dass „dem Gut, das der größten Zahl gemeinsam ist, die geringste Fürsorge zuteil wird". Zu Deutsch: Wenn etwas allen gehört, dann gehört's niemandem. Dann muss sich auch niemand kümmern oder einschränken. Eigentum verpflichtet,

Gemeintum eben nicht – Hauptsache, die eigenen Kühe werden satt. Man nennt das „die Tragödie des Gemeindeackers".

Dummerweise sieht die Wirklichkeit heute ganz anders aus. Die Alpen sind weder von einem schwarz-weiß muhenden Millionenheer kahlgefressen, noch glaubt jemand, dass das droht. Mehr noch: Auch die Gemeinschaftswiesen sind nicht verschwunden!

Im Gegenteil: Die Gemeindealm lebt. Jedes Jahr im Herbst treiben die Bauern in vielen Alpengegenden ihr Vieh von der Alm ins Dorf hinunter. Sie schmücken ihre Kühe aufwendig. Aus jeder Bauernfamilie muss einer mit, wenn keiner Zeit hat, ist sogar ein Obolus fällig. Anschließend begießen sie den Almabtrieb mit ausreichend Bier im Dorfgasthaus zu zünftiger Musik.

Was denn nun? Funktionieren Gemeinschaftsgüter jetzt doch, obwohl sie eigentlich gar nicht sein dürften? Eine Politikwissenschaftlerin namens Elinor Ostrom wollte das genau wissen und verließ den Elfenbeinturm, um überall auf der Welt anzuschauen, wie die Menschen im Kleinen verwalteten, was allen gehört und wofür per Gesetz niemand im Besonderen zuständig ist. Jahrzehntelang war Olstrom unterwegs, schrieb alles auf und stellte fest: Der Gemeinde-Acker funktioniert unter bestimmten Bedingungen sehr gut – gerade auch auf der Alm in den Bergen.

„Wir haben seit vielen Jahren eine solche Gemeinschaftsalm", sagt der Bauer Johann Mangold aus dem kleinen Eschenlohe bei Garmisch, unweit der Zugspitze. „Und es funktioniert gut." Mehr als 200 Kühe treiben die Bauern von Eschenlohe jedes Jahr auf die „unverteilten Gemeindegründe", wie die Wiesen hoch droben in den Bergen offiziell heißen. Sie gehören der Gemeinde. Die Bauern haben nur ein gemeinschaftliches „Weiderecht". Wie es sich für ein ordentliches bayerisches Dorf gehört, ist das Ganze institutionalisiert: Schon 1912 haben die Bauern von Eschenlohe einen Verein gegründet, in dem abgesprochen wird, wer wie viele Kühe hochtreiben darf, damit die Alm nicht überweidet wird. Streit gibt es zwar manchmal, wird aber rasch beigelegt. „Der Streit liegt im Bier", sagt Mangold. Bis jetzt habe man sich noch immer einigen können.

Sogar einen Hirten haben die Bauern eingestellt. Der lebt mit seiner Familie im Sommer oben auf der Alm und sorgt dafür, dass alles in Schuss bleibt und keine Tiere abstürzen. Bezahlt wird er von allen Bauern gemeinsam. Probleme, dass das Gras irgendwann weggefressen ist, haben die Bauern von Eschenlohe nicht. „Kein Bauer schickt da übertrieben viele Rinder auf die Weide", sagt Mangold. „Das macht man nicht." Die Größe der Herde ist seit Jahren etwa gleich geblieben.

Das mit dem Gemeinde-Acker klappt also doch. Menschen können ihn, und zwar egal ob's eine Wiese, ein Waldstück oder ein Fluss ist, auch so behandeln, dass er erhalten bleibt. Bestimmte Regeln sind dafür fast immer wichtig, ganz gleich, ob sie aufgeschrieben oder weitergesagt worden sind. Größe zahlt sich hier nicht aus, denn nur wenn jeder jeden kennt, droht Fieslingen, dass sie niemand mag – was oft stärker wirkt als ein komplizierter Gesetzestext.

Offenbar sind die Menschen (oder wenigstens die klugen Alpenbauern) weniger egoistisch, als man denkt. Sie hegen und pflegen ihr Gemeingut, ohne dass es dafür den Staat braucht. „Ein einziges Lösungsprinzip für alle Probleme existiert aber nicht", sagt der Sankt Gallener Wirtschaftswissen-

In den Alpen lassen viele Bauern ihre Kühe im Sommer auf Gemeinschaftswiesen („Allmende") hoch in den Bergen weiden.

Obolus
Gebühr, Spende

schaftler Martin Kolmar. Die einen machen es so, die anderen anders.

Und die einen sind erfolgreich, die anderen nicht. Nicht nur auf der Alm. Der amerikanische Evolutionsbiologe Jared Diamond hat gezeigt, warum ganze Gesellschaften untergegangen sind, während andere lange bleiben. Sein Ergebnis: Die „verschwundenen", etwa die Bewohner der Osterinseln, haben zumeist ihren Gemeinde-Acker übernutzt. Die Osterinsulaner fällten ihre Bäume zu schnell – und hatten am Ende kein Holz mehr, um Kanus zu bauen oder Öfen zu befeuern.

Sogar für die allergrößten Herausforderungen der Menschheit wie etwa die Kohlendioxidverschmutzung der Atmosphäre oder die Überfischung der Ozeane [...] taugt dieses lokale und dezentrale Wissen. Denn wenn jeder so viel CO_2 emittiert, wie er will, dann gibt's im Himmel bald so ein großes Gedrängel wie auf der Alm, auf der zu viele Kühe grasen. Und auch den Fisch, den einer fängt, kann kein anderer angeln. Viele kleine Privathimmel oder -ozeane „einzuzäunen" ist schlicht nicht realistisch. Nicht mal eine Weltregierung, die ein Weltgesetz erlassen könnte, gibt es. Deswegen werden sich in diesen Fällen die Staaten wohl oder übel ebenfalls zusammensetzen und die Probleme lösen müssen. Ganz so, wie es die Bauern von Eschenlohe mit ihrer Alm gemacht haben. Oder wie der Bauer Jakob Marti. Übrigens: Die Wissenschaftlerin Elinor Ostrom hat für ihre Forschungen gerade den Nobelpreis für Ökonomik erhalten.

Alexander Armbruster/Christian Siedenbiedel, Frankfurter Allgemeine Sonntagszeitung, 18.10.2009

Aufgaben

1. Erläutern Sie, warum man den Markt als Win-win-Situation, also als Situation mit zwei Gewinnern, bezeichnen kann (M 1, M 2).
2. Beschreiben Sie die Rolle der „unsichtbaren Hand" auf dem Markt (M 1, M 2).
3. 1714 schrieb der Londoner Arzt und gebürtige Hugenotte Bernard Mandeville „Die Bienenfabel" mit dem Untertitel „Private Laster, öffentliche Vorteile". Interpretieren Sie, ausgehend von M 1, diesen Untertitel.
4. Die Autohersteller A und B müssen beide über die Investition in ein neues Großprojekt entscheiden (z. B. den Einstieg in die Entwicklung des Brennstoffzellenantriebs). Die Spiele 1 und 2 zeigen, wie ihre Profite (in Millionen €) von den jeweiligen Entscheidungen des Konkurrenten abhängen. Erklären Sie, welches der beiden Spiele ein Gefangenendilemma ist, und erläutern Sie die Dilemmasituation (M 3).

SPIEL 1	B Nicht investieren	B Investieren
A Nicht investieren	10;10	4;12
A Investieren	12;4	5;5

SPIEL 2	B Nicht investieren	B Investieren
A Nicht investieren	4;12	5;5
A Investieren	10;10	12;4

5. Erläutern Sie in den Kategorien der Ökonomie, warum dort bald kein Gras mehr wächst, wenn alle Bauern ihre Kühe auf dieselbe Wiese schicken (M 4).
6. „Wenn die Bauern aber ein bisschen aufpassen, dann muss es nicht so schlimm kommen." Offensichtlich lässt sich aus dieser Einsicht der Nobelpreisträgerin Ostrom auch etwas für den Schutz von Luft und Wasser lernen. Erörtern Sie, ausgehend von der Regelung des Jahres 1596, mögliche Lösungen (M 4).

1.2 Individuelle Entscheidungen und ihre Folgen: Nutzen und Kosten für die Gesellschaft

Das Zusammentreffen von Angebot und Nachfrage wird in der Wirtschaftswissenschaft als Markt bezeichnet. Für einen Markt sind mindestens ein Nachfrager, ein Anbieter und ein Handelsgut oder eine Dienstleistung erforderlich. Der Markt wird wichtig, weil die Ökonomie nicht nur versucht, zu erklären, wie Menschen mit knappen Gütern umgehen, sondern weil sie auch danach fragt, welche Resultate diese Entscheidungen für die Gesellschaft haben. Das Ergebnis mag überraschen: Die „unsichtbare Hand des Marktes" (Adam Smith), d. h. der Marktprozess selbst, führt in dieser Theorie nämlich dazu, dass sich die Verfolgung des individuellen Vorteils durch den Einzelnen zum gegenseitigen Vorteil aller auswirkt. In den berühmten Worten von Adam Smith (1776): „Nicht vom Wohlwollen des Metzgers, Brauers und Bäckers erwarten wir das, was wir zum Essen brauchen, sondern davon, dass sie ihre eigenen Interessen wahrnehmen. Wir wenden uns nicht an ihre Menschen-, sondern an ihre Eigenliebe, und wir erwähnen nicht die eigenen Bedürfnisse, sondern sprechen von ihrem Vorteil." Individuelle Kosten-Nutzen-Überlegungen bewirken auf freien Märkten, dass beide Marktpartner – Käufer wie Verkäufer, Nachfrager wie Anbieter – aus arbeitsteiliger Produktion und anschließendem Tausch Vorteile für sich ziehen. Man bezeichnet eine solche Situation auch als Win-win-Situation.

Der Markt – eine Win-win-Situation
M 1, M 2

Doch es gibt Ausnahmen: Manchmal führen individuelle Kosten-Nutzen-Überlegungen auch zu unerwünschten Ergebnissen. Um diese Ergebnisse zu verstehen, werden Entscheidungssituationen unter anderem mit den Mitteln der Spieltheorie genau beschrieben. Eine bekannte Entscheidungssituation ist das Gefangenendilemma. Die Anreizstruktur dieser Situation führt zu dem Ergebnis, dass am Ende beide Parteien schlechter gestellt sind, weil bzw. obwohl beide Parteien unabhängig voneinander dieselbe rationale Strategie verfolgen. Das Dilemma besteht also darin, dass sich individuelle und kollektive Rationalität widersprechen. Beispiele sind die extrem hohen Werbeausgaben in der Wirtschaft, die Übernutzung von öffentlichen Gütern, wie zum Beispiel saubere Luft oder das Fischfangverhalten in den Weltmeeren, der Warmwasserverbrauch in Mietshäusern, wenn gemeinsam abgerechnet wird, oder die Tatsache, dass manche Länder versucht sind, die Stabilitätsgrenzen des Euro nicht einzuhalten. Neben dem Gefangendilemma gibt es weitere Situationen, in denen individuelle, vom Eigeninteresse geleitete Entscheidungen nicht zum Vorteil aller ausfallen: auch diese sogenannten externen Effekte behindern die unsichtbare Hand. Die private Entscheidung, den Gartenabfall an Ort und Stelle zu verbrennen – und damit die Entsorgungskosten zu sparen -, hat durch die Rauchentwicklung negative Folgen für die Nachbarn, ohne dass diese externen Kosten berücksichtigt würden.

Dilemma-Situationen Gefangenendilemma „Tragödie der Allmende"
M 3, M 4

Auf solche nicht erwünschten Effekte, die auch mit der abwertenden Bezeichnung „Marktversagen" gekennzeichnet werden, wird gerne mit moralischen Appellen, vor allem aber mit dem Ruf nach dem Staat reagiert. Dieser soll zum Beispiel durch die Etablierung von Eigentumsrechten, durch Ge- und Verbote dafür sorgen, dass die Dilemmasituation aufgehoben wird. Es scheint jedoch unter bestimmten Bedingungen auch Alternativen dazu zu geben, indem die direkt Beteiligten eine Lösung aushandeln.

Rettet die Fische!

„Der Fisch gehört nicht den Fischern", sagt Maria Damanaki, die EU-Fischereikommissarin und hat aus dieser Einsicht Konsequenzen gezogen: Zukünftig werden die Fangquoten für die europäischen Fischer weniger von der Politik, sondern von Meeresbiologen festgelegt, um eine Überfischung zu verhindern – Freunde hat sie sich unter den europäischen Fischern damit nicht gemacht.

Was das Vorhaben der EU, die Überfischung der Meere zu verhindern, so schwierig macht, ist der Umstand, dass die Kontrolle dieser Fischereigründe ebenso wie der Ausschluss einzelner Fischer nahezu unmöglich sind, doch jeder zusätzliche Fischer schmälert den Fang der anderen Fischer und trägt zur Überfischung bei. Dieses Problem hat einen Namen: Fischereigründe sind – ähnlich wie Weiden oder Waldstücke – oft eine besondere Spielart von Gütern, sogenannte Allmende-Güter, die sich durch zwei Eigenschaften auszeichnen: Erstens kann man niemanden von dessen Nutzung ausschließen, und zweitens beeinträchtigt die Nutzung dieser Allmende durch einen Nutzer den Nutzen aller anderen. Jeder Fang, den ein Fischer macht, ist ein Fang, den sein Konkurrent nicht mehr machen kann.

Für Ökonomen enden solche Güter in einer Tragödie: Wenn man weiß, dass man umso weniger Fische fängt, je mehr Fische der Nachbar fängt, wird man versuchen, möglichst viel Fische zu fangen, bevor es die anderen tun. Leider denken die anderen genauso, die Folge: überfischte Gewässer und abgegraste Weiden. Fast 50 Prozent der Arten im Atlantik seien überfischt, sagt Frau Damanaki – ein typisches Allmende-Problem. Wenn alle Fischer sich darauf verständigen könnten, weniger zu fischen, würde es allen besser gehen. Dieses Dilemma wird als „Die Tragödie der Allmende" bezeichnet, und Ökonomen sehen nur zwei Lösungen: Verstaatlichung oder Privatisierung. Wenn der Staat den Fischern Fangquoten vorschreibt oder der Fischgrund jemandem gehört, kann man in beiden Fällen die Überfischung des Fanggrundes verhindern – durch Gesetze und Verbote.

In der klassischen Ökonomie war damit der Fall klar: Verstaatlichung oder Privatisierung – nur so lässt sich dieses Dilemma lösen. Doch Elinor Ostrom, die erste weibliche Trägerin des Nobel-Gedächtnispreises für Wirtschaftswissenschaften, untersuchte reale Allmende-Tragödien in den Hochgebirgsweiden und -wäldern im Alpenraum, in türkischen Fischgründen, bei Bewässerungsprojekten auf Sri Lanka oder bei Grundwasserbecken in Kalifornien – und fand heraus, dass die betroffenen Bauern, Anwohner oder Fischer das Allmende-Problem lösten, ohne Staat oder Privatbesitz. Die jeweiligen Nutzer der Allmende setzten sich zusammen und fanden Wege und Regelungen, miteinander zu kooperieren, und konnten die Tragödie verhindern. Ostroms Forschungsprogramm zeigte auf, wann und unter welchen Umständen dieser dritte Weg beschritten werden kann und komplexe Systeme sich selbst organisieren.

Einige der Voraussetzungen für eine solche lokale Kooperation sind wenig überraschend: Es braucht klare Regeln, wer welche Rechte hat, ebenso wie klare Konfliktlösungsmechanismen, ein angemessenes Verhältnis von Rechten und Pflichten sowie eine Überwachung [...]. Allerdings ist fraglich, ob eine solche Kooperation auch bei globalen Allmende-Gütern wie Ozeanen [...] möglich ist.

Hanno Beck, Frankfurter Allgemeine Sonntagszeitung, 23.2.2014

Aufgaben

1. Erläutern Sie in der Fachsprache der Ökonomie das dargestellte Marktversagen.
2. Beurteilen Sie kriterienorientiert die angesprochenen Lösungsmaßnahmen. Denkbar sind z. B. die Kriterien Effizienz, Marktkonformität und Nachhaltigkeit.

1 Ökonomische Entscheidungen – Grundlagen und Folgen

SELBSTDIAGNOSE

Sie können...	Dazu benötigen Sie u. a. folgende Begriffe...	Das klappt schon...	Hier können Sie u. a. noch üben...
Knappheit als das Kernprinzip allen Wirtschaftens erläutern.	Knappheit Bedürfnisse	👍 👎	M 2 / S. 10 f. M 4 / S. 12 Orientierungswissen / S. 22
Opportunitätskosten als Folgen der Knappheit an selbst gewählten Beispielen erläutern.	Knappheit Opportunitätskosten	👍 👎	M 5 / S. 13 Orientierungswissen / S. 22
das Denken rationaler Entscheider in Grenznutzen und Grenzkosten charakterisieren.	Kosten-Nutzen-Prinzip Marginalanalyse	👍 👎	M 3 / S. 11 Orientierungswissen / S. 22
das grundlegende Modell der ökonomischen Verhaltenstheorie erklären.	Ökonomisches Verhaltensmodell Präferenzen Restriktionen Homo Oeconomicus	👍 👎	M 6, M 7 / S. 14 ff. Orientierungswissen / S. 22
die Grenzen des Modells vom Homo Oeconomicus darstellen und dafür experimentelle Evidenz anführen.	Homo Oeconomicus Ultimatumspiel	👍 👎	Methode / S. 18 M 9 / S. 19 f. Orientierungswissen / S. 22
den Markt als einen effizienten Koordinationsmechanismus unterschiedlicher Interessen beurteilen.	Markt	👍 👎	M 2 / S. 24 f. Orientierungswissen / S. 29
Dilemma-Situationen beschreiben und erläutern, warum sie nicht das optimale Koordinationsergebnis wie Markt-Situationen erlangen.	Dilemma-Situationen Gefangenendilemma Individuelle und kollektive Rationalität	👍 👎	M 3, M 4 / S. 25 ff. Orientierungswissen / S. 29

Die Preise für Immobilien steigen immer weiter, vor allem in den deutschen Metropolen. Und auch die Prognosen zeigen nur in eine Richtung.

Die Immobilienpreise steigen, und viele Deutsche können nicht mehr mithalten. Dies geht aus dem am Dienstag veröffentlichten Stimmungsindex Baufinanzierung der Comdirect Bank hervor. Die Mehrheit von 58 Prozent hält die Immobilienpreise in ihrer Region für zu hoch. Besonders in den Großstädten ist die Verärgerung groß. Hier halten mehr als zwei Drittel die Preise für Wohnungen und Häuser für zu hoch. Nach Angaben der Ratingagentur Standard & Poor's (S&P) sind die Immobilienpreise in den vergangenen sechs Jahren landesweit um 20 Prozent gestiegen. In den sieben größten Städten Deutschlands erhöhten sich die Preise sogar um 46 Prozent. [...] Der Preisanstieg dürfte sich fortsetzen. Denn nach Einschätzung von S&P treiben die niedrigen Zinsen und das Wirtschaftswachstum die Nachfrage nach Immobilien. Laut Comdirect halten noch immer 64 Prozent der Befragten den Zeitpunkt für einen Immobilienkauf für günstig. [...] Die Analysten von S&P sehen vor allem in den Metropolregionen ein wachsendes Ungleichgewicht zwischen Angebot und Nachfrage, was für steigende Preise sorgen sollte. Sie erwarten deutschlandweit in diesem Jahr einen Anstieg der Immobilienpreise von 5 Prozent, im Jahr 2016 von 4,5 Prozent und 2017 von 3,5 Prozent.

Markus Frühauf, Frankfurter Allgemeine Zeitung, 13.8.2015

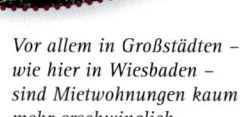

Vor allem in Großstädten – wie hier in Wiesbaden – sind Mietwohnungen kaum mehr erschwinglich.

Der Marktmechanismus 2

Bei der Versorgung der Bevölkerung mit Waren und Dienstleistungen spielen Märkte eine zentrale Rolle. Grundsätzlich stellen sich Fragen, wie Märkte funktionieren, was sie leisten und wo sie versagen. Angebot und Nachfrage bestimmen den Preis auf einem Markt, Nachfrage und Angebot hängen wiederum vom Preis ab. Das klingt einfach; will man aber Entwicklungen auf Märkten erklären, vorhersagen oder gar beeinflussen, bedarf es einer genaueren Analyse.

Von welchen Faktoren hängen Nachfrage und Angebot ab? Wie reagieren Nachfrage und Angebot auf Veränderungen am Markt? Unter welchen Bedingungen führen Märkte zu wünschenswerten Ergebnissen der Verteilung? Was passiert, wenn diese Bedingungen nicht erfüllt sind? Wie wirken sich ungleiche Machtverhältnisse auf einem Markt aus? Wie wirken sich staatliche Eingriffe aus?

Ende des 19. Jahrhunderts veröffentlichte Alfred Marshall (1842 – 1924) das Angebot-Nachfrage-Modell der Preisbildung in „Pure Theory of Domestic Values" (1879) und den „Principles of Economics" (1890). Es veranschaulicht in Preis-Mengen-Diagrammen das Zustandekommen eines Marktpreises und einer Marktmenge im Marktgleichgewicht. Das Modell ist nach wie vor Standard in der Volkswirtschaftslehre.

Auf die Frage, welche ökonomischen, gesellschaftlichen und politischen Bereiche durch Märkte nur unzureichend geregelt werden können, wird in Kapitel 4 näher eingegangen.

KOMPETENZEN

Am Ende dieses Kapitels sollten Sie Folgendes wissen und können:

Sie können die Einflussgrößen der Güternachfrage und des Güterangebots und ihre Wirkung erläutern.

Sie können die Preisbildung auf Märkten erläutern.

Sie können mit Hilfe von Preis-Mengen-Diagrammen die Preisbildung auf Märkten und die Wirkung von Veränderungen darstellen und erklären.

Sie kennen die Bedingungen des Modells eines vollkommenen Marktes mit vollständiger Konkurrenz und können mögliche Auswirkungen erläutern, wenn einzelne dieser Bedingungen nicht erfüllt sind.

Was wissen und können Sie schon?

1. Sammeln Sie Einflussgrößen auf den Preis für Immobilien.
2. Erörtern Sie, ob der Staat in die Preisbildung auf dem Wohnungsmarkt, z. B. mit einer Mietpreisbremse eingreifen sollte. Bewahren Sie Ihre Erörterung auf. Sie sollten am Ende der Beschäftigung mit Kapitel 2.2 und Kapitel 4.2 darauf zurückgreifen können.

2.1 Wie reagieren Nachfrage und Angebot auf Veränderungen auf dem Markt?

2.1.1 Welche Faktoren bestimmen die Nachfrage auf einem Markt?

M 1 ● Grundprinzip des Marktes

Suk
arabisch für „Markt"

Pippin
von 751 – 768 König der Franken

Märkte sind eine der erstaunlichsten Entwicklungen der Menschheit. Es gab sie zu allen Zeiten und überall auf der Welt. Niemand hat jemals das Prinzip des Marktes „erfunden", die Menschen entwickelten es unbewusst, indem sie einfach ihren eigenen Bedürfnissen nachgingen. Es funktionierte auf den Wochenmärkten zu Pippins Zeiten nicht anders als in den Suks der arabischen Städte, auf Flohmärkten oder an den modernen Börsen: Wer etwas anzubieten hat, möchte dies möglichst teuer verkaufen, wer etwas braucht, möchte dafür möglichst wenig bezahlen.

Nikolaus Piper, Geschichte der Wirtschaft, Weinheim/Basel 2005, S. 52

M 2 ● Wie viel sind Sie bereit, für Ihren Lieblingskaffee to go zu bezahlen?

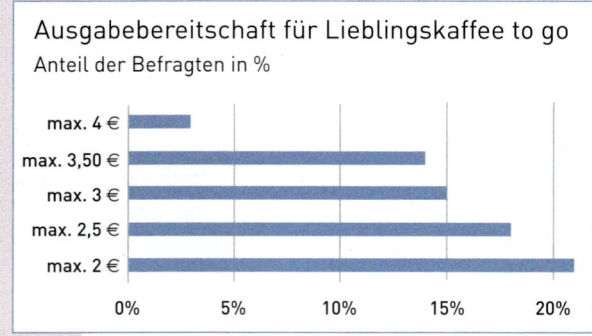

Die Statistik zeigt die Ergebnisse einer Umfrage zur Ausgabebereitschaft für den Lieblingskaffee im Außer-Haus-Konsum (Café oder to go) von Verbrauchern in Deutschland im Jahr 2014. [...] Durchschnittlich ergab sich eine Ausgabebereitschaft von rund 2,30 Euro (Männer: 2,23 Euro; Frauen: 2,37 Euro).

Nach: © Statista 2016

M 3 ● Wie hängt die Nachfrage vom Preis ab?

Die individuelle Nachfrage eines Haushalts nach einem Gut ist bei einem geringeren Preis normalerweise höher als bei einem höheren Preis. Dies liegt daran, dass der Nutzenzuwachs jeder zusätzlich konsumierten Einheit eines Gutes (Grenznutzen) dem Haushalt immer geringer wird, je mehr Einheiten des Gutes konsumiert werden. Die grafische Darstellung dieses Zusammenhangs in Form der Preis-Konsum-Kurve stellt die geplante Nachfrage eines Haushalts nach einem Gut zu unterschiedlichen Preisen dar – im fiktiven Beispiel wird der Konsum von Kaffee to go-Bechern pro Woche durch eine Person dargestellt. Die Preis-Konsum-Kurve ist normalerweise eine fallende Kurve, sie hat eine negative Steigung. Die geplanten Nachfragemengen entsprechen den Gütermengen, mit denen der Haushalt bei den jeweiligen Preisen sein Nutzenmaximum erzielt.
Ändert sich der Preis des Gutes und bleiben alle anderen Bestimmungsgründe der Nachfrage gleich, so ergibt sich eine neue Preis-Mengen-Kombination (Preiserhöhung von A nach B, Preissenkung von A nach C). Die Lage der Kurve bleibt aber unverändert.

2.1 Wie reagieren Nachfrage und Angebot auf Veränderungen auf dem Markt?

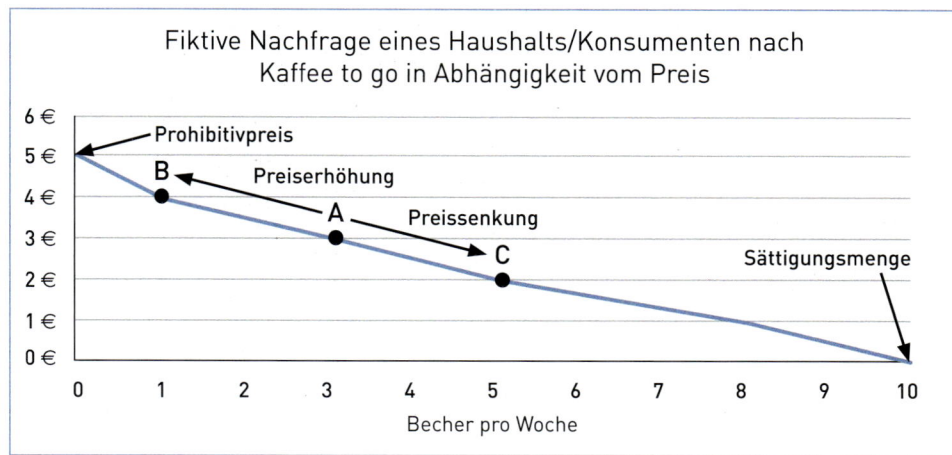

Sättigungsmenge
Schnittpunkt der Nachfragekurve mit der Mengenachse – auch wenn das Gut kostenlos angeboten wird, wächst der Konsum nicht weiter.

Prohibitivpreis
Der kleinste Preis zu dem der Haushalt keine Einheit des Gutes mehr nachfragt („kleinste obere Schranke").

Die Nachfrage nach einem Gut auf einem Markt setzt sich aus der Summe aller individuellen Nachfragen der Haushalte zusammen.

Für die **Marktnachfrage** gelten somit normalerweise die gleichen Regeln wie für die individuellen Nachfragen der Haushalte:
- Bei einem höheren Preis wird die Nachfrage auf einem Markt nach einem Gut normalerweise geringer sein als bei einem geringeren Preis.
- Ein Ansteigen des Preises ($p_0 \rightarrow p_1$) für ein Gut auf einem Markt führt in der Regel zu einem Rückgang der Nachfrage nach dem Gut ($m_0 \rightarrow m_1$).

In der Realität sind die meisten Nachfragekurven nicht linear. Die Nachfragekurve für Kaffee to go wird im oberen Bereich

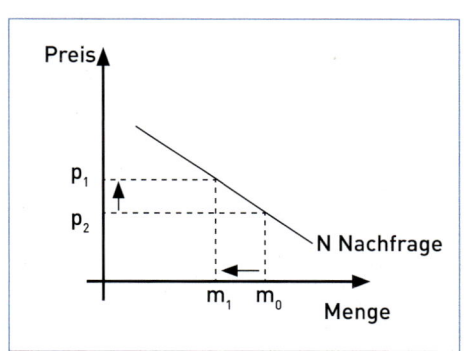

steiler verlaufen, da manche Konsumenten bereit sind, einen Becher Kaffee auch zu einem sehr hohen Preis zu kaufen. Meistens betrachtet man nur lineare Teilstücke einer Nachfragekurve, die für die Erklärung eines Sachverhalts wichtig sind.

Autorentext und -grafiken

M 4 ● Ökonomische Modellbildung – die Ceteris paribus-Klausel

Die (Markt-)Nachfrage nach Kaffee to go hängt sicher von vielen Faktoren ab, die sich gleichzeitig verändern können. Da ist zum einen der Preis pro Becher: je niedriger der Preis, desto höher die Nachfrage. Außerdem bestimmt auch das Einkommensniveau die Nachfrage nach Kaffee to go, denn bei steigendem Einkommensniveau können sich immer mehr Menschen diesen leisten. Wenn die Becher stark durch Schadstoffe belastet sind, werden immer weniger Haushalte Kaffee to go konsumieren wollen und die Nachfrage wird sinken. Die Nachfrage hängt auch von den Preisen anderer Güter ab. Steigen die Preise für kalten Kaffee to go aus dem Kühlregal des Supermarkts, so werden Haushalte/Konsumenten (z. B. Schülerinnen und Schüler in der Mittagspause) diese weniger konsumieren und eventuell auf warmen Kaffee to go umsteigen. Die Zahl der Einflussfaktoren auf die Nachfrage nach einem Gut (z. B. Kaffee to go) ist so groß, dass sie modellhaft nicht abgebildet werden können. Öko-

Beispiel für die Ceteris paribus-Klausel
Will man z. B. die Veränderung des Bremswegs eines Autos in Abhängigkeit von der Bereifung untersuchen, darf man während der Versuche nicht den Straßenbelag, das Auto und seine Zuladung oder die Fahrbahnneigung ändern, da man sonst vielleicht zu der Schlussfolgerung kommen könnte, dass Autos mit abgefahrenen Reifen einen kürzeren Bremsweg haben.

Superiore Güter
Güter bei denen die Nachfrage steigt, wenn das Einkommen steigt.

Inferiore Güter
Güter bei denen die Nachfrage sinkt, wenn das Einkommen steigt, z. B. Margarine (bei höherem Einkommen wird eher Butter konsumiert).

Substitutionsgüter
Güter die sich ganz oder teilweise gegenseitig ersetzen können, ohne dass die Bedürfnisbefriedigung eingeschränkt wird, z. B. Butter-Margarine, Öl-Gas, …

Komplementärgüter
Güter deren Konsum den Konsum eines anderen Gutes zur Folge hat, z. B. Mobilfunktarif-Smartphone, Füller-Tinte, …

nomen untersuchen deshalb Wirkungszusammenhänge zwischen einzelnen Größen oft mit Hilfe der Ceteris paribus-Klausel. Ceteris paribus (wörtlich: „andere Dinge gleichbleibend") beschreibt eine hypothetische Situation, bei der man annimmt, dass alle anderen Einflussfaktoren auf die zu untersuchende Größe konstant bleiben, obwohl sich in der Realität zahlreiche Größen gleichzeitig verändern. Unter dieser Annahme (ceteris paribus) stimmt dann auch die Aussage: Die Nachfragekurve fällt, weil niedrigere Preise zu einer größeren Nachfragemenge führen.

Autorentext

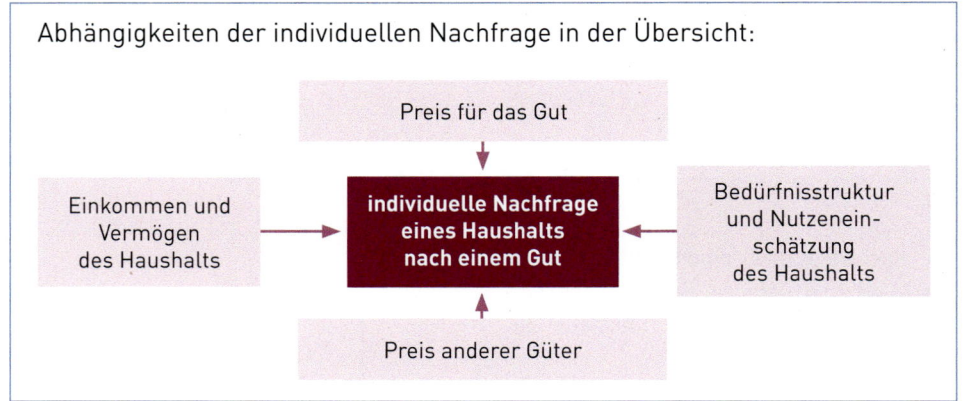

Autorengrafik

M 5 ● Kann sich die Nachfrage ändern, obwohl der Preis gleich bleibt?

Die Nachfrage nach Smartphones von Apple, z. B. dem iPhone6, hängt nicht nur vom Preis ab. Für die Größe der Nachfrage sind z. B. auch die Einkommen der Haushalte, die Nutzeneinschätzung der Haushalte und der Preis von Smartphones anderer Hersteller von Bedeutung.

In der Regel (ceteris paribus) führt eine **Steigerung der Nutzeneinschätzung** der Haushalte zu einer Ausweitung der Nachfrage – zum gleichen Preis wird mehr nachgefragt. Wenn das iPhone6 bei immer mehr Jugendlichen das Image eines „must have" bekommt, wird die Nachfrage steigen, auch wenn sich der Preis nicht ändert. Grafisch wird dies durch eine Rechtsverschiebung der Nachfragekurve von N_0 auf N_1 verdeutlicht. Wenn besondere technische Mängel des Produkts bekannt würden, wäre ein Rückgang der Nachfrage nach dem Produkt zu erwarten, zum gleichen Preis würde jetzt weniger nachgefragt. Grafisch würde dies mit einer Linksverschiebung der Nachfragekurve von N_0 nach N_2 verdeutlicht.

Eine **Steigerung des Einkommens** der Haushalte wird beim iPhone6 zu einer Ausweitung der Nachfrage führen (Verschiebung der Nachfragekurve nach rechts). Eine Minderung des Einkommens wird zu einer Verringerung der Nachfrage führen (Verschiebung der Nachfragekurve nach links).

Steigt der Preis für ein **Substitutionsgut**, erhöht sich z. B. der Preis für Smartphones der Konkurrenz, so wird die Nachfrage nach dem iPhone6 steigen, obwohl sich sein Preis nicht verändert hat. Verringert sich der Preis für die Konkurrenzprodukte, sinkt die Nachfrage nach dem iPhone6.

Verringert sich der Preis für ein Komplementärgut, verringert sich z. B. der Preis für die zum iPhone6 wählbaren Mobilfunktarife, so wird die Nachfrage nach dem iPhone6 steigen, obwohl sich sein Preis nicht verändert hat. Steigt der Preis für die zum iPhone6 wählbaren Mobilfunktarife, so sinkt die Nachfrage nach dem iPhone6.

Autorentext

2.1 Wie reagieren Nachfrage und Angebot auf Veränderungen auf dem Markt?

Bestimmungsfaktoren der Nachfrage nach einem Gut:

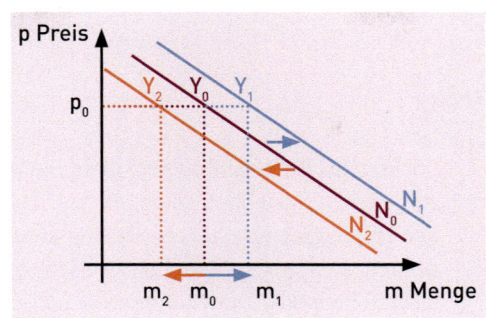

Veränderung der „Nutzeneinschätzung":

„Nutzeneinschätzung" der Haushalte für das Gut ist gestiegen:
$N_0 \rightarrow N_1$

„Nutzeneinschätzung" der Haushalte für das Gut ist gefallen:
$N_0 \rightarrow N_2$

Veränderung des Einkommens der Haushalte (Steigerung/Senkung)
Veränderung des Preises eines Substitutionsguts (Erhöhung/Senkung)
Veränderung des Preises eines Komplementärguts (Senkung/Erhöhung)

Autorengrafik

M 6 ● Geländewagen: SUVs überschwemmen den Markt

Fast jeder fünfte Neuwagen, der in Deutschland zugelassen wird, ist bald ein SUV. Und die Nachfrage wird weiter zunehmen. Experten rechnen damit, dass bis zum Jahr 2020 die SUVs zum größten Marktsegment in Deutschland werden könnten. Grund für den SUV-Boom ist der niedrige Dieselpreis. Er macht die Unterhaltskosten sowohl für Privat- als auch für Firmenkunden günstiger. [...]
SUVs kosten [...] durchschnittlich rund 34.000 €. Zum Vergleich: Andere Neuwagen sind im Schnitt rund 6.000 € günstiger. Und trotzdem gehen die Verkaufszahlen der SUVs [s]teil nach oben. [Autohändler] Christian Pflughaupt weiß, wie er die SUVs an den Mann bringt: „Sie können nicht nur damit fahren. Sie können damit laden. Sie können damit ihren Hobbys nachgehen. [...] Notfalls kann man auch drin schlafen." Komfortable Autos, in denen Platz ist und die auf der Straße was her machen. Der Verbrauch ist für viele Kunden kein großes Thema. [...] „Der SUV verbraucht so ca. 25 bis 30 Prozent mehr Treibstoff – einfach weil er schwerer ist, weil er höher aufbaut, mehr Luftwiderstand hat. Das heißt, die Autofahrer sind gerne bereit, 30 Prozent mehr Kraftstoffverbrauch in Kauf zu nehmen, um in einem SUV zu sitzen." (Prof. Ferdinand Dudenhöffer, Uni Duisburg-Essen). Dass viele SUVs in der Realität viel mehr Sprit schlucken, als die Hersteller behaupten, interessiert die meisten Kunden nicht.

plusminus, www.daserste.de, 24.2.2016

Sport Utility Vehicle (abgekürzt: SUV)
Sport- oder Nutzfahrzeug bzw. Geländelimousine

F In einem Mahnschreiben aus Brüssel, das plusminus vorliegt, wird die Bundesregierung aufgefordert, zu handeln. So könne Deutschland z. B. „als ersten Schritt seine Steuerpolitik ändern, [...] die Anreize für Dieselfahrzeuge bietet."
plusminus, www.daserste.de, 24.2.2016
Erörtern Sie diese Forderung der EU-Kommission.

Aufgaben

1. Stellen Sie die Auswirkung einer Preissenkung für das iPhone6 auf die Nachfrage grafisch dar und erklären Sie Ihre Darstellung (M 2 – M 5).
2. Charakterisieren Sie die Einflussgrößen der Nachfrage von Kursstufenschülern nach Kaffee to go (M 2 – M 5).
3. Erläutern Sie die Ursachen für die sich verändernde Nachfrage nach SUVs und stellen Sie die Entwicklung grafisch dar (M 6).

2.1.2 Wie stark wirkt sich eine Preisänderung auf die Nachfrage aus?

M 7 ● Die Preiselastizität der Nachfrage

Preiselastizität der Nachfrage
Die Nachfrage reagiert elastisch auf eine Preisänderung: ElN > 1
Die Nachfrage reagiert unelastisch auf eine Preisänderung: ElN < 1

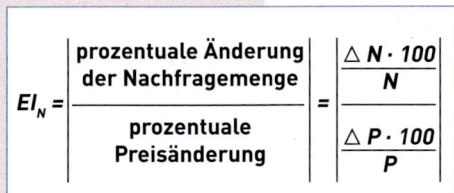

$$El_N = \frac{\text{prozentuale Änderung der Nachfragemenge}}{\text{prozentuale Preisänderung}} = \left| \frac{\frac{\Delta N \cdot 100}{N}}{\frac{\Delta P \cdot 100}{P}} \right|$$

Konsumenten werden stets versuchen, Preissteigerungen (z.B. als Folge einer zusätzlichen Belastung durch höhere Steuern) auszuweichen. Sie können dies, indem sie den Konsum gänzlich einstellen, von teuren zu billigeren Substitutionsgütern wechseln, oder das Gut aus Quellen beziehen, die dieser Preissteigerung nicht unterliegen (z.B. Importware). Das Ausmaß der Ausweichreaktionen messen Ökonomen durch die direkte Preiselastizität der Nachfrage. Diese gibt an, um wie viel Prozent die Nachfrage nach Tabakwaren zurückgeht, wenn der Preis dieser Waren um ein Prozent ansteigt. Für die Gesamtnachfrage nach Zigaretten werden in verschiedenen Studien Elastizitäten zwischen 0,3 und 0,5 ausgewiesen (d.h. eine Preiserhöhung um 10 Prozent reduziert die Nachfrage um 3 bis 5 Prozent). Die Preiselastizität ist jedoch nicht für alle Konsumenten gleich hoch. Bei einem besonders ausgeprägten Bedürfnis nach Konsum des Gutes (Abhängigkeit, Sucht) wird der Nachfragerückgang nur gering sein. „Einsteiger" (Jugendliche) dagegen reagieren meist stärker auf Preissteigerungen (empirische Studien weisen hier direkte Preiselastizitäten von etwa 1,3 aus). Unter der **direkten Preiselastizität der Nachfrage** versteht man also das Verhältnis zwischen der prozentualen Änderung der nachgefragten Menge eines Gutes zur prozentualen Preisänderung dieses Gutes. Da man üblicherweise die direkte Preiselastizität der Nachfrage als positive Zahl angibt, beschreibt die Größe in der Formel der Randspalte die direkte Preiselastizität der Nachfrage. Die Größe der direkten Preiselastizität der Nachfrage ist zum Beispiel für die Beurteilung steuerpolitischer Maßnahmen mit von Bedeutung. Will der Staat den Tabakkonsum Jugendlicher verringern, kann die direkte Preiselastizität der Nachfrage eine Auskunft darüber geben, wie stark die Tabaksteuer angehoben werden muss, um einen bestimmten Nachfragerückgang zu erzielen.

Autorentext

M 8 ● Bei Biofleisch sind Verbraucherinnen und Verbraucher am preissensibelsten

Der wirtschaftliche Erfolg eines Betriebes hängt maßgeblich von den Preisen ab, die er mit seinen Produkten am Markt erzielen kann und die letztlich die Verbraucherinnen und Verbraucher bereit sind zu zahlen. Interessant ist hierzu ein Forschungsprojekt der Universität Gießen, das durch das Bundesprogramm Ökologischer Landbau und andere Formen nachhaltiger Landwirtschaft (BÖLN) gefördert wurde. Im Rahmen dieser Studie wurde untersucht, wie sich der Preis auf die Nachfrage nach ausgewählten Bioprodukten auswirkt – wie preissensibel sich Biokundinnen und -kunden also verhalten. Als charakteristische Größe wurde die Preiselastizität der Nachfrage am Institut für Agrarpolitik und Marktforschung ermittelt. Zu den untersuchten Produkten zählten Milch, Eier, Fleisch und Gemüse, jeweils in ökologischer sowie konventioneller Qualität. […]
Die Preisanalysen haben ergeben, dass die Verbraucherinnen und Verbraucher ihr Einkaufsverhalten in fast allen Lebensmittelgruppen (Eier, Milch, Obst oder Gemüse) bei steigenden oder sinkenden Preisen kaum

verändern, egal, ob es sich um Bio- oder konventionelle Produkte handelte. Als besonders preisunelastisch hat sich ihre Nachfrage nach Biomilch erwiesen: Für Biomarkenmilch liegt der ermittelte Wert bei 0,25, für Biohandelsmarkenmilch bei 0,41. Unter anderem deshalb, weil bei Milch die Preiskenntnis der Verbraucherinnen und Verbraucher relativ gut ist und ihr Milchkonsum mehr oder weniger konstant ist.

Im Vergleich dazu reagieren Konsumentinnen und Konsumenten bei Biogemüse (1,10) und Bioeiern (0,95) etwas preissensibler. Angenommen, der Kaufpreis für Biogemüse im Geschäft würde sich um ein Prozent verteuern, so würden die Kundinnen und Kunden entsprechend weniger Biogemüse kaufen – und zwar exakt 1,1 Prozent. Die mit Abstand höchste Preiselastizität zeigt sich mit einem Wert von 2,0 in der Warengruppe Fleisch. Hier reagieren die Verbraucherinnen und Verbraucher stark auf Preisänderungen und weichen bei höheren Preisen oft auf konventionelle Fleischprodukte aus. Eine sehr preissensible Nachfrage ist typisch für Warengruppen, deren Bioanteil noch recht klein ist und in denen Bioqualität längst noch nicht in allen Einkaufstätten erhältlich ist. Ein weiterer Grund für die hohe Preissensibilität bei Biofleisch ist, dass die Preisdifferenz zwischen Bio und konventionell bei keiner anderen Lebensmittelgruppe so groß ist wie bei Fleisch.

Doch interessanterweise variiert die Zahlungsbereitschaft der Kundinnen und Kunden nicht nur produktabhängig. Maßgeblich ist auch deren Biokaufintensität: Wer nur gelegentlich oder so gut wie nie zu Bioprodukten greift, verhält sich in der Regel weitaus preissensibler als die so genannten Biovielkäufer. Letztere kaufen aus Überzeugung und verbinden mit dem ökologischen Landbau einen Mehrwert, der den Biopreisaufschlag rechtfertigt.

Dies erklärt, warum Biovielkäufer auf Preisnachlässe kaum ansprechen. Deshalb sind Preisaktionen ausschließlich in Discountern und dem klassischen [Lebensmitteleinzelhandel] sinnvoll, also dort, wo die meisten Selten- und Gelegenheitskäufer Biolebensmittel einkaufen. In diesen Vertriebstypen können Preissenkungen zu einem Umsatzplus führen. Dagegen versprechen Preisaktionen in Biosupermärkten und Naturkostfachgeschäften keinen Umsatzzuwachs. Selbst bei einem größeren Preisnachlass würde dieser Kundenkreis kaum wesentlich mehr Ökolebensmittel kaufen. Noch dazu ist zu befürchten, dass es auf Kosten der Glaubwürdigkeit geht, wenn Bioprodukte zu billig verkauft werden. Vielmehr können Naturkostfachhändler und Direktvermarktungsbetriebe sogar über moderate Preissteigerungen nachdenken. Denn die preisunelastische Nachfrage, wie sie für den Biofachhandel charakteristisch ist, eröffnet durchaus Preisspielräume nach oben.

Nina Weiler/Rebecca Schröck, www.oekolandbau.de, 20.10.2015

M 9 ● Welche Faktoren beeinflussen die Nachfrageelastizität?

Das Gesetz der Nachfrage besagt, dass ein Preisrückgang für ein Gut die Nachfragemenge ansteigen lässt. Die Preiselastizität der Nachfrage misst, wie die Nachfragemenge auf eine Preisänderung reagiert. Man bezeichnet die Nachfrage als elastisch, wenn Preisänderungen relativ große Mengenänderungen bewirken. Reagiert die Nachfragemenge kaum merklich auf Preisänderungen, so gilt die Nachfrage als unelastisch. Welche Einflussgrößen sind ausschlaggebend für eine elastische oder unelastische Nachfrage nach einem Gut? Da die Nachfrage nach jedem Gut auf Konsumentenpräferenzen beruht, hängt auch die Preiselastizität der Nachfrage von den zahlreichen ökonomischen, sozialen und psychischen Faktoren ab, die individuelle Wünsche von Konsumenten formen.

Lebensnotwendiges und Luxusgüter – Lebensnotwendige Güter oder Güter zur Befriedigung von Grundbedürfnissen weisen eine unelastische Nachfrage auf, während die Nachfrage nach Luxusgütern gewöhnlich elastisch ist. Die Leute nutzen Strom und Gas, um ihre Wohnungen zu beheizen und Essen zu kochen. Wenn die Preise für Gas und Strom steigen, werden sie nicht wesentlich weniger Gas und Strom nachfragen. Anders ist es beim Preisanstieg für ein Segelboot. Hier wird die Nachfrage deutlich zurückgehen. [...] Wie ein Gut klassifiziert wird, hängt jedoch nicht von den technischen Eigenschaften des Gutes ab, sondern von den Präferenzen und höchstpersönlichen Wertungen der Nachfrager. Für einen begeisterten Segler mag ein Segelboot ein schon fast lebensnotwendiges Gut sein.

Erhältlichkeit substitutiver Güter – Güter, zu denen es nahe verwandte Substitute gibt, haben eine relativ elastische Nachfrage, weil die potentiellen Käufer bei Preisänderungen leicht zwischen dem Gut und den Substituten wechseln können. Zum Beispiel stehen Butter und Margarine in einer engen substitutiven Beziehung. Ein Anstieg des Butterpreises wird deshalb – bei konstantem Margarinepreis – einen deutlichen Rückgang der Nachfrage nach Butter bewirken. Im Gegensatz dazu wird die Nachfrage nach Eiern weniger preiselastisch sein, weil es in den Augen der meisten Konsumenten keine nahen Substitute für Eier gibt.

Marktabgrenzung – Die Nachfrageelastizität hängt stets davon ab, wie klar ein Markt abgegrenzt ist. Speziell definierte Märkte und Güter werden eine elastischere Nachfrage aufweisen als breit abgegrenzte Märkte und Güter, da man zu den speziell und eng definierten Gütern leichter Substitute findet. So werden z. B. „Nahrungsmittel" eine ziemlich unelastische Nachfrage aufweisen, weil es dazu keine geeigneten Substitute gibt. Zu „Eiscreme" findet man viel leichter substitutive Güter und die noch engere Kategorie „Vanilleeis" ist wiederum spezieller mit einem breiteren Umfeld substitutiver Güter. „Vanilleeis" hat eine elastischere Nachfrage als „Eiscreme" und Eiscreme wiederum eine erheblich elastischere Nachfrage als „Nahrungsmittel".

Zeithorizont – Auf lange Sicht und in langen Untersuchungsperioden weisen alle Güter eine größere Preiselastizität der Nachfrage auf als in kurzen Perioden der Analyse. Wenn der Benzinpreis steigt, geht die Nachfrage nach Benzin zunächst langsam zurück. Erst nach vielen Monaten oder Jahren – mit dem Übergang vieler Autofahrer zu öffentlichen Verkehrsmitteln oder treibstoffsparenden Autos – stellt man einen kräftigeren Nachfragerückgang fest.

Nach: N. Gregory Mankiw/Mark P. Taylor, Grundzüge der Volkswirtschaftslehre, 5. Aufl., Stuttgart 2012, S. 112 f. (übers. v. Adolf Wagner und Marco Herrmann)

F Erörtern Sie die unterschiedlichen Chancen und Risiken von Preisnachlässen für Biolebensmittel für Discounter und Naturkostfachgeschäfte.

Aufgaben

1. Stellen Sie mit den Werten aus M 7 rechnerisch dar, um wie viel Prozent der Preis für Zigaretten angehoben werden muss, um einen Rückgang des Konsums bei Jugendlichen um 20 Prozent zu erreichen.
2. Erklären Sie ausgehend von M 8, warum eine Preiserhöhung bei Biomilch voraussichtlich den Umsatz (Preis · verkaufte Menge) eines Lebensmittelgeschäfts vergrößert, während eine Preiserhöhung bei Biofleisch diesen voraussichtlich verringert.
3. Erklären Sie, warum die direkte Preiselastizität der Nachfrage nach Diesel in kurzen Zeiträumen gering und in langen Zeiträumen groß ist (M 9).

2.1.3 Welche Faktoren bestimmen das Angebot auf einem Markt?

M 10 ● Bei steigendem Preis wächst das Angebot

Entsprechend der Marktnachfrage versteht man unter dem Marktangebot die Summe der individuellen Angebote für ein Gut. Mit steigendem Preis eines Gutes

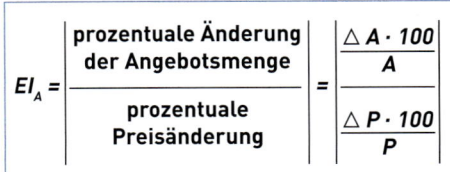

$$EI_A = \frac{\text{prozentuale Änderung der Angebotsmenge}}{\text{prozentuale Preisänderung}} = \frac{\left|\frac{\Delta A \cdot 100}{A}\right|}{\left|\frac{\Delta P \cdot 100}{P}\right|}$$

⁵ wächst die Angebotsmenge dieses Gutes. Da sich die Gewinnchancen verbessern, lasten die Anbieter ihre Kapazitäten weiter aus oder vergrößern sie sogar und weitere Anbieter treten in den Markt ein.
¹⁰ Bei sinkendem Preis eines Gutes wird auch die angebotene Menge sinken, da sich zunehmend mehr Anbieter aus dem Markt zurückziehen oder zumindest ihre Angebotsmenge verringern, weil es sich ¹⁵ aus Kostengründen nicht mehr lohnt, weiter die gleiche Menge zu produzieren. Dieser Zusammenhang zwischen dem Preis und der angebotenen Menge wird grafisch mit der Angebotskurve veran- ²⁰ schaulicht (Abbildung links).
In beiden oben genannten Fällen handelt es sich um eine Verschiebung der Preis-Mengen-Kombination für dieses Gut auf der Angebotskurve. Es handelt sich nicht um eine Verschiebung der Kurve. Entspre- ²⁵ chend zur Preiselastizität der Nachfrage bezeichnet man das Angebot als elastisch, wenn es stark auf eine Preisänderung reagiert. Reagiert die Angebotsmenge kaum merklich auf Preisänderungen, so gilt das ³⁰ Angebot als unelastisch.
Für die **Preiselastizität des Angebots** gilt:
Beispiel Nachhilfe
Ein Schüler bietet Mathematiknachhilfe für Unterstufenschüler an. Er hat zurzeit fünf ³⁵ Nachhilfeschüler und verlangt 10 € pro Stunde. Da er dadurch zeitlich stark belastet ist, bleibt ihm kaum noch Freizeit. Er wird deshalb einen weiteren Nachhilfeschüler nur annehmen, wenn er von diesem einen höheren Preis erhält (die Opportunitätskosten für die letzte angebotene Nachhilfestunde sind höher als die der vorhergehenden). Das Angebot steigt also bei steigendem Preis.

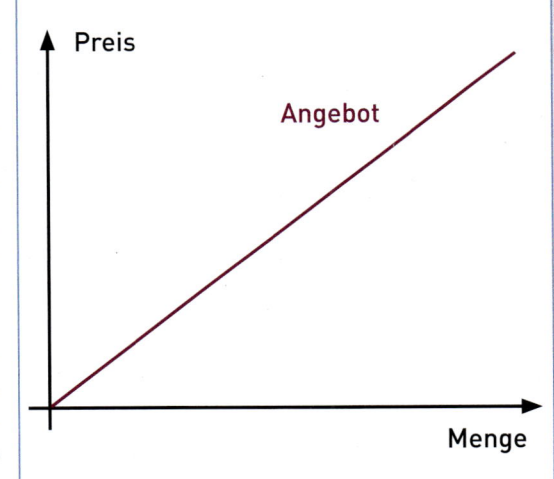

Autorentext und -grafiken

M 11 ● Die Grenzkosten eines Anbieters bestimmen seine Angebotsmenge

Vorausgesetzt, die (Maschinen-)Ausstattung eines Unternehmens wird nicht verändert, so steigen die Kosten für jede zusätzlich produzierte Einheit kurzfristig mit ⁵ wachsender Produktionsmenge. Dies ist z. B. darin begründet, dass jede für die Produktionsausweitung notwendige, zusätzlich beschäftigte Arbeitskraft mehr Koordinationsaufwand bedeutet. Im Extremfall behindern sich die Arbeitskräfte gegensei- ¹⁰ tig (z. B. Aushilfskoch oder -kellner in einem Restaurant). Die Produktivität der letzten zusätzlich eingestellten Arbeitskraft ist also geringer als die durchschnittliche Produktivität der bislang beschäftigten Ar- ¹⁵ beitskräfte. Deshalb steigen die Grenzkosten mit der angebotenen Menge.
Sobald die Kosten der letzten produzierten

Grenzkosten

Zusätzliche Kosten der letzten produzierten Einheit, d. h. Anstieg der Gesamtkosten für Herstellung einer zusätzlichen Produkteinheit.

Grenzerlös
Zusätzlicher Erlös der letzten produzierten Einheit, d. h. Zunahme des Gesamterlöses, den eine zusätzlich abgesetzte Produkteinheit verursacht.

Einheit höher sind als der mit ihr zu erzielende Erlös, lohnt sich die Produktion dieser Einheit rechnerisch nicht mehr. Die gewinnmaximale Produktionsmenge ist deshalb genau dann erreicht, wenn die Grenzkosten gleich dem Grenzerlös (= Marktpreis für das Gut) sind. Die Grenzkostenkurve eines Unternehmens legt also fest, welche Mengen dieses bei den verschiedenen Preisen anbieten wird – je höher der Preis desto mehr.
Autorentext

M 12 ● Welche weiteren Faktoren beeinflussen das Angebot?

Das (Markt-)Angebot für ein bestimmtes Gut, z. B. SUVs, vergrößert sich bei gleichbleibendem Preis (ceteris paribus) z. B. in den folgenden Fällen aufgrund:

- einer Preissenkung bei anderen Gütern – z. B. lässt die Preissenkung bei Kompaktwagen oder Limousinen die Gewinnerwartungen in diesen Segmenten sinken, werden Automobilhersteller mehr SUVs anbieten,
- einer Preissenkung bei den Produktionsfaktoren – sinken z. B. die Preise für Zulieferteile in der Automobilherstellung, kann bei gleichbleibendem Preis das Angebot an SUVs ausgeweitet werden,
- der Verbesserung des angewandten technischen Wissens – wird z. B. durch eine Innovation in der Fertigung die Automobilproduktion erleichtert, können mehr SUVs zum gleichen Preis angeboten werden,
- verbesserter Absatz- und Gewinnerwartungen – z. B. steigen die Gewinnerwartungen im Segment der SUVs, werden die Unternehmen mehr Fahrzeuge aus diesem Segment anbieten,
- einer Erhöhung der Zahl der Anbieter – wenn z. B. ein neuer Anbieter in den Markt der SUVs einsteigt, wird sich das Angebot insgesamt vergrößern.

Grafisch bedeutet dies jeweils eine Verschiebung der Angebotskurve nach rechts, da sich nicht der Preis dieses Gutes, sondern einer oder mehrere der anderen Bestimmungsfaktoren ändern. Im jeweils umgekehrten Fall ergibt sich eine Linksverschiebung der Angebotskurve (Abnahme des Angebots).

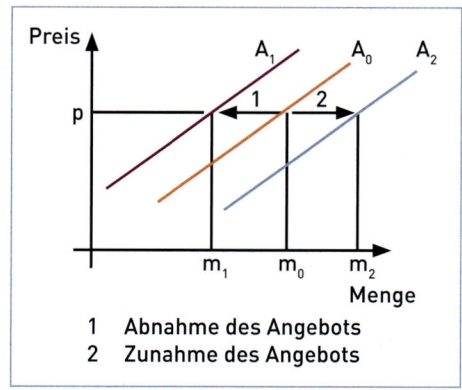

1 Abnahme des Angebots
2 Zunahme des Angebots

Autorentext und -grafik

Aufgaben

1. Erläutern Sie anhand des Beispiels eines Wohnungsbauunternehmens in einer Großstadt die Bestimmungsfaktoren seiner Angebotsmenge an Wohnungen (M 10 – M 12).
2. Stellen Sie grafisch die Auswirkung einer hervorragenden Apfelernte auf die Angebotsmenge von frisch gepresstem Apfelsaft dar und erklären Sie Ihre Darstellung (M 10 – M 12).
3. Erläutern Sie mit Hilfe des Begriffs der Grenzkosten, warum die Angebotskurve eine steigende Kurve ist (M 11).

2.1.4 Wie wirken sich Preisänderungen auf unterschiedlichen Märkten aus?

M 13 ● Der vollkommene Markt – ein Idealbild

Der vollkommene Markt dient in der ökonomischen Theorie der Preisbildung als Bezugspunkt für die in der Wirklichkeit vorherrschenden unvollkommenen Märkte (heterogene Märkte). Die Börse erfüllt die Bedingungen eines vollkommenen Marktes allerdings recht gut. Darüber hinaus findet man in der Realität kaum vollkommene Märkte, verfolgt doch fast jede Unternehmung das Ziel, ihr Angebot von denen anderer Anbieter unterscheidbar zu machen. Für die Existenz eines vollkommenen Marktes müssen folgende Voraussetzungen erfüllt sein:

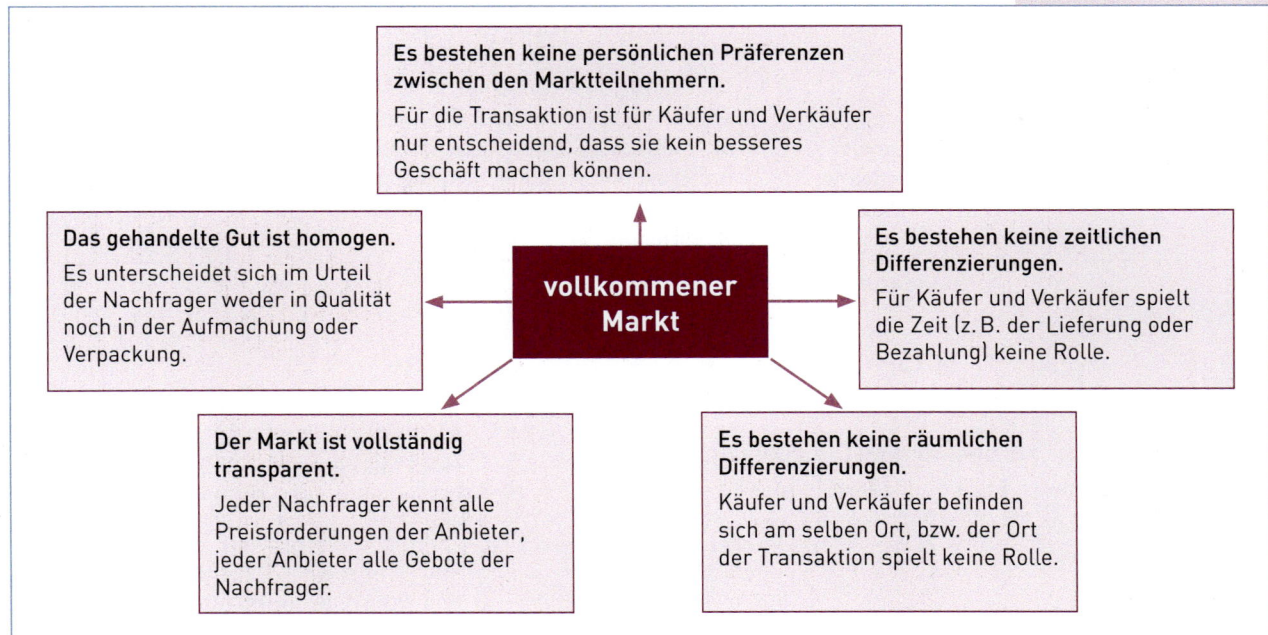

Autorentext und -grafik

M 14 ● Unterschiedliche Marktformen – unterschiedliche Wirkungen von Veränderungen des Preises

Neben dem Grad der Marktvollkommenheit wird die Art des Marktes auch nach der relativen Anzahl und Größe von Anbietern und Nachfragern unterschieden. Die Abgrenzung zwischen den Marktformen allein über die Zahl der Nachfrager und Anbieter ist schwierig – ab welcher Anzahl der Anbieter erfolgt z. B. der Übergang vom Polypol zum Oligopol? Deshalb wird in der Regel die Beweglichkeit der Nachfrage bei Preisänderungen (also der Effekt, den die Preissenkung eines Anbieters auf die Nachfrage der konkurrierenden Anbieter ausübt) als zusätzliches Kriterium zur Unterscheidung der verschiedenen Marktformen benutzt. Die Beweglichkeit der Nachfrage hängt natürlich auch von der Zahl der Nachfrager ab. In der Tabelle auf folgender S. 44 wird zur Vereinfachung von einer großen Zahl an Nachfragern ausgegangen.

Autorentext

Erklärfilm „Marktformen"

Mediencode: 8880-01

Zahl der Anbieter	Marktform	Effekt auf Nachfrage
viele Anbieter	Polypol z. B. Obst- und Gemüsehändler und Verbraucher auf einem großen Wochenmarkt	Die Nachfrage ist aufgrund einer preispolitischen Maßnahme eines Anbieters nur für diesen, nicht aber für seine Konkurrenten spürbar beweglich. Bietet z. B. ein Händler A auf dem Wochenmarkt seine Tomaten deutlich über dem Durchschnittspreis an, werden fast alle potenziellen Kunden bei anderen Anbietern kaufen. Die Zahl der Anbieter ist aber so groß, dass die anderen Anbieter die Zunahme an Kunden nicht wahrnehmen. Auch eine deutliche Preissenkung durch den Händler A spüren die anderen Anbieter nicht.
wenige Anbieter	Oligopol z. B. Flugzeughersteller und Fluggesellschaften	Die Nachfrage ist zwischen den konkurrierenden Anbietern für beide Seiten spürbar beweglich. Z. B. erzielt ein Anbieter durch eine Preissenkung zunächst eine Umsatzerhöhung. Da die Zahl der Anbieter gering ist, spüren die Konkurrenten den Nachfragerückgang deutlich und reagieren u. U. mit eigenen Preissenkungen.
ein Anbieter	Monopol z. B. kommunaler Verkehrsbetrieb in einer Großstadt	Der Monopolist muss um den Absatz seines Produktes nicht mit anderen konkurrieren. Z. B. kann ein kommunaler Verkehrsbetrieb die Fahrtentgelte für Busse/Bahnen erhöhen, ohne dass die Nachfrager zu einem anderen Anbieter im ÖPNV wechseln können. Die Nachfrage wird nur in dem Maß sinken, wie die Fahrgäste auf die Nutzung des ÖPNV verzichten.

Autorentext

M 15 ● Die Realität: unvollkommene Märkte

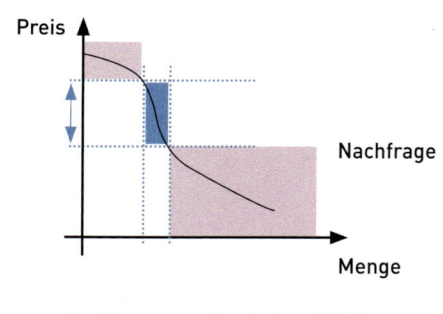

Absatzkurve für ein bestimmtes Gut eines Anbieters mit monopolistischem Preisspielraum:

Im blau markierten Bereich vergrößert sich die Nachfrage bei einer Preissenkung nur dadurch, dass Nachfrager neu dazukommen, die bei einem höheren Preis gar nicht nachgefragt hätten (auch nicht bei der Konkurrenz). Außerhalb des blauen Bereichs verliert/gewinnt der Anbieter Nachfrager an/von andere/n Anbieter/n.

Nachfrager wechseln den Anbieter

Meistens findet man bei der Untersuchung eines Marktes weder vollständige Transparenz noch die Homogenität der Güter. Anbieter und Konsumenten sind meist nicht vollständig über die Qualität, Verpackung und Preise der (Konkurrenz-)Produkte informiert. Persönliche, zeitliche und örtliche Vorlieben (Präferenzen) der Käufer und Verkäufer sind auf den Märkten die Regel. Auch die vollständige Konkurrenz ist auf einem Markt nur selten gegeben. So haben z. B. Tankstellen im ländlichen Raum einen monopolistischen Preisspielraum, d. h. in einem bestimmten Preisspielraum wirkt sich eine Preisänderung kaum spürbar auf den Absatz aus.

Autorentext und -grafik

Aufgaben

1. Charakterisieren Sie jeweils die Marktform, die die Märkte für Smartphones und für T-Shirts (keine Markenware) am besten beschreibt (M 13 – M 15).
2. Erklären Sie, warum der einzige Bäcker in einem Vorort einer Stadt mit einem Gymnasium einen monopolistischen Preisspielraum bei seinem Kaffee to go-Angebot hat (M 15).

2.1 Wie reagieren Nachfrage und Angebot auf Veränderungen auf dem Markt?

Auf einem Markt hängen Nachfrage und Angebot vom Preis ab. Nachfrage und Angebot sind darüber hinaus abhängig von einer Vielzahl von Bestimmungsfaktoren. Um Wirkungszusammenhänge aufzeigen zu können, verwendet man in der Ökonomie häufig die Ceteris paribus-Klausel, d.h. man betrachtet einen ausgewählten Wirkungszusammenhang zwischen Größen unter der Annahme, dass alle anderen Einflussfaktoren konstant sind. Deshalb ist es sinnvoll, zuerst isoliert die Bestimmungsfaktoren der Nachfrage und des Angebots genauer zu betrachten.

Ceteris paribus-Klausel
M 4

Das Bedürfnis nach einem Gut hängt vom Nutzen ab, den das Gut stiftet. Der Nutzen sinkt mit der Zahl der konsumierten Einheiten (der Grenznutzen sinkt), so stiftet das fünfte Auto in einer Familie in der Regel weniger Nutzen als das erste oder zweite. Ein Haushalt wird demnach für die erste Einheit eines Gutes bereit sein, mehr zu zahlen als für die zweite und für die zweite mehr als für die dritte usw. Die nachgefragte Menge eines Haushalts sinkt also, wenn die Preise steigen.

Der Grenznutzen fällt mit der Zahl der konsumierten Einheiten
M 3

Die Nachfrage nach einem Marktgut ist die Summe der individuellen Nachfragen. Sie hängt in erster Linie vom Preis des Gutes ab. In der Regel gilt: je höher der Preis des Gutes, desto geringer die Nachfrage. Grafisch bedeutet dies im Preis-Mengen-Diagramm: Die Nachfragekurve ist eine fallende Kurve.

Die Nachfragekurve ist eine fallende Kurve
M 3

Die Nachfrage nach einem Gut hängt neben dem Preis für dieses Gut auch vom Preis anderer Güter ab. Lässt sich das Gut einfach durch ein anderes ersetzen, so werden die Nachfrager bei einer Preiserhöhung auf das Substitutionsgut ausweichen. Komplementärgüter werden immer dann mehr nachgefragt, wenn das zu ihnen komplementäre Gut auch mehr nachgefragt wird (z.B. PKWs und Benzin). Steigt der Preis für ein Gut, so sinkt auch die Nachfrage nach dem Komplementärgut. Die Nachfrage ist außerdem abhängig vom Einkommen der Nachfrager. In der Regel wird die Nachfrage bei steigendem Einkommen wachsen (superiore Güter). Allerdings gibt es auch Güter (inferiore Güter), bei denen die Nachfrage sinkt, wenn das Einkommen steigt – z.B. billiger Sekt. Grundsätzlich ist die Nachfrage abhängig von der Nutzeneinschätzung der Haushalte, d.h. wenn einem Gut ein steigender Wert zugeschrieben wird (z.B. durch die Veränderung der Lebensumstände, Moden, Trends ...), wird die Nachfrage nach diesem Gut steigen.

Einflussfaktoren auf die Nachfrage
M 5

Für Unternehmen und den Staat ist von großem Interesse, wie die Nachfrage auf Veränderungen des Preises reagiert. Das Maß dieser „Sensibilität" ist die Preiselastizität der Nachfrage (Quotient der prozentualen Mengenänderung und der prozentualen Preisänderung). Ist die Elastizität kleiner 1, so spricht man von einer unelastischen Nachfrage, eine Preisänderung um z. B. 5 % wirkt sich dann um weniger als 5 % auf die Nachfrage aus. Wirkt sich eine 5 %ige Preisänderung stärker als 5 % auf die Nachfrage aus, so ist die Elastizität größer 1. Die Preiselastizität der Nachfrage hängt von verschiedenen Faktoren ab. Dazu zählen die Art des Gutes (z.B. Luxusgut oder lebensnotwendiges Gut) und die Erhältlichkeit substitutiver Güter (z. B. Mohnbrötchen und Sesambrötchen). Eine Rolle spielt auch die Marktabgrenzung, je enger

Preiselastizität der Nachfrage
M 7 – M 9

ORIENTIERUNGSWISSEN

ORIENTIERUNGSWISSEN

der Markt abgegrenzt ist, desto eher gibt es Substitutionsgüter (ein SUV kann z. B. leicht durch einen anderen PKW ersetzt werden, ein PKW als Fortbewegungsmittel schwerer). Ebenso spielt der Zeithorizont eine Rolle: Die Preiselastizität der Nachfrage ist auf lange Sicht bei allen Gütern groß.

Die Angebotskurve ist eine steigende Kurve
M 10

Da es sich für Anbieter bei steigenden Preisen immer mehr lohnt, das Gut anzubieten, wird ein Anbieter seine Produktionsmenge erhöhen, wenn der Preis für das Gut steigt. Außerdem werden neue Anbieter auf den Markt kommen, für die es sich bei steigenden Preisen lohnt zu produzieren und das Gut anzubieten. Die Angebotskurve im Preis-Mengen-Diagramm ist also eine steigende Kurve.

Der einzelne Anbieter kann seine Kosten (Fixkosten und variable Kosten) erst ab einer bestimmten Absatzmenge über die Erlöse decken. Ein Anbieter wird ein zusätzliches Gut auf Dauer nur anbieten, wenn die Grenzkosten (Kosten der letzten produzierten Einheit) kleiner oder gleich sind wie der Grenzerlös (Erlös der letzten produzierten Einheit = Marktpreis). Da die Grenzkosten mit zunehmender Menge steigen (z. B. aufgrund des Einsatzes weiterer Maschinen oder weiteren Personals), wird jeder Anbieter maximal so viel von einem Gut anbieten, bis die Grenzkosten gleich dem Grenzerlös sind und damit die gewinnmaximale Menge erreicht ist. Da der Grenzerlös dem jeweiligen Marktpreis entspricht, ist die Angebotskurve des einzelnen Anbieters identisch mit seiner Grenzkostenkurve.

Die Grenzkosten steigen mit der Zahl der angebotenen Einheiten
M 11

Bestimmungsfaktoren des Angebots
M 12

Auch das Angebot eines Gutes hängt, wie die Nachfrage, neben dem Preis des Gutes von vielen weiteren Bestimmungsfaktoren ab. Dazu gehören die Herstellungskosten. Fallen diese, kann das Angebot zum gleichen Preis ausgeweitet werden. Auch technologische Entwicklungen wirken sich auf die Angebotsmenge aus, da sie die Herstellung eines Gutes erleichtern können. Die (Gewinn-)Erwartungen der Anbieter spielen ebenfalls eine Rolle. Steigen diese, so wird das Angebot ausgeweitet. Veränderungen der Preise anderer Güter wirken sich – über die sich verändernden Gewinnerwartungen – auf das Angebot aus, da sie z. B. dazu führen können, dass Unternehmen ihren Produktionsmix verändern.

Preiselastizität des Angebots
M 10

Die Preiselastizität des Angebots ist ein Maß für die Reagibilität des Angebots auf Veränderungen des Preises, d. h. sie gibt an wie stark sich das Angebot verändert, wenn sich der Preis verändert. Berechnet wird sie als Quotient der prozentualen Mengenänderung und der prozentualen Preisänderung. Kurzfristig ist die Preiselastizität des Angebots meist gering. Sie ist z. B. abhängig von der Kapazitätsauslastung der Unternehmen, da das Angebot nur ausgeweitet werden kann, wenn dafür auch Produktionskapazitäten zur Verfügung stehen. Auch bei sinkenden Preisen können Unternehmen oft das Angebot nicht sehr schnell reduzieren. Auf lange Sicht ist die Preiselastizität des Angebots bei fast allen Gütern hoch. Gegebenenfalls werden Produktionskapazitäten aufgebaut oder abgebaut.

2.1 Wie reagieren Nachfrage und Angebot auf Veränderungen auf dem Markt?

Untersucht man den Zusammenhang zwischen Nachfrage, Angebot und Preis in der Realität, so stellt man fest, dass sich Veränderungen der Größen auf unterschiedlichen Märkten sehr unterschiedlich auswirken. Um dies zu erklären, kann man z. B. die folgende Systematik anwenden: Unterscheidung von Märkten nach der Zahl der Anbieter und Nachfrager und nach dem Maß der Vollkommenheit des Marktes.

Marktformen
M 14

Unter einem vollkommenen Markt versteht man einen Markt, auf dem Nachfrage und Angebot allein über den Preis voneinander abhängen. Bedingung dafür ist, dass die Güter homogen sind, Anbieter und Nachfrager keine räumlichen, zeitlichen oder persönlichen Präferenzen haben und der Markt transparent, also vollkommen überschaubar ist. Die Annahme eines vollkommenen Marktes bildet die Grundlage für das Modell der Preisbildung und des Marktmechanismus. In der Realität findet man kaum einen vollkommenen Markt, sondern meist unvollkommene Märkte. Die Börse kommt dem Idealbild des vollkommenen Marktes relativ nah. Der in Kapitel 2.1 beschriebene Preismechanismus erklärt Vorgänge auf dem Markt nur unter den Bedingungen des vollkommenen Marktes gut. Das Modell des vollkommen Markts dient insofern nur als Referenz, um die Unterschiede der Preisbildung auf den verschiedenen Märkten beschreiben zu können.

Vollkommener Markt als Idealbild
M 13

Märkte mit nur einem Anbieter bezeichnet man als Monopolmärkte. Hier kann der Monopolist Preis und Absatz/Nachfrage selbst bestimmen. Märkte mit wenigen Anbietern werden als Oligopolmärkte bezeichnet. Sie sind dadurch gekennzeichnet, dass sich eine Preisänderung durch einen Anbieter auf alle anderen Anbieter bzw. die Nachfrage nach ihren Produkten auswirkt. Märkte mit sehr vielen Anbietern werden als Polypolmärkte bezeichnet. Hier wirkt sich eine Preisänderung durch einen Anbieter nur auf diesen selbst aus, die anderen Anbieter spüren von der Preisänderung nichts.

Märkte ohne vollständige Konkurrenz: Monopole und Oligopole
M 14

Oft haben Anbieter einen monopolistischen Preisspielraum. Dies bedeutet, dass der Anbieter in einem bestimmten Preisspielraum den Preis verändern kann, ohne eine bedeutsame Veränderung der Nachfrage zu spüren.
Innerhalb dieses Spielraums akzeptieren die Kunden des Anbieters jede Preisveränderung, ohne den Anbieter zu wechseln. Der monopolistische Preisspielraum eines Anbieters ist umso größer, je schwieriger oder aufwändiger es für Kunden ist, den Anbieter zu wechseln. Deutlich wird dies z. B. bei einem Bäcker in einem kleinen Ort auf dem Land (oder in einem Vorort einer Stadt), der hier der einzige Bäcker ist. Viele Kunden werden ihre Backwaren auch bei einer Preiserhöhung des Bäckers weiter dort kaufen, da der Aufwand die Backwaren bei einem anderen Bäcker in einem anderen Ort zu kaufen hoch ist.

Monopolistischer Preisspielraum
M 15

ORIENTIERUNGSWISSEN

Müllberge und Gesundheitsrisiken – Kaffee to go soll gehen

Ob in der U-Bahn, im Büro oder beim Schlendern – der Kaffeebecher für unterwegs gehört in Deutschland überall dazu. Über den Müllberg aus weggeworfenen Bechern macht sich bislang kaum jemand Gedanken. Verbraucherschützer wollen das ändern.

Mit einer Kampagne für Mehrweg-Kaffeebecher will die Verbraucherzentrale Hamburg die zunehmende Müllflut durch den beliebten Kaffee to go eindämmen. Jährlich werden nach Berechnungen der Verbraucherzentrale in Deutschland rund 6,4 Milliarden Pappbecher samt Plastikdeckel verbraucht und landen im Abfall. [...] Die Verbraucher in Deutschland trinken im Jahr rund 165 Liter Kaffee, mehr als Mineralwasser (140 Liter) und Bier (107 Liter). Ungefähr jede vierte Tasse wird außer Haus konsumiert, schätzt der Deutsche Kaffeeverband. Bäckereien und Stehcafés liegen da weit vorn. Der Kaffee wird dort nicht zwingend in Pappbechern ausgeschenkt, sondern auch in Porzellantassen. Viele Kunden entscheiden sich aber für die Variante „to go". Und wählen den Pappbecher.

Eckart Gienke/dpa, www.n-tv.de, 28.11.2014

Zahlreiche Kaffeebecher werden tagtäglich verbraucht.

Gefährliches Plastik?
Verbraucherschützer [...] warnen: Aus den Deckeln und den Beschichtungen der Becher können sich Stoffe wie Weichmacher oder Bisphenol A herauslösen. Sie bringen ein Krebsrisiko mit sich, wirken aufs Hormonsystem. Natürlich sind die Mengen aus dem Kaffee-Becher nicht akut gesundheitsschädlich. Aber beide Stoffe reichern sich im Körper an.
Sabine Schütze, www.swr.de, 14.11.2014

Kaffee to go: Berliner SPD will die Pappbecher-Steuer
Die Berliner SPD fordert deshalb nun eine Steuer von zehn bis 20 Cent pro Pappbecher.
Hannah Beitzer, Süddeutsche Zeitung, 26.5.2015

Aufgaben

1. Stellen Sie dar, wie sich eine Kampagne der Verbraucherzentrale Hamburg gegen Kaffee to go auf die Nachfrage nach Kaffee in Pappbechern auswirken könnte und erklären Sie Ihre Darstellung.
2. Erläutern Sie, wie sich Ihrer Meinung nach die Meldung des SWR (im November 2014 gab es viele solcher Meldungen), dass sich gesundheitsgefährliche Stoffe aus Kaffee to go-Pappbechern im Körper anreichern, auf die Nachfrage nach Kaffee to go auswirken könnte.
3. Stellen Sie dar, wie sich eine Steuer auf Pappbecher, die die Kaffee to go-Anbieter an den Staat abführen müssten, auf das Angebot von Kaffee to go in Pappbechern auswirken würde.
4. Charakterisieren Sie den Markt für Kaffee to go in Berlin.

F Ermitteln Sie mit Hilfe einer Befragung die Preiselastizität der Nachfrage nach Kaffee to go in Ihrer Lerngruppe bei einer Preiserhöhung um 0,50 Euro.

2.2 Preisbildung auf Märkten

2.2.1 Wie bildet sich ein Preis auf dem Markt?

M 1 ● **London: Wohnen in der Schuhschachtel**

Alles da, was Mensch zum Leben braucht: Abwasch, Kleiderkasten, Matratze in der Londoner „Schuhschachtel".

Der Immobilienmarkt in London zeigt immer skurilere Auswüchse. Nachdem vor kurzem ein Penthouse im Stadtteil Knightsbridge um umgerechnet 170 Millionen
5 Euro verkauft worden ist, wurde nun ein kleines Zimmer für 900 Euro im Monat vermietet. Das berichtet der britische Guardian und schreibt von „Schuhschachtel-Verhältnissen". In dem kleinen Raum be-
10 findet sich eine Küchenzeile, ein Kasten und eine Matratze. Freier Raum zum Bewegen ist kaum vorhanden. Dusche und WC sind immerhin separat.
Trotz der beengten Verhältnisse gab es
15 rund 40 Interessenten. Nach wenigen Stunden war das Appartement vermietet. Das zeigt die extreme Nachfrage nach Wohnraum in der britischen Hauptstadt. Laut der größten Bausparkasse des Landes
20 Nationwide lagen die Hauspreise im Mai 11,1 Prozent höher als ein Jahr zuvor. Dies ist der stärkste Zuwachs seit Mitte 2007, also kurz vor Ausbruch der Finanz- und Immobilienkrise. Ein Ende der Preisanstie-
25 ge wird zwar ständig vorhergesagt, ist aber noch nicht in Sicht. In dem nun bekannt gewordenen Fall wurden allerdings die Behörden aktiv. Paul Convery, ein Lokalpolitiker der Labour Partei, hat die Baupolizei
30 eingeschaltet. Er vermutet illegale Wohneinheiten. Der Besitzer des Gebäudes, Andrew Panayi, streitet dies jedoch ab. Der Umbau des vierstöckigen Gebäudes in 40 Einzelapartments sei mit Zustimmung der
35 Behörden erfolgt. Laut Convery ist das Gebäude kein Einzelfall. Alleine in diesem Stadtteil gebe es hunderte ähnliche Fälle. Viele junge Leute, auch aus dem Ausland, seien betroffen. „Aber sie beschweren sich
40 nicht, sondern nehmen die Kluft zwischen Qualität und Preis hin."

Robert Kleedorfer, www.kurier.at, 25.6.2014

M 2 • Welche Funktionen hat der Preis auf einem Markt?

Informationsfunktion
Der Preis gibt Auskunft über den relativen Knappheitsgrad eines Gutes oder einer Dienstleistung. Der Preis spiegelt die Wertschätzung (nicht den Wert!) des Gutes oder der Dienstleistung wider. Ein hoher Preis deutet auf eine hohe Knappheit hin.
Knappheitsindikator

Koordinationsfunktion
Anbieter und Nachfrager planen ihr Angebot bzw. ihre Nachfrage nach einem Gut oder einer Dienstleistung auf der Grundlage des Preises. Steigt der Preis, wird mittelfristig das Angebot ausgeweitet und die Nachfrage eingeschränkt.
Ausgleich von Angebot und Nachfrage

Funktionen von Preisen auf Märkten

Selektionsfunktion
Es können nur Unternehmen auf dem Markt bestehen, die zumindest kostendeckend anbieten, die anderen scheiden aus dem Markt aus. Nur Nachfrager, die bereit sind, den Preis zu bezahlen, erhalten das Gut oder die Dienstleistung.
Zuteilung und Auslese

Allokationsfunktion
Preise lenken die Produktionsfaktoren Arbeit und Kapital in die Wirtschaftsbereiche, wo die erzielbaren Einkommen (Gewinne) am höchsten sind. Unternehmen haben einen permanenten Anreiz für die effiziente Verwendung knapper Ressourcen.
Anreize und Lenkung

Autorengrafik

M 3 • Wie bestimmen Angebot und Nachfrage den Preis von Erdbeeren auf einem Markt?

Märkte im Gleichgewicht

Der Markt befindet sich im Gleichgewicht, die zum Gleichgewichtspreis angebotene Menge an Erdbeeren entspricht genau der nachgefragten Menge. Das Gleichgewicht findet man da, wo sich Angebots- und Nachfragekurve schneiden. Hier beträgt der Gleichgewichtspreis 2,00 € je kg Erdbeeren: Zu diesem Preis werden 70 kg Erdbeeren angeboten und nachgefragt.

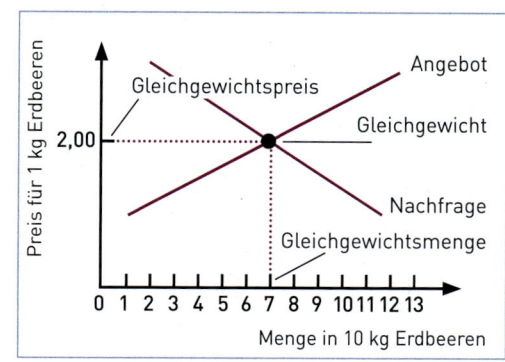

Märkte abseits des Gleichgewichts

Bei einem Marktpreis von 2,50 € (liegt über dem Gleichgewichtspreis) werden 40 kg Erdbeeren nachgefragt und 100 kg angeboten (Angebotsüberschuss). Die Anbieter versuchen, den Absatz durch Preissenkungen zu steigern; dies verändert den Preis in Richtung des Gleichgewichtspreises. Bei einem Preis von 1,50 € werden 100 kg Erdbeeren nachgefragt und 40 kg angeboten (Nachfrageüberschuss). Die Anbieter werden den Preis in Richtung des Gleichgewichtspreises anheben.

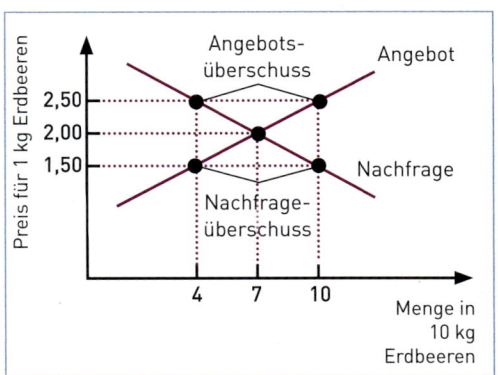

Folgen eines Angebotsrückgangs

Ein Unwetter vermindert die Angebotsmenge, zum gleichen Preis wird jetzt weniger angeboten als vor dem Unwetter. Dies bewirkt eine Linksverschiebung der Angebotskurve von A_1 nach A_2. Der Gleichgewichtspreis steigt von 2,00 € auf 2,50 € und die Gleichgewichtsmenge sinkt von 70 kg auf 40 kg.

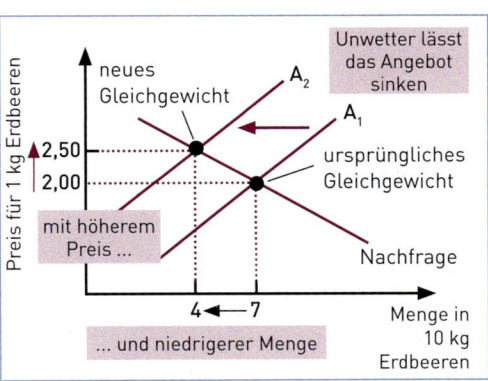

Marie Esprit Léon Walras (1834 – 1910) war ein französischer Ökonom. Er gilt als einer der führenden Vertreter der Neoklassik und Urheber des allgemeinen Gleichgewichtsmodells.

Folgen einer Nachfragesteigerung

Ein großes regionales Fest lässt die nachgefragte Menge an Erdbeeren auf dem Markt steigen, da hier viele Haushalte mehr Erdbeeren konsumieren. Zum gleichen Preis wird also jetzt mehr nachgefragt als vorher. Die Nachfragekurve verschiebt sich nach rechts. Der Gleichgewichtspreis steigt von 2,00 € auf 2,50 €, die Gleichgewichtsmenge steigt von 70 kg auf 100 kg.

Autorentext und -grafiken

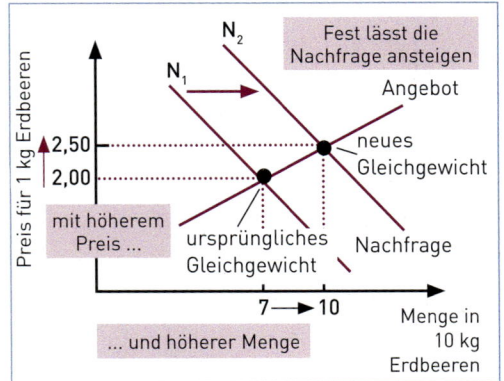

Alfred Marshall (1842 – 1924) war einer der einflussreichsten Nationalökonomen seiner Zeit. Das von ihm popularisierte Angebots- und Nachfragediagramm, bei dem der Preis auf der vertikalen Achse abgetragen wird, ist innerhalb der Wirtschaftswissenschaften immer noch Standard.

Aufgaben

1. Beschreiben Sie die Funktionen von Preisen am Beispiel des Marktes für Erdbeeren und am Beispiel des Marktes für Abiturvorbereitungskurse (M 2).
2. Erklären Sie, warum die Mieten in London extrem hoch sind, und stellen Sie die Entwicklung auf diesem Markt grafisch in einem Preis-Mengen-Diagramm dar (M 1 – M 3).
3. Stellen Sie grafisch dar, wie sich eine besonders gute Apfelernte auf den Markt für heimischen Apfelsaft auswirkt, und erklären Sie Ihre Darstellung (M 3).

zu Aufgabe 3
Überlegen Sie zuerst, ob sich eine gute Apfelernte auf das Angebot oder die Nachfrage auswirkt. Klären Sie danach, wie sich die gute Apfelernte auf die Größe (Angebote oder Nachfrage) auswirkt und zeichnen Sie dies ein.

2.2.2 Ist der Markt ein effizientes und gerechtes Instrument zur Güterverteilung?

M 4 ● Wer profitiert auf einem Markt im Gleichgewicht?

(Individuelle) Konsumentenrente = Zahlungsbereitschaft − Marktpreis

(Individuelle) Produzentenrente = Marktpreis − Reservationspreis

Gesamtwohlfahrt = Konsumentenrente + Produzentenrente

Die Nachfrager, die bereit wären, ein Gut auch zu einem höheren als dem aktuellen Marktpreis (p_0) zu kaufen (individuelle Zahlungsbereitschaft), erzielen beim Kauf des Gutes einen Vorteil – sie „sparen" etwas und erzielen eine (Konsumenten-)Rente. Die Anbieter, die bereit wären, ein Gut auch zu einem geringeren als dem Marktpreis (p_0) anzubieten (individueller Reservationspreis), erzielen ebenfalls einen Vorteil, eine (Produzenten-)Rente (vgl. Schaubild unten). Der Austausch von Gütern auf einem Markt ist somit in der Regel eine Win-win-Situation, von der beide Seiten – Anbieter und Nachfrager – gleichermaßen profitieren.

Auf den Gesamtmarkt bezogen bezeichnet man die Summe aller individuellen Konsumentenrenten als **Konsumentenrente** (lila Fläche) und die Summe aller individuellen Produzentenrenten als **Produzentenrente** (blaue Fläche).

Die Summe der Konsumentenrente und der Produzentenrente auf einem Markt wird mit „**Gesamtwohlfahrt**" oder „ökonomische Wohlfahrt" bezeichnet. Im Schaubild links wird die Gesamtwohlfahrt als die Summe der zwei Dreiecksflächen sichtbar.

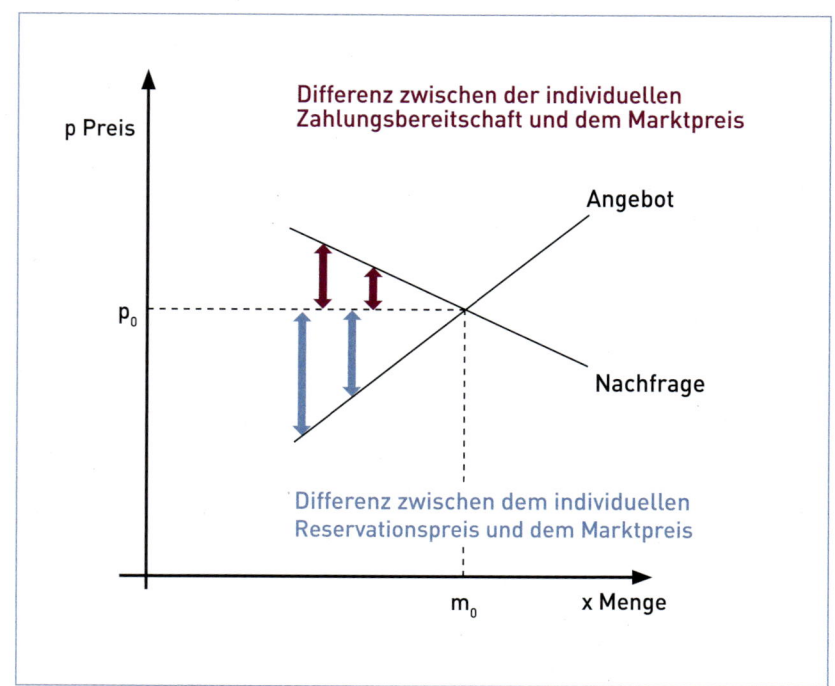

Autorentext und -grafiken

M 5 ● Warum ist der Markt effizient?

Damit kommen wir zu zwei Erkenntnissen über Marktergebnisse:
1. Freie Märkte teilen das Güterangebot jenen Käufern zu, die es – gemessen an ihrer Zahlungsbereitschaft – am höchsten schätzen und bewerten.
2. Freie Märkte teilen die Güternachfrage jenen Verkäufern zu, die zur Produktion mit den niedrigsten Kosten in der Lage sind.

Das bedeutet, dass die im Marktgleichgewicht produzierte und verkaufte Menge durch den Staat durch Umverteilung und Anbietern und Nachfragern nicht so verändert werden kann, dass die Gesamtwohlfahrt größer würde. Kann der Staat dadurch die Gesamtwohlfahrt steigern, dass er die Gütermenge erhöht oder vermindert? Die Antwort ist Nein, wie in der dritten Erkenntnis über Marktergebnisse festgehalten:

3. Freie Märkte führen zur Produktion jener Gütermenge, die zum Maximum der Gesamtwohlfahrt führt. [...]

Die drei Erkenntnisse über Marktergebnisse sagen uns, dass das Marktgleichgewicht die Summe aus Konsumenten- und Produzentenrente [also die Gesamtwohlfahrt] maximiert. [...]

Stellen wir uns vor der Staat würde versuchen, eine effiziente Allokation der Ressourcen zu finden. Dafür benötigt er zunächst Informationen über die Zahlungsbereitschaft aller potentiellen Nachfrager sowie die Produktionskosten aller potentiellen Anbieter. Außerdem müsste der Staat über alle Anbieter und Nachfrager in Tausenden Märkten der Volkswirtschaft Bescheid wissen. Das ist natürlich unmöglich. Und damit wird verständlich, warum zentrale Planwirtschaften niemals richtig funktionieren. [...] Der Markt berücksichtigt alle Informationen über Anbieter und Nachfrager und führt alle Aktivitäten im Markt zum bestmöglichen Ergebnis vom Standpunkt der ökonomi-

> **Wirtschaftlichkeit**
> Ein allgemeines Maß für die **Effizienz** im Sinne der Kosten-Nutzen-Relation, bzw. für den rationalen Umgang mit knappen Ressourcen. Sie wird allgemein als das Verhältnis zwischen erreichtem Erfolg und dafür benötigtem Mitteleinsatz definiert. Das Ziel ist, mit einem möglichst geringen Aufwand einen gegebenen Ertrag zu erreichen oder mit einem gegebenen Aufwand einen möglichst großen Ertrag zu erreichen.

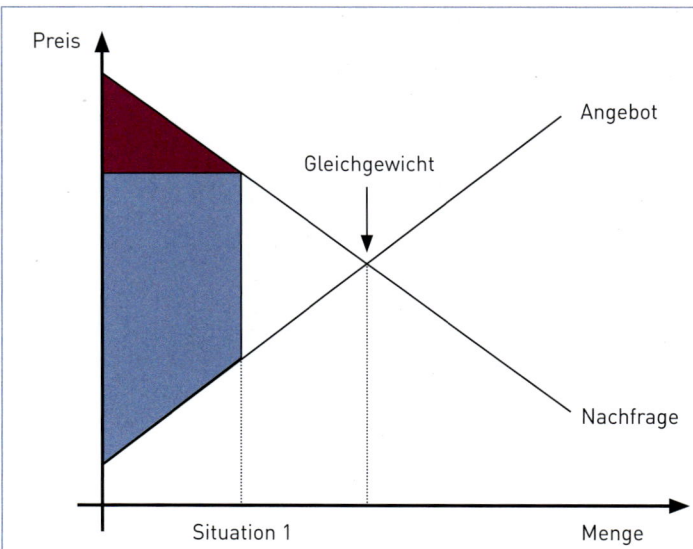

Situation 1 – Menge unter der Gleichgewichtsmenge:
Der Wert für Käufer ist größer als die Kosten der Verkäufer, die Produzentenrente wurde zu Lasten der Konsumenten vergrößert. Eine Steigerung der Menge führt zu einer Erhöhung der Gesamtwohlfahrt, bis das Gleichgewicht erreicht ist.

Vilfredo Federico Pareto (1848 – 1923) war ein italienischer Ingenieur, Ökonom und Soziologe. Er gilt [wie Léon Walras] als Vertreter der Lausanner Schule der volkswirtschaftlichen Neoklassik und machte sich als Begründer der Wohlfahrtsökonomik einen Namen.

Pareto-Kriterium

Die in einem Wettbewerbsprozess erzielten Marktergebnisse sind i. d. R. nicht verbesserungsfähig. Hierfür maßgeblich ist das „Pareto-Kriterium" oder auch „Pareto-Optimum", welches nach dem Ökonomen Vilfredo Pareto benannt ist. Nach dem Pareto-Kriterium für den Tausch wird eine Situation dann als effizient angesehen, wenn es zwei Menschen durch Handel nicht mehr möglich ist, ihre Lage so zu verbessern, dass keiner der beiden schlechter gestellt wird.
Nach: Peter Bofinger, *Grundzüge der Volkswirtschaftslehre*, 3. Aufl., München 2011, S. 194

schen Effizienz. Aus diesem Grund vertreten Nationalökonomen in der Regel die Auffassung, dass freie Märkte die beste Organisationsform für ökonomische Aktivität sind. [...] Ein warnendes Wort ist angebracht. Voraussetzung für diese Effizienz des Marktes sind die vollständige Konkurrenz und die Annahme, dass die Marktergebnisse nur die Käufer und Verkäufer in diesem Markt tangieren. Sind diese Voraussetzungen nicht erfüllt, so mag auch die Schlussfolgerung, dass Marktgleichgewichte effizient sind, nicht länger zutreffen.

In der wirklichen Welt gibt es nur selten einen Markt mit vollständiger Konkurrenz. Häufig sind einzelne Käufer und Verkäufer durch ihre Marktmacht in der Lage, den Marktpreis zu beeinflussen. Dies kann zu einer Ineffizienz des Marktes führen, da die Marktmacht Preis und Menge vom Gleichgewicht fernhält.

Marktergebnisse betreffen häufig nicht nur die Käufer und Verkäufer auf dem Markt, sondern auch Menschen, die nicht Marktteilnehmer sind. Die Luftverschmutzung gilt hierfür als klassisches Beispiel. Nebenwirkungen (Externalitäten) führen dazu, dass die Wohlfahrt durch Märkte von mehr als nur der Käuferbewertung der Verkäuferkosten abhängt. Marktgleichgewichte können vom Standpunkt der Gesellschaft aus ineffizient sein.

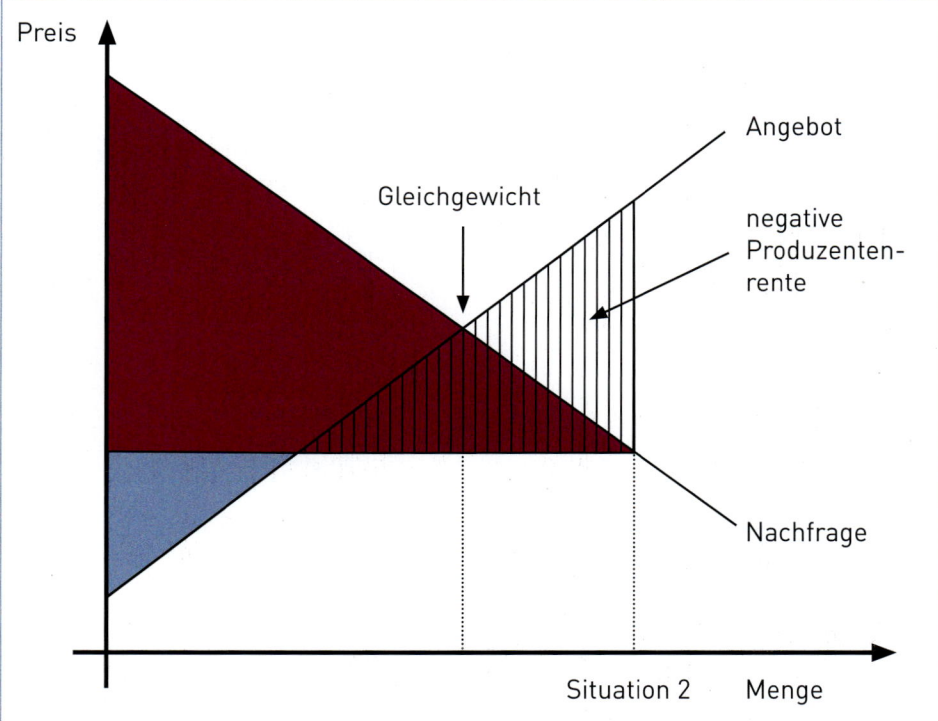

Situation 2 – Menge über der Gleichgewichtsmenge:
Der Wert für Käufer ist kleiner als die Kosten der Verkäufer, die Konsumentenrente wurde zu Lasten der Produzenten vergrößert. Eine Senkung der Menge führt zu einer Erhöhung der Gesamtwohlfahrt, bis das Gleichgewicht erreicht ist.

Nach: N. Gregory Mankiw/Mark P. Taylor, *Grundzüge der Volkswirtschaftslehre*, 5. Aufl., Stuttgart 2012, S. 188 ff. (übers. v. Adolf Wagner und Marco Herrmann)

M 6 ● Hängen Effizienz und Verteilung voneinander ab?

Vertiefende Darstellungen zur Mikroökonomie leiten formal ab, dass die in einem idealtypischen Wettbewerbsprozess erzielten Markt-Ergebnisse in der Regel nicht verbesserungsfähig sind. Das hierfür maßgebliche Kriterium ist das „Pareto-Kriterium". Es ist nach dem Ökonom und Soziologen Vilfredo Pareto (1848- 1923) benannt. [...] Nach dem Pareto-Kriterium für den Tausch wird eine Situation dann als effizient angesehen, wenn es zwei Menschen durch Handel nicht mehr möglich ist, ihre Lage so zu verbessern, dass keiner der beiden schlechter gestellt wird. Eine Situation ist also noch nicht pareto-effizient, wenn es durch Tausch möglich ist, die Situation zumindest eines Beteiligten zu verbessern, ohne die des anderen zu verschlechtern. Wichtig ist dabei, dass es für diese spezielle Form der Effizienz völlig ohne Bedeutung ist, wie die vorhandenen Güter auf zwei oder mehr Menschen verteilt sind.

Peter Bofinger, Grundzüge der Volkswirtschaftslehre, 4. aktual. Auflage, München 2015, S. 172

M 7 ● Gehen Effizienz und Gerechtigkeit Hand in Hand?

Die Anfangsverteilung hat aber Einfluss auf das Verteilungsergebnis. Die Bewertung, die Menschen einem Gut entgegenbringen, hängt davon ab, inwieweit sie bereits über es verfügen, d. h. wie die Güter unter den Gesellschaftsmitgliedern verteilt sind. [...] Der Markt gibt nur demjenigen Tauschmacht, der bereits über tauschfähige Positionen verfügt. Wer nicht geben kann, bekommt auch nichts. Individuen ohne Rechte und Güter sind hier systematisch benachteiligt. [...] Der Markt misst nur die zahlungskräftige Nachfrage. Adam Smith beschreibt die Problemlage plastisch: „So kann man in einem gewissen Sinne sagen, ein sehr armer Mann habe eine Nachfrage nach einem Sechsspänner, da er diesen gern haben möchte, doch handelt es sich hier nicht um eine wirksame Nachfrage". [...] Das Konzept der Effizienz klammert das Problem der Verteilung aus, über die Gerechtigkeit von wirtschaftlichen Zuständen sagt es als solches nichts aus. Effizienz und Gerechtigkeit gehen nicht Hand in Hand [...]. Während Effizienz danach strebt, den Kuchen zu vergrößern und den Saldo aus Vor- und Nachteilen zu maximieren, interessiert sich die Gerechtigkeit dafür, bei wem die Vor- und Nachteile anfallen, d. h. wie der Kuchen auf die Gesellschaftsmitglieder verteilt wird. [...] Ein höheres Sozialprodukt, dessen Verteilung als ungerecht empfunden wird, muss einer Gesellschaft nicht notwendig günstiger erscheinen als ein niedriges, aber „gerecht" verteiltes Sozialprodukt.

Mario Martini, Der Markt als Instrument hoheitlicher Verteilungslenkung, München 2008, S. 239

Effizienzprinzip und Verteilungsgerechtigkeit

Der Begründer der Wohlfahrtsökonomie [Arthur C.] Pigou kam [...] zu dem Schluss, dass eine Einkommensumverteilung von einem reichen Mann auf einen armen die Gesamtsumme der gesellschaftlichen Befriedigung erhöhe. [...] Wenn man dem Reichen einen Euro wegnimmt, steigt der Nutzen des Armen dadurch stärker an, als der des Reichen sinkt [Gesetz vom sinkenden Grenznutzen des Einkommens]. [...] Die Umverteilung darf [aber] nicht zu einem Verlust von Produktionsanreizen führen. [Hier] liegt [...] die offene Flanke der Pigouschen Wohlfahrtstheorie. Umverteilungen sind in der Regel mit direkten Effizienzverlusten verbunden. Sie führen zu einer Minderung des Leistungsanreizes.
Mario Martini, Der Markt als Instrument hoheitlicher Verteilungslenkung, München 2008, S. 246

Aufgaben

1. Auf dem Markt werden an einem Tag Kartoffeln zum Marktpreis angeboten. Erklären Sie, warum die Festsetzung eines höheren Preises (z. B. durch die Marktaufsicht) zu einem Verlust an (Pareto-)Effizienz führt, und stellen Sie diese Situation grafisch dar (M 4, M 5).

2. „Die EU-Kommission fühlt sich bemüßigt, Europas Stahlindustrie mit Importzöllen zu schützen – das schädigt diejenigen, die Stahl für ihre Produkte verbauen. Deswegen beschweren sich jetzt Siemens und ABB in Brüssel [...]." Erklären Sie diesen Sachverhalt aus der Frankfurter Allgemeinen Sonntagszeitung vom 24.5.2015 mit Hilfe einer Grafik.

3. Erörtern Sie, inwiefern Märkte zu einer gerechten Güterverteilung führen können (M 6, M 7).

H zu Aufgabe 1
Die Festsetzung eines höheren Preises würde zu einer auf dem Markt umgesetzten Menge führen, die kleiner ist als die Gleichgewichtsmenge.

2.2.3 Warum schwanken Preise?

M 8 ● Der Schweinezyklus erklärt auch Schwankungen auf dem Arbeitsmarkt

Hausschwein (Sus scrofa domestica); Namensgeber für den Schweinezyklus

Der Schweinezyklus beschreibt das Problem der Zeitverzögerung bei der Anpassung des Angebots auf einem Markt. [...] Das von DIW-Ökonom Arthur Hanau im Jahr 1928 analysierte Phänomen hat seinen Ausgang in einem Ereignis, das einen Markt, auf dem Angebot und Nachfrage bei einem bestimmten Preis ausgeglichen sind, aus dem Gleichgewicht bringt: Ein sogenannter Nachfrageschock, ausgelöst etwa durch eine steigende Bevölkerungszahl oder steigenden Wohlstand, bringt zu gegebenen Preisen eine höhere Nachfrage nach Schweinefleisch mit sich. Das Angebot an Schweinen kann jedoch kurzfristig nicht angepasst werden, zusätzliche Schweine müssten erst aufgezogen werden. Folglich spiegelt sich der Nachfrageschock bei zunächst konstantem Angebot ausschließlich in höheren Preisen wider. Für die Schweinezüchter erscheint es nun lukrativ, in den Ausbau ihres Viehbestands zu investieren. Das steigende Angebot werden die Konsumenten aber nur bei dann wieder sinkendem Preis abnehmen: Der neue gleichgewichtige Preis wird zwischen dem ursprünglichen Preis vor dem Nachfrageschock und dem zuletzt [...] am Markt realisierten Preis liegen. Wo genau, ist den Schweinezüchtern aber nicht bekannt. Überschätzen sie ihn, etwa indem sie sich am höheren Preis bei noch nicht angepasstem Angebot orientieren, weitet sie die Menge zu stark aus. Ist dies der Fall und sind die zusätzlichen Schweine erst einmal aufgezogen, kann das nun vorerst wieder fixe Angebot nur zu einem unerwartet niedrigen Preis abgesetzt werden. Die Schweinezüchter machen Verluste und planen zukünftig ein geringeres Angebot. [...] Durch die daraus resultierende Verknappung steigt der Preis erneut – und der Schweinezyklus beginnt von vorn.

Angebotsseitige Schwankungen gibt es auch auf anderen Märkten, beispielsweise dem Arbeitsmarkt: Besteht etwa in einer Branche ein Mangel an Arbeitskräften und entscheiden sich deshalb mehr Menschen, einen Beruf in dieser Branche ausüben zu wollen, verzögert sich die Ausweitung des Arbeitskräfteangebots (beispielsweise um die Dauer eines Studiums oder einer Weiterbildung). Wird das Arbeitsangebot [...] zu stark ausgeweitet und später zu stark nach unten korrigiert, stellt sich auch auf dem Arbeitsmarkt kurzfristig kein neues Gleichgewicht zwischen Arbeitsangebot und Arbeitsnachfrage ein.

Nach: © Copyright 2008-2016 Deutsches Institut für Wirtschaftsforschung e.V.

M 9 ● Der Schweinezyklus auf dem Wohnungsmarkt

An die Zeit vor zehn Jahren denkt Eric Seele nicht gerne zurück: „Die Bevölkerung Hamburgs wuchs nicht mehr, die Wirtschaftslage war schlecht", erinnert sich der Immobilienkaufmann. [...] Von den rund 720 Wohnungen, die sein Unternehmen vermietet, blieben jeden Monat 50 bis 60 leer. [...] Heute erscheinen diese Jahre wie eine entfernte Erinnerung. Wohnungen sind gerade in den Millionenstädten knapp, Vermieter wie Seele genießen fette Jahre: In Hamburg und Berlin steigen die Neuvertragsmieten praktisch ungebremst, selbst im traditionell teuren München scheint noch Luft nach oben zu sein. [...]

Die Immobilienökonomen Konstantin Kholodilin und Dirk Ulbricht untersuchen [in einer Studie des Deutschen Instituts für Wirtschaftsforschung (DIW)], wie sich die Mietpreise in den drei größten deutschen Städten seit 1965 verändert haben. Ihr Ergebnis: Die aktuell rasant steigenden Preise sind für Berlin, Hamburg und München ebenso üblich wie rapide sinkende Preise. [...]

„Der Trend in die Stadt oder aus der Stadt in die Vororte zu ziehen, wiederholt sich immer wieder nach einigen Jahrzehnten", sagt Autor Kholodilin. Grund dafür könnte der Einfluss von Spekulanten sein. Die würden sich eher für große Städte interessieren, weil sie dort gekaufte Wohnungen wegen der höheren Nachfrage schneller wieder loswerden – was sie nach dem Boom dann auch tun. Das würde die Preisausschläge in beide Richtungen verstärken. Die Folge ist das, was Ökonomen als Schweinezyklus bezeichnen: Steigende Mieten auf breiter Front sorgen für Goldgräberstimmung und viele neue Baustellen. Weil sich Grundstückskauf, Genehmigung und Bau über Jahre hinziehen können, ist der Boom oft schon vorbei, wenn die Häuser bezugsfertig sind. Im schlimmsten Fall müssen die Investoren ihre nagelneuen Wohnungen dann verramschen oder leer stehen lassen.

Alexander Demling, Spiegel online, 9.4.2014

M 10 ● Wie kommt ein Gleichgewichtspreis zustande? Das Cobweb-Modell

In der Realität schwanken Preise auf Märkten um den theoretischen Gleichgewichtspreis (vgl. M 3, S. 50 f.). Ein sehr einfaches Modell zur Beschreibung und Erklärung der dynamischen Preisentwicklung ist das Cobweb-Modell (Spinnwebmodell):

Angenommen, das Angebot von morgen bildet sich immer auf Basis des Preises von heute, z. B. dem Preis p_1 – diese Annahme ist in vielen Märkten (z. B. Schweinemarkt) realistisch. Dann würden die Anbieter in der nächsten Produktionsperiode die Menge x_2 produzieren. Wenn diese Menge auf den Markt gebracht wird, bewirkt das jedoch einen Angebotsüberschuss. Es kann daher nur der Preis p_2 erzielt werden, wenn die Anbieter nicht auf einem Teil ihres Angebotes sitzen bleiben wollen.

Aufgrund des niedrigeren Preises wird in der nächsten Produktionsperiode entsprechend weniger produziert, nämlich die Menge x_3. Bei dieser Menge herrscht dann allerdings ein Nachfrageüberschuss, und der Preis steigt auf p_3. So setzt sich der Prozess fort, und der Preis schwankt um den Gleichgewichtspreis.

Das System ist stabil, wenn die Angebotskurve steiler als die Nachfragekurve ist, d. h. das Angebot weniger elastisch auf Preisänderungen reagiert als die Nachfrage. Das System erreicht dann irgendwann das Gleichgewicht (vgl. S. 58 – Schaubild 1).

Ist die Angebotskurve flacher als die Nachfragekurve, so ist das System instabil, denn die Anbieter reagieren stärker auf Preisschwankungen als die Nachfrager. Der Preis entfernt sich immer mehr vom Gleichgewichtspreis (vgl. S. 58 – Schaubild 3).

Im Fall, dass Angebot und Nachfrage in gleichem Maße elastisch auf Preisschwankungen reagieren, würde der Preis zyklisch im immer gleichen Abstand um den Gleichgewichtspreis pendeln (indifferentes Modell, vgl. S. 58 – Schaubild 2).

Autorentext

Das Cobweb-Modell

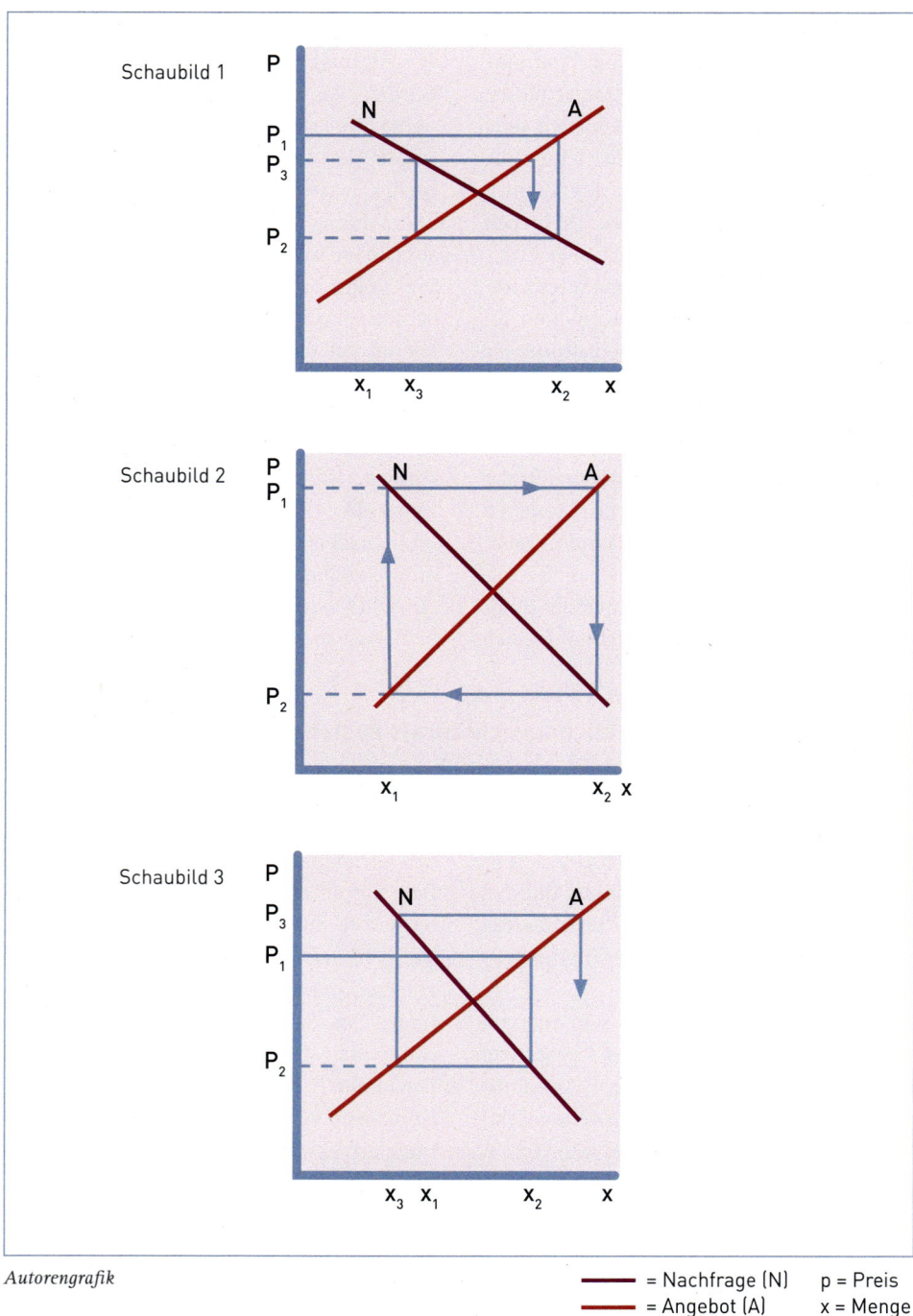

Autorengrafik

— = Nachfrage (N) p = Preis
— = Angebot (A) x = Menge

zu Aufgabe 1
http://www.zeit.de/2015/34/milchpreis-niedrig-landwirte-protest-sanktionen-russland

Aufgaben

1. Erklären Sie, warum Schwankungen auf dem Milchmarkt mit dem „Schweinezyklus" zu begründen sind (M 8, M 9).

2. Erklären Sie den Zusammenhang zwischen der Preiselastizität des Angebots und dem Schweinezyklus (M 10).

Visualisierung und Analyse von Zusammenhängen mit Hilfe von Kreislaufdiagrammen, Fließschemata und Wirkungsgefügen

Die Beziehungen zwischen ökonomisch relevanten Ereignissen können sehr komplex sein. Um sie zu erfassen, reicht das Denken von einer Ursache zu einer Wirkung (lineares Denken) nicht aus. Mit Hilfe von **Kreislaufdiagrammen, Fließschemata, Wirkungsgefügen** und **Wirkungsdiagrammen** lassen sich systemische Zusammenhänge bzw. Vernetzungen darstellen und modellieren.

Für die Visualisierung eines Themenkomplexes müssen zuerst die für die Frage- oder Problemstellung relevanten Systemelemente ermittelt werden. Hierfür sind vorher die Systemgrenzen und die Systembedingungen zu klären. Die Systemelemente können z. B. nach Ursache, Wirkung, Ziel, Maßnahme, Folgen etc. gruppiert werden. Die Richtung der Beeinflussung der Systemelemente wird durch Pfeile dargestellt.

Kreislaufdiagramme

Kreislaufdiagramme eignen sich für die Visualisierung von Zusammenhängen, in denen sich Zustände oder Bedingungen selbst reproduzieren und aufeinander folgend beeinflussen. Sie können damit sich selbst verstärkende oder abschwächende Kausalzusammenhänge aufzeigen.

Beispiel: Schweinezyklus

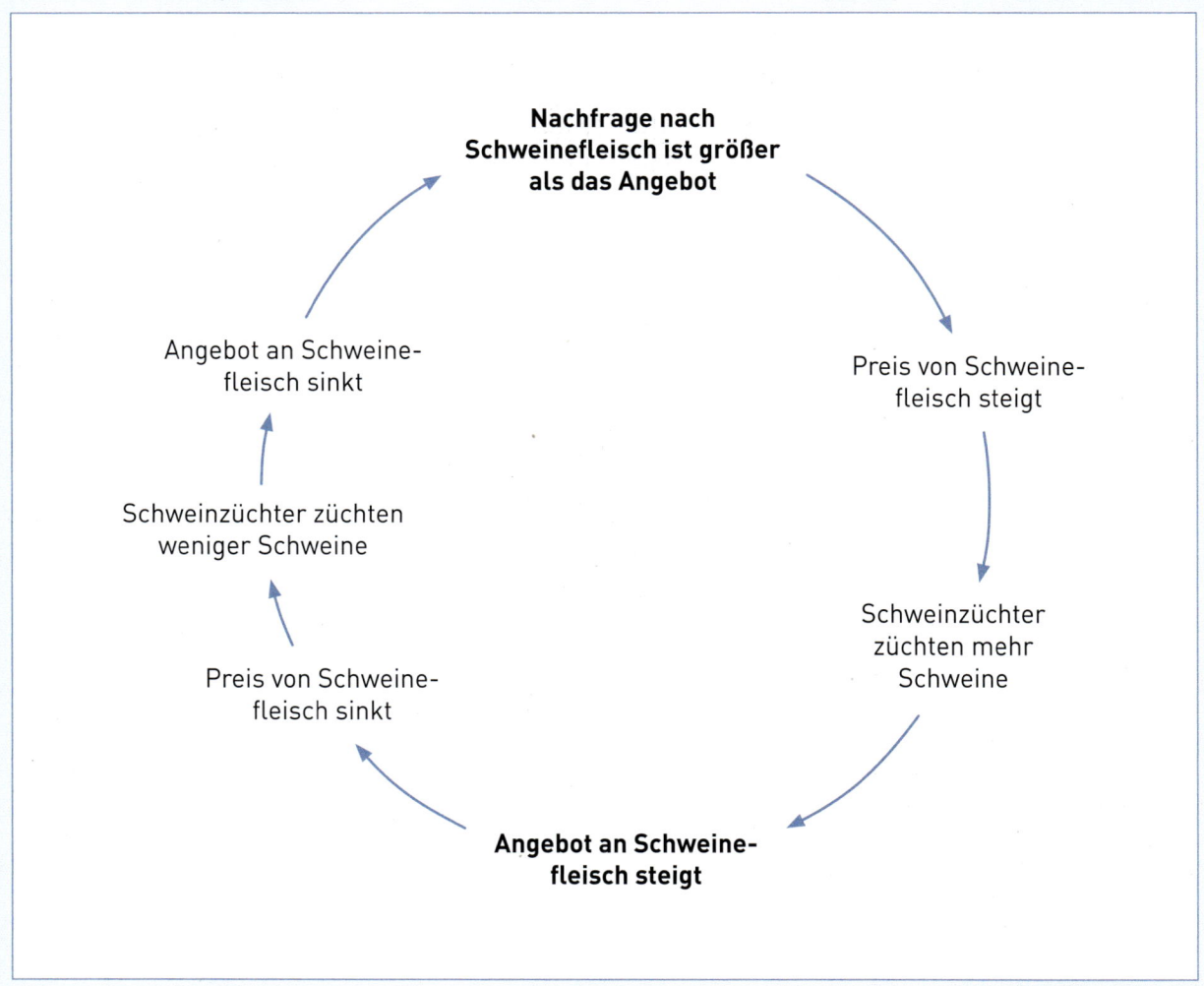

Fließschemata

In einem **Fließschema** wird die Abfolge einzelner Schritte eines Prozesses verdeutlicht. Es eignet sich auch zur Visualisierung modellhafter Handlungsschritte in einem Problemzusammenhang oder zur Visualisierung der Schritte in einer Argumentation.

Beispiel: Entwicklung von Nachfrage und Angebot auf dem Markt für Bio-Lebensmittel

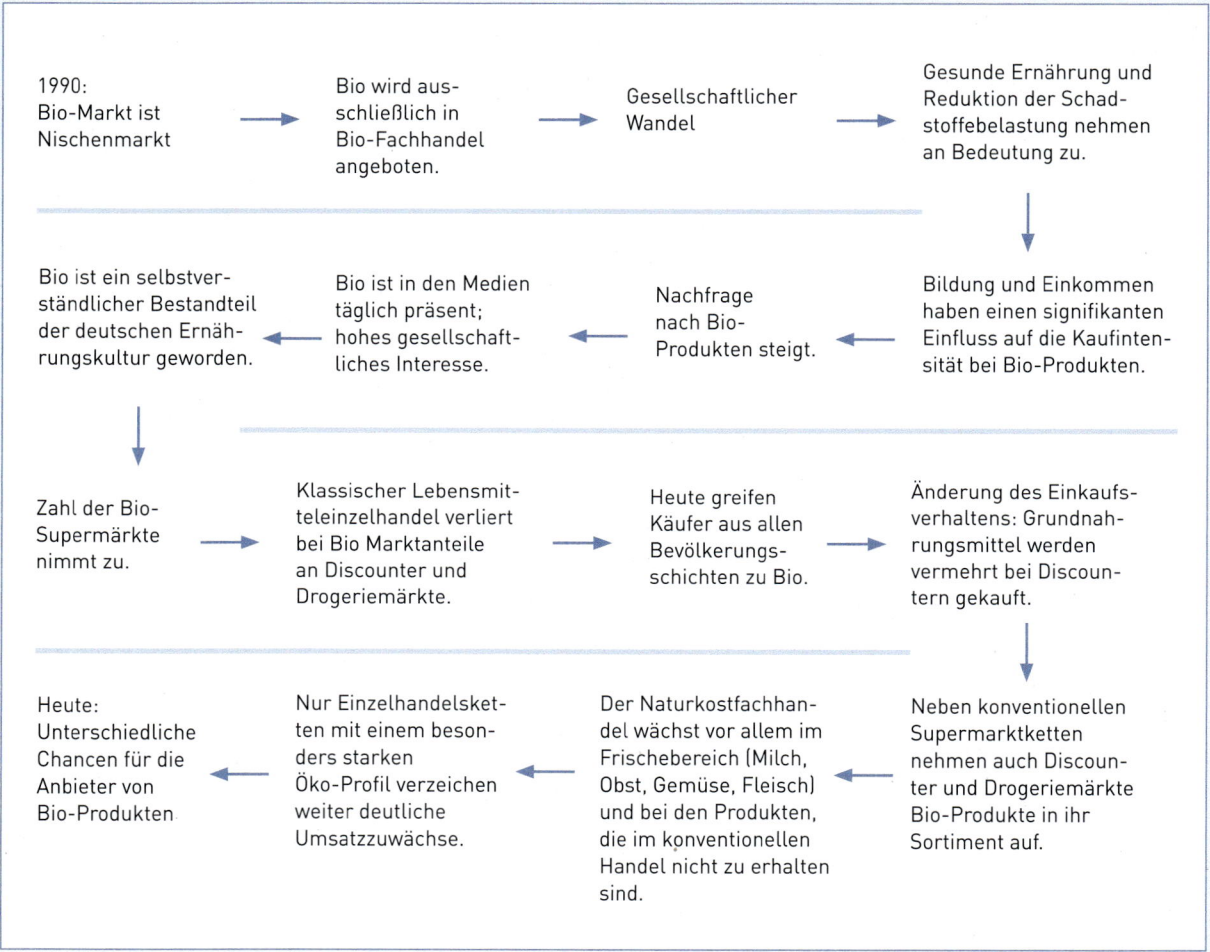

Wirkungsgefüge

Ein **Wirkungsgefüge** enthält die wesentlichen Systemelemente als Knoten und Wirkungsbeziehungen zwischen diesen Elementen als Pfeile. Für die Analyse eines (ökonomischen) Problems müssen nach dieser Methodik die folgenden Schritte 1 bis 3 durchgeführt werden:
Schritt 1 – Abgrenzung des Problems: Ermitteln der Knoten (Systemelemente) im Wirkungsgefüge.
Schritt 2 – Ermittlung der Vernetzung: Eintragen der Wirkungspfeile in das Wirkungsgefüge.
Schritt 3 – Erfassen der Dynamik: Untersuchen, welche der Wirkungsbeziehungen kurzfristiger, mittelfristiger oder langfristiger Natur sind.
Die Interpretation des Systems kann die Systemelemente aufzeigen, die von außen (z. B. durch den Staat) beeinflusst werden können, um das Systems zu lenken.

Methode: Visualisierung und Analyse von Zusammenhängen mit Hilfe von Kreislaufdiagrammen, Fließschemata und Wirkungsgefügen

Beispiel: einfaches Wirkungsgefüge zur PKW-Entwicklung und Entwicklung von Antrieben

Ausgehend von M 6 und M 12 in Kapitel 2.1 und den folgenden Argumenten könnte ein einfaches Wirkungsgefüge erstellt werden.

- „Der SUV-Marktanteil erreicht 2014 18,3 Prozent, das ist ein neuer Rekordwert", sagt Autoexperte Ferdinand Dudenhöffer.
- Alle Autobauer setzen inzwischen auf SUVs, und keiner tut das inzwischen so erfolgreich wie der Sportwagenbauer Porsche.
- Ohne SUVs läuft nichts mehr in der deutschen Autobranche. „Und dieser Trend geht weiter. Bereits um das Jahr 2020 werden mit 28 Prozent Marktanteil in Deutschland dann 900.000 SUVs neu zugelassen", schätzt Dudenhöffer.
- „Verlierer ist klar das Fließheck und Stufenheck. Interessant ist – und das bringt nach dem Jahr 2020 ein Problem für die Autobauer – dass der SUV seine Marktanteile bei den verbrauchsärmeren Karosserievarianten holt, also bei Fließheck und Stufenheck", so Dudenhöffer.
- Mehr SUV-Anteile in den Verkaufszahlen der Autobauer könnte der Vorgabe zuwiderlaufen, den CO_2-Ausstoß für die Flotten der Konzerne künftig merklich zu senken.
- Laut EU-Vorgaben soll der Durchschnittsneuwagen vom Jahr 2020 an pro Kilometer nur noch 95 Gramm des Treibhausgases Kohlendioxid (CO_2) ausstoßen. Aktuell liegt die Grenze bei 130 Gramm/Kilometer. Experten glauben, dass diese Grenzwerte für die deutschen Hersteller bei einem SUV-Marktanteil von 15 Prozent gerade noch erreichbar sein könnte. Bei 30 Prozent und mehr SUV unter den Neuwagenverkäufen werden die Ziele mit den bisherigen Antriebstechniken aber wohl kaum mehr zu schaffen sein. Den Autobauern drohen dann hohen Strafzahlungen.
- Deutsche Autobauer müssten Plug-in-Hybrid und reine Elektroautos in hohem Maße verkaufen (und dazu sehr stark im Preis senken), um die vorgeschriebenen CO_2-Flottenwerte zu erreichen.

Nach: Nikolaus Doll, Die Welt, 16.6.2014

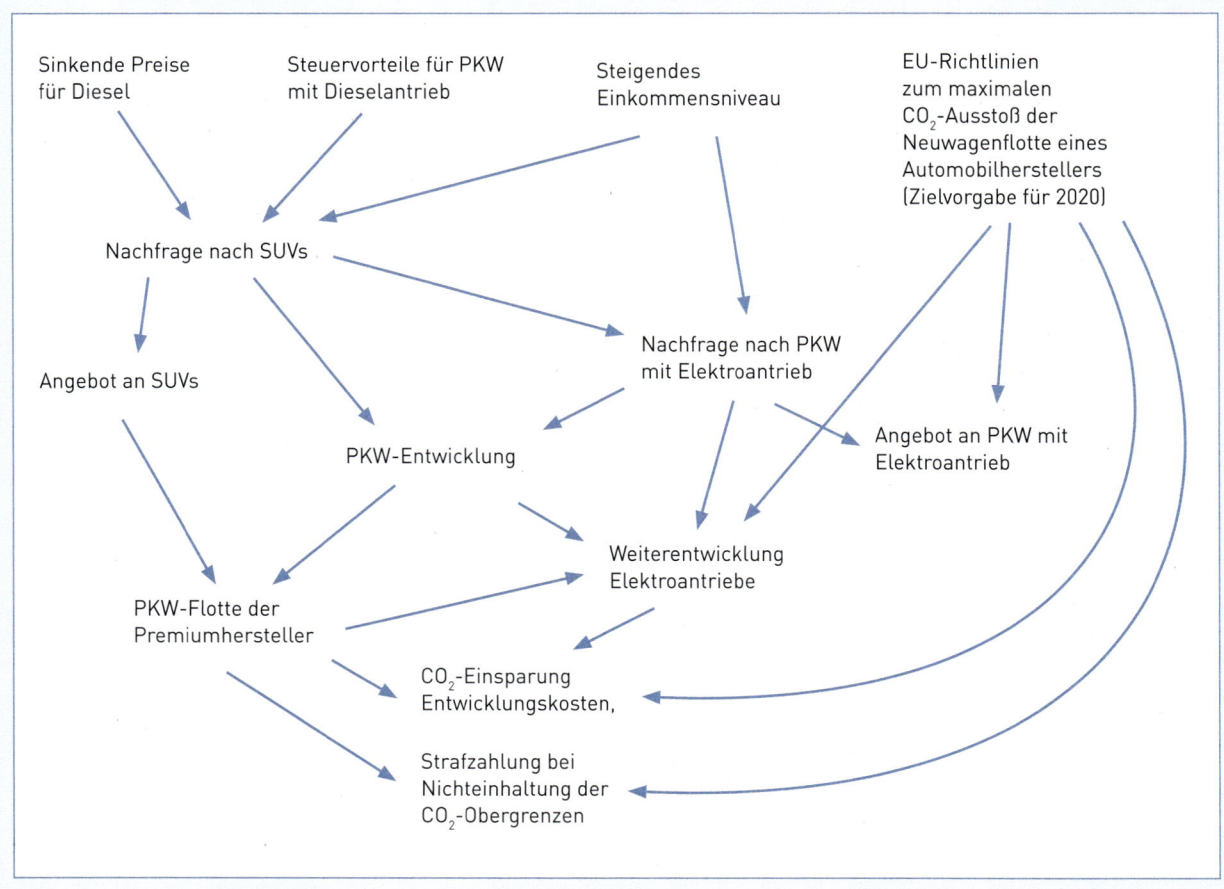

Wirkungsdiagramm

In einem Wirkungsgefüge werden in der Regel nur Wirkungsbeziehungen aufgezeigt. Will man zusätzlich zeigen, wie sich die Zunahme (Abnahme) der einen Größe auf die andere Größe (Zunahme oder Abnahme) auswirkt, kann man die von den St. Gallener Professoren Peter Gomez und Gilbert J. B. Probst entwickelte Darstellungsform eines **Wirkungsdiagramms** benutzen. Hierbei werden die Wirkungspfeile um „+" (gleichsinnige Wirkung) oder „-" (gegensinnige Wirkung) ergänzt:

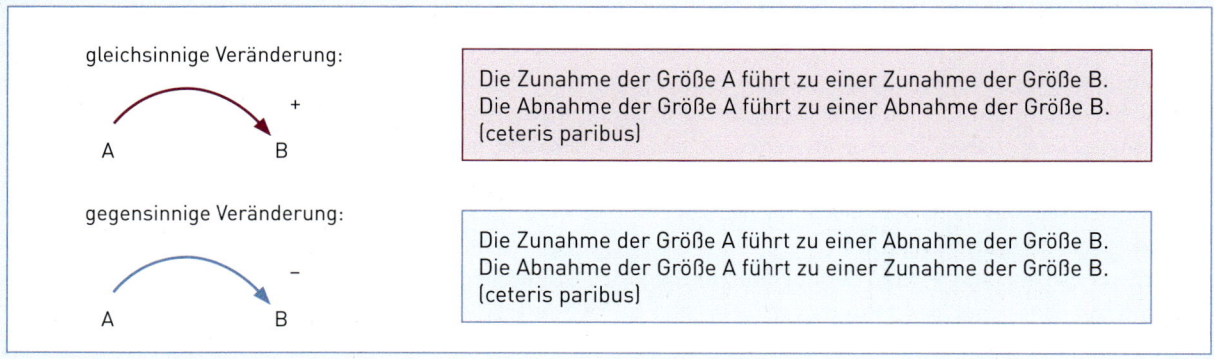

Beispiel: Heroinmarkt in einer Stadt (klassisches Beispiel)

Das untere Diagramm zeigt einen Rückkoppelungskreis: mehr Heroinhandel --> mehr Razzien --> mehr beschlagnahmtes Heroin --> weniger Heroin am Markt --> höherer Heroinpreis --> mehr Süchtige als Kleindealer --> mehr Süchtige --> mehr Heroinhandel.
Das rechte Diagramm zeigt ebenso einen Rückkoppelungskreis:
mehr Razzien --> mehr beschlagnahmtes Heroin --> weniger Heroin am Markt --> höherer Heroinpreis --> mehr Beschaffungskriminalität --> mehr Razzien

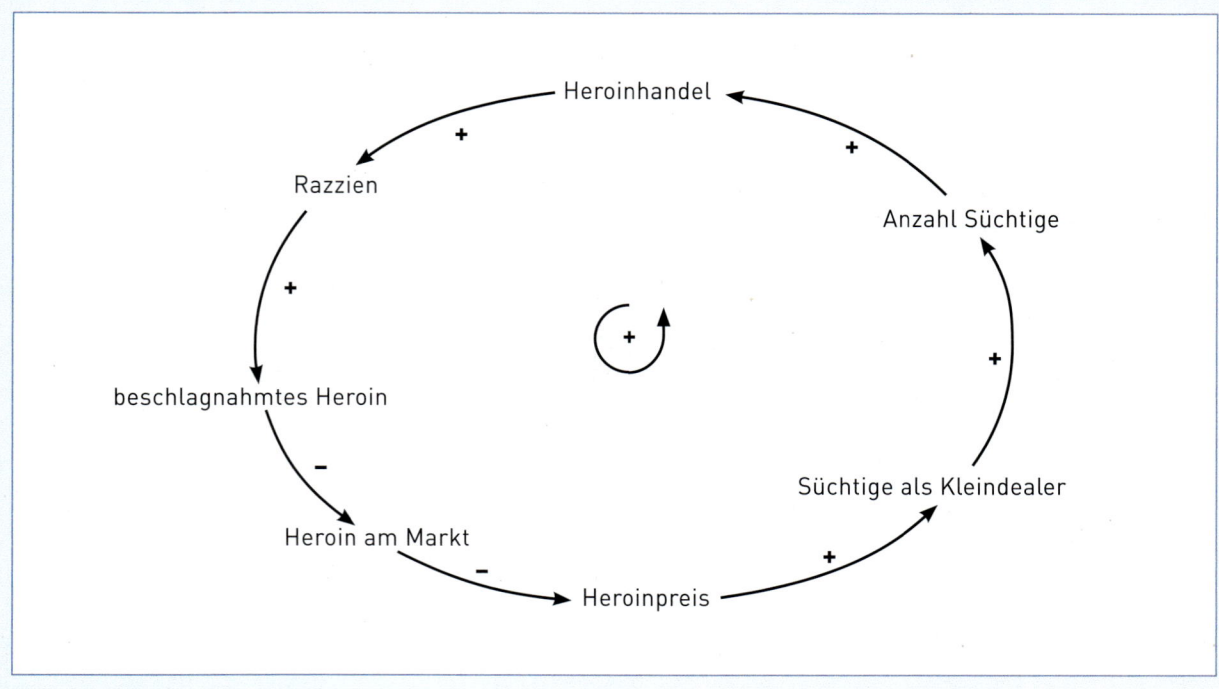

Methode: Visualisierung und Analyse von Zusammenhängen mit Hilfe von Kreislaufdiagrammen, Fließschemata und Wirkungsgefügen

METHODE

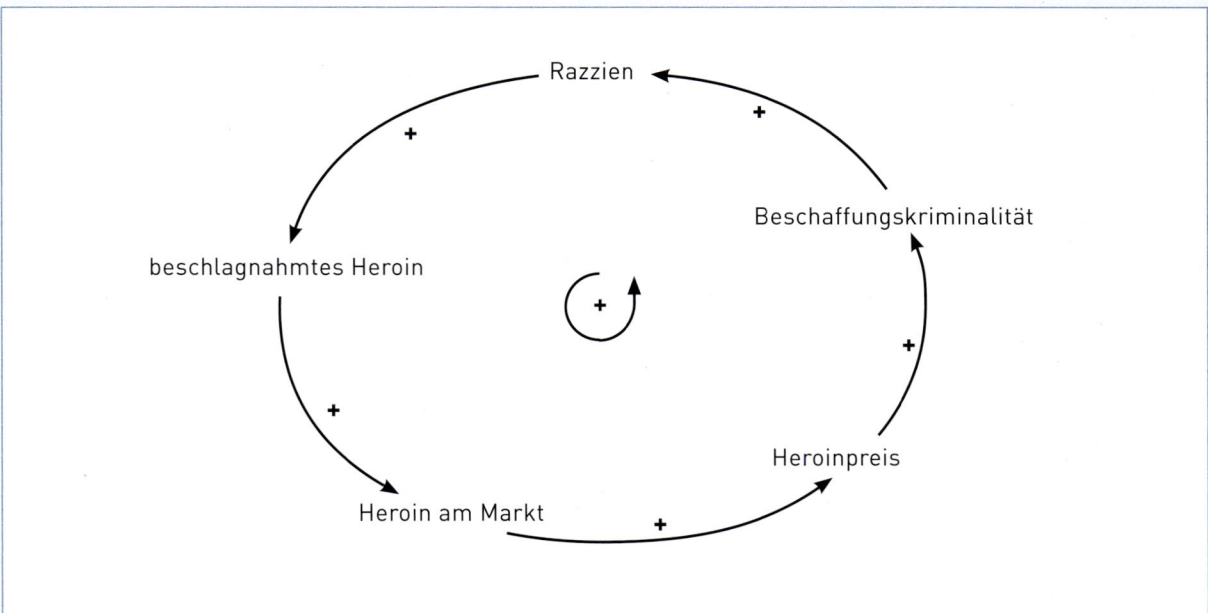

Wenn dieses Modell die Realität (bezogen auf die Systemelemente) beschreibt...

- führen verstärkte Razzien zu einer Erhöhung der Zahl der „Süchtigen als Kleindealer" und davon ausgehend zu mehr Süchtigen;
- führen mehr Razzien zu mehr Beschaffungskriminalität.

Aufgaben

1. Gestalten Sie ein Kreislaufdiagramm in dem Sie die Entwicklung der Nachfrage nach Kaffee to go bei einem Bäcker in direkter Nachbarschaft zu einem Gymnasium visualisieren – Annahme: der Bäcker reagiert mit Preisänderungen auf Veränderungen der Nachfrage.
2. Recherchieren Sie die Entwicklung des Wohnungsmarktes in Deutschland und gestalten Sie dazu ein Wirkungsgefüge z. B. mit den Systemelementen: Gesellschaftlicher Wandel, Demografische Entwicklung, Zuwanderung, Einkommensentwicklung, Haushaltsgrößen (Anzahl der Mitglieder eines Haushalts), Wohnmobilität (häufige Wohnungswechsel), Nachfrage nach Wohnungen im städtischen Raum, Nachfrage nach Wohnungen im ländlichen Raum, Nachfrage nach altengerechten Wohnungen, Nachfrage nach kleinen Wohnungen, Nachfrage nach großen Wohnungen, Qualität des Wohnraums, energieeffiziente Wohnungen
Sie können dazu auch M 1 und M 9 in Kapitel 2.2 verwenden.
3. Erstellen Sie ein Wirkungsdiagramm für den inländischen Markt für Schweine mit den folgenden Systemelementen: Angebot Schweine, Bestand Schweine, Preis Schweine. Ergänzen Sie Ihre Darstellung dann um die Systemelemente Import Schweine und Nachfrage Schweine.

2.2.4 Märkte ohne vollständige Konkurrenz – was läuft schief?

M 11 • Uhren-Monopoly

Schweizer Uhren haben einen glänzenden Ruf. Prestigeträchtige Marken made in Switzerland verlangen Preise wie für Limousinen. Die Hersteller freuten sich jahrzehntelang über ein ebenso einträgliches wie gut kalkulierbares Geschäft. Nun allerdings läuft es nicht mehr rund. Verantwortlich dafür ist ein übermächtiger Zulieferer, die Swatch Group. Ohne sie tickt kaum eine der rund sieben Millionen mechanischen Uhren, die jährlich in der Schweiz produziert werden. Der Konzern hat aber immer weniger Lust, die Industrie im Takt zu halten.

Alles fing mit einem Beben vor zwölf Jahren an. Das Epizentrum lag in Biel am Fuße des Jura in der Chefetage der Swatch Group. Ausgelöst hatte die Erschütterung Nicolas George Hayek. Ausgerechnet er – einst gepriesen als Retter der Schweizer Uhrenindustrie – kündigte an, neue Saiten aufzuziehen. Er sah es nicht mehr ein, seine Konkurrenz mit wichtigen Komponenten zu versorgen, ohne die keine mechanische Uhr läuft. Sein Poltern hatte Konsequenzen. Die Branche ist zerrissen wie seit den Siebziger- und Achtzigerjahren nicht mehr, als billige Quarzuhren aus Japan den Markt überschwemmten und in der Schweiz mehr als zwei Drittel aller Jobs bei den Herstellern verloren gingen. Die Swatch Group steht unter Beschuss der Konkurrenz und ist ins Visier der Wettbewerbsbehörde geraten. Der Vorwurf: Monopol-Missbrauch. Mit gut 33 000 Mitarbeitern in mehr als 50 Ländern und einem Umsatz von 8,8 Milliarden Schweizer Franken ist der Konzern mit Marken wie Longines oder Omega nicht nur der unangefochtene Marktführer – ihm gehören auch die beiden größten und wichtigsten Zulieferbetriebe der Branche. Um diese Hersteller von Uhrwerken und Komponenten namens ETA und Nivarox-FAR wird gestritten. Außerhalb der Branche sind sie kaum jemandem bekannt, doch ihre Marktstellung ist übermächtig. Die Hersteller betonen zwar gegenüber der Öffentlichkeit ihre Eigenständigkeit und bezeichnen sich gern als Manufaktur. Doch in Wahrheit sind sie existenziell auf die Swatch-Töchter angewiesen.

Diese spezielle Arbeitsteilung hat eine lange Geschichte, sie wurde bewusst herbeigeführt. In den Dreißigerjahren bündelte die Industrie mit Zustimmung der Regierung die Rohwerks-Hersteller in der Deutschschweiz in einer Holding namens ASUAG. Durch die Produktion der Schlüsselkomponenten in großer Stückzahl wurden Skaleneffekte erzielt, die allen Firmen zugute kamen und die zersplitterte Branche schützten. Es entstand ein Geschäftsmodell, das bis heute funktioniert: Die meisten Markenfirmen kaufen unbearbeitete mechanische Rohwerke, verfeinern sie und bauen sie in ihre Uhren ein. Während der Quarzkrise in den Siebziger- und Achtzigerjahren – als man fürchtete, das letzte Stündlein der mechanischen Uhren habe geschlagen – wurde die Konzentration der Rohwerkshersteller weiter vorangetrieben. Mehrere Firmen schlossen sich mit der ETA zusammen und wurden unter das Dach der ASUAG gestellt. In der Regierung in Bern war man überzeugt, dass die Industrie nur durch dieses staatlich geduldete und überwachte Monopol eine Überlebenschance habe. Bei einer weiteren Fusion, mit der Westschweizer SSIH, kam als Berater der Libanese Nicolas George Hayek ins Spiel. Er beteiligte sich an der neuen Firma, der späteren Swatch Group, wurde als Retter

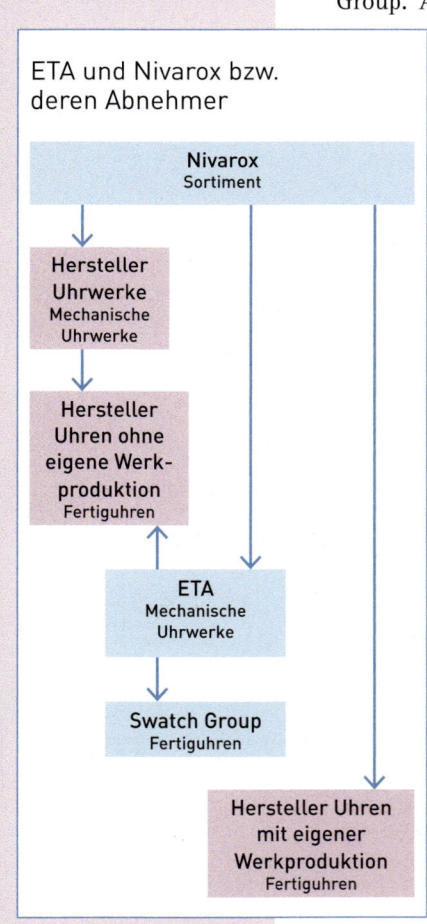

ETA und Nivarox bzw. deren Abnehmer

der Industrie gefeiert – und bestimmte fortan maßgeblich deren Geschicke. Dass das Monopol so in seine Hand geriet, störte niemanden. Er lieferte ja wie gehabt Werke an Dritte. Bald darauf herrschte Goldgräberstimmung: Die Branche erlebte dank der Renaissance mechanischer Uhren einen ungeahnten Aufschwung. Die Markenfirmen griffen gern auf die zugelieferten Werke von ETA zurück. Sie kosten im Schnitt 200 Franken und ticken bis heute in Uhren, die für vier- bis sechsstellige Summen angeboten werden. Die Margen sind also gewaltig. Der Anreiz, in die Entwicklung eines eigenen Uhrwerks zu investieren, ist dagegen gering. Etwa 70 Prozent aller Schweizer Marken beziehen ihre Werke nach wie vor von der ETA.

Leicht verdientes Geld kann zu Antriebsschwäche führen. Weil sich die meisten Unternehmen nicht darum kümmerten, welche Technik in einem Uhrwerk steckt, beherrschen diesen Kern der Uhrmacherei nur noch wenige, allen voran die Swatch-Töchter ETA und Nivarox-FAR. Letztere produziert die passenden Hemmungen für mechanische Werke. Das Rohwerk und die Hemmung sind die beiden Baugruppen, die ein Uhrwerk ticken lassen. [...]

Seine Herstellung und Justierung ist die Königsdisziplin der Uhrmacherei, eine Meisterleistung in Sachen Präzision und Materialkenntnis.

Dank ihrer Expertise verfügen die Zulieferer ETA und Nivarox-FAR über eine Marktmacht, die Hayek nutzen wollte. Den Unternehmer störte es schon lange, dass die Konkurrenz ohne Risiko und auf seine Kosten gewaltige Umsätze machte. Im Jahr 2002 kündigte er an, die ETA werde keine Rohwerke mehr an konzernfremde Hersteller liefern, sondern nur noch fertige Werke. Und setzte dann noch einen drauf: Man werde bald gar keine Werke mehr verkaufen – die Swatch Group sei auf Wachstumskurs und benötige die Teile selbst. Die Branche war entsetzt, mehrere Firmen klagten bei der Wettbewerbskommission. [...]

Die Kommission stellte zunächst die marktbeherrschende Stellung der ETA fest. Ende vergangenen Jahres pfiff sie die Swatch Group zurück: Die ETA habe die Pflicht, die Branche zu versorgen, darf die Menge aber innerhalb der nächsten fünf Jahre schrittweise reduzieren. Die Konkurrenten bräuchten Zeit, um selbstständig zu werden. Diese haben [z. T.] eigene Produktionslinien aufgebaut, sich an Zulieferbetrieben beteiligt oder diese übernommen. [...] Rolex investierte 2013 sogar rund eine Viertelmilliarde Franken in den Aus- und Aufbau von Fabriken. [...] Auf dem Markt für Uhrwerke tut sich also langsam etwas. [...] [D]ie größte Schwierigkeit bei der Konstruktion einer Uhr ist die Regulierung der Ganggenauigkeit durch die Hemmung – das Metier der Swatch-Tochter Nivarox-FAR. Ihre Marktdurchdringung liegt bei mehr als 90 Prozent. Daher verpflichtete die Wettbewerbskommission die Firma dazu, die Branche uneingeschränkt zu beliefern. [...] Eine der wenigen Firmen, die dies ebenfalls beherrschen und sich in die Karten schauen lassen, ist Atokalpa. [...] „Natürlich arbeiten hier Ehemalige von Nivarox", sagt der 64-Jährige [Atokalpa-Chef Pelloux], „aber jeder kennt sich nur in einem Arbeitsgang aus. Keiner beherrscht den kompletten Produktionsablauf. Wir müssen das Rad noch einmal erfinden." [...] Entsprechend hoch sind die Preise. Atokalpa verlangt zwischen 100 und 250 Franken für seine Hemmungen. Zum Vergleich: Bei Nivarox-FAR kostet eine Hemmung in der Standardausführung rund zwölf Franken. Der Wettbewerbsvorteil liegt also eindeutig bei der Swatch Group. [...] Wenn man den Atokalpa-Chef Pelloux fragt, ob man eine Hemmung bei ihm kaufen könne, lacht er nur. „Wir sind ausverkauft." 200.000 Stück schaffen seine Leute pro Jahr. Ähnlich liegen die Kapazitäten aller anderen Newcomer. Zusammen liefern sie nicht einmal zehn Prozent der in der Schweiz benötigten Hemmungen.

Thomas Byczkowski, Uhren-Monopoly, brand eins, Ausgabe 10/2014 – Was Wirtschaft treibt

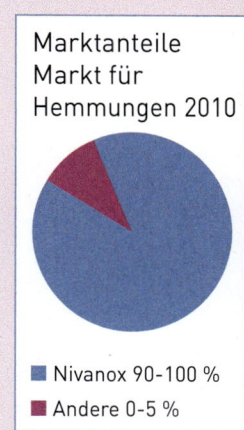

Marktanteile Markt für Hemmungen 2010
- Nivarox 90–100 %
- Andere 0–5 %

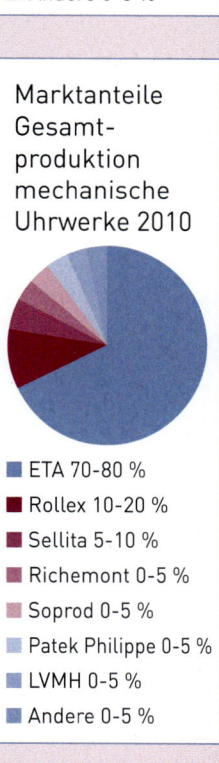

Marktanteile Gesamtproduktion mechanische Uhrwerke 2010
- ETA 70–80 %
- Rollex 10–20 %
- Sellita 5–10 %
- Richemont 0–5 %
- Soprod 0–5 %
- Patek Philippe 0–5 %
- LVMH 0–5 %
- Andere 0–5 %

„Herr der Sekunden"

Der Swatch-Konzern versucht, seine Margen mit Preiserhöhungen zu verbessern; berichtet wird von Aufschlägen bis zu 50 Prozent pro Uhrwerk.
Dirk Ruschmann, Die Zeit, 14.8.2003

M 12 ● Auf den Spuren eines Monopols

Der Wirtschaftshistoriker Pierre-Yves Donzé rekapituliert die wichtigsten Stationen der Geschichte der Schweizer Uhrenindustrie der letzten Jahrzehnte:

- In der Zwischenkriegszeit wurde die dominierende Stellung der Schweiz auf dem globalen Uhrenmarkt in Frage gestellt, weil sie die Uhren nicht ganz, sondern in Teilen exportierte. Die Bestandteile wurden erst in den Verbraucherländern zu fertigen Uhren montiert.
- Die Antwort darauf war die Bildung einer kartellähnlichen Organisation. Rund 30 unabhängige Hersteller schlossen sich zur Ebauches SA und Asuag zusammen. Letztere kontrollierte die Herstellung von Einzelteilen in der Schweiz zu 100 %.
- Einigen Herstellern wie Rolex, Omega oder Patek Philippe war es erlaubt, Teile für den eigenen Bedarf zu produzieren, nicht aber für andere.
- In den 1960er-Jahren büßten die meisten Hersteller ihre Wettbewerbsfähigkeit auf dem Weltmarkt ein. Sie kauften zunehmend bei der Ebauches SA ein. Aus dieser ging dann die ETA hervor, die heute zur Swatch Group gehört.
- Die Firma Omega, die sich als einzige eine gewisse Unabhängigkeit hatte bewahren können, fusionierte 1983 mit der Asuag.
- Aus der Uhrenkrise der 1970er-Jahre ging auf Betreiben des Beraters Nicolas G. Hayek die Swatch Group hervor.
- Deren Monopolstellung war während rund 20 Jahren kein Thema, weil Swatch in erster Linie Hersteller von Uhrwerken war und nicht von Fertiguhren.
- Mit dem Eintritt von Swatch ins Luxusuhren-Segment änderte sich dies: Aus ehemaligen Kunden wurden für die Bieler Konkurrenten.

Samuel Jaberg, www.swissinfo.ch, 21.8.2013

M 13 ● Das Oligopol ist fast die Regel in entwickelten Marktwirtschaften

Bei vielen Gütern des täglichen Bedarfs dominieren große Konzerne. Im Lebensmittel-Einzelhandel haben die größten fünf Konzerne mehr als 70 Prozent Marktanteil, beim Kaffee sind es mehr als 80 Prozent. Drei Zigarettenhersteller teilen sich 80 Prozent des deutschen Marktes.
Die Märkte für Strom und Mobilfunk sind ebenso von einem Oligopol geprägt wie bei den Dienstleistungen der Markt für Autovermietungen. Das Oligopol ist nicht die Ausnahme, sondern fast die Regel in entwickelten Volkswirtschaften. „Oligopole bilden sich bei austauschbaren Gütern und Dienstleistungen", sagt Sebastian Schröer vom Hamburgischen Weltwirtschaftsinstitut. Das Benzin von Esso ist nicht viel anders als das von Shell, bei Rewe kann man ebenso einkaufen wie bei Edeka und die Mietwagen von Sixt und Europcar unterscheiden sich ebenfalls kaum. „Damit wird der Preis entscheidend und Größe für Firmen zu einem zentralen Ziel", sagt Schröer.
Folglich bemühen sich die Unternehmen, Konkurrenten aufzukaufen und ihre Geschäfte auszuweiten. Ob sie erfolgreich sind, entscheidet letztlich der Verbraucher. Und er hat von großen Firmen keineswegs nur Nachteile: Sie sind oft effizienter, sie können günstiger einkaufen, ihre Logistik optimieren und über Marketing und Service beim Kunden zusätzliches Vertrauen schaffen. Raucher etwa halten ihrer Zigarettenmarke über Jahre die Treue – die Hersteller erzielen auch in wirtschaftlich schlechteren Zeiten Traumrenditen.

Eckart Gienke, Westdeutsche Zeitung 25.5.2011

M 14 ● Harter Wettbewerb auf dem Fernbusmarkt

Die Fernbusse auf Deutschlands Straßen arbeiten teilweise nicht kostendeckend. Das ergibt eine Umfrage des Bundesamtes für Güterverkehr (BAG) bei den Betreibern der Linien, deren Resultate FOCUS Online vorliegen. Allerdings gehen die Unternehmen von einem wachsenden Markt aus. Strecken und Verbindungen wachsen an.

Doppeldecker-Fernbus

Nach wie vor sind wenige Betreiber am Start. Die Betreibergesellschaften liefern sich „extremen" Wettbewerb um Marktanteile. Die Folge sind geringe Fahrpreise und ein rasanter Anstieg neuer Linien. Dass das Preisniveau teilweise nicht kostendeckend ist, wird mit der „sehr hohen Preissensibilität der Kunden" erklärt. Allerdings wird eine Anhebung der Preise nach dem wettbewerbsbedingten Ausscheiden einzelner Betreibergesellschaften erwartet.

Das Ausbaustadium des Marktes sehen die Unternehmen in etwa ein bis zwei Jahren voraus – und zwar in Form eines Oligopols mit zwei bis vier Anbietern, die sich auf wenige lukrative Strecken konzentrieren. Insgesamt sind die innerdeutschen Fernbusverbindungen nach der Liberalisierung des Marktes [seit 2012 dürfen Linienbusse auch im Fernverkehr fahren] kräftig gestiegen – um 215 Strecken, beziehungsweise 250 Prozent. [...]

Bundesverkehrsminister Alexander Dobrindt bewertet die Entwicklung des Marktes für Fernbusse positiv. „Die Fernbusse sind ein tatsächliches, zusätzliches Mobilitätsangebot in Deutschland – eine attraktive Ergänzung zu den bisherigen Reisemöglichkeiten."

Martina Fietz, Focus Money 27.1.2015

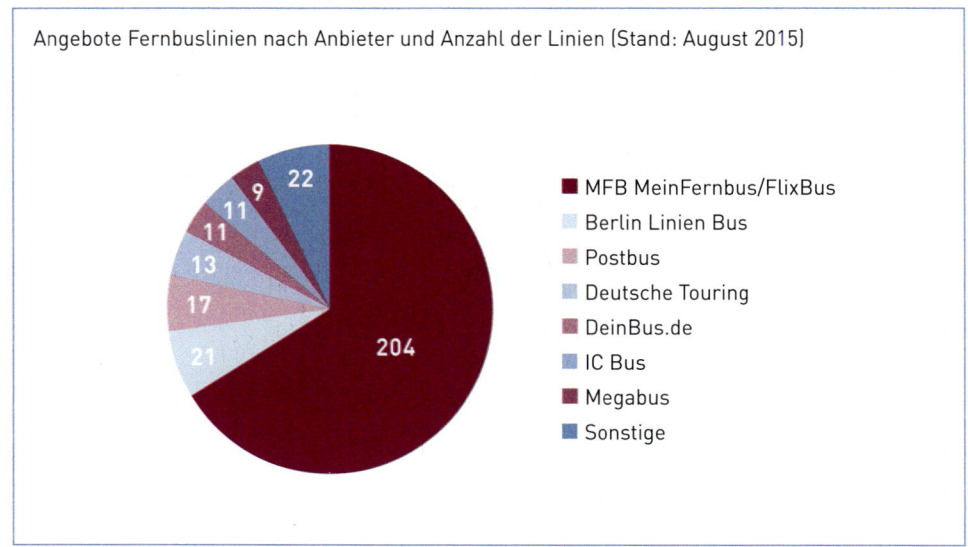

Simplex mobility, Bundesamt für Güterverkehr, Marktbeobachtung Güterverkehr – Marktanalyse des Fernbuslinienverkehrs 2015, S. 15

Oligopol

Die verschiedenen Formen der Oligopole sind sehr unterschiedlich, sodass kein generelles Modell zur Beschreibung der Preisbildung bei dieser Marktform besteht. Oligopole gibt es auf nahezu vollkommenen Märkten wie auf dem Mineralöl- oder Benzinmarkt, auf denen weitgehend gleichartige (homogene) Güter gehandelt werden, und auf unvollkommenen Märkten, auf denen Konsumgüter wie Waschmittel, Tabakwaren oder Computer verkauft werden.
Typisch für das Oligopol ist, dass die Marktmacht bei wenigen Anbietern liegt, die bei der Festlegung ihrer Preise, Produktionsmengen und Güterqualitäten nicht nur die Reaktion der Nachfrager berücksichtigen müssen, sondern auch die Reaktion ihrer Konkurrenten.
Duden Wirtschaft von A bis Z: Grundlagenwissen für Schule und Studium, Beruf und Alltag. 5. Aufl. Mannheim: Bibliographisches Institut 2013. Lizenzausgabe Bonn: Bundeszentrale für politische Bildung 2013

M 15 ● Wie wirken sich Oligopole auf die Preisbildung aus?

Preisstarrheit – Wenn kein Anbieter beabsichtigt, Konkurrenten ihre Marktanteile streitig zu machen, ist dies eine relativ stabile Situation. Die Oligopolisten verzichten, da der Spielraum ohnehin gering ist, auf aktive Preispolitik (Preisstarrheit). Der einzelne Anbieter befürchtet selbst bei geringen Preiserhöhungen, denen seine Konkurrenten nicht folgen, Kunden zu verlieren. Die Zahl der verlorenen Kunden hängt dabei davon ab, wie homogen das gehandelte Gut und wie vollkommen der Markt ist. Dass die Konkurrenten seiner Preiserhöhung nicht folgen, ist eine durchaus sinnvolle Annahme, denn sie kommen bereits in den Genuss des erhöhten Absatzes. Bei Preissenkungen würden seine Konkurrenten hingegen mitziehen, sodass er keine zusätzlichen Kunden hinzugewinnt, sondern lediglich seinen Gewinn schmälert. Vielleicht würden die Konkurrenten den Preis sogar etwas weiter senken, sodass diese Strategie für ihn selbst gefährlich werden kann. Der einzelne Anbieter hat also keinen Anreiz, schlafende Hunde zu wecken, und wird auf Preisänderungen gänzlich verzichten.

Ruinöser Wettbewerb, Kampfstrategie – Der ruinöse Wettbewerb ist dadurch gekennzeichnet, dass einer der Oligopolisten bestrebt ist, seinen Konkurrenten Marktanteile abzujagen und sie womöglich ganz aus dem Markt zu verdrängen. Der Anbieter verzichtet dabei darauf, den Konkurrenten durch eine bessere Leistung zu übertreffen (Leistungswettbewerb), sondern versucht, ihn gezielt durch Setzen von Preisen, die unterhalb der Selbstkosten liegen (Kampfpreise), aus dem Markt zu entfernen. Er hofft dabei darauf, dass er dieses Verhalten etwa aufgrund besonderer finanzieller Polster länger durchhalten kann als seine Wettbewerber. Sind diese aus dem Markt ausgeschieden, so wird er den Preis über die Höhe seiner Durchschnittskosten erhöhen, um die vorher erlittenen Verluste auszugleichen. Dies ist natürlich nur möglich, wenn keine neuen Konkurrenten auftreten.

Kartellbildung und Preisabsprachen – Über Preis- oder auch Mengenabsprachen können die Oligopolisten versuchen, den Wettbewerb untereinander abzuschwächen oder auszuschalten. Wenn sie sich per Vertrag für eine gemeinsame Preis- oder Mengenpolitik entscheiden, also praktisch als Monopol auftreten, wird dies als Kartell bezeichnet. Liegt kein Vertrag zugrunde, spricht man von abgestimmten Verhaltensweisen (sog. Frühstückskartell). Durch Kartellbildung ist es den Anbietern möglich, einen Preis oberhalb ihrer Durchschnittskosten durchzusetzen und damit zusätzliche Gewinne zu erzielen. Die Preisbildung entspricht derjenigen im Monopol. Da Kartelle den Wettbewerb aufheben, sind sie grundsätzlich verboten.

Nach: Michael Bauer u. a., Wirtschaft heute, Bonn 2009, S. 92

Aufgaben

1. Stellen Sie die Auswirkungen des Quasi-Monopols der Swatch Group auf dem Markt für mechanische Uhrwerke dar (M 11).
2. Visualisieren Sie die Entwicklung des Schweizer Marktes für mechanische Uhrwerke mit einem Fließdiagramm (M 11, M 12).
3. Erläutern Sie mögliche Auswirkungen eines Oligopols für Unternehmen und Haushalte an Beispielen (M 13 – M 15).

2.2.5 Wie wirken sich staatliche Eingriffe auf Märkten aus?

M 16 ● Mietpreisbremse – was wird sie bringen?

So kommen die Forscher des arbeitgebernahen IW zu dem Schluss, dass die Mietpreisbremse eher schadet: „Was viele Mieter zumindest kurzfristig freut, dürfte
5 Vermieter und Investoren abschrecken", sagt Michael Voigtländer, Immobilienexperte des IW. Sie könnten ihre Mieteinnahmen über längere Zeit nicht nennenswert steigern. Es sei daher nicht mehr attraktiv,
10 neue Wohnungen zu bauen. Außerdem sei davon auszugehen, dass Mietwohnungen zunehmend an Selbstnutzer verkauft werden. Sein Fazit: „Der Mietmarkt wird kleiner und das Problem der Knappheit von
15 Mietwohnungen verstärkt."

Das sieht der Deutsche Mieterbund (DMB) ganz anders: „Durch die Mietpreisbremse werden nicht mehr oder weniger Wohnungen gebaut. Es geht allein darum, den Anstieg der Mieten auf engen Woh- 20 nungsmärkten zu dämpfen", sagt Lukas Siebenkotten, Bundesdirektor des Deutschen Mieterbundes. Überall wo der Markt nicht angespannt sei, störe die Mietpreisbremse auch niemanden. „Dort kann so- 25 wieso kein Vermieter eine Mieterhöhung auf zehn Prozent über der ortsüblichen Vergleichsmiete durchsetzen."

Jörg Hackhausen, Handelsblatt, 11.12.2014

M 17 ● Mietpreisbremse: Nachfragebelebung, Angebotsverknappung

Der Wohnungsmarkt war noch nie ein besonders freier Markt, doch er funktionierte. Deutschland, traditionell ein
5 Volk der Mieter und nicht der Wohnungseigentümer, hatte einen starken Mietmarkt, der in anderen Ländern durchaus beneidet wurde, berichtet Mi-
10 chael Voigtländer, Immobilienmarktexperte des Instituts der deutschen Wirtschaft (IW) in Köln. Vor allem eines hat ihn ausgezeichnet: „Bisher
15 gab es eine gute Balance zwischen Mieterschutz im Bestand und der Freiheit des Vermieters, nach Beendigung des Mietverhältnisses die Miete an den Markt anzupassen", sagt er. Oft hat er da-
20 mit lange Jahre der Stagnation wieder aufgeholt, in denen er die Miete nicht erhöht hat, um den langjährigen Vertragspartner nicht zu vergraulen. „Diese Möglichkeit wurde dem Vermieter durch die Mietpreis-
25 bremse nun genommen." [...]

Wohnraum ist knapp – und was knapp ist, ist teuer.

[Der] Markt hat sich dramatisch gewandelt. Seit 2010 trifft die Städte mit Wucht, womit sie nicht gerechnet haben: Sie sind beliebt. Jahrelang bereiteten sie sich auf schrumpfende Einwohnerzahlen vor und 30 diskutierten den Abriss leerstehender Gebäude. Doch seit einigen Jahren strömen die Massen, die Mieten steigen wie verrückt, und die Politik reagiert mit dem, was sie am besten kann: Regulierung. 35

Was will die Mietpreisbremse?

Sie soll sprunghafte Mieterhöhungen vor allem in Großstädten verhindern. Bislang musste ein neuer Mieter nach einem Umzug oft deutlich mehr zahlen als sein Vormieter. Seit Juni [2015] dürfen die Preise bei Mieterwechseln in ausgewiesenen Gegenden nur noch zehn Prozent über der ortsüblichen Vergleichsmiete liegen. Bei Neubauten und nach umfassender Modernisierung gilt das aber nicht. Und auch nicht, wenn der Vermieter zuvor schon höhere Mieten kassiert hat. Wo die Preisbremse greift, legen die Bundesländer fest. Es gebe ja nicht überall Wohnungs- sondern manchmal auch Mietermangel, begründet Justizminister Heiko Maas (SPD). [...] Bis Jahresende [2015] haben neun Bundesländer die Preisbremse eingeführt.
awi/dpa, www.n-tv.de, 30.12.2015

Wenn Vermieter erfinderisch werden...

Ein weiteres Beispiel jener allgemeinen Großzügigkeit, die seit Einführung der Mietpreisbremse [...] in der Immobilienwirtschaft vorherrscht. Man erinnere etwa an Vermieter, die beim Preis sehr groß denken, wenn sie in die Jahre gekommene Möbel an neue Mieter weiterverkaufen. Diese wiederum werden den Teufel tun, rechtliche Schritte gegen den Wohnungseigentümer einzuleiten, der ihnen endlich ein Dach über dem Kopf gegeben hat.
Benedikt Müller, Süddeutsche Zeitung, 25.9.2015

Der größte Coup kam im Juni mit der Mietpreisbremse. Seitdem haben Kommunen die Möglichkeit bei einem „angespannten Wohnungsmarkt", Mieterhöhungen bei Neuverträgen zu deckeln. [...]

Die Mietpreisbremse ist nur die Spitze einer neuen Qualität der Regulierung, von der Ökonomen wie Voigtländer befürchten: „Die Politik ist gerade dabei, viele Vermieter aus dem Markt zu drängen." Vor allem die vielen privaten „Amateurvermieter" – Handwerker, Rechtsanwälte, Ärzte –, die sich Wohnungen für die Altersvorsorge gekauft haben und nun genervt davon sind, wie kompliziert alles geworden ist. Ihnen gehören 37 Prozent der rund 40 Millionen Wohnungen in Deutschland. [...]

Investoren, die sich schon seit längerem im großen Stil in Berlin einkaufen, retten sich meist durch das Schlupfloch kostspieliger Modernisierungen. [...]

Mit dem Druck auf die Mieten versucht die Politik, die Gemüter zu beruhigen und wohl auch davon abzulenken, dass das Problem eigentlich ganz woanders liegt: Der Neubau von Wohnungen hat nicht annähernd mit den Bedürfnissen in der Bevölkerung Schritt gehalten. [...]

Doch durch Regulierung wird keine einzige neue Wohnung gebaut, sondern es werden lediglich die Mieten in Schach gehalten – mit der Konsequenz, dass die Nachfrage größer wird. „Die Mietpreisbremse wird damit letztlich das Gegenteil von dem erreichen, was sie beabsichtigt, denn sie wird sich gegen die Mieter wenden", schreiben Voigtländer und seine Kollegen in einer IW-Analyse. Das Angebot an Mietwohnungen sinke, gleichzeitig werde die Nachfrage noch weiter steigen, weil die Mietpreisbremse günstige Mieten suggeriere. Profitieren werden davon typischerweise nur gut verdienende Singles und Paare ohne Kinder, die von Vermietern bevorzugt ausgewählt werden. Die Familie mit niedrigem Einkommen bleibt außen vor.

Statt an den Mieten zu drehen und damit auch noch die gut verdienende Mittelschicht zu päppeln, plädiert Voigtländer dafür, das Wohngeld für einkommensschwache Bevölkerungsgruppen auszubauen. Zuletzt wurde es 2009 erhöht, jetzt ist für das kommende Jahr die nächste Steigerung geplant. „Mit Wohngeld* können Mieter viel gezielter und effektiver unterstützt werden", sagt Voigtländer. Und davon profitieren dann wirklich nur die Mieter, die es brauchen.

Corinna Budras, Frankfurter Allgemeine Zeitung, 9.11.2015

* Wohngeld wird zur wirtschaftlichen Sicherung angemessenen und familiengerechten Wohnens als Miet- oder Lastenzuschuss (bei Eigentümern von Wohnraum) zu den Aufwendungen für den Wohnraum geleistet. Antragsberechtigt sind z. B. Empfänger von Arbeitslosengeld II. Die Höhe des Wohngelds richtet sich u. a. nach der Zahl der Familienmitglieder im Haushalt, dem Gesamteinkommen sowie der Höhe der Miete.

F Stellen Sie die zwei unterschiedlichen prognostizierten Auswirkungen der Mietpreisbremse aus M 16 in jeweils einem Preis-Mengen-Diagramm für den Markt für Mietwohnungen dar, erklären Sie Ihre Darstellung und beschreiben Sie die jeweiligen Auswirkungen auf die Konsumenten- und Produzentenrente.

Aufgaben

1. Beschreiben Sie mögliche Auswirkungen der Mietpreisbremse (M 16, M 17).
2. Stellen Sie die Auswirkungen einer Erhöhung des Wohngelds auf dem Mietwohnungsmarkt in einem Preis-Mengen-Diagramm dar (M 17).
3. Erörtern Sie den staatlichen Eingriff in die Mietpreisgestaltung, die sogenannte Mietpreisbremse (M 16, M 17). Vergleichen Sie ggf. Ihre Erörterung mit der, die Sie am Anfang der Beschäftigung mit dem Marktmechanismus verfasst haben (Kapitelauftaktseite).

Arbeiten mit dem Preis-Mengen-Diagramm – Beispiel Kombilohn

Ein zentrales Modell in den Wirtschaftswissenschaften ist das Marktmodell. Bei der grafischen Darstellung wird häufig ein Preis-Mengen-Diagramm verwendet. Die Arbeit mit grafischen Darstellungen bietet unter anderem folgende Vorteile:
- Grafische Darstellungen bieten einen zweiten Zugang zum Verstehen neben dem beschreibenden verbalen Zugang.
- Grafische Darstellungen helfen Gedankengänge und Beschreibungen zu präzisieren, Denkfehler und Ungenauigkeiten können „aufgedeckt" werden.
- Die Erklärung eines Sachverhalts, seine grafische Darstellung und ggf. eine Rechnung sind gemeinsam Teil des Modells (z. B. beim Marktmodell).

Grafische Darstellung und Beschreibung der Wirkung eines Lohnzuschusses für Arbeitnehmer im Niedriglohnbereich (Kombilohn)

Beschäftigung und Löhne im Niedriglohnbereich

Auf dem Markt bildet sich durch Angebot und Nachfrage nach Arbeitskräften ein Gleichgewichtslohn.

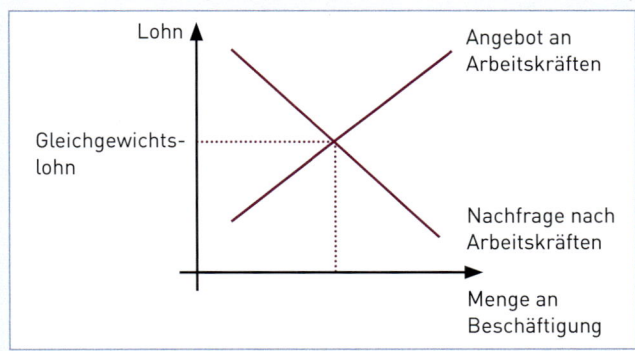

Wirkung einer starren Lohnuntergrenze

Staatliche Sozialleistungen können den Anreiz verringern, eine Arbeit im Niedriglohnbereich aufzunehmen. Es kann eine „starre" Lohnuntergrenze auf dem Markt entstehen.
Folge dieser Entwicklung ist das Entstehen zusätzlicher Arbeitslosigkeit ($m-m^*$), da die Nachfrage nach Arbeitskräften zu diesem Lohn (Lohnuntergrenze) geringer ist als zum Gleichgewichtslohn.

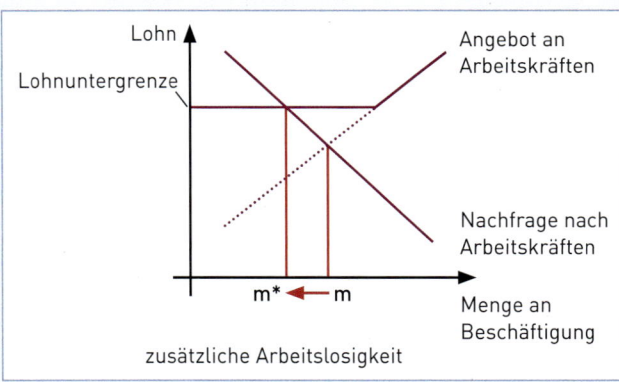

Wirkung eines Lohnzuschusses für Arbeitnehmer

Durch den Lohnzuschuss für Arbeitnehmer lohnt es sich für einen Teil der bisher beim Lohn l_0 unbeschäftigten Arbeitnehmer, Arbeit zu einem geringeren Lohn l_1 aufzunehmen. Es entsteht ein Zuwachs an Beschäftigung (m_1-m_0).

METHODE

Auswirkungen auf die Lohnkosten und die Ausgaben des Staates

▪ kumulierte Lohnkosten aller Nachfrager nach Arbeitskräften ohne Lohnzuschuss für die Arbeitnehmer

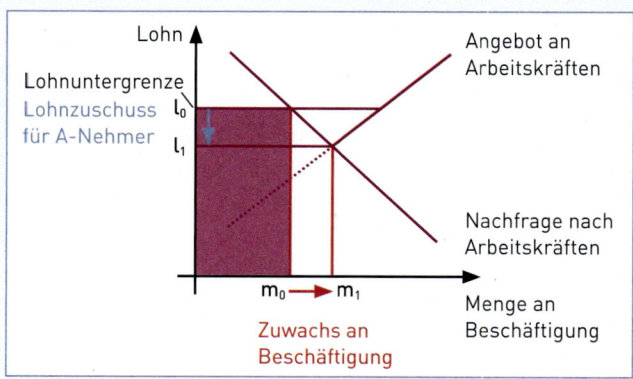

▪ kumulierte Lohnkosten aller Nachfrager nach Arbeitskräften mit Lohnzuschuss für die Arbeitnehmer

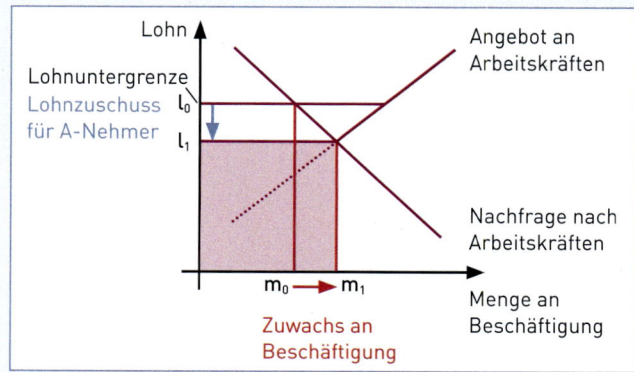

Der Beschäftigungseffekt durch den Lohnzuschuss ist u. a. von der Veränderung der Lohnkosten abhängig (Flächenvergleich von ▨ und ▨) und dem zusätzlichen Umsatz der Unternehmen durch die zusätzlichen Arbeitskräfte.

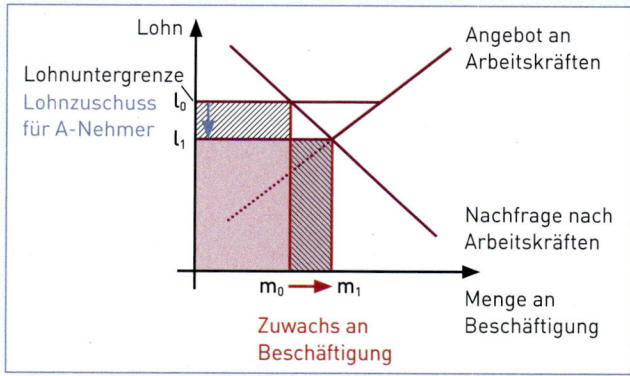

Die Summe der Lohnzuschüsse durch den Staat werden durch ▪ dargestellt.

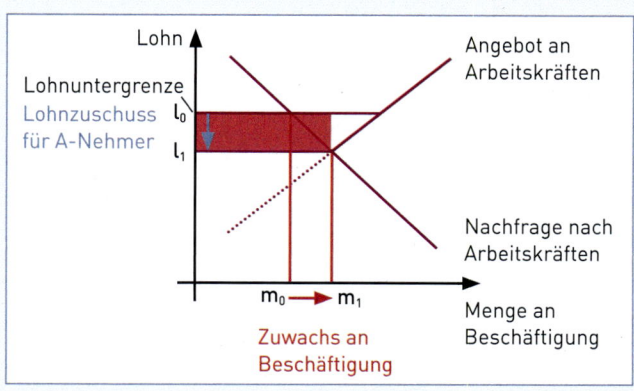

Aufgabe

Welche Auswirkung hat ein Lohnzuschuss im Niedriglohnbereich, der den Arbeitgebern für jeden Arbeitslosen gezahlt wird, den sie einstellen? Stellen Sie die Auswirkungen mit Hilfe von Preis-Mengen-Diagrammen dar und erklären Sie ihre Darstellung.

2.2 Preisbildung auf Märkten

Auf dem Markt wird der Preis für ein Gut durch Angebot und Nachfrage bestimmt. Umgekehrt beeinflusst der Preis wesentlich Nachfrage und Angebot. Der Preis gibt auf einem Markt mit vollkommener Konkurrenz Auskunft über die Knappheit eines Gutes, setzt Anreize zur Produktion, lenkt den Einsatz von Produktionsfaktoren und entscheidet darüber, welche Nachfrager das Gut erhalten. Über den Preismechanismus werden Angebot und Nachfrage ausgeglichen.

Funktionen von Preisen
M 2

Zur Erklärung des Preismechanismus bedient man sich des Marktmodells mit vollkommener Konkurrenz. Auf einem solchen Markt wird sich der Preis für ein Gut in der Regel mit der Zeit in einem Gleichgewicht einpendeln. In diesem Gleichgewicht wird die angebotene Menge des Gutes vollständig nachgefragt, der Markt also geräumt. Den entsprechenden Preis nennt man den Gleichgewichtspreis. In der grafischen Darstellung (Preis-Mengen-Diagramm) findet sich dieses Gleichgewicht am Schnittpunkt der Angebots- mit der Nachfragekurve. Ist der Preis auf dem Markt oberhalb des Gleichgewichtspreises, wird mehr angeboten als nachgefragt (Angebotsüberschuss), liegt der Preis unterhalb des Gleichgewichtspreises, wird mehr nachgefragt als angeboten (Nachfrageüberschuss). Im ersten Fall werden die Anbieter den Preis senken, im zweiten Fall anheben bis das Gleichgewicht erreicht ist.

Preismechanismus, Gleichgewichtspreis, Gleichgewichtsmenge
M 3

Verändern sich die Bedingungen des Angebots oder der Nachfrage, verschieben sich die Angebots- und die Nachfragekurven. Bestimmungsfaktoren der Nachfrage sind z. B. das Einkommen, der Preis anderer Güter, die Nutzeneinschätzung bezüglich des Guts, Zahl der Nachfrager. Bestimmungsfaktoren des Angebots sind z. B. die Gewinnerwartungen der Anbieter, die Herstellungskosten, die Zahl der Anbieter. Verschieben sich aufgrund von Veränderungen am Markt die Angebots- und/oder die Nachfragekurve, so verschiebt sich auch der Gleichgewichtspunkt. Höhere Kosten bei der Produktion führen – ceteris paribus – zu einer Linksverschiebung der Angebotskurve und damit zu einem höheren Gleichgewichtspreis. Umgekehrt führt z. B. eine Preissenkung für ein Substitutionsgut – ceteris paribus – zu einer Linksverschiebung der Nachfragekurve und damit zu einem niedrigeren Gleichgewichtspreis.

Verschiebungen der Angebots- und Nachfragekurven führen zu neuen Gleichgewichtspreisen
M 3

Die Differenz zwischen der individuellen Zahlungsbereitschaft für ein Gut und dem Marktpreis für das Gut nennt man die individuelle Konsumentenrente. Analog nennt man die Differenz zwischen dem Marktpreis und dem Reservationspreis (niedrigster Preis zu dem der Anbieter eine Einheit des Gutes anbieten würde) die Produzentenrente. Die Summe aller individuellen Konsumentenrenten wird als Konsumentenrente, die Summe aller individuellen Produzentenrenten wird als Produzentenrente bezeichnet. Die Summe aus Konsumentenrente und Produzentenrente auf einem Markt nennt man die Gesamtwohlfahrt (ökonomische Wohlfahrt) auf dem Markt.

Konsumenten- und Produzentenrente, Gesamtwohlfahrt
M 4

Gesamtwirtschaftlich beschreibt das Gleichgewicht auf dem Markt ein Optimum, da genau in diesem Punkt die Summe der Konsumenten- und der Produzentenrente

Auf dem vollkommenen Markt führt

ORIENTIERUNGSWISSEN

ORIENTIERUNGSWISSEN

der Preismechanismus zu maximaler Wohlfahrt
M 5

maximal wird. Entspricht der Preis für ein Gut nicht dem Gleichgewichtspreis, so wird ein Teil der möglichen Nachfrage und des möglichen Angebots nicht zum Zuge kommen und insgesamt ein gesamtwirtschaftlicher Wohlfahrtsverlust entstehen.

Pareto-Optimum – der Marktmechanismus ist effizient
M 5

Auf einem vollkommenen Markt mit vollkommener Konkurrenz führt der Preismechanismus zu einem gesamtwirtschaftlichen Optimum, dem sogenannten Pareto-Optimum: Kein Teilnehmer auf dem Markt kann durch Tausch einen Vorteil erlangen, ohne dass ein anderer einen Nachteil in Kauf nehmen muss.

Effizent bedeutet nicht unbedingt gerecht
M 6, M 7

Der Marktmechanismus ist insofern ein effizientes, aber nicht notwendigerweise gerechtes Instrument der Verteilung. So spielt z. B. die Anfangsverteilung der Güter vor dem Tausch eine zentrale Rolle – wer nichts zum Tauschen hat, kann auch nichts bekommen.

Der Schweinezyklus – eine Erklärung warum Preise schwanken
M 8, M 9

Die Anbieter orientieren ihre Produktionsmengen für ein Gut an den geltenden bzw. den prognostizierten Preisen. Weil die tatsächlich angebotenen und nachgefragten Mengen aber nicht notwendigerweise mit den prognostizierten Mengen identisch sind, werden die Preise für ein Gut über einen längeren Zeitraum hinweg Schwankungen unterworfen sein. Am Preis für Schweine lässt sich dies besonders gut zeigen, da die in Zukunft angebotene Menge hier von dem Preis abhängt, der zu Beginn der Ferkelzucht zu erzielen war. Da das Angebot immer mit Zeitverzögerung auf Preisänderungen reagiert (jede Produktion braucht Zeit), lässt sich das Beispiel der Schweine auf die meisten Güter übertragen. Auch auf dem Arbeitsmarkt kann man das Phänomen des „Schweinezyklus" erkennen. So ist z. B. der Arbeitsmarkt für Lehrer oder IT-Fachleute durch einen ständigen Wechsel zwischen einem Mangel und einem Überangebot an Arbeitskräften geprägt.

Grenzen des Marktmechanismus auf unvollkommenen Märkten
M 13, M 15

Am Modell des Marktes mit vollkommener Konkurrenz lässt sich die Funktionsweise des Marktmechanismus beschreiben. In der Realität findet man allerdings selten eine solche Situation vor. Reale Märkte sind meist durch eine nicht vollkommene Konkurrenz geprägt, z. B. durch Oligopole oder durch quasi-monopolartige Stellungen einzelner Anbieter.

Auswirkungen eines Monopols auf

- den Preis
M 11

Auf einem durch ein Monopol geprägten Markt entscheidet der Monopolist allein über die angebotene Menge des Gutes und den Preis. Er legt in der Regel Menge und Preis so fest, dass bei einer gegebenen Nachfrage(kurve) sein Gewinn maximal wird. Meist liegt dieser Preis über dem Preis, der sich auf einem Markt mit vollständiger Konkurrenz einstellen würde. So werden potenzielle Nachfrager von diesem Markt ausgeschlossen. Der Marktmechanismus führt hier nicht zur bestmöglichen Verteilung und damit nicht zum gesamtwirtschaftlichen Optimum.

Der Anbieter mit quasi-monopolartiger Stellung hat auf dem Markt eine sehr große Macht, auch da er frei über die Versorgung der Nachfrager mit dem Gut entscheiden kann. Dadurch entsteht ein Anreiz bei den Nachfragern, das Gut selbst herzustellen. Andere potentielle Anbieter haben einen hohen Anreiz in den Markt einzutreten (auch aufgrund hoher zu erzielender Preise). In der Regel haben sie aber hohe Investitionskosten und können über eine längere Zeit vom Monopolisten preislich unterboten werden. Langfristig halten sich trotzdem nur wenige Monopole.

Auch auf einem oligopolistischen Markt unterscheidet sich die Preisbildung von der eines Marktes mit vollständiger Konkurrenz: Möglich sind ein ruinöser Preiskampf oder Preisstarrheit. Diese kann auch die Folge von Preis- oder Mengenabsprachen in Kartellen sein. Der Marktmechanismus führt auch hier nicht zum gesamtwirtschaftlichen Optimum.

Das Verfehlen des gesamtwirtschaftlichen Optimums auf Märkten mit mangelndem Wettbewerb begründet die staatlichen Anstrengungen zur Sicherung des Wettbewerbs durch die Wettbewerbspolitik. Wenn monopolartige Marktstellungen vorliegen, ist es Aufgabe staatlicher Wettbewerbspolitik die Macht des Monopolisten einzuschränken bzw. den Missbrauch der Marktmacht zu verhindern. Dies gilt auch im Fall von Oligopolen (z. B. Kartellverbot).

In bestimmten Fällen sind Ergebnisse des Marktmechanismus gesellschaftlich nicht erwünscht oder zumindest umstritten. In diesen Fällen fordern gesellschaftliche Gruppen häufig ein Eingreifen des Staates in den Markt (z. B. beim Mindestlohn oder der Mietpreisbremse). Der staatliche Eingriff in die Preisbildung setzt den Marktmechanismus zum Teil außer Kraft. Dies führt – ceteris paribus – dazu, dass mittelfristig die Nachfrage (bei Mindestpreisen) bzw. das Angebot (bei Höchstpreisen) sinkt. Marktteilnehmer werden versuchen, die Preisbindung zu umgehen. Im Fall von Mindestlöhnen wird in der Regel die Nachfrage nach Arbeit zu diesen Bedingungen eher zurückgehen. Im Fall einer Beschränkung von Mieten oder der Beschränkung der Steigerung von Mieten wird das Angebot an Mietwohnungen zurückgehen. Das Maß, in dem sich die Nachfrage bzw. das Angebot kurzfristig verändert, hängt von der jeweiligen Preiselastizität ab.

– Nachfrager und andere potentielle Anbieter
M 11

Preisbildung auf einem Oligopolmarkt / Kartell
M 15

Aufgabe des Staates: Wettbewerbspolitik

Staatliche Eingriffe in die Preisbildung / Grenzen des Marktmechanismus
M 16, M 17

750 Dollar pro Tablette

Die gesundheitspolitische Vorstellung, die Martin Shkreli diese Woche bot, war eine Steilvorlage für alle Pharmahasser. „Obszön", „ekelhaft", „gierig" – das waren die Kommentare im Netz, als bekannt wurde: Der ehemalige US-Hedgefondsmanager und heutige Pharma-Start-up-Unternehmer Shkreli, 32, hat in den USA die Rechte an dem Medikament Daraprim erworben und dessen Preis über Nacht um 5.500 – in Worten: fünftausendfünfhundert – Prozent angehoben: von 13,50 Dollar auf 750 Dollar. Pro Tablette.

Daraprim ist ein Antibiotikum gegen Toxoplasmose, eine Infektionserkrankung, an der Krebs- und Aids-Patienten häufig leiden. Ein skrupelloser Jungunternehmer, der sich an Schwerkranken bereichert? Wer die Zornestiraden überwindet, kann sich fragen: Sind wir wirklich ohnmächtig? Daraprim ist seit 1953 auf dem Markt. Der Patentschutz ist abgelaufen. Warum existiert kein billiges Nachahmerpräparat […]?

Pharmapreise fallen nicht vom Himmel. Die Politik hat Steuerungs- und Regulierungsmöglichkeiten. In Deutschland etwa existieren vorgeschriebene Preisverhandlungen zwischen Kassen und Herstellern. […] Seit Jahren fordern Gesundheitsökonomen, Juristen und Mediziner Kosten-Nutzen-Bewertungen von Medikamenten, um die Preisspirale einzudämmen – erfolglos. Denn politisch gilt es als pfui, kranken Menschen zu sagen, was ehrlich wäre: Wir kaufen der Industrie ihre Medikamente nur dann ab, wenn ihre Kosten im Verhältnis zu ihrem Nutzen gerechtfertigt sind.

Heike Haarhoff, taz, 25.9.2015

Preis für Medikament von 13,50 auf 750 Dollar erhöht

Der Preis sei bewusst hochgetrieben worden, gibt Shkreli zu. Er behauptet, sein Unternehmen habe den Preis auf ein vernünftiges Niveau gehoben, damit das Medikament profitabel sein kann. Weil Patienten Daraprim nur relativ selten nutzten, sei der Preis angemessen. […] US-Präsidentschaftskandidatin Hillary Clinton schrieb auf Twitter: „Preiswucher ist wie hier, speziell im Pharmamarkt, abscheulich. Morgen werde ich einen Plan ausarbeiten, um das Thema anzugehen."

wk/nago, Die Welt, 22.9.2015

Ex-Hedgefonds-Manager verteuert Medikament um 5.500 Prozent

Daraprim, das in der Herstellung nicht mehr als einen Dollar kostet, wurde ursprünglich von Glaxo-Smith-Kline hergestellt.

Lea Wolz, Stern, 22.9.2015

F Bewerten Sie die Aussage aus der taz: „Denn politisch gilt es als pfui, kranken Menschen zu sagen, was ehrlich wäre: Wir kaufen der Industrie ihre Medikamente nur dann ab, wenn ihre Kosten im Verhältnis zu ihrem Nutzen gerechtfertigt sind."

Aufgaben

1. Stellen Sie die Entwicklung auf dem US-Markt für das Medikament Daraprim in einem Preis-Mengen-Diagramm dar und erklären Sie Ihre Darstellung. Berücksichtigen Sie dabei, dass die Nachfrage nach lebensnotwendigen Medikamenten relativ unelastisch ist.
2. Beschreiben Sie eine mögliche weitere Entwicklung auf dem US-Markt für das Medikament Daraprim.
3. Erörtern Sie die Reaktion von Hillary Clinton auf die Preiserhöhung von Daraprim auf Twitter.

2 Der Marktmechanismus

SELBSTDIAGNOSE

Sie können...	Dazu benötigen Sie u.a. folgende Begriffe...	Das klappt schon...	Hier können Sie u.a. noch üben...
Nachfrage- und Angebot in einem Preis-Mengen-Diagramm darstellen und das Marktgleichgewicht bestimmen.	Grenznutzen, -kosten, Nachfrage- und Angebotskurve, Gleichgewichtspreis	👍 👎	M 3, M 5 / S. 34 ff. M 10 - 12 / S. 41 ff. M 3 / S. 50 f. Orientierungswissen / S. 73
Bestimmungsfaktoren der Nachfrage und des Angebots auf einem Markt erklären.	Preiselastizität	👍 👎	M 7, M 9 / S. 38 ff. M 10 / S. 41 Orientierungswissen / S. 73
die Auswirkungen von Veränderungen auf dem Markt (auch grafisch) darstellen.	Angebots- und Nachfragekurve, Gleichgewichtspreis und -menge	👍 👎	M 3, M 5 / S. 34 ff., M 12 / S. 42 M 3 / S. 50 f. Orientierungswissen S. / 73
das Idealbild des vollkommenen Markts mit vollständiger Konkurrenz charakterisieren.	Vollkommener Markt Polypol	👍 👎	M 13, M 14 / S. 43 f.
den Markt als einen effizienten Koordinationsmechanismus unterschiedlicher Interessen beurteilen.	Konsumenten- und Produzentenrente, Gesamtwohlfahrt, Pareto-Optimum	👍 👎	M 4, M 5 / S. 52 ff. Orientierungswissen S. / 73 f.
erklären wie sich Quasi-Monopole oder Oligopole auf Märkten auswirken können.	Monopol, Marktmacht, Oligopol, Kartell	👍 👎	M 11 / S. 64 f. M 13, M 15 / S. 66 ff. Orientierungswissen / S. 74 f.
die Wirkung staatlicher Eingriffe in den Markt erklären und die Eingriffe beurteilen.	Höchstpreise, Mindestpreise	👍 👎	M 16, M 17 / S. 69 f. Methode / S. 71 f. Orientierungswissen / S. 75

Gleiche Spieler, anderes Spiel:
„Die Spielregeln zu ändern ist leichter,
als den Charakter der Spieler zu beeinflussen."

James M. Buchanan, Träger des Alfred-Nobel-Gedächtnispreises für Wirtschaftswissenschaften

3 Wirtschaftsordnungen

Die Bedeutung von Regeln für den Sport ist jedem klar. Ohne Kenntnis dieser Regeln hat man unter Umständen Probleme, überhaupt zu verstehen, was sich auf dem Rasen abspielt. Dass auch das „ökonomische Spiel" Spielregeln kennt und gute Spielregeln braucht, um gut zu funktionieren, ist weniger bewusst. Dabei besteht eine Möglichkeit, sich in der „Welt der Ökonomie" besser zurechtzufinden, genau darin, diese Institutionen und Regeln einer Wirtschaftsordnung zu verstehen. Wie beeinflussen sie Individuen bei der Verfolgung ihrer Ziele, d. h. welche Anreize vermitteln sie für das Handeln der Akteure?

Wirtschaftsordnungen umfassen die Gesamtheit der vorhandenen Institutionen- und Regelsysteme in einer Volkswirtschaft. Durch einen Vergleich unterschiedlicher gegenwärtiger und historischer Wirtschaftsordnungen lassen sich Erkenntnisse über das Zusammenspiel und die Auswirkungen der vorhandenen Institutionen- und Regelsysteme auf die Entwicklung einer Volkswirtschaft gewinnen. Dabei beantwortet der Vergleich zwischen Marktwirtschaft und Planwirtschaft in erster Linie ein historisches Interesse, während gegenwärtig der genaue Blick auf die Soziale Marktwirtschaft im Zentrum der Aufmerksamkeit steht: Welches sind Grundzüge und Leitbilder der Sozialen Marktwirtschaft, und wo liegen heute die Herausforderungen für diese Wirtschaftsordnung?

KOMPETENZEN

Am Ende dieses Kapitels sollten Sie Folgendes wissen und können:

Sie können die Wirkung von Anreizen auf wirtschaftliches Handeln erklären.

Sie können das Institutionen- und Regelsystem einer Wirtschaftsordnung beschreiben und beurteilen.

Sie können Wirtschaftsordnungen, auch nach Ideal- und Realtypen, unterscheiden.

Sie können die Soziale Marktwirtschaft als Ordnungskonzept darstellen, die Funktion des Wettbewerbs erläutern und die Realität am Leitbild der Sozialen Marktwirtschaft messen.

Was wissen und können Sie schon?

Der Träger des Alfred-Nobel-Gedächtnispreises für Wirtschaftswissenschaften, James M. Buchanan, spricht von Spielregeln. Beschreiben Sie, welche (Spiel-)Regeln in Ihren Augen die richtigen für die Wirtschaft sind. Einigen Sie sich zunächst darauf, was eine Wirtschaftsordnung leisten sollte.

3.1 Wie reagieren die Menschen auf Anreize?

M 1 ● Wie halten wir es mit der Rechnung?

Am besten kann man [es] verstehen, wenn man sich vorstellt, man geht mit einer großen Gruppe essen und teilt sich die Rechnung zu gleichen Teilen. Wie wir alle wissen, kann das ziemlich ärgerlich sein. Mit dem eigenen Anteil zahlt man hauptsächlich das Essen der anderen, und das eigene Essen wird zum Großteil von den andern bezahlt. Unter diesen Umständen liegt die rationale Strategie auf der Hand: Austern, Hummer und jede Menge Champagner bestellen. Wenn man sich mit Suppe, Brot und einem Glas Wasser bescheidet, sparen alle Geld, aber die eigenen Geschmacksnerven werden die einzigen sein, die darben. Verspürt man auch nur die geringste Lust auf etwas, so wird man sich den üppigsten Luxus gönnen, da man ja nur einen kleinen Teil der Kosten selbst bezahlt. Es mag seine Vorteile haben, sich die Rechnung zu teilen, aber es eignet sich ganz gewiss nicht, die Gäste zu ehrlichen Entscheidungen zu animieren.

Tim Harford, Die Logik des Lebens, München 2008, S. 160 (übersetzt v. Richard Barth)

M 2 ● Wirtschaftliches Handeln – eine Folge von Anreizen

Da rationale Menschen ihre Entscheidungen durch einen Vergleich von Grenznutzen und Grenzkosten treffen, reagieren sie auf Anreize. [...]
Anreize sind entscheidend für die Analyse, wie Märkte funktionieren. Wenn z. B. der Preis eines Apfels steigt, werden sich die Leute dafür entscheiden, mehr Birnen und weniger Äpfel zu essen, weil die Kosten eines Apfels höher sind. Gleichzeitig werden die Apfelplantagen mehr Arbeitskräfte einstellen und mehr Äpfel ernten wollen, weil der Stückgewinn aus dem Verkauf eines Apfels höher ist. [Die] Wirkung des Preises eines Guts auf das Verhalten von Käufern und Verkäufern in einem Markt – in diesem Fall des Marktes für Äpfel – ist von zentraler Bedeutung für das Verständnis, wie die Volkswirtschaft knappe Ressourcen aufteilt. Auch Politiker sollten sich stets der Wirkung von Anreizen bewusst sein, denn eine Vielzahl von politischen Maßnahmen verändert den Nutzen und die Kosten, denen sich die Menschen gegenübersehen und beeinflusst damit ihr Verhalten.

Nach: N. Gregory Mankiw/Mark P. Taylor, Grundzüge der Volkswirtschaftslehre, 5. Aufl., Stuttgart 2012, S. 8 (übers. v. Aodlf Wagner und Marco Herrmann)

M 3 ● Kontrovers diskutiert: a) Libertärer Paternalismus: Verführung zum Guten versus b) betreutes Wohnen für alle

a) „Libertärer Paternalismus": Das klingt nach einem Widerspruch, ist es aber nicht. Wir wollen Menschen helfen, bessere Entscheidungen zu treffen, als sie sie von sich aus täten (deshalb: Paternalismus), jedoch ohne irgendjemandem irgendetwas aufzuzwingen (deshalb: libertär). Eine Methode ist der „Nudge", der Stups. Ein „Nudge" ist ein Reiz, der das Verhalten verändert, ohne irgendjemanden an irgendetwas zu hindern. [...] Der Fachbegriff lautet „Entscheidungsarchitektur". Entscheidungsarchitekten entwerfen den Kontext, innerhalb dessen Menschen Entscheidungen treffen. Im Privatsektor wird überall gestupst. Zeitschriften etwa bieten kostenlose Probeabos an, die zu richtigen Abonnements werden, wenn wir sie nicht kündigen, wozu wir oft nicht kommen. Supermärkte lenken uns in Richtung solcher Produkte, die uns in Versuchung bringen. Aber auch Regierungen können Methoden entwickeln, Menschen zu besseren Entscheidungen zu verhelfen, ohne sie zu irgendetwas zu zwingen. [...] Wenn wir den Ausstoß von Treibhausgasen reduzieren wollen, können wir die Bürger stupsen, indem wir ihnen ihren Energieverbrauch anschaulich vor Augen führen. In Südkalifornien hat ein Energieversorger seine Kunden zu sparsamem Verbrauch animiert, indem er ihnen Kugeln gegeben hat, die bei hohem Energieverbrauch rot, bei bescheidenem Verbrauch grün leuchten. Die Kugelbesitzer reduzierten ihren Energieverbrauch in Stoßzeiten um 40 Prozent. Man kann sich auch die Macht der sozialen Norm zunutze machen. Bei einer Studie wurden Haushalte über ihren Energieverbrauch sowie über den durchschnittlichen Energieverbrauch in benachbarten Haushalten informiert. Daraufhin reduzierten jene, die über dem Durchschnitt gelegen hatten, ihren Verbrauch signifikant.

Richard H. Thaler/Cass R. Sunstein, übers. von Wieland Freund, Welt am Sonntag, 7.9.2008

b) Den Nachtwächterstaat kennt man nur noch aus den Schauermärchen längst vergangener Tage. Der Homo Oeconomicus ist ohnehin schon vor Jahrzehnten mit dem Bannfluch belegt worden. Und selbst der mündige Verbraucher ist inzwischen im Deutschen Historischen Museum eingemottet worden – irgendwo zwischen Wirtschaftswunder und Sexueller Revolution. Als wahrhaft aufgeklärte Menschen wissen wir, dass wir so sehr durch Umstände getrieben, durch Herkunft geprägt und durch fremde Mächte manipuliert sind, dass Freiheit und Selbstbestimmung doch eigentlich nur Illusionen sind. Fragen Sie mal Ihren Hirnforscher oder Neurologen! Ein adäquates Mittel, um unsere defizitäre Vernunft auf die rechte Bahn zu bringen, will uns das Konzept des Nudging an die Hand geben. Mittels kleiner Stupser werden wir angeregt, das zu tun, wonach uns ja eigentlich der Sinn steht – oder stehen sollte. Wenn da nur nicht die Umstände, die Faulheit, die Ignoranz im Wege stünden. Nudging ist so ein bisschen wie betreutes Wohnen. Das gewohnte Umfeld bleibt erhalten, man fühlt sich wie zuhause. Aber irgendjemand passt immer auf, dass man keine Dummheiten anstellt. Diese mit mehr Kompetenz und Weitsicht ausgestatteten Betreuer sind die Politiker und Bürokraten.

Clemens Schneider, http://prometheusinstitut.de. 8.4.2016

Staatlicher Paternalismus
Maßnahmen oder Regelungen, die zum Wohl des Bürgers oder zum Schutz des Einzelnen vor sich selbst gegen seinen Willen oder zumindest ohne sein Einverständnis getroffen werden.

Aufgaben

1. Erläutern Sie, warum Wirtschaftspolitiker über Anreize nachdenken sollten (M 1, M 2).
2. Das Rentenversicherungssystem eines Landes zahlt Transfereinkommen an die über 65-jährigen Menschen. Angenommen, Empfänger mit höherem Einkommen aus anderen Quellen, z. B. Zinseinkommen aus Kapitalvermögen, erhalten eine niedrigere Rente als Empfänger mit niedrigerem Einkommen aus anderen Quellen. Erläutern Sie, wie dieses Rentenversicherungssystem die Sparneigung der Leute während der aktiven Erwerbstätigkeit beeinflussen wird (M 1, M 2).
3. Entwickeln Sie aus der Sicht des „libertären Paternalismus" (M 3) einen „Nudge", um die Pünktlichkeit von Schülern zu verbessern.
4. Nehmen Sie Stellung zum Politikansatz des libertären Paternalismus (M 3).

3.2 Wirtschaftsordnungen im Vergleich

3.2.1 Wie lassen sich Wirtschaftsordnungen analysieren?

M 1 ● Der König und die Mühle

Wie wertvoll funktionierende Gerichte sind, lässt sich am besten mit einer halberfundenen Geschichte verdeutlichen, nämlich mit der Legende über die Mühle von Sanssouci.
5 Darin besiegt ein kleiner Unternehmer mit Hilfe des Berliner Kammergerichts den Preußenkönig Friedrich den Großen.
Dem König war das Geklapper der Mühle in Hörweite seines Sommerschlosses Sans-
10 souci zu laut geworden, und er drohte dem Müllermeister mit Abriss: „Weiß er denn nicht, dass ich Ihm kraft meiner königlichen Macht die Mühle wegnehmen kann, ohne auch nur einen Groschen dafür zu
15 bezahlen?"
Das Kammergericht sah dies anders, gab dem kleinen Müllermeister recht und ließ den König alt aussehen. All dies ist, vorsichtig ausgedrückt, eine lockere Nacher-
20 zählung des wahren Sachverhalts. Aber was Friedrich II. wirklich von Mühlen hielt, soll hier nicht weiter interessieren. Die Legende ist ein zu schönes Beispiel dafür, wie wichtig eine unabhängige Justiz für den Schutz der bürgerlichen Freiheiten und Ei- 25
gentumsrechte ist.
Denn diese Rechte sind nur etwas wert, wenn sie auch durchsetzbar sind. Die Garantie des Privateigentums besteht nur auf dem Papier, wenn der Staat oder ein König 30 eine Mühle ungehindert abreißen kann. Die Freiheit, Verträge zu schließen, mit wem man will, über was auch immer, ist nutzlos, wenn die Ansprüche aus diesen Vereinbarungen sich nur mit Hilfe tatkräftiger russi- 35
scher Inkasso-Büros durchsetzen lassen. Und wer mit einer genialen Idee Geld verdienen will, muss unfaire Nachahmer nach Strich und Faden verklagen können.
All dies macht die Gerichte zu unverzicht- 40 baren Institutionen einer freien Marktwirtschaft. Natürlich entfalten sie ihre wohlstandsfördernde Wirkung nur, wenn die Marktakteure den Richtern mehr vertrauen als ihren eigenen Fäusten, ihren Truppen 45 oder einem Schlichter.

Melanie Amann, Frankfurter Allgemeine Sonntagszeitung, 16.10.2011

M 2 ● Bausteine von Wirtschaftsordnungen

Wirtschaftssystem

Jedes Wirtschaftssystem muss grundsätzlich die Fragen beantworten, *wer* (Entscheidungssystem), *was* und *wieviel* (Koordinationssystem) für *wen* (Verteilungssystem) produzieren soll.

Zur vollständigen Beschreibung eines Wirtschaftssystems müssten sämtliche Bausteine herangezogen werden. Zwei der Bausteine spielen indes in der Diskussion
5 eine besondere Rolle:
- der Koordinationsmechanismus und
- die Eigentumsordnung für Produktionsmittel.

Es ist fraglich, ob diese beiden Elemente
10 eines Wirtschaftssystems voneinander unabhängig sind. Wahrscheinlich funktioniert die Koordination über Preise bei Privateigentum anders als bei Gemeineigentum an Produktionsmitteln. Und möglicherweise setzt eine zentrale Planung 15 die Aufhebung des Privateigentums voraus. [...] Im Rahmen des bereits beschriebenen Koordinationsmechanismus unterscheidet man
- die zentrale Planung, auch zentrale 20 Verwaltungswirtschaft, Kommandowirtschaft, vertikale Koordination oder verkürzt nur Planwirtschaft genannt und
- die dezentrale Planung, auch Marktwirtschaft, horizontale Koordination oder 25 freie Verkehrswirtschaft genannt.

Die Eigentumsordnung gilt als zentrales Element, bisweilen sogar als entscheidendes Element eines Wirtschaftssystems, weil sie die Art des Sanktionssystems bestimmt. Dabei geht es nur um die Frage des Eigentums an Produktionsmitteln (Maschinen, Anlagen, Fabriken: kurz um das „Kapital"), weil die Handlungsmotive von Unternehmern von zentraler Bedeutung sind. Das Eigentum an Konsumgütern wird dagegen in allen Wirtschaftssystemen immer als Privateigentum vorgesehen. Eigentum an Produktionsmitteln kann grundsätzlich zwei Formen annehmen:
- Privateigentum und
- Gemeineigentum (Gesellschafts-, Volks- oder Staatseigentum).

Eine Gesellschaft, in der die Produktionsmittel Privaten gehören, bezeichnet man als kapitalistisches Wirtschaftssystem. Eine Gesellschaft, in der die Produktionsmittel Gemeineigentum sind, nennt man ein sozialistisches Wirtschaftssystem. Hervorzuheben ist, dass die Begriffe „kapitalistisch" und „sozialistisch" hier ohne jede Wertung als Fachbegriffe nur für die bestehende Eigentumsordnung verwendet werden.

Ulrich Baßeler/Jürgen Heinrich/Burkhard Utecht, Grundlagen und Probleme der Volkswirtschaft, 19. Aufl., Stuttgart 2010, S. 29

Anm.: Die Begriffe Wirtschaftssystem und Wirtschaftsordnung werden hier synonym verwendet.

M 3 ● Was macht eine Wirtschaftsordnung aus?

Die Gesamtheit der wirtschaftlich relevanten rechtlichen Vorschriften, Koordinationsmechanismen, Zielsetzungen, Verhaltensweisen und Institutionen, die den organisatorischen Ablauf und Aufbau einer Volkswirtschaft bestimmen, werden als Wirtschaftsordnung bezeichnet. Wirtschaftsordnungen setzen sich aus unterschiedlichen Bausteinen zusammen.

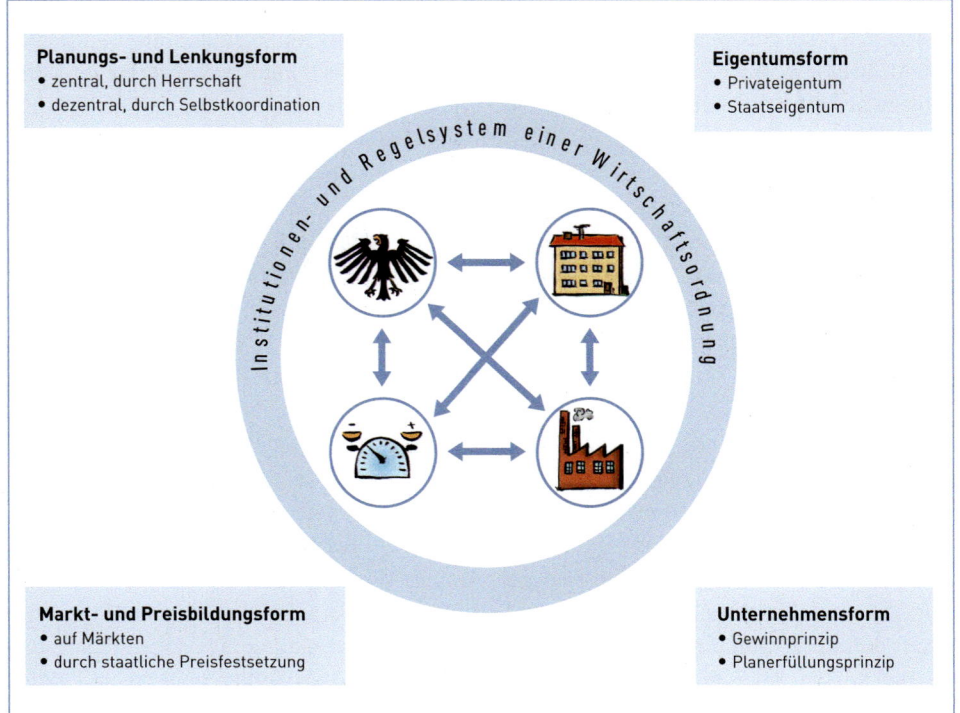

Nach: Institut für Ökonomische Bildung Oldenburg

M 4 ● Eigentumsrechte als Institution – kontrovers diskutiert: Tesla verschenkt seine Patente. Eine gute Idee?

Die Firma Tesla, ein Hersteller von Elektroautos (hier ein Auto der Marke in Oslo), verschenkt all ihre Patente. Soll das Schule machen?

JA: Weg mit dem Monopol

Das hat es noch nie gegeben: Der amerikanische Elektroautohersteller Tesla hat seine Patente der Öffentlichkeit übergeben. Ursprünglich habe man geglaubt, man müsse die neue Technologie durch Patente schützen, damit große Firmen sie nicht kopieren könnten, um anschließend mit ihrer Marktmacht den Newcomer Tesla zu erdrücken. Anders als erwartet habe das Patent die Wettbewerber davon abgehalten, selbst Forschung zum Elektroauto zu betreiben, und damit auch Tesla geschadet. [...]

Was sind Patente? Nichts als – zeitlich limitierte – Monopole: das exklusive Recht, eine Erfindung zu nutzen, und zugleich ein Verbot für alle Wettbewerber, selbst das patentierte Produkt herzustellen und zu verkaufen. Dem Erfinder winkt somit eine Monopolrendite, die ihm der Staat – die staatlichen Patentämter – garantiert.

Wie begründet sich das Monopol, wo Monopole ansonsten verpönt sind? Dafür gibt es drei Argumente: (1) Erfindungen sind eine Art von Eigentum. Eine Marktwirtschaft muss Eigentum unbedingt schützen. (2) Die Kosten einer Erfindung sind sehr hoch. Gäbe es nicht die Aussicht auf eine zeitlich begrenzte Monopolrendite, würden die Erfindungen unterbleiben – und die Welt wäre ärmer. Dieses Argument verwendet insbesondere die Pharmaindustrie. (3) Kleine Firmen werden demotiviert, wenn die Großen ihre guten Ideen abkupfern und sie anschließend plattmachen können.

Selbst wenn die Argumente pro Patent nicht alle schwachsinnig sind, so legt der Fall Tesla doch nahe, dass Patente im Saldo mehr schaden als nützen: (1) Geistiges Eigentum ist nicht mit dinglichem Eigentum zu vergleichen. Wenn mir ein Apfel geklaut wird, habe ich keinen Apfel mehr. Wenn Tesla die Idee ihrer Elektrobatterien geklaut wird, können sie trotzdem weiter Elektroautos bauen. (2) Statt den Fortschritt anzukurbeln, hat das Patent für Tesla den Fortschritt abgewürgt und den Wettbewerb ausgehebelt. Das Patent verhindert den Durchbruch einer wichtigen Öko-Innovation. (3) Der Minderheitenschutz für Tesla war für die Katz.

Der Fall Tesla hat ein berühmtes historisches Vorbild: Ein Kartell ausgewählter Hersteller verweigerte Henry Ford einst die kostenlose Nutzung des Patents auf das Benzinauto; sie wollten lieber teure Luxusautos für einen kleinen exklusiven Markt bauen. Erst im Jahr 1911 entschied ein amerikanisches Gericht zugunsten von Ford. Das war die Voraussetzung für das Automobil als billiges Massenfortbewegungsmittel. Nicht das Patent, sondern der Fall des Patents brachte den Fortschritt in Schwung.

Rainer Hank, www.faz.net, 15.6.2014

NEIN: Patente treiben den Fortschritt

Niemandem auf der Welt, das sei gleich zu Anfang angemerkt, ist es verwehrt, sein Eigentum zu verschenken. Wenn der amerikanische Elektroautohersteller Tesla die Patente, die ihm gehören, der Öffentlichkeit zur Verfügung stellt, mag das ehrenhaft sein. [...] Nur eines ist es sicher nicht: ein Beleg dafür, dass Patente überflüssig sind und auf Patentschutz in Zukunft grundsätzlich verzichtet werden sollte.

Patente sind schließlich nichts anderes als Eigentumsrechte auf Erfindungen: eine Form des Schutzes für geistiges Eigentum, in dieser Hinsicht vergleichbar mit dem Urheberrecht an Texten und Büchern. Zwar hat es zu allen Zeiten Menschen gegeben, die vom Eigentum nicht sonderlich viel hielten. Und zwar nicht nur Kriminelle: Auch der Philosoph Jean-Jacques Rousseau beispielsweise glaubte, es sei der Anfang der allgemeinen Unterdrückung und Ausbeutung gewesen, als das erste Mal ein Mensch einen Zaun um ein Stück Land zog und sagte: „Das gehört mir."

Dagegen steht allerdings die Erfahrung aus vielen Ländern der Welt auf dem Weg von der Armut zum Wohlstand. Überall ist eines wichtig, um Investitionen anzuziehen, die Arbeit und Wohlstand bringen: die Durchsetzbarkeit von Eigentumsrechten. Erst die Aussicht, später von den Früchten seines Eigentums profitieren zu können, motiviert den Unternehmer, überhaupt etwas zu unternehmen.

Nicht viel anders als mit dem Eigentum an Dingen aber verhält es sich mit geistigem Eigentum. Zwar unterscheiden sich geistige Güter wie Erfindungen oder Texte darin von materiellen, dass mehrere sie nutzen können, ohne sich dabei in die Quere zu kommen. Ihre Entstehung aber ist gleichfalls mit Kosten verbunden, die nur aufgebracht werden, wenn die Eigentumsrechte geklärt sind. Das ist entscheidend.

Das Patent schützt das Eigentum des Erfinders. Es ist vor der Erfindung für ihn Ansporn – und danach schützt es sein gutes Recht, von seiner Leistung zu profitieren. Man mag darüber diskutieren, ob es der Staat sein muss, der das Patent garantiert, oder ob das auch anders geht. Man mag auch darüber diskutieren, wie lange Patentschutz bestehen soll. Diese Institution ist nämlich, zugegeben, janusköpfig: Patente fördern zwar Innovation – sie verhindern aber den Wettbewerb. [...] So war es schon bei James Watts Dampfmaschine. Deshalb ist es ein sinnvoller Kompromiss, dass man eine Zeitlang einen Zaun um die Erfindung zieht – um ihn später wieder zu öffnen.

Christian Siedenbiedel, www.faz.net, 15.6.2014

Aufgaben

1. Erläutern Sie die Funktionen des Rechts als Institution (M 1).
2. Zeigen Sie an selbst gewählten Beispielen auf, inwieweit die Ausgestaltung der Anreizstruktur durch Institutionen das Verhalten der Individuen und ganzer Volkswirtschaften beeinflusst (M 2, M 3).
3. Tesla verschenkt seine Patente – eine gute Idee? Nehmen Sie Stellung zu dieser Frage (M 4).
4. Wählen Sie einen anderen Pol des Institutionen- und Regelsystems einer Wirtschaftsordnung (M 3) und entwickeln Sie dazu kontroverse Positionen im Stil von M 4.

3.2.2 Die freie Marktwirtschaft: Stärken und Schwächen

M 5 ● Motive des Wirtschaftens

Karikatur: Dirk Meissner

M 6 ● Schlüssel zum Reichtum

Das hat sich lange keiner mehr getraut: Zwei US-Wissenschaftler versuchen mittels einer Großtheorie zu erklären, weshalb manche Nationen wohlhabend sind, andere ⁵ *das einfach nicht schaffen. Ein mutiges Unterfangen – und eine faszinierende Lektüre.*

„Warum sind die Menschen in Afrika so arm?" Eine Frage, wie sie Kinder ihren Eltern stellen. Und zugleich eines der größ- ¹⁰ ten Rätsel der Menschheit. Für kaum etwas kennen Politikwissenschaftler und Volkswirte so wenige unstrittige Gründe wie für die ebenso hartnäckige extreme Ungleichheit zwischen den Staaten dieser Erde. Wa- ¹⁵ rum schaffen es manche Nationen über Jahrhunderte hinweg nicht aus bitterer Armut heraus – wie etwa Äthiopien – während andere Länder diesen Riesenschritt in wenigen Jahrzehnten schaffen – etwa Süd- ²⁰ korea? [...]
Daron Acemoglu, Professor am Massachusetts Institute of Technology (MIT) [hat] zusammen mit seinem Co-Autoren James Robinson, Politikwissenschaftler in Har- ²⁵ vard, [...] eine faszinierende Großtheorie über die Ursachen für die ungleiche Verteilung von Armut und Reichtum in der Welt vorgelegt.
Wobei es um die Faktoren, die den Wohl- ³⁰ stand eines Landes dauerhaft mehren, in der Fachwelt relativ wenig Streit gibt. Entscheidend sind funktionierende gesellschaftliche Institutionen: unabhängige und faire Gerichte. Eine Verwaltung, die nicht ³⁵ allzu korrupt ist. Eine Regierung, die sich den Interessen des Volkes stärker verpflichtet fühlt als dem eigenen Wohlergehen. Schulen, in denen Kinder tatsächlich etwas lernen und nicht bloß verwahrt werden. ⁴⁰ Solche funktionierenden Institutionen schaffen eine gesellschaftliche Atmosphäre, in der Menschen einen Anreiz besitzen zu sparen und zu investieren, sich zu bilden und Innovationen hervorzubringen. ⁴⁵ Aus dieser Akkumulation von Kapital und Wissen entsteht dauerhaftes Wirtschaftswachstum.
Aber warum gelingt es einzelnen Staaten, diese Mischung über Jahrhunderte hinweg ⁵⁰ zu bewahren – etwa der Schweiz – während andere immer wieder bei dem Versuch scheitern, sie zu erreichen?

Acemoglu und Robinson gehen davon aus, dass der Wohlstand zwischen den Staaten bis zur Industriellen Revolution verhältnismäßig gleichmäßig verteilt war. Afrikaner waren ähnlich reich wie Europäer und Asiaten oder besser gesagt: ähnlich arm. Doch dann begann sich das Wachstumskarussell zu drehen, zuerst Mitte des 18. Jahrhunderts in England, dann im übrigen Europa. Warum ausgerechnet in England? Weil, so die Autoren, sich über Jahrhunderte hinweg kleine institutionelle Unterschiede zwischen den Staaten herausgebildet haben. Ein Prozess, den Acemoglu und Robinson mit der Genmutation in der Natur vergleichen. Zunächst lassen sich diese Unterschiede kaum bemerken – bis es zu großen geschichtlichen Weichenstellungen kommt. Dann sorgen die kleinen Unterschiede dafür, dass Staaten gänzlich unterschiedliche Wege einschlagen.

Die Ursachen für Englands Pionierrolle bei der Industriellen Revolution liegen demnach einige Jahrhunderte früher: In Großmächten wie Spanien wurde der Überseehandel unter dem Monopol des Königshauses betrieben, in England von selbständigen Kaufleuten. Diese selbständige Kaufmannsschicht wurde allmählich enorm wohlhabend und verfügte so über das nötige Kapital, um Innovationen wie der Dampfmaschine oder der Eisenbahn zum Durchbruch zu verhelfen. In Spanien fehlte diese Kaufmannsschicht. Der Adel wiederum hatte kein Interesse, durch Innovationen seine eigene privilegierte Stellung auszuhöhlen.

Kleine Unterschiede zwischen Staaten führen in entscheidenden Momenten zu unterschiedlichen Weichenstellungen, und von diesem einmal eingeschlagenen Pfad wieder herunterzukommen, ist dann sehr schwer. Wenn ein Staat einmal mit einer Elite geschlagen ist, die sich vor allem selbst bereichert – dann wird auch eine Revolution daran wenig ändern.

Und was ist nun mit der Kinderfrage? Warum sind so viele Menschen in Afrika arm, während andere Weltregionen die Kurve gekriegt haben? Kleine Unterschiede während der Kolonialisierung sehen die Autoren als Hauptursache: Dort, wo das Klima gemäßigt ist, besiedelten viele Europäer die Kolonien – und die lehnten sich auf, wenn die Statthalter der Kolonialmächte sich allzu ausbeuterisch gebärdeten. So entstanden zum Beispiel die USA. In tropischen Kolonien hingegen gab es meist nur eine kleine europäische Siedlerelite, die die einheimische Bevölkerung als Plantagen- oder Minenarbeiter versklavte. Hier konnten sich nie gesellschaftliche Institutionen herausbilden, die Wachstum begünstigt hätten. Das rächte sich nach der Entkolonialisierung: Die weiße Ausbeuterelite wurde in vielen Fällen lediglich gegen eine farbige ausgetauscht.

Aus diesem Teufelskreis wieder herauszukommen fällt schwer – ist aber möglich, wie einzelne Erfolgsgeschichten zeigen. Neben Südkorea (das von Japan besetzt war) zählt zum Beispiel auch Botswana zu den ehemaligen Kolonien, die heute mit funktionierenden Institutionen gesegnet sind.

Spannend auch, was Acemoglu und Robinson alles NICHT als Ursache für die Wohlstandsunterschiede zwischen Staaten akzeptieren: Weder Rasse noch Religion oder Kultur, aber auch nicht geographische Faktoren wie den Zugang zum Meer oder zu Bodenschätzen.

Im Detail sind viele der präsentierten Erkenntnisse über die Entwicklung einzelner Staaten nicht neu. Auch ihre Studie über die Folgen der unterschiedlichen kolonialen Besiedlungsmuster haben Acemoglu und Robinson bereits vor einem Jahrzehnt vorgelegt – und damals empirisch präzise belegt. Neu ist jedoch, wie die beiden Autoren all ihre Gedanken zu einer packenden (und zudem sehr gut lesbaren) Großtheorie zusammengebunden haben.

Christian Rickens, Spiegel Online – Wirtschaft, 7.4.2012

M 7 ● Märkte sind gewöhnlich gut für die Organisation des Wirtschaftslebens

Der Zusammenbruch des Kommunismus in der Sowjetunion und in Osteuropa war wohl die bedeutendste Veränderung der Welt in den letzten fünfzig Jahren. Kommunistische Länder arbeiteten unter der Prämisse, dass zentrale Planer der Regierung bestens befähigt wären, die Volkswirtschaft zu leiten. Die Planer entschieden, welche Waren und Dienstleistungen produziert wurden, wie viel davon hergestellt wurde und wer diese Güter produzierte und konsumierte. Hinter der Zentralplanung stand eine Theorie, wonach nur die Regierung volkswirtschaftliche Aktivitäten auf eine Art und Weise organisieren konnte, die der sozialen Wohlfahrt des Landes insgesamt dienlich war.

Heutzutage haben die meisten Planwirtschaften das System abgeschafft und den Versuch unternommen, Marktwirtschaften zu werden. In einer Marktwirtschaft werden die Entscheidungen der zentralen Planungsbehörden durch Millionen Einzelentscheidungen von Unternehmungen und Haushalten ersetzt. Unternehmungen entscheiden, welche Leute sie einstellen und was sie produzieren. Haushalte oder Familien entscheiden darüber, wo sie arbeiten und was sie mit ihren Einkommen kaufen wollen. Diese Unternehmungen und Haushalte wirken auf den Märkten zusammen, wobei sie durch Preise und Eigeninteressen bei ihren Entscheidungen geleitet werden.

Auf den ersten Blick ist der Erfolg von Marktwirtschaften rätselhaft. Man hat zunächst den Eindruck, die dezentralen Entscheidungen von Millionen von Haushalten und Unternehmungen würden im Chaos enden. Dies ist jedoch nicht der Fall. Marktwirtschaften haben sich als bemerkenswert erfolgreich bei der Aufgabe erwiesen, Volkswirtschaften zu organisieren und zugleich die soziale Wohlfahrt zu fördern.

In seinem 1776 erschienenen Buch „The Wealth of Nations" machte Adam Smith die berühmte und höchst bedeutsame Aussage: Haushalte und Unternehmungen wirken auf Märkten zusammen, als ob sie von einer „unsichtbaren Hand" zu guten Marktergebnissen geführt würden. [...] Beim Studium der Volkswirtschaftslehre werden Sie begreifen, dass Preise die Instrumente sind, mit denen die unsichtbare Hand die wirtschaftliche Aktivität dirigiert. Die Preise spiegeln beides: den gesellschaftlichen Wert eines Gutes und die sozialen Kosten der Produktion. Weil Unternehmungen und Haushalte bei ihren Kauf- und Verkaufsentscheidungen auf die Preise sehen, berücksichtigen sie bei ihren Entscheidungen unbewusst soziale Nutzen und Kosten ihrer Aktivitäten. Preise führen die individuellen Entscheidungsträger zu Ergebnissen, die in vielen Fällen auch die soziale Wohlfahrt maximieren.

Es gibt eine logische Folgerung aus der Leistungsfähigkeit der unsichtbaren Hand bei der Selbststeuerung der Volkswirtschaft: Wenn die Regierung die Preise daran hindert, sich auf natürliche Weise an Nachfrage und Angebot anzupassen, behindert sie die Koordination der Millionen Einzelentscheidungen von Haushalten und Unternehmungen, die eine Volkswirtschaft ausmachen. Dies erklärt auch die noch viel größeren Schäden, die eine direkte staatliche Preispolitik – etwa bei Pacht und Zins – verursacht. Und es erklärt das Scheitern der kommunistischen Zentralverwaltungswirtschaft. In den kommunistischen Staaten wurden die Preise von oben diktiert. Die Planer konnten gar nicht die Informationen haben, die in freien Marktpreisen stecken. Die Zentralplaner versuchten, die Volkswirtschaft zu betreiben, indem sie eine Hand auf dem Rücken festbanden – die unsichtbare Hand des Marktes.

N. Gregory Mankiw/Mark P. Taylor, Grundzüge der Volkswirtschaftslehre, 5. Aufl., Stuttgart 2012, S. 11 – 13 (übers. v. Adolf Wagner und Marco Herrmann)

M 8 ● Die Schwachstellen des Marktes in der Übersicht

- Im Marktprozess werden Einkommen nach der Leistung der Arbeitnehmer und der Knappheit von Gütern vergeben. Die Bedürftigkeit der Menschen spielt dabei keine Rolle. Für Menschen mit einer geringen Leistungsfähigkeit besteht dabei die Gefahr, dass sie nicht genug verdienen, um ihr Existenzminimum abzudecken. [...]
- Der Marktmechanismus versagt, wenn man es mit Gütern zu tun hat, für die es keine Priese und damit auch keine Märkte gibt. Das beste Beispiel hierfür ist die Umwelt, die man in der Regel verschmutzen kann, ohne dafür einen Preis bezahlen zu müssen. [...]
- Unternehmer haben immer ein starkes Interesse daran, sich dem harten Wettbewerbsdruck des Marktes zu entziehen, indem sie Kartell-Absprachen treffen oder den Konkurrenten einfach aufkaufen.
- Die wirtschaftliche Entwicklung des Marktes verläuft nicht gleichmäßig. Sie ist vielmehr durch ausgeprägte zyklische Schwankungen gekennzeichnet. Diese können zu Inflation oder Arbeitslosigkeit und teilweise auch zu beidem gleichzeitig führen.

Peter Bofinger, Grundzüge der Volkswirtschaftslehre, 3. Aufl., München 2011, S. 4 f.

M 9 ● Das Kreuz mit der Kirche

Wer kennt nicht das Filmpärchen Don Camillo und Peppone? Der katholische Priester und der kommunistische Bürgermeister, die im Nachkriegsitalien mit Herzblut ihre Feindschaft pflegen. Aus den heimlichen Freunden von einst sind inzwischen ziemlich beste Freunde geworden. Die unterschiedliche Weltsicht von christlicher Kirche einerseits und linker Politik andererseits scheinen zumindest auf dem Gebiet der Wirtschaft weitgehend verschwunden. Das zugegebenermaßen verkürzt diskutierte Papst-Wort „Diese Wirtschaft tötet" und daran anknüpfende Schriften, wie das Buch des Sozialethikers und Jesuiten Friedhelm Hengsbach mit dem Titel „Teilen, nicht töten", zeigen, wie prononciert die katholische Kirche Kritik an der wirtschaftlichen Ordnung heutzutage formuliert. Ähnliche Stimmen hört man auch aus dem evangelischen Umfeld, in der Kritik an der Wirtschaft ist die Ökumene gelebte Realität. In wenigen Tagen findet der Evangelische Kirchentag in Stuttgart statt. Es freut mich sehr, dass das Programm Besuche bei Unternehmen in der Region vorsieht. Denn aus der einst von Max Weber diagnostizierten Wahlverwandtschaft zwischen protestantischer Ethik und unternehmerischem Denken ist ein eher zerrüttetes Familienverhältnis geworden. Viele evangelische Veranstaltungen ähneln inzwischen alternativen Kulturfesten, bei denen das Leid der Welt vor allem einer Ursache zugeordnet wird: dem Handeln der Wirtschaft. Diese sei verantwortlich für Armut und Ungerechtigkeit innerhalb Deutschlands wie global, sie zerstöre die Schöpfung und gefährde die Demokratie, sie sei das goldene Kalb, um das fehlgeleitete Politiker und Manager tanzen.

Eine marktwirtschaftliche Ordnung kann tatsächlich nie ausschließlich „gut" sein, denn die Freiheitsgrade, die sie bietet, eröffnen eben auch die Freiheit zum Missbrauch. In der Banken- und Finanzkrise haben wir die Folgen gesehen, wenn regulatorisch und moralisch eine Grauzone zwischen Gemeinwohl förderndem Erfolgsstreben und egoistischer Gier zugelassen wird. Jede Form der Marktwirtschaft verlangt deshalb nach permanenter Kritik und permanenter Korrektur, und die Kirchen sind eine sehr relevante Institution, diese

Nikolaus von Bomhard (* 1956) ist Vorstandsvorsitzender der Munich Re (Münchener Rückversicherungs-Gesellschaft Aktiengesellschaft in München).

Kritik zu üben. Was mich an der Wirtschaftskritik der christlichen Kirchen jedoch stört ist, dass die berechtigte Kritik durchaus vorhandener Fehlentwicklungen allzu schnell und allzu oft umschlägt in eine pauschale Systemkritik und in eine diffuse Dämonisierung, die positive Aspekte marktwirtschaftlichen Handelns ausblenden muss.

Wenn etwa das UN-Milleniumsziel, die Zahl der in extremer Armut lebenden Menschen zu halbieren, bereits fünf Jahre früher als geplant erreicht wurde, so hat dies selbstverständlich auch etwas mit der globalen Welt der Wirtschaft zu tun. Frühere Entwicklungsländer sind heute prosperierende Schwellenländer; in vielen ehemals armen Regionen der Welt sind breite Mittelschichten entstanden. Hierzulande finanziert die Wirtschaft direkt und indirekt einen ausdifferenzierten Sozialstaat mit einer Vielzahl an Unterstützungsangeboten und monetären Leistungen. Menschen aus aller Welt wollen hier leben und arbeiten. Der Zusammenhang von Marktwirtschaft und Demokratie ist derart eng, dass über viele Jahre die – aus heutiger Sicht leider unerfüllte – Hoffnung bestand, die Einführung eines marktwirtschaftlichen Systems würde auch in Staaten mit repressiver Führung mit der Zeit quasi automatisch Bürgerrechte – auch Religionsfreiheit – und demokratische Institutionen nach sich ziehen.

Unbestritten braucht die Marktwirtschaft einen staatlichen Ordnungsrahmen und auch Umverteilung, um sozial zu sein. Unter dem Strich sehe ich jedoch kein Wirtschaftssystem, in dem christliche Werte besser zur Entfaltung kommen können als in einer marktwirtschaftlichen Ordnung.

Mit der kirchlichen Kritik an der Wirtschaft verbindet sich die Kritik an den dort tätigen Menschen. Manager, nicht nur aus der Finanzwelt, und Unternehmer werden allzu schnell auf das Feindbild eines Gordon Gekko reduziert. Doch gute Christen gibt es auf allen Hierarchieebenen. Viele Manager und Unternehmer arbeiten nach Kräften daran, das ihnen anvertraute Unternehmen verantwortungsvoll zu führen. Ohne wirtschaftlichen Erfolg lässt sich gesellschaftliche Verantwortung nicht dauerhaft wahrnehmen, weder den Mitarbeitern und ihren Familien, den Kunden noch der Umwelt gegenüber. Der Starke kann den Schwachen nicht stützen, wenn man ihn außerhalb der Gemeinschaft stellt. Eine Kirche, die für alle Menschen da sein will, darf sich nicht vor denen verschließen, die sich zur Wirtschaft des Landes zählen.

Als Protestant und verantwortliche Führungskraft von Munich Re bestürzt mich der Graben zwischen Kirche und Wirtschaft, der an einigen Stellen ausgehoben wurde und wird. Hier wird getrennt was meines Erachtens zusammen gehört: unternehmerischer Erfolg, nachhaltiges Wirtschaften und solidarisches Handeln.

Nikolaus von Bomhard, www.faz.net, 30.5.2015

Aufgaben

1. Für wie wahrscheinlich halten Sie die Eröffnung einer Bäckerei aus dem Motiv der Nächstenliebe? Beurteilen Sie die Aussagen des Karikaturisten mit Hilfe Ihres Wissens über das ökonomische Verhaltensmodell (M 5).
2. Begründen Sie, warum die freie Marktwirtschaft der Planwirtschaft als überlegen gilt (M 6, M 7).
3. Vertiefen Sie Ihre Kenntnisse zur Position der Kirchen und führen Sie ein Streitgespräch zwischen Vertretern der Kirchen und Vertretern der Wirtschaft (M 8, M 9).

3.2.3 Die Planwirtschaft: Funktion und Grenzen

M 10 ● Ein Gedankenspiel

Einmal angenommen, die Bundesrepublik Deutschland würde eine zentrale volkswirtschaftliche Planung einführen und Sie wären die Chefplaner. Unter den Millionen von Entscheidungen für das nächste Jahr müssen auch die getroffen werden, wie viele Sportschuhe hergestellt werden sollen, wer die Sportschuhe produzieren und wer die Sportschuhe bekommen soll.
Bilden Sie Gruppen und stellen Sie zusammen, welche Informationen Sie für Ihre Produktionsentscheidung aus der Sportschuh-Industrie einerseits und von jedem potenziellen Sportschuh-Konsumenten andererseits benötigen würden. (Bedenken Sie dabei auch, wie Ihre Entscheidungen über die Produktion von Sportschuhen möglicherweise andere Entscheidungen beeinflussen würden, z. B. über die Produktion von Sportbekleidung.)

Autorentext

M 11 ● Joseph A. Schumpeter: ein Modell der Zentralverwaltungswirtschaft

Mit sozialistischer Gesellschaft wollen wir ein institutionelles System bezeichnen, in dem die Kontrolle über die Produktionsmittel und über die Produktion selbst einer
5 Zentralbehörde zusteht – oder wie wir auch sagen können, in dem grundsätzlich die wirtschaftlichen Belange der Gesellschaft in die öffentliche und nicht in die private Sphäre gehören. [...] Die Verteilung [...] ist,
10 wenigstens logisch, vollständig getrennt von der Produktion. [...] [Das Gemeinwesen] kann die Wünsche der einzelnen Genossen erforschen oder es kann beschließen, ihnen das zu geben, was die eine oder
15 andere Behörde als das Beste für sie erachtet; das Schlagwort „jedem nach seinen Bedürfnissen" kann beide Bedeutungen haben. Aber irgendeine Regel muss aufgestellt werden. [...]
20 Nehmen wir an, dass die ethische Überzeugung unseres sozialistischen Gemeinwesens zutiefst egalitär [= gleichheitsorientiert] ist, doch zu gleicher Zeit vorschreibt, es stehe den Genossen frei, unter allen
25 Konsumgütern, die das Ministerium [= Zentralbehörde] zu produzieren fähig und willens ist, nach Belieben zu wählen, so kann die Gemeinschaft selbstverständlich die Produktion gewisser Waren, zum Beispiel alkoholischer Getränke, verweigern. 30
Wir wollen des weiteren annehmen, dass dem in diesem Fall geltenden Gleichheitsideal dadurch Genüge geschieht, dass jeder Person [...] ein Gutschein ausgehändigt wird, der ihren Anspruch auf eine gewisse 35 Menge von Konsumgütern darstellt, – diese Menge wäre gleich dem in der laufenden Rechnungsperiode zur Verfügung stehenden Sozialprodukt, geteilt durch die Zahl der Berechtigten –; und dass alle Gutscheine 40 im Ende dieser Periode ihre Gültigkeit verlören. Man kann sich diese Gutscheine vorstellen als Ansprüche auf den x-ten Teil aller Nahrungsmittel, Kleider, Haushaltungsgegenstände, Häuser, Autos, Filmvor- 45 führungen usw., die während der in Betracht stehenden Periode für den Konsum [...] produziert wurden oder werden.

Joseph A. Schumpeter, Kapitalismus, Sozialismus und Demokratie, 8. Aufl., Tübingen/Basel 2005, S. 268 f., 278 f., 297 f. (Rechtschreibung angepasst)

M 12 ● Ideal- und Realtypen

Als „Typus" bezeichnet man in der Theorie der Sozialwissenschaften ein von der Realität abstrahierendes Konstrukt. Ziel ist es, reale Phänomene (z. B. bestehende Wirt-
5 schaftsordnungen) miteinander vergleichbar zu machen bzw. sie Typen zuordnen zu können.
Der deutsche Soziologe Max Weber (1864 – 1920) schöpfte den Terminus „**Idealty-**
10 **pus**". Er wird gewonnen, indem man eine „einseitige Steigerung eines oder einiger Gesichtspunkte" (Weber) vorweg gedanklich vornehme. Der vor der Wirklichkeitsanalyse gewonnene Idealtypus reduziert
15 also auf ein oder ganz wenige Merkmale. Idealtypen helfen (soziale) Phänomene zu erklären, indem man sie mit der Realität abgleicht. So entwickelte Weber in der Theorie z. B. drei modellhafte Idealtypen von Herrschaft („legale", „traditionale" und 20 „charismatische"), die bzw. deren Mischformen er in der Wirklichkeit nachzuweisen versuchte.
Ein sogenannter „**Realtypus**" kommt zustande, indem man tatsächlich vorhandene 25 Phänomene auf Merkmalsähnlichkeiten „abklopft". Ein Realtypus soll so viele Ähnlichkeiten wie möglich umfassen und ist daher näher an der Wirklichkeit als der Idealtypus. So sind z. B. die Beschreibun- 30 gen „plebiszitär", „parlamentarisch" und „präsidentiell" für freiheitlich-demokratische Regierungssysteme Realtypen, die aus dem Vergleich existierender oder historischer Staatsordnungen gewonnen wurden. 35

Kersten Ringe, Politischer Entscheidungsprozess und Soziale Marktwirtschaft, Bamberg 2010, S. 163

M 13 ● Der desolate Zustand der DDR-Wirtschaft

Warum entwickelte sich die DDR wirtschaftlich viel schlechter als Westdeutschland? Sie kämpfte, neben den Verlusten durch sowjetische Demontagen in der An-
5 fangszeit, mit den inhärenten Schwächen des sozialistischen Planungssystems. Es gab drei Hauptprobleme, die sich gegenseitig verstärkten: das Koordinations-, das Motivations- und das Innovationsproblem. Schon die frühen Sozialismuskritiker Lud- 10 wig von Mises und Friedrich August von Hayek hatten erkannt, warum die Plan-

Typisch für den desolaten Zustand der DDR-Mangelwirtschaft: Menschenschlange vor einem Gemüseladen in Weimar.

wirtschaft scheitern musste: Weil es keine Preise gab, die die relative Knappheit und Begehrtheit von Gütern anzeigen, tappt der zentrale Planer im Dunkel; Ressourcen werden verschwendet. Die Pläne gehen am Bedarf vorbei, ohne Wettbewerb sind die Staatsunternehmen wenig innovativ, machen Verluste und liefern schlechte Qualität.

Im realen Sozialismus der DDR ließen sich diese Schwierigkeiten besichtigen. Die mit großem bürokratischem Aufwand erstellten Wirtschaftspläne mussten ständig korrigiert werden. Es kam zu Stockungen im Produktionsablauf durch die starre Materialzuweisung der Staatlichen Planungskommission (SPK). Außerdem war die Motivation der Arbeiter schwach. Im Frühjahr 1953 befahl die SED-Regierung eine starke Anhebung der Arbeitsnormen, indirekt eine Lohnkürzung. Das löste landesweite Proteste und den Volksaufstand des 17. Juni aus. Auf die fortlaufende Massenauswanderung reagierte Ulbricht im August 1961 mit dem Bau der Mauer.

Die Wirtschaftslage blieb prekär. Ab 1963 versuchte Ulbricht eine Reform: Er wollte das starre Planungssystem lockern und den Betrieben mehr Spielräume geben und sogar eine gewisse Gewinnorientierung einführen. Das „Neue System der Planung und Leitung der Volkswirtschaft" (NÖS) versuchte, marktwirtschaftliche Koordinations- und Anreizmechanismen zu imitieren, ohne vom Grundsatz des Kollektiveigentums abzugehen. An dieser Widersprüchlichkeit scheiterte es. 1970 stand das System vor dem Kollaps, Ulbrichts Planvorgaben waren nicht einzuhalten. Die DDR-Führung erhöhte folglich die Importe aus dem Westen, finanziert durch Kredite. „Wir machen Schulden bei den Kapitalisten bis an die Grenze des Möglichen, damit wir einigermaßen durchkommen", beichtete Ulbricht der Sowjetführung in Moskau. Zugleich versprach er „einen Sprung nach vorn". [...]

Die DDR lebte unter Honecker zunehmend von der Substanz und war auf Kredite des Westens angewiesen. 1982 konnte sie den Staatsbankrott nur durch die Milliardenkredite der Bundesrepublik abwenden. Im Herbst 1989 präsentierte der Vorsitzende der Zentralen Planungskommission Gerhard Schürer eine schonungslose Analyse: Nur eine Senkung des Konsumniveaus der Bevölkerung um 25 bis 30 Prozent könne die Zahlungsunfähigkeit abwenden. Tatsächlich kam die DDR-Industrie nur noch auf ein Drittel der West-Produktivität. Dass die industrielle Basis im Osten verrottet war, erkannten die Bonner Politiker aber zu spät. Kohl weckte mit dem Versprechen der „blühenden Landschaften" falsche Erwartungen. Er glaubte, durch den Verkauf der Staatsbetriebe die Kosten der Wiedervereinigung zahlen zu können. Am Ende machte die Treuhand 270 Milliarden D-Mark Verlust. Hinzu kamen die Transfers durch die Sozialsysteme. Nach Schätzung des ifo Instituts wurden seit 1990 rund 1,6 Billionen Euro in den Osten gepumpt.

Philip Plickert, Frankfurter Allgemeine Sonntagszeitung, 5.10.2014, S. 18

Treuhand
Die Treuhand war eine in der Spätphase der DDR gegründete Anstalt des öffentlichen Rechts, deren Aufgabe es war, die volkseigenen Betriebe der DDR nach den Grundsätzen der Marktwirtschaft zu privatisieren oder, wenn das nicht möglich war, stillzulegen.

ifo Institut
Forschungseinrichtung, die sich mit der Analyse der Wirtschaftspolitik beschäftigt und monatlich den ifo-Geschäftsklimaindex ermittelt.

Aufgaben

1. Erläutern Sie für das gleiche Marktsegment wie in M 10, wie die Problemlösung auf einem Wettbewerbsmarkt funktioniert (M 7).
2. Vergleichen Sie die Modelle „freie Marktwirtschaft" (M 6, M 7) und „Zentralverwaltungswirtschaft" (M 11 – M 13) anhand der Bausteine bzw. Elemente von Wirtschaftsordnungen sowie der zugrundeliegenden Menschenbilder und ihrer realen Grenzen. Vorschlag: Stellen Sie die Aspekte der Wirtschaftsordnungen tabellarisch einander gegenüber. Spalten: freie Marktwirtschaft, Zentralverwaltungswirtschaft; Zeilen: Menschenbild, Lenkung der Wirtschaft, Ausgangspunkt wirtschaftlicher Initiative, Preisbildung, Eigentumsverfassung, Prinzip(ien) der Verteilung , Ermittlung der Lohnhöhe, Grenzen des Systems.

3.2.4 Die Marktwirtschaft – frei oder gelenkt?

M 14 ● Reale Wirtschaftsordnungen sind Mischtypen

Die große ideologische Konkurrenz der beiden Wirtschaftsordnungen „freie Marktwirtschaft" und „Zentralverwaltungswirtschaft" gibt es heute nicht mehr. Fast alle
5 Staaten der Erde sind heute Marktwirtschaften. Dennoch unterscheiden sich auch die realen Marktwirtschaften ganz erheblich voneinander. Die Marktwirtschaft in den USA ist eine andere als die Marktwirt-
10 schaft in Deutschland. So kennen wir in Deutschland beispielsweise anders als in den USA ein umfassendes staatliches System der sozialen Sicherung. Auch sind die Mehrheit der Unternehmen in Deutschland
15 kleine und mittlere Unternehmen während in den USA große Aktiengesellschaften das Wirtschaftsgeschehen dominieren. Und die Marktwirtschaft in Deutschland unterscheidet sich wiederum deutlich von den
20 Marktwirtschaften der nordischen Länder Europas, bei denen der Staat eine noch größere Rolle spielt. Die Wirtschaftsordnungen Japans und Koreas mit ihren riesigen Industrieagglomeraten (Oligopolen), einem spezifischen System der Abhängig- 25 keiten zwischen Großbanken und Großindustrie und vielfältigem Staatseinfluss stellen noch einmal ganz andere Ausprägungen von Marktwirtschaften dar.
Für die Analyse unterschiedlicher Wirt- 30 schaftsordnungen gibt es verschiedene Möglichkeiten. Besonders bekannt geworden ist die von Michel Albert, der den „angelsächsischen Kapitalismus" dem Modell eines „rheinischen Kapitalismus" gegenüber- 35 stellt; hierzu rechnet man auch die BRD. Andere Autoren unterscheiden zwischen zwischen „unkoordinierten oder liberalen" und „koordinierten" Marktwirtschaften. Zur Analyse ihrer Funktionsweise und zum typi- 40 sierenden Vergleich können vier Teilbereiche unterschieden werden: das Finanzsystem, das System der Arbeitsbeziehungen, das Berufsausbildungssystem und schließlich die Beziehungen zwischen Unternehmen. 45

	„liberaler Kapitalismus"	„koordinierter Kapitalismus"
Finanzsystem	• Dominanz des Kapitalmarktes, d. h. kurzer Zeithorizont • Möglichkeit hoher Risiken	• Bankendominanz, d.h. langfristige Finanzierung (Hausbank)
Arbeitsbeziehungen	• deregulierte Arbeitsmärkte • keine effektive Mitbestimmung • wenige „veto points"	• kooperativ, wichtige Rolle der Gewerkschaften • Lohnaushandlung überbetrieblich
Berufsaus- und weiterbildung	• Schwerpunkt auf allgemeinen Kenntnissen • keine langen Anlernzeiten • stückweise Weiterbildung	• intensive, berufsbezogene Ausbildung • starke Einbindung der Wirtschaftsverbände und der einzelnen Unternehmen
Unternehmensbeziehungen	• starker Konkurrenzdruck • wenig Möglichkeit zur Kooperation	• erhebliche Möglichkeiten zur Kooperation (z.B. Standards oder technologische Zusammenarbeit)
Beispielländer	USA, GB, Australien	BRD, skandinav. Länder, Schweiz

Text und Tabelle nach: Josef Schmid u. a., Wirtschaftspolitik für Politologen, Paderborn 2006, S. 118

M 15 ● Alles Gute kommt von Norden?!

Schweden, Dänemark, Norwegen und Finnland haben geschafft, was manche Ökonomen für unmöglich halten: Die Wirtschaft boomt, und das trotz hoher Steuern und eines gut ausgestatteten Sozialstaats. „Im Durchschnitt übertreffen die nordischen Länder die angelsächsische Konkurrenz in den meisten Dimensionen wirtschaftlicher Leistungsfähigkeit", behauptete der amerikanische Ökonom und Nobelpreisträger Jeffrey D. Sachs im November 2006 in einem Beitrag für den Scientific American.

Die allgemeine Begeisterung ist nachvollziehbar. In fast jeder Studie, ob zur Armutsrate, Pressefreiheit oder Lebenserwartung, belegen die Skandinavier die vorderen Plätze. Finnland stellt in der Pisa-Umfrage Jahr für Jahr die schlauesten Schüler. In Dänemark fühlen sich die Arbeitnehmer sicherer als in Deutschland, obwohl ein Viertel von ihnen jedes Jahr den Job wechselt. Die Schwedinnen bringen durchschnittlich 1,8 Kinder zur Welt. Außerdem ist das Gesundheitssystem kostenlos, es gibt ein umfassendes Netz an Kindertagesstätten und das soziale Netz scheint stabil. Politikerdelegationen geben sich in Helsinki, Stockholm oder Kopenhagen seit Jahren die Klinke in die Hand, weil sie wissen wollen, wie es funktioniert - das skandinavische Modell. [...] Was macht das skandinavische Modell aus? Vereinfacht gesagt wird mit hohen Steuern ein gut ausgebauter und in vielen Belangen aktiver Sozialstaat finanziert, der umfassend für seine Bürger sorgt. [...] Unter den skandinavischen Ländern, die jeweils andere Akzente setzen, gilt Schwedens Umsetzung als die Reinform des Modells. Die Konturen werden etwa beim Vergleich mit Großbritannien deutlich, das die Vorstellung von einem residualen [hier: zurückgezogenen] Wohlfahrtsstaat pflegt und damit in Europa den Gegenpol zu Skandinavien bildet. Der schwedische Spitzensteuersatz beläuft sich auf 56 Prozent, in Großbritannien sind es 40 Prozent. Die Staatsquote, also die Ausgaben der öffentlichen Körperschaften und der Sozialversicherungen, beträgt in Schweden 60 Prozent des Bruttoinlandprodukts, in Großbritannien sind es 44 Prozent. Nicht zählbare, aber mindestens ebenso wichtige Bestandteile des skandinavischen Systems sind hohe Investitionen in Bildung, Weiterbildung und Forschung, eine kinder- und frauenfreundliche Familienpolitik und starke, aber moderate Gewerkschaften. Für den deutschen Grünen-Politiker Karl-Martin Hentschel ist die Bürgernähe das Besondere des skandinavischen Modells, wie er am 9. März 2007 in der tageszeitung feststellte: „Die Kommunen sind der Staat. Sie kassieren zum Beispiel den größten Teil der Einkommensteuern [...]. Mit dem Zentralstaat hat der normale Bürger nur zu tun, wenn er zum Militär muss, zur Polizei oder zum Gericht – also zu den klassischen Organen des Obrigkeitsstaates. Angesichts der Bedeutung der Kommunen ist es kein Wunder, dass die Bürger bereit sind, hohe Steuern zu zahlen. Sie sehen vor Ort, was damit geschieht." Skeptiker meinen, die skandinavische Wirtschaft wachse nicht wegen, sondern trotz eines überdimensionierten Wohlfahrtsstaates – noch.

Christoph Mayerl, http://archiv.eurotopics.net (4.4.2016)

Aufgaben

1. Stellen Sie in einem Referat jeweils ein Land mit liberalem und koordiniertem Kapitalismusmodell vor (M 14).
2. Arbeiten Sie die Merkmale des „nordischen Modells" heraus (M 15).
3. Nehmen Sie Stellung, welches Wirtschaftsmodell Sie bevorzugen würden (M 14, M 15).

ORIENTIERUNGSWISSEN

Die Bedeutung von Anreizen für die Wirtschaftsordnung
Kap. 3.1 / M 2, M 3

Im Zentrum der Ökonomie stehen die Wirkungen von Anreizen. Der Mensch lernt, auf Anreize zu reagieren, negative und positive. So ist zum Beispiel eine zusätzliche Steuer pro Zigarettenpackung ein starker ökonomischer Anreiz gegen den Kauf von Zigaretten. Es liegt im Wesen von Anreizen, dass bereits Geringfügigkeiten zu deutlich geändertem Verhalten führen können. Diesen Mechanismus sehen einige Verhaltensökonomen als Chance, die Bürger zu richtigen Entscheidungen zu bewegen (libertärer Paternalismus).

Wirtschaftsordnungen im Vergleich
Kap. 3.2 / M 2, M 3, M 12

Eine Wirtschaftsordnung besteht aus einer jeweils charakteristischen Kombination von Institutionen und Regeln, die als Anreize auf das Verhalten der Akteure wirken. Zu den wichtigsten Anreizstrukturen einer Wirtschaftsordnung zählt man die Planungs- und Lenkungsform, die Eigentumsform, die Markt- und Preisbildungsform sowie die Unternehmensform.

Die Beschäftigung mit den grundlegenden Regeln und Institutionen einer Wirtschaftsordnung ermöglicht auch einen historischen und aktuellen Vergleich unterschiedlicher Wirtschaftsordnungen. Idealtypisch werden die Wirtschaftsordnungen Marktwirtschaft und Zentralverwaltungswirtschaft gegenübergestellt.

Marktwirtschaft
Kap. 3.2 / M 6 – M 8

Bei der Marktwirtschaft handelt es sich um eine Volkswirtschaft, die ihre Ressourcen durch die dezentralisierten Entscheidungen zahlreicher Unternehmen und Haushalte zuteilt, die zu diesem Zweck auf Märkten für Güter und Produktionsfaktoren (Arbeit und Kapital) zusammenwirken. Der Bürger kann sich uneingeschränkt wirtschaftlich betätigen (Freiheit des Eigentums, der Berufswahl, der Produktion, Niederlassungsfreiheit/Freizügigkeit, Vertragsfreiheit). Gewöhnlich sind Märkte gute Verfahren für die Koordination von Geschäften. Der Staat übernimmt nur die Minimalaufgaben der inneren und äußeren Sicherheit, der Justiz sowie der Bereitstellung nicht marktförmig handelbarer (öffentlicher) Güter (z. B. Deichbau).

Zentralverwaltungswirtschaft
Kap. 3.2 / M 11, M 13

Im Unterschied zur Marktwirtschaft wird die Güterverteilung in der Zentralverwaltungswirtschaft nicht über den Markt, sondern über eine staatliche Behörde geregelt. Auch Preise werden festgesetzt und bilden sich nicht über Angebot und Nachfrage. Die Umsetzung (etwa in der DDR) erwies sich als sehr problematisch, denn es kam zu Überschuldung des Staates und Versorgungsengpässen in einer sehr ineffizienten Wirtschaftsordnung.

Unterschiedliche Marktwirtschaften
Kap. 3.2 / M 14, M 15

Neuere Untersuchungen widmen sich meist den unterschiedlichen Ausprägungen marktwirtschaftlicher Ordnungen. Eine neuere Klassifizierung unterscheidet eine liberale und eine koordinierte Variante der Marktwirtschaft. Liberale Marktwirtschaften (USA, GB) sind geprägt durch hohe Wettbewerbsintensität, hohe Flexibiltät der Produktionsfaktoren, geringeres Niveau sozialer Sicherheit, größere Einkommens- und Vermögensunterschiede. Koordinierte Marktwirtschaften (D, CH) sind gekennzeichnet durch geringere Wettbewerbsintensität, geringere Flexibilität der Produktionsfaktoren, höheres Niveau sozialer Sicherheit, höheres Maß an Umverteilung.

Wieso müssen Patienten lange auf einen Arzttermin warten?

Mehr als die Hälfte der Kassenpatienten wartet beim Facharzt länger als vier Wochen auf einen Termin oder bekommt überhaupt keinen – sofern sie keine dringenden Notfälle sind. Aber wieso dauert es so lange, bis man zur ganz normalen Untersuchung von Rückenschmerzen beim Orthopäden vorgelassen wird? Wieso wurden wir von Kinderärzten und Psychotherapeuten gar reihenweise abgewiesen?

Daran ist natürlich nicht in erster Linie der einzelne Arzt schuld. Es hat vor allem damit zu tun, dass die Versorgung mit niedergelassenen Ärzten kein freier Markt ist wie etwa die Versorgung mit Lebensmitteln. Sind in einem Supermarkt regelmäßig die Schlangen an der Kasse viel zu lang, gehen die Leute woandershin. Wächst irgendwo plötzlich der Bedarf an Schokolade, Käse und Äpfeln, eröffnet ein neuer Supermarkt. Bei den Ärzten geht das nicht. Die Zahl der Praxen ist beschränkt, den Bedarf bestimmen die Krankenkassen gemeinsam mit den Kassenärztlichen Vereinigungen. Letztere sind die Selbstverwaltung der Ärzte, aber auch eine Körperschaft des öffentlichen Rechts. Die restriktive Bedarfsplanung ist schuld, dass in vielen Städten in Deutschland eine neue Praxis nur eröffnen kann, wenn eine alte schließt.

Wieso ist man so restriktiv? Das liegt daran, dass die Kassenärztlichen Vereinigungen ihren Ärzten ein Auskommen sichern wollen. Sie sind es, die auch das Honorar verteilen. Von den Krankenkassen bekommen sie eine feste Summe, die auf alle Ärzte verteilt wird. Lässt man nun mehr Ärzte zu und werden dann insgesamt mehr Leistungen erbracht, weil etwa langes Warten wegfällt, dann gibt es ein Problem: Es ist trotzdem nicht mehr Geld da. Also bekommt jeder einzelne Arzt im Schnitt weniger für die gleiche Leistung.

Das wollen die Ärzte natürlich nicht. Mit der Marktzutritts-Beschränkung sichern sie, dass jeder Arzt ein Auskommen hat, ein Auskommen, das im Schnitt dem eines Oberarztes in einer deutschen Klinik entspricht. Würde man den Ärzten gestatten, sich unbeschränkt niederzulassen, so wäre das gefährdet. Das verhindern die Ärztevertreter – und haben zur weiteren Dämpfung der Leistungs-Steigerung noch etwas eingeführt: Jede Praxis hat ihr eigenes Budget. Überschreitet sie eine bestimmte Zahl an Kassenpatienten, wird ihr für jeden neuen Patienten weniger gezahlt. [...]

Sein Einkommen nach oben steigern kann der Arzt mit Kassenpatienten nur mäßig. Besser geht das mit Privatpatienten oder mit den Leistungen, die Patienten selbst bezahlen. Dafür gibt es keine Budgets, jede Leistung wird einzeln bezahlt statt als Kopfpauschale, und sie wird oft besser bezahlt.

Kein Wunder, dass die Ärzte Privatpatienten und Selbstzahler bevorzugen. [...] Schließlich ist eine Arztpraxis ein kleines Unternehmen, das gewinnorientiert arbeitet.

Lisa Nienhaus, Frankfurter Allgemeine Sonntagszeitung, 15.6.2014, S. 20

Aufgaben

1. Arbeiten Sie unter Berücksichtigung der Elemente der Wirtschaftsordnung der Sozialen Marktwirtschaft heraus, wieso Patienten lange auf einen Arzttermin warten müssen.

2. Erörtern Sie, was sich ändern müsste, damit Patienten nicht mehr so lange auf einen Arzttermin warten müssen.

3.3 Die Soziale Marktwirtschaft

3.3.1 Wie ist die Soziale Marktwirtschaft entstanden?

M 1 • Der Gründervater Ludwig Erhard und seine Soziale Marktwirtschaft

Der deutsche Politiker Ludwig Erhard (1897–1977) war von 1963 bis 1966 Bundeskanzler der Bundesrepublik Deutschland, davor von 1949 bis 1963 Bundesminister für Wirtschaft. Er nahm als „Vater der D-Mark" und Begründer der Sozialen Marktwirtschaft entscheidenden Einfluss auf den wirtschaftlichen Wiederaufstieg der jungen Bundesrepublik. Die Wirtschaftspolitik in der Bonner Republik blieb auch in den folgenden Jahrzehnten eng mit Ludwig Erhards Namen verknüpft und an seinen Konzepten orientiert.

Die junge Journalistin aus Hamburg fuhr im Frühjahr 1948 nach Frankfurt am Main. Sie hatte vor dem Krieg in Königsberg und Basel Volkswirtschaft studiert und ihr Studium mit der Promotion abgeschlossen, anschließend in Ostpreußen ein großes Gut geleitet, den Untergang des Großdeutschen Reiches erlebt, war zu Pferd mit einem kleinen Treck nach Westen geflüchtet wie Millionen ihrer Landsleute auch. Jetzt war sie von der Redaktion einer neu lizensierten Wochenzeitung auf die Reise geschickt worden, um die erste Pressekonferenz des neuen Direktors der Verwaltung für Wirtschaft im bizonalen Wirtschaftsrat (Wirtschaftsrat der zusammengeschlossenen Besatzungszonen der USA und des Vereinigten Königreichs) zu verfolgen. Ihr Eindruck von dem bis dahin gänzlich unbekannten Mann, von seinen Visionen? Blankes Entsetzen. Marion Dönhoff berichtete anschließend ihren Redaktionskollegen von der ZEIT: „Wenn Deutschland nicht schon eh ruiniert wäre, dieser Mann mit seinem absurden Plan, alle Bewirtschaftungen in Deutschland aufzuheben, würde das ganz gewiss fertigbringen. Gott schütze uns davor, dass der einmal Wirtschaftsminister in Deutschland wird." Der Mann, vor dem sie so nachdrücklich warnte, hieß Ludwig Erhard – von 1949 bis 1963 Bundeswirtschaftsminister, anschließend für drei Jahre Adenauers Nachfolger im Amt des Bundeskanzlers und einer der Gründerväter der zweiten deutschen Republik.

Würde Erhard heute wieder antreten und seine Konzeption vorstellen, die Geschichte würde sich wiederholen: Medialer Hohn und Spott, ja Verachtung für seine „neoliberalen" Rezepte wären ihm sicher. Jene Soziale Marktwirtschaft, auf die sich heute alle Parteien bis hin zur Linken berufen, hat mit seiner eigenen Konzeption kaum noch etwas zu tun. Wer in seinem gerade wieder aufgelegten Bestseller von 1957 [...] mit dem programmatischen Titel *Wohlstand für alle* blättert [...], wird aus dem Staunen nicht mehr herauskommen. 50 Jahre her – und doch ist's, als sei kein Tag vergangen. Dort steht etwa: „Das mir vorschwebende Ideal beruht auf der Stärke, dass der Einzelne sagen kann: Ich will mich aus eigener Kraft bewähren. Ich will das Risiko meines Lebens selbst tragen. Ich will für mein Schicksal selbst verantwortlich sein. Sorge du, Staat, dafür, dass ich dazu in der Lage bin." Der Ruf darf nicht lauten: „Du, Staat, komm mir zu Hilfe, schütze mich und helfe mir", sondern umgekehrt: „Kümmere du, Staat, dich nicht um meine Angelegenheiten, sondern gib mir so viel Freiheit und lass mir vom Ertrag meiner Arbeit so viel, dass ich meine Existenz, mein

Schicksal und dasjenige meiner Familie selbst zu gestalten in der Lage bin." [...]
Was war diese ominöse, diese rätselhafte und daher heute von jedem im eigenen Sinne ausgelegte Soziale Marktwirtschaft für ihn? Nicht der unbeschränkte, freie Markt! Das nannte er „Freibeutertum". Nein, dem Staat wurde in seinem Konzept eine beträchtliche Rolle zugewiesen: Regeln, Rahmenbedingungen für den Wettbewerb festlegen, deren Einhaltung überwachen, Kartelle bekämpfen, qualifizierte Ausbildung für möglichst viele sichern, den Einzelnen vor den schlimmsten Folgen wirtschaftlichen Scheiterns bewahren – aber eben nicht eine immer umfassendere Versorgung und am Ende soziale Gleichheit auf niedrigstem Niveau.

Daniel Koerfer, in: agora 42, 01/2010, S. 95 ff.

M 2 ● Die Entstehung der Sozialen Marktwirtschaft – gegen Widerstände

Dem allgemeinen Willen zum Wiederaufbau stehen im Nachkriegsdeutschland [nach 1945] vielfältige Hindernisse entgegen: Zu den Kriegsschäden, die freilich für den industriellen Bereich in ihrem Ausmaß zunächst überschätzt worden sind, kommen die alliierten Demontagen. Rohstoffknappheit und Transportprobleme erweisen sich bald als ebenso hemmend wie die schlechte Ernährungslage. Nicht zuletzt ist der Wirtschaftskreislauf durch die Zerrüttung der Reichsmark-Währung und den Mangel an Waren jeder Art nachhaltig gestört; Zwangsbewirtschaftung und Schwarzer Markt bestimmen das Bild. [...] Nicht nur Kommunisten und Sozialdemokraten können sich 1945 [in Westdeutschland] einen Wiederaufbau allein unter sozialistischem Vorzeichen vorstellen. [In der Sowjetischen Besatzungszone (später DDR) wird sehr schnell eine Zentralverwaltungswirtschaft installiert.] Bis weit in die Reihen der CDU reichen die Befürworter einer Sozialisierung des Bergbaus und der Schlüsselindustrien, einer Umverteilung des landwirtschaftlichen Besitzes, eines umfassenden Ausbaus der Mitbestimmungsrechte [für Arbeitnehmer in Privatbetrieben] und lenkender Eingriffe des Staates in die Wirtschaft (Ahlener Programm vom Februar 1947). [...] Erst im Zeichen von Marshall-Plan und Währungsreform vollzieht sich ein Umschwung. Eine Koalition aus CDU/CSU, FDP und Deutscher Partei unterstützt im Frankfurter Wirtschaftsrat die von Ludwig Erhard initiierte Politik der Sozialen Marktwirtschaft [nach dem Konzept von Alfred Müller-Armack].

Fragen an die deutsche Geschichte. Ideen, Kräfte, Entscheidungen von 1800 bis zur Gegenwart. Historische Ausstellung im Reichstagsgebäude Berlin. 10., neu bearbeitete Auflage, Bonn 1984, S. 357 f.

Marshall-Plan
Wiederaufbauprogramm (1948-1952) der USA in Form von Krediten, Rohstoffen, Lebensmitteln, Waren für Westeuropa nach dem Zweiten Weltkrieg in Höhe von insg. 13,1 Milliarden US-Dollar (entspricht 2010 ca. 80,3 Milliarden US-Dollar).

Währungsreform
Hier der Wechsel der Währung von der faktisch wertlosen Reichsmark in die D-Mark 1948 in den drei westlichen Besatzungszonen (ab 1949 Bundesrepublik Deutschland).

Aufgaben

1. Stellen Sie dar, wie sich in Westdeutschland nach dem Zweiten Weltkrieg das Modell der Sozialen Marktwirtschaft durchsetzte (M 1, M 2).
2. Erstellen Sie auf der Basis von M 3 (folgende Seite) gemeinsam eine Collage zur Entstehung der Sozialen Marktwirtschaft in der Bundesrepublik Deutschland (in Zusammenarbeit mit Geschichte).
3. Recherchieren Sie die Hintergründe der verschiedenen Rezessionsphasen (M 3) und ergänzen Sie das Schaubild entsprechend.

M 3 Wichtige Stationen der Sozialen Marktwirtschaft

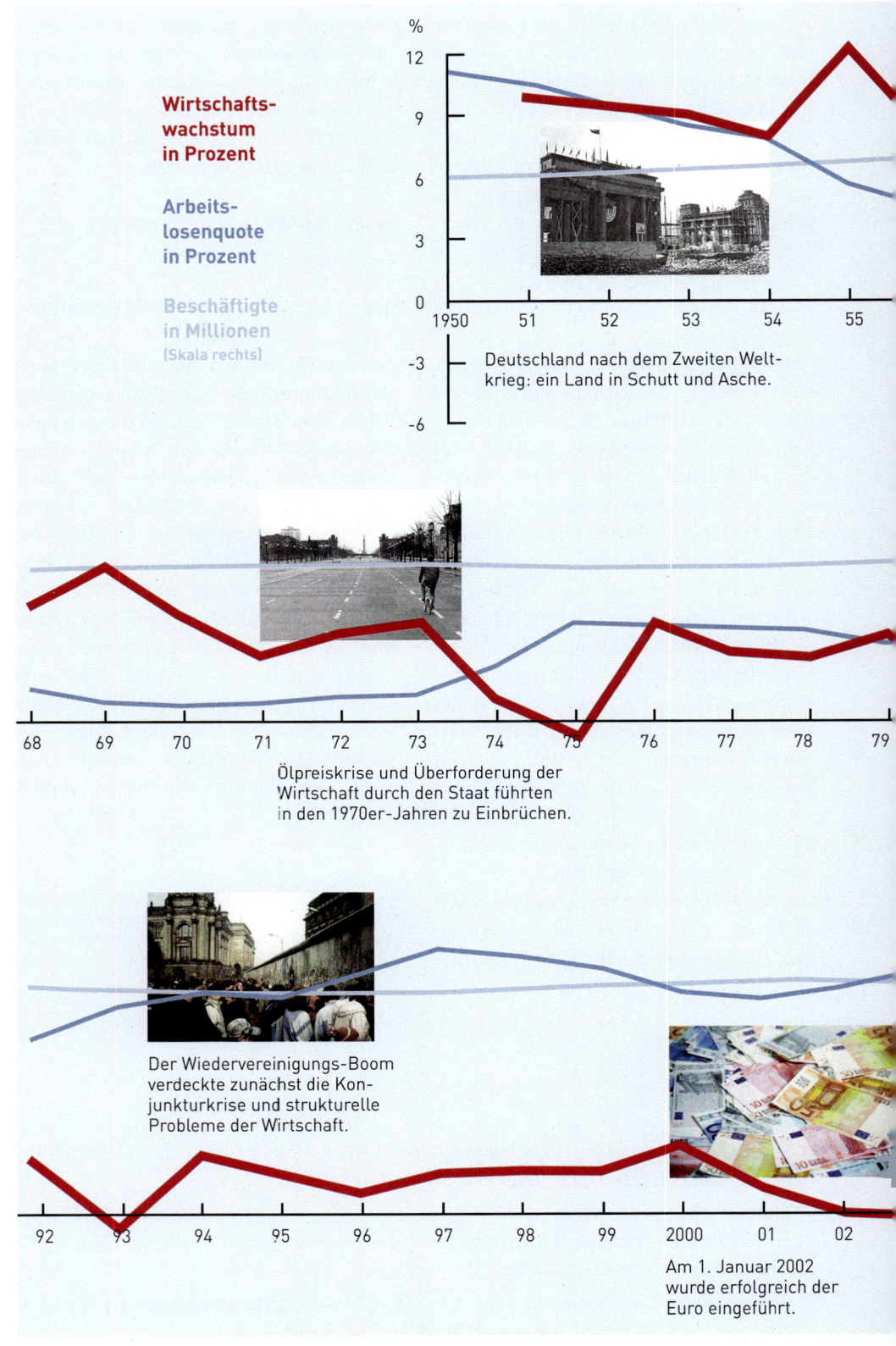

Wirtschaftswachstum in Prozent

Arbeitslosenquote in Prozent

Beschäftigte in Millionen (Skala rechts)

Deutschland nach dem Zweiten Weltkrieg: ein Land in Schutt und Asche.

Ölpreiskrise und Überforderung der Wirtschaft durch den Staat führten in den 1970er-Jahren zu Einbrüchen.

Der Wiedervereinigungs-Boom verdeckte zunächst die Konjunkturkrise und strukturelle Probleme der Wirtschaft.

Am 1. Januar 2002 wurde erfolgreich der Euro eingeführt.

3.3 Die Soziale Marktwirtschaft

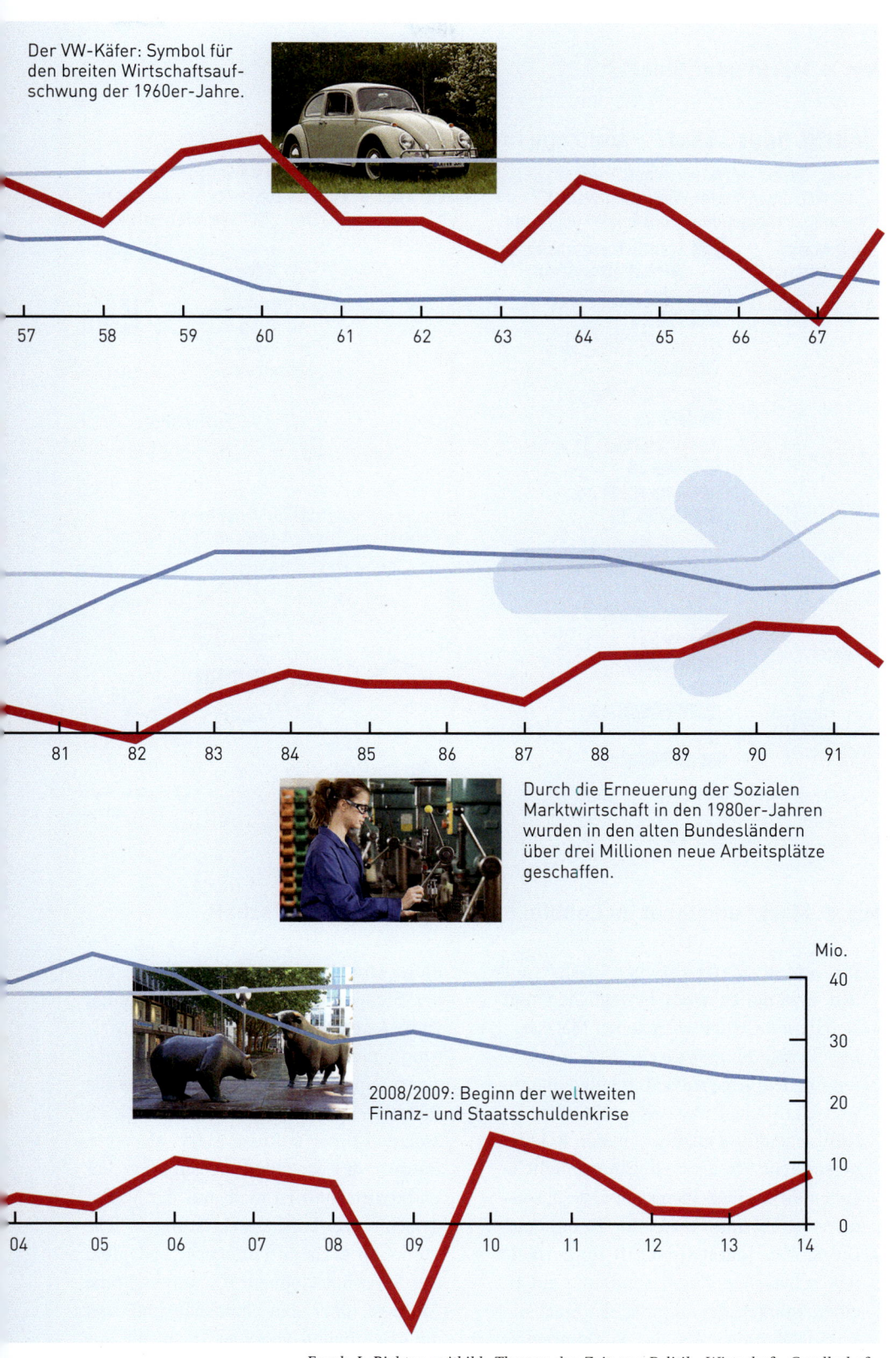

Der VW-Käfer: Symbol für den breiten Wirtschaftsaufschwung der 1960er-Jahre.

Durch die Erneuerung der Sozialen Marktwirtschaft in den 1980er-Jahren wurden in den alten Bundesländern über drei Millionen neue Arbeitsplätze geschaffen.

2008/2009: Beginn der weltweiten Finanz- und Staatsschuldenkrise

Frank J. Richter, zeitbild, Themen der Zeit aus Politik, Wirtschaft, Gesellschaft, Umwelt und Gesundheit, Jahrgang 57, 3. Aufl. 2016, S. 3 ff.

3.3.2 Welches sind die Grundzüge der Sozialen Marktwirtschaft?

M 4 ● Markt oder Staat?

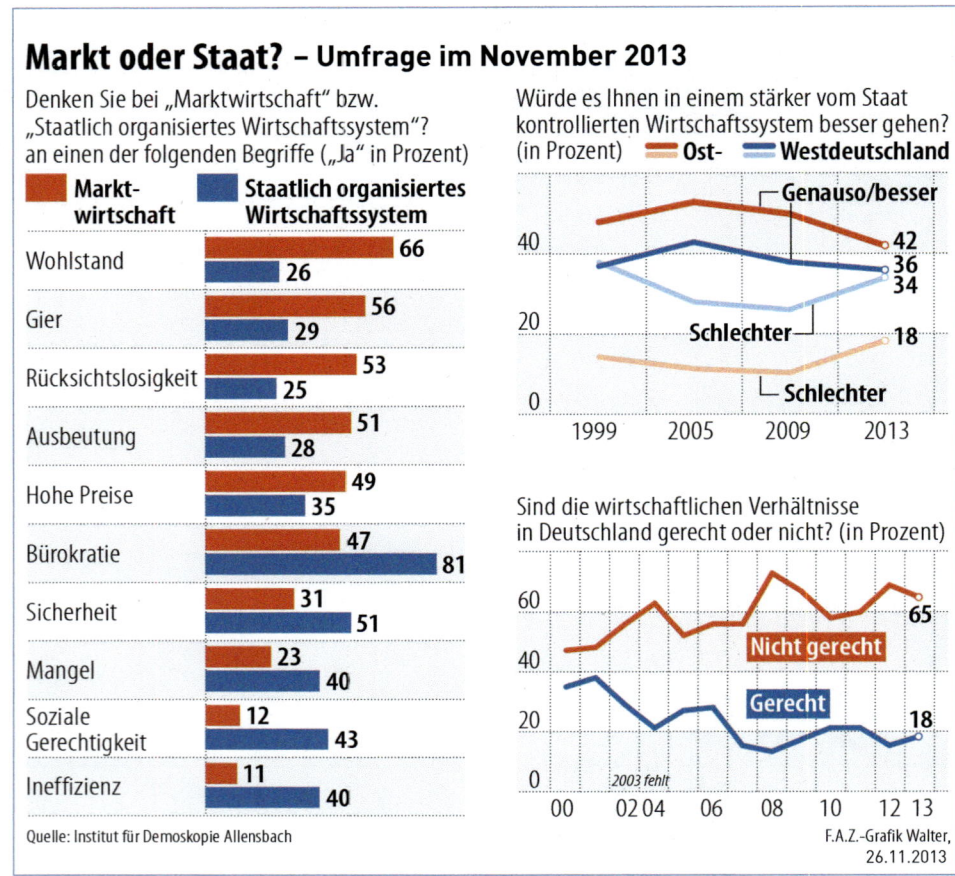

Quelle: Institut für Demoskopie Allensbach
F.A.Z.-Grafik Walter, 26.11.2013

Die drei zentralen Prinzipien der Sozialen Marktwirtschaft

(1) Nach dem **Wettbewerbsprinzip** muss der Staat dafür Sorge tragen, dass in allen Branchen und Sektoren möglichst (große) Konkurrenz herrscht. Monopole und Oligopole sind zu verhindern. In Deutschland übernehmen das Bundeskartellamt und der Bundeswirtschaftsminister diese Aufgabe.
(2) Das **Prinzip der Marktkonformität** besagt, dass kein (wirtschafts-)politischer Eingriff des Staates die Preisbildung aus Angebot und Nachfrage stören darf (z. B. dürfen Vermietern keine festen Quadratmeterpreise vorgeschrieben werden).
(3) Allerdings bleibt es nach dem **Sozialstaatsprinzip** möglich, aus sozialen Gründen Mitglieder der Gesellschaft zu unterstützen, sodass sie (durch Konsum) am Markt teilnehmen können (z. B. Finanzierung der Wohnungsmiete). Wie stark das Sozialstaatsprinzip gewichtet wird, ist von der jeweiligen Konstellation in den politischen Entscheidungsgremien und der gesellschaftlichen Situation abhängig.
Kersten Ringe, Politischer Entscheidungsprozess und Soziale Marktwirtschaft, Bamberg 2010, S. 167

M 5 ● Markt und Staat im Leitbild der Sozialen Marktwirtschaft

1. Die Soziale Marktwirtschaft basiert auf den Funktionen eines beweglichen und sich dynamisch entwickelnden Marktes.
2. Die Soziale Marktwirtschaft ist angetreten mit dem Anspruch, durch den marktwirtschaftlichen Prozess nicht nur die Gütererzeugung anzuheben, den Bereich persönlicher freier Gestaltungsmöglichkeiten für die Einzelnen zu erweitern, sondern auch soziale Fortschritte zu bringen.
3. Die Soziale Marktwirtschaft fordert keinen schwachen Staat, sondern sieht in einem starken demokratischen Staat die Voraussetzungen für das Funktionieren dieser Ordnung. Der Staat hat nicht nur der Sicherung der Privatrechtsordnung zu dienen, er [hat] [...] sich für die Erhaltung eines echten Wettbewerbs [...] einzusetzen. Die vom Staat zu sichernde Wettbewerbsordnung wehrt zugleich Machteinflüsse auf dem Markt ab.
4. Garant des sozialen Anspruchs der Marktwirtschaft ist nicht nur der Markt, dessen wirtschaftliche Leistungen sehr oft schon sozialen Fortschritt bedeuten. Der Staat hat vielmehr die unbestrittene Aufgabe, über den Staatshaushalt und die öffentlichen Versicherungen die aus

dem Markt resultierenden Einkommensströme umzuleiten und soziale Leistungen, wie Kindergeld, Mietbeihilfen, Renten, Pensionen, Sozialsubventionen und so weiter, zu ermöglichen. Das alles gehört zum Wesen dieser Ordnung, und es wäre eine Farce [hier: Unsinn], nur den unbeeinflussten Marktprozess zu sehen, ohne seine vielfältige Einbettung in unsere staatliche Ordnung zu beachten. Das bedeutet keineswegs ein Hinüberwechseln aus dem Markt in den staatlichen Bereich, sofern man sich dabei bewusst ist, dass die Mittel, die der Staat transformiert [hier: umleitet], von der wirtschaftlichen Leistung des Marktes abhängig bleiben und marktkonform sein müssen. Es muss die Grenze eingehalten werden, deren Überschreitung eine Störung der Marktvorgänge bewirkt.

5. Neben den engeren Aufgaben der Wettbewerbssicherung und den weiteren Aufgaben des sozialen Schutzes steht der Staat seit je und heute bewusster als früher vor Aufgaben der Gesellschaftspolitik, um die [...] Lebensumstände für alle zu verbessern. [...] Ich nenne Erweiterung der Vermögensbildung, Verbesserungen der Investitionen im Bereich des Verkehrs, des Gesundheitswesens, Aufwendungen für Bildung und Forschung, Schutz gegen die wachsende Verschlechterung vieler Umweltbedingungen, Städtebauförderung.

6. Die Ordnung der Sozialen Marktwirtschaft schließt also alle Ziele, die wir auch für eine weitere Zukunft ins Auge zu fassen haben, ein. Sie bleibt insofern Marktwirtschaft, als sie darauf besteht, dass das durch freie Betätigung aller Gruppen gesicherte Privateigentum, eine gesicherte Rechtsordnung und stetes Wirtschaftswachstum auch [...] in der Zukunft die besten Grundlagen bieten, um die Fülle der vor uns stehenden Aufgaben im staatlichen und privaten Bereich zu fördern. [...] Die Soziale Marktwirtschaft ist ein Stil, der ein festes Formprinzip mit der Fülle der Gestaltungsmöglichkeiten im Einzelnen verbindet.

Alfred Müller-Armack, deutscher Ökonom (1901–1978), prägte den Begriff der „Sozialen Marktwirtschaft" und unterstützte Ludwig Erhard u. a. als Staatssekretär im Wirtschaftsressort dabei, das Konzept nach dem Zweiten Weltkrieg politisch umzusetzen.

Alfred Müller-Armack, Unser Jahrhundert der Ordnungsexperimente, in: Genealogie der sozialen Marktwirtschaft. Frühschriften und weiterführende Konzepte, 2. Aufl., Bern/Stuttgart 1981, S. 150

Aufgaben

1. Analysieren Sie die Grafiken in M 4.
2. Werten Sie M 5 aus. Stellen Sie zunächst die zentralen Aussagen des Textes zusammen. Analysieren Sie nun die Ideen Müller-Armacks in Bezug auf sein Menschenbild und die Auffassung über die Rolle des Marktes und des Staates. Erstellen Sie abschließend eine Wandzeitung, auf der Sie diese Ideen darstellen.
3. Vielfach wird die Soziale Marktwirtschaft als „dritter Weg" zwischen freier Marktwirtschaft und Zentralverwaltungswirtschaft bezeichnet. Beurteilen Sie diese Einordnung (M 5).

3.3.3 Warum sind Monopole gefährlich? Das Wettbewerbsprinzip in der Sozialen Marktwirtschaft

M 6 • Kartellamt verhängt Millionenbußgeld gegen Brauereien

Es sind einige der bekanntesten deutschen Brauereien: Wegen verbotener Preisabsprachen bei Bier verhängte das Bundeskartellamt Geldbußen in einer Gesamthöhe von 106,5 Millionen Euro. Zahlen müssen die Brauereien Bitburger, Krombacher, Veltins, Warsteiner und die Privatbrauerei Barre aus Lübbeke – auch gegen sieben Manager seien Strafen verhängt worden, wie die Behörde in Bonn mitteilte. Die Absprachen sollten zu höheren Preisen für Fass- und Flaschenbier führen.

Das Kartellverfahren geht auf Informationen des Beck's-Herstellers Anheuser-Busch InBev Germany Holding GmbH zurück, der als Kronzeuge ohne Geldbuße bleibt. [...]

Andreas Mundt, Präsident des Bundeskartellamts, erklärte am Montag das Vorgehen der Behörde: „Durch unsere Ermittlungen konnten wir Absprachen zwischen Brauereien nachweisen, die überwiegend auf rein persönlichen und telefonischen Kontakten beruhten. Für Fassbier wurden die Preiserhöhungen der Jahre 2006 und 2008 in der Größenordnung von jeweils fünf bis sieben Euro pro Hektoliter abgesprochen. Für Flaschenbier wurde in 2008 eine Preiserhöhung abgesprochen, die zu einer Verteuerung des 20-Flaschen-Kastens von einem Euro führen sollte."

In gemeinsamen Treffen und bilateralen Kontakten hätten zunächst die überregional tätigen Brauereien eine Preiserhöhung vereinbart. Anschließend hätten sich einige der überregional tätigen Brauereien (AB InBev, Veltins und Warsteiner) mit in Nordrhein-Westfalen tätigen regionalen Brauereien (unter anderem Barre) auf Sitzungen des regionalen Brauereiverbands im Juni 2006 und September 2007 über diese Preiserhöhungen abgestimmt.

nck, Spiegel online, 13.1.2014

M 7 • Die Gefährdung des Wettbewerbs – eine permanente Herausforderung

Schon immer waren Unternehmen, aber auch Staaten daran interessiert, lästige Konkurrenten möglichst von ihren Märkten fernzuhalten. So kontrollierte die Niederländische Ostindien-Kompanie während des gesamten 17. und 18. Jahrhunderts den lukrativen Gewürzhandel von Indien nach Europa. Zur Zeit der Industrialisierung und auch später während der Weimarer Republik war es gang und gäbe, dass wichtige Güter von nur einem oder wenigen Unternehmen angeboten wurden, die überdies untereinander die Preise absprachen. In letzterem Fall spricht man von Kartellen, die in ihrer wettbewerbsbeschränkenden Wirkung den Monopolen kaum nachstehen. Das war ein wichtiger und berechtigter Kritikpunkt am kapitalistischen Wirtschaftssystem, auch aus Sicht von liberalen Ökonomen.

Schon Adam Smith, der Urvater der klassischen Volkswirtschaftslehre, erkannte die Gefahr: Unternehmer aus demselben Gewerbe kämen selten zusammen, „ohne dass ihre Unterhaltung mit einer Verschwörung gegen das Publikum oder einem Plan zur Erhöhung der Preise endigt", schrieb er 1776. Es dauerte allerdings noch mehr als 100 Jahre, bis die Vereinigten Staaten mit dem Sherman Antitrust Act von 1890 als erstes Land entschlossen gegen marktbeherrschende Unternehmen vorgingen. Deutschland folgte dem Beispiel erst 1957 mit dem Gesetz gegen Wettbewerbsbeschränkungen, wobei man viele Ausnahmen machte. Was ist nun eigentlich so schlimm an Monopolisten? Ganz einfach:

Sie verlangen praktisch immer überhöhte Preise, gemessen an den tatsächlichen Kosten. Das geht nicht nur zu Lasten der Verbraucher, es mindert auch den Zwang, sich um Effizienz und gute Qualität der Produkte zu bemühen. Bei Streichhölzern mag das nicht so schlimm sein. Aber wenn es um die marktbeherrschende Stellung eines Software-Unternehmens wie Microsoft geht, hört der Spaß auf. Zumal ein so marktmächtiger Anbieter auch dazu neigt, sinnvolle Produkte anderer Anbieter durch technische Tricks vom Markt fernzuhalten. Es sind schon zahlreiche Prozesse wegen solcher Machenschaften geführt worden. Die Wettbewerbshüter sind dabei allerdings oft in schwieriger Beweislage. Ein Problem besteht darin, überhöhte Preise von ganz normalen Marktreaktionen abzugrenzen. Wenn etwa wieder einmal das Benzin an der Tankstelle teurer wird, kann das ja auch an steigenden Rohölpreisen, einem höheren Dollarkurs oder höheren Steuern liegen. Auch dass alle Tankstellen mehr oder weniger gleichzeitig die Preisschilder auswechseln, ist noch kein Beweis für Preisabsprachen. In einem echten Wettbewerbsmarkt würde bei steigenden Einkaufspreisen nämlich genau das Gleiche passieren.

Auch ein Vergleich der Preise mit den Kosten hilft nicht immer weiter. Denn die Kosten können von den Unternehmen leicht nach oben manipuliert werden, indem sie teure Bürotürme bauen und überhöhte Gehälter – vorzugsweise an Vorstände – zahlen. Augenfällige Beispiele dafür sind in Deutschland Energieversorgungsunternehmen, aber auch kommunale Stadtwerke mit ihren Gebietsmonopolen. Darum ist Monopolkontrolle in der Praxis ziemlich schwierig. Besser ist es allemal, marktbeherrschende Stellungen gar nicht erst entstehen zu lassen. Aber auch das ist einfacher gesagt als getan. So hat der österreichische Ökonom Joseph Schumpeter schon 1911 darauf hingewiesen, dass im Grunde jeder Erfinder eines neuen Produktes zunächst eine Monopolstellung gewinnt. Darin bestehe ja gerade der Anreiz, als Pionierunternehmer immer wieder neue Güter auf den Markt zu bringen. Im Laufe der Zeit werden allerdings zunehmend Imitatoren auftreten, so dass die anfänglichen Gewinne im Konkurrenzkampf schmelzen. Dieser ständige Wettlauf zwischen Innovation und Imitation, den Schumpeter als „Prozess der schöpferischen Zerstörung" bezeichnete, ist wohl das Wichtigste an der Wettbewerbsidee. [...] Bei manchen Gütern wie zum Beispiel Eisenbahnen, Stromversorgung und Telefon war man sogar lange Zeit der Meinung, dass es hier prinzipiell keinen Wettbewerb geben könne. Das Argument war immer das gleiche: Es sei nicht sinnvoll, mehrere Eisenbahngleise, Telefonleitungen oder Postlinien parallel zu unterhalten, nur um Wettbewerb zu schaffen. Deshalb wurde jeweils nur ein Unternehmen als Anbieter solcher Güter zugelassen. Ein angenehmer Nebeneffekt für den Staat waren die Monopolgewinne, an denen er kräftig partizipierte.

Inzwischen denkt man anders über die natürlichen Monopole. Vor allem die EU macht seit den 1980-Jahren Druck, auch diese Märkte zu liberalisieren. [...] Wie heilsam sich die Öffnung für mehrere Anbieter auswirkt, hat nicht zuletzt die Liberalisierung des Telefonmarktes gezeigt: Während zu Zeiten der Bundespost ein farbiges Tastentelefon der Gipfel des Komforts in Deutschland war, ist die heutige Angebotsvielfalt an Endgeräten gar nicht mehr zu überblicken. Gleichzeitig sind auch noch die Preise für das Telefonieren kräftig gefallen und Abertausende neue Arbeitsplätze geschaffen worden. Das hat zwar auch etwas mit der technischen Entwicklung zu tun. Aber auch der technische Fortschritt kommt unter Wettbewerbsbedingungen viel schneller voran als unter einem trägen Monopolisten, der mangels Konkurrenz nur noch sein Geld zählen muss.

Ulrich van Suntum, in: Rainer Hank (Hg.), Erklär mir die Welt. Was Sie schon immer über Wirtschaft wissen wollten, 2. Aufl., Frankfurt/M. 2008, S. 167 ff.

Die Hüter des Wettbewerbs

Für die Kontrolle und Anwendung des Gesetzes gegen Wettbewerbsbeschränkungen (Kartellgesetz) sind grundsätzlich das **Bundeskartellamt** und der **Bundeswirtschaftsminister** sowie auf europäischer Ebene die **Europäische Kommission** zuständig. Das Bundeskartellamt ist eine nachgeordnete Behörde des Bundeswirtschaftsministeriums. Zu ihren Aufgaben gehört z. B. die Überwachung und Durchsetzung des Kartellverbots, die Genehmigung von anmeldepflichtigen Kartellen, die Fusionskontrolle, die Missbrauchsaufsicht sowie die Wahrnehmung der Aufgaben im Zusammenhang mit Wettbewerbsregeln des AEU-Vertrags. Das Kartellamt ist von politischen Weisungen unabhängig und trifft seine Entscheidungen nach Wettbewerbsgesichtspunkten. Verstöße gegen das GWB werden als Ordnungswidrigkeit mit teils hohen Bußgeldern geahndet.

M 8 ● Alles dreht sich um den Preis: die konstituierenden Prinzipien der Wettbewerbsordnung

Für die Herstellung der von [dem deutschen Ökonomen Walter] Eucken favorisierten *Wettbewerbsordnung* erweisen sich folgende „Konstituierende Prinzipien" als fundamental [...]:

▶ ein *funktionierendes Preissystem* vollständiger Konkurrenz, das als wirtschaftsverfassungsrechtliches Grundprinzip aufzufassen ist,

▶ ein *Primat der Währungspolitik*, das insbesondere die Geldwertstabilität in der Wirtschaftsordnung gewährleistet,

▶ *offene Märkte*, um das Konkurrenzelement in der Wirtschaftsordnung zu beleben und Wettbewerb zu ermöglichen,

▶ *Privateigentum an Produktionsmitteln*, wobei private Marktmacht einzuschränken bzw. zu verhindern ist,

▶ das Prinzip *Vertragsfreiheit*, das jedoch nicht zur Wettbewerbsbeschränkung genutzt werden darf,

▶ das *Haftungsprinzip*, das die persönliche Verantwortung des Unternehmers oder der Entscheidungsträger in einer Unternehmung unterstreicht,

▶ die *Konstanz der Wirtschaftspolitik* sowie die gemeinsame Verwirklichung *aller* hier genannten „Konstituierenden Prinzipien".

Nach: Arne Stemmann, Unterricht Wirtschaft + Politik 2/2011, S. 51

M 9 ● „Facebook ist viel gefährlicher als Google"

Justus Haucap (* 1969), seit 2009 Professor für Volkswirtschaftslehre sowie von 2008 bis 2012 Vorsitzender der Monopolkommission

Herr Professor, ist Google zu mächtig?
Haucap: Die Anreize zu verzerren, sind auf jeden Fall vorhanden, Google hat eine marktbeherrschende Stellung. Es muss daher Regeln geben, die auf EU-Ebene durchgesetzt werden. Eine Entflechtung, wie sie manche Politiker gefordert haben, ginge aber zu weit. Sie wäre auch verbraucherfeindlich.
Wieso?
Nehmen wir als Beispiel die Suchmaschine: Dürfte Google eigene Dienste nicht mehr prominent einbauen, könnte es beispielsweise keine Karte mehr anzeigen, wenn man eine Adresse eintippt, sondern nur noch den Link zu Google Maps und anderen Anbietern.
In Deutschland scheint kaum jemand Probleme mit der Praxis zu haben – mehr als 90 Prozent der Deutschen suchen über Google.
Der Vorschlag der EU-Kommission, dass Links zu Google-Webseiten wie Maps farblich gekennzeichnet werden müssen, ist daher sehr gut. Das sorgt für Transparenz. Verbraucher könnten frei entscheiden, welchen Dienst sie nutzen.
Halten Sie Monopole im Internet generell für gefährlich? Paypal-Gründer Peter Thiel argumentiert beispielsweise, dass Fortschritt immer durch Monopole entstünde, die durch bessere abgelöst werden.
Das ist naiv. Monopole und marktbeherrschende Stellungen bieten immer Anreize, sie zu missbrauchen. Die Besonderheit am Internet ist, dass es Netzwerkeffekte gibt: Für Menschen lohnt es, dorthin zu gehen, wo die anderen sind. Das sieht man extrem bei Sozialen Netzwerken wie Facebook.
Sind vermeintliche Monopole im Internet immer nur temporär?
Bei vielen Monopolen ist das so. Wer kennt heute noch MySpace oder StudiVZ? Selbst Facebook verliert bei jungen Leuten schon an Attraktivität.
Ist Facebook also das nächste Monopol, das abgelöst wird?
Ich glaube nicht. Ich halte die Position von

Facebook sogar für viel gefährlicher als die von Google. Wer Google nicht benutzen möchte, kann problemlos andere Suchmaschinen verwenden. Facebook kann man hingegen nur ohne Verluste verlassen, wenn es die Freunde auch tun. Auch die Datenschutzproblematik ist hier wesentlich größer.

Hat die Politik verschlafen, einheitliche Regeln für das Netz aufzustellen?

Die Politik pennt ja immer. In vielen Bereichen ist es so, dass man korrigierend hinterherläuft – das ist unvermeidbar. Die Politik kann nicht im Voraus für mögliche zukünftige Erfindungen Regeln schaffen. Man sollte im Gegenteil häufiger alte, statische Regeln abschaffen.

Nehmen wir Uber. [Der] umstrittene Anbieter will Taxifahrern durch die Vermittlung privater Fahrer Konkurrenz machen, ist hier bislang aber verboten.

Die Frage ist: Kann man nicht Regeln schaffen, dass solche Dienste rechtskonform in Deutschland betrieben werden können?

Verdi wirft Uber vor, das Geschäftsmodell bestehe aus Lohndumping.

Es ist ja nicht so, dass es im Taxi-Gewerbe früher nur sozialversicherungspflichtige Jobs gab. Dort blüht seit jeher die Schwarzarbeit, weil es viele Fahrer und wenige Konzessionen gibt. Dass Uber jetzt in den Markt kommt, verschlechtert nicht die Situation der Taxifahrer – im Gegenteil, sie erhalten mehr Optionen.

Entsteht durch Dienste wie Uber nicht vielmehr ein neues Prekariat, wenn Arbeitsplätze für Niedrigqualifizierte verschwinden?

Es könnten auch neue Jobs entstehen. Ich glaube nicht, dass sich alle Jobs bald flächendeckend ablösen lassen durch eine Schar von Tagelöhnern, die wie früher am Hafen auf Zuruf Bananenkisten auspacken. Die Mitarbeiterbindung hat Vorteile, weil die Unternehmer verlässliche Leute haben, auf die sie immer wieder zugreifen können.

Es wird auch immer wieder über die Netzneutralität diskutiert: Netzanbieter würden gerne Dienste gegen Gebühr bevorzugt weiterleiten, weil sie nur so die Kosten für den Netzausbau verdienen könnten. **Würde das nicht den Wettbewerb behindern?**

Letztlich ist die Idee, dass man eine Produkt- und Preisdifferenzierung vornimmt – wie im Luftverkehr, dort gibt es ja auch eine erste und eine zweite Klasse. Ich finde das nachvollziehbar.

Ist es nicht innovationsfeindlich, weil eine möglicherweise bessere Technologie nicht mehr unter gleichen Bedingungen mit anderen konkurrieren könnte, die durch die Finanzkraft ihrer Eigentümers schneller durch das Netz geleitet werden?

Das glaube ich nicht. Es gibt in Deutschland ausreichend Konkurrenz zwischen Netzanbietern. Wenn einer diesen schlechteren Dienst anbietet, weil er dafür Geld bekommt, wäre das ja ein gefundenes Fressen für den Wettbewerber. Wenn Wettbewerb und Transparenz erhalten bleiben, sollte der Markt die Probleme weitestgehend regeln.

Justus Haucap, Rheinische Post, 21.2.2015; das Gespräch führten Maximilian Plück und Florian Rinke

> **Monopol**
> Als Monopol bezeichnet man eine Marktsituation (Marktform), in der für ein ökonomisches Gut nur ein Anbieter vorhanden ist.

Aufgaben

1. Erläutern Sie, warum es in der Marktwirtschaft zur Bildung von Monopolen kommt (M 6, M 7).
2. Fassen Sie zusammen, welche negativen Auswirkungen Monopole für die Wirtschaft haben (M 7).
3. Erläutern Sie anhand von selbst gewählten Beispielen, wie die konstituierenden Prinzipien zum Funktionieren der Wettbewerbsordnung beitragen (M 8).
4. Professor Haucap nimmt eine sehr differenzierte Position zur Gefährdung des Wettbewerbs durch Monopole ein (M 9). Beurteilen Sie seine Sichtweise.

3.3.4 Worin besteht das Soziale der Sozialen Marktwirtschaft?

M 10 ● Das Sozialstaatsgebot im Grundgesetz

a) Das [...] Sozialstaatsangebot ist [...] inhaltlich unbestimmt – legt also nicht fest, welche sozialpolitischen Leistungen in welcher Höhe und Reichweite erforderlich sind –, aber das Bundesverfassungsgericht hat das Sozialstaatsprinzip in seiner Rechtsprechung mehrfach als Verpflichtung des Staates interpretiert, für einen Ausgleich der sozialen Gegensätze und für eine gerechte Sozialordnung zu sorgen sowie die Existenzgrundlagen der [...] Bürger zu sichern und zu fördern. Demokratie und Sozialstaat bedingen demnach einander: Denn die gleichberechtigte gesellschaftliche und politische Teilhabe aller [...] Bürger ist nur dann gewährleistet, wenn die formal verbürgten Freiheitsrechte auch materiell und sozial fundiert sind.

Gerhard Bäcker u. a., Sozialpolitik und soziale Lage – Bd. 1, 4. Aufl., Wiesbaden 2008, S. 71-74

b) Mit der Entscheidung für den Sozialstaat wird die immer wieder gestellte Forderung nach sozialer Gerechtigkeit zu einem leitenden Prinzip aller staatlichen Maßnahmen erhoben. Die Sozialstaatlichkeit bezeichnet den Inbegriff aller Pflichten des Staates, die Achtung der Menschenwürde (Art. 1,1) und das damit unlösbar verbundene Rechtsstaatsprinzip speziell im sozialen Bereich zu verwirklichen. [...] Aus dem Sozialstaatsprinzip ergibt sich in Verbindung mit dem Grundrecht der Würde des Menschen ein Anspruch des Einzelnen gegen den Staat, für ihn im Falle seiner – verschuldeten oder unverschuldeten – Bedürftigkeit so zu sorgen, dass sein Existenzminimum gesichert ist („Fürsorgeanspruch"). Der Bundesgesetzgeber hat dementsprechend ein Gesetz erlassen, das

Nach: Arne Stemmann, Unterricht Wirtschaft + Politik 2/2011, S. 10

die Einzelheiten der Sozialhilfe regelt. Der Staat ist verpflichtet, im weiten Bereich der sog. „Daseinsvorsorge" (z. B. Versorgung mit Gas, Wasser, Strom; Bereitstellung öffentlicher Verkehrsmittel; Gesundheitsvorsorge, Schulwesen, Arbeitsvermittlung) Leistungen zugunsten des Einzelnen zu erbringen. Er [...] kann dafür eine zumutbare Gegenleistung in Geld fordern. [...]
Die Zwangsversicherung bestimmter Gruppen ist ebenfalls Ausfluss des Sozialstaatsprinzips. Die Vorsorge für Krankheit, Alter, Unfall usw. rechtfertigt die zwangsweise Versicherung des Einzelnen, wenn dieser entweder nur teilweise eigene Leistungen dafür einbringt oder sonst mit hoher Wahrscheinlichkeit für den Staat eine derart hohe Belastung einträte, dass er seinen sozialen Verpflichtungen nur noch im beschränkten Umfang nachkommen könnte.

Dieter Hesselberger, Das Grundgesetz. Kommentar für die politische Bildung, 13. Aufl., Bonn 2003, S. 184

M 11 ● Das Soziale an der Sozialen Marktwirtschaft

Das so suggestive Eigenschaftswort „sozial" im Begriff „Soziale Marktwirtschaft" bezweckt [...] zweierlei. Es betont einerseits, dass ein Markt, der offen ist für den Wettbewerb, der Wohlstand entstehen lässt und der dynamisch wächst, an sich schon für jedermann nützlich ist. In einem solchen Markt geht es allen besser. Alle bekommen eine Chance. Die Verteilung der Einkommen folgt dann dem Kriterium der Leistungsgerechtigkeit. Andererseits erlaubt das Konzept der Sozialen Marktwirtschaft aber konkrete Staatseingriffe in den Markt, auch dies im Interesse der Gerechtigkeit. Hier kommt der Aspekt der sozialen Gerechtigkeit ins Spiel.
Man kann sich die Rolle des Staates so vorstellen wie eine Versicherung auf Gegenseitigkeit, die alle Bürger miteinander abschließen für den Fall, dass es ihnen einmal schlecht gehen sollte. Eine solche Versicherung macht das System insgesamt kraftvoller, denn jeder traut sich mit einem solchen Sicherheitsnetz mehr zu. Deshalb gibt es eine Arbeitslosen-, Gesundheits- und Rentenversicherung für jedermann. Wer seinen Arbeitsplatz verliert, wer krank wird oder wer zu alt ist, um noch zu arbeiten, soll in der Sozialen Marktwirtschaft nicht ins Bodenlose fallen. Außerdem verteilt der Staat in dieser Rolle auch Einkommen um, das heißt, er nimmt den wohlhabenden Bürgern Geld weg und gibt es den ärmeren.

Vollständige Sicherheit kann es zwar nicht geben, im Leben generell nicht und auch in der Wirtschaft nicht. Alles, was Menschen anfangen, fußt auf einer fiktiven Vorstellung, die sie sich darüber machen, wie sich die Dinge wohl in Zukunft fügen werden. Jedermann macht Prognosen, manchmal mit dem Kopf, manchmal mit dem Bauch. Ohne Irrtümer geht das nicht vonstatten; häufig kommt es anders als man denkt. Doch auch wenn nicht alles voraussehbar ist, ist es einer Gemeinschaft doch möglich, immerhin für so viel Sicherheit zu sorgen, dass ein Bürger nicht gleich mit der Zerstörung seiner wirtschaftlichen Grundlagen rechnen muss, wenn ihm einmal beruflich etwas misslingt. Zu viel Sicherheit macht vielleicht träge, zu wenig Sicherheit jedoch lähmt vollends.
Hier setzt die Soziale Marktwirtschaft an. Ein soziales Netz, das alle Bürger gemeinsam füreinander aufspannen, ist für die Gemeinschaft nicht nur moralisch wertvoll, sondern auch wirtschaftlich lohnend. Denn es macht alle Beteiligten mutiger, unternehmerischer und engagierter. Das ist kein bloßer Wunschtraum. Es ist psychologisch erwiesen, dass viele Leute tatsächlich erst dann etwas wagen, wenn sie wissen, dass sie nicht ins Bodenlose fallen, wenn die Sache schiefgeht. Sich hierfür gemeinsam maßvoll abzusichern, ist ein sinnvolle Sache.

Karen Ilse Horn, Die Soziale Marktwirtschaft, Frankfurt/M. 2010, S. 105 f.

M 12 ● Exkurs: Soziale Gerechtigkeit – was heißt das?

Karikatur: Jan Tomaschoff

In den vergangenen Jahren ist in Deutschland ein deutlicher Anstieg der Einkommens- und Vermögensungleichheiten zu verzeichnen. Für Viele spiegelt sich in dieser Entwicklung nicht nur eine „soziale Schieflage" wider, sondern sie sehen in ihr einen Ausdruck zunehmender sozialer Ungerechtigkeiten: Ungleichheiten im Steuersystem, ungleiche Bildungschancen, Ungleichheiten in der medizinischen Versorgung etc. Handelt es sich in all diesen Fällen tatsächlich um Beispiele sozialer Ungerechtigkeit? Nicht notwendigerweise! Denn es gibt zum einen unterschiedliche Vorstellungen darüber, was als gerecht oder ungerecht zu bezeichnen ist. So sind hohe Einkommensungleichheiten nur dann ungerecht, wenn man soziale Gerechtigkeit als Ergebnisgleichheit versteht, also jeder das Gleiche bekommen sollte. Einkommensungleichheiten können aber auch sozial gerecht sein, wenn man der Ansicht ist, dass die Einkommensverteilung in einer Gesellschaft die individuelle Leistungsfähigkeit widerspiegeln sollte. In beiden Fällen beruft man sich auf Gerechtigkeit, kommt aber jeweils zu einem anderen Urteil. […] Ungleichheiten sind somit nicht per se ungerecht und auch nicht immer im Namen der sozialen Gerechtigkeit zu korrigieren. […] Wenn mit der sozialen Gerechtigkeit normative Erwartungen an die gesellschaftliche Verteilung von Gütern und Lasten formuliert werden, so ist dies historisch gesehen ein vergleichsweise junges Phänomen. Denn erst in der zweiten Hälfte des 20. Jahrhunderts wird soziale Gerechtigkeit zu einer in den politischen Auseinandersetzungen gebrauchten programmatischen Forderung. Dies ist unmittelbar verknüpft mit dem Ausbau der europäischen Wohlfahrtsstaaten nach dem Zweiten Weltkrieg. Der Wohlfahrtsstaat übernimmt fürsorgende Aufgaben, die vorher der Familie zufielen (z. B. Versorgung im Krankheitsfall oder im Alter) und es wird von ihm erwartet, bei einem Versagen der Märkte – insbesondere des Arbeitsmarktes – kompensierend einzugreifen. Er übernimmt für seine Mitglieder eine „Ausfallbürgschaft", das heißt, er gewährt bei unverschuldeten Notlagen wie Krankheit oder Erwerbsunfähigkeit eine Absicherung. Zugleich wird die Gesellschaft als ein Kooperationszusammenhang verstanden und ihren Mitgliedern ein Anrecht auf die Früchte dieser Zusammenarbeit zugestanden, was zugleich an die Erwartung gekoppelt ist, entsprechende Beiträge zur allgemeinen Wohlfahrt zu leisten. Eine zentrale Funktion kommt dabei der Idee der sozialen Gerechtigkeit zu. Sie besagt, dass es bei der Verteilung von Gütern und Lasten zu keiner systematischen Bevorzugung oder Benachteiligung einzelner Gruppen kommen soll (Unparteilichkeit), die bestehenden Verteilungsregeln für alle gleich angewandt werden sollen (Gleichheitsgrundsatz) und der Einzelne als legitim angesehene Anrechte geltend machen kann. Während in den 1960er- und 1970er-Jahren soziale Gerechtigkeit primär mit der (Um-)Verteilung von Einkommen und Vermögen gleichgesetzt wurde, wird das ihr zugrunde liegende Verteilungsproblem mittlerweile breiter verortet. Es geht nun um eine gerechte Verteilung von Chancen, also den Möglichkeiten, seine eigenen Lebenspläne zu verwirklichen. Dies umfasst nicht nur die materielle Absicherung oder einen Anteil am gesellschaftlichen Wohlstand, sondern vor allem auch den Zugang zu Bildung, Kultur und die Ermöglichung politischer Teilnahme. In modernen Gesellschaften werden individuelle Lebenschancen, Güter und Lasten zu einem großen Teil in und über gesellschaftliche Institutionen verteilt. Maßgeblich sind dabei die sozialen Sicherungssysteme, die Rechtsprechung und das Erwerbssystem, und vor allem das Bildungssystem und das Gesundheitswesen. Sowohl die bloße Existenz einzelner Institutionen und der Grad ihrer Regulierung (z. B. die Rentenversicherung, das dreigliedrige Bildungssystem oder der Arbeitsmarkt) als auch die in ihnen wirksamen Verteilungsmodi (z. B. wer kann welche wohlfahrtsstaatlichen Leistungen beanspruchen und wer muss welche Beiträge zahlen) sind Ausdruck bestimmter Gerechtigkeitsvorstellungen. Die inhaltlichen Auffassungen darüber, was als „sozial gerecht" gilt, lassen sich in der Rechtsprechung und den Grundstrukturen der gesellschaftlichen Institutionen ablesen. Mindestens vier Prinzipien können benannt werden:

- Gleichheitsprinzip: Es fordert, jedem gleiche Rechte oder den gleichen Anteil an Gütern und Lasten zuzuweisen. Abgeleitet davon ist das Prinzip der Chancengerechtigkeit, das fordert, jedem - unabhängig von Herkunft und nicht selbst verantworteten Einschränkungen - möglichst gleiche Chancen beim Zugang zu Gütern oder Positionen zu gewähren.
- Leistungsprinzip: Es verlangt die Belohnung individueller Anstrengungen und Leistungen, durchaus mit dem „Nebengedanken" Leistungsanreize zu schaffen.
- Anrechtsprinzip: Insbesondere die bundesdeutschen sozialen Sicherungssysteme folgen dem Prinzip der zugeschriebenen oder erworbenen Anrechte. Hier sind es nicht aktuell erbrachte Leistungen, sondern an Status- und Positionsmerkmale gekoppelte Anrechte, die in der Vergangenheit erworben wurden oder aufgrund der Tradition und den darin wirksamen Normen zugeschrieben werden.
- Bedarfsprinzip: Das Ziel ist die Sicherung einer minimalen oder „angemessenen" Deckung von Grundbedürfnissen.

Die Institutionen einer Gesellschaft sind historisch gewachsene Ordnungen und die in ihnen eingelassenen Gerechtigkeitskonzeptionen beeinflussen die in der Bevölkerung bestehenden Vorstellungen von Gerechtigkeit. Zugleich sind die institutionellen Ordnungen Ergebnis politischer Entscheidungsprozesse - die zu den jeweiligen Zeitpunkten von den Akteuren als geboten oder mehrheitsfähig angesehenen Gerechtigkeitskonzeptionen fließen in die Gestaltung der Institutionen ein. Es kann somit im Zeitverlauf zu „Ungleichzeitigkeiten" kommen, nämlich dann, wenn die in den Institutionen verankerten Gerechtigkeitskonzeptionen ihre Mehrheitsfähigkeit verloren haben. Dementsprechend ist es notwendig, bei der Frage, was als sozial gerecht gilt, auch die in einer Gesellschaft aktuell vertretenen Gerechtigkeitsvorstellungen zu berücksichtigen.

Stefan Liebig/Meike May, Dimensionen sozialer Gerechtigkeit, in: Aus Politik und Zeitgeschichte, 16.11.2009, S. 3 ff.

Aufgaben

1. Erläutern Sie den Inhalt des Sozialstaatsgebots (M 10).
2. Grenzen Sie die Begriffe Ungleichheit und Ungerechtigkeit gegeneinander ab (M 11, M 12).
3. Erläutern Sie, welche der Gerechtigkeitsprinzipien leichter über den Markt bzw. durch den Staat verwirklicht werden können (M 11, M 12).
4. Angenommen, Sie müssten die Sozialpolitik mit Hilfe der in M 12 genannten Gerechtigkeitsprinzipien neu ausrichten. Wählen Sie eines der Prinzipien aus M 12 aus, und begründen Sie, warum diesem Prinzip das größte Gewicht beigemessen werden sollte.

3.3.5 Herausforderungen für die Soziale Marktwirtschaft

M 13 ● Aktuelle Herausforderungen für die Soziale Marktwirtschaft im Überblick

	Auswirkungen auf den Wirtschaftsstandort Deutschland	Auswirkungen auf den deutschen Sozialstaat	Auswirkungen auf die Handlungsfähigkeit des Nationalstaates
Globalisierung	• erfordert Steigerung der Wettbewerbsfähigkeit	• Befürchtung eines Race-to-the-Bottom	• starke Globalisierungsthese: reduzierte Handlungsfähigkeit • schwache Globalisierungsthese: kaum Einfluss oder sogar Stärkung
Europäische Integration	• erfordert Steigerung der Wettbewerbsfähigkeit; unterbewertete Währung fördert Exporte • gemeinsame Währung schafft gegenseitige fiskalische und monetäre Abhängigkeiten und kann koordiniertes Vorgehen erfordern	• kann den Druck auf den Sozialstaat nicht abfangen	• Maastricht-Kriterien und Fiskalpakt schränken Möglichkeit der Fiskalpolitik ein
Demografischer Wandel	• schrumpfende Arbeitsbevölkerung erfordert Steigerung der Erwerbstätigenquote, verstärkte Zuwanderung sowie Produktivitätssteigerungen	• Ausgabensteigerungen und sinkende Einnahmen stellen die Zukunftsfähigkeit der sozialen Sicherheitssysteme in Frage	• erhöhte Sozialausgaben reduzieren finanziellen Handlungsspielraum
Klimawandel/ Energiewende	• erfordert Anpassungen (Strukturwandel) und wirft Verteilungsfragen auf	• erhöhte Ausgaben der Sozial- und Industriepolitik	• staatliche Handlungsfähigkeit besteht, Problemlösung benötigt teils internationale Kooperation • Investitionskosten in Infrastruktur, Private-Public-Partnerships zur Finanzierung beeinflussen die Handlungsfähigkeit

Daniel Buhr u. a., Wirtschaft und Politik – eine Einführung, Stuttgart 2014, S. 101

M 14 ● Herausforderungen für den Sozialstaat

Der deutsche Sozialstaat hat im vergangenen Jahr fast 850 Milliarden Euro an seine Bürger verteilt. Das waren gut 31 Milliarden Euro oder 3,8 Prozent mehr als im Jahr
5 zuvor. Der Sozialstaat ist damit zum wiederholten Mal stärker gewachsen als die Wirtschaftsleistung insgesamt: Das Bruttoinlandsprodukt stieg nominal – also nicht inflationsbereinigt – um 3,4 Prozent. So weist es die neue Jahresstatistik des Bundesarbeitsministeriums aus.

Von der Wirtschaftsleistung, die sich auf

3.3 Die Soziale Marktwirtschaft

Gewinne und Verluste bei der staatlichen Umverteilung, aufgeschlüsselt nach den Haushalts-Nettoeinkommen.

Haushalts-Nettoeinkommen im Monat (Euro)[1]	Staatliche Geldtransfers an Haushalte[2]	Abgaben der Haushalte[3]	Gewinne oder Verluste im Monat (Geldtransfers minus Abgaben)
unter 1.000	533	− 56	+476
1.000 bis 1.500	804	− 193	+610
1.500 bis 2.000	889	− 380	+509
2.000 bis 2.500	970	− 561	+410
2.500 bis 3.000	948	− 758	+190
3.000 bis 3.500	842	− 984	−142
3.500 bis 4.000	838	− 1.263	−424
4.000 bis 4.500	773	− 1.552	−779
4.500 bis 5.000	843	− 1.829	−986
5.000 bis 6.000	760	− 2.193	−1.434
6.000 bis 7.000	651	− 2.772	−2.120
7.000 bis 10.000	625	− 3.782	−3.156
mehr als 10.000	625	−8.470	−7.845

1) 2012. 2) Gesetzliche Renten, Kindergeld usw. 3) Einkommensteuer, Sozialversicherungs-Arbeitnehmerbeiträge usw.

gut 2,9 Billionen Euro belief, flossen damit 29,2 Prozent in Sozialleistungen. Das ist der höchste Wert seit den Krisenjahren 2009 und 2010, als Milliardenausgaben für Kurzarbeit die Quote sogar auf 30 Prozent erhöhten. Die größten Ausgabenposten sind indes mit jeweils mehr als 300 Milliarden Euro die Gesundheitsversorgung sowie Renten und Pensionen.

Ob der Sozialstaat so groß sein muss, darüber wird politisch viel gestritten. Unabhängig davon lässt sich jedoch eines feststellen: Soweit es dem Sozialstaat um Umverteilung von oben nach unten geht, also von höheren zu niedrigeren Einkommen, funktioniert er erstaunlich gut – wer viel hat, der muss viel geben; wer wenig hat, bekommt viel dazu. Das belegt eine noch unveröffentlichte Studie des arbeitgebernahen Instituts der deutschen Wirtschaft (IW), die der F.A.Z. vorliegt. Betrachtet man allein die Geldleistungen, die der Sozialstaat verteilt, dann erhält ein Durchschnittshaushalt über die verschiedenen Kanäle 820 Euro im Monat. Ohne die Einkommensteuer, die Gutverdiener besonders stark zur Finanzierung heranzieht, wäre der Sozialstaat allerdings ziemlich ungerecht: Zwar erhalten Bürger aus Haushalten mit monatlichen Nettoeinkommen zwischen 2.000 und 2.500 Euro im Durchschnitt am meisten Geld vom Staat – insgesamt 970 Euro im Monat. Doch selbst wer in einem Haushalt mit mehr als 10.000 Euro netto lebt, erhält immer noch 625 Euro im Monat dazu. Dies können neben Renten und Pensionen auch Familienleistungen sein.

Das Bild des Transferstaats ändert sich jedoch erheblich, wenn man neben den Leistungen auch Steuern und Abgaben mitrechnet, wie die Analyse der Verteilungsforscherin Judith Niehues belegt. Denn wer in einem Haushalt mit mehr oder sogar deutlich mehr als 10.000 Euro im Monat lebt, überweist gleichzeitig im Durchschnitt 8.470 Euro an den Staat; er leistet damit unter dem Strich trotz jener Transfers von 625 Euro einen Finanzierungsbeitrag von 7.845 Euro im Monat. Demgegenüber zahlen Bürger der Einkommensklasse von 2.000 bis 2.500 Euro durchschnittlich nur 561 Euro im Monat an Einkommensteuern und Abgaben. Ihnen bleiben von den 970 Euro an Sozialleistungen am Ende immerhin knapp 410 Euro übrig. Und wer in einem Haushalt mit nur 1.000 bis 1.500 Euro netto lebt, macht unterm Strich sogar 610 Euro gut: Zwar gibt es in dieser Einkommensklasse durchschnittlich nur 804 Euro im Monat vom Sozialstaat, doch auf der anderen Seite zieht der Steuer- und Abgabenstaat hier auch nur 193 Euro im Monat ein.

Betrachtet man diese Ergebnisse über alle Einkommensklassen, liefert die staatliche Umverteilungsmaschine im Grundsatz eine schlüssige Arbeit ab. Denn je höher das Nettoeinkommen ausfällt, desto mehr tragen die Haushalte auch im Saldo von Steuern und Transfers zum Gemeinwesen bei. Und je kleiner das Nettoeinkommen, desto mehr bekommen sie. Wer weniger als 1.000 Euro im Monat hat, bezieht im Durchschnitt mehr als 48 Prozent seines Einkommens vom Staat. Wer 2.000 bis 2.500 Euro zur Verfügung hat, verdankt im Durchschnitt mindestens 26 Prozent der Umverteilung. Oberhalb von 3.000 Euro im Monat sind die Bürger in der Regel Nettozahler.

Da es sich um Durchschnittswerte handelt, kann es aber – je nach Art des Haushalts – im Einzelfall trotzdem anders aussehen. So zählen fast alle Seniorenhaushalte als Transferempfänger, da Renten und Pensionen meist der Großteil ihres Einkommens sind – auch wenn es sich etwa um Pensionärspaare mit zusammen mehr als 3.000 Euro netto handelt. Auf der anderen Seite gibt es unter dieser Schwelle auch eine Minderheit von Nettozahlern. Stark in die Pflicht genommen würden unterm Strich vor allem Erwerbstätige ohne Kinder, zeigt Niehues. Das betreffe nicht nur Singles, sondern auch Paare: „Ihre durchschnittlichen Bruttoeinkommen und ihre Abgaben sind vergleichsweise hoch, sie profitieren aber kaum von Transferleistungen."

Tatsächlich hat die ganz überwiegende Mehrheit der Ein-Personen-Haushalte wie auch eine Mehrheit der Zwei-Personen-Haushalte weniger als 3.000 Euro netto. Unter den fünf Millionen Familien mit vier oder mehr Personen kann dagegen immerhin die Hälfte mehr als 4.000 Euro im Monat ausgeben. „Das zeigt, dass Familien überdurchschnittlich oft zur Mittelschicht gehören", schreibt die Forscherin.

Dietrich Creutzburg, www.faz.net, 3.8.2015

M 15 ● Grundsätzliche Bemerkung: Wozu ist der Sozialstaat gut?

Der Sozialstaat ist keine bestimmte Staatsform, sondern eine bestimmte Dimension moderner Staatlichkeit. Daher hängt die Wirksamkeit sozialpolitischer Leistungen nicht nur von Gesetzen und Organisationen ab. Es kommt auf den Gesamtzusammenhang des Staates an, insbesondere auf eine nicht korrumpierte Rechtsstaatlichkeit und eine demokratische Regierungsform. [...]

In der Bundesrepublik Deutschland ist die soziale Selbstverpflichtung des Staates in den Artikeln 20 I und 28 I des Grundgesetzes verankert, den sogenannten Sozialstaatsklauseln. [...] [D]iese Verfassungsnormen [...] dienen beispielsweise als Kriterien der Rechtsprechung und legitimieren politische Kritik an bestehenden Defiziten. Darüber hinaus stabilisieren sie das Vertrauen der Bevölkerung in die Dauerhaftigkeit staatlicher Sozialpolitik, eine Dauerhaftigkeit, die von allen nichtstaatlich garantierten Lösungen nicht erwartet werden kann. [...]

Betrachtet man die Länder, die sich auf den Weg zur Wohlfahrtsstaatlichkeit begeben haben, so fällt auf, dass sie alle eine lateinisch-christliche Vergangenheit sowie eine einigermaßen stabile Regierungstradition haben. [...] Die dritte, meist als selbstverständlich geltende Voraussetzung eines Wohlfahrtsstaates ist ein Wirtschaftssystem, das auf Privateigentum, Märkten und technischen Fortschritten beruht und auf Effizienz und Wachstum ausgerichtet ist. [...]

Die Entwicklung zum Sozial- oder Wohlfahrtsstaat ist zwar keine zwangsläufige Reaktion auf die Entstehung des industriellen Kapitalismus, aber unter den in Europa vorherrschenden kulturellen Traditionen die überzeugendste Lösung für die Bekämpfung der mit dem ungehinderten Kapitalismus verbundenen Ausschlusstendenzen der Leistungsbeschränkten und Arbeitsunfähigen. Die Verbindung von Rechtsstaatlichkeit, Demokratie und Sozialstaatlichkeit prägt das politische Selbstverständnis Europas und ist weitgehend konsistent mit seinen kulturellen antiken, christlichen und aufklärerischen Traditionen und den aus ihnen folgenden moralischen Intuitionen.

Dennoch ist auch in Deutschland die Sozialstaatlichkeit stärker umstritten als Demokratie und Rechtsstaatlichkeit. In aller Kürze seien einige starke Einwände vorgestellt. Erstens heißt es, der Sozialstaat greife bevormundend in die Gesellschaft als Raum bürgerlicher Freiheiten ein. Dieses Argument entspricht der amerikanischen Sicht, die Aufgaben der Regierung möglichst stark zu beschränken. [...]

Zweitens wird eingewandt, der Sozialstaat würde überborden, so dass seine Kosten die Konkurrenzfähigkeit einer Volkswirtschaft beeinträchtigen. [...]

Das dritte Argument: Sozialpolitische Maßnahmen setzen verkehrte Anreize, etwa hinsichtlich der Arbeitsbereitschaft. [...]

Viertens heißt es, gesellschaftliche Entwicklungen wie das demografische Altern, Nebenfolgen technologischer Fortschritte oder die Globalisierung überforderten die öffentlichen Finanzen und die Regierungsfähigkeit. Bisherige Leistungsniveaus seien dann nicht aufrechtzuerhalten, was zu politischen Krisen führen und im Grenzfall in gesellschaftlicher Desorganisation enden könnte. [...]

Alles in allem gibt es immer wieder plausible Einwendungen gegen wohlfahrtsstaatliche Entscheidungen in einzelnen Ländern. Gleichwohl haben sich alle totalisierenden Krisendiagnosen – Finanzkrise, institutionelle Krise, Legitimationskrise, Motivationskrise – als bemerkenswert kurzlebig erwiesen. Einwendungen gegen die soziale Grundverantwortung des Staates werden zum mindesten in Europa kaum

Franz-Xaver Kaufmann (*1932), lehrte als Professor an der Universität Bielefeld Sozialpolitik und Soziologie.

mehr erhoben. Dennoch gilt: „Die Sozialpolitik hat ein Doppelgesicht – sie ist ein Problemlöser und ein Problemerzeuger, ein Nutzenstifter und ein Kostenverursacher, ein Lastenträger und eine Bürde" (Manfred G. Schmidt). Die Belasteten suchen sich oft zu wehren, ohne zu sehen, dass auch sie an den Nutzen partizipieren. Deshalb schließlich die Frage: Wozu ist der Sozialstaat gut? Diese Frage richtet sich nicht auf die individuelle Nützlichkeit einzelner sozialpolitischer Maßnahmen, sondern auf den kollektiven Nutzen des Sozialstaats.

Eine zentrale Leistung des Sozialstaats bezieht sich auf Institutionalisierung und damit auf die Dämpfung des Klassenkonflikts zwischen Kapital und Arbeit. In Deutschland dienen dem heute vor allem das Tarifvertrags- und das Mitbestimmungswesen sowie die Arbeitsgerichtsbarkeit. Dadurch werden die Interessengegensätze und Konflikte nicht aus der Welt geschafft, aber in wirtschaftlich und sozial verträgliche Form gebracht.

Ein zweiter Leistungsbereich lässt sich mit dem Stichwort Inklusion oder Teilhabe bezeichnen. [...] Es ist das Verdienst staatlicher Sozialpolitik, für die Arbeitsunfähigen Existenzmöglichkeiten außerhalb des Marktes zu schaffen, was meist als „soziale Sicherung" bezeichnet wird. Was die Arbeitslosen angeht, so kam staatliche Hilfe erst spät in Gang. Pioniere waren oft die Gewerkschaften mit ihren eigenen Hilfskassen. Nicht zu vergessen ist in diesem Zusammenhang das Bildungswesen, das insbesondere Kinder und Jugendliche vor allzu früher Ausnutzung bewahrt und ihnen vielfach den schwierigen Übergang in den Arbeitsmarkt erleichtert. Die hohe politische Stabilität der westeuropäischen Demokratien ist auch durch den Umstand bedingt, dass soziale Exklusion zwar nicht beseitigt wurde, aber doch marginales Phänomen geblieben ist. Wo sich Exklusion verfestigt, wie beispielsweise in den Vorstädten von Paris, ist mit sozialen Unruhen und politischem Extremismus zu rechnen.

Drittens haben viele sozialpolitische Maßnahmen und ihr fortgesetzter Ausbau wesentlich zum Gelingen von Modernisierungsprozessen in Europa beigetragen. Das gilt beispielsweise für die Ermöglichung funktionierender Arbeitsmärkte oder die zunehmende Gleichheit der Geschlechter. [...]

Heute, in Zeiten mangelnden Nachwuchses, wird immer mehr Unternehmen bewusst, dass die Reproduktion des Humankapitals oder Humanvermögens nicht durch die Marktwirtschaft, sondern durch die Familien und das Bildungswesen geschieht. Schätzungen besagen, dass die Summe der kapitalisierten Humanvermögen der deutschen Volkswirtschaft die Summe des investierten Sachkapitals deutlich übersteigt, also mehr als die Hälfte der volkswirtschaftlichen Investitionen ausmacht.

In Deutschland hat sich ein Verständnis des Sozialstaats durchgesetzt, „der den Schwächeren hilft, der die Teilhabe an den wirtschaftlichen Gütern nach den Grundsätzen der Gerechtigkeit und mit dem Ziele der Gewährleistung eines menschenwürdigen Daseins für jedermann zu bewirken sucht" (H. F. Zacher). Der Sozialstaat hat also den Grundsätzen der Gerechtigkeit zu dienen, über die im Detail durchaus heftig gestritten wird.

Soziale Gerechtigkeit birgt selbst zum mindesten zwei Spannungsfelder: zum einen die Spannung zwischen Leistungs- und Bedarfsgerechtigkeit, zum anderen die Spannung zwischen Besitzstands- und Chancengerechtigkeit. Je nachdem, worauf man das stärkste Gewicht legt, kommt man zu unterschiedlichen politischen Prioritäten.

Ein weiterer Gerechtigkeitsdiskurs bezieht sich auf das Verhältnis von sozialer Gleichheit und Ungleichheit: Der Sozialstaat soll zu einer Angleichung der Lebenslagen in der Bevölkerung, also zu mehr Gleichheit führen. Entgegen allen Unkenrufen gelingt dies in vielen Sozialstaaten dank einer Verbindung von Steuer-, Sozial- und Bildungspolitik aus langfristiger Perspektive in erheblichem Maß, vor allem im unteren Bereich der sozialen Pyramide. Wie auch immer man einzelne Maßnahmen beurteilen mag: Dass der Sozialstaat dazu beiträgt, das Bewusstsein in der Bevölkerung zu verbreiten, unter einigermaßen gerechten Verhältnissen zu leben, ist schwer zu bestreiten. Auch in dieser Hinsicht wirkt somit der Sozialstaat als Stabilisator der politischen und gesellschaftlichen Verhältnisse. Er trägt wesentlich zur Akzeptanz der herrschenden politischen Ordnungen bei. Alles in allem lässt sich die sozialstaatliche Entwicklung als konstitutiver Bestandteil des europäischen Modernisierungspfades begreifen. Auf sie sollten wir im Horizont unserer kulturellen Traditionen stolz sein dürfen.

Franz-Xaver Kaufmann, Frankfurter Allgemeine Zeitung, 24.2.2014, S. 7

Aufgaben

1. Beurteilen Sie die Umverteilung von höheren zu niedrigeren Einkommen (M 14).
2. „Der Sozialstaat als bester Weg zur Lösung von Gerechtigkeitsfragen." Entwerfen Sie zu dieser Position Kaufmanns (M 15) ein Lernplakat.

3.3 Die Soziale Marktwirtschaft

Die Soziale Marktwirtschaft ist die Wirtschaftsordnung der Bundesrepublik Deutschland. Sie ergänzt die Marktprozesse durch eine vom Staat durchgesetzte und kontrollierte Wettbewerbsordnung und eine staatliche Sozialordnung. Auf diesem Wege sollen die unerwünschten Ergebnisse der Freiheit auf dem Markt korrigiert und mit sozialem Ausgleich verbunden werden.

Das Konzept der Sozialen Marktwirtschaft wurde von Wissenschaftlern der „Freiburger Schule" (z. B. Walter Eucken, Franz Böhm, Alfred Müller-Armack, Wilhelm Röpcke, Alexander Rüstow) entwickelt und in den frühen Nachkriegsjahren, z. T. gegen den Widerstand der Besatzungsmächte, von Ludwig Erhard, später erster Wirtschaftsminister der Bundesrepublik Deutschland, politisch durchgesetzt. Sein programmatisches Buch „Wohlstand für alle" erschien 1957.

Die Soziale Marktwirtschaft
M 1, M 2, M 5

Im System der Sozialen Marktwirtschaft setzt der Staat die Rahmenbedingungen für wirtschaftliches Handeln:
- Er garantiert einen Rechtsrahmen, der die Freiheitsrechte für alle Akteure sichert (Vertragsfreiheit, Konsumfreiheit, Freiheit der Berufswahl, Gewerbefreiheit, Privateigentum an Produktionsmitteln).
- Er sorgt für die Sicherung des Wettbewerbs, dem zentralen Steuerungsinstrument für das gesamt Wirtschaftsgeschehen. Er erreicht dies unter anderem dadurch, dass wettbewerbswidrige Kartelle (Zusammenschlüsse von Unternehmen) und der Machtmissbrauch durch die marktbeherrschende Stellung einzelner Unternehmen (Monopole) verhindert werden.
- Er etabliert ein System der sozialen Sicherung, welches durch die Ausgestaltung des Steuersystems, durch eine Sozialversicherungspflicht für jeden Einzelnen und staatliche Transferzahlungen für sozialen Ausgleich sorgen soll. Inwieweit allerdings dieses System der sozialen Sicherung einschlägigen Gerechtigkeitskriterien entspricht, ist politisch umstritten, zumal es sehr unterschiedliche Vorstellungen von sozialer Gerechtigkeit gibt. Die bekannteren Prinzipien sind das Gleichheits-, das Leistungs-, das Anrechts- und das Bedarfsprinzip.

Und schließlich finden in der konkreten Ausgestaltung des Sozialstaats ja noch weitere Kriterien Berücksichtigung, wie z. B. Fragen der Effizienz. So würde eine zu starke Besteuerung der Leistungsträger der Gesellschaft den wirtschaftlichen Output der Volkswirtschaft maßgeblich negativ beeinflussen.

Rahmenbedingungen
M 5, M 8

Zwar schreibt das Grundgesetz keine konkrete Wirtschaftsordnung für die Bundesrepublik Deutschland vor, doch gibt es die Rahmenbedingungen an, innerhalb derer die Ausgestaltung der Wirtschaftsordnung erfolgen kann. Dieser Ordnungsrahmen wird durch die im Grundgesetz garantierten Freiheitsrechte, durch die Gleichheitsrechte und das Sozialstaatspostulat (Art. 20,1 und Art. 28,1) gesetzt. Man kann deshalb davon ausgehen, dass das Modell der Sozialen Marktwirtschaft der Verfassungsidee am ehesten entspricht.

Grundgesetz und Wirtschaftsordnung
M 10, M 11

ORIENTIERUNGSWISSEN

Herausforderungen
M 13, M 14

Auch der Sozialen Marktwirtschaft stellen sich viele Herausforderungen. So erhält sich zum Beispiel der Wettbewerb nicht von selbst: Jeder Unternehmer hätte gern einmal eine Pause vom Wettbewerb. Ein unmittelbares, eigenständiges Interesse an fairen Wettbewerbsbedingungen hat als Unternehmer eigentlich nur, wer sich selbst in einer unterlegenen Position befindet. Wenn aber der Wettbewerb fehlt, geht das auf Kosten der Kunden. Eine besondere Herausforderung ist auch das schwierige Austarieren der Gewichte zwischen dem „Sozialen" und dem „Markt", wie dies z. B. auf dem Gebiet der staatlichen Fürsorge sichtbar wird.

Zentrale Herausforderungen, denen sich die Soziale Marktwirtschaft heute konfrontiert sieht, sind
- der weltweite Globalisierungsprozess,
- der Prozess der europäischen Integration,
- der demografische Wandel und entsprechende Ungleichgewichte in den sozialen Sicherungssystemen (Renten-, Gesundheitssystem), und
- der Klimawandel bzw. die seit einigen Jahren darauf reagierende Politik der Energiewende.

Die Soziale Marktwirtschaft als Sozialstaat
M 11, M 15

Die Soziale Marktwirtschaft ist als Sozialstaat in ein politisches System eingebettet, das sich verpflichtet hat, die Teilhabe an seinen sozialen Einrichtungen grundsätzlich allen Bevölkerungsgruppen zu gewährleisten. Der deutsche Sozialstaat ist damit seiner Idee nach ein normatives Projekt, genauso wie der Rechtsstaat zur Sicherung von Freiheiten und die Demokratie zur Sicherung der politischen Beteiligung.

Was individuelle Wohlfahrt als politische Kernaufgabe ausmacht, ist im Sozialstaat: Einkommenssicherheit bei Erwerbsunfähigkeit und Arbeitslosigkeit sowie Kranken- und Unfallversorgung.

Soweit es dem Sozialstaat um die Umverteilung von oben nach unten geht, also von höheren zu niedrigeren Einkommen, funktioniert er erstaunlich gut: wer viel hat, der muss viel geben; wer wenig hat, bekommt viel dazu.

Dass der Sozialstaat dazu beiträgt, das Bewusstsein in der Bevölkerung zu verbreiten, unter einigermaßen gerechten Verhältnissen zu leben, ist schwer zu bestreiten. Auch in dieser Hinsicht wirkt somit der Sozialstaat als Stabilisator der politischen und gesellschaftlichen Verhältnisse. Er trägt wesentlich zur Akzeptanz der herrschenden politischen Ordnung bei.

Kontrovers diskutiert: Markt versus staatliche Ordnung?

Hier in Freiburg haben unabhängige Geister, und das in Zeiten totalitärer Herrschaft, eine Ordnung der Freiheit entworfen, eine Ordnung, die nach dem Zweiten Weltkrieg im Zeichen großer Skepsis gegenüber liberalen Wirtschaftssystemen dazu beigetragen hat, Deutsche mit Marktwirtschaft und mit Wettbewerb zu befreunden. Hier wurde ein Kapitel der Freiheitsgeschichte der Bundesrepublik Deutschland geschrieben. Und die Freiheit wurde als wichtiges Thema in die Gesellschaft eingebracht, indem man über die Freiheit der Wirtschaft redete. Denn Freiheit in der Gesellschaft und Freiheit in der Wirtschaft gehören zusammen. Wer eine freiheitliche Gesellschaft möchte, möge sich einsetzen für Markt und für Wettbewerb und gegen zu viel Macht in den Händen Weniger. Er muss aber auch wissen, eine freiheitliche Gesellschaft beruht auf Voraussetzungen, die Markt und Wettbewerb alleine nicht herstellen können. Gedanken und Begriffe Walter Euckens können uns bei dieser doppelten Aufgabe auch helfen. Er suchte nach einer Wirtschafts- und Sozialordnung, die – in seinen Worten – wirtschaftliche Leistung und menschenwürdige Daseins-Bedingungen gleichermaßen gewährleistet; nach einer Ordnung, die auf die Freiheit des Menschen ausgerichtet ist. Und er fand vieles, was diese Freiheit heute wie damals bedroht. Da schrieb er – ich zitiere wieder –, dass die Gewährung von Freiheit eine Gefahr für die Freiheit werden kann, wenn sie die Bildung privater Macht ermöglicht, dass zwar außerordentliche Energien durch sie geweckt werden, aber dass diese Energien auch freiheitszerstörend wirken können. Klingen diese Worte nicht sehr vertraut? Wenige Jahre, nachdem Banken und politische Versäumnisse die Wirtschaft vieler Staaten und damit auch Millionen Menschen in eine tiefe Krise stürzten – und dann, weil too big to fail, mit Milliarden der Steuerzahler gestützt und gerettet werden mussten. An anderer Stelle lese ich bei Eucken über die Gefahren, die dem Einzelnen in der modernen arbeitsteiligen Welt drohen. Nicht allein wirtschaftliche Not, sondern auch die Beeinträchtigung oder sogar der Verlust seiner Freiheit, sei es durch private Macht oder im schlimmsten Fall durch den totalen Staat. Wie könnte ich bei diesen Worten nicht erinnert werden, mich selbst erinnern an die von mir erlebten Jahrzehnte in Zentralverwaltungswirtschaft, wie Eucken das nannte, an verstaatlichte Produktionsmittel und zentrale Lenkung aller Wirtschaftsprozesse, an absurde Pläne einer Mangelwirtschaft und vor allem an willkürliche Zuteilung von Lebenschancen und damit an eine Politik, die Menschen ihre Potenziale eben nicht hat entfalten lassen und die ihre Eigenverantwortung hat verkümmern lassen. An eine Wirtschaft und an einen Staat, die gleichermaßen gescheitert sind. Walter Eucken hatte, als er das formulierte, natürlich noch nicht die DDR vor Augen, sondern die sowjetische Planwirtschaft [...]. Und dann denkt da ein Freiburger Ökonom gemeinsam mit seinen Mitstreitern über die Entmachtung all dieser Mächtigen nach, entwirft eine Ordnung, in der der Staat so viel wie irgend möglich dem freien Spiel des Wettbewerbs überlässt, aber keinesfalls das Setzen der Regeln selbst. Eine Ordnung, die den Einzelnen weder einer staatlichen Bevormundung unterwirft noch einem Markt, auf dem die Starken so groß werden können, dass sie selbst die Regeln bestimmen, eine Ordnung, die – so Euckens Worte – auf das Anliegen der sozialen Gerechtigkeit zielte und zur Erfüllung dieses Anliegens auf den höchsten möglichen wirtschaftspolitischen Wirkungsgrad. [...] Letztlich wirkte die geniale Kompromissformel der Sozialen Marktwirtschaft. [...] Die Deutschen konnten sich, zumindest im Westen, mit Markt und Wettbewerb befreunden. Die Freiburger

Walter Eucken (1891 – 1950), bekanntester Mitbegründer der Freiburger Schule

An der Freiburger Universität feierte 2014 das Walter-Eucken-Institut 60-jähriges Jubiläum. Das Institut ist ein Zentrum für wirtschaftspolitische Grundlagenforschung, Eucken gilt als Begründer der ordoliberalen Schule, die vor einem Zuviel an Staat warnt, vor Staatsdirigismus, andererseits warnt sie aber auch vor einem Laissez-faire-Liberalismus, vor einem entfesselten Markt. Anlässlich des Jubiläums nahm der Festredner, Bundespräsident Joachim Gauck, diese Motive auf, um seinerseits ein Plädoyer zu halten für eine freie, aber nicht entfesselte Marktwirtschaft. Sie lesen den Mitschnitt eines öffentlich gehaltenen Vortrags.

Joachim Gauck (*24. Januar 1940 in Rostock), seit dem 23. März 2012 elfter Bundespräsident der Bundesrepublik Deutschland

Schule hatte einen großen Anteil daran. Dies könnte nun das Happy End sein. Soziale Marktwirtschaft hat sich durchgesetzt, und gut.

Nun geht die Rede aber noch weiter. Und es ist ja auch so: Wir wollen nicht sagen, dass es gut sei. Deutsche Unternehmen verkaufen weltweit erfolgreich ihre Produkte. Wir genießen Dank dieses wirtschaftlichen Erfolges nicht nur einen materiellen Wohlstand, sondern auch einen sozialen Standard, den es so nur in wenigen Ländern der Welt gibt. Und doch halten viele Deutsche die marktwirtschaftliche Ordnung zwar für effizient, aber nicht für gerecht. Mit Marktwirtschaft assoziieren sie laut einer aktuellen Umfrage gute Güterversorgung und Wohlstand, aber auch Gier und Rücksichtslosigkeit. Das ist nun freilich nichts Neues, ähnliche Forschungen in der Seele der Deutschen fördern seit Jahrzehnten relativ konstante Sympathien für staatliche Eingriffe in die Wirtschaft zutage. Schon Bundespräsident Heuss sprach vom gefühlsbetonten Antikapitalismus der Deutschen, den er zu Recht für einen unreflektierten Antiliberalismus hielt. Für mich folgt daraus: Es wird nicht alles schlimmer. Salopp gesagt: Man muss nicht verzweifeln, wenn man wie ich die Soziale Marktwirtschaft für eine Errungenschaft hält. Aber natürlich gibt es auch Grund zu fragen, woran so viele konstant zweifeln, nicht um den Zweifelnden zu folgen, sondern um ihnen zu begegnen. [...] Viele zweifeln am Wettbewerb, der unser Dasein bestimmt. Er beginnt spätestens in der Schule und begleitet uns nicht nur im Berufsleben oder im Unternehmen, sondern auch im Sport, in der Kunst, in der Kultur. Die Demokratie selbst ist ohne Wettbewerb ja gar nicht denkbar. Als Land stehen wir wiederum nicht nur mit unserer Wirtschaft, sondern auch mit unserem Gesellschaftsmodell im Wettbewerb mit anderen Nationen. Im Grunde aber finden allzu viele den Wettbewerb eher unbequem. Es ist anstrengend, sich permanent mit anderen messen zu müssen. Und wenn wir uns immer wieder neu behaupten müssen, dann können wir ja auch immer wieder scheitern. Das ist das Paradoxe an der freiheitlichen Ordnung. Ich kenne so viele, die sich einst fürchteten, eingesperrt zu werden, die Freiheit suchten und ersehnten. Aber jetzt fürchten sie sich vor ihr, fürchten sich auch, abgehängt zu werden. Das ist menschlich verständlich. Aber es lohnt zu erklären, was Wettbewerb vor allem ist, jedenfalls dann, wenn er fair ist, dann ist er eine öffnende Kraft. Er bricht althergebrachte Privilegien und zementierte Machtstrukturen auf und bietet dadurch Raum für mehr Teilhabe, mehr Mitwirkung. Er bietet, auch im Falle des Scheiterns, idealerweise eine zweite und weitere Chance. Und wenn er richtig gestaltet ist, dann ist er auch gerecht. [...]

Wir sollten übrigens nicht hoffen, ein für alle Mal den richtigen Rahmen setzen zu können. Es gibt doch keinen Idealzustand, der staatlich planbar oder herbei zu reformieren wäre. Auch lassen sich ja nicht alle Risiken aus einer Marktwirtschaft herausbringen. Wer das glaubt, der wird ja permanent enttäuscht. Und wer das behauptet, der wird permanent enttäuschen.

Bundespräsident Joachim Gauck, SWR2 Aula, 6.4.2014

Aufgaben

F zu Aufgabe 1
Gestalten Sie eine Gegenrede aus Gewerkschaftsperspektive.

1 Visualisieren Sie (z. B. in einer Mind-Map) die Kerngedanken der Gauckschen Rede.

2 „Viele Deutsche halten die marktwirtschaftliche Ordnung zwar für effizient, aber nicht für gerecht (Z. 106 ff.). Überprüfen Sie Gaucks Aussage anhand von M 4 von S. 102.

3 Wirtschaftsordnungen

SELBSTDIAGNOSE

Sie können...	Dazu benötigen Sie u. a. folgende Begriffe...	Das klappt schon...	Hier können Sie u. a. noch üben...
wirtschaftliches Handeln als eine Reaktion auf Anreize darstellen.	Anreize Libertärer Paternalismus	👍 👎	M 1 – M 3, S. 80 f. Orientierungswissen / S. 96
Wirtschaftsordnungen nach einschlägigen Kriterien analysieren.	Bausteine von Wirtschaftsordnungen Wirtschaftsordnungen im Vergleich	👍 👎	M 2, M 3, S. 82 f. Orientierungswissen / S. 96
begründen, warum Marktwirtschaften leistungsfähige Wirtschaftsordnungen darstellen.	Marktwirtschaften funktionierende gesellschaftliche Institutionen Preise als Steuerungsinstrumente/die „unsichtbare Hand"	👍 👎	M 6, M 7, S. 88 f. Orientierungswissen / S. 96
verschiedene Typen der Marktwirtschaft unterscheiden	Marktwirtschaften liberaler und koordinierter Kapitalismus	👍 👎	M 14, M 15, S. 94 f. Orientierungswissen / S. 96
begründen, warum Planwirtschaften das Ziel verfehlen, eine konkurrenzfähige Wirtschaftsordnung zu bilden.	Planwirtschaft Hauptprobleme: das Koordinations-, das Motivations- und das Innovationsproblem	👍 👎	M 11, M 13, S. 91 ff. Orientierungswissen / S. 96
die Soziale Marktwirtschaft der Bundesrepublik Deutschland historisch einordnen.	Soziale Marktwirtschaft Ludwig Erhard Historische Phasen (der SMW)	👍 👎	M 1 – M 3, S. 98 – 101 Orientierungswissen/ S. 117
das Leitbild der Sozialen Marktwirtschaft beschreiben.	Soziale Marktwirtschaft Markt und Staat Alfred Müller-Armack	👍 👎	M 4, M 5, S. 102 f. Orientierungswissen/ S. 117
Grundprinzipien der Sozialen Marktwirtschaft im Detail erläutern	Soziale Marktwirtschaft Wettbewerbsprinzip Monopol	👍 👎	M 7, M 8, S. 105 f. Orientierungswissen/ S. 117 f.
das Soziale der Sozialen Marktwirtschaft herausarbeiten und aktuelle Herausforderungen erörtern.	Soziale Marktwirtschaft Sozialstaat Grundgesetz Dimensionen sozialer Gerechtigkeit	👍 👎	M 10 – M 15, S. 108 – 116 Orientierungswissen/ S. 117 f.

Die Soziale Marktwirtschaft: Korrekturen am Marktgeschehen

4

In den Artikeln 20 und 20a sind im Grundgesetz das Staatsziel des Sozialstaats und das Gebot des Schutzes der natürlichen Lebensgrundlagen verankert. Damit verbunden sind die Ziele einer gerechten Verteilung und des Schutzes der Umwelt. Diese geben den Staatsorganen in der Bundesrepublik eine generelle Richtung ihrer Tätigkeit vor.

Freie Märkte führen zur Produktion jener Gütermenge, die zu einem Maximum der Gesamtwohlfahrt führt – sie sind effizient im Sinne des Pareto-Kriteriums. Insofern sind freie Märkte geeignet, den zu verteilenden Kuchen zu vergrößern. Sind sie auch geeignet den Kuchen gerecht zu verteilen? Gibt es ökonomische, gesellschaftliche und politische Bereiche, die durch Märkte im Rahmen der Sozialen Marktwirtschaft nur unzureichend geregelt werden können? Welchen Einfluss soll der Staat in unterschiedlichen Märkten haben?

Die Grenzen des Marktes begegnen uns in vielfältiger Form. Exemplarisch lässt sich dies z. B. durch die Untersuchung der Verteilung von durch den Markt erzeugten Einkommen und Vermögen zeigen. Hieraus ergibt sich die Frage nach Form und Maß staatlicher Umverteilung. Grenzen des Marktes werden auch in der Rolle des Verbrauchers auf Märkten und der unterschiedlichen Verteilung von Macht zwischen Konsumenten und Produzenten deutlich. Sehr deutlich werden die Grenzen des Marktes auch im Hinblick auf das Staatsziel des Schutzes der Umwelt und der natürlichen Lebensgrundlagen. Wie können Politik und Wirtschaft mit diesen Herausforderungen angemessen umgehen?

KOMPETENZEN

Am Ende dieses Kapitels sollten Sie Folgendes wissen und können:

Sie kennen Möglichkeiten der staatlich beeinflussten Umverteilung von Markteinkommen und können deren Ausmaß und Auswirkungen beurteilen.

Sie können die Stellung des Konsumenten im Markt beurteilen.

Sie kennen wesentliche Regelungen des Verbraucherschutzes und können diese anwenden.

Sie können Bedingungen des Marktversagens mit Hilfe der ökonomischen Theorie erklären.

Sie können Möglichkeiten und Grenzen staatlicher Umweltpolitik an ausgewählten Beispielen erörtern.

Was wissen und können Sie schon?

Erörtern Sie ausgehend von den Bildimpulsen, ob und inwiefern der Staat in den Markt eingreifen sollte.

4 Die Soziale Marktwirtschaft: Korrekturen am Marktgeschehen

4.1 Einkommensentstehung und -verteilung

4.1.1 Woher kommt das Einkommen der Haushalte?

M 1 • Einkommensquellen

Die Bürgerinnen und Bürger in Deutschland beziehen ihr Einkommen aus unterschiedlichen Quellen:

1. Einkommen aus unselbstständiger Arbeit: Angestellte erhalten ihr Gehalt, Arbeiter ihren Lohn, Seeleute ihre Heuer, Politiker ihre Diäten und Künstler ihre Gage. Auch die Ausbildungsvergütung zählt hierzu, ebenso wie der Sold der Soldaten. Hinzu kommen alle Entgelte aus dem Verkauf von Dienstleistungen an andere private Haushalte (z. B. Reinigungs- und Aufsichtsdienste).

2. Einkommen aus selbstständiger Arbeit: Die Einkünfte aus der Unternehmertätigkeit können zum einen die Gewinne eines Unternehmens sein, die dem Unternehmerhaushalt zufallen, zum anderen kann es sich um die Erlöse aus freiberuflicher Tätigkeit handeln. Hinzu kommen alle Einkünfte aus Vermietungen, da sie als unternehmerische Tätigkeit zählen.

3. Einkommen aus Vermögen: Das Vermögenseinkommen umfasst alle Einkünfte aus Zinsen, Dividenden, Beteiligungen und Guthaben aus Banken, aus Mieteinnahmen aus Hausbesitz sowie Pachteinnahmen aus Grundstücksbesitz.

4. Transfereinkommen: Hierunter fallen alle Leistungen, die der Staat den privaten Haushalten ohne konkrete Gegenleistung (z. B. Kindergeld, Sozialhilfe) bzw. aufgrund vorher getätigter Beitragszahlungen (z. B. Rentenzahlungen) zukommen lässt. Viele Haushalte beziehen dabei ihr Einkommen parallel aus unterschiedlichen Quellen.

Institut für Ökonomische Bildung, www.ioeb.de, Einkommensarten (16.3.2016)

M 2 • Die Einkommensquellen privater Haushalte und ihre Verwendung

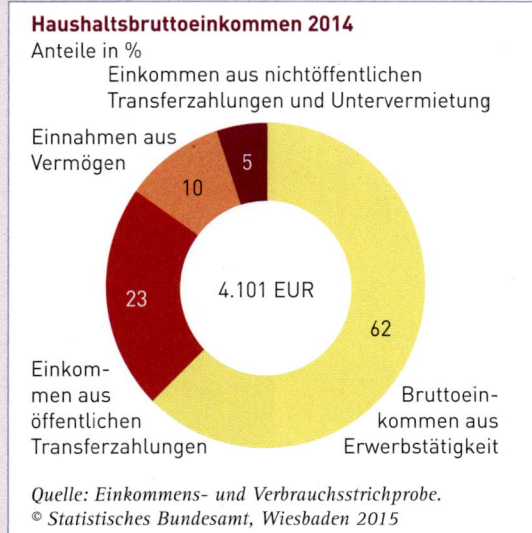
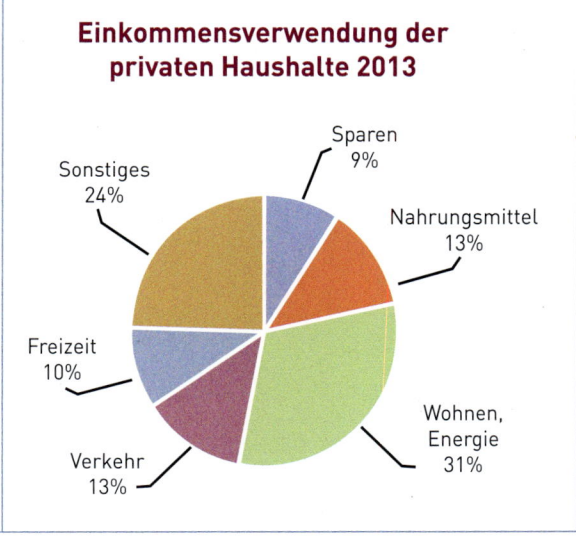

© Statista 2016

M 3 • Analyse der Einkommensverteilung

Die Verteilung der Einkommen kann nach zwei Prinzipien untersucht werden. Entweder man betrachtet die Verteilung der Einkommen auf die Produktionsfaktoren (Kapital und Arbeit) und spricht dann von der funktionellen Einkommensverteilung oder man betrachtet die Verteilung der Einkommen auf Personen oder Personengruppen (z. B. Haushalte oder Berufsgruppen) und spricht dann von der personellen Einkommensverteilung.

Damit unterscheidet die funktionelle Einkommensverteilung hinsichtlich der Quelle des Einkommens, während die personelle Einkommensverteilung nach den Einkommensempfängern unterscheidet. Im Rahmen der Verteilungspolitik beschäftigt man sich primär mit der personellen Einkommensverteilung. Diese wird in die Verteilung des Primär- und des Sekundäreinkommens unterschieden.

Die Primärverteilung ist die Verteilung, die sich aus dem Marktprozess ergibt. Deshalb wird sie auch Markteinkommen genannt. Die Primärverteilung wird jedoch durch Aktivitäten des Staates und der Sozialversicherungsträger verändert. Durch Erhebung von Steuern oder Sozialversicherungsbeiträgen werden Einkommen gemindert oder durch Renten, Kindergeld oder Sozialhilfe erhöht. Bei dieser sich nach der staatlichen Umverteilung ergebenden Einkommensverteilung spricht man von der sekundären Einkommensverteilung.

Nach: Roland Eisen, Wirtschaftspolitik/Verteilungspolitik, www.wiwi.uni-frankfurt.de, WS 2005/06

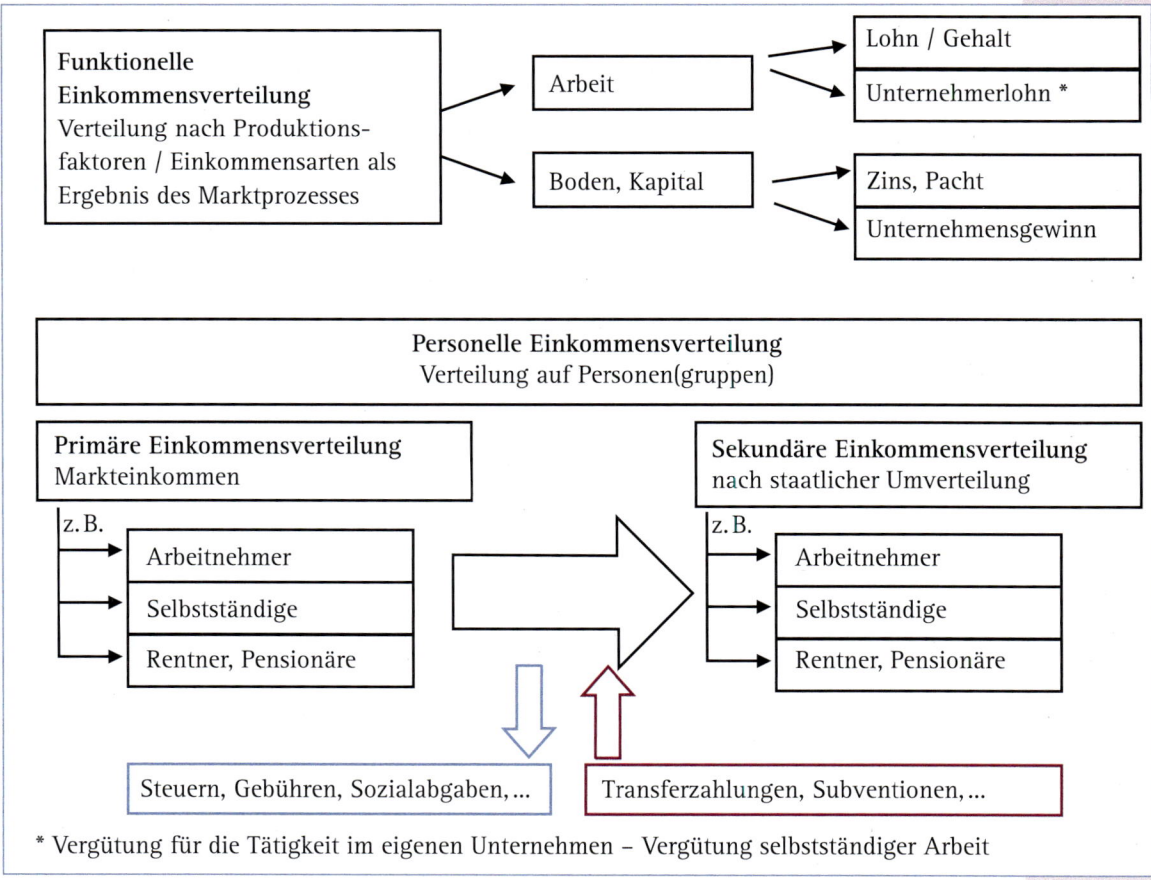

Autorengrafik

Umgang mit statistischem Material – Aspekte der Einkommens- und Vermögensverteilung in Deutschland

Eine Statistik ist die systematische Sammlung und Ordnung von Informationen in Form von Zahlen. Diese Zahlen werden entweder in Tabellen oder optisch aufbereitet als Diagramme und Schaubilder ausgewertet und dargestellt. Es gibt verschiedene Arten von Diagrammen, die für unterschiedliche Zwecke geeignet sind:
- Das Kreisdiagramm eignet sich besonders gut, um Anteile an Gesamtmengen darzustellen.
- Das Balkendiagramm stellt Zahlenwerte in ihrer Reihenfolge dar.
- Das Säulendiagramm ist dem Balkendiagramm ähnlich, verdeutlicht aber besser Zeitreihen-Vergleiche.
- Das Kurvendiagramm kann Entwicklungslinien bzw. Trendkurven im zeitlichen Verlauf verdeutlichen.
- Das Punktediagramm bietet sich an, um Korrelationsvergleiche darzustellen. Ein Korrelationsvergleich gibt an, ob die Relation (Beziehung) zwischen zwei Variablen dem „normalen", d. h. erwarteten Muster folgt oder nicht. Hierzu wird ein erwarteter Verlauf in das Diagramm eingezeichnet, die tatsächlichen Messwerte als Punkte eingetragen und ihre Abweichung vom erwartetem Verlauf bewertet.

Die verwendeten Zahlen kann man als absolute (genaue, gerundete) Zahlen oder als Prozentzahlen angeben.

Einige Statistiken verwenden auch Indexwerte, d. h. Verhältniszahlen, die sich auf einen gleich 100 gesetzten Wert eines Ausgangsjahres beziehen und deren Veränderung im Verhältnis zu diesem Bezugspunkt betrachtet wird.

Analyse von Diagrammen

1. Einordnen und Beschreiben
- Wer hat in wessen Auftrag die Statistik erstellt?
- Wie wurden die Werte ermittelt? Ist die Erhebung repräsentativ?
- Welches Thema wird behandelt (Diagrammüber- oder -unterschrift)?
- Was wird in Beziehung zueinander gesetzt?
- Müssen Begriffe geklärt werden?
- Welche Kriterien des Vergleichs werden verwendet?
- Welche Hinweise erhalten Sie aus der Form der Darstellung (Kreis-, Säulendiagramm etc.)?
- Welche Zahlenarten werden verwendet (absolut/relativ, Prozent- oder Indexzahlen)?
- Wie genau sind die Zahlenwerte (gerundet, geschätzt, vorläufig, „k. A." = „keine Angabe", d. h. Zahlen sind nicht verfügbar)?
- Auf welchen Zeitraum bezieht sich die Statistik? Achten Sie hier nicht nur auf die dargestellten Zeiträume, sondern auch auf den Zeitpunkt der Diagrammerstellung!
- Wie sind die Achsen eingeteilt (Zeitsprünge, Maßeinheiten, Verzerrungen durch ungeeignete Gruppenbildung u. a.)?

2. Erklären
- Benennen Sie Minimal- und Maximalwerte.
- Beschreiben Sie Häufigkeitsverteilungen und zeitliche Entwicklungen (gleichmäßig, sprunghaft).
- Werden Verlaufsphasen deutlich (Zu- und Abnahme, Stagnation)?
- Prüfen Sie, ob sich die dargestellten Zahlen vergleichen lassen.
- Zeigen Sie Zusammenhänge auf.
- Leiten Sie Entwicklungstendenzen und Arbeitshypothesen ab.

3. Bewerten
- Ist die gewählte grafische Darstellung geeignet?
- Wurden bei relativen Zahlenangaben die Bezugswerte genannt?
- Ist eine Vergleichbarkeit mit anderen Materialien möglich?
- Entspricht das statistische Material dem unterstellten Aussagewert?

Methode: Umgang mit statistischem Material – Aspekte der Einkommens- und Vermögensverteilung in Deutschland

Diagramme zur Einkommens- und Vermögensverteilung

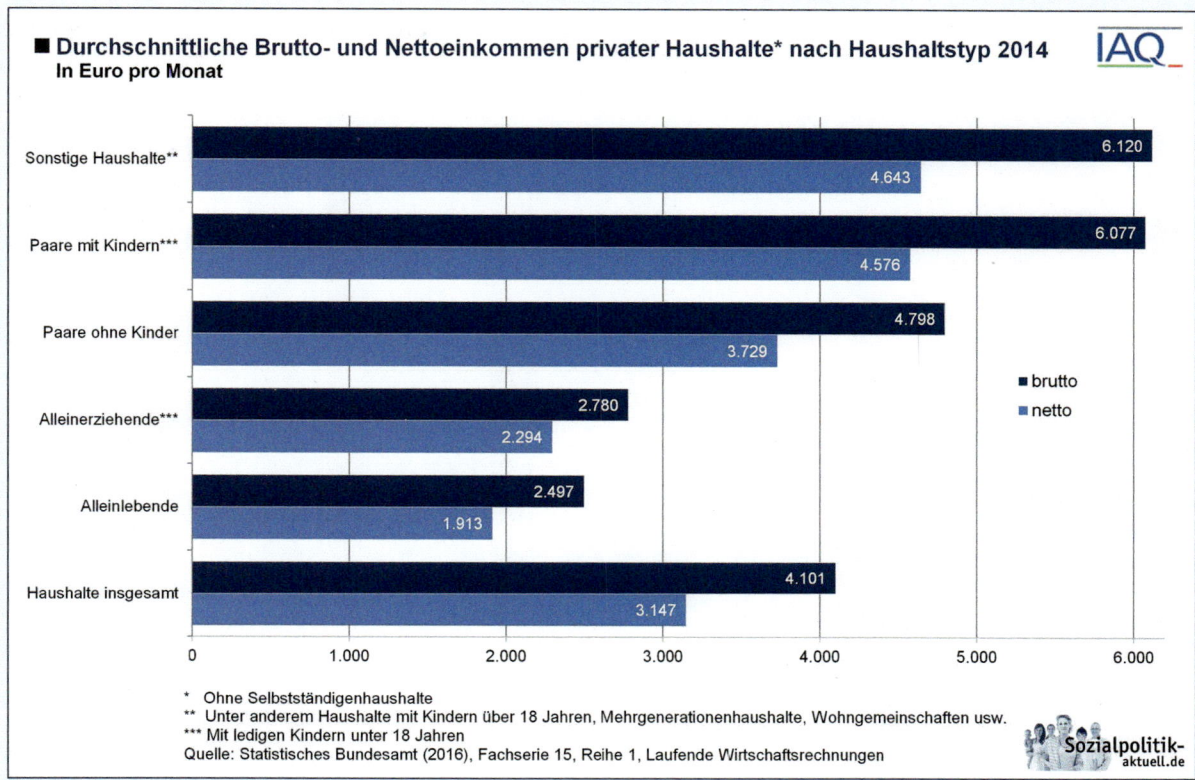

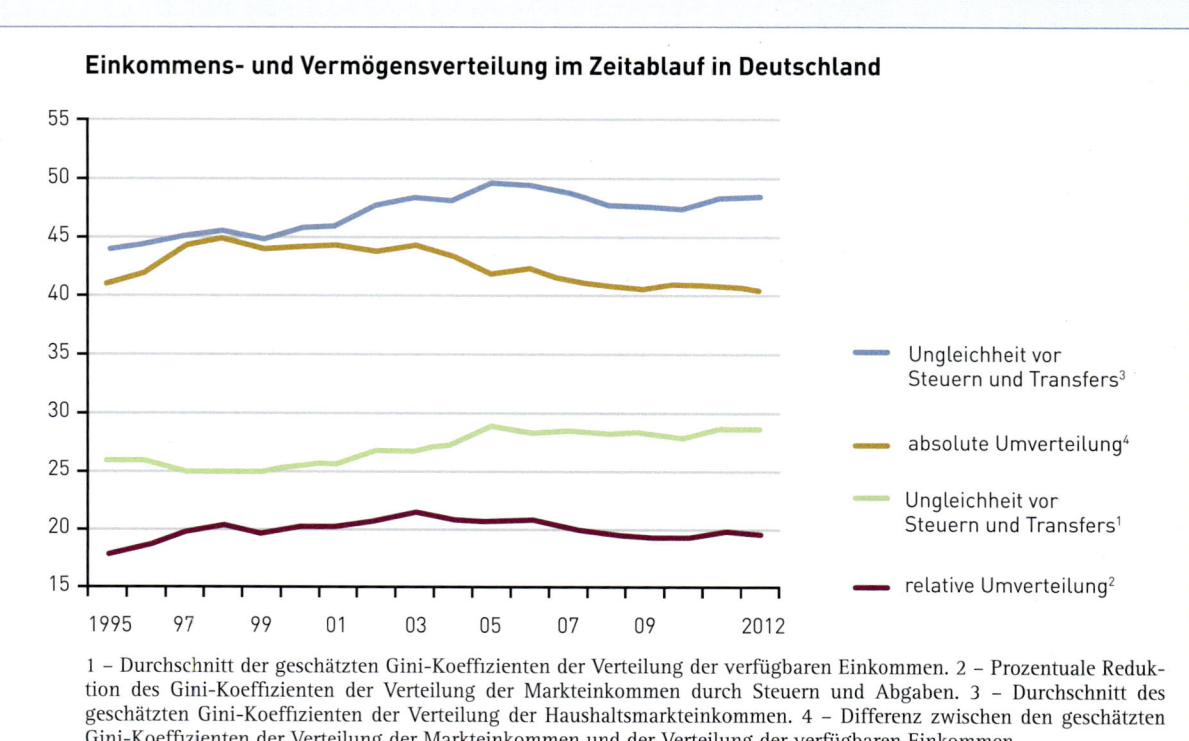

METHODE

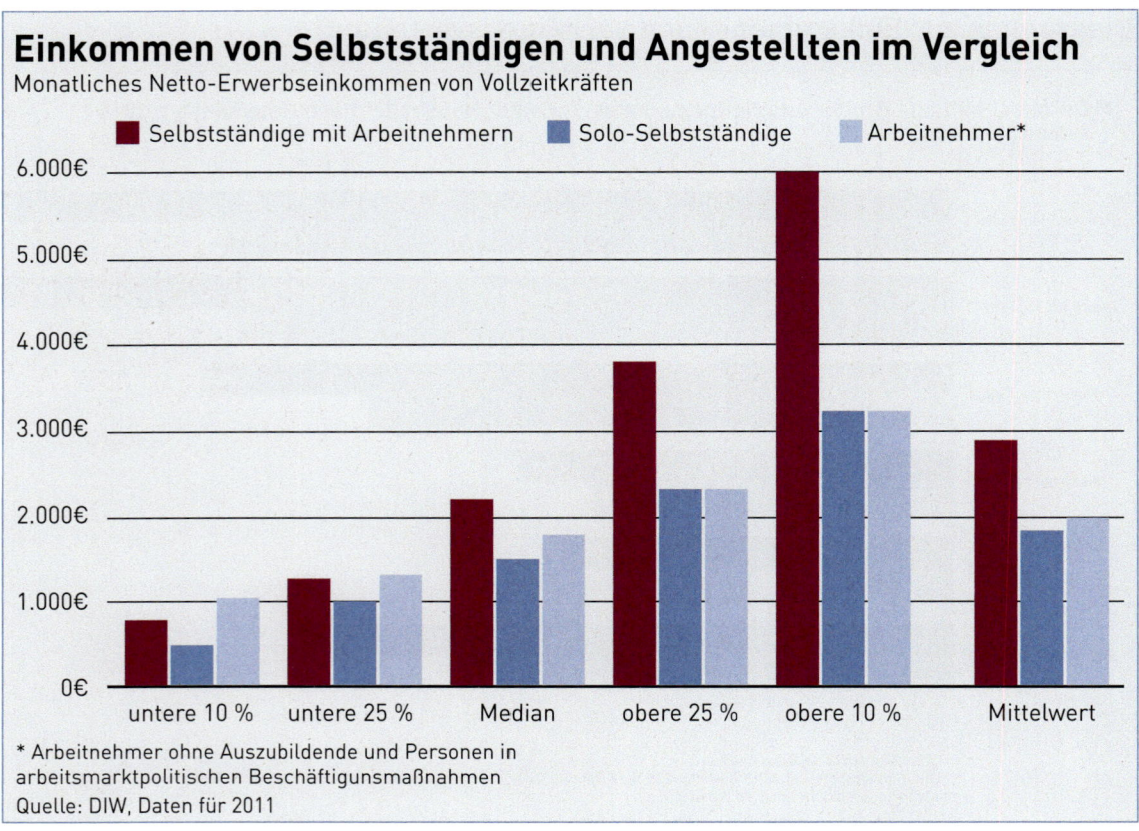

Einkommen von Selbstständigen und Angestellten im Vergleich
Monatliches Netto-Erwerbseinkommen von Vollzeitkräften

* Arbeitnehmer ohne Auszubildende und Personen in arbeitsmarktpolitischen Beschäftigunsmaßnahmen
Quelle: DIW, Daten für 2011

Median: Sortiert man die Werte eines Datensatzes der Größe nach, so ist der Median der Wert, der an der mittleren (zentralen) Stelle steht. Die Zahl 13 ist der Median der Datensatzes mit den Werten 7, 12, 52, 13, 36. Der Median teilt einen Datensatz so in zwei Hälften, dass die Werte in der einen Hälfte nicht größer als der Medianwert sind, und in der anderen nicht kleiner.

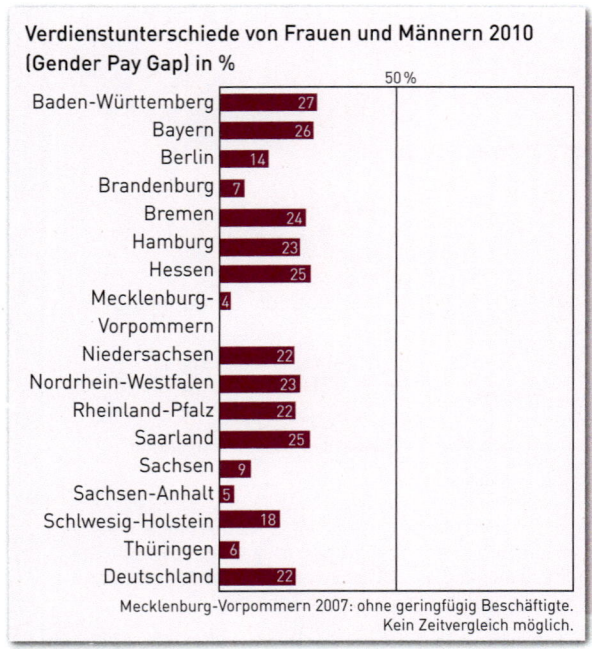

Verdienstunterschiede von Frauen und Männern 2010 (Gender Pay Gap) in %

Mecklenburg-Vorpommern 2007: ohne geringfügig Beschäftigte. Kein Zeitvergleich möglich.

Atlas zur Gleichstellung von Frauen und Männern, Mai 2013, S. 70

Der Indikator zeigt die Differenz zwischen dem durchschnittlichen Bruttostundenverdienst von Frauen und Männern (Gender Pay Gap). Ursachen hierfür können Insbesondere sein: unterschiedliches Berufswahlverhalten bei Frauen und Männern; niedrigere Verdienste in frauentypischen Berufen („Zuverdienstberufe"); unterschiedliche Formen der Beschäftigung (von der Vollzeitbeschäftigung über Teilzeitbeschäftigung bzw. Minijobs); Frauen unterbrechen und reduzieren ihre Erwerbstätigkeit häufiger und länger familienbedingt (diskontinuierliche Berufsverläufe); geringere Aufstiegschancen (sog. gläserne Decke); unterschiedliches Verhalten in Lohnverhandlungen; Unterschiede in der Verteilung von Frauen und Männern auf die Leistungsgruppen.

Im Jahr 2010 verdienten Männer im Durchschnitt 22 % mehr als Frauen. Im Ländervergleich reichte die Spanne der Verdienstunterschiede von 4 % bis zu 27 %. Setzt man vergleichbare Qualifikationen, Tätigkeiten und Erwerbsbiografien bei Frauen und Männern voraus, dann beträgt der Verdienstabstand 2006 rund 8 % (bereinigter Gender Pay Gap).

Methode: Umgang mit statistischem Material – Aspekte der Einkommens- und Vermögensverteilung in Deutschland

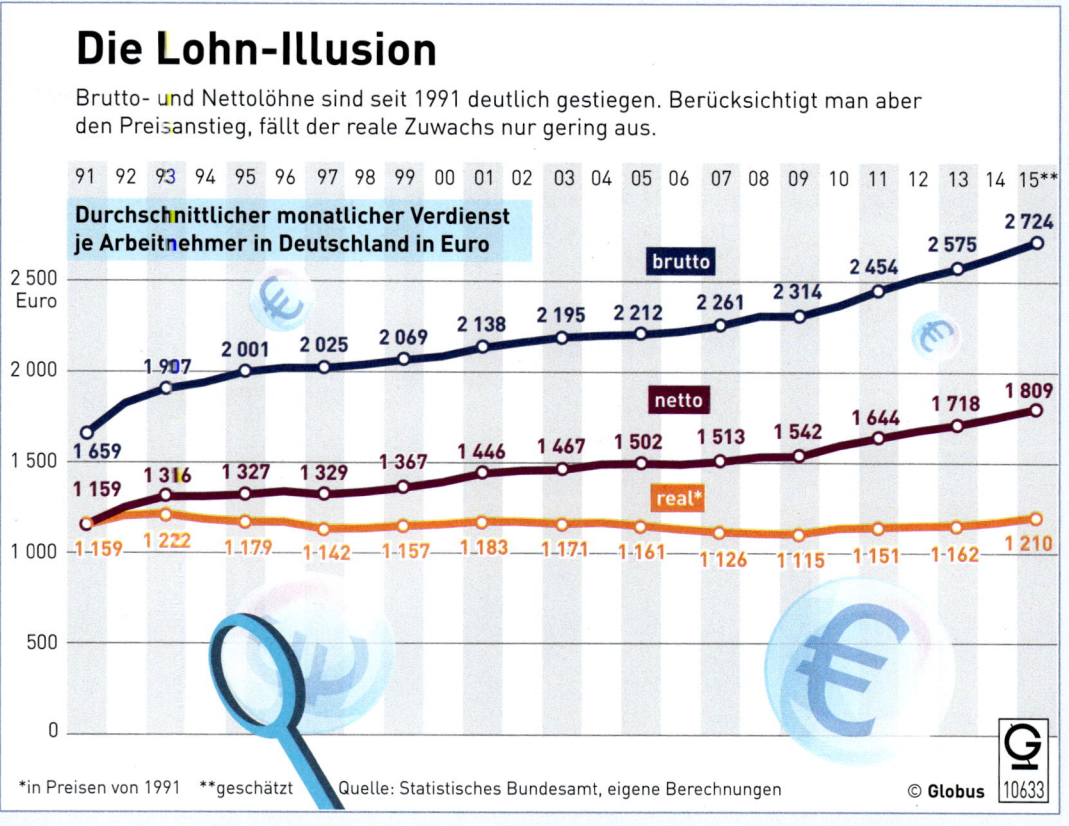

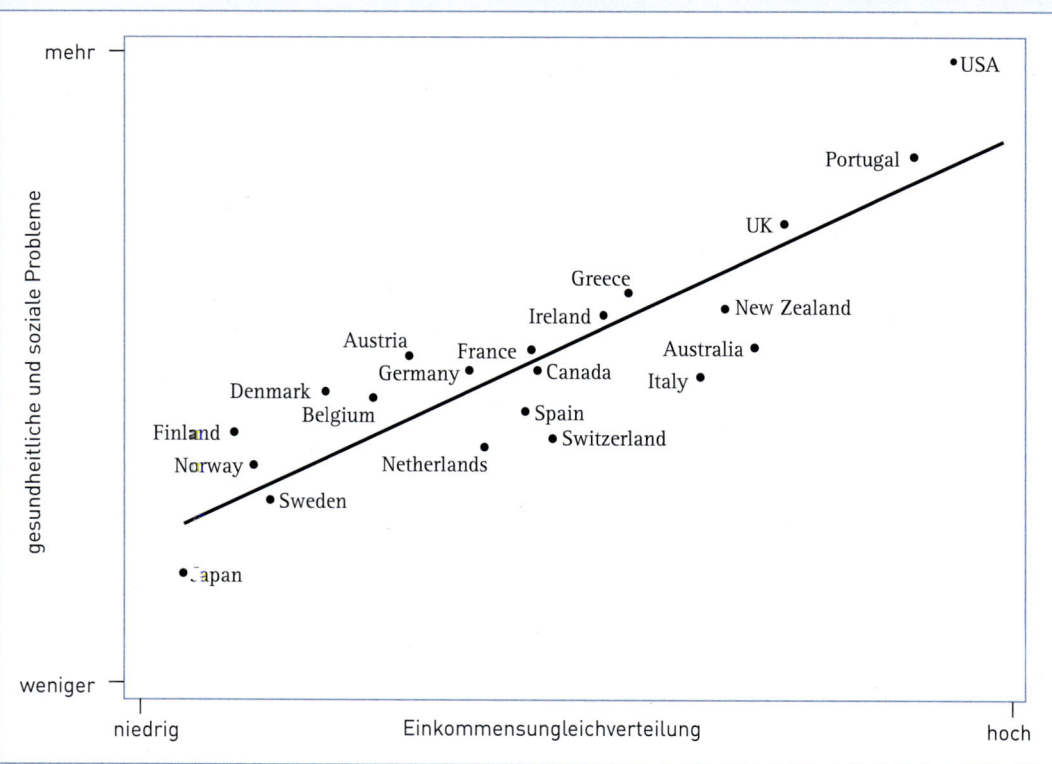

R. Wilkinson, K. Pickett, *Gleichheit ist Glück*, Berlin/Zürich 2009

Manipulation des Betrachters von Diagrammen

Beim ersten Betrachten eines Diagramms entsteht ein Eindruck von einem Sachverhalt – die „Botschaft" des Diagramms. Dieser Eindruck, bzw. die Botschaft, wird durch die Darstellung der Werte oder die Art des Diagramms stark beeinflusst.
Beispiele:

- Auswahl des dargestellten Zeitraums, bzw. der einzelnen Datenpunkte
- Skalierung der y-Achse
- Darstellung im Diagramm
- Wahl der Art des Diagramms

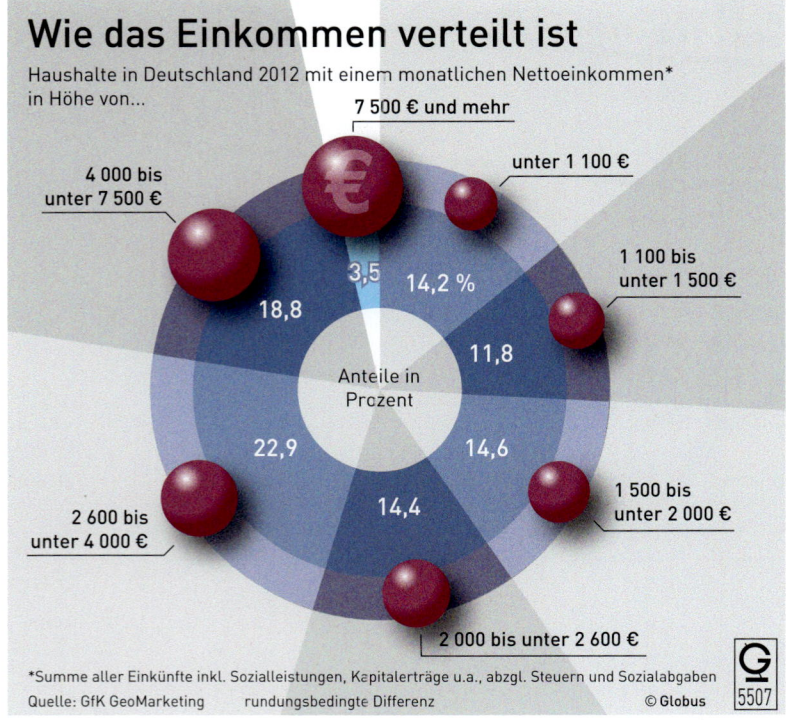

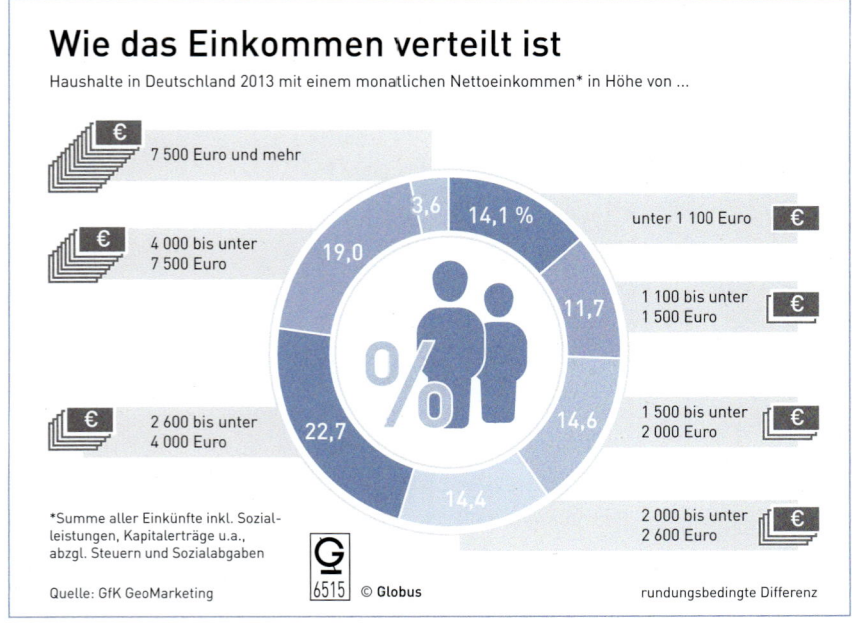

Methode: Umgang mit statistischem Material – Aspekte der Einkommens- und Vermögensverteilung in Deutschland

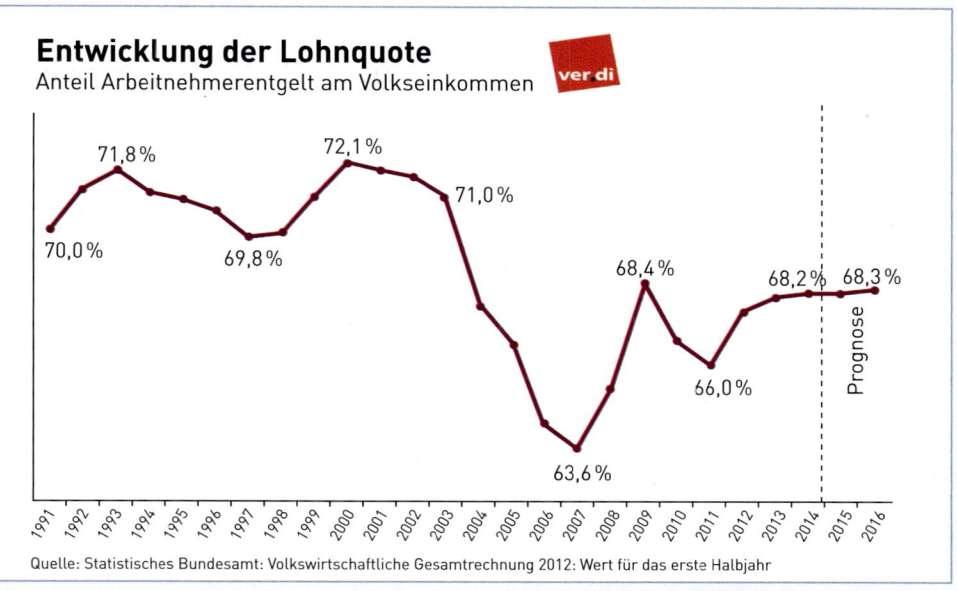

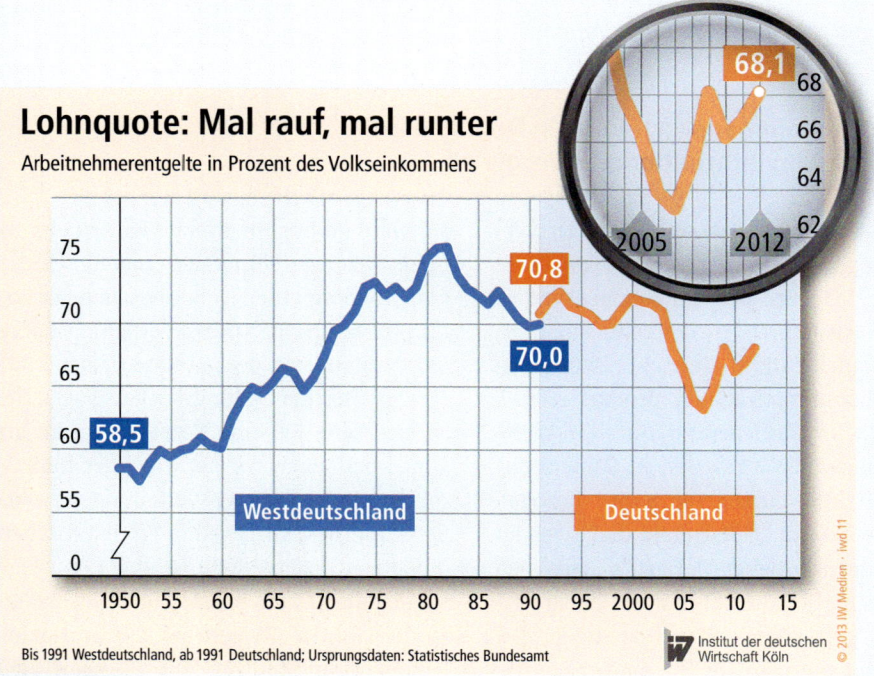

Aufgaben

1. Stellen Sie (allein oder in einer Arbeitsgruppe) ausgehend von den Grafiken Fakten zur Einkommens- und Vermögensverteilung sowie der Entwicklung der Löhne und der Lohnquote übersichtlich dar.
2. Vergleichen Sie die drei unterschiedlichen Darstellungen der Entwicklung der Lohnquote (ver.di, IW Köln) und formulieren Sie jeweils eine „Botschaft" der Grafik.
3. Vergleichen Sie den Eindruck, der in den Grafiken „Wie das Einkommen verteilt ist" durch die unterschiedliche Darstellung der Höhe der Einkommen – einmal mit Kugeln einmal mit Stapeln – entsteht. Welche der beiden Darstellungen halten Sie für weniger manipulativ? Begründen Sie Ihre Meinung gegenüber Ihren Mitschülern.

zu Aufgabe 1
Erstellen Sie eine Übersicht mit den jeweils in den Grafiken dargestellten Aspekten zur Einkommens- und Vermögensverteilung. Vergleichen Sie Ihre Übersicht mit der Ihrer Mitschüler. Analysieren Sie danach jede Grafik und formulieren Sie zu jedem der Aspekte aus der Übersicht eine Erkenntnis.

zu Aufgabe 2
Recherchieren sie die Aussage, die das IW Köln mit der Grafik stützt – Suchbegriff „lohnquote-eine-frage-der-perspektive"

4.1.2 Brauchen wir mehr Umverteilung der Einkommen?

M 4 ● Aufgabe des Staates: (Um-)Verteilungspolitik

[Verteilungspolitik ist] die staatliche Berichtigung von unerwünschten Entwicklungen, die durch das Marktgeschehen hervorgerufen werden und im Widerspruch vor allem zu sozialpolitischen Zielen stehen. Maßnahmen der Umverteilung erfolgen z. B. durch Einkommensumverteilung oder durch Vermögensumverteilung. Im Rahmen der Finanzpolitik erfolgt eine Umverteilung z. B. durch unterschiedlich hohe Steuerabzüge (Steuerprogression) vom Einkommen. Das belastet die Bezieher höherer Einkommen stärker als die Bezieher niedrigerer Einkommen. Eine Vermögensumverteilung erfolgt z. B. durch die Erbschaftsteuer, bei der die Höhe der zu zahlenden Steuer von der Höhe des geerbten Vermögens abhängt und so höhere Erbschaften stärker besteuert als niedrigere. Maßnahmen der Umverteilung sind aber auch die Zahlung von Sozialgeld, Arbeitslosengeld II oder Wohngeld, da sie bedürftigen Haushalten zufließen und ohne Gegenleistung erfolgen.

Duden Wirtschaft von A bis Z: Grundlagenwissen für Schule und Studium, Beruf und Alltag. 5. Aufl. Mannheim: Bibliographisches Institut 2013. Lizenzausgabe Bonn: Bundeszentrale für politische Bildung 2013

M 5 ● Einkommensverteilung in Deutschland und im internationalen Vergleich

Trotz der umfassenden staatlichen Umverteilung gibt es in Deutschland deutliche Unterschiede in der Einkommensverteilung. Nach den Daten des sozioökonomischen Panel (SOEP), einer repräsentativen Wiederholungsbefragung privater Haushalte, die im jährlichen Rhythmus in Westdeutschland seit 1984 und in Ostdeutschland seit 1990 durchgeführt wird, bezogen im Jahr 2011 in Deutschland die 10 % der Einkommensbezieher („Dezil") mit den niedrigsten Einkommen nur 3,6 % der insgesamt geleisteten Nettoeinkommen. [...] Grafisch kann man die Einkommensverteilung mit der sogenannten Lorenzkurve abbilden. Sie kumuliert dazu – beginnend von den geringsten Einkommen – über die Dezile der Haushalte deren Anteil am gesamten Einkommen auf. So zeigt das Schaubild, dass im Jahr 2011 beispielsweise auf die 40 % der Einkommensbezieher mit den niedrigsten Einkommen 22,5 % der gesamten Bruttoeinkommen entfallen. Üblicherweise wird in einer solchen Grafik auch die 45°- Linie eingezeichnet, sie entspricht dem hypothetischen Fall einer völligen Gleichverteilung der Einkommen. Man kann nun die Fläche zwischen der Lorenzkurve und der Gleichverteilungskurve ins Verhältnis zu der gesamten Fläche unter der Gleichverteilungskurve setzen. Die so ermittelte Relation bezeichnet man als Gini-Koeffizient, der als wichtiger Indikator für die Einkommensverteilung verwendet wird. Diese Größe kann Werte zwischen 0 (völlige Gleichverteilung) und 1 (extreme Ungleichheit) annehmen. Für Deutschland ist der Gini-Koeffizient bei den Bruttoeinkommen von 0,40 im Jahr 1991 auf 0,49 im Jahr 2010 angestiegen. Bei den Nettoeinkommen war die Zunahme von 0,26 auf 0,29 etwas weniger ausgeprägt. Wiederum ist die Ungleichheit in Ost-Deutschland deutlich stärker als in West-Deutschland. Im internationalen Vergleich gehört Deutschland zu den Ländern mit einer besonders hohen Ungleichheit der Markteinkommen. Durch das Transfer-System wird jedoch dafür gesorgt, dass die Ungleichheit bei den Nettoeinkommen dem OECD-

Durchschnitt entspricht. Besonders deutlich ist die Ungleichheit der Nettoeinkommen in den Vereinigten Staaten, das dazu entgegengesetzte Staatsmodell findet man in den skandinavischen Ländern, in denen sowohl die Bruttoeinkommen als auch die Nettoeinkommen vergleichsweise gleichmäßig verteilt sind.

Peter Bofinger, Grundzüge der Volkswirtschaftslehre, 4. Auflage, München 2015, S. 195 ff.

(Sekundäre) Einkommensverteilung in Deutschland der Jahre 2001 und 2011

Dezilanteile	2001	2011
1. Dezil	3,9 %	3,6 %
2. Dezil	5,7 %	5,3 %
3. Dezil	6,8 %	6,3 %
4. Dezil	7,6 %	7,2 %
5. Dezil	8,5 %	8,2 %
1.-5. Dezil	32,4 %	30,6 %
6. Dezil	9,4 %	9,1 %
7. Dezil	10,5 %	10,4 %
8. Dezil	11,9 %	12,0 %
9. Dezil	14,0 %	14,4 %
10. Dezil	21,8 %	23,5 %

Quelle: SOEP, Berechnungen des DIW, Jahresgutachten 2014/15 – Sachverständigenrat, S. 374

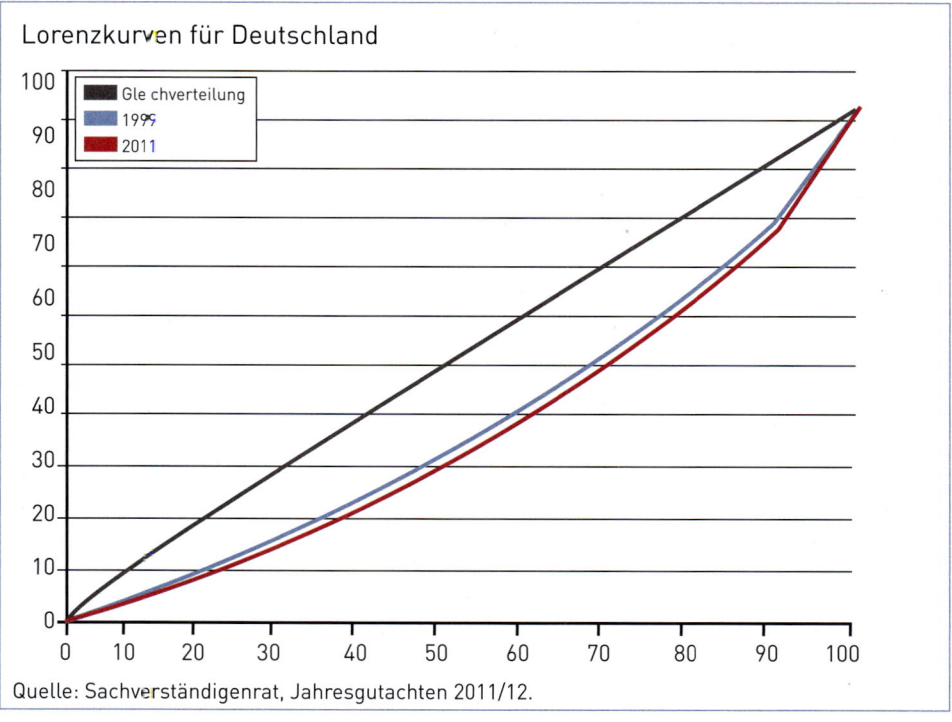

Quelle: Sachverständigenrat, Jahresgutachten 2011/12.

Peter Bofinger, Grundzüge der Volkswirtschaftslehre, 4. Auflage, München 2015, S. 197

4 Die Soziale Marktwirtschaft: Korrekturen am Marktgeschehen

M 6 ● Umverteilung im internationalen Vergleich

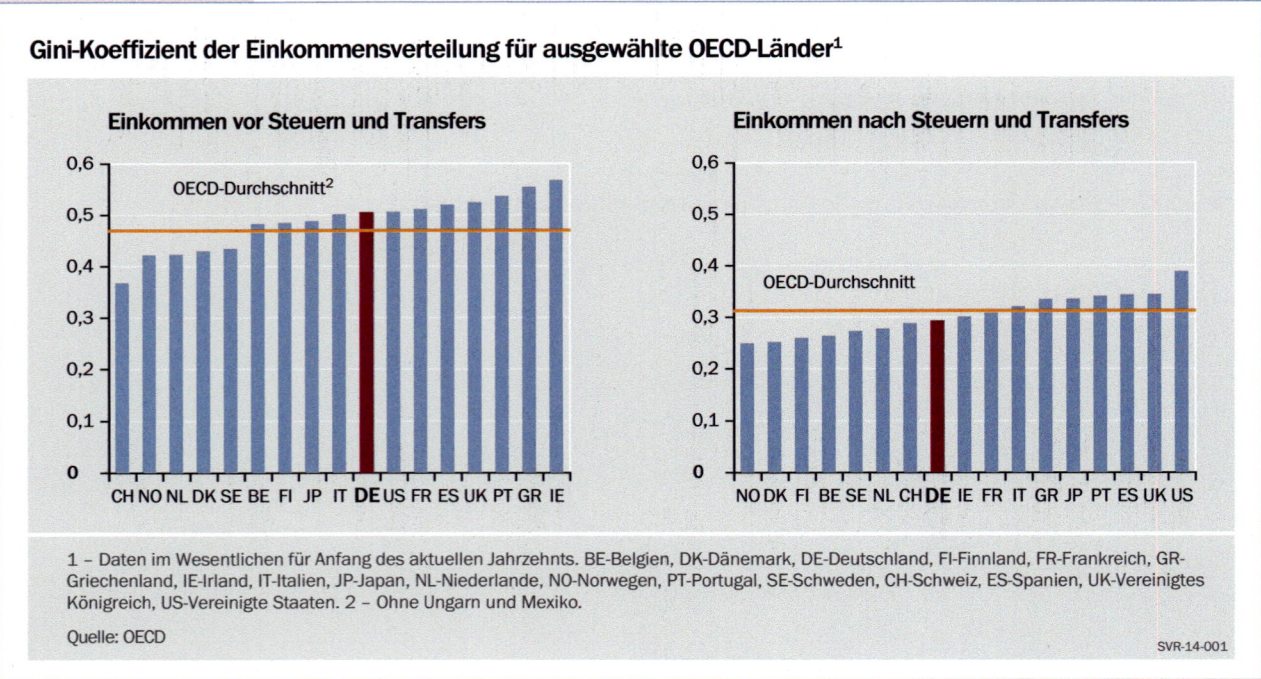

Jahresgutachten 2014/15 – Sachverständigenrat, S. 380

M 7 ● Wie hat sich die Umverteilung entwickelt?

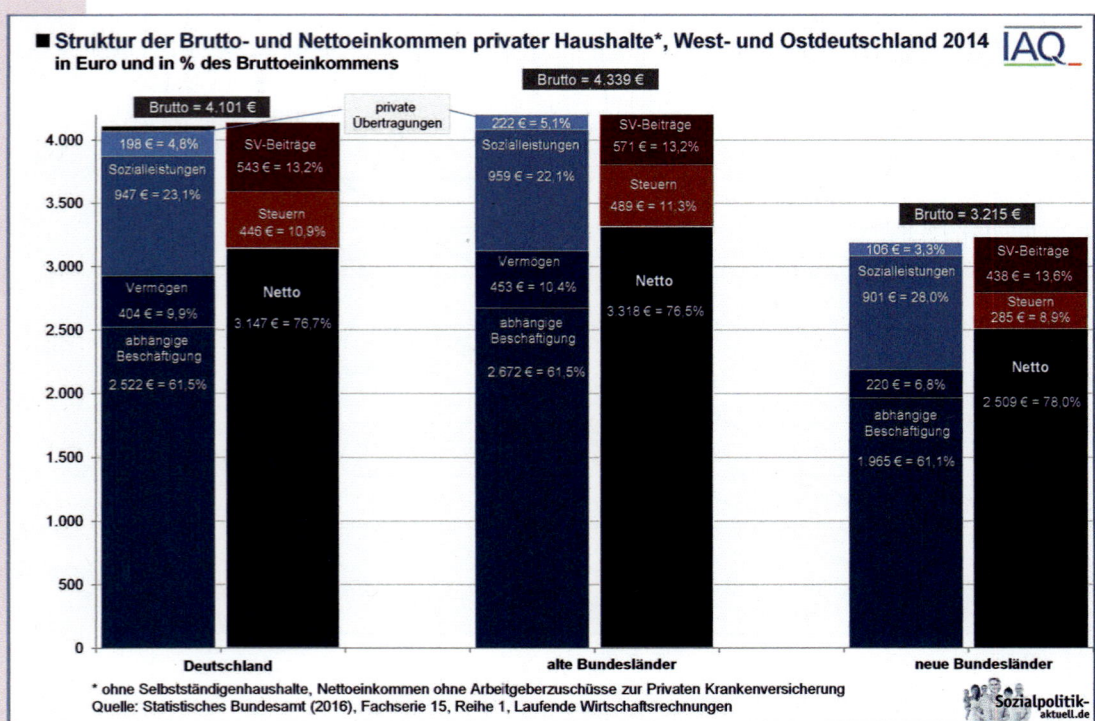

M 8 Das soziale Netz

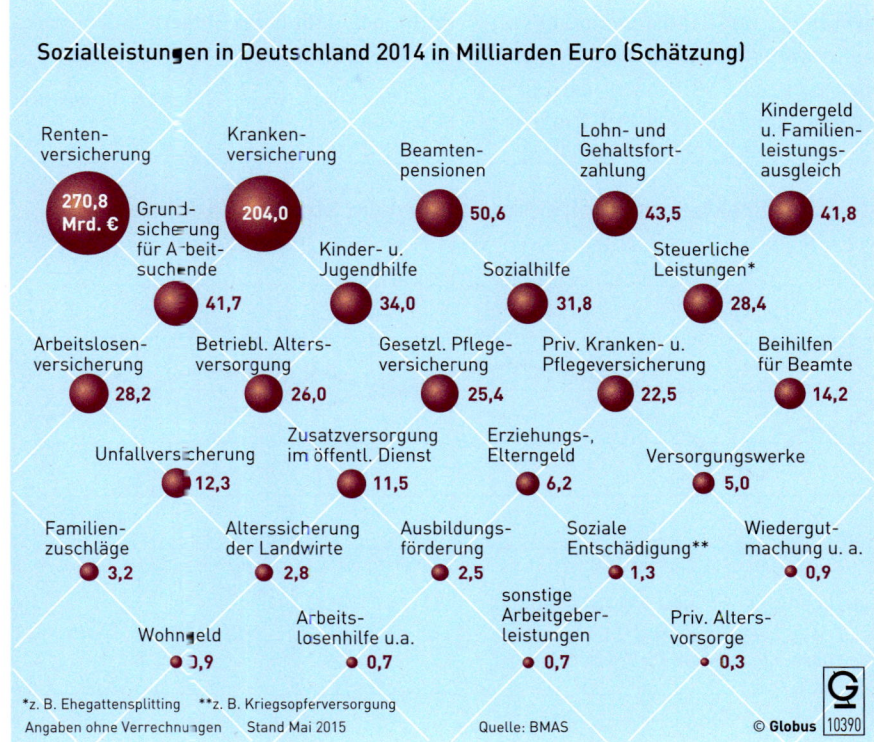

M 9 Direkte und indirekte Steuern – wer zahlt wieviel?

Zum Aufkommen der Einkommensteuer (direkte Steuer, die Lohnsteuer ist eine Erhebungsform der Einkommensteuer) von rund 190 Milliarden Euro tragen Groß- wie Kleinverdiener bei, nur in höchst unterschiedlichem Maße. Denn die Hälfte der Haushalte zahlt dank hoher Freibeträge überhaupt keine Einkommensteuer. Und die unteren 50 Prozent der Einkommensteuerpflichtigen mit Jahreseinkünften bis 28.000 Euro zahlt zusammengenommen nur 6,9 Prozent.
Der Staat nimmt mit rund 290 Milliarden Euro an indirekten Steuern (Mehrwert-/Umsatzsteuer, Tabaksteuer, Stromsteuer usw.) deutlich mehr ein als bei der Einkommensteuer (190 Milliarden). Richtig ist auch, dass die Bezieher kleiner und mittlerer Einkommen gar nichts oder nur wenig sparen können, weil sie ihr gesamtes Einkommen für den Bedarf des täglichen Lebens ausgeben müssen. Da wird dann bei fast jeder Ausgabe Mehrwertsteuer fällig.
Die These, mit der Mehrwertsteuer und anderen Verbrauchssteuern müssten die Armen mehr leisten als die Reichen, stimmt – aber nur relativ. Ein Einkommensmillionär gibt die rund 540.000 Euro, die ihm nach Abzug von Einkommensteuer und Soli noch bleiben, wohl nicht völlig aus. Anders der Hartz IV-Empfänger, der seinen Regelsatz zum Leben braucht.
Nur: Der Großverdiener zahlt natürlich absolut viel höhere Summen. Wer ein Auto für 50.000 Euro kauft, zahlt 8.000 Euro Mehrwertsteuer. Damit finanziert er ein Jahr lang den Regelsatz für zwei Hartz IV-Empfänger. Der Hartz IV-Empfänger zahlt aber im Jahr etwa 400 bis 450 Euro an indirekten Steuern.
Deshalb kann es auch nicht überraschen, dass die Bezieher höherer Einkommen –

Direkte Steuern

Lohnsteuer/Einkommensteuer, Körperschaftsteuer, Abgeltungsteuer auf Zins- und Veräußerungserträge, Vermögensteuer, Gewerbesteuer und Gewerbesteuerumlage, Grundsteuer, Sonstige

Indirekte Steuern

Umsatzsteuer (Mehrwert- und Einfuhrumsatzsteuer), Energiesteuer, Stromsteuer; Tabaksteuer, Kraftfahrzeugsteuer, Biersteuer, Branntweinsteuer, Versicherungsteuer, Kaffeesteuer, Zölle, Sonstige

absolut wie relativ – auch bei den indirekten Steuern mehr zu schultern haben als die Kleinverdiener und Transferempfänger. Die schon erwähnten oberen 10 Prozent tragen eben nicht nur 53 Prozent der Einkommensteuer, sondern auch 19 Prozent der indirekten Steuern. Auch hier wird also umverteilt. Deshalb entfällt auch die Hälfte der indirekten Steuern auf die oberen 30 Prozent.

Hugo Müller-Vogg, Cicero – Magazin für politische Kultur, 3.9.2012

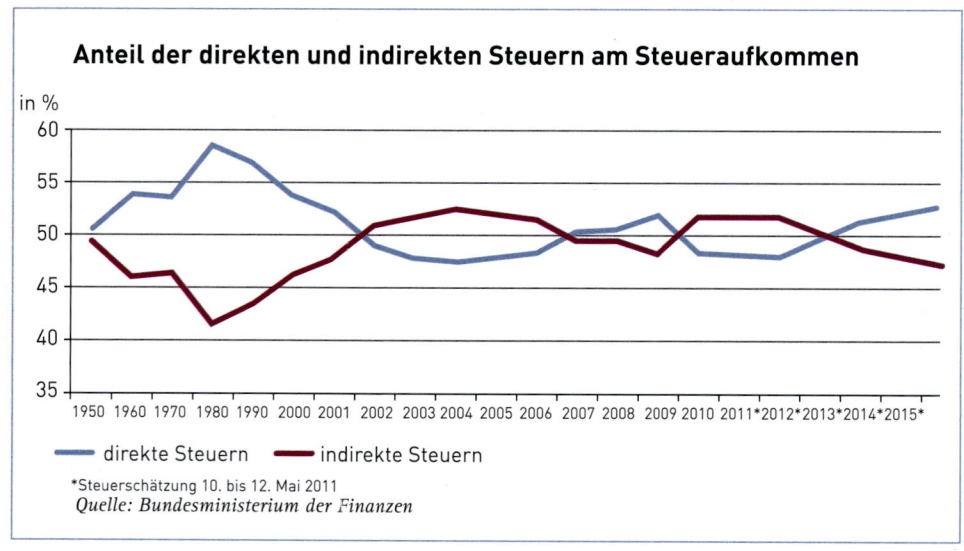

Anteil der direkten und indirekten Steuern am Steueraufkommen

*Steuerschätzung 10. bis 12. Mai 2011
Quelle: Bundesministerium der Finanzen*

M 10 ● Was ist gerecht?

In der Literatur findet man drei verschiedene Verteilungsnormen zur Bestimmung des **Gerechtigkeitsbegriffs**: die Ausrichtung der Einkommen nach dem Leistungs-, Bedarfs- und dem Egalitätsprinzip. Was bedeutet das allgemeine Ziel einer gerechten Einkommensverteilung? Vielfach wird auf diese Frage mit Anforderungen der folgenden Art geantwortet: „Gleiche Einkommen für gleiche Leistungen! Wer mehr leistet, soll auch ein höheres Einkommen erhalten!"

In diesen Antworten schlägt sich als allgemeine Forderung das **Leistungsprinzip** nieder. Die konkrete Umsetzung des Leistungsprinzips als unmittelbare Verteilungsnorm würde allerdings voraussetzen, dass verschiedene Leistungen unterschiedlicher Personen vergleichbar gemessen und bewertet werden könnten. Das Leistungsprinzip als unmittelbar operationale Verteilungsnorm würde folglich ein umfassendes, allgemein akzeptiertes Leistungsbewertungssystem voraussetzen. Die faktischen Probleme der Leistungsdefinition und -bewertung führen zu Schwierigkeiten in der konkreten Ausführung des Leistungsprinzips. Eine spezifische Form des Leistungsprinzips verwendet den Begriff der marktwirtschaftlichen Leistung. Die marktwirtschaftliche Leistung entspricht dem Einkommen, das unter marktwirtschaftlichen Bedingungen aus der Produktion von Gütern und dem Angebot an Leistungen erzielt werden kann. Dieser spezifische Leistungsbegriff hat allerdings nicht selten einen unkritischen Rechtfertigungscharakter der bestehenden Verteilung der Einkommen. Die beobachtbaren Einkommensunterschiede seien der normale Ausdruck unterschiedlicher Leistungen am Markt. Die Marktwirtschaft biete jedem Arbeits- und Leistungswilligen Chancen, Einkommen zu erzielen. Ein höheres Einkommen erziele derjenige, der die gegebenen Chancen besser als andere nütze. Sollte ein strenges Leistungsprinzip gelten, würde es andererseits vielen Menschen sehr schlecht ergehen, die kein Erwerbseinkommen erzielen können, z.B. kranken oder älteren Menschen. Die Bedürfnisse der Menschen ohne Erwerbseinkommen bilden ohne Zweifel ein wesentliches Argument einer weiteren Verteilungsnorm, des Prinzips der Bedarfsgerechtigkeit der Einkommensverteilung.

Nach dem **Bedarfsprinzip** wird die Verteilung der verfügbaren Einkommen als gerecht angesehen, wenn den Bedürfnissen einer angemessenen Versorgung der Menschen Rechnung getragen wird. Eine extreme Variante des Bedarfsprinzips spiegelt sich in der bekannten Forderung „Jedem nach seinen Bedürfnissen!" Diese Forderung des extremen Bedarfsprinzips würde bedeuten, dass jeder ausreichend Einkommen erhalten sollte, um frei über sämtliche Güter und Gütermengen seines Bedarfs verfügen zu können. Die verfügbaren Gütermengen einer Volkswirtschaft wären bald erschöpft, sodass ein extremes Bedarfsprinzip keine realistische Verteilungsnorm sein kann. Ferner würde das Bedarfsprinzip als dominantes Kriterium der Einkommensverteilung dazu führen, dass die Leistungsanreize zur Erzielung von Erwerbseinkommen auf Dauer gemindert würden. Zwischen dem Leistungs- und dem Bedarfsprinzip bestehen daher Konfliktbeziehungen. Andererseits muss das Bedarfsprinzip zumindest partielle Bedeutung haben. Den bedürftigen Gruppen sollte ein soziales Existenzminimum gewährleistet sein.

Als eine dritte verteilungspolitische Norm wird das **Egalitätsprinzip** vertreten. Nur wenige Befürworter fordern eine absolute Gleichheit der Einkommen. Die Folgerung einer absolut gleichen Verteilung gilt kaum als gerecht. Faule und Fleißige, Qualifizierte und Unqualifizierte würden für sehr unterschiedliche Leistungen gleich entlohnt. Häufiger wird das Egalitätsprinzip in einer weniger extremen Variante als Forderung nach einer größeren Gleichmäßigkeit der Einkommen vertreten: Erst durch die Verbindung mit dem Postulat der Gleichheit erhält die soziale Gerechtigkeit einen konkret(er)en Inhalt: Soziale Gerechtigkeit bedeutet dann eine größere Gleichheit in der [...] Einkommens- und Vermögensverteilung. Das Ausmaß der Gleichmäßigkeit wird nicht konkretisiert, lediglich die Richtung der Umverteilung. Eine weitere Variante des Egalitätsprinzips hebt den Aspekt der Chancengleichheit hervor. Als Norm gilt dabei, dass jedem gleiche Chancen auf soziale Aufstiegsmöglichkeiten in einer Gesellschaft mit sozialer Mobilität (in der Besetzung der Einkommensgruppen) gegeben werden. Abgelehnt wird demnach eine Gesellschaft mit sozialer Immobilität, in der die Einkommens- und Vermögensstrukturen im Zeitverlauf relativ gleich bleiben, sodass die Verteilungspositionen der Kinder jeweils denen der Eltern entsprechen würden. Eine völlige Gleichheit der (materiellen) Lebenschancen zu fordern, wäre angesichts der (angeborenen) Unterschiede individueller Fähigkeiten jedoch kaum realistisch, sodass auch in einer offenen, dynamischen Gesellschaft die Einkommensverteilung ungleich sein müsste.

Heinz-Dieter Hardes/Jürgen Mertes, Grundzüge der Volkswirtschaftslehre, München/Wien 1994, S. 408 ff.

Aufgaben

1. Charakterisieren Sie die Entwicklung der sekundären Einkommensverteilung in Deutschland (M 5, M 7).
2. Beschreiben Sie die Verteilungswirkung von direkten und indirekten Steuern (M 9).
3. Beurteilen Sie das Maß der Verteilung von Einkommen in Deutschland vor dem Hintergrund der in M 10 aufgeführten Verteilungsnormen.

H zu Aufgabe 1
Beschreiben Sie, was ein hoher/niedriger Gini-Koeffizient für eine Einkommensverteilung bedeutet.

H zu Aufgabe 3
Anregungen bekommen Sie auch in Kapitel 3.3, M 14, M 15.

ORIENTIERUNGSWISSEN

Einkommens-quellen
M 1

In der Bundesrepublik beziehen die privaten Haushalte ihr Einkommen nicht nur aus Arbeit (unselbstständiger oder selbstständiger Arbeit), sondern auch aus Vermögen (z. B. Zinsen, Mieteinnahmen ...). Außerdem erhalten sie staatliche Transfereinkommen (Kindergeld, Arbeitslosengeld ...). Zur Erfassung der Einkommensverteilung einer Volkswirtschaft ist es vorweg notwendig, sich über grundlegende Begriffe Klarheit zu verschaffen: Die funktionale Einkommensverteilung gibt an, wie sich die im Produktionsprozess erwirtschafteten Einkommen auf die Eigentümer der Produktionsfaktoren verteilen. Untersucht man, welche Personengruppen Einkommen beziehen, spricht man von der personalen Einkommensverteilung. Die Primärverteilung zeigt, in welchem Ausmaß die Eigentümer der Produktionsfaktoren daraus Einkommen in Form von Lohn, Pacht oder Zins erhalten (Markteinkommen). Die sekundäre Einkommensverteilung beschreibt die Verteilung nach dem Eingreifen des Staates, berücksichtigt also, dass der Staat durch Maßnahmen der Umverteilung die primäre Verteilung korrigiert.

Einkommensver-wendung
M 2

Die privaten Haushalte in Deutschland sparen ca. 9 – 10 % ihres Einkommens – dabei spielen die Altersvorsorge, das Sparen für Konsumzwecke und für das Wohneigentum die zentralen Rollen. Ungefähr 90 % des Einkommens der privaten Haushalte fließen in den Konsum – hierbei sind vor allem die Bereiche „Wohnen", „Verkehr" sowie „Essen und Trinken" von Bedeutung, da sie die größten Ausgabenposten der Haushalte ausmachen.

Einkommensver-teilung
M 3
West-Ost-Gefälle
Methode

Mann-Frau-Gefälle
Lohnquote
Methode

Lorenzkurve
M 5

Einkommen sind in Deutschland unterschiedlich verteilt. Dabei spielen der Haushaltstyp (z. B. Single oder Familie mit Kindern) und die soziale Stellung (Selbstständige, Beamte, Arbeiter,...) wichtige Rollen. Außerdem lässt sich ein Einkommensgefälle zwischen West- und Ostdeutschland ausmachen. Männer und Frauen verdienen in Deutschland relativ stark unterschiedlich, Frauen ca. 22 % weniger als Männer. Dies liegt auch daran, dass Frauen andere Berufe ergreifen als Männer. Allerdings bleibt, auch wenn man alle anderen Faktoren herausrechnet, ein Unterschied von ca. 6 % zwischen den Verdiensten von Männern und Frauen. In verteilungspolitischen Fragen wird häufig der Lohnquote eine besondere Bedeutung beigemessen. Sie misst den Anteil der Einkommen aus unselbstständiger Arbeit am Volkseinkommen. Als Verteilungsmaßstab ist sie aber nur bedingt aussagekräftig, z. B. weil die meisten Lohnempfänger auch (z. T. erhebliche) Vermögenseinkünfte beziehen. Die Löhne sind in den Jahren von 2000 bis 2015 real, d. h. unter Berücksichtigung der Inflationsrate, nur wenig gestiegen. Grafisch kann die Einkommensverteilung durch die Lorenzkurve dargestellt werden. Sie zeigt, wie das Einkommen auf die Bevölkerungsanteile verteilt ist. Der Krümmungsgrad der Kurve gibt Auskunft über das Maß an Verteilungsgleichheit: Je weniger gekrümmt die Lorenzkurve ist, desto größer ist die Verteilungsgleichheit.

Der Gini-Koeffizient ist ein Maß für die (Un-)Gleichheit einer Verteilung. Bei einer vollständigen Gleichverteilung beträgt er den Wert 0, bei einer vollständigen Ungleichverteilung beträgt er den Wert 1 – bezogen auf die Einkommensverteilung würde das bedeuten, dass ein Haushalt das gesamte Volkseinkommen besäße.

Gini-Koeffizient
M 5, M 6

Das Sozialstaatspostulat im Grundgesetz fordert, dass der Staat die primäre Einkommensverteilung durch verteilungspolitische Maßnahmen korrigiert. Im internationalen Vergleich ist das Maß an ausgleichender Umverteilung in Deutschland relativ hoch. Die Entwicklung der Einkommensverteilung in Deutschland zeigt, dass die Einkommensverteilung seit den 1990er-Jahren eher gestiegen ist.
Instrumente der Umverteilung sind in erster Linie Steuern (direkte und indirekte), deren Höhe z. T. an die Höhe des Einkommens gekoppelt ist (z. B. Einkommensteuer). Auch die staatlichen Transferleistungen, z. B. mittels der Sozialversicherungen, sind Instrumente der Umverteilung.

Umverteilung der Einkommen
M 7, M 8

Bei der Beurteilung oder Bewertung der Umverteilung und ihres Maßes können die drei folgenden Verteilungsnormen als Orientierung dienen:
- das Leistungsprinzip: das verfügbare Einkommen sollte sich an der erbrachten Leistung orientieren
- das Bedarfsprinzip: das verfügbare Einkommen sollte eine angemessene Versorgung der Menschen gewährleisten
- das Egalitätsprinzip: das verfügbare Einkommen sollte gleichmäßig verteilt und Chancengleichheit gewährleistet sein.

Zentrale Mittel zur Umverteilung sind das Steuersystem und die direkten Sozialleistungen des Staates. Dabei wirken direkte und indirekte Steuern in unterschiedlichem Maße umverteilend. In der Öffentlichkeit wird die Frage nach der Gerechtigkeit konkreter Maßnahmen der Umverteilung durch Steuern und Sozialleistungen meist kontrovers diskutiert.

Verteilungsnormen
M 10

Grafische Darstellungen eines Sachverhalts sollen in der Regel einen Inhalt oder eine Aussage visualisieren. Sie haben also eine „Botschaft". Die Botschaft kann z. B. stark durch die Wahl der Art der Darstellung, durch die Auswahl der dargestellten Daten-/oder Zeitpunkte, die Skalierung der Achsen usw. beeinflusst werden. Bei einem ersten Betrachten können so auf der gleichen Zahlenbasis ganz unterschiedliche Eindrücke entstehen – der (oberflächliche) Betrachter kann so manipuliert werden.

Manipulation des Betrachters durch grafische Darstellungen
Methode

ORIENTIERUNGSWISSEN

Der Staat sollte für mehr Gleichheit sorgen

ZEIT: Was ist denn nun gerecht?
Gosepath: Ein Grundgedanke, auf den sich alle einigen können, lautet: Jedem das Seine. Heute würde man vielleicht sagen: Jedem das, was ihm zusteht. [...] Jeder sollte die Früchte dessen ernten dürfen, was in seiner Verantwortung liegt. Ein paar Dinge sind dann jedoch nicht verhandelbar. Alle Bürger haben zum Beispiel die gleichen Menschen- und Bürgerrechte und -pflichten. Außerdem sollten sie das gleiche Maß an Freiheit haben, das eigene Leben zu gestalten.
ZEIT: Ist also mehr Gleichheit gerecht?
Gosepath: Ja, aber es gibt auch legitime Ungleichheiten. Die sind allerdings moralisch nur akzeptabel, wenn sie mit der Verantwortung des Einzelnen zu tun haben. [...]
ZEIT: Die Chancen sind nicht gleich verteilt.
Gosepath: Die Startbedingungen unterscheiden sich erheblich. Unsere natürliche Ausstattung, also unsere Fähigkeiten sowie unser soziales Umfeld sind von einem moralischen Standpunkt willkürlich. Wir können nichts dafür. [...]
ZEIT: Aber brauchen wir nicht auch eine gewisse Ungleichheit? Ungleiche Gesellschaften gelten als produktiver, weil die Menschen aufsteigen wollen.
Gosepath: Das kann ich empirisch nicht beurteilen. Ich halte eine solche Denkweise aber nicht für gerecht. Im Extremfall bedeutet sie, dass Menschen nicht das bekommen, was ihnen zusteht. Sie werden bestraft, um sie zur Leistung anzustacheln. Das ist dann vergleichbar mit einem Lehrer, der seinem Schüler nur eine 2 – statt einer 1 gibt, damit er sich nicht ausruht.
ZEIT: Liberale Ökonomen werden Ihnen antworten, dass zu viel Umverteilung den Leistungswillen der Menschen verringert.
Gosepath: Dieses Argument halte ich für widersprüchlich. Es sind meistens die Verfechter der freien Marktwirtschaft, die das Leistungsprinzip durch mehr Umverteilung bedroht sehen. Diese Leute wollen beides: dass Leistung sich lohnt und freie Märkte. Das eine schließt das andere aber aus. [...] Stellen Sie sich vor, ein Unternehmer stellt mit großem Aufwand Sandsäcke her. Dann aber stellt er fest, dass die Nachfrage nach Sandsäcken geringer ist, als er dachte. [...] Seine Leistung wird nicht honoriert. Wenige Wochen später bricht ein Oderhochwasser aus. [...] Sandsäcke sind jetzt sehr viel Geld wert, obwohl sich an der Leistung des Unternehmers nichts geändert hat.
ZEIT: Sie sagen, Leistung lohnt nicht?
Gosepath: Ja. Sie ist in der freien Marktwirtschaft nicht entscheidend. Auf dem Markt bestimmen Angebot und Nachfrage den Preis, nicht die Leistung, die jeder erbringt. Ich halte das übrigens nicht für eine Ungerechtigkeit.
ZEIT: Unternimmt die Politik genug, um für mehr Gerechtigkeit zu sorgen?
Gosepath: [...] Was die Politik tatsächlich aus dem Blick verliert, ist die zunehmend ungleiche Verteilung der Vermögen. Noch in den 1950er-Jahren waren die Vermögen relativ gleich verteilt, nicht zuletzt wegen zweier Weltkriege, in denen ein Großteil der Vermögen vernichtet wurde. Seither aber nimmt die Ungleichheit wieder zu. Ein Teil der kommenden Generationen wird gewaltige Erbschaften antreten, ein anderer Teil nicht. Das schafft neue Ungerechtigkeiten.
ZEIT: Würde eine höhere Erbschaftssteuer helfen?
Gosepath: Sicherlich. Allerdings ist die Steuer nicht populär. Das ist mir im Übrigen unverständlich. Ein Grundgedanke, den die meisten unterschreiben würden, lautet, dass jeder das bekommen sollte, was er sich in eigener Verantwortung verdient hat. Das ist bei Erbschaften definitiv nicht der Fall – trotzdem sind die Leute dagegen.

Philip Faigle, Zeit online, 30.3.2011; Interview mit Stefan Gosepath. Er lehrt Philosophie und Politische Theorie an der Universität Frankfurt.

Aufgabe

Bewerten Sie die Forderung Gosepaths nach einer höheren Erbschaftssteuer.

4.2 Die Stellung des Verbrauchers auf dem Markt

4.2.1 Müssen die Verbraucher geschützt werden?

M 1 ● **Schluss mit Kostenfallen und versteckten Klauseln bei Online-Käufen**

Ein Jahr nach Inkrafttreten neuer Regeln für Online-Käufe ziehen Verbraucherschützer und Händler eine vorsichtig positive Bilanz. Es gebe „erstaunlich wenig Beschwerden", sagte Tatjana Halm von der Verbraucherzentrale Bayern der Deutschen Presse-Agentur. Die meisten Anbieter hätten die neuen Anforderungen relativ zügig auf ihren Internetseiten umgesetzt. Auch die Zertifizierungsstelle Trusted Shops, die Gütesiegel an Online-Händler vergibt, bewertete die Reform „unter dem Strich als gelungen". [...]

Am 13. Juni 2014 war eine EU-Richtlinie, die Verbraucher besser vor versteckten Kosten und Klauseln schützen soll, ins deutsche Recht umgesetzt worden. [...]

Unter anderem sind Online-Shops seither verpflichtet, Kunden mindestens eine kostenlose Zahlweise anzubieten. Zusatzleistungen, die extra kosten, dürfen nicht automatisch mit einem Häkchen vorausgewählt sein. Die Kosten für Rücksendungen allerdings können grundsätzlich den Kunden auferlegt werden. Neue Regeln gab es auch für Bestellungen per Telefon und Katalog und sogenannte Haustürgeschäfte, also den Kauf von Waren und Dienstleistungen außerhalb von Läden.

Der Verbraucherzentrale Bundesverband (vzbv) hat die Umsetzung in einem Praxistest überprüft und nach eigenen Angaben mindestens 42 Abmahnungen ausgesprochen, in rund 17 Fällen sei Klage erhoben

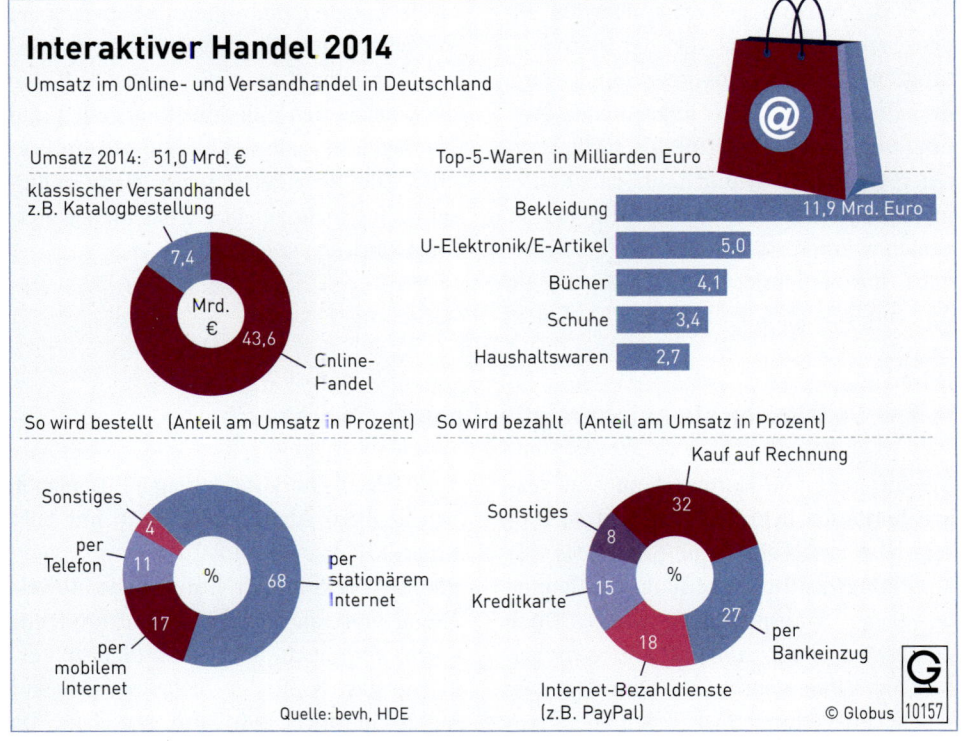

Prinzipal-Agent-Theorie

Eine in den Wirtschaftswissenschaften verbreitete Theorie, mit der Verhaltensweisen von Akteuren in Vertrags- und Geschäftsbeziehungen untersucht und erklärt werden. Der Erklärungsansatz baut dabei wesentlich auf der Annahme asymmetrischer Informationsverteilung zwischen den Beteiligten auf. Es wird davon ausgegangen, dass man de facto jede Vertrags- und Geschäftsbeziehung so beschreiben kann, dass es auf der einen Seite einen Auftraggeber (Prinzipal) und auf der anderen Seite einen Ausführenden (Agenten) gibt. Beide Akteure betreiben dabei jeweils für sich Nutzenmaximierung, wobei die Zielsetzungen im Regelfall nicht deckungsgleich sind. Der Agent besitzt üblicherweise bei der Auftragsausführung einen Wissensvorsprung, den er zu Gunsten oder zu Lasten des Prinzipals ausnutzen kann. Diese ungleiche Verteilung des Wissens wird als asymmetrische Informationsverteilung bezeichnet.
Nach: Fabian Simon, www.rechnungswesen-verstehen.de (14.4.2016)

worden. Beanstandet wurde etwa, dass einige Online-Reisebüros ihren Kunden keine kostenfreie Zahlungsmöglichkeit anboten oder zu hohe Kreditkartengebühren verlangten. Vor allem bei Lebensmittelhändlern fanden sich unzureichende Widerrufsbelehrungen. Bei einigen Telekommunikations-Anbietern ließen sich die AGB nicht abrufen. In einer Umfrage von Trusted Shops unter den zertifizierten Online-Händlern war jeder Zweite der Ansicht, dass Kunden und Händler gleichermaßen von den Änderungen profitierten.

dpa/Jens Kalaene, Focus Money Online, 12.6.2015

M 2 ● Warum funktioniert der Markt bei Informationsasymmetrien nicht „richtig"?

Eine wesentliche Voraussetzung für einen vollständigen Markt ist die *vollständige Information*, d. h. die Akteure kennen sämtliche Rahmenbedingungen und können die Handlungen ihrer Vertragsparteien beobachten. Alle Informationen sind vollständig und kostenlos verfügbar. In der Realität existieren in der Regel aber Informationsasymmetrien zwischen dem Anbieter und dem Nachfrager.

Ein Beispiel für Situationen mit Informationsasymmetrien sind Situationen, bei denen das verhandelte Produkt verborgene Eigenschaften (hidden characteristics) besitzt: Der Nachfrager kennt nicht alle Eigenschaften des Gutes oder der Dienstleistung vor Vertragsabschluss und kann deshalb die Qualität der angebotenen Leistung vor der Vertragserfüllung nicht beurteilen. Dies ist der Grund dafür, dass Käufer im Durchschnitt weniger zahlen, als sie zahlen würden, wenn es nur gute Güter gäbe. Sie berücksichtigen das Risiko, ein Gut mit Mängeln zu erhalten. Auf dem Markt werden so langsam die Anbieter mit hoher Qualität und hohem Preis verdrängt, weil niemand bei ihnen kauft. Daher besteht die Gefahr, dass es zu *adverser Selektion* (nachteiliger Auswahl) kommt, dass also systematisch unerwünschte Vertragspartner ausgewählt werden.

Am Beispiel des Gebrauchtwagenmarktes kann man dies gut beobachten: Autos mit hoher Qualität und einem hohen Preis werden kaum angeboten. Hohe Preise für gute Gebrauchtwagen lassen sich nur im Zusammenhang mit Garantien oder anderen vertrauensbildenden Maßnahmen der Verkäufer erzielen. Ein weiteres Beispiel ist der Versicherungsmarkt: Versicherungen können nur bedingt beurteilen, welches Risiko die Versicherten individuell darstellen und verlangen deshalb tendenziell höhere Prämien. Dies bedeutet, dass der Markt in diesen Fällen nicht zu einer effizienten Verteilung führt.

Autorentext

M 3 ● So tricksen die Autohersteller beim Spritverbrauch

Die Differenz von Normverbrauch zu realem Spritdurst liegt in Europa bei 40 Prozent. Das ergab eine neue Studie des US-Forschungsinstituts International Council on Clean Transportation (ICCT). Diese durchschnittliche Abweichung zwischen dem im Labor gemessenen und dem tatsächlichen Verbrauch ist in den vergangenen Jahren stark angestiegen. Demnach betrug diese Abweichung 2001 nur acht Prozent. [...]

Für den Verbraucher bedeute die Abweichung von Laborverbrauch und tatsächlichem Verbrauch höhere Spritkosten, erklärte das ICCT. Sie beliefen sich auf durchschnittlich 450 Euro pro Jahr. Da auch die Kfz-Steuer vielerorts in der EU nach Verbrauch berechnet wird, gehören laut ICCT auch Staaten zu den Geschädigten.

Die dringlichste Forderung, die sich aus den Ergebnissen der Studie ergebe, seien verbesserte Tests, erklärte das ICCT. [...] Es forderte echte Straßentests.

Die Hersteller nutzen derzeit alle möglichen legalen Tricks, um auf Prüfständen den geringstmöglichen Verbrauch zu erzielen. Denn dort werden bei uns mit dem „Neuen Europäischen Fahrzyklus" (NEFZ) der Verbrauch und die Abgaswerte ermittelt. Das standardisierte Testverfahren ist allerdings unrealistisch: Jedes Auto muss einen knapp 20-minütigen Fahrzyklus absolvieren. Vollgas wird beim standardisierten Verfahren nicht gefahren.

Zudem sind die Motoren beim Test warm, die Steh- und Kurzstrecken kürzer als in der Realität. Zusatzverbraucher wie Klimaanlage, Sitzheizung, Radio, Licht werden deaktiviert, Reifen hart aufgepumpt und Lufteinlässe werden abgeklebt.

Auch die Software wird für die Verbrauchsfahrten optimiert. Bereits im vergangenen Jahr hatte das ICCT berichtet, dass moderne Bordcomputer erkennen können, ob sich ein Fahrzeug auf dem Rollenprüfstand befindet – genau das ist jetzt bei VW aufgeflogen. Und auch die vielfache Überschreitung der Stickoxid-Werte bei Euro-6-Dieselaggregaten wurde damals schon thematisiert. Und genau diese Forscher kamen VW nun mit einem tragbaren Abgas-Messgerät PEMS (Portable Emission Measurement System) auf die Schliche. [...]

Eine schnelle Lösung ist nicht in Sicht –

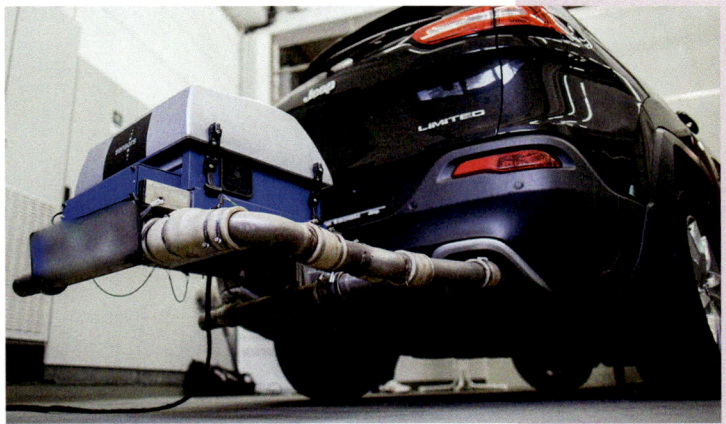

Auto mit einem PEMS-System (Portable Emission Measurement System), welches am 24.11.2015 in Essen beim TÜV Nord in einer Halle stand. Der TÜV Nord informierte an diesem Tag zum Thema „Abgasmessungen für Fahrzeuge".

schließlich stehen vor allem auch andere Premiumhersteller aus Deutschland im Verdacht, massiv zu schummeln.

Ganz Abhilfe schaffen kann ein realistischer Fahrzyklus, wie er von der EU ab 2017 angedacht ist, auch nicht. [...] Deshalb ist angedacht, mit einem PEMS die Abgaswerte zusätzlich realistisch auf der Straße zu prüfen. Dann können die Verbrauchswerte beispielsweise im Stop-and-go-Verkehr, bergauf oder bei Vollgas auf der Autobahn ermittelt werden. Große Abweichungen von Prüfstandwerten würden dann – wie jetzt auch geschehen – auffallen und könnten weiter untersucht werden. Die Abgasmessung mit PEMS ist bei leichten und schweren Lkw bereits seit Jahren Standard, um die Realemissionen zu messen. Eine Adaption auf Pkw steht allerdings bislang noch aus.

PS/dpa/t-online.de, www.t-online.de, 25.9.2015

Aufgaben

1. Erläutern Sie die Bedeutung der 2014 beschlossenen Regelungen zum Schutz der Verbraucher im Online-Handel (M 1).

2. Erläutern Sie, inwiefern asymmetrische Informationen auf einem Markt die Effizienz des Marktes als Koordinationsinstanz einschränken (M 2, Randspalte)

3. Beurteilen Sie die Forderung des ICCT nach echten Straßentests zur Bestimmung des Kraftstoffverbrauchs bei PKW (M 3).

F Erklären Sie vor dem Hintergrund der Prinzipal-Agent-Theorie (Randspalte) die Bedeutung der Abiturnoten für die Zulassung für Studiengänge mit Zulassungsbeschränkungen.

4.2.2 Wer schützt die Verbraucher?

M 4 ● Verbraucherpolitik: Träger und Maßnahmen

Ziele der Verbraucherpolitik

Sicherheit: Der Schutz von Verbraucherinnen und Verbraucher vor Gefahren für ihre Gesundheit und Sicherheit.

Ökonomische Interessen: Die Förderung und der Schutz der ökonomischen Interessen der Verbraucherinnen und Verbraucher.

Informationen: Der Zugang zu angemessenen Informationen, die es Verbraucherinnen und Verbrauchern ermöglichen, ihre ökonomischen Interessen zu befördern.

In Deutschland werden Verbraucherinteressen nicht nur von staatlichen Einrichtungen, sondern auch und vor allem durch Organisationen repräsentativ wahrgenommen. Man spricht auch von Fremdorganisationen der Verbraucher durch Verbraucherverbände (z.B. Verbraucherzentralen, Stiftung Warentest, Deutscher Mieterbund). Im Vordergrund der deutschen Verbraucherpolitik stehen Maßnahmen der Verbraucherinformation, des Verbraucherschutzes und der Verbrauchererziehung. Durch aktuelle Informationen über das Angebot an Waren und Dienstleistungen sollen einseitige, womöglich verzerrte Informationen der Anbieter ergänzt und wenn nötig richtiggestellt werden. Ziel ist, die Markttransparenz zu erhöhen. Wichtige Informationskanäle sind produktbegleitende Informationen, Warentests, Verbraucherberatung besonders durch Verbraucherzentralen und der Einsatz von Massenmedien wie beispielsweise Verbraucherzeitschriften. Die staatliche Verbraucherpolitik unterstützt vor allem die Verbraucherzentralen und die Stiftung Warentest finanziell. Durch Verbrauchererziehung soll jeder frühzeitig auf seine Rolle als Konsument vorbereitet werden. Zur schulischen Verbrauchererziehung zählen die Vermittlung grundlegender Kenntnisse über die Marktwirtschaft, die Reflexion der eigenen Bedürfnisse und die Entwicklung eines verantwortlichen Verbraucherverhaltens auch mit Blick auf die Wirkungen des Konsums auf Mitmenschen und Umwelt. Der Verbraucherschutz stärkt durch eine Vielzahl von Ge- und Verboten die Stellung des Konsumenten gegenüber den Marketingpraktiken der Anbieter.

Nach: Duden Ratgeber – Wie Wirtschaft funktioniert, Berlin 2013

M 5 ● Consumer Policy of the European Union

Consumer policy of the European Union aims to maximise consumer participation and trust in the market.

Promoting consumer safety
Product safety is a key result of consumer policy. It aims to further improve product safety, in particular through enhanced product identification and traceability. At the same time, the Commission has adopted measures to reinforce the safety of the food chain. and of cosmetic products.

Enhancing knowledge of consumer rights
New interactive tools were developed to inform, educate and help consumers fully participate in the Single Market, such as the Consumer Classroom.

Strengthening the enforcement of consumer rules
Enforcement of consumer rights has been strengthened. The network of national consumer protection authorities intensified its cooperation by carrying out coordinated actions against breaches of EU consumer law in the form of checks of websites (sweeps).

Integrating consumer interests into the key sectoral policies
Finally, consumers' rights have been reinforced through a series of new legislation in the sectors such as telecommunications, digital, energy, transport and food. The EU has also adopted measures to increase transparency and access to retail financial services and facilitate switching of bank accounts.

Empowerment of consumers is the main overall objective of the EU Consumer Policy Strategy. The EU aims to empower EU consumers through:
- Choice;
- Information;
- Awareness of consumer rights and means of redress.

Knowledge of consumers' capacities, information and assertiveness help develop adequate consumer protection policies.

Nach: © Europäische Union, 1995 – 2016

M 6 ● Verbraucherschutz und Vertragsfreiheit im Spannungsverhältnis

Die allgemeine Handlungsfreiheit, die in Art. 2 des Grundgesetzes verankert ist, findet im Zivilrecht in der sogenannten Privatautonomie ihren Ausdruck, also im Recht des Einzelnen, eigenverantwortlich rechtsverbindliche Regelungen treffen zu können. Die Privatautonomie ist damit eine unabdingbare Voraussetzung für eine marktwirtschaftliche Ordnung.

Die Vertragsfreiheit, als wichtigste Folge der Privatautonomie, beschreibt die Freiheit des Einzelnen, sein Leben durch Verträge frei gestalten zu können. Sie umfasst die Abschlussfreiheit, die Inhaltsfreiheit und die Formfreiheit.

Die Vertragsfreiheit findet dort Einschränkungen, wo schutzwürdige Interessen von Rechtsbeteiligten dies erfordern (z. B. im Minderjährigenrecht), wo der Gesetzgeber Verträge für sozialschädlich ansieht (z. B. bei Verstoß gegen ein gesetzliches Verbot) oder wo die Vertragsfreiheit dafür genutzt werden könnte, den freien Wettbewerb zu behindern (z. B. durch Preisabsprachen).

Der Gesetzgeber hat deshalb zahlreiche rechtliche Regelungen erlassen, die die Stellung des Verbrauchers gegenüber den Anbietern stärken sollen. So schützt zum Beispiel das Gesetz gegen unlauteren Wettbewerb vor irreführender Werbung. Das Lebensmittelkennzeichnungsgesetz klärt über die Inhaltsstoffe verpackter Lebensmittel auf. Bei Verträgen, die im elektronischen Geschäftsverkehr (E-Commerce) abgeschlossen wurden, gelten besondere Widerrufs- und Rückgaberechte.

Nach: Gerhard Pfeil, Buchners Kolleg Wirtschaft & Recht 2 neu, Bamberg 2015, S. 172

Verbraucherbildung: Der Zugang zur Verbraucherbildung, die auch eine Bildung über die Auswirkungen des individuellen Konsums auf Umwelt und Gesellschaft und die ökonomischen Interessen der Verbraucherinnen und Verbraucher umfasst.

Wiedergutmachung von Schäden: Die Existenz von Möglichkeiten, erlittenen Schaden wiedergutzumachen.

Vereinigungsfreiheit: Die Möglichkeit für Verbraucherinnen und Verbraucher und andere relevante Gruppen, sich zu Vereinigungen zusammenzuschließen und ihre Ansichten in den politischen Meinungsbildungsprozess einfließen zu lassen.

Nachhaltiger Konsum: Die Förderung nachhaltiger Konsummuster.

Christian Thorun, Friedrich Ebert Stiftung, Verbraucherpolitik, Juni 2014, S. 15

F Recherchieren Sie in Gruppen (ggf. arbeitsteilig) Inhalt und Ziele folgender Gesetze:
- Gesetz gegen unlauteren Wettbewerb
- Lebensmittelkennzeichnungsgesetz
- § 312 ff. BGB (E-Commerce, Fernabsatz)

Stellen Sie Ihre Ergebnisse jeweils auf einem Plakat dar.

Aufgaben

1. Erstellen Sie eine Übersicht zu den wichtigsten Trägern der Verbraucherpolitik, ihren Maßnahmen und den Zielen der jeweiligen Maßnahmen (M 4 – M 6).
2. Gestalten Sie einen Kurzvortrag zum Thema: Brauchen wir eine Verbraucherpolitik auf europäischer Ebene (M 5)?
3. Stellen Sie ausführlich Inhalt und Zielsetzung eines der in M 1, M 4 und M 5 genannten Gesetze vor.

4.2.3 Der Verbraucher hat Verantwortung, hat er auch Macht?

M 7 ● Die neue Macht der Verbraucher

Gewinnen die Kunden mit ihren Onlinebewertungen an Einfluss? In seinem Buch Absolute Value rückt der Marketingexperte Prof. Simonson nun vom Bild des manipulierbaren Konsumenten ab. Denn der heutige Kunde steht nicht mehr alleingelassen im Laden. [...] Er muss sich nicht mehr auf die Einschätzung von Fachhändlern oder Freunden verlassen. Nur ein paar Klicks entfernt finden sich im Internet die Bewertungen von Smartphones, Kosmetika, Autos, Ärzten, ja selbst von Arbeitgebern. In dieser neuen Informationswelt gälten viele der alten Marketingregeln nicht mehr, behauptet Simonson.

Durch Vergleichsportale im Internet können Kunden sehen, wie andere vor ihnen das Produkt fanden: Waren die Zimmer sauber? Macht das Smartphone gute Bilder? Hat die Pizza geschmeckt? Die Konsumenten sollen dadurch erkennen, welchen Wert ein Produkt wirklich hat, perfekte Information nennen Ökonomen das.

Als Beispiel dafür, dass klassisches Marketing nicht mehr funktioniert, zieht der Professor zusammen mit dem ehemaligen Manager Emanuel Rosen den Erfolg des Computerherstellers Asus heran. Das bis dato unbekannte Unternehmen aus Taiwan wollte seinen neuen kleinen Computer vor allem an Kinder und alte Menschen verkaufen. Für Werbung und Marketing hatte das Unternehmen kein großes Budget. Doch innerhalb kurzer Zeit sprach sich unter Bloggern und in Bewertungsportalen herum, dass das Gerät praktisch und günstig sei. Selbst Geschäftsleute kauften das Gerät. Damit begann die Erfolgsgeschichte der sogenannten Netbooks. Die Gesetze des Marketings, etwa eine genaue Zielgruppe anzuvisieren, hatten bei Asus nicht funktioniert. Stattdessen brachte die Mundpropaganda im Netz den Erfolg.

Aus anderen Branchen erzählen die Autoren ähnliche Geschichten, etwa die des Harvard-Professors Michael Luca, der die Umsätze von Restaurants in Seattle analysierte. Er verglich sie mit den Bewertungen auf einem Internetportal und stellte fest: Seit es dieses Portal gibt, konnten Restaurants mit guten Bewertungen ihren Umsatz steigern. Und es profitierten vor allem unbekannte Läden. Bei den großen Restaurantketten sanken die Einnahmen hingegen. [...]

Simonson und Rosen greifen das [Problem gefälschter Online-Bewertungen] zwar auf. Doch gleichzeitig heißt es, dass einige gefälschte Beiträge wenig anrichten könnten. Außerdem müsse jedes Portal sehr an seiner Glaubwürdigkeit interessiert sein, sonst verliere es seine Werbeeinnahmen. Die Autoren glauben daher an eine gute Zusammenarbeit von Unternehmen und Bewertungsplattformen – zugunsten des Verbrauchers.

Caspar Tobias Schlenk, www.zeit.de, 30.4.2014

M 8 ● „Der Verbraucher hat keine Macht"

Frankfurter Rundschau: Gelschinken, Analogkäse aus Speiseöl, Garnelenimitate und Eiscreme ohne Creme. Warum lassen sich die Verbraucher das von der Lebensmittelindustrie bieten?

Thilo Bode: Es liegt schlichtweg daran, dass das erstens legal und zweitens für den Verbraucher nicht erkennbar ist. Wir reden bei Lebensmitteln ja vom sogenannten legalen Betrug. Die Konzerne halten alle Vorschriften ein, aber die sind halt viel zu lasch. Bei Tiefkühlpizzen kann beispiels-

Thilo Bode (* 1947), Gründer und Geschäftsführer der Nichtregierungsorganisation Foodwatch, die sich hauptsächlich für Verbraucherrechte im Lebensmittelbereich einsetzt.

weise problemlos suggeriert werden, dass echter Käse drauf ist, tatsächlich ist es oft nur Analogkäse. [...]

Sie versuchen seit acht Jahren, das Essen der Deutschen zu retten. Wie weit sind Sie denn gekommen?
Es ist ein schwieriger Kampf. Foodwatch geht es darum, die Rechte der Verbraucher zu stärken. Wir müssen uns darauf verlassen können, dass wir im Supermarkt gute und gesunde Produkte bekommen. Das ist eine Mindestvoraussetzung, die man in einer Demokratie für die tägliche Ernährung verlangen kann. Auf der rechtlichen Ebene sind wir da kaum vorangekommen.

Aber der Verbraucher hat doch Macht, er stimmt mit jedem Einkauf darüber ab, welche Produkte er haben möchte, und welche nicht.
Der Verbraucher hat keine Macht. Das ist eine Illusion. Er stimmt natürlich jeden Tag im Laden ab. Aber wenn er nicht weiß, was in den Produkten drin ist und wie sie hergestellt werden, dann weiß er auch nicht, worüber er abstimmt. Die Verbraucher müssen sich organisieren. [...] Seit wir vor zwei Jahren angefangen haben, in einer Serie die schlimmsten Lebensmittelbetrügereien vorzustellen, hat sich was geändert. Die Verbraucher empören sich und schreiben den Herstellern eindrucksvolle Briefe, zum Teil wurden deshalb schon Produkte verändert. Das ist natürlich toll.

Wie verändert sich unser Essen?
Es gibt einen klaren Trend: Die Hersteller wollen uns immer mehr Produkte mit einem gesundheitlichen Zusatznutzen verkaufen. Das Werbeversprechen wird aber meistens nicht eingelöst. [...] Und dann stellen wir eine permanente Verschlechterung der Fertigprodukte fest. Es werden immer mehr Aromen, Zusatzstoffe, Geschmacksverstärker, Konservierungsstoffe, Farbstoffe und Antioxidationsmittel eingesetzt. Das nimmt wirklich rapide zu [, denn es] verringert die Kosten.

[...] In Deutschland wird für Lebensmittel so wenig Geld ausgegeben wie in kaum einem anderen europäischen Land. Befördern die Verbraucher die Entstehung von Billigprodukten?
Das unterschiedliche Preisniveau von Deutschland und anderen Ländern liegt in erster Linie an der Einzelhandelsstruktur. Wir haben pro Kopf mehr Verkaufsfläche, dadurch einen härteren Preiskampf und Discounterstrukturen, wie es sie in keinem anderen europäischen Land gibt – deshalb sind die Lebensmittelpreise in Deutschland wesentlich niedriger als in anderen euro-

päischen Ländern. Das ist also der Grund für die niedrigeren Ausgaben, nicht der Geiz der Verbraucher. Hinzu kommt, dass der Verbraucher völlig berechtigt zum billigsten Produkt greift, wenn er Qualitätsunterschiede nicht erkennen kann. [...]

Wie kann sich der Verbraucher vor schlechten Produkten schützen?
Er ist relativ machtlos angesichts der Situation. Wenn das Gesetz vorsieht, dass man ganz legal Geschmacksverstärker einsetzen darf, ohne sie als solche zu bezeichnen, oder wenn eine Fruchtcremefüllung keine Spur von Frucht enthalten muss, dann müssen die Gesetze geändert werden. Der Weg führt nur über die grundlegende Veränderung der Spielregeln. [...] Das beste Beispiel ist die Nährwertkennzeichnung. Unsere Umfragen haben ergeben, dass 70 Prozent der Menschen gerne eine Ampel-Kennzeichnung haben wollen, die ihnen anzeigt, ob ein Produkt viel oder wenig Zucker, Fett oder Salz enthält ...

... und trotzdem ist die Ampel-Kennzeichnung [...] politisch tot.
[...] Das EU-Parlament hat sich gegen die Ampel entschieden, ganz im Sinne der Lebensmittelindustrie, die eine Milliarde Euro in ein Gegenmodell investiert hat. [...] Trotzdem: Die Probleme bestehen weiterhin. Und wenn die Verbraucher unwissend große Mengen von Zucker oder Geschmacksverstärkern konsumieren, dann muss die Gesellschaft für die gesundheitlichen und finanziellen Schäden bezahlen. [...]

Was muss sich ändern?
Der Industrie schwebt ja vor, dass die Kinder Werbekompetenz erlernen sollen, dass man ihnen also beibringt, wie sie Verbrauchertäuschung entlarven können. Das ist nicht unser Ansatz. Wir wollen schlichtweg Transparenz, Transparenz, Transparenz. Der Verbraucher muss wissen und erkennen können, was er kauft. [...]

Aber das zu ändern ist doch Aufgabe des Staates.
Genau. Und wir unterstützen ihn dabei.

Interview: Daniel Baumann, Frankfurter Rundschau, 13.8.2010

M 9 ● Verantwortung und (Ohn-)Macht der Verbraucher

Ethischer Konsum ist nicht erst seit der Erfindung der LoHas (Lifestyle of Health and Sustainability, in etwa: gesunder und nachhaltiger Lebensstil) in. Die Kirchen sind schon viel früher auf die Idee gekommen, die Folgen des Konsums zu hinterfragen. Mit Produkten, die über die Fairtrade-Organisationen vertrieben werden, soll das Geldausgeben sogar etwas Gutes bewirken. Der Dresdener Technikphilosoph Professor Bernhard Irrgang sagt, dass ethisches Verhalten von Verbrauchern wie Firmen der Gemeinschaft insgesamt zugute komme. Was ethisches Verhalten verhindere, seien meistens „kurzfristige Kosten-Nutzen-Analysen", stellt Irrgang fest. Die Einsicht in den langfristigen Nutzen ethischen Verhaltens werde bedroht von „tatsächlichen und vermeintlichen Sachzwängen".
Verbraucherproteste oder gar -boykotte sind oft erfolgreich, denn große Skandale „können sich die wenigsten Firmen heutzutage noch leisten", sagt Bernhard Irrgang. [...]
Zudem motivieren Nichtregierungsorganisationen Verbraucher zu koordinierten Boykotten. Das hat der Ölkonzern Shell Mitte der 1990er-Jahre zu spüren bekommen, als die Öl-Förderplattform Brent Spar im Meer versenkt werden sollte. Eine wochenlange Boykottkampagne veranlasste Shell, die Plattform an Land zu schleppen und dort auseinanderzunehmen. Inzwischen ist das Standard. [...] Auch die Un-

ternehmenspolitik kann schnell zum Thema für die Konsumenten werden: In Großbritannien gerieten sie heftig in Rage, nachdem ein Ausschuss des Unterhauses im Dezember einen Bericht veröffentlicht hatte, in dem den US-Unternehmen Google, Amazon und Starbucks ihre geringe Zahlungsmoral bei der Körperschaftsteuer zum Vorwurf gemacht wurde. [...] Wie sehr die Unternehmen durch die öffentliche Debatte aufgeschreckt wurden, lässt sich daran ablesen, dass Starbucks an einem Samstagabend – nicht unbedingt der typische Zeitpunkt für Unternehmensmitteilungen – verkündete, dass der Konzern seine Praxis bei der Abführung von Steuern in Großbritannien überdenken wolle. [...]

Die Vermutung liegt nahe, dass das Internet mit seinen Interaktionsmöglichkeiten und Rückmeldungskanälen die Welt etwas besser machen kann. Informationen sind einfach und schnell verfügbar und verärgerten Bürgern stehen unzählige Foren und Kommentarspalten zur Verfügung, um ihrem Unmut Luft zu machen. [...] [Allerdings:] Das Thema muss erst über die Bühnen der sozialen Netzwerke hinauskommen, um für Unternehmen wirklich bedrohlich zu werden. Dazu braucht es das Zusammenspiel alter und neuer Medien, sich gegenseitig verstärkende Aufmerksamkeitsströme. Erst wenn Fernsehen, Radio und Zeitungen mit auf den Zug aufspringen, wird aus einem Internet-Aufreger ein Image-Fiasko. Als der deutsche Amazon-Skandal in die US-Medien überschwappte, sah sich die sonst wortkarge Unternehmensleitung zu einer Stellungnahme gezwungen. [...] Auch das Apple-Imperium, das von einer breiten, fast fanatisch begeisterten Fan-Community getragen wird, scheint immun gegen Kritik zu sein. Zwar reißen Berichte über menschenunwürdige Arbeitsbedingungen in chinesischen Zulieferfabriken nicht ab, doch zu Umsatzeinbrüchen hat das bislang nicht geführt. [...]

Der Einzelne kann daran offenbar wenig ändern - trotz Sichtbarkeit und Lautstärke, trotz Twitter und Youtube.

Was die desillusionierten Verbraucher übersehen, ist eine ebenso alte wie banale Geschäftsweisheit: Es gibt keine effektivere Abstimmung als die mit den Füßen. Solange die Nutzer meckern, aber den eingeführten Marken trotzdem weiter treu bleiben, können Konzerne sich durchmogeln: Es gibt PR-Strategien für den Cybernotfall, es gibt Social-Media-Berater, die sich um Dialogsimulationen in sozialen Netzwerken bemühen. Parallel dazu wird an Lippenbekenntnissen gefeilt, die gut klingen und wenig versprechen.

Gut, wenn es Nervensägen gibt, die sich davon nicht beeindrucken lassen. Greenpeace oder der BUND, die den Ressourcenverbrauch zum Thema machen. [...] Diese Aktivisten sind auf Internet, soziale Medien und die Macht der Empörung angewiesen. Vor allem aber auf Verbraucher, die Worten Taten folgen lassen. Wenn Nutzerzahlen und Umsätze einbrechen, werden Produktions- und Geschäftsbedingungen womöglich geändert.

Dagmar Dehmer/Astrid Herbold/Albrecht Meier, Der Tagesspiegel, 1.3.2013

Aufgaben

1. Stellen Sie die Argumente der unterschiedlichen Positionen aus M 7 und M 8 gegenüber.
2. Entwickeln Sie Ideen, mit welchen staatlichen Maßnahmen die von Thilo Bode im Interview M 8 geforderte Transparenz im Lebensmittel- und Agrarsektor erreicht bzw. verbessert werden könnte.
3. Erläutern Sie die Verantwortung der Verbraucher und wie Sie dieser gerecht werden können (M 9).

H zu Aufgabe 3
Erklären Sie, unter welchen Bedingungen die Verbraucher ihre Macht entfalten können (M 9).

4.2.4 Konzeptionen der Verbraucherpolitik

M 10 ● Entwicklung der Ansätze der Verbraucherpolitik

Die klassische Sichtweise: Wettbewerbspolitik als beste Verbraucher(schutz)politik
Das neoklassische Idealmodell des perfekten Wettbewerbs geht davon aus, dass Angebote und Preise im Wettbewerb bestimmt werden und sowohl die Anbieter als auch die Verbraucher über vollständige Informationen über alle am Markt befindlichen Produkte und deren Eigenschaften verfügen. Sowohl die Anbieter als auch die Verbraucher weisen überdies stabile Präferenzen auf und agieren rational nutzenmaximierend. In dieser Sichtweise stellt die Wettbewerbspolitik die beste Art der Verbraucher(schutz)politik dar. Denn die Wettbewerbspolitik bekämpft die Entstehung von Monopolen (durch das Kartellverbot und die Fusionskontrolle) und das Ausnutzen von Marktmacht (durch die Missbrauchskontrolle) und gewährleistet auf diese Weise eine Angebotsvielfalt und einen Preis-Leistungs-Wettbewerb. Nach dieser Sichtweise ist eine unabhängige Verbraucherpolitik überflüssig.

Das informations- und institutionsökonomische Modell: Erweiterung der wettbewerbsorientierten Verbraucherpolitik
Informationen [sind von] enormer Bedeutung für die Funktionsfähigkeit von Märkten und daher auch für die Verbraucherpolitik. Allerdings gilt der Lehrsatz nicht, wonach mehr Informationen für Verbraucherinnen und Verbraucher das Beste sind. Als Konsequenz werden daher zwei zentrale Handlungsempfehlungen ausgesprochen. Zum einen sollten Verbraucherinformationen als Politikinstrument bedächtiger eingesetzt werden. Denn sie eignen sich nicht zur Lösung jeglicher Verbraucherprobleme. Zum anderen sollten in den Fällen, in denen Verbraucherinformationen eingesetzt werden, eine Reihe von Faktoren berücksichtigt werden, die ihre Wirksamkeit erhöhen. Hierzu zählen etwa eine Kontrolle der Qualität der Informationen, die Art der Informationsdarstellung, die Verfügbarkeit von Anwendungen, die Verbraucher in der Informationsverarbeitung unterstützen, und die Existenz von Handlungsoptionen, damit sichergestellt ist, dass Verbraucherinnen und Verbraucher auch auf Grundlage der zur Verfügung gestellten Informationen handeln können. In der Verbraucherpolitik fand dies Niederschlag etwa in der Weiterentwicklung des Gesetzes gegen den unlauteren Wettbewerb (UWG), Publikationspflichten, dem Verbraucherinformationsgesetz, vergleichenden Warentests, Gütezeichen, Produktkennzeichnungen und dem Aufbau und der öffentlichen Förderung einer anbieterunabhängigen Verbraucherberatung.

Die Verhaltensökonomik: Ausrichtung am realen Verhalten von Verbraucherinnen und Verbrauchern
In jüngster Zeit werden das neoklassische und das informationsökonomische Modell durch Erkenntnisse aus der Verhaltensökonomik herausgefordert und ergänzt. Im Gegensatz zur Neoklassik und der Informationsökonomik geht die Verhaltensökonomik nicht davon aus, dass sich Menschen wie Supercomputer verhalten, die zu jeder Zeit aufwendige Kosten-Nutzen-Berechnungen durchführen. Vielmehr erkennt sie an, dass Menschen Handlungsrestriktionen unterliegen, die ihr Verhalten von dem eines vollständig rational und informiert handelnden Verbrauchers abweichen lassen. Hierzu zählen die Tatsache, dass Menschen ihre Fähigkeiten überschätzen, oft der Masse nachlaufen, sich von der Art und Weise beeinflussen lassen, wie Optionen dargestellt werden, und manchmal schlicht träge sind. Für die Verbraucherpolitik hat diese Sichtweise gravierende

Implikationen: Anstatt wie im klassischen Verständnis allein auf die Wettbewerbspolitik zu setzen und Verhaltensänderungen durch ein Mehr an Informationen und entsprechende Anreize zu erzielen, geht es verhaltensökonomisch basierten Politikansätzen darum, Entscheidungskontexte zu gestalten. Diese Ansätze finden sich etwa in Rückgabefristen, die es Verbraucherinnen und Verbrauchern ermöglichen, eine Konsumentscheidung kritisch zu reflektieren und ggf. zu revidieren, oder in der Ausgestaltung von Voreinstellungen. So macht es einen Unterschied, ob ein Häkchen für die Einwilligung in die Nutzung von persönlichen Daten für Werbezwecke im Internet bereits gesetzt ist oder von Verbraucherinnen und Verbrauchern erst gesetzt werden muss.

Über marktbasierte Ansätze hinaus: die soziale Gebundenheit des Konsums
Verbraucherpolitik darf nicht lediglich als ein „Anhängsel" der Wirtschafts- und Wettbewerbspolitik gesehen werden. Die Kosten eines umweltschädigenden Konsums sind zu niedrig, da die Kosten eines solchen Konsums auf die Allgemeinheit verlagert und damit externalisiert werden. Hierdurch wird eine Vielzahl nicht nachhaltiger Konsumgüter subventioniert. Dies führt dazu, dass mehr von ihnen produziert und konsumiert wird, als es der Fall wäre, wenn Produzenten und Konsumenten die vollen Kosten tragen müssten. Hieraus folgt u. a., dass sich die Verbraucherpolitik auch mit den sozialen Voraussetzungen und den ökologischen Grenzen des Konsums und folglich mit der Frage des Verhältnisses zwischen Staat und Markt auseinandersetzen muss. Denn letztlich ist der Verbraucher auch ein Bürger. Dieser sollte in einer demokratisch verfassten sozialen Marktwirtschaft darüber befinden, wie dafür gesorgt werden kann, dass der Konsum die Lebenschancen zukünftiger Generationen nicht gefährdet. Auch sollten die Bürger darüber entscheiden, wie Angebote insbesondere der öffentlichen Daseinsvorsorge (Alterssicherung, Gesundheit, Pflege oder Bildung) verfasst sind. Die Verbraucherpolitik muss sich auch und gerade im Rahmen von Verbraucher- und Bürgerbildung darum kümmern, ein Verständnis dafür zu vermitteln, dass Konsum sozial verwurzelt ist. D. h., dass die Bürgerinnen und Bürger in einer Demokratie darüber entscheiden, ob bestimmte Leistungen über den Markt oder Staat zur Verfügung gestellt werden. Ferner sollte ihnen bewusst gemacht werden, dass sie selbst durch ihre Entscheidungen über den Kauf eines Produktes, eine Eigenproduktion oder einen Konsumverzicht einen maßgeblichen Einfluss auf die Ausgestaltung von Märkten nehmen.

Christian Thorun, Friedrich Ebert Stiftung, Verbraucherpolitik, Juni 2014, S. 15

Konsumentensouveränität
Verbraucher steuern Produktion und Angebot; Kauf als „Stimmabgabe".

↔

Produzentensouveränität
Anbieter bestimmen das Angebot und steuern Bedürfnisse durch Marketingmaßnahmen.

Autorengrafik

Aufgaben

1. Ordnen Sie die in M 7 und M 8 vertretenen Positionen begründet den in M 10 vorgestellten Ansätzen der Verbraucherpolitik zu.
2. Erörtern Sie die Aussage, dass das Leitbild der Konsumentensouveränität realitätsfremd sei (M 10).
3. Die Preiserhöhung des Medikaments Daraprim um 5.500 % wäre in Deutschland nicht möglich (vgl. „Kompetenzen anwenden" am Ende des Kapitels 2.2). Bewerten Sie diese Aussage vor dem Hintergrund des Verbraucherschutzes in der Sozialen Marktwirtschaft.

F Analysieren Sie die Bedingungen auf dem Mietwohnungsmarkt vor dem Hintergrund des Verbraucherschutzes. Recherchieren Sie dazu nach staatlichen Regelungen, die das Verhältnis von Mieter und Vermieter bestimmen. Beurteilen Sie die Aussage, dass der Staat den Mietwohnungsmarkt zu stark regelt. Sie können dabei auf die Materialien aus Kap. 2.1 und Kap. 2.2 zurückgreifen. Vergleichen Sie ggf. Ihre Beurteilung mit der Erörterung von Beginn des Kapitels 2 oder vom Ende des Unterkapitels 2.2.

ORIENTIERUNGSWISSEN

Der Konsument in der Marktwirtschaft
M 1, M 2

In einem marktwirtschaftlichen System haben Konsumenten und Produzenten unterschiedliche ökonomische Interessen. Die Verbraucher richten ihr Verhalten auf die optimale Befriedigung ihrer Bedürfnisse aus. Das Verhalten der Unternehmen zielt auf Gewinnmaximierung. Informationsasymmetrien zwischen Anbietern und Nachfragern können dazu führen, dass die Effizienz des Marktmechanismus eingeschränkt ist. Im Idealfall entscheiden die Konsumenten durch ihr rationales Kaufverhalten über die angebotenen Produkte. Diese Sichtweise von der Souveränität der Konsumenten setzt allerdings voraus, dass die Verbraucher über die Produkteigenschaften ausreichend bzw. vollständig informiert sind. Es müssen also Markttransparenz und ein freier Wettbewerb der Anbieter herrschen. Eine andere Sichtweise geht davon aus, dass die Anbieter aufgrund ihres Informationsvorsprungs über die Produktqualität, ihrer möglicherweise dominierenden Marktposition, mangelnder Markttransparenz oder aggressiver Marketingstrategien den Konsumenten strukturell überlegen sind.

Verbraucherpolitik: Ziele, Träger, Instrumente
M 4 – M 9

Neben den privaten Verbraucherorganisationen übernimmt deshalb der Staat die Aufgabe, die Position der Verbraucher zu stärken. Hier ist aufgrund des europäischen Binnenmarkts insbesondere die Europäische Kommission mit zahlreichen Verordnungen und Richtlinien aktiv geworden. Ergänzt bzw. konkretisiert wird die Verbraucherpolitik der EU durch die nationale Verbraucherpolitik in Deutschland.
Ziele der Verbraucherpolitik sind der Schutz vor Irreführung durch die Anbieter ebenso wie der Schutz vor einer Schädigung der Gesundheit. Die ökonomischen Interessen der Verbraucher sollen auch durch den Schutz vor unlauteren Verkaufspraktiken, einer Pflicht zur Wiedergutmachung von erlittenen Schäden durch die Anbieter, und möglichst angemessener Information über Produkte und Dienstleistungen gewährleistet werden. Ziel des Verbraucherschutzes ist es auch Vereinigungen von Verbrauchern zu ihrer Interessenvertretung und den nachhaltigen Konsum zu fördern. Dazu werden von der EU oder Deutschland Gesetze und Verordnungen erlassen (z. B. Lebensmittelkennzeichnungsverordnung, Gesetz gegen unlauteren Wettbewerb usw.). Darüber hinaus schaffen Einrichtungen wie die Verbraucherzentralen, die Stiftung Warentest sowie andere nichtstaatliche Organisationen eine größere Markttransparenz und erziehen den Verbraucher durch Aufklärung und Information zu kritischem Konsumverhalten.

Konsumenten- und Produzentensouveränität
M 10

Geht man davon aus, dass die Verbraucher über ihr Nachfrageverhalten das Angebot bestimmen, so reicht ein funktionierender Wettbewerb aus, um die Verbraucherinteressen zu befriedigen (Konsumentensouveränität). Wettbewerbspolitik ist dann die beste und einzig notwendige Verbraucherpolitik. Dem steht die Auffassung gegenüber, dass die Anbieter über Marketing die Nachfrage steuern und allein nach ihren Interessen das Angebot bestimmen (Produzentensouveränität).

4.2 Die Stellung des Verbrauchers auf dem Markt

ORIENTIERUNGSWISSEN

Konzeption der Verbraucherpolitik
M 10

Aufgrund der Erforschung von Informationsasymmetrien auf Märkten wurde der Ansatz der wettbewerbsorientierten Verbraucherpolitik um die zentrale Forderung der besseren Information der Verbraucher erweitert. Der strukturelle Nachteil der Konsumenten bezüglich der Eigenschaften der angebotenen Waren und Dienstleistungen müsse ausgeglichen werden. Die Erkenntnis, dass Konsumenten sich häufig nicht ausschließlich rational verhalten (vgl. Kritik am Verhaltensmodell des Homo Oeconomicus), führte dazu, dass Verbraucherpolitik sich auch mit den Kontexten von (Kauf-)Entscheidungen befasst. Hier spielt z. B. das Widerrufsrecht bei Online-Käufen ebenso eine Rolle, wie die Gestaltung der Abfrage auf Webseiten, ob persönliche Daten zu Werbezwecken genutzt werden können. Angesichts dessen, dass umweltschädigender Konsum allen Konsumenten schadet, muss die Förderung nachhaltigen Konsums als Teil der Verbraucherpolitik gelten. Verbraucherpolitik in der Sozialen Marktwirtschaft muss sich auch mit der Frage beschäftigen, welche Leistungen die Bürger über den Markt und welche sie über den Staat zur Verfügung gestellt bekommen sollen.

Verbraucherpolitik in der Sozialen Marktwirtschaft

In der Sozialen Marktwirtschaft wird sich Verbraucherpolitik zwischen den beiden Extremen, Konsumenten- und Produzentensouveränität, bewegen. Der Staat kann im Rahmen der Verbraucherpolitik zu marktkonformen und marktkompensatorischen Maßnahmen greifen. Diese können z. B. in unabhängiger Verbraucherinformation und Selbstverpflichtungen der Anbieter oder Kennzeichnungspflichten bestehen. Sie können aber auch eine stärkere Kontrolle des Anbieterverhaltens oder starke Regulierungen des Marktes umfassen, wie dies z. B. auf dem Markt für Medikamente der Fall ist.

- Selbstverpflichtungen: McDonald's, Iglo und einige der weltgrößten Fischereiunternehmen verpflichten sich, auf den Fang und Verkauf von Fisch aus gefährdeten Gewässern zu verzichten.
- Kennzeichnungspflichten: Kennzeichnungspflicht für gentechnisch veränderte Lebensmittel
- Kontrolle: Kontrolle des Kraftstoffverbrauchs bei Fahrzeugen
- Marktregulierung: Die Marktregulierung im Telekommunikationsmarkt ist u. a. den Zielen der Sicherstellung eines chancengleichen Wettbewerbs und der Förderung nachhaltig wettbewerbsorientierter Märkte zum Nutzen der Verbraucher verpflichtet.

Volkswagen-Skandal: finanzielle Risiken für Verbraucher

Der VW-Konzern in Schieflage: Der Automobilhersteller hat Autos mit Dieselmotoren des Typs EA 189 so manipuliert, dass sie nur auf dem Prüfstand die Abgasgrenzwerte einhielten, auf der Straße aber erheblich mehr Schadstoffe ausstießen. Weltweit sind elf Millionen Fahrzeuge betroffen, die meisten davon in Europa.

Nach: Die Zeit, VW-Affäre

2,4 Millionen Halter von Fahrzeugen des Volkswagen-Konzerns, die von den Abgasmanipulationen betroffen sind, müssen ihre Autos zur Umrüstung in die Werkstatt bringen. „Volkswagen hat das Vertrauen von Verbraucher weltweit missbraucht und diese über die Umwelteigenschaften ihrer Autos massiv getäuscht. Politik und Wirtschaft sind gefordert, für Wahrheit und Klarheit beim Autokauf zu sorgen", so der Vorstand des Verbraucherzentrale Bundesverbands (vzbv), Klaus Müller. Verbrauchertäuschung dürfe nicht zum Schaden der Verbraucher führen [...]

Auch wenn Volkswagen die Kosten der Umrüstung zahlen muss, bleiben für betroffene PKW-Halter Kostenrisiken. Ein Rechtsgutachten im Auftrag des vzbv schließt nicht aus, dass Verbraucher auf Folgekosten des Rückrufs sitzen bleiben, etwa wenn sie während der Reparatur einen Ersatzwagen benötigen, einen Verdienstausfall haben oder das Auto infolge der Umrüstung Mängel aufweist. Diese können auftreten, wenn das Fahrzeug nach der Umrüstung mehr Kraftstoff verbraucht, weniger Leistung erbringt oder auch der Wiederverkaufswert sinkt.

„Volkswagen muss als Verursacher auch Folgekosten wie Ersatzwagen, Verdienstausfall oder auch bei Mängeln die Kosten tragen. Verbraucher dürfen nicht auf dem Schaden sitzen bleiben, den ihnen Volkswagen beschert hat", so Klaus Müller.

Problematisch ist laut Gutachten auch, dass Gewährleistungsansprüche gegen den Autohändler bereits nach zwei Jahren verjähren. Diese Frist ist bei vielen der betroffenen Fahrzeuge bereits abgelaufen. Für weiterreichende Schadensersatzansprüche nach Deliktsrecht müssten Verbraucher den Nachweis erbringen, dass Volkswagen gegen Schutzgesetze verstoßen hat, etwa gegen den Betrugstatbestand oder durch vorsätzliche und sittenwidrige Täuschung. Diesen Nachweis zu erbringen, wird für Verbraucher schwierig, weil sie keinen Einblick in interne Vorgänge des Unternehmens haben.

Der vzbv fordert, dass das Kraftfahrtbundesamt (KBA) anordnet, dass alle Folgekosten durch VW zu tragen sind, also auch Kosten für Ersatzwagen, Verdienstausfall und Wertminderung des PKW infolge der Umrüstung. Das KBA müsse die Ergebnisse seiner Untersuchungen öffentlich machen, damit Verbraucher sich hierauf bei Rechtsstreitigkeiten beziehen können. Nur so können sie im Zweifel vor Gericht erfolgreich für Schadensersatz streiten.

Verbraucherzentrale Bundesverband, 2.11.2015

Aufgaben

1. Recherchieren Sie die aktuelle Entwicklung des VW-Abgas-Skandals in Deutschland/Europa sowie den USA und stellen Sie die Unterschiede übersichtlich dar.
2. Beurteilen Sie die Forderungen des Bundesverbands der Verbraucherzentralen.

4.3 Markt und Umwelt

4.3.1 Die Gefährdung der Erde als Ökosystem

M 1 ● **Über dem Limit?**

Der Slogan auf dem Eiffelturm soll dem im Rahmen der UN-Klimakonferenz in Paris 2015 beschlossenen 1,5 °C-Klimaziel Nachdruck verleihen.

SPIEGEL: Bundeskanzlerin Angela Merkel verkündet regelmäßig, alles dafür tun zu wollen, um die Erwärmung der Erdatmosphäre auf zwei Grad zu begrenzen. Was macht Sie so sicher, dass sich dieses Ziel gar nicht mehr erreichen lässt?
Geden: Klimaforscher haben eine Höchstmenge an Treibhausgasen errechnet, die wir bis zum Ende des Jahrhunderts in die Luft pusten dürften, um das Zwei-Grad-Ziel noch einzuhalten. Weil die Emissionen aber in den vergangenen Jahren immer weiter zunahmen, ist das zulässige Budget derweil so sehr geschrumpft, dass die Menschheit bereits nach dem Jahr 2044 kein CO_2 mehr ausstoßen dürfte. Das ist vollkommen unrealistisch. Das Zwei-Grad-Ziel ist längst zu einem Ersatz für wirkliches politisches Handeln geworden.
SPIEGEL: Ihre Erwartungen an die diesjährige Weltklimakonferenz in Paris sind demnach gering?
Geden: Die Lücke zwischen den für Paris zu erwartenden Zusagen der Staaten und dem, was für das Erreichen des Zwei-Grad-Ziels notwendig wäre, wird riesig sein. Folglich werden die Klimaverhandler viele Rechentricks anwenden, die ich für sehr dubios halte.
SPIEGEL: Woran denken Sie dabei?
Geden: Man überzieht das Budget und versucht, die Klimaschulden später mit negativen Emissionen zurückzuzahlen. Dahinter verbergen sich Technologien, um die Klimasünden von heute nachträglich zu korrigieren. Eine Möglichkeit bestünde beispielsweise darin, schnell wachsende Bäume anzupflanzen, die das Kohlendioxid aus der Erdatmosphäre herausfiltern. Anschließend verbrennt man ihr Holz in Kraftwerken, scheidet das CO_2 aus den Abgasen ab und pumpt es in Lagerstätten unter die Erde. So würde die Menschheit der Erdatmosphäre sogar wieder Treibhausgase entziehen.
SPIEGEL: Nach Vorbild der Natur, wo einst im Laufe von Jahrmillionen aus Biomasse Kohle wurde?
Geden: Das wäre sogar ein zweites Verfahren, die Herstellung von Pflanzenkohle. Mithilfe solcher Negativemissionen schaffen es die Klimaökonomen, den Klimapolitikern vorzurechnen, wie sich das Treibhausgas-Budget doch noch einhalten ließe. Aber es ist ein Taschenspielertrick. Was die Befürworter verschweigen, ist die Landfläche, die man für die veranschlagten Negativemissionen benötigen würde: rund 500 Millionen Hektar - das entspricht der eineinhalbfachen Fläche Indiens.
SPIEGEL: Das klingt nicht sehr realistisch.
Geden: Viele Entwicklungsländer würden einen Aufstand machen, wenn von ihnen verlangt werden würde, auf vielen Flächen nicht Nahrung anzubauen, sondern Bäume für die Speicherung von CO_2. Oder denken Sie nur daran, wie schwer es ist, politisch durchzusetzen, Kohlendioxid in der Tiefe

Hybris
Überheblichkeit; Hochmut

endzulagern. In Deutschland lief die Bevölkerung Sturm dagegen, die Forschung ist zum Erliegen gekommen. Man könnte Negativemissionen auch politische Science-Fiction nennen. Die Wissenschaftler könnten ebenso gut annehmen, dass im Jahr 2070 grüne Männchen als Klimaretter auf der Erde landen und das Kohlendioxid aus der Atmosphäre saugen.

SPIEGEL: Der Potsdamer Physiker Hans-Joachim Schellnhuber, der die Idee von Negativemissionen propagiert, ist der engste Klimaberater der Kanzlerin. Hat Frau Merkel die falschen Ratgeber?

Geden: Die Öffentlichkeit müsste Schellnhuber fragen: 500 Millionen Hektar, wie machen wir das eigentlich? Wenn er die Bedingungen nennen müsste, die an das Erreichen des Zwei-Grad-Ziels geknüpft sind, dann würde die Politik davon Abstand nehmen. Zum Glück fühlen sich viele Klimaforscher inzwischen unwohl damit, dass der Anteil der Negativemissionen in den Berechnungen steigt und steigt.

SPIEGEL: Schaden die Rechentricks dem Ansehen der Klimaforschung?

Geden: In der Tat leidet die Qualität der Wissenschaft darunter. Vor fünf, sechs Jahren war es noch Konsens, dass mehr als drei Prozent Treibhausgasminderung pro Jahr nicht realistisch ist. Dann aber sind die Emissionen so stark gestiegen wie nie – und nun auf einmal behauptet der Weltklimarat IPCC, sechs Prozent seien machbar. Ausgerechnet in einer Phase, in der die CO_2-Emissionen stärker gestiegen sind als jemals zuvor, wächst also plötzlich der Optimismus, dass drastischere Einsparungen möglich wären. Und das alles nur, um die Zwei-Grad-Story am Leben zu halten.

SPIEGEL: Sie behaupten sogar, Klimaforscher, die der Regierung nach dem Mund redeten, erhielten mehr Drittmittel.

Geden: Lassen Sie es mich andersherum formulieren: All diejenigen Forscher, die bei diesem Spiel nicht mitmachen, sehen sich der Gefahr ausgesetzt, weniger Forschungsgelder und Gremienberufungen zu erhalten. Tendenziell sind diejenigen besser dran, die den Wünschen der Politik mit Studien und Modellen nachkommen. Wobei ich nicht allen unterstellen möchte, sie täten es wegen des Geldes. Viele Klimaforscher sind Idealisten und wollen die Welt retten; sie haben Angst davor, dass sich Fatalismus in der Klimapolitik breitmacht, wenn sie das Zwei-Grad-Ziel aufgeben.

SPIEGEL: Überschätzen sich manche Klimawissenschaftler?

Geden: Ihr Geltungsanspruch ist in der Tat einzigartig. Viele von ihnen glauben daran, das Erdsystem sei steuerbar, das ist Hybris. Der Wissenschaftliche Beirat Globale Umweltveränderungen hat 2011 im Kampf gegen die globale Erwärmung sogar eine große Transformation der Weltgesellschaft vorgeschlagen – es war das erste Werk, das nach dem Ende des Kommunismus die ganze Welt nach einem Plan umstrukturieren wollte. Auf eine solche Idee kommen heute nur noch Klimaforscher.

Oliver Geden ist Experte für Klimapolitik bei der Stiftung Wissenschaft und Politik in Berlin, welche die Bundesregierung in Fragen der Außen- und Sicherheitspolitik berät.

Oliver Geden, Der Spiegel 20/2015, 9.5.2015; das Interview führten Axel Bojanowski/Gerald Traufetter

M 2 ● Begriff und Nutzung der Umwelt

Allgemein versteht man unter Umwelt häufig den in einer bestimmten zeitlichen und räumlichen Situation bestehenden Zustand natürlicher Lebensgrundlagen, nämlich der Umweltmedien Wasser, Luft, Boden einschließlich der Tier- und Pflanzenwelt, der Landschaft und der Bodenschätze. Solche Definitionen werden operationaler, wenn man die Umwelt als natürliche Ressource erfasst, die umfangreiche Nutzungen in verschiedener Form zulässt:

- **Umwelt als Konsumgut**
  Umwelt versorgt die Menschen mit lebenswichtigen Gütern wie Luft und Wasser und bietet Erholung und Freizeitaktivitäten.

- **Umwelt als Produktionsfaktor**
  Die Umwelt liefert Rohstoffe, die als Input in den Produktionsprozess eingehen, wie Wasser, Bodenschätze oder Energie, und sie umfasst den Boden als Produktionsfläche.

- **Umwelt als Aufnahmemedium für Schadstoffe**
  Schadstoffe wie Abwässer, Müll, Strahlungen oder Disprodukte, wie Lärm und Überhitzungen, werden von der Umwelt aufgenommen und zum Teil absorbiert.

In diesen Dimensionen gibt die Umwelt Leistungen ab, die im Prinzip über den Preis als optimales Informationskonzentrat zugeteilt und rationiert werden sollten, aber diese Preise gibt es nicht. Warum kommt es zu einer Überbelastung der Umwelt?

Es können im Wesentlichen zwei Kategorien von Ursachen ausgemacht werden:

- die entwicklungsbedingte Zunahme der Produktion und

- das Versagen des Preismechanismus.

Für die entwicklungsbedingte Zunahme der Produktion ist das Bevölkerungswachstum zwar nicht notwendigerweise, aber faktisch von entscheidender Bedeutung. [...] Ende 2009 lebten gut 6,8 Milliarden Menschen auf der Erde und nach dem US-Bericht Global 2000 ist für das Jahr 2025 mit einer Bevölkerung von etwa 8 Milliarden zu rechnen. Es ist einleuchtend, dass sich aus dieser Entwicklung erhebliche Umweltprobleme ergeben. Denn zum einen muss die Nahrungsmittelproduktion durch intensive Bodennutzung sowie eine Ausdehnung der Anbaufläche erhöht werden. Gefahren wie Erosion, Verkarstung, Versalzung, Zunahme von Düngemitteln und der Einsatz von Schädlingsbekämpfungsmitteln sind die Folge. Zum anderen wird auch die industrielle Produktion erhöht werden müssen, z. B. für Kleidung und Wohnung, für Verkehrsmittel und langlebige Konsumgüter. Mit der steigenden Produktion von Gütern geht ein steigender Verbrauch von Energie, Rohstoffen und Umwelt einher. Und schließlich entstehen auch mehr Abfälle und Schadstoffe, deren ordnungsgemäße Entsorgung immer schwieriger wird. Es ist aber zu fragen, warum der zunehmende Verbrauch der knappen Umwelt nicht durch den Preismechanismus gesteuert wird. Die Antwort gibt die ökonomische Analyse der Ursachen.

Ulrich Baßeler/Jürgen Heinrich/Burkard Utecht, Grundlagen und Probleme der Volkswirtschaft, 19. Aufl., Stuttgart 2010, S. 906 ff.

Aufgaben

1. Arbeiten Sie heraus, wie es kommt, dass Politiker und Forscher die Illusion nähren, die globale Erwärmung ließe sich noch auf zwei Grad begrenzen (M 1).
2. Recherchieren Sie weitere Informationen zu den in M 1 genannten Umweltproblemen und beschreiben Sie Ursachen und Folgen. Stellen Sie die Ergebnisse mit Hilfe einer geeigneten Visualisierung dar.
3. Erläutern Sie den Nutzen der Umwelt für die Wirtschaft an selbst gewählten Beispielen (M 2).
4. Stellen Sie dar, wie die entwicklungsbedingte Zunahme und Intensivierung der Produktion zu einer steigenden Beeinträchtigung der Umwelt führt (M 2).

4.3.2 Ökonomie versus Ökologie: Warum versagt der Markt beim Umweltschutz?

M 3 ● The tragedy of the commons

The tragedy of the commons develops in this way. Picture a pasture open to all. It is to be expected that each herdsman will try to keep as many cattle as possible on the commons.
5 Such an arrangement may work reasonably satisfactorily for centuries because tribal wars, poaching, and disease keep the numbers of both man and beast well below the carrying capacity of the land. Finally, howe-
10 ver, comes the day of reckoning, that is, the day when the long-desired goal of social stability becomes a reality. At this point, the inherent logic of the commons remorselessly generates tragedy.
15 As a rational being, each herdsman seeks to maximize his gain. Explicitly or implicitly, more or less consciously, he asks, „What is the utility to me of adding one more animal to my herd?" This utility has
20 one negative and one positive component.
1) The positive component is a function of the increment of one animal. Since the herdsman receives all the proceeds from the sale of the additional animal, the posi-
25 tive utility is nearly +1.

2) The negative component is a function of the additional overgrazing created by one more animal. Since, however, the effects of overgrazing are shared by all the herds- 30 men, the negative utility for any particular decision-making herdsman is only a fraction of -1.
Adding together the component partial utilities, the rational herdsman concludes that the only sensible course for him to 35 pursue is to add another animal to his herd. And another; and another... But this is the conclusion reached by each and every rational herdsman sharing a commons. Therein is the tragedy. Each man is locked 40 into a system that compels him to increase his herd without limit – in a world that is limited. Ruin is the destination toward which all men rush, each pursuing his own best interest in a society that believes in 45 the freedom of the commons. Freedom in a commons brings ruin to all.

Garrett Hardin, The Tragedy of the Commons, in Science, 13.12.1968

M 4 ● Umweltschäden als Folge negativer externer Effekte

Bei der Darstellung des Marktmechanismus sind wir davon ausgegangen,
- dass jeder Produzent für die von ihm beanspruchten Inputs einen Preis bezahlen
5 muss und dass er für die von ihm produzierten Güter einen Preis erzielen kann,
- dass damit auch jeder Konsument für die von ihm konsumierten Güter einen Preis bezahlen muss.
10 Im Fall der öffentlichen Güter sind diese fundamentalen Annahmen nicht mehr erfüllt.
Wenn wir mit dem Flugzeug von Frankfurt nach New York fliegen, werden wir nicht mit den Kosten belastet, die dadurch für 15 die Umwelt entstehen. Die *privaten Kosten* des Flugs sind also geringer als die insgesamt anfallenden Kosten, zu denen neben den Kosten der Fluggesellschaft auch die mit dem Flug verbundenen Umweltbelas- 20 tungen zählen. Die gesamten Kosten, die mit wirtschaftlichem Handeln verbunden sind, werden als *soziale Kosten* bezeichnet. Wenn die sozialen Kosten höher sind als die privaten Kosten, spricht man davon, 25 dass *negative externe Effekte (NEE)* bestehen. Probleme mit negativen externen Effekten treten vor allem bei der Nutzung

natürlicher Ressourcen auf, für die (noch) kein Ausschluss praktiziert wird. [...]

Negative und *positive externe Effekte* beruhen also auf der Tatsache, dass für bestimmte Güter (Inputs oder Outputs) kein Preis gefordert werden kann. Sie sind allgemein wie folgt definiert:

negative externe Effekte = soziale Kosten - private Kosten,

positive externe Effekte = soziale Erträge - private Erträge.

„Externe Effekte" stellen somit einen fundamentalen Organisationsdefekt des Marktes dar. Dies soll am Beispiel der Produktion eines umweltbelastenden Gutes verdeutlicht werden. Das *Schaubild* zeigt, dass in diesem Fall die sozialen Grenzkosten der Produktion des Gutes höher liegen als die privaten Grenzkosten. Die Unternehmen richten ihr Angebot allein an ihren privaten Grenzkosten aus, so dass sich im Gleichgewicht die Menge x_o und der Preis p_o ergeben. Es entsteht somit ein negativer externer Effekt, der sich als Differenz zwischen den aggregierten sozialen Grenzkosten und dem Marktpreis ergibt. Gesamtwirtschaftlich ist dies deshalb von Nachteil, weil zum Preis von p_o Konsumenten das Gut konsumieren, die diesem einen Wert beimessen, der geringer ist als seine (sozialen) Kosten. [...]

Sowohl bei positiven wie bei negativen externen Effekten kommt es also zu einem Marktversagen. Während im Fall negativer externer Effekte ein übermäßig hoher Verbrauch öffentlicher Güter stattfindet, kommt es im Fall positiver externer Effekte dazu, dass das Angebot eines öffentlichen Gutes völlig unterbleibt (oder zu gering ausfällt), obwohl es allen Beteiligten mehr wert ist als die zu seiner Erstellung erforderlichen Kosten.

Externe Effekte sind eine wichtige Rechtfertigung dafür, dass sich der Staat auch in einer Marktwirtschaft nicht völlig aus dem Marktprozess zurückziehen kann. Er hat bei

- *positiven* externen Effekten die Aufgabe, die Produktion öffentlicher Güter sicherzustellen,
- *negativen* externen Effekten dafür zu sorgen, dass ein Raubbau an den davon betroffenen öffentlichen Gütern verhindert wird.

Peter Bofinger, Grundzüge der Volkswirtschaftslehre, 3. Aufl., München 2011, 259 ff.

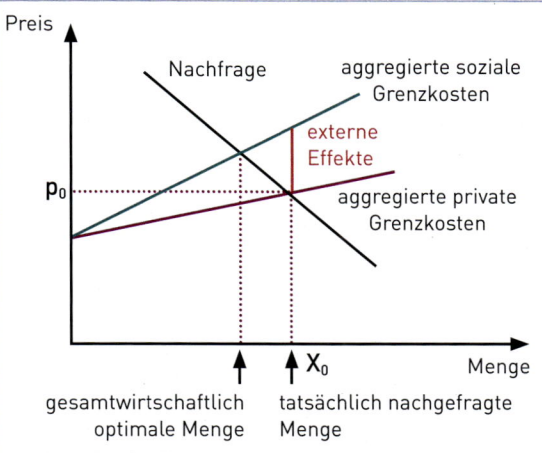

M 5 ● Öffentliche Güter

Konsum		Ausschluss-Prinzip	
		Ja	Nein
	Rivalisierend	Bier Wohnung Emission von CO_2 Autobahnbenutzung von Lkws (bei Staus)	Öffentliche Güter bei weitergefasster Definition: Umweltnutzung durch Straßenverkehr Autobahnbenutzung für Pkws (bei Staus)
	Nichtrivalisierend	Telekommunikationsnetze Autobahnbenutzung für Lkw (ohne Staus) Theater mit freien Plätzen	Öffentliche Güter im engeren Sinne: Innere Sicherheit Seuchenschutz Autobahnbenutzung für Pkws (ohne Staus)

Peter Bofinger, Grundzüge der Volkswirtschaftslehre, 3. Aufl., München 2011, S. 258

M 6 ● Externe Kosten des Straßenverkehrs

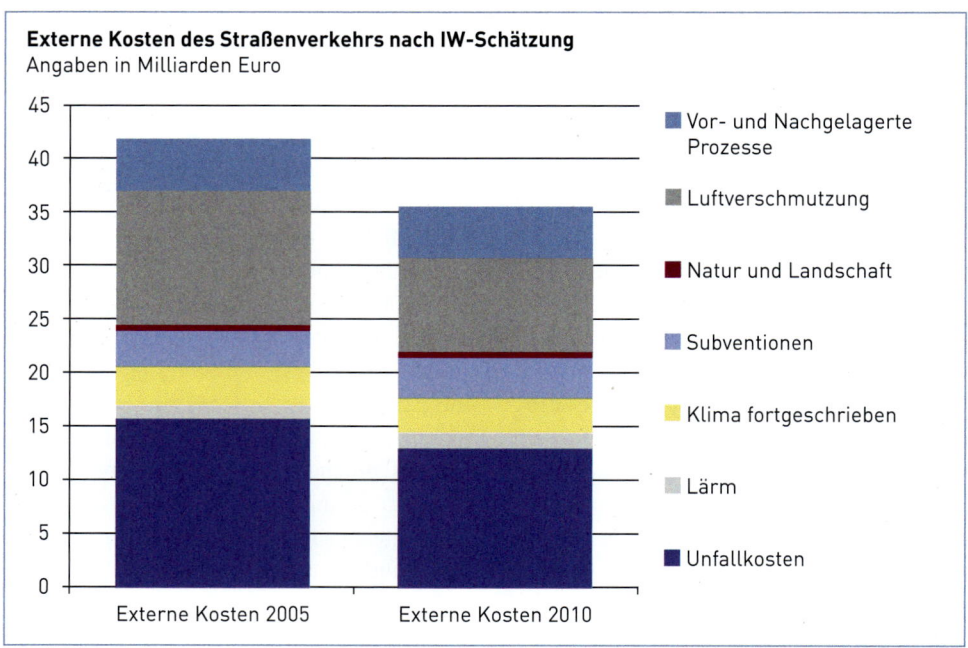

IW, Externe Kosten des Straßenverkehrs in Deutschland, Köln 2013, S. 7

Aufgaben

1. Der Titel von M 3, The Tragedy of the commons, wird mit Die Tragik der Allmende, nach der seit dem Mittelalter bekannten Wirtschaftsform im Gemeinschaftsbesitz, der Allmende, ins Deutsche übersetzt. Man spricht deshalb auch von den Weiden als sogenannten Allmende-Gütern. In M 4 und M 5 ist von öffentlichen Gütern die Rede. Erläutern Sie mit Hilfe der Materialien die Eigenschaften von Allmende-Gütern.

2. Gegeben sei eine Straße, die in einer Gegend liegt, in der zahlreiche Diebstähle vorkommen. Um sich einen besseren Schutz vor Diebstählen zu verschaffen, stellen einige Anlieger der Straße einen privaten Wachmann an. Überlegen Sie, was diese Maßnahme für die Sicherheit aller Anwohner in der besagten Straße bedeutet. Bedenken Sie insbesondere, wie sich diesmal Kosten und Nutzen auf die verschiedenen Anlieger der Straße verteilen (M 3, M 4).

3. Charakterisieren Sie das Gemeinsame der in M 3 und in Aufgabe 2 beschriebenen Situationen.

4. Beschreiben Sie, welche externen Effekte bei der Nutzung von Bundesautobahnen durch LKWs entstehen (M 6).

4.3.3 Marktwirtschaftliche Instrumente: Was kann man tun?

M 7 ● Internalisierung externer Effekte

Eine Umweltpolitik, die erfolgreich sein soll, [ergibt] sich dann, wenn [...] Produzenten und Konsumenten veranlasst werden, die gesamten gesellschaftlichen (Grenz-)Kosten ihres Handelns zu tragen. Dies geschieht, wenn diese Kosten internalisiert werden, sodass sie vom Produzenten in seine Kostenrechnung aufgenommen werden und sich dann auch in den Preisen niederschlagen. Dies ist der ökonomische Sinn des Verursacherprinzips: Nur dann, wenn auch die gesellschaftlichen Zusatzkosten in die betriebswirtschaftlichen Kalküle eingehen, haben die Unternehmen einen Anreiz, umweltschonende Technologien zu entwickeln und einzusetzen, und nur dann, wenn die Konsumenten als eigentliche Verursacher der Umweltbelastung auch mit den gesamten Kosten der von ihnen konsumierten Güter konfrontiert werden, haben sie einen Anreiz, Güter, bei deren Produktion oder Konsum die Umwelt vergleichsweise stark belastet wird, durch solche Güter zu substituieren, bei denen dies weniger geschieht. Überwälzung der Kosten für die Inanspruchnahme der Umwelt auf die Verbraucherpreise ist somit notwendig für eine wirksame Umweltpolitik.

Bruno S. Frey, Gebhard Kirchgässner, Demokratische Wirtschaftspolitik, 3. Aufl., München 2002, S. 232 f.

M 8 ● Umweltpolitische Instrumente – eine Übersicht

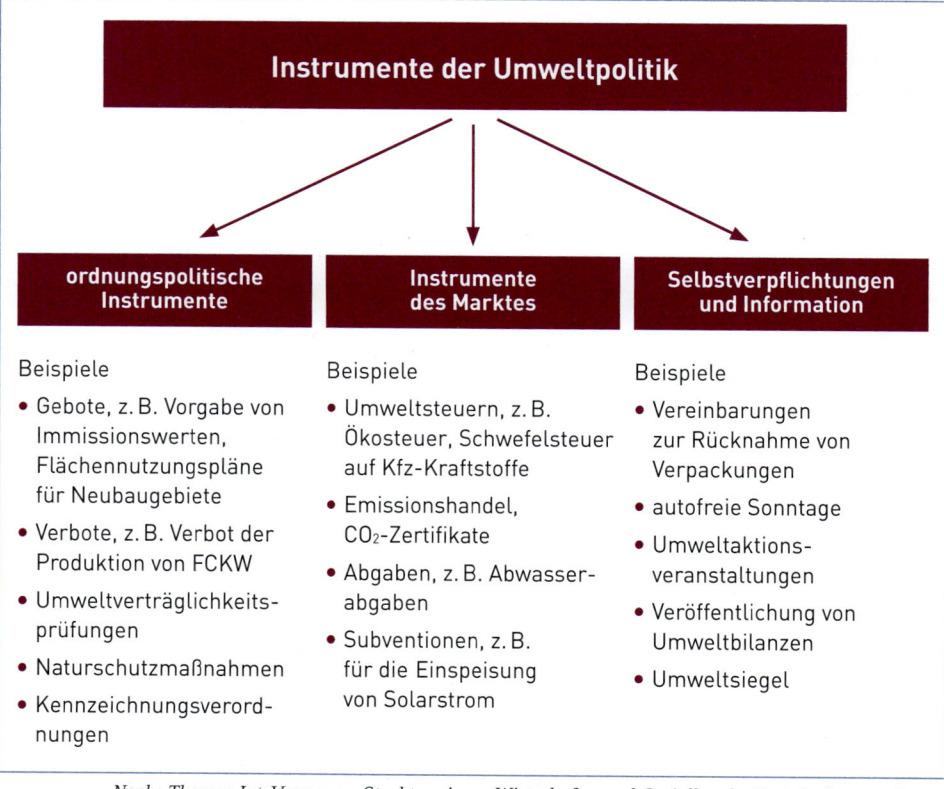

Nach: Thomas Int-Veen u.a., Strukturwissen Wirtschafts- und Sozialkunde, Troisdorf 2009, S. 124

Erklärfilm „Emissionshandel"

Mediencode: 8880-02

M 9 • Das Beispiel Emissionshandel

Nachdem die Wirtschaftswissenschaft das Problem der externen Effekte als ein Thema wahrgenommen hatte, das auch von ihrer Disziplin Lösungen forderte, entwickelte sie in kurzer Zeit einen ökonomischen Instrumentenpool zur Umweltpolitik. Die Ökonomie ist also nicht nur Teil des Problems, sondern sollte auch als Teil der Lösung gesehen werden. Unter den vorgeschlagenen Lösungsansätzen gilt bei vielen Ökonomen, aber auch Umweltschützern der Handel mit Emissionszertifikaten – zumindest in der Theorie – als idealtypisches Instrument, das auf effizientem Weg zu einer Verringerung der Umweltbelastung führt. Es ist außerdem das zentrale Werkzeug europäischer Klimaschutzpolitik.

Umweltpolitische Vorschläge von Ökonomen gehen immer davon aus, dass der Markt der geeignete Mechanismus zur effizienten Güterverteilung sei. Das sollte auch bei den Umweltmaßnahmen berücksichtigt werden. Es handelt sich typischerweise um sogenannte Preislösungen, bei denen sich der Preis eines Gutes um die Kosten der Umweltnutzung verteuert. Dies kommt durch Abgaben oder Steuern zustande. Die Verteuerung sollte bei den Produzenten und Konsumenten zu Ausweichprozessen hin zu umweltfreundlicheren Produktions- bzw. Konsumtionsweisen führen. Die Höhe der Abgabe oder Steuer wird politisch gesetzt. Hier liegt die Schwierigkeit offensichtlich darin, sie so zu fixieren, dass die gewünschte ökologische Wirkung erzielt wird. Das ist bei einer Mengenlösung nicht der Fall. Solche Maßnahmen orientieren sich an der ökologisch zulässigen Kapazitätsgrenze. Für Emissionen wird eine regional vertretbare Höchstgrenze festgelegt. Die Gesamtemissionsmenge wird in Form von Zertifikaten in Teilmengen, z. B. eine Tonne CO_2 je Zertifikat, aufgeteilt. Der Inhaber des Zertifikats besitzt das Recht, in dieser Höhe Emissionen an die Umwelt abzugeben; er ist gewissermaßen Inhaber eines Verschmutzungsrechtes.

Statt dieses Recht in Anspruch zu nehmen, kann er aber auch Emissionen einsparen und überschüssige Rechte auf dem Markt anbieten. Nachgefragt werden sie von Emittenten, deren Emissionsvermeidungskosten höher sind als der Preis, den sie für die benötigten Zertifikate zahlen. Wenn es politisch gewünscht ist, kann die Zahl der Zertifikate in vorgegebenen Zeitabständen verringert und damit die Umweltbelastung zurückgefahren werden. Emissionsrechte können zu einer nachhaltigen Umweltqualität führen und das auch noch kostenminimal.

Der Staat legt die Gesamtemissionsmenge fest, richtet eine Börse für den Zertifikatehandel ein und organisiert die Erstausgabe der Verschmutzungslizenzen. Die Form der Ausgabe ist umstritten. Sie könnte zu einem festgesetzten Preis oder mittels Versteigerung erfolgen. Ist der Preis allerdings zu niedrig, könnten Unternehmen Lizenzen zu Spekulationszwecken aufkaufen. Genauso könnten marktmächtige Unternehmen mehr Rechte kaufen oder ersteigern als sie brauchen, um unliebsame Konkurrenten zu verdrängen. Aus diesen Gründen, und weil die geschilderten Vorgehen juristisch problematisch sind – bestehende Anlagen sind genehmigt, auch wenn die Betreiber den Preis für die Zertifikate nicht aufbringen können – wird die kostenlose Zuteilung auf Basis einer vorausgegangenen Emissionsperiode (Referenzperiode) vorgeschlagen. [...] Rechtsgrundlage [für den Emissionshandel in der EU] ist die „Emissionshandelsrichtlinie vom 13.10.2003". Jeder Mitgliedsstaat regelt in einem „nationalen Allokationsplan" (NAP) die Vergabe seiner Zertifikate und errichtet die dazu notwendigen Behörden. Mit dieser Richtlinie setzte die EU insofern Maßstäbe, als sie das weltweit erste internationale System für den Handel mit CO_2-Emissionsrechten installierte.

Günther Seeber, Klimaschutz in Europa, D & E 54, 2007, S. 55 f.

M 10 ● Ein Marktplatz für Verschmutzungsrechte

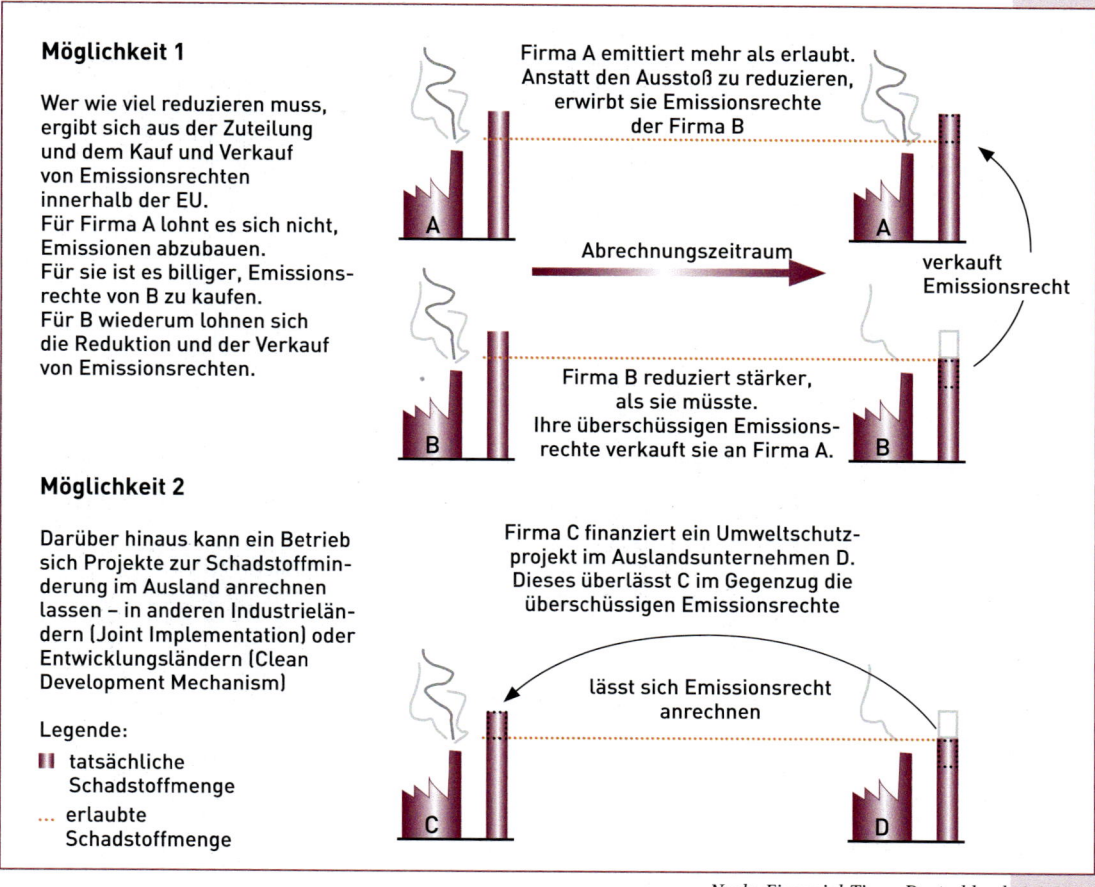

Möglichkeit 1

Wer wie viel reduzieren muss, ergibt sich aus der Zuteilung und dem Kauf und Verkauf von Emissionsrechten innerhalb der EU.
Für Firma A lohnt es sich nicht, Emissionen abzubauen. Für sie ist es billiger, Emissionsrechte von B zu kaufen.
Für B wiederum lohnen sich die Reduktion und der Verkauf von Emissionsrechten.

Möglichkeit 2

Darüber hinaus kann ein Betrieb sich Projekte zur Schadstoffminderung im Ausland anrechnen lassen – in anderen Industrieländern (Joint Implementation) oder Entwicklungsländern (Clean Development Mechanism)

Legende:
- tatsächliche Schadstoffmenge
- erlaubte Schadstoffmenge

Nach: Financial Times Deutschland, 3.9.2003

M 11 ● Und der Emissionshandel funktioniert doch

In der deutschen Energiepolitik gibt es gerade ziemlich viel Ärger. Eigentlich will die Bundesregierung gerade im Jahr von G-7-Gipfel und Pariser Klimakonferenz das Vorzeigeprojekt Energiewende in seinem besten Licht erscheinen lassen. Doch es läuft nicht nach Plan. Effiziente und damit klimafreundliche Gas- und Pumpspeicherkraftwerke operieren an der Grenze zur Wirtschaftlichkeit, während CO_2-intensive Braunkohlekraftwerke Strom produzieren, als gäbe es kein Morgen. Das Ziel, die deutschen CO_2-Emissionen bis zum Jahr 2020 um 40 Prozent gegenüber dem Niveau von 1990 zu reduzieren, ist in Gefahr. Um es doch noch zu erreichen, hat sich Wirtschaftsminister Sigmar Gabriel (SPD) eine Sonderabgabe für Braunkohlekraftwerke ausgedacht. Damit hat er nicht nur die Stromindustrie gegen sich aufgebracht. Auch die traditionell SPD-nahen Gewerkschaften sind auf dem Kriegspfad.
Diese Verwerfungen sind mittlerweile hinreichend bekannt. Weniger herumgesprochen hat sich außerhalb energiepolitischer Diskussionsrunden bisher, dass sie eng mit einem Mechanismus zusammenhängen, der eigentlich dasselbe Ziel verfolgt wie Gabriel mit seiner Kohleabgabe: dem europäischen Handel mit Emissionszertifikaten für klimaschädliche Gase wie CO_2. Die vermeintlich fehlerhafte Struktur dieses europäischen Emissionshandels dient den Unterstützern von Gabriels Vorhaben als

wichtiges Argument. Weil am Markt ein Überschuss an Zertifikaten herrscht, so die Logik, liegt der Preis für eine Tonne CO_2-Ausstoß mit aktuell sieben Euro viel zu niedrig. Das macht es billiger, Strom in CO_2-intensiven Braunkohlekraftwerken zu produzieren – und schadet damit effizienteren Produzenten wie den Betreibern von Gaskraftwerken. Der Emissionshandel versage, heißt es. Also seien zusätzliche Belastungen wie Gabriels Abgabe nicht nur gerechtfertigt, sondern notwendig.

So weit, so paradox. Aber ist der niedrige CO_2-Preis wirklich ein Zeichen dafür, dass der Emissionshandel nicht funktioniert? Auf ganz Europa bezogen, kann man das so nicht sagen. Es sind die Wechselwirkungen zwischen dem marktbasierten europäischen Emissionshandel und den eher planwirtschaftlichen Elementen der deutschen Energiewende, die zu unerwünschten Ergebnissen wie der hartnäckigen Profitabilität uralter Braunkohlekraftwerke führen. Die deutschen CO_2-Emissionen sinken weniger stark als gewünscht, weil sich die unterschiedlichen Systeme gegenseitig blockieren.

Um zu verstehen, warum das so ist, muss man sich klarmachen, wie der Emissionshandel funktioniert. Das System beruht auf einer simplen Idee namens „cap and trade": Der Ausstoß schädlicher Gase wie Kohlendioxid wird per Gesetz begrenzt. Gleichzeitig gibt man den Produzenten durch den Handel einen Anreiz, die Emissionen dort zu reduzieren, wo dies am günstigsten ist. Im europäischen Emissionshandel definiert die EU seit 2005 eine Höchstgrenze für erlaubte Emissionen, legt damit also fest, wie viel eingespart werden muss. Seit 2013 sinkt die Grenze jedes Jahr um 1,74 Prozent. Wie gespart wird, regelt der Markt: Für jede Tonne Kohlendioxid, die ein Unternehmen in die Luft bläst, muss es ein Zertifikat vorweisen. Durch den Handel mit den Zertifikaten entsteht ein Preis für Kohlendioxid. Hat ein Unternehmen das vorgegebene Ziel erreicht, kann es überschüssige Zertifikate verkaufen.

Das Ziel des Emissionshandelssystems ist es also, eine von Anfang an festgelegte Menge von CO_2 einzusparen – und nicht, einen möglichst hohen Preis für den Ausstoß des Gases zu erzielen. Um das zu erreichen, wäre eine CO_2-Steuer das bessere Instrument. Insofern ist ein niedriger Preis an sich kein Anzeichen dafür, dass der Emissionshandel versagt hat. Er könnte sogar auf den Erfolg des Systems hindeuten: Ein niedriger Preis legt eine geringe Nachfrage nach Zertifikaten nahe. Und das bedeutet, dass die Unternehmen die vorgegebenen Sparziele einhalten.

Tatsächlich deutet im Moment viel darauf hin, dass die EU-Mitgliedstaaten ihr angestrebtes CO_2-Sparziel bis zum Jahr 2020 erreichen werden. „Europa ist der einzige Ort auf der Welt, wo die Emissionen bisher merkbar reduziert wurden", sagt Joachim Weimann, Professor für Wirtschaftspolitik an der Universität Magdeburg. Eine Studie des Kieler Instituts für Weltwirtschaft kam im vergangenen Jahr zu dem Schluss, dass zumindest Firmen, die von 2007 bis 2010 am Emissionshandel teilnahmen, ihre Emissionen in dieser Zeit um rund ein Fünftel mehr reduzierten als vergleichbare Unternehmen, die nicht in den Emissionshandel eingebunden waren.

Dass die CO_2-Emissionen in Deutschland zuletzt wieder gestiegen sind, liegt also nicht am Versagen des EU-Emissionshandels. Es hat vielmehr mit den Wechselwirkungen zu tun, die sich zwischen der Energiewende hierzulande und den Zielen des Emissionshandels entwickelt haben. Der starke Ausbau von Wind- und Sonnenenergie reduziert den CO_2-Ausstoß, weil dadurch konventionelle Energieträger aus der Stromerzeugung verdrängt werden. Doch einerseits ist es viel teurer, eine Tonne CO_2 durch den Bau eines Windrads oder einer Solaranlage einzusparen als durch die Modernisierung alter Kraftwerke. Und andererseits reduziert der Ausbau der erneuerbaren Energien paradoxerweise den Druck auf konventionelle Energieerzeuger, ihrerseits weniger CO_2 auszustoßen. Das treibt den Preis der Zertifikate nach unten. Niedrige CO$_2$-Preise bevorteilen wiederum die „dreckigsten" Methoden der Stromerzeugung, für die der Preis der Zertifikate einen hohen Anteil an den Gesamtkosten bildet. „Green serves the dirtiest" – „Grün nützt den Dreckigsten" – nennen die Ökonomen Christoph Böhringer und Knut Einar Rosendahl dieses Phänomen. Der Energieökonom Weimann aus Magdeburg sieht es noch ein bisschen zugespitzter: „Man könnte den Ausbau der erneuerbaren Energien auch als indirekte Subventionierung der Braunkohle verstehen", sagt er.

An der Kritik, im europäischen Emissionshandel gebe es zu viele Zertifikate, ist trotzdem etwas dran. Denn es scheint, dass die EU das CO$_2$-Sparziel von Anfang an nicht ambitioniert genug angesetzt hat. Weder die hartnäckige europäische Wirtschaftskrise noch der Ausbau der erneuerbaren Energien, noch der sinkende Stromverbrauch waren zu Beginn in die Modelle eingepreist. Allerdings ist die Verschärfung des Sparziels eine politische Frage. Sie ändert nichts daran, dass der Mechanismus des Emissionshandels grundsätzlich funktioniert.

Lena Schipper, Frankfurter Allgemeine Sonntagszeitung, 3.5.2015, S. 20

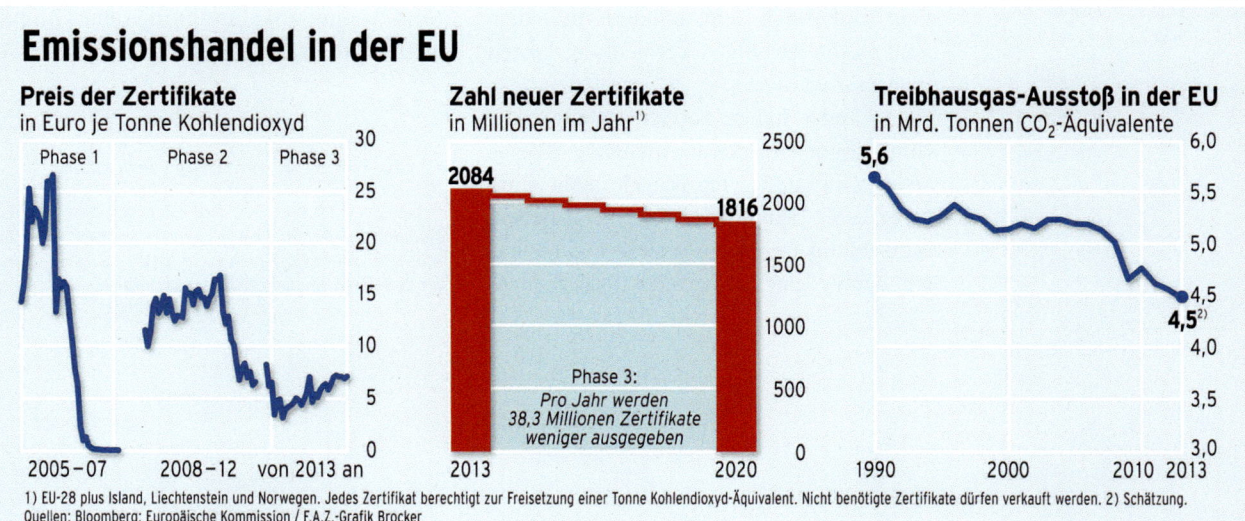

M 12 ● Eine Alternative zum Emissionshandel – ein Plädoyer für die Ökosteuer

Doch nicht nur Kopenhagen hat gezeigt, dass der globale Emissionsrechtehandel keine Zukunft haben wird. Um einen Preis für klimaschädliche Emissionen zu erhalten, der die tatsächlichen Marktgeschehnisse und die Vermeidungskosten einzelner Staaten korrekt wiedergibt, müssten nicht nur alle Länder, sondern auch alle Sektoren und alle Treibhausgase einbezogen werden. Die Erfahrungen mit dem Europäischen Emissionsrechtehandel lehren, dass es diese ideale Welt nie geben wird. Zudem hat uns die Finanzkrise gezeigt, dass Spekulationen die Marktpreise künstlich beeinflussen können und somit ein „richtiger" Marktpreis niemals erreicht werden wird.

Der US-Ökonom und Nobelpreisträger Joseph Stiglitz fordert als Konsequenz eine globale Klimasteuer in Höhe von 80 $ pro Tonne CO$_2$. Der Vorteil einer solchen Lösung ist, dass sie politisch leichter durchsetzbar ist, da die einzelnen Länder durch Einführung einer solchen Steuer eigene Einnahmen generieren würden. Politiker

Kopenhagen

In Kopenhagen haben sich im Dezember 2009 die Staaten der Erde zur Nachfolgekonferenz von Kyoto getroffen.

Klimazölle
Diese sollen Importe von Produkten aus Ländern mit niedrigen oder keinen CO_2-Begrenzungen mit einem entsprechenden Zoll belegen.

lieben Steuern genau aus diesem Grund. Eine solche Lösung hätte jedoch den Nachteil, dass ein Preis von 80 $ nicht die wahren Emissionsvermeidungskosten eines jeden Landes reflektiert. In den USA etwa gibt es aufgrund der großen Energieverschwendung genügend Möglichkeiten zur Energieeinsparung, die deutlich billiger sind als 80 $ pro vermiedene Tonne CO_2. In Ländern wie Japan, wo bereits viele Sparmöglichkeiten ausgeschöpft wurden, sind die Kosten weiterer CO_2-Vermeidung jedoch weitaus höher. Eine solche Steuer würde somit nicht in ausreichendem Maße die richtigen Anreize setzen, um in Klimaschutz zu investieren. Sie sollte deshalb nicht einheitlich sein, sondern in jedem Land an die jeweiligen Vermeidungskosten angepasst werden.

Viele Länder haben bereits umfangreiche Klimaschutzinstrumente inklusive Klimasteuer eingeführt. Frankreich steht kurz davor, eine Klimasteuer zu beschließen, Deutschland und viele andere Länder haben bereits eine. Frankreich fordert, dass die Länder, die keine Klimasteuer einführen, mit Klimazöllen bestraft werden. Von solchen Strafen wären somit fast alle Länder betroffen, die mit Europa Handel betreiben – von China bis zu den USA. Klimazölle sind gemäß globaler WTO-Regeln nur schwer durchsetzbar. Zudem haben sie den Nachteil, dass handelsorientierte Länder wie Deutschland von derartigen Zöllen besonders negativ betroffen sein können. Somit sollte der Appell nicht in Richtung Strafzölle gehen, sondern eher in Richtung Klimasteuer. Sie wäre vor allem in den USA, Australien, Kanada oder auch in China angebracht. Vermutlich hat Joseph Stiglitz genau solche Staaten im Sinn, wenn er die Einführung einer Klimasteuer fordert.

Claudia Kemfert, Financial Times Deutschland, 20.1.2010

Claudia Kemfert ist Energieexpertin am Deutschen Institut für Wirtschaftsforschung (DIW) und Professorin an der Hertie School of Governance in Berlin.

Aufgaben

1. Erläutern Sie, wie durch die Einführung einer LKW-Maut versucht wurde, diese zu internalisieren (M 7, M 8).
2. Beurteilen Sie das Instrument der LKW-Maut hinsichtlich seiner Wirksamkeit.
3. Beim Emissionshandel spricht man von einem marktwirtschaftlichen Instrument der Umweltpolitik. Erläutern Sie, was damit gemeint ist (M 8, M 9).
4. Beschreiben Sie grafisch, wie man allgemein mittels einer Steuer zu einer Internalisierung negativer externer Effekte kommen kann.
5. Erläutern Sie die beiden Instrumente zur Lösung der Umweltprobleme – Emissionshandel und Ökosteuer –, wägen Sie die jeweiligen Vor- und Nachteile ab und verfassen Sie eine Rede, in der Sie differenziert und begründet für eine der beiden Lösungen werben (M 9 – M 12).
6. Eine Klebstoff- und eine Stahlfabrik emittieren Rauch mit einer chemischen Substanz, die krank macht, wenn man sie in größeren Mengen einatmet. Stellen Sie dar, wie der Staat dagegen vorgehen kann und worin jeweils Pro und Kontra jeder Lösung bestehen.

4.3 Markt und Umwelt

Umweltprobleme
M 1, M 2

Die zu beobachtenden Umweltprobleme stellen die Weltgemeinschaft vor große Herausforderungen: Klimawandel, Luft- und Wasserverschmutzung, Übernutzung von Ressourcen und schwindende biologische Vielfalt führen zu einer teilweise irreparablen Schädigung des Ökosystems Erde. Die allgemeinen Ursachen dafür liegen darin, dass der Mensch die Natur in immer stärkerem Maße als Konsumgut, als Produktionsfaktor und Aufnahmemedium für Schadstoffe nutzt und diese Nutzung kostenlos ist, da die Natur keinen Preis hat.

Ursache Marktversagen
M 3, M 4

Bei der Forschung nach den Ursachen für das umweltschädliche Verhalten des Menschen offenbart sich ein grundsätzliches Problem. Beim Schutz der Umwelt versagt der Marktmechanismus, weil in die Preise vieler Güter nicht die tatsächlichen Kosten einfließen. Wer mit dem Auto fährt, bezahlt zwar das Benzin, nicht aber die Kosten der Luftreinhaltung, der Straßensanierung, Kosten für die Zerstörung der Landschaft bei der Ölförderung usw. Ökonomen sprechen von „negativen externen Effekten", wenn Kosten einer ökonomischen Aktivität nicht vollständig vom Verursacher getragen werden müssen, sondern in Teilen auf einzelne Betroffene oder die Gesellschaft übertragen werden können.

Lösungsansätze
M 7, M 8

Die Lösung muss darin bestehen, die Kosten, die auf „die anderen" entfallen, zu internalisieren, d. h. im Preis abzubilden (Verursacherprinzip). Dann wird in der Regel auch weniger von dem schädlichen Gut bzw. der schädlichen Leistung nachgefragt bzw. angeboten. Voraussetzung dafür ist die klare Zuteilung von Eigentumsrechten. Dann könnte z. B. der Besitzer einer Viehherde gegenüber dem Besitzer einer Weide für die Schäden haften. Doch wird eine private Verhandlungslösung durch die Beteiligten, insbesondere bei einer Vielzahl von Betroffenen, wegen der damit verbundenen hohen Transaktionskosten und fehlender Sanktionsmöglichkeiten nur selten gelingen. In der Regel muss der Staat durch Umweltpolitik zum Schutz der natürlichen Lebensgrundlagen beitragen, doch kann er sich verschiedener Instrumente bedienen, um seine Ziele zu erreichen.

Instrumente der Umweltpolitik
M 9 – M 12

Sollen die Ziele schnell erreicht werden, so kann der Staat auf die Mittel des Ordnungsrechts zurückgreifen (Ge- und Verbote, Grenzwerte, Produktstandards usw.). Doch sind ordnungsrechtliche Maßnahmen oft mit hohen Kosten verbunden, da sie auch überwacht und durchgesetzt werden müssen.
Marktwirtschaftliche Instrumente sind effizienter: Steuern, Lizenzen oder Subventionen schaffen Anreize, Konsum und Produktion in eine bestimmte Richtung zu lenken. Bei den Lizenzen oder Zertifikaten werden Verschmutzungsrechte zugeteilt, die über einen bestimmten Zeitraum verknappt werden. Die Rechte können über den Markt gehandelt werden. So kann erreicht werden, dass die Verschmutzung dort reduziert wird, wo dies am kostengünstigsten ist.
Und schließlich kann der Staat über Informationen und Appelle versuchen, die Menschen zu einer Verhaltensänderung zu bewegen. Die Wirksamkeit der Maßnahmen ist jedoch begrenzt.

ORIENTIERUNGSWISSEN

Die Ökonomie des Klimawandels ist die Ökonomie der Trittbrettfahrerei

Ein Trittbrettfahrer ist jemand, der andere die Kosten seines Handelns übernehmen lässt. Autofahrer handeln so, wenn die Schäden, die ihre Abgase verursachen, nicht ins Benzin eingepreist sind.

Länder handeln so, wenn sie die Emissionsreduktionen anderer Staaten begrüßen, nur um bei der Produktion von CO_2 selbst so weiterzumachen wie bisher. Generationen handeln so, wenn ihr Konsum und seine Zeche von den nächsten bezahlt werden muss. So denken in ökologischen Fragen viele. Warum soll ich handeln und verzichten, wenn der Nutzen meiner Handlung gar nicht mir zufällt? Wenn womöglich ich die ganzen Kosten trage und andere – andere Personen, andere Länder, andere Generationen – nur die Erträge haben?

Der Ökonom William Nordhaus von der Yale University in den Vereinigten Staaten, der sich seit dreißig Jahren mit der Theorie der Energiepolitik beschäftigt, hat in seiner diesjährigen Rede als Präsident der „American Economic Association" darauf hingewiesen, dass das Klima als globales öffentliches Gut besonders anfällig für diese Art der Schädigung aller ist.

Jürgen Kaube, www.faz.net 13.12.2015

Aufgaben

1. Erläutern Sie umfassend, warum der Markt als Regulativ bei Emissionen versagt.
2. Stellen Sie das „Marktversagen" bei Emissionen grafisch im Preis-Mengen-Diagramm dar.
3. Erklären Sie die Funktionsweise von Emissionszertifikaten.
4. Ist es gerechtfertigt, mit Rechten zur Verschmutzung der Luft zu handeln? Nehmen Sie Stellung.

4 Die Soziale Marktwirtschaft: Korrekturen am Marktgeschehen

SELBSTDIAGNOSE

Sie können...	Dazu benötigen Sie u. a. folgende Begriffe...	Das klappt schon...	Hier können Sie u. a. noch üben...
Informationen und Botschaften aus Diagrammen herausarbeiten und hinterfragen.	Diagrammarten, Indexgrafik, Skalierung	👍 👎	M 3 / S. 125 Methode / S. 126 – 131 M 4 – M 10 / S. 132 – 137 Orientierungswissen / S. 138 f.
die Einkommens- und Vermögensverteilung in Deutschland beschreiben und bewerten.	primäre und sekundäre Einkommensverteilung, Lorenzkurve, Gini-Koeffizient	👍 👎	M 1 – M 3 / S. 124 f. M 5 / S. 132 f. Methode / S. 132 – 137 Orientierungswissen / S. 138 f.
Form und das Maß der Umverteilung in Deutschland beschreiben und bewerten.	Verteilungsnormen und Gerechtigkeitsbegriffe, Sozialstaatsgebot, direkte und indirekte Steuern, Transferleistungen	👍 👎	M 6 – M 10 / S. 134 – 137 Methode / S. 132 – 137 Orientierungswissen / S. 138 f.
die Rolle des Verbrauchers auf dem Markt charakterisieren sowie Träger, Ziele und Maßnahmen der Verbraucherpolitik beschreiben.	Informationsasymmetrien, Verbraucherorganisationen	👍 👎	M 2 / S. 142 M 4 – M 6 / S. 144 f. Orientierungswissen / S. 152
die Verantwortung und Macht des Verbrauchers in der Sozialen Marktwirtschaft beurteilen.	Medien, Kampagnen, Fair Trade, ethischer Konsum	👍 👎	M 7 – M 9 / S. 146 – 149 Orientierungswissen / S. 152 f.
Konzeptionen der Verbraucherpolitik erklären.	Konsumenten- und Produzentensouveränität	👍 👎	M 10 / S. 150 f. Orientierungswissen / S. 152 f.
Beispiele für Marktversagen im Umweltbereich beschreiben.	Umwelt als öffentliches Gut, Tragedy of the commons	👍 👎	M 3, M 4 / S. 158 f. Orientierungswissen / S. 167
Marktversagen im Umweltbereich mit ökonomischen Kriterien analysieren.	Tragedy of the commons, negative externe Effekte, öffentliche Güter	👍 👎	M 3 – M 5 / S. 158 f. Orientierungswissen / S. 167
im Überblick verschiedene Instrumente zur Vermeidung von Marktversagen im Umweltbereich darstellen.	Internalisierung externer Effekte, umweltpolitische Instrumente	👍 👎	M 7, M 8 / S. 161 Orientierungswissen / S. 167
Möglichkeiten und Grenzen staatlicher Umweltpolitik an ausgewählten Beispielen erörtern.	Internalisierung externer Effekte, umweltpolitische Instrumente	👍 👎	M 9 – M 12 / S. 162 – 166 Orientierungswissen / S. 167

Unser Unternehmen
„Die zentrale Aufgabe unseres Unternehmens „baeg-it-up" liegt in der Herstellung und Vermarktung sogenannter Stringbaegs aus Reststoffen von Airbagstoffmaterial. Upcycling und das Beziehen unserer Rohstoffe von überwiegend regional liegenden Unternehmen ermöglicht es uns, unser Endprodukt, sowie den Herstellungsprozess möglichst nachhaltig zu gestalten. Verpackt sind unsere „baegs" in etikettierten Schraubdeckeldosen, die durch ihre Wiederverwendungsmöglichkeit einen Mehrwert darstellen. Beim Auspacken können sich die Taschen aus dem zusammengerollten Zustand gleich der Explosion des Airbags im Auto entfalten."

5 Die grundlegenden Entscheidungen bei der Unternehmensgründung

Was geschieht in einem Unternehmen? Welche Entscheidungen sind bestimmend für Unternehmensgründungen? Welche Entscheidungen werden wo getroffen, und welche Auswirkungen haben die betrieblichen Entscheidungen auf den Einzelnen und die Gesellschaft? Unter anderem mit diesen Fragen beschäftigt sich die Betriebswirtschaftslehre.

In der Marktwirtschaft produzieren private Unternehmen die für unsere Bedarfsdeckung nachgefragten Güter und Leistungen. Gleichzeitig schaffen die Unternehmen damit Arbeit und Einkommen für die Arbeitnehmer und führen Steuern an den Staat ab. Insofern wirken sich Unternehmen, die Gewinne erwirtschaften wollen, gleichzeitig auch positiv auf Beschäftigung und die wirtschaftliche Entwicklung aus.

Der Erfolg eines Unternehmens hängt nicht zuletzt von den Eigenschaften der Unternehmerpersönlichkeit ab. Welche Eigenschaften benötigt ein Unternehmer oder eine Unternehmerin, um z. B. die schwierigen Aufgaben einer Unternehmensgründung zu bewältigen? Dazu gehören auch die komplexen Entscheidungen zu den Fragen der Rechtsform und des Standorts des Unternehmens. Ist es heute erstrebenswert, sich selbstständig zu machen und ein eigenes Unternehmen zu gründen?

KOMPETENZEN

Am Ende dieses Kapitels sollten Sie Folgendes wissen und können:

Sie können die Bedeutung der Unternehmerpersönlichkeit für den Unternehmenserfolg beurteilen.

Sie können die Bedeutung von Unternehmensgründungen für den Einzelnen, die Wirtschaft und die Gesellschaft erläutern.

Sie können die grundlegenden Fragen, die sich einem Unternehmensgründer stellen beschreiben.

Sie können die Entscheidung für eine Rechtsform und einen Standort beurteilen.

Sie können erörtern, ob eine unternehmerische Tätigkeit für Sie persönlich in Frage kommt.

Was wissen und können Sie schon?

1. Beurteilen Sie die Chancen und Risiken von „baeg-it-up".
2. Erläutern Sie die Bedingungen, unter denen das Unternehmen erfolgreich sein könnte. Berücksichtigen Sie dabei möglichst viele Faktoren.

5.1 Welche Eigenschaften zeichnen Unternehmer aus?

M 1 • Es kann nur einer die Firma führen

Halbe Sachen gibt es für Jörg Klaus Fischer nicht: entweder ganz oder gar nicht. Seit Anfang 2011 ist der 35-Jährige der operative Chef des Dübelspezialisten Fischer. Wegen der vielen Reisen hat er sein großes Hobby, die Imkerei mit zuletzt zwölf Bienenvölkern, aufgegeben.

SZ: Wie lange haben Sie sich auf Ihre neue Aufgabe als Chief Executive Officer der Unternehmensgruppe Fischer vorbereitet – einem der bekanntesten deutschen Mittelständler, dessen Dübel und Kinder-Baukästen in vielen Haushalten zu finden sind?

Fischer: Ich bin mit dem Unternehmen aufgewachsen. Es war immer präsent – beim Frühstück, beim Abendessen, auf Familienfeiern. Schon als Kinder sind mein Bruder Frank und ich dem Sicherheitsbeauftragten zur Last gefallen, weil wir zwischen Maschinen und auf Granulat-Silos rumgeturnt sind. Akut wurde es 2005. Damals habe ich mich entschieden, die Nachfolge anzutreten.

Wie haben Sie sich eingearbeitet?
Ich koordiniere das Fischer-Prozess-System im ganzen Unternehmen, über den Globus hinweg. Das ist unsere Version von Kaizen, der japanischen Management-Philosophie einer ständigen Verbesserung im Unternehmen. Mein Vater hat es um die Jahrtausendwende bei uns eingeführt. 2007 bekam ich die erste operative Funktion als Vertriebsverantwortlicher für Asien. 2009 übernahm ich die Sparte Befestigungstechnik, seit Anfang 2011 leite ich die Fischerwerke. Es kam eins zum anderen.

Für Unternehmen ist die Frage der Nachfolge oft knifflig. Ist der Wechsel bei Ihnen generalstabsmäßig vorbereitet?
Es gab keinen Plan. Der Ansatz meines Vaters war immer, die Söhne in keiner Form zu gängeln. Die Wahl sollte immer frei sein.

Womöglich hat Ihr jüngerer Bruder insgeheim auch mit dem Chefposten geliebäugelt.
Nein. Mein Bruder wollte immer eine akademische Laufbahn einschlagen. Auch ich habe eine Zeitlang dazu tendiert und mich etwa mit Philosophen wie Wittgenstein beschäftigt.

Und dann? Kam die Erkenntnis, einer muss es ja machen?
Ein gewisser Druck war vorhanden. Mein Großvater, der Gründer, hat sich nach einer solchen internen Lösung gesehnt. Auch mein Vater hat sich natürlich immer gewünscht, dass einer der Söhne die Nachfolge antritt. 2005 nahm er mich zusammen mit der gesamten Geschäftsführung auf Dienstreise nach Japan mit. Damals dachte ich darüber nach, an der Uni in Konstanz zu promovieren oder in die USA nach Pittsburgh zu gehen. Die Japan-Reise war der Auslöser, mich stärker mit der Nachfolge zu beschäftigen. Ich habe meine Entscheidung bis heute nicht bereut.

Ganz schön geschickt vom Vater.
Ich habe mich hinterher auch öfters gefragt, ob das sein Hintergedanke war. [...]

Und nun leiten Sie ein Unternehmen, in dem Ihre Vorfahren breite Spuren hinterlassen haben. Da ist der Großvater mit seinen mehr als 1.000 Erfindungen, vom

Blitz für Kameras über den S-Dübel bis zum essbaren Kinderspielzeug. Und da ist der Vater, ein Ingenieur, der neue Managementmethoden eingeführt und die weltweite Expansion vorangetrieben hat. Wie wollen Sie die beiden toppen?

Das ist überhaupt nicht mein Anspruch. Ich will nicht in Rivalität zu meinen Vorgängern treten. Das wäre gefährlich. Ich will das Unternehmen gut auf die nächsten Schritte vorbereiten.

Aber was sind die nächsten Schritte? Den Erfolg der Vorgänger behüten und gut verwalten?

Wir sind bislang stark technisch geprägt. Meine Herausforderung sehe ich darin, uns im Vertrieb stark zu machen – also die Märkte, die Bedürfnisse der Kunden in einem globalen Markt besser zu verstehen. Wir werden mehr Geld fürs Marketing ausgeben und die Anzahl der Vertriebsstellen erhöhen. Das ist ein kleines Investitionsprogramm. Die Krise 2009 hat unser Geschäft total verändert. Der Wettbewerbsdruck hat erheblich zugenommen. Ich will mit der starken Marke Fischer international stark wachsen, in Asien, in Lateinamerika. Mittelständler, die nur verwaltet werden, sind irgendwann weg.

Rund 600 Millionen Euro setzt Ihre Firma derzeit um. Das heißt: Bei Erfolg werden Sie Umsatzmilliardär.

Ich habe mir lange überlegt, uns ein solches Ziel zu setzen. Mir ist wichtig, gesund zu wachsen. Ich will nicht die letzte Generation sein. Aber ein reines Zahlenziel ist zu schematisch.

Messen die Mitarbeiter Sie denn an Ihren großen Vorgängern? Fragt sich da manch einer doch: „Packt das der Junior?"

Ich spüre durchaus, dass ich gemessen werde. 2009 musste ich Kosten und Strukturen angehen, um das Unternehmen kri-

Jörg Klaus Fischer (* 1950), Vorsitzender der Geschäftsführung der Fischer Unternehmensgruppe

senfester zu machen. Das brachte mir den Ruf ein, auf Zahlen fokussiert zu sein. Ich hatte gehofft, die Belegschaft erkennt, dass ich nur die nötigen Hebel ziehe. Das war aber nicht so. Ich lege auf ein genaues Berichtswesen Wert.

Da kommt jetzt der Neue, der in Cambridge studiert hat, mit seinen angelsächsischen Methoden!

Genau. Einer, dem Zahlen wichtiger sind als Menschen. Das stimmt alles nicht. Ich will nur immer wissen, wo wir stehen. Mein Vater pflegte einen anderen Führungsstil. Ich saß dann jeden Monat mit den Betriebsräten zusammen und habe erklärt, warum ich das so mache.

Das Geschäft mit den Dübeln, Schrauben und Wandhalterungen macht mehr als 80 Prozent des Umsatzes aus. Bleibt es das Kernfeld neben Tätigkeiten als Automobilzulieferer, dem Fertigen von Kinderspielzeug und einer eigenen Consulting-Firma?

Ja. Die Befestigungstechnik ist die interessanteste Sparte. Sie wächst am schnellsten.

Disruptive Innovation

(engl. disrupt – unterbrechen, zerreißen) Innovation, die eine bestehende Technologie, ein bestehendes Produkt oder eine bestehende Dienstleistung verdrängt. Die neuen Märkte entstehen i. d. R. unerwartet und werden aufgrund ihres zunächst kleinen Volumens oder Kundensegmentes meist unterschätzt. Allerdings können sie im zeitlichen Verlauf vorhandene Märkte bzw. Produkte und Dienstleistungen komplett oder teilweise verdrängen. Ein Beispiel dafür ist die Innovation „Digitalkamera".

Haben Sie selbst auch schon mal etwas erfunden?

Ja, aber das Produkt führen wir nicht mehr. Als ich noch nicht in der Firma war, habe ich zusammen mit meinen Großvater die Einspritzdüse für einen flüssigen Dübel erfunden. Er hat mich in das Patent eintragen lassen.

Ihr Großvater sagte einmal: „Jörg, gib nicht allein dem Geld den Raum, sondern schöpferischen Werten. Denn es ist weder das Geld, noch sind es unsere Dübel, die die Welt zusammenhalten." Was sagt Ihnen das?

Das charakterisiert meinen Großvater. Für ihn war Erfinden das Wichtigste, er hat sieben Tage in der Woche daran gearbeitet. Für mich heißt das: Die Innovationskraft ist der entscheidende Faktor. Deshalb müssen wir so genau wissen, was der Verbraucher will. Zum Beispiel tut sich derzeit in der Wärmedämmung sehr viel. Wir müssen uns auf ganz neue Baustoffe einstellen.

Wieso glaubte Ihr Großvater, Sie ermahnen zu müssen?

Wehret den Anfängen! Für ihn war es immer wichtig, klar seine Werte zu kommunizieren. Es kommt aber darauf an, die Innovationskraft richtig zu steuern. Als Entwickler läuft man immer Gefahr, geniale Sachen zu erfinden, die der Markt nicht braucht.

Was ist das Problem – dass Sie Ihrem Vater so ähnlich sind oder Sie ihm nicht ähnlich sind?

Diese Frage ist für einen Sohn schwer zu beantworten. Wir sind schon zu großen Teilen aus dem gleichen Holz geschnitzt.

Das welche Eigenschaften hat?

Es ist hartes Holz. Wir sind beide recht dickköpfig, zielstrebig und teilen den Unternehmergeist.

Interview: Elisabeth Dostert/Hans-Jürgen Jakobs, Süddeutsche Zeitung, 16.1.2012

M 2 ● Der schöpferische Unternehmer

Zum eigenständig Handelnden wurde der Unternehmer erst seit Anfang dieses Jahrhunderts bei dem Ökonomen Joseph A. Schumpeter, der ihn als Pionierunternehmer, als schöpferischen Zerstörer, kurz als Heldenfigur des wirtschaftlichen Wandels beschrieben hat. Schumpeters Unternehmer ist weder Kapitalist noch bloßer Unternehmensgründer oder Erfinder, er ist vielmehr ein „Macher", der neue Kombinationen durchsetzt, der zum Beispiel neue Güter oder Produktionsqualitäten oder neue Produktionsmethoden einführt, der neue Absatzwege oder neue Bezugsquellen erschließt oder der Unternehmen effizienter organisiert, etwa in Gestalt von Konzernen. Dieser schöpferische Unternehmer bricht aus dem wirtschaftlichen Alltag aus und sieht Chancen da, wo sie andere nur undeutlich oder gar nicht wahrnehmen. Er zerstört Altes, um Neues zu schaffen. Ihm geht es nicht allein um Gewinn, sondern auch um Sieg im Konkurrenzkampf. Schumpeters Unternehmer ist nicht mehr das Instrument des Marktes, er bewegt die Märkte und führt Umbrüche in ganzen Branchen und letztlich in der Volkswirtschaft herbei. Die schöpferische Zerstörung hilft freilich auch dem Pionier, wenn die „Nachahmer" dem Schumpeterschen Helden folgen. Damit ist auch vorgezeichnet, wie Entwicklung und Wachstum einer Volkswirtschaft vorangetrieben werden: durch die Unternehmen.

Jürgen Jeske/Hans D. Barbier, Handbuch Wirtschaft: So nutzt man den Wirtschafts- und Finanzteil einer Tageszeitung, Frankfurt a. M. 2000, S. 328

M 3 ● **Wichtige Eigenschaften eines Unternehmers**

Unabhängigkeitsstreben: Eine zentrale Eigenschaft des erfolgreichen Unternehmers ist sein Bedürfnis nach Unabhängigkeit. Diese Persönlichkeit will selbstständig sein und nimmt das Steuer ihres Lebens selbst in die Hand. Dazu gehört ein unerschütterlicher Glaube an die eigenen Einflussmöglichkeiten.

Innovationsfreude: Die Innovationsfreude ist ein Persönlichkeitsfaktor, der für den unternehmerischen Erfolg in unserer schnelllebigen Zeit immer wichtiger wird. Neue Situationen auf dem Markt und neue Märkte verlangen von Unternehmern enorme Anpassungsleistungen. Dazu braucht es eine große Portion Veränderungsbereitschaft und viel Lust, neue Wege zu gehen und neue Türen zu öffnen.

Gesunde Risikobereitschaft: Ohne Risiko kann unternehmerisches Handeln kaum stattfinden. Der Unternehmer muss die Gratwanderung zwischen kalkulierbarem und hohem Risiko gehen. Wer sich nur auf kalkulierbare Situationen einlässt, verliert nicht viel, kann aber meist auch nur wenig gewinnen. Auf der anderen Seite lauert bei einem zu hohen Risiko die Gefahr des Misserfolgs. Ein Unternehmer, der zu hoch pokert, kann alles verlieren.

Eigeninitiative: Der erfolgreiche Unternehmer ist sehr aktiv und handelt aus eigenem Antrieb. Er kommt nicht erst in Bewegung, wenn andere dazu auffordern. Hohe Eigeninitiative geht einher mit einer hohen Bereitschaft, Verantwortung zu übernehmen, denn nur wer Verantwortung übernimmt, kann auch initiativ handeln.

Konkurrierende Impulsivität: Diese kann von der Lust auf einen gesunden Konkurrenzkampf im Sinne von „leben und leben lassen" bis zum Willen, die Konkurrenz aus dem Markt zu werfen, gehen. Mit der Lust auf Wettbewerb, verbunden mit einer direkten und offenen Art, werden am meisten Erfolge erzielt.

Leistungsorientierung: Erfolgreiche Unternehmer sind sehr ehrgeizig. Sie identifi-

Kai Felmy, Baaske Cartoons, Müllheim

zieren sich voll mit ihrer Arbeit und stellen an sich selbst sehr hohe Anforderungen. Sie stecken sich hohe Ziele, die nur durch außerordentlich gute Leistungen zu erreichen sind. Leistungsorientierte Unternehmer sind interessiert an den Rückmeldungen ihrer Mitarbeiter, Berufskollegen, Kunden.

Soziale Kompetenz: Die soziale Kompetenz ist für den Kontakt mit anderen Menschen von zentraler Bedeutung. Zur sozialen Kompetenz gehören gute Kommunikationseigenschaften, die Fähigkeit, auf den Partner einzugehen, diplomatisches Verhalten, Offenheit und selbstsicheres Auftreten.

Emotionale Stabilität: Unternehmerischer Erfolg wird meist nicht über Nacht erreicht; der Unternehmer bezahlt den Erfolg mit großen Mühen und steht oft unter ständigem Stress. Auch Fehler sind unvermeidlich. Zur emotionalen Stabilität gehört also ein gesundes Maß an Optimismus und Gelassenheit.

Nach: Urs Tschanz/Bernhard Thomet, Sind Sie eine Unternehmerpersönlichkeit?, www.diacova.ch (12.2.2007)

M 4 ● Wie Bill Gates das ganz große Ding landete – 40 Jahre Microsoft

Bill Gates (r.; * 1955) und Paul Allen (l.; * 1953) im Jahr 1981

Bereits im Alter von 19 Jahren hat William „Bill" Henry Gates III. den Grundstein für den Erfolg des modernen PC gelegt. Microsoft machte den Studienabbrecher zum reichsten Mann der Welt – sein Vermögen wird derzeit auf rund 78 Milliarden Dollar geschätzt. Gates wurde 1955 in der Nähe von Seattle im Bundesstaat Washington […] geboren. Schon als Schüler entwickelte er eine große Leidenschaft für Computer. Damals konnte man bei großen Unternehmen dafür Rechenzeiten mieten. Er lernte an der Schule den zwei Jahre älteren Paul Allen kennen und verbrachte mit seinem Freund jede freie Minute am Computer. In den 1970er-Jahren brachte Gates als Harvard-Student gemeinsam mit Allen die Programmiersprache Basic auf einem der ersten Heimcomputer, dem Altair 8800, zum Laufen. 1975 brach Gates sein Studium ab, um sich mehr seiner kleinen Firma Microsoft zu widmen und das Unternehmen aufzubauen. Als Gründungsdatum gilt der 4. April 1975. Seine Bilderbuchkarriere begann Gates mit einem Großauftrag von IBM (1980). Er sollte für deren PC ein Betriebssystem liefern. Gates nahm den Auftrag an und kaufte für rund 50.000 Dollar die Rechte an dem System QDOS („Quick and Dirty OS"), entwickelte es weiter und benannte es in MS-DOS („Microsoft Disc Operating System") um. Damit begann das PC-Zeitalter. Zum Weltkonzern stieg Microsoft dann mit dem Betriebssystem Windows auf. Auf dem Zenit seines Erfolges – und unter dem Druck eines Wettbewerbsverfahrens in den USA – trat Gates Anfang 2000 den Rückzug an. Zunächst gab er die Position als Chief Executive Officer an Steve Ballmer ab, 2008 zog sich der damals 53-Jährige dann fast ganz aus dem Software-Konzern zurück. Seitdem nimmt er nur noch als Aufsichtsratsvorsitzender Einfluss. Seither arbeitet Gates vorwiegend für die von ihm und seiner Frau Melinda gegründete „Bill & Melinda Gates Stiftung" für die Bekämpfung von Krankheiten wie Malaria oder Aids. Seinen Traum aus den 1970er-Jahren hat Gates zumindest in den entwickelten Ländern verwirklicht. Heute steht dort in nahezu jedem Haushalt mindestens ein Personal Computer. Vor 40 Jahren war diese Vision noch ein ehrgeiziges Ziel.

dpa, www.t-online.de, 4.4.2015

M 5 ● Erfolgsfaktor Management: die Mischung macht's

Weil es den omnipotenten Unternehmenslenker nicht gibt, ist es wichtiger, einen Blick auf das Team zu werfen. Viele große Unternehmenspersönlichkeiten zeichnen sich dadurch aus, dass sie gute Alter egos gefunden haben, die sich von ihnen selbst grundlegend unterschieden. Robert Bosch hatte mit seinem Privatsekretär Hans Walz seinen engsten Vertrauten gefunden, der den Aufbau der Firma auch vorantrieb, als der Gründer sich mehr und mehr zurückzog. Mit Dietmar Hopp und Hasso Plattner standen zwei sich ergänzende Persönlichkeiten an der Wiege der SAP. Der eher scheue Bill Gates hat mit Steve Ballmer einen Einpeitscher an seiner Seite. Eine Analyse der erfolgreichen Unternehmen würde wohl ergeben, dass sie von guten Teams geführt werden, die unterschiedliche Charaktere und Temperamente in sich vereinen. Natürlich gibt es Eigenschaften eines Managers, die nur schwer durch einen anderen kompensiert werden können. Persönliche Autorität, fachliches Wissen und Anerkennung durch Mitarbeiter und Kunden sind Must-Skills für jeden Einzelnen.

Auch persönliche Mobilität und Weltgewandtheit gehören heute dazu. Und fraglos müssen die zentralen Kompetenzen für Finanzen, Vertrieb, Produktion, Personal, Forschung und Entwicklung exzellent besetzt sein. Aber jeder Mensch hat seine Stärken und Schwächen. Die Stärken eines Teams sollten so verteilt sein, dass ein Unternehmen auf verschiedene Herausforderungen schnell und passend reagieren kann. Idealerweise repräsentiert ein Managementteam einen analytisch denkenden Albert Einstein, einen handlungsstarken James Bond, einen Willy Brandt für die soziale Integration, aber auch [eine Melitta Bentz], [die praktisch veranlagt eigene] Ideen [...] vorantreibt. Würde das Team aus vier Personen gleichen Schlags bestehen, würde hochwahrscheinlich das Chaos ausbrechen. [...] Der richtige Managementmix ist heute wichtiger denn je. Die Weltwirtschaft ist von hoher Dynamik und turbulenter Entwicklung gekennzeichnet. Ein Unternehmen muss in der Lage sein, ad hoc auf neue Situationen zu reagieren. Mal steht die Fähigkeit zur Innovation im Vordergrund, mal die aggressive Reorganisation und morgen vielleicht die Kunst, Mitarbeiter für ein völlig neues Geschäftsfeld zu begeistern. Für lang vorbereitete und ausdiskutierte Planungen bleiben keine Zeit. Stattdessen muss das Führungsteam über die jeweils notwendigen Talente verfügen, um konkrete Herausforderungen sofort zu meistern. Hierzu gehört, dass jeder Einzelne mal mehr Teamplayer, mal Solist ist und die Gruppe – wie eine gute Jazzband – auf der Basis von wenigen Regeln gemeinsam agiert, aber auch improvisieren kann.

Nach: August-Wilhelm Scheer, Frankfurter Allgemeine Zeitung, 6.9.2006

Glücklich das Unternehmen, das ein Team aus Mitarbeitern dieser Typen beschäftigt: Albert Einstein (1879 – 1955; einer der bedeutendsten Physiker aller Zeiten), James Bond (007 – britischer Geheimagent Ihrer Majestät) Willy Brandt (1913 – 1992; ehemaliger Bundeskanzler und SPD-Vorsitzender) und Melitta Bentz (1873 – 1950; geniale Erfinderin des Kaffeefilters), – egal, ob in männlicher oder weiblicher Gestalt.

Aufgaben

1. Prüfen Sie anhand von M 3, welche der genannten Eigenschaften auf Herrn Fischer (M 1) zutreffen.
2. Erläutern Sie, inwiefern Unternehmer als „schöpferische Zerstörer" (Joseph Schumpeter) angesehen werden können (M 1, M 2).
3. Haben Sie die Eigenschaften eines Unternehmers? Entwerfen Sie ihr Eigenschaftsprofil mit Hilfe des Analysesterns. Am Ende der Pfeile werden die Eigenschaften (M 3) eingetragen. Auf der Zielscheibe werden die Ausprägungen (außen = schwach ausgeprägt; innen = stark ausgeprägt) markiert.
4. Gestalten Sie eine Rede, in der Sie zusammenfassend Voraussetzungen für erfolgreiches unternehmerisches Handeln formulieren (M 1 – M 5).
5. Diskutieren Sie, ob der Erfolg eines Unternehmens allein an der Unternehmerpersönlichkeit festzumachen ist.

5.2 Der schwierige Weg zur Existenzgründung und ihre Bedeutung für Wirtschaft und Gesellschaft

M 6 ● Die Grundfrage

Gründungsmotive

Gründer starten aus sehr verschiedenen Motiven ein Unternehmen. Das Motiv lässt unter gewissen Umständen Rückschlüsse auf die Wahrscheinlichkeit der tatsächlichen Umsetzung des Gründungsvorhabens sowie den späteren Erfolg der Gründung zu. Zwei Motive werden seit vielen Jahren in eigenen Gründungsquoten erfasst. Der Mangel an Erwerbsalternativen und das Ausnutzen einer Marktchance: „Opportunity"-Gründer und „Necessity"-Gründer.

Die richtige Geschäftsidee ist wesentliche Voraussetzung der erfolgreichen Unternehmensgründung. Wesentliche Voraussetzung des Erfolgs sind die Marktchancen des Produkts. Unternehmensgründer sollten sich überlegen, ob ihr Produkt überhaupt benötigt wird und die erforderliche Kaufkraft vorhanden ist (Marktvolumen) und ob dieses Produkt bisher von wenigen oder keinen Mitbewerbern angeboten wird (Marktlücke). Dafür müssen der Absatzmarkt und die entsprechenden Zielgruppen analysiert werden. Außerdem sollte sichergestellt werden, ob der Finanzierungsbedarf mit Eigen- und Fremdkapital gedeckt werden kann. Der Finanzierungsbedarf ergibt sich nicht nur durch die anstehenden Investitionen (z. B. für Maschinen, Büroeinrichtung etc.), sondern auch durch die laufenden Ausgaben der Gründungsphase (z. B. Miete, Löhne). Eigenkapital wird von den Gründern bzw. den Teilhabern des Unternehmens beigesteuert. Es verbleibt dauerhaft im Unternehmen. Da es meist nur begrenzt vorhanden ist, muss i. d. R. zusätzlich Fremdkapital (z. B. in Form von Bankkrediten) beschafft werden.

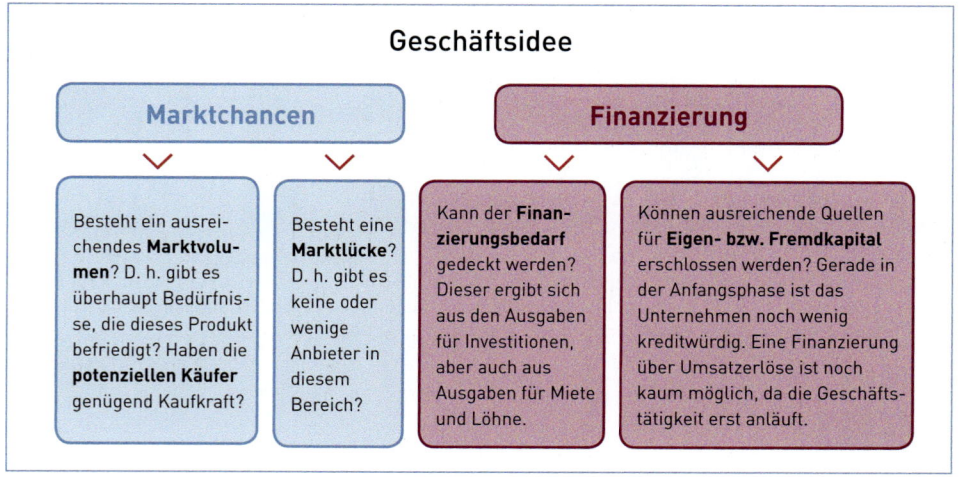

Gotthard Bauer, startup.WR 1 – Wirtschaft und Recht für das Gymnasium, Bamberg 2013, S. 142

M 7 ● Der Businessplan – Fahrplan in die Selbstständigkeit

Der Business- oder Geschäftsplan enthält alle Faktoren, die für den Erfolg der Gründung entscheidend sein können. Mit anderen Worten: Im Businessplan legt man fest, was man vorhat und was zu tun ist, damit dieses Vorhaben gelingt. Ein Businessplan ist dabei nicht nur das durchdachte und planmäßige Vorgehen der Gründerinnen und Gründer. Er ist auch eine entscheidende Unterlage für das Bankgespräch, um z. B. einen Kredit zu beantragen. Ein schriftlicher und sorgfältig ausgearbeiteter Businessplan soll „Banker" davon überzeugen, dass das Vorhaben auf festen Füßen steht. Dazu muss der Gründer sowohl die Chancen als auch die Risiken klar und deutlich aufzeigen.

Unter anderem wird im Geschäftsplan Folgendes erläutert: Geschäftsidee, Unternehmensziele, Marktanalyse und Markteinschätzung (Wettbewerbssituation), Marketingstrategie (Preis-, Werbe- und Vertriebsstrategie, Unternehmer(innen)qualifikationen, Standortanalyse, Finanzplan sowie Chancen und Risiken.

Autorentext

Autorengrafik

M 8 ● **Die Entwicklung der Existenzgründungen in Deutschland**

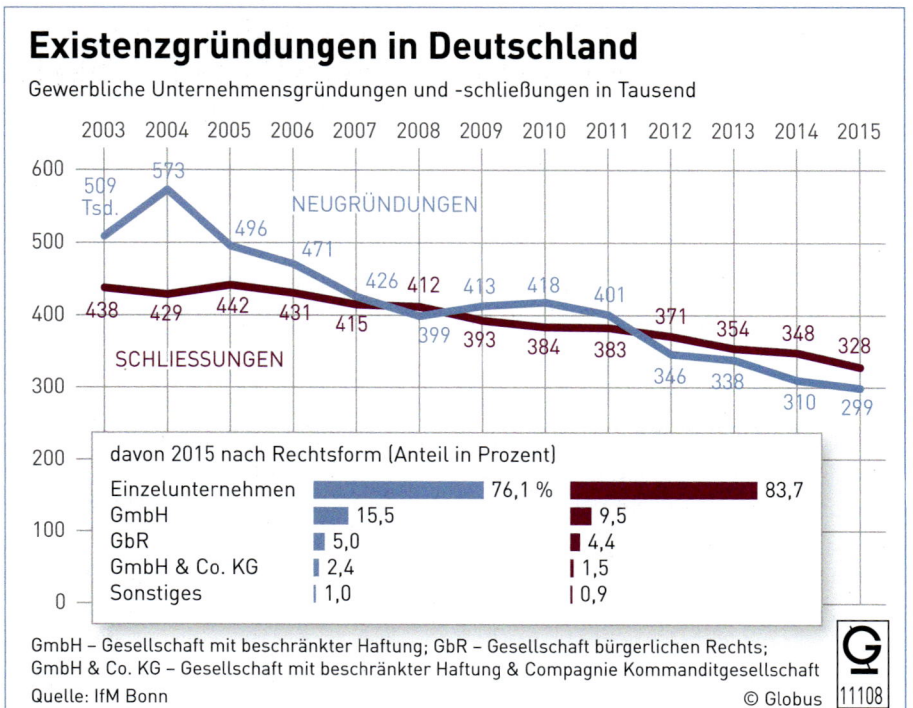

M 9 ● Fragen an einen Start-up-Chef: Wie schwer ist eine Firmengründung?

Gründer und Unternehmer Claude Ritter

MIT
Massachusetts Institute of Technology

Beinahe jedem schwirren Ideen für neue Unternehmen oder Produkte durch den Kopf – doch die wenigsten setzen sie wirklich um. Bei Lieferheld-Gründer Claude Ritter ist das anders. Aber wie schwierig ist so eine Gründung eigentlich?

Erst vermittelte er Fastfood, jetzt Putzfrauen: Der Unternehmer Claude Ritter (33) hat in Berlin mit einem Geschäftspartner gerade sein viertes Start-up auf den Markt gebracht. [...]

Herr Ritter, wie viele Millionen braucht man für ein Start-up?
Abhängig vom Geschäftsmodell brauchen Sie häufig gar nicht so viel Geld. Es hilft zum Beispiel, wenn Sie damit leben können, eine Zeit lang mal kein Top-Gehalt zu verdienen. Selbst bei Lieferheld – und da hatten wir den Massenmarkt im Fokus – reichte uns für den Start ein sechsstelliges Guthaben auf dem Konto. Größere Beträge kamen erst, als sich Erfolge abzeichneten und klar wurde, dass das Ganze tatsächlich sehr, sehr groß werden könnte.

Wie leicht ist es, in Deutschland ein Start-up zu gründen?
Die Gründung an sich ist natürlich relativ einfach. Aber in Deutschland ist es besonders schwierig, hoch innovative Unternehmen zu gründen. Zum Beispiel glaube ich nicht, dass das nächste Twitter, das nächste Facebook oder das nächste sonst wie revolutionäre Technologieunternehmen aus Deutschland kommt. Das liegt nicht daran, dass es zu wenige Talente oder zu wenig Unternehmergeist gibt, sondern an der Investorenlandschaft. Geldgeber sind hierzulande einfach sehr stark auf E-Commerce fokussiert.

Das bedeutet?
Sie investieren in Online-Shops oder Service-Unternehmen. So etwas ist einfacher zu finanzieren, als wenn Sie sagen: Ich baue jetzt die intelligenteste Lösung, um automatisiert Börsenhandel zu betreiben. Wenn sie einen MIT-Abschluss haben, würden Sie so etwas in den USA sofort finanziert bekommen. Aber in Deutschland finden Sie keinen Investor dafür. Anstatt Innovation zu fördern, wird lieber auf Modelle gesetzt, die an anderen Orten bereits erfolgreich sind und bei denen der Businessplan schnelles Geld verspricht.

Gab es Ideen, die Sie deswegen schon verworfen haben?
Ja, natürlich. Ich habe ein Google-Spreadsheet, da sind bestimmt 80 Sachen drauf, die ich gerne machen würde. Und wenn Sie in der Branche fragen: Fast jeder hat so etwas. Zum Beispiel könnte man eine App bauen, die automatisch entscheidet, welche Anrufe aufgezeichnet werden sollen. Solche Dinge sieht man die ganze Zeit. Aber wir arbeiten im Schnitt auch schon von morgens um neun bis nachts um eins an einem Projekt. Und mehr als eine Sache vernünftig zu machen, geht einfach nicht.

dpa, Das Interview mit Claude Ritter führte Julia Kilian, www.impulse.de, 1.8.2014

M 10 ● Was haben der Gründer, die Gründerin, Wirtschaft und Gesellschaft von Existenzgründungen?

Gründerin/Gründer – wirtschaftliche Unabhängigkeit und Freiheit:
Man unterliegt nicht den Zwängen einer fremden betrieblichen Organisation (z. B. Arbeitszeiten, Hierarchien und Vorgesetzte). Eigene Ideen können umgesetzt werden, man kann sich kreativ entfalten und ist dadurch stark motiviert. Die Früchte der Arbeit kann man unmittelbar ernten. Das Einkommen ist steigerbar und kaum begrenzt. Das gesellschaftliche Ansehen nimmt zudem mit dem Erfolg zu.

Gesellschaft und Wirtschaft – Arbeitsplätze:
Beschäftigungspolitisch ist die Gründung einer selbständigen Existenz eine Erwerbstätigkeit. Sie ersetzt oder ergänzt die abhängige Beschäftigung. Jede neue Unternehmensgründung entlastet den Arbeitsmarkt und erhält das Humankapital.

Wirtschaft – Innovation:
Gründerinnen und Gründer verwirklichen innovative Ideen. Sie sind für Fortschritt, Wachstum und Wettbewerbsfähigkeit entscheidend. Innovative Gründungen schaffen zahlreiche nachhaltige Arbeitsplätze.

Wirtschaft – Wettbewerb und Strukturwandel:
Durch neue Unternehmensgründungen wächst die Zahl der Akteure im Wettbewerbsgeschehen. Ein neues Unternehmen fordert die bestehenden Unternehmen mit neuen Produkten und Verfahren heraus und treibt damit den Wettbewerb an. Gründungen sind Motor des wirtschaftlichen Strukturwandels.

Gesellschaft – Freiheit und Stabilität:
Selbständige Unternehmen tragen zur Stabilität unserer demokratischen Gesellschaftsordnung bei. Wirtschaftliche Verantwortung wird auf viele Schultern verteilt, „Machtkonzentration" verhindert und unternehmerische Freiheit gefördert.

Nach: Bundesministerium für Wirtschaft und Energie, www.bmwi.de, Mittelstand/Existenzgründung (31.3.2016)

Aufgaben

1. In M 6 und M 7 werden die zahlreichen schwierigen Aufgaben für Existenzgründer aufgeführt. Angenommen Sie wären Existenzgründer, nach welcher Reihenfolge würden Sie vorgehen?
2. Prüfen Sie, ob ein Zusammenhang zwischen der Entwicklung, die in M 8 erkennbar ist und den Aussagen in M 9 bestehen könnte.
3. Für Unternehmensgründungen stellt der Staat zahlreiche Hilfen bereit (Beratung, günstige Darlehen, Coaching). Stelle Sie eine Argumentation dar, die der Rechtfertigung staatlicher Unterstützungsleistungen dient (M 10).
4. Setzen Sie sich mit den Chancen und Risiken der Selbstständigkeit für den Einzelnen in Form einer Diskussion (Podiumsdiskussion, amerikanische Debatte, Talkshow etc.) auseinander (M 10).

5.3 Welche Rechtsform passt zu einem Unternehmen?

M 11 ● Ein Unternehmer muss das Geschäftsrisiko alleine tragen

Wolfgang Grupp (* 1942), deutscher Unternehmer und alleiniger Inhaber der Textilfirma Trigema

Trigema
(„Trikotwarenfabrik Gebrüder Mayer") Mischunternehmen in den Bereichen Textilproduktion, Textilvertrieb und Tankstellen. Der Firmensitz ist in Burladingen im Zollernalbkreis in Baden-Württemberg. Das Unternehmen TRIGEMA Inh. W. Grupp e. K. wird in der Rechtsform des Einzelunternehmens geführt.

„Wir brauchen endlich wieder ein Zurück zur Anständigkeit und zur Haftung. Das heißt, ich hafte mit meiner Rechtsform TRIGEMA Inh. W. Grupp e. K. für alles, was
5 hier passiert, und wenn ich etwas zusage und es nicht einhalten würde, dann muss ich mit meinem Privatvermögen dafür haften. Viele Start-ups versuchen etwas, es geht schief, dann schmeißen sie hin. Es
10 kann nicht sein, dass Unternehmer Millionen-Gehälter beziehen und wenn es funktioniert, dann ist es gut, doch wenn es nicht klappt, wird vorher kassiert, aber die Rechnung zahlt der Staat. Wir brauchen die Haftung der Entscheidungsträger zu- 15 rück. So wie es früher war. Was heute passiert, das hat mit Marktwirtschaft nichts mehr zu tun. Das ist am Ende Kommunismus, bei dem alles umverteilt wird. Wenn es funktioniert, dann kann kassiert werden, 20 doch wenn es scheitert, entzieht man sich der Verantwortung und lässt andere die Kosten tragen. Das Wirtschaftswunder war nur möglich dank persönlich haftenden Unternehmern. Hat ein Unternehmer den Mut, 25 das Geschäftsrisiko selbst zu tragen, handelt er überlegter, dauerhafter und verantwortungsbewusster als die Konkurrenz. Und ein paar mehr solche Unternehmer würden Deutschland guttun."
30

Wolfgang Grupp, www.firma.de, 3.8.2015

M 12 ● Die Wahl der Rechtsform – eine wichtige Entscheidung bei der Unternehmensgründung

Die Wahl der Rechtsreform zählt zu den grundlegenden (konstitutiven), langfristig wirksamen unternehmerischen Entscheidungen. Die Frage, welche Rechtsform ein
5 Betrieb wählt, stellt sich immer bei der Gründung eines Betriebs. Ändern sich wesentliche persönliche, wirtschaftliche, rechtliche Rahmenbedingungen, kann ein Unternehmen eine andere Rechtsform
10 wählen (Umwandlung).
Die wichtigsten Kriterien für die Wahl einer bestimmten Rechtsform sind folgende:
• Gründungsformalitäten: Welcher Aufwand besteht bezüglich der Regelungen
15 (Eintragungen, Anmeldungen, Verträge mit Gesellschaftern) bei der Gründung?
• Finanzierung: Wie können die benötigten Mittel beschafft werden?
• Haftung: Inwieweit muss für Verbindlichkeiten des Unternehmens gehaftet werden? 20
• Besteuerung: Wie hoch ist die Steuerlast?
• Geschäftsführung: Wer darf das Unternehmen vertreten, wer darf Verträge unterschreiben?
• Verteilung von Gewinn und Verlust: Wie 25 werden Gewinne verteilt, wer trägt die Verluste?

Quelle: Bundesministerium für Wirtschaft und Energie (Hrsg.), GründerZeiten 11/2015 – Rechtsformen, S. 2

5.3 Welche Rechtsform passt zu einem Unternehmen?

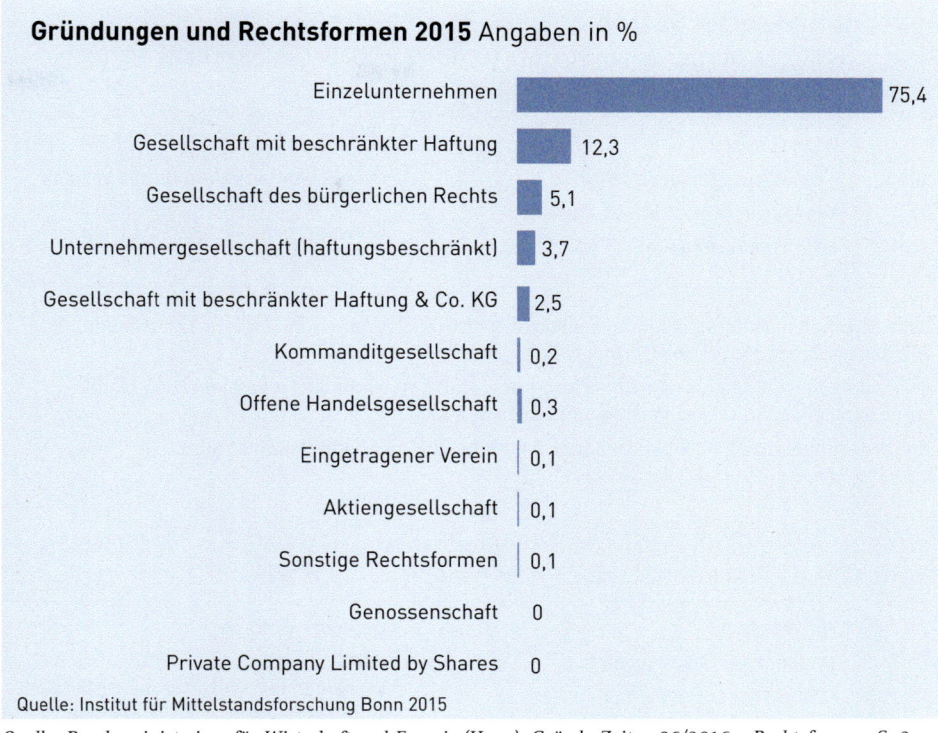

Quelle: Institut für Mittelstandsforschung Bonn 2015

Quelle: Bundesministerium für Wirtschaft und Energie (Hrsg.), GründerZeiten 06/2016 – Rechtsformen, S. 2

M 13 ● Rechtsformen im Überblick

Einzelunternehmen
Einzelunternehmen – volle Kontrolle, volle Haftung

Für wen und was?	Wie gründen?	Höhe der Haftung?
Kleingewerbetreibende, Handwerker, Dienstleister, Freie Berufe	• ein Unternehmer • entsteht bei Geschäftseröffnung, wenn keine andere Rechtsform gewählt wurde • Kaufleute: Eintrag ins Handelsregister Pflicht, Kleingewerbetreibende freiwillig • kein Mindestkapital	Unternehmer haftet unbeschränkt mit seinem gesamten Vermögen, auch Privatvermögen

- Es gibt nur einen Betriebsinhaber. Diese Rechtsform eignet sich zum Einstieg.
- Als Einzelunternehmer/-in können Sie klein anfangen, als so genannte/-r Kleingewerbetreibende/-r. D. h., Ihre Umsätze und Ihr Geschäftsverkehr erfordern keine vollkaufmännische Einrichtung wie z. B. doppelte Buchführung. Nichtsdestotrotz steht es Ihnen frei, sich auch als Kleingewerbetreibender ins Handelsregister einzutragen (gilt nicht für Freie Berufe).
- Mit dem Eintrag ins Handelsregister übernehmen Sie alle Rechte und Pflichten eines Kaufmanns. Bei dem eingetragenen Kaufmann (e. K. oder e. Kfm.) handelt es sich nicht um eine Rechtsform, sondern um einen Firmenbestandteil.

Erklärfilm „Die Einzelunternehmung"

Mediencode: 8880-03

Personengesellschaften

Gesellschaft des bürgerlichen Rechts (GbR oder BGB-Gesellschaft) – einfache Partnerschaft

Für wen und was?	Wie gründen?	Höhe der Haftung?
Kleingewerbetreibende, Freie Berufe	• mind. zwei Gesellschafter • formfreier Gesellschaftsvertrag • kein Mindestkapital	Gesellschafter haften für die Verbindlichkeiten der Gesellschaft gegenüber Gläubigern als Gesamtschuldner persönlich.

- Jede Geschäftspartnerschaft kann die Form einer GbR annehmen: Kleingewerbetreibende, Praxisgemeinschaften, Freie Berufe, Arbeitsgemeinschaften.
- Besondere Formalitäten sind nicht erforderlich, sogar eine mündliche Vereinbarung reicht, wenn auch ein schriftlicher Vertrag empfehlenswert ist.
- Für die Kompetenzen der Gesellschafter bietet die GbR einen breiten Spielraum.

Partnergesellschaft (PartG) und Partnerschaftsgesellschaft mit beschränkter Berufshaftung (PartGmbB) – für Freiberufler

Für wen und was?	Wie gründen?	Höhe der Haftung?
Freie Berufe (je nach Berufsrecht)	• mind. zwei Gesellschafter • schriftlicher Partnerschaftsvertrag • Eintragung ins Partnerschaftsregister • kein Mindestkapital	**PartG:** Gesellschafter haften neben dem Vermögen der PartG für die Verbindlichkeiten der Gesellschaft gegenüber Gläubigern als Gesamtschuldner persönlich. Nur für „Fehler in der Berufsausübung" haftet allein derjenige, der den Fehler begangen hat. **PartGmbB:** Für fehlerhafte Berufsausübung haftet nur die Gesellschaft mit ihrem Gesellschaftsvermögen. Die Haftung einzelner Partner für persönliche Fehler entfällt. Für die Verbindlichkeit der Partnerschaft (z. B. Miete oder Ansprüche auf Arbeitsentgelt) haften auch hier die Partner mit ihrem Privatvermögen.

- Für Berufsgruppen, denen die Rechtsform der GmbH verwehrt oder zu aufwendig ist, ist die Partnergesellschaft eine attraktive Alternative zur Sozietät (GbR).
- Für Kooperationen unterschiedlicher Freier Berufe ist diese Form geeignet.
- Gesellschafter müssen eine Haftpflichtversicherung abschließen.

Offene Handelsgesellschaft (OHG) – hohes Ansehen

Für wen und was?	Wie gründen?	Höhe der Haftung?
mehrere Personen, die gemeinsam ein kaufmännisches Gewerbe betreiben	• mind. zwei Gesellschafter • formfreier Gesellschaftsvertrag • Eintragung ins Handelsregister • kein Mindestkapital	Gesellschafter haften für die Verbindlichkeiten der Gesellschaft gegenüber Gläubigern als Gesamtschuldner persönlich.

- Wegen der Bereitschaft zur persönlichen Haftung steht eine OHG bei Kreditinstituten und Geschäftspartnern in höherem Ansehen als z. B. eine GmbH.

Kommanditgesellschaft (KG) – leichteres Startkapital

Für wen und was?	Wie gründen?	Höhe der Haftung?
Kaufleute, die zusätzliches Kapital benötigen, oder Gesellschafter, die keine persönliche Haftung übernehmen wollen und von der Geschäftsführung ausgeschlossen werden können	• ein oder mehrere Komplementär(-e) • ein oder mehrere Kommanditist(-en) • formfreier Gesellschaftsvertrag • Eintragung ins Handelsregister • kein Mindestkapital	Komplementär (persönlich haftender Gesellschafter) haftet für die Verbindlichkeiten der Gesellschaft gegenüber Gläubigern persönlich als Gesamtschuldner. Kommanditist haftet persönlich bis zur Höhe seiner Einlage. Die persönliche Haftung ist ausgeschlossen, soweit die Einlage geleistet ist.

- Die Kommanditgesellschaft besteht aus dem Komplementär und dem Kommanditisten.
- In einer KG führt allein der Komplementär die Geschäfte.
- Leichter als auf dem Kreditweg können Sie an Startkapital kommen, wenn sich Partner (Kommanditisten) finanziell an Ihrem Unternehmen beteiligen.
- Diese können Ihnen meist nicht in Ihre Geschäfte hineinreden und haften nur in der Höhe ihrer Einlagen.
- Komplementär behält in der Regel alleiniges Entscheidungsrecht und haftet dafür mit seinem gesamten Privatvermögen.
- Rechtsform z. B. für Familienmitglieder, die nicht persönlich haften wollen/sollen.

Erklärfilm „Die Personengesellschaft"

Mediencode: 8880-04

GmbH & Co. KG – vielseitige Möglichkeiten

Für wen und was?	Wie gründen?	Höhe der Haftung?
Kaufleute, die zusätzliches Kapital benötigen, oder Gesellschafter, die keine persönliche Haftung übernehmen wollen und von der Geschäftsführung ausgeschlossen werden können. Besonderheit: Persönlich haftender Gesellschafter ist die GmbH.	• ein oder mehrere Komplementär(-e) • ein oder mehrere Kommanditist(-en) • formfreier Gesellschaftsvertrag • Eintragung ins Handelsregister • Mindestkapital für die GmbH	Es handelt sich um eine KG, bei der statt einer natürlichen Person eine GmbH persönlich haftende Gesellschafterin (Komplementärin) ist. Daher ist deren Haftung im Ergebnis wie bei einer GmbH beschränkt. Kommanditist haftet persönlich bis zur Höhe seiner Einlage. Die persönliche Haftung ist ausgeschlossen, soweit die Einlage geleistet ist.

- Gründungsformalitäten sind aufwendiger als bei den oben genannten Rechtsformen.
- Die Gesellschafter der GmbH sind meist gleichzeitig die Kommanditisten der KG.
- Von der Höhe der Vermögenseinlage der GmbH (Komplementärin) und der jeweiligen Kommanditisten hängen die jeweiligen Entscheidungsbefugnisse und natürlich auch die Verteilung der Gewinne und Verluste ab.

Kapitalgesellschaften
GmbH – Gesellschaft mit beschränkter Haftung

Für wen und was?	Wie gründen?	Höhe der Haftung?
Unternehmer, die die Haftung beschränken oder nicht aktiv mitarbeiten wollen	• mind. ein Gesellschafter (Ein-Personen-GmbH) • Gesellschaftsvertrag oder Musterprotokoll bei einfachen Gründungen • beide müssen notariell beurkundet werden • Eintragung ins Handelsregister • Mindeststammkapital: 25.000 Euro	in Höhe der Stammeinlage bzw. in Höhe des Gesellschaftsvermögens

GmbH-Variante: Unternehmergesellschaft (UG) (haftungsbeschränkt)

Für wen und was?	Wie gründen?	Höhe der Haftung?
Gründer kleiner Unternehmen, die die Haftung beschränken wollen	• mind. ein Gesellschafter • Gesellschaftsvertrag oder Musterprotokoll bei einfachen Gründungen • beide müssen notariell beurkundet werden • Eintragung ins Handelsregister • Mindeststammkapital: ein Euro (Höhe der Kapitalausstattung sollte den Bedarf decken)	in Höhe der Stammeinlage bzw. in Höhe des Gesellschaftsvermögens

- Musterprotokoll erleichtert einfache Standardgründungen (Bargründung, max. drei Gesellschafter); es kombiniert Gesellschaftsvertrag, Gesellschafterliste und Bestellung des Geschäftsführers.
- Es kann einen oder mehrere Gesellschafter geben, von denen einer oder mehrere als Geschäftsführer ausgewiesen sind (auch angestellte Geschäftsführer sind möglich).
- Trotz beschränkter Haftung: Kreditgeber achten i. d. R. darauf, dass ihnen bei der Aufnahme von Krediten private Sicherheiten angeboten werden.
- Wollen Sie in Ihrer GmbH das Sagen haben, müssen Sie per Vertrag zum/zur Geschäftsführer/-in bestellt und Ihre Befugnisse sowie die Gewinnverteilung festgelegt werden.
- Wollen Sie Ihre Führung in einer GmbH sicherstellen, so sollten mehr als 50 Prozent der oben erwähnten Einlagen von Ihnen sein!
- Bei UG (haftungsbeschränkt): Pflicht zur Rücklagenbildung, bis ein Stammkapital von 25.000 Euro aufgebracht ist.

Achtung: Gesellschafter haften zusätzlich mit Privatvermögen bei persönlichen Krediten oder Bürgschaften. Sie haften auch persönlich bei Verstößen gegen die strengen Regeln über das GmbH-Kapital sowie bei der so genannten Durchgriffshaftung (z. B. bei bestimmten Schadenersatzansprüchen).

Kleine Aktiengesellschaft (AG) – Alternative für Mittelständler

Für wen und was?	Wie gründen?	Höhe der Haftung?
Unternehmer, die zusätzliches Kapital benötigen, und/oder zum ausschließlichen Zweck der Unternehmensübertragung	• AG ohne Börsennotierung • Anleger sind i. d. R. Mitarbeiter, Kunden oder Nachfolger • Unternehmer kann alleiniger Aktionär und Vorstand sein • Vorstand hat Entscheidungsbefugnis • Aufsichtsrat hat Kontrollbefugnis • notarielle Satzung • Eintragung ins Handelsregister • Grundkapital: 50.000 Euro	beschränkt auf Gesellschaftsvermögen

- Existenzgründer haben die Möglichkeit, eine kleine AG allein zu gründen (als alleiniger Aktionär und Vorstand, sie benötigen jedoch zusätzlich drei Aufsichtsräte).
- Sie können weitere Anleger an ihrem Vorhaben durch die Ausgabe von Aktien oder durch die Aufnahme von Kunden als Gesellschafter beteiligen.
- Bis 500 Mitarbeiter ist keine Mitbestimmung im Aufsichtsrat vorgesehen.

Eingetragene Genossenschaft (eG) – Gemeinschaftlicher Geschäftsbetrieb

Für wen und was?

Rechtsform für Gründungsteams und Kooperationsmodell für kleine und mittlere Unternehmen. Vorstand erfüllt im Auftrag seiner Mitglieder Aufgaben wie Einkauf, Auftragsakquisition und Abwicklung, Werbung, Sicherung von Qualitätsstandards, Fortbildungsmaßnahmen.

Wie gründen?

- mind. drei Mitglieder
- schriftliche Satzung
- weitere Mitglieder durch einfache schriftliche Beitrittserklärung
- jedes Mitglied muss mind. einen Geschäftsanteil zeichnen, dessen Höhe in der Satzung festgelegt wurde
- jedes Mitglied hat eine Stimme, unabhängig von der Zahl der gezeichneten Geschäftsanteile
- Eintragung ins Genossenschaftsregister
- Genossenschaft muss zuständigem Genossenschaftsverband angehören, der berät und
- Geschäfte sowie wirtschaftliche Verhältnisse prüft

Höhe der Haftung?

eG haftet gegenüber Gläubigern in Höhe ihres Vermögens. Genossenschaftsmitglieder haften nicht persönlich. Das Genossenschaftsgesetz sieht zwar eine unbeschränkte Nachschusspflicht für Mitglieder vor, diese kann jedoch durch die Satzung beschränkt oder ausgeschlossen werden.

- Eine Genossenschaft besteht aus drei Organen: der Generalversammlung aller Mitglieder bzw. Vertreterversammlung, die u. a. über den Jahresabschluss, die Wahl der Aufsichtsratsmitglieder und Satzungsänderungen entscheiden, dem Vorstand, der die Genossenschaft eigenverantwortlich leitet, und dem Aufsichtsrat, der die Tätigkeit des Vorstands kontrolliert. Bei bis zu 20 Mitgliedern kann auf einen Aufsichtsrat verzichtet werden.
- Die Gründung selbst muss nicht notariell beurkundet werden.
- Die eG muss ins Genossenschaftsregister beim Amtsgericht eingetragen werden.
- Eine öffentliche Existenzgründungsförderung ist nur möglich, wenn die Genossenschaft als gewinnorientiert wirtschaftendes kleines oder mittleres Unternehmen auftritt.

Quelle: Bundesministerium für Wirtschaft und Energie (Hrsg.), GründerZeiten 06/2016 - Rechtsformen, S. 5 ff.

Erklärfilm „Die Kapitalgesellschaft"

Mediencode: 8880-05

Aufgaben

1. „Hat ein Unternehmer den Mut, das Geschäftsrisiko selbst zu tragen, handelt er überlegter, dauerhafter und verantwortungsbewusster als die Konkurrenz. Und ein paar mehr solche Unternehmer würden Deutschland guttun." Beurteilen Sie diese Aussage von Wolfgang Grupp aus M 11.

2. Beraten Sie ausgehend von M 12 und M 13 folgende Gründer hinsichtlich der Wahl einer geeigneten Rechtsform:
   - Leyla möchte einen Hähnchengrill eröffnen.
   - Till und Serdar wollen gemeinsam ein Fahrradgeschäft eröffnen.
   - Pinar möchte ein Transportunternehmen gründen, wobei Schwerlasten mit Hilfe von Luftschiffen transportiert werden sollen.

Standortanalyse mit Hilfe einer Entscheidungsmatrix

Wie gehe ich bei einer Standortwahl vor?

Je nach Geschäftsvorhaben kann die Standortauswahl eher beschaffungs-, absatz- oder produktionsorientiert sein. Beschaffungsorientierung ist gegeben, wenn u. a. der Transport unverhältnismäßig hohe Kosten verursacht oder Faktoren zur Leistungserstellung nicht beliebig weit transportiert werden können. Die Absatzorientierung sollte im Vordergrund stehen, wenn die unmittelbare Nähe zum Kunden oberste Priorität hat. Hängt die Wahl des Standorts weder von Absatz- noch von Beschaffungsfaktoren ab, so sollten die Produktionsfaktoren für die Standortentscheidung maßgeblich sein.

Folgende Übersicht erklärt Ihnen Schritt für Schritt die Vorgehensweise bei der Standortanalyse mit dem Punktebewertungsmodell:

Standortfaktoren			Gewichtung	Standort A		Standort B	
			Skala (von 0-10)	Punkte (1-5)	Ergebnis	Punkte (1-5)	Ergebnis
Beschaffungsseite							
	Personal	Qualifikationsniveau	1	5	1 x 5 = **5**	3	1 x 3 = **3**
		Mitarbeiterpotential	6	3	6 x 3 = **18**	4	6 x 4 = **24**
		...	...	...	...	...	...
Zwischenpunktezahl (Summe der Einzelpunktezahlen)					5 + 18 = **23**		3 + 24 = **27**
Gesamtpunktzahl					**23**		**27**

1. Legen Sie auf einer Skala von 1 bis 10 fest, wie wichtig die einzelnen Punkte für Ihren Standort sein könnten. Im oben genannten Beispiel spielt der Punkt Qualifikationsniveau für den Standort eine untergeordnete Rolle (Wert 1) – das Mitarbeiterpotential scheint wesentlich wichtiger (Wert 6).

2. Nachdem Sie den einzelnen Punkten Gewichte zugeordnet haben, bewerten Sie Ihre Standorte (hier A und B) mit Hilfe der Skala von 1 (nicht ausreichend) bis 5 (hervorragend). Im oben genannten Beispiel wurde das Qualifikationsniveau von Standort A als hervorragend (Wert 5), das von Standort B eher mittelmäßig (Wert 3) beurteilt.

3. Wenn Sie die Bewertung für alle Standorte durchgeführt haben, müssen Sie das Gewicht mit den Punkten der jeweiligen Standorte multiplizieren und in das Feld „Ergebnis" eintragen. Für Standort A hieße das beim Qualifikationsniveau 1 (Gewicht) x 5 (Punkte) = 5; für Standort B: 1 (Gewicht) x 3 (Punkte) = 3.

4. Die einzelnen Punktzahlen addieren Sie zu Zwischenpunktzahlen – die Zwischenpunktzahlen dann zur Endpunktzahl. In der Beispieltabelle wurde aus Gründen der Übersichtlichkeit nur die Beschaffungsseite betrachtet. Deshalb entspricht die Zwischenpunktzahl (Standort A = 23 Punkte; Standort B = 27 Punkte) der Endpunktzahl. Im Ergebnis sollte hier Standort B vorgezogen werden, da er mit 27 Punkten einen höheren Wert erreichen konnte als Standort A (23 Punkte).

Methode: Standortanalyse mit Hilfe einer Entscheidungsmatrix

Mögliche Standortfaktoren

Beschaffungsseite	Produktionsseite	Absatzseite
Personal – Qualifikationsniveau – Mitarbeiterpotential – Lohnkosten – soziales und kulturelles Umfeld	**Geschäftsräume** – Qualität – Ausstattung – Kosten – Erweiterungsmöglichkeiten	**Absatzpotential** – Kundenstruktur – Einzugsbereich – Kundendichte – Kaufkraft – Konkurrenten – Bedarf
Produktionsmaterial – Verfügbarkeit von Rohstoffen – Lieferantennähe – kommunale Infrastruktur	**Staatliche Abgaben** – Steuern – Gebühren	**Absatzinfrastruktur** – öffentliche Verkehrsmittel – Parkplätze – Einzelhandel
Kapital – Zugang zu öffentlichen Fördermitteln – Zinsniveau	**Behördliche Auflagen** – Flächennutzungspläne – Sicherheitsausstattung – Umweltauflagen	
Informationen – wissenschaftliche Einrichtungen – Unternehmernetzwerke – öffentliche und private Beratungseinrichtungen – Kommunikationskosten		

Nach: www.ihk-berlin.de (7.6.2012)

Aufgaben

1. Bilden Sie Teams. Einigen Sie sich auf ein bestimmtes Unternehmen ihrer Wahl (Beispiele: Fahrradhandel, Textilienverkauf/Textilienherstellung, Gastronomie, Herstellung von Soßen, Automobilhersteller, Softwareentwicklung). Prüfen Sie alternative Standorte, z. B.: Stadt/Land, Deutschland/Ausland, West-/Ostdeutschland etc. Recherchieren Sie gegebenenfalls die Qualität der für Sie maßgeblichen Standortfaktoren.
2. Wählen Sie die für Ihr Unternehmen wichtigen Standortfaktoren (siehe Tabelle, gegebenenfalls ergänzen) und ermitteln Sie mit Hilfe einer Entscheidungsmatrix die Gesamtpunktzahl für den Standort.

ORIENTIERUNGSWISSEN

Neue Unternehmen als Motoren wirtschaftlicher Entwicklung
M 2

Unternehmen produzieren Güter, um Gewinne zu erwirtschaften. Gleichzeitig befriedigen sie die Bedürfnisse der Konsumenten und schaffen Arbeitsplätze, die den Beschäftigten Einkommen bringen. Der Staat ist daran interessiert, dass Unternehmen, vor allem Kleinst-, Klein- und Mittelunternehmen, erhalten bleiben und neue Unternehmen gegründet werden, weil so Beschäftigung, Einkommen und Steuereinnahmen sichergestellt werden können.

Neue Unternehmen können die Entwicklung und den Wandel einer Volkswirtschaft nachhaltig beeinflussen. Die Gründer von Microsoft, Apple oder Cisco Systems waren die Pioniere für das Entstehen völlig neuer Wirtschaftszweige und haben einen tiefgreifenden Strukturwandel der Wirtschaft eingeleitet. Der österreichische Ökonom Joseph Schumpeter (1883 – 1950) bezeichnete die Tätigkeit der Unternehmer als „schöpferische Zerstörung". Unternehmer im Industriezeitalter schaffen etwas Neues und vernichten auf diese Weise Überkommenes. Wer z. B. das Auto zum Massenprodukt macht, der nimmt all jenen Handwerkern die Existenzgrundlage, die zuvor Pferdekutschen bauten. Doch steigt mit jeder neuen Erfindung die Produktivität einer Volkswirtschaft und es werden neue (meist bessere) Arbeitsplätze geschaffen.

Unternehmensgründung
M 6, M 7

Am Anfang jeder Unternehmensgründung steht eine Geschäftsidee. Der Unternehmer muss klären, welche Produkte bzw. Dienstleistungen er anbieten möchte und ob es dafür einen hinreichend großen Markt gibt. Auch die Persönlichkeit des Unternehmers ist eine wichtige Voraussetzung für den Erfolg. Durchsetzungsfähigkeit, Belastbarkeit, Kreativität und kommunikative Kompetenzen sind nur einige der Eigenschaften, die ein Unternehmer haben sollte. Und schließlich müssen auch die finanziellen Mittel vorhanden sein, um den Schritt in die Selbständigkeit machen zu können.

Chancen und Risiken
M 10, M 11

Die Chancen und Risiken der Selbständigkeit müssen gegeneinander abgewogen werden. Als Chancen werden im Allgemeinen gesehen: Unabhängigkeit, Möglichkeit, eigene Vorstellungen und Talente zu verwirklichen, hohe Verdienstmöglichkeiten, hohes Ansehen. Doch bleiben Risiken, denn die Gründungsentscheidung ist eine Entscheidung mit Unbekannten. So können z. B. Konsumtrends, die Ertragsentwicklung oder die allgemeine wirtschaftliche Lage falsch eingeschätzt werden. Neben diesen Risiken der unternehmerischen Tätigkeit scheitern Unternehmensneugründungen häufig auch an den beschränkten Möglichkeiten, an Gründungskapital zu kommen. Zudem erschweren insbesondere in Deutschland wie auch in anderen Industrienationen bürokratische Hürden den Weg in die Selbständigkeit. Das Scheitern wird in Deutschland stärker als Makel angesehen als z. B. in den USA.

Existenzgründungen haben neben der individuellen Perspektive auch gesellschaftliche und wirtschaftliche Seiten. Unternehmensgründungen haben hohe Beschäftigungseffekte, fördern den Strukturwandel hin zu Innovationen und den Wettbewerb. Deshalb ist ein Rückgang der Existenzgründungen, wie er sich in Deutschland seit 2004 zeigt, problematisch, wenngleich er auch auf die hohe Beschäftigung zurückzuführen ist.

5 Die grundlegenden Entscheidungen bei der Unternehmensgründung

ORIENTIERUNGSWISSEN

Zu den konstitutiven (grundlegenden) Entscheidungen bei der Unternehmensgründung gehören die Wahl der Rechtsform sowie die Entscheidung über den Standort. Die Wahl der Rechtsform gibt dem Unternehmen einen rechtlichen Rahmen, der die Leitungsbefugnisse, Möglichkeiten der Kapitalbeschaffung, das unternehmerische Haftungsrisiko, die Gewinnverteilung und steuerliche Aspekte festlegt.

Die mit Abstand meisten Existenzgründungen erfolgen als Einzelunternehmen. Bei dieser Rechtsform trifft der Unternehmer selbst alle geschäftsrelevanten Entscheidungen. Im Gegenzug trägt er auch für alle Entscheidungen (auch Fehlentscheidungen) alleine das Risiko.

Unternehmensgründungen, die mit einem hohen Finanzbedarf verbunden sind, wie die Errichtung von Produktionsstätten oder die Ausstattung mit hochwertigem und kostenintensivem Inventar, werden überwiegend in der Form einer Kapitalgesellschaft vollzogen. Die gängigsten Kapitalgesellschaften sind die Gesellschaft mit beschränkter Haftung (GmbH) und die Aktiengesellschaft (AG). Der Hauptgrund für die Wahl der GmbH als Rechtsform für ein Unternehmen ergibt sich schon aus der Bezeichnung „mit beschränkter Haftung". Sie bietet die gesetzliche Möglichkeit, die Haftung gegenüber Gläubigern auf das Gesellschaftsvermögen zu beschränken. Das Mindeststammkapital der Gesellschaft beträgt 25.000 Euro.

In einer Aktiengesellschaft (AG) wird das Gesellschaftsvermögen in Aktien aufgeteilt. Die AG ist die typische Rechtsform für Großunternehmen, die ihren Kapitalbedarf über den Kapitalmarkt decken wollen. Leitbild des Aktiengesetzes ist die börsennotierte Aktiengesellschaft mit gestreutem und damit anonymem Aktionärskreis. Die Aktiengesellschaften sind durch das Aktiengesetz relativ strengen Vorschriften unterworfen, so besteht z. B. die Pflicht – ganz egal, wie groß ein Unternehmen ist – die Bilanzen zu publizieren. Vorstand, Aufsichtsrat und Hauptversammlung werden als Organe der AG bezeichnet.

Entscheidungen über die Rechtsform
M 12, M 13

Für die Auswahl des Produktions- bzw. Investitionsstandorts werden unterschiedliche Standortfaktoren (wie z. B. Verkehrslage, Arbeitskräfteangebot, Absatzmöglichkeiten, Beschaffungsmöglichkeiten, Angebot an Betriebsflächen, öffentliche Abgaben, Steuern usw.) gewichtet und beurteilt. Für das Unternehmen bedeutet die Standortentscheidung in der Regel eine längere Bindung an ein Land, eine Region, einen Ort. Diese profitieren von der Entscheidung durch zusätzliche Arbeitsplätze und damit zusätzliches Einkommen und Wohlstand. Darüber hinaus nimmt die öffentliche Hand Steuern und Abgaben ein, die indirekt den Bürgern und den Unternehmen, z. B. über Verbesserungen der Infrastruktur, zugute kommen können.

Standortentscheidung
Methode

Der Preis des Erfolgs

Das Schlimmste, was einem Unternehmen passieren kann, ist zu viel Erfolg. Erfolg macht träge. Erfolg bedeutet, man macht ja alles richtig. Erfolg heißt, das Wichtigste jeder Führungsphilosophie zu vergessen – nur wer sich jederzeit den Märkten und Kundenwünschen anpassen kann, bleibt im Geschäft. [...] Das Tempo der Veränderung hat enorm zugenommen. Nie haben sich ganze Wirtschaftsbranchen so schnell gewandelt wie derzeit. Es ist, als ob permanent ein Turbomotor angeschaltet ist.

Zwei aktuelle Verlierer der furiosen Umbrüche sind Unternehmen, deren Namen über Jahrzehnte hinweg gut bekannt und wohl geschätzt wurden: der amerikanische Kamera- und Filmhersteller Kodak sowie der deutsche Druckmaschinenbauer Manroland. Beide sind Opfer des digitalen Siegeszugs. Beide haben es verpasst, neue Felder zu erobern. Beim 131 Jahre alten Kodak-Konzern, der nunmehr nach langem Siechtum Insolvenz angemeldet hat, ist das umso erstaunlicher, als die eigenen Mitarbeiter im Jahr 1975 die erste Digitalkamera erfunden haben. Die Manager aber brachten das Kunststück fertig, die Entdeckung 20 Jahre lang weitgehend zu ignorieren. Sie ließen der japanischen Konkurrenz den Vortritt. Der Start von Kodak in diesem Zweig kam zu spät.

Der Niedergang der insolventen Augsburger Firma Manroland, die jetzt zerschlagen wird, ist wiederum bedingt durch den Erfolg von Online-Medien: Es müssen weniger Zeitungspapier und Werbebroschüren bedruckt werden. Also erfolgen weniger Bestellungen der großen, teuren Apparaturen, die für Massendruck nötig sind.

Es gibt viele andere Beispiele von Firmen, die erfolgssatt das nötige Gegensteuern vergessen haben. Firmen wie Nokia aus Finnland, deren Chefs ihren Triumph bei Handy-Telefonen zu lange genossen und das Aufkommen von Smartphones, neuartigen Geräten mit E-Mail-Funktion und Zugang ins Internet, geringschätzten. [...] Oder es gibt Unternehmen wie den deutschen Media-Markt, deren Verantwortliche Amazon jahrelang für ein rein amerikanisches Phänomen hielten – so lange, bis die eigene Absatzkurve eine ungewünschte Richtung nahm. Seit kurzem ist Media-Markt in den Online-Handel eingestiegen, möglicherweise aber zu spät. [...]

So nimmt ein Prozess seinen Lauf, den der österreichische Ökonom Joseph Schumpeter einst „schöpferische Zerstörung" genannt hat. Die Findigen bleiben, die Trägen verschwinden. Er selbst unterschied zwischen „dynamischen Unternehmern" und „statischen Wirten".

Es kommt also darauf an, das ist die Lehre aus dem Niedergang von Kodak und Manroland, sich selbst stets in Zweifel zu stellen und das Experiment, das Ausprobieren von Neuem, zur Pflicht zu machen. [...] Hierarchien und Kommandostrukturen erschweren Innovationen. Die lassen sich nicht von oben anordnen wie neue Preise in der Kantine, sondern sind das Ergebnis der Arbeit motivierter Mitarbeiter, die sich in ihren Einheiten frei fühlen können. Managementkunst ist dann, die gute Idee auch zum guten Produkt werden zu lassen. [...] Was sich derzeit durchsetzt, sind oft Produkte, die mit Design, Spaß, Marketing und digitaler Technik zu tun haben. Kameras und Druckmaschinen sind Beispiele für Märkte, die bereinigt werden. Der Erfolg von gestern zählt wenig.

Hans-Jürgen Jakobs, Süddeutsche Zeitung, 20.1.2012

Aufgaben

1. Erläutern Sie das Paradoxon „Das Schlimmste, was einem Unternehmen passieren kann, ist zu viel Erfolg".

2. Entwerfen Sie ein Poster mit dem Titel: „Das erfolgreiche Unternehmen".

Sie können…	Dazu benötigen Sie u. a. folgende Begriffe…	Das klappt schon…	Hier können Sie u. a. noch üben…
wesentliche persönliche Eigenschaften für den Erfolg von Unternehmern und Unternehmerinnen erläutern.	Schumpeters „der schöpferische Unternehmer" Disruptive Innovation	👍 👎	M 2, M 3 / S. 174 f. Orientierungswissen / S. 190
Ihr eigenes Eigenschaftsprofil entwerfen.	Analysestern	👍 👎	M 5, Aufgabe 3 / S. 176 f. Orientierungswissen / S. 190
grundlegende Aufgaben, die zur Erstellung eines Businessplans geleistet werden müssen, nennen.	Businessplan	👍 👎	M 7 / S. 178 f. Orientierungswissen / S. 190
Vorteile und Nachteile der Selbstständigkeit erläutern.	Unabhängigkeit Freiheit Geschäftsrisiko Haftung	👍 👎	M 10, M 11 / S. 181 f. Orientierungswissen / S. 191
Rechtsformen nach wesentlichen Merkmalen unterscheiden.	Einzelunternehmen Personengesellschaften Kapitalgesellschaften GmbH, GbR, BGB-Gesellschaft, PartG, OHG, KG, GmbH & Co. KG, AG, eG	👍 👎	M 13 / S. 183 – 187 Orientierungswissen / S. 191
das Vorgehen bei einer Standortanalyse erläutern.	Standortfaktoren	👍 👎	Methode / S. 189 Orientierungswissen / S. 191

SELBSTDIAGNOSE

Das vernetzte Unternehmen

Globale Akteure: Lieferanten, Kunden, Regierungen, Verbände, internationale Organisationen, Shareholder, Finanzmärkte, NGOs

standortbezogene Rahmenbedingungen

Beschaffung
von Gütern (Produktionsfaktoren) auf Beschaffungsmärkten

Arbeitskräfte, Kapital (Eigenkapital und Fremdkapital)

Standortboden, Roh- und Hilfsstoffe, Löhne, Zinsen, bezogene Güter

→ **Einkauf** →

Unternehmen
Leistungserstellung

Produktion von Gütern (Waren und Dienstleistungen) oder Handel mit Gütern

Ziel: Gewinne erwirtschaften

← **Ausgaben**

← **Einnahmen**

Absatz / Marketing

Vertrieb der Güter auf Absatzmärkten

Produkt-, Preis-, Distributions-, Kommunikationspolitik

standortbezogene Rahmenbedingungen

Inländische Akteure: Lieferanten, Kunden, Geldgeber/Banken, Shareholder/Aktionäre, Regierungen, Verbände, NGOs

6 Grundlegende Funktionen und Ziele des Unternehmens

Die Funktionsweise und Bedeutung von Unternehmen und Betrieben lässt sich am besten verstehen, wenn man zunächst das gesamtwirtschaftliche Umfeld betrachtet, mit welchem das Unternehmen verflochten ist. Unterschiedliche Interessengruppen beeinflussen die Ziele und Entscheidungen im Unternehmen. Diese beziehen sich auf die drei Grundfunktionen des Betriebs: Neben der Beschaffung von Gütern zur Produktion und der Produktion selbst gehört der Absatz zu den Grundfunktionen des Betriebs. Eine besondere Bedeutung kommt dem Marketing zu, weil das Marketing heute alle Bereiche des betrieblichen Handelns einschließt.

Die Erwirtschaftung von Gewinn ist das primäre Ziel, da dieser die Existenzgrundlage jedes Unternehmens darstellt, doch sind Unternehmen auch soziale Gebilde, die in der Gesellschaft verankert sind. Umstritten ist, inwieweit Unternehmen für die Gestaltung der Gesellschaft mitverantwortlich sein und wie stark soziale und ökologische Ziele bei der unternehmerischen Entscheidungsfindung berücksichtigt werden sollen. Das Erscheinungsbild vieler Unternehmen wird heute durch die Übernahme sozialer und ökologischer Verantwortung, die sich im Konzept der Corporate Social Responsibility (CSR) niederschlägt, kommuniziert.

KOMPETENZEN

Am Ende dieses Kapitels sollten Sie Folgendes wissen und können:

Sie können die betrieblichen Grundfunktionen Beschaffung, Leistungserstellung und Absatz sowie die Stellung des Unternehmens im Geld- und Güterkreislauf beschreiben.

Sie können die betrieblichen Produktionsfaktoren voneinander unterscheiden.

Sie können erläutern, auf welche Weise Unternehmen im Schnittpunkt unterschiedlicher Interessen stehen.

Sie können komplementäre und konkurrierende Unternehmensziele unterscheiden.

Sie können die Bedeutung von CSR für Unternehmen beurteilen.

Was wissen und können Sie schon?

Im Schaubild werden verschiedene Akteure dargestellt, die in Beziehung zum Unternehmen stehen.

1. Nennen Sie die Interessen der einzelnen Akteure am Unternehmen.
2. Prüfen Sie, ob die unterschiedlichen Interessen in Einklang zu bringen sind.

6.1 Wie produzieren Unternehmen?

Aufbauorganisation

In der Aufbauorganisation eines Unternehmens werden die Aufgabenverteilungen (Stellen), Entscheidungsbefugnisse und Weisungsbefugnisse festgelegt.
Wichtig für die Organisation ist dabei auch das ihr zugrunde liegende Managementkonzept, d. h. die Führungsprinzipien und der Führungsstil.

M 1 ● Führen heißt entscheiden – oder?

Karikatur: Dave Carpenter

M 2 ● Warum gibt es überhaupt Unternehmen?

Der Nobelpreisträger für Wirtschaftswissenschaften von 1991, Ronald Coase, fragte sich, warum es überhaupt sinnvoll ist, Unternehmen zu gründen, wenn doch eigentlich die ganze Wirtschaftstätigkeit kurzfristig über den Markt organisiert werden könnte. Dies hört sich zunächst etwas abwegig an. Man stelle sich nun vor, die Beschaffung der benötigten Produktionsfaktoren, die Erstellung der einzelnen Teile eines Gutes, das Controlling und der Vertrieb würden je nach Auftragslage kurzfristig am Markt besorgt. Jede einzelne Leistung und jeder einzelne Arbeitnehmer mit seinen spezifischen Qualifikationen müsste je nach Bedarf nachgefragt werden. Erforderlich wären also viele kurzfristige Verträge für die Beschaffung der notwendigen Ressourcen, den Absatz der Produkte, die Beschaffung des Kapitals, die Kontrolle des Ergebnisses mit vielen weiteren Personen. Dadurch entstehen sowohl Suchkosten für die Ermittlung der günstigsten Preise sowie Kosten für den Vertragsabschluss durch Verhandlungen, die man Coase Transaktionskosten nennt. Müssen die Vertragsparteien beispielsweise noch spezifische Investitionen vornehmen, sind sie nach Abschluss der Verträge leicht ausbeutbar. Solche Investitionen, die nicht leicht auf die Produktion anderer Güter übertragen werden können, begünstigen die Einbeziehung in ein einheitliches Unternehmen und erschweren die Koordination über den Markt. Auf diese Weise können Unternehmensgründungen die Zahl der abzuschließenden Verträge mindern, da nicht jeder Besitzer eines Produktionsfaktors mit anderen Faktoreignern kurzfristige Verträge abschließen muss. Auf diese Weise werden Unsicherheiten und Transaktionskosten gemindert. Ein Unternehmen werde demnach das Ausmaß der Arbeitsteilung solange in der eigenen Organisation bewältigen wie die Such- und Vertragsabschlusskosten größer sind als die Kosten für die Aufrechterhaltung der Organisation.

Nach: Ronald Coase, The nature of the firm, in: Economica, Vol. 4, No. 16 (1937), S. 386 – 405 (übersetzt von Birgit Weber)

M 3 ● Die betrieblichen Grundfunktionen

Wenn sich auch die Betriebe in ihren erbrachten Sachleistungen und/oder Dienstleistungen oft sehr unterscheiden, so findet man doch die folgenden grundlegenden betrieblichen Funktionsbereiche in allen Unternehmungen unabhängig vom Betriebstyp. Dies betrifft insbesondere die Leitungsfunktion, die Beschaffungsfunktion, die Produktionsfunktion, die Absatzfunktion sowie die Finanzierungsfunktion/Rechnungswesen und das Personalwesen.

Leitungsfunktion

Die Geschäftsleitung (auch Führung, Leitung, Management) setzt die betrieblichen Leistungsprozesse in Gang, koordiniert die Durchführung und kontrolliert die Ergebnisse.
Die Leitungsfunktion umfasst die Entscheidungen, die sich mit der Steuerung, Koordination und Überwachung des Zusammenwirkens aller Grundfunktionen befassen. Leitungsfunktionen beinhalten stets auch den Anspruch auf Führung, das heißt, die zielgerichtete Orientierung der Mitarbeiter.
Die Leitungsbefugnisse in einer Unternehmung ergeben sich aus der Organisationsstruktur. Die Unternehmensleitung bezieht sich im Allgemeinen nur auf die Instanzen an der Spitze der Unternehmung, deren Wirkungsbereich sich auf die Gesamtunternehmung bezieht („Führungsebene"). Sie ist verantwortlich für die verbindliche Festlegung der Unternehmensziele, die Planung des betrieblichen Geschehens sowie deren Durchsetzung und Kontrolle.
Neben den Merkmalen Planung und Kontrolle sowie Organisation bildet das Informationssystem einen wesentlichen Bestandteil der Unternehmensführung. Informationen werden als Zuwachs an entscheidungsrelevantem Wissen definiert. In der Koordination der betrieblichen Funktionsbereiche wird die Unternehmensleitung von der Verwaltung unterstützt.

Beschaffungsfunktion

Der Funktionsbereich Beschaffung ist verantwortlich für die Bereitstellung der betriebswirtschaftlichen Produktionsfaktoren, die für die Leistungserstellung benötigt werden. Dazu zählen die Betriebsmittel (z. B. Maschinen, Werkzeuge, Büroausstattung). Im engeren Sinn beschäftigt sich der Beschaffungsbereich aber mit dem Einkauf von Roh-, Hilfs- und Betriebsstoffen. Die

Für die Leistungserstellung müssen die benötigten Roh-, Hilfs- und Betriebsstoffe beschafft werden.

Betrieb und Unternehmen

Der Betrieb ist eine örtliche, technische und organisatorische Einheit in der Wirtschaft. Im Betrieb werden vom Unternehmer die Produktionsfaktoren planmäßig zusammengefasst, um so wirtschaftlich wie möglich bestimmte Leistungen zu erstellen, d. h. z. B. Sachgüter zu produzieren, Güter zu verteilen oder Dienstleistungen bereitzustellen. Unternehmung ist die wirtschaftlich-rechtliche Bezeichnung für Betriebe. Allgemein gebräuchlicher ist der Begriff Unternehmen. Ein Unternehmen kann aus einem oder mehreren Betrieben bestehen. Es gibt Unternehmen, deren Betriebe über viele Länder verteilt sind. Ein Unternehmen besitzt Vermögen und Entscheidungsrecht. Es kann vor Gericht klagen und verklagt werden.

local sourcing, local for local

Die Umwandlung des standortbezogen agierenden Einkaufs in eine globale Einkaufsorganisation ist ein Trend. Zu beobachten ist der go-local-Trend im globalen Einkauf: d. h. vom „low-cost-country-sourcing" zum „best-cost-country-sourcing". Wo es wirtschaftlich sinnvoll ist, wird lokal beschafft, entweder mit Lieferanten vor Ort oder mit globalen Lieferanten, die ihre Fertigung in unmittelbarer Nähe zum eigenen Werk aufbauen.

Aufgabe, Arbeitskräfte zu beschaffen, wird durch die Personalabteilung wahrgenommen. Die Entscheidung über den Kauf von Betriebsmitteln, dazu zählen Grundstücke, Gebäude, Maschinen usw., wird häufig von der Geschäftsleitung getroffen. Da die Werkstoffe (Roh-, Hilfs- und Betriebsstoffe) nicht immer direkt nach der Anlieferung in den Produktionsprozess übernommen werden können, ist die Lagerung im Eingangslager erforderlich. Die fertigen Erzeugnisse werden vor Verkauf und Auslieferung in der Regel im Fertigwarenlager/Auslieferungslager aufbewahrt.

Fertigungsfunktion

Aufgabe der Fertigungsfunktion (bzw. Produktionsfunktion) ist es, die betrieblichen Produktionsfaktoren so zu kombinieren, dass das gewünschte Produkt entsteht. In der Fertigung fließen die betrieblichen Produktionsfaktoren zusammen, um aus den Werkstoffen Halbfertigfabrikate oder Fertigerzeugnisse herzustellen. Diese Funktion fällt nur in Sachleistungsbetrieben an. Die Kombination der betrieblichen Produktionsverfahren ist unter Berücksichtigung der betrieblichen Gegebenheiten und den Bedingungen der technologischen und natürlichen Umwelt möglichst wirtschaftlich vorzunehmen. In einem weiteren Sinn umfasst die Produktion nicht nur die Herstellung von Sachgütern, sondern auch die Bereitstellung von Dienstleistungen.

Anschließend müssen die Produktionsfaktoren kombiniert werden.

Absatzfunktion

Die Absatzfunktion hat die Aufgabe, Produktion und Beschaffung marktbezogen zu lenken und für die Verwertung bzw. den Verkauf der Leistungen am Markt zu sorgen. Dazu gehören die Marktforschung, die Produkt- und Sortimentspolitik, die Preispolitik, die Distributionspolitik sowie die Kommunikationspolitik.

Die erstellten Produkte müssen vertrieben und verkauft werden.

Finanzierungsfunktion/Rechnungswesen

Finanzierung ist die Beschaffung von Kapital (Finanzmitteln), mit dem bestimmte betriebliche Vorhaben und Aufgaben verwirklicht werden sollen. Hierzu zählen z. B. der Einkauf von Materialien und Handelswaren, Investitionen (wie etwa der Kauf einer Produktionsmaschine) und laufende Lohn- und Gehaltszahlungen. Die benötigten Finanzmittel werden im Wesentlichen über die Verwertung der eigenen Leistung am Markt bereitgestellt. Da die Einnahmen den Ausgaben aber in der Regel erst mit einer zeitlichen Verzögerung folgen, ist es Aufgabe der Finanzierungsfunktion, das Unternehmen kontinuierlich mit ausreichendem Geldkapital zu versorgen. Es gehört auch zu den Aufgaben der Finanzierung, im Unternehmen freiwerdende Gelder so anzulegen, dass hierdurch ein finanzieller Zuwachs (Zinsertrag) erfolgen kann.

Bernd O. Weitz, www.uni-koeln.de (12.3.2007)

M 4 ● Die betrieblichen Produktionsfaktoren

Produktionsfaktoren im Produktionsbetrieb			
Dispositiver Faktor	**Originäre Faktoren**		
Leitende **Arbeit**	Ausführende **Arbeit**	**Betriebsmittel**	**Werkstoffe**
Es werden u. a.: – Ziele gesetzt – Planungen erstellt – Entscheidungen getroffen sowie – Organisation und Erfolgskontrollen betreiben	Der Mitarbeiter kann unterschieden werden in: – gelernt/ungelernt – repetitiv/kreativ – körperlich/geistig	– Betriebsgrundstücke – Gebäude – Maschinen – Anlagen – Betriebsausstattung – Geschäftsausstattung – Transportmittel	– Rohstoffe (gehen als Hauptbestandteil in das Endprodukt ein) – Hilfsstoffe (geringwertige Stoffe, z. B. Fett, Leim, Öl, die ebenfalls Bestandteil des Produkts werden) – Betriebshilfen (z. B. Energie zum Betreiben der Maschinen) – Fertigteile

Bernd O. Weitz, www.uni-koeln.de (12.3.2007)

M 5 ● Grundtypen der Fertigung

Die Fertigung der Produkte selbst lässt sich grundsätzlich durch die beiden Grundtypen der Fließ- oder Werkstattfertigung charakterisieren:

5 – Bei der Fließfertigung werden die Produktionsfaktoren zum Produkt gebracht. Dabei wird das zu produzierende Werkstück in einer vorgegebenen Geschwindigkeit über ein Fließband oder automa-
10 tisch über eine Transferstraße mit automatischer Bearbeitung und Kontrolle weitertransportiert. Dieses Fertigungsverfahren ist hochproduktiv, da die Arbeitskräfte immer die gleiche Tätigkeit
15 durchführen, es erlaubt eine genaue Anpassung an die vorgesehene Menge und ist gut kontrollierbar. Ein solches Verfahren kann aber nur dann eingesetzt werden, wenn die Produktentwicklung voll
20 ausgereift ist und Massenfertigung möglich ist, da die Entwicklung der notwendigen Produktionsanlage mit enormem Kapitalbedarf einhergeht. Diese Anlagen sind bei Produktumstellungen wenig fle-
25 xibel. Ganz abgesehen davon bringt das Fertigungsverfahren für die Arbeitskräfte angesichts der Monotonie der Arbeit erhebliche physische und psychische Belastungen mit sich.
– Bei der Werkstattfertigung kommt das zu 30 fertigende Werkstück zu den Arbeitsplätzen, die nach ähnlichen Tätigkeiten organisiert sind. Eine solche Organisation kann sich flexibel an Änderungen der Nachfrage anpassen und die Tätigkeiten 35 sind für die Arbeitskräfte erheblich vielseitiger. Solche Verfahren sind vor allem für Einzelfertigungen, in denen Produkte nur einmal nach speziellen Kundenwünschen hergestellt werden, unverzichtbar. 40 Das Problem ergibt sich in einer sinnvollen Reihenfolge der Tätigkeiten, die so organisiert sein müssen, dass die Werkstätten ausgelastet sind. Dennoch sind Zwischenstopps und Leerzeiten oft un- 45 vermeidbar.
Computergesteuerte Maschinen (CAM – Computer Aided Manufactoring) haben in beiden Fertigungssystemen Einzug gehalten, und sie erlauben ein flexibleres Ein- 50 gehen auf Kundenwünsche. Durch die Integration der Computersteuerung kann

beispielsweise die ursprünglich für die Massenproduktion geeignete Fließfertigung auf Varianten- und Reihenfertigung umgestellt werden, indem eine begrenzte Anzahl standardisierter Produkte bzw. Produkte aus ähnlichen Grundstoffen hergestellt wird. Einseitige Belastungen der Fließfertigung können durch Gruppenfertigung reduziert werden. Dabei wird der Gruppe die Verantwortung für das Ergebnis übertragen, womit sich allerdings der soziale Druck auf den Einzelnen verstärkt. Die Baustellenfertigung wird angewandt, wenn das zu erzeugende Produkt an einen bestimmten Standort gebunden ist und die erforderlichen Mittel zur Baustelle geschafft werden müssen.

Birgit Weber, Unternehmen und Produktion, Informationen zur politischen Bildung Nr. 293, Bonn 4/2006, S. 11 f.

M 6 ● Das Unternehmen im Geld- und Güterkreislauf

Die Unternehmung beschafft sich Geldmittel in Form von Eigen- und Fremdkapital. Sie verwendet diese finanziellen Mittel zum Einkauf von Betriebsmitteln und Werkstoffen auf den Beschaffungsmärkten bzw. zur Entlohnung von am Arbeitsmarkt gewonnenen Arbeitskräften. Die so geschaffenen Bestände an Elementarfaktoren (Arbeit, Betriebsmittel, Werkstoffe) werden vom dispositiven Faktor zur Erstellung von Betriebsleistungen eingesetzt (Produktion), und diese werden ggf. nach einer Lagerung schließlich am Absatzmarkt verkauft (Absatz). Die Verkaufserlöse fließen in den Finanzbereich der Unternehmung zurück. Ein Teil ist als Steuern, Gebühren und Beiträge an den Staat abzuführen, ein weiterer Teil fließt dem Eigenkapital als Gewinn bzw. dem Fremdkapital als Zins und Rückzahlung zu. Der verbleibende Teil wird zur Ersatzbeschaffung der verbrauchten Produktionsfaktoren oder zur Erweiterung der Bestände verwendet und der Kreislauf beginnt von vorn.

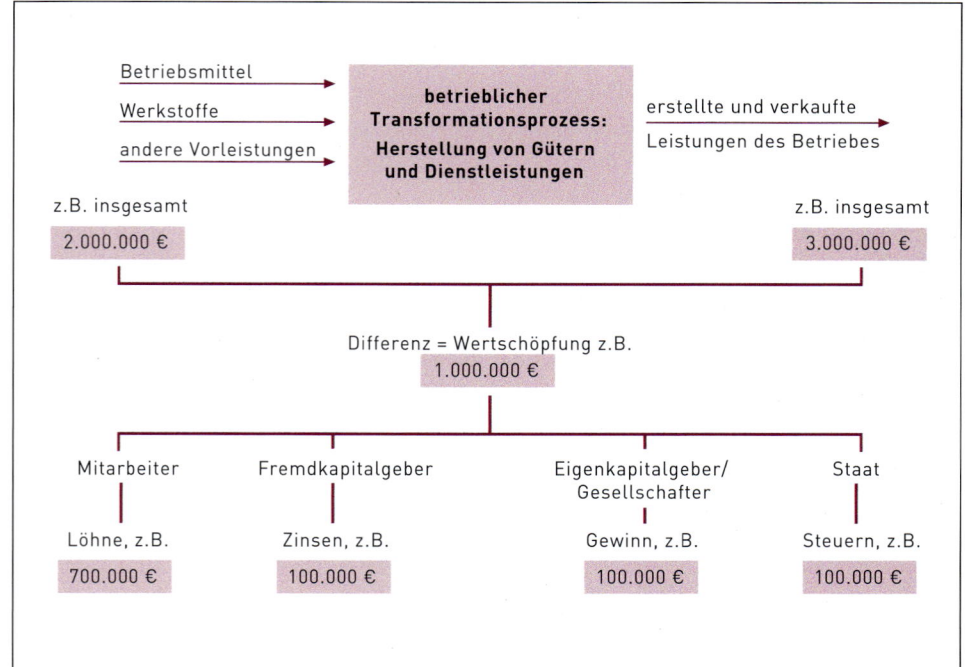

Michael Koch u. a., Handelsblatt macht Schule, Unterrichtseinheit Unternehmen und Strukturwandel, o. J., S. 58

M 7 • Wie produzieren wir in Zukunft? – Industrie 4.0

Zur Vorbereitung auf die nächste industrielle Revolution haben einige Universitäten beschlossen, gemeinsam Joghurt zu produzieren. Auf einer Webseite der Universität
5 Stuttgart darf man seinen Wunschjoghurt zusammenstellen. Es stehen vier Rahmstufen zur Auswahl, zwanzig Fruchtsorten sowie diverse Toppings wie Streusel und Müsli. Die Kunden können zwischen biolo-
10 gischer, lokaler und CO_2-reduzierter Produktion wählen, Frucht oben, unten oder gemischt, Verpackung aus Plastik oder Glas, insgesamt gibt es rund elf Millionen Kombinationsmöglichkeiten. Gut möglich
15 also, dass das bestellte Exemplar ein Unikat wird. Ein Granatapfel-Zitrone-Sahnejoghurt mit Schokostreuseln und auf Sonderwunsch Chiliflocken zum Beispiel. Bestellung absenden? Klick.
20 Das Besondere an diesem Joghurt ist, dass anschließend nicht Menschen, sondern Softwareagenten miteinander kommunizieren. Ein Einkaufsagent nimmt die Bestellung auf; Koordinationsagenten der
25 Fabriken verhandeln, wer den Auftrag bekommt; Produktionsagenten in der Fabrik organisieren die Herstellung. Auf dem Glas klebt ein Mikrochip, der den Joghurt mit dem Netz verbindet. Unterwegs durch die
30 Fabrik kommuniziert er mit Robotern und Abfüllmaschinen.
Es geht dabei nicht wirklich um Joghurt. Die Universität Stuttgart will mit anderen zeigen, wie die Fabrik der Zukunft funktio-
35 nieren könnte, die smarte Fabrik. Es geht um das nächste große Ding: die digitalisierte, vernetzte industrielle Produktion. Maschinenbau trifft Big Data. In der Autoproduktion sollen autonome Roboter Seite
40 an Seite mit Menschen arbeiten, nicht mehr im Sicherheitskäfig. Werkzeugmaschinen sollen dank unzähliger Sensoren und Messdaten besser vorhersagen, wann sie eine Wartung brauchen. Und die Arbei-
45 ter laufen künftig mit Tabletcomputern durch die Fabrik wie Mr. Spock durch das Raumschiff Enterprise. [...]

Die Deutsche Akademie der Technikwissenschaften (acatech) hat schon mal die „vierte industrielle Revolution" ausgeru-
50 fen. Die erste Revolution datieren die Techniker auf das Ende des 18. Jahrhunderts, als mechanische Produktionsanlagen, angetrieben von Dampf- und Wasserkraft, viel Handarbeit ersetzten; die zweite Revo-
55 lution ging um 1900 mit Fließbandarbeit und Massenproduktion einher. Die dritte Revolution war die Computerisierung der Maschinen ab 1970. Und als Nächstes steht die Vernetzung der Maschinen an. Deshalb
60 reden Politiker, Ökonomen und Verbände hierzulande von „Industrie 4.0". [...]
Anlagen und Werkzeugmaschinen sind zwar heute schon computergesteuert. Neu ist, dass sie in der vernetzten Fabrik mitei-
65 nander Kontakt aufnehmen. Jede Maschine wird in der Cloud von einem digitalen Zwilling repräsentiert. Die Zwillinge kommunizieren miteinander in der virtuellen Fabrik. Abfüllanlage an Produktionsagent:
70 Ich bin heute mit Sahnejoghurt beschäftigt und habe noch 900 Liter davon vorrätig; in zehn Tagen werde ich wegen Wartungsarbeiten sechs Stunden lang pausieren. [...]
Hinter Industrie 4.0 steckt ein Versprechen:
75 dass Kunden ein maßgeschneidertes Produkt zum Preis eines Massenprodukts bekommen. Einen Bio-Granatapfel-Zitrone-Chili-Sahnejoghurt, den sonst niemand hat, für 1,99 Euro. „Losgröße 1" sagen die Fach-
80 leute dazu. Früher haben Handwerker Unikate hergestellt, weil es nicht anders ging. Es gab keine Standards. Dann zerlegte der US-Ingenieur Frederick Taylor Arbeit in viele Einzelschritte, und Henry Ford führte
85 die Fließbandproduktion ein. Die Produktionszeit für das Model T, die „Tin Lizzy", verkürzte sich von zwölfeinhalb Stunden auf 93 Minuten. „Jeder Kunde kann das Auto in seiner Wunschfarbe haben, solange
90 es Schwarz ist", verkündete Ford. Kleiner Scherz. So reichte eine einzige Lackierstraße. Die Ära der Massenproduktion begann. Und die des Massenkonsums.

In der smarten Fabrik kommt beides zusammen: Jedes Produkt ist ein Unikat – aber vom Fließband. „Die Kunden drängen auf Individualisierung", sagt Eckart Uhlmann vom Fraunhofer-Institut für Produktionsanlagen und Konstruktionstechnik in Berlin (IPK). „Die Großindustrie ist aber noch auf Massenfertigung in vergleichsweise wenigen Varianten eingestellt. In Zukunft braucht sie daher eine extrem hohe Flexibilität." Was passiert, wenn eine Kundin für ihren Joghurt plötzlich Chiliflocken wünscht? Abfüllmaschine an Produktionsagent: Ich habe Schokoladenstreusel, aber keine Chiliflocken. Produktionsagent an Einkaufsagent: Bitte Chiliflocken ordern. Einkaufsagent an Auktionsplattform: Wer liefert 100 Gramm Chiliflocken aus biologischem Anbau innerhalb von 36 Stunden? […]

Gerade kleine Unternehmen könnten durch die vernetzte Produktion profitieren, argumentiert Eckart Uhlmann. Crowd Production heißt das Zauberwort. Eine Wasserpumpe etwa müsse nicht unbedingt in einer Fabrik hergestellt werden, wo alle Anlagen unter einem Dach stehen. Stattdessen vernetzen sich eine Gießerei, ein Elektrobetrieb, ein Fertigungs- und Montagebetrieb und andere Kleinunternehmen einer Region zu einer dezentralen Fabrik. „Das funktioniert wie ein intelligentes Branchenbuch", sagt Uhlmann, an dessen Institut solche Gedankenexperimente mit der Industrie erprobt werden. Für jeden Auftrag suchen sich Softwareagenten dann eine Reihe von spezialisierten Firmen zusammen. 80 bis 90 Prozent der Informationstechnik, die dafür nötig ist, gebe es schon, sagt der IPK-Chef – was auch als Absage an Softwarekonzerne zu verstehen ist, die für das Internet 4.0 alles neu erfinden wollen. Sicher, wer seine Firma ans Netz andockt, öffnet sie für Hacker und Wirtschaftsspione. Das Bundesamt für Sicherheit in der Informationstechnik schildert im Jahresbericht 2014 den Cyberangriff auf ein deutsches Stahlwerk. Die Hacker infiltrierten das Büronetz und von dort die Produktionstechnik. Sie sabotierten die Steuerung eines Hochofens, sodass dieser nicht geregelt heruntergefahren werden konnte. Natürlich müsse man sich vor solchen Angriffen schützen, sagt Birgit Vogel-Heuser von der TU München. „Aber in vielen Anlagen ist die Tür schon längst offen." Zum Beispiel weil eine Maschine über das Internet gewartet werden kann. „Diese Tür müssen die Unternehmen schließen."

In der schlauen Fabrik hat jedes Ding ein kleines Gehirn, den RFID-Chip (die Abkürzung steht für radio-frequency identification). So kommuniziert das Ding mit seiner Umwelt. Das Joghurtglas funkt: Ich muss zur Fruchtabfüllung, wer bringt mich dorthin? Autonome Transportroboter in der Fabrikhalle geben dann wie bei einer Auktion Gebote ab, und wer den kürzesten Weg hat, gewinnt. Klingt übertrieben für ein Joghurtglas, aber bei myJoghurt wird das so durchgespielt. Anschließend geht es zur Abfüllanlage für den Naturjoghurt, Topping drauf, Deckel zu, und ab in den Kühlraum. Wenn selbststeuernde Lastwagen die Paletten dann noch führerlos über die Autobahn fahren, wäre der Traum von der voll automatisierten Lieferkette Wirklichkeit. Oder ist es ein Albtraum, in dem Menschen nichts mehr zu tun haben?

Die Unternehmensberatung Boston Consulting sagt der deutschen Industrie 390.000 neue Arbeitsplätze innerhalb von zehn Jahren voraus, die Technikakademie acatech glaubt an fantastische Produktivitätssteigerungen von 30 Prozent. Andererseits macht eine Studie britischer Ökonomen die Runde, der zufolge in den USA knapp die Hälfte aller Berufe durch die Automatisierungswelle bedroht seien. Die Autoren haben für 700 Berufe abgeschätzt, wie hoch der Anteil der Routinetätigkeit ist, und daraus ein Automatisierungspotenzial abgeleitet. Für Deutschland ergeben sich noch dramatischere Zahlen, behaupten zwei Ökonomen der ING-DiBa, die nach derselben Methode vorgingen: 18,3 Millionen Arbeitsplätze seien durch die fortschreitende Technologisierung bedroht. Wer bietet mehr? [...]

Nur, wenn die Menschen nicht ersetzt werden, was machen sie dann? Sie übernehmen die anspruchsvollen und abwechslungsreichen Tätigkeiten, sagen die Technikoptimisten. Andere dagegen rechnen mit einer Polarisierung der Berufe in „lousy and lovely jobs": Manche Aufgaben in der smarten Fabrik erfordern tatsächlich eine höhere Qualifikation; aber für viele Tätigkeiten genügen fortan Hilfsarbeiter, sie sind das neue Proletariat im digitalen Taylorismus.

Es geht nicht darum, welche Vorhersage richtig ist. Es geht darum, dass die Digitalisierung der Fabriken kein Schicksal ist, sondern, wie Hirsch-Kreinsen sagt, ein „Gestaltungsprojekt". Unternehmen können so vorgehen wie Amazon, also Digitaltechnik zur Kontrolle der Belegschaft einsetzen. „Ein Negativbeispiel", sagt der Soziologe. Oder sie nehmen sich Autohersteller zum Vorbild, die körperlich schwere Tätigkeiten an Roboter übertragen und die Arbeit der Menschen vom Fließbandtakt entkoppeln. Die Automatisierung der Fabrik ist kein Automatismus. Sie lässt sich gestalten.

Max Raune, www.zeit.de, 4.1.2016

> **Taylorismus**
> Ziel ist die Steigerung der Produktivität menschlicher Arbeit. Dies geschieht durch die Teilung der Arbeit in kleinste Einheiten, zu deren Bewältigung keine oder nur geringe Denkvorgänge zu leisten und die aufgrund des geringen Umfangs bzw. Arbeitsinhalts schnell und repetitiv zu wiederholen sind.
> *Thomas Bartscher, http:// wirtschaftslexikon.gabler.de (19.8.2016)*

Aufgaben

1. Interpretieren Sie die Karikatur M 1.
2. Formulieren Sie eine Antwort auf die Frage, warum die Produktion innerhalb des organisatorischen Rahmens von Unternehmen stattfindet (M 2).
3. Entwerfen Sie eine Grafik, welche die betrieblichen Funktionen (M 3) übersichtlich darstellt.
4. Ordnen Sie folgende Ereignisse den einzelnen Grundfunktionen eines Möbelbetriebs zu (M 3):
   – Das Finanzamt schickt den Steuerbescheid für das letzte Wirtschaftsjahr.
   – Die Finanz AG bestellt 200 Bürostühle.
   – Herr Huber bewirbt sich um die ausgeschriebene Stelle eines Lagerarbeiters.
   – Das Marktforschungsinstitut Look übersendet die Ergebnisse einer Auftragsstudie.
   – Der Lieferant Seidel bestätigt die Bestellung von fünf Ballen Blümchenstoff.
   – Die Bank fordert eine Aufstellung von Sicherheiten für den Kreditantrag.
   – Herr Müller reklamiert ein defektes Sofa.
5. Entscheiden Sie ausgehend von M 4 und M 5, welche Grundtypen der Fertigung für folgende Produkte sinnvoll sein könnten:
   – Produktion von 100 Sandwiches für das Schulfest
   – Produktion von gestrickten Mützen
   – Automobilproduktion
6. Erläutern Sie anhand der Grafik M 6 den Begriff „Wertschöpfung".
7. Erläutern Sie die Veränderungen, die sich aus 4.0 für die Produktion ergeben (M 7).
8. Erörtern Sie Chancen und Risiken der Industrie 4.0 (M 7).

6.2 Das Unternehmen im Spannungsfeld unterschiedlicher Interessen und Ziele

M 8 ● Das Unternehmen im Schnittpunkt vieler Interessen

Das Unternehmen ist ein offenes System, das mit seiner Umwelt vielfältig verflochten ist. Es trifft auf Ansprüche und Interessen vieler Gruppen, die heute als Stakeholder bezeichnet werden. Neben den Eigentümern, Managern und Mitarbeitern gehören dazu die Kunden, Lieferanten, aber auch der Staat und die Öffentlichkeit. Ihre unterschiedlichen Interessen erfordern eine komplexe Unternehmenssteuerung. Während die Unternehmenslenker zwangsläufig nach Gewinn und Gestaltungsspielräumen streben, sind die Arbeitnehmer vor allem an einem regelmäßigen und angemessenen Einkommen sowie an humanen Bedingungen, Partizipation und Entfaltung interessiert. Die Investoren hoffen auf eine Vermehrung ihres eingesetzten Kapitals. Dabei wünschen die Fremdkapitalgeber sowohl die Zinszahlung als auch eine fristgemäße Rückzahlung, während die Eigenkapitalgeber (auch Shareholder) auf eine Mehrung ihres Vermögens abzielen. Die Konsumenten erwarten vor allem eine angemessene und preisgünstige Güterversorgung, und die Kommunen hoffen auf Arbeitsplätze, ein entsprechendes Steueraufkommen und wollen negative Auswirkungen auf die Umwelt begrenzt wissen. Von den Zulieferern werden Betriebsmittel in ausreichender Menge, Qualität und in einer angemessenen Lieferfrist erwartet, während diese angemessene Bezahlung, günstige Konditionen und dauerhafte Geschäftsbeziehungen erhoffen. Schließlich gehen die Konkurrenten untereinander von der Einhaltung der Wettbewerbsregeln aus. Das Unternehmen steht im Fokus unterschiedlicher Interessen, es lässt sich aber auch als ökonomisches, soziales, organisatorisches und technisches System analysieren, das in vielfältigen Beziehungen zu anderen Akteuren steht, deren Ziele es zwar allgemein voraussehen kann, nicht aber deren Entscheidungen. Die Principal-Agent-Theorie erklärt modellhaft die Beziehungen voneinander abhängiger wirtschaftlicher Akteure, von denen der eine als Auftraggeber (Principal) Kompetenzen bzw. Aufgaben auf den anderen (Agenten) überträgt, während beide unterschiedliche Interessen verfolgen. Solche Beziehungen bestehen sowohl zwischen den Aktionären (Principal) und dem Vorstand (Agent), aber auch zwischen dem Arbeitgeber (Principal) und den Arbeitnehmern (Agent). In diesem Geflecht wechselseitiger Beziehungen kann also ein und dieselbe Person gleichzeitig Principal und Agent sein. Der Principal hat grundsätzlich ein Informationsproblem. Er ist nie vollständig über die Entscheidungsgrundlagen sowie die Handlungsspielräume und -restriktionen informiert, die die Agenten zur Verfolgung ihrer eigenen Interessen nutzen können. Für die Principale ist es schwierig zu erkennen, ob die Nichtrealisierung eines Ziels mangelnder Leistungsbereitschaft oder -fähigkeit der Agenten geschuldet ist oder aber aus äußeren Restriktionen resultiert. So versucht die Theorie Auswege aus solchen Konflikten zu finden, um Leistungsdefizite frühzeitig erkennen zu können, Anreize zur Zielrealisierung in beiderseitigem Interesse zu entwickeln und den Spielraum zu opportunistischem Verhalten zu begrenzen. Das können beispielsweise Maßnahmen zur Überwachung, aber auch zur erfolgsabhängigen Entlohnung sein.

Birgit Weber, Unternehmen und Produktion, Informationen zur politischen Bildung Nr. 293, Bonn 4/2006, S. 17 ff.; Grafik: Autorengrafik

M 9 ● Unterschiedliche Unternehmensziele

Monetäre Ziele

Ökonomische Ziele
Erhöhung des Gewinns, des Umsatzes, des Wachstum des Unternehmens, des Marktanteils, Sicherung der Unabhängigkeit des Unternehmens

Soziale Ziele:
Compliance (Rechtstreue), Erhöhung der Kundenzufriedenheit und der Kundenloyalität, Verzicht auf Kinderarbeit bei Zulieferern, Steigerung der Mitarbeiterzufriedenheit, berufliche Förderung der Mitarbeiter

Ökologische Ziele:
artgerechte Tierhaltung oder der Verzicht auf Tierversuche, umweltfreundliche Herstellung von Produkten, Schonung von natürlichen Ressourcen, Reduktion von Schadstoffausstößen, Vermeiden von Verpackungsmüll

Nicht monetäre Ziele

Autorengrafik

M 10 ● Warum übernehmen Unternehmen soziale Verantwortung?

Immer mehr Unternehmen entdecken im gesellschaftlichen Engagement die Chancen, moralische und wirtschaftliche Zwecke miteinander zu verbinden. Unter der Devise doing well by doing good werden soziale Aktivitäten nicht mehr als lästige Pflicht betrachtet, sondern als ökonomisch sinnvolle Investitionen, die sich in der Wertschöpfung und der Marktkapitalisierung von Unternehmen niederschlagen. Nach einer jüngst veröffentlichten Studie des IBM Institute for Business Value sehen fast siebzig Prozent der befragten Unternehmen in Corporate-Social-Responsibility (CSR)-Initiativen einen Renditefaktor, der in nachhaltigem Wachstum, Wettbewerbsvorteilen und höherer Reputation zum Ausdruck kommt. Was ist davon zu halten? Sind wir Zeugen eines Wertewandels, der aus Unternehmen neue Wohltäter der Menschheit macht und die Attacken auf den entfesselten Marktkapitalismus Lügen straft? Oder handelt es sich bei der Konjunktur von CSR um ein bloßes Businessphänomen, das darin besteht, Moral möglichst gewinnbringend zu verkaufen? Unternehmensethische Aktivitäten werfen vor allem deshalb Profite ab, weil auf globalen Märkten moralische Integrität und soziales Engagement von Aktionären, Mitarbeitern und Konsumenten honoriert werden. Das „gute" Unternehmen wird zum erfolgreichen, indem es sich an gesellschaftlich erwünschten Verhaltensstandards orientiert. In den Augen skeptischer Beobachter erhält die unternehmerische Ethik damit einen instrumentellen Charakter, durch den sie ihre Glaubwürdigkeit einbüßt. Der Vorwurf lautet: Wo Moral aus ökonomischen Gründen befolgt wird, ist sie keine mehr. [...] Entsprechend umstritten ist die marktwirtschaftliche Rolle des Verantwortungsprinzips. Hält man sich an den bekannten Satz von Milton Friedman: „The social responsibility of business is to increase its profits", so besteht die moralische Verpflichtung von Unternehmen darin, rentabel zu wirtschaften und Gewinne zu erzielen. Auf der anderen Seite existiert eine lange Tradition der gemeinwohlorientierten Marktwirtschaft, wonach es zur Unternehmenspraxis gehört, sich für gesellschaftliche Aufgaben einzusetzen.

Heute verstehen sich immer mehr Unternehmen als „Corporate Citizens", die mit Geld- und Sachspenden öffentliche Einrichtungen wie Kindergärten, Schulen oder Krankenhäuser subventionieren, ihre Mitarbeiter bei ehrenamtlichen Aktivitäten unterstützen oder Dienstleistungen und Gerätschaften kostenlos zur Verfügung stellen. Gleichzeitig haben die CSR-Initiativen zugenommen, zu denen nicht nur das soziale Engagement von Unternehmen zählt, sondern auch die moralische Verpflichtung gegenüber Mitarbeitern, Kunden, Zulieferern und anderen Stakeholdergruppen sowie die Einhaltung von ökologischen, arbeits- und menschenrechtlichen Standards. [...] Der Umstand, dass moralische Prinzipien zum „Business Case" geworden sind, ist indes kein Indiz dafür, dass sich in der Wirtschaft ein Wertewandel vollzogen hat, durch den Kriterien der Rentabilität und Produktivität eine geringere Rolle als zuvor spielen. Die Berücksichtigung ethischer Standards in der Unternehmenspraxis ist vielmehr Ausdruck einer gewandelten gesellschaftlichen Lage, in der die sozialen Akteure insgesamt größeren Wert auf umweltverträgliche Produkte, humane Arbeitsbedingungen und faire Gewinnverteilungen legen. Die „Moralisierung der Märkte", die sich seit einigen Jahren vollzieht, beruht [u. a. auf der] globale[n] Ausweitung der Marktzonen, [dem] wachsende[n] Wohlstand und [der] zunehmende[n] Informiertheit der Konsumenten.

Ludger Heidbrink, Wie moralisch sind Unternehmen?, in: Aus Politik und Zeitgeschichte 31/2008, S. 3f.

M 11 ● Dimensionen sozialer Verantwortung von Unternehmen

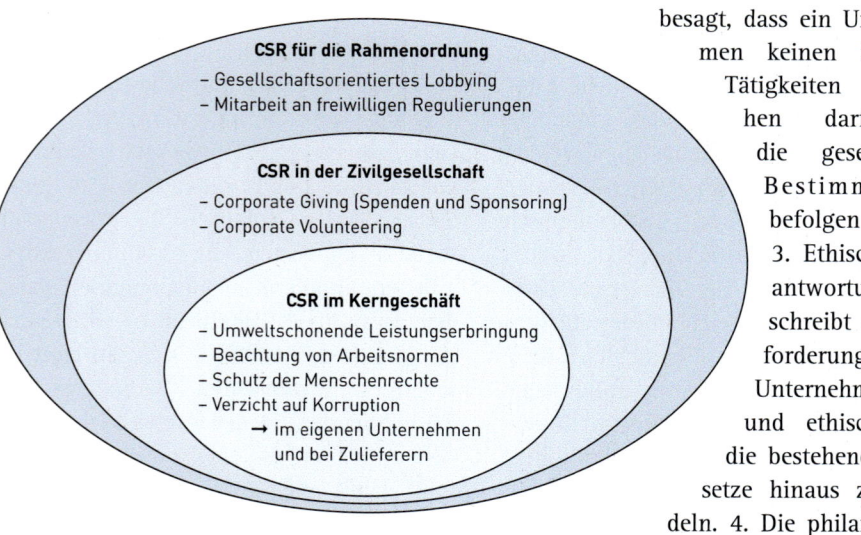

Corporate Social Responsibility (CSR) äußert sich auf vier Ebenen: 1. Die ökonomische Verantwortung besagt, dass ein Unternehmen mindestens kostendeckend wirtschaften muss. 2. Gesetzliche Verantwortung besagt, dass ein Unternehmen keinen illegalen Tätigkeiten nachgehen darf und die gesetzlichen Bestimmungen befolgen muss. 3. Ethische Verantwortung beschreibt die Anforderung an das Unternehmen, fair und ethisch über die bestehenden Gesetze hinaus zu handeln. 4. Die philanthropische Verantwortung bezeichnet kreatives gesellschaftliches Engagement über die gesellschaftlichen Erwartungen hinaus.

Grafik: Ursula Hansen/Ulf Schrader, Corporate Social Responsibility als aktuelles Thema der Betriebswirtschaftslehre, DBW 4/2006; Text: Autorentext

M 12 ● CSR – alles nur schöner Schein?

In Sachen Nachhaltigkeit betreiben viele Unternehmen dreiste Schönfärberei. Ermöglicht wird sie ihnen durch die Gutgläubigkeit von Kunden und Anlegern. Ein grünes Mäntelchen soll das Image verbessern – der Öko- und Sozialklimbim darf aber die Profitabilität nicht stören.

Am 22. Juli 2010 verkündete die Unternehmensberatung A. T. Kearney stolz: Ab sofort berate man seine Kunden weltweit klimaneutral. Alle unvermeidlichen CO_2-Emissionen, die bei A. T. Kearney vor allem durch Dienstreisen anfallen, würden durch Investitionen in Klimaschutzprojekte kompensiert. Und die Deutsche Bank rühmt sich in ihrem Nachhaltigkeitsbericht, dass man in den frisch renovierten Bürotürmen in Frankfurt 89 Prozent weniger Treibhausgas verursachen werde als zuvor.

Natürlich, niemand hat etwas dagegen, wenn Unternehmensberatungen Aufforstungsprojekte unterstützen und Finanzdienstleister ihre Bürofassaden besser isolieren. Doch zugleich deuten diese Maßnahmen auf ein fehlgeleitetes Verständnis von Nachhaltigkeit hin, das in vielen Konzernen leider zum Normalfall geworden ist und sich überspitzt so beschreiben lässt: Starte möglichst viele Projekte, die dein Unternehmen verantwortungsbewusst gegenüber Umwelt, Mitarbeitern, Kunden und der Gesellschaft dastehen lassen. Rede möglichst laut über diese Aktivitäten. Sorge dafür, dass dein Unternehmen in den entsprechenden Rankings gut dasteht. Treibe mit dem Image der Nachhaltigkeit deinen Aktienkurs nach oben. Aber lasse auf keinen Fall zu, dass der ganze Öko- und Sozialklimbim deine Profitabilität beeinträchtigt!

Deshalb befassen sich Unternehmensberatungen und Finanzdienstleister am liebsten damit, dass ihre CO_2-Bilanz stimmt – obwohl wahre Nachhaltigkeit für diese Unternehmen vor allem darin bestehen müsste, ihre Kunden so ehrlich zu behandeln, dass die auch morgen noch mit ihnen Geschäfte machen wollen.

Umgekehrt reden besonders energieintensive Branchen nur zu gern über ihre Verankerung in der Gesellschaft, über sichere Arbeitsplätze und zufriedene Kunden – nur eben nicht über ihre CO_2-Emissionen. So rühmt sich der Stromversorger Vattenfall Europe zum Beispiel der vielen Vereine, die man in Brandenburg finanziell unterstütze. Was wahrscheinlich den angenehmen Nebeneffekt hat, dass die Begünstigten nicht so schnell ins Lager der Gegner des extrem klimafeindlichen und landschaftszerstörerischen Braunkohletagebaus überlaufen.

Der Blick fürs Unwesentliche zieht sich durch alle Branchen, und er hat Methode. Anleger und Konsumenten belohnen in der Regel nicht das nachhaltigste Unternehmen durch ihre Investitions- und Kaufentscheidung, sondern jenes, dass sich am erfolgreichsten ein grünes und/oder soziales Image verpasst.

Christian Rickens, Manager Magazin, 3.8.2010

Greenwashing

bezeichnet den Versuch von Unternehmen, durch Marketing- und PR-Maßnahmen ein „grünes Image" zu erlangen, ohne allerdings entsprechende Maßnahmen im Rahmen der Wertschöpfung zu implementieren. Bezog sich der Begriff ursprünglich auf eine suggerierte Umweltfreundlichkeit, findet dieser mittlerweile auch für suggerierte Unternehmensverantwortung Verwendung.

Aufgaben

1. Erklären Sie, welche Interessengruppen auf das Unternehmen einwirken und stellen Sie deren Interessenlagen dar (M 8).
2. Unternehmensziele können sich gegenseitig ergänzen (komplementäre Ziele) oder in Konkurrenz zueinander stehen (konkurrierende Ziele). Nennen Sie unterschiedliche komplementäre und konkurrierende Ziele von Unternehmen (M 8, M 9).
3. Beschreiben Sie den Begriff „Corporate Social Responsibility" und grenzen Sie ihn vom sogenannten „Greenwashing" ab (M 10 – M 12).
4. Recherchieren Sie wahlweise ein aus Ihrer Sicht gelungenes Beispiel für CSR oder ein besonders dreistes Beispiel von Greenwashing und stellen Sie es in Ihrem Kurs vor.

6.3 Fallstudie: der VW-Skandal

M 13 ● Was war geschehen?

Volkswagen hat Abgastests bei Dieselfahrzeugen manipuliert. Die amerikanische Umweltbehörde EPA* beschuldigt den Konzern, mithilfe einer Software die Resultate von Abgasuntersuchungen bei Dieselautos geschönt zu haben. Das kam heraus, weil in einer 2015 veröffentlichten Studie des Forschungsinstituts International Council on Clean Transportation (ICCT) und der Universität West Virginia erhöhte Emissionswerte einiger Volkswagen-Autos aufgedeckt wurden. „Einfach gesagt, diese Autos hatten ein Programm, das die Abgasbegrenzung beim normalen Fahren ausschaltet und bei Abgastests anschaltet", sagte EPA-Vertreterin Cynthia Giles. Die EPA wirft VW vor, in Volkswagen- und Audi-Modellen eine verbotene Software eingesetzt zu haben, mit der die Verringerung bestimmter Abgasemissionen im normalen Fahrbetrieb ausgeschaltet werden könne. Folge solcher Manipulationen sei, dass die Autos für den Umweltschutz festgesetzte Emissionslimits um das bis zu 40-Fache übertreffen könnten. Der Konzern hat massive Abgasmanipulationen zugegeben.

Die EPA, 1970 als unabhängige Umweltschutzbehörde der US-Regierung gegründete Institution, gilt als knallharter Regulierer. Die EPA verteidigt Umweltschutzgesetze wie etwa den „Clean Water Act" oder den „Clean Air Act".

dpa/rtr/stm, www.welt.de, 21.9.2015

M 14 ● CSR des VW-Konzerns

Für den Volkswagen-Konzern gehört die Wahrnehmung gesellschaftlicher Verantwortung zum Kern der Unternehmenskultur. Bereits in den siebziger Jahren des vorigen Jahrhunderts wurde zum Beispiel an unseren Standorten in Brasilien eine Unternehmensstiftung gegründet, um Bildung und Gesundheit in der Region zu fördern. Nur wenige Jahre später erfolgte dann die Gründung des Community Trusts in Südafrika mit einer vergleichbaren Zielsetzung. Diese Stiftungen blicken nun auf eine langjährige erfolgreiche Geschichte zurück. Die beiden beispielhaften Projekte des Volkswagen Konzerns verdeutlichen die Philosophie und Grundüberzeugung unseres gesellschaftlichen Engagements. Konstituierend sind dafür zwei Kernelemente:

(1) Kontinuität statt Aktivitäten à la mode;
(2) der Einsatz für eine nachhaltige Strukturentwicklung an den Standorten als sozioökonomischer Impulsgeber und die Chance zur Teilhabe.

Globales CSR-Engagement mit Tradition
Unternehmen entwickeln sich erfolgreich in einer prosperierenden Umgebung. Bildung und Gesundheit sind eine Voraussetzung für qualifizierte und leistungsfähige Mitarbeiter; eine gute Wissenschaftsinfrastruktur bietet bessere Voraussetzungen für Wettbewerbsfähigkeit und Innovationen des Unternehmens; Kultur und Natur ziehen Talente an.
Ein solches Engagement des Unternehmens, das Hilfe zur Selbsthilfe bietet, ist glaubwürdig, weil es dauerhaft und transparent ist. Schon lange bevor CSR als ein strategischer Ansatz in den Unternehmenspolitiken reüssierte, war für Volkswagen gesellschaftliches Engagement immer mit dem Ziel verbunden, das unternehmerische Eigeninteresse mit philanthropischen Motiven zu verbinden.

Mit dieser Unternehmenskultur ist der Volkswagen-Konzern in der Lage, die traditionellen Werte des unternehmerischen Handelns mit einem modernen Verständnis von Verantwortung und Nachhaltigkeit zu vereinbaren. Als global agierendes Unternehmen kann es die guten Traditionen der Verantwortungsübernahme im Sinne einer Hilfe für die Bedürftigen („Charity" als traditionelles, aber eingeschränktes Verständnis von CSR) in das neue Leitbild der Verantwortung und Nachhaltigkeit integrieren. In diesem neuen Leitbild werden die Herausforderungen des 21. Jahrhunderts, insbesondere die Ressourcen- und Klimaschonung sowie die intra- wie intergenerative Gerechtigkeit, zusammengeführt.

Verantwortung und Nachhaltigkeit sind im modernen CSR-Verständnis die beiden Seiten einer Medaille, weil Nachhaltigkeit gerade die Zielbalance von ökonomischer, ökologischer und sozialer Dimension verlangt.

Die vielfältigen CSR-Projekte, die der Volkswagen-Konzern international initiiert und betreut, folgen alle einigen wesentlichen Leitüberlegungen:

- Sie stehen in Übereinstimmung mit den Konzerngrundsätzen und adressieren zugleich ein spezifisches lokales oder regionales Thema.
- Sie sind Ausdruck der Vielfalt im Konzern wie in der gesellschaftlichen Umgebung, in der die Projekte durchgeführt werden.
- Sie entstehen in einem engen Stakeholderdialog mit den örtlichen Akteuren, die in die Umsetzung eingebunden sind. Das Projektmanagement erfolgt vor Ort in der Verantwortung der dort tätigen Einheiten.

So unterstützt der Volkswagen Konzern eine Vielzahl an Projekten, die soziale Entwicklung, Kultur und Bildung fördern und die der regionalen Strukturentwicklung, der Gesundheitsförderung, dem Sport sowie dem Naturschutz dienen. Durch den regen internen Austausch über die weltweiten CSR-Projekte werden nicht zuletzt viele interne Lernprozesse angestoßen. So wird CSR zu einer Lernplattform im ganzen Unternehmen.

www.volkswagenag.com, CSR-Projekte (1.4.2016)

CSR-Logo des Volkswagen-Konzerns

M 15 ● Können die Strafzahlungen den Autobauer finanziell in die Knie zwingen?

Bislang stellte VW 6,5 Milliarden Euro zurück. Neben der befürchteten 18-Milliarden-Euro-Strafe durch die EPA fallen weitere Kosten für Rückrufe an. Denn für jedes Fahrzeug, das nicht den US-Abgasnormen entspreche, könnte in den USA eine Strafe von 37.500 Dollar verhängt werden. Die Kreditwürdigkeit von Volkswagen könnte nach Einschätzung der Ratingagentur Fitch durch die Abgasmanipulationen in den USA unter Druck geraten, sollte sich die Krise länger hinziehen. Insbesondere das Image des Autobauers in den USA könne ernsthaft beschädigt werden, hieß es. Selbst bei einer Verurteilung zu einer Höchststrafe von 18 Milliarden Dollar sei es jedoch unwahrscheinlich, dass dies eine sofortige Herabstufung des Kreditratings nach sich ziehen werde. Denn nach Einschätzung der Ratingagentur ist die Finanzstruktur von Volkswagen solide und der Barmittelzufluss robust. Allein aus dem Verkauf der Anteile an dem Leasinganbieter und Fahrzeug-Flottenmanager LeasePlan sowie an dem japanischen Autobauer Suzuki flößen dem Konzern bis zu 5,5 Milliarden Euro zu. Diese Faktoren sollten es ermöglichen, die potenziellen Belastungen rasch zu absorbieren.

rtr/stm/dpa/N24, www.n24.de, 21.9.2015

M 16 ● Weltmarkt VW

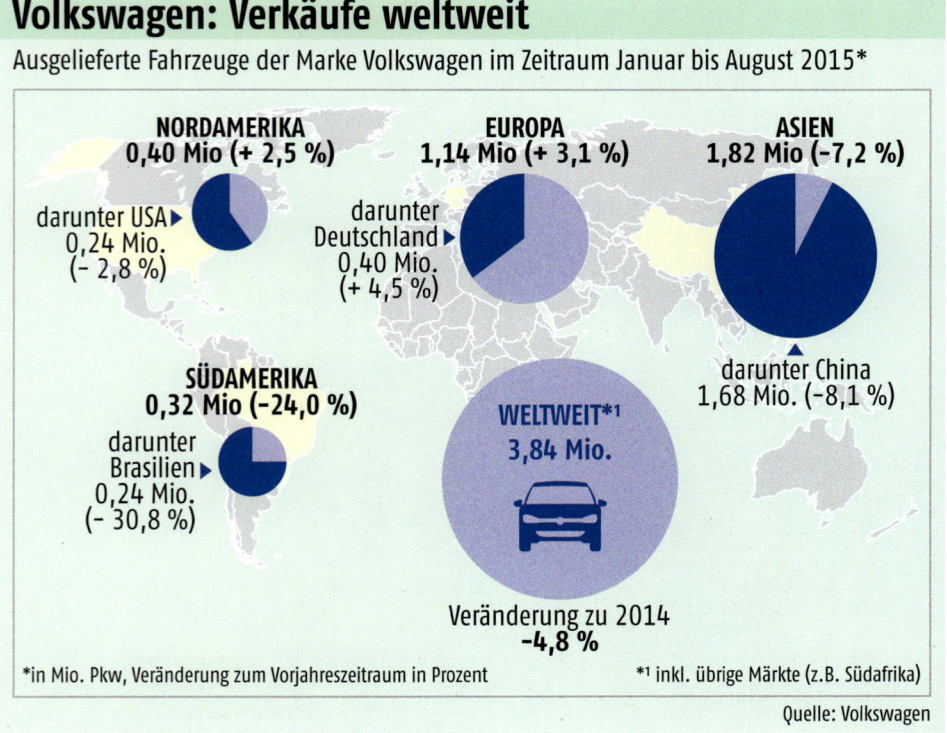

Frank-Thomas Wenzel, Frankfurter Rundschau, 22.9.2015

M 17 ● Die Auswirkungen des Skandals auf den VW-Aktienkurs

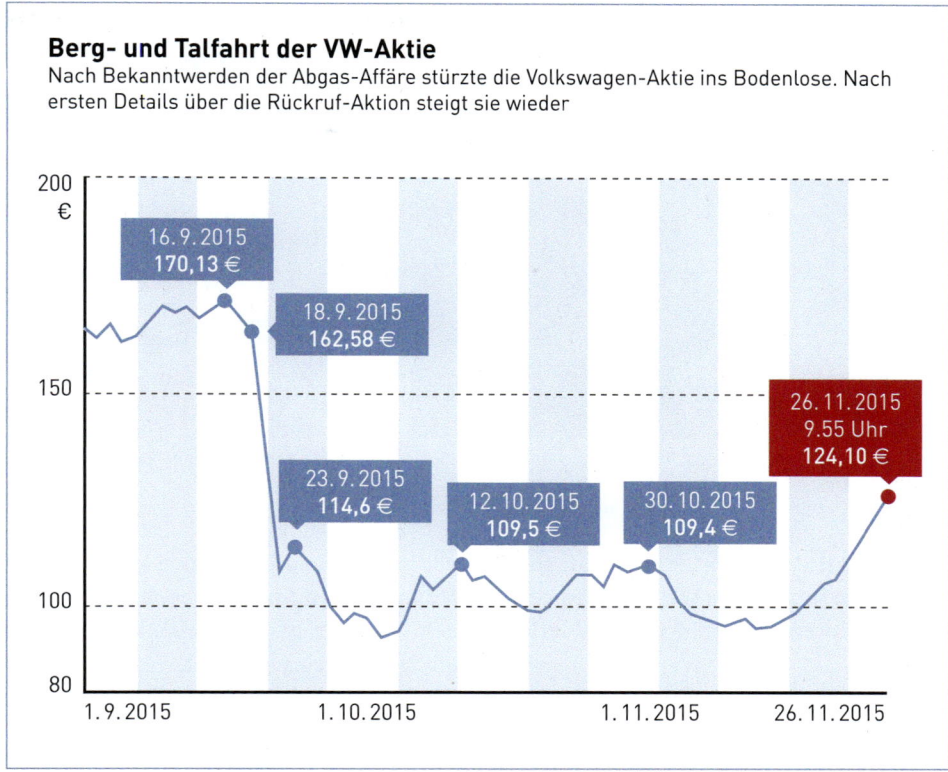

Bearbeiter, Stand: 11/2015

M 18 ● Skandal-Domino bei VW

Karikatur: Kostas Koufogiorgos

M 19 • Kardinal Marx zu den Aufgaben eines Unternehmers

Reinhard Kardinal Marx, Erzbischof von München und Freising sowie Vorsitzender der Deutschen Bischofskonferenz

Handelsblatt: Wie müssten die Aufgaben des Unternehmens sein? Der Papst spricht von der Unternehmertätigkeit als „edler Berufung".

Marx: Der Unternehmer ist wie der Arbeiter oder der Bischof oder der Papst ein Mensch. Menschen sind in der Versuchung, Gutes und Böses zu tun. Sie brauchen den inneren Kompass. Ein Unternehmer, der erfolgreich sein und Gutes erreichen will, weiß, dass er seine Ziele nur mit den Mitarbeitern erreicht. Er weiß, dass ein Rechtsstaat für ihn wichtig ist. Deshalb setzt er sich für ein Gemeinwesen ein, das für Rechtssicherheit, Bildung und sozialen Ausgleich sorgt.

Welche vorbildlichen Unternehmer haben Sie kennen gelernt?

In 36 Priesterjahren, in denen ich mich sehr viel mit wirtschaftlichen und sozialen Problemen beschäftigt habe, habe ich viele Unternehmen mit einer guten Kultur gesehen. Meine positive Sicht ist: Auch ein Unternehmer oder Manager ist an sich nicht darauf aus, unmoralisch zu handeln. Jeder will abends in den Spiegel gucken und sich vor seiner Frau beziehungsweise seinem Mann und den Kindern verantworten können. Schlimm ist, wenn eine Firmenkultur mit viel Druck entsteht: „Wenn Sie nicht nächste Woche die Lösung bringen, dann wissen Sie was passiert!" Das führt dann zu einem Klima der Angst wie etwa bei VW, wo man lieber bei Abgaswerten log, als dem Vorgesetzten die Wahrheit zu sagen.

Die Kirche hat das „Jahr der Barmherzigkeit" ausgerufen. Was bedeutet das eigentlich für die Wirtschaft?

Ich glaube, Wirtschaft ist nicht der erste Ort für Barmherzigkeit. Wichtig aber ist: Wer Autorität haben will, muss sich auch entschuldigen können. Er muss sagen: „Ich habe einen Fehler gemacht." Ein Chef, der so etwas seinen Mitarbeitern sagt, wird nicht schwächer. Der ist stark. Und so sollte er auch mit den Fehlern der Mitarbeiter umgehen. Insofern gehört Barmherzigkeit auch zu einer guten Unternehmenskultur.

Hans-Jürgen Jakobs/Peter Brors, www.handelsblatt.com, 19.1.2016; Auszug aus einem Interview mit Kardinal Reinhard Marx

Aufgabe

Beurteilen Sie den VW-Skandal anhand M 13 – M 19 unter Beachtung der Dimensionen sozialer Verantwortung von Unternehmen (M 11).

H zu Aufgabe
Folgende Fragen helfen Ihnen dabei:
- Was ist die Problemlage? Wer ist beteiligt? Welche Interessen haben die Beteiligten?
- Wie ist das Verhalten von VW unter den Kategorien Legalität, Effizienz, Gemeinwohl, Nachhaltigkeit zu beurteilen?
- Gibt es Lösungsmöglichkeiten?

6 Grundlegende Funktionen und Ziele des Unternehmens

Unternehmerisches Handeln findet in einem durch politische und rechtliche Entscheidungen definierten Ordnungsrahmen statt. Dazu gehören z. B. Regeln über Mitbestimmungsrechte, staatliche Wettbewerbskontrolle, staatliche Förderpolitik oder Auflagen für den Umweltschutz. Außerdem steht das Unternehmen in enger Beziehung zu seinen Kunden, zu den Geld- und Kapitalgebern und den Konkurrenzunternehmen.

Rahmenbedingungen für Entscheidungen im Unternehmen

Unternehmen existieren, weil es zu teuer wäre, die betrieblichen Produktionsfaktoren wie Arbeit (leitende und ausführende), Betriebsmittel (Grundstücke, Gebäude, Maschinen, ...) und Werkstoffe (Rohstoffe, Hilfsstoffe, ...) immer kurzfristig am freien Markt zu beziehen. Durch die Einbindung der Prozesse für die Leistungserstellung in eine feste Organisationsstruktur können Unsicherheiten und Transaktionskosten reduziert werden. Ein Unternehmen wird also immer dann eine feste Struktur bevorzugen, solange die Such- und Vertragsabschlusskosten für die freie Organisation der Arbeitsteilung größer sind als für die Aufrechterhaltung einer festen Organisationsstruktur.

Warum gibt es Unternehmen?
M 2

Die grundlegenden betrieblichen Funktionen sind:
- Beschaffung von Produktionsfaktoren, welche die Elementarfaktoren Arbeit, Betriebsmittel und Werkstoffe umfassen
- Produktion/Leistungserstellung durch Kombination der Produktionsfaktoren
- Absatz der erstellten Sachgüter und Dienstleistungen
- Finanzierung und Leitung als übergreifende Funktionen, da diese alle Funktionsbereiche des Betriebs betreffen

Betriebliche Grundfunktionen
M 3

Unternehmerische Entscheidungen sind äußerst komplex, weil sie im Schnittpunkt unterschiedlicher Interessen und unter Berücksichtigung einer Vielzahl von Zielen getroffen werden. So verlangen z. B. die Eigentümer (Aktionäre) eine stetige Steigerung der Unternehmensgewinne („Shareholder-Value-Ansatz"), wohingegen die Mitarbeiter höhere Löhne und einen gesicherten Arbeitsplatz erwarten. Die Kunden wünschen eine bedarfsgerechte Güterversorgung hinsichtlich Preis, Qualität und Service, der Staat möchte gesunde Unternehmen, die dauerhaft in Deutschland Abgaben entrichten. Berücksichtigt ein Unternehmen möglichst alle Anspruchsgruppen in der strategischen Unternehmensplanung, z. B. Geschäftsleitung, Verwaltungs- und Aufsichtsrat, Kunden, Öffentlichkeit, Aktionäre, Arbeitnehmer, Lieferanten, Staat, so spricht man vom „Stakeholder-Value-Ansatz".

Das Unternehmen im Geflecht unterschiedlicher Interessen
M 8

Corporate Social Responsibility (CSR) ist ein teilweise unscharf verwendeter Begriff für die unternehmerische Verantwortung gegenüber Gesellschaft und Umwelt. Mit der sozialen Verantwortung eines Unternehmens ist nicht gemeint, Kultur- und Sportveranstaltungen zu sponsern oder Stiftungen zu gründen (Corporate Citizenship). CSR beinhaltet, das Kerngeschäft nach umfassenden ethischen Grundsätzen zu betreiben und so die Legitimität von Unternehmen zu sichern.

Gesellschaftliche Verantwortung von Unternehmen in der Diskussion
M 9 – M 12, M 19

ORIENTIERUNGSWISSEN

Sollen Unternehmen soziale Verantwortung für die eine Welt übernehmen?

„The social responsibility of business is to increase its profits". „Ohne Gewinne zu erzielen, kann ein Unternehmen niemandem nützen:
5 Denn nur gesunde Unternehmen bieten ihren Mitarbeitern ein sicheres Einkommen, zahlen Steuern, investieren und nützen ihren Aktionären. Wer keine Gewinne erzielt, [...] kann seiner
10 gesellschaftlichen Verantwortung nicht mehr gerecht werden."

Zitat des US-Ökonomen und Nobelpreisträgers Milton Friedman, 1970

„We have a responsibility to redefine the role of the corporation on a world stage – and to leverage our ability to impact individuals, companies, communities, nations – for the better. 5
We must remake our businesses to be far more active corporate citizens – creators not only of shareowner value, but also of social value, in ways that are systemic, and sustainable." 10

Zitat von Carly Fiorina, 2001; Carly Fiorina war von 1999–2005 CEO (Chief Executive Officer, geschäftsführendes Vorstandsmitglied) von Hewlett Packard.

Ablauf der Debatte

Die Redner halten abwechselnd kurze Eröffnungsreden, in der sie ihren Standpunkt darstellen (jeweils 1,5 Minuten). Es folgt die freie Aussprache (6 Minuten) und daran
5 anschließend das Schluss-Statement (jeweils 1 Minute).
Die Qualität der Debattenbeiträge kann an folgenden Kriterien gemessen werden:
▶ Sachkenntnis (Wissen über das Thema,
10   Beispiele)
▶ Ausdrucksvermögen (klare, verständliche sprachliche Gestaltung)
▶ Gesprächsfähigkeit (zuhören können, auf den anderen eingehen können)
▶ Überzeugungskraft (innere und äußere 15 Haltung zum Vorgetragenen)
Der Feedbackgeber sollte seine Wahrnehmungen, die Wirkungen des Beitrags beschreiben und ggf. Tipps zur Verbesserung geben.
20

Aufgaben

1. Nehmen Sie Stellung zu den beiden Zitaten und bilden Sie zur Diskussionsfrage eine Pro- und eine Kontragruppe.
2. Bereiten Sie ausgehend von den Zitaten in den Gruppen die Argumente für die Diskussion vor.
3. Bestimmen Sie pro Gruppe zwei Debattenredner, einen Zeitwächter und vier Feedbackgeber.

Sie können...	Dazu benötigen Sie u. a. folgende Begriffe...	Das klappt schon...	Hier können Sie u. a. noch üben...
betriebliche Funktionen unterscheiden.	Beschaffung Marketing Leistungserstellung	👍 👎	M 3 / S. 197 f. Orientierungswissen / S. 213
betriebliche Produktionsfaktoren beschreiben.	dispositive und originäre Faktoren	👍 👎	M 4 / S. 199 Orientierungswissen / S. 213
Auswirkungen des technologischen Wandels für die Produktion erläutern.	Industrie 4.0	👍 👎	M 7 / S. 201 ff. Orientierungswissen / S. 213
Ziele von Unternehmen und Akteursinteressen erläutern.	shareholder und stakeholder	👍 👎	M 8, M 9 / S. 204 f. Orientierungswissen / S. 213
am Beispiel des VW-Skandals Verantwortung von Unternehmen gegenüber shareholdern und stakeholdern analysieren und beurteilen.	Corporate Social Responsibity (CSR)	👍 👎	M 10 – M 19 / S. 205 – 212 Orientierungswissen / S. 213

SELBSTDIAGNOSE

7 Marketing

Das primäre Ziel eines Unternehmens ist in der Regel die Erwirtschaftung von Gewinn, da dieser auf Dauer die Existenzgrundlage des Unternehmens bildet. Dies bedeutet aber nicht, dass Unternehmen ausschließlich auf eine Maximierung ihres Gewinns zielen. Häufig gibt es z. B. einen Zielkonflikt zwischen einer kurzfristigen Gewinnmaximierung und einer langfristigen Sicherung von Gewinnen bzw. der langfristigen Existenzsicherung. Um die Existenz des Unternehmens zu sichern, können ganz unterschiedliche Ziele verfolgt werden. Dabei stellen sich für das Unternehmen viele Fragen, die mit zum Teil grundlegenden Entscheidungen zusammenhängen: Auf welchen Märkten sollen wir welche Produkte oder Dienstleistungen anbieten? Was sind unsere Zielgruppen? Wie sprechen wir die Zielgruppen am besten an? Wie erzeugen wir eine Nachfrage nach unseren Produkten oder Dienstleistungen? Wie bringen wir unsere Produkte und Dienstleistungen zum Kunden?

Die Basis für die Entscheidungen im Unternehmen bildet das Leitbild oder auch die Vision und Mission des Unternehmens. Außerdem ist der Rahmen durch den Markt gegeben auf dem das Unternehmen aktiv ist oder werden will. Grundsätzlich ist bei allen Entscheidungen der rechtliche, politische und gesellschaftliche Rahmen zu beachten.

Marketing ist heute mehr als Absatzförderung und Werbung, es schließt alle Bereich betrieblichen Handelns ein, um das Unternehmen am Markt, d. h. an den möglichen Kunden zu orientieren. Damit sind Marketing und die grundsätzlichen Marketingentscheidungen von besonderer Bedeutung für den kurz- und mittelfristigen Erfolg sowie langfristige Sicherung der Existenz des Unternehmens.

KOMPETENZEN

Am Ende dieses Kapitels sollten Sie Folgendes wissen und können:

Sie können die Bedeutung grundsätzlicher Marketingentscheidungen für den Erfolg eines Unternehmens beurteilen.

Sie können die Stellung eines Unternehmens am Markt analysieren sowie eine Marketingstrategie entwickeln und daraus Maßnahmen zur Umsetzung der Strategie ableiten.

Sie können ein Marketingkonzept beurteilen.

Was wissen und können Sie schon?

Gestalten Sie ausgehend vom Cartoon eine Mindmap mit Ihren Assoziationen zum Begriff „Marketing".

Heribert Meffert (* 1937), deutscher Wirtschaftswissenschaftler, war von 2002 bis 2005 Vorstandsvorsitzender der Bertelsmann Stiftung. Als einer der ersten Professoren in Deutschland befasste sich Heribert Meffert mit dem Bereich Marketing. Er gründete das erste Institut für Marketing in Deutschland an der Westfälischen Wilhelms-Universität, dessen langjähriger Direktor er war. Über sein Fachgebiet hinaus engagiert sich Meffert für die Übernahme von wirtschaftlicher, ökonomischer und sozialer Verantwortung.

7.1 Was ist Marketing?

M 1 ● Die moderne Marketingwelt

Inken Kuhlmann, http://blog.hubspot.de, 8.6.2015

M 2 ● Marketing – mehr als Absatzwirtschaft?

Der Begriff Marketing kommt aus dem englischen „to market" und bezeichnet die unternehmerischen Aktivitäten, die auf den Markt bzw. den Kunden ausgerichtet sind zur Erreichung der definierten Unternehmensziele. Während in den USA Marketing schon in den 1920er-Jahren aktuell war, kam es in Deutschland erst in den 1960er-Jahren zur Überführung der Absatzwirtschaft zum Marketing. Grund hierfür war der bis ca. 1960 bestehende **Verkäufermarkt** in Deutschland. Als Verkäufermarkt bezeichnet man einen Markt, in dem die Nachfrage nach Gütern und Dienstleistungen größer ist, als das zur Verfügung stehende Angebot. Bis in die 1960er-Jahre war der Fokus deutscher Unternehmen mehr auf Beschaffung, Produktion und Finanzierung gerichtet, während der Absatz eher problemlos war. Mit dem Wandel vom Verkäufermarkt zum **Käufermarkt** (Angebot größer Nachfrage) waren die Unternehmen gezwungen, sich stärker an den Kundenwünschen und der Entwicklung der Märkte zu orientieren Es fand eine Abkehr vom produktionsorientierten Denken statt, und eine Ausrichtung auf das marktorientierte Führen des Unternehmens auf die aktuellen und künftigen Markterfordernisse ausgerichtet mit dem Ziel der Befriedigung aktueller und potenzieller Kundenbedürfnisse.

Unter marktorientierter Unternehmensführung [wird] die konsequente Ausrichtung aller im Unternehmen bestehenden Aktivitäten auf die heutigen und künftigen Märkte und Wettbewerber verstanden werden. Meffert bezeichnet Marketing als duales Konzept der marktorientierten Unternehmensführung. Hier wird Marketing zum einen als gleichberechtigte Unternehmensfunktion und zum anderen als das Leitkonzept des Managements gesehen.

Bernd Camphausen u. a., Grundlagen der Betriebswirtschaftslehre, 3. Auflage, München 2014, S. 162

M 3 ● Marketing – im Zentrum stehen die Kunden

Marketing bedeutet, die Geschäftsprozesse auf den Markt auszurichten. Kunden und deren Bedürfnisse stehen bei der „marktorientierten Gestaltung und Führung der Geschäftsprozesse" im Vordergrund. Diese Denkweise und deren konkrete Ausgestaltung nennt sich Marketing. Es wird zwischen einer normativen, strategischen und operativen Ebene des Marketings unterschieden. Die normative Ebene bildet die Grundlage zur Erarbeitung des Marketingkonzepts, welches strategische Entscheidungen beinhaltet. Die operative Marketingstrategie umfasst die Gestaltung von Produkt-, Preis-, Distributions- und Kommunikationspolitik (Marketing-Mix – vgl. M 25).

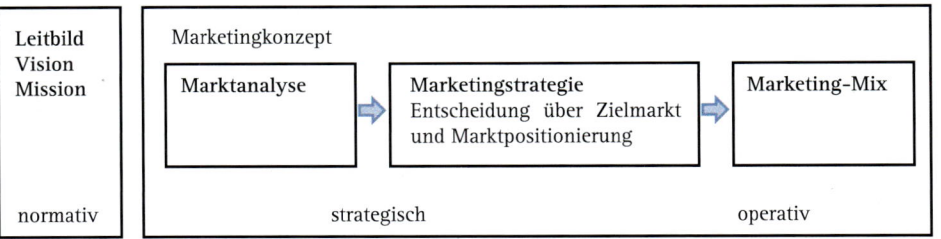

Auf der normativen Ebene geben Vision, Mission und Leitbild eines Unternehmens Werte und Ziele vor, die für das Marketing von Relevanz sind. Die Unternehmenswerte und -ziele bilden die Grundlage für das Marketingkonzept.
Die Marktanalyse dient dem Unternehmen als Informationsgrundlage zur Erarbeitung einer klaren Marketingstrategie. Basierend auf den normativen und strategischen Vorgaben erfolgt mit dem Marketing-Mix die operative Umsetzung. Der Marketing-Mix stellt eine Kombination der verschiedenen Marketinginstrumente dar.

Nach: Roman Capaul/Daniel Steingruber, Betriebswirtschaft verstehen, 3. Auflage, Berlin 2016, S. 271 ff.

Das Leitbild eines Unternehmens...
... ist die langfristige Zielvorstellung des Unternehmens
... dient als Orientierung für Mitarbeiter
... macht das Handeln für die Öffentlichkeit überprüfbar.

Das Leitbild beantwortet die Fragen:
–> Wer sind wir?
–> Was wollen wir und was stellen wir her?
–> Wie verhalten wir uns und an welche Grundsätze halten wir uns?

Marketing

Im amerikanischen Raum dominieren inzwischen Definitionen, die eine weitere Sichtweise des Marketing vertreten. Marketing ist ein Prozess im Wirtschafts- und Sozialgefüge, durch den Einzelpersonen und Gruppen ihre Bedürfnisse und Wünsche befriedigen, indem sie Produkte und andere Dinge von Wert erstellen, anbieten und miteinander austauschen (Philip Kotler). Marketing betreiben demnach nicht nur Unternehmen, sondern auch Einzelpersonen. Ein Beispiel dafür ist ein potenzieller Käufer, der sich über das Angebot an den Produkten, für die er sich interessiert, informiert. Auch Organisationen mit nichterwerbswirtschaftlichen Zielen können nach dieser Definition Marketing betreiben.

Aufgaben

1. Ordnen Sie die „Früher"- und „Heute"-Zitate aus M 1 einander zu.
2. Erläutern Sie die Entwicklung des Marketings und erklären Sie, was heute in der Regel unter Marketing verstanden wird (M 2, M 3).

7.2 Wie kann die Stellung eines Unternehmens im Markt bestimmt werden?

M 4 ● Eigene Stärken und Schwächen erkennen – die SWOT-Analyse

Im Rahmen der SWOT-Analyse (Strenght, Weaknesses, Opportunities, Threats) werden aus Informationen über das Unternehmen und die Umwelt des Unternehmens die entscheidenden Stärken und Schwächen des Unternehmens und die Chancen und Risiken des Marktes ermittelt. Das Problem hierbei ist, aus der Vielzahl der Faktoren die besonders bedeutsamen und erfolgskritischen Faktoren herauszufiltern und ihre Relevanz für den Erfolg des Unternehmens zu gewichten. Bei der **internen Analyse** wird dabei die gesamte Wertschöpfungskette des Unternehmens untersucht. Dazu gehören die Beschaffung, Leistungserstellung, Vertrieb, Marketing und Absatz sowie der Kundendienst. Untersucht werden u. a. das Personal (z. B. Motivation, Qualifikation, Personalressourcen und Führungsstil), die Produktion (z. B. Qualität der Produktionsanlagen, Produktionskosten und -kapazität und die Flexibilität), das Marketing und der Vertrieb (Vertriebswege, Werbung und PR-Arbeit, Image und Bekanntheit). Bei der **externen Analyse** werden Chancen und Risiken des Marktes untersucht. Dazu zählen u. a. die Kaufkraftentwicklung der potenziellen Kunden, die Wettbewerbssituation, Markttrends, das wirtschaftliche und gesellschaftliche Umfeld, die technologische Entwicklung, staatliche Investitionsanreize, die Politik und Gesetzgebung [...]. Aus den Stärken und Schwächen sowie den Chancen und Risiken lassen sich theoretisch vier Arten von Strategien ableiten:

	Chancen (Opportunities)	Risiken (Threats)
Stärken (Strengths)	Stärken einsetzen, um Chancen zu nutzen	Stärken einsetzen, um Risiken zu bewältigen
Schwächen (Weaknesses)	Schwächen abbauen, um Chancen zu nutzen	Bedrohungen gegenüber eigenen Schwächen abwehren

Autorentext

M 5 ● SWOT-Analyse im Geschäftsbereich „Tiernahrung" eines großen Unternehmens

Interne Analyse
- Marktführerschaft bei trockenem Heimtierfutter und im Premiumsegment (+).
- Marktführerschaft in den volumenmäßig größten Märkten (+).
- Zugang zu den jeweils neuesten Technologien (+).
- Ausgezeichnete Vertriebsstruktur (+).
- Sehr breites Produktspektrum mit einigen wenig erfolgreichen Marken (-).
- Zersplitterte Unternehmensidentität (Unternehmenszukäufe) (-).
- Viele unterschiedliche Produktionsmethoden erfordern sehr hohe Fachkenntnisse bei den Mitarbeitern (-).
- Niedriges Werbebudget in Relation zu Umsatz und Marktanteil (-).
- Geringe Marktpräsenz auf wichtigen Zukunftsmärkten (-).
- Geringe Umsatzrendite (-).

Externe Analyse
- Wirtschaftliches Umfeld: aufgrund der positiven Wirtschaftsentwicklung nimmt die Tierhaltung in allen Bevölkerungs-

schichten zu (+).
- Demografische Veränderungen: Die Zahl der alleinerziehenden Eltern und der Doppelverdiener nimmt ebenso zu wie die Zahl älterer Menschen. Dies stärkt den Trend zur „bequemen" Tiernahrung (+). Allerdings geht der Trend zu eher kleineren Tieren, die weniger Futter brauchen (-).
- Markttrends: gesunde und vorgefertigte Produkte erringen wachsende Marktanteile (+).
- Wettbewerbssituation: ein großer Konkurrent hat angekündigt, eine neue Produktlinie im Premiumsegment einzuführen und startet dazu eine aufwändige Werbekampagne (-).
- Politik/Gesetzgebung: EU-Vorschriften zur Kennzeichnung von Inhaltsstoffen führen dazu, dass Produkte, die z. B. Pferdefleisch enthalten, an Attraktivität verlieren (-).

Strategie

Die Stärke bei Trocken- und Luxusprodukten passt gut zu den demografischen Entwicklungen und den Markttrends, sie sollte für Wachstum genutzt werden. Der Zugang zu Technologien sollte es dem Unternehmen ermöglichen, sich den verändernden Kundenwünschen und den Gesetzesauflagen schnell anzupassen. Die Schwächen verdeutlichen, dass das Unternehmen Schwerpunkte setzen muss und unwirtschaftliche Produktlinien einstellen sollte. Die hohen Erträge könnten für eine Stärkung der Position bei nicht getrockneter Tiernahrung genutzt werden. Hier kann sich die sehr gute Vertriebsstruktur positiv auswirken.

Philip Kotler u. a., Grundlagen des Marketing, 5. Auflage, München 2011, S. 172 ff. (übersetzt v. Birgit Franken/Ralf Schellhase)

M 6 ● Daimler, Audi und BMW kaufen den Kartendienst Here von Nokia

Daimler, Audi und BMW rüsten sich für die Ära selbstfahrender Autos mit dem Kauf eines eigenen Kartendienstes. Sie übernehmen für 2,8 Milliarden Euro die Sparte Here von Nokia.
Die drei Partner bekämen jeweils gleiche Anteile, keiner von ihnen strebe eine Mehrheit an, teilten die Autokonzerne [...] mit. Es ist eine beispiellose Kooperation für die drei rivalisierenden Premium-Hersteller. Der Dienst war von Nokia speziell auf hochpräzise Straßenkarten für autonom fahrende Autos ausgerichtet worden und entwickelte auch eine Plattform für die Unterhaltungsanlagen in Fahrzeugen aller Klassen. Here werde eine „Schlüsselrolle bei der digitalen Revolution der Mobilität" spielen, erklärte BMW-Chef Harald Krüger. Daimler-Chef Dieter Zetsche bezeichnete hochpräzise digitale Karten als einen entscheidenden Baustein für die Mobilität der Zukunft. [...]
Die Autohersteller befürchten einen zu großen Einfluss von Apple und Google bei der Vernetzung ihrer Fahrzeuge – und die Deutschen haben nun die Chance, eine eigene Alternative aufzubauen. Beide Smartphone-Riesen bieten Plattformen zur besseren Integration der Telefone im Auto an, die das Display der Unterhaltungsanlage weitgehend übernehmen. Teil von Apples Carplay und der Plattform Android Auto für Smartphones mit dem Google-Betriebssystem sind auch die jeweiligen Kartendienste der beiden amerikanischen Schwergewichte. [...] Here sitzt hauptsächlich in Berlin [...]. Der Kauf habe auch aus industriepolitischer Sicht eine enorme Bedeutung, betonte Wirtschafts-Staatssekretär Matthias Machnig. „Die automobile Wertschöpfungskette wird insgesamt in Deutschland weiter gestärkt. Wichtig ist, dass eine offene Plattform entsteht, die für weitere Hersteller aus Europa offen ist." Künftig könnten sich damit „intelligente" Autos in Echtzeit genseitig vor Staus oder Hindernissen warnen, teilte VDA-Präsident Matthias Wissmann mit. „Das ist ein wesentlicher Schritt hin zu mehr Verkehrssicherheit."

dpa, Süddeutsche Zeitung, 3.8.2015

M 7 ● Marktanteil und Marktwachstum – die Portfolio-Analyse

Marktanteil

Der relative Marktanteil berechnet sich aus dem eigenen absoluten Marktanteil im Verhältnis zum absoluten Marktanteil des stärksten Konkurrenten. Der absolute Marktanteil ergibt sich aus dem Verhältnis der verkauften Stückzahlen eines Unternehmens zur Gesamtverkaufsmenge des Marktes oder aus dem Verhältnis des Umsatzes des Produktes zum gesamten Marktumsatz. Die Umsatzmethode kann durch unterschiedliche Konkurrenzpreise verzerrt werden. Ein relativer Marktanteil von mehr als 1,0 bedeutet Marktführerschaft des eigenen Unternehmens.

Die Gesamtheit der Produktlinien und Geschäftsfelder eines Unternehmens wird auch dessen Geschäftsportfolio genannt. Ein optimales Portfolio passt die Stärken und Schwächen des Unternehmens an die Geschäftsmöglichkeiten des Umfelds an. Es gilt zunächst das bestehende Geschäftsportfolio zu untersuchen, um dann zu entscheiden, welche Bereiche mehr, welche weniger oder keine Finanzmittel erhalten sollen. Dabei ist die Intention, den zukunftsträchtigen Geschäftsfeldern weitere Ressourcen zuzuführen und andererseits schwache Bereiche auf das Nötigste zu reduzieren oder aufzugeben. Eine der bekanntesten Methoden zur Geschäftsportfolio-Planung ist die der Boston Consulting Group, die aufgrund von Marktwachstum und Marktanteil der Geschäftsfelder vollzogen wird. Marktwachstum und Marktanteil bestimmen dabei die Position des Geschäftsfelds in einer zweidimensionalen Matrix. Die x-Achse zeigt den relativen Marktanteil, den das Unternehmen in diesem Markt erreicht hat, die y-Achse zeigt das Marktwachstum und damit die Marktattraktivität.

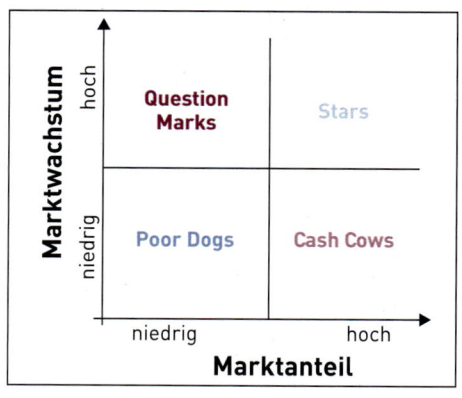

Poor Dogs	niedriger Marktanteil, niedriges Wachstum, selbsterhaltend aber ohne Zukunft
Cash Cows	hoher Marktanteil, niedriges Wachstum, geringer Investitionsbedarf, „Geldbringer"
Stars	hoher Marktanteil, hohes Wachstum, hohe Investitionen, werden oft „Cash Cows"
Question Marks	niedriger Marktanteil, hohes Wachstum, zum Star entwickeln oder aufgeben

Beispiel

Die Kreise zeigen die Positionen von – in diesem Fall – 10 Geschäftseinheiten eines Unternehmens.

Die Flächen der Kreise sind proportional zum Anteil der Geschäftseinheit am Gesamtumsatz des Unternehmens.

In diesem Beispiel könnte das Unternehmen die Poor Dogs, Question Marks und Stars vermutlich mit Hilfe seiner Cash Cows finanzieren. Es würde in die aussichtsreichen Question Marks investieren, um Stars aus ihnen zu machen und die Stars zu behalten.

Im Zeitablauf verändern die Geschäftsfelder ihre Position in der Matrix, da jedes Geschäftsfeld in der Regel einen eigenen Lebenszyklus besitzt.

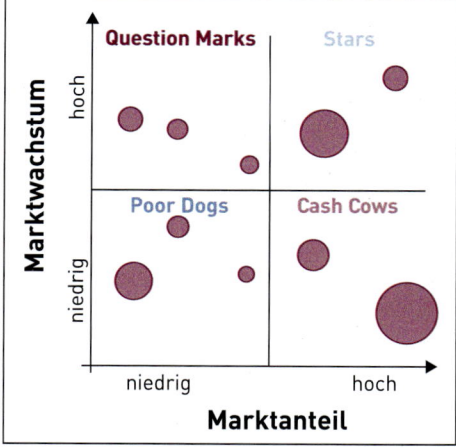

Philip Kotler u. a., Grundlagen des Marketing, 5. Auflage, München 2011, S. 175 ff. (übersetzt v. Birgit Franken/Ralf Schellhase)

M 8 ● Schon Loriot wusste: „Früher war mehr Lametta"

Loriot hat es schon Ende der 1970er-Jahre geahnt, glaubt man Fachleuten heute, ist Lametta am Weihnachtsbaum völlig out. Für den letzten deutschen Produzenten hat das Folgen.

Einst ein Klassiker der Weihnachtsdeko, heute ein Auslaufmodell: Lametta ist nicht mehr gefragt an Weihnachtsbäumen. Der letzte Hersteller in Deutschland hört mit der Produktion der weihnachtlichen Glitzerfäden auf. „Wir haben heuer (2015) das letzte Lametta produziert", sagte Walter Enzenhöfer, Verkaufsleiter beim Unternehmen Riffelmacher & Weinberger am Donnerstag im fränkischen Roth. Derzeit seien noch Restbestände im Handel, aber dann „wird es nicht mehr in Deutschland produziert", sagte Enzenhöfer. Enzenhöfer begründete den Ausstieg aus der Lametta-Produktion mit der nachlassenden Nachfrage. Er weine dem Lametta jedoch keine Träne nach, sagte Enzenhöfer. Stattdessen kämen nun neue Weihnachtsprodukte auf den Markt – etwa Girlanden aus Kunststoff. [...] Das Unternehmen verarbeitete einst bis zu 50 Tonnen Material jährlich, wie die Zeitung schreibt. Zuletzt seien es noch ein paar Hundert Kilo gewesen. Mittlerweile wird der meiste Weihnachtsschmuck in China hergestellt.

Das Rohmaterial hatte Riffelmacher & Weinberger von der hessischen Firma Eppstein Foils übernommen und daraus Lametta gefertigt. Die Restbestände seien nun abverkauft worden.

red/dpa, Stuttgarter Nachrichten, 18.12.2015

M 9 ● Der Produktlebenszyklus

Das Konzept des Produktlebenszyklus kann auf ganze Produktklassen, Produktformen oder einzelne Produkte angewendet werden. Lebenszyklen von Produktklassen (z. B. Sportschuhe) oder Produktformen (z. B. Fußballschuhe) sind in der Regel viel länger als die einzelner Produkte (z. B. Adidas Primeknit FG). Viele Produktformen durchlaufen die Phasen eines normalen Produktlebenszyklus (z. B. Schallplatte, Kassette oder CD), die Lebenszyklen einzelner Produkte sind stark abhängig von der Reaktion der Konkurrenz.

(1) Entwicklungsphase
Diese Phase ist durch hohe Investitionen für die Produktentwicklung gekennzeichnet. Verkaufserlöse entstehen noch keine.

(2) Einführungsphase
Der Absatz des Produkts wächst langsam. Gewinne entstehen aufgrund der hohen Kosten noch nicht. Durch Marketingmaßnahmen soll der Bekanntheitsgrad des Produktes gesteigert werden, damit langfristig größere Stückzahlen abgesetzt werden können. Die Einführungsphase kann mit dem Eintritt in die Gewinnzone enden.

(3) Wachstumsphase
Das Produkt wird am Markt akzeptiert, der Absatz steigt deutlich. Die Nachfragesteigerung wird durch Widerholungskäufe und durch steigenden Bekanntheitsgrad, der weitere Erstkäufer generiert, begünstigt. Meist wird in dieser Phase die Gewinnzone erreicht.

(4) Reifephase und Sättigungsphase
In dieser Phase nehmen der Umsatz und die Marktausdehnung zwar weiter zu, jedoch sinken die Zuwachsraten. Der Umsatz wird zum Großteil durch Wiederholungskäufer generiert. Durch das erstmalige Auftreten von Konkurrenz und Imitationen müssen die Marketingaufwendungen steigen. Am Ende der Reifephase tritt eine Marktsättigung ein, das Marktpotenzial ist ausgeschöpft, der Umsatz sinkt. In dieser Phase wird oftmals versucht, durch Preisreduktion den Absatz zu stabilisieren.

(5) Degenerationsphase
Durch eine Vielzahl von Imitationen, die

qualitativ und preislich gleichartig sind, ist der Umsatz stark rückläufig. In vielen Fällen läuft das Produkt aus, um durch ein Nachfolgeprodukt ersetzt zu werden.
Autorentext

M 10 ● Produktlebenszyklus und Gewinn

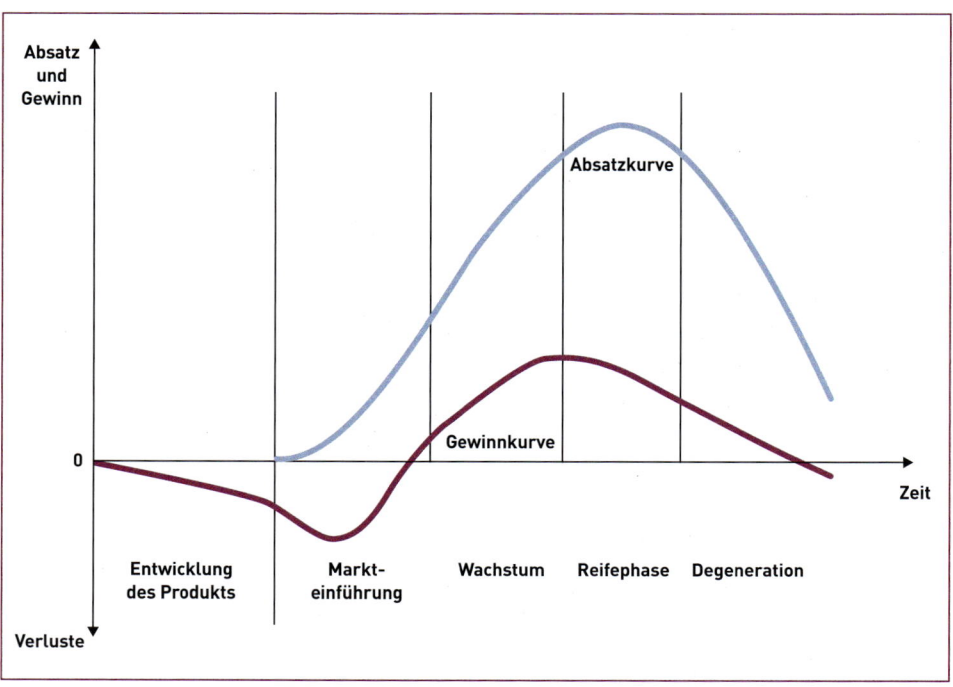

Philip Kotler u. a., Grundlagen des Marketing, 5. Auflage, München 2011, S. 175 ff. (übersetzt v. Birgit Franken/ Ralf Schellhase)

M 11 ● Modellzyklen der Autohersteller: Eine Industrie kommt auf Speed

Als Apple im September 2012 das iPhone 5 auf den Markt brachte, standen Hunderte, Tausende mitten in der Nacht auf, um es online zu bestellen. Und kaum war das
5 neue Handy im Handel, war das alte irgendwie abgemeldet. Was das Fünfer mehr kann, ob und wie der Nutzer davon profitiert – egal. Alt ist out, und nur mit dem neuesten Handy geht man mit der Zeit.
10 Telefonhersteller schüren dieses Gefühl. Sie gründen darauf, wie die gesamte Elektronikbranche, einen Gutteil ihres Geschäfts. „Hohe Innovationsgeschwindigkeit hält Wettbewerber auf Distanz und schafft
15 Wachstum", umreißt die Unternehmensberatung Roland Berger den Maßstab modernen Managements. Hätte er uneingeschränkte Gültigkeit, müsste die Autoindustrie auf der roten Liste der akut gefährdeten Branchen stehen. 20
Die Entwicklung eines neuen Autos dauert drei bis vier Jahre. Anschließend wird der Wagen dann sechs bis acht Jahre lang verkauft. Zwischendurch, also nach etwa vier Jahren, gibt es üblicherweise ein kleines 25 Update, ein Facelift, eine Modellpflege. Es sind eher kleine Änderungen, neue Scheinwerfer zum Beispiel, neue Assistenzsysteme, vielleicht ein neuer Motor, der zur Mitte der Bauzeit konzernweit eingeführt wird. 30 Gerne wären die Autohersteller auch ein bisschen schneller mit so richtig neuen Produkten. „Wir beobachten seit einigen Jahren, dass die Modell- und Entwick-

7.2 Wie kann die Stellung eines Unternehmens im Markt bestimmt werden?

lungszyklen in der Autoindustrie immer kürzer werden. Die Taktfrequenz steigt kontinuierlich", sagt Stefan Bratzel von der Fachhochschule der Wirtschaft in Bergisch Gladbach. Deswegen entwickelt sich das Facelift zu einem immer aufwendigeren Eingriff.

Jüngstes Beispiel dafür ist die neue E-Klasse von Mercedes, die in Wahrheit gar nicht neu ist. Die Baureihe ist erst seit 2009 auf der Straße, wurde aber jetzt, zur Hälfte ihrer Laufzeit, in einem bislang nie dagewesenen Ausmaß überarbeitet. Baureihenchef Thomas Ruhl wiegelt zwar ab und widerspricht Schätzungen, wonach die Runderneuerung rund eine Milliarde Euro Entwicklungskosten verschlungen haben soll. Dennoch heißt es auch bei Mercedes, eine so umfangreiche Überarbeitung wie jetzt bei der E-Klasse habe es im Unternehmen noch nie zuvor gegeben.

Der Grund: Die Kunden erwarten inzwischen in einem Neuwagen auch die neuesten Infotainment-Funktionen oder Assistenzsysteme. Für die E-Klasse beispielsweise verfügbar sind jetzt auch Apples Sprachsteuerung Siri sowie ein System, das automatisch dem Gegenverkehr ausweicht. Gleichzeitig sollen derartige Renovierungen das schon nicht mehr ganz taufrische Auto wieder möglichst neu aussehen lassen. [...]

Die Strategie des immer Neuen hat aber nicht nur Vorteile, ist Designprofessor Lutz Fügener von der Hochschule Pforzheim überzeugt. Denn ob es sich nun um ein teures Elektronikspielzeug handle oder um ein Auto – in beiden Fällen seien die sich beschleunigenden Produktzyklen für den Kunden Fluch und Segen zugleich. „Im Moment des Erwerbs eines so teuren Produkts wird der Fortschritt zum Feind des Kunden. Denn er setzt ihn unter den Druck des ‚Updatings' und arbeitet gleichzeitig an der Wertminderung des Produkts."

„Die Kunst ist es, das alte Modell nicht alt aussehen zu lassen, sondern Baureihen evolutionär weiterzuentwickeln. Ein gutes Beispiel dafür sei der VW Golf. Dessen Entwicklung könne man einerseits als mutlos kritisieren, so Fess." Anderseits trug sie aber dazu bei, dass ein Golf IV oder V heute immer noch im Verkehr mitschwimmen kann, ohne dass man seinem Besitzer gleich eine prekäre Lebenssituation unterstellt." [...]

Zudem verändere die Strategie des immer Neuen auch den Geschmack der Kunden, postuliert Tummineli. Wer Fahrzeugbaureihen immer weiter auffächere oder ständig austausche, könne keine dauerhaften Akzente mehr setzen. „Schwer denkbar, dass heute neue Mythen entstehen können, wie sie einst der Mini, der Porsche 911, der VW Golf, der Fiat Panda oder die Mercedes G-Klasse begründeten. Denn diese Autos wurden zum Mythos nicht trotz, sondern gerade wegen ihrer langen Lebensdauer."

Tom Grünweg, www.spiegel.de, 10.2.2013

Produktlebenszyklus und F&E

Immer kürzere Produktlebenszyklen führen zu einer Verkürzung der Entwicklungszeiten. Kosten für Forschung und Entwicklung steigen dadurch überproportional. Für die Markteinführung und Marktschließung bleiben immer weniger Zeit.

F Stellen Sie sich vor, Sie müssten die Produktion, Preisgestaltung und Werbung für ein bestimmtes Produkt festlegen. Erklären Sie, wie Sie diese im Laufe des Produktlebenszyklus des Produkts verändern würden.

F zu Aufgabe 1
Stellen Sie sich vor, Ihre Schule würde privatisiert und müsste sich am Markt bewähren. Erstellen Sie eine SWOT-Analyse für Ihre Schule.

Aufgaben

1. Erklären Sie mit Hilfe des Instruments der SWOT-Analyse, warum die konkurrierenden Automobilhersteller Daimler, Audi und BMW den Kartendienst Here gemeinsam gekauft haben (M 4 – M 6).
2. Recherchieren und beschreiben Sie den Produktlebenszyklus der Produktform CD (M 8, M 10).
3. Stellen Sie dar, wie sich die Lage eines Geschäftsfelds bzw. eines Produkts im Laufe seines (Produkt-)Lebenszyklus in der Marktwachstum-Marktanteil-Matrix verändert (M 7, M 9).
4. Stellen Sie die Vor- und Nachteile verkürzter Produktlebenszyklen aus Hersteller- und Konsumentensicht dar (M 10, M 11).

7.3 Marktforschung

M 12 • Frühstücksjoghurt speziell für Erwachsene?

Ein Nahrungsmittelkonzern will herausfinden, wie die Verbraucher auf eine neue Frühstücksjoghurtsorte speziell für Erwachsene reagieren würden. In Europa wurde ein Trend beobachtet, dass immer mehr Menschen aus gesundheitlichen Gründen Müsli mit Joghurt zum Frühstück essen. Auf dem Markt gibt es insgesamt drei große konkurrierende Nahrungsmittelunternehmen, von denen sich zwei zusammengeschlossen haben und derzeit Marktführer sind. Mit Hilfe von Marktforschung sollten nun vor einer möglichen Produkteinführung folgende Fragen beantwortet werden:
- Welche Lebensgewohnheiten der Konsumenten von Frühstücksjoghurt lassen sich ermitteln? Wie entwickelt sich die wirtschaftliche Situation der potentiellen Konsumenten? Wächst die Gruppe der Erwachsenen an? Beeinflussen die Familiengröße und die Kinderzahl den Markt für Frühstücksjoghurt?
- Wie viele Familienmitglieder bevorzugen Joghurt zum Frühstück? Hängt dies von der Kinderzahl ab? Essen alle Familienmitglieder das gleiche Joghurt? Wie sehen insgesamt die Konsumgewohnheiten für Frühstücksjoghurt aus?
- Würden Käufer gegebenenfalls die Joghurtmarke wechseln? Würden die Konsumenten ihre Konsumgewohnheiten ändern?
- Welches Absatzvolumen ließe sich mit dem neuen Frühstücksjoghurt für Erwachsene erzielen?

Aufgabe der Marktforschung ist es, diese Informationen bereit zu stellen und damit der Geschäftsführung eine Entscheidung über die Einführung des neuen Produkts zu ermöglichen.

Autorentext

M 13 • Autokäufer offen für neue Mobilität

Puls hat in einer repräsentativen Studie bei 1.000 Autokäufern in Deutschland erfragt, wie offen sie für grundlegende Veränderungen „ihres liebsten Kindes" sind.

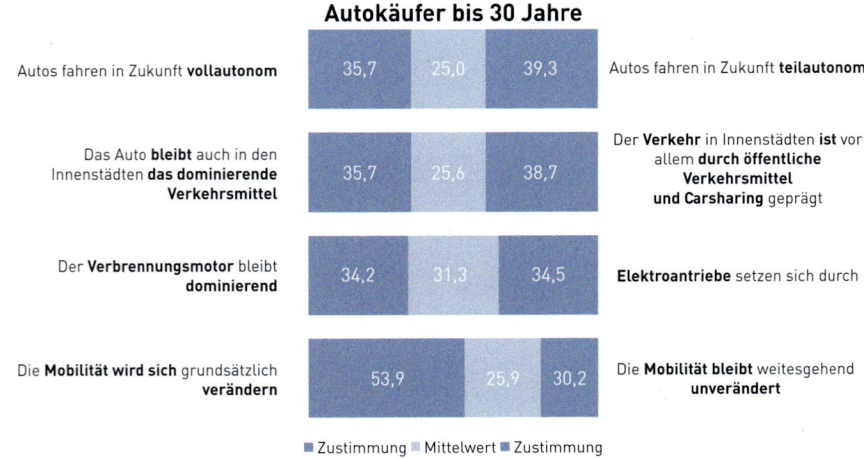

Quelle: absatzwirtschaft – Zeitschrift für Marketing, Die Studien der Woche: Wie Deutschland is(s)t, der Werbemarkt 2016, was Autokäufer und Arbeitgeber wollen, 14.1.2016, S. 2

Demnach erwartet jeder zweite deutsche Autokäufer, dass sich die Mobilität 2025 grundsätzlich verändern wird. Dagegen sind deutlich geringere 22 Prozent davon überzeugt, dass die Mobilität der Zukunft weitgehend unverändert bleiben wird. Auch zur Frage, wohin sich die Mobilität der Zukunft entwickeln wird, weist die puls Studie interessante Trends aus: So erwarten 41 Prozent von Deutschlands Autokäufern, dass Autos in Zukunft teilautonom fahren, vollautonome Autos sehen dagegen deutlich geringere 33 Prozent. Bei der künftigen Bedeutung von Autos in Innenstädten sind sich Deutschlands Autokäufer dagegen uneinig: So erwarten 37 Prozent, dass Autos auch in Zukunft das dominierende Verkehrsmittel in Innenstädten bleiben. Andererseits ist jeder Dritte davon überzeugt, dass der Verkehr in Innenstädten künftig vor allem durch öffentliche Verkehrsmittel und Car-Sharing geprägt wird. Ähnlich polarisierend ist das Meinungsbild zum Antrieb der Zukunft: 36 Prozent erwarten, dass der Verbrennungsmotor weiterhin dominiert, wohingegen 35 Prozent die Durchsetzung von Elektroantrieben erwarten. „Die Automobilbranche ist angesichts der Offenheit der Deutschen für die Neuerfindung der Mobilität gut beraten, sich schrittweise auf dem Weg zum Mobilitätsanbieter zu machen", kommentiert puls Geschäftsführer Dr. Konrad Weßner die Ergebnisse. Dies ist insbesondere deshalb dringend geboten, weil laut puls Studie vor allem jüngere Autokäufer offen für die Neuerfindung der Mobilität sind. Dabei werden sich einzelne Trends nicht isoliert etablieren. Ein Beispiel dafür ist der gleichzeitige Einzug von Elektroantrieben, autonomen Fahrfunktionen und Infotainment in das Auto der Zukunft. Um daraus eine Chance zu machen, sind Kooperationen wie zum Beispiel die Beteiligung von General Motors am Uber-Mitbewerber Lyft Gebot der Stunde. Das erklärte Ziel dabei liegt darin, die Roboterisierung der Taxibranche voranzutreiben.

Götz Fuchslocher, www.automobil-produktion.de, 11.1.2016

Globale Absatzentwicklung auf dem PKW-Markt

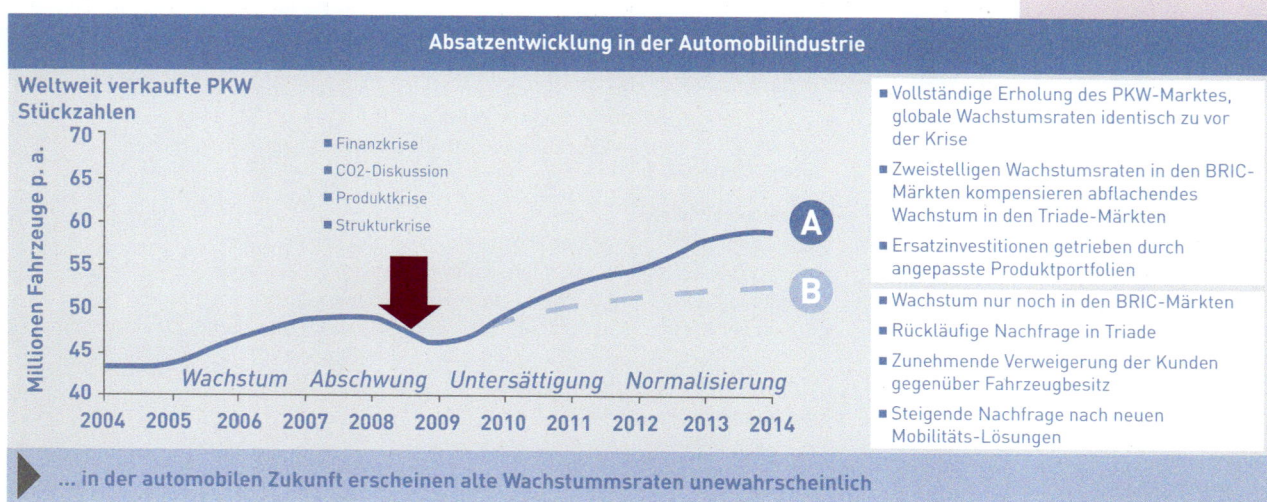

Arthur D. Little, Zukunft der Mobilität 2020 – Die Automobilindustrie im Umbruch?, © Arthur D. Little 2009, S. 7

Konsumenten-Trends als mittelfristiges Rahmenwerk für zukünftige Kundenbedürfnisse

Konsumenten-Trends	Implikationen für die (Auto-)Mobilität
Multigrafie	Lebensentwürfe vollziehen sich immer fragmentierter – Bedürfnisse werden situativer. „Lebensabschnitts-Produkte" werden wichtiger als Zielgruppenstrategien (Alter, soziale Schicht etc.)
Downaging	Konsumenten fühlen sich wesentlich jünger als ihr tatsächliche biologisches Alter, keine Ghetto-Produkte, sondern Erlebnisprodukte für den „zweiten Aufbruch"
Familie 2.0	Netzwerk-, Patchwork- und Fragmentfamilien haben einen hohen und hochdifferenzierten Mobilitäts-Bedarf, der nicht nur über den Family Van, SUV oder Kombi bedient werden kann
Neo-Cities	Auto-Mobilität, die sich den Anforderungen der grünen Zukunftsstädte (zero-emission-cities) anpasst
Greenomics	Auto-Mobilität, die einem gesunden und gleichzeitig genussorientierten Lebensstil gerecht wird. Mobilitäts-Lösungen, die ökologisch korrekt sind, aber auch für den Verbraucher nachhaltig wirken.
New Luxury	Produkte, welche die eigene Lebensqualität steigern. Tendenzielle Abkehr von Status- und Prestigedenken
Simplify	Vereinfachung, Zeitersparnis, Einfachheit, Unsichtbarkeit von technologischen Prozessen
Deep Support	Unterstützungsdienstleistungen, die sich individuell den Bedürfnissen des einzelnen anpassen. Infrastrukturen an Mikro-Dienstleistungen, welches das Leben zwischen Zuhause und Arbeitsplatz organisieren.
Cheap Chic	Bezahlbare, „clevere" Produkte, die trotzdem den Wunsch nach Exklusivität, Design und Luxus befriedigen

Arthur D. Little, Zukunft der Mobilität 2020 - Die Automobilindustrie im Umbruch?, © Arthur D. Little 2009, S. 21

F Eine Einzelhandelskette überlegt zusätzlich zum bisherigen Fleischangebot, Bio-Fleisch anzubieten. Stellen Sie sich vor, Sie sollen mit Hilfe der Marktforschung eine Empfehlung abgeben. Erklären Sie, wie Sie vorgehen würden (vgl. Kap. 2.1, M 8).

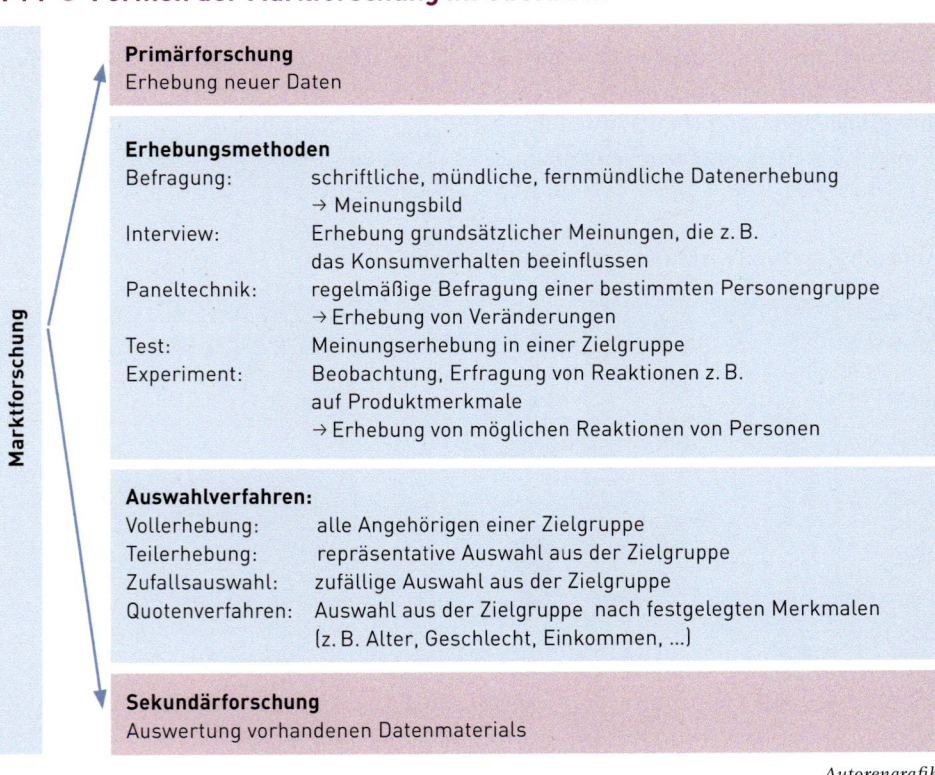

M 14 ● Formen der Marktforschung im Überblick

Marktforschung

Primärforschung
Erhebung neuer Daten

Erhebungsmethoden
Befragung: schriftliche, mündliche, fernmündliche Datenerhebung
→ Meinungsbild
Interview: Erhebung grundsätzlicher Meinungen, die z. B. das Konsumverhalten beeinflussen
Paneltechnik: regelmäßige Befragung einer bestimmten Personengruppe
→ Erhebung von Veränderungen
Test: Meinungserhebung in einer Zielgruppe
Experiment: Beobachtung, Erfragung von Reaktionen z. B. auf Produktmerkmale
→ Erhebung von möglichen Reaktionen von Personen

Auswahlverfahren:
Vollerhebung: alle Angehörigen einer Zielgruppe
Teilerhebung: repräsentative Auswahl aus der Zielgruppe
Zufallsauswahl: zufällige Auswahl aus der Zielgruppe
Quotenverfahren: Auswahl aus der Zielgruppe nach festgelegten Merkmalen (z. B. Alter, Geschlecht, Einkommen, ...)

Sekundärforschung
Auswertung vorhandenen Datenmaterials

Autorengrafik

Aufgaben

1. Erläutern Sie Vor- und Nachteile der Primär- und der Sekundärforschung (M 14).
2. Leiten Sie aus den Umfrageergebnissen der puls-Marktforschung GmbH und der Grafik aus der Arthur D. Little-Studie Konsequenzen für einen Automobilhersteller ab (M 13).

7.4 Mit welcher (Marketing-)Strategie sollen Unternehmen ihre Ziele erreichen?

M 15 ● Ziele und Strategie des Automobilherstellers Daimler

Als Erfinder des Automobils sehen wir es als unsere Motivation und Verpflichtung, die Mobilität der Zukunft mit herausragenden Produkten und Dienstleistungen sowie richtungsweisenden Technologien sicher und nachhaltig zu gestalten. In all unseren Geschäften streben wir die Spitzenposition an. Wir haben uns zum Ziel gesetzt, im Bereich Technologie und Innovationen führend zu sein, unsere Kunden zu begeistern und durch erstklassige Teams weiter profitabel zu wachsen. Damit wollen wir den Wert des Unternehmens kontinuierlich steigern.

EBIT
(Earnings Before Interest and Taxes) Gewinnkennzahl, Jahresüberschuss vor Zinsen und Ertragssteuern

Führend in Technologie und Innovation – Mit unseren Produkten wollen wir in allen Geschäftsfeldern im Bereich der Sicherheit, beim autonomen Fahren von Pkw und Nutzfahrzeugen sowie bei „grünen" Technologien führend sein. ... Im Hinblick auf den Einsatz digitaler Technologien wollen wir sowohl mit unseren Produkten als auch im Kontakt zum Kunden führend sein.

Begeisterte Kunden – Mit führenden Marken in allen Geschäftsfeldern schaffen wir Werte für unsere Kunden. Bei der Kundenzufriedenheit wollen wir in allen relevanten Bewertungen an der Spitze stehen und mit unserer exzellenten Qualität die Kunden überzeugen. Hierzu schaffen wir Schnittstellen im Kauf- und Nutzungsprozess, die uns jederzeit den Kontakt mit dem Kunden ermöglichen. Darüber hinaus bieten wir unseren Kunden maßgeschneiderte Transport- und Mobilitätsdienstleistungen an.

Vier Ziele

Erstklassige Teams – Wir arbeiten in Teams, in denen Diversität beim Geschlecht, bei der Nationalität und im Generationenmix groß geschrieben wird. Unsere Mitarbeiter sind stolz darauf, bei Daimler zu arbeiten, und wir sind für Bewerber ein Arbeitgeber erster Wahl. Die vier Unternehmenswerte Begeisterung, Wertschätzung, Integrität und Disziplin bilden das Fundament unseres Handelns. Integrität hat eine besondere Bedeutung für unser Unternehmen.

Profitables Wachstum – Bei der Umsatzrendite (EBIT gemessen am Umsatz) haben wir uns durchschnittlich 9 % für das Automobilgeschäft als Ziel gesetzt. Basis hierfür sind die Zielrenditen der einzelnen Geschäftsfelder, die wir nachhaltig erreichen wollen: 10 % für Mercedes-Benz Cars, 8 % für Daimler Trucks, 9 % für Mercedes-Benz Vans und 6 % für Daimler Buses. Für das Geschäftsfeld Daimler Financial Services haben wir uns eine Eigenkapitalrendite von 17 % vorgenommen.

Das Kerngeschäft stärken. Im Zentrum eines starken Kerngeschäfts stehen erstklassige Produkte, wettbewerbsfähige Kostenstrukturen und eine am Kunden orientierte Organisation. [...] Mit einer umfassenden Modelloffensive wird das Produktprogramm von **Mercedes-Benz Cars** in allen Segmenten erneuert und erweitert. Im Rahmen der Wachstumsstrategie, die wir im Jahr 2012 verabschiedet haben, bringen wir im Zeitraum 2012 bis 2020 insgesamt mehr als 30 neue Pkw-Modelle auf den Markt. Fast die Hälfte davon wird ohne Vorgänger im aktuellen Produktportfolio sein. [...] Im Zuge der Produkterneuerung und -erweiterung entwickeln wir unsere Marken konsequent weiter. „Das Beste" dient dabei als Anspruch für die Marke Mercedes-Benz. In der Beziehung zum Kunden setzen wir verstärkt digitale Medien ein. Mit neuen Verkaufsformaten, wie zum Beispiel mobilen Verkaufspavillons, schaffen wir Begegnungspunkte, um auch mit neuen Kunden Kontakt aufzunehmen. [...] Mit der Marke smart und den neuen Modellen smart fortwo und forfour werden wir unseren Anspruch „Beste Marke urbaner Mobilität" weiter realisieren und unsere Position im Bereich Elektromobilität ausbauen. **Daimler Trucks** setzt auf Tech-

Die vier Wachstumsfelder der Daimler-Strategie

nologieführerschaft und globale Präsenz. Die intelligente Nutzung von Plattformen ermöglicht es uns, maßgeschneiderte Technologie für unsere Kunden weltweit zu liefern und gleichzeitig unsere Größenvorteile bestmöglich auszuschöpfen. Wir erreichen dies zum einen, indem wir innovative Spitzentechnologie in die Kernmärkte der Triade (Westeuropa, Nordamerika, Japan) bringen, zum anderen, indem wir unsere klassische und bewährte Technologie in Märkten wie Brasilien, China und Russland einsetzen, und schließlich, indem wir Märkte wie Indien, Afrika und teilweise Asien mit einfacher und lokal produzierter Technologie bedienen.

In neuen Märkten wachsen. Das Wachstum der weltweiten Automobilnachfrage wird in den kommenden Jahren zum größten Teil in den Märkten außerhalb Europas, Nordamerikas und Japans stattfinden. Zwar stärken wir auch weiterhin unsere Position in den traditionellen Märkten, darüber hinaus wollen wir jedoch vor allem in Brasilien, Russland, Indien, China und auch in weiteren Schwellenländern wachsen.

Um die Absatzziele von Mercedes-Benz Cars zu erreichen, verstärken wir unsere lokalen Aktivitäten insbesondere in China, Brasilien und Indien. In China erhöhen wir die Kapazitäten für die bereits vor Ort gefertigten Baureihen. [...]

Führend bei „grünen" Technologien und bei der Sicherheit sein. Als Pioniere des Automobilbaus haben wir den Anspruch, die Zukunft der Mobilität sicher und nachhaltig zu gestalten. Unterschiedliche Mobilitätsanforderungen erfordern auch differenzierte Antriebslösungen. Unser Portfolio reicht von optimierten Verbrennungsmotoren über die Hybridisierung bis hin zum lokal emissionsfreien Fahren. Im Jahr 2014 konnten wir den CO_2-Ausstoß der in der Europäischen Union neu zugelassenen Fahrzeuge von Mercedes-Benz Cars im Durchschnitt auf 129 g/km verringern. Bis zum Jahr 2016 verfolgen wir das Ziel, die CO_2-Emissionen unserer Neuwagenflotte in der Europäischen Union auf durchschnittlich 125 g/km zu senken. Auch was die aktive und passive Sicherheit betrifft, werden wir bei Pkw und Nutzfahrzeugen unsere Vorreiterrolle weiter ausbauen. [...]

Vernetzung und neue Mobilitätskonzepte maßgebend vorantreiben. In den nächsten zehn Jahren werden rund 60 % der Weltbevölkerung in Städten leben. Und digitale Technologien verändern Produkte sowie Dienstleistungen und nehmen Einfluss auf die komplette Wertschöpfung unseres Unternehmens in einem bisher nicht gekannten Ausmaß. Für Daimler entstehen neue Geschäftspotenziale, die wir in zweifacher Hinsicht nutzen wollen: Zum einen bauen wir unser Angebot an Mobilitätsdienstleistungen weiter aus. Hierzu zählen unterschiedliche Mobilitätskonzepte für den privaten, geschäftlichen und öffentlichen Bereich, zum Beispiel car2go, CharterWay,

7.4 Mit welcher (Marketing-)Strategie sollen Unternehmen ihre Ziele erreichen?

Bus Rapid Transit (BRT) oder die Mobilitätsplattform „moovel". Mit moovel bieten wir unseren Kunden die Möglichkeit, unterschiedliche individuelle und öffentliche Mobilitätsangebote optimal miteinander zu verbinden und über ein Bezahlsystem abzurechnen. [...] Zum anderen erproben und erweitern wir unser Angebot im Bereich innovativer Dienstleistungen insbesondere auf der Grundlage zunehmender Digitalisierung und Vernetzung. Unter der Servicedachmarke „Mercedes me" bündeln wir alle bestehenden und künftigen Dienstleistungsangebote für unsere Kunden in einer digitalen Plattform im Internet. [...] Zum verfügbaren Service zählen beispielsweise Unfall-, Wartungs- und Pannenmanagement sowie die Telediagnose.

Geschäftsbericht 2014 der Daimler AG, http://gb2014.daimler.com (1.4.2016)

M 16 ● Wachstumsstrategien (nach Ansoff) in der Übersicht

		Märkte	
		gegenwärtig	neu
Produkte	gegenwärtig	**Marktdurchdringung** z. B. Preise senken / Nachkaufrate erhöhen / aggressive Werbung → **Verkauf erhöhen**	**Marktentwicklung** z. B. in neuen Regionen anbieten / neue Käufergruppen gewinnen / neue Anwendungsmöglichkeiten schaffen → **neue Märkte erschließen**
	neu	**Produktentwicklung** z. B. neuartige Produkte – Innovation / Weiterentwicklung der Produkte / Nachahmung von Konkurrenzprodukten → **neue Produkte für den bestehenden Markt**	**Diversifikation** z. B. Vorstoß auf fremde Märkte mit neuen Produkten → **neue Produkte für neue Märkte**

Autorentext

M 17 ● Tipp (nicht nur) für Gründer: das Alleinstellungsmerkmal als Wettbewerbsvorteil

Als Konsument haben Sie normalerweise die Wahl zwischen vielen verschiedenen Produkten, die aber meist den gleichen Kundennutzen erfüllen (z. B. löschen fast alle Getränke den Durst). Die Frage ist dementsprechend, ob es Ihnen als Unternehmer gelingt, einen besonderen Kundennutzen (Alleinstellungsmerkmal) zu schaffen, um sich so von der Konkurrenz abgrenzen zu können. Mit einem Alleinstellungsmerkmal ist es in der Regel einfacher, sich einen wesentlichen Wettbewerbsvorteil zu erarbeiten (Beispiel: Red Bull löscht nicht nur den Durst, sondern verleiht seinen Konsumenten Flügel und spendet Energie).

Einen besonderen Kundennutzen und somit einen Wettbewerbsvorteil zu haben ist vor allem für die qualitätsorientierten Unternehmensstrategien relevant. Bei preiso-

rientierten Unternehmensstrategien ist ein Alleinstellungsmerkmal im Normalfall weniger wichtig und führt nicht unbedingt zu einem signifikanten Wettbewerbsvorteil.
Damit Ihr Angebot ein wirkliches Alleinstellungsmerkmal hat, sollte es folgende Eigenschaften aufweisen:
- Wichtig für das Alleinstellungsmerkmal: Es muss **bedeutsam** sein!
  Sie haben nur dann einen Wettbewerbsvorteil, wenn das Alleinstellungsmerkmal für den Kunden relevant ist. [...]
- Das Alleinstellungsmerkmal muss vom Kunden **wahrgenommen** werden!
  Nur wenn der Kunde vom Alleinstellungsmerkmal und somit dem besonderen Kundennutzen überzeugt ist, besteht ein Wettbewerbsvorteil. [...]
- Ein Alleinstellungsmerkmal sollte **dauerhaft** sein!
  Im Idealfall weist Ihr Angebot ein Alleinstellungsmerkmal auf, das nicht einfach und vor allem nicht sofort kopierbar ist. Je dauerhafter der besondere Kundennutzen ist, umso wertvoller ist das Alleinstellungsmerkmal. [...]

Auch das Marketing orientiert sich stark an dem Kundennutzen und insbesondere dem Alleinstellungsmerkmal, das in der Werbung normalerweise herausgestellt wird.

www.fuer-gruender.de (1.4.2016)

M 18 ● Strategie: Fokus auf Qualität, Preis oder Besetzung einer Nische?

Überdurchschnittliche unternehmerische Leistungen beruhen langfristig auf Wettbewerbsvorteilen. Diese lassen sich nach Michael E. Porter mit verschiedenen Wettbewerbsstrategien erreichen:

		Strategischder Vorteil (Leistung oder Kosten)	
Strategisches Zielobjekt	Branchenwelt (Gesamtmarktabdeckung)	Differenzierung Qualitätsführerschaft	Kostenführerschaft Preisführerschaft
	Beschränkung auf ein Segment (Teilmarktabdeckung)	Konzentration auf Nischen	

Differenzierung/Qualitätsführerschaft: Das Produkt muss dem Kunden gegenüber alternativen Produkten einen Mehrwert bieten, wodurch die Zahlungsbereitschaft steigt. Differenzierung wird erreicht, wenn das Produkt oder die Dienstleistung für den Kunden eine gewisse Einzigartigkeit aufweist – Bsp.: Apple iphone.
Kostenführerschaft: Ein Kostenvorsprung gegenüber der Konkurrenz kann genutzt werden um auf dem Markt mit einem tieferen Preis aufzutreten oder bei gleichem Preis höhere Gewinne zu erzielen – Bsp.: Ryanair.
Konzentration auf Nischen: In einer bestimmten Marktnische (z. B. Produktgruppe oder Region) kann entweder die Qualitäts- oder Kostenführerschaft erreicht werden. Hier werden ganz spezifische Kundenbedürfnisse befriedigt – Bsp.: Weber (Grill), Tesla (Elektrosportwagen).

Nach: Roman Capaul/D. Steingruber, Betriebswirtschaft verstehen, 3. Auflage, Berlin 2016, S. 104 f.

M 19 ● Zwischen Heimatorientierung und globalem Milchmarkt

Die Deregulierung des europäischen Milchmarktes und die Internationalisierung der Milchmärkte in Europa verschärften die Wettbewerbsbedingungen, auch für die Milch verarbeitenden Unternehmen Deutschlands. [...]
[Der] Strukturwandel [war] in den vergangenen Jahren erheblich und zeigte auch neue Qualitäten und Trends:
2012 wirtschafteten noch 147 Molkereiunternehmen und damit 41 Prozent weniger als noch im Jahr 2000. Im Süden Deutschlands gibt es noch zahlreiche, auch private Molkereien. Im Norden dominieren wenige große Genossenschaften. [...]
So differenziert die Milchmärkte, so unterschiedlich sind auch die strategischen Ausrichtungen der Molkereien. Ihre Reaktionen auf den zunehmenden Wettbewerb haben diese Unterschiede noch einmal verstärkt:
Eine kleine Gruppe von Unternehmen gehört zu den sogenannten Nischenanbietern. Sie entziehen sich dem Konzentrations- und Wachstumsdruck durch konsequente Spezialisierung und Qualitätsausrichtung. Hierzu zählen die Biomolkereien, aber auch kleine Käsereien sowie Hofmolkereien. Aber eben nicht nur. Es lassen sich auch Unternehmen dazurechnen, die sich auf Qualitätskäse spezialisieren oder auf ethnische Produkte oder Spezialprodukte für die Ernährungsindustrie herstellen. Im süddeutschen Raum gibt es noch viele mittelständische Regionalanbieter. Sie positionieren sich teilweise mit eigenen Marken. Viele Privatmolkereien investieren in den Aufbau und Erhalt einer eigenen Marke.
Seit der Jahrhundertwende sind insbesondere unter den Genossenschaftsmolkereien einige durch Fusionen, Übernahmen und Kooperationen gewachsene, rein wachstumsorientierte Großmolkereien entstanden. Ein Großteil ihrer Milch wird über Handelsmarken des Lebensmitteleinzelhandels vermarktet. Diese Molkereien streben daher Kostenführerschaft an. Das operative Geschäft haben sie oft schon ausgelagert und sich über ausländische Direktinvestitionen inzwischen Vermarktungswege ins europäische Ausland gesichert. [...]
Verstärkt seit 2011 treten Tochtergesellschaften ausländischer Molkereigenossenschaften in Deutschland auf. Diese Unternehmen operieren aus einer fast monopolartigen Stellung heraus, die sie in ihrem Heimatland einnehmen und sie sind exportorientiert.
Diese großen Unternehmen verfolgen eine klare Exportstrategie und ihre Exportquote lag deutlich über 33 Prozent.

Nach: Andrea Fink-Keßler/Ottmar Ilchmann/Karin Jurgens, Die Landforscher, Zukunft der Milcherzeugung in Deutschland – Studie im Auftrag der Bundestagsfraktion Bündnis 90/Die Grünen, 2015, S. 37 – 40

Aufgaben

1. Erläutern Sie mit Hilfe der Wachstumsstrategien nach Ansoff (M 16), wie sich die Daimler AG im Automobil- und Mobilitäts-Markt der Zukunft positionieren will (M 15).
2. Erklären Sie die unterschiedlichen Wettbewerbsstrategien der Molkereien in Deutschland (M 18, M 19).
3. Finden Sie (evtl. in Gruppen) Beispiele für Unternehmen, die unterschiedliche Wettbewerbsstrategien nach Porter verfolgen. Stellen Sie die Beispiele vor und begründen Sie Ihre Zuordnung (M 18).
4. Ein Mineralwasserproduzent muss seine Wettbewerbsstrategie neu definieren. Erläutern Sie mögliche praktische Umsetzungen für jede der drei Wettbewerbsstrategien nach Porter (M 18).

F zu Aufgabe 1
Recherchieren Sie Ziele und Strategie von BMW oder Audi unter dem Fokus von Aufgabe 1. Vergleichen Sie diese mit Ihren Ergebnissen bezüglich der Positionierung der Daimler AG.

F Beschreiben Sie an Beispielen aus der Automobilbranche die Alleinstellungsmerkmale einiger Hersteller, indem Sie Werbung und Homepages der betreffenden Hersteller untersuchen.

H zu Aufgabe 4
Erscheinungsbild und die Produktvielfalt Ihnen bekannter Mineralwasseranbieter können Ihnen Anregungen geben.

7.5 Instrumente der Marketingstrategie – der Marketing-Mix

M 20 ● So teuer ist der Werbefeldzug für die Apple Watch

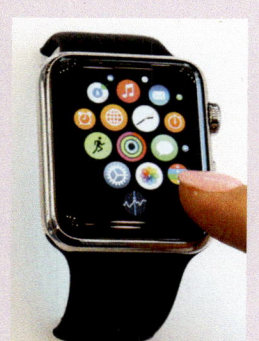

Vorderseite der Apple Watch

Wie viel ist Apple bereit zu zahlen, damit möglichst viele Kunden auf seine neueste Innovation aufmerksam werden? Viel. Das US-Unternehmen verzeichnet allein in Deutschland rund 13,5 Millionen Euro Bruttowerbeausgaben für die seit dem 24. April erhältliche Apple Watch – und das in nur drei Monaten von April bis Juni 2015. Das meiste Geld investierte der Konzern in der Woche vom 18. bis zum 25. Mai. Hier waren es ganze 2,2 Millionen Euro. [...] Der Löwenanteil der Gelder floss dabei in die Fernsehwerbung. Nur 627.640 Euro gingen an Zeitungen und Zeitschriften. „Apple setzt bei der Werbestrategie für die neue Watch fast ausschließlich auf TV", erklärt Dietmar Kruse, bei Ebiquity verantwortlich für Kontinentaleuropa. Unternehmenstypisch werde vor und einige Wochen nach der Produkteinführung der stärkste Werbedruck aufgebaut. „Angesichts des hohen Werbeinvestments dürfte die Erwartungshaltung eines erfolgreichen Abverkaufs der Watch seitens Apple sehr hoch sein." Der Vergleich mit den Werbekosten für das iPhone 6 und 6 Plus zeigt, dass Apple verhältnismäßig viel für seine Watch ausgegeben hat. Im Oktober und November 2014, den zwei Monaten nach der Einführung der neuen Smartphones, ließ sich das Unternehmen die Werbung rund 11,9 Millionen Euro kosten. Bei der Watch waren es im gleichen Zeitraum immerhin knapp zehn Millionen. Das ist ziemlich viel, wenn man bedenkt, dass die Apple Watch als völlig neues Produkt bestenfalls einen Bruchteil der Gewinne der neuen iPhones einfahren konnte. Wie rentabel das Produkt tatsächlich ist, ließ Vorstandschef Tim Cook bei der Bekanntgabe der Quartalszahlen vor wenigen Tagen offen. Auch konkrete Verkaufszahlen nannte er nicht. Sie werden in einer Bilanzkategorie zusammen mit Apple TV und dem iPod ausgewiesen.

Virginia Kirst, Die Welt, 26.7.2015

M 21 ● Vom Berührungs- zum Verkaufserfolg?

Die AIDA-Regel unterscheidet mehrere Stufen der Werbewirkung:
Vorstufe jeglicher Werbewirkung ist der Berührungserfolg (Kontakterfolg): Dieser bestimmt sich danach, wie viele Personen (Reichweite) wie oft (Kontaktsumme) erreicht werden, wobei insbesondere die anvisierten Zielgruppen Berücksichtigung finden (Kontaktqualität): So ist für das Unternehmen ein Werbekontakt mit dem Nachfrager aus der Zielgruppe interessanter, als mit einer Person, die von vornherein als Käufer für das Produkt nicht in Frage kommt. Auf diesen Kontakt aufbauend muss Werbung Aufmerksamkeit (Attention) für das Werbeobjekt wecken. Hieraus resultiert dann der Bekanntheitsgrad eines Produkts bzw. einer Marke am Markt. Aufgrund der Aufmerksamkeit des Rezipienten kann die Werbung dann möglicherweise Interesse (Interest) auslösen: Die Einstellung des Nachfragers gegenüber der Marke verbessert sich durch die Werbung, woraufhin ein Kaufwunsch (Desire) entstehen mag. Werbung hat dann Bedarf geweckt. Dieser muss sich jedoch noch in einem Kaufakt konkretisieren (Action), damit Werbung zu einem Absatzerfolg führt. [...]
Man erkennt, dass zwischen dem Berührungserfolg und dem Verkaufserfolg von Werbung ein weiter Weg liegt.

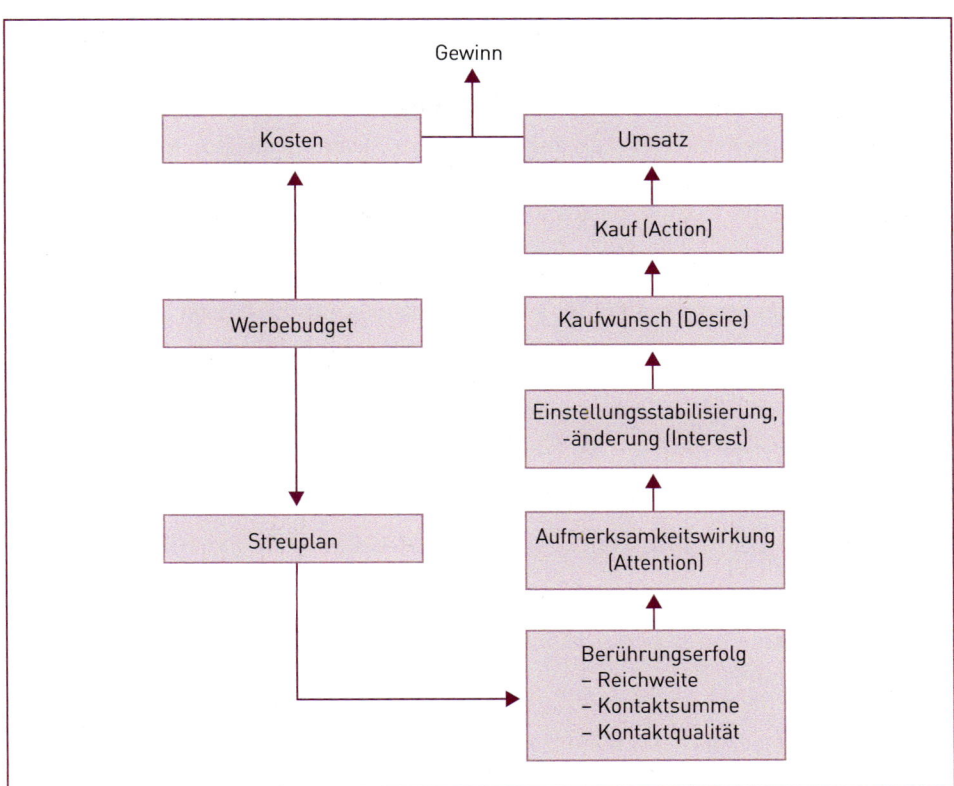

Helmut Schmalen/Hans Pechtl, Grundlagen und Probleme der Betriebswirtschaft, 15. Auflage, Stuttgart 2013, S. 352

M 22 ● Apple Watch wird ausgeliefert

Für die Computeruhr Apple Watch hat am Freitag der Alltagstest begonnen. Erste Käufer bekommen ihre Geräte per Post zugeschickt. Der gewohnte große Produktstart mit Schlangen vor den Apple Stores bleibt hingegen diesmal aus. Die Uhr wird voraussichtlich auch den ganzen Mai nicht direkt in Apples Geschäften zu kaufen sein. Bis dahin kann man sie lediglich online bestellen. Auch hier werden Wartezeiten bis Juni angezeigt. Zugleich wurden aber bereits am Freitag Uhren in wenigen ausgewählten Modeboutiquen großer Hauptstädte verkauft. [...]

Es ist der erste Vorstoß von Apple in eine neue Produktkategorie seit dem Start des iPad-Tablets im Frühjahr 2010. Marktforscher trauen dem iPhone-Konzern zu, die bisherigen Verkäufe der Konkurrenz im Geschäft mit Computeruhren schnell zu übertreffen.

Apple vermarktet die Watch mehr denn je auch als Mode-Artikel. Die günstigste Sport-Variante kostet 399 Euro. Und die Preise für die goldene Edition-Version starten – bei gleicher Technik – bei 11.000 Euro. In den vergangenen Wochen ließen sich Prominente wie die Musiker Beyoncé oder Pharrell Williams oder Designer Karl Lagerfeld mit der Apple-Uhr am Handgelenk blicken. [...]

Das Analysehaus IHS rechnet damit, dass Apple in diesem Jahr 19 Millionen Uhren verkaufen wird. Das werde dem Konzern einen Anteil von 56 Prozent am Smartwatch-Geschäft geben, prognostizierte IHS-Analyst Antonios Maroulis. Er rechnet damit, dass mit wachsender Konkurrenz der Marktanteil zum Jahr 2020 auf 38 Prozent sinken werde.

dpa, WirtschaftsWoche, 24.4.2015

Smartwatches

Fakt ist: Bisher sind Smartwatches noch ein vergleichsweise kleines Segment. Die bisherigen Modelle eint ein großes Problem: „Viele Nutzer fragen sich noch, was sie überhaupt mit einer Smartwatch anfangen sollen", sagt Pascal Koenig, Geschäftsführer der Smartwatch Group. „Bisher fehlen noch Anwendungen, die die Uhren zu unentbehrlichen Begleitern machen." Apples neue Uhr soll das Segment nun fit für den Massenmarkt machen. [...] Für dieses Jahr rechnet Smartwatch Group mit weltweit 30 Millionen verkauften intelligenten Uhren – die Hälfte davon soll von Apple kommen. Grund für diese Annahme sind vor allem die angekündigten Funktionen der Uhr: Die Apple Watch soll nicht nur Pulsmesser und Schrittzähler sein, sondern auch mobiles Bezahlen ermöglichen.
Till Daldrup, WirtschaftsWoche, 27.2.2015

M 23 ● Eine Uhr? Nein, lass mal

Der Uhrenabsatz in den Vereinigten Staaten ist im Juni so stark zurückgegangen wie seit sieben Jahren nicht mehr – ein erstes Anzeichen dafür, dass die Smartwatch von Apple Inc. die Nachfrage nach traditionellen Zeitmessern dämpft. Die amerikanischen Einzelhändler verkauften im Juni Armbanduhren für 375 Millionen Dollar. [...] Das ist ein Rückgang um elf Prozent gegenüber dem gleichen Monat des Vorjahres. Bei den Absatzzahlen war der Rückgang mit minus 14 Prozent so stark wie zuletzt 2008, berichtete Fred Levin [Marktforscher]. „Die Apple Watch wird einen deutlichen Teil des Marktes erobern", sagte er am Donnerstag in einem Telefoninterview mit der Nachrichtenagentur Bloomberg. „Die ersten paar Jahre werden für Uhren im Mode-Segment schwierig werden."
Das größte Risiko besteht nach Einschätzung von Levin für Uhren im Preissegment bis zu 1.000 Dollar, da die Kunden in diesem Bereich angedeutet haben, dass sie mit hoher Wahrscheinlichkeit eine Apple Watch kaufen werden

Bloomberg, www.faz.net, 7.8.2015

M 24 ● Wie gut – oder wie schlecht – verkauft sich Apples Smartwatch wirklich?

Eine ungewöhnliche Rabatt-Aktion für die Apple Watch in den USA wirft Fragen auf: Läuft der Absatz der smarten Uhr etwa schlechter als erwartet?
Als Apple-CEO Tim Cook in der vergangenen Woche seine Zahlen für das dritte Quartal vorlegte, hagelte es mal wieder Superlative: Umsatz, Gewinn und iPhone-Verkäufe allesamt im satten Plus – alles in bester Ordnung also in Cupertino. So weit, so bekannt. Über ein anderes Apple-Business, das erst seit Ende März aktiv ist und das eigentlich als wichtiger Hoffnungsträger für künftiges Wachstum gilt, hat sich Cook dagegen ganz ausgeschwiegen: Die Rede ist von der Apple Watch. Im jüngsten Quartalsbericht finden sich keine aktuellen Verkaufszahlen. Dafür gibt es zumindest in den USA erste Indizien, dass der Absatz der Apple-Smartwatch längst nicht so gut läuft, wie es die üblichen Jubelmeldungen der Jungs und Mädels aus Cupertino gerne glauben machen wollen.
Damit nicht genug: So hat das Unternehmen in verschiedenen Apple-Läden in den USA ein spezielles Promotionsprogramm für die Apple Watch gestartet, wie das amerikanische Apple-Blog „Mac Rumors" am vergangenen Freitag berichtet hat. So erhalten Kunden in ausgewählten Apple Stores – darunter in Kalifornien und Massachusetts – einen Rabatt von 50 Dollar auf die Apple Watch, wenn sie zugleich ein neues iPhone kaufen. Ein Umstand, der in der Tat sehr Apple-untypisch ist, schließlich gewähren die Kalifornier üblicherweise nur in Ausnahmefällen Preisabschläge für ihre Produkte. Und dann in der Regel auch nur bei älteren iPhones oder iPads. Genau deshalb sei die Aktion auch so auffällig, bemerkt das amerikanische High-Tech-Portal „Mashable": „Eine rabattierte Apple Watch – egal wie sehr der Zeitraum begrenzt ist – dürfte für einige hochgezogene Augenbrauen sorgen." Bisher läuft der Rabatt nicht online und nur bis zum 15. November.

Michael Kroker, WirtschaftsWoche, 2.11.2015

M 25 ● Der Marketing-Mix im Überblick

Der Marketing-Mix ist die Gesamtheit steuerbarer taktischer Werkzeuge, die das Unternehmen kombiniert einsetzt, um auf dem Zielmarkt bestimmte erwünschte Reaktionen hervorzurufen und die Nachfrage nach seinem Produkt zu beeinflussen. Die unterschiedlichen Möglichkeiten lassen sich vier Gruppen von Maßnahmen zuordnen, die sich auf das Produkt oder den Preis, die Kommunikation, die Distribution des Produkts beziehen. Im Englischen werden die vier Gruppen häufig als die vier P's bezeichnet: product, price, promotion, placement. Ziel des Einsatzes der Instrumente aus dem Marketingmix sollte sein, die Wünsche und Bedürfnisse der Kunden zu bedienen (Produkt), das Produkt dem Kunden leicht erreichbar und bequem zugänglich zu machen (Distribution), den Preis an dem von den Kunden zugeschriebenen Wert zu orientieren (Preis) und die Kommunikation des Produkts so zu gestalten, dass der Kommunikationsbedarf des Kunden befriedigt wird und Kaufanreize geschaffen werden.

Autorentext

Produktpolitik
Kunden erwarten von jedem Produkt und jeder Dienstleistung einen Nutzen: Grundnutzen (gemessen an objektiv messbaren Produkteigenschaften) und Zusatznutzen (bezieht sich auf nicht objektiv messbare Produkteigenschaften); Im Rahmen der Produktpolitik legen Unternehmen die Produkteigenschaften fest.

Qualität, Design, Variationen, Ausstattung, Verpackung, Kundendienst, ...

Preispolitik
Unternehmen suchen ein optimales Preis-Leistungs-Verhältnis, um ihre Ware/Dienstleistung zu verkaufen. Das Ziel dabei ist die Gewinnmaximierung – Unterziele können z. B. die Erhöhung des Umsatzes oder der Marktanteile, die Stärkung des Images oder die Kundegewinnung und -bindung sein.

Listenpreise, Rabatte, Nachlässe, Kundenkredite, Zahlungsziele, Bundles, ...

Marketing-Mix 4 P's

Kommunikationspolitik
Es nützt einem Unternehmen nichts, das beste Produkt herzustellen, wenn es von der eigenen Zielgruppe nicht wahrgenommen wird. Die Ziele der Kommunikationspolitik richten sich auf die Beeinflussung des Verhaltens auf dem Markt.

Werbung, Sonderaktionen, Pressekonferenzen, Pressemitteilungen, Außendienst, ...

Distributionspolitik
Das richtige Produkt soll dem Kunden am richtigen Ort, in der richtigen Menge, zum richtigen Zeitpunkt und in gewünschter Qualität zur Verfügung stehen. Dabei sollen die Vertriebskosten möglichst gering gehalten werden. Ökologische Aspekte spielen eine zunehmend wichtigere Rolle.

Vertriebskanäle (direkt/indirekt), Marktabdeckung, Angebotsorte, Lagerhaltung, Transport, ...

Aufgaben

1. Beschreiben Sie die Maßnahmen Apples im Rahmen des Marketing-Mix in Bezug auf die Apple Watch (M 20 – M 25).
2. Erläutern Sie die Kommunikationspolitik von Apple bezüglich der Apple-Watch (M 20, M 21).

F Recherchieren Sie einige Maßnahmen im Rahmen des Marketing-Mix eines Automobilherstellers und präsentieren Sie diese möglichst anschaulich.

7.6 Marketing-Controlling

M 26 ● **Wie kann die Wirtschaftlichkeit des Marketings überwacht werden?**

Virales Marketing
Mit einer meist ungewöhnlichen oder hintergründigen Nachricht wird auf eine Marke, ein Produkt oder eine Kampagne in sozialen Netzwerken oder Medien aufmerksam gemacht. Die bekannteste Form von sich im Netz viral verbreitenden Inhalten ist das virale Video.

Couponing
Nutzt den Grundgedanken der früheren Rabattmarken. Dabei gewährt der Herausgeber einer ausgewählten Personengruppe gegen Vorlage eines Coupons einen Vorteil in Form eines Rabatts, einer Zugabe oder Ähnlichem.

Werbekampagnen, Preispromotionen, Kundenzeitschriften und alle anderen möglichen Marketingaktionen müssen effektiv und effizient sein. Dieser Nachweis fällt oft schwer. [...]
Es lassen sich drei Dimensionen beim Marketing-Controlling unterscheiden:
- Effektivität: Beitrag des Marketings, um die Unternehmensziele zu erreichen;
- Effizienz: Verhältnis zwischen Wirkung und Aufwand;
- Anpassungsfähigkeit: Reaktionsfähigkeit des Marketings auf Veränderungen bei Kunden, im Markt und bei Wettbewerbern.

Der Erfolg des Marketings sollte nicht nur aus der Kundenperspektive bewertet werden. Vielmehr spielen unterschiedliche Stakeholder eine Rolle. Neben den Kunden sind das insbesondere Händler, Marktpartner, Investoren, Lieferanten und die eigenen Mitarbeiter. Denn Werbung, Public Relation oder Customer Relation Management helfen nicht nur beim Absatz, sondern stärken auch die Beziehungen zu Kapitalgebern und fördern das Image eines Unternehmens, wenn es darum geht, qualifizierte Mitarbeiter zu finden. So sind die Wirkungsketten von Marketingmaßnahmen vielfältig:

Der Einsatz von Marketing-Instrumenten im Bereich Produktplanung, Preisgestaltung, Distribution und Kommunikation wirkt sich aus auf Marketing-Werte wie Kundenzufriedenheit, Kundenbindung, Qualität, Markenwert, Kundenwert, Image und Mitarbeiterloyalität, die maßgeblich sind für den Unternehmenserfolg und den Unternehmenswert.

Die zentrale Aufgabe des Marketing-Controllings ist es, sicherzustellen, dass die Elemente in dieser Wirkungskette auch tatsächlich ineinandergreifen. Es muss warnen, wenn die Kette zu reißen droht. Das ist seine Kontrollfunktion. Dafür werden spezifische Kennzahlen zusammengestellt, die das aufzeigen; die Informationsfunktion. Schließlich ist das Marketing-Controlling ein wichtiger Bestandteil der Marketingplanung und der Steuerung einzelner Marketingaktionen. Es hat also auch eine Planungsfunktion.

Strategisches Marketing-Controlling
Beispiele für Fragen im Bereich des strategischen Marketing-Controlling:
- Entwickeln sich neue Marketing-Instrumente oder gewinnen bestehende eine andere Bedeutung? Wichtige Stichworte der letzten Jahre sind beispielsweise: virales Marketing, Couponing, Web 2.0, Social Marketing, Guerilla-Marketing. Welche Bedeutung haben die Entwicklungen für das Unternehmen?
- Haben sich im Unternehmen andere Werte, Visionen und Leitbilder entwickelt? Soll eine Neupositionierung am Markt erfolgen? Muss das Image des Unternehmens verändert werden?
- Verändern sich die Kunden? Ändert sich die Zusammensetzung der Zielgruppe? Gibt es neue attraktive Kundensegmente? Haben die Kunden andere Anforderungen?

Hier ist auch die Schnittstelle zu den Funktionen Marktforschung, Wettbewerbsanalyse sowie zur allgemeinen Strategieplanung im Unternehmen. Das Marketing-Controlling muss an diese anknüpfen und dazu beitragen, eine strategische Frühwarnfunktion zu etablieren.

Jürgen Fleig, Financial Times Deutschland, 29.3.2010

M 27 Marketingprozess und Marketing-Controlling

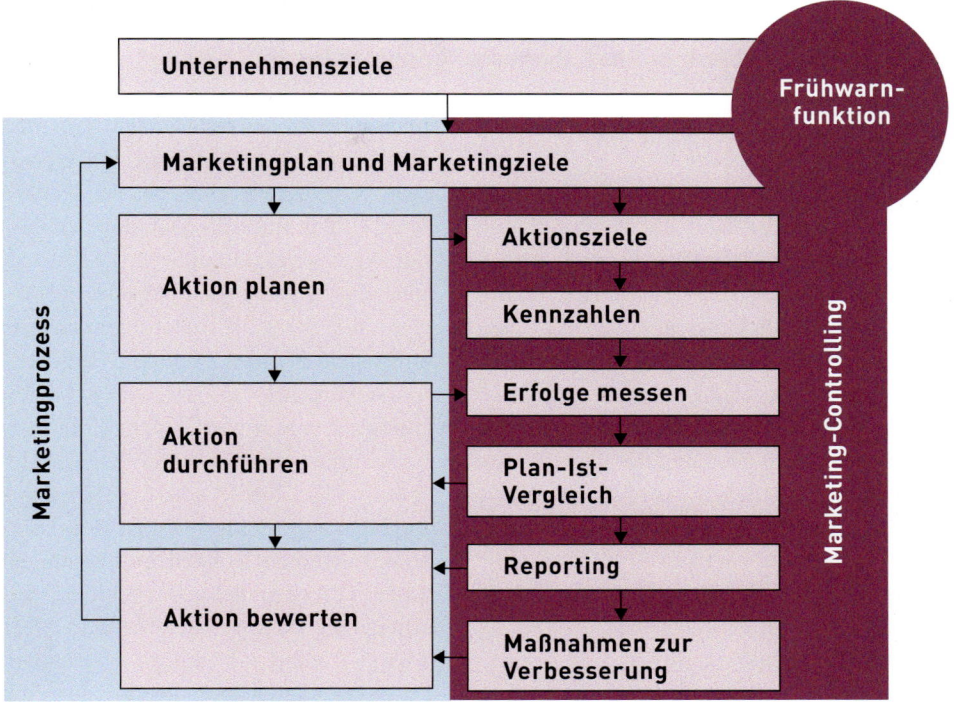

Aus den übergeordneten Marketingzielen und aus den geplanten Marketingaktionen werden die spezifischen Aktionsziele abgeleitet. Dabei stellen sich immer die Fragen:
- Haben wir die richtigen und angemessenen Aktionsziele definiert?
- Haben wir aus diesen Zielen die richtigen Kennzahlen abgeleitet?
- Zeigen die Kennzahlen, ob und in welchem Maße die Ziele erfüllt wurden?

Die Zielerreichung wird meist so überprüft, dass zunächst Plan- oder Soll-Vorgaben festgelegt werden. Diese leiten sich ebenfalls aus den Unternehmenszielen oder Marketingzielen ab:
- Sie können auch in Bezug zu Wettbewerbern bestimmt werden; etwa in der Form: „Wir wollen besser sein als unser Wettbewerber A!"
- Es können Branchenvergleiche angestellt werden oder besonders gute Vorreiterbeispiele als Maßstab herangezogen werden (Benchmarking).
- Schließlich können auch Erfahrungen aus der Vergangenheit (Fortschreibung) genutzt werden, um Planvorgaben zu machen.

Mit der Durchführung einer Maßnahme werden diese dann mit den erreichten Ist-Werten verglichen. Abweichungen werden analysiert und Gründe dafür ermittelt.

Jürgen Fleig, Financial Times Deutschland, 29.3.2010

Social Media Marketing
Beschreibt Methoden und Inhalte von Werbung und Public Relations über Soziale Netzwerke im Internet. Über Plattformen wie Facebook oder Twitter werden potenzielle Kunden individuell angesprochen und an die Marke gebunden.

Guerilla-Marketing
Umfasst verschiedene kommunikationspolitische Instrumente, die darauf abzielen, mit vergleichsweise geringen Kosten bei einer möglichst großen Anzahl von Personen einen Überraschungseffekt zu erzielen, um so einen sehr hohen Guerilla-Effekt (Verhältnis von Werbenutzen und -kosten) zu erzielen.

F Veranschaulichen Sie grafisch (z. B. in Form einer Mindmap) wie Marktforschung, Wettbewerbsanalyse, Marketing-Controlling und Strategieplanung im Unternehmen zusammenwirken.

Aufgaben

1. Zur Bekanntmachung eines neuen Buches versenden Sie kostenlose Rezensionsexemplare an sämtliche Zeitungsredaktionen. Erläutern Sie, wie Sie den Erfolg dieser Marketing-Maßnahme messen würden (M 26).
2. Recherchieren Sie (z. B. in Gruppen) Beispiele für den Einsatz der Marketing-Instrumente Virales Marketing, Couponing, Social Media Marketing, Guerilla-Marketing und stellen Sie diese in Ihrer Lerngruppe vor (M 26).

7.7 Wo liegen die Grenzen des Marketings?

M 28 • Das Problem mit den Bewertungen im Internet

Immer mehr Marketing-Aktivitäten werden in das Internet verlagert. So werden für eigene Marken sogar eigene Webseiten eingerichtet. Diese sind als Werbung jedoch zumindest erkennbar. Es gibt allerdings auch andere Wege zu werben, ohne dass dies ersichtlich ist. So etwa, wenn in Bewertungsportalen oder auf Plattformen wie Youtube, Facebook oder dergleichen mit Empfehlungen geworben wird, die tatsächlich gar nicht oder aber nur gegen Vergünstigung abgegeben wurden. Ob das (noch) zulässig ist, so der Frankfurter Rechtsanwalt und Fachanwalt für gewerblichen Rechtsschutz Dr. Jan Felix Isele, ist fraglich.

In Betracht kommt in diesen Fällen zunächst ein Verstoß gegen das Verbot irreführender geschäftlicher Handlungen aus § 5 UWG. Ein Verstoß liegt dabei schon dann vor, wenn allein die Gefahr besteht, dass die beteiligten Verkehrskreise über die wesentlichen Merkmale des beworbenen Produkts getäuscht werden können. Zu diesen wesentlichen Merkmalen zählen auch Vorteile und Risiken sowie die von der Verwendung des Produkts zu erwartenden Ergebnisse. Mit anderen Worten darf nichts Falsches über die beworbenen Produkte selbst gesagt werden. Dessen ungeachtet kann ein Verstoß gegen § 5 UWG vorliegen, wenn verschleiert wird, dass die Bewertungen durch besondere Vergünstigungen „erkauft" wurden. Der Verkehr erwartet nämlich in der Regel unabhängige und neutrale Stellungnahmen. Beispiele:

- Oberlandesgericht Hamm: In einem Fall ist mit Kundenempfehlungen und anderen Referenzschreiben geworben worden. Als Gegenleistung für die Abgabe der Bewertung haben die Verfasser einen Rabatt auf einen zukünftigen Kauf der bewerteten Produkte erhalten. Werde mit Kundenempfehlungen und anderen Referenzschreiben geworben, dürfe das Urteil des Kunden grundsätzlich nicht erkauft sein. Die Kunden seien bei der Abgabe ihres Urteils über die Qualität der Produkte nicht frei und unbeeinflusst gewesen. Das erwarte der Verkehr jedoch, wenn ihm derartige Äußerungen anderer Verbraucher in der Werbung entgegentreten würden.
- Landgericht Stuttgart: Einem Unternehmen wurde verboten, mittels zugekaufter „Fans" oder „Likes" oder „Gefällt mir"-Angaben auf der Internetplattform Facebook zu werben. Es handelte sich um ein junges Direktvertriebsunternehmen. Diesem gelang es in wenigen Monaten, über 14.500 „Gefällt mir"-Klicks zu erhalten. Es stellte sich jedoch heraus, dass ein Großteil der Fans aus Indonesien, Indien und Brasilien stammte, obwohl die Antragsgegnerin dort gar nicht tätig war. Das Landgericht Stuttgart sah hierin eine irreführende Werbung, da die hohe Zahl der Likes eine besondere Fähigkeit, mit dem Kunden umzugehen, eine weitreichende Vernetzung sowie eine große Bekanntheit unterstellte, obwohl dies tatsächlich gar nicht gegeben war.
- Landgericht Berlin: Dem Hotelbuchungsportal www.booking.com wurde verboten, auf ihrem Portal Hotels in der Rubrik „Beliebtheit" in absteigender Reihenfolge aufzulisten, wenn die Hotelbetreiber mit einer Provision die Position positiv beeinflussten. Die Beeinflussung des Ranking durch Provision von Hotelbetrieben an den Betreiber hielt das Landgericht Berlin dabei für generell unzulässig.
- Landgericht Hamburg: Stammen Bewertungen „nur" von einem Mitarbeiter eines Unternehmens, ohne dass dies kenntlich gemacht wird, ist bereits von einer getarnten Werbung auszugehen.

Das alles heißt nun nicht, dass (vorausge-

UWG
Gesetz gegen den unlauteren Wettbewerb

setzt, es wird nichts falsches über die Produkte berichtet) derartige Werbungen nicht legalisiert werden könnten. Wenn nämlich klargestellt wird, dass keine private Äußerungen oder keine unabhängige bzw. neutrale Stellungahme vorliegt, dann kann durchaus entsprechend geworben werden.

Nach: Jan Felix Isele, DASV – Die Deutsche Anwalts- und Steuerberatervereinigung für die mittelständische Wirtschaft e.V., www.mittelstands-anwaelte.de, 20.7.2015

M 29 ● Warum sind gekaufte Bewertungen im Internet nicht zulässig?

Das Internet ist heute wahrscheinlich das wichtigste Medium, wenn sich Verbraucher über Produkte und Dienstleistungen informieren wollen. Dabei spielen Aussagen anderer Verbraucher in sozialen Netzwerken à la Facebook, Twitter & Co. ebenso eine Rolle, wie (Produkt-)bewertungsplattformen oder private und kommerzielle Blogs. Die jeweiligen Aussagen stammen in den allermeisten Fällen nicht direkt von den werbenden Unternehmen, sondern in ganz vielen Fällen von Verbrauchern. Diese auch als „consumer generated media" bezeichneten Aussagen spielen für Kaufentscheidungen eine bedeutende Rolle, weil es sich (positiv wie negativ) um authentische Eindrücke handelt, die sich angenehm von der Hochglanzwerbung der Unternehmen selbst abheben und insoweit bei vielen eine deutlich höhere Glaubwürdigkeit genießen. Die Verbrauchermeinung bekommt über die Sozialen Medien insofern eine größere Reichweite. Für die Unternehmen bekommt die kommunizierte Verbrauchermeinung im Internet damit eine höhere Relevanz, was schlussendlich zu mehr „Macht" beim Verbraucher führt.

Was aber, wenn es sich bei den Aussagen nicht um ehrliche Verbrauchermeinungen handelt, sondern um von den Unternehmen „eingekaufte" Aussagen. Nicht nur in den USA ist es weit verbreitet, dass reichweitenstarke Blogger oder auch Twitterer mit Geld oder Sachgeschenken freundlich gestimmt werden, damit die Produkte oder Services des Unternehmens dann auch

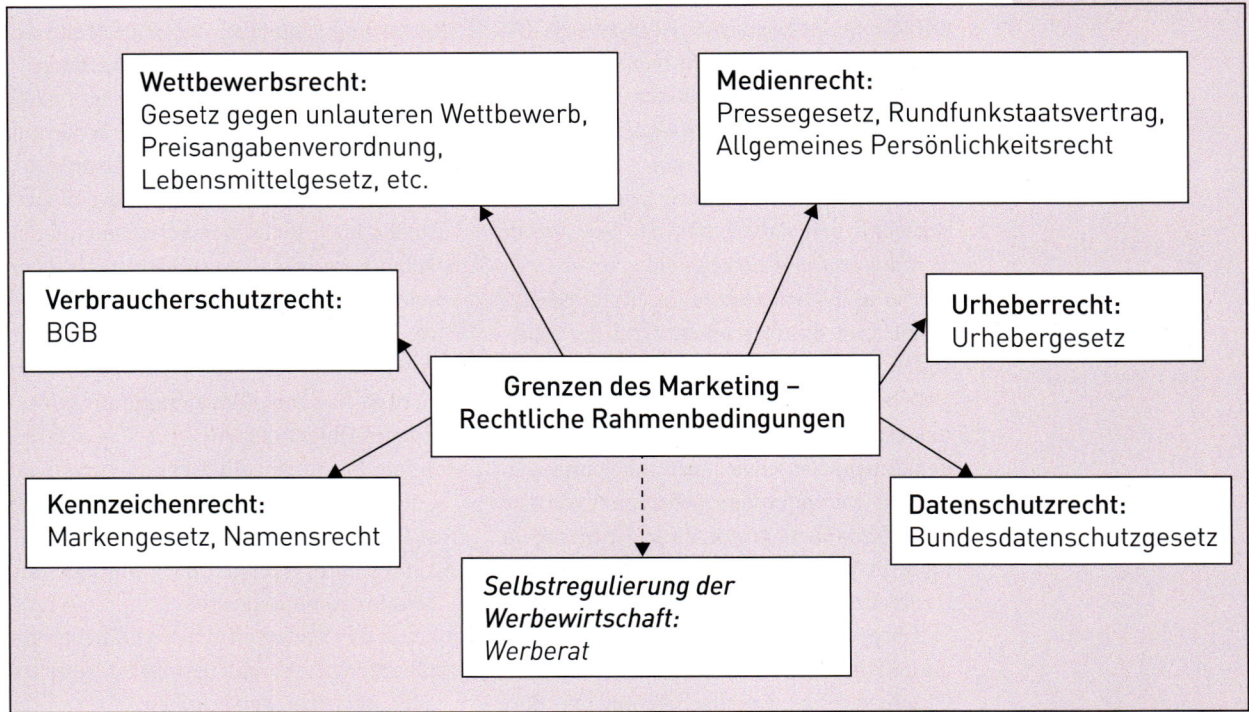

über deren jeweiliges Medium in positivem Licht dargestellt werden.

Darüber hinaus bietet das moderne Internet eine Vielzahl weiterer Möglichkeiten, die Verbrauchermeinung in rechtlich unzulässiger Art und Weise zu manipulieren. Beispiele gibt es genug. Teilweise werden die eigenen Produkte von Unternehmensseite unter einem Pseudonym auf Amazon oder anderen Bewertungsplattformen mit positiven Bewertungen versehen. Oder es werden vermeintlich private Facebook oder Twitter Accounts angelegt, über die dann schlussendlich die eigenen werblichen Aussagen oder die gewünschte Meinung unter dem Deckmantel privater Kommunikation verteilt werden.

Rechtliche Grenzen für Werbung ergeben sich in Deutschland zunächst einmal aus dem Gesetz gegen den unlauteren Wettbewerb (UWG). […]

Wird werbliche Kommunikation von Unternehmen (oder deren Agenturen) bewusst verschleiert, indem man Dritte gesteuert dazu bringt, unter dem Deckmantel vermeintlich privater und unbeeinflusster Aussagen, Werbebotschaften in die Welt zu tragen, so ist das auch nach deutschem Recht als Verstoß gegen § 4 Nr. 3 UWG wettbewerbswidrig. Dabei wird werbliche Kommunikation sehr weitreichend interpretiert, als jedes Handeln im geschäftlichen Verkehr, welches eigenen oder fremden kommerziellen Interessen dient. Genauso wettbewerbswidrig ist auch, wenn Unternehmen oder deren Webeagenturen selbst tätig werden und z. B. mit scheinbar privaten Profilen (sprich Fake-Profilen) werbliche Inhalte im Internet veröffentlichen.

Carsten Ulbricht, http://community.socialmediaakademie.de, 6.2.2011

M 30 • Verhaltensregeln des Deutschen Werberats

Grundregeln zur kommerziellen Kommunikation – Fassung von 2007

Die Arbeit des Deutschen Werberats als Organ der freiwilligen Selbstkontrolle wahrt und stärkt das Vertrauen der Verbraucher in kommerzielle Kommunikation. Die in der Werbewirtschaft tätigen Unternehmen dokumentieren damit auch gegenüber Gesellschaft und Politik, dass sie ihre soziale Verantwortung wahrnehmen.

Werbung in Deutschland unterliegt gesetzlichen und darüber hinaus von der Wirtschaft freiwillig festgelegten Grenzen. Angesichts der Vielzahl bestehender und sich neu ergebender Möglichkeiten der werbenden Ansprache sowie vielfältiger und sich ständig verändernder Lebenssachverhalte kann Verstößen gegen diese Grundregeln nicht in jedem Fall mit speziellen Verhaltenskodizes für jeden konkreten Sachverhalt begegnet werden. Kommerzielle Kommunikation hat die allgemein anerkannten Grundwerte der Gesellschaft und die dort vorherrschenden Vorstellungen von Anstand und Moral zu beachten. Sie muss stets von Fairness im Wettbewerb und Verantwortung gegenüber der Gesellschaft getragen sein. Insbesondere darf Werbung

- das Vertrauen der Verbraucher nicht missbrauchen und mangelnde Erfahrung oder fehlendes Wissen nicht ausnutzen
- Kindern und Jugendlichen weder körperlichen noch seelischen Schaden zufügen
- keine Form der Diskriminierung anregen oder stillschweigend dulden, die auf Rasse, Abstammung, Religion, Geschlecht, Alter, Behinderung oder sexuelle Orientierung bzw. die Reduzierung auf ein sexuelles Objekt abzielt
- keine Form gewalttätigen, aggressiven oder unsozialen Verhaltens anregen oder stillschweigend dulden
- keine Angst erzeugen oder Unglück und Leid instrumentalisieren
- keine die Sicherheit der Verbraucher gefährdenden Verhaltensweisen anregen oder stillschweigend dulden.

Bei der Beurteilung einer Werbemaßnahme berücksichtigt der Deutsche Werberat
- das Leitbild des durchschnittlich informierten und verständigen Verbrauchers, der den von der Werbung angesprochenen Verkehrskreisen angehört
- die Tonalität und Themenvielfalt in den redaktionellen Teilen der Medien als Ausdruck gesellschaftlicher Realität
- den Charakter des die Werbung verbreitenden Mediums
- die Situation, in der der Verbraucher mit der Werbung konfrontiert wird.

Deutscher Werberat, www.werberat.de, (23.1.2016)

M 31 ● Grenzen der Wirksamkeit der Werbung

Eine Auswahl von negativen Werbewirkungseffekten:

Ablenkungseffekt
Gestalterische Elemente der Werbung (z. B. zur Aufmerksamkeitswirkung) lenken von der Aufnahme der eigentlich intendierten Werbebotschaft (z. B. Marke, Produktinformation) ab.

Carry-over-Effekt
Die ökonomische Wirkung von Werbemaßnahmen ist zeitverzögert. Absatzsteigerungen treten auch noch nach Ende der Werbekampagne auf, da Werbung erst einen Einstellungswandel beim Nachfrager bewirken muss oder ein geweckter Kaufwunsch wegen momentan fehlender Kaufkraft erst später realisiert wird. Dies macht die genaue Zurechnung von Werbekampagne und Erfolg schwierig.

Information-Overload
Informationsüberlastung eines Rezipienten. Er hat nicht genügend „Energie" (Involvement, Interesse), alle in der Werbebotschaft enthaltenen „Signale" zu verarbeiten. Er nimmt deshalb einen (großen) Teil der Informationen in der Werbebotschaft überhaupt nicht wahr.

Overpromising
In der Werbung werden übertriebene Erwartungen der Nachfrager an ein Produkt geweckt, die es in der Konsumsituation nicht halten kann. Diese löst Unzufriedenheit beim Nachfrager aus.

Sleeper-Effekt
Der gestalterische Inhalt des Werbespots wird länger erinnert als der Sender der Werbebotschaft (Marke, Unternehmen).

Wear-out-Effekt
Die Werbebotschaften zeigen Abnutzungserscheinungen infolge hoher Verbreitung und zu häufiger Wiederholung. Die Werbung wird deshalb penetrant und löst Langeweile, Ermüdung oder sogar eine Protesthaltung (Reaktanz) unter den Rezipienten aus.

Helmut Schmalen/Hans Pechtl, Grundlagen und Probleme der Betriebswirtschaft, 15. Auflage, Stuttgart 2013, S. 353

Aufgaben

1. Recherchieren Sie die Inhalte des Gesetzes gegen den unlauteren Wettbewerb und stellen Sie diese übersichtlich dar (M 28).
2. Recherchieren Sie, welche Werbungen vom Werberat im laufenden Jahr beanstandet wurden (www.werberat.de) und stellen Sie einige mit der jeweiligen Begründung des Werberats in Ihrer Lerngruppe vor – bedenken Sie dabei, dass Sie eine Verantwortung gegenüber Ihren Mitschülerinnen und Mitschülern haben und achten Sie deren Befindlichkeiten.
3. Finden Sie für die Grenzen der Wirksamkeit des Marketings (M 30) eigene Beispiele und stellen Sie diese anschaulich dar.

F Erörtern Sie, inwiefern Marketing die Stellung des Verbrauchers auf dem Markt schwächt oder stärkt (vgl. Kapitel 4.2 – Markt und Verbraucher).

ORIENTIERUNGSWISSEN

Begriff Marketing
M 2, M 3

Der Begriff Marketing beinhaltet sämtliche Maßnahmen und Aktivitäten eines Unternehmens, die darauf ausgerichtet sind, den Absatz auf den Märkten zu fördern. Angesichts gesättigter Märkte (Käufermärkte) und starker globaler Konkurrenz gleichartiger Produkte sind heute häufig Marketingüberlegungen Ausgangspunkt unternehmerischen Handelns.

Stellung des Unternehmens am Markt
M 4, M 5, M 7, M 9, M 10

Die Basis für die Strategie des Unternehmens zur Erreichung seiner Ziele bildet die Analyse der Unternehmensumwelt und des Unternehmens selbst.
Mit Hilfe der SWOT-Analyse können Stärken und Schwächen des Unternehmens in Zusammenhang mit Feldern gebracht werden, in denen das Unternehmen mit Chancen oder Risiken rechnen muss.
Die Portfolio-Analyse stellt einen Zusammenhang zwischen dem relativen Marktanteil eines Geschäftsfelds des Unternehmens (gegenüber dem stärksten Konkurrenten) und dem Marktwachstum her.
Die Produktlebenszyklus-Analyse geht davon aus, dass ein Produkt einen bestimmten Lebenszyklus besitzt und je nach Phase unterschiedliche Marketing-Strategien gewählt werden sollten. Produktlebenszyklen sind das Ergebnis technologischer Trends sowie Veränderungen des Anbieter- und Nachfrageverhaltens.

Marktforschung
M 14

Mit den Mitteln der Marktforschung lassen sich die Marktverhältnisse erkunden. Dabei kann Primärforschung (eigene Erhebungen) oder Sekundärforschung (Auswertung vorhandenen Datenmaterials) angewandt werden. So wird z. B. eine Zielgruppenanalyse oder Konkurrenzanalyse möglich. Marktforschung macht es möglich, Chancen eines Produktes, einer Marke oder eines Unternehmens am Markt besser zu beurteilen.

Marketingstrategien
M 15 – M 17

Das Leitbild, die Vision oder Mission eines Unternehmens – hier werden Werte und Ziele des Unternehmens festgelegt – bildet die Grundlage für die Marketingstrategie eines Unternehmens. Die Marketingstrategie beinhaltet eine Entscheidung über den Zielmarkt der bearbeitet werden soll und die Positionierung auf dem Zielmarkt. Bei den Marketingstrategien kann man Wachstumsstrategien (z. B. nach Ansoff) und Wettbewerbsstrategien (z. B. nach Porter) unterscheiden.

Wachstumsstrategien
M 15 – M 17

Wachstumsstrategien beziehen sich auf gegenwärtige und neue Märkte und Produkte. Je nachdem ob ein Unternehmen in einem gegenwärtigen Markt mit gegenwärtigen Produkten wachsen möchte oder ob es in neuen Märkten mit gegenwärtigen Produkten – oder mit neuen Produkte in gegenwärtigen oder neuen Märkten – wachsen möchte, müssen unterschiedliche Strategien umgesetzt werden.

Wettbewerbsstrategien
M 15 – M 17

Wettbewerbsstrategien beziehen sich auf den Zielmarkt (Gesamtmarkt oder Teilmarkt/Nische) und auf die Frage der Differenzierung (Qualitätsführerschaft) oder Kostenführerschaft (Preisführerschaft). Je nachdem ob z. B. auf dem Gesamtmarkt ein strategischer Vorteil gegenüber der Konkurrenz durch Kostenführerschaft oder auf einem Nischenmarkt durch Qualitätsführerschaft erreicht werden soll, müssen unterschiedliche Strategien entwickelt werden.

Um den Absatz der Produkte zu fördern, stehen dem Unternehmen verschiedene Instrumente zur Verfügung. Erfolgversprechend ist die richtige Kombination der einzelnen Maßnahmen (Marketing-Mix).

Instrumente des Marketing
M 21, M 25

Die Festsetzung eines Marktpreises (Preispolitik) bewegt sich im Spannungsfeld der Selbstkosten (kostenorientierte Preispolitik), der Preisbereitschaft der Nachfrager und des Preisverhaltens der Konkurrenz (marktorientierte Preispolitik).

Price
M 25

Die Produktpolitik bezieht sich unter anderem auf Qualität und Design des Produkts ebenso wie auf Fragen der Sortimentsgestaltung oder ggf. der Verpackung. Produkte sollten gleichermaßen funktional wie ästhetisch, einzigartig und unverwechselbar sein. Sie sollten ein Alleinstellungsmerkmal (Unique Selling Proposition) aufweisen. Das Produktprogramm insgesamt muss stimmig sein.

Product
M 25

Die Mittel der Kommunikationspolitik sind vielfältig: klassische Werbung, Verkaufsförderung und gezielte Öffentlichkeitsarbeit (Public Relations) sollen Bedürfnisse wecken, den Bekanntheitsgrad des Produktes steigern, Kundennähe und Kundenbindung herstellen, eine Marke führen (branding), ein positives Image aufbauen und eine Unternehmensidentität (corporate identity) schaffen.

Promotion
M 25

Die Distributionspolitik beschäftigt sich mit Fragen der Vertriebswege vom Hersteller bis zum Endverbraucher und der Absatzlogistik. Dabei eröffnet die Verbreitung des Internets neue Formen und Wege des Absatzes (Direktmarketing). Unter den Begriffen Internet-Marketing und Electronic Commerce ist weit mehr zu verstehen als nur der online initiierte Austausch von Waren und Dienstleistungen

Place
M 25

Der Einsatz von Marketinginstrumenten muss auch auf seine Effektivität (wirkt die Maßnahme wie gewünscht) und seine Effizienz (Verhältnis von Aufwand und Nutzen) geprüft werden. Das Ziel ist es, aus der Wirtschaftlichkeitsprüfung Rückschlüsse zu ziehen, um für die Umsetzung der Strategie in der Zukunft einen effektiven und effizienten Einsatz der Marketinginstrumente zu planen. Das Controlling ist damit ein wesentlicher Aspekt im Marketingprozess/-zyklus eines Unternehmens.

Kontrolle der Wirtschaftlichkeit des Marketing
M 26, M 27

Unternehmen investieren in Marketingmaßnahmen viel Geld und nutzen dazu alle verfügbaren Mittel. Dabei stellt sich die Frage, ob der Konsument zum Spielball perfekt inszenierter Marketingstrategien wird. Andererseits bleibt die Wirksamkeit von Werbung in vielen Fällen aus. Der Werberat gibt Verhaltensregeln für Werbung in Deutschland vor und kann Werbung, die sich nicht daran hält, rügen. In der Regel wird diese dann eingestellt. Und schließlich sind dem Marketing auch vielfältige rechtliche Grenzen gesetzt (z. B. Kennzeichnungsrecht, Wettbewerbsrecht, Medienrecht, Urheberrecht, Verbraucherschutzrecht, Datenschutzrecht).

Grenzen des Marketings
M 31

Krieg der Discounter: Wie Aldi Lidl auf Abstand halten will

Aldi Nord und Süd betreiben insgesamt knapp 10.000 Filialen. Aber Lidl holt auf. Die Nummer zwei in Deutschland expandiert in Rekordtempo.

Die Spaltung in Aldi Nord und Süd zeigt sich in der unterschiedlichen Ausrichtung der Discounter: Der Norden hat lange mit eiskalter Sparpreis-Politik gewirtschaftet, der Süden setzt auf Expansion im Ausland. Und das nicht nur mit der traditionellen Methode – billige Produkte in billigem Ambiente –, sondern mit ganz neuen Ideen. In Australien und England testet Aldi derzeit besonders noble Lebensmittelmärkte, die mehr an einen hochpreisigen Supermarkt und weniger an den Euro-Paletten-Charme von Discountern erinnern. Aber auch in Eglharting-Kirchseeon im Umkreis von München probiert der Discounter Neues aus [...]. Eine breite Glasfront, Holzbänke, ein Kaffeeautomat zieren den Markt, im Hintergrund läuft Musik – und auch eine Kundentoilette mit Wickeltisch gibt es jetzt. Mit der neuen Service-Offensive reagiert Aldi nicht nur auf die Konkurrenz durch Lidl, sondern kontert auch die Angebote anderer Supermärkte aus. Die haben sich das Sortiment der Discounter genau angesehen und haben nun auch günstige Eigenmarken, die preislich direkt mit den Angeboten der Discounter konkurrieren. Aldi hingegen sieht sich längst nicht mehr nur als billiger Grundversorger, der Discounter will es auch mit Rewe, Edeka und Co. aufnehmen. Und dazu holt sich der Billigheimer immer mehr Markenprodukte in die Regale. [...] 2015 sorgte diese Markenstrategie für große Wellen in der Branche, denn Aldi diktierte plötzlich die Preise. Und die Markensupermärkte zogen nach. [...] In den vergangenen Jahren sind rund 300 Artikel neu ins Sortiment aufgenommen worden. Seit Jahren bastelt Lidl an einer Aufholstrategie. In Deutschland kam Lidl 2014 auf mehr als 20,3 Milliarden Euro Umsatz, Aldi Nord und Süd erzielten gemeinsam mehr als 27 Milliarden Euro. Zuletzt eröffnete der Discounter europaweit neue Filialen, der Umsatz kletterte auf rund 63 Milliarden Euro [...]. Doch die Neckarsulmer Schwarz-Gruppe, zu der Lidl gehört, reicht der ewige zweite Platz nicht, der Konzern will mehr. Zusammen mit der Supermarktschwester Kaufland will der Konzern in den kommenden fünf Jahren die Umsatzmarke von 100 Milliarden Euro knacken. Dafür stellt das Unternehmen ein milliardenschweres Umstrukturierungsbudget bereit: Bestehende Filialen vergrößern und modernisieren, neue Geschäfte eröffnen – und neue Märkte erobern. 2018 will Lidl in den USA an den Start gehen. 2018 wird auch für den Rivalen Aldi Süd ein interessantes Jahr in den USA werden. Dann will der Discounter mind. 2.000 Filialen in Amerika betreiben. Sowohl für Aldi als auch für Lidl ist der europäische Markt kaum noch für Wachstum gemacht. Hart umkämpft und discountergesättigt treibt er beide Unternehmen über den Atlantik. Das US-Geschäft verspricht noch Marge, Discounter-freie Zonen und weniger Wettbewerbsdruck. Klar ist: Sollte Lidl die USA erobern, könnte das Unternehmen vorbeiziehen und der weltgrößte Discounter werden. Aldi plant bis 2018 rund 650 neue Filialen in den USA. Hält das Unternehmen die Expansionsgeschwindigkeit, könnte Amerika zu einem wichtigeren Markt als Deutschland werden. Der Krieg der Discounter würde sich dann auf der anderen Seite des Ozeans entscheiden.

Katharina Grimm, www.stern.de, 16.1.2016

Aufgabe

Beurteilen Sie die Entwicklung der Marketingstrategie und die Maßnahmen des operativen Marketings von Aldi.

7 Marketing

SELBSTDIAGNOSE

Sie können...	Dazu benötigen Sie u. a. folgende Begriffe...	Das klappt schon...	Hier können Sie u. a. noch üben...
die verschiedenen Elemente eines Marketingkonzepts erklären.	Marktanalyse Marketingstrategie Marketing-Mix	👍 👎	M 2, M 3 / S. 218 f. Orientierungswissen / S. 244
unterschiedliche Instrumente zur Marktanalyse erläutern und eine Marktanalyse durchführen.	SWOT-Analyse Portfolio-Analyse Produktlebenszyklus-Analyse	👍 👎	M 4, M 5 / S. 220 f. M 7, M 9, M 10 / S. 222 ff. Orientierungswissen / S. 244
die Bedeutung immer kürzerer Produktlebenszyklen erläutern.	Produktlebenszyklus	👍 👎	M 9 – M 11 / S. 224 f. Orientierungswissen / S. 244
Formen von Marktforschung erläutern.	Primärforschung Sekundärforschung	👍 👎	M 14 / S. 228 Orientierungswissen S. 244
Ziele und Strategie eines Unternehmens begründet einer – Wachstumsstrategie – Wettbewerbsstrategie Zuordnen.	Wachstumsstrategien nach Ansoff Wettbewerbsstrategien nach Porter	👍 👎	M 16 – M 18 / S. 231 f. Orientierungswissen / S. 244
Instrumente des Marketing-Mix erläutern.	Produkt-, Preis-, Kommunikations-, Distributionspolitik	👍 👎	M 25 / S. 237 Orientierungswissen / S. 245
ein Marketingkonzept entwickeln.	Marketingstrategie Marketing-Mix	👍 👎	M 17, M 18 / S. 231 f. Orientierungswissen / S. 245
eine Marketingstrategie beurteilen.	Marketing-Controlling Marketingziele	👍 👎	M 26, M 27 / S. 238 f. Orientierungswissen / S. 245
Grenzen des Marketing erläutern.	gesetzliche Regelungen Selbstregulierungen Wirkung von Werbung	👍 👎	M 29 – M 31 / S. 241 ff. Orientierungswissen / S. 245

8 Unternehmerische Entscheidungen

Gute Ideen brauchen zu ihrer Realisation nicht nur Energie und Durchsetzungsvermögen, sondern in der Regel auch Geld oder allgemeiner Kapital. Dies gilt im privaten Bereich, besonders jedoch im Unternehmensbereich. Will etwa ein Automobilhersteller eine weitere Produktionsstätte eröffnen, ein Computerhersteller einen neuen Speicherchip entwickeln oder ein Installationsunternehmen einen neuen Kundendienstwagen anschaffen – sie haben dasselbe Problem: Das notwendige Kapital wird sofort benötigt, wohingegen die erwarteten Gewinne aus den realisierten Ideen, Investitionen, erst in der Zukunft gemacht werden. Falls das Unternehmen nicht über ausreichend eigene finanzielle Mittel für Investitionszwecke verfügt, muss es zusätzlich noch fremde Kapitalgeber von der Qualität der Investition überzeugen. (Voss, BWL kompakt, 2006, S. 113)

Finanzierung meint die Beschaffung des erforderlichen Kapitals, um Investitionen tätigen zu können. Unter einer Investition wiederum versteht man die Ausstattung eines Unternehmens mit den erforderlichen Vermögensteilen, oder technisch gesprochen, die Umwandlung des Kapitals in Vermögen.

Anders gesagt, geht es in diesem Kapitel um die Verwendung der gesamtwirtschaftlichen Ersparnisse auf der Unternehmensseite. Die Bilanz- und Erfolgsrechnung schließlich erfolgt auf dem Gebiet des sogenannten externen betrieblichen Rechnungswesens und dient der Publikation und Dokumentation des Betriebsgeschehens gegenüber externen Beteiligten.

KOMPETENZEN

Am Ende dieses Kapitels sollten Sie Folgendes wissen und können:

Sie können die Bedeutung von Investitionen für das Unternehmen und die Volkswirtschaft beschreiben.

Sie können Möglichkeiten der Unternehmensfinanzierung am Beispiel darstellen.

Sie können den Aufbau einer Bilanz in Grundzügen erläutern.

Sie können die Gewinn- und Verlustrechnung erläutern.

Was wissen und können Sie schon?

Stellen Sie mögliche Zusammenhänge zwischen den Abbildungen und unternehmerischen Entscheidungen dar.

8.1 Investition und Finanzierung

M 1 ● Warum investieren Unternehmen?

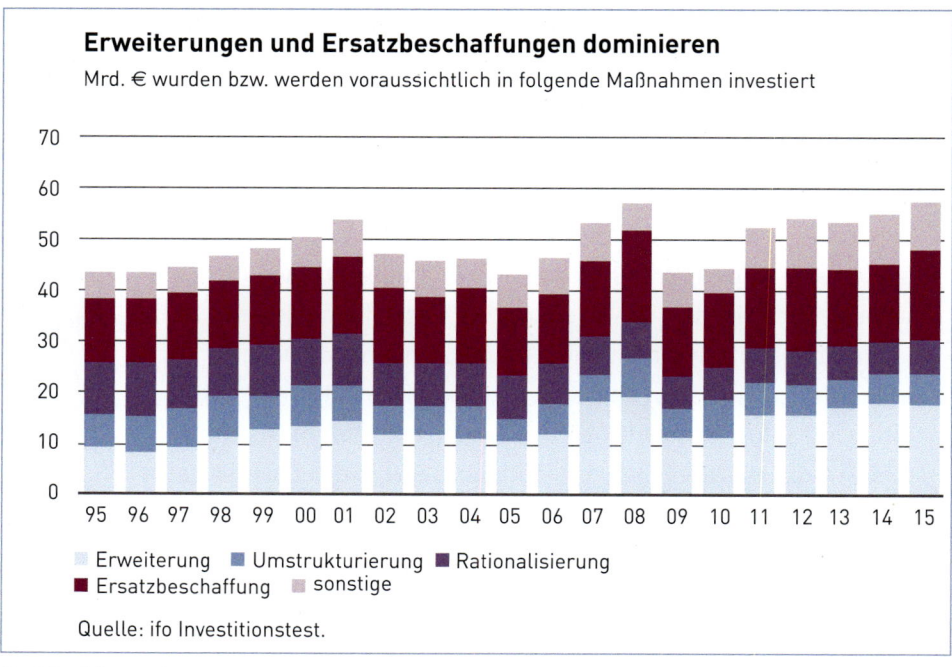

ifo Schnelldienst 4/2015 – 68. Jahrgang – 26.2.2015

M 2 ● Was ist eine Investition?

Unternehmerische Tätigkeit ist ganz allgemein dadurch kennzeichnet, dass zu einem bestimmten Zeitpunkt finanzielle Mittel eingesetzt werden, um in der Zukunft einen Rückfluss an finanziellen Mitteln zu erhalten, der möglichst höher ist, als der Mitteleinsatz.

Als Investition bezeichnet man in der Betriebswirtschaftslehre also im weiteren Sinne die Verwendung finanzieller Mittel in einer Unternehmung, um damit zusätzliche oder höhere zukünftige Erträge zu erwirtschaften. In einem sehr weiten Sinn spricht man auch bei langfristig erfolgswirksamen Ausgaben von Investitionen, so etwa bei Ausbildungsinvestitionen oder bei Investitionen in Forschung und Entwicklung.

Nach der Art des Investitionsobjekts kann man zwischen dem Erwerb von Sachanlagen (Realinvestitionen), dem Erwerb von immateriellen Gütern (Patente, Lizenzen etc.) und dem Erwerb von Forderungen und Beteiligungsrechten (Finanzinvestitionen) unterscheiden.

Die Realinvestitionen lassen sich nach dem Investitionsmotiv in Anfangs- oder Gründungsinvestitionen und laufenden Investi-

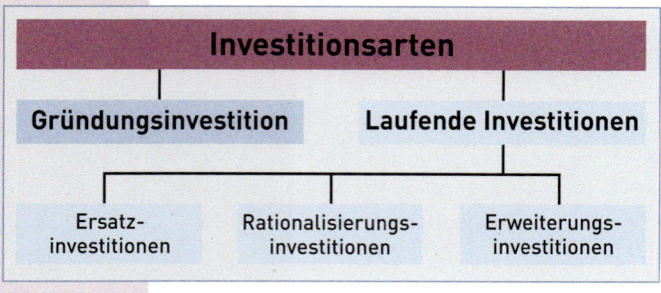

tionen untergliedern. Letztere umfassen zum Beispiel den Ersatz einer Anlage, deren technische und/oder wirtschaftliche Lebensdauer abgelaufen ist, durch eine neue, gleichartige Anlage (Ersatzinvestitionen). Erfolgt der Austausch von alten, noch funktionsfähigen Anlagen im Hinblick auf eine mögliche Kostensenkung, zum Beispiel durch Energieeinsparung, oder im Hinblick auf eine Qualitätsverbesserung bei den erzeugten Produkten, so spricht man von einer Rationalisierungsinvestition. Die Unterscheidung zwischen einer Ersatz- und einer Rationalisierungsinvestition ist in der Praxis fließend. Es gibt kaum eine Ersatzinvestition, die nicht gleichzeitig einen Rationalisierungseffekt hat. Eine Erweiterungsinvestition liegt dann vor, wenn zusätzliche Anlagen beschafft werden, um die Betriebskapazität zu steigern.

Gesamtwirtschaftlich gesehen verändern Investitionen den Bestand an Produktionsmitteln (Kapitalstock) einer Volkswirtschaft. In einer evolutorischen (wachsenden) Volkswirtschaft wird der Kapitalstock durch die so genannten Nettoinvestitionen (Neuinvestitionen) erweitert. Die Ersatzinvestitionen dienen dazu, den Produktionsapparat, der dem Verschleiß und der Veralterung unterliegt, zu erhalten. Um Neuinvestitionen tätigen zu können, muss in einer Volkswirtschaft gespart werden. Die Unternehmen haben nur dann Produktionsfaktoren für die Herstellung von Investitionsgütern zur Verfügung, wenn die Haushalte auf Konsumgüter verzichten, also sparen. Die Ersatzinvestitionen werden durch die in den Unternehmen getätigten Abschreibungen finanziert. Zusammen mit den Nettoinvestitionen bilden die Ersatzinvestitionen die so genannten Bruttoinvestitionen. Diese sind ein wesentlicher Bestandteil des Bruttoinlandsprodukts.

Gerhard Pfeil, Wirtschaft & Recht 1 – neu, Bamberg 2015, S. 71 ff.

M 3 ● Einblick in die Unternehmensfinanzierung

Für ein Unternehmen gibt es vielfältige und unterschiedlich ausgerichtete Möglichkeiten, seine bevorstehenden Investitionen zu finanzieren. Dabei kann die Unternehmensfinanzierung im Einzelfall sehr individuell ausgestaltet sein.

Grundformen der Unternehmensfinanzierung

	Eigenkapital	**Fremdkapital**
Außenfinanzierung	Beteiligungsfinanzierung	Kreditfinanzierung
Innenfinanzierung	Selbstfinanzierung	Rückstellungen

Wie man in der Tabelle erkennen kann, wird eine Unterscheidung zwischen Außen- und Innenfinanzierung durchgeführt, und parallel dazu zwischen einer Finanzierung aus Eigen- und Fremdkapital getrennt.

Beteiligungsfinanzierung und Selbstfinanzierung

Die Beteiligungsfinanzierung ist sowohl Eigenkapitalfinanzierung wie auch Außenfinanzierung. Schließlich kommen die Mittel für die Eigenkapitalerhöhung von außerhalb der Unternehmen, beispielsweise durch die Aufnahme neuer Gesellschafter oder Ausgabe weiterer Aktien. Im Gegensatz dazu kommt das Geld für eine Selbstfinanzierung von innerhalb des Unternehmens, z.B. aus zurückbehaltenen Gewinnen.

Kreditfinanzierung und Rückstellungen

Die Kapitalbeschaffung über einen Kredit ist die gängigste Finanzierungsform für Unternehmen. Grundsätzlich entscheidend ist hier, dass die zu erwartenden Einnahmen, die aus dieser Investition entstehen, die Tilgung und die Zinsen übersteigen. [...] Obwohl die Kreditfinanzierung eine Außenfinanzierung ist und die Finanzierung aus Rückstellungen von innen kommt, handelt es sich in beiden Fällen um eine Fremdkapitalfinanzierung. Denn auch Rückstellungen sind wie Kredite auf der Passivseite der Bilanz zu finden und werden dem Fremdkapital zugerechnet. Man bildet sie für ungewisse Ausgaben, beispielsweise für Pensionen der Mitarbeiter oder aufgrund laufender Prozesse. Unternehmen können das Kapital aus diesen Rückstellungen eingeschränkt verwenden.

Nach: www.finanzierung-grundlagen.de (12.8.2012)

M 4 ● **Der Zusammenhang von Investition und Finanzierung im betrieblichen Leistungsprozess**

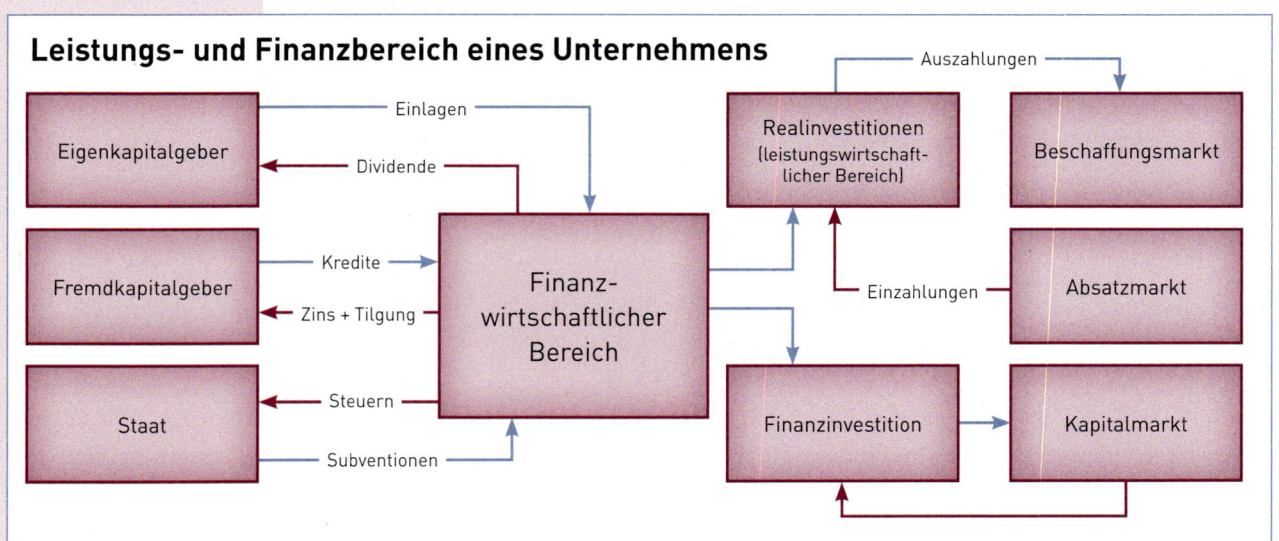

Michael Bauer u.a., Wirtschaft heute, Bonn 2009, S. 71

Aufgaben

1. Analysieren Sie, wie sich das Investitionsverhalten der Unternehmen verändert hat, und nennen Sie mögliche Gründe dafür (M 1).
2. Erläutern Sie die Bedeutung von Investitionen aus betrieblicher und volkswirtschaftlicher Perspektive (M 2).
3. Nennen Sie Vor- bzw. Nachteile der einzelnen Finanzierungsarten in M 3.
4. Erläutern Sie die in M 4 dargestellten Finanzkreisläufe eines Unternehmens.

8.2 Woher kommt das Geld?

M 5 ● Sparen und Investieren: ein volkswirtschaftlicher Zusammenhang

Sparen ist für den Einzelnen eine Möglichkeit, für später vorzusorgen oder größere Anschaffungen zu tätigen. Für die Volkswirtschaft ist die Gesamtheit der privaten Ersparnisse eine außerordentlich wichtige Größe.

Die Banken, bei denen die privaten Ersparnisse angelegt sind, verleihen und investieren das Geld wiederum in Unternehmen. Diese verwenden das Geld für neue Maschinen, neue Fabriken oder für die Entwicklung neuer Produkte. Ökonomen nennen diese Ausgaben Investitionen. Investitionen kosten heute Geld und bringen erst später Einnahmen. Ohne Investitionen kann eine Wirtschaft nicht wachsen.

Deshalb bestimmt die Höhe der volkswirtschaftlichen Ersparnisse die Investitionen und damit auch langfristig das Wachstum einer Volkswirtschaft. Nur wenn es für Länder möglich ist, Kapital aus dem Ausland zu importieren (d. h. auf Ersparnisse von Menschen in anderen Ländern zurückzugreifen), nimmt die Bedeutung der einheimischen Ersparnisse ab.

www.oeconomix.de (4.4.2016)

M 6 ● Identitätsgleichung einer geschlossenen Volkswirtschaft

Sämtliche wirtschaftliche Beziehungen im Einzelnen zu erfassen und überschaubar darzustellen, ist schlicht unmöglich. In der Kreislaufanalyse werden deshalb Sektoren gebildet und die zwischen diesen fließenden Geld- und Güterströme betrachtet (siehe Abb. S 254). Der Einfachheit halber kann man dabei annehmen, es gäbe nur private Haushalte auf der einen Seite und Unternehmungen auf der anderen. Nun wollen wir zusätzlich berücksichtigen, dass die Haushalte ihr Einkommen (im Beispiel 100) nicht ausschließlich für den Konsum ausgeben, sondern dass sie auch sparen. Da durch Sparen Nachfrage entfällt, können die Unternehmer nicht ihre gesamte Produktion absetzen. Den nicht an die Haushalte verkauften Teil der Produktion bezeichnet man als Investition. Die nicht abgesetzten Güter können auf Lager genommen werden (Lagerinvestition) oder sie dienen der Vergrößerung oder Erhaltung des Kapitalstocks (Anlageinvestition).

Damit gilt in einer „geschlossenen" Volkswirtschaft (die also keine Beziehungen zum Ausland unterhält) für eine abgelaufene Periode immer, dass die gesamtwirtschaftliche Ersparnis der gesamtwirtschaftlichen Investition gleich ist.

Man kann diese gesamtwirtschaftliche Identität für eine geschlossene Volkswirtschaft auch formal wie folgt ableiten. Zentral ist dabei die Erkenntnis, dass bei der Produktion von Konsum- und Investitionsgütern immer in gleicher Höhe Einkommen entsteht, das seinerseits für Konsumgüter verausgabt oder gespart wird. Bezeichnet man die Produktion und das Einkommen mit Y, den Konsum mit C, die Investitionen mit I und die Ersparnis mit S, so gilt:

(1) $Y = C + I$ (Güterseite der Produktion)
und
(2) $Y = C + S$ (Einkommensseite der Produktion)
Gleichsetzen von (1) und (2) ergibt unmittelbar, dass gilt:
(3) $S = I$ (gesamtwirtschaftliche Identität für eine geschlossene Volkswirtschaft)

Die Kreislaufanalyse ist keine Theorie. Sie erklärt nicht, sondern dokumentiert rückblickend (ex post), wie groß die betrachteten Ströme im abgelaufenen Jahr, Quartal, Monat gewesen sind. Mehr nicht. Allerdings bildet die Kreislaufanalyse damit das Fundament für die Erklärung gesamtwirtschaftlicher Vorgänge. So können wir anhand des Wirtschaftskreislauf bereits erkennen, wie es in einer Volkswirtschaft zu einem Ungleichgewicht kommen kann: Denkbar ist zum Beispiel, dass die Haushalte im Vorhinein (ex ante) weniger Konsum planen, als die Unternehmen an sie verkaufen wollen. Die geplante Ersparnis ist dann größer als die geplante Investition und die Unternehmen werden zu unfreiwilligen (ungeplanten) Investitionen gezwungen, das heißt sie müssen Produkte auf Lager nehmen. In der nächsten Periode werden sie deshalb von vornherein weniger produzieren: Es kommt zu einer konjunkturellen Abwärtsbewegung.

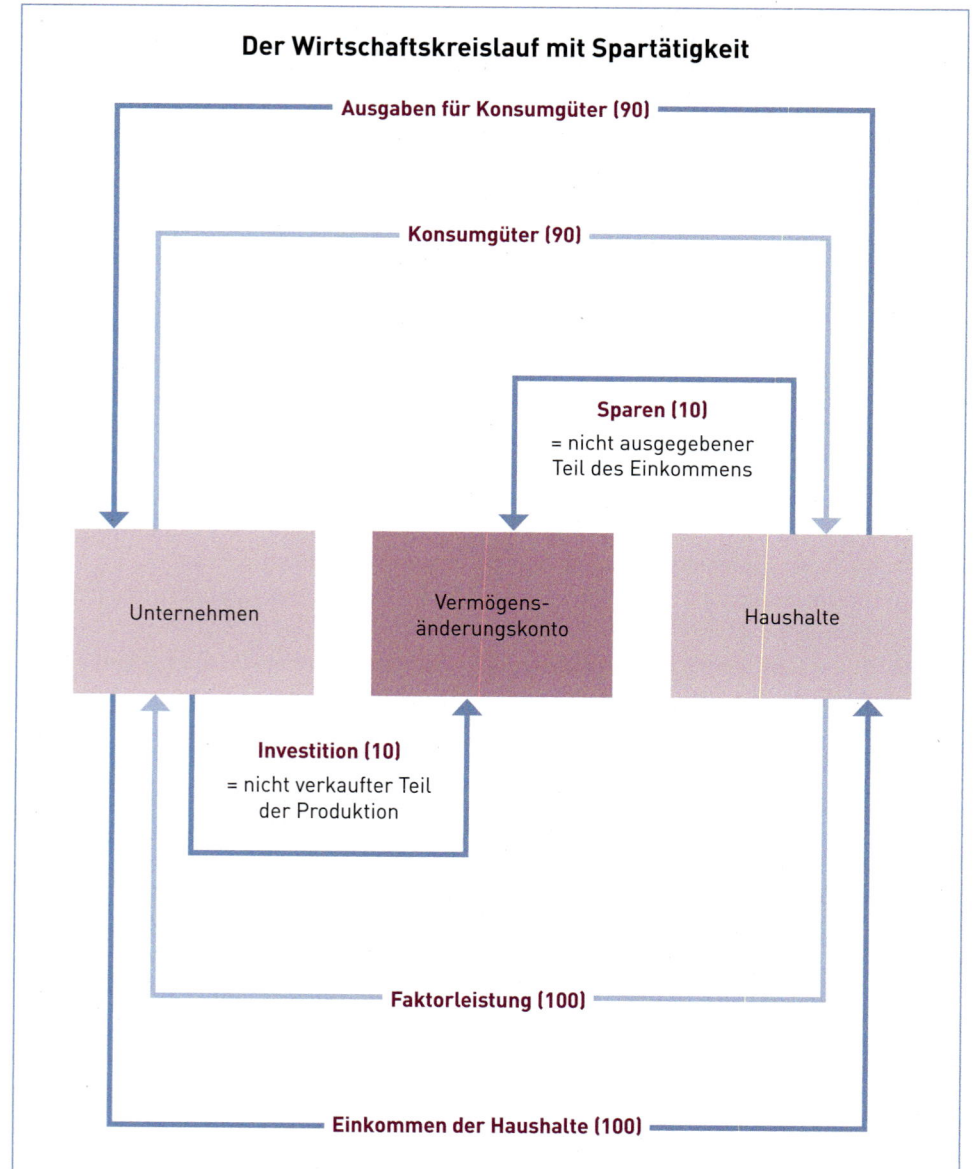

Herbert Sperber, Wirtschaft verstehen, Stuttgart, 4. Aufl. 2012, S. 32 ff.

M 7 • Spar- und Investitionsquote im Wandel der Zeit

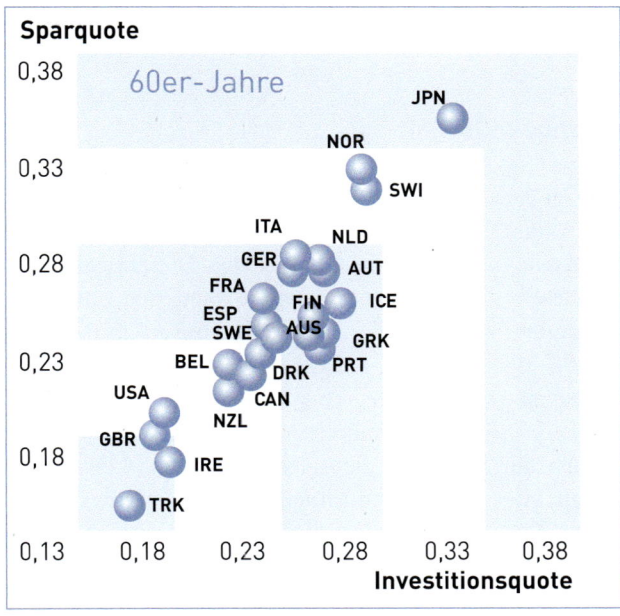

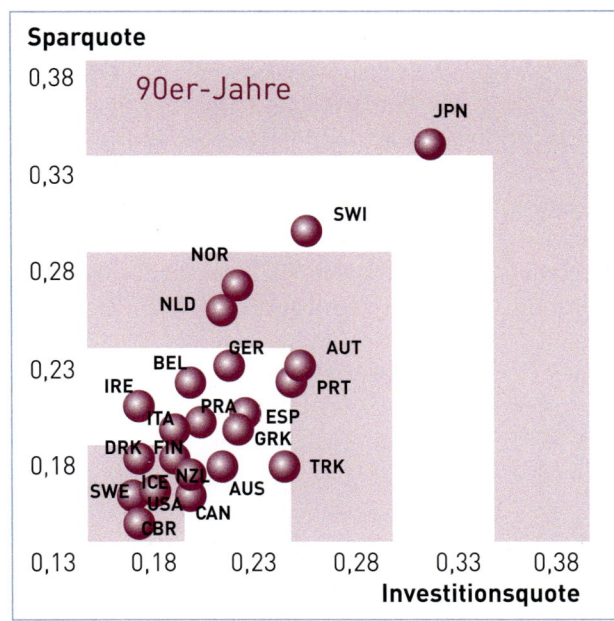

Investitionsquote
= Anteil der Bruttoinvestitionen (Nettoinvestitionen) am Brutto-(Netto-)Inlandsprodukt zu Marktpreisen

Sparquote
= Anteil des Sparens am Einkommen

Michael Bauer u. a., Wirtschaft heute, Bundeszentrale für politische Bildung, Bonn 2006, S. 41

Aufgaben

1. Erläutern Sie, in welcher Verbindung gesamtwirtschaftliche Ersparnis und Investitionen stehen (M 5, M 6).
2. Zu M 7: Zwischen den 1960er- und den 1990er-Jahren ist eine deutliche Entfernung der Punktwolke von der 45-Grad-Linie auszumachen. Erläutern Sie diesen Befund (M 7).

8.3 Finanzierung von börsennotierten Aktiengesellschaften

M 8 ● Börsengang einer Aktiengesellschaft

Ein Börsengang (auch IPO oder going public) beschreibt den Verkauf von Aktien eines Unternehmens über eine Wertpapierbörse. Die Beweggründe für einen Börsengang liegen häufig im Ziel der Kapitalbeschaffung zur Sicherung weiteren Wachstums des Unternehmens oder der Finanzierung von Großprojekten.

Generell besteht für ein Unternehmen die Möglichkeit – im Rahmen einer Innenfinanzierung – über Einbehaltung von Gewinnen das Eigenkapital zu erhöhen. Eine solche Strategie ist allerdings langfristig angelegt und setzt voraus, dass das Unternehmen auch tatsächlich Gewinne erwirtschaftet. Kommt aus diesen Gründen eine Finanzierung durch Einbehaltung von Gewinnen für ein Unternehmen nicht in Frage, kann eine Außenfinanzierung z. B. durch Kredite oder eben einen Börsengang durchgeführt werden. Fällt die Entscheidung für einen Börsengang, beauftragt das Unternehmen in aller Regel ein Konsortium von Banken, das den Börsengang betreut. Welcher Preis sich für die Aktien eines Unternehmens beim Verkauf erzielen lässt, hängt sowohl vom geschätzten Wert des Unternehmens, als auch der aktuellen Stimmung an den Börsen ab.

Üblich ist dabei entweder ein Festpreisverfahren, bei dem die Aktien zu einem festen Preis angeboten werden. Dieser liegt regelmäßig unter dem proklamierten Unternehmenswert, den die konsortialführenden Banken anhand fundamentaler Daten [...] ermitteln. Aus diesem Preisnachlass auf den ermittelten Unternehmenswert soll sich für die Anleger ein Anreiz ergeben, die Aktien zu kaufen. Hier ist allerdings zu beachten, dass der Wert, den eine Konsortialbank für das Unternehmen ermittelt, oftmals höher liegt als der Wert, den Banken feststellen, die nicht an der Emission beteiligt sind. Sollen die Aktien nicht zu einem festen Preis angeboten werden, wird meist das Bookbuilding-Verfahren angewendet, bei dem eine Preisspanne vorliegt, in der sich der Emissionskurs bildet. Möchte ein Anleger Aktien bei einer Neuemission kaufen (Zeichnung) muss er in der Regel ein Depot bei einer der Konsortialbanken oder deren Tochterbanken besitzen. Zu Zeiten der Börsenhausse Ende der 1990er-Jahre waren Neuemission regelmäßig mehrfach überzeichnet, so dass Aktien per Losverfahren zugeteilt wurden.

www.finanztreff.de, Aktien – Basiswissen, Was ist ein Börsengang? (4.4.2016)

Hausse
Nachhaltiger Anstieg der Wertpapierkurse einzelner Marktbereiche oder des Gesamtmarktes über einen mittleren bis längeren Zeitraum. Die Hausse ist von einer „freundlichen Kursentwicklung", die nur von kurzer Dauer ist, nicht exakt abzugrenzen.
http://boersenlexikon.faz.net (19.7.2016)

Erklärfilm „Aktie"

Mediencode: 8880-06

M 9 ● Die Aktie als Grundlage einer Finanzbeziehung

Der Gründung einer Aktiengesellschaft liegt die Idee zugrunde, dass ein sehr großer Kapitalbedarf durch eine Vielzahl von Eignern (Aktionären) aufgebracht wird, die nur mit ihrem eingesetzten Kapital haften. Das zur Gründung aufzubringende Grundkapital wird in Aktien gestückelt. Diese Aktien sind von den Aktionären nicht kündbar, d. h., dass die Aktiengesellschaft nicht zur Rückerstattung des eingesetzten Kapitals verpflichtet ist. Auf diese Weise wird der Fortbestand des Unternehmens gesichert. Will sich ein Anleger von Aktien trennen, dann kann er sie auf speziellen Märkten, den Wertpapierbörsen, verkaufen.

Ein weiteres Merkmal ist in der Trennung von Eigentum und Unternehmensleitung zu sehen. Von den Eignern angestellte Manager führen mit dem Vorstand als Leitungsgremium und unter der Kontrolle des Aufsichtsrates die Geschäfte.

Bei der Gründung einer AG muss das so genannte Grundkapital in Höhe von mindestens 50.000,00 € aufgebracht werden. Der Nennwert einer Aktie darf 1,00 € nicht unterschreiten. Dieses Grundkapital wird in Aktien zerlegt. Dabei verbriefen Aktien das (wirtschaftliche) Eigentum an der AG, und zwar in Abhängigkeit von der Zahl der eigenen Aktien zu der Gesamtzahl der Aktien. [...]

Eine AG soll mit einem Grundkapital von 250.000,00 € ausgestattet werden. Hierfür werden 2.500 Aktien zu eine Nennwert von 100,00 € (2.500 Aktien x 100,00 € = 250.000,00 €) ausgegeben. Besitzt ein Anleger 100 Aktien, so gehören ihm 100/2.500 = 0,04 = 4 % des Aktienkapitals. [...]

Aktien werden nicht nur bei der Ingangsetzung einer AG als Finanzierungsinstrument genutzt. Stellt sich im weiteren Verlauf der Geschäftstätigkeit heraus, dass weiteres Kapital z. B. für eine Erweiterungsinvestition benötigt wird, so besteht eine Finanzierungsmöglichkeit in der Ausgabe neuer Aktien. Hierbei muss aber die sich ändernde Position der alten Aktionäre beachtet werden.

Angenommen, ein Aktionär hat 500 Aktien der AG aus obigem Beispiel [...] erworben. Damit besitzt er 20 % der Stimmrechte bei der Hauptversammlung und kann somit maßgeblichen Einfluss auf die Unternehmenspolitik ausüben. Der Vorstand überrascht den Aktionär nun mit der Absicht, eine Investition durch eine Ausgabe 1.000 neuer Aktien zu finanzieren. Der Börsenkurs steht momentan bei 150,00 €, der Ausgabekurs wurde auf 125,00 € festgesetzt. Die Entscheidung des Vorstands betrifft den Aktionär in zweierlei Hinsicht:

- Er muss befürchten, seinen Stimmenanteil von 20 % auf der Hauptversammlung zu verlieren; dann wird er nur noch über 500/3.500 = 14 % der Stimmen verfügen. Sein Einfluss auf Unternehmensentscheidungen schwindet merklich!
- Vor der Kapitalerhöhung ist eine Aktie 150,00 € (= Börsenkurs) wert. Nach der Kapitalerhöhung ergibt sich aber nur noch ein (rechnerischer) Wert von: 2.500 Aktien x 150,00 € + 1.000 Aktien x 125,00 € geteilt durch 2.500 Aktien + 1.000 Aktien = 143,00 €.

Der Aktionär erleidet also einen Vermögensverlust. Diesen Vorgang nennt man Kapitalverwässerung. Um diesem Effekt zu begegnen, wird allen Aktionären vom Gesetzgeber ein gesetzliches Bezugsrecht bei der Ausgabe neuer Aktien eingeräumt [...]. Es steht dem Aktionär frei, dieses Bezugsrecht, das den Kauf einer neuen Aktie zum Preis von 125,00 € verbrieft, auszuüben oder an der Börse zu verkaufen.

Rödiger Voss, BWL kompakt: Rinteln, 3. Aufl. 2006, S. 129 ff

Der Aktionär

Warum gibt jemand einem Unternehmen Geld, wenn er es verlieren kann und noch nicht einmal Zinsen erhält? Der Grund liegt in der Gewinnbeteiligung, durch die er sein Vermögen mehren will. Ein Aktionär wird – wie ein Unternehmer – an der wirtschaftlichen Entwicklung des Unternehmens, im Guten, wie im Schlechten, beteiligt. Obwohl er weiß, dass er im schlimmsten Fall sein eingesetztes Kapital verlieren kann, glaubt er zu wissen oder hofft, dass nur der Gewinnfall eintritt. Da das Risiko des Aktionärs im Gegensatz zu anderen Rechtsformen nur auf den Einsatz begrenzt bleibt, erscheint vielen dieses Risiko tragbar. Die Aktionärsstellung beginnt mit dem Kauf und endet mit dem Verkauf der Aktie.

Dorothea Hoffmann, Aktien – Chancen und Risiken, Bundeszentrale für politische Bildung, Bonn 2003, S. 1

M 10 ● Rückblick 2015: ein gutes Jahr für Börsengänge

Ferratum ist nicht Ferrari. Während der italienische Edelkarossenhersteller an der New Yorker Börse debütierte und seinen Anlegern Kursverluste bescherte, entschied sich der finnische Finanzdienstleister für Frankfurt als Handelsplatz. Ein Kursplus von 62 Prozent seit dem 6. Februar steht bis heute zu Buche. Es ist nicht die einzige Erfolgsgeschichte am deutschen Aktienmarkt. Das Chemieunternehmen Covestro – von Bayer mit erheblichen Preiszugeständnissen an die Börse gebracht – weist seit Oktober ein Kursplus von 40 Prozent auf. Auch der Automobilzulieferer Schaeffler, der in einem vom VW-Skandal geprägten Umfeld Anfang Oktober an die Börse kam, liegt seither 30 Prozent im Plus. Eine Garantie für Kursgewinne waren die Börsenneulinge freilich nicht. Der Aktienkurs von Windeln.de liegt 44 Prozent unter

Erklärfilm „Börsenkurs"

Mediencode: 8880-07

seinem Ausgabepreis, der des Schmuckhändlers Elumeo 24 Prozent.

Gut 7 Milliarden Euro warben die 15 Neulinge im streng regulierten Prime Standard der Deutschen Börse ein. Im Vorjahr gab es elf Börsengänge und nur gut 3 Milliarden Euro Emissionserlös. Covestro stand in diesem Jahr trotz gestutzten Volumens mit 1,5 Milliarden Euro an der Spitze vor dem Rückkehrer Deutsche Pfandbriefbank, die noch unter dem Namen Hypo Real Estate einst dem Dax angehörte und nun knapp 1,2 Milliarden Euro einwarb. Die Scout24-Gruppe kam auf einen Emissionserlös von gut einer Milliarde Euro knapp vor Schaeffler.

Im internationalen Vergleich liegt Deutschland trotz des Aufschwungs nur unter ferner liefen. Die Beratungsgesellschaft EY zählte global 1.218 Börsengänge mit einem Volumen von umgerechnet 177 Milliarden Euro. Anders als in Deutschland war der globale Trend jedoch rückläufig. China blieb mit 344 Initial Public Offerings (IPOs) und einem Anstieg um 39 Prozent zwar die größte Quelle an Börsenneulingen. Doch der zwischenzeitlich von Juli bis November verordnete Stopp an Börsengängen bremste das Wachstum. Das Emissionsvolumen in China erreichte 53 Milliarden Euro und übertraf damit sogar die Vereinigten Staaten, die einen Rückgang um 65 Prozent auf 30 Milliarden Euro verzeichnen mussten. Europa insgesamt kommt auf 56 Milliarden Euro. Der deutsche Anteil beträgt nur 12 Prozent, global sogar nur 4 Prozent und entspricht damit weiterhin nicht seinem volkswirtschaftlichen Gewicht.

Klaus Fröhlich, Leiter des Kapitalmarktgeschäfts von Morgan Stanley in Deutschland und Österreich, [...] könnte sich zehn bis 15 Börsengänge in Deutschland im Jahr 2016 vorstellen. „Der Markt ist aber nicht planbar, sondern manchmal Spielball von politisch nicht vorhersehbaren Trends wie zum Beispiel dieses Jahr die Griechenland-Krise." Das macht die Sache für Wege an die Börse nicht einfacher. „Alle Versuche, den Prozess zu beschleunigen, sind gescheitert", sagt Fröhlich. „Sie müssen alles in allem sechs Monate für einen Börsengang rechnen. Bei größeren Transaktionen sind im Unternehmen selbst und bei den begleitenden Banken und Beratern insgesamt mehr als 1.000 Menschen damit befasst, das ist eine komplexe Angelegenheit." Kommt es kurz vor Toresschluss zu Marktverwerfungen, kann dies trotz guter Vorbereitung zum Scheitern oder zu Anpassungen der Börsenpläne führen, wie es auch in diesem Herbst der Fall war. Mittlerweile planen die meisten Börsenkandidaten zudem zweigleisig einen Verkauf sowie einen Börsengang. „Oft wird dann erst in letzter Sekunde entschieden, was attraktiver ist", sagt Fröhlich. So wurde Douglas unmittelbar vor der Erstnotiz noch verkauft. „Die Eigentümer sind das Unternehmen beim Verkauf schnell los. Wer allerdings an eine weiter positive Entwicklung glaubt, kann über einen sukzessiven Verkauf über die Börse möglicherweise unter dem Strich mehr verdienen."

Daniel Mohr, www.faz.net, 31.12.2015

Aufgaben

1. In M 8 wird bei der Erhöhung des Eigenkapitals die Innenfinanzierung der Außenfinanzierung gegenübergestellt (Z. 9 – 21). Benennen Sie mögliche Vor- und Nachteile der jeweiligen Mittelherkunft.

2. Bei der Außenfinanzierung wird unterschieden zwischen Kreditfinanzierung und Beteiligungsfinanzierung in Form des Börsengangs (M 8, Z. 19 ff.). Stellen Sie mögliche Vor- und Nachteile für den Kapital- bzw. Kreditgeber und -nehmer dar.

3. Das Going Public einer Aktiengesellschaft ist offensichtlich mit Problemen und Gefahren verbunden (M 8 – M 10). Erläutern Sie diese.

4. Diskutieren Sie, ob der Staat den privaten Aktienbesitz, z. B. durch steuerliche Begünstigung, fördern sollte.

8.4 Crowdinvesting

M 11 ● Crowdinvesting – bislang eine Erfolgsstory?

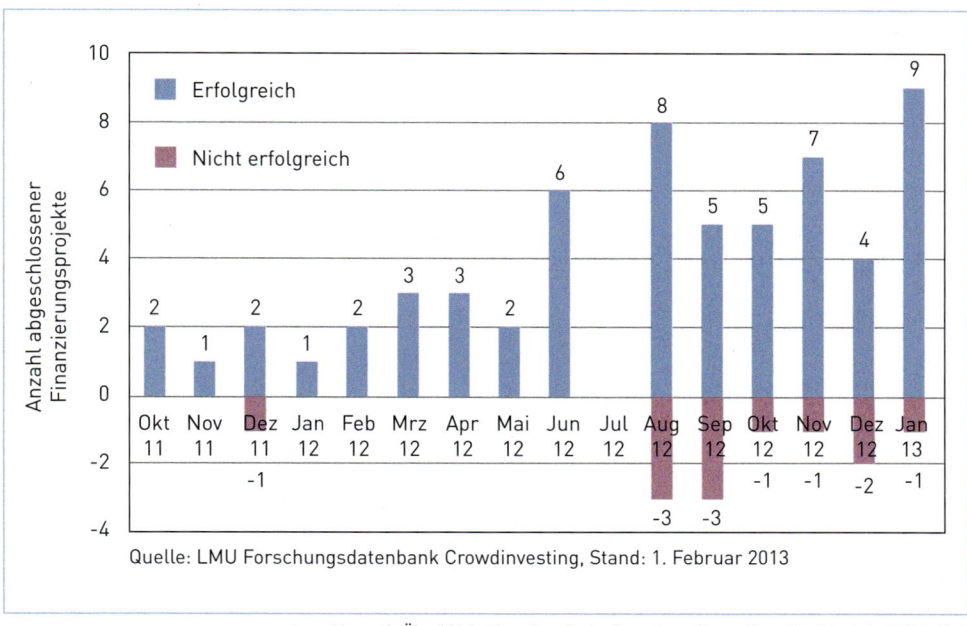

Lars Hornuf, Überblick über den deutschen Crowdinvesting-Markt, 1.2.2013, S. 6

M 12 ● Crowdfunding: Wer im Internet wofür Geld einsammelt

Die Idee ist genial, aber das Geld fehlt? Ein Fall für Crowdfunding (Schwarmfinanzierung). Viele Menschen steuern Geld bei, damit die genialen Pläne verwirklicht werden können. Die Initiatoren stellen ihr Projekt im Internet vor. Sie nennen die Summe, die sie brauchen, und den Zeitraum, in dem Unterstützer ihnen Geld zusagen können. Wird das Mindestziel nicht erreicht, bekommen die Unterstützer ihr Geld zurück. test.de gibt einen Überblick über vier Crowdfunding-Modelle.

Den Durchbruch verdankt Crowdfunding dem Internet, denn damit ist es einfacher als früher, viele Leute anzusprechen und zu überzeugen. Selbst wenn alle Geldgeber

Erklärfilm „Crowdfunding"

Mediencode: 8880-08

Dem Luxus-Resort Weissenhaus an der Ostsee mit Schloss und Badehäuschen leihen Anleger mehr als 4 Millionen Euro.

nur Minibeträge aufbringen, kommen stattliche Summen zusammen. [...] Crowdfunding ist ein weites Feld: Zum Teil unterstützen die Geldgeber einen guten Zweck und erhalten keine oder eine eher ideelle Gegenleistung. Zum Teil wollen sie Renditen erwirtschaften. Sie vergeben Darlehen oder steigen bei Projekten ein. Einnahmen müssen die Geldgeber versteuern. Spenden für gemeinnützige Zwecke können sie absetzen. Die dargestellten Steuerfolgen gelten für Privatleute, für Unternehmen sind sie zum Teil anders.

4 Beispiele:

1) Geld verleihen und Zinsen bekommen (Lending-based Crowdfunding)

- **Was gemeint ist.** Geldgeber leihen einem Projekt oder Unternehmen Geld (Crowdlending). Den Kreditbetrag wollen sie mit Zinsen zurückhaben.
- **Wer so Geld bekommen hat.** Dem 5-Sterne-Resort Weissenhaus Grand Village an der Ostsee haben mehr als 900 Investoren mehr als 4 Millionen Euro über die Internetplattform Companisto.com geliehen. Sie erwarten 4 Prozent Mindestzins. [...]
- **Was es bringen kann.** Einige Kreditnehmer versprechen Zinsen, die höher als bei vielen anderen Geldanlageangeboten sind, und beteiligen die Kapitalgeber am Erfolg ihrer Projekte. Andere werben mit Transparenz: Die Darlehensgeber erfahren genau, wohin ihr Geld fließt.
- **Was schiefgehen kann.** Es handelt sich in der Regel um Nachrangdarlehen, die besonders riskant sind. Oft dürfen die Kreditnehmer im Krisenfall Zahlungen aussetzen, um eine Insolvenz zu vermeiden. Kommt es doch zu einem Insolvenzverfahren, werden erst die Forderungen aller vorrangigen Gläubiger erfüllt. Für die nachrangigen Gläubiger ist in den meisten Fällen nichts mehr übrig. Ist die Verzinsung an den wirtschaftlichen Erfolg geknüpft und läuft es nicht gut, bekommen die Gläubiger keine oder geringere Zinsen als erhofft. Vor Laufzeitende ist es schwer bis unmöglich, an das eigene Geld heranzukommen.
- **Was der Staat an Steuern will.** Die Einnahmen zählen als Einkünfte aus Kapitalvermögen. Es fallen 25 Prozent Abgeltungsteuer plus Solidaritätszuschlag und zudem gegebenenfalls Kirchensteuer an.

2) Bei einem Projekt einsteigen (Equity-based Crowdfunding; Crowdinvesting)

- **Was gemeint ist.** Die Geldgeber beteiligen sich am Projekt. Zeichnen sie Aktien oder Genossenschaftsanteile, werden sie zu Mitunternehmern. Sie tragen Gewinne und Verluste mit. Andere Formen wie Genussrechte und stille Beteiligungen gewähren Geldgebern zwar keine Mitbestimmungsrechte, knüpfen Zinsen, Ausschüttungen oder die Rückzahlung aber trotzdem an den Erfolg der Projekte. Zum Teil müssen die Geldgeber auch hier Verluste mittragen. Die Grenzen zum Crowdfunding in Form einer Kreditvergabe sind fließend. [...]
- **Wer so Geld bekommen hat.** Über die Plattform Bergfuerst.de bot die Urbanara Home AG Aktien an, die nicht an einer Börse notiert sind. Das Unternehmen, das

Ein Baumhaus in Berlin hat Urbanara ausgestattet. Das Handelshaus für hochwertige Wohntextilien hat über Crowdfunding Aktien angeboten.

hochwertige Bettwäsche, Lampen und Ähnliches vertreibt, bekam dadurch 3 Millionen Euro. [...]

- **Was es bringen kann.** Aktionäre der ersten Stunde von Microsoft, Google und Facebook haben mit geringem Einsatz ein Vermögen gemacht. Viele Anleger träumen davon, dass ihnen ein solcher Coup gelingt. Über Crowdfunding haben sie die Chance, sich an vielversprechenden Unternehmen zu beteiligen. Damit erfüllen sie auch gesellschaftlich eine wichtige Aufgabe. Sie geben jungen, innovativen Unternehmen mit ihrem Kapital finanzielle Starthilfe.
- **Was schiefgehen kann.** Investments in junge Unternehmen werden nicht umsonst Risikokapital genannt. Viele Gesellschaften scheitern, obwohl die Macher professionell und engagiert ans Werk gehen. Selbst renommierten Risikokapitalgebern gelingt es nicht, nur erfolgreiche Unternehmen herauszupicken. Es ist mühselig, Unterlagen wie Investmentverträge, Jahresabschlüsse und Wertpapierverkaufsprospekte zu studieren und die richtigen Schlüsse für die eigene Anlage daraus zu ziehen. Außerdem müssen sich die Geldgeber für Jahre binden. Wollen sie vorzeitig verkaufen, steht in den Sternen, ob und zu welchem Kurs das möglich ist.
- **Was der Staat an Steuern will.** Auf Dividenden, Zinsen, Ausschüttungen, aber auch Gewinne aus dem Verkauf von Aktien, Genussrechten, Genossenschaftsanteilen und Ähnlichem fallen 25 Prozent Abgeltungsteuer an. Solidaritätszuschlag und gegebenenfalls Kirchensteuer kommen dazu. Veräußerungsgewinne gelten nicht mehr als Kapitaleinkünfte, wenn ein Anleger mehr als 1 Prozent der Anteile hält.

3) Einen guten Zweck unterstützen (Donation-based Crowdfunding)

- **Was gemeint ist.** Organisationen und Privatpersonen sammeln Spenden für Projekte. Wie bei anderen Crowdfunding-Formen nennen sie die benötigte Summe und wie viel schon zusammengekommen ist.
- **Wer so Geld bekommen hat.** Über Betterplace.org hofft zum Beispiel das Deutsche Medikamentenhilfswerk Action Medeor Geld für Ausrüstungen zu sammeln, mit denen sich Mediziner in Afrika vor Ebola schützen können. Über Socialfunders.org unterstützten Geldgeber unter anderem die handwerkliche Ausbildung Jugendlicher in Kamerun. Auf Kiezhelden.com stellt sich die Initiative „Laut gegen Nazis" vor.
- **Was es bringen kann.** Eine Gegenleistung bekommen die Spender nicht. Ihnen bleibt aber das gute Gefühl, etwas Gutes zu tun und einem Projekt ins Leben zu verhelfen, das sonst vielleicht nie hätte verwirklicht werden können.
- **Was schiefgehen kann.** Das Projekt kommt nicht in die Gänge, der gute Zweck wird nicht erzielt – oder das Geld erreicht diejenigen gar nicht, denen es zugutekommen sollte. Schwarze Schafe unter Spendenorganisationen sorgen ab und an für Skandale, so etwas kann auch bei Crowdfunding-Projekten passieren.
- **Was der Staat an Steuern will.** Gar nichts. Bekommen steuerbegünstigte Spendenorganisationen das Geld, berücksichtigt das Finanzamt die Spende

Zwei Kenianer bauen Obst und Gemüse an. Spenden für das Gartenbauprojekt sammelt der Verein Nyota e. V.

als Sonderausgabe. Ab 200 Euro ist eine Zuwendungsbestätigung als Beleg nötig. Bei Beträgen bis 200 Euro reicht in der Regel der Zahlungsbeleg. Es kann sein, dass noch eine Bescheinigung über den steuerbegünstigten Zweck, die Befreiung von der Körperschaftsteuer und die Einzahlung angefordert wird. Zuwendungen an Privatleute oder Organisationen, die nicht als gemeinnützig anerkannt sind, können nicht abgesetzt werden. Die Plattformen weisen darauf hin, ob Spenden steuerlich absetzbar sind oder nicht. Im Zweifel sollten Spendenwillige nachfragen.

4) Etwas Besonderes bekommen (Reward-based Crowdfunding)

- **Was gemeint ist.** Die Empfänger des Geldes versprechen weder Zinsen noch eine Rückzahlung des Kapitals. Sie bieten ihren Unterstützern oft aber etwas anderes, was manchmal mit Geld gar nicht oder schwer zu bezahlen ist. Das kann eher symbolischer oder ideeller Natur sein, aber auch ein neuartiges Produkt, das in der Form noch gar nicht auf dem Markt ist.
- **Wer so Geld bekommen hat.** Auf Kickstarter.com war ein System zu haben, das ein Aquarium mit einem Beet kombiniert. Fische und Pflanzen versorgten sich gegenseitig mit Nährstoffen. Eine Einladung zu ihrer Startparty boten die Gründer des digitalen Wissenschaftsmagazins Substanz über Startnext.de. Bei der auf Sportprojekte aller Art spezialisierten Plattform Fairplaid.org durften Unterstützer unter Gutscheinen von Unternehmen wählen, wenn sie einem Jungen einen Sport-Rollstuhl mitfinanzierten.
- **Was es bringen kann.** Zugang zu Dingen, die sonst nicht so einfach zu haben sind. Das reicht vom persönlichen Dankeschön eines unterstützten Sportlers bis zur Nennung des Namens im Abspann eines Films, der Einladung zur Eröffnungsparty oder Produkten, die Unterstützer vor Markteinführung bekommen.
- **Was schiefgehen kann.** Das Übliche: Das Projekt findet nach mehr oder weniger fulminantem Start kein gutes Ende, etwa weil der geplante Film nie fertig gedreht wird oder die Produktentwicklung scheitert.
- **Was der Staat an Steuern will.** Nichts. Dafür können die Geldgeber auch nichts absetzen, selbst wenn sie aus ihrer Sicht mit dem Kapital vor allem eine sinnvolle Sache unterstützen und nichts von materiellem Wert bekommen.

Nach: Ins Schwärmen kommen, Finanztest 11/2014, S. 40 ff.

M 13 ● Daten zum deutschen Crowdinvesting-Markt

Emittenten
- Emittenten sind wenige Monate alte Start-up-Unternehmen, die zu geringe Verkaufserlöse haben, um die laufenden Kosten der Unternehmung zu decken.
- Kapitalzuflüsse werden deshalb genutzt, um Produkte oder Dienstleistungen weiterzuentwickeln sowie für Marketingmaßnahmen.
- Geschäftsideen vor allem E-Commerce und Digital/Mobile Services; zunehmend auch Mittelstandsfinanzierung.
- Keine necessity entrepreneurs = d. h. Unternehmer, die sich nur deshalb um eine Finanzierung bemühen, weil sie keine Erwerbsalternative haben.

Nutzereigenschaften der Plattform Innovestment
- Persönliche Eigenschaften: 94 % männlich, 39 Jahre (18 bis 72 Jahre)
- Berufliche Erfahrung/Kapitalmarktkenntnisse: 47 % beruflich selbständig (IT, Beratung, Finanzen), 82 % Erfahrung mit Aktien, 64 % mit Fonds und Zertifikaten

Lars Hornuf, Überblick über den deutschen Crowdinvesting-Markt, S. 10 ff.

M 14 ● Fazit und Ausblick

Crowdfunding ist kein gänzlich neues Phänomen. Die gemeinschaftliche Finanzierung von Projekten ist in Genossenschaftsbanken und Genossenschaften seit langem verwirklicht. Durch moderne IT und Vermittlungsplattformen ist es heute aber viel einfacher, sich an der Finanzierung von Unternehmen oder Projekten als Privatperson zu beteiligen. Für eine lebhafte Gründerkultur und eine florierende Startup-Szene in Deutschland ist diese Entwicklung ein großer Gewinn. Mittelbar trägt Crowdfunding als alternative Finanzierungsoption für die unternehmerische Gründungs- und Wachstumsphase zur Sicherung von Wachstum und Wohlstand in Deutschland bei.

Gleichzeitig sind anlegerschützende Regulierungen, wie sie im Rahmen des Kleinanlegerschutzgesetzes verwirklicht sind, eine logische und richtige Konsequenz, da Crowdfunding-Kampagnen öffentlich und sehr einfach zugänglich sind.

Karsten Wenzlaff/Robert Philipps, WISO direkt 28/2015, S. 4

Aufgaben

1. Wählen Sie aus einem der aktiven Crowdinvesting-Portale ein Projekt aus, stellen Sie dieses der Lerngruppe vor und begründen Sie, warum Sie sich finanziell beteiligen/nicht beteiligen würden. Eine Übersicht zu deutschen und internationalen Plattformen finden Sie z. B. unter http://www.crowdfunding.de/plattformen/.
2. Lassen Sie sich durch die Projekte auf den Portalen anregen, kreieren Sie ein eigenes (Phantasie-)Projekt, das Sie der Lerngruppe vorstellen, und werben Sie um Crowdfunding.

8.5 Darstellung des Unternehmens in der Bilanz

M 15 ● Das Rechnungswesen und seine Interessengruppen

Karikatur: Jürgen Tomicek

M 16 ● Die Bilanz

Eckbert Maier hat sich mit dem Heimservice „Call a Rührei" selbständig gemacht. Der Kapitalbedarf ist zunächst noch gering. Er benützt als Lieferfahrzeug ein Fahrrad (300 €); er hat eine Kücheneinrichtung für 5.000 € erworben und ein geeignetes Geschäft gemietet (1.000 € Miete im Monat). Um das alles zu finanzieren, hat er 1.000 € von seinem persönlichen Sparbuch abgehoben und 4.000 € von seiner Tante für 8 Jahre ausgeliehen; außerdem bezahlt er seiner Tante 100 € für ihr Rezept „uove strappezzate alla Fiorentina". 3.000 € schuldet er noch dem Verkäufer der Küche. Was ihm noch an Geld bleibt, verwendet er, um Rohstoffe zu kaufen (700 €) und steckt den Rest in die Kasse. Um nicht den Überblick in seinem Unternehmen zu verlieren, möchte er die Vorgänge möglichst übersichtlich darstellen. Er informiert sich über den Aufbau einer Bilanz.
Die Gliederung einer Bilanz (gleiches gilt für die Gewinn- und Verlustrechnung) ist nicht willkürlich. Ihr liegt eine feste Ordnung zugrunde, die im Handelsgesetzbuch festgelegt ist. Das Schema auf der folgenden Seite 265 gibt den Aufbau einer Bilanz stark vereinfacht wieder:

Als **Anlagevermögen** wird die Summe aller Wirtschaftsgüter bezeichnet, die in einer Firma benötigt werden, um den Geschäftsbetrieb dauerhaft aufrechtzuerhalten. Zum Anlagevermögen gehören sowohl Immobilien, d.h. Geschäfts-, Lager- und Ausstellungsräume als auch mobile Wirtschaftsgüter wie Einrichtungen und Maschinen. Alle Güter, die dagegen in einem Betrieb zum Verbrauch oder zur Veräußerung bestimmt sind, also vor allem Waren und Vorräte, gehören zum sogenannten **Umlaufvermögen**.

Autorentext

8.5 Darstellung des Unternehmens in der Bilanz

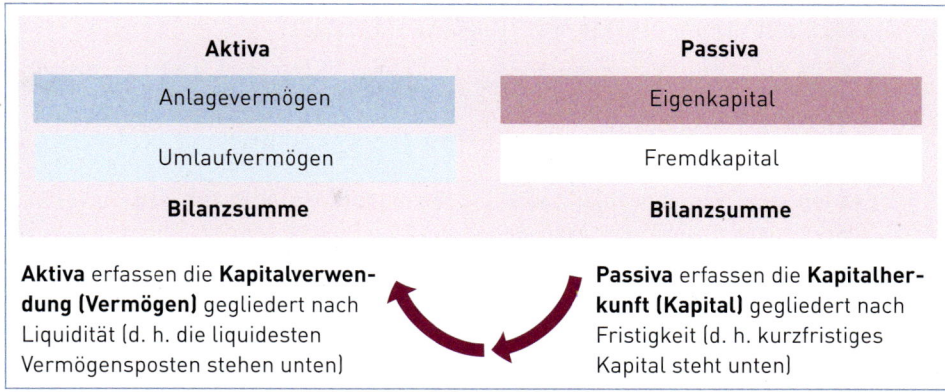

Autorengrafik

M 17 ● Eckbert Maiers Eröffnungsbilanz

Als Eröffnungsbilanz wird die Bilanz eines Unternehmens bei Gründung oder zu Beginn eines neuen Wirtschaftsjahres bezeichnet.

Eckbert Maiers (vgl. M 16) Eröffnungsbilanz würde demnach folgendermaßen aussehen:

Aktiva		Passiva	
Anlagevermögen		**Eigenkapital**	1.000 €
Immaterielle Vermögensgegenstände	100 €	**Fremdkapital**	
Einrichtung	5.000 €	Langfristige Verbindlichkeiten	4.000 €
Fahrrad	300 €	Lieferverbindlichkeiten	3.000 €
Umlaufvermögen			
Rohstoffe	700 €		
Kasse	1.900 €		
Bilanzsumme	8.000 €	**Bilanzsumme**	8.000 €

Autorentext

Aufgaben

1. Geben Sie Gründe an, warum die einzelnen Akteure ein Interesse an den Zahlen eines Unternehmens haben könnten (M 15).
2. Ordnen Sie folgende Vorgänge den richtigen Bilanzposten zu und erläutern Sie, wie sich die Bilanz in M 17 verändert, wenn Eckbert Maier
   – für 200 € Eier kauft und diese bar bezahlt?
   – sich einen neuen Herd kauft (die Rechnung über 1.000 € wird erst in einem halben Jahr fällig)?
   – sein Fahrrad für 300 € verkauft?

8.6 Die Gewinn- und Verlustrechnung

M 18 ● Die Erfolgsrechnung

In der Gewinn- und Verlustrechnung werden die Wertezugänge und die Werteabgänge des betrieblichen Leistungsprozesses gegenübergestellt, um den Gewinn (Jahresüberschuss) oder den Verlust (Jahresfehlbetrag) aus der Geschäftstätigkeit zu ermitteln.

Die Leistungen bzw. Werteabflüsse des Unternehmens werden in der GuV als Erlöse bzw. Erträge (die Begriffe Erträge und Erlöse werden zumeist synonym verwendet) bezeichnet. Sie bestehen größtenteils aus den Umsatzerlösen für verkaufte Güter.

Die Kosten bzw. Wertezuflüsse in den betrieblichen Leistungsprozess werden in der GuV als Aufwendungen bezeichnet. Sie bestehen größtenteils aus dem Materialaufwand sowie dem Aufwand für Personal, Abschreibungen und Zinsen.

Für den Fall, dass die Erträge höher sind als die Aufwendungen, ergibt sich ein Jahresüberschuss (Gewinn). Der Wert der im Leistungsprozess entstandenen Waren und Dienstleistungen ist also höher als der Wert der Leistungen, die hierzu dem Leistungsprozess zugeführt werden mussten. Sind jedoch die Aufwendungen höher als die Erträge, ergibt sich ein Verlust (Jahresfehlbetrag).

Der Jahresüberschuss ist ein Input in den Leistungsprozess, da er den Wert für die Kapitalüberlassung durch den Eigentümer des Unternehmens darstellt.

Unternehmen können ihren Gewinn somit auf zwei Wegen ermitteln. Zum einen ergibt sich aus der Differenz des Eigenkapitals zu zwei aufeinander folgenden Zeitpunkten (Betriebsvermögensvergleich) der Gewinn, und zum anderen können die Aufwendungen und Erträge über einen Zeitraum erfasst werden.

Sind die Aufwendungen kleiner als die Erträge, so hat das Unternehmen einen Gewinn erwirtschaftet. Umgekehrt ergibt sich ein Verlust, wenn die Aufwendungen höher sind als die Erträge.

Zur Gewinnermittlung ist somit die Aufstellung einer Gewinn- und Verlustrechnung nicht notwendig, die Gegenüberstellung des Eigenkapitals zu zwei Zeitpunkten ist ausreichend. Die Gewinn- und Verlustrechnung ist somit zum einen eine Kontrolle der Ergebnisse des Betriebsvermögensvergleiches und zum anderen eine genauere Aufstellung, aus der sich erkennen lässt, wie der Unternehmenserfolg (Gewinn oder Verlust) entstanden ist.

Insbesondere im Vergleich mit den Vorjahren und den Gewinn- und Verlustrechnungen anderer Unternehmen (dergleichen Branche) lassen sich Erklärungen für den Unternehmenserfolg finden.

Betriebsvermögensvergleich	Gewinn- und Verlustrechnung
Eigenkapital zum 31.12.2002	Erträge im Jahr 2002
- Eigenkapital zum 31.12.2001	- Aufwendungen im Jahr 2002
= Gewinn/Verlust im Jahr 2002	= Gewinn/Verlust im Jahr 2002

Dörte Joost/Gunnar Kripke/Tade Tramm, Wirtschaftsinstrumentelles Rechnungswesen, 3. Aufl., Köln 2007, S. 71

M 19 ● Eckbert Maier – wie lief es mit der Selbständigkeit?

Nach einem Jahr will Eckbert Maier wissen, ob sich sein Schritt in die Selbständigkeit letztlich gelohnt hat. Ausschlaggebend für den Erfolg eines Unternehmens ist vor allem, ob ein Gewinn erzielt wurde. Eckbert stellt dazu folgende Informationen aus seiner Buchführung (in €) zusammen:

Miete:	12.000
Energie:	5.000
Personal:	6.000
Kreditzinsen (an Tante):	200
Habenzinsen für Sparbuch (Geschäftskonto):	100
Verkaufserlöse:	40.000
Rohstoffverbrauch:	10.000

In der Gewinn- und Verlustrechnung werden Aufwand und Ertrag gegenübergestellt. Die Differenz von Aufwand und Ertrag ergibt den sogenannten „Saldo". Ist der Ertrag größer als der Aufwand (positiver Saldo), hat das Unternehmen einen Gewinn erwirtschaftet; ist der Aufwand größer als der Ertrag (negativer Saldo), ist ein Verlust zu verzeichnen.

Ertrag – Aufwand = Gewinn/Verlust

Gewinn erhöht das Eigenkapital. Durch Verlust wird das Eigenkapital vermindert.

Gewinn- und Verlustrechnung (in €)

Soll (Aufwand)		Haben (Ertrag)	
Mietaufwand	12.000	Zinsertrag	100
Energieaufwand	5.000	Verkaufserlöse	40.000
Personalaufwand	6.000		
Zinsaufwand	200		
Rohstoffverbrauch	10.000		
Saldo (Gewinn):	**6.900**		
	40.100		40.100

Autorentext

M 20 ● Wichtige Unternehmenskennzahlen

Die Bilanzanalysen haben das Ziel, aus den **Kennzahlen einer Unternehmensbilanz** Erkenntnisse über die wirtschaftliche Lage eines Unternehmens zu gewinnen. Bilanzanalysen werden z. B. von Aktionären, Kreditgebern, Kunden oder Konkurrenzunternehmen durchgeführt. Der Analyst verfügt dabei nicht über die internen Informationen des Unternehmens und muss sich deshalb auf die veröffentlichten Angaben des Jahresabschlusses beziehen. Im Folgenden werden nur einige wenige der sehr zahlreichen gängigen Kennzahlen dargestellt.

1. Kennzahlen der Kapitalstruktur (Finanzierung)

$$\text{Grad der finanziellen Unabhängigkeit} = \frac{\text{Eigenkapital}}{\text{Gesamtkapital}} \times 100$$

$$\text{Verschuldungsgrad} = \frac{\text{Fremdkapital}}{\text{Gesamtkapital}} \times 100$$

Eine hohe Eigenkapitalquote macht unabhängig gegenüber Gläubigern (z. B. Banken) und schafft in Krisenzeiten Sicherheit. Im Bereich der Kapitalbeschaffung gilt: „Wer schon hat, dem soll noch gegeben werden", d. h. wenn ein Unternehmen eine solide Eigenkapitalausstattung hat, wird es auch keine Schwierigkeiten haben, zusätzliches Kapital bei den Banken aufzunehmen.

Umgekehrt belastet ein hoher Verschuldungsgrad die Erfolgssituation des Unternehmens, da Fremdkapital in Krisenzeiten auch verzinst werden muss. Außerdem führt die Zinsbelastung zu laufenden Zahlungen und schränkt so die Liquidität (zeitpunktgenaue Zahlungsfähigkeit) des Unternehmens ein.

Die **Zahlen des Rechnungswesens** dienen der Unternehmensleitung unter anderem dazu, den Erfolg des Unternehmens zu kontrollieren. Insbesondere geht es darum festzustellen, ob das Unternehmen wirklich ökonomisch gewirtschaftet hat, also mit möglichst geringem Mitteleinsatz (Input) einen hohen Output erreicht hat. Dabei sind zwei Kennzahlen bedeutsam:

1. Eigenkapitalrentabilität

Diese Kennzahl stellt fest, wie sich der Einsatz des Eigenkapitals „ausgezahlt" hat. Ist sie sehr niedrig, wird sich ein Investor überlegen, ob er sich nicht eine andere, rentablere und eventuell auch sicherere Geldanlage sucht.

$$\text{Eigenkapitalrentabilität} = \frac{\text{Gewinn}}{\text{Eigenkapital}} \times 100$$

2. Produktivität

Die Produktivität stellt das mengenmäßige Verhältnis zwischen Output und Input des Produktionsprozesses fest.

$$\text{Produktivität} = \frac{\text{Ausbringungsmenge}}{\text{Einsatzmenge}} \times 100$$

Autorentext

Aufgaben

① Erstellen Sie aus den folgenden Zahlen der KT GmbH aus dem laufenden Geschäftsjahr die Gewinn- und Verlustrechnung (M 18).

Rohstoffverbrauch	800.000 €
Eigenkapital	5.000.000 €
Verkaufserlöse	4.000.000 €
Sachanlagen	6.000.000 €
Löhne	1.200.000 €
Miete	1.000.000 €
Sonstiger Aufwand	700.000 €

② Berechnen Sie für die KT GmbH die Eigenkapitalrentabilität (M 20).

Die reale Güterproduktion einer Volkswirtschaft kann entweder konsumiert oder investiert werden, wobei Investitionen das zukünftige Produktionspotential erhöhen und – genau wie Ersparnis – jenen Teil der Güterproduktion beschreiben, welcher nicht konsumiert wird. Beispiel: Eine Volkswirtschaft, in der nur Weizen angepflanzt und damit Brot produziert wird. Jedes Jahr nach der Ernte ist die Entscheidung zu treffen: Wieviel vom Output streue ich als neue Saat auf die Felder (= investiere ich) und wieviel backe ich zu Brot und konsumiere ich?

Sparen und Investieren
M 2, M 5, M 6

In der Betriebswirtschaftslehre steht der Begriff Investitionen für die Verwendung finanzieller Mittel, um dadurch zukünftig höhere Erträge zu erwirtschaften. Nach dem Motiv lassen sich Ersatzinvestitionen (Ersatz alter Anlagen durch neue Anlagen), Rationalisierungsinvestitionen (Produktivitätssteigerung) und Erweiterungsinvestitionen (Kapazitätserweiterung) unterscheiden.

Aus gesamtwirtschaftlicher Sicht erhöhen Nettoinvestitionen (Neuinvestitionen) den Kapitalstock einer Volkswirtschaft. Die Ersatzinvestitionen dienen dazu, den Verschleiß des Produktionsapparats auszugleichen. Neuinvestitionen und Ersatzinvestitionen ergeben zusammen die Bruttoinvestitionen. Die private Investitionstätigkeit wird durch die Konjunkturlage, die Zukunftserwartungen der Unternehmen, die staatliche Wirtschaftspolitik und die Kapitalkosten beeinflusst.

Investitionen
M 1 – M 7

Die Finanzierung umfasst alle Möglichkeiten der Bereitstellung von Geld und Sachmitteln zur betrieblichen Leistungserstellung und Tätigung von Investitionen. Dabei können folgende Finanzierungsarten unterschieden werden: Außenfinanzierung durch Zuführung von Eigenkapital (Beteiligungskapital) oder Fremdkapital (Kredite) oder Innenfinanzierung durch einbehaltene Gewinne oder Rücklagen. Jede Finanzierungsart ist mit Vor- und Nachteilen verbunden. Eine prominent beachtete Form der Außenfinanzierung ist die Aktie, die einer ganzen Unternehmensform, der Aktiengesellschaft, ihren Namen gegeben hat. Eine andere Form der Finanzierung stellt das Crowdinvesting dar. Als stille Beteiligung ist es ein Beispiel für Fremdkapitalfinanzierung.

Finanzierung
M 8, M 9, M 12

Die Bilanz stellt die Kapitalverwendung (Vermögen – Aktiva) der Kapitalherkunft (Kapital – Passiva) gegenüber. Die beiden Seiten der Bilanz sind stets gleich. Die Positionen der Aktivseite sind nach dem Grad ihrer Liquidität geordnet: Unten stehen die Vermögensgüter, die am schnellsten flüssig gemacht werden können. Die Passivseite ist nach der Fristigkeit des Kapitals gegliedert: Unten steht also das Kapital, das dem Unternehmen nur kurzfristig zur Verfügung steht.

Bilanz
M 16, M 17

In der Erfolgsrechnung (Gewinn- und Verlustrechnung) wird dem Ertrag des Unternehmens der Aufwand in einer bestimmten Periode gegenübergestellt. Aus der Differenz zwischen Aufwand und Ertrag ergibt sich der Gewinn (oder Verlust). Beim Betriebsvermögensausgleich ergibt sich der Gewinn (oder Verlust) aus dem Vergleich des Eigenkapitals zu zwei aufeinanderfolgenden Zeitpunkten.

Erfolgsrechnung
M 18, M 19

Veränderungen in der Bilanz

1. Herr X will ein Unternehmen gründen. Er bringt seine Ersparnisse von 200.000 € in das Unternehmen ein, indem er das Geld auf ein Geschäftskonto überweist. Da die 200.000 € vom Unternehmer selbst stammen, ist es Eigenkapital.

2. Da das Geld für die notwendigen Anschaffungen aber nicht ausreicht, nimmt er einen Kredit in Höhe von 300.000 € auf. Der Betrag wird vom Kreditgeber auf das Geschäftskonto von Herrn X überwiesen, sodass das Geschäftskonto jetzt 500.000 € aufweist. Auch die Passiv-Seite verändert sich, da zum vorhandenen Eigenkapital noch Schulden, d. h. Fremdkapital kommt.

3. Jetzt kann der Unternehmer die notwendigen Maschinen und Rohstoffe für seine Produktion kaufen. (Gebäude, Betriebsstoffe usw. bleiben der Einfachheit halber hier unberücksichtigt): Er kauft Maschinen für 200.000 € und Rohstoffe für 100.000 €. Er bezahlt bar von seinem Geschäftskonto. Dadurch vermindert sich das Geschäftskonto, und es erscheinen im Anlagevermögen die Maschinen und im Umlaufvermögen die Rohstoffe. Die rechte Seite verändert sich nicht.

4. Die Produktion läuft jetzt in diesem Unternehmen, und die Bilanz verändert sich. Grund dafür ist:
   - Die Maschinen verlieren an Wert, sie werden abgenutzt und schrittweise abgeschrieben (20.000 € im Jahr). Der Wert der Maschinen beträgt dann nur noch 180.000 €.
   - Die Rohstoffe sind zum Teil verarbeitet worden (für 80.000 €). Es bleiben noch Rohstoffe für 20.000 €.
   - Es mussten Löhne aus dem Bankguthaben gezahlt werden in Höhe von 100.000 €. Dadurch verringert sich das Bankguthaben auf 100.000 €.
   - Es sind Fertigprodukte geschaffen worden, die aber noch nicht verkauft wurden. Sie gehen in Höhe der Herstellungskosten in die Bilanz ein (Herstellungskosten = Abschreibung 20.000 € + Lohn 100.000 € + Rohstoffe 80.000 = 200.000 €).
   Die Bilanz weist dadurch nur Veränderungen auf der Aktiv-Seite auf.

5. Bisher wurden nur Vermögensteile untereinander umgewandelt, die Kapitalseite blieb noch unverändert. Jetzt kann der Unternehmer seine Fertigprodukte (Herstellungskosten von 200.000 €) mit Gewinn für 240.000 € verkaufen. In der Bilanz werden die Fertigprodukte nun nicht mehr aufgeführt. Da sie bar bezahlt wurden, gehen sie ins Bankguthaben ein. Die Aktiv-Seite erhöht sich um 40.000 €. Da beide Seiten einer Bilanz gleich sein müssen, steigt auch die Passiv-Seite um 40.000 €. Das Fremdkapital bleibt gleich groß, da keine zusätzlichen Kredite aufgenommen werden (540.000 € – 300.000 € Fremdkapital = 240.000 € Eigenkapital). Das Eigenkapital steigt durch den Gewinn an. Der Gewinn ist dadurch entstanden, dass die Produkte, die 200.000 € in der Herstellung kosteten, für 240.000 € verkauft wurden.

Duden Basiswissen Schule, Wirtschaft, Mannheim u. a. 2003, CD-ROM

Aufgabe

Erstellen Sie für die Abschnitte 1 bis 3 und die Abschnitte 4 und 5 die entsprechende Bilanz und berechnen Sie abschließend Verschuldungsgrad und Eigenkapitalrentabilität für das Unternehmen von Herrn X.

SELBSTDIAGNOSE

Sie können...	Dazu benötigen Sie u. a. folgende Begriffe...	Das klappt schon...	Hier können Sie u. a. noch üben...
die Bedeutung von Investitionen für das Unternehmen und die Volkswirtschaft beschreiben.	Sparen und Investieren Identitätsgleichung Brutto-, Netto-, Ersatzinvestition	👍 👎	M 1 – M 6 / S. 250 – 254 Orientierungswissen / S. 269
Möglichkeiten der Unternehmensfinanzierung beispielhaft darstellen.	Aktiengesellschaft Going Public Crowdfunding	👍 👎	M 8, M 9 / S. 256 f. M 12, M 14 / S. 259 – 263 Orientierungswissen / S. 269
den Aufbau einer Bilanz in Grundzügen erläutern.	Bilanz Passiva Aktiva	👍 👎	M 16, M 17 / S. 264 f. Orientierungswissen / S. 269
die Gewinn- und Verlustrechnung erläutern.	Gewinn- und Verlustrechnung	👍 👎	M 18, M 20 / S. 266 ff. Orientierungswissen / S. 269

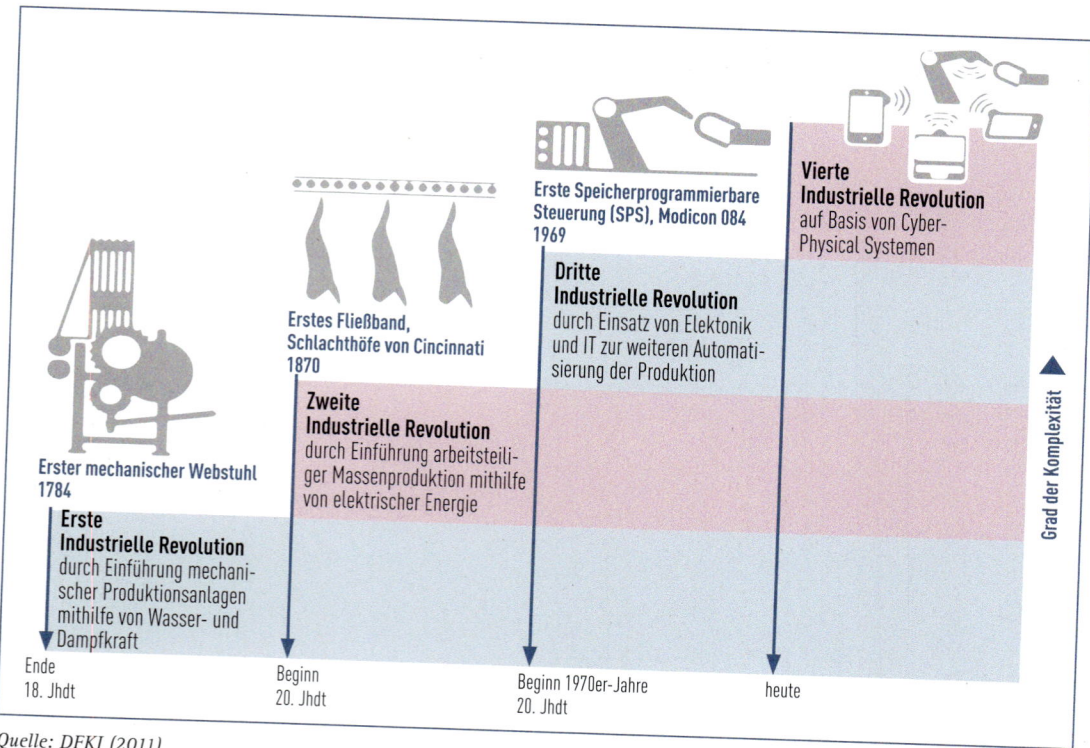

Quelle: DFKI (2011)

Bundesministerium für Arbeit, Grünbuch Arbeiten 4.0, Berlin 2015

9 Der Mitarbeiter im Unternehmen

Unternehmen befinden sich in einem permanenten Wandel, um neue Produkte zu entwickeln, innovative Produktionsverfahren anzuwenden oder sich effizientere Strukturen zu geben. Insbesondere der Wandel zur Wissensgesellschaft ermöglicht neue Formen der Organisation von Arbeit und hat damit nachhaltige Auswirkungen auf die Gestaltung der Arbeitswelt.
Welche Trends sind hierbei zu beobachten und welche Auswirkungen haben diese auf Arbeitnehmer und Arbeitgeber?
Eine umsichtige Personalplanung ist mitentscheidend für den Erfolg eines Unternehmens. Größere Unternehmen unterhalten dafür eigene Personalabteilungen. Das rechtliche Fundament der Personalwirtschaft bilden Arbeitsverträge, Betriebsvereinbarungen, das Tarifrecht und die Arbeitsgesetzgebung. Doch wie findet das Unternehmen die passenden Mitarbeiter? Welche Kriterien sind beim Auswahlprozess zu beachten und welche Verfahren sind geeignet, aus der Vielzahl der Bewerber den richtigen zu finden?
Arbeitnehmer und Arbeitgeber haben oft unterschiedliche Vorstellungen über zentrale Fragen der Gestaltung des Arbeitsplatzes. Zahlreiche Gesetze enthalten Vorschriften darüber, wie ein Ausgleich der Interessen zwischen Arbeitnehmern und Arbeitgebern herbeigeführt werden kann. Naturgemäß sind die gesetzlichen Regelungen umstritten und Gegenstand der öffentlichen Debatte.
Die im Grundgesetz verankerte Tarifautonomie sichert den Einfluss der Tarifvertragspartner, also der Arbeitgeberverbände und der Gewerkschaften, auf die Ausgestaltung der Arbeitsbeziehungen. Welche Vereinbarungen können die Tarifpartner treffen und wie läuft ein Arbeitskampf ab?

KOMPETENZEN

Am Ende dieses Kapitels sollten Sie Folgendes wissen und können:

Sie können Auswirkungen der neuen Arbeitswelt auf Arbeitnehmer und Arbeitgeber beurteilen.

Sie können Möglichkeiten und Instrumente der Personalbeschaffung im Unternehmen darstellen und beurteilen.

Sie können Mitbestimmungsmöglichkeiten im Betrieb und Unternehmen erläutern.

Sie können die Interessen von Arbeitnehmern und Arbeitgebern bei der Gestaltung der Arbeitsbeziehungen unterscheiden.

Was wissen und können Sie schon?

1. Welche Bedeutung hat für Sie Arbeit? Entwerfen Sie dazu eine Mindmap.
2. Erklären Sie die Ihnen bekannten Begriffe und Schlagwörter.

9.1 Die Arbeitswelt im Wandel

9.1.1 Schafft die Wissensarbeit die Wissensarbeit ab?

M 1 ● Frei schwebend in der Wolke – sieht so die Zukunft aus?

Big Data

Als Big Data werden die Sammlung und Auswertung immer größerer Datenmengen bezeichnet, die durch technische Fortschritte sowohl bei Prozessoren, in der Sensorik, aber auch in den Analysemethoden ermöglicht werden.

Crowdworking

Beim Crowdworking werden Aufträge, meist zerteilt in kleinere Aufgaben, über digitale Plattformen an Crowdworker vergeben. Dies kann sowohl an die eigenen Beschäftigten erfolgen (internes Crowdworking) als auch an Dritte (externes Crowdworking), die oftmals als Solo-Selbstständige für viele Auftraggeber weltweit arbeiten.

Schon in den vergangenen zwei Jahrzehnten hat sich die Arbeitswelt tiefgreifend gewandelt. Die Grenzen zwischen Branchen und Unternehmen verschwimmen, im gleichen Maß verblasste die Linie zwischen Festanstellung und befristeten Jobs, zwischen drinnen und draußen, zwischen Arbeit und arbeitslos. Die Computer- und Kommunikationstechnologien beschleunigen den Trend. Netzwerke und „Cloud Working", das Arbeiten in einer virtuellen Datenwolke, wird die Arbeitswelt erneut dramatisch verändern. Doch bislang hat kaum jemand die Möglichkeiten so radikal zu Ende gedacht wie IBM. Wie dieses Morgen aussehen soll, ist einer vertraulichen 25-seitigen Präsentation mit dem Titel „Das Beschäftigungsmodell der Zukunft" zu entnehmen. Der in Deutschland für Personal zuständige IBM-Geschäftsführer Dieter Scholz hat sie bereits Anfang Mai 2011

Sieht so der Arbeitsplatz der Zukunft aus?

vorgestellt. Es ist die schonungslose Antwort eines global operierenden Großkonzerns auf Trends wie die demografische Entwicklung. Es zeigt, wie künftig weltweit die besten Spezialisten zu den günstigsten Konditionen zu bekommen sind. Das Papier beschreibt einen Konzern in Auflösung. Zigtausende feste Beschäftigungsverhältnisse könnten bei IBM abgebaut werden. Übrig bleiben soll eine Kernbelegschaft, „zur Aufrechterhaltung der Kundenbeziehungen". Eine möglichst kleine Truppe von Festangestellten soll das Unternehmen steuern und managen. Die meisten Mitarbeiter der Zukunft sitzen dagegen nicht mehr in den Zentralen und Niederlassungen des IT-Spezialisten. Sie sind von Nigeria über Finnland bis Chile weltweit in einer sogenannten globalen Talent Cloud verstreut und werden in sich verändernden Verbünden für einige Tage, Wochen, Monate oder Jahre für bestimmte Projekte angeheuert. Sie sollen, so das Papier, „die Dienstleistungen für unsere Kunden erbringen". Anbieten können die Fachkräfte ihre Arbeitskraft auf einer Internetplattform nach dem Vorbild von Ebay. Dort sollen Firmen aus aller Welt über „virtuelle Kioske" Zugriff auf das Personal erhalten. Damit die Auswahl der Arbeitskräfte funktioniert, will IBM ein „Zertifizierungsmodell" erarbeiten. Die Menschen, die ihre Arbeit auf der Plattform anbieten, würden etwa mit Farben (Blau, Silber oder Gold) gekennzeichnet – je nach Grad ihrer Qualifizierung und Befähigung. Arbeitsverträge sollen – anders als heute – nicht mehr auf regionalen Vereinbarungen aufbauen. Im IBM-Modell gibt es stattdessen „globalisierte Arbeitsverträge". Auf diesem Weg kann die nationale Arbeitsgesetzgebung umgangen werden, ebenso wie nationale Lohnregelungen und geltende Tarifverträge. Das Heer in der Talent Cloud wird für Projekte entlohnt, entweder nach Ergebnis oder für die investierte Zeit. Wer als zertifizierter freier Mitarbeiter für IBM arbeitet, kann nach diesem Modell auf eigene Kosten an Weiterbildungen des Konzerns teilnehmen – in der Hoffnung auf „größere Chancen beim Wettbewerb um definierte Arbeitseinheiten".

Die Vorteile für Konzerne wie IBM liegen auf der Hand. Gegenüber den heutigen Strukturen sind die Personalkosten deutlich geringer. Zudem entstünde ein weltweiter Zugriff auf ein sich um Projekte bewerbendes Heer von Spezialisten, die – je nach Bedarf – angeheuert und wieder entlassen werden können. IBM will sich nicht zu Zahlen und Papieren äußern. „Als innovatives Unternehmen", heißt es, sondiere man ständig eine Fülle von Wegen und Vorgehensweisen, die Kunden Mehrwert böten. Produktivität zu steigern und Talente zu fördern, um die Wettbewerbsfähigkeit zu verbessern, „ist eine entscheidende Komponente in unserem Geschäftsmodell".

Tatsächlich schreibt IBM mit seinem Umbauprogramm nur die Gegenwart konsequent fort. Seit vielen Jahren betreiben die Unternehmen „Human Resources Outsourcing", wie die Verlagerung von Arbeitsplätzen an externe Dienstleister in der Sprache der Betriebswirtschaftler heißt. Längst sind es nicht nur Wachdienste oder Kantinen, die von Fremdfirmen betrieben werden. Auch Fachabteilungen werden zusehends ausgedünnt. Beinahe jedes Großunternehmen hält heute rund 20 Prozent seiner Belegschaften dauerhaft flexibel, durch Zeitarbeit, Werkverträge, befristete Jobs oder die Vergabe von externen Projekten, die man früher selbst erledigt hat.

„Ebays für Arbeitskräfte", wie sie IBM vorschweben, sind ebenfalls schon Realität. Das Internet macht es möglich. TopCoder ist mit über 388.000 Mitgliedern die weltweit größte Internetplattform für Software-Entwickler. Jeder Entwickler besitzt ein eigenes Profil für die Kunden, gemeinsam kämpfen sie um deren Ausschreibungen für Aufträge. [...] Mobile Computer und Smartphones, Internet und digitale Vernetzung krempeln die Arbeitswelt um. In Datenwolken können Menschen über Kontinente verteilt in Echtzeit an einer Aufgabe arbeiten, als säßen sie in einem Büro. Preiswert und schnell. Es ist eine Arbeitswelt, die zu einer weiteren Spezialisierung der Firmen und der Arbeitskräfte führt. Jede Aufgabe wird in immer kleinere Teilaufgaben zerlegt. So kann sie auf zunehmend mehr Spezialisten innerhalb und außerhalb eines Unternehmens verteilt werden. Das alles verändert die Beziehungen der Arbeitnehmer untereinander und zum Arbeitgeber. Kriterien, die heute noch für die Leistungsbewertung gelten, verlieren ihre Funktion. Und dabei geht es nicht um das Schicksal von ein paar Software-Spezialisten. 17 Millionen Menschen arbeiten in Deutschland im Büro, weit mehr als die Hälfte aller Beschäftigten. Wie weit die Konsequenzen reichen können, lässt das IBM-Papier erahnen. Zum entscheidenden Faktor für den Erfolg von Arbeitnehmern wird künftig aus Sicht des Konzerns deren sogenannte digitale Reputation. Gemeint ist damit ein System, mit dem Menschen bewertet und gleichzeitig motiviert werden sollen, eine beängstigende Mischung aus Freiheit und totaler Kontrolle. [...]

Für Firmen wäre ein solches System paradiesisch. Wer nicht mitmacht, kommt nicht auf die Bewerberliste – oder die Talent Cloud, wie IBM das nennt. Wer sich den Spielregeln unterwirft, ist lückenlos transparent. Bei herausragenden Leistungen erhöht dies die Chancen, neue, lukrative Angebote zu erhalten. Gleichzeitig besteht ein ständiger Druck, seine „digitale Reputation" zu verbessern oder zumindest auf dem gleichen Level zu halten. Denn jeder Fehltritt führt unweigerlich zu schlechteren Bewertungen und damit zum Abstieg in die Unvermittelbarkeit – weltweit und mit wenig Chancen auf einen Neuanfang.

Markus Dettmer/Frank Dohmen, Der Spiegel, 6.2.2012

Rushhour des Lebens

Rushhour des Lebens bezeichnet eine Lebensphase mit einer besonderen Dichte an Anforderungen und Entscheidungen mit zentraler Bedeutung für den weiteren Lebensweg (z. B. zwischen dem 25. und 45. Lebensjahr). Ausbildungsabschluss, Berufseinstieg und berufliche Etablierung, Lebenspartnerwahl und Familiengründung fallen in diese Phase und müssen innerhalb einer kurzen Zeitspanne gleichzeitig bewältigt werden.

Generation Y

Mit Generation Y – im Englischen ausgesprochen wie „why" (= warum) – ist die zwischen 1985 und 2000 geborene Bevölkerungskohorte gemeint. Den Mitgliedern der Generation Y wird zugeschrieben, dass ihnen die Sinnhaftigkeit ihrer Arbeit sowie die Vereinbarkeit von Arbeit und Leben deutlich wichtiger sind als älteren Generationen.

M 2 ● Roboter schlägt Mensch – werden wir bald durch Maschinen ersetzt?

"You're hired, but remember, you can be replaced by a machine...believe me."

M 3 ● Mensch und Maschine: Welchen Stellenwert hat künftig noch die Arbeit? Was wir tun müssen.

Die unter dem Kürzel „4.0" diskutierten Veränderungen durch Computer und Roboter münden letztlich in der Frage, welchen Stellenwert menschliche Arbeitsleistung in Zukunft überhaupt haben wird. Die Roboterisierung ersetzt ebenfalls zunehmend menschliche Arbeit. Das ist nicht neu, gewinnt aber durch die Fortschritte der Technologien rasant an Fahrt. Daraus lassen sich fünf Handlungsempfehlungen ableiten.

1. Wir brauchen einen neuen Diskurs über die Bedeutung der Arbeit.

Kollege Roboter lässt grüßen

Die Debatte muss sich mit der Frage auseinandersetzen, welche Bedeutung Arbeit angesichts der Digitalisierung für unsere Gesellschaft insgesamt und den Einzelnen in Zukunft haben kann. Wir brauchen ein gemeinsames Zielbild für eine Zukunft von Arbeit, die wir in gesellschaftlicher und unternehmerischer Verantwortung gestalten können. Entwickelt mit allen relevanten Gruppen, um nicht getrieben zu werden von den Implikationen weltweit vernetzter Wertschöpfungsketten und technologischer Möglichkeiten.

2. Wir müssen die neue Flexibilisierung gestalten.

Durch Digitalisierung kann die Arbeit heute von vielen Orten aus und zu flexiblen Zeiten erbracht werden. Dies bringt aber auch neue Belastungen mit sich, insbesondere im Hinblick auf die zunehmende Entgrenzung von Arbeits- und Privatleben. Entgrenzung kann eben auch individuell wie organisationsbezogen zu negativen Effekten führen: Nämlich dann, wenn sie Beschäftigte und deren privates Umfeld überbeansprucht und das Privatleben zur Restgröße degeneriert, wenn Führungskräfte ihrem Führungsauftrag nicht mehr nachkommen können, wenn Engagement und Teamidentität leiden, einzelne Mitarbeitergruppen übermäßig beansprucht werden oder die Service- und Arbeitsqualität eines Bereiches an der Kundenschnittstelle leidet. Flexibilisierung ist offenbar nicht unbegrenzt steigerbar, sie erfordert ein hohes Maß an Disziplin aller Beteiligten, teambezogene Ausgestaltungen und ein hohes Maß an Selbstverantwortlichkeit der Beschäftigten. Nicht zuletzt verändert sie die Anforderungen an moderne Führungsarbeit.

3. Wir benötigen mehr Vielfalt in Lebens- und Karriereentwürfen.
Die Flexibilisierung bietet weitere, bisher unrealisierte Potentiale, insbesondere angesichts der veränderten demografischen Zusammensetzung von Belegschaften und der insgesamt verlängerten Lebensarbeitszeiten. Warum haben wir nicht schon mehr Versuche, die bereits vorgeschlagene Familienarbeitszeit zu realisieren? Wann wird Führung in Teilzeit mehr sein als ein Exotenthema für wenige ausgewählte Personen? Wie steht es um Führung auf Zeit, die die Abgabe von Führungsaufgaben als total normalen Entwicklungsschritt und nicht notwendigerweise als Abstieg begreifbar machen könnten? Wenn sich Arbeit und Leben immer mehr durchmischen, müssen solche Themen deutlich stärker umgesetzt werden.

4. Wir sollten gesetzliche, tarifliche und betriebliche Regeln renovieren.
Die Umsetzung flexibler Arbeit findet teilweise mindestens im Graubereich gesetzlicher, tariflicher und betrieblicher Regelungen statt. Regelungen des Arbeitszeitgesetzes, wie die Einhaltung der gesetzlich vorgeschriebenen Ruhephase von elf Stunden zwischen Arbeitsende und Arbeitsaufnahme, aber auch betriebliche Gleitzeitrahmen, werden bei Umsetzung hochgradig digitaler und mobiler Arbeitsmöglichkeiten faktisch mehr oder weniger umgangen. Dieses Agieren in Grauzonen bringt Mitarbeiter wie Führungskräfte in schwierige Situationen. [...]

5. Wir suchen Führungskräfte, die Freiräume für Mitarbeiter schaffen.
Hierarchische Weisungslinien und rein top-down-orientierte Managementprinzipien werden in ihrer Bedeutung abnehmen. Mitarbeiter, die in der flexibilisierten Arbeitswelt zunehmend eigenständig arbeiten, müssen im richtigen Maß gefördert, angeleitet, aber auch mit eigenen Entscheidungsräumen ausgestattet werden, damit sie ihr Potential entfalten können. Kommunikation ist seit jeher die wichtigste Führungsarbeit. Und sie wird es umso mehr, je virtueller und flexibler die Arbeitsbeziehungen werden. Es ist eine große Herausforderung für Führung, einerseits die Bereitschaft zur Veränderung zu fördern, Ideen zu stimulieren und Vernetzung und Austausch zu unterstützen, andererseits aber auch Stabilität und Identitätsstiftung zu gewährleisten.

Josephine Hofmann, Frankfurter Allgemeine Zeitung, 16.11.2015

Aufgaben

1. Erläutern Sie das in M 1 skizzierte Modell mit Hilfe einer selbst erstellten Grafik und beurteilen Sie die Auswirkungen auf die Arbeitnehmer.
2. Analysieren Sie die Karikatur M 2 und ordnen Sie diese M 1 zu.
3. Erläutern Sie die Forderungen, die in M 3 gestellt werden.
4. Ordnen Sie die Vorschläge aus M 3 den Akteuren Arbeitgeber, Arbeitnehmer, Tarifpartner, Staat zu und beurteilen Sie deren Umsetzungschancen.

9.1.2 Wem nützen die neuen Beschäftigungsformen?

Normalarbeitsverhältnis

Liegt vor, wenn folgende Kriterien erfüllt sind:
- dauerhafte Vollzeitbeschäftigung,
- unbefristetes Beschäftigungsverhältnis,
- regelmäßige monatliche und subsistenzsichernde Vergütung,
- Möglichkeit zur kollektiven Interessenvertretung durch Betriebsrat und Gewerkschaft,
- Identität von Arbeits- und Beschäftigungsverhältnis und
- vollständige Integration in die sozialen Sicherungssysteme (vor allem Arbeitslosen-, Kranken-und Rentenversicherung).

Andernfalls spricht man von **atypischen Beschäftigungsverhältnissen.**

Prekäre Beschäftigung

In Anlehnung an den Thesaurus der International Labour Organisation (ILO) kann prekäre Beschäftigung als Erwerbsform gekennzeichnet werden, die den Beschäftigten nur geringe Arbeitsplatzsicherheit gewährt, ihnen wenig Einfluss auf die Ausgestaltung der Arbeitssituation ermöglicht, sie nur begrenzt arbeitsrechtlich absichert und die deren materielle Existenzsicherung durch Arbeit daraus folgend erschwert.

M 4 ● Die Entwicklung atypischer Erwerbsformen

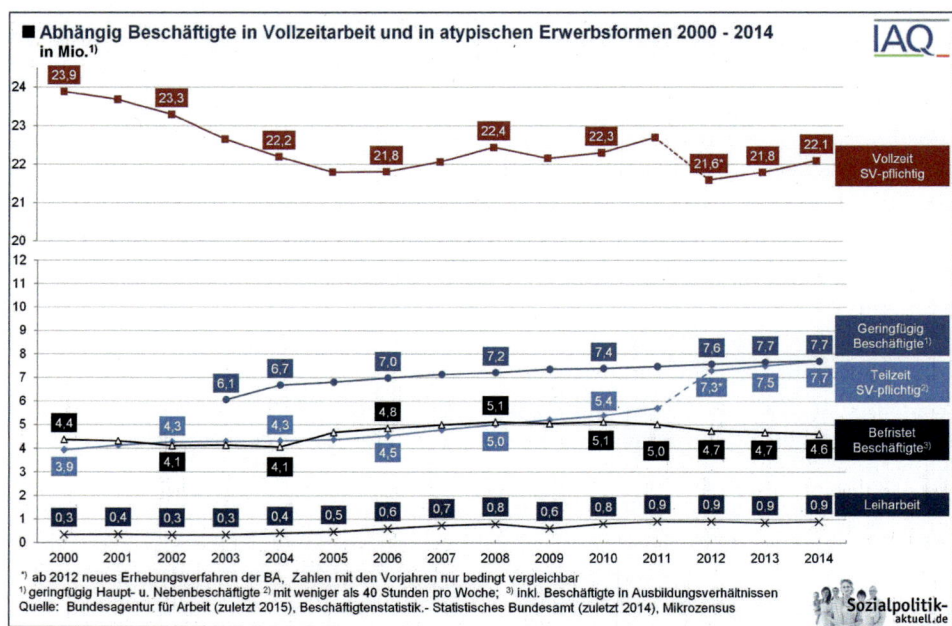

M 5 ● Leiharbeit – Preis des deutschen Jobwunders?

Karikatur: Thomas Plaßmann

M 6 ● Kontrovers diskutiert – Zeitarbeit Pro und Kontra

Zeitarbeit ist Sprungbrett für Arbeitslose und Geringqualifizierte – 63 % aller bei einer Zeitarbeitsfirma angestellten Leiharbeitnehmer waren davor arbeitslos. Das bedeutet, dass die Leiharbeit ein hervorragendes Sprungbrett für Arbeitslose ist, wieder eine sozialversicherungspflichtige Beschäftigung zu bekommen. Das gleiche gilt für Geringqualifizierte, die sonst von keinem Unternehmen direkt eingestellt werden.

Konjunkturschwankungen ausgleichen – Dank der Zeitarbeit können Unternehmen leichter Konjunkturschwankungen abfedern. Denn die Arbeitnehmer über Leiharbeitsfirmen sind immer nur für eine bestimmte Zeit beschäftigt. Wenn die Zeiten hoher Auftragsvolumen also vorüber sind, kann man sich auch von den Leiharbeitern trennen.

Ständige Wechsel – Als Leiharbeiter wird man ständig an andere Arbeitgeber verliehen. Dadurch muss man sich immer wieder in neuen Arbeitsumgebungen zurechtfinden, mit neuen Kollegen klarkommen oder sich in neue Tätigkeiten einarbeiten. Dass so ein konzentriertes, effizientes Arbeiten nicht möglich ist, liegt auf der Hand. Zusätzlich bringen diese ständigen Wechsel auch andere Arbeitsorte mit sich. Man muss mobil sein und pendeln, wenn es nötig ist.

Klebeeffekt – Der Klebeeffekt in der Arbeitnehmerüberlassung besagt, dass ein Arbeitnehmer bei einem Arbeitgeber, bei dem er momentan arbeitet, kleben bleibt. Wenn man also von der Zeitarbeitsfirma an ein Unternehmen ausgeliehen wird, kann es sein, dass man sich bei dem Unternehmen unverzichtbar macht und so dann die Möglichkeit erhält, direkt bei dem Unternehmen zu besseren Konditionen angestellt zu werden.

Ausbeutung durch Zeitarbeit – Leiharbeiter verdienen 30 % bis 50 % weniger als ihre Kollegen in Festanstellung. Und das für genau die gleiche Arbeit! [...] Das heißt also, dass ohnehin niedrig bezahlte Jobs, die den Hauptanteil der Leiharbeiter ausmachen, noch niedriger bezahlt werden.

Zerstörung von Menschen und Familien – Leiharbeiter machen Überstunden, Schichtdienst und leiden unter ständiger Anspannung, den Job zu verlieren. Diese Existenzangst wird aber noch größer, wenn man eine Familie hat, die auf das Gehalt angewiesen ist. Dieser ganze Druck und die Überstunden, die Abwesenheit von der Familie, führen dazu, dass man sich weniger sieht und wenn, öfter Streit ausbricht. Das kann zur Trennung vom Lebensgefährten führen.

Nach: Argumentator, http://argumentia.de, 5.2.2013

Zeitarbeit

Ende 2014 waren 824.000 Arbeitnehmer bei Zeitarbeitsfirmen beschäftigt. Das waren 1,1 Prozent mehr als ein Jahr zuvor. Baden-Württemberg stand mit 95.700 Zeitarbeitern an dritter Stelle nach Nordrhein-Westfalen und Bayern. Die Metallindustrie ist mit rund 200.000 Zeitarbeitern die wichtigste Einsatzbranche. Vier von fünf Zeitarbeitern haben einen unbefristeten Vertrag. Bei der geplanten gesetzlichen Regelung geht es nur um die Frage, wie lange sie maximal an einen Betrieb ausgeliehen werden dürfen.

Werkvertrag

Wenn ein Maler ein Büro streicht oder ein Dienstleister mit dem Wachschutz beauftragt wird, ist das ein Werkvertrag. Ihre Zahl ist unbekannt. Es gibt aber Klagen über eine deutliche Zunahme, um Neueinstellungen zu vermeiden.
Dieter Keller, Südwestpresse, 17.11.2015

Aufgaben

1. Arbeiten Sie aus M 4 die Entwicklung atypischer Erwerbsformen seit dem Jahr 2000 heraus.

2. a) Ordnen Sie die Positionen in M 6 den beiden Polen Pro Zeitarbeit bzw. Kontra Zeitarbeit zu.

   b) Analysieren Sie diese Positionen anschließend gegliedert nach Unternehmensperspektive und Arbeitnehmerperspektive.

9.1.3 Personalwirtschaft im Zeichen des Fachkräftemangels

M 7 ● Wenn Fachkräfte fehlen

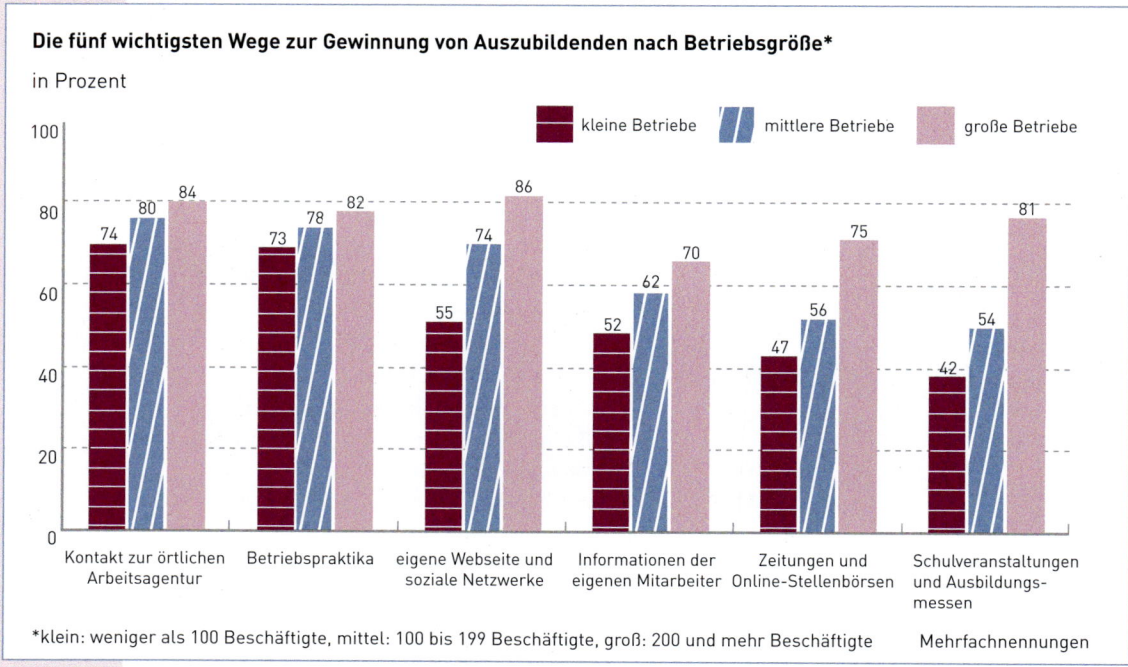

Die fünf wichtigsten Wege zur Gewinnung von Auszubildenden nach Betriebsgröße*
in Prozent

Weg	kleine Betriebe	mittlere Betriebe	große Betriebe
Kontakt zur örtlichen Arbeitsagentur	74	80	84
Betriebspraktika	73	78	82
eigene Webseite und soziale Netzwerke	55	74	86
Informationen der eigenen Mitarbeiter	52	62	70
Zeitungen und Online-Stellenbörsen	47	56	75
Schulveranstaltungen und Ausbildungsmessen	42	54	81

*klein: weniger als 100 Beschäftigte, mittel: 100 bis 199 Beschäftigte, groß: 200 und mehr Beschäftigte — Mehrfachnennungen

Quelle: Bundesinstitut für Berufsbildung: Datenreport zum Berufsbildungsbericht 2015. Vorversion, April 2015, Seite 413 f.

Stiftung Jugend und Bildung, Juli 2015 – Arbeitsblatt Berufsorientierung

M 8 ● Ziele der Personalwirtschaft

Wirtschaftliche Ziele orientieren sich am Wirtschaftlichkeitsprinzip und haben vor allem einen ökonomischen Hintergrund.	**Soziale Ziele** sind auf die Menschen im Betrieb ausgerichtet. Sie dienen der Erfüllung der Bedürfnisse und Erwartungen der Mitarbeiter an das Arbeitsumfeld.
– Bereitstellung des zur betrieblichen Leistungserstellung benötigten Personals nach quantitativen, qualitativen, zeitlichen und lokalen Erfordernissen – Steigerung der Arbeitsleistung – Senkung der Personalkosten für beschäftigtes Personal – Abbau der nicht zwingend benötigten Stellen – Nutzung der Kenntnisse und Fertigkeiten sowie der Kreativität und Erfahrung der Mitarbeiter – Steigerung der Mitarbeiterleistung durch Verbesserung des Leistungsprozesses und der Motivation	– Gestaltung der Arbeitsaufgabe abwechslungsreich und dem Mitarbeiter angepasst – Gestaltung des Arbeitsplatzes sicher und ergonomisch – Gestaltung der Arbeitszeit flexibel und an den menschlichen Rhythmus angepasst – Gestaltung der Personalentlohnung gerecht und angemessen hoch – Gestaltung der Personalentwicklung durch Fortbildung, Bildungsurlaub und Aufstiegschancen – Gestaltung der Personalführung kooperativ und gerecht – Schaffung eines guten Betriebsklimas

Hans Jung, Personalwirtschaft, 9. Aufl., München 2011, S. 12 ff.

M 9 ● Personalmarketing für neue Mitarbeiter

Personal- und Fachkräftemangel führen allmählich wieder zu einer Individualisierung des Recruiting. Nur wer sich als Unternehmen attraktiv für Bewerber zeigt,
5 kann die wenigen Talente für sich gewinnen. [...] Ein Rekordwert stellt die Nachfrage nach Ingenieuren mit aktuell 96.600 offenen Stellen dar. Demgegenüber geht die Prognose des Statistischen Bundesamts
10 davon aus, dass es 2013 von den 20- bis 50-Jährigen 582.000 weniger als Anfang 2011 geben wird. 2020 werden von dieser Altersgruppe gar 4,8 Millionen im Vergleich zu heute fehlen!
15 In den letzten Jahren hatten sich die meisten Unternehmen [...] dazu entschieden, das Recruiting auf ihrer Webseite mittels Online-Bewerbung zu automatisieren. Dieses Vorgehen wäre in Zeiten des Personalüber-
20 schusses wichtig gewesen. Doch heute, in Zeiten des Personal- bzw. Fachkräftemangels, ist es nicht mehr zielführend, Bewerbungen nur an anonymisierte Adressen zuzulassen und zu verlangen, dazu Teile des
25 Lebenslaufs des Bewerbers nochmals in ein System zu schreiben. Es dürfte heutzutage kaum eine Fachkraft geben, die damit einverstanden ist. [...] Das Eingehen auf individuelle Bewerbungen bringt es mit sich, dass
30 sich Personaler künftig bei den Talenten bzw. potenziellen Mitarbeitern „bewerben", also Headhunting betreiben. Und dies fängt schon bei den Absolventen an. Der Auftritt auf einer Karrieremesse reicht dann bei wei-
35 tem nicht mehr aus. Sodann wird Personalmarketing zu einer absoluten Priorität der Unternehmensleitung werden, denn die Geschäfte lassen sich mit eklatantem Personalmangel nicht aufrechterhalten. [...] Da der Personalmarkt für die Unternehmen ge-
40 nauso wichtig werden wird wie der Absatzmarkt, muss das Personalmarketing dem Marketing gleichgestellt werden. Der gesamte Marketing-Mix muss auf das Personalmarketing inkl. die Personalre-
45 krutierung übertragen werden. Dies wiederum bedeutet, die übliche Trennung zwischen Marketing an sich und HR-Marketing aufzugeben. [...] Das unternehmenseigene HR-Portal auf der Webseite muss
50 mind. die gleiche Attraktivität wie die gesamte Webseite des Unternehmens aufweisen. Ist dies nicht der Fall und schneiden Unternehmen hierbei bezüglich Attraktivität und Glaubwürdigkeit schlecht ab, wer-
55 den sie nur schwer Mitarbeiter rekrutieren können. Denn wenn Job-Suchende auf Anzeigen in Online-Stellenbörsen reagieren, werden sie zuerst die Webseite des Unternehmens aufsuchen.
60 [...] Die Wettbewerbsfähigkeit des Unternehmens hängt vom geistigen Kapital der Mitarbeiter ab. Somit gelten gerade in Zeiten von Personal- bzw. Fachkräfteknappheit ganz andere Prüfgesichtspunkte bei
65 der Auswahl der geeigneten Bewerber: Es müssen die Köpfe gefunden und gewonnen werden, die mit ihrer Intelligenz schnell in die Sachaufgaben eingearbeitet werden können und die zum Charakter des Unter-
70 nehmens passen. Die Folge für Recruiter: Sie müssen die Persönlichkeitsstruktur der Zielpersonen beurteilen können. Dies gelingt bisher aber nur den wenigsten.

Horst G. Kaltenbach, www.business-wissen.de, 17.8.2011

Aufgaben

1. a) Arbeiten Sie aus M 7 heraus, wie Unternehmen bei der Arbeitskräftesuche vorgehen.
   b) Stellen Sie dar, welche Schlüsse Sie daraus für Ihre eigene Stellensuche ziehen können.
2. Begründen Sie, warum HR-Marketing heute für Unternehmen eine zentrale Aufgabe darstellt (M 9).

9.1.4 Wie finden Unternehmen geeignete Mitarbeiter?

M 10 ● Die Stellenausschreibung

Wir sind einer der weltweit führenden Spezialisten für die Entwicklung und Herstellung von modernen Phytopharmaka – einer neuen Generation von Naturarzneimitteln mit wissenschaftlich dokumentierter Wirkung. International ergänzen auch chemische Wirksubstanzen das Unternehmensprofil

Wir suchen ab sofort einen (m/w)

Kommunikationsmanager

Ihre Aufgaben
- Selbständige Planung, Organisation und Erledigung aller Kommunikationsaufgaben der Produkt-PR für die verantworteten Produkte
- Entwicklung und Umsetzung von Produkt-PR-Kommunikationskonzepten sowie Produktbotschaften und Kommunikationsinhalten
- Erstellen von Pressetexten
- Aufbereitung der Medieninformation nach dem jeweiligen Zielmedium
- Aufbau und Pflege von Journalistenkontakten sowie Briefing von Referenzen und Meinungsbildnerpflege
- Durchführung von Presseveranstaltungen als Produktpressesprecher
- Analyse des PR-Erfolgs (Medienresonanz)
- Vertretung des PR-Bereiches in den nationalen und internationalen Businessteams
- Interne und externe Produkt-PR, z.B. Informationsveranstaltungen und Präsentationen

Ihr Profil
- Naturwissenschaftliches, medizinisches oder betriebswirtschaftliches Studium
- Erfahrung im Bereich der pharmazeutischen Industrie
- Berufspraxis in der PR-Agentur oder journalistische Kenntnisse
- Stil- und Textsicherheit
- Sicherheit und Erfahrung im Umgang mit Medien (Kamera)
- Gute Englischkenntnisse, PC-Anwenderkenntnisse (MS-Office) und Internetnutzung
- Ausgeprägte Kommunikationsfähigkeit, Selbstständigkeit, Flexibilität, Organisationstalent und Teamgeist

Wenn Sie eine Tätigkeit mit hervorragender Zukunftsperspektive in einem innovativen Umfeld reizt, senden Sie Ihre vollständigen Bewerbungsunterlagen unter Angaben des frühestmöglichen Eintrittstermins sowie Ihrer Gehaltsvorstellung an:

SEDAMUS AG, Rekrutierung und Personalmanagement · Ursula Neuhaus · Parkallee 15 · 50505 Neuhausen
Tel. 0221/89898 · Fax 0221/898988 · E-Mail: bewerbung@sedamus.de

M 11 ● Wie Unternehmen ihre Bewerber auswählen

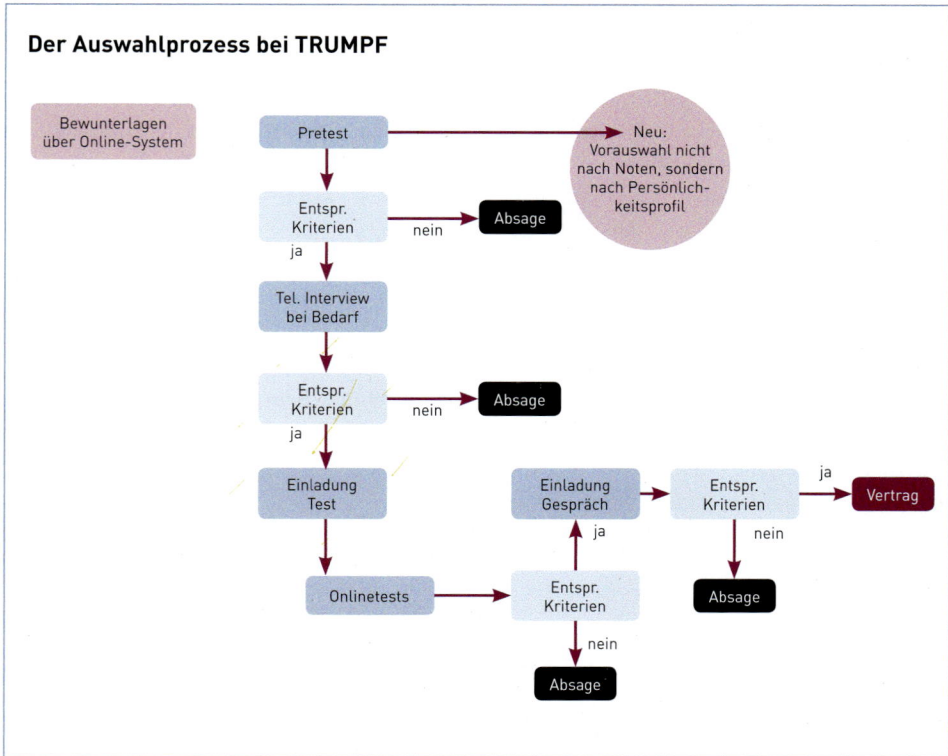

Trumpf Gruppe
Unternehmen mit Hauptsitz in Ditzingen nahe Stuttgart. Trumpf gehört zu den weltweit größten Anbietern von Werkzeugmaschinen.

Andreas Schneider, Ausbildung Firma Trumpf in Ditzingen, Ausbildung 3.0 – Eine Antwort auf die Veränderung der Jugend

M 12 ● Die Auswahl des geeigneten Bewerbers

Beispiel eines umfassenden Auswahlverfahrens

Analyse der Bewerbungsunterlagen
Auswertung von Anschreiben mit Lebenslauf, Lichtbild, Zeugnissen und Referenzen ermöglicht eine erste Vorauswahl aus der Masse der Bewerber.

(Grafologisches Gutachten)
Manche Unternehmen lassen eine Handschriftenprobe des Bewerbers auswerten, um weitere Aufschlüsse über den Bewerber zu erhalten, die Verlässlichkeit der Ergebnisse ist allerdings umstritten.

Assessment Center
In größeren Unternehmen ist es üblich, Bewerber einem komplexen Testverfahren, dem sogenannten Assessment Center (engl. to assess = bewerten), zu unterziehen. Hier werden sie mit Aufgabenstellungen konfrontiert, die auf die zu besetzende Stelle zugeschnitten sind. Das Verfahren soll Aufschluss über Persönlichkeit und Fähigkeiten der Bewerber geben.

1. Vorstellungsgespräch mit Vertretern der Fachabteilung
Hierbei lernen sich Vorgesetzte/Arbeitgeber und Bewerber direkt kennen. Der Arbeitgeber kann sich ein persönliches Bild vom Bewerber machen, der Bewerber hat die Möglichkeit, etwas über das Unternehmen zu erfahren. Hier können auch Details eines möglichen Arbeitsvertrages verhandelt werden (z. B. Gehalt).

evtl. 2. Vorstellungsgespräch mit Vertretern der Geschäftsleitung

Einstellung

M 13 ● Das Assessment Center

Unternehmen, die Assessment Center (AC) einsetzen, verlassen sich nicht ausschließlich auf Bewerbungsunterlagen oder die Aussagen eines Kandidaten im Vorstel-
5 lungsgespräch. Sie wollen zusätzliche Sicherheit, wollen das Risiko einer Fehlbesetzung reduzieren. Nach dem „Augenprinzip" verschaffen sich die Firmen so einen Eindruck über das Verhalten des Kandidaten
10 in Praxissituationen. Der Begriff „Assessment Center" stammt aus dem Englischen. Er setzt sich aus dem Wort „to assess", das übersetzt „bewerten" oder „einschätzen" heißt, und dem Wort „Center" („Zentrum"
15 oder „Mittelpunkt") zusammen. Im Mittelpunkt stehen also die Kandidaten, deren Verhalten mittels einzelner Übungen von Prüfern – den sogenannten „Assessoren" – beobachtet und bewertet werden soll. Die
20 Assessoren kommen aus den Fachabteilungen des Unternehmens, der Personalabteilung und teils aus Beratungsfirmen. ACs werden in der Regel als Gruppenverfahren mit acht bis zwölf Teilnehmern durchge-
führt und dauern zwei bis drei Tage. Es gibt 25 auch „Mini-ACs", die nur einen halben oder einen Tag dauern, sowie Einzel-ACs mit nur einem Kandidaten. Letztere werden vorwiegend im Führungskräftebereich eingesetzt. In allen Varianten steht meistens 30 zwei Kandidaten ein Assessor gegenüber. Viele kennen das AC vorwiegend als Auswahlinstrument für Bewerber, es wird aber auch häufig in der Personalentwicklung eingesetzt. Dabei geht es darum, Mitarbei- 35 ter eines Unternehmens vor einer Beförderung oder Versetzung nochmals gezielt unter die Lupe zu nehmen. Damit im AC aussagekräftige Schlüsse gelingen, müssen Situationen aus dem Berufsalltag mög- 40 lichst realistisch in Übungen umgesetzt werden. Dabei steht weniger das fachliche Wissen im Vordergrund. Viel mehr Aufmerksamkeit widmen die Prüfer der Persönlichkeit, dem Kommunikationsverhal- 45 ten und der Motivation eines Kandidaten.

Lukas große Klönne/Christine Schmidt, www.jobpilot.de (17.8.2006)

M 14 • Wie verläuft ein Assessment?

Vorstellung/Interview:
In den meisten Fällen beginnt ein Assessment Center mit einer allgemeinen Vorstellungsrunde bei der sich das Unternehmen und die Bewerber vor der Gruppe vorstellen. Man sollte genau zuhören und sich Namen und Funktionen der AC-Beobachter merken. Da man nur wenige Minuten Zeit hat sich selbst vorzustellen, ist es besonders wichtig, dass man die markanten Punkte im eigenen Lebenslauf sinnvoll strukturiert und überzeugend wiedergeben kann. Außerdem muss man glaubhaft in wenigen Sätzen vermitteln können, warum man für die ausgeschrieben Stelle geeignet ist. Die vorgeschriebene Redezeit sollte möglichst eingehalten werden, da Abweichungen Minuspunkte bringen können. Wie immer ist auch beim Assessment Center ein erster Eindruck auf jeden Fall sehr wichtig und kann für die folgenden Aufgaben entscheidend sein.

Die Präsentation:
Der Bewerber erhält die Aufgabe, Probleme und Lösungsansätze zu einem bestimmten Thema in einem Vortrag vorzustellen. Das Thema kann entweder vorgegeben oder frei wählbar sein. Bewertet wird dabei neben der inhaltlichen Gestaltung auch die Vortragsweise des Bewerbers.

Die Postkorbübung:
Einer der wohl bekanntesten Klassiker im Assessment Center ist die Postkorbübung. Dabei muss der Bewerber innerhalb einer kurzen vorgegebenen Zeitspanne einen Postkorb von ca. 15 bis 20 Dokumenten ordnen und abarbeiten, beispielsweise so, als würde er nach dem Urlaub oder einer Geschäftsreise ins Büro zurückkehren. Hierbei wird die Entscheidungsfreudigkeit auf die Probe gestellt. Man muss entscheiden, welche Aufgaben wichtig und unwichtig sind oder welche delegiert werden können. In der Regel kann man keine Rückfragen stellen. Zudem erschweren auch Störungen durch Telefonanrufe, Kollegen oder Meetings die Lösung der Aufgabe. Die Ergebnisse müssen im Anschluss den AC-Beobachtern präsentiert und die getroffenen Entscheidungen begründet werden. Mit dieser Aufgabe soll getestet werden, wie der Bewerber unter großem Zeitdruck arbeitet, und wie strukturiert er dabei vorgeht.

Die Gruppendiskussion:
In der Gruppendiskussion bekommen in der Regel vier bis sechs Bewerber ein Thema vorgegeben, über das sie dann kontrovers diskutieren müssen. Zum Teil wird den Bewerbern auch ein Diskussionsstandpunkt zugewiesen. Die Assessment Center-Beobachter bewerten hier drei verschiedene Aspekte. Zum einen die soziale Kompetenz, z. B. ob der Bewerber konfliktfähig ist, Empathie und Überzeugungskraft besitzt und welche rhetorischen Fähigkeiten er mitbringt. Außerdem wird noch das systematische Denken und Handeln geprüft, also ob der Bewerber Probleme erkennt und Alternativen entwickeln kann. Als letztes spielt das Aktivitätspotential eine Rolle, z. B. wie viel Durchsetzungsvermögen und Führungspotential der Bewerber mitbringt.

Das Rollenspiel:
Bei den Rollenspielen handelt es sich in den meisten Fällen um Zweiergespräche bei denen eine bestimmte Situation simuliert wird, z. B. ein Mitarbeitergespräch, ein Beschwerdegespräch oder ein Verkaufsgespräch. Man bekommt eine Vorbereitungszeit eingeräumt, in der man eine Gesprächsstrategie entwickeln soll. Meistens übernimmt einer der Assessment Center-Beobachter den Gegenpart zum Bewerber. Auch hier wird dem Bewerber das Leben nicht leicht gemacht und es kann passieren, dass man teilweise sogar verbal aggressiv angegangen wird.

Die Fallstudie:
Bei der Fallstudie werden die Teilnehmer des Assessment Centers mit einer oftmals branchenspezifischen, komplexen Problemstellung konfrontiert. Der Bewerber erhält eine bestimmte Menge von Informationen und muss dann das Problem analysieren und einen Lösungsvorschlag entwickeln. Hierbei kommt es vor allem auf das konzeptionelle Vorgehen an. Der Bewerber muss in der Lage sein, auch Alternativen zu seiner Lösung zu berücksichtigen. Mit dieser Übung werden unter anderem die Auffassungsgabe und das analytische Denkvermögen getestet.

Lukas große Klönne, Christine Schmidt, www.absolventa.de (12.6.2012)

M 15 ● Recruitainment – spielend zum Job?

Der französische Postdienstleister Formaposte hatte ein Problem: 25 Prozent der Auszubildenden schmissen schon nach der Probezeit hin, sie hatten doch keine Lust mehr, als Postboten im Großraum von Paris Briefe und Päckchen auszutragen. Solche Fehleinschätzungen sind teuer und lästig für Unternehmen. Deshalb setzt der private Postkonzern seit vergangenem Jahr ein Online-Spiel ein.

Teilnehmer von „Facteur Academy" durchlaufen die typische Woche eines Post-Azubis: Virtuelle Ausbildungsstätten müssen besucht und unterschiedliche Aufgaben erfüllt werden. Weil für Postboten Pünktlichkeit am frühen Morgen wichtig ist, beginnt der Spieltag schon beim rechtzeitigen Aufstehen. Dann muss die Spielfigur unter Zeitdruck duschen, sich anziehen und frühstücken. Auch ihre Unterlagen darf sie nicht vergessen. Sonst gibt es Punktabzug, ebenso, wenn die knappe Zeit am Morgen mit Fernsehen verdaddelt wird. Das Spiel ist Voraussetzung für eine Be-

werbung. Nur wer bis zum Ende durchgehalten hat, kann das Bewerbungsformular aufrufen. [...]

Bei Formaposte wird das Spiel schon als Erfolg gefeiert: Die Zahl der Ausbildungsabbrecher habe sich seit der Einführung auf acht Prozent reduziert, heißt es. Die Kandidaten seien im Vorstellungsgespräch besser informiert und stellten schlauere Fragen. Und am ersten Tag der Ausbildung hätten sie gleich ein Thema, über das sie sich austauschen können: Zu dem Spiel hat schließlich jeder eine Meinung.

Lena Greiner/Verena Töpper, Der Spiegel, 7.8.2012

> **Recruitainment**
> Eine Mischung aus Recruiting und Entertainment, heißen Online-Bewerbungsspiele, mit denen große Konzerne mittlerweile eine Vorauswahl unter Jobinteressenten treffen – dahinter verbirgt sich meist eine Mischung aus Intelligenztest und Assessment Center.

Aufgaben

1. Entwerfen Sie eine Stellenbeschreibung für den Posten eines Hausmeisters in der Schule (M 10).
2. Viele Unternehmen führen heute das Bewerbungsverfahren online durch. Wie beurteilen Sie das Verfahren der Firma Trumpf (M 9, M 11)?
3. Beschreiben Sie den Ablauf eines Bewerbungsverfahrens und erklären Sie die Rolle des Assessment Centers (M 12 – 14).
4. Machen Sie Vorschläge, wie die Schule Sie gut auf Bewerbungsverfahren vorbereiten kann.

ORIENTIERUNGSWISSEN

Arbeitswelt im Wandel
M 1, M 3, M 4, M 6

Der Wandel von der Industrie- zur Wissensgesellschaft, also einer Gesellschaft, in der Wissen der wichtigste Faktor für wirtschaftlichen Erfolg und gesellschaftliche Entwicklung geworden ist, hat weitreichende Folgen für die Arbeitswelt:

Die Anforderungen in vielen Berufen und Tätigkeiten steigen ständig. Neben fundierten fachlichen Kenntnissen und Fertigkeiten wird – deutlich mehr als früher – Selbständigkeit, Kooperationsfähigkeit und Bereitschaft zur Weiterbildung erwartet. Die herkömmliche Vorstellung, lebenslang einen durch eine Ausbildung definierten Beruf ausüben zu können, wird heute zunehmend durch die Forderung nach lebenslangem Lernen, verbunden mit einer hohen individuellen Flexibilität und Anpassungsfähigkeit, verdrängt. Aber auch der Betrieb versteht sich heute als „lernende Organisation", die auf Kooperationsnetzwerke setzt. Damit sind der Abbau von Hierarchien und mehr dezentrale Handlungs- und Entscheidungsspielräume der Mitarbeiter verbunden.

Die Herausforderung für Unternehmen besteht in der Zukunft insbesondere darin, hoch qualifizierte Arbeitskräfte an das Unternehmen zu binden und die Voraussetzungen dafür zu schaffen, dass ältere Arbeitnehmer produktiv bleiben.

Für weniger gut qualifizierte Arbeitskräfte wird es dagegen immer schwerer, in ein gut bezahltes Normalarbeitsverhältnis zu kommen.

Personalwesen im Unternehmen
M 8, M 9

Das Personalwesen beschäftigt sich mit allen Fragen der Personalplanung und Personalführung im Unternehmen. Hauptaufgabe ist es, über geeignete Bewerbungsverfahren qualifizierte und zum Unternehmen passende Mitarbeiter zu finden, die den Erfolg des Unternehmens sichern. Angesichts eines drohenden Fachkräftemangels wird „Human Resources Marketing" eine zentrale betriebliche Aufgabe. Das Unternehmen stellt dabei die Kompetenzen seiner Mitarbeiter als zentralen Erfolgsfaktor im Vergleich zu den konkurrierenden Unternehmen dar.

Das Einstellungsverfahren
M 12 – M 14

Wird ein Personalbedarf festgestellt, so ist es Aufgabe der Personalabteilung, den Bedarf zu decken. Sie kann dies zunächst im Rahmen einer innerbetrieblichen Stellenausschreibung oder Umsetzung erreichen. Führt dieser Weg nicht zum Erfolg, so kann durch eine außerbetriebliche Stellenausschreibung in Massenmedien, durch Messen und Veranstaltungen oder durch die Einschaltung der Bundesagentur für Arbeit der Personalbedarf gedeckt werden.

Bewerber werden in einem strukturierten Verfahren daraufhin geprüft, ob sie die optimalen Eigenschaften für die ausgeschriebene Stelle mitbringen. Häufig werden dabei auch Assessment Center eingesetzt. Diese seminarähnlichen Veranstaltungen sollen durch den Einsatz unterschiedlicher Methoden zu einer gezielteren Auswahl der Bewerber beitragen. In Zeiten des Fachkräftemangels werben Unternehmen teilweise auch gezielt Führungskräfte aus anderen Unternehmen ab (Headhunting).

Am Ende des Auswahlverfahrens steht der Abschluss eines Arbeitsvertrages, der das Arbeitsverhältnis begründet und die Rechte und Pflichten von Arbeitnehmer und Arbeitgeber regelt. Er enthält Bestimmungen zu Vergütung und Arbeitszeiten und darf nicht gegen den geltenden Tarifvertrag oder geltende Gesetze verstoßen.

Sollten Bewerbungen anonymisiert werden?

Hobbys: Lesen, Briefmarken sammeln, Fußball... Was sagen solche Angaben in Millionen von deutschen Bewerbungen eigentlich über die Eignung eines Bewerbers für eine ausgeschriebene Stelle aus? Auch über ein vorteilhaftes Foto machen sich Jobsuchende so ihre Gedanken und geben dafür bei professionellen Fotografen nicht selten viel Geld aus. Dabei können sie sich bei vielen Personalchefs damit jede Chance auf die Einladung zu einem Bewerbungsgespräch verderben. Besonders Frauen mit Kindern oder Immigranten haben schlechte Karten, wie Studien in der Vergangenheit belegt haben. „Hierzulande geben Bewerber einfach zu viel von sich preis", sagte Christine Lüders, die Leiterin der Antidiskriminierungsstelle des Bundes. Sie hat im Dezember 2010 ein Pilotprojekt initiiert: Ein anonymisiertes Bewerbungsverfahren testeten Unternehmen wie die Deutsche Post, die Deutsche Telekom, L'Oréal, der Geschenke-Vermittler Mydays, Procter & Gamble und das Bundesfamilienministerium. Ohne Namen, Alter und Geschlecht, ohne die Nationalität oder den Familienstand.

„Tatsächlich herrschte bei dem Bewerbungsverfahren Chancengleichheit im Rennen um ein Vorstellungsgespräch", sagte Lüders. Mehr als 8.550 Bewerberinnen und Bewerber haben sich inkognito beworben; 1.293 wurden zu einem Vorstellungsgespräch eingeladen und am Ende 246 Stellen so besetzt. [...]

Der Studie zufolge sah die Mehrheit der Personalchefs kein Problem darin, dass diese persönlichen Angaben fehlten. Einige gaben sogar zu, dass sie von Bewerbern im Vorstellungsgespräch überzeugt wurden, die sie ohne das anonymisierte Verfahren gar nicht erst eingeladen hätten. Besonders, wenn sich die ausgeschriebene Stelle an Menschen mit Berufserfahrung richtet, verbesserten sich die Chancen für Frauen gegenüber herkömmlichen Bewerbungsverfahren. Aber auch jüngere Frauen hatten Vorteile – sie müssen oft befürchten, wegen eines möglichen Kinderwunschs bei Bewerbungen benachteiligt zu werden. [...] Klaus F. Zimmermann ist Direktor des Instituts zur Zukunft der Arbeit und hat das Projekt wissenschaftlich begleitet. Er glaubt, dass die Unternehmen sogar aus ökonomischer Sicht von anonymisierten Bewerbungsverfahren profitieren: „Firmen, in denen Junge und Alte in Teams zusammenarbeiten, in denen die interkulturelle Kompetenz von Einwanderern klug genutzt wird und junge Mütter mehr Förderung und Unterstützung erfahren, sind insgesamt produktiver als andere. Diese Organisationen stehen somit im Ergebnis besser da." [...]

Immerhin wollen vier der am Projekt beteiligten Betriebe auch künftig ihre Bewerber ohne Foto und Namen zum Bewerbungsgespräch einladen. Die großen Unternehmen wie die Deutsche Post, L'Oréal oder die Telekom sind aber nicht dabei. „Unsere Personalstrategie richtet sich eher nach dem persönlichen Eindruck, den wir von einer Person im Vorstellungsgespräch gewinnen. Darauf legen wir mehr Wert als auf einen glatten Lebenslauf oder gute Zeugnisse", sagt Husam Azrak von der Telekom. „Eine anonyme Bewerbung ist da eher hinderlich." Ähnlich sieht es die Deutsche Post. „Bei der Bewerberauswahl für ein Vorstellungsgespräch kam es während des Projekts bei uns zu keinem Unterschied im Vergleich zu vorher", so Post-Sprecherin Nina Mohammadi.

Jörg Römer, www.spiegel.de, 17.4.2012

Aufgabe

Beurteilen Sie wahlweise aus der Sicht eines Arbeitgebers und Arbeitnehmers, was für bzw. gegen anonymisierte Bewerbungen spricht.

9.2 Die Gestaltung der Arbeitsbedingungen

9.2.1 Tarifautonomie und Tarifverträge – wie werden Konflikte ausgetragen?

M 1 • Seid vernünftig!

GDL (Die Gewerkschaft Deutscher Lokomotivführer)
Gewerkschaft für das Fahrpersonal der Eisenbahnunternehmen. Sie ist Mitglied im Beamtenbund (DBB). Von Herbst 2014 bis Mai 2015 organisierte die GDL insgesamt neun mehrtägige, flächendeckende Streiks bei der Deutschen Bahn. Der achte Streik war Anfang Mai 2015 mit einer Dauer von sechs Tagen der längste Ausstand in diesem Tarifkonflikt.

ver.di-Demo am Mittwoch, 13. Mai in Offenburg

Dies soll kein Plädoyer für die Abschaffung des Streikrechts sein. Vielmehr Kritik an den störrischen, unnachgiebigen Tarifparteien, die sich in der immer gleichen Pose
5 gefallen: „Wir sind die Vernünftigen, die anderen die Blöden!" Die Machtspiele von GDL und Deutscher Bahn lassen grüßen. Die vielen Streiks, die seit einigen Monaten in Deutschland stattfinden, schaden unter
10 anderem Eltern und der deutschen Volkswirtschaft massiv. Die deutsche Wirtschaft schätzt den Schaden durch den sechstägigen Lokführerstreik von vergangener Woche auf rund 500 Millionen Euro, denn bei
15 mehrtägigen Ausständen kommt die Lieferkette ins Stocken. Von den Ärgernissen der Bahnreisenden im Personenverkehr ganz zu schweigen...
Es ist in jeder Tarifrunde dasselbe: Die Ar-
20 beitnehmer preschen mit übertriebenen Forderungen vor, die Arbeitgeber weisen sie brüskiert zurück und bieten nicht mal die Hälfte. So ist es „gute" Tradition in Deutschland. Und nicht selten wird der sich daraus entwickelnde Streit auf dem 25 Rücken der Bürger ausgetragen. Poststreiks, Lokführerstreiks, Pilotenstreiks, Kitastreiks und so weiter schaden dem Wirtschaftsstandort Deutschland und seinem Ansehen im Ausland und sind für 30 seine Bürger äußerst lästig. Also, liebe Tarif-„Partner": Lasst bitte etwas Vernunft walten und lasst eure Machtspielchen sein! Dann braucht es auch keine Streiks, und ihr zieht euch nicht den Ärger der 35 Bürger zu.

Christoph A. Fischer, Mittelbadische Presse – Zeitungen der Ortenau, 16.5.2015

M 2 ● Nicht wie in Nordkorea

Wer das Streikrecht wahrnimmt, schadet Deutschland? Die Aussage ist natürlich Kokolores. Erinnern wir uns doch mal an den Ausstand der Lokführer: Fast eine Woche lang gab es Beeinträchtigungen im Bahnverkehr. Und? Ist die Welt untergegangen? Ist sie nicht. Kein Mensch kam streikbedingt zu Tode, die Wirtschaft ist nicht kollabiert, die Panik, die Verbände und Politiker vorab schürten, war nichts als populistische Wortklauberei. Streiks, so das Fazit der derzeitigen Streikwelle bei Bahn, Post und Kitas, schaden Deutschland nicht.

Umgekehrt wird ein Schuh daraus. Gerade der viel gehasste GDL-Boss Weselsky hat uns doch daran erinnert, dass so ein richtig harter Streik eigentlich ganz normaler Bestandteil der Auseinandersetzung zwischen Tarifpartnern ist. Das kann man im Grundgesetz nachlesen, Weselsky wurde mehrfach von Gerichten in seinem Tun bestätigt. Er will eben so richtig was für seine Mitglieder herausschlagen – Arbeitskämpfe dieser Art gab es auch schon in 1980er-Jahren, heute sind die Industriegewerkschaften ja eher weichgespült.

Dass Streiks zur Durchsetzung von Arbeitnehmerinteressen möglich sind und sie in aller Härte geführt werden können, ist einer der Standortvorteile Deutschlands. Wirtschaftskraft und maximale Protestchance gehen Hand in Hand. Wir leben schließlich nicht in Nordkorea.

Andreas Richter, Mittelbadische Presse – Zeitungen der Ortenau, 16.5.2015

Tarifautonomie

Die Tarifautonomie in der Bundesrepublik beruht auf dem Grundgesetz und dem Tarifvertragsgesetz. Das Tarifvertragsgesetz regelt, was ein Tarifvertrag ist – und wer einen abschließen kann: „Der Tarifvertrag regelt die Rechte und Pflichten der Tarifvertragsparteien und enthält Rechtsnormen, die den Inhalt, den Abschluss und die Beendigung von Arbeitsverhältnissen sowie betrieblichen und betriebsverfassungsrechtliche Fragen ordnen können (§ 1)." „Tarifvertragsparteien sind die Gewerkschaften, einzelne Arbeitgeber sowie Vereinigungen von Arbeitgebern (§ 2, Satz 1)." Die Bildung solcher Vereinigungen und Gewerkschaften – von Koalitionen – ist durch das Grundgesetz geschützt, in dem es heißt (Art. 9, 3): „Das Recht, zur Wahrung und Förderung der Arbeits- und Wirtschaftsbedingungen Vereinigungen zu bilden, ist für jedermann und für alle Berufe gewährleistet."

M 3 ● Umfrage: Haben Sie Verständnis für Streiks?

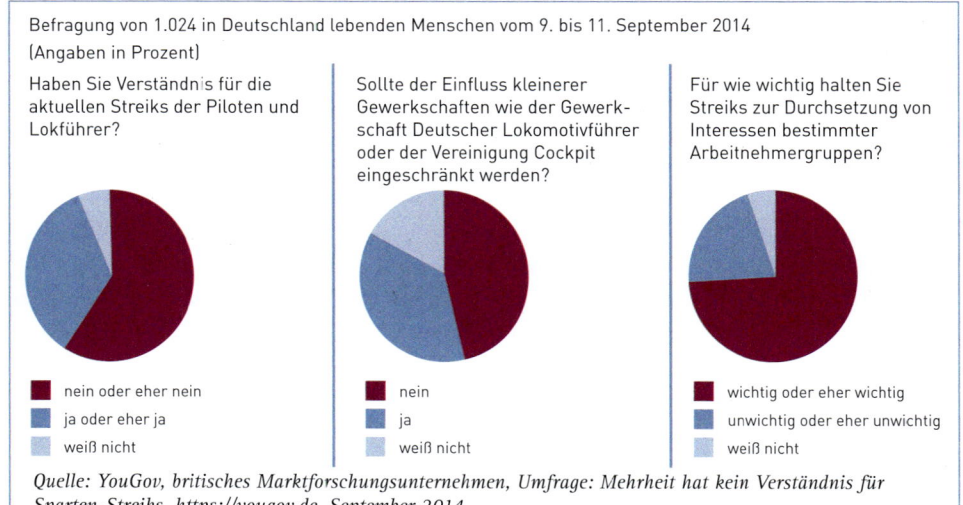

Quelle: YouGov, britisches Marktforschungsunternehmen, Umfrage: Mehrheit hat kein Verständnis für Sparten-Streiks, https://yougov.de, September 2014

M 4 ● Kontrovers diskutiert: Soll der Staat eingreifen? – das Tarifeinheitsgesetz

Der Deutsche Bundestag hat im Mai 2015 das „Gesetz zur Tarifeinheit" beschlossen. Auslöser waren vor allem die Streiks der Lokführer und Piloten in den Jahren 2014 und 2015, die den Reise- und Warenverkehr wochenlang stark einschränkten. Das Gesetz soll künftig gewährleisten, dass in einem Betrieb für eine Berufsgruppe nicht mehrere Tarifverträge nebeneinander gelten. Kleinere Gewerkschaften wie die Pilotenvereinigung Cockpit oder die Gewerkschaft Deutscher Lokomotivführer sehen sich durch das neue Gesetz bedroht und haben eine Verfassungsklage eingereicht. Im Kern geht es dabei um die Frage, ob der Gesetzgeber gesetzliche Regelungen gegen eine Zersplitterung der Tarifpolitik durch Spartengewerkschaften Berufsgewerkschaften (Minderheitsgewerkschaften wie die Gewerkschaft Deutscher Lokomotivführer (GDL) oder Ärztegewerkschaft Marburger Bund Pilotenvereinigung Cockpit) treffen darf, um das Prinzip „Ein Betrieb – ein Tarifvertrag" durchzusetzen.

Lange Jahre galt in der Bundesrepublik der Grundsatz „Ein Betrieb – ein Tarifvertrag". Dieses Prinzip wird Tarifeinheit genannt. Das Bundesarbeitsgericht hatte dieses Prinzip im Jahr 2010 mit einem Urteil aufgehoben. Seitdem war es möglich, dass in einem Unternehmen mehrere Tarifverträge nebeneinander galten. Wenn konkurrierende Gewerkschaften für die gleiche Berufsgruppe in einem Unternehmen einen Tarifvertrag aushandeln wollten, konnte es zu einem Tarifkonflikt und vermehrten Streiks kommen. Mit dem Gesetz zur Tarifeinheit will die Regierung bewirken, dass konkurrierende Gewerkschaften wieder zu mehr gütlichen Einigungen gelangen. Im Kern sieht das Gesetz vor, dass bei Tarifkonflikten in einem Betrieb die mitgliederstärkere Gewerkschaft ausschlaggebend ist. Können sich konkurrierende Gewerkschaften also nicht auf einen gemeinsamen Tarifvertrag für eine Berufsgruppe einigen, dann gilt der Tarifvertrag, den die Gewerkschaft mit den meisten Mitgliedern ausgehandelt hat.

Z. 1 – 14 und 25 – 48: © Stiftung Jugend und Bildung in Zusammenarbeit mit dem Bundesministerium für Arbeit und Soziales, Arbeitsblatt: Berufswelt, Sozialpolitik – Ausgabe 2014/2015; Z. 15 – 24: Friedrich-Wilhelm Lehmann, http://arbeitsrecht.com, 22.2.2016

Pro: Das Tarifeinheitsgesetz hilft den Beschäftigten

Getrennt marschieren, vereint kämpfen. So haben die Gewerkschaften in der Bundesrepublik jahrzehntelang unzählige Tarifkonflikte bestritten und dabei meist ordentliche Ergebnisse für alle erstritten. Dann kündigten durchsetzungsstarke Spartengewerkschaften, etwa von Ärzten oder Lokführern, die Solidarität auf, um für ihre Klientel mehr herauszuholen; und im Jahr 2010 wurden sie darin vom Bundesarbeitsgericht gestärkt. Nun steuert die schwarz-rote Bundesregierung mit einem Tarifeinheitsgesetz dagegen, das die Macht von Spartengewerkschaften beschneidet. Das ist richtig. Der Gesetzgeber vollzieht damit etwas, wozu die Gewerkschaften aus eigener Kraft nicht mehr fähig waren: Sie müssen sich künftig vor einem Tarifkonflikt einigen, was sie für wen und welche Berufsgruppe wollen. Dabei ist gar nicht gesagt, dass die kleinen – angeblich kämpferischen – Spartengewerkschaften von den großen – angeblich zahmen – DGB-Gewerkschaften untergebuttert werden. Im Gegenteil: In der Praxis könnte es darauf hinauslaufen, dass die kampfstarken Berufsgruppen für Druck auf den Arbeitgeber sorgen, während die weniger kampfstarken Berufsgruppen für die nötige Quantität und damit Legitimität in der gesamten Belegschaft sorgen. So helfen sich alle. Vermieden wird damit ein Gegeneinander der Gewerkschaften, das nur den Arbeitgebern nützt. Natürlich wird der Weg zur Tarifeinheit, die im Übrigen den Grundsatz „Gleicher Lohn für gleiche Arbeit" stärkt, nicht einfach, und es wird Streit und Verwerfungen geben. Aber letztlich nützt die Tarifeinheit auch den Beschäftigten exponierter Berufsgruppen: Auch sie können ihre Arbeit verlieren, oder ihre Tätigkeit büßt aufgrund von Umstrukturierungen oder technischem Fortschritt ihre herausragende Stellung ein. Dann brauchen auch sie Solidarität.

Richard Rother, www.taz.de, 29.10.2014

Kontra: Das Tarifeinheitsgesetz ist ein skandalöser Eingriff in das Streikrecht

Es waren salbungsvolle Worte, mit denen die Bundesarbeitsministerin am Dienstag über ihr geplantes Tarifeinheitsgesetz informierte. Gleich mehrfach betonte Andrea Nahles, sie wolle keinesfalls das Grundrecht auf Streik antasten. Sie wolle nur die „Konsenskultur" und die „Verabredungskultur" stärken und „Anreize" für eine gütliche Einigung setzen, sagte Nahles. Was so harmlos klingt, ist in der Konsequenz ein massiver Eingriff in die verfassungsrechtlich verbriefte Koalitionsfreiheit der Arbeitnehmer/innen. Das Vorhaben ist ein Skandal. Trotz aller Bekundungen soll den kleineren Gewerkschaften und damit unter Umständen ganzen Berufsgruppen de facto das Streikrecht genommen werden – nämlich jenen, bei denen sich die große Mehrheit in einer Gewerkschaft organisiert, die im Gesamtbetrieb in der Minderheit ist. Wie bei den Lokführern. In der Hoffnung, die ungeliebten Spartengewerkschaften vom Hals zu bekommen, mag sich manche DGB-Gewerkschaft über die Planungen von Nahles freuen. Aber sie sollte sich nicht zu früh freuen. Wirklichen Grund, die Sektkorken knallen zu lassen, haben nur die Arbeitgeber. Denn sie allein bestimmen, welche Arbeitseinheiten zu einem Betrieb zusammengefasst oder ausgegliedert werden. Das bedeutet, dass sie künftig durch den jeweils passenden Zuschnitt auch noch die Hoheit erhalten, festzulegen, welcher Tarifvertrag kraft Mehrheit dominiert. Die Bundesrepublik gehört zu den streikärmsten Ländern Europas. Da bedarf es keiner weiteren Reglementierungen. Schon jetzt unterliegt das deutsche Streikrecht starken und höchst problematischen Beschränkungen. So gehört der Generalstreik in anderen EU-Staaten zum klassischen Repertoire der Gewerkschaften, in Deutschland ist er verboten. Es wäre an der Zeit, über eine Ausweitung statt über die weitere Einschränkung des Streikrechts nachzudenken.

Pascal Beucker, www.taz.de, 29.10.2014

M 5 ● Große und kleine Gewerkschaften im Vergleich

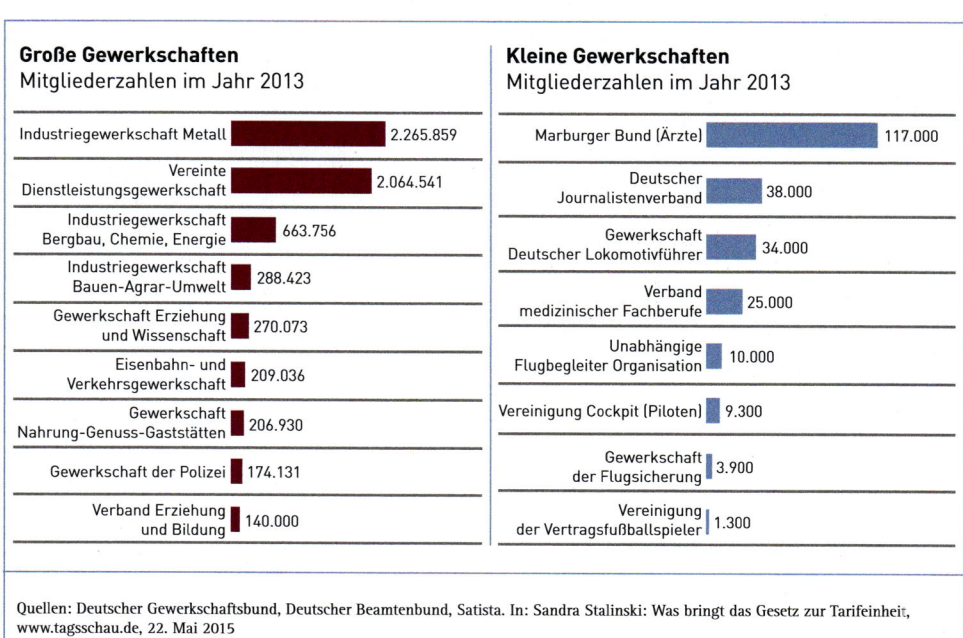

Quellen: Deutscher Gewerkschaftsbund, Deutscher Beamtenbund, Satista. In: Sandra Stalinski: Was bringt das Gesetz zur Tarifeinheit, www.tagsschau.de, 22. Mai 2015

M 6 • Die Bedeutung von Tarifverträgen

Ein Tarifvertrag ist ein schriftlicher Vertrag zwischen einem Arbeitgeber oder Arbeitgeberverband und einer Gewerkschaft. Einmischen ist nicht erlaubt, das gilt auch für den Staat. Das garantiert die Tarifautonomie, die mit dem Recht auf Koalitionsfreiheit im Grundgesetz verankert ist.

Es gibt verschiedene Formen von Tarifverträgen. In Lohn- und Gehaltstarifverträgen wird die Höhe der Löhne, Gehälter und Ausbildungsvergütungen festgelegt. Rahmentarifverträge beschreiben die Tätigkeiten und Qualifikationen für die verschiedenen Lohn- und Gehaltsgruppen. In Manteltarifverträgen sind die übrigen Arbeitsbedingungen geregelt, etwa Dauer und Verteilung der Arbeitszeit, die Zahl der Urlaubstage und die tarifliche Jahresleistung („Weihnachtsgeld"), Kündigungsfristen, Probezeit. Daneben gibt es spezielle Tarifverträge zu Altersteilzeit, vermögenswirksamen Leistungen, zur Qualifizierung oder etwa zum Rationalisierungsschutz etc. [...].

Der Branchen- oder Flächentarifvertrag gilt für einen ganzen Wirtschaftszweig. Der Firmen- oder Haustarifvertrag wird zwischen der Gewerkschaft und einem einzelnen Unternehmen geschlossen. Das ist oft dann der Fall, wenn es nicht gelingt, einen Flächentarifvertrag abzuschließen. Oder wenn der Arbeitgeber nicht dem Arbeitgeberverband angehört. Wenn im Firmentarifvertrag die Inhalte des Flächentarifvertrages komplett übernommen werden, spricht man vom Anerkennungstarifvertrag.

Tariflöhne sind Mindestsätze. Dem Arbeitgeber steht es frei, seine Beschäftigten besser zu bezahlen. Schlechter ist allerdings nicht erlaubt. Auch Betriebsvereinbarungen (zwischen Arbeitgeber und Betriebsrat) oder Einzelarbeitsverträge dürfen Arbeitnehmer und Arbeitnehmerinnen nicht schlechter stellen als der Tarifvertrag. Der hat Vorrang.

Nicht in jedem Betrieb und jeder Einrichtung gilt ein Tarifvertrag. Dennoch befinden sich die Beschäftigten dort nicht immer im Niedriglohnsektor. Gilt in der Branche ein Tarifvertrag, so dient er auch einzelnen Arbeitgebern als Richtschnur. [...].

Ein Tarifvertrag hat auch Vorteile für Arbeitgeber. Jedes tarifgebundene Unternehmen einer Branche oder Region bietet die gleichen Arbeitsbedingungen und zahlt den gleichen Lohn. Es gelten demnach die gleichen Wettbewerbsbedingungen. So lange der Tarifvertrag läuft, gilt die Friedenspflicht. In dieser Zeit darf in der Regel nicht gestreikt werden, der Arbeitgeber muss also nicht permanent mit Konflikten im Betrieb rechnen.

www.verdi.de, Der Tarifvertrag hat Vorrang (4.4.2016)

M 7 • Voraussetzungen für einen rechtmäßigen Streik

Ein Streik ist die kollektive Arbeitsniederlegung, um tarifliche Forderungen unter Führung der zuständigen Gewerkschaft durchzusetzen. Während des Arbeitskampfs haben die Streikenden keinen Anspruch auf Entgeltfortzahlung. Gewerkschaftsmitglieder erhalten Streikgeld von ihrer Gewerkschaft, im Durchschnitt zwei Drittel des Bruttoeinkommens. Der Streik muss von einer Gewerkschaft (Vereinigung von Arbeitnehmern) ausgerufen und geführt werden. Der gültige Tarifvertrag ist ausgelaufen, neue Tarifverhandlungen sind gescheitert. Etwaige Schlichtungsgespräche enden ebenfalls erfolglos. Der Streik darf erst nach Ablauf der Friedenspflicht begonnen werden. Sie ist die mit einem Tarifvertrag verbundene Pflicht, während seiner Laufzeit keinen Streik oder sonstige Arbeitskampfmaßnahmen durchzuführen, die gegen den Bestand oder einzelne Bestimmungen des Tarifvertrags gerichtet sind.

Erklärfilm „Streik"

Mediencode: 8880-09

Mindestens 75 Prozent der zur Urabstimmung aufgerufenen Gewerkschaftsmitglieder müssen für den Streik gestimmt haben. Der Streik muss sich gegen einen Tarifpartner (einzelner Arbeitgeber oder Arbeitgeberverband) richten. Mit dem Streik dürfen nur Regelungen angestrebt werden, die in einem Tarifvertrag erfasst werden können. Der Streik muss fair und verhältnismäßig geführt werden. Auszubildende dürfen streiken. Beamte, Richter und Soldaten haben kein Streikrecht.

Autorentext

Flächenstreik
Streik aller Mitarbeiter eines Wirtschaftszweigs

Warnstreik
Kurzer Streik in einem Betrieb im Zusammenhang mit laufenden Tarifverhandlungen

Schwerpunktstreik
Nur die wichtigsten Betriebe eines Tarifgebiets werden bestreikt.

Wellenstreik
Kurze Streiks in wiederkehrenden Wellen innerhalb eines Produktionszyklus

Punktstreik
Betriebsabteilungen oder Produktionsstandorte werden abwechselnd bestreikt.

M 8 ● Spielregeln für den Arbeitskampf

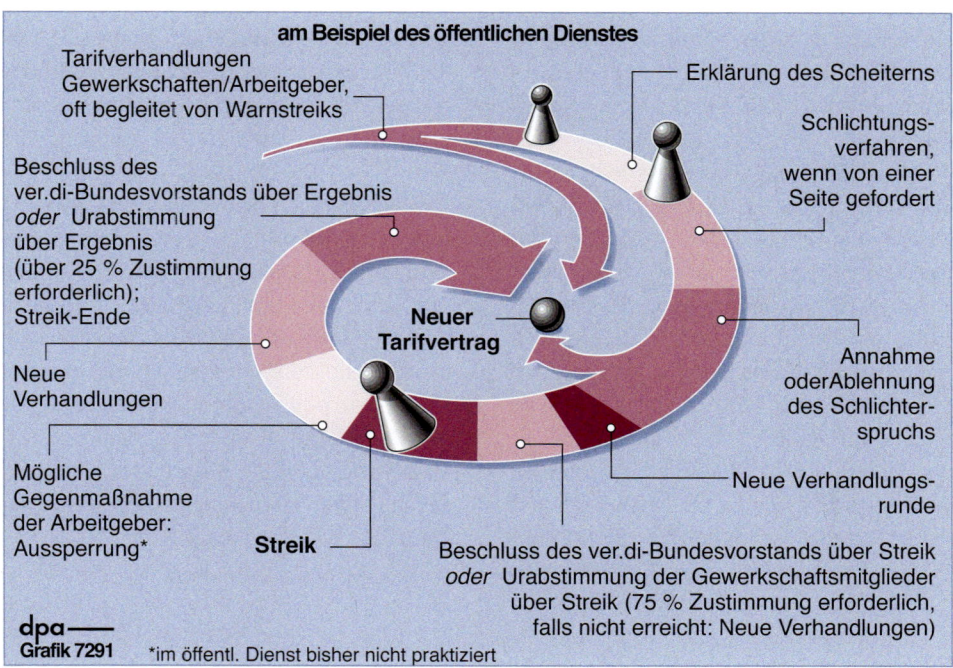

M 9 ● Streit über Mitarbeiter-Aussperrung

Sie wollten arbeiten gehen und standen vor verschlossenen Türen: Das Möbelhaus Mann Mobilia in Mannheim hat rund hundert Mitarbeiter ohne Begründung freigestellt. Die Gewerkschaft Verdi will gegen das Unternehmen rechtlich vorgehen.

Rund hundert Mitarbeiter von Mann Mobilia in Mannheim konnten am Montagmorgen nicht wie gewohnt ihre Arbeit aufnehmen. Das Möbelhaus sperrte die Beschäftigten aus und stellte sie ohne Vorankündigung frei. Verdi will nun rechtlich gegen das Unternehmen vorgehen. Betroffen sind alle Mitarbeiter aus dem Bereich der Auftragssachbearbeitung. Laut Wolfgang Krüger vom Verdi-Landesfachbereich Handel in Baden-Württemberg wurde den Mitarbeitern die spontane Freistellung „von jetzt auf nachher" und ohne jegliche Begründung mitgeteilt. Ein Sicherheitsdienst hätte die Angestellten vor den Türen des Zentrallagers abgefangen und jedem ein Schreiben ausgehändigt, in dem sie über den Schritt informiert wurden.

„Das kommt völlig unerwartet", sagt Krüger und weist auf eine Betriebsvereinbarung über eine Standortsicherung hin, wo-

Aussperrung

Durch eine Aussperrung als Antwort auf einen gewerkschaftlich organisierten Streik werden bei einem Arbeitskampf alle oder eine größere Anzahl von Arbeitnehmern eines Betriebes oder eines Wirtschaftszweiges durch den Arbeitgeber von der Arbeit ausgeschlossen. Für die Zeit der Aussperrung wird kein Lohn gezahlt. Als Antwort auf einen von den Gewerkschaften organisierten Streik ist die Aussperrung in Deutschland erlaubt. Sie steht als Arbeitskampfmaßnahme aber unter dem Gebot der Verhältnismäßigkeit. Deshalb wird sie bei einem Warnstreik nicht als angemessene Reaktion der Arbeitgeber angesehen. Ebenso wie ein Streik hat eine Aussperrung in Deutschland „suspendierende Wirkung". Das bedeutet, dass der Arbeitsvertrag im Streik- oder Aussperrungsfall zwar ruht, das Arbeitsverhältnis nach Beendigung des Arbeitskampfes aber ohne neuen Vertragsabschluss wiederauflebt.

http://www.wirtschaftslexikon.co (4.4.2016)

---

nach die Arbeitsplätze eigentlich bis Ende 2016 erhalten bleiben sollten. „Das Unternehmen zieht das jetzt in Zweifel", sagt Krüger. Die Voraussetzungen für eine Sicherung seien entfallen. „Solange es aber die Betriebsvereinbarung gibt, kann es keine Entlassungen geben", ergänzt Krüger. Auf eine Anfrage der Stuttgarter Zeitung bei XXXL, sagt ein Pressesprecher: „Die Standortsicherung war an die Erfüllung gewisser Leistungskriterien geknüpft. Dem Betriebsrat ist seit geraumer Zeit bekannt, dass diese Kriterien trotz erheblicher Anstrengungen nicht eingehalten werden konnten."

Verdi will nun mit einer einstweiligen Verfügung rechtlich gegen diesen Schritt vorgehen. Das Unternehmen, so Krüger, hätte den Betriebsrat im Vorfeld informieren müssen: „Ohne Einbeziehung des Betriebsrates ist es nicht möglich, dass ein Arbeitgeber solche Maßnahmen durchführt. Das ist ein massiver Verstoß gegen das Betriebsverfassungsgesetz."

Das Unternehmen teilte in einer Pressemitteilung mit, dass die Freistellungen aufgrund einer Umstrukturierung nötig seien. Die rund hundert Mitarbeiter sollen an den Hauptsitz des Unternehmens in Würzburg verlegt werden, wo laut Angaben 60 neue Stellen entstehen sollen. „Die Auftragsbearbeitung ist eine zentrale Aufgabe, die am effizientesten am zentralen Unternehmenssitz erledigt werden kann, wo beispielsweise auch unser Einkauf tätig ist", äußert sich Helmuth Götz, Sprecher der Geschäftsführung der XXXL Unternehmensgruppe Deutschland in der Mitteilung. Löhne und Gehälter der Mitarbeiter würden weiterhin gezahlt, bis sich das Unternehmen mit dem Betriebsrat über einen Sozialplan und Interessenausgleich geeinigt hätte. Kündigungen seien bisher nicht ausgesprochen worden.

Am [...] Tag nach den Freistellungen trafen sich die 99 Betroffenen zu einer Versammlung. Bei den Mitarbeitern herrsche „große Wut, dass sich ein Arbeitgeber auf diese Weise einfach über Gesetze hinwegsetzen kann. Viele Mitarbeiter haben nun materielle Ängste und wissen nicht, wie es weiter geht", berichtet Krüger aus dem Treffen. Man hoffe, dass die Mitarbeiter bald wieder an ihren Arbeitsplatz zurückkehren können.

Berkan Cakir, Stuttgarter Nachrichten, 2.2.2016

Aufgaben

1. Führen Sie in Ihrem Kurs eine Umfrage zur Frage „Haben Sie Verständnis für Streiks?" durch und vergleichen Sie Ihre Ergebnisse anschließend mit den Ergebnissen in M 3.
2. In den Jahren 2014 und 2015 haben in Deutschland unter anderem Lokführer, Piloten und Angestellte der Post und in Kindertagesstätten gestreikt. Dies brachte für viele Menschen in Deutschland starke Einschränkungen im Alltag mit sich. Erörtern Sie, ob das Streikrecht deshalb eingeschränkt werden sollte (M 1 – M 4).
3. Erläutern Sie die Bedeutung von Tarifverträgen für Arbeitgeber und Arbeitnehmer (M 6).
4. Arbeiten Sie aus M 9 die Positionen zur Aussperrung der Beschäftigten heraus.
5. Beurteilen Sie, ob man von „Waffengleichheit" zwischen Arbeitgebern und Gewerkschaften im Arbeitskampf ausgehen kann.

9.2.2 Können Mitarbeiter im Betrieb mitentscheiden?

M 10 ● **Betriebsrat überflüssig?!?**

Karikatur: Thomas Plaßmann

M 11 ● **Wenn der Chef den Computer ausspioniert**

Ein Mitarbeiter manipuliert sein Stundenkonto? Um dies zu beweisen, hatte der Arbeitgeber dessen Rechner ausspioniert. Ob das zulässig war, wird nun vor Gericht geklärt. Darf der Arbeitgeber den Compu-
5 ter eines Mitarbeiters mit einer Software ausstatten, die heimlich Screenshots vom Bildschirm macht? Diese Frage muss derzeit das Arbeitsgericht in Augsburg klären. Konkret ging es um den Fall eines
10 Betriebsratsvorsitzenden in einer schwäbischen Großbäckerei. Der Arbeitgeber warf ihm vor, sein Stundenkonto manipuliert zu haben, wodurch dem Unternehmen ein wirtschaftlicher Schaden entstan-
15 den sei. Dem Mitarbeiter wurde daraufhin fristlos gekündigt. Um den Betrug zu belegen, hatte der Arbeitgeber auf dem Computer des Betriebsrats eine Software installiert, die in bestimmten Zeitabständen
20 den Bildschirm fotografierte. Dabei sollen auch Screenshots von privaten E-Mails entstanden sein. Der Betriebsrat bestreitet die Manipulation und klagte gegen seine Kündigung. Seit Juni wird verhandelt. Das Urteil, das für Mitte September erwartet 25 wird, könnte Bedeutung für den Arbeitnehmerdatenschutz haben. Es ist einer der ersten Fälle, in denen ein Betriebsrat mithilfe von Überwachungssoftware kontrolliert wurde. Grundsätzlich dürfen Arbeit- 30 geber ihre Mitarbeiter zwar überwachen – aber nur bei einem konkreten Verdacht auf Missbrauch oder Betrug, erklärt der Berliner Arbeitsrechtler Ulf Weigelt. Das Kontrollrecht des Arbeitgebers ist in dessen 35 Weisungsrecht vorgesehen. Darüber stehen allerdings immer die Persönlichkeitsrechte des Arbeitnehmers. Sie sind als Grundrechte zu wahren. Arbeitsrechtliche Regelungen für eine elektronische Überwachung 40 der Mitarbeiter gibt es bislang nicht, ledig-

Urteil des Arbeitsgerichts

Der Arbeitnehmervertreter klagte in der Folge erfolgreich gegen seine Entlassung. Nach Meinung des Gerichts war das Ausspionieren der Computerdaten mittels einer Spähsoftware unverhältnismäßig. Die damit aufgezeichneten Screenshots unterlagen einem Beweisverwertungsverbot und konnten somit nicht als Beweismittel für eine fristlose Kündigung dienen.

lich Grundsätze. Sie betreffen vor allem den Einsatz von Kameras. Generell gilt: Gibt es einen Verdacht auf eine Straftat, die mit anderen Mitteln nicht aufgeklärt werden kann, ist Videoüberwachung erlaubt. Eine solche Maßnahme ist allerdings mit sehr hohen Hürden verbunden. So muss der Arbeitgeber belegen, dass die Überwachung wirklich das einzige und letzte Mittel ist, um einen Betrug oder Diebstahl zu dokumentieren. Auch muss der Betriebsrat einer solchen Kontrolle zustimmen. In der Regel treffen Arbeitgeber solche Maßnahmen dann, wenn beispielsweise immer wieder Geld in der Kasse fehlt. Ist der Fall aufgeklärt, müssen die Kameras wieder entfernt werden. Einfacher haben es Arbeitgeber nur an Orten, an denen aus Sicherheitsgründen Kameras eingesetzt werden – beispielsweise im Verkaufsraum. Hier dienen Kameras der Überführung von Ladendieben und die Mitarbeiter müssen sich mit der permanenten Überwachung abfinden. Das Arbeitsrecht schreibt jedoch vor, dass solche Aufnahmen nicht gegen die Beschäftigten verwendet werden dürfen. Die Daten auf dem Firmenrechner dürfen Chefs grundsätzlich überprüfen. Allerdings gilt auch hier die Verhältnismäßigkeit. Arbeitgeber dürfen die Firmenmails mitlesen, aber nicht den Inhalt jeder E-Mail auswerten. Er darf sie allerdings nach Schlagwörtern wie „Sex" durchsuchen, um einen Missbrauch zu entdecken. Private Mails sind für den Arbeitgeber generell tabu. Auch dann, wenn er die private Nutzung der Firmenrechner verboten hat. Im konkreten Fall liegen die Grenzen für den Arbeitgeber noch höher, weil Betriebsräte arbeitsrechtlich besonders geschützt sind. Sie haben ein Recht auf vertrauliche und geschützte Arbeit. Laut § 119 des Betriebsverfassungsgesetzes darf der Arbeitgeber den Betriebsrat bei seiner Arbeit nicht behindern oder einschränken. Ein Verstoß dagegen stellt eine Straftat dar und wird mit einer Geldstrafe oder einer Freiheitsstrafe von bis zu einem Jahr geahndet. Arbeitsrechtler und Gewerkschafter gehen davon aus, dass das Arbeitsgericht die Kündigung kassieren wird.

Tina Groll, www.zeit.de, 10.8.2012

M 12 ● Mitbestimmungsrecht des Betriebsrats bei technischen Überwachungseinrichtungen

Nach § 87 Abs. 1 Nr. 6 BetrVG hat der Betriebsrat bei der Einführung und Anwendung von technischen Einrichtungen, die dazu bestimmt sind, das Verhalten oder die Leistung der Arbeitnehmer zu überwachen, mitzubestimmen. Mit diesem Mitbestimmungsrecht sollen die Persönlichkeitsrechte der Mitarbeiter vor den Gefahren anonymer Kontrolleinrichtungen geschützt werden. Technische Überwachungseinrichtungen im Sinne der Vorschrift sind alle Vorrichtungen, die automatisiert arbeitnehmerbezogene Daten speichern, verändern, übermitteln oder löschen und die es dadurch ermöglichen, Aussagen über das Verhalten und die Leistung einzelner Mitarbeiter zu treffen. Beispiele: Videokameras, automatische Zeiterfassungsgeräte (Stechuhren, Zeitstempler usw.), Fotokopierer mit individueller PIN für den einzelnen Benutzer, Internet und E-Mail.

Beim § 87 BetrVG handelt es sich um die „obligatorische Mitbestimmung" oder auch durchsetzbare Mitbestimmung genannt. Besteht eine gesetzliche oder tarifliche Regelung scheidet ein Mitbestimmungsrecht des Betriebsrats aber aus. Bei den gesetzlichen Regelungen muss es sich um zwingendes gesetzliches Recht handeln, z. B. Nachtarbeitsverbot für Jugendliche. Besteht eine tarifliche Regelung so entfaltet sie zwingende Wirkung, wenn der Arbeitgeber an den Tarifvertrag gebunden ist. Dies ist der Fall, wenn der Arbeitgeber Mitglied im zuständigen Arbeitgeberverband ist, Partner eines Haustarifvertrags ist oder ein Tarifvertrag für allgemeinverbindlich erklärt wurde. Das Mitbestimmungsrecht nach § 87 BetrVG besteht auch in „Eilfällen", so dass einseitig vom Arbeitgeber durchgeführte Maßnahmen unwirksam sein dürften. Ausnahmen können nur in „absoluten Notfällen" möglich sein, wie z. B. Brand- oder Wetterkatastrophen.

Nach: Karsten Fischer-Lange/Henning Kluge, www.kluge-seminare.de (4.4.2016)

M 13 ● Welche Rechte hat ein Betriebsrat?

Journalist: Warum brauchen Journalisten eine Arbeitnehmervertretung?
Gerda Theile: Teile und herrsche – so hieß es schon bei den alten Römern. Deshalb brauchen Journalisten ebenso wie andere Arbeitnehmer ein Sprachrohr, das ihre Interessen und Wünsche bündelt, das bestimmte Rechte hat und diese auch einfordert.
Wie sehen denn die Rechte des Betriebsrats aus?
Der Betriebsrat hat Informations-, Beratungs- und Mitbestimmungsrechte. Die Mitbestimmungsrechte bilden zwar den kleineren Teil, sind aber dennoch wichtig. So wird etwa die Arbeitszeit vom Betriebsrat mitgestaltet. Der Arbeitgeber kann ohne das Okay des Betriebsrats im Prinzip keinerlei Überstunden anordnen. Auch in Medienbetrieben setzen sich immer mehr Betriebsräte für eine systematische Arbeitszeiterfassung und Dienstplanregelung ein.
Was ist sonst noch mitbestimmungspflichtig?
Das Betriebsverfassungsgesetz, Paragraf 87, formuliert insgesamt 13 Fälle mit ganz unterschiedlicher Wertigkeit. Das geht bis hin zu den Kantinenpreisen. Die beiden wichtigsten Punkte sind sicherlich die bereits erwähnte Arbeitszeit sowie der Schutz vor einer Datenüberwachung. Letzteres heißt faktisch: Solange nicht das Okay des Betriebsrats vorliegt, kann kein Redaktionssystem installiert werden. Denn alle Programme haben inzwischen ein Log-Buch, das eine Leistungs- und Verhaltenskontrolle erlaubt. Hier muss und will der Betriebsrat also mitreden.
Gibt es weitere Fälle, in denen ein starker Betriebsrat wichtig ist?
Ja, bei Entlassungen. Betriebsräte verhandeln mit den Arbeitgebern über Sozialpläne und damit über Abfindungen für die Betroffenen. In betriebsratslosen Unternehmen haben die Mitarbeiter im Fall von betriebsbedingten Kündigungen keinen Anspruch auf eine Abfindung.
Bleiben wir mal bei den betriebsbedingten Kündigungen: Welche Rechte hat hier ein Betriebsrat konkret?
Alle Rechte, die ein Betriebsrat einer Schraubenfirma hat. Das heißt: Dem Betriebsrat müssen die wirtschaftlichen Gründe für die Kündigungen genau dargelegt werden. Meistens wird nur etwas von Auflagen- und Erlösrückgängen erzählt. Das aber reicht bei einem Kündigungsschutzprozess nicht aus. Zwar kann der Betriebsrat betriebsbedingte Kündigungen nicht verhindern, aber er kann mit seiner fundierten Stellungnahme die Chancen des Einzelnen in einem Kündigungsschutzprozess verbessern. Ist ein Betriebsrat nicht umfassend und rechtzeitig informiert oder angehört worden, so sind die Kündigungen unwirksam.
Kann der Betriebsrat auch bei der Einstellung von redaktionellem Personal mitreden?
In Medienbetrieben ist das kein mitbestimmungspflichtiger Vorgang. Der Betriebsrat hat hier nur ein Informations-, aber kein Zustimmungsverweigerungsrecht. Hintergrund ist der Tendenzschutzparagraf, auf den sich die Verlage berufen können. [...]
Haben Betriebsräte irgendetwas mit den Tarifverträgen zu tun?
Jein. Mit dem Zustandekommen der Tarifverträge haben sie nichts zu tun. Die Betriebsräte haben aber die gesetzliche Auf-

gabe, auf die Einhaltung der Tarifverträge zu achten. Also zu prüfen: Ist die Eingruppierung der Mitarbeiter korrekt? Werden tatsächlich Tarifgehälter gezahlt? Das bedeutet, dass Betriebsräte auch Einblick in die Gehaltslisten nehmen müssen.

Etliche Verlage sind aus der Tarifbindung geflüchtet. Sie wollen die Gewerkschaften außen vor lassen, stattdessen mit Betriebsräten interne Vergütungsordnungen abschließen. Was rät der DJV in diesen Fällen?

Finger weg! Betriebsräte dürfen von Rechts wegen nicht über Tarifmaterien verhandeln. Die Vergütungsordnungen können daher nur abstrakte Tätigkeitsbeschreibungen enthalten. Die Gehälter bestimmt der Arbeitgeber. Die Betriebsräte sollten dem Druck also nicht nachgeben. Der Schwarze Peter muss da bleiben, wo er ist: Wenn sich ein Arbeitgeber für die Tarifflucht entschieden hat, dann muss er auch allein für die schlechte Bezahlung geradestehen.

Wie eng arbeiten die Betriebsräte mit den Gewerkschaften zusammen?

Das ist unterschiedlich, hängt immer von den Beteiligten ab. Gewöhnlich arbeiten Betriebsräte vertrauensvoll mit den Gewerkschaften zusammen.

Wer die Interessen der Arbeitnehmer vertritt, gilt leicht als Störenfried. Genießen Betriebsräte einen besonderen Kündigungsschutz?

Betriebsräte können während der laufenden Wahlperiode nicht gekündigt werden. Fristlose Kündigungen sind aber durchaus möglich, wenn man dazu einen entsprechenden Grund geliefert hat. Also: Vorsicht! Bei Betriebsräten, die der Arbeitgeber gerne loswerden will, werden gerne mal die Spesenrechnungen überprüft.

Ein Betriebsrat kann also normalerweise davon ausgehen, dass er nicht auf die Kündigungsliste kommt?

Im Regelfall, ja. Es heißt immer: Der Betriebsrat macht das Licht aus!

Kann in jedem Unternehmen – egal wie groß es ist – eine Arbeitnehmervertretung gewählt werden?

Man braucht fünf Wahlberechtigte, von denen drei wählbar sein müssen. Die drei Kandidaten müssen mindestens sechs Monate dem Betrieb angehören. Letztlich wird bei einem Betrieb, der weniger als 21 Wahlberechtigte hat, aber nur ein einköpfiger Betriebsrat gewählt.

Was muss eine Belegschaft tun, wenn sie einen Betriebsrat gründen will?

Man braucht eine Wahlversammlung, die einen Wahlvorstand einsetzt. Gibt es schon eine Arbeitnehmervertretung, was der Normalfall ist, wird der Wahlvorstand vom amtierenden Betriebsrat eingesetzt. [...]

Welche persönlichen Eigenschaften sollten Kandidaten mitbringen?

Ein Betriebsrat muss kommunikativ sein. Er muss ein offenes Ohr für die Sorgen der Kollegen haben, und es wäre auch nicht schlecht, wenn er diese Sorgen dem Arbeitgeber in einer charmanten Art nahebringen kann.

Gefragt sind nicht die Hardliner...

Richtig. Verhandlungsergebnisse bekommt man ja leichter, wenn man eine diplomatische Ader hat. Ein Konfrontationskurs kostet immer Zeit und Nerven. [...]

Unter welchen Bedingungen wird ein Betriebsrat komplett freigestellt?

Wenn es im Betrieb mindestens 200 Wahlberechtigte gibt. Meistens ist es die oder der Betriebsratsvorsitzende, der freigestellt ist, aber das ist nicht zwingend. Das Gremium entscheidet.

Darf jeder Mitarbeiter mitwählen?

Nicht wählen dürfen leitende Angestellte und freie Mitarbeiter. Allerdings hat der Wahlvorstand zu prüfen, ob sich unter den Freien vielleicht Scheinselbstständige befinden. Die zählen als Arbeitnehmer, dürfen dann natürlich auch mitwählen.

Interview mit Gerda Theile – Referentin des Deutschen Journalisten-Verbandes (DJV), © Verlag Rommerskirchen GmbH & Co. KG, www.journalist.de (4.4.2016)

M 14 • Intensität der Betriebsrats-Beteiligung

Mitwirkungsrechte | **Mitbestimmungsrechte**

Information	Anhörung	Beratung	Zustimmungs-erfordernis	durchsetzbare Mitbestimmung
Einseitige Verpflichtung des AG, den BR zu unterrichten	Der AG hat den BR anzuhören + sich mit dessen Vorbringen auseinander zu setzen i. S. v. gegenseitiger Information	AG + BR müssen sich zusammen setzen + die Angelegenheit gemeinsam erörtern	Der AG braucht die Zustimmung des BR, um die Maßnahme durchführen zu könne; der BR kann seine Zustimmung aber nur aus bestimmten Gründen Verweigern	Der AG kann ohne die Zustimmung des BR nicht handeln; bei Uneinigkeit entscheidet die Einigungsstelle
§ 99 I BetrVG	§ 102 I BetrVG	§ 111 BetrVG	§ 99 I BetrVG & § 99 II BetrVG	§ 87 BetrVG
Der Betriebsrat kann seine Rechte aus dem Betriebsverfassungsgesetz nur sinnvoll wahrnehmen, wenn er rechtzeitig und umfassend informiert ist. Das BetrVG stellt den Betriebsrat daher hinsichtlich seiner Kenntnisse über betriebliche Belange auf dieselbe Stufe, wie den Arbeitgeber.	z. B. Kündigungen: Der Betriebsrat ist vor jeder Kündigung zu hören. Der Arbeitgeber hat ihm die Gründe für die Kündigung mitzuteilen. Eine ohne Anhörung des Betriebsrats ausgesprochene Kündigung ist unwirksam.	z. B. bei Stilllegungen oder Verlegungen von Betrieben oder Betriebsteilen, Einführung neuer Fertigungsverfahren	z. B.: Arbeitgeber hat den Betriebsrat vor jeder Einstellung, Eingruppierung, Umgruppierung und Versetzung zu unterrichten. Verweigert der Betriebsrat seine Zustimmung, so kann der Arbeitgeber beim Arbeitsgericht beantragen, die Zustimmung zu ersetzen.	z. B.: Arbeitszeiten Urlaubspläne, Arbeitsschutzmaßnahmen, betriebliche Lohngestaltung soziale Maßnahmen Überwachungsmaßnahmen

Quelle Grafik: ifb, www.ifb.de (4.4.2016); Beispiele: Autorentext

Aufgaben

1. Analysieren Sie die Karikatur M 10.
2. Begründen Sie, warum der Betriebsrat bei technischen Überwachungen von Mitarbeitern obligatorische Mitbestimmungsrechte hat (M 11 – M 14).
3. Gestalten Sie einen Leitfaden, in dem alle wesentlichen Informationen für Betriebsräte enthalten sind (M 13, M 14).

F Prüfen Sie nach Bearbeitung der Aufgaben 2 und 3 Ihre erste Beurteilung der Karikatur M 10.

9.2.3 Mitbestimmung auf Unternehmensebene – Garant für sozialen Frieden oder Standortnachteil?

M 15 ● Mitbestimmung auf Unternehmensebene

In Deutschland sind die Arbeitnehmer auch an den wirtschaftlichen Planungen und Entscheidungen der Unternehmenspolitik beteiligt. Die Mitbestimmung auf Unternehmensebene beschränkt sich allerdings auf Kapitalgesellschaften, wie Aktiengesellschaften oder Gesellschaften mit beschränkter Haftung (GmbH), mit mehr als 500 Beschäftigten. In so einem Unternehmen können Arbeitnehmervertreter den Vorstand des Unternehmens mitüberwachen. Das Organ, das dafür zuständig ist, heißt Aufsichtsrat.

Wie der Aufsichtsrat sich zusammensetzt und wie er gewählt wird, ist in verschiedenen Gesetzen geregelt: im Montanmitbestimmungsgesetz von 1951, im Mitbestimmungsgesetz von 1976 und im Drittelbeteiligungsgesetz von 2004. Welches Gesetz zuständig ist, hängt von der Art und Größe des Unternehmens ab. Im Aufsichtsrat sitzen immer Vertreter der Anteilseigner/Aktionäre und der Arbeitnehmer. Allerdings sieht keines der Gesetze vor, dass die Arbeitnehmervertreter die Arbeitgeberseite überstimmen kann.

Autorentext

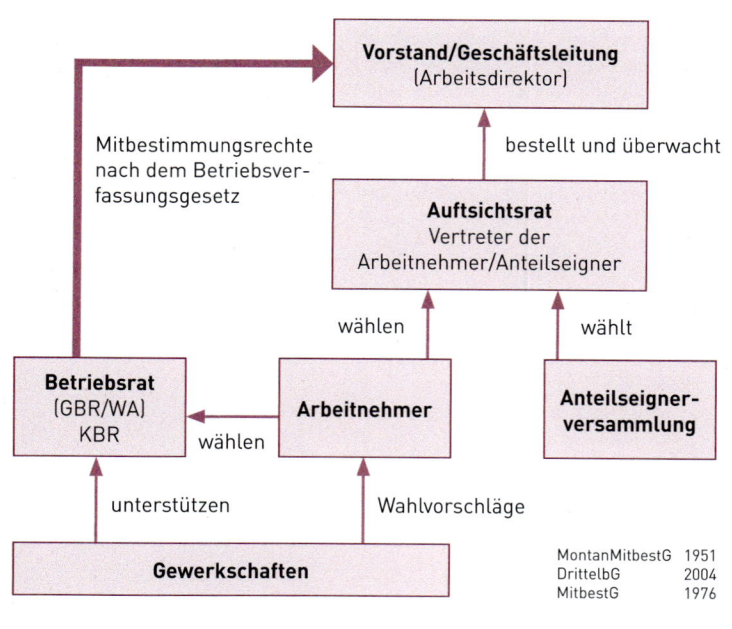

M 16 ● Drei Modelle der Unternehmensmitbestimmung

Modell 1: Mitbestimmung nach der Montanmitbestimmung von 1951

Der Vorstand wird hier ergänzt um einen Arbeitsdirektor für die Bereiche „Soziales" und „Personelle Angelegenheiten", der nur mit Zustimmung der Arbeitnehmervertreter-Mehrheit gewählt werden kann.

Der Aufsichtsrat besteht je nach Größe des Gesellschaftskapitals aus 11, 15 oder 21 Mitgliedern. Der 11-köpfige Aufsichtsrat setzt sich wie folgt zusammen: 5 Vertreter der Anteilseigner, 5 Arbeitnehmervertreter, 1 weiteres Mitglied.

Zwei der Arbeitnehmervertreter werden von der Spitzenorganisation der Gewerkschaften vorgeschlagen. Diese Form der Mitbestimmung gilt bei den Rechtsformen der Aktiengesellschaft und der GmbH in den Geschäftsfeldern Kohle, Eisen und Stahl mit in der Regel mehr als 1.000 Arbeitnehmern.

Modell 2: Mitbestimmung nach dem Drittelbeteiligungsgesetz von 2004

Der Aufsichtsrat setzt sich aus zwei Drittel Anteilseignervertretern und einem Drittel Arbeitnehmervertretern (daher Drittelbeteiligungsgesetz) zusammen. Es gilt für Aktiengesellschaften, Kommanditgesellschaften auf Aktien, Gesellschaften mit beschränkter Haftung, Genossenschaften und Versicherungsvereinen auf Gegenseitigkeit mit 500 bis zu 2.000 Beschäftigten.

Modell 3: Mitbestimmung nach dem Mitbestimmungsgesetz von 1976
Der Aufsichtsrat setzt sich bei in der Regel nicht mehr als 10.000 Arbeitnehmern aus je sechs Aufsichtsratsmitgliedern der Anteilseigner und der Arbeitnehmer zusammen (< 20.000: acht, > 20.000: zehn). Unter den sechs Aufsichtsratsmitgliedern müssen sich vier Arbeitnehmer des Unternehmens und zwei Vertreter der Gewerkschaften befinden. Im Vorstand muss ein Arbeitsdirektor die Personal- und sozialen Angelegenheiten verantwortlich führen, ohne jedoch zwingend mit Zustimmung der Arbeitnehmervertreter gewählt zu werden. Bei einem Patt hat der Aufsichtsratsvorsitzende zwei Stimmen. Es gilt für die Rechtsformen der AG, einer KGaA, einer GmbH oder einer Erwerbs- und Wirtschaftsgenossenschaft mit mehr als 2.000 Arbeitnehmern.

Roland Köstler, Praktische Hinweise zum Unternehmensrecht, Arbeitshilfen für Aufsichtsräte, Heft 7, 5. Aufl., Düsseldorf 2004

M 17 • Mitbestimmungs- und Eigentumsrechte im Widerspruch?

Anders als in der Weimarer Reichsverfassung (Art. 130 Abs. 2, 165 Abs. 2) enthält das Grundgesetz keine ausdrückliche Gewährleistung von ArbeitnehmerInnen-Interessenvertretungen [...].
Trotz der fehlenden verfassungsrechtlich abgesicherten Mitbestimmungsrechte ist das Recht der ArbeitnehmerInnen auf Mitbestimmung in Betrieben, Unternehmen und staatlichen Einrichtungen aber unstreitig. Dies lässt sich schon aus Artikel 1 Abs. 1 GG (Wahrung der Menschenwürde) ableiten. Dem steht aber verfassungsrechtlich die Eigentumsgarantie des Artikels 14 Abs. 1 S. 1 GG entgegen. „Sie erfasst alle vermögenswerten Rechte unter Einschluss der mit ihnen verbundenen Verfügungsmacht und daher auch die Verfügungsgewalt der Inhaber wirtschaftlicher Unternehmen. Sie schützt die Unternehmer gegen Akte staatlicher Wirtschaftsplanung und sichert ihre Dispositionsfreiheit über das dem Betrieb zugeordnete Eigentum. Dazu gehört die Gründungs- und Tätigkeitsfreiheit. Der Unternehmer bestimmt die Rechtsform des Unternehmens und darf es nach seinen Zweckmäßigkeitserwägungen betreiben. Ihm steht die Nutzung seines Eigentums an den Produktionsmitteln zu. Art. 14 Abs. 1 GG gewährleistet die Wirtschaftsfreiheit als unternehmerische Dispositionsfreiheit. Dem Arbeitgeber dürfen keine Leitungsbefugnisse entzogen werden. Die Mitbestimmungsfreiheit unternehmerischer Entscheidungen wird ferner auf die Berufsfreiheit (Art. 12 Abs. 1, 2 Abs. 1 GG) gestützt. Sie ist das Leitprinzip der Betriebsverfassung und stellt klar, dass der Betriebsrat mangels eigener Verantwortung für das Unternehmen nicht zum Mitunternehmer werden darf. Beteiligungsrechte dürfen die unternehmerische Entscheidungsfreiheit nur insoweit beeinträchtigen, als es der Sozialstaatsgedanke des Grundgesetzes erfordert." (Stefan Edenfeld)
Daher beschränkt sich kollektive Mitbestimmung der abhängig Beschäftigten (über demokratisch gewählte Repräsentativorgane wie Betriebs-, Personal- und Aufsichtsräte) in Deutschland, aber auch in der Europäischen Union, auf soziale Angelegenheiten, sie darf nicht zu einer wirtschaftlichen Mitbestimmung führen, die die Dispositionsfreiheit der Unternehmer aushebelt. Dies gilt verfassungsmäßig nicht nur für die betriebliche, sondern auch für die unternehmensbezogene Mitbestimmung.

Albrecht Müller, www.nachdenkseiten.de, 9.5.2011

M 18 ● Kontrovers diskutiert: die Unternehmensmitbestimmung – ein Standortnachteil?

Pro Unternehmensmitbestimmung:

Die Mitbestimmung von Arbeitnehmervertretern an Unternehmensentscheidungen ist fester Bestandteil der Firmenkultur in der Bundesrepublik Deutschland. Als geregelte Form der Konfliktbewältigung kann die Mitbestimmung einen Beitrag zum sozialen Frieden leisten. Dies ist vor allem wichtig in Zeiten des Strukturwandels in den Produktionsprozessen.

Die Einbindung der Arbeitnehmer in Entscheidungsprozesse trägt zu einem höheren Verantwortungsbewusstsein gegenüber dem Unternehmen bei. Wer Mitverantwortung der Mitarbeiter will, der sollte auch Mitsprache erlauben.

Die Beteiligung der Arbeitnehmer an Entscheidungsprozessen kann die Transparenz in den jeweiligen Unternehmen erhöhen, die Arbeitszufriedenheit verbessern, die Produktivität steigern, die Identifikation mit dem Unternehmen stärken und die Innovationsbereitschaft der Beschäftigten fördern. Die Frage ist jedoch, ob dazu die Mitbestimmung nötig ist. Auch in Japan und in den USA (quality circles) gibt es enge und funktionierende Absprachen zwischen Unternehmensführung und Arbeitnehmern – allerdings ohne Mitbestimmung.

Kontra Unternehmensmitbestimmung:

Außer in Slowenien gibt es nirgendwo auf der Welt derart ausgeprägte Mitbestimmungsrechte der Arbeitnehmer wie in Deutschland. Das schreckt viele ausländische Investoren – trotz der geringen Streikfrequenz – davon ab, sich in Deutschland zu engagieren. Gleichzeitig führt es dazu, dass Unternehmen ihren Firmensitz ins Ausland verlegen. So ging Aventis nach der Fusion mit Hoechst und Rhône-Poulenc nach Straßburg. Mitbestimmung hat die Unternehmenskontrolle nicht verbessert. Der Sachverstand vieler Arbeitnehmervertreter – und auch Unternehmensvertreter – ist häufig unzureichend. Die Arbeitnehmervertreter haben nicht nur die Vergütungen vieler Manager mitgetragen und immense Abfindungssummen abgenickt, sondern auch die Fehlentscheidungen der Vorstände mitzuverantworten.

Mitbestimmung verzögert Entscheidungsprozesse. Global operierende Unternehmen müssen in sehr vielen Fällen schnell und flexibel entscheiden. Das lassen die aufwendigen Abstimmungsprozesse der Mitbestimmung nicht zu.

Viele betriebsexterne Arbeitnehmervertreter, wie Gewerkschaftschefs, sind nicht unabhängig. Dies gilt aber auch für Unternehmensvertreter im Aufsichtsrat, vor allem aus dem Finanzbereich. Die Folge sind mögliche Interessenkollisionen zum Nachteil des Unternehmens.

Gekürzt nach: Christoph B. Schiltz, Die Welt, 22.10.2004

Tipp

Im Bundestag fand im Mai 2011 eine Anhörung zu Mitbestimmung statt, in der zahlreiche Experten Stellungnahmen abgaben. Recherchieren Sie die Dokumentation und arbeiten Sie die genannten Argumente heraus.

Aufgaben

1. Erklären Sie, wie Arbeitnehmer auf Unternehmensebene mitbestimmen können (M 15, M 16).
2. Erläutern Sie, warum eine völlige Gleichstellung von Arbeit und Kapital mit dem Grundgesetz nicht vereinbar ist (M 17).
3. Diskutieren Sie in einer Pro- und Kontra-Diskussion, ob das deutsche Modell der Mitbestimmung noch zeitgemäß ist (M 17, M 18).

Die Tarifautonomie ist durch Artikel 9 Abs. 3 GG gesichert, in dem die Koalitionsfreiheit als demokratisches Grundrecht festgeschrieben ist. Das heißt, Arbeitgeber und Arbeitnehmer legen in freier Vereinbarung die Arbeitsbedingungen in den Unternehmen ohne Eingreifen des Staates fest. Die Tarifpartner, also Arbeitgeberverbände und Gewerkschaften, sind zuständig für Löhne, Gehälter und Ausbildungsvergütungen, für Pausenregelungen, Wochenarbeitszeit und Urlaub. Diese Regelungen werden in entsprechenden Tarifverträgen vereinbart, die den Vertragspartnern ein hohes Maß an rechtlicher Verbindlichkeit geben. Ob Regelungen für bestimmte Branchen flächendeckend, also für alle Betriebe gelten sollen, wird zunehmend von Seiten der Arbeitgeber in Frage gestellt. Sie verlangen, die besondere wirtschaftliche Lage einzelner Betriebe stärker zu berücksichtigen.

Tarifautonomie
M 1 – M 9

Mitbestimmung im Betrieb bedeutet vor allem die Einflussnahme des Betriebsrats auf Fragen, die sich für die Beschäftigten unmittelbar an ihren Arbeitsplätzen stellen. Die Mitbestimmungsrechte des Betriebsrates unterteilen sich

- in die eigentliche Mitbestimmung: Betriebliche Maßnahmen (Lohngestaltung, Arbeitsschutz, Urlaub ...) werden nur wirksam, wenn der Betriebsrat zustimmt.
- in die Mitwirkung: Der Betriebsrat hat ein Widerspruchsrecht und kann das Arbeitsgericht oder eine Einigungsstelle anrufen (Einstellungen, Kündigungen, Versetzungen ...)
- in Informations- und Beratungsrechte (bei der Aufstellung eines Sozialplanes im Falle einer Betriebsstilllegung, bei der Planung von Bauten, neue Arbeitsverfahren ...)

Betriebliche Mitbestimmung
M 12 – M 14

Mitbestimmung auf Unternehmensebene findet in den Aufsichtsräten der großen Kapitalgesellschaften statt und bezieht sich auf Mitsprache bei wirtschaftlichen Entscheidungen von Unternehmen. Die Mitbestimmung nach dem Mitbestimmungsgesetz von 1976 sieht zwar eine numerisch gleichgewichtige (paritätische) Besetzung des Aufsichtsrats mit Vertretern von Anteilseignern und Arbeitnehmern vor, tatsächlich besteht aber ein Übergewicht der Anteilseigner, weil diese den Vorsitzenden bestimmen können, der bei Stimmengleichheit den Ausschlag gibt. Gegen die Mitbestimmung wird heute von Arbeitgeberseite u. a. vorgebracht, sie sei zu bürokratisch und hindere Unternehmen daran, schnelle Entscheidungen zu treffen. Ferner bringe sie angesichts der Internationalisierung deutschen Firmen Wettbewerbsnachteile durch höhere Kosten.

Mitbestimmung auf Unternehmensebene
M 15 – M 18

Die Ausgestaltung der Arbeitsbeziehungen in Deutschland ruht auf drei Säulen: der betrieblichen Mitbestimmung nach dem Betriebsverfassungsgesetz, der Mitbestimmung auf Unternehmensebene und der grundgesetzlich gesicherten Tarifautonomie. Alle drei Säulen haben zum sozialen Frieden und zur Überwindung des Gegensatzes von Kapital und Arbeit in der Bundesrepublik Deutschland einen wesentlichen Beitrag geleistet.

Drei Säulen für sozialen Frieden

Betriebsrat?!! Aber Herrschaften!

Karikatur: Thomas Plaßmann

Ein amerikanischer Investor möchte in Deutschland eine Aktiengesellschaft mit 1.500 Beschäftigten gründen. Doch gibt es auf Seiten des Investors deutliche Vorbehalte gegenüber dem deutschen Modell der betrieblichen Mitbestimmung und Unternehmensmitbestimmung. Als Wirtschaftsreferent der Gemeinde, in dem sich das Unternehmen ansiedeln möchte, beraten Sie den Investor und versuchen ihn zur Ansiedlung des Unternehmens zu überreden.

Autorentext

Aufgabe

Spielen Sie in einem Rollenspiel das Gespräch zwischen dem Wirtschaftsreferenten und dem Investor. Aus der Sicht des Investors äußern Sie Fragen und Bedenken gegenüber dem deutschen Modell der Mitbestimmung. Aus der Sicht des Wirtschaftsreferenten erläutern Sie die Funktionsweise der betrieblichen Mitbestimmung anhand des Betriebsverfassungsgesetzes und der Unternehmensmitbestimmung und stellen die Vorteile der Regelungen für Arbeitnehmer und Arbeitgeber dar.

SELBSTDIAGNOSE

Sie können...	Dazu benötigen Sie u. a. folgende Begriffe...	Das klappt schon...	Hier können Sie u. a. noch üben...
die Auswirkungen der neuen Arbeitswelt auf Arbeitnehmer und Arbeitgeber beurteilen.	Crowdworking Cloud Working prekäre Beschäftigung atypische Erwerbsformen Normalarbeitsverhältnis Leiharbeit Zeitarbeit	👍 👎	M 1, M 3, M 4, M 6 / S. 274 – 279 Orientierungswissen / S. 286
die unterschiedlichen Möglichkeiten und Instrumente der Personalbeschaffung im Unternehmen darstellen und beurteilen.	Recruiting Stellenausschreibung Assessment Center (AC) Recrutainment	👍 👎	M 8, M 9 / S. 280 f. M 12 – M 14 / S. 283 ff. Orientierungswissen / S. 286
die Interessen von Arbeitnehmern und Arbeitgebern bei der Gestaltung der voneinander Arbeitsbeziehungen unterscheiden.	Tarifautonomie Tarifvertrag Streik Tarifeinheitsgesetz Gewerkschaft Arbeitgeber(verband) Arbeitskampf Aussperrung	👍 👎	M 1 – M 9 / S. 288 – 294 Orientierungswissen / S. 303
Mitbestimmungsmöglichkeiten im Betrieb und Unternehmen erläutern.	Betriebsrat Mitbestimmungsrechte Mitwirkungsrechte Betriebsverfassungsgesetz	👍 👎	M 12 – M 14 / S. 296 – 299 M 15, M 16 / S. 300 f. Orientierungswissen / S. 303

Die neun „Lastenpakete des Ballons Staat":

1. Der Staat muss für Bildung sorgen (Bildungspolitik)

2. Der Staat muss für Wettbewerb sorgen und Marktkonzentrationen verhindern (Wettbewerbspolitik)

3. Der Staat muss soziale Sicherung garantieren (Sozialpolitik)

4. Der Staat muss für Verkehrswege sorgen (Verkehrspolitik)

5. Der Staat muss dafür sorgen, dass die Umwelt geschützt wird (Umweltpolitik)

6. Der Staat muss dafür sorgen, dass es keine Wirtschaftskrisen gibt (Stabilitätspolitik)

7. Der Staat muss für eine gerechte Einkommens- und Vermögensverteilung sorgen (Einkommens- und Vermögenspolitik)

8. Der Staat muss für eine funktionierende Rechtsordnung sorgen (Rechtspolitik)

9. Der Staat muss notleidenden Unternehmen helfen (Strukturpolitik)

Das Ballonspiel

Stellen Sie sich vor, Sie schwebten in einem Ballon „Staat". An Bord sind schwere Lastenpakete mit Aufgaben des Staates, die den Ballon immer wieder an Höhe verlieren lassen. Er droht abzustürzen. Um den Abstieg aufzuhalten, müssen Sie ein Lastenpaket über Bord werfen. Sie müssen dabei überlegen, welche Staatsaufgaben Sie leicht aufgeben können und welche Sie so lange wie möglich an Bord behalten wollen. Der Ballon fängt sich wieder, verliert aber nach einer Weile wieder an Höhe. Ein weiteres Paket (2. Spielrunde) muss also abgeworfen werden. Dies geht insgesamt vier Spielrunden so.

10 Wirtschaftspolitische Zielsetzungen, Konjunktur und Wirtschaftskreislauf

Nicht zuletzt am Beispiel der weltweiten Banken- und Wirtschafskrise ab 2007/08 hat sich wieder einmal gezeigt, dass wirtschaftliche Schwankungen einen entscheidenden Einfluss auf den Wohlstand und damit auf das Leben der Menschen in einer Volkswirtschaft haben. Die (Wirtschafts-)Politik hat mit verschiedenen Maßnahmen massiv in das Wirtschaftsgeschehen eingegriffen, um zu starke negative Auswirkungen auf Wachstum, Beschäftigung und Preisniveau sowie Verwerfungen innerhalb der Europäischen Union zu vermeiden.

Bereits 1967 wurde mit dem Stabilitäts- und Wachstumsgesetz eine gesetzliche Grundlage für ein solches Eingreifen geschaffen. Ziel der deutschen Politik muss es seitdem sein, eine stetige wirtschaftliche Entwicklung zu fördern: ein stetiges, angemessenes Wachstum, ein stabiles Preisniveau, einen hohen Beschäftigungsstand und ein außenwirtschaftliches Gleichgewicht. Um den gesellschaftlichen und politischen Herausforderungen der jüngeren Zeit gerecht zu werden, wurden diese vier Punkte um das Ziel einer nachhaltigen Entwicklung und das Ziel der Verteilungsgerechtigkeit ergänzt. Auch die Frage der Bedeutung des Wachstums für den Wohlstand – gemessen durch Bruttoinlandsprodukt und Volkseinkommen – muss vor diesem Hintergrund diskutiert werden.

Dass der Staat in den Markt eingreifen soll, um starke Schwankungen in der Entwicklung zu vermeiden, ist in Deutschland unumstritten. Doch mit welchen Maßnahmen und zu welchem Zeitpunkt soll der Staat intervenieren? Soll er mit Konjunkturprogrammen für eine Stimulanz der Wirtschaft sorgen? Wenn ja, zu welchem Zeitpunkt und in welchem Ausmaß soll dies geschehen?

KOMPETENZEN

Am Ende dieses Kapitels sollten Sie Folgendes wissen und können:

Sie können die wirtschaftliche Entwicklung der Bundesrepublik charakterisieren sowie die aktuelle wirtschaftliche Lage anhand von geeigneten Indikatoren analysieren.

Sie können wirtschaftspolitische Maßnahmen vor dem Hintergrund der Ziele des Stabilitäts- und Wachstumsgesetzes und weiterer Ziele beurteilen.

Sie können Ausprägungen konjunktureller Schwankungen und ihre Ursachen erklären.

Sie können anhand eines einfachen Kreislaufmodells die Prozesse innerhalb einer Volkswirtschaft erklären und Ihre eigene Position innerhalb der Modelldarstellung bestimmen.

Sie können die Messgrößen des Bruttoinlandsprodukts und des Volkseinkommens erklären und beurteilen, inwiefern beide Indikatoren für gesellschaftliche Wohlfahrt sein können.

Was wissen und können Sie schon?

Dokumentieren Sie Ihre Abwürfe auf einem Plakat: In welcher Reihenfolge wurden die Lasten abgeworfen? Begründen Sie Ihre Auswahl jeweils stichwortartig.

10.1 Wirtschaftspolitische Zielsetzungen

10.1.1 Wann soll der Staat eingreifen?

M 1 ● **Das Auf und Ab der Wirtschaft**

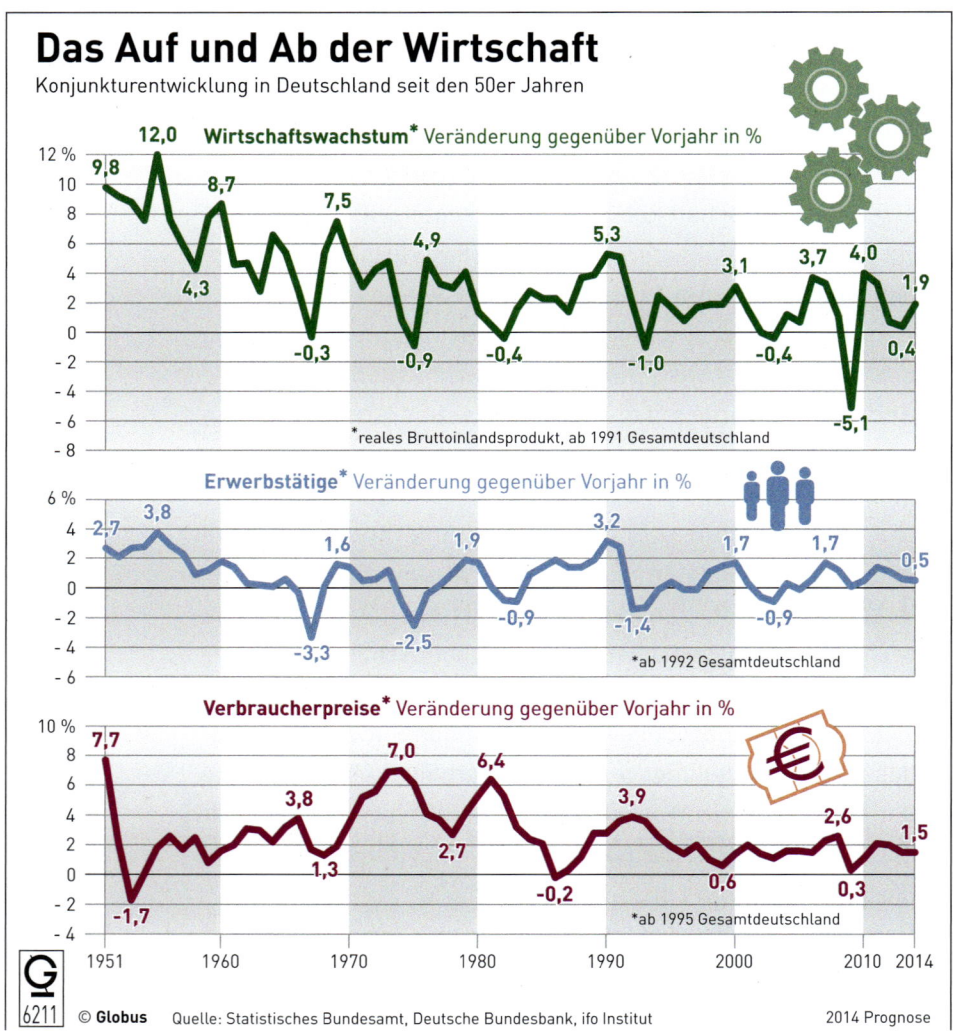

M 2 ● **Warum soll der Staat in den Marktprozess eingreifen? Ziele der Wirtschaftspolitik**

Wirtschaftspolitik wird häufig damit begründet, dass der Markt in manchen Bereichen nicht die gewünschten Resultate bringe. Sie umfasst deshalb Maßnahmen, mit denen bestimmte ökonomische, ökologische und soziale Ziele verwirklicht werden sollen, von denen man annimmt, dass der Marktprozess allein sie nicht erreicht. Die konkreten wirtschaftspolitischen Ziele werden durch die politische Willensbildung festgelegt. Sie sind stets umstritten und hängen wesentlich von den Wertvorstellungen innerhalb der Gesellschaft ab.

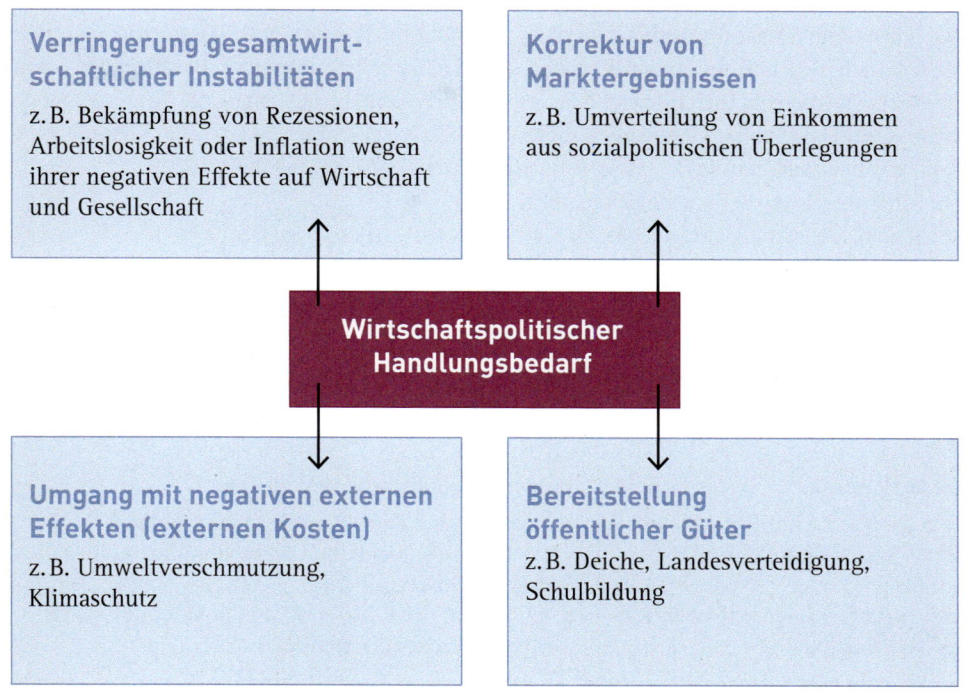

Autorentext und -grafik

> **Öffentliche Güter**
> Wirtschaftliche Güter, die bei der Nutzung durch eine Person gleichzeitig von einer anderen Person genutzt werden können (z. B. Deiche, äußere Sicherheit). Von der Nutzung öffentlicher Güter können Einzelne nicht ausgeschlossen werden. Hier muss der Staat für das Güterangebot sorgen, da kein privater Anbieter das Gut zur Verfügung stellen wird.

M 3 ● Das Stabilitäts- und Wachstumsgesetz

Nicht erst seit der drastischen Zunahme der Arbeitslosigkeit in den 1970er-Jahren in nahezu allen westlichen Industrienationen bildet das Problem der wirtschaftlichen
5 Stabilität einen Schwerpunkt der wissenschaftlichen wie auch der öffentlichen Diskussion. Denn die Erfahrung zeigt, dass die Intensität wirtschaftlicher Tätigkeiten in kapitalistischen Systemen Schwankungen
10 unterworfen ist. War die erste Phase der Entwicklung der Sozialen Marktwirtschaft von einer weitgehenden Passivität des Staates gegenüber Konjunkturschwankungen gekennzeichnet – begünstigt durch
15 keine nennenswerten Konjunktureinbrüche im Zuge des stürmischen Wiederaufbaus der Bundesrepublik –, setzte sich mit dem Rückgang von Produktion und Beschäftigung Mitte der 1960er-Jahre der Gedanke
20 durch, mit wirtschaftspolitischen Steuerungsmaßnahmen stabilisierend in den Wirtschaftsprozess einzugreifen. Gerade die Marktwirtschaft jedoch lebt von der Dynamik ständiger Veränderungen. Nicht
25 umsonst charakterisierte der österreichische Nationalökonom Joseph A. Schumpeter die marktwirtschaftliche Ordnung als Prozess der schöpferischen Zerstörung, die mit wechselhaften Wirtschaftsverläufen
30 einhergehe. Dass einer stabilen, berechenbaren wirtschaftlichen Entwicklung dennoch ein so hoher Stellenwert beigemessen wird, liegt vor allem daran, dass instabile Entwicklungen meist mit Planungsschwie-
35 rigkeiten, Arbeitslosigkeit, Einkommensverlusten und politischen Krisen verbunden sind, welche die Politik vor große Aufgaben stellen. 1967 wurden deshalb in dem „Gesetz zur Förderung der Stabilität
40 und des Wachstums der Wirtschaft" (Stabilitätsgesetz, StabG) Ziele staatlicher Wirtschaftspolitik formuliert: „Bund und Länder haben bei ihren wirtschafts- und finanzpolitischen Maßnahmen die Erfor-
45 dernisse des gesamtwirtschaftlichen Gleichgewichts zu beachten. Die Maßnahmen sind so zu treffen, dass sie im Rahmen der marktwirtschaftlichen Ordnung gleichzei-

tig zur Stabilität des Preisniveaus, zu einem hohen Beschäftigungsstand und außenwirtschaftlichem Gleichgewicht bei einem stetigen und angemessenen Wirtschaftswachstum beitragen." (§ 1 StabG). Die Charakterisierung der stabilitätspolitischen Zielsetzung als „magisches Viereck" bezieht sich darauf, dass zwischen den Zielen wechselseitige Beziehungen und Zielkonflikte bestehen, die es als unmöglich erscheinen lassen, alle Zielvorgaben gleichzeitig zu erfüllen.

Max Bauer, Buchners Kompendium Politik – Neue Ausgabe, Bamberg 2013, S. 117 f.

M 4 ● Die Ziele des magischen Vierecks

Hoher Beschäftigungsstand	Preisniveaustabilität
Wirtschaftspolitische Bedeutung: ▸ Ausschöpfung des gesamtwirtschaftlichen Produktionspotenzials zum Zwecke der allgemeinen Güterversorgung ▸ Vermeidung sozialer Härten infolge unfreiwilliger Arbeits- und Erwerbslosigkeit	Wirtschaftspolitische Bedeutung: ▸ Erleichterung der Erwartungsbildung der Wirtschaftssubjekte bezüglich der allgemeinen Preisentwicklung ▸ Förderung der Koordinationsfähigkeit des freien Marktbildungsmechanismus
Stetiges und angemessenes Wirtschaftswachstum	**Außenwirtschaftliches Gleichgewicht**
Wirtschaftspolitische Bedeutung: ▸ der Stetigkeit: Vermeidung oder Dämpfung der konjunkturellen Schwankungen von Wachstum und Beschäftigung ▸ der Angemessenheit: Notwendigkeit eines ausreichenden Wachstums für die Erreichung eines hohen Beschäftigungsgrades in der Zukunft	Wirtschaftspolitische Bedeutung: ▸ Erreichung einer langfristigen ausgeglichenen Zahlungsbilanz (Devisenzuflüsse = Devisenabflüsse) ▸ Vermeidung eines dauerhaften Netto-Abflusses inländischer Ressourcen ins Ausland, Vermeidung einer dauerhaft ansteigenden Nettoverschuldung des Inlands gegenüber dem Ausland

Duden Basiswissen Schule, Politik, Berlin/Mannheim 2004, S. 160 f.

M 5 ● Weitere wirtschaftspolitische Zielsetzungen

Seit 1994 ist der Umweltschutz als Staatsziel in Artikel 20a Grundgesetz verankert. Damit wird dem Umweltschutz und seinen Zielsetzungen Verfassungsrang verliehen. Dies bedeutet, dass alle staatlichen Organe in ihrem Entscheiden und Handeln auf die Verantwortung für künftige Generationen zum Schutz der Umwelt verpflichtet sind. Aufgrund des verfassungsrechtlichen Ranges ist bei der Abwägung mit anderen gesellschaftlichen und wirtschaftlichen Interessen eine verstärkte Berücksichtigung des Umwelt- und Nachweltschutzes geboten; eine umweltverträgliche Wirtschaftsentwicklung kann somit als ein weiteres Stabilitätsziel gesehen werden.
Aus dem Sozialstaatsgebot im Grundgesetz (Art. 20) wird auch eine gerechte Einkommens- und Vermögensverteilung als Ziel staatlicher Politik abgeleitet. Darüber hinaus wurde 2011 beschlossen, eine „Schuldenbremse" in das Grundgesetz aufzuneh-

men (Art. 109 Abs. 3 GG). Sie soll mittelfristig zu ausgeglichenen Haushalten des Bundes und der Länder führen. Diese Entwicklungen zeigen, dass wirtschaftspolitische Ziele meist durch gesellschaftspolitische Werturteile bestimmt sind. Die Ziele und ihre Gewichtung sind stets Gegenstand politischer und gesellschaftlicher Diskussion.
Autorentext

M 6 ● Mögliche Beziehungen zwischen den wirtschaftspolitischen Zielen

Die wirtschaftspolitischen Ziele der Bundesrepublik Deutschland werden auch als „magisches Vieleck" bezeichnet, weil ein gleichzeitiges Erreichen aller Ziele unmöglich ist. Zwischen den Zielen bestehen vielmehr drei mögliche Zielbeziehungen:
(1) Von **Zielkomplementarität** spricht man, wenn das Verfolgen eines Ziels das Erreichen eines weiteren ebenfalls fördert. Viele Ökonomen und Politiker gehen von einer Komplementarität zwischen „Wirtschaftswachstum" und „hohem Beschäftigungsstand" aus.

(2) **Zielneutralität** ist gegeben, wenn Maßnahmen zur Realisierung eines Ziels ein anderes weder positiv noch negativ beeinflussen.
(3) **Zielkonflikte** existieren dann, wenn die Verwirklichung eines Ziels die eines anderen behindert. Solche Gegensätze werden häufig für die Zielbeziehungen „Wirtschaftswachstum – Umweltschutz" und „hoher Beschäftigungsstand – Preisniveaustabilität" behauptet.

Autorentext

M 7 ● Wege in die Postwachstumsökonomie

Das Denkwerk Demokratie ist ein 2011 von SPD und Grünen in Zusammenarbeit mit verschiedenen Gewerkschaften und Umweltverbänden ins Leben gerufener „think tank". Der Vorstand besteht aus Steffi Lemke (GRÜNE), Andrea Nahles (SPD), Michael Guggemos (IG Metall) und Yasmin Fahimi (IG BCE). Die Hauptforderung ist eine Änderung der 1967 im „Wachstums- und Stabilitätsgesetz" festgeschriebenen wirtschaftspolitischen Ziele, die grafisch oft als „magisches Viereck" dargestellt werden. Die [auf S. 312 folgende] Grafik zeigt die aktuellen Ziele und die neuen Vorschläge.
Ohne näher auf die genauen Ausführungen des Diskussionspapiers eingehen zu wollen, möchte ich einmal den möglichen Wandel der wirtschaftspolitischen Ziele beleuchten:
Das jetzige „magische Viereck" hat einige offensichtliche Geburtsfehler und innere Konflikte, die seine Reformierung durchaus rechtfertigen würden. Am offensichtlichsten ist diese Erkenntnis bezüglich des Punktes „stetiges Wirtschaftswachstum". 1967 war das Verständnis von „Wachstum" ein grundlegend anderes. Vor dem Hintergrund der wirtschaftlichen Erholung zu Zeiten des Wirtschaftswunders bot die Aussicht auf Wachstum und den Wiederaufbau wirtschaftlicher Strukturieren Hoffnung auf das Ende von Hunger und Elend, es war schlichtweg überlebensnotwendig. Heutzutage ist die Ausgangslage eine grundlegend andere:
Unsere Produktion ist nahezu vollständig industrialisiert, Deutschland ist mittlerweile die viertgrößte Volkswirtschaft weltweit und mir persönlich ist nur schwer ersichtlich, wohin unsere Wirtschaft überhaupt noch wachsen soll. Ich glaube, an dieser Stelle nicht noch einmal explizit die Unvereinbarkeit von Wirtschaftswachstum und nachhaltiger Produktion darlegen zu müssen.
Aktuell klafft die berühmte Schere zwi-

schen Arm und Reich in unserer verhältnismäßig wohlhabenden Gesellschaft immer weiter auseinander. Das Problem ist nicht, dass unsere Wirtschaftsleistung nicht genug hergibt, sondern dass Einkommen schlichtweg nicht gerecht verteilt werden. Als Ansatzpunkt innerhalb des „magischen Vierecks" ist hier schnell „hoher Beschäftigungsgrad" auszumachen. So lange dieser wirtschaftspolitisches Ziel ist, wird von Seiten der Politik stets Arbeit um ihrer selbst willen geschaffen werden. Auch deswegen gibt es eine starke Verlagerung von Arbeit in den Niedriglohnsektor, in [450]-Euro-Jobs und in Leiharbeit. Spätestens seit der Agenda 2010 und der Einführung von HARTZ IV mit dem Grundsatz „Fördern und Fordern" werden Arbeitslose immer häufiger aus Existenznot in prekäre Arbeitsverhältnisse gedrängt und ihre Lage von Seiten der Wirtschaft schamlos ausgenutzt. Von einer Änderung dieser zwei Punkte in „ökologische Nachhaltigkeit" und „soziale Nachhaltigkeit" würde ich mir zwar niemals praktische Veränderungen versprechen, der ideelle Wert und die gesetzliche Verankerung nachhaltigen Denkens sind trotzdem nicht zu vernachlässigen. Mir ist unwohl bei dem Gedanken, dass unsere Gesetzgebung die weit verbreitete Vorstellung von Wirtschaftswachstum als Allheilmittel für jegliche Probleme stützt und wahrscheinlich jeder Politik-Leistungskurs in Deutschland angehalten wird, das „magische Viereck" zu verinnerlichen.

Weitgehend wertlos wäre ein solcher Paradigmenwechsel jedoch, wenn die praktische Konsequenz dann weiterhin ausbleibt. Persönlich bin ich der Meinung, dass die Grundidee der Postwachstumsökonomie mit unserem jetzigen Wirtschaftssystem, marktwirtschaftlichem Denken und kapitalistischer Verwertungslogik nicht vereinbar ist.

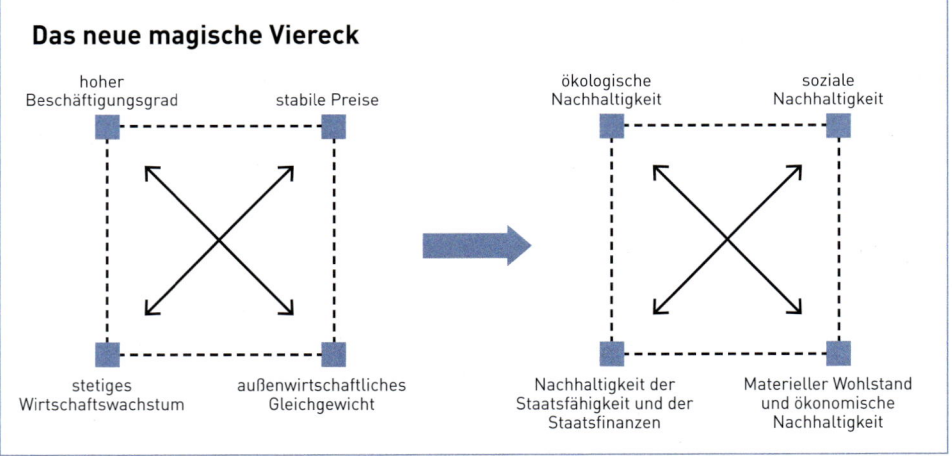

Robert Fisher, © *2016 BUNDjugend Blog, 15.2.2013*

Aufgaben

F Untersuchen Sie M 1 nach Übereinstimmungen mit den Zielen des Stabilitätsgesetzes von 1967 (M 3).

① Erläutern Sie anhand von Beispielen, warum eine stabile wirtschaftliche Entwicklung ein Ziel von Wirtschaftspolitik sein sollte (M 2, M 3).

② Erklären Sie anhand von Beispielen mögliche Zielkonflikte und Zielharmonien zwischen den Zielen des magischen Vielecks (M 4 – M 7).

③ Erörtern Sie den Ansatz der Postwachstumsökonomie vor dem Hintergrund der Erreichung der Ziele des magischen Vierecks (M 4 – M 7).

10.1.2 Stetiges und angemessenes Wirtschaftswachstum: Wie viel und welches Wachstum brauchen wir?

M 8 ● Wie wird das Wirtschaftswachstum gemessen?

Das Bruttoinlandsprodukt (BIP) ist der Marktwert aller für den Endverbrauch bestimmten Waren und Dienstleistungen, die in einem Land in einem Zeitabschnitt hergestellt werden. Diese Definition sieht möglicherweise sehr einfach aus, aber viele Probleme treten tatsächlich erst dann auf, wenn man das BIP einer Volkswirtschaft messen möchte. Daher sollten wir den genauen Wortlaut dieser Definition untersuchen.

„Das BIP ist der Marktwert ..."
Sie kennen wahrscheinlich das Sprichwort: „Man kann Äpfel nicht mit Birnen vergleichen." Das BIP tut jedoch genau das. Im BIP werden viele unterschiedliche Arten an Gütern in ein einziges Maß für die ökonomische Aktivität zusammengerechnet. Um dieses möglich zu machen, werden Marktpreise verwendet. Da Marktpreise diejenigen Geldsummen messen, die die Menschen bereit sind für unterschiedliche Güter zu zahlen, spiegeln diese den Wert der entsprechenden Güter wider. Ist der Preis eines Apfels doppelt so hoch wie der Preis einer Birne, dann trägt ein Apfel doppelt so viel zum BIP bei wie eine Birne.

„... aller ..."
Das BIP versucht, ein umfassendes Maß zu sein. Es beinhaltet alles, was in einer Volkswirtschaft hergestellt und legal auf den Märkten verkauft wird. Das BIP misst also nicht nur den Wert von Äpfeln und Birnen, sondern ebenso denjenigen von Orangen oder Pampelmusen, Büchern und Filmen, Haarschnitten und Gesundheitsvorsorge usw. [...] Es gibt jedoch einige Produkte, die aufgrund der auftretenden Schwierigkeiten bei der Messung nicht in das BIP einfließen. Das BIP schließt all diejenigen Dinge aus, die illegal hergestellt und verkauft werden, wie z. B. illegale Drogen. Es schließt ebenso die meisten Dinge aus, die zu Hause produziert und konsumiert werden und damit nicht über den Markt gehandelt werden. Gemüse, das Sie beim Gemüsehändler kaufen, ist ein Teil des BIP; Gemüse, das Sie im eigenen Garten anbauen, zählt hingegen nicht zum BIP. Diese Abgrenzung des BIP kann teilweise zu paradoxen Ergebnissen führen. Bezahlt Karen beispielsweise Doug dafür, dass er ihren Rasen mäht, so geht diese Transaktion in das BIP ein. Würde Karen Doug heiraten, so würde sich die Situation ändern. Auch wenn Doug weiterhin Karens Rasen mäht, bleibt der Wert des Rasenmähens nun außerhalb des BIP, denn Dougs Dienstleistung wird nicht mehr über den Markt entlohnt. Wenn also Karen und Doug heiraten, so fällt das BIP.

„... für den Endverbrauch bestimmten ..."
Wenn eine Unternehmung Papier herstellt, welches eine andere Unternehmung dazu benutzt, Grußkarten herzustellen, so wird das Papier Zwischenprodukt genannt und die Karte wird Endprodukt genannt. Das BIP umfasst nur den Wert der Endprodukte. Der Grund dafür liegt darin, dass der Wert der Zwischenprodukte schon im Preis des Endprodukts enthalten ist. Das Hinzurechnen des Marktwertes des Papiers zum Marktwert der Karte würde eine Doppelzählung beinhalten. [...] Eine wichtige Ausnahme von diesem Prinzip stellt der Fall dar, in dem ein Zwischenprodukt hergestellt wird und, anstatt sofort verbraucht zu werden, die Lagerhaltung einer Unternehmung erhöht, um zu einem späteren Zeitpunkt genutzt oder verkauft zu werden. In diesem Fall wird das Zwischenprodukt im Betrachtungszeitraum als Endprodukt behandelt, und dessen Wert fließt als Lagerinvestition in das BIP ein. Wird der Lagerbestand an Zwischenprodukten später genutzt oder verkauft, so ist dies gleich-

Erklärfilm „Wirtschaftswachstum"

Mediencode: 8880-10

bedeutend mit negativen Lagerinvestitionen, und das BIP dieser späteren Periode wird dementsprechend niedriger ausfallen.

„... Waren und Dienstleistungen ..."
Das BIP umfasst sowohl materielle Güter (Lebensmittel, Kleidung, Autos) als auch immaterielle Dienste (Haarschnitte, Hausreinigung, Arztbesuche).

„... die in einem Land ..."
Das BIP misst den Wert der Produktion innerhalb der geografischen Grenzen eines Landes. Arbeitet ein französischer Staatsbürger vorübergehend in Deutschland, so zählt seine Produktionsleistung zum deutschen BIP. Besitzt ein deutscher Staatsbürger eine Fabrik in Portugal, so zählt die Produktionsleistung in seiner Fabrik [...] zum portugiesischen BIP. In das BIP eines Landes fließen also Dinge ein, die in diesem Land hergestellt werden, unabhängig von der Staatsangehörigkeit der Produzenten.

„... in einem bestimmten Zeitabschnitt ..."
Das BIP misst den Wert der Produktion, die innerhalb eines bestimmten Zeitintervalls stattfindet. In der Regel ist dieses Intervall ein Jahr oder ein Quartal (drei Monate). Das BIP misst die Einkommens- und Ausgabenströme während dieses Zeitraums. Gibt das statistische Zentralamt eines Staates (z. B. Statistisches Bundesamt) das BIP für ein Quartal an, so sind dies in der Regel Daten, die zuvor durch einen statistischen Vorgang, saisonale Anpassung genannt, modifiziert wurden.

„... hergestellt werden ..."
Das BIP umfasst Waren und Dienstleistungen, die derzeit gerade hergestellt werden. Es umfasst keine Transaktionen, die in der Vergangenheit produzierte Dinge enthalten. Wenn VW ein neues Auto herstellt und verkauft, so fließt der Wert dieses Autos in das BIP ein. Verkauft jedoch eine Person den Gebrauchtwagen an eine andere Person, so ist der Wert des gebrauchten Autos nicht im BIP enthalten.

N. Gregory Mankiw/Mark P. Taylor, Grundzüge der Volkswirtschaftslehre, 5. Aufl., Stuttgart 2012, S. 600 – 603 (übers. v. Adolf Wagner und Marco Herrmann)

Erklärfilm „Bruttoinlandsprodukt"

Mediencode: 8880-11

M 9 ● Die Dimension des BIP

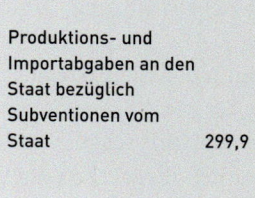

Entstehung, Verwendung und Verteilung des Bruttoinlandsprodukts 2015
in Mrd. Euro

Entstehung		Verwendung		Verteilung	
Bruttowerschöpfung	2 729,7	Konsumausgaben	2 219,7	Volkseinkommen	2 263,2
Land- und Forstwirtschaft, Fischerei	17,4	Private Konsumausgaben	1 636,0	Arbeitnehmerentgelt	1 539,9
Produzierendes Gewerbe ohne Baugewerbe	707,5	Konsumausgaben des Staates	583,7	Unternehmens- und Vermögenseinkommen	723,4
Baugewerbe	124,8				
Handel, Verkehr, Gastgewerbe	430,2	+		+	
Information und Kommunikation	131,6	Bruttoinvestition	583,6	Produktions- und Importabgaben an den Staat bezüglich Subventionen vom Staat	299,9
Finanz- und Versicherungsdienstleister	110,9	Bruttoanlageinvestition	603,8		
Grundstücks- und Wohnungswesen	297,3	Vorratsveränderung	-20,2		
Unternehmensdienstleister	303,3				
		+		+	

Statistisches Bundesamt, Volkswirtschaftliche Gesamtrechnungen – Wichtige Zusammenhänge im Überblick 2015, © *Statistisches Bundesamt, Wiesbaden 2016, S. 9*

M 10 ● Wie können wir besser wachsen? – das BIP in der Diskussion

a) Nobelpreisträger kritisieren BIP als einziges Wohlstandsmaß

Was auf den ersten Blick wie ein Widerspruch aussieht, zeigt eine der Schwächen des Bruttoinlandsprodukts (BIP): Es misst die Produktion von Gütern und Dienstleistungen, nicht aber das Wohlergehen einer Gesellschaft. [...] Es legt zu, wenn Menschen dank Abwrackprämie Autos verschrotten und neue anschaffen – selbst wenn das der Umwelt schadet. Das BIP bläht sich auf, wenn mit faulen Krediten Tausende neuer Immobilien finanziert werden, obwohl das am Ende eine Wirtschaftskrise auslöst. All das wäre nicht weiter schlimm, wenn das BIP nicht so eine bedeutsame Größe wäre: Unternehmen und Anleger richten sich nach den Wachstumsprognosen der Konjunkturforscher wie Bergsteiger nach dem Wetterbericht; Politiker tun alles, damit das Volkseinkommen wächst. „Diejenigen, die unsere Gesellschaften mithilfe des BIP lenken wollen, sind wie Piloten ohne einen verlässlichen Kompass", kritisieren deswegen lautstark die Ökonomie-Nobelpreisträger Joseph Stiglitz und Amartya Sen. Mit einer Gruppe hochrangiger Ökonomen haben die beiden Wissenschaftler Ende vergangenen Jahres das BIP einer Generalkritik unterzogen. Ihr Fazit: „Das BIP ist unzureichend, um das Wohlergehen zu messen."

Jens Tönnesmann, www.handelsblatt.de, 15.3.2010

b) Human Development Index (HDI) und Nationaler Wohlfahrtsindex (NWI) als alternative Wohlstandsindikatoren

Die Debatte über die Unzulänglichkeit des BIP als Wohlstandsindikator ist nicht neu. Auch wurden bereits verschiedene alternative Wohlstandsindikatoren entwickelt. Dazu gehört der 1990 von den Vereinten Nationen entwickelte Human Development Index (HDI), der Einzelindikatoren der Bereiche Lebenserwartung, Bildung und materieller Wohlstand zu einem Gesamtmaß aggregiert. In Deutschland wurde der Nationale Wohlfahrtsindex (NWI) entwickelt, der neben materiellen und sozialen Aspekten auch ökologische Entwicklungen und marktferne Arbeit in einem Indikator zusammenfassend abbildet.

© *2015 Bundesministerium der Finanzen, www.bundesfinanzministerium.de, 20.6.2013*

c) Enquete-Kommission des Deutschen Bundestages schlägt Indikatorenansatz vor

Im Dezember 2010 beschloss der Deutsche Bundestag die Einsetzung der Enquete-Kommission „Wachstum, Wohlstand, Lebensqualität – Wege zu nachhaltigem Wirtschaften und gesellschaftlichem Fortschritt in der Sozialen Marktwirtschaft". Aufgabe der Enquete-Kommission war es, die öffentliche Diskussion über eine nachhaltige Gestaltung von Wirtschaft und Gesellschaft aufzugreifen und parteienübergreifend Handlungsmöglichkeiten für

Marktferne Arbeit
Gemeint sind unbezahlte Tätigkeiten wie Hausarbeit und Ehrenamt.

nationaler Vogelindex

Indikator für die Vogel-Artenvielfalt (Biodiversität) in Deutschland

Gesetzgeber, Wirtschaft und Gesellschaft aufzuzeigen. [...]

Im Zentrum stand dabei der Auftrag, die Eignung des BIP als Indikator für gesellschaftlichen Wohlstand zu untersuchen und gegebenenfalls geeignete Alternativen vorzuschlagen. [...] Im Mai 2013 hat die Enquete-Kommission einen umfangreichen Endbericht vorgelegt. [...]

Ein Charakteristikum des BIP ist, dass es nur einen Ausschnitt aus den von vielen Menschen als wohlstandssteigernd empfundenen Entwicklungen beschreibt. Der entscheidende Vorteil des BIP als Maßgröße liegt darin, dass keine normative Gewichtung anderer Wohlstandsfaktoren nötig und ein Vergleich mit anderen Ländern aufgrund der hohen Verbreitung und Standardisierung des Indikators problemlos möglich ist. Im Gegensatz dazu kann ein aggregierter Indikator wie der NWI zwar ein breiteres Spektrum von Wohlstandsfaktoren abbilden. Dies geht jedoch auf Kosten der internationalen Vergleichbarkeit, wenn der aggregierte Indikator nur für wenige Länder zur Verfügung steht, und auf Kosten der Objektivität, nicht zuletzt, weil die berücksichtigten Einzelindikatoren gewichtet werden müssen. Eine Alternative zu einem aggregierten Gesamtindikator ist die Erstellung eines Indikatorensatzes, bei dem die unterschiedlichen Dimensionen gleichberechtigt nebeneinander stehen und nicht zu einem einzelnen Wert zusammengefasst werden.

Die W3-Indikatoren:

Die Enquete-Kommission empfiehlt in ihrem Abschlussbericht einen Indikatorensatz von zehn Indikatoren. Diese Leitindikatoren sind drei Dimensionen des Wohlstands zugeordnet:

Leitindikatoren		
Materieller Wohlstand	**Soziales und Teilhabe**	**Ökologie**
BIP/BIP pro Kopf	Beschäftigungsquote	Treibhausgas Emission
Einkommensverteilung	Bildung: Abschlussquote Sekundarstufe II	nationale Stickstoffbilanz
Schuldenstandsquote/ Tragfähigkeitslücke	Lebenserwartung	Artenvielfalt: nationaler Vogelindex
	Freiheit: Weltbankindikator „Voice und Accountability"	

© 2015 Bundesministerium der Finanzen, www.bundesfinanzministerium.de, 20.6.2013

🇫 Erläutern Sie ausgehend von M 10 folgende Aussage: „Wir müssen über bessere Arten des Wachstums reden. Bevor die schlechten Wirtschaftsnachrichten wieder von guten abgelöst werden und niemand mehr etwas von Alternativen hören will".

🇫 „Das BIP ist der Marktwert aller für den Endverbrauch bestimmten Waren und Dienstleistungen, die in einem Land in einem Zeitabschnitt hergestellt werden." Erläutern Sie diese Definition.

Aufgaben

1. Beurteilen Sie die Aussagekraft des Bruttoinlandsprodukts (BIP) als Messgröße für Wachstum und Wohlstand in einer Gesellschaft (M 8, M 10).
2. Stellen Sie sich vor, Sie besuchen ein Restaurant und konsumieren dort im Wert von 15 Euro ein Mittagessen. Beschreiben Sie, wie sich Ihr Besuch im Restaurant in dem Schema M 9 auswirkt.

10.1.3 Hoher Beschäftigungsgrad: Alles gut auf dem Arbeitsmarkt?

M 11 ● Arbeitslosigkeit in den Bundesländern

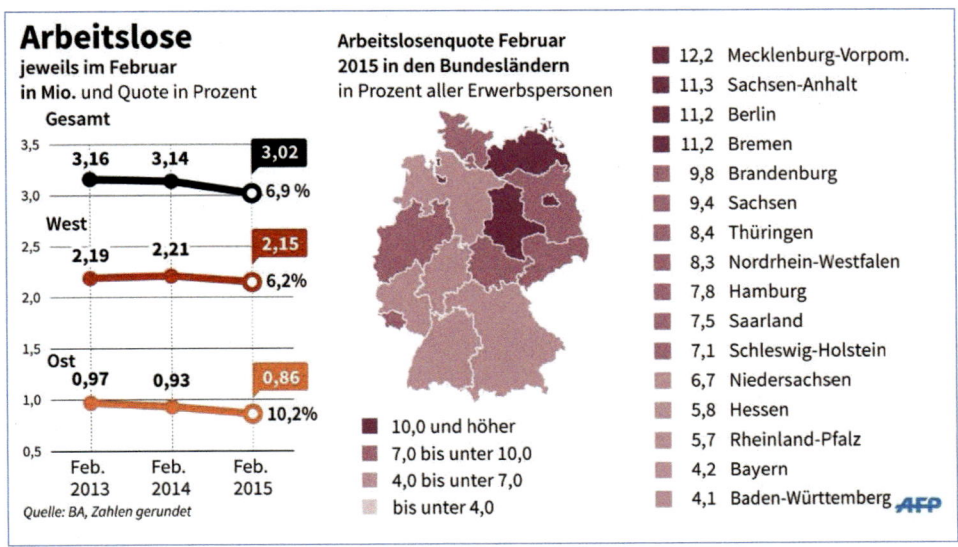

M 12 ● Jugendarbeitslosigkeit in der Europäischen Union

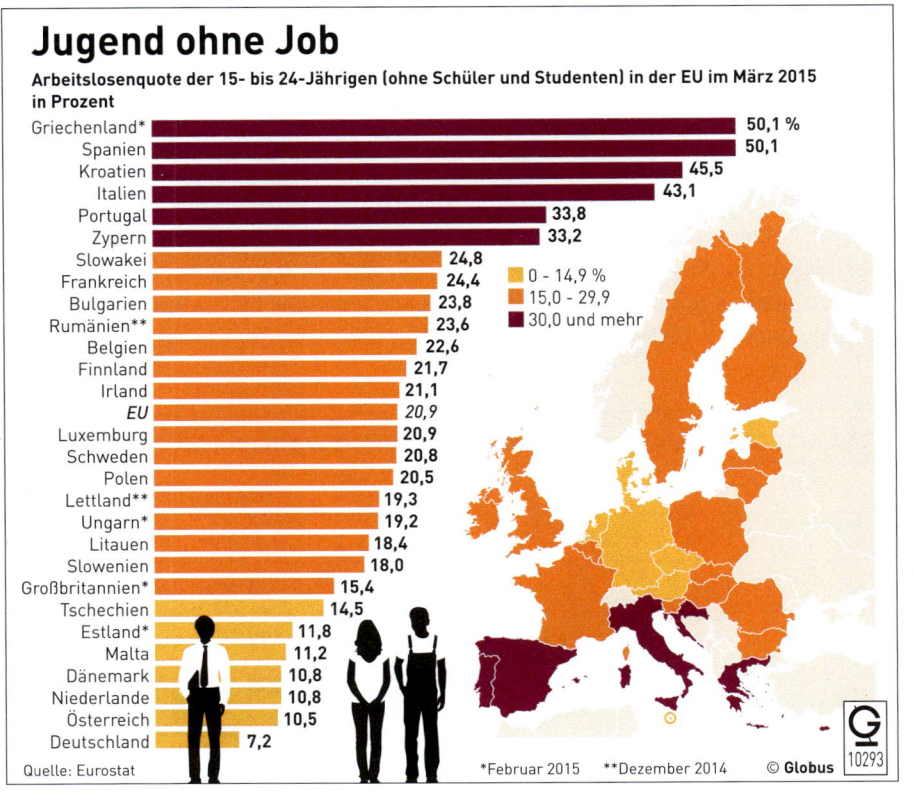

M 13 • Wie wird Arbeitslosigkeit in Deutschland gemessen und erfasst?

Definition in Deutschland nach § 16 und § 119 SGB III: Arbeitslose sind Personen, die
- vorübergehend nicht in einem Beschäftigungsverhältnis stehen oder
- nur eine geringfügige (weniger als 15 Stunden wöchentlich) bzw. kurzzeitige Beschäftigung ausüben, eine versicherungspflichtige Beschäftigung suchen und dabei den Vermittlungsbemühungen der Agentur für Arbeit zur Verfügung stehen;
- sich bei der Agentur für Arbeit arbeitslos gemeldet haben;
- sich bemühen, ihre Beschäftigungslosigkeit zu beenden (Eigenbemühungen)

Definition in der Europäischen Union (ILO-Konzept): Arbeitslose sind alle Personen von 15 bis 74 Jahren, die
- während der Berichtswoche ohne Arbeit waren,
- gegenwärtig für eine Beschäftigung verfügbar waren, d. h. Personen, die innerhalb der zwei auf die Berichtswoche folgenden Wochen für eine abhängige Beschäftigung oder eine selbständige Tätigkeit verfügbar waren;
- aktiv auf Arbeitssuche waren, d. h. Personen, die innerhalb der letzten vier Wochen (einschließlich der Berichtswoche) spezifische Schritte unternommen haben, um eine abhängige Beschäftigung oder eine selbständige Tätigkeit zu finden oder die einen Arbeitsplatz gefunden haben, die Beschäftigung aber erst später, d. h. innerhalb eines Zeitraums von höchstens drei Monaten aufnehmen.

Beide Definitionen haben eine ähnliche Beschreibung von Erwerbslosigkeit bzw. Arbeitslosigkeit. In beiden gelten jene Personen als arbeitslos oder erwerbslos, die ohne Arbeitsplatz sind, dem Arbeitsmarkt zur Verfügung stehen und Arbeit suchen. Einer der wesentlichen Unterschiede besteht darin, dass nach der ILO-Definition arbeitslos nur ist, wer in der Berichtswoche gänzlich ohne Arbeit war. D. h. bereits eine einstündige Beschäftigung führt hier dazu, dass die Person nicht mehr zu den Arbeitslosen zählt. Die ILO-Arbeitsmarktstatistik über Erwerbslosigkeit wird auf der Basis einer Arbeitskräfteerhebung erstellt. Kennzeichnend für diese Methode ist, dass die Daten nicht wie bei den Arbeitslosenzahlen der Bundesagentur für Arbeit aus einer Vollauszählung eines amtlichen Registers, das auf allen Arbeitslosmeldungen beruht, sondern aus einer zufällig gezogenen Haushaltsstichprobe stammen. Dabei wird ausgehend vom Stichprobenergebnis auf das Ergebnis in der Bevölkerung hochgerechnet. [...] Die ILO-Definitionen sind in vielen Ländern Standard, auch die OECD und Eurostat verwenden die ILO-Definitionen. Daher eignen sich für internationale Vergleiche die ILO-Zahlen eher als abweichende nationale Messungen.

Frank Oschmiansky u. a., www.bpb.de, 26.4.2011

Registrierte Arbeitslose in Deutschland im Jahresdurchschnitt	
Jahr	Anzahl
1995	3,61 Mio.
2000	3,89 Mio.
2005	4,86 Mio.
2010	3,24 Mio.
2015	2,79 Mio.

Quelle: © Statista 2016

M 14 • Die tatsächliche Arbeitslosigkeit in Deutschland

Tatsächliche Arbeitslosigkeit im Februar 2013 **3.967.408 Menschen**	
Offizielle Arbeitslosigkeit	3.156.242
Nicht gezählte Arbeitslose	811.166
Älter als 58, Arbeitslosengeld I und/oder ALG II	191.839
Ein-Euro-Jobs (Arbeitsgelegenheiten)	97.713
Förderung von Arbeitsverhältnissen	3.951
Fremdförderung	75.996
Beschäftigungsphase Bürgerarbeit	28.454
Berufliche Weiterbildung	155.364
Aktivierung und Eingliederung (z. B. Vermittlung durch Dritte)	157.155
Beschäftigungszuschuss	5.687
Kranke Arbeitslose (§ 126 SGB III)	95.007

Hajo Zeller, www.myheimat.de (6.4.2016), Tatsächliche Arbeitslosigkeit Februar 2013

M 15 • Die wahren Kosten der Arbeitslosigkeit

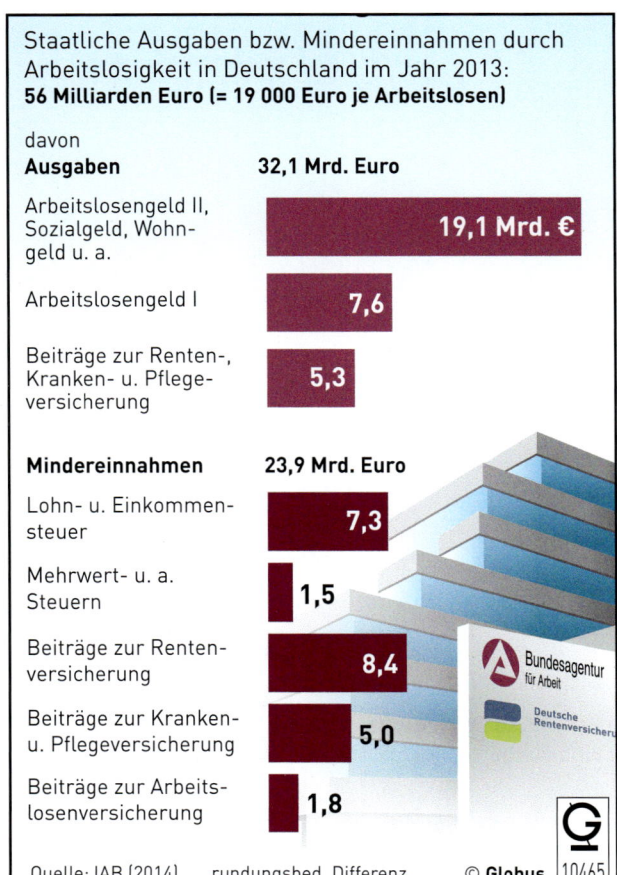

Ursachen der Arbeitslosigkeit

Ökonomische Faktoren:
- Strukturelle Arbeitslosigkeit aufgrund eines ökonomischen Strukturwandels, z. B. wegen des wissenschaftlich-technologischen Fortschritts und der Globalisierung (weltweite Arbeitsteilung und Verlagerung von Produktionszweigen in sog. Billiglohnländer)
- Konjunkturelle Arbeitslosigkeit aufgrund zyklischer Schwankungen der Wirtschaft (Nachfrageschwankungen)
- Saisonale Arbeitslosigkeit: saisonal bedingt nachlassender Bedarf an Arbeitskräften z. B. im Baugewerbe

Individuelle Faktoren:
- Fehlende Qualifikation des Arbeitsuchenden
- Alter
- Überangebot an Arbeitskräften in bestimmten Berufssparten
- Geringer Anreiz zur Arbeitsaufnahme aufgrund des sozialen Sicherungssystems
- Fehlende Flexibilität und Mobilität (z. B. Wohnortwechsel, lange Fahrtstrecken)

Andreas Wolfrum, Die moderne Gesellschaft in Deutschland, Bamberg 2007, S. 103

F Erklären Sie, wie die Arbeitslosenquote in Deutschland gemessen wird, und nennen Sie die Unterschiede zur Erfassungsmethode der EU (M 13).

M 16 ● Folgen der Arbeitslosigkeit

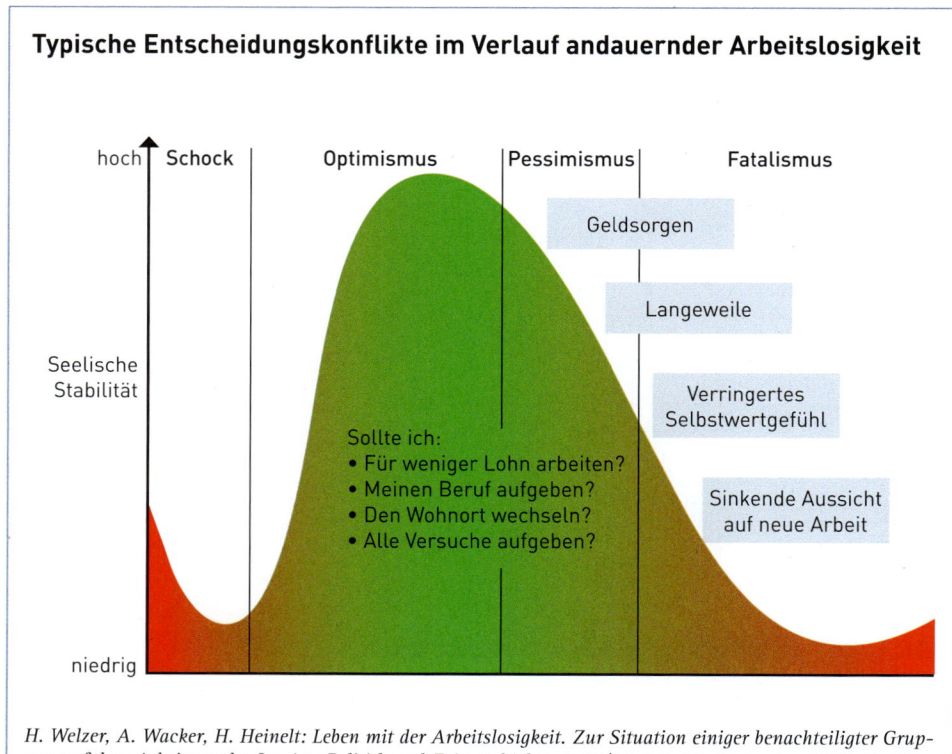

H. Welzer, A. Wacker, H. Heinelt: Leben mit der Arbeitslosigkeit. Zur Situation einiger benachteiligter Gruppen auf dem Arbeitsmarkt. In: Aus Polititk und Zeitgeschichte. B 38/88 vom 16. September 1988, S. 18

Gerhard Willke, Wirtschaftspolitik, Berlin 2003, S. 42

Aufgaben

1. Beschreiben Sie Stand und Entwicklung der Arbeitslosigkeit in Deutschland (M 11 – M 13).
2. Erläutern Sie mögliche Folgen einer unterschiedlich hohen Jugendarbeitslosigkeit in den Staaten der EU (M 12).
3. Erstellen Sie eine Mindmap, in der Sie die Folgen von Arbeitslosigkeit für die privaten Haushalte, den Staat und Unternehmen strukturiert darstellen (M 14 – M 16).

10.1.4 Stabiles Preisniveau: Gefühlt wird alles teurer?

M 17 ● Was ist eigentlich Inflation?

[Inflation ist ein] anhaltender Prozess der Geldentwertung, der sich durch allgemeine Preiserhöhungen bemerkbar macht. Mit einer Geldeinheit kann dann ständig weniger gekauft werden, d. h., die Kaufkraft des Geldes vermindert sich dauernd. Nicht als Inflation gelten einmalige, vorübergehende, durch ungewöhnliche Vorkommnisse (z. B. Missernten, Streiks) verursachte Preisniveauerhöhungen sowie Preissteigerungen für bestimmte Güter oder Produktionsfaktoren. Die Inflation wird gemessen am Anstieg eines das allgemeine Preisniveau am besten widerspiegelnden Preisindexes wie z. B. des Verbraucherpreisindexes für Deutschland. Der prozentuale Anstieg des Preisindexes in einem bestimmten Zeitraum wird als Inflationsrate bezeichnet. Beim Entstehen einer Inflation spielt besonders die Geldmenge in der Volkswirtschaft eine große Rolle. Steht der gesamtwirtschaftlichen Gütermenge eine zu große Geldmenge gegenüber (Aufblähung der Geldmenge), ist eine Bedingung für die Inflation gegeben. Übersteigt die gesamtwirtschaftliche Güternachfrage das gesamtwirtschaftliche Güterangebot, das kurzfristig nicht erhöht werden kann, sind steigende Preise die Folge, die Inflation setzt ein. Die Preissteigerungen lösen steigende Löhne aus, wegen des höheren Einkommens steigt die Nachfrage nach Gütern an. Die höheren Löhne bewirken jedoch auch steigende Kosten der Unternehmen, was wiederum zu Preissteigerungen für Güter führt. Außerdem wird der Preisauftrieb durch die gestiegene Nachfrage zusätzlich verstärkt. Als Folge steigen die Löhne und anschließend wiederum die Preise. Es entsteht eine Lohn-Preis-Spirale. Da in einer solchen Situation in der Bevölkerung die Angst vor weiteren Preissteigerungen und dem Verlust der gesparten Gelder ständig wächst, geben viele ihr Geld möglichst schnell für den Kauf von Gütern aus oder legen Geld zur Werterhaltung in Sachwerten an (Flucht in die Sachwerte), bevor neue Preiserhöhungen zu weiteren Kaufkraftverlusten führen. Eine Inflation kann sich deshalb dauernd selbst verstärken. [...] Eine Inflation führt zur Entwertung von Ersparnissen mit der Folge, dass die Spareigung in der Bevölkerung zurückgeht oder gespartes Geld in Sachwerten angelegt wird. Das schränkt die Möglichkeiten der Banken ein, Kredite an Unternehmen zur Finanzierung von Investitionen zu vergeben. Produktionseinschränkungen und Arbeitslosigkeit sind die Folge. Von einer Inflation sind besonders solche Personen betroffen, die ihr Einkommen nicht an die steigenden Preise anpassen können, z. B. Arbeitslose oder Rentner. Die Verhinderung einer Inflation ist ein wichtiges Ziel der Wirtschaftspolitik.

Achim Pollert u. a., Das Lexikon der Wirtschaft, 2. Aufl., Bonn 2004, S. 104 ff.

Erklärfilm „Inflation"

Mediencode: 8880-12

Inflationsrate ausgewählter Jahre in Deutschland	
Jahr	(Veränderung des Verbraucherpreisindex gegenüber Vorjahr)
1995	1,8 %
2000	1,4 %
2005	1,6 %
2010	1,1 %
2015	0,3 %

Quelle: © Statista 2016

M 18 • Wie misst man die Inflationsrate?

Was ist die Inflationsrate?

Die **Inflationsrate** zeigt an, wie die Preise für Waren und Dienstleistungen, die ein typischer Haushalt in Deutschland kauft, mit der Zeit steigen.

- Rund 600 Beobachter in 94 Regionen (Städte und Gemeinden) erfassen ...
- ... in rund 30 000 Geschäften und im Internet oder in Versandkatalogen ...
- ... jeden Monat rund 300 000 Einzelpreise der am häufigsten gekauften Produkte/Dienstleistungen.
- Diese werden zu 600 Güterarten zusammengefasst.
- Sie bilden den immer gleich zusammengesetzten Warenkorb.

Gewichtung im Warenkorb in Prozent
- Wohnung, Wasser, Strom, Gas: 31,7
- Verkehr: 13,5
- Freizeit, Unterhaltung, Kultur: 11,5
- Nahrungsmittel, Getränke: 10,3
- Einrichtungsgegenstände: 5,0
- sonstige Waren und Dienstleistungen: 28,1

Aus den Preisänderungen wird ein **gewichteter Mittelwert (Inflationsrate)** gebildet: Je größer der Anteil eines Produktes an den Gesamtausgaben des Haushalts ist, umso größer ist auch sein Gewicht im Warenkorb (Beispiel: Miete und Wohnungskosten machen allein 31,7 % aus).

Quelle: Stat. Bundesamt — Stand 2015 — rundungsbedingte Differenz — dpa·20342

M 19 • Drohende Deflation: In der Eurozone sinken die Preise

Deflation
Unter Deflation versteht man den volkswirtschaftlichen Zustand eines allgemeinen und anhaltenden Rückgangs des Preisniveaus für Waren und Dienstleistungen.

Erklärfilm „Deflation"

Mediencode: 8880-13

Die Inflation im Euroraum hat wegen sinkender Energiepreise einen kräftigen Dämpfer erhalten. Im Februar seien die Verbraucherpreise im Jahresvergleich um
5 0,2 Prozent gefallen [...]. Im Januar hatte die Inflationsrate noch bei 0,3 Prozent gelegen. In Deutschland, der größten Volkswirtschaft der Eurozone, stagnierten die Preise. Insbesondere der Ölpreisverfall
10 sorgt dafür, dass die Lebenshaltungskosten sinken: Energie verbilligte sich im Februar binnen Jahresfrist um acht Prozent. [...]. Ob man bereits von einer Deflation sprechen kann, ist nicht ganz klar. Eigentlich
15 setzt diese einen lang anhaltenden und signifikanten Trend voraus, häufig wird aber auch ein kurzzeitiger Preisverfall Deflation genannt. Dennoch setzen die sinkenden Preise die Europäische Zentralbank (EZB)
20 unter Druck. Sie strebt für das Ziel der Preisstabilität eine Inflation von knapp zwei Prozent an. EZB-Präsident Mario Draghi hat bereits signalisiert, dass die Währungshüter im März eine weitere Lo-
25 ckerung ihrer Geldpolitik beschließen könnten. Ihr auf 1,5 Billionen Euro angelegtes Kaufprogramm für Anleihen und andere Wertpapiere läuft bis Ende März 2017. Damit soll die Konjunktur angekur-
30 belt und auch die Inflation angeheizt werden. Viele Ökonomen halten Deflation für gefährlich, weil sie fürchten, Konsumenten könnten gerade größere Anschaffungen in der Hoffnung auf noch niedrigere Preise
35 aufschieben und so die Konjunktur weiter schwächen. Als klassisches Beispiel für die Gefahr lang anhaltender Deflation gilt Japan, wo die Verbraucherpreise in den vergangenen zwei Jahrzehnten teils deutlich
40 fielen und Wirtschaftswachstum eher die Ausnahme ist.

ade/dpa, Spiegel Online, 29.2.2016

M 20 • Die gefühlte Inflation fällt!

Die von der Großbank Unicredit ermittelte gefühlte Inflation weist für 2015 ein Minus von durchschnittlich 1,0 Prozent aus, während die offizielle Teuerungsrate bei plus 0,3 Prozent liegt. „Seit Beginn der Berech-
5 nungen Mitte der 1990er-Jahre gab es noch nie einen schwächeren Wert", sagte der Deutschland-Chefvolkswirt von UniCredit,

Andreas Rees. „Zudem lag die Rate für die gefühlte Inflation in allen zwölf Monaten im negativen Bereich – auch das gab es noch nie." Das bisherige Rekordtief von 0,9 Prozent aus dem Rezessionsjahr 2009 wurde damit unterschritten. „Grund dafür sind die kräftig gefallenen Kraftstoffpreise", erläuterte Rees. Benzin und Diesel werden von vielen Verbrauchern regelmäßig gekauft. Ihnen fallen Preisveränderungen daher viel stärker auf als bei selten gekauften Waren wie Möbeln und Computern. Die UniCredit-Experten geben ihnen daher ein stärkeres Gewicht: In die Berechnung für die gefühlte Inflation fließen die Kraftstoffpreise mit zehn Prozent, im amtlichen Warenkorb hingegen nur mit rund vier Prozent ein. Superbenzin verbilligte sich 2015 um zehn Prozent, Diesel sogar um mehr als 13 Prozent. Auch Heizöl, Strom und Gas wurden billiger.

Da die Ölpreise seit Jahresbeginn wegen des weltweiten Überangebots zeitweise auf den tiefsten Stand seit 2003 abstürzten, erwartet UniCredit auch für dieses Jahr eine Entlastung der Verbraucher.

Reuters, www.finanzen.net, 22.1.2016

M 21 ● Welche Faktoren spielen bei der Inflationswahrnehmung eine Rolle?

Verbraucherumfragen zeigen, dass Menschen die Inflation häufig als stärker empfinden, als man aufgrund der tatsächlichen Preisindizes erwarten würde. Welche Faktoren spielen bei der Inflationswahrnehmung der Menschen eine Rolle?

- Preisanstiegen wird mehr Beachtung geschenkt als stabilen oder sinkenden Preisen. Darüber hinaus bleiben uns Preissteigerungen länger im Gedächtnis. [...]
- Häufig getätigte Anschaffungen werden stärker wahrgenommen.
- Selten erworbene Güter sind weniger präsent. Dies gilt auch für Güter, die per Lastschriftverfahren bezahlt werden.
- „Persönliche" Inflation: Steigen z. B. die Spritpreise weitaus mehr als die Preise anderer Waren und Dienstleistungen, so kann es sein, dass die Menschen, die häufig Auto fahren, eine die offizielle Inflationsrate übersteigende Inflation wahrnehmen.
- Inflationsraten beziehen sich auf einen Einjahreszeitraum. In die Inflationswahrnehmung fließen meist auch Preise aus länger zurückliegenden Jahren mit ein. Über einen langen Zeitraum hinweg steigen Preise in der Regel deutlich an, selbst bei niedrigen jährlichen Inflationsraten.
- Preis- versus Qualitätsänderungen: Manchmal geht der neue Preis mit einer Qualitätsänderung einher, z. B. sind die Autopreise gestiegen, aber bei Neuwagen ist heute oft Standard, was in der Vergangenheit noch Teil der Sonderausstattung war.

Nach: EZB, Inflation – Gefühlte Inflation, www.ecb. int (28.12.2011)

F Unter www.destatis.de/Voronoi/Preis-Kaleidoskop.svg findet sich ein „Preis-Kaleidoskop", das es ermöglicht, die Preisveränderungen einzelner Waren- und Dienstleistungsgruppen per Mausklick nachzuvollziehen. Kommentieren Sie auffällige Entwicklungen.

Aufgaben

1. Begründen Sie an einem selbst gewählten Beispiel, warum Preisstabilität wichtig für eine funktionierende Wirtschaft ist (M 17).
2. Erstellen Sie ein individuelles Wägungsschema und vergleichen Sie dieses mit dem offiziellen Wägungsschema (M 18).
3. Erläutern Sie das Phänomen der gefühlten Inflation und beurteilen Sie, welche Auswirkungen dieses auf das Konsumentenverhalten haben kann (M 19 – M 21).

10.1.5 Warum sind außenwirtschaftliche Gleichgewichte ein Problem?

M 22 ● Die Entwicklung des deutschen Außenhandels – zum Export verdammt?

Die deutsche Wirtschaft ist in hohem Maße exportorientiert und damit auch exportabhängig. Fast jeder vierte Arbeitsplatz in Deutschland hängt vom Export ab. Gleich-
5 *zeitig ist Deutschland als rohstoffarmes Land auch auf Importe angewiesen – vor allem im Energiebereich. Trotz dieser Import-Abhängigkeit liegen in Deutschland die Warenausfuhren seit Jahrzehnten über*
10 *den Wareneinfuhren. Zudem wurde 2015 ein neuer Rekordüberschuss bei der Handelsbilanz erzielt: 248 Milliarden Euro.*
In allen Jahren seit 1952 wurden mehr Waren aus Deutschland ausgeführt als einge-
15 führt. In den zwölf Jahren 2004 bis 2015 lag der Handelsbilanzüberschuss dabei elfmal bei mehr als 150 Milliarden Euro. Und auch 2009 war die Handelsbilanz trotz der Finanz- und Wirtschaftskrise und der ho-
20 hen Exportabhängigkeit Deutschlands positiv (138,7 Mrd. Euro). Nach vorläufigen Ergebnissen des Statistischen Bundesamtes wurde 2015 mit 247,9 Milliarden Euro der bisher höchste Handelsbilanzüberschuss
25 erzielt. Auf die beiden vorangehenden Jahre entfielen der zweit- und dritthöchste Überschuss (2014: 213,6 Mrd. Euro / 2012: 197,6 Mrd. Euro).
Die hohen Handelsbilanzüberschüsse tra-
30 gen maßgeblich dazu bei, dass auch die Leistungsbilanz Deutschlands seit einschließlich 2002 durchgehend positiv ist. [...] Der Leistungsbilanzüberschuss Deutschlands stieg zwischen 2003 und 2007 von 31,2 auf 169,6 Milliarden Euro. Auch
35 in den Krisenjahren 2008 und 2009 konnten mit 143,3 beziehungsweise 141,1 Milliarden Euro hohe Überschüsse erzielt werden. Bis 2012/2013 erhöhte sich der Leistungsbilanzüberschuss wiederum auf
40 190,7 beziehungsweise 182,4 Milliarden Euro.
Schließlich wurde im Jahr 2015 mit einem Leistungsbilanzüberschuss in Höhe von 249,1 Milliarden Euro der bisherige Höchst-
45 wert erreicht. Dabei betrug der Überschuss der Warenhandelsbilanz nach Angaben der Deutschen Bundesbank 261,2 Milliarden Euro. Die Bilanz der Primäreinkommen war im Jahr 2015 ebenfalls positiv (plus 65,2
50 Mrd. Euro).

Bundeszentrale für politische Bildung, Zahlen und Fakten – Globalisierung, 9.3.2016

M 23 ● Eine erfolgreiche Leistungsbilanz für Deutschland

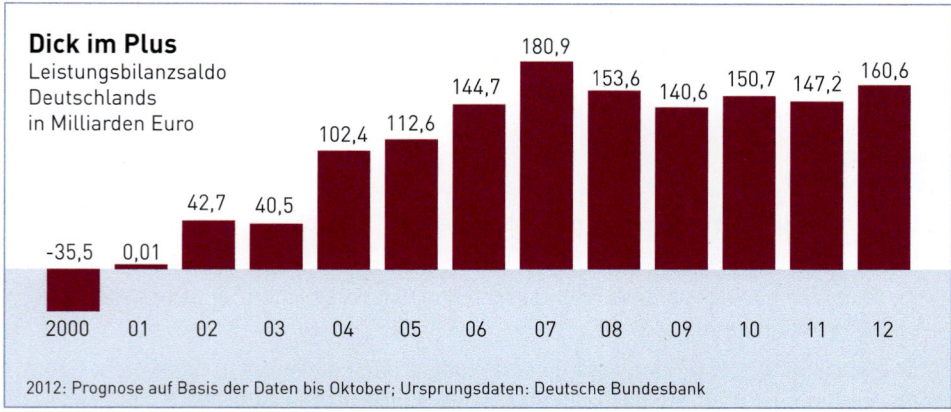

© 2013 IW Medien, iwd 3, Institut der deutschen Wirtschaft Köln

M 24 ● Erfolgreiche Germanisierung der Euro-Zone

Soll Deutschland europäischer oder Europa deutscher werden? Über diese Frage wird auf dem Kontinent schon seit Jahren debattiert. Vermutlich werden ohnehin alle Länder in Europa schon lange europäischer. Doch inwieweit das eine oder andere Land umgekehrt Europa stärker beeinflusst, hängt wohl jeweils von der Thematik und von zyklischen Schwankungen ab. In Sachen Wirtschaftsmodell ist die Antwort derzeit jedoch klar: Europa wird deutscher. Das deutsche (wie übrigens auch das schweizerische) Geschäftsmodell beruht auf der Produktion attraktiver Güter, die auf der ganzen Welt begehrt sind. Aufgrund eines günstigen Produktemix erzielte die größte Wirtschaft der Euro-Zone im Jahr 2014 einen rekordhohen Leistungsbilanzüberschuss von 215,3 Mrd. € (+7,4 %) und übertraf dabei sogar China um Längen. Allein im Dezember erzielte das Land einen Rekordüberschuss von 25,3 Mrd. €. Die Leistungsbilanz zeigt vereinfacht gesagt für Güter und Dienstleistungen die Differenz zwischen der Summe der Exporte und der Einkommen sowie der Summe der Einfuhren und Verbindlichkeiten. In dieser Statistik war Berlin schon immer bärenstark, seit dem Jahr 2002 gab es keinen negativen Monat mehr. Neu ist jedoch, dass die Problemkinder der Euro-Zone immer stärker auf diesen Kurs einschwenken. So erzielt vor allem Spanien, aber auch Italien seit dem Jahr 2012 auf Monatsbasis signifikant mehr Überschüsse als Defizite. In

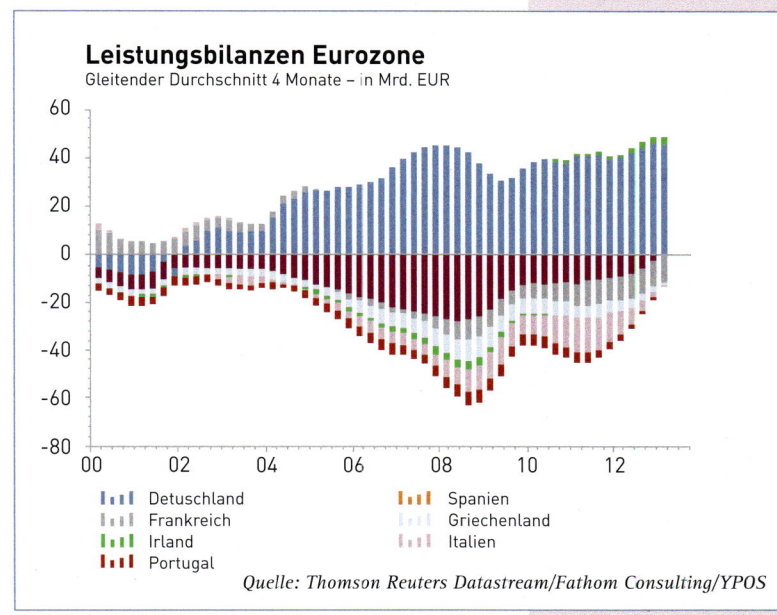

den Jahren zuvor musste man Überschüsse bei Italien mit der Lupe suchen, und Spanien brachte überhaupt keine zustande. Und sogar bei Portugal und Griechenland wechseln sich positive und negative Monate seit 2012 ab. Auch diese Länder hatten zuvor kaum je einen Monat mit Überschüssen erzielt. Letzteres gilt allerdings weiter für Frankreich. Die Abwertung des Euro von rund 12 % zum Dollar im letzten Jahr dürfte dazu beitragen, dass die Euro-Zone künftig noch mehr vom Export profitiert – und die Germanisierung der Euro-Zone weiter erfolgreich vorankommt.

Michael Rasch, Neue Züricher Zeitung, 10.2.2015

M 25 ● Deutsche Exportstärke in der Kritik – „mein Überschuss ist dein Defizit"

Der amerikanische Finanzminister, der italienische Premierminister, der französische Präsident, der Chef der EU-Kommission, die Präsidentin des Internationalen Währungsfonds – sie alle werfen der größten Volkswirtschaft in Europa vor, dass sie immer mehr exportiert und immer weniger importiert. Mit ihren Exportüberschüssen mache die Bundesrepublik den übrigen Europäern das Leben schwer [...]: Deutschland gefährde damit die Stabilität der Weltwirtschaft. [...] Ja, die Exporte sind nicht einmal das eigentliche Problem. Gefährlich ist stattdessen etwas anderes: Im gleichen Maße, in dem die Deutschen Waren und Dienstleistungen in alle Welt verkaufen, schaffen sie auch das Geld, das sie damit verdienen, ins Ausland – denn irgendwer muss ja den Abnehmerländern den Kauf von „Made in Germany" finanzieren. Die deutschen Exportüberschüsse gehen deshalb seit Jahren mit gewaltigen Kapitalströmen in die südlichen Länder Europas einher. In diesen Staaten sanken dadurch die Zinsen, was Regierungen, Unternehmen und Bürger dort dazu verführt hat, sich noch stärker zu verschulden. [...] Globale Ungleichgewichte gehören zu einer dynamischen, sich verändernden Weltwirtschaft dazu. Zum Problem werden sie [...], wenn sie zu groß werden und das Kapital über einen sehr langen Zeitraum in eine Richtung fließt. Dann entstehen Blasen, und Wechselkurse werden verzerrt; wenn Blasen platzen, kommt es zu Krisen.

Ulrich Schäfer, Süddeutsche Zeitung, 14.11.2013

M 26 ● Folgen einer Zahlungsbilanzkrise

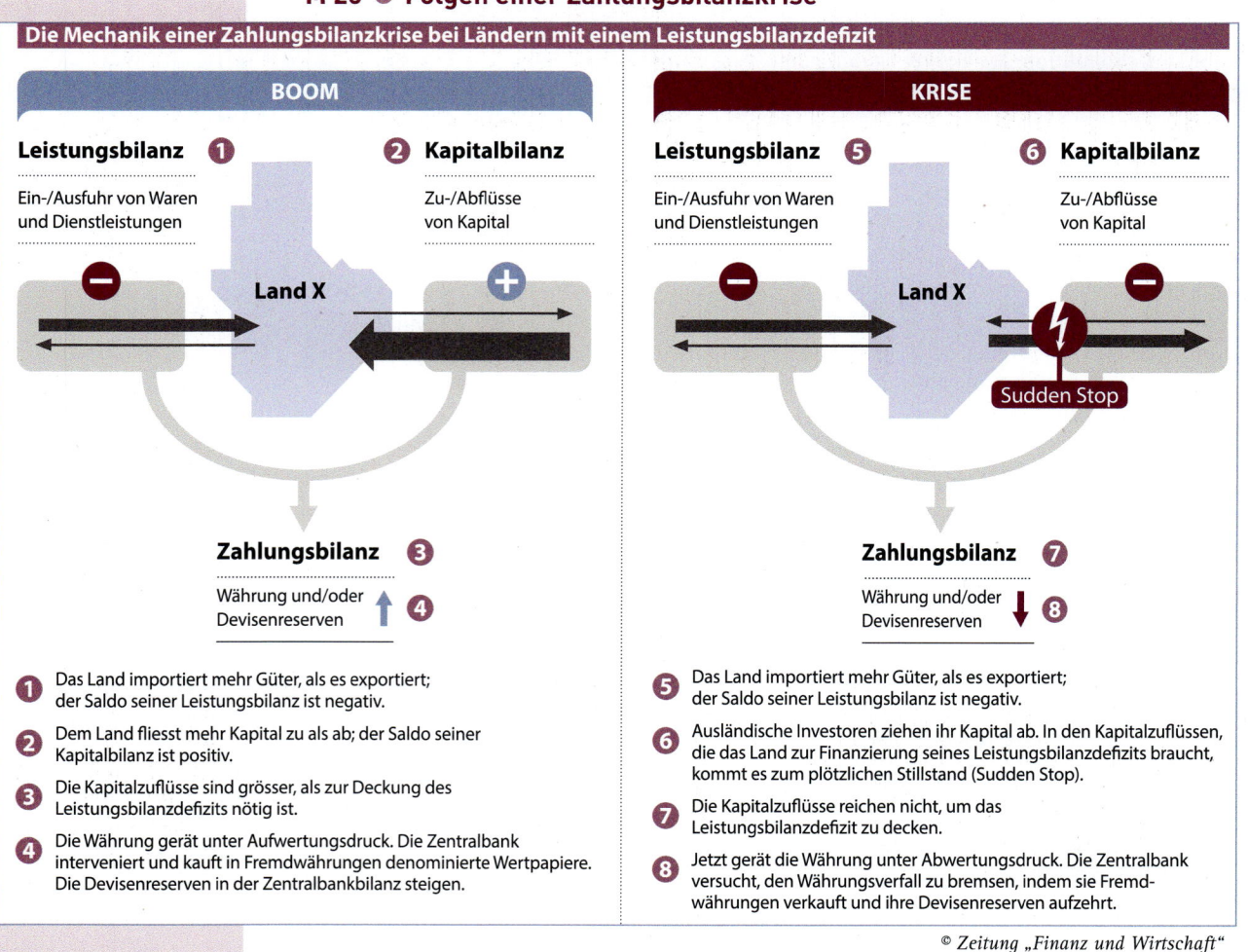

© Zeitung „Finanz und Wirtschaft"

Aufgaben

1. Beschreiben Sie die Bedeutung des Exports für die deutsche Volkswirtschaft (M 22).
2. Erörtern Sie, inwiefern die deutsche Wirtschaft zu Recht in der Kritik mancher EU-Staaten steht (M 23 – M 25).
3. Erläutern Sie die Folgen von negativen Leistungsbilanzen (M 24, M 26).

10.1.6 Nachhaltige Entwicklung und gerechte Einkommensverteilung – gleichrangig mit den Zielen des magischen Vierecks?

M 27 ● Woher kommt der Begriff der „Nachhaltigen Entwicklung?"

Hans Carl von Carlowitz (1645 – 1714), Oberberghauptmann aus Freiberg (Sachsen), gilt als Begründer des Prinzips der Nachhaltigkeit. Angesichts einer drohenden Rohstoffkrise formulierte von Carlowitz 1713 in seinem Werk „Sylvicultura oeconomica" erstmals, dass immer nur so viel Holz geschlagen werden sollte, wie durch planmäßige Aufforstung, durch Säen und Pflanzen nachwachsen konnte. Holz war damals der wichtigste Rohstoff, der nicht nur zum Bauen gebraucht wurde, sondern auch Energieträger zum Kochen und Heizen war. Auch für viele vorindustrielle Produktionsprozesse und den Schiffbau war der Rohstoff unabdingbar. So kam es, dass weite Flächen in Europa entwaldet wurden und verödeten. […] Auch der Bergbau war auf Holz angewiesen. Der Silberbergbau im Erzgebirge, seinerzeit das wirtschaftliche Rückgrat Sachsens, war in seiner Existenz bedroht. Dies war nicht etwa aus Mangel an Silbererz der Fall, sondern wegen der sich schnell verschärfenden Holzknappheit. Holz wurde für den Ausbau der Gruben (Traghölzer), den Abbau des Erzes (mittels Feuersetzen) und insbesondere für den Betrieb der Schmelzöfen mit Holzkohle benötigt. Jahrhundertelang hatte man die umliegenden Wälder übernutzt, so dass die Umgebung der Bergstädte weitgehend kahl geschlagen waren.
Hans Carl von Carlowitz erkannte das Problem und ersann eine Lösung, die damals noch ungewöhnlich war. Ackerbau und Viehzucht wurden zwar ordnungsgemäß betrieben, aber eine Bewirtschaftung von Wäldern war nicht bekannt. Wer einen Baum pflanzte, hatte von dessen Holz in seinem kurzen Leben keinen Nutzen. Es war schwer, überhaupt am Leben zu bleiben, weshalb der Gedanke an die nachfolgenden Generationen fern lag. Ein Stand konnte sich den generationenübergreifenden Blick allerdings erlauben – er vererbte auch die Reichtümer von Generation zu Generation: der Adel. So widmete Carlowitz sein Buch dem Sachsenkönig „August dem Starken" und bemerkte darin: „Verwundern muß man sich wohl, daß die meisten vermögensten Leute auf grosse Häuser, Palläste, Schlösser und dergleichen Baue, ihr meist Vermögen anwenden; wäre aber vielleicht vorträglicher, wenn sie ihren Grund und Boden anzubauen, und zu verbessern suchten, als welches doch ihnen so wohl, als denen Nachkommen und dem gemeinen Besten weit nutzbarer fallen dürfte." Er konstatierte weiter: „Wo Schaden aus unterbliebener Arbeit kommt, da wächst der Menschen Armuth und Dürftigkeit. Es lässet sich auch der Anbau des Holzes nicht so schleunig wie der Acker-Bau tractiren; […] Wird derhalben die größte Kunst, Wissenschaft, Fleiß, und Einrichtung hiesiger Lande darinnen beruhen, wie eine sothane Conservation und Anbau des Holzes anzustellen, daß es eine continuirliche beständige und nachhaltende Nutzung gebe, weiln es eine unentbehrliche Sache ist, ohnewelche das Land in seinem Esse nicht bleiben mag." Von Carlowitz forderte daher eine Waldbewirtschaftung, ein konsequentes Aufforsten und eine „nachhaltende" Nutzung, die als nachhaltige Forstwirtschaft schnell zu einem Fachterminus wurde. Es sollte nur so viel Wald geschlagen werden, wie wieder nachwächst. Damit hatte er den Grundstein für die deutsche Forstwirtschaft gelegt. […] Aus diesem zuerst forstwirtschaftlich geprägten Ansatz entwickelte sich der Leitgedanke „von den Zinsen zu leben und nicht vom Kapital".

Lexikon der Nachhaltigkeit, www.nachhaltigkeit.info, 3.11.2015

Hans Carl von Carlowitz, Gedenktafel in Freiberg, geschaffen von Bertrand Freiesleben

Erklärfilm „Nachhaltigkeit"

Mediencode: 8880-14

M 28 ● Ungleichheit schadet nicht

Jan Švejnar (* 1952) ist ein tschechisch-amerikanischer Wirtschaftswissenschaftler, der zusammen mit seinem Kollegen Sutirtha Bagchi im November 2013 das Diskussionspapier „Does Wealth Inequality Matter for Growth? The Effect of Billionaire Wealth, Income Distribution, and Poverty" zu möglichen Auswirkungen der Ungleichheit auf das Wirtschaftswachstum veröffentlichte.

Es ist ein altes Dilemma zwischen Arm und Reich in der Frage, wie weit der Staat die Unterschiede zwischen beiden einebnen soll. Wenn Arm und Reich zu weit auseinandergehen, macht das Leben im Land keinem viel Spaß – zum Beispiel in Südafrika, wo sich die Reichen bewaffnet in abgeschotteten Wohnsiedlungen aufhalten. Wenn aber der Staat die Unterschiede zwischen Arm und Reich zu weit einebnet, erhalten Leistungsträger zu wenig von den Früchten ihrer Arbeit und strengen sich zu wenig an – am Ende schadet das allen. Es geht also darum, die richtige Mitte zwischen Leistungsanreiz und Umverteilung zu finden. So lautete der Konsens lange Jahre.

Doch seit sich in Amerika die Einkommen von Arm und Reich in den vergangenen Jahren immer weiter auseinanderentwickelt haben, haben Ökonomen sich neu mit der Ungleichheit beschäftigt – und im ersten Moment sieht es oft so aus, als sei Ungleichheit viel schlimmer als bisher angenommen. In den vergangenen Jahren gab es oft die Überschrift zu lesen, Ungleichheit schade dem Wohlstand eines Landes immer. Doch jetzt wird deutlich: Man muss genauer hingucken – zum Beispiel darauf, wie die Reichen ihr Geld bekommen haben. Das haben zwei amerikanische Forscher getan. Jan Svejnar an der renommierten Columbia University in New York zum Beispiel hat zusammen mit seinem Kollegen Sutirtha Bagchi von der University of Michigan die Superreichen der Welt danach unterschieden, ob sie ihr Geld dank politischer Verbindungen bekommen haben oder ob sie es sich weitgehend ohne Hilfe erarbeitet haben.

Dazu zogen sie die Liste des amerikanischen Wirtschaftsmagazins „Forbes" heran, das jährlich eine Liste der reichsten Milliardäre der Welt und eine Schätzung ihrer Vermögen veröffentlicht. Dann untersuchten sie die Medienberichte über diese Milliardäre. Wenn die Medien berichten, dass ein Milliardär besondere Zölle durchsetzen oder Firmen besonders billig kaufen konnte, dann schrieben ihm die Forscher gute politische Verbindungen zu. Solche Milliardäre finden sich immer wieder in Entwicklungsländern oder halb entwickelten Staaten.

Mit dieser einfachen Methode stellten die beiden Forscher fest: Ein Land, in dem sich der Reichtum auf wenige Milliardäre konzentriert, schafft zwar im Durchschnitt weniger Wirtschaftswachstum als andere – aber das gilt nur, wenn diese Milliardäre ihr Vermögen politischer Bevorzugung verdanken. Wenn das Vermögen dagegen mehr auf eigener Leistung beruht, schadet es dem Wachstum überhaupt nicht.

Bagchis und Svejnars Untersuchung deutet darauf hin, dass der einfache Satz „Ungleiche Vermögen drücken das Wirtschaftswachstum" nicht stimmt. Wahrscheinlicher ist, dass Klüngelwirtschaft dem Wohlstand schadet und gleichzeitig auch ein paar reiche Leute hervorbringt.

Ähnlich sieht es mit den Einkommen aus, wie eine jüngere Studie des Internationalen Währungsfonds zeigt. Als die [...] veröffentlicht wurde, legten die Forscher eine Interpretation nahe: Ungleichheit macht arm, Umverteilung schafft Wachstum. [...] Aber auch dieser Satz stimmt nicht unbedingt auf der ganzen Welt, speziell in Deutschland ist er sehr fraglich.

Die IWF-Forscher haben versucht, die Effekte von Ungleichheit und Umverteilung getrennt voneinander zu betrachten. Dazu untersuchten sie das Wachstum in vielen Ländern auf der ganzen Welt – entwickelten Ländern ebenso wie Entwicklungsländern. Auch sie fanden im ersten Moment: Wenn die Einkommen ungleich verteilt sind, schadet das dem Wohlstand. Umverteilung dagegen schadet dem Wohlstand kaum. Also folgerten die Forscher: Wenn Umverteilung Arm und Reich näher zueinander bringt, ist das gut für den Wohlstand im ganzen Land. Dann sei das Wachstum höher, und die Aufschwungphasen in der Wirtschaft dauerten länger.

Doch diese Erkenntnis gilt nicht überall, wie die Autoren in einer Detailanalyse selbst festgestellt haben. Schließlich unterscheiden sich Entwicklungsländer von Industrieländern ganz ordentlich. So teilen auch die IWF-Forscher die Länder noch einmal danach auf, ob sie heute schon viel Geld von Reichen zu Armen umverteilen. Und sie stellen fest: In dem Viertel der Länder, die schon besonders viel umverteilen, zeigt die Umverteilung schon deutliche Bremsspuren. „Wenn die Umverteilung schon hoch ist, gibt es Hinweise darauf, dass weitere Umverteilung dem Wachstum tatsächlich schadet" schreiben sie und meinen damit den Durchschnitt des aktiveren Viertels.

Das sind eine ganze Menge Länder. Selbst die Vereinigten Staaten, die in Deutschland oft als Heimat des Kapitalismus in Reinform gelten, gehören schon fast zum aktivsten Viertel der Länder. Großbritannien zählt dazu, Frankreich und die Niederlande sowieso. Deutschland dagegen schiebt heute schon so viel Geld von den Reichen zu den Armen, dass es selbst über dem Durchschnitt der umverteilungsfreudigen Länder liegt – also möglicherweise schon jetzt in dem Bereich der „weiteren Umverteilung", der auch der IWF-Analyse zufolge schädlich ist.

Was bedeutet das also insgesamt? Die Idee, dass Ungleichheit immer und überall schädlich ist und vermieden werden muss, scheint nach wie vor einfach falsch zu sein. Stattdessen scheint es immer noch darauf anzukommen, dass Länder das richtige Maß finden: Wenn die Reichen den Armen nicht zu weit davonlaufen und wenn nicht gerade noch einzelne Milliardäre von der Politik bevorzugt werden, dann tut es dem Wohlstand eines Landes ziemlich gut, dass Leute reich werden können und von ihrer eigenen Leistung auch profitieren.

Patrick Bernau, Frankfurter Allgemeine Sonntagszeitung, 23.3.2014

M 29 ● „Eine zivilisierte Gesellschaft braucht hohe Steuern"

Die Armut nimmt überhand, sagt der Ungleichheits-Forscher Tony Atkinson. Was kann man dagegen tun? [...]

FAZ: Herr Atkinson, den Menschen in Deutschland geht es gut. Warum sollten sie sich Gedanken über Ungleichheit machen?

Atkinson: Die Ungleichheit wächst in letzter Zeit auch in Deutschland. Das ist besorgniserregend. Wenn es zu viel Ungleichheit in einer Gesellschaft gibt, hat das irgendwann Folgen für den wirtschaftlichen Erfolg. [...]

Und außerdem?

Es ist auch eine Frage der Gerechtigkeit. Wollen Sie wirklich in einem Land leben, in dem sich einige Leute Tickets für Reisen ins Weltall leisten können, während andere ihr Essen von der Suppenküche beziehen müssen, obwohl sie Arbeit haben? Außerdem legen mittlerweile die meisten Leute Wert auf Chancengleichheit.

Aber selbst wenn alle am Anfang die gleichen Chancen haben, machen sie doch nicht alle das Gleiche daraus.

Ich habe auch gar nichts dagegen, wenn jemand einen neuen Impfstoff erfindet und dafür gut bezahlt wird. Ungleichheit zu bekämpfen bedeutet nicht, alle Unterschiede zwischen den Leuten abzuschaffen. Aber in unseren Gesellschaften haben die Menschen im Moment nicht einmal annähernd gleiche Chancen, einen Impfstoff zu erfinden. In einer ungleichen Gesellschaft gibt es auch keine Chancengleichheit. [...]

Es ist also kein Problem, wenn ein paar wenige Menschen Milliarden horten?

Das würde ich nicht sagen. Der Anteil, den die oberste Schicht an Einkommen und Vermögen hält, hat in den vergangenen Jahren enorm zugenommen. Bis vor kurzem galt: Man muss die Superreichen gar

Anthony Barnes Atkinson (* 1944), britischer Ökonom und Spezialist für Einkommensverteilung und Soziale Ungleichheit. Nach ihm wurde das „Atkinson-Maß" benannt, mit dem u. a. die Einkommens- oder Vermögensungleichheit in einer Gesellschaft berechnet werden kann.

nicht beachten, weil es so wenige sind. Heute sind sie schon deswegen wichtig, weil ihre Besteuerung mehr Einnahmen verspricht.

Die Superreichen sind nur wichtig, weil man ihr Vermögen umverteilen kann?
Zumindest im angloamerikanischen Raum nehmen sie auch gefährlich viel Einfluss auf die Politik. Es ist schlecht für die Demokratie, wenn Leute mit ihrem Geld eine politische Agenda verfolgen – meist ohne dass die Öffentlichkeit etwas davon mitbekommt. Aber es ist nicht das größte Problem der Ungleichheit. [...]

Das sind teilweise sehr moderne Probleme. Meinen Sie wirklich, die kann man mit den Mitteln von vorgestern lösen – hohe Steuern, mehr Sozialleistungen?
Ich halte es für notwendig, dass das Steuersystem wieder progressiver gestaltet wird. [...]

Wie soll das gehen?
Ich plädiere zum Beispiel für ein „Mindesterbe", das jedem Staatsbürger zum 18. Geburtstag ausgezahlt wird. Dann kämen alle in den Genuss der Sicherheit, den das Erben bietet. Finanzieren ließe sich das über höhere Erbschaftsteuern.

Wenn Leute mit Geld von solchen Plänen Wind bekommen – dann verschwinden die doch sofort in ein Land, wo sie nicht um ihr Vermögen fürchten müssen.
Sicher ist es in einer globalisierten Wirtschaft nicht leicht, das umzusetzen. Aber es ist auch für reiche Menschen schwieriger geworden, sich den Steuerbehörden zu entziehen. Schauen Sie nur, was in Luxemburg passiert ist. Es gibt einen europaweiten Abgleich von Bankdaten. Sogar die Amerikaner treiben im Ausland Steuern ein.

Lena Schipper, www.faz.net, 6.4.2015; Interview mit Tony Atkinson

F Erörtern Sie ausgehend von den drei Dimensionen der Nachhaltigkeit, inwiefern ökologische, ökonomische und soziale Ziele gleichrangig verfolgt werden sollten (M 27).

Aufgaben

1. Beurteilen Sie die Diskussion um die Einführung einer PKW-Maut in Deutschland vor dem Hintergrund des Konzepts der nachhaltigen Entwicklung (M 27).
2. Diskutieren Sie, ob Nachhaltigkeit und gerechte Einkommensverteilung mit den anderen vier Zielen des Stabilitätsgesetzes gleichgestellt werden sollten und wie die Zielerreichung gemessen werden könnte.
3. Analysieren Sie M 28 und M 29 nach Gemeinsamkeiten und Unterschieden zum Thema „Ungleichheit" und bewerten Sie jeweils die Positionen.

10.1 Wirtschaftspolitische Zielsetzungen

Um die mit wirtschaftlichen Schwankungen verbundenen negativen Effekte zu vermeiden und eine größere Planungssicherheit für alle Wirtschaftsakteure zu erreichen, ist eine stabile wirtschaftliche Entwicklung generell wünschenswert. 1967 wurden deshalb die Ziele staatlicher Wirtschaftspolitik im „Gesetz zur Förderung der Stabilität und des Wachstums der Wirtschaft", dem Stabilitätsgesetz, formuliert. Es verpflichtet die Politik, gleichzeitig einen hohen Beschäftigungsstand, stetiges und angemessenes Wachstum, ein stabiles Preisniveau und außenwirtschaftliches Gleichgewicht anzustreben. Die Charakterisierung der stabilitätspolitischen Zielsetzungen als „magisches Viereck" bezieht sich darauf, dass in der Geschichte der Bundesrepublik Deutschland noch nie alle Zielsetzungen gleichzeitig erreicht worden und die Ziele untereinander z. T. nicht miteinander kompatibel sind.

Das „magische Viereck" des Stabilitäts- und Wachstumsgesetzes
M 3 – M 6

Durch wachstumspolitische Maßnahmen versuchen die Träger der Wirtschaftspolitik, d. h. insbesondere der Staat, die Bedingungen für zukünftiges Wachstum zu verbessern. Eine Volkswirtschaft wächst, wenn sich ihr gesamter Kapitalstock vergrößert. Denn damit vergrößert sich auch die durchschnittliche Kapitalausstattung der Erwerbstätigen – sie werden produktiver. Eine weitere Ursache des Wachstums ist die Vermehrung des technischen Wissens, das mit dem technischen Fortschritt einhergeht. Dabei können neue, bisher nicht bekannte Produkte entstehen (Produktinnovation). Die Innovation kann aber auch in der Anwendung neuartiger Produktionsmethoden bestehen (Prozessinnovation). Wachstum muss also nicht zwingend mit steigendem Ressourcenverbrauch einhergehen. Die Änderungsrate des Bruttoinlandsproduktes (BIP) gilt dabei als Indikator für das Wirtschaftswachstum. Es muss dabei aber berücksichtigt werden, dass nur Leistungen erfasst werden, die über den Markt gegangen sind, sich also in Geldwert ausdrücken lassen. So bleibt z. B. die Produktion der privaten Haushalte unberücksichtigt. Auch bleibt unbeachtet, dass ein Teil des Wachstums negative Auswirkungen hat, z. B. den Verbrauch von natürlichen Ressourcen. Steigende Wachstumsraten können also nicht ohne Weiteres mit Wohlstandsmehrung gleichgesetzt werden. In jüngster Zeit wird daher verstärkt diskutiert, ob das BIP als Wohlstandsindikator um objektive, vergleichbare Kriterien wie Arbeitsqualität, Ressourcenverbrauch und Wohlstandsverteilung, Bildungschancen, Gesundheit und Lebenserwartung ergänzt werden muss.

Stetiges und angemessenes Wachstum
M 7, M 10

Das BIP ergibt sich aus der Summe der Produktionswerte der Wirtschaftssektoren. Bei der Ermittlung des Bruttoinlandsprodukts geht man vom Inlandskonzept aus: Erfasst werden die Leistungen, die in der Bundesrepublik Deutschland erbracht werden, gleichgültig, ob es sich um inländische oder ausländische Unternehmen handelt. Das Bruttoinlandsprodukt wird für den Konsum der privaten Haushalte und des Staates, die Investitionen und den Außenbeitrag verwendet. Bei der Berechnung des Bruttoinlandsprodukts werden sowohl die Entstehungsrechnung (Bestimmung des gesamtwirtschaftlichen Angebots) als auch die Verwendungsrechnung (Bestimmung der gesamtwirtschaftlichen Nachfrage) getrennt durchgeführt.

Bestimmungsgrundlage und Berechnung des BIP
M 8, M 9

ORIENTIERUNGSWISSEN

ORIENTIERUNGSWISSEN

Hoher Beschäftigungsstand
M 13 – M 16

Arbeitslosigkeit stellt für die individuell Betroffenen und gesamtwirtschaftlich eine hohe Belastung dar. Die Ursachen können sowohl im ökonomischen als auch im individuellen Bereich liegen. Kosten entstehen durch passive arbeitsmarktpolitische Maßnahmen wie Lohnersatzleistungen (Arbeitslosengeld I und II) und durch aktive Arbeitsbeschaffungsmaßnahmen. Neben diesen Ausgaben bedingt die Arbeitslosigkeit auch zurückgehende Einnahmen des Staates aufgrund von Steuermindereinnahmen und Beitragsausfällen der Sozialversicherungen. Dazu kommt, dass die Binnennachfrage bei hoher Arbeitslosigkeit weniger wächst als bei hohem Beschäftigungsstand. Die Arbeitslosigkeit wird mit Hilfe der Arbeitslosenquote gemessen. Sie enthält den Anteil der registrierten Arbeitslosen an den (zivilen) Erwerbspersonen. Die tatsächliche Arbeitslosigkeit ist allerdings höher, da u. a. diverse Beschäftigungsmaßnahmen nicht zur offiziellen Arbeitslosenquote gezählt werden.

Preisniveaustabilität
M 17, M 18, M 21

Inflation bedeutet, dass das allgemeine Preisniveau steigt. Verschiedene Wirtschaftssubjekte sind unterschiedlich von Inflation betroffen. Die Empfänger von Transferleistungen (Kindergeld, Sozialhilfe, BAföG) spüren die Inflation stark, da diese Leistungen nur mit Verzögerung angehoben werden und zudem der Kaufkraftverlust oft durch die Geldanpassung nicht voll ausgeglichen wird. Lohn- und Gehaltsempfänger sind bei einer Inflation die Verlierer, wenn ihr Einkommen nicht im gleichen Maße steigt wie das Preisniveau. Gewinner der Inflation sind Schuldner sowie Sachmittel- und Immobilienbesitzer, während auf der Verliererseite Gläubiger und Kleinsparer zu finden sind. Die Inflation wird mit Hilfe des Harmonisierten Verbraucherpreisindexes gemessen. Dabei wird ein repräsentativer Warenkorb herangezogen und die Preisentwicklung der darin enthaltenen Güter mit einem Basisjahr verglichen.

Außenwirtschaftliches Gleichgewicht
M 22 – M 26

Die Zahlungsbilanz eines Landes misst alle ökonomischen Transaktionen, die zwischen Inländern und Ausländern in einer bestimmten Periode stattgefunden haben. Als Ganzes ist die Zahlungsbilanz immer ausgeglichen, Salden entstehen nur in den Teilbilanzen. Die Bundesrepublik Deutschland hat traditionell eine aktive Handelsbilanz, d. h. die Warenexporte sind größer als die Importe.

Erweiterung der Stabilitätsziele
M 27 – M 29

Mit der Erkenntnis der Umweltwirkungen des Wirtschaftens wurde das Wachstumsziel mittlerweile ergänzt durch das Ziel des Umweltschutzes (Art. 20 a GG). Auch lässt sich die Verteilungsgerechtigkeit als wichtiges Ziel der Wirtschaftspolitik aus dem Sozialstaatsgebot des Grundgesetzes ableiten (Art. 20 GG). Und schließlich wurde in jüngster Zeit auch das Ziel der Rückführung der Staatsverschuldung in das Grundgesetz aufgenommen (Art. 109 Abs. 3 GG). Naturgemäß ist es ökonomisch und politisch schwierig, einen Maßstab für eine nachhaltige Wirtschaftsweise und die Gerechtigkeit der Einkommensverteilung festzulegen. Zudem ist fraglich, ob es wünschenswert ist, der Wirtschaftspolitik immer mehr genaue Zielvorgaben zu machen, da die Nichterreichung der Ziele einen allgemeinen Ansehensverlust der Institutionen und Entscheidungsträger bewirkt.

Kapitalismus-Kritik: „Nur arme Staaten sollten wachsen"

SPIEGEL ONLINE: Herr Loske, der Club of Rome hat schon 1972 vor den Folgen einer auf Wachstum fixierten Wirtschaftspolitik gewarnt. Geändert hat sich seither
5 wenig, warum sollte das nun anders sein?
Reinhard Loske: Weil die Debatte in den Siebzigern eine ziemlich negative Note hatte. Die gegenwärtige Wachstumskritik ist aber sehr kulturoptimistisch.
10 Was heißt das?
Derzeit entstehen neue Formen der Share Economy, zum Beispiel Energiegenossenschaften. Die ziehen vor allem junge Leute an und stellen nicht die Grenzen des
15 Wachstums in den Mittelpunkt – sondern die Möglichkeit eines guten Lebens bei gleichzeitiger Anerkennung ökologischer Grenzen.
Die meisten Menschen auf der Welt haben
20 ganz andere Probleme. Was muss sich also ändern, damit aus diesem überschaubaren Trend eine globale Wende wird?
Wir müssen uns vom Irrglauben befreien, alle Probleme durch ewiges Wirtschafts-
25 wachstum lösen zu können. Natürlich gibt es Grundbedürfnisse wie Ernährung, Behausung oder Gesundheit, die müssen erfüllt sein – aber darüber hinaus erhöht materieller Wohlstand die Zufriedenheit kaum
30 oder gar nicht. Deswegen lautet in Industriegesellschaften das Ziel vieler Menschen inzwischen nicht mehr „immer mehr". „Zeitwohlstand" gewinnt an Bedeutung, „Güterwohlstand" verliert.
35 In Entwicklungsländern ist das anders. Könnte Wirtschaftswachstum in bitterarmen Staaten nicht viele Menschenleben retten?
Natürlich, diese Ungleichverteilung des
40 Wohlstandes ist ja gerade das Problem. Aber es klingt ziemlich zynisch zu sagen: „Wir müssen wachsen, damit Entwicklungsländer auch wachsen können." Dieser erhoffte „Trickle-down-Effekt" ist empi-
45 risch kaum messbar, es leben ja noch immer sehr viele Menschen in sehr schlechten Verhältnissen.

Wie ließe sich das ändern?
Nur arme Staaten sollten noch ökonomisch wachsen. Aber sie sollten direkt den Weg 50 der nachhaltigen Entwicklung einschlagen und unsere Fehler der vergangenen Jahrzehnte vermeiden. Das heißt: erneuerbare Energien von Anfang an und ein Abrücken vom Export- und Freihandelsmantra. Denn 55 ohne einen robusten Binnenmarkt werden vor allem die ärmsten Bevölkerungsschichten die Verlierer sein.
Allerdings lehnen Schwellenländer wie China solche Forderungen nach einer ge- 60 mäßigten Wirtschaftspolitik ab – für sie ist das Kolonialismus im grünen Gewand. Bislang schon, aber die Stimmung scheint selbst in China zu kippen, da Luft und Wasser dort enorm verschmutzt sind. In 65 der Gesellschaft gibt es Widerstände gegen diesen Kurs des rücksichtslosen Wachstums – und auch die Staatsführung scheint das langsam zu verstehen und nach Alternativen zu suchen. 70
Eine Alternative ist die sogenannte Green Economy, die Wirtschaftswachstum und Umweltschutz in Einklang bringen will – indem etwa Kohle und Erdöl durch Windkraft und Biomasse ersetzt werden. 75
Technik allein führt sicherlich nicht ans Ziel, weil wir beispielsweise immer sparsamere Autos haben – aber auch immer mehr. Die Wachstumseffekte fressen die Effizienzgewinne wieder auf, weshalb man 80 auch vom „Rebound-Effekt" redet, vom Rückschlageffekt. Schon der Übergang von der Industrie- zur Dienstleistungsgesellschaft und die anschließende Digitalisierung haben die negative Klimabilanz unse- 85 rer Ökonomien kaum verändert. Natürlich ist vor allem für Unternehmen ressourcensparende Technik ein guter Weg. Wer aber alles auf diese Karte setzt, scheitert.
Was müssen die Industriestaaten statt- 90 dessen ändern?
Sie müssen Ressourcen, Energie und Flächen viel sparsamer und intelligenter verwenden, allein der CO_2-Ausstoß muss bis

zum Jahr 2050 um 80 bis 95 Prozent sinken. Nur dann lässt sich der Temperaturanstieg weltweit auf maximal zwei Grad begrenzen – und selbst dieses Szenario ist noch mit großen Risiken verbunden.

Das sehen nicht alle Experten so – und etliche Klimakonferenzen sind schon an deutlich bescheideneren Zielen gescheitert. Die Fakten und Zahlen sind natürlich erschütternd, und Optimismus zu predigen fällt nicht leicht. Aber was bleibt uns schon übrig? Ich sehe drei große Kräfte am Werk: Einerseits das Leiden an den Verhältnissen, wenn die Lage also so schlimm ist, dass sie ohne Veränderungen nicht auszuhalten ist. Außerdem den Zwang, etwa durch Umweltkatastrophen oder politische Regulierung. Und schließlich die Entwicklung von gesellschaftlichen und ökonomischen Alternativen. Die Politik kann und muss zeigen, dass eine andere Welt möglich ist – auch wenn es am Ende des Tages durchaus sein kann, dass alle drei Wirkmächte ihren Anteil am Wandel haben werden: das Leiden, der Zwang und die Entwicklung von Alternativen.

Vieles ist ja schon geschehen: Deutschland hat die Energiewende und den Atomausstieg beschlossen, sogar der US-Präsident und Papst Franziskus werben für eine neue Klima- und Wirtschaftspolitik. Sind das nicht schon riesige Erfolge?

So optimistisch bin ich nicht. Wir waren an ähnlichen Punkten ja schon mal: Um 1990 entstanden der Weltklimarat und die Klimarahmenkonvention, aber das Ende der bipolaren Welt und der Siegeszug des Neoliberalismus machten die Hoffnungen auf einen Wandel zunichte. Ähnliches geschah um 2007, als Al Gore den Friedensnobelpreis erhielt und Angela Merkel sich als Klimakanzlerin gab – doch dann kam die Finanzkrise und fegte den Klimaschutz erneut von der Tagesordnung. Im Ergebnis sind die klimaschädlichen Emissionen seit 1990 um mehr als fünfzig Prozent gestiegen.

Jetzt stehen wir wieder an einem Scheideweg. Scheitert die politische Wende diesmal wegen der Flüchtlingskrise?

Dafür ist die Lage viel zu dramatisch – und die großen Krisen unserer Zeit sind sehr eng miteinander verbunden. Die Internationale Organisation für Migration rechnet in den nächsten Jahrzehnten mit 200 Millionen Klimaflüchtlingen. Wenn der Klimawandel also eskaliert, wird es gewaltige Flüchtlingsbewegungen geben, denen gegenüber die derzeitige Krise ein leises Säuseln ist. Und diese Zusammenhänge verstehen offenbar immer mehr Entscheidungsträger.

In der Vergangenheit brauchte es allerdings große Unglücke, um die Debatte voranzutreiben: Vor allem die AKW-Explosionen in Tschernobyl und Fukushima schoben die Idee einer nachhaltigen, umweltfreundlichen Politik an. Brauchen wir eine neue Katastrophe?

Diese Denke ist beim Klimaschutz falsch, denn jenseits bestimmter Schwellen ist er irreversibel, unumkehrbar. Wenn wir also bis zur großen Katastrophe warten, ist es schon zu spät. Wir sollten jetzt aus Einsicht handeln statt auf große Unglücke zu warten. Deshalb gehört Nachhaltigkeit als Grundrecht ins Grundgesetz – und eine ökologisch-soziale Marktwirtschaft muss den Kapitalismus ersetzen.

Peter Maxwill, www.spiegel.de, 1.12.2015; Interview mit Reinhard Loske, Professor für Politik, Nachhaltigkeit und Transformationsdynamik an der Universität Witten/Herdecke und Autor des Buchs „Politik der Zukunftsfähigkeit"

Aufgabe

Diskutieren Sie die These „Nur arme Staaten sollten wachsen." in Ihrem Kurs.

10.2 Konjunktur

10.2.1 Die Konjunktur fährt Achterbahn – ist das normal?

M 1 ● Wie entsteht ein Konjunkturzyklus?

Unter dem Begriff „Konjunktur" werden kurz- und mittelfristige Schwankungen im Wirtschaftswachstum einer Volkswirtschaft verstanden. Anhand des Modells
5 der Konjunkturzyklen lassen sich solche Schwankungen in vier Phasen einteilen: In der Phase des Aufschwungs wächst die Wirtschaft und erreicht in der Phase des Booms einen Höchststand. In der Phase des
10 Abschwungs schrumpft die Wirtschaft bis sie in der Phase der Depression einen Tiefpunkt erreicht. Darauf folgt erneut eine Phase des Aufschwungs, in der die Wirtschaft wieder wächst usw. Neben dem
15 Wachstum des Bruttoinlandsproduktes gibt es eine Vielzahl von weiteren ökonomischen Größen, die schwanken, während sie den Konjunkturzyklus durchlaufen. Zu diesen zählen beispielsweise die Zinsen,
20 die Arbeitslosigkeit, die Auslastung von Produktionsanlagen, die Inflation oder das Konsumentenvertrauen.
Sie gelten als wichtige Indikatoren, da sie darüber Auskunft geben können, in welcher Phase sich eine Volkswirtschaft gera- 25 de befindet. Bei einer starken Ausprägung können sie konjunkturelle Veränderungen unter Umständen sogar hervorrufen. [...]
Das Modell des Konjunkturzyklus bildet die Konjunktur als wellenförmig verlau- 30 fende Kurve ab. Obwohl die Konjunktur in der Realität dieser Gesetzmäßigkeit nur bedingt folgt, ist eine solche Darstellung zur Veranschaulichung ihrer grundsätzlichen Funktionsweise sinnvoll. Würde die Wirt- 35 schaft mit einer konstanten Rate wachsen, würde sie sich entlang der blauen Linie, beziehungsweise entlang dem langfristigen Wachstumspfad, bewegen. Obwohl die Wirtschaft unterschiedlich wächst oder schrump- 40 ft und daher der roten Linie folgt, müssen die einzelnen Phasen des Konjunkturzyklus (Aufschwung, Boom, Rezession, Depression) nicht zwingend in dieser idealtypischen Reihenfolge auftreten und können 45 auch unterschiedlich lange dauern.

Wellblech-Konjunktur

Hiermit bezeichnet man in der Regel eine konjunkturelle Entwicklung mit kurzfristigen, zum Teil auch heftigen Schwankungen ohne längerfristigen Trend nach oben oder unten.

Erklärfilm „Konjunkturzyklen"

Mediencode: 8880-15

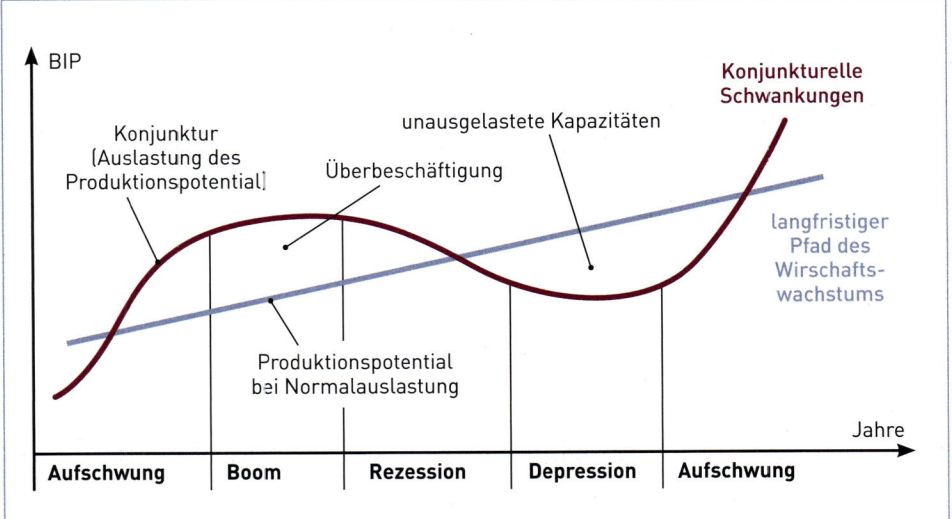

Delia Bachmann, www.vimentis.ch, 19.5.2014

M 2 ● Wie lässt sich die Konjunktur messen?

Artur Woll, Wirtschaftspolitik, 2. Aufl., München 1994, S. 152

Die Prognose der Entwicklung der gesamtwirtschaftlichen Lage ist eine sehr komplexe Aufgabe und wird je nach Auswahl und Gewichtung einzelner herangezogener Faktoren unterschiedlich ausfallen. Verschiedene Wirtschaftsinstitute, die Bundesregierung und Verbände kommen so regelmäßig zu unterschiedlichen Einschätzungen der künftigen Wirtschaftsentwicklung. Für die Prognose der zukünftigen und die Beschreibung der aktuellen gesamtwirtschaftlichen Lage ist es notwendig, Indikatoren heranzuziehen: Messgrößen, die eine objektive Einschätzung der wirtschaftlichen Entwicklung eines Landes ermöglichen. Die Auswahl und Erhebung von geeigneten Indikatoren ist nicht unumstritten. Für Prognosen werden vielfach sogenannte Frühindikatoren herangezogen. Zur Beschreibung der aktuellen wirtschaftlichen Lage und der jüngsten Vergangenheit eignen sich Präsens- und Spätindikatoren. Sie können auch Aufschluss darüber geben, inwieweit eine Politik mit dem Ziel des Ausgleichs von Konjunkturschwankungen erfolgreich ist. Nicht nur die Auswahl, Erhebung und Gewichtung der Indikatoren ist umstritten, auch die Zuordnung der Indikatoren darf nicht als eindeutig betrachtet werden. So werden z. B. die Zahlen des Arbeitsmarktes manchmal zu den Präsensindikatoren gezählt, was in Zeiten hoher Arbeitslosigkeit, flexiblerer Beschäftigungsverhältnisse und einem zunehmenden Anteil an Leiharbeit auch plausibel erscheinen kann. Je nach Wahl der einzelnen Konjunkturindikatoren ergeben sich somit unterschiedliche Konjunkturwellen (siehe Abbildung unten). Eine Einteilung der Indikatoren kann auch nach anderen Kriterien erfolgen. So werden Mengen- (Auftragseingang, Lagerhaltung ...) und Preisindikatoren (Löhne, Lebenshaltung ...), Angebots- und Nachfrageindikatoren oder quantitative und qualitative Indikatoren (nach Art der Erhebung) unterschieden.

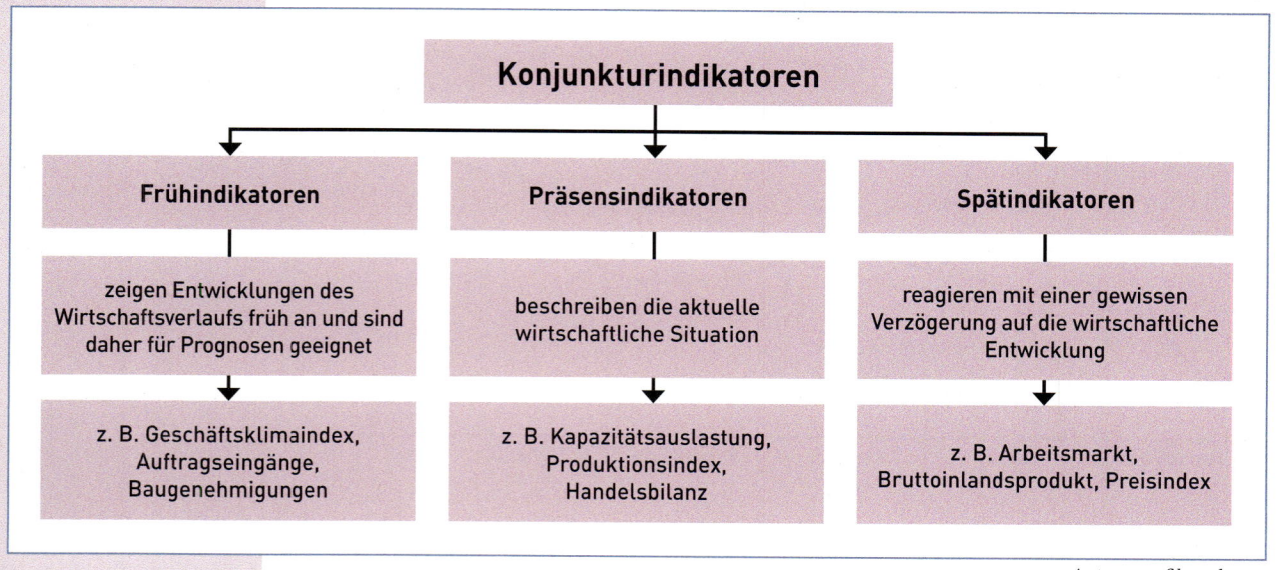

Autorengrafik und -text

M 3 ● Was ist der Unterschied zwischen Konjunktur und Wachstum?

Unter Konjunktur versteht man Schwankungen bzw. Fluktuationen im Tempo der wirtschaftlichen Entwicklung. Diese Konjunkturschwankungen lassen sich besonders gut erkennen, wenn man die Veränderungen des Bruttoinlandsproduktes (BIP) betrachtet. Das BIP ist zwar der Wichtigste, aber nur ein Indikator von vielen für die konjunkturelle Situation einer Volkswirtschaft. Die Auf- und Abwärtsbewegungen des BIP sind mal mehr und mal weniger rhythmisch. Aufschwünge, also Phasen mit ansteigenden Wachstumsraten und Abschwünge, Phasen mit abnehmenden Wachstumsraten, folgen einander. [...] Abschwünge können in eine Rezession münden, die oft als Phase negativer Wachstumsraten über eine Dauer von mind. zwei Quartalen definiert wird. Häufig werden Konjunkturzyklen auch in vier Phasen eingeteilt – die Aufschwungphasen (Expansion), die Phase der Hochkonjunktur (Boom), die Abschwungphase und die Phase der Rezession. Als Ursachen für die Schwankungen der konjunkturellen Entwicklung kommen sowohl endogene als auch exogene Faktoren in Betracht. Neben vorübergehenden Ungleichgewichten auf Güter und Faktormärkten, wie z. B. Überinvestitionen in Boomzeiten, können die Schwankungen durch ökonomische Schocks wie plötzliche Ölpreissteigerungen oder Wechselkursveränderungen, aber auch durch politische Ereignisse wie z. B. „Wahlgeschenke" oder im Extremfall auch militärische Auseinandersetzungen ausgelöst werden. Zu berücksichtigen ist ferner, dass die verschiedenen Volkswirtschaften der Welt auf vielfache Weise wirtschaftlich miteinander verflochten sind und sich in ihrer wirtschaftlichen Entwicklung gegenseitig beeinflussen.

Unter Wirtschaftswachstum versteht man technisch zunächst die Änderung des Bruttoinlandsprodukts (BIP), also die in Werten ausgedrückte Summe der in einer Volkswirtschaft produzierten ökonomischen Güter (Waren und Dienstleistungen), von einer Periode zur nächsten. Man kann dabei z.B. zwischen realem und nominalem Wirtschaftswachstum unterscheiden. Nominales Wirtschaftswachstum definiert das Wachstum als monetäre Änderung des BIP beziehungsweise des Bruttonationaleinkommens. Beim realen Wirtschaftswachstum wird die Preissteigerung herausgerechnet. Unter den Begriff Wirtschaftswachstum fällt auch ein mittel- oder langfristiges Wachstum bzw. ein Trendwachstum, das sich ergibt, wenn man von den vorübergehenden saisonalen und konjunkturellen Schwankungen der Wirtschaftsentwicklung absieht. Das Wirtschaftswachstum in diesem Sinne ist [...] eines der Hauptziele wirtschaftspolitischen Handelns.

© 2016 Bundesministerium für Wirtschaft und Energie, www.bmwi.de (21.7.2016)

M 4 ● Deutschland läuft heiß

Alles gut! Die Wirtschaft wächst, die Arbeitslosigkeit geht weiter zurück, die Löhne steigen, die Staatsschulden sinken. 2016 wird, zumindest für die deutsche Wirtschaft, ein gutes Jahr. [...] Alles gut? Zu übertriebener Selbstzufriedenheit besteht kein Anlass. Die traditionellen Treiber der deutschen Wirtschaft verlieren ihre Kraft: Die ausfuhrstarke Industrie trägt derzeit kaum noch zur Dynamik bei. Wichtige Auslandsmärkte, von der Eurozone bis China, stecken in ausgeprägten Schwächephasen. Zuletzt ist der Welthandel sogar geschrumpft. Keine gute Ausgangslage für die Industrie. Die trüben Aussichten auf den Weltmärkten drücken auf die Stimmung: Umfragen des Ifo-Instituts zeigen, dass die Industrieunternehmen nicht gerade in Partylaune sind. Das deutsche Geschäftsmodell funktioniert nicht mehr wie früher. Wenn die Globalisierung auf dem Rückschritt ist, wenn Schwellenländer nicht mehr so schnell wachsen, wenn sich die Terrorangst in Managerköpfen festsetzt, dann ist die offene bundesrepublikanische Volkswirtschaft davon stärker betroffen als andere führende Wirtschaftsnationen. [...]

Verdeckt werden die Gefahren durch die freigiebige Wirtschaftspolitik. Das billige Geld der Europäischen Zentralbank kommt gerade Deutschland zugute: Die niedrigsten Zinsen seit Generationen und der schwache Euro sorgen für günstige Bedingungen. Auch die Regierung gibt wieder mehr Geld aus: Ausgabenprogramme zur Bewältigung der Flüchtlingskrise stützen die Konjunktur; um 0,5 Prozent soll allein aus diesem Grund das Bruttoinlandsprodukt (BIP) im kommenden Jahr steigen.

Insgesamt soll das BIP, falls nichts schiefgeht, 2016 und 2017 sogar jeweils um knapp zwei Prozent zulegen. Das klingt gut. Aber hinter dieser Zahl verbirgt sich eine gravierende Verschiebung im deutschen Wirtschaftsgefüge: Statt hochproduktiver Industriebranchen treiben nun binnenwirtschaftliche Branchen das Wachstum.

Wegen der Schwäche auf dem Weltmarkt haben die verarbeitenden Unternehmen im vergangenen halben Jahr ihre Investitionen zurückgefahren. So dürfte es weitergehen, falls eine globale Erholung ausbleibt. Währenddessen erlebt Deutschland eine binnenwirtschaftliche Blüte. Wegen der guten Beschäftigungslage steigen die Löhne. Niedrige Zinsen befördern den Wohnungsbau. Für den Moment ist das kein Problem, wohl aber, falls sich dieser Trend verfestigt.

Erinnerungen werden wach an die Boomjahre der Euro-Südstaaten. Auch dort sorgte in der ersten Hälfte des vorigen Jahrzehnts ein Mix aus niedrigen Zinsen und guter Beschäftigungslage dafür, dass Bau und Konsum florierten. Der Preis allerdings war immens: Hochproduktive Wirtschaftsbereiche wurden teilweise verdrängt; die steigende Verschuldung im privaten Sektor führte in die Finanzkrise.

Um nicht missverstanden zu werden: Deutschland steht deutlich solider da als, sagen wir, Spanien vor zehn Jahren. Doch auch hierzulande gibt es inzwischen Anzeichen für eine Überhitzung. Die Bundesbank kalkuliert, dass die Nachfrage inzwischen deutlich schneller wächst als die Produktionsmöglichkeiten, was sich insbesondere in der schnell steigenden Zahl von unbesetzten Stellen niederschlägt. Eine Konstellation, die üblicherweise Kapitalmarktblasen und/oder steigende Verbraucherpreise nach sich zieht.

Die Überhitzung könnte weiter fortgeschritten sein, als es die offiziellen Zahlen zeigen. Carsten-Patrick Meier vom Forschungsinstitut Kiel Economics geht davon aus, dass die deutsche Wirtschaft in Wahrheit deutlich schneller expandiert, weil heimische Branchen wie Bau und Einzelhandel ihre Daten teils mit erheblicher Zeitverzögerung an die Statistiker weitergäben.

Die wahre Wachstumsrate für 2016 taxiert Meier auf stolze 2,7 Prozent. Entsprechend weit fortgeschritten wäre die Überhitzung der Wirtschaft. Entsprechend groß wäre das Crash-Potenzial, insbesondere auf den Immobilienmärkten. Alles gut also? Genießen Sie die guten Zeiten, solange sie andauern.

Henrik Müller, www.spiegel.de, 6.12.2015

F Stellen Sie in einer Tabelle die typischen Veränderungen folgender Indikatoren im Laufe eines Konjunkturzyklus dar: BIP, Arbeitslosigkeit, Preisniveau, Kapazitätsauslastung (M 1).

Aufgaben

1. Beschreiben Sie anhand eines Konjunkturindikators in einer Wirkungskette die Auswirkungen von Veränderungen auf private Haushalte, Unternehmen und Staat (M 2).
2. Erklären Sie den Unterschied zwischen Wachstum und Konjunktur (M 3).
3. Erläutern Sie den Einfluss der Weltwirtschaft auf die Konjunktur von Volkswirtschaften (M 4).

10.2.2 Wie entstehen konjunkturelle Schwankungen und was macht der Staat dagegen?

M 5 ● Ursachen für Konjunkturschwankungen

Es gibt keine einheitliche Konjunkturtheorie, mit der die zyklische Entwicklung der gesamtwirtschaftlichen Aktivität erklärt werden könnte. Vielmehr werden konjunkturelle Schwankungen durch das Zusammenwirken unterschiedlicher Verursachungsfaktoren ausgelöst. Bei der Vielzahl der sich teilweise gegenseitig widersprechenden Erklärungsansätze lassen sich u. a. folgende Gruppen unterscheiden:

Monetäre Theorien: Die Konjunkturzyklen werden in erster Linie auf monetäre Faktoren (Geldmengen- und Zinsveränderungen) zurückgeführt. Demnach führt eine Ausdehnung der Geldmenge und die sich daraus ergebende Erhöhung des Kreditvolumens zu einem Aufschwung. Dieser Prozess hält so lange an, bis die steigende Nachfrage aufgrund der ausgelasteten Kapazitäten nicht mehr befriedigt werden kann. Wenn die Zentralbank die sich dann ergebende Preisniveausteigerung durch eine Begrenzung des Geldmengenwachstums stoppen will, wird ein Konjunkturabschwung eingeleitet.

Überinvestitionstheorie: Die Rezession wird mit der übermäßigen Ausdehnung des Investitionsgütersektors im Konjunkturaufschwung erklärt. Die Produktionskapazitäten werden demnach möglicherweise über das zur Befriedung der steigenden Konsumgüternachfrage nötige Maß hinaus vergrößert. Der Abbau der Überkapazitäten leitet nach dieser Auffassung den Konjunkturabschwung ein.

Unterkonsumtionstheorie: Die Rezession wird als Folge einer ungleichgewichtigen Entwicklung zwischen Konsum- und Investitionsgüterindustrie im Aufschwung erklärt. Die Ausdehnung der Produktionskapazitäten ermöglicht eine Erhöhung der Konsumgüterproduktion. Im Boom bleibt aber die Konsumgüternachfrage hinter den Produktionsmöglichkeiten zurück, da Löhne und Gehälter nicht in gleichem Ausmaß steigen wie die Güterpreise und Gewinne. Es fehlt den privaten Haushalten an Kaufkraft, sodass die zu geringe Nachfrage den Abschwung einleitet. Diese Situation wird durch eine ungleiche Einkommensverteilung verschärft, indem die Bezieher hoher (Kapital-)Einkommen wegen ihrer hohen Sparquote zu wenig Konsumgüter nachfragen. Dadurch wird der Abschwung verstärkt.

Exogene (außerwirtschaftliche) Theorien: Diese Theorien sehen die Ursachen der konjunkturellen Schwankungen in Faktoren, die nicht direkt durch das Wirtschaftsgeschehen beeinflusst werden. Dazu gehören beispielsweise Naturkatastrophen, Kriege, Erfindungen, Entdeckungen neuer Rohstoffquellen und optimistische bzw. pessimistische Zukunftserwartungen (psychologische Konjunkturtheorien). Daneben wird auch versucht, einen Zusammenhang zwischen Wahl- und Konjunkturzyklen herzuleiten (politische Konjunkturtheorien). Demnach sind die von demokratischen Regierungen in Zusammenhang mit ihren Bemühungen um eine Wiederwahl ergriffenen Maßnahmen (Wahlversprechen und Wahlgeschenke) Ursache für Konjunkturschwankungen.

Viktor Lüpertz, Problemorientierte Einführung in die Volkswirtschaftslehre, 8. Aufl., Darmstadt 2015, S. 386

Strukturelle Schwankungen

Im Jahr 1926 stellte der russische Wissenschaftler N. D. Kondratieff die Theorie auf, dass sich die kapitalistische (marktwirtschaftliche) Wirtschaft in Form „langer Wellen" fortentwickle, wobei die Dauer dieser Wellen rund 50 bis 60 Jahre beträgt. Die Ursachen dieser sogenannten „Kondratieff-Wellen" liegen in tiefgreifenden strukturellen Wandlungen der Wirtschaft, die durch technische Neuerungen hervorgerufen werden (Dampfmaschine, Eisenbahn, Flugzeuge, Raumfahrt, Computer).

Konjunkturelle Schwankungen

Mittelfristige Wirtschaftsschwankungen werden als Konjunkturschwankungen bezeichnet. Man rechnet heute mit einer Zyklendauer von rund 4 bis 8 Jahren.

Saisonschwankungen

Die jahreszeitlich wiederkehrenden saisonalen Schwankungen haben ihre Ursachen in erster Linie im Klimawechsel der Jahreszeiten. So ist beispielsweise die Bau-, Land-, Forst- und Transportwirtschaft im Winter mehr oder weniger stark betroffen. Die Jahreszeiten beeinflussen ferner die Bekleidungs- und Getränkeindustrie sowie den Brennstoffhandel. Auch die Lage besonderer Festtage (Ostern, Weihnachten) sowie die traditionellen Ferienzeiten beeinflussen den Umsatz (die Beschäftigung) vieler Wirtschaftsbereiche (z. B. Einzelhandel, Reiseveranstalter). Saisonschwankungen sind somit kurzfristige Wirtschaftsschwankungen ohne erheblichen Nachteil für die Gesamtwirtschaft. Sie sind voraussehbar und damit auch einplanbar.

Gernot Hartmann, Volks- und Weltwirtschaft, 26. Aufl., Rinteln 2007, S. 420 f.

M 6 ● Deutsche Wirtschaft wächst stärker als erwartet

Das Wachstum der deutschen Wirtschaft hat sich zum Beginn des Jahres 2016 kräftig beschleunigt. Das Bruttoinlandsprodukt (BIP) legte im ersten Quartal um 0,7 Prozent im Vergleich zum Vorquartal zu, teilte das Statistische Bundesamt mit. Vor allem die privaten Haushalte trieben mit ihren Konsumausgaben das Wirtschaftswachstum an. Im vierten Quartal 2015 war die Wirtschaftsleistung um 0,3 Prozent gewachsen. Ökonomen hatten nur mit einem Plus von 0,6 Prozent gerechnet.

Auch die staatlichen Ausgaben für die Unterbringung und Integration Hunderttausender Flüchtlinge trugen zum Aufschwung bei. Die Bauwirtschaft profitierte zudem vom milden Winter. Die Investitionen der Unternehmen in Ausrüstungen stiegen. Der Außenhandel bremste die Entwicklung dagegen etwas, weil die Importe stärker zulegten als die Exporte. [...]

Zudem ist die Lage auf dem Arbeitsmarkt historisch günstig. Im April sank die Arbeitslosigkeit in Deutschland auf den niedrigsten Stand in diesem Monat seit 25 Jahren. [...]

Im Frühjahr erwartet die Regierung eine Abkühlung der Konjunktur. „Nach dem positiven Start in das Jahr 2016 dürfte sich das Wachstum der deutschen Wirtschaft im zweiten Vierteljahr etwas verlangsamen", teilte das Bundeswirtschaftsministerium in seinem aktuellen Monatsbericht mit. Grund sei, dass die „übliche Frühjahrsbelebung angesichts der milden Witterung im ersten Vierteljahr etwas schwächer ausfallen dürfte". Wegen des warmen Winters lief es etwa für die Baubranche gut und Bauprojekte wurden bereits in das erste Quartal vorgezogen.

Daniel Bockwoldt, www.zeit.de, 13.5.2016

M 7 ● Konjunkturprognosen: exakte Vorhersagen sind unbrauchbar?

Wie immer um diese Jahreszeit verbreiten die Konjunkturforscher ihre Wachstumsprognosen. Mittlerweile werden sie – mit gutem Grund – nicht mehr sehr ernst genommen. Die Konjunkturforschung muss sich grundsätzlich in Frage stellen lassen. Jahr für Jahr liegen die Konjunkturforscher mit ihren Prognosen weit daneben, dennoch liefern sie unverdrossen pünktlich neue Voraussagen des Wirtschaftswachstums. Die vom Deutschen Industrie- und Handelskammertag (DIHK) erwarten zum Beispiel im nächsten Jahr einen Zuwachs beim Bruttoinlandsprodukt (BIP) von 1,7 Prozent, wie der Verband heute mitteilt. [...] Die führenden Forschungsinstitute hatten in der vergangenen Woche in ihrem Herbstgutachten ein Plus von 1,8 Prozent für 2014 vorausgesagt. [...]

Doch, so fragen sich immer mehr Beobachter, was sollen diese Prophezeiungen überhaupt? [...] In den vergangenen Jahren kamen die Vorhersagen meist nicht einmal ansatzweise den später tatsächlich festgestellten BIP-Ergebnissen nahe. Krassestes Beispiel: Den Konjunktureinbruch von 2009 hatte kein Institut vorhergesagt. Alle erwarteten ein geringes Wachstum, kein Konjunkturforscher prognostizierte ein Schrumpfen. Doch am Ende des Jahres lag das BIP rund 5,1 Prozent unter dem von 2008. Was soll aber der Nutzen von Konjunkturprognosen sein, wenn die Prognostiker offenbar nicht in der Lage sind, die großen Einbrüche der wirtschaftlichen Entwicklung im Voraus zu erkennen? [...]

Exakte Konjunkturprognosen behandeln Wirtschaft so, als funktioniere sie nach naturgesetzlichen Ursache-Wirkungs-Kausalitäten. Physiker können mit Daten aus Beobachtungen, also aus der Vergangenheit, künftige Entwicklungen der unbelebten Natur vorhersagen. Konjunkturprognostiker meinen das auf die Wirtschaft übertragen zu können. Daher gehen sie stets von „ceteris paribus" aus, dass also die Rahmenbedingungen gleich bleiben. Das große Unglück der Konjunkturprognostiker ist aber, dass die reale Welt der realen Menschen ihnen diesen Gefallen nicht tut. Unter ceteris paribus dürfte es nie einen Konjunkturumschwung geben. Und deswegen gelingt es der Konjunkturforschung auch nicht, diesen auch nur halbwegs verlässlich auf längere Sicht vorherzusagen.

Wirtschaft ist kein mit mathematischen Gleichungen exakt beschreibbares Naturphänomen, sondern ein Kulturphänomen, das vom sozialen Handeln von Menschen bestimmt ist. Den homo oeconomicus, der nach rein rationalen Erwägungen handelt, gibt es nicht. Menschliches Handeln ist viel zu komplex, um es mathematisch exakt darzustellen und allenfalls sehr vage zu erahnen. Konkret heißt das zum Beispiel: Nicht alle Familien wissen, wann sie ihr nächsten Auto kaufen wollen – und selbst wenn sie es zu wissen behaupten, entscheiden sie sich oft aus unvorhersehbaren Gründen um.

Außerdem: Die mathematischen Modelle, auf denen üblicherweise Konjunkturprognosen beruhen, sind so sehr vereinfacht, dass sie selbst das rationale Handeln von Menschen, das es natürlich neben dem irrationalen durchaus gibt, nicht umfassend abbilden können. Mit sehr viel mehr Aufwand könnte man vielleicht theoretisch die rationalen Ziele und Interaktionen der rund 40 Millionen Haushalte und 2 Millionen Unternehmen in Deutschland in Mathematik übersetzen. Da man aus einem solchen Komplexitätsmonster aber wohl keine exakte Zahl des künftigen Wirtschaftswachstums berechnen könnte, verwenden die Prognostiker extrem vereinfachte Modelle: Mit „repräsentativen" Haushalten und Unternehmen. Dazu kommen weitere Defizite der Modelle: Zum Beispiel werden Finanzmärkte völlig ausgeklammert, weil sie einem längst durch die reale Welt widerlegten Ökonomen-Vorurteil zufolge die Realwirtschaft nicht verzerren.

Wenn die Konjunkturforschung und die Volkswirtschaftslehre insgesamt nicht den letzten Rest ihrer Glaubwürdigkeit als seriöse Wissenschaft verlieren möchte, sollte sie ihren nicht einzulösenden Anspruch auf Exaktheit und ihre quasi-magisches Versprechen, in die Zukunft blicken zu können, aufgeben.

Ferdinand Knauß, www.wiwo.de, 21.10.2013

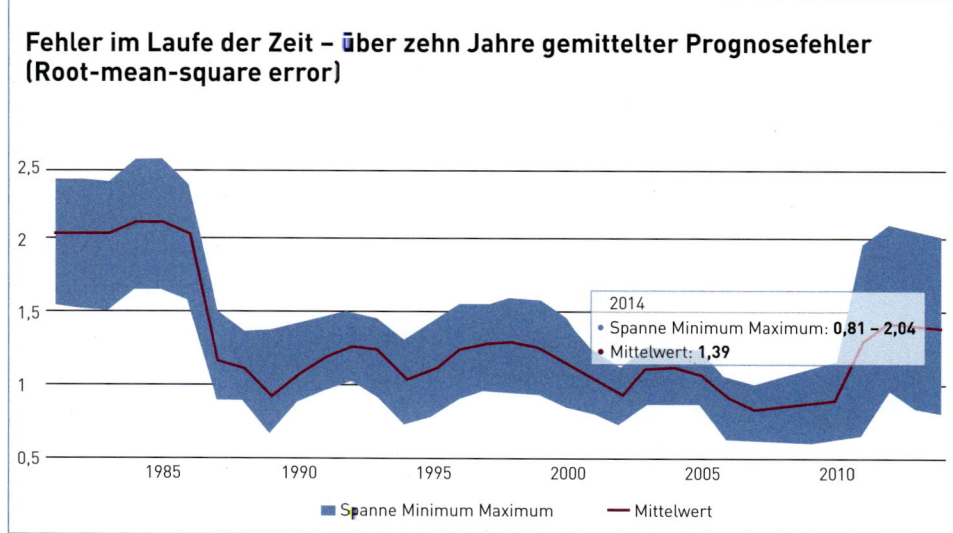

Ulrich Fritsche, www.spiegel.de, 30.12.2015

M 8 ● Konjunkturprogramme als Allheilmittel?

Konjunkturprogramme dienen dem Ausgleich vorübergehender Nachfragerückgänge. Daraus ergeben sich drei Anforderungen, die bei ihrer Ausgestaltung zu
5 beachten sind [...]:
- Konjunkturprogramme müssen rechtzeitig in Kraft treten („timeliness"),
- Konjunkturprogramme müssen zielgerichtet ausgestaltet sein („targeted"),
10 • Konjunkturprogramme müssen in ihrer fiskalischen Wirkung zeitlich befristet sein, damit sie die öffentlichen Haushalte nicht dauerhaft belasten („temporary").

Besonders die rechtzeitige Terminierung
15 eines Konjunkturprogramms stellt ein Hauptproblem dar. Tritt es zu spät in Kraft, fällt es in den einsetzenden Aufschwung hinein und verstärkt die konjunkturelle Belebung anstatt den vorangegangenen Ab-
20 schwung zu dämpfen.
Folglich erhöht sich die Volatilität der konjunkturellen Schwankungen, was auch negative Auswirkungen auf den Wachstumspfad haben kann. Ein Konjunkturprogramm
25 soll möglichst gezielt die privaten Nachfrageausfälle ausgleichen.
Da ihm aber immer eine politische Entscheidung zugrunde liegt, fließen neben ökonomischen meist auch politische Moti-
30 ve in seine Ausgestaltung mit ein. Oftmals werden auch Nebenziele wie ökologische oder soziale Gründe zur politischen Rechtfertigung der Konjunkturprogramme angeführt. Unter diesen Bedingungen kann der eigentliche Grund, die Stabilisierung der 35 Konjunktur, in den Hintergrund treten.

Die beiden erstgenannten Anforderungen beziehen sich auf die Wirkung des Konjunkturprogramms während seiner Durchführung, mit der dritten Anforderung sol- 40 len negative Spätfolgen vermieden werden. Da Konjunkturprogramme oftmals mit einem erheblichen Defizit des Staates verbunden sind („deficit spending"), können sie nicht zu lange aufrechterhalten werden, 45 ohne die zukünftigen haushaltspolitischen Spielräume einzuengen. Die Gefahr einer zu ausgedehnten Stützung der Konjunktur ist aber durchaus gegeben, denn die Wirtschaft ist weder im Abschwung noch im 50 Aufschwung gleichmäßig betroffen.

Es wird immer einige Bereiche geben, bei denen der Aufschwung später ankommt und die deshalb für weitere staatliche Stützungsmaßnahmen plädieren. Dies war in 55 den 1970er-Jahren der Fall. Damals wurde versucht, den unter anderem auch durch die Ölkrise einsetzenden Strukturwandel mit mehr oder minder dauerhaften Konjunkturprogrammen zu bekämpfen. Der 60 damalige Wirtschafts- und Finanzminister Karl Schiller sprach in diesem Zusammenhang explizit von einem „Abusus unter nichtkeynesianischen Bedingungen" [...]. Dies brachte die Nachfragepolitik in Erklä- 65 rungsnot.

Ralph Brüggemann, Die Wirkung von Konjunkturprogrammen, November 2010, iw-Trends 4/10

F Recherchieren Sie die Entwicklung des ifo-Geschäftsklimaindex, des BIP sowie weiterer geeigneter Indikatoren in den letzten zwei Jahren und beschreiben Sie damit die derzeitige und zukünftige konjunkturelle Entwicklung. Vergleichen Sie Ihre Ergebnisse mit in der Presse veröffentlichten Prognosen.

Aufgaben

1. Ordnen Sie die Aussagen aus M 6 und M 7 den in M 5 genannten Erklärungsansätzen für Konjunkturschwankungen zu. Begründen Sie Ihre Zuordnung.
2. Stellen Sie die Erfolgsaussichten von Konjunkturprogrammen dar, um eine Rezession, die auf Unterkonsumtion zurückzuführen ist, abzuschwächen oder gar zu verhindern (M 8).

Der Wirtschaftskreislauf – wie die Volkswirtschaft eines Landes in ihrer Gesamtheit dargestellt werden kann

Jede Person ist ständig in komplexe wirtschaftliche Austauschprozesse eingebunden. Durch den Kauf eines Smartphones z. B. erhält man gegen die Bezahlung des verlangten Preises von einem **Unternehmen** das Smartphone. Der Konsument – der **private Haushalt** – könnte dazu einen Kredit bei einer **Bank** aufgenommen haben. Der Verkaufspreis des Smartphones beinhaltet die Mehrwertsteuer, die an den **Staat** abgeführt wird, der damit z. B. Infrastrukturmaßnahmen und Schulen finanziert. Das Unternehmen hat das Smartphone höchstwahrscheinlich von einem Hersteller aus dem **Ausland** bezogen. Der Gewinn des Unternehmens wird durch den Staat besteuert. Die Investitionskosten des Unternehmens für Ladenräume etc. hat es sicher zum Teil über Kredite bei Banken finanziert. Banken können Kredite vergeben, da private Haushalte und Unternehmen, aber auch der Staat und das Ausland bei ihnen Geld anlegen (z. B. Sparanlagen).

In der Realität laufen solche Prozesse mit einer Vielzahl von Akteuren vielfach miteinander verwoben permanent ab. Will man z. B. vor einer politischen Entscheidung über die Veränderung der Mehrwertsteuer die Auswirkungen dieser Maßnahme ausloten, so muss man diese Prozesse in einem Modell beschreiben. Dabei müssen Prozesse qualitativ und quantitativ erfasst werden. Das Modell des Wirtschaftskreislaufs kann hier auf unterschiedlichen Komplexitätsstufen die gegenseitigen Abhängigkeiten der Wirtschaftssubjekte beschreiben. Dem geschlossenen Kreislaufmodell liegt die Annahme zugrunde, dass an jedem Akteur (Pol) die Summe der Zuströme gleich der Summe der Abströme ist (z. B. geben die privaten Haushalte ihr gesamtes Einkommen für Konsum oder Sparen aus). Das Statistische Bundesamt verwendet solche Kreislaufmodelle, um die (Geld-)Ströme zwischen den Wirtschaftssubjekten zu messen und so die Wirtschaftsleistung in der Bundesrepublik zu bestimmen.

Jedes der folgenden Kreislaufmodelle vereinfacht die Realität sehr stark, einige (Geld-)Ströme werden grafisch nicht dargestellt, um die Kreislaufmodelle übersichtlich zu halten.

Der einfache Wirtschaftskreislauf (ohne Ausland)
Unternehmen produzieren Konsumgüter und Dienstleistungen, die von den **privaten Haushalten** gekauft werden. Andererseits stellen die privaten Haushalte den Unternehmen Faktorleistungen (Boden, Kapital, Arbeit) zur Verfügung. Dadurch entstehen Güterströme, denen in gleicher Höhe entgegengesetzte Geldströme entsprechen, deshalb wird in der Regel darauf verzichtet, beide Stromarten darzustellen.

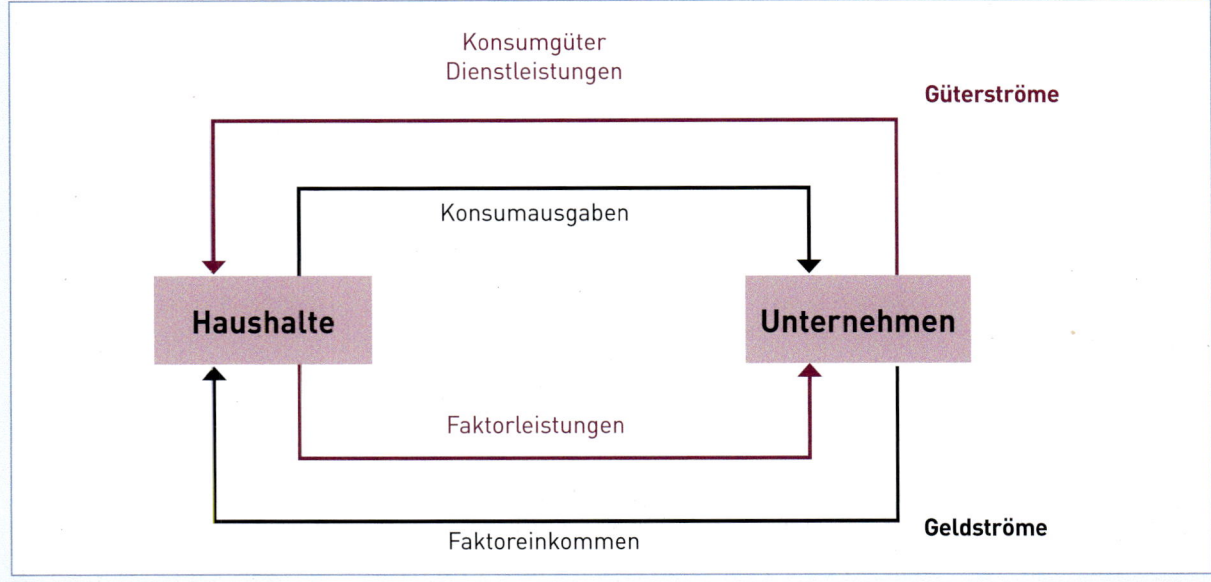

Der einfache Wirtschaftskreislauf

10 Wirtschaftspolitische Zielsetzungen, Konjunktur und Wirtschaftskreislauf

METHODE

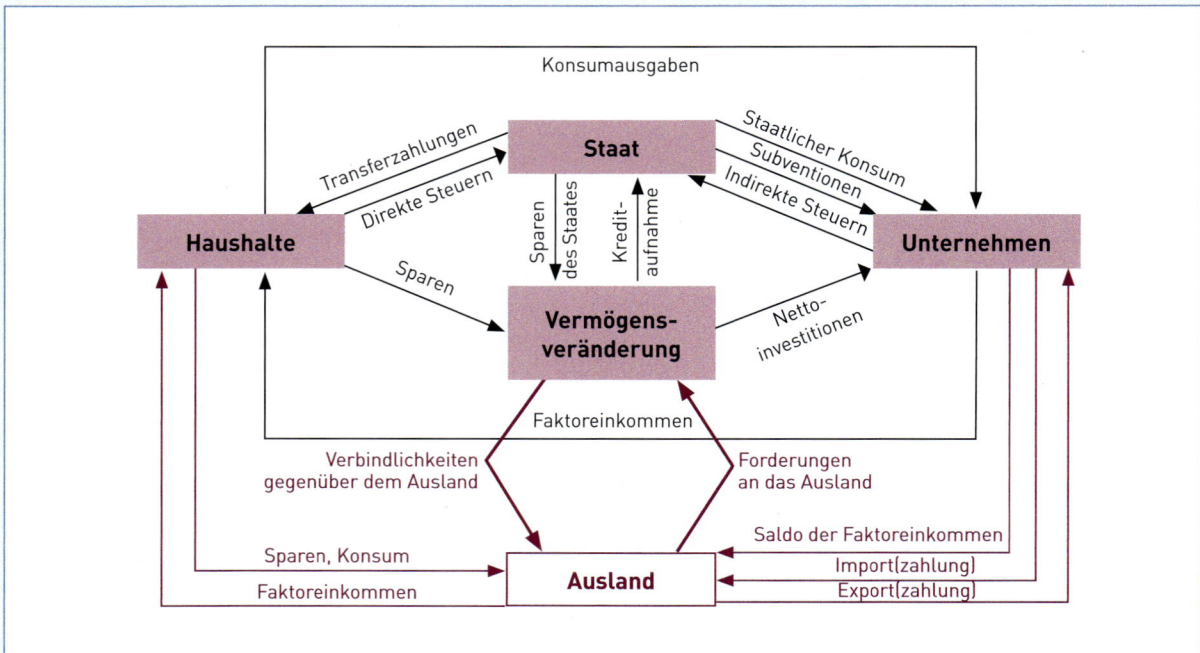

Der Wirtschaftskreislauf einer offenen Volkswirtschaft

Der erweiterte Wirtschaftskreislauf

In der Realität geben die Haushalte nicht ihr ganzes Einkommen für Konsum aus, sondern sparen einen Teil. Es werden auch nicht alle Güter verbraucht, sondern zum Teil auch für Investitionszwecke genutzt. Dies wird im erweiterten Wirtschaftskreislauf ebenso berücksichtigt wie der **Staat** als Akteur.

Die Ersparnisse der Haushalte, des Staates und der Unternehmen (z. B. Rücklagen) fließen dem Sektor Vermögensveränderung (Bankensystem, Anleihe- und Aktienmarkt, Investmentgesellschaften...) zu, sie erhalten dafür Zinsen. Vom Sektor der **Vermögensveränderung** werden die Ersparnisse zur Finanzierung von Investitionen an Unternehmen und als Kredite an den Staat weitergegeben. Der staatliche Sektor konsumiert Güter der Unternehmen, stellt öffentliche Güter bereit und leistet Transferzahlungen an Unternehmen und Haushalte (z. B. Subventionen und Sozialleistungen). Dem Staat fließen andererseits Mittel von Unternehmen und Haushalten (z. B. in Form von indirekten und direkten Steuern, Gebühren und Sozialabgaben) zu.

Wirtschaftskreislauf einer offenen Volkswirtschaft

Nimmt man zum erweiterten Wirtschaftskreislauf noch die Transaktionen mit dem **Ausland** in das Kreislaufmodell mit auf, so spricht man vom Wirtschaftskreislauf einer offenen Volkswirtschaft. Haushalte und Unternehmen können z. B. Faktoreinkommen aus dem Ausland beziehen und umgekehrt. Es können Sparleistungen vom Ausland in den Sektor Vermögensveränderung fließen und umgekehrt. Waren und Dienstleistungen können exportiert und importiert werden. Der Kreislauf einer offenen Volkswirtschaft berücksichtigt also auch die Ein- und Ausfuhr von Kapital, Waren und Dienstleistungen.

Autorentext und –grafiken

Erklärfilm „Wirtschaftskreislauf"
Mediencode: 8880-16

Aufgaben

1. Stellen Sie die wirtschaftlichen Austauschprozesse dar, die entstehen, wenn Sie zu Hause das Licht einschalten.
2. Erörtern Sie die Folgen des Szenarios, wenn der Staat als Akteur aus dem Wirtschaftskreislaufs ausscheidet.

10.2 Konjunktur

Die schwankende Wirtschaftsentwicklung, die sich für die Bundesrepublik Deutschland nachweisen lässt, ist ein allgemein anerkanntes, weltweit zu beobachtendes Phänomen. Die Ursachen für den unstetigen Wirtschaftsverlauf können dabei struktureller (= langfristige, tiefgreifende Veränderungen der Wirtschaft), konjunktureller (= mittelfristig, unterschiedliche Erklärungsmodelle) oder saisonaler (= jahreszeitlich bedingt) Natur sein.

Wirtschaftliche Schwankungen M 5

Konjunkturschwankungen sind Wachstumsschwankungen, die sich in dem Grundmuster eines Konjunkturzyklus mit vier Phasen darstellen lassen. Die Dauer der Zyklen ist unterschiedlich und bewegt sich für die Bundesrepublik Deutschland zwischen vier und acht Jahren. Ein Aufschwung ist gekennzeichnet durch steigendes BIP-Wachstum, sinkende Arbeitslosigkeit und steigende Kaufkraft. Zunehmende Kapazitätsauslastung bewirkt eine steigende Investitionstätigkeit, insgesamt wächst das Vertrauen in die wirtschaftliche Entwicklung. Im Abschwung geht die Produktionstätigkeit der Unternehmen zurück. Sie investieren nicht mehr aufgrund sinkender Gewinnerwartungen. Um Überkapazitäten abzubauen und Kosten zu senken, werden Menschen entlassen. Die Grundhaltung der Verbraucher und Unternehmer wird pessimistischer. Die nun zu beobachtende allgemeine Kaufzurückhaltung verstärkt diese negativen Effekte.

Konjunkturphasen M 1

Konjunkturschwankungen wirken sich auf verschiedene ökonomische Größen aus und lassen sich an Konjunkturindikatoren ablesen. Ein charakteristischer Frühindikator ist der Geschäftsklimaindex. Durch Befragungen von Unternehmen z. B. aus dem Verarbeitenden Gewerbe und dem Groß- und Einzelhandel werden die Erwartungen der Unternehmen in Bezug auf Auftragseingänge und Investitionspläne ermittelt. Mit diesen Daten werden Prognosen zur konjunkturellen Entwicklung möglich. Die Arbeitslosenquote gilt als Spätindikator, der – ebenso wie das Preisniveau – zeitlich verzögert auf konjunkturelle Entwicklungen reagiert. Ein typischer Präsensindikator ist das BIP. Für alle Konjunkturindikatoren gilt, dass ihre Aussagekraft begrenzt ist, da wirtschaftliche Entwicklungen nicht gesetzmäßig verlaufen.

Konjunkturindikatoren M 2, M 3

Konjunkturtheorien versuchen das Umschlagen der Konjunktur von einem positiven in einen negativen Trend zu erklären. Dabei werden unterschiedliche Faktoren wie z. B. Schwankungen der Geldmenge, der Investitionstätigkeit und des Konsums oder die Grundstimmung der Wirtschaftssubjekte untersucht. Wahrscheinlich ist jedoch, dass Konjunkturschwankungen von einem komplexen Zusammenwirken vieler Faktoren ausgelöst werden.

Konjunkturtheorien und ihre Aussagekraft M 7

Konjunkturprogramme werden von Seiten der Politik eingesetzt, um einen negativen Trend zu stoppen und in eine positive Entwicklung zu steuern. Wichtig hierbei ist es, dass die Programme rechtzeitig in Kraft treten, dass sie zielgerichtet sind und dass sie in ihrer fiskalischen Wirkung zeitlich begrenzt sind, damit sie die öffentlichen Haushalte nicht zu lange belasten.

Konjunkturprogramme M 8

ORIENTIERUNGSWISSEN

Wie beeinflussen Prognosen das Verhalten?

Anders als die Wetterprognose bleibt die Konjunkturprognose nicht ohne unmittelbare Reaktion.

Verströmt die Prognose Optimismus, werden die Konsumenten ihr verfügbares Einkommen eher ausgeben, Firmen werden eher geneigt sein zu investieren und zusätzliche Arbeitskräfte einzustellen, der Finanzminister wird etwas mehr Hoffnung für einen ausgeglichenen Staatshaushalt haben.

Bei einer pessimistischen Prognose ist zu hoffen, dass Verbraucher, Unternehmer und die Wirtschaftspolitik gegensteuern.

Die Konjunkturprognose schiebt also eine Verhaltensänderung an. Gerade weil die Konjunkturprognose eine Verhaltensänderung bei den wirtschaftlichen Akteuren bewirkt, muss eine Bewertung ihrer Qualität besonders vorsichtig erfolgen. Die Prognose soll ja „warnen" oder „Mut machen". Menschen sollen gerade aufgrund der Prognose „mehr kaufen" oder „weniger investieren". Eine punktgenaue Vorhersage kann somit gar nicht das Ziel einer guten Konjunkturprognose sein. Entscheidend ist, ob die Prognose die Verhaltensänderungen in die „richtige" Richtung anschiebt, ob sie voraussagen kann, wann ein Aufschwung an ein Ende kommen wird, wann ein Abschwung beginnen wird. Schafft sie dies, kann nämlich die Wirtschaftspolitik rechtzeitig reagieren und gegensteuern. Somit ist eine Konjunkturprognose dann „gut", wenn sie Politik und Wirtschaft zur richtigen Zeit im Voraus die sachdienlichen Hinweise auf Änderungen im makroökonomischen Datenkranz und den entscheidungsrelevanten Rahmenbedingungen liefert.

Thomas Straubhaar, Warum liegen Konjunkturprognosen oft daneben?, in: Rainer Hank (Hg.), Was Sie schon immer über Wirtschaft wissen wollten, Frankfurt/M. 2008, S. 55 f.

Aufgabe

Erörtern Sie ausgehend vom Text, inwiefern „eine punktgenaue Vorhersage [...] gar nicht das Ziel einer guten Konjunkturprognose sein [...]" kann oder sollte.

SELBSTDIAGNOSE

Sie können...	Dazu benötigen Sie u. a. folgende Begriffe...	Das klappt schon...	Hier können Sie u. a. noch üben...
die unterschiedlichen Ziele der Wirtschaftspolitik beschreiben und voneinander unterscheiden.	Stabilitäts- und Wachstumsgesetz „magisches Viereck" „magisches Vieleck" Zielkonflikt Zielneutralität Zielkomplementarität	👍 👎	M 2 – M 7 / S. 308 – 312 Orientierungswissen / S. 331
das BIP als Indikator für Wirtschaftswachstum beurteilen.	Dimensionen des Bruttoinlandsprodukts Human Development Index (HDI) Nationaler Wohlfahrtsindex (NWI) W3-Indikatoren	👍 👎	M 8 – M 10 / S. 313 – 316 Orientierungswissen / S. 331
den Arbeitsmarkt analysieren.	Arbeitslosenquote Jugendarbeitslosigkeit ILO-Konzept tatsächliche Arbeitslosigkeit wahre Kosten der Arbeitslosigkeit Ökonomische Faktoren Individuelle Faktoren	👍 👎	M 11 – M 16 / S. 317 – 320 Orientierungswissen / S. 332
Inflation und Deflation erklären.	Preisniveau Inflationsrate Warenkorb Wägungsschema	👍 👎	M 17 – M 21 / S. 321 ff. Orientierungswissen / S. 332
die Ursachen und Auswirkungen von außenwirtschaftlichen Ungleichgewichten erläutern.	Export Import Leistungsbilanz Zahlungsbilanz	👍 👎	M 22 – M 26 / S. 324 ff. Orientierungswissen / S. 332
nachhaltige Entwicklung und eine gerechte Einkommensverteilung als neue Ziele der Wirtschaftspolitik beurteilen.	Nachhaltigkeitsbegriff Hans Carl von Carlowitz Ungleichheit	👍 👎	M 27 – M 29 / S. 327 – 330 Orientierungswissen / S. 332
Konjunkturzyklen erklären.	Konjunkturschwankungen Konjunkturprogramme Konjunkturindikatoren	👍 👎	M 1, M 2, M 5, M 8 / S. 335 f., S. 339, S. 342 Orientierungswissen / S. 334
die Aussagekraft von Konjunkturprognosen beurteilen.	Wachstumsprognosen ceteris paribus Prognosefehler	👍 👎	M 7 / S. 340 f. Orientierungswissen / S. 345
den Unterschied zwischen Konjunktur und Wachstum erläutern.	BIP Rezession Expansion Boom nominales Wirtschaftswachstum reales Wirtschaftswachstum	👍 👎	M 3 / S. 337 Orientierungswissen / S. 345

Karikatur: Klaus Stuttmann

11 Der Arbeitsmarkt – Beschäftigungspolitik zwischen Angebot und Nachfrage

Die Soziale Marktwirtschaft hat dazu beigetragen, in Deutschland ökonomischen Wohlstand und soziale Sicherheit für weite Teile der Bevölkerung zu erzeugen. Trotzdem birgt auch diese Wirtschaftsordnung Probleme, über deren konkrete Lösungen kontrovers debattiert wird. Ein solches Problemfeld – und zugleich Ziel der Wirtschaftspolitik laut Stabilitäts- und Wachstumsgesetz – ist ein hohes Maß an Beschäftigung, auch wenn aktuell das Problem der Arbeitslosigkeit die wirtschaftspolitische Diskussion in Deutschland längst nicht mehr so dominiert wie noch zu Beginn des neuen Jahrhunderts.

In dieser wirtschaftspolitischen Diskussion herrscht scheinbar eine große Unübersichtlichkeit: Zwischen Regierung und Opposition, zwischen den verschiedenen Wirtschaftsinstituten, zwischen Arbeitgebern und Arbeitnehmern werden zahllose Argumente hin und her gewendet, in der Regel mit dem Anspruch, dass die eigene Position die einzig richtige sei. Tatsächlich konkurrieren hier im Kern zwei wirtschaftspolitische Grundkonzeptionen klar erkennbar um den richtigen Lösungsweg: die Nachfrage- und die Angebotstheorie. Sie unterscheiden sich vor allem dadurch, welche Rolle sie dem Staat bei der Wirtschaftspolitik zuweisen.

KOMPETENZEN

Am Ende dieses Kapitels sollten Sie Folgendes wissen und können:

Sie können die wirtschaftspolitischen Leitbilder der Angebots- und der Nachfrageorientierung identifizieren und analysieren.

Sie können im Bereich der Beschäftigungspolitik Maßnahmen differenziert nach Nachfrage- und Angebotspolitik unterscheiden und beurteilen.

Was wissen und können Sie schon?

Interpretieren Sie die Karikatur.

11.1 Beschäftigung: Strukturelle Ungleichgewichte auf dem Arbeitsmarkt?

M 1 ● Sektoraler Strukturwandel auf dem Arbeitsmarkt

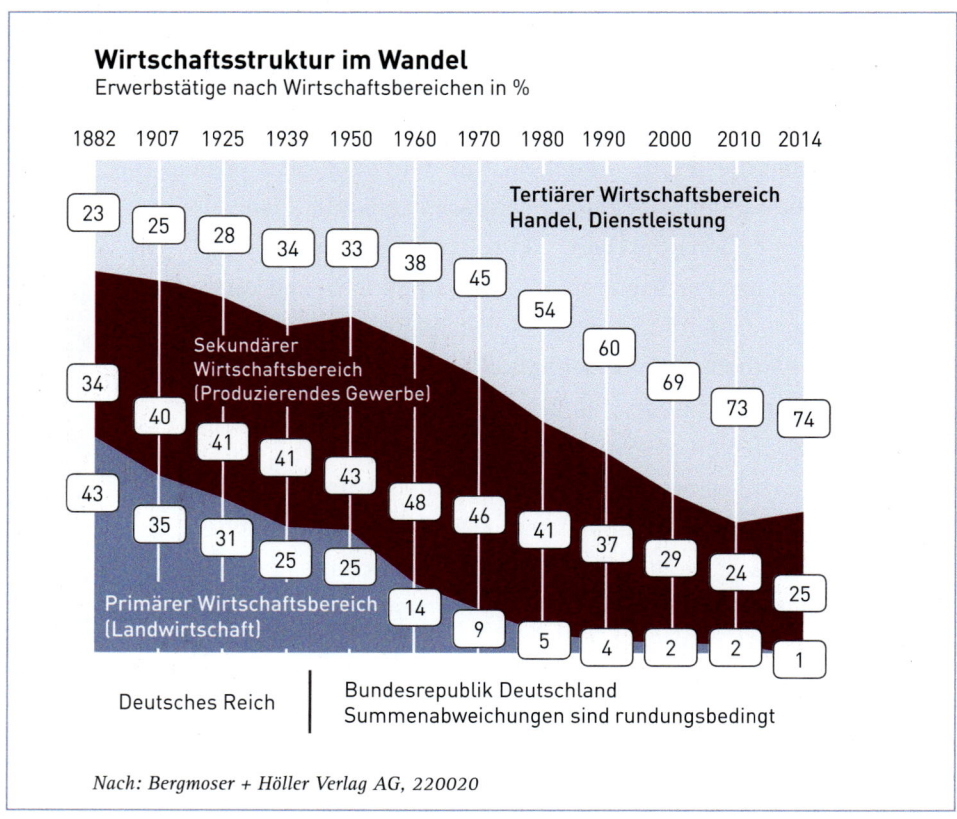

Nach: Bergmoser + Höller Verlag AG, 220020

M 2 ● Formen struktureller Arbeitslosigkeit

[Die] strukturelle Arbeitslosigkeit, [stellt] in Deutschland [...] den hauptsächlichen Ansatzpunkt bei der Bekämpfung der Unterbeschäftigung [dar]. [...] Für die Existenz einer in diesem Sinne als „natürlich" zu bezeichnende Arbeitslosigkeit lässt sich eine ganze Reihe von Gründen finden (vgl. Schaubild S. 351).

So genannte **Stagnationsarbeitslosigkeit** kann auftreten, wenn das Wachstum der gesamtwirtschaftlichen Produktion im Trend abnimmt. Worin die Ursache einer anhaltenden „Wachstumsschwäche" liegt und ob diese zwangsläufig ist, wird kontrovers diskutiert. Vertreter der „Sättigungsthese" betonen die natürlichen Grenzen des Wachstums (Club of Rome) und verweisen darauf, dass es mit zunehmendem Wohlstand auf immer mehr Märkten zu Nachfragesättigungen kommt. Angebotsorientierte Ökonomen [...] halten den beobachtbaren Rückgang des Produktionszuwachses indes teilweise für eine Folge falscher Rahmenbedingungen, während die Bedürfnisse der Konsumenten noch keineswegs gesättigt seien.

Ursache struktureller Arbeitslosigkeit kann auch eine zu starke Ausdehnung des Arbeitskräfteangebots sein, ausgelöst z. B. durch den Eintritt geburtenstarker Jahrgänge in den Arbeitsmarkt, Zuwanderung [...] oder die Zunahme der Erwerbstätigkeit von Frauen [...]. Man spricht von **demografischer Arbeitslosigkeit**. Der in den kommenden Jahrzehnten zu erwartende Rückgang der Bevölkerung dürfte insoweit das Beschäftigungsproblem in Deutschland entschärfen. [...]

Häufig hört man die These, der technische Fortschritt vernichte Arbeitsplätze und führe zu **technologischer Arbeitslosigkeit**. Untersuchungen zeigen, dass der technische Fortschritt [...] tatsächlich die Produktivität des Faktors Arbeit stark erhöht hat, und es ist auch zu vermuten, dass diese Entwicklung weiter anhalten wird. Die entscheidende Frage hierbei ist, ob diese Produktivitätssteigerung zu einer höheren Produktion bei gleichem oder zunehmendem Arbeitseinsatz führt (*Wohlstandssteigerungseffekt* des technischen Fortschritts) oder dazu, dass die gleiche Produktion mit einem geringeren Arbeitseinsatz erzeugt wird (*Arbeitskräfteeinsparungseffekt*). Nur in letzterem Fall wirken Produktivitätssteigerungen als „Jobkiller". Ökonomen sprechen von der „Entlassungsproduktivität". Seit Beginn des 20. Jahrhunderts hat sich die Arbeitsproduktivität in den Industrieländern im Durchschnitt um rund das Zehnfache erhöht. Die Zahl der Arbeitsplätze aber ist gestiegen. Andererseits ist nach Angaben der Deutschen Bundesbank in Deutschland durchaus eine teilweise spürbare Entlassungsproduktivität zu konstatieren, die offenbar maßgeblich von der Verteuerung des Faktors Arbeit „getrieben" wurde.

Gibt es Ungleichgewichte auf Teilarbeitsmärkten, so besteht **strukturelle Arbeitslosigkeit im engeren Sinne**. Beispielsweise existiert ein Überangebot an ungelernten Arbeitskräften, während bestimmte Facharbeiter fehlen. Bei unendlicher Anpassungsfähigkeit bzw. Mobilität der Erwerbspersonen gäbe es diese Form der Arbeitslosigkeit nicht. Dann könnte jeder arbeitslose Bleisetzer oder Bergmann sofort Softwareingenieur werden. Das erscheint aber unrealistisch.

Die strukturelle Arbeitslosigkeit i. e. S. wird deshalb auch als „**Mobilitätsdefizit-Arbeitslosigkeit**" oder „**Mismatch-Arbeitslosigkeit**" bezeichnet. Eine wichtige Ursache für sie bildet der in jeder Volkswirtschaft beobachtbare Strukturwandel. [...]

Im Zuge dieses intersektoralen Wandels ändert sich der Arbeitskräftebedarf der Wirtschaft und es entsteht branchenspezifische oder **sektorale Arbeitslosigkeit**. Gleichzeitig finden innerhalb der einzelnen Sektoren Umschichtungen statt (intrasektoraler Strukturwandel). In Deutschland waren etwa der Kohlebergbau, die Textilindustrie oder die Kameraproduktion vom Niedergang betroffen. [...] Dafür gibt es

> **Drei-Sektoren-Hypothese**
>
> Danach entwickelt sich aus einer Agrargesellschaft (sog. primäre Gesellschaft) heraus die Industriegesellschaft (sekundäre Gesellschaft) und schließlich die Dienstleistungsgesellschaft (tertiäre Gesellschaft). In Deutschland waren im Jahr 2010 bereits fast 75 Prozent der Erwerbstätigen im Dienstleistungssektor (1991: 59,5 Prozent), knapp 24 Prozent im produzierenden Gewerbe einschl. Baugewerbe (1991: 37 Prozent) und nur noch gut 2 Prozent in der Land- und Forstwirtschaft (1991: 4 Prozent) beschäftigt.

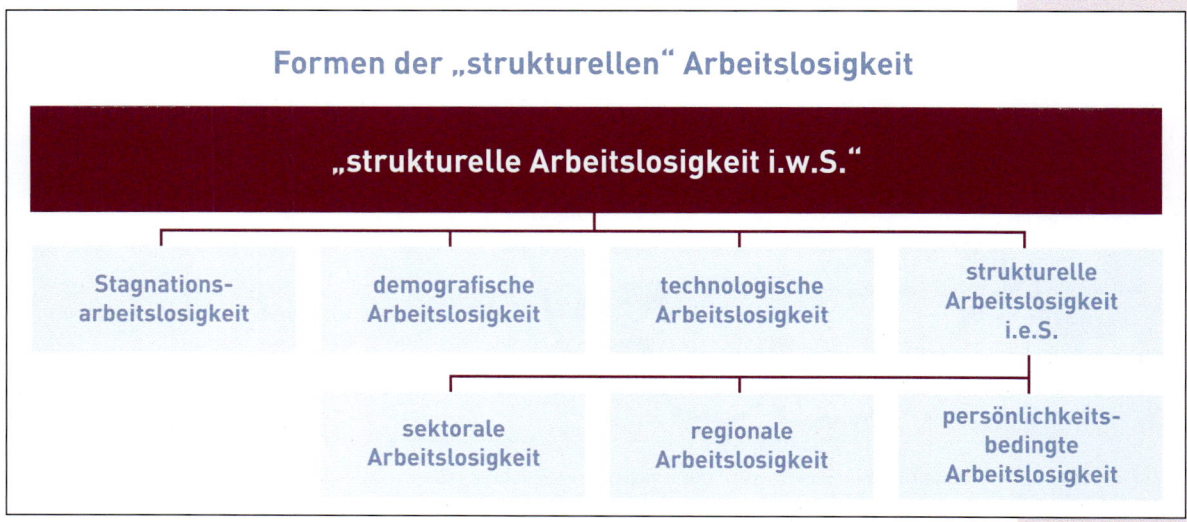

viele Jobs, die vor hundert Jahren noch undenkbar waren – vor allem in der Produktion so genannter Informationsgüter (man spricht bisweilen vom „quartären Sektor"). Der Strukturwandel zerstört nicht die Menge der Arbeitsplätze insgesamt, sondern verlagert sie nur – möglicherweise aber ins Ausland. Sektorale Krisen treffen oftmals bestimmte Regionen und es entsteht **regionale Arbeitslosigkeit**. Allerdings können Arbeitsmarktprobleme auch rein regionaler Natur sein, wenn ein Gebiet aufgrund seiner Lage benachteiligt ist (z. B. das ehemalige Zonenrandgebiet).

Wenn Personen aufgrund bestimmter Eigenschaften Probleme haben, eine Beschäftigung zu finden, liegt **persönlichkeitsbedingte Arbeitslosigkeit** vor. Nachweislich spielt die berufliche Qualifikation eine große Rolle. In Deutschland betrug im Jahre 2009 die Arbeitslosenquote unter den Personen ohne abgeschlossene Berufsausbildung fast 22 Prozent, dagegen waren nur 2,5 Prozent der Hochschulabsolventen arbeitslos. Bildung schützt also zweifelsohne vor Arbeitslosigkeit. Das Risiko, arbeitslos zu sein, hängt daneben mit weiteren Faktoren zusammen. Dazu gehören vor allem das Alter (Ältere haben in Deutschland ein höheres Beschäftigungsrisiko), das Geschlecht (Frauen sind stärker von Arbeitslosigkeit betroffen), die Nationalität (die Quote der registrierten Arbeitslosen mit ausländischem Pass ist bei uns doppelt so hoch wie bei deutschen Staatsangehörigen) oder der Gesundheitszustand (Schwerbehinderte sind benachteiligt).

Herbert Sperber, Wirtschaft verstehen, 4. Aufl., Stuttgart 2012, S. 135 – 138

M 3 ● Arbeitslosigkeit in Deutschland

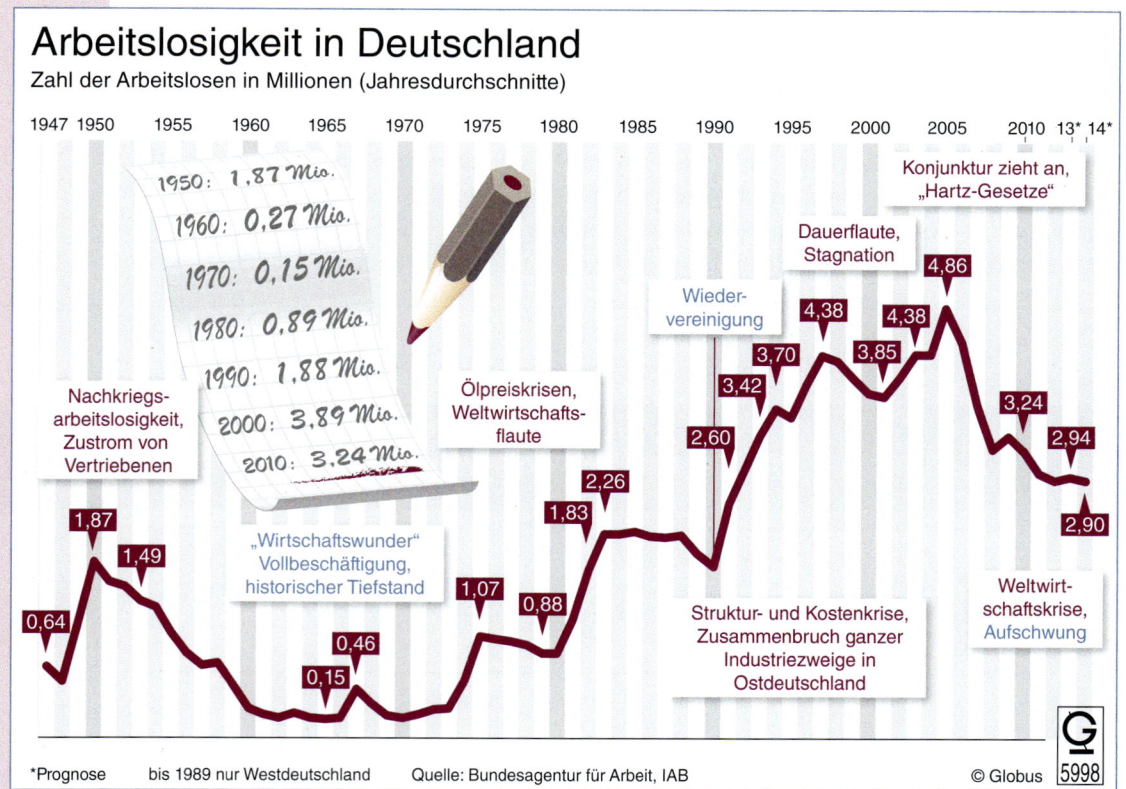

M 4 ● Warum manche keinen Job finden: Effizienzlöhne

Die Erklärung der Arbeitslosigkeit nach Carl Shapiro und Joseph Stiglitz beruht auf der Beobachtung, dass die Unternehmen ihre Mitarbeiter nicht lückenlos überwachen können. Die Beschäftigten haben daher die Wahl: Sie können arbeiten oder sich drücken. Wenn sie sich drücken, gehen sie ein Risiko ein: Sie könnten entlassen werden, falls man sie dabei erwischt. Shapiro und Stiglitz kommen nun zu einer Erkenntnis: In Volkswirtschaften, in denen die Beschäftigten die genannte Wahl haben, wird es im Gleichgewicht Arbeitslosigkeit geben. Weshalb? Wenn es keine Arbeitslosigkeit gäbe und alle Unternehmen denselben Lohn zahlen würden, hätten die Arbeitnehmer keinen Anreiz, sich anzustrengen. Ohne Arbeitslosigkeit hat ein Angestellter ja nichts zu verlieren, wenn er entlassen wird. Er könnte, bildlich gesprochen, einfach „die Straßenseite wechseln" und sich einen anderen Job besorgen, der seinem alten entspricht. Die Unternehmen müssen also ihren Angestellten zusätzlich etwas anbieten, damit diese sich nicht drücken. Shapiro und Stiglitz zufolge nimmt dieses „Bonbon" die Form eines Lohns an, der das Niveau übersteigt, bei dem das Arbeitsangebot gleich der Nachfrage nach Arbeit ist, das heißt, bei dem jeder Arbeitsuchende sofort einen Job bekommt. Wenn alle Unternehmen „Bonbons" verteilen – was sie im Gleichgewicht tun werden –, kommt es zu Arbeitslosigkeit. Shapiros und Stiglitz' Version der Effizienzlohntheorie ist die bei den Ökonomen am stärksten verbreitete. [Sie] enthält mehr als nur ein Körnchen Wahrheit. Wenn die Arbeitslosigkeit sinkt, steigt ja der Absentismus, bei dem es sich um eine Form der Drückebergerei handelt.

George A. Akerlof/Robert J. Shiller, Animal Spirits, Frankfurt/New York 2009, S. 153 f. (übers. von Doris Gerstner)

M 5 ● Das Statistische Bundesamt berichtet: Erwerbstätigkeit 2014 weiterhin auf Wachstumskurs

Im Jahr 2014 waren nach ersten vorläufigen Berechnungen in Deutschland rund 42,7 Millionen Menschen erwerbstätig, 371.000 oder 0,9 % mehr als ein Jahr zuvor. Damit setzte sich der seit 2006 anhaltende Anstieg der Erwerbstätigkeit in Deutschland weiter fort. Gleichzeitig erreichte 2014 die Zahl der Erwerbstätigen in Deutschland im achten Jahr in Folge einen neuen Höchststand.

Die Zahl der Erwerbslosen nach internationaler Abgrenzung sank im Jahr 2014 um 94.000 Personen (- 4,3 %) auf 2,1 Millionen, dem niedrigsten Stand in Deutschland seit der Wiedervereinigung. In der EU ist Deutschland am wenigsten von Erwerbslosigkeit betroffen: Die jüngsten Ergebnisse für Dezember 2014 weisen für Deutschland eine saisonbereinigte Erwerbslosenquote von 4,8 % aus, gefolgt von Österreich mit 4,9 %. Innerhalb der EU ist nach wie vor die Erwerbslosigkeit in Griechenland (Quote im Oktober 2014: 25,8 %) und Spanien (Quote im Dezember 2014: 23,7 %) am höchsten. Allerdings verzeichnete Griechenland in der EU zuletzt den größten Rückgang der Erwerbslosenquote im Vorjahresvergleich. In den USA lag die Erwerbslosenquote im Dezember 2014 bei 5,6 %, 1,1 %-Punkte niedriger als im Dezember 2013.

Gemessen an der Zahl der Erwerbstätigen und Erwerbslosen hat sich der Arbeitsmarkt in Deutschland im Jahr 2014 somit weiterhin sehr positiv entwickelt. Beachtlich ist insbesondere der kräftige Anstieg der Erwerbstätigkeit, der im Jahr 2014 größer ausfiel als im Jahr zuvor (2013: + 248.000 Personen bzw. + 0,6 %), das von einer schwachen wirtschaftlichen Dynamik gekennzeichnet war. Der Anstieg der Erwerbstätigkeit wurde auch 2014 durch die Zuwanderung ausländischer Arbeitskräfte begünstigt, insbesondere aus den süd- und osteuropäischen Krisenländern und den EU-Beitrittsländern. Darüber hinaus steigt seit Jahren die Erwerbsbeteiligung von Menschen, die zuvor nicht aktiv am Erwerbsleben teilgenommen haben und auch nicht als Arbeitslose registriert waren (sogenannte „Stille Reserve"). Dabei handelt es sich insbesondere um Frauen, die beispielsweise nach einer erziehungsbedingten Unterbrechung in den Beruf zurückkehren. [...]

Die Erwerbslosigkeit sank zuletzt nur noch in einem vergleichsweise geringen Umfang infolge der guten Arbeitsmarktlage, weil die Profile der Arbeitsuchenden oftmals nicht zu den Stellenanforderungen passen. Zudem gibt es einen Sockel an Erwerbslosen, die bereits seit langer Zeit ohne Beschäftigung sind. [...]

Weit überdurchschnittliche Zuwächse bei der Erwerbstätigkeit gab es – wie schon in den Vorjahren – auch im Jahr 2014 bei der Zahl der voll sozialversicherungspflichtigen Vollzeit- und Teilzeitbeschäftigten, während andere Beschäftigungsformen wie die ausschließlich geringfügig entlohnte Beschäftigung (Minijobs) oder die Arbeitsgelegenheiten (Ein-Eurojobs) rückläufig waren.

In der längerfristigen Betrachtung dürfte zudem der sektorale Strukturwandel von den produzierenden Bereichen zu den weniger konjunkturreagiblen Dienstleistungen dazu beigetragen haben, dass der Zusammenhang zwischen Konjunktur und Beschäftigung im Laufe der Jahre schwächer geworden ist. Im Jahr 2014 hat sich dieser Trend weiter fortgesetzt.

Stephan Lüken/Ulf-Karsten Keil, Statistisches Bundesamt, 12.2.2015

M 6 ● Freut euch doch endlich!

Kommt eine Deutsche, die jahrelang im Ausland lebte und drei Jahre für ihre Töchter daheim blieb, zurück nach Deutschland. Bewirbt sich auf die erste Stelle, die ihr passend erscheint, und – zack! – sie hat den Job. Kommt ein arbeitsloser Spanier nach Deutschland, bewirbt sich auf drei Stellen und – oha! – bekommt drei Angebote. Fast jeder Deutsche kennt derzeit so eine Geschichte, und viele Europäer kennen sie auch. Den Jugendlichen der Krisenländer gilt Deutschland längst als gelobtes Land der Arbeit. Auch die gerade wieder verkündeten Arbeitsmarktdaten sind deutlich: Im März sank die Zahl der Arbeitslosen in Deutschland auf 2,93 Millionen, das ist der niedrigste März-Stand seit 1991. Gleichzeitig sind so viele Personen erwerbstätig wie nie in diesem Land.

Man muss es den Deutschen, die sich jahrzehntelang auf eine immer weiter steigende Arbeitslosigkeit einstimmten, noch einmal ganz deutlich sagen: In Deutschland gibt es mehr Arbeit, als es sich vor zehn Jahren die kühnsten Optimisten vorherzusagen trauten.

Natürlich haben die Leute gemerkt, dass sich etwas ändert. Zwar ist Arbeitslosigkeit noch immer die größte Sorge der Deutschen – wie in den meisten Ländern. Aber während sich im Jahr 2004 noch rund 80 Prozent deswegen ängstigten, waren es zuletzt nur noch etwas mehr als 30 Prozent. Außerdem sind die Deutschen mit der derzeitigen Lage ihres Landes zufriedener als die Bewohner der meisten anderen Industrienationen.

Trotzdem stimmt etwas nicht. Die Deutschen trauen dem Ganzen offenbar selbst nicht recht. [...] Natürlich ist das nicht ganz unbegründet. Wenn rundherum die Eurokrise tobt, es in nahen Ländern 20, 30 oder gar 50 Prozent Jugendarbeitslosigkeit gibt, so macht das den Deutschen zu Recht

Angst. Zudem ist es zwar zuallererst ein Verdienst der Hartz-Reformen, dass es in Deutschland derzeit so viel Arbeit gibt. Doch auch der von EZB-Präsident Mario Draghi künstlich geschwächte Euro spielt eine große Rolle, ebenso der zurzeit sehr niedrige Ölpreis. Auch Ökonomen können schwer vorhersagen, wie lange diese beiden Effekte noch eine Rolle spielen werden – schon gar nicht, wie es in zehn Jahren damit aussieht.

Andererseits ist die Zukunft natürlich niemals gewiss, und Länder, denen es viel schlechter geht, gibt es auch immer. Wann, wenn nicht jetzt sollten die Deutschen mit Optimismus in die Zukunft blicken?

Die angloamerikanische Welt hat darauf eine einfache Antwort gefunden: nie. Dort hält man Pessimismus für eine Art angeborene Eigenschaft der Deutschen, man nennt es „German Angst". Mancher erklärt diese Angst sogar zum Schlüssel für den Erfolg der deutschen Wirtschaft: Bereite dich stets auf das Schlimmste vor, dann kommt es besser.

Mag sein, dass etwas dran ist. Aber an diesem Osterfest sollten die Deutschen das mal kurz vergessen und die Lage wahrnehmen, wie sie ist: Wir erleben ein Beschäftigungswunder in unserem Lande. Freut euch!

Lisa Nienhaus, Frankfurter Allgemeine Sonntagszeitung, 5.4.2015

Ausgewählte Erwerbslosenquoten im Mai 2016

Land	Erwerbslosenquote in %
Griechenland	24,1
Spanien	19,8
Kroatien	13,3
Zypern	12,0
Portugal	11,6
Italien	11,5
Frankreich	9,9
EU-Durchschnitt	8,6
Österreich	6,1
Großbritannien	5,0
Deutschland	4,2
Tschechien	4,0
USA	4,9

M 7 ● Der klassische Blick auf den Arbeitsmarkt

Nach Ansicht der so genannten Klassiker bzw. Neoklassiker liegt die Ursache für Arbeitslosigkeit letztlich darin, dass unter den gegebenen strukturellen und institutionellen Bedingungen der Reallohn zu hoch ist. Gemessen an den erzielbaren Absatzpreisen und der gegebenen Arbeitsproduktivität verlangen die Arbeitnehmer zu hohe Nominallöhne, sodass sich die Güterproduktion und damit die Beschäftigung von Arbeitskräften für die Unternehmer nicht rentiert. […] Man spricht von klassischer bzw. struktureller Arbeitslosigkeit im weitesten Sinne.

In der Abbildung [auf S. 356] ist folgende Situation dargestellt: Das Arbeitsangebot entspricht der Zahl der Erwerbspersonen, die eine Arbeit aufnehmen wollen. Es nimmt mit steigendem erzielbarem Lohnsatz zu, und zwar maximal bis zu dem Punkt, an dem alle arbeitsfähigen Personen beschäftigt sind. Unter der Arbeitsnachfrage sind die von den Unternehmen (und dem Staat) bereitgestellten Arbeitsplätze zu verstehen. Sie nimmt mit steigendem Lohnsatz ab. Beim Gleichgewichtslohnsatz herrscht nach klassischer Auffassung stets Vollbeschäftigung, das heißt, alle zu diesem Lohnsatz Arbeitswilligen finden einen Arbeitsplatz. Das bedeutet jedoch nicht, dass es hier gar keine Arbeitslosigkeit gäbe. Die beim Gleichgewichtslohn nicht Beschäftigen gelten aber als „natürliche" bzw. „freiwillige" Arbeitslose. […]

Gilt indes ein Lohnsatz, der über dem Gleichgewichtslohn liegt, so besteht „unfreiwillige" Arbeitslosigkeit. Bei einem funktionierenden Arbeitsmarkt würde daraufhin der Lohnsatz sinken und die Arbeitsnachfrage nähme zu, bis wieder Vollbeschäftigung erreicht wäre (Bewegung entlang der Kurven). Die gleiche Wirkung wie bei einem Rückgang des Nominallohns ergäbe sich auch durch einen Preisanstieg. Es käme ebenfalls zu einer Abnahme des Reallohns mit der Folge einer verbesserten Gewinnsituation und dadurch steigenden Arbeitsnachfrage der Unternehmen. In der Abbildung entspräche dem eine Verschiebung der Arbeitsnachfragekurve nach rechts. Aus diesen Überlegungen folgt, dass unfreiwillige Arbeitslosigkeit auf Dauer nur

Reallohn

Entgelt für geleistete Arbeit unter Berücksichtigung der Inflationsrate […] und damit ein Maßstab für die Kaufkraft der Löhne und Gehälter. Lohnerhöhungen führen für die Arbeitnehmer nur zu einer Steigerung der Kaufkraft, wenn der Preisanstieg geringer ist als der gleichzeitige Anstieg der Güterpreise.

Duden Wirtschaft von A bis Z: Grundlagenwissen für Schule und Studium, Beruf und Alltag. 5. Aufl. Mannheim: Bibliographisches Institut 2013. Lizenzausgabe Bonn: Bundeszentrale für politische Bildung 2013

Nominallohn
Tatsächlich in Euro gezahltes Entgelt für geleistete Arbeit [...]. Der Nominallohn lässt keine Aussagen über die Kaufkraft zu, da die Preisentwicklung nicht berücksichtigt wird.
Duden Wirtschaft von A bis Z: Grundlagenwissen für Schule und Studium, Beruf und Alltag. 5. Aufl. Mannheim: Bibliographisches Institut 2013. Lizenzausgabe Bonn: Bundeszentrale für politische Bildung 2013

existieren kann, wenn der Reallohnsatz auf einem zu hohen Niveau verharrt, wenn also der Preismechanismus auf dem Arbeitsmarkt versagt.

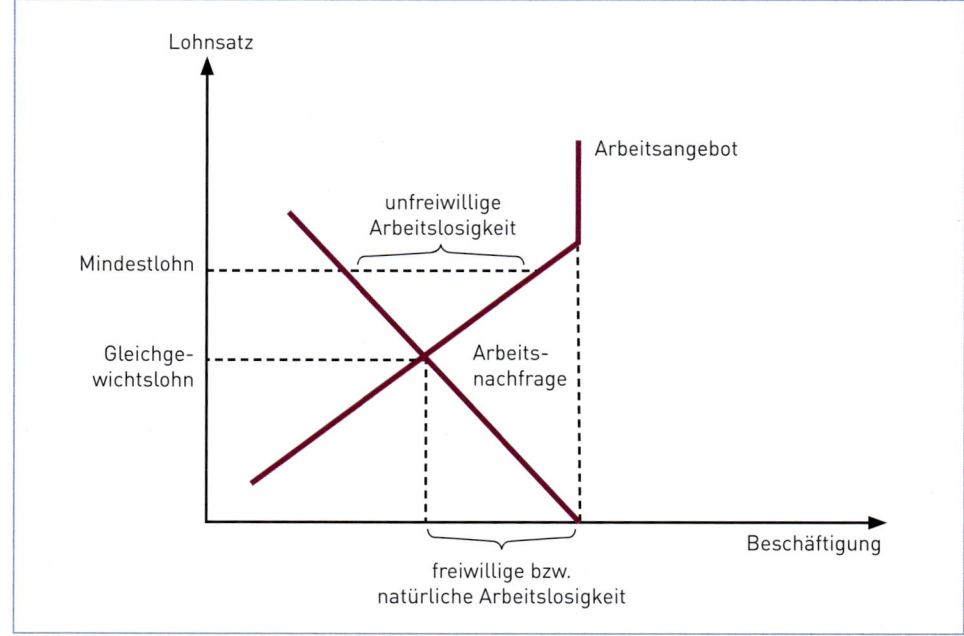

Herbert Sperber, Wirtschaft verstehen, 4. Aufl., Stuttgart 2012, S. 132 f.

Aufgaben

1. Beschreiben Sie die Situation auf dem deutschen Arbeitsmarkt (M 1 – M 3).
2. Ordnen Sie zu, welche der nachfolgenden Fälle von Arbeitslosigkeit eher zur strukturellen Arbeitslosigkeit zählen, und begründen Sie Ihre Entscheidung (M 1, M 2):
   a) Ein Bauarbeiter wird wegen anhaltenden schlechten Wetters entlassen.
   b) Eine Fabrikarbeiterin verliert ihren Posten als Sortiererin.
   c) Ein Postkutscher wird im Konkurrenzkampf mit der Eisenbahn entlassen.
   d) Einem Koch wird gekündigt, als ein neues Restaurant auf der anderen Straßenseite eröffnet.
   e) Ein angelernter Schweißer büßt seine Stelle ein, als ein Schweißautomat angeschafft wird.
3. Stellen Sie dar, warum sich strukturelle Arbeitslosigkeit nicht vermeiden lässt, und entwickeln Sie mögliche staatliche Maßnahmen, die zur Verringerung der strukturellen Arbeitslosigkeit beitragen könnten (M 2).
4. Stellen Sie die Effizienzlohntheorie in einem Preis-Mengen-Diagramm des Arbeitsmarktes (x-Achse: Beschäftigungsmenge; y-Achse: Lohn) dar (M 4).

11.1 Beschäftigung: Strukturelle Ungleichgewichte auf dem Arbeitsmarkt?

Die Situation auf dem Arbeitsmarkt ist Spiegel der Entwicklungen der Wirtschaftsstruktur. Die fortlaufende Veränderung der Beschäftigungs- und Produktionsstrukturen ist ein Entwicklungsmerkmal moderner Volkswirtschaften. Im Zuge des industriellen Wachstumsprozesses verlagerte sich der Schwerpunkt der Wirtschaftstätigkeit vom primären Wirtschaftssektor (Landwirtschaft) zum sekundären Sektor (das heißt zur Sachgüterproduktion in Handwerk und Industrie) und schließlich zum tertiären Sektor (den privaten und öffentliche Dienstleistungen). Insofern dieser Wandel der Wirtschaftsstruktur ein permanenter Prozess ist – erinnert sei nur an das jüngste Schlagwort der Industrie 4.0, ist auch der Arbeitsmarkt einem permanenten Wandel unterworfen, was nicht friktionslos von statten geht. Die dadurch hervorgerufene strukturelle Arbeitslosigkeit steht in Deutschland im Brennpunkt und bildet den Hauptansatzpunkt zur Bekämpfung der Unterbeschäftigung.

Aktuelle Beschäftigungssituation
M 5, M 6

Die strukturelle Arbeitslosigkeit ist das Ergebnis fortdauernder Ungleichgewichte zwischen der Struktur des Angebots und der Nachfrage nach Arbeitskräften, das sogenannte Mismatch. Sie wird damit definiert als der Teil der Arbeitslosigkeit, der nicht auf friktionelle, saisonale oder konjunkturelle Ursachen zurückzuführen ist und macht in Deutschland bis zu 45 % der Arbeitslosen aus (IAB). Bei circa 2,6 Millionen registrierten Arbeitslosen im Juli 2016 (Statist. Bundesamt) betrifft die strukturelle Arbeitslosigkeit damit ungefähr 1,2 Millionen.

Strukturelle Arbeitslosigkeit
M 2

Eine andere Variante der Erklärung von Arbeitslosigkeit stellt die sogenannte Effizienzlohntheorie dar. Im Ergebnis liegt der Lohn oberhalb des markträumenden Gleichgewichtsniveaus und führt somit zu Arbeitslosigkeit (siehe unten).
Der Effizienzlohn liegt über dem Gleichgewichtsniveau und wird von den Arbeitgebern freiwillig gezahlt, um die Arbeitsproduktivität zu erhöhen, die Fluktuationskosten zu senken, die Arbeitnehmer mit der höchsten Produktivität zu rekrutieren oder Arbeitsnormen zu erhöhen. Diese Theorie wurde in der Weise ausgebaut, dass es für die Arbeitgeber Gründe gebe, einen von den Arbeitnehmern als fair empfundenen Lohn zu zahlen. Und dieser faire Lohn dürfte so hoch sein, dass er Arbeitslosigkeit hervorruft.

Effizienzlöhne
M 4

Die klassische Theorie geht davon aus, dass es sich beim Arbeitsmarkt um einen Markt wie jeden anderen Gütermarkt handelt. Das Marktgleichgewicht zwischen Angebot (potentielle Arbeitnehmer) und Nachfrage (potentielle Arbeitgeber) wird wesentlich durch den Preismechanismus, also die Lohnhöhe, hergestellt. Arbeitslosigkeit kann daher nur in Folge überhöhter Reallöhne entstehen und kann auch nur durch Anpassung dieser zu hohen Löhne nach unten abgebaut werden (Markträumung). Konsequenz dieser Denkweise ist, dass dauerhafte, unfreiwillige Arbeitslosigkeit in einer freien Gesellschaft nur möglich ist, wenn der Lohn auf einem zu hohen Niveau verharrt, wenn also der Preismechanismus auf dem Arbeitsmarkt versagt.

Arbeitsmarkt, klassisch betrachtet
M 7

ORIENTIERUNGSWISSEN

Erwerbstätige nach Wirtschaftsbereichen in Deutschland

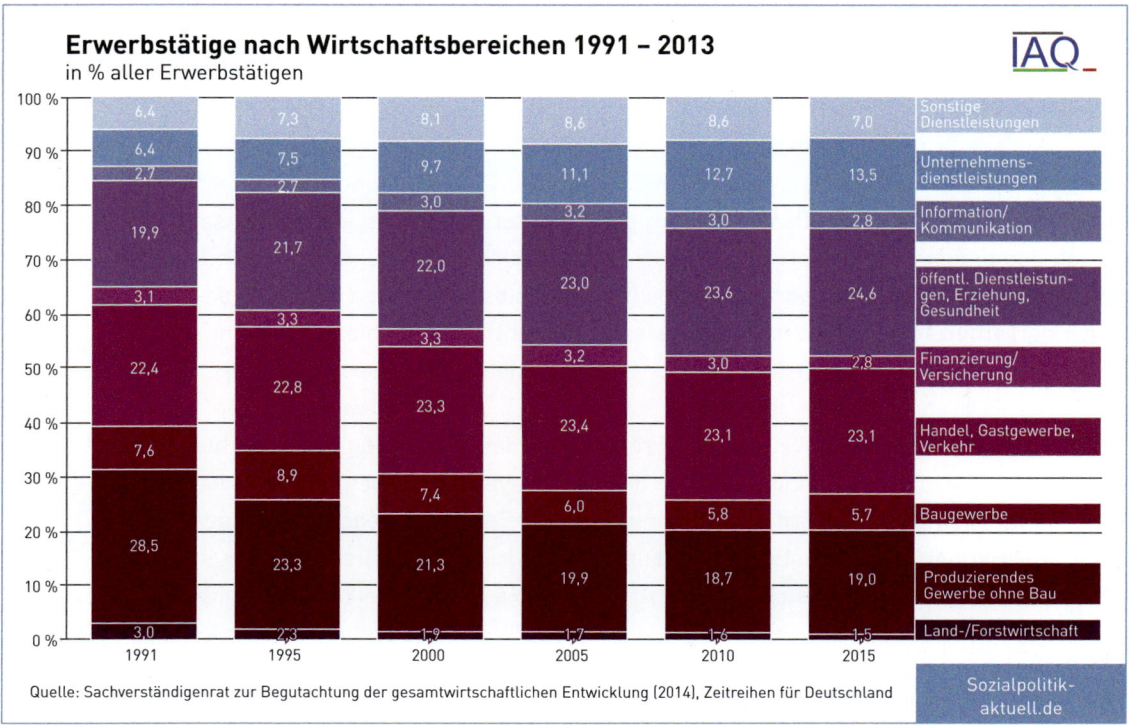

Aufgaben

1. Beschreiben Sie anhand der Grafik den strukturellen Wandel in der Arbeitswelt seit der Wiedervereinigung.
2. Beurteilen Sie den strukturellen Wandel in der Arbeitswelt.

11.2 Was kann die Wirtschaftspolitik tun?

11.2.1 Mit Staatsnachfrage erfolgreich?

M 1 ● Weltwirtschaftskrise und Arbeitslosigkeit

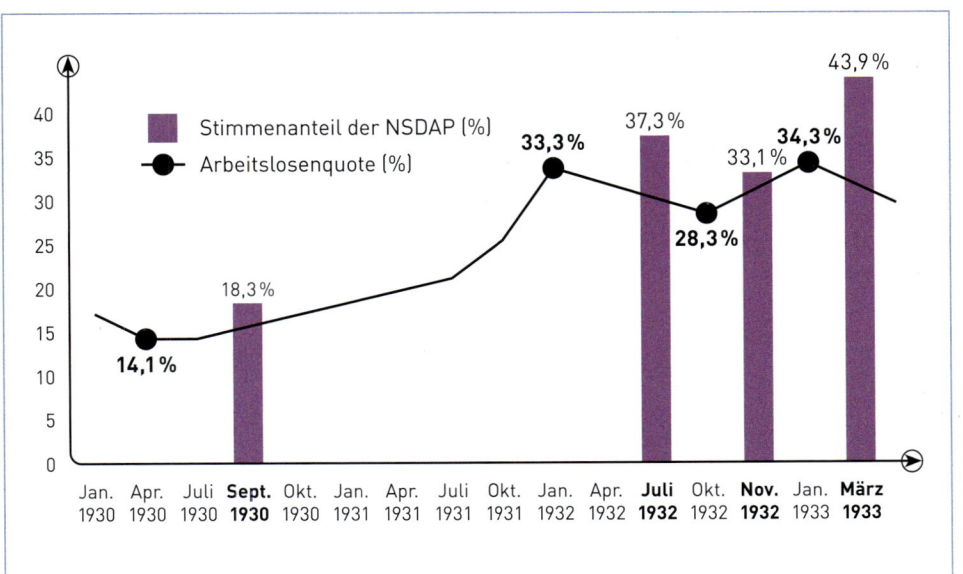

Arbeitslosenquote und Stimmenanteil der NSDAP zu den Wahlzeitpunkten der Weimarer Republik, 1930 – 1933, aus: Bruno S. Frey, Ökonomie ist Sozialwissenschaft, München 1990, S. 49 – 61

Arbeitsloser mit Brustplakat: Die Weltwirtschaftskrise (1929 – 1932) stürzte weltweit Menschen in bittere Not.

M 2 ● Keynes und die Nachfragetheorie

Am 25. Oktober 1929, dem „Schwarzen Freitag", brachen in New York die Börsenkurse zusammen […]. In der Folge kam es zur großen Weltwirtschaftskrise, der tiefs-
5 ten Depression seit Beginn des Industriezeitalters mit einer noch nie erlebten Massenarbeitslosigkeit. Die führenden Ökonomien rieten den Regierungen, abzuwarten und bei den öffentlichen Ausgaben zu
10 sparen. Der britische Nationalökonom John Maynard Keynes (1883-1946) hingegen forderte genau das Gegenteil. Er empfahl der britischen Regierung, sich bei den Banken Geld zu leihen und damit Aufträge an
15 die Industrie zu finanzieren. Die aufgenommenen Kredite könne man in der dann folgenden Boomphase, wenn bei hoher Beschäftigung die Steuern reichlicher fließen, wieder zurückzahlen. Das Keynessche Rezept des so genannten Deficit-Spending 20 bildet heute einen normalen Bestandteil der Fiskalpolitik. Damals jedoch war es ein Frontalangriff gegen die herrschende Lehre der Klassiker, die staatliche Interventionen in den Wirtschaftsablauf ablehnten und 25 darauf vertrauten, dass sich auf lange Sicht automatisch ein Gleichgewicht bei Vollbeschäftigung einstellen werde. Die von Keynes […] darauf gegebene Antwort ist Legende: „In the long run", bemerkte er, 30 „we are all dead." Keynes stellte die Grundpfeiler des klassischen Systems infrage: Das Saysche Theorem könne unter anderem deshalb nicht funktionieren, da die Leute Geld nicht nur halten, um damit Gü- 35 ter zu kaufen oder Wertpapiere zu erwer-

John Maynard Keynes (1883–1946), britischer Ökonom und Regierungsberater, gilt als Begründer der nachfrageorientierten Wirtschaftspolitik.

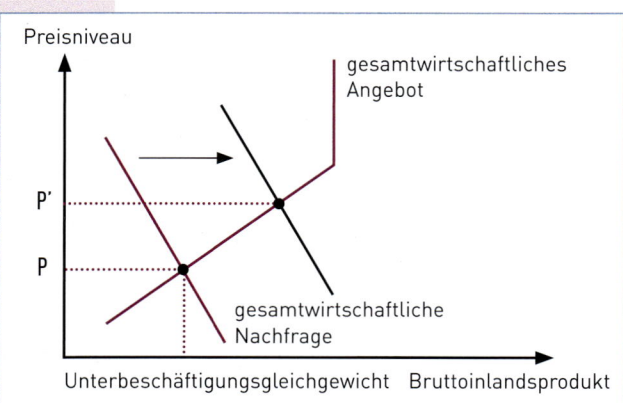

Fiskalpolitik

Einsatz der öffentlichen Finanzen im Dienste der Konjunktur- und Wachstumspolitik. Expansive Fiskalpolitik: nachfrageerhöhend, z. B. durch Senkung der Steuern; kontraktive Fiskalpolitik: nachfragedämpfend, z. B. durch Steuererhöhung.

Erklärfilm „Fiskalpolitik"

Mediencode: 8880-17

ben (deren Gegenwert dann als Kredit den Investoren zufließt), sondern auch als Wertaufbewahrungsmittel in Form einer so genannten Spekulationskasse. Durch dieses Horten von Geld kommt es zu einem effektiven Nachfrageausfall. Erschwerend tritt hinzu, dass die Löhne nach unten nicht flexibel sind, sondern starr. Dadurch ist der zweite von den Klassikern behauptete Mechanismus der Anpassung in Richtung eines Gleichgewichts bei Vollbeschäftigung blockiert. Vielmehr besteht die Gefahr, dass es zu einem Unterbeschäftigungsgleichgewicht kommt, aus dem sich die privaten Wirtschaftssubjekte alleine nicht befreien können (siehe Schaubild).
Es kann deshalb nach Keynes nur der Staat sein, der durch eine expansive Politik die fehlende gesamtwirtschaftliche Nachfrage erzeugt und damit einen multiplikativen Aufschwung in Gang setzt. Im Schaubild würde sich die Nachfragekurve nach rechts verschieben. Bei steigendem Preisniveau (und – damit verbunden – sinkenden Reallöhnen) nehmen die Produktion und die Beschäftigung zu. Dabei unterstellt Keynes [...], dass die Arbeiter der Geldillusion unterliegen: Sie erkennen den vollen Umfang der Preisniveauerhöhung nicht und akzeptieren deshalb die entstehende Reallohnsenkung. [...]
Die Gedanken des von Keynes und seinen Anhängern entwickelten Keynesianismus haben die Theorie und die Wirtschaftspolitik nach dem Zweiten Weltkrieg so nachhaltig beeinflusst, dass man von der „keynesianischen Revolution" sprach. Das Konzept der keynesianischen Globalsteuerung fand beispielsweise im deutschen Stabilitätsgesetz von 1967 seinen Niederschlag. Es bildet die Grundlage dafür, dass der Staat von Fall zu Fall (diskretionär) in den Wirtschaftsablauf eingreift. Als Mittel der Stabilisierungspolitik kommen insbesondere fiskalpolitische Maßnahmen infrage – also die Variation von Steuern bzw. Staatseinnahmen und Staatsausgaben. Bei einer Erhöhung der Staatsausgaben oder Senkung der Einkommensteuer verschiebt sich die Nachfragekurve nach rechts. Auch die Geldpolitik kann bzw. soll nach keynesianischer Vorstellung zum Zwecke der Konjunktursteuerung eingesetzt werden. Wie gesagt, wird ihre Durchschlagskraft aber bezweifelt.

Herbert Sperber, Wirtschaft verstehen, 4. Aufl., Stuttgart, S. 151 ff.

M 3 ● Kann antizyklische Konjunkturpolitik überhaupt funktionieren?

Etwas Gutes, scherzte Nobelpreisträger Robert Solow jüngst, habe die Wirtschaftskrise ja: Endlich befassten sich junge Volkswirte wieder mit Konjunktur und Konjunkturpolitik. Seit den 1970er-Jahren waren diese Themen aus der Mode geraten. Wie relevant zum Beispiel sind zentrale Argumente gegen antizyklische Fiskalpolitik in der Praxis? Dieser Frage sind Volkswirte des Internationalen Währungsfonds (IWF) jetzt nachgegangen.
Seit den 1970er-Jahren herrscht unter Volkswirten weitgehend Konsens, nur die Geldpolitik sei ein gutes Instrument im Kampf gegen Konjunkturkrisen. Die Impulse, die von Fiskalpolitik ausgingen, kämen dagegen stets zu spät – es vergehe zu viel Zeit, bis die Politik den Abschwung diagnostiziere, Konjunkturpakete beschließe und umsetze.

Die IWF-Volkswirte Daniel Leigh und Sven Jari Stehn stellen diese Sicht in ihrer jüngst veröffentlichten Studie mit dem Titel „Fiscal and Monetary Policy During Downturns: Evidence from the G7" zumindest teilweise in Frage. In den angelsächsischen Ländern, so ihr Befund, ist antizyklische Fiskalpolitik in den vergangenen zweieinhalb Jahrzehnten durchaus geglückt.

In den USA, Kanada und Großbritannien seien staatliche Konjunkturpakete sehr wohl zum richtigen Zeitpunkt wirksam geworden – nämlich dann, wenn es mit der Wirtschaft bergab geht. Im Schnitt habe der Staat dort im ersten Jahr eines Abschwungs für einen Wachstumsimpuls von 0,8 Prozent des Bruttoinlandsprodukts gesorgt.

Anders sehe es in Deutschland, Frankreich und Italien aus: Dort habe die Fiskalpolitik eher prozyklisch gewirkt und damit das Wachstum um 0,4 Prozentpunkte abgebremst.

Allerdings stellt die IWF-Studie einer antizyklischen Konjunkturpolitik auch keinen Freibrief aus. So finden die Forscher klare Belege dafür, dass die Regierungen zwar gerne im Abschwung die Defizite erhöhen, sich aber im Aufschwung wesentlich schwerer damit tun, die Staatsausgaben wieder zurückzufahren. Die Gefahr dabei ist ein dauerhafter Anstieg der Staatsverschuldung, was die langfristigen Wachstumsperspektiven der Volkswirtschaft schmälert.

Und es gibt in der Realität eine weitere große Hürde für antizyklische Fiskalpolitik, stellen die Forscher zudem fest: Wirtschaftspolitikern fällt es extrem schwer, einen Abschwung im richtigen Moment zu erkennen – weil erste Schätzungen zur Konjunkturlage stets unsicher sind.

Daher korrigieren die Statistikämter ihre Zahlen zum Wirtschaftswachstum häufig. Mitunter ändert sich dadurch das Konjunkturbild komplett.

So zeigen die Analysen der IWF-Volkswirte: In 39 Prozent aller Fälle, in denen die Statistikbehörden in ihrer ersten Schätzung einen Rückgang der Wirtschaftsleistung meldeten, weisen die endgültigen Zahlen doch ein positives Wachstum aus. Tendenziell sind die ersten Schätzungen zum Bruttoinlandsprodukt (BIP) zu pessimistisch, stellen Leigh und Stehn fest.

Im Schnitt werden die frühen Zahlen bei späteren Revisionen um 0,34 Prozentpunkte nach oben korrigiert. Umgekehrt gilt aber auch: In 30 Prozent der Fälle, in denen die endgültigen Statistiken ein Minus des BIP verzeichnen, waren die ersten Schätzungen positiv.

Unter dem Strich fällt das Urteil der IWF-Ökonomen differenziert aus: „Unsere Einschätzung über Fiskalpolitik ist nuancierter als die herrschende Meinung." Wie so oft gilt: Die Welt ist weder schwarz oder weiß – sondern grau.

Olaf Storbeck, Handelsblatt, 6.4.2009

Saysches Theorem
Nach dem französischen Nationalökonomen Jean Baptiste Say (1767 – 1832) bezeichneter ökonomischer Lehrsatz, bei dem angenommen wird, dass sich jedes volkswirtschaftliche Angebot seine eigene Nachfrage selbst schafft, da mit der Herstellung von Gütern gleichzeitig das Geld verdient wird, um diese Güter zu kaufen. Gesamtwirtschaftliches Angebot und Nachfrage haben danach die Tendenz zu einem Gleichgewichtszustand, bei dem Vollbeschäftigung herrscht.
Duden Wirtschaft von A bis Z: Grundlagenwissen für Schule und Studium, Beruf und Alltag. 5. Aufl. Mannheim: Bibliographisches Institut 2013. Lizenzausgabe Bonn: Bundeszentrale für politische Bildung 2013

Aufgaben

1. Analysieren Sie die Grafik M 1.
2. Erläutern Sie, durch welche Maßnahmen Nachfragetheoretiker Wachstum und Beschäftigung steigern möchten. Welche Grundannahmen müssen dabei erfüllt sein (M 2)?
3. Angenommen, die Konjunktur schwächelt. Welchen Rat würden Sie als Wirtschaftsexperte, ausgehend von M 3, der Regierung geben? Formulieren Sie eine Stellungnahme.
4. Zur Vertiefung: Überprüfen Sie Ihren Befund aus Aufgabe 1, indem Sie Wahlergebnisse extremistischer Parteien bzw. Wahlenthaltungen bei den letzten Bundestagswahlen in ausgewählten Wahlkreisen in Beziehung setzen zu den jeweiligen Arbeitslosenquoten.

11.2.2 Weist die Angebotstheorie den Weg?

M 4 ● Die Geburt der Angebotstheorie

Es war Mitte der siebziger Jahre, als der Sachverständigenrat zur Begutachtung der gesamtwirtschaftlichen Entwicklung den Schwerpunkt seiner wirtschaftspolitischen
5 Aussagen auf die Angebotsseite verlegte. Das war ein Paradigmenwechsel, manche sprachen von einer kopernikanischen Wende. Nicht mehr Geld- und Fiskalpolitik standen im Fokus der Wirtschaftspolitik. Ins Visier rückten vielmehr Kosten, Steuern, 10 Sozialabgaben, Arbeitsbeziehungen und Investitionshemmnisse aller Art. Der Staat war nicht mehr die Lösung, sondern zum Problem geworden. Denn das Grundvertrauen in das Zusammenspiel von Staat 15 und Markt war gestört.

Gerhard Fels, Die Geburt der Angebotspolitik, iwd Nr. 26, 24.6.2004, S. 4 f.

M 5 ● Gegenreaktion auf Keynes: die Angebotstheorie

Monetarismus

Der Begriff steht für eine Position in der Wirtschaftstheorie und Wirtschaftspolitik, nach der die Regulierung der Geldmenge die wichtigste Stellgröße zur Steuerung des Wirtschaftsablaufes darstellt. Eine zu starke Ausdehnung der Geldmenge führt demnach zu Inflation, eine zu starke Bremsung des Geldmengenwachstums zu Deflation. Kurzfristige Eingriffe des Staates zur punktuellen Steuerung der Wirtschaft werden abgelehnt.

Der schärfste Kritiker des Keynesianismus war Milton Friedman (1912-2006). Die britische Zeitschrift „Economist" bezeichnete den 1,55 Meter großen Gelehrten, der 1976
5 den Nobelpreis für Ökonomie erhielt, als „verrückten Gnom". Wahrscheinlich rührt das daher, dass Friedman eine kompromisslos kapitalistische Linie vertrat. Seiner Meinung nach gehört beispielsweise der
10 ganze „Sozialklimbim" wie Kinder- oder Wohngeld abgeschafft. Eine der Ersten, die Friedmans Ideen umzusetzen begannen, war 1979 die englische Premierministerin Margaret Thatcher.
15 Friedman gilt als Begründer des Monetarismus. Dessen Anhänger, die in der Tradition der Klassik stehenden Monetaristen, sind davon überzeugt, dass das marktwirtschaftliche System stabil ist, das heißt zur
20 Vollbeschäftigung tendiert. In der Wirtschaftstheorie subsumiert man den Monetarismus häufig unter dem Begriff der Neoklassik, deren Vertreter (v. a. Walras, Fisher und Pigou) in der zweiten Hälfte des 19.
25 Jahrhunderts die Theorie der Klassik weiterentwickelten.
Die Möglichkeit der Arbeitslosigkeit wird von den Monetaristen bzw. Neoklassikern zwar nicht geleugnet; eine Ankurbelung
30 der Wirtschaft, etwa durch höhere Staatsausgaben, hat aber ihrer Meinung nach nur eine sehr begrenzte, wenn nicht sogar negative Wirkung auf die Beschäftigung. Denn der Staat muss sich das zur Ausgabenfinanzierung nötige Geld auf dem 35 Kapitalmarkt leihen. Dadurch steigen die Zinsen, und kreditfinanzierte private Investitionen werden zurückgedrängt (Crowding-out-Effekt). Im Falle von Crowding-out verschiebt eine Staatsausgabener- 40 höhung die Nachfragekurve nicht oder nur in geringerem Maße nach rechts. Ein ähnlicher Effekt stellt sich ein, wenn die erhöhten Staatsausgaben durch Steuern finanziert werden. Und wenn sich der Staat das Geld 45 direkt bei der Zentralbank besorgt, so bewirkt die damit verbundene Geldschöpfung früher oder später Inflation.
Die Monetaristen vertreten außerdem die Ansicht, dass es in jeder Volkswirtschaft eine 50 gewisse natürliche Arbeitslosigkeit gibt, weil sich nicht alle Arbeitnehmer an veränderte Strukturen anpassen können oder wollen bzw. bei den geforderten Reallöhnen die Arbeitsnachfrage der Unternehmen zu gering 55 ist. Diese Art der Arbeitslosigkeit lasse sich mittels einer expansiven Wirtschaftspolitik, also einer staatlichen Ausgabenerhöhung oder Geldmengenausdehnung, grundsätzlich nicht überwinden (siehe Schaubild S. 363): 60 Ausgehend von Situation 1 kommt es (wenn kein spürbarer Crowding-out-Effekt eintritt)

durch die Verschiebung der Nachfragekurve nach rechts zwar kurzfristig zu einer Mehrproduktion und zu Neueinstellungen (Situation 2, „kurzfristig", sagte Friedman gerne, „sind wir alle Keynesianer").

Sobald die Gewerkschaften aber bemerken, dass auch die Preise gestiegen sind, werden sie als Ausgleich höhere Löhne fordern (Angebotskurve verschiebt sich nach oben). In der Folge sinken Produktion und Beschäftigung wieder auf ihr altes, „natürliches" Niveau zurück, während sich das Preisniveau insgesamt von P auf P' erhöht hat (Situation 3). [...]

Aufgrund umfangreicher empirischer Studien kam Friedman nun zu dem Schluss, dass die Geldmenge das nominale Volkseinkommen bzw. Inlandsprodukt beeinflusst. Und zwar wirkt sich eine Geldmengenerhöhung kurzfristig auf das reale Inlandsprodukt aus, langfristig schlägt sie aber praktisch immer auf das Preisniveau durch, wirkt also inflationstreibend während der realwirtschaftliche Effekt verpufft. Diese These ist heute überwiegend akzep-

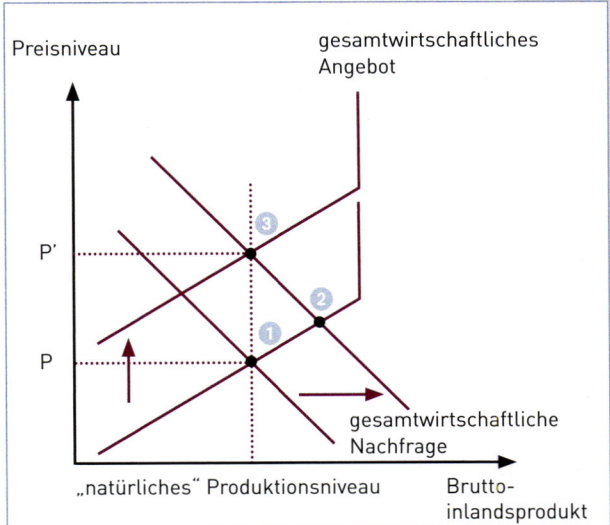

tiert. Auf ihrer Basis plädieren die Monetaristen für eine so genannte potenzialorientierte Geldmengenpolitik. Eine aktive, von Fall zu Fall praktizierte Stabilisierungspolitik à la Keynes lehnen sie ab.

Herbert Sperber, Wirtschaft verstehen, 4. Aufl., Stuttgart 2012, S. 154 f.

M 6 ● Was der Zauberer vergessen hat

Er war einer der führenden Ökonomen des 20. Jahrhunderts, ein Nobelpreisträger, der bedeutende Beiträge zu Geldpolitik und Konsumtheorie lieferte. In Erinnerung bleiben wird Milton Friedman allerdings als Visionär, der den Anhängern des freien Marktes die intellektuelle Munition lieferte.

[...] Was Adam Smith dem 18. Jahrhundert war, bedeutete Milton Friedman für das 20. Jahrhundert. Als Friedmans bahnbrechende Fernsehreihe „Free to Choose" 1980 ausgestrahlt wurde, befand sich die Weltwirtschaft inmitten einzigartiger Umwälzungen. Inspiriert durch Friedmans Ideen, machten sich Ronald Reagan, Margaret Thatcher und viele andere Regierungschefs daran, die in vielen Jahrzehnten aufgebauten staatlichen Beschränkungen und Regulierungen zu demontieren.

China rückte von seiner Planwirtschaft ab und ermöglichte florierende Märkte. Lateinamerika baute seine Handelsschranken drastisch ab und privatisierte staatliche Unternehmen. Als im Jahr 1990 die Berliner Mauer fiel, herrschte kein Zweifel, in welche Richtung sich die Planwirtschaften bewegen würden: hin zu einer freien Marktwirtschaft. Aber Friedman hinterließ auch ein weniger gelungenes Vermächtnis. In seinem Eifer, die Macht der Märkte auszubauen, zog er eine zu scharfe Grenze zwischen Markt und Staat. Tatsächlich präsentierte er den Staat als Feind des Marktes. Dadurch machte er uns blind für die Realität, dass erfolgreiche Ökonomien in Wahrheit eine Mischung aus beidem sind. [...] Aus der Friedman'schen Perspektive werden die institutionellen Voraussetzungen der Märkte nämlich krass unter-

Der US-amerikanische Wirtschaftsnobelpreisträger Milton Friedman (1912–2006) gilt als einer der einflussreichsten Ökonomen des 20. Jahrhunderts.

Dani Rodrik (*1957), türkischer Ökonom und Professor an der Harvard University, beschäftigt sich vor allem mit Mechanismen der Wirtschaftspolitik.

schätzt. Man lasse den Staat einfach nur Eigentumsrechte und Verträge durchsetzen, und – Simsalabim! – schon entfalten die Märkte ihre magischen Kräfte. Tatsächlich aber sind die für moderne Ökonomien notwendigen Märkte nicht selbsterschaffend, selbstregulierend, selbststabilisierend oder selbstlegitimierend. Die Staaten müssen in Transport- und Kommunikationsnetze investieren; Informationsasymmetrien, Externalitäten und ungleichen Verhandlungspositionen entgegenwirken; Finanzpaniken und Rezessionen abmildern und auf populäre Forderungen nach Sicherheitsnetzen und Sozialversicherungen reagieren.

Märkte sind integraler Bestandteil einer Marktwirtschaft, so wie Zitronen integrale Zutat von Limonade sind. Reiner Zitronensaft ist nicht genießbar. Um eine gute Limonade zu machen, muss man Zitronensaft mit Wasser und Zucker mischen, das richtige Mischungsverhältnis finden.

Das Bild, das den meisten Menschen von Friedman in Erinnerung bleiben wird, ist das eines freundlichen, kleinen und bescheidenen Professors, der in seiner Fernsehsendung einen Bleistift in die Kamera hielt, um die Macht des Marktes zu demonstrieren. Friedman sagte, es bedürfe Tausender Menschen auf der ganzen Welt, um diesen Bleistift herzustellen – Grafit muss abgebaut, Holz gefällt, die Bestandteile zusammengefügt und das Endprodukt auf den Markt gebracht werden. Keine zentrale Behörde koordinierte die Aktionen der Menschen. Diese Leistung wurde durch die magischen Kräfte des freien Marktes und des Preissystems erbracht.

Mehr als 30 Jahre später gibt es noch eine interessante Schlusswendung zur Bleistift-Geschichte. Heute werden nämlich die meisten der weltweit verwendeten Bleistifte in China produziert – in einer Volkswirtschaft, die einen speziellen Mix aus Privatunternehmern und Staat darstellt. [...] Zweifellos ist dieser Erfolg größtenteils der Initiative und harten Arbeit der chinesischen Unternehmer und Arbeiter zu verdanken. Aber die Bleistift-Geschichte von heute wäre nicht vollständig ohne die Erwähnung staatlicher chinesischer Firmen, die ursprünglich in Technologie und Ausbildung investierten; einer lockeren Waldwirtschaftspolitik, aufgrund derer die Preise künstlich niedrig gehalten wurden; sowie großzügiger Exportförderungen und staatlicher Interventionen auf den Devisenmärkten, die den chinesischen Produzenten einen bedeutenden Kostenvorteil verschaffen. Der chinesische Staat hat seine Firmen subventioniert, geschützt und zu rascher Industrialisierung angespornt und dadurch die globale Arbeitsteilung zu seinen Gunsten geändert.

Friedman selbst hätte diese staatliche Politik bedauert. Die Zehntausenden Arbeiter in den chinesischen Bleistiftfabriken wären jedoch wahrscheinlich arme Bauern geblieben, wenn der Staat die Marktkräfte nicht angestupst hätte. Angesichts des Erfolgs Chinas fällt es schwer, den Beitrag staatlicher Industriepolitik in Abrede zu stellen. Die Anhänger des freien Marktes behalten ihren sicheren Platz in der Geschichte der ökonomischen Theorie. Aber Denker wie Friedman hinterlassen ein zwiespältiges Vermächtnis, weil in der Wirtschaftsgeschichte die Interventionisten dort erfolgreich bleiben, wo es wirklich darauf ankommt.

Dani Rodrik, Financial Times Deutschland, 13.10.2011

F Nehmen Sie einige große Tageszeitungen zur Hand und analysieren Sie im Wirtschaftsteil die Schlagzeilen daraufhin, ob diese angebotstheoretisches Gedankengut widerspiegeln.

Aufgaben

1. Erläutern Sie, durch welche Maßnahmen Angebotstheoretiker Wachstum und Beschäftigung steigern möchten. Welche Grundannahmen müssen dafür erfüllt sein (M 3, M 4)?

2. Am Ende von M 6 gibt Professor Rodrik seine Einschätzung, dass „in der Wirtschaftsgeschichte die Interventionisten dort erfolgreich bleiben, wo es wirklich darauf ankommt." Erläutern Sie diese Einschätzung anhand von M 6.

Wie der Staat die im Stabilitätsgesetz von 1967 genannten Ziele erreichen soll, wird von Wirtschaftswissenschaftlern und Politikern kontrovers diskutiert. Nachfrage- und Angebotstheorie liefern unterschiedliche idealtypische Konzepte zur Bewältigung von Wachstums- und Beschäftigungskrisen.

Zwei wirtschaftspolitische Grundkonzeptionen

Die Nachfragetheorie geht auf den englischen Nationalökonomen Keynes zurück und sieht Arbeitslosigkeit in einer unzureichenden gesamtwirtschaftlichen Nachfrage begründet. Da der Markt allein nicht in der Lage ist, aus sich heraus das Gleichgewicht zwischen Angebot und Nachfrage herzustellen, sollte der Staat eine aktive Rolle bei der Steuerung der Konjunktur übernehmen und dafür sorgen, dass zusätzliche Nachfrage entsteht. Im Mittelpunkt der Maßnahmen stehen vor allem die staatliche Ausgabenpolitik und die Steuerpolitik, die Geldpolitik der Zentralbank sollte die staatliche Finanzpolitik unterstützen. Die Maßnahmen sind jeweils so zu treffen, dass sie in Zeiten der Hochkonjunktur die Nachfrage dämpfen und in Zeiten der Rezession die Nachfrage beleben (antizyklische Wirtschaftspolitik).

Keynes: Die Nachfragetheorie
M 2

Die Schwächen der keynesianischen Beschäftigungspolitik werden in den zu erwartenden zeitlichen Verzögerungen (time lags) zwischen den wirtschaftspolitischen Entscheidungen und ihren Wirkungen, im Ansteigen der Staatsquote und damit der Abgaben- und Steuerbelastung sowie der steigenden Staatsverschuldung zur Finanzierung der öffentlichen Haushalte gesehen.

Kritik
M 3

In der Theorie des klassischen Liberalismus dagegen hat der Staat nur eine passive Rolle bei der Gestaltung des Wirtschaftsprozesses. Träger wirtschaftlichen Handelns ist das Individuum, zentrales Koordinierungsinstrument der freie Markt. Die neoklassisch orientierte Politik sieht die Wachstums- und Beschäftigungskrise eher strukturell als konjunkturell bedingt. Der Staat soll die wirtschaftlichen Rahmenbedingungen verbessern und sich zur konjunkturellen Entwicklung neutral verhalten. Wachstum und Beschäftigung werden durch eine Verbesserung der Angebotsbedingungen gefördert. Geeignete Maßnahmen im Rahmen dieser Theorie sind eine Verstetigung des Geldmengenwachstums (Monetarismus), die Verbesserung der Rentabilität von Unternehmensinvestitionen, z. B. durch Steuersenkungen, moderate Lohnabschlüsse und eine Deregulierung des Arbeitsmarktes.

Friedman: Die Angebotstheorie
M 5

Schwächen der Angebotstheorie liegen insbesondere in der Fixierung auf die Kosten. Die Gewinne der Unternehmen hängen jedoch nicht nur von niedrigen Produktionskosten und geringen Steuerbelastungen ab. Die angebotenen Produkte müssen auch abgesetzt werden. Und dies ist nur möglich, wenn die entsprechende Kaufkraft vorhanden ist.

Kritik
M 6

Wachstum geht anders

In den vergangenen Wochen hat der Druck auf den Finanzminister zugenommen, das Ziel eines ausgeglichenen Haushalts für das Jahr 2015 fallen zu lassen. In der gro-
5 ßen Koalition wird die Forderung nach höheren öffentlichen Investitionen lauter, und die europäischen Partnerländer, vor allem Frankreich und Italien, setzen sich im Einklang mit dem Internationalen Wäh-
10 rungsfonds dafür ein, dass Deutschland endlich mehr Geld ausgibt.
Demnach lebe Deutschland von der Substanz: Die Verkehrsinfrastruktur sei marode, der unzureichende Breitbandausbau behin-
15 dere die Digitalisierung der Wirtschaft, die Energiewende drohe an fehlenden Stromtrassen zu scheitern – und auch die deutschen Unternehmen investierten zu wenig und legten ihre Gewinne lieber im Ausland
20 an.
Doch Panikmache ist nicht angebracht. Wenngleich mehr Investitionen durchaus wünschenswert wären, ist am Investitionsverhalten in Deutschland nichts Pathologi-
25 sches. Vielmehr ist die Wirtschaftspolitik gefragt, Rahmenbedingungen zu schaffen, die für Private das Investieren noch attraktiver machen. Dazu gehört, dass der Staat die gute Einnahmesituation für den Erhalt
30 der Infrastruktur nutzt.
Zunächst ist zu fragen: Gibt es in Deutschland tatsächlich eine „Investitionslücke" im dreistelligen Milliardenbereich, wie viele behaupten? Hier kann Entwarnung ge-
35 geben werden. Richtig ist zwar, dass die Investitionsquote in Deutschland über mehrere Jahre niedriger war als im Rest des Euro-Raums. Dies gilt aber vor allem für die Jahre vor der Krise. [...] Und dass die
40 deutschen Unternehmen derzeit mehr sparen, als sie netto investieren, ist vor allem ein Ergebnis der Globalisierung. Sie investieren sehr stark im Ausland, erzielen dort Gewinne und reinvestieren diese dann vor
45 Ort. Von einem Ungleichgewicht, das dringend zu korrigieren wäre, kann nicht die Rede sein.

Das bedeutet nicht, dass die Politik nichts tun sollte, um die Investitionstätigkeit zu fördern. Doch nach den Reformen der Ver-
50 gangenheit sonnt sie sich in der erfolgreichen Bewältigung der Finanz- und Wirtschaftskrise. Dabei hat die Belastung der deutschen Wirtschaft jüngst schleichend zugenommen, angefangen mit kleinen Kor-
55 rekturen an den Reformen der Agenda 2010 bis hin zu den Beschlüssen in der Arbeitsmarkt- und Rentenpolitik. Besonders ungünstig dürfte sich die Energiewende auf die privaten Investitionen ausgewirkt
60 haben. Sie begünstigt einige wenige, erhöht jedoch die Energiekosten für die breite Masse der Unternehmen und die privaten Haushalte stark und macht Investitionen in Deutschland unattraktiver. In den USA
65 dagegen sind die ohnehin niedrigen Energiekosten weiter gefallen. Seit Jahren mahnen der Sachverständigenrat und viele andere Ökonomen, wie wichtig es wäre, die deutsche Volkswirtschaft durch wachs-
70 tumsfreundliche Strukturen besser auf die anstehenden Herausforderungen vorzubereiten. Zu diesen Herausforderungen zählen der demografische Wandel, der sich im kommenden Jahrzehnt deutlich beschleu-
75 nigen wird, und die fortschreitende Globalisierung.
Um diese zu meistern, muss Deutschland für private Akteure attraktiv sein, damit sie in die Zukunftsfähigkeit des Landes inves-
80 tieren. So hat der Sachverständigenrat in seinem aktuellen Jahresgutachten seine Kritik an der übermäßigen Betonung von Umverteilungsmaßnahmen durch die gegenwärtige Politik erneuert und darauf
85 hingewiesen, wie dadurch der Reformbedarf der Zukunft weiter anwächst. Um den Standort Deutschland für private Investoren attraktiver zu gestalten und damit künftiges Wachstum zu ermöglichen, ist
90 eine (Rück-)Besinnung auf bessere wirtschaftliche Rahmenbedingungen unabdingbar. [...]
Angesichts der immer noch hohen Einnah-

men der öffentlichen Haushalte ist der Finanzbedarf für zusätzliche Investitionen gut zu bewältigen. Die erforderlichen Mittel könnten leicht durch eine Priorisierung von Investitionen in den Haushalten von Bund und Ländern aufgebracht werden, ohne die Einhaltung der Schuldenbremse zu gefährden. Die jüngste Ankündigung des Finanzministers, in den kommenden Jahren zehn Milliarden Euro zusätzlich zu investieren, ohne die Staatsausgaben insgesamt zu erhöhen, weist in eine solche Richtung.

Flankiert werden sollte dies durch Maßnahmen, die für Private das Investieren attraktiver machen. Dies bedeutet allerdings weniger und nicht mehr Regulierung auf dem Arbeitsmarkt, auf dem Wohnungsmarkt und bei der Energiepolitik. Die private Investitionstätigkeit staatlich zu steuern oder gar zu subventionieren wäre der falsche Weg.

Christoph M. Schmidt/Isabel Schnabel/Volker Wieland/Lars P. Feld, Die Zeit, 13.11.2014

Die Autoren gehören dem Sachverständigenrat der Wirtschaftsweisen an, der die Bundesregierung berät.

Weshalb die Marktpropheten irren

„Mehr Vertrauen in Marktprozesse" fordert die Mehrheit des Sachverständigenrates zur Begutachtung der gesamtwirtschaftlichen Entwicklung [...]. Das jüngste Gutachten ist ein Plädoyer gegen staatliche Defizite, gegen den Mindestlohn, gegen die staatliche Förderung erneuerbarer Energien und gegen jede Form staatlicher Investitionsförderung. Als Mitglied des Sachverständigenrates kann ich diese Sicht nicht teilen.

Angesichts des massiven Versagens der Märkte vor der Finanzkrise erschließt sich die Devise „Mehr Markt" nicht von selbst. Zudem wird heute in der Ökonomie mehr denn je die Evidenzbasierung der wirtschaftspolitischen Beratung gefordert. Wo sind also Länder, die sich als Beispiel für eine solche Politikstrategie anführen ließen? Im Gutachten des Rates werden die Vereinigten Staaten und das Vereinigte Königreich als erfolgreich präsentiert. Es ist ihnen gelungen, nach der großen Rezession einen selbsttragenden Aufschwung zu generieren. Auf den ersten Blick könnte man das als Evidenz für den Erfolg marktorientierter Politik sehen. Auf den zweiten Blick steht die wirtschaftspolitische Strategie der beiden Staaten jedoch diametral zum Wunschbild der Mehrheit des Rates.

So gibt es in den Vereinigten Staaten wie in Großbritannien seit Langem einen flächendeckenden Mindestlohn. Die Arbeitslosigkeit ist in beiden Volkswirtschaften gleichwohl sehr gering. Auch bei der Förderung erneuerbarer Energien hält man sich nicht an das von der Mehrheit propagierte Marktdogma. Investoren erhalten in beiden Ländern direkte Zuschüsse für die von ihnen erzeugte Energie. [...]
Generell hat man in den angelsächsischen Ländern wenig Bedenken, private Investitionen notfalls durch staatliche Förderung zu stärken. So können „Häuslebauer" in den USA ihre Zinsausgaben steuerlich absetzen. In Großbritannien wurde der Wohnungsbau durch staatliche Eigenkapitalhilfen für private Haushalte stabilisiert. In beiden Ländern investiert der Staat zudem mehr als in Deutschland. In Großbritannien belaufen sich die Bruttoinvestitionen auf 2,0 Prozent des Bruttoinlandsprodukts, in den USA auf 3,6 Prozent. Wollte Deutschland diese Werte erreichen, müsste der Staat jährlich 11 Milliarden Euro beziehungsweise sogar 56 Milliarden mehr investieren.

Das führt zu dem von der Mehrheit geforderten ausgeglichenen Staatshaushalt. Hier könnte der Kontrast kaum stärker ausfallen. Seit der Krise im Jahr 2008 haben die beiden angelsächsischen Länder mit hohen

Defiziten den massiven Ausfall an privater Nachfrage kompensiert. Sie haben mittlerweile die Neuverschuldung zurückgefahren, aber mit einem Defizit von 5,3 Prozent im Vereinigten Königreich und 5,5 Prozent in den Vereinigten Staaten sind sie vom Ideal der „schwarzen Null" noch meilenweit entfernt.

Mit der staatlichen Neuverschuldung und dem damit verbundenen Leistungsbilanzdefizit ermöglichen sie es, dass Deutschland einen riesigen Überschuss in der Leistungsbilanz erzielen kann, der fast zur Hälfte aus den Wirtschaftsbeziehungen mit diesen beiden Ländern resultiert. Es ist deshalb sehr gut nachvollziehbar, wenn US-Politiker die deutsche Fiskalpolitik kritisieren. Im Grunde verhalten wir uns wie ein Trittbrettfahrer, der sich von der amerikanischen Konjunktur-Lokomotive ziehen lässt und sie sogar noch kritisiert, weil sie sich nicht an das wirtschaftspolitische Rezeptbuch der schwäbischen Hausfrau hält.

Es geht nicht darum, den Markt und den Staat gegeneinander auszuspielen. Aber das Beispiel der beiden Länder zeigt, dass es fatal wäre, mehr Wachstum und Beschäftigung allein vom Markt zu erwarten. Es sollte die deutschen Marktpropheten nachdenklich machen, dass sich selbst marktfreundliche Staaten nicht scheuen, Untergrenzen für Löhne einzuziehen und Investitionen direkt zu fördern. Wer für Evidenzbasierung plädiert, sollte nicht übersehen, dass selbst in den USA und in Großbritannien der Ausweg aus der Krise nur mit hohen Staatsdefiziten und einer im Vergleich zur Europäischen Zentralbank sehr expansiven Geldpolitik gefunden wurde.

Peter Bofinger, Die Zeit, 12.12.2014

Peter Bofinger ist Professor für Volkswirtschaftslehre an der Universität Würzburg und Mitglied im Sachverständigenrat zur Begutachtung der gesamtwirtschaftlichen Entwicklung.

Aufgaben

1. Arbeiten Sie die jeweiligen wirtschaftspolitischen Positionen heraus und ordnen Sie die Argumente der Angebots- oder Nachfragekonzeption zu.
2. Wählen Sie jeweils eine angebots- bzw. eine nachfrageorientierte wirtschaftspolitische Maßnahme aus und stellen Sie deren Wirkungen gemäß der Kreislauftheorie dar.
3. Diskutieren Sie Stärken und Schwächen der Angebots- und Nachfragekonzeption im Hinblick auf die Erreichung der wirtschaftspolitischen Ziele des magischen Vierecks.
4. Nehmen Sie Stellung.

11.3 Was soll die Wirtschaftspolitik tun?

11.3.1 Wirtschaftspolitische Maßnahmen und Beschäftigung

M 1 ● **Wie kann die Wirtschaftspolitik Arbeitslosigkeit bekämpfen?**

Die Vorschläge zur Verbesserung der Arbeitsmarktlage klingen teilweise hart, sind indes seit Jahren bekannt und teilweise schon realisiert (Stichwort „Hartz IV"). Ge-
5 fordert werden u. a.:
- Kürzung des Arbeitslosengeldes bei gleichzeitiger Erhöhung der Hinzuverdienstmöglichkeiten. Dies senkt den „Anspruchslohn" der Bevölkerung und
10 lässt Erwerbstätigkeit früher lohnenswert erscheinen. Auch darf die Zumutbarkeit einer neuen Tätigkeit nicht nur im Lichte der früheren Beschäftigung bewertet werden, sondern auch als Pflicht gegen-
15 über der Solidargemeinschaft. Damit zu verbinden sind gezielte Maßnahmen zur beruflichen Qualifizierung.
- Lohnzurückhaltung, Lohndifferenzierung (nach Qualifikationen, Sektoren und Re-
20 gionen) und Förderung gering bezahlter Arbeitsplätze. Das bedingt die rechtliche Erlaubnis zur Abweichung vom Flächentarif („Öffnungsklauseln"), wenn dadurch ein Einstieg ins Arbeitsleben möglich
25 wird oder ein Job gerettet werden kann. Auch könnte man den Lohn durch Einbau einer Gewinnbeteiligung flexibler gestalten („Investivlohn"). [...]
- Um Geringqualifizierte oder Ältere (50
30 plus) in Beschäftigung zu bringen, wird teilweise die Einführung von „Kombilöhnen" erwogen, bei denen der Staat den niedrigen Verdienst eines Arbeitnehmers aufstockt. Das ist indes extrem teuer
35 (erfordert also kräftige Einschnitte bei anderen Ausgaben), und es sind „Mitnahmeeffekte" durch Unternehmen zu befürchten, die eventuell reguläre Arbeitsplätze in subventionierte Stellen um-
40 wandeln. Kombilöhne sind im Grunde als nicht marktkonform einzustufen, da sie eine staatliche Subventionierung beinhalten. Im Übrigen gibt es sie in Deutschland bereits in Form der Aufstockung
45 von Lohneinkommen auf das Niveau des Hartz IV-Satzes.
- Abbau des Kündigungsschutzes, der als Einstellungsbremse wirkt, und verstärkte Einführung von befristeten sowie Teil-
50 zeit-Arbeitsverträgen. Einschränkung der Mitbestimmung. Förderung der Selbstständigkeit.

Angebotspolitik
Die dargestellten Maßnahmen werden allgemein (mit Ausnahme der Kombilöhne)
55 unter dem Stichwort der Deregulierung des Arbeitsmarktes diskutiert. Sie kommen hauptsächlich von Seiten der Arbeitgeber bzw. der „Angebotspolitik".
- Ein gravierendes Beschäftigungshemm-
60 nis bildet aus angebotspolitischer Sicht die hohe Steuer- und Abgabenlast, die wesentlich zur Ausbreitung der Schwarzarbeit beigetragen hat. Der in der „hidden economy" (Schattenwirtschaft) er-
65 zeugte Umsatz wird in Deutschland auf 380 Milliarden Euro geschätzt, das sind ungefähr 15 Prozent des offiziellen Bruttoinlandsprodukts. Gelänge es, die Schwarzarbeit in legale Arbeit umzuwandeln,
70 dürfte es in Deutschland praktisch keine [...] Arbeitslosigkeit mehr geben. Das lässt sich anhand einer (zugegebenermaßen stark vereinfachten) Rechnung leicht zeigen: Die Zahl der Erwerbstätigen be-
75 trägt in Deutschland ca. 40 Millionen; diese erzeugen 100 Prozent des offiziellen Bruttoinlandsprodukts. Unter der Annahme einer gleichen Arbeitsproduktivität sind also für das auf dem Schwarz-
80 markt erzeugte Produktionsvolumen in

Höhe von 15 Prozent des BIP 0,15 x 40 Millionen = 6 Millionen Personen tätig.
- Hohe Sozialbeiträge treiben überdies die von den Unternehmen zu zahlenden Lohnnebenkosten nach oben (und bewirken damit Arbeitseinspar- bzw. -verlagerungseffekte). Hier Entlastung zu schaffen, bedingt eine Reform des Systems der sozialen Sicherung mit der Stoßrichtung, die Kosten u. a. der Kranken- und Rentenversicherung vom Arbeitsverhältnis bzw. von den Löhnen abzukoppeln.

Nachfragepolitik
Es gibt auch Vorschläge seitens der Gewerkschaften bzw. der Vertreter der „Nachfragepolitik". Neben der „Ankurbelung der Nachfrage" zählt hierzu u. a.:
- [...] die Einführung bzw. Ausweitung von „Mindestlöhnen". Die meisten Ökonomen sind sich aber einig, dass Mindestlöhne beschäftigungsfeindlich sind. Gerade die Beschäftigungschancen Geringqualifizierter (mit niedriger Produktivität) dürften sich dadurch weiter verschlechtern. [...]
- Gewerkschaften setzen bisweilen darauf, die Arbeit durch Arbeitszeitverkürzung gerechter zu verteilen. Dieser Vorschlag beruht einerseits auf der falschen Annahme, dass es eine begrenzte Menge von Arbeit gebe. Zum anderen kann das Konzept nicht funktionieren, wenn die Reduzierung der Arbeitszeit nicht von einer entsprechenden Absenkung der Arbeitskosten begleitet wird. [...] In Deutschland befasst sich der normale Arbeitnehmer mit durchschnittlicher Lebenserwartung gerade etwa ein Zehntel seines Lebens mit aktiver Arbeit [...]. Früher war es einmal ein Fünftel, vor Jahrzehnten gar ein Drittel. Deshalb wird immer häufiger eine Verlängerung der Arbeitszeit propagiert.

Einig sind sich Angebots- und Nachfragepolitiker regelmäßig in der Überzeugung, dass verstärkte Investitionen in Bildung und Forschung notwendig sind. Hierzu bedarf es aber finanzieller Mittel.

Herbert Sperber, Wirtschaft verstehen, 4. Aufl., Stuttgart 2012, S. 140 ff.

M 2 ● Tendenz zu einem Mix von Angebots- und Nachfragepolitik

Überbordende Haushaltsdefizite und ineffektive staatliche Ausgabenprogramme haben in den siebziger und achtziger Jahren zu wachsenden staatlichen Schuldenbergen geführt und mit dem Glauben aufgeräumt, Vollbeschäftigung und Konjunkturstabilität seien durch geeignete Fiskalpolitik zu erreichen. Stattdessen ging das Gespenst der Wachstumskrise um, immer größere Zinslasten beschränkten die Handlungsspielräume des Staates. Eingeschnürt ins enge Korsett des europäischen Stabilitäts- und Wachstumspaktes, schien eine keynesianisch orientierte Wirtschaftspolitik seit Anfang der neunziger Jahre endgültig im Archiv der Wirtschaftsgeschichte abgelegt worden zu sein.
Die Stagnation der letzten Jahre [2001–2005] hat allerdings auch gezeigt, dass eine Haushaltskonsolidierung nicht gelingen kann, wenn in den Abschwung hineingespart wird. So werden heute wieder Forderungen laut, die anhaltende Wirtschaftsflaute durch Konjunkturspritzen auf Touren zu bringen.
Nach dem Stand der Wirtschaftswissenschaft lassen sich Angebots- und Nachfragefaktoren empirisch gar nicht auseinanderhalten, eine positive wirtschaftliche Entwicklung kann nur entstehen, wenn ökonomische Anreize und gesamtwirtschaftliche Nachfrage zusammenwirken. Hohe Lohnabschlüsse stärken die Massenkaufkraft, den Konsum und die Beschäftigung – wenn nicht die Haushalte angesichts erwarteter Inflation und steigender Arbeitslosigkeit in Angstsparen verfallen. Hohe Löhne können technischen Fortschritt und

somit angebotsorientiert Wachstum erzeugen – wenn die Effekte nicht durch Freisetzung von Arbeitskräften und Minderkonsum aufgesogen werden.

Angebotstheoretisch motivierte Lohnzurückhaltung stärkt die internationale Wettbewerbsfähigkeit eines Landes und führt zu einem Nachfrageimpuls, der die Investitionen und die Binnenkonjunktur stimulieren kann – wenn die Unternehmer nicht infolge schwacher Absatzerwartungen neue Initiativen scheuen.

Makroökonomen aller Schattierungen benutzen dasselbe methodische Instrumentarium. Es gibt einen breiten Grundkonsens über wichtige makroökonomische Zusammenhänge. Nachfrageschwankungen beeinflussen die Konjunktur. Höhere Budgetdefizite, ein größeres Geldmengenwachstum oder sinkende Zinsen sowie ein gestiegenes Vertrauen von Verbrauchern und Investoren führen zu vermehrter Produktion und zu einem Abbau an Arbeitslosigkeit. Staatsdefizite sind somit zwar kurzfristig günstig, langfristig aber schädlich für das Wirtschaftswachstum. Politikstrategien können von den Wirtschaftssubjekten auch konterkariert werden. Die Struktur des Staatshaushalts ist gleichfalls wichtig. Infrastrukturinvestitionen und Ausgaben für Forschung und Bildung sichern auch langfristiges Wachstum.

Klaus Zimmermann, Handelsblatt, 7.4.2005

Aufgaben

1. Ordnen Sie die folgenden Thesen der angebotsorientierten oder der nachfrageorientierten beschäftigungspolitischen Position zu (M 2):
   - Arbeitslosigkeit muss vom Markt bzw. von den Tarifvertragsparteien beseitigt werden.
   - Die konjunkturelle Komponente der Arbeitslosigkeit sollte im Fokus der Politik stehen.
   - Antizyklische Konjunkturpolitik erhöht die gesamtwirtschaftliche Nachfrage und damit die Produktion.
   - Antizyklische Konjunkturpolitik erhöht die Staatsverschuldung und überfordert den Staat.
   - Mehr Wachstum führt nicht zu mehr Beschäftigung.
   - Die Verbesserung der Angebotsbedingungen führt zur Besserstellung der Investoren, also der Reichen.
   - Es mangelt an Investitionen, weil die Angebotsbedingungen für Investoren unattraktiv sind.

2. Greifen Sie einen der in M 1 gemachten Vorschläge zur Belebung des Arbeitsmarktes heraus und beschreiben Sie zu erwartende Folgen der Maßnahme in Form einer Wirkungskette.

11.3.2 Das Beispiel Mindestlohn

M 3 ● Kontrovers diskutiert: Der Staat mischt sich ein – ist ein flächendeckender Mindestlohn* sinnvoll?

Pro (Matthias Schiermeyer):
Der Abwärtsspirale ein Ende setzen

Eine Forderung, die einem großen Teil der Bevölkerung rasche Besserung verspricht, wird gerne als populistisch diskreditiert. Welch dürftige Argumentation. Als ob nur Eliten von politischen Beschlüssen profitieren dürften.

So ist es auch beim angeblich populistischen Ziel eines gesetzlichen Mindestlohns: Ungefähr fünf Millionen Menschen würden mehr verdienen, wenn die Große Koalition eine allgemeine Lohnuntergrenze von 8,50 Euro festlegt. In der Folge nimmt der Staat mehr Steuern ein und die Sozialkassen erzielen höhere Beiträge. Die Ausgaben für Hartz IV verringern sich. Alles in allem ein Milliardengeschäft. Noch nicht eingerechnet ist dabei die wachsende Kaufkraft, wovon vor allem der Handel profitiert – selbst wenn sich der Effekt nicht in Euro beziffern lässt. Bei so vielen konkreten Vorzügen kann ein Mindestlohn nicht per se des Teufels sein.

Gewiss, der Lohn müsste bezahlt werden von Unternehmen, die ihre Geschäfte bisher auf der Basis geringfügiger Einkommen machen – weniger mit der Qualität ihrer Produkte oder Dienstleistungen. Man hat sich gut eingerichtet mit der Lohnabwärtsspirale – auch der Verbraucher. Ob beim Friseur oder im Einzelhandel: was billig ist, kommt an. Damit schädigen wir uns quasi selbst. Aber auch im europäischen Maßstab wirkt die Niedriglohnstrategie destabilisierend. Der Wirtschaft und dem Arbeitsmarkt geht es auch deswegen so gut, weil wir die Nachbarn mit Dumpinglöhnen unter Druck setzen. Siehe Fleischindustrie. Die Europäer benötigen von der Lokomotive Deutschland das Signal, dass Arbeit einen angemessenen Wert behält und Europa sozial bleibt.

Folglich muss es wie in den meisten EU-Ländern auch hierzulande ein Limit geben, das im Prinzip nicht unterschritten werden darf. Über die Ausgestaltung lässt sich reden. Spätere Anhebungen könnten von einer unabhängigen Kommission festgelegt werden. Doch klar ist: Je mehr Ausnahmen erlaubt sind, desto häufiger wird der Gesetzgeber ausgetrickst. Wie die Abwandlung der Werkverträge zeigt, sind viele Betriebe im Nutzen von Schlupflöchern kreativ. Um manch mies bezahlten Arbeitsplatz wäre es nicht schade. Solche Verluste regelt der Markt. Das Risiko des allgemeinen Jobschwunds ließe sich hingegen mit einem Stufenmodell verringern, indem der Osten an das höhere Niveau im Westen herangeführt wird. Entscheidend ist, dass die Löhne am unteren Rand gerade in jenen Bereichen der Wirtschaft, in denen die Tarif-

Jahrelang kämpfte der Deutsche Gewerkschaftsbund (DGB) für einen allgemeinen Mindestlohn. Zum 1.1.2015 trat dieser in Höhe von 8,50 Euro in Kraft.

partner völlig machtlos sind, nicht immer weiter ins Würdelose gedrückt werden können.

Kontra (Roland Pichler):
Politik kann keine Löhne festsetzen
Mit den Plänen für einen gesetzlichen Mindestlohn schlägt die Politik den falschen Weg ein. Man muss nur einmal den Blick in die Zukunft schweifen lassen und sich vorstellen, was passiert, wenn der Deutsche Bundestag künftig die Lohnuntergrenze bestimmte. Ein Teil der Lohnfindung würde ins Parlament verlagert. Parteien und Volksvertreter haben auf diesem Gebiet keinerlei Expertise. Deutschland ist gut damit gefahren, dass die Löhne von Arbeitgebern und Gewerkschaften bestimmt werden. Die Tarifpartner können die Lage in den jeweiligen Branchen und Regionen am besten beurteilen. Der Bundestag kann dies nicht.

Abenteuerlich wird es, wenn die SPD auf einen einheitlichen Mindestlohn von 8,50 Euro für ganz Deutschland besteht. Solch eine Grenze führt nach Meinung der meisten Ökonomen vor allem in Ostdeutschland zu einem Arbeitsplatzabbau. Es macht schon einen Unterschied, ob ein Arbeitnehmer in Rostock oder in Ravensburg wohnt. Mieten und Kaufkraft sind regional unterschiedlich. Zahlreiche Tarifverträge sehen nach wie vor eine unterschiedliche Bezahlung in Ost und West vor. Die SPD sollte das zur Kenntnis nehmen. In Ostdeutschland erhalten rund ein Viertel der Beschäftigten einen Stundenlohn von weniger als 8,50 Euro. Im Westen sind es rund zwölf Prozent.

Die Vorstellung, der Gesetzgeber könne für Millionen von Beschäftigten eine kräftige Lohnerhöhung beschließen und alles gehe so weiter, ist naiv. Das staatlich diktierte Lohnplus hat Folgen für die Betriebe. In vielen Fällen haben Gewerkschaften niedrige Gehälter ausgehandelt. Sie taten dies in der Erkenntnis, dass der Gaststättenbetreiber, der Landwirt oder der Getränkehändler um die Ecke nicht mehr bezahlen kann. Niedrige Löhne werden weniger in Großunternehmen bezahlt, sondern finden sich meist in kleinen und mittleren Unternehmen. Deren Kritiker unterstellen der Wirtschaft Geiz. Das mag in manchen Fällen zutreffen. Doch woher nimmt sich die Politik das Recht, dies zu beurteilen? Ein Wesensmerkmal in der Marktwirtschaft gerät in Vergessenheit: Löhne müssen am Markt verdient werden.

Der neue Bundestag würde den Betroffenen einen Bärendienst erweisen, wenn er Mindestlöhne ohne Rücksicht auf volkswirtschaftliche Wirkungen in Kraft setzte. Wenn die Politik schon der Meinung ist, sie müsse bei der Lohnfindung mitmischen, sollte sie wenigstens regionale und branchentypische Lösungen wählen.

*Der gesetzliche Mindestlohn von 8,50 € brutto pro Stunde ist zum 1.1.2015 in Deutschland flächendeckend in Kraft getreten. Am 28.6.2016 entschied die ständige Mindestlohnkommission einstimmig, den Mindestlohn um 34 Cent auf 8,84 € pro Stunde zu erhöhen. Die nächste Anpassung ist zum 1.1.2019 fällig.

Matthias Schiermeyer/Roland Pichler, Stuttgarter Zeitung, 23.10 2013

Aufgaben

1. Vergleichen Sie die Positionen von Matthias Schiermeyer und Roland Pichler zur Einführung des gesetzlichen Mindestlohns (M 3).
2. Recherchieren Sie, wie sich die Arbeitslosenzahlen seit Einführung des gesetzlichen Mindestlohnes in Deutschland entwickelt haben. Beurteilen Sie, inwiefern welche Position recht behalten hat (M 3).
3. Projektidee: Erarbeiten Sie, welche Regelungen sich in anderen Ländern zum Thema Mindestlohn finden lassen und wie diese dort funktionieren.

F Informieren Sie sich über die Positionen der politischen Parteien zum gesetzlichen Mindestlohn und positionieren Sie die Parteien auf einer Markt/Staat-Achse.

Kontrovers politisch argumentieren – die Pro-Kontra-Debatte

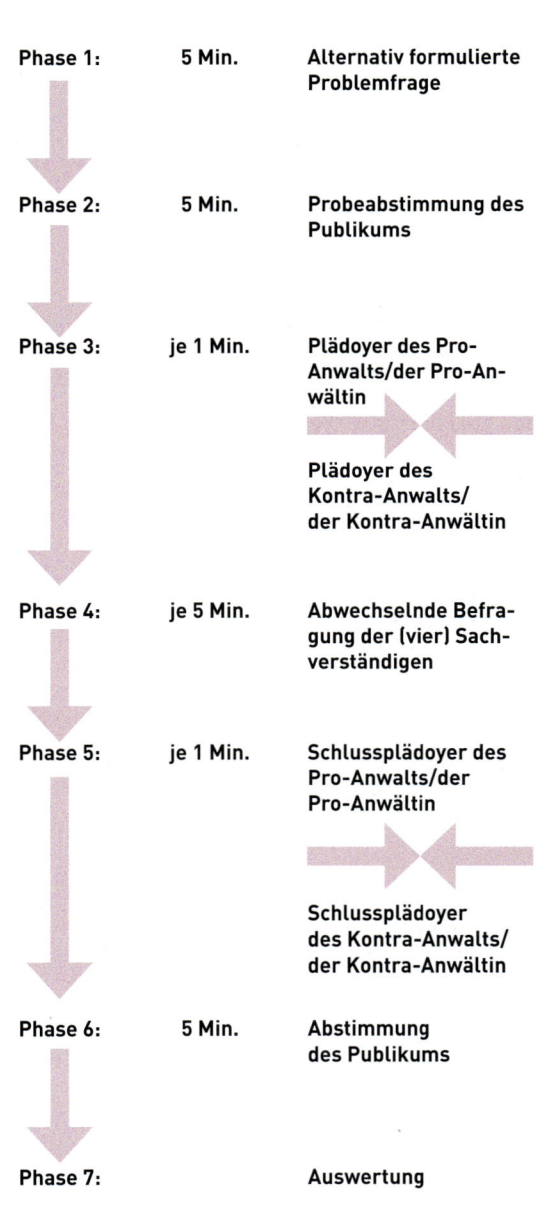

Pro-Kontra-Debatte (Ablaufraster)

Phase 1:	5 Min.	Alternativ formulierte Problemfrage
Phase 2:	5 Min.	Probeabstimmung des Publikums
Phase 3:	je 1 Min.	Plädoyer des Pro-Anwalts/der Pro-Anwältin // Plädoyer des Kontra-Anwalts/der Kontra-Anwältin
Phase 4:	je 5 Min.	Abwechselnde Befragung der (vier) Sachverständigen
Phase 5:	je 1 Min.	Schlussplädoyer des Pro-Anwalts/der Pro-Anwältin // Schlussplädoyer des Kontra-Anwalts/der Kontra-Anwältin
Phase 6:	5 Min.	Abstimmung des Publikums
Phase 7:		Auswertung

Schritt 1: Grundlegende Entscheidungen

Bei der Planung einer Pro-Kontra-Debatte sollte zunächst die grundlegende Entscheidung getroffen werden, ob man eine simulative oder nichtsimulative Debatte durchführen will, denn dies bedingt die Auswahl der Problem- oder Entscheidungsfrage. Der Problem- und Entscheidungsfrage kommt eine entscheidende Bedeutung für den Verlauf der Debatte zu. Es sollte sich um eine bedeutungsvolle, konkret formulierte und in den Auswirkungen für Bürger, Bürgerinnen und Jugendliche spürbare Frage handeln. (...) Die Frage sollte sinnvoll mit Ja oder Nein zu beantworten und zu begründen sein.

Schritt 2: Festlegung des Szenarios

Der zweite Schritt auf dem Lernweg einer Pro-Kontra-Debatte besteht darin, das Szenario festzulegen:
- Auswahl der Akteure,
- die Gestaltung des (Klassen-)Raumes,
- Verständigung über den Ablauf.

Nimmt man das im Fernsehen angebotene Modell als Grundlage und Ziel, so lassen sich diese drei Aufgaben relativ zügig bewältigen.

Die Auswahl der Akteure ist durch die Methode vorgegeben:
- Ein/e Moderator/in: Sie/er führt die Abstimmung durch und achtet darauf, dass Spielregeln und Zeitvorgaben eingehalten werden. Er bzw. sie „trägt Prozessverantwortung, nicht die Inhaltsverantwortung".
- Zwei Anwälte (Pro und Kontra): Sie halten das Eingangs- und Schlussplädoyer und befragen die Sachverständigen. Es ist durchaus erwünscht, Meinungen zu vertreten, die nicht der eigenen entsprechen, um festgefahrene Positionen aufzubrechen und die Thematik neu zu durchdenken. (...)
- Zwei bis vier Sachverständige: Sie artikulieren keine eigene Position, sondern sie bieten nur Informationen, Erfahrungen und Wissen zu Begründungen für einzelne Positionen. Die Rollen der Sachverständigen müssen in Arbeitsgruppen intensiv vorbereitet sowie durch Rollenkarten und zusätzliches Material gestützt werden.

- Das Publikum: darf in unseren Augen die Beobachtungsrolle nicht vernachlässigen. Denn indem die vorgetragenen Argumente gesammelt werden und deren strategisch-taktische Relevanz für den Debattenverlauf beurteilt wird, kann ein Perspektivenwechsel zur Innenansicht aller Akteure gelingen.

Dies erfolgt aber nur bei konkreten Beobachtungsaufgaben und nicht bei einer eher passiven Adressaten-Haltung.

Schritt 3: Die Gestaltung des Raumes
Die Gestaltung des Raumes sollte einer mediengerechten Inszenierung nahe kommen. Sie räumt dem Moderator einen zentralen Standort ein. Die beiden Anwälte können (an Stehpulten oder Tischen) nebeneinander platziert werden, die Sachverständigen werden seitlich aufgereiht. Für die Befragungen wechseln die Sachverständigen zu einem Stuhl, der in der Mitte steht. Das Publikum kann einen Halbkreis bilden. Zwischen den Akteuren sollte auf guten Blickkontakt und gutes Verstehen geachtet werden.

Schritt 4: Ablauf der Pro-Kontra-Debatte
Der Ablauf der Pro-Kontra-Debatte unterliegt einer strengen Zeitregie. Die Gesprächsregeln werden festgelegt. Wichtiger erscheint es aber, dass das unterschiedliche Selbstverständnis der Akteure den Schülerinnen und Schülern deutlich wird.

Der Moderator führt in das Problem ein, stellt die Anwälte und Sachverständigen vor, erläutert Gesprächsregeln sowie Ablauf und achtet auf die Einhaltung der Zeiten (evtl. mit Hilfe eines akustischen Signals, nach dessen Ertönen die Befragung bzw. die Plädoyers innerhalb von 15 Sekunden beendet werden). Trotz der vielfältigen Aufgaben versteht sich der Moderator eher als neutraler Gesprächsleiter denn als Animateur.

Zuerst findet eine Abstimmung des Publikums statt. Danach halten die Anwälte ihr jeweiliges Plädoyer. Es schließt sich eine abwechselnde Befragung der Sachverständigen an. Die Sachverständigen argumentieren aufgrund ihrer beruflichen oder politischen Kompetenzen und Erfahrungen, ohne selbst Plädoyers oder Monologe zu halten. Im Anschluss an die Befragung der Sachverständigen halten die Anwälte ihre Schlussplädoyers. Vor der sich anschließenden Reflexionsphase erfolgt eine erneute Abstimmung des Publikums.

Hans Werner Kuhn/Markus Gloe, Die Pro-Kontra-Debatte, in: Frech/Kuhn/Massing (Hrsg.), Methodentraining für den Politikunterricht, Schwalbach 2004, S. 148–151

11.3.3 Die Rolle der Tarifparteien

M 4 ● Höhere Löhne für mehr Gerechtigkeit?

M 5 ● Positionen der Tarifpartner

Tarifautonomie
Handlungsakteure bei der Ermittlung des Tariflohnes sind die Gewerkschaften als Vereinigung der Arbeitnehmer und die Arbeitgeber, die in einer Vielzahl von Verbänden organisiert sind, etwa dem Bundesverband der deutschen Industrie. Sie verhandeln im Rahmen ihrer Tarifautonomie – also unabhängig von direkter staatlicher Einflussnahme – über die Lohnhöhe, die Arbeitszeit und weitere Regelungen der Arbeitswelt. Die Tarifautonomie leitet sich aus dem im Grundgesetz (Art. 9 GG) garantierten Recht der Koalitionsfreiheit ab und genießt in Deutschland hohes Ansehen. Ergebnis der Tarifverhandlungen ist der Tarifvertrag, der die Rechte und Pflichten der Vertragsparteien regelt.

Position der Arbeitgeber: Produktivitätsorientierte Lohnpolitik
Verteilt werden kann nur, was durch größere Produktivität erwirtschaftet wurde. Dies ist die Sicht der Arbeitgeber. Vor allem in Zeiten hoher Arbeitslosigkeit sehen sich die Gewerkschaften mit der Forderung konfrontiert, sich bei den Lohnabschlüssen an der konjunkturellen Situation zu orientieren. Dahinter steht die Überlegung, dass Unternehmen so lange Arbeitskräfte einstellen, wie deren Lohn pro Stunde kleiner ist als ihre mit den erzielbaren Absatzpreisen bewertete Ertragskraft. Das Gewinnmaximum besteht dann, wenn der Reallohn dieser Ertragskraft (technisch: der Grenzproduktivität) entspricht. Bis dahin, also bei niedrigeren Löhnen, lässt sich der Gewinn durch Neueinstellungen (und Mehrproduktion) noch erhöhen.
Unterstellt man nun, dass im Ausgangsstadium Gewinnmaximum besteht, so folgt daraus die vom Sachverständigenrat aufgestellte Regel für Lohnerhöhungen. Sie verlangt, dass das Wachstum der Nominallöhne die Summe aus Produktivitätsfortschritt und erwarteter Inflationsrate nicht übersteigen darf:

> Erhöhung der Nominallöhne ≤ Produktivitätsfortschritt + Anstieg der Absatzpreise

Gehen die Lohnsteigerungen über den Produktivitätsanstieg hinaus, so ist dies nur durch Preisanhebungen oder den Abbau von Arbeitsplätzen (zur Steigerung der Produktivität) abzufangen. Anders ausgedrückt: Der Produktivitätsfortschritt und der Preisüberwälzungsspielraum der Unternehmen bilden in dieser Perspektive die Schranke für die Erhöhung der Nominallöhne. Wird diese Schranke überschritten, so stellt sich Arbeitslosigkeit ein. Wenn also beispielsweise die Produktivität um 2 Prozent zunimmt und eine Inflationsrate von 2 Prozent erwartet wird, dann beträgt der maximal erlaubte Lohnanstieg 4 Prozent.

Position der Arbeitnehmer: Kaufkrafttheorie
Die gewerkschaftliche Argumentationskette sieht anders aus: Lohnsteigerungen sollten neben dem Produktivitätszuwachs und Inflationsausgleich auch eine Umverteilungskomponente enthalten. Nach dieser Theorie sind hohe Löhne nicht etwa schlecht für die Vollbeschäftigung, sondern sogar notwendig. Denn nur wenn es genügend Nachfrage nach Gütern und Dienstleistungen gibt, werden auch entsprechend viele Arbeitskräfte eingestellt. Lohnsenkungen würden der Konjunktur dagegen eher schaden als nützen. Als warnendes Beispiel wird dabei oft auf die Deflationspolitik in der Weltwirtschaftskrise der 1930er-Jahre verwiesen. Damals hatte Reichskanzler Heinrich Brüning nicht nur den Staatshaushalt mit einem rigorosen Sparkurs zu sanieren versucht, sondern per Notverordnung auch die Löhne gesenkt. Nach heute allgemein vertretener Auffassung wurde die Krise damit verschärft. Wie der englische Ökonom John Maynard Keynes 1936 [...] gezeigt hat, hätte man stattdessen die Staatsausgaben erhöhen sowie Zinsen und Steuern senken sollen, um wieder mehr Nachfrage zu schaffen. So wurde es schließlich auf Betreiben des Reichsbankpräsidenten und späteren Wirtschaftsministers Hjalmar Schacht auch gemacht. Gleichzeitig leitete Präsident Roosevelt in Amerika eine expansive Wirtschaftspolitik unter dem Namen „New Deal" ein, was schließlich zur Überwindung der Weltwirtschaftskrise führte.
Da im Zeitalter der Globalisierung die Unternehmen mobiler sind als die Arbeitnehmer, hat die Drohung mit Produktionsverlagerung ins Ausland die Position der Gewerkschaften verschlechtert. Gewerkschaftliche Tarifpolitik hat daher zunehmend defensiven Charakter. Offensive Lohnstrategien treten zugunsten von Arbeitsplatzsicherung in den Hintergrund.

Autorentext

M 6 • Tarifbindung in Deutschland

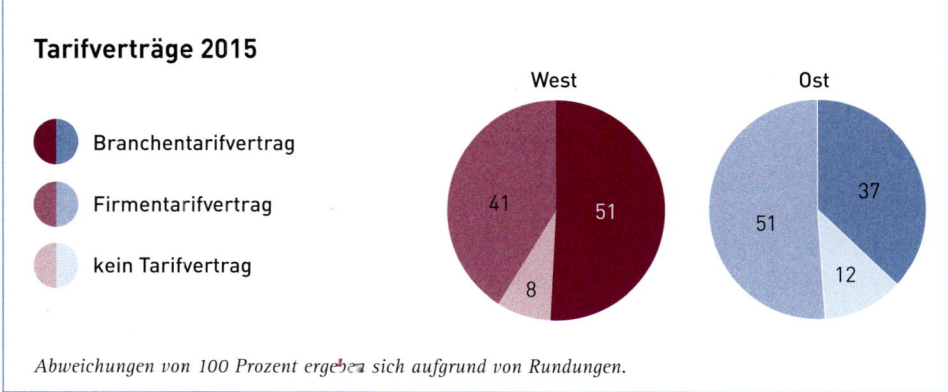

Abweichungen von 100 Prozent ergeben sich aufgrund von Rundungen.

Quelle: IAB, Tarifbindung der Beschäftigten, 1.6.2016

M 7 ● Funktioniert die Kaufkrafttheorie?

Autos kaufen keine Autos", hat Henry Ford einmal gesagt. Der Gründer des gleichnamigen Autokonzerns und erfolgreiche Unternehmer wird mit diesem Satz hauptsächlich von den Gewerkschaften zitiert. Denn damit lässt sich die sogenannte Kaufkrafttheorie der Löhne auf eine einfache, scheinbar für jedermann einleuchtende Formel bringen.

Nach dieser Theorie sind hohe Löhne nicht etwa schlecht für die Vollbeschäftigung, sondern sogar notwendig. Denn nur wenn es genügend Nachfrage nach Gütern und Dienstleistungen gibt, werden auch entsprechend viele Arbeitskräfte eingestellt. Lohnsenkungen würden der Konjunktur dagegen eher schaden als nützen.

Als warnendes Beispiel wird dabei oft auf die Deflationspolitik der 1930er-Jahre verwiesen. Damals hatte Reichskanzler Heinrich Brüning nicht nur den Staatshaushalt mit einem rigorosen Sparkurs zu sanieren versucht, sondern per Notverordnung auch die Löhne gesenkt. Nach heute allgemein vertretener Auffassung wurde die Krise damit verschärft. Wie der englische Ökonom John Maynard Keynes 1936 in einem bahnbrechenden Werk gezeigt hat, hätte man stattdessen die Staatsausgaben erhöhen sowie Zinsen und Steuern senken sollen, um wieder mehr Nachfrage zu schaffen. So wurde es schließlich auf Betreiben des Reichsbankpräsidenten und späteren Wirtschaftsministers Hjalmar Schacht auch gemacht. Gleichzeitig leitete Präsident Roosevelt in Amerika eine expansive Wirtschaftspolitik unter dem Namen „New Deal" ein, was schließlich zur Überwindung der Weltwirtschaftskrise führte.

Aus diesen Erfahrungen kann man nun aber keineswegs die Richtigkeit der Kaufkrafttheorie der Löhne ableiten. Denn erstens hat Keynes keineswegs vorgeschlagen, die Löhne zu erhöhen, sondern vielmehr die Staatsausgaben. So wurde in der Praxis auch verfahren. Die Löhne stiegen überwiegend erst wieder, als die Krise überwunden war. Zweitens wirken die Keynesschen Rezepte sowieso nur dann, wenn die Arbeitslosigkeit konjunkturelle Ursachen hat. Wendet man sie dagegen gedankenlos bei jeder Art von Arbeitslosigkeit an, verschlimmert sich das Übel nur noch. Das haben insbesondere die 1970er-Jahre gezeigt. Damals nahmen Staatsschulden und Löhne gewaltig zu, aber die Arbeitslosigkeit stieg unaufhaltsam weiter. Es ist in der Ökonomie wie in der Medizin: Wenn die Therapie auf der falschen Diagnose beruht, wirkt sie kontraproduktiv.

Was nun allerdings die Kaufkrafttheorie der Löhne betrifft, so ist von diesem Rezept auch grundsätzlich nicht viel zu halten. Eigentlich handelt es sich dabei nicht einmal um eine wirkliche Theorie, denn kein bedeutender Ökonom hat sie jemals vertreten. In der Fachliteratur sucht man denn auch vergebens nach einem entsprechenden Modell oder gar nach einer überzeugenden Beweisführung. Nicht einmal Karl Marx hat behauptet, mit Lohnerhöhungen ließe sich in einem kapitalistischen Wirtschaftssystem Arbeitslosigkeit vermeiden.

Man kann sich leicht klarmachen, warum die Kaufkrafttheorie der Löhne niemals funktionieren wird. Nehmen wir einen Einzelhändler, der dieser Theorie vertraut. Wenn er an seine Angestellten 100-Euro-Scheine verteilt, wird er dann aufgrund entsprechend höheren Umsatzes mehr Leute einstellen können? Wohl kaum. Das wäre nicht einmal dann der Fall, wenn seine Angestellten das ganze Geld sofort wieder in seinem eigenen Laden ausgeben würden. Dann hätte er am Ende zwar wieder genauso viel Geld in der Kasse wie am Anfang. Die von den Angestellten zusätzlich gekauften Waren würden aber fehlen – er hätte sie praktisch verschenkt. Man kann sich leicht ausrechnen, wie schnell ein solcher Kaufmann pleite wäre.

Das Ganze funktioniert auch dann nicht, wenn alle Unternehmer gleichzeitig so handeln würden. Dann mag zwar der eine oder andere davon profitieren, dass seine Waren bevorzugt gekauft werden. Aber in der Summe bleibt das Ergebnis negativ – Umsatz ist eben noch kein Gewinn. Es kommt hinzu, dass ein Teil jeder Lohnerhöhung gar nicht für Konsumgüter verausgabt, sondern gespart wird. Und vollends absurd wird die Kaufkrafttheorie im Zeitalter der Globalisierung. In Deutschland wird nämlich knapp jeder dritte Euro für Importgüter ausgegeben. Die höheren Löhne steigern also insoweit erst einmal die Nachfrage in Frankreich, China oder Taiwan, aber nicht bei uns. Es sollte klar sein, dass unter diesen Umständen die Rechnung der Kaufkrafttheorie niemals aufgehen kann.

Ein Blick auf die empirischen Fakten zeigt denn auch, dass an der Theorie nichts dran ist. So belegt die Arbeitsmarktentwicklung der 21 wichtigsten Industriestaaten in den vergangenen 20 Jahren eindeutig, dass die Länder mit den höchsten Beschäftigungssteigerungen eher niedrige und nicht etwa überdurchschnittlich hohe Lohnsteigerungsraten hatten.

Ulrich van Suntum, Warum sind hohe Löhne schlecht?, in: Rainer Hank (Hg.), Was Sie schon immer über Wirtschaft wissen wollten, Frankfurter Allgemeine Buch, Frankfurt/M. 2008, S. 51 ff.

M 8 ● Kaufkrafttheorie: Erst steigen die Löhne, dann das Wachstum?

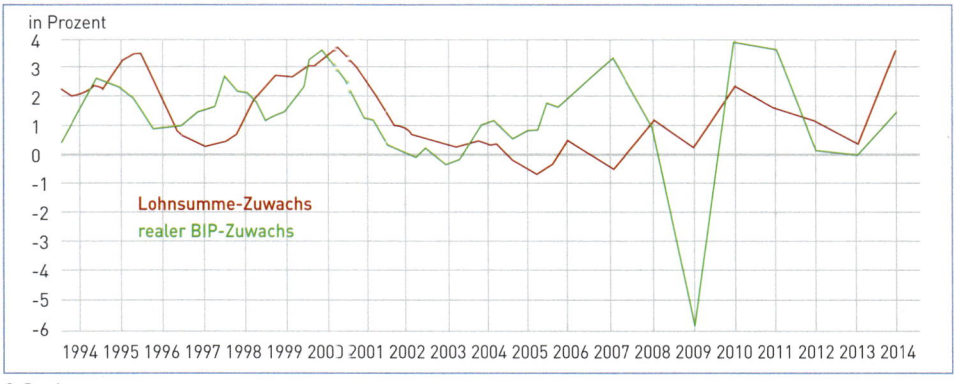

© Statista 2016

Aufgaben

1. Erläutern Sie die grundsätzlichen Positionen der Arbeitgeber und Gewerkschaften bei der Lohnfindung (M 5).
2. Viele Unternehmen halten die Lohnpolitik der Gewerkschaften für eine zentrale Ursache der Arbeitslosigkeit. Arbeiten Sie grafisch in einem Marktmodell für den Arbeitsmarkt heraus, wie dieser beschaffen sein muss, damit diese Argumentation zutrifft (M 5).
3. M 7 setzt sich kritisch mit der Kaufkrafttheorie auseinander. Gestalten Sie zu diesem Text aus der Perspektive eines Gewerkschafters einen Leserbrief an eine angesehene Tageszeitung.
4. Die Kaufkrafttheorie behauptet u. a., dass Lohnerhöhungen nötig seien, damit es zu Wachstum komme. Überprüfen Sie diese These an der Grafik M 8.
5. **Zur Vertiefung:** In C-Land ist die Arbeitslosigkeit seit einiger Zeit sehr hoch. Die größte Gewerkschaft des Landes fordert deshalb starke Lohnerhöhungen, da nur so die notwendige Ausweitung der gesamtwirtschaftlichen Nachfrage erreicht werden könne. Analysieren Sie, unter welchen Voraussetzungen das die richtige Therapie ist und welche Risiken und Nebenwirkungen dabei zu beachten sind (M 5 – M 8).

ORIENTIERUNGSWISSEN

Wirtschaftspolitische Maßnahmen zur Bekämpfung der Arbeitslosigkeit
M 1, M 2

Auch Maßnahmen zur Bekämpfung der Arbeitslosigkeit lassen sich den zwei konkurrierenden wirtschaftspolitischen Grundkonzeptionen der Angebots- und Nachfrageorientierung zuordnen. Die angebotsorientierte Denkschule sieht den Mangel an Unternehmensinvestitionen als primäre Ursache für Arbeitslosigkeit. Hohe Arbeits- und Lohnnebenkosten, hohe Steuern und Sozialabgaben, fehlende Flexibilität des Arbeitsmarktes (Stichwort Kündigungsschutz) und insgesamt eine zu hohe Regelungsdichte verhinderten Investitionen der Unternehmen. Durch Kostensenkungen und Deregulierung sollte die Gewinnsituation der Unternehmen verbessert werden, wodurch sie in die Lage versetzt würden, neue Arbeitsplätze zu schaffen.

Für die nachfrageorientierte Denkschule liegt die Hauptursache von Arbeitslosigkeit in der mangelnden Nachfrage. Durch staatliche Ausgabenerhöhungen, Steuersenkungen für die privaten Haushalte oder Lohnsteigerungen sollten die verfügbaren Einkommen der privaten Haushalte steigen, was zu einer größeren gesamtwirtschaftlichen Nachfrage führe. Die erhöhte Nachfrage führe zu mehr Produktion und schließlich zu mehr Beschäftigung.

Positionen der Tarifpartner
M 5

Wesentliche Akteure bei der Gestaltung der Beschäftigungs- und Einkommensverhältnisse sind die Tarifpartner. Sie handeln im Rahmen der Tarifautonomie die Tarifverträge aus, die zwingend Rechte und Pflichten der einzelnen Arbeitsverhältnisse zwischen den Mitgliedern der Tarifparteien regeln. Das tarifliche Entgelt darf vom Arbeitgeber nicht unterschritten werden. Aus Sicht der Arbeitgeber kann nur verteilt werden, was durch größere Produktivität erwirtschaftet wurde. Vor allem in Zeiten hoher Arbeitslosigkeit sehen sich die Gewerkschaften mit der Forderung konfrontiert, sich bei den Lohnabschlüssen an der konjunkturellen Situation zu orientieren. Die Gewerkschaften argumentieren anders: Lohnsteigerungen sollten neben dem Produktivitätszuwachs und Inflationsausgleich auch eine Umverteilungskomponente enthalten. Nach dieser sog. Kaufkrafttheorie sind hohe Löhne notwendig für die Vollbeschäftigung. Denn nur wenn es genügend Nachfrage nach Gütern und Dienstleistungen gebe, würden auch entsprechend viele Arbeitskräfte eingestellt.

Verbesserung der Rahmenbedingungen des Arbeitsmarktes
M 1

Forderungen nach verbesserten Rahmenbedingungen auf dem Arbeitsmarkt umfassen u. a. Kürzung des Arbeitslosengeldes bei gleichzeitiger Erhöhung der Hinzuverdienstmöglichkeiten, Lohnzurückhaltung, Lohndifferenzierung und Förderung gering bezahlter Arbeitsplätze, „Investivlohn", Einführung von „Kombilöhnen" sowie Abbau des Kündigungsschutzes und weitere Maßnahmen zur Flexibilisierung des Arbeitsmarktes. Die dargestellten Maßnahmen werden allgemein (mit Ausnahme der Kombilöhne) unter dem Stichwort der Deregulierung des Arbeitsmarktes diskutiert. Sie kommen hauptsächlich von Seiten der Arbeitgeber bzw. der „Angebotspolitik". Vorschläge seitens der Gewerkschaften bzw. der Vertreter der „Nachfragepolitik" umfassen neben der Ankurbelung der Nachfrage u. a. die Einführung bzw. Ausweitung von Mindestlöhnen und die Umverteilung der Arbeit durch Arbeitszeitverkürzung.

Überschätzte Hartz-Reformen?

Wird der Beitrag der Hartz-Arbeitsmarktreformen für die positive wirtschaftliche Entwicklung der Bundesrepublik überschätzt? Zu diesem Schluss kommen vier
5 *Ökonominnen und Ökonomen in einer neuen Studie. Nach Ansicht der Wissenschaftler hat vor allem das sehr flexible und vielfältige Tarifsystem Deutschlands den Weg vom kranken Mann Europas zum wirt-*
10 *schaftlichen Vorbild geebnet. Mit Bernd Fitzenberger, Volkswirtschafts-Professor an der Uni Freiburg und Mitautor der Studie, sprach Bernd Kramer.*

Kramer: Herr Fitzenberger, müssen jetzt
15 **die Geschichtsbücher neu geschrieben werden? Bislang galt die These, die Hartz-Reformen hätten die Bundesrepublik zum ökonomischen Musterknaben gemacht.**

20 Fitzenberger: [...] Bei realistischer Einschätzung haben die Hartz-Reformen nach ihrer Einführung [...] bei der Bekämpfung der Langzeitarbeitslosigkeit geholfen. Aber die Verbesserung der Wettbewerbsfähigkeit
25 der deutschen Wirtschaft hat bereits Mitte der 1990er-Jahre begonnen. Dieser lange Zeit kaum wahrgenommene Prozess war entscheidend für die gute Arbeitsmarktentwicklung in Deutschland, und für diesen
30 Prozess spielten die Hartz-Reformen nur eine sehr untergeordnete Rolle.

Was hat die Wende bewirkt? Für viele Beobachter galt die deutsche Wirtschaft lange als reformunfähig und als viel zu
35 **teuer produzierend.**

[Es] ist das System der Lohnfindung in der Bundesrepublik von maßgeblicher Bedeutung. Unter dem Druck wachsender ausländischer Billiglohnkonkurrenz nach dem
40 Fall der Mauer trat seine enorme Flexibilität und Vielfältigkeit erst richtig zutage. Bei den Flächentarifverträgen kam es beispielsweise zu mehr Ausnahmeregelungen, die auf die individuelle Situation der Betriebe zugeschnitten waren. Unternehmen 45 konnten sich auch aus der Tarifbindung lösen. Den Mitarbeitervertretungen, also den Betriebsräten, kam eine größere Rolle zu. Sie standen hinter Betriebsvereinbarungen oder Flexibilitätsspielräumen in Tarifverträgen, 50 die im Zweifel die Existenz der Unternehmen sicherten. Dabei konnten die Arbeitnehmervertreter davon ausgehen, dass sie bei einer besseren wirtschaftlichen Lage auch wieder mehr Geld bekommen 55 würden – so wie es nach der Krise 2008/ 2009 zum Beispiel nahezu mustergültig der Fall war. Bei einer zentralen, staatlichen Lohnfindung hätte es solch eine Flexibilität auf der Betriebsebene nicht gegeben. 60

Flexibilität in Krisenzeiten bedeutet für den Arbeitnehmer vor allem Lohnzurückhaltung. [...] Fand die große Anpassung auf dem Rücken der Geringverdiener statt? 65

In der Tat haben die unteren Lohngruppen diese Anpassung überproportional finanziert, aber für die Erhöhung der Wettbewerbsfähigkeit ist die moderate Lohnentwicklung im mittleren bis weit in den 70 höheren Bereich der Lohnverteilung absolut gesehen mindestens so wichtig. Mit diesem Prozess hat die Lohnungleichheit in der Bundesrepublik deutlich zugenommen. Das ist eine sozialpolitische Herausforderung 75 für unser Land.

Helfen staatlich verordnete hohe Mindestlöhne und satte Tarifabschlüsse?

Die starke Spreizung der Löhne ist nicht auf die Bundesrepublik beschränkt. Wir 80 haben vielmehr in einem relativ kurzen Zeitraum das nachgeholt, was in einigen Ländern schon vorher stattgefunden hatte. Diese Entwicklung werden Sie auch nicht umkehren können. Extreme Tarifabschlüs- 85 se oder ein hoher Mindestlohn, der sich nicht an den wirtschaftlichen Gegebenheiten orientiert, wären deshalb kontraproduktiv, die Beschäftigung würde abnehmen. Sinnvoller wäre es, das Bildungssystem zu verbessern. Nach wie vor sind zu viele Menschen ohne Schul- oder Berufsabschluss. Ansonsten bleiben nur die Mechanismen der Umverteilung durch das Steuer- und Transfersystem, die sich jedoch auch negativ auf die Beschäftigung auswirken können, wenn dadurch die Arbeitsanreize zurückgehen.

Also weg mit dem Mindestlohn?

Grundsätzlich halte ich einen moderaten Mindestlohn für keinen Fehler. [...] Entscheidend ist jetzt, welche Ausnahmeregelungen am Ende tatsächlich umgesetzt werden.

Bernd Fritzenberger/Bernd Kramer, www.badische-zeitung.de, 5.2.2014

Aufgaben

1. Mittlerweile liegen einige Studien zur Wirksamkeit der Hartz-Reformen vor. Stellen Sie dar, welche Erwartungen mit den einzelnen Elementen des Gesetzes verbunden waren und prüfen Sie, inwieweit diese Erwartungen erfüllt werden konnten (Internetrecherche).
2. Ordnen Sie die Hartz-Reformen begründet einer wirtschaftspolitischen Position (Angebots-/Nachfrageorientierung) zu.
3. Beurteilen Sie die arbeitsmarktpolitischen Gestaltungsmöglichkeiten des Staates in der globalisierten Welt.

11 Der Arbeitsmarkt – Beschäftigungspolitik zwischen Angebot und Nachfrage

SELBSTDIAGNOSE

Sie können...	Dazu benötigen Sie u. a. folgende Begriffe...	Das klappt schon...	Hier können Sie u. a. noch üben...
Formen struktureller Arbeitslosigkeit unterscheiden.	strukturelle Arbeitslosigkeit Stagnationsarbeitslosigkeit demografische Arbeitslosigkeit technologische Arbeitslosigkeit Mismatch-Arbeitslosigkeit		M 2 / S. 350 ff. Orientierungswissen / S. 357
Erklärungen der Arbeitslosigkeit aus klassischer Sicht erläutern.	Arbeitsmarkt Gleichgewichtslohn Geldpolitik		M 7 / S. 355 f. M 5 / S. 362 f. Orientierungswissen / S. 357, 365
die keynesianische Sicht auf die Arbeitslosigkeit erläutern.	gesamtwirtschaftliche Nachfrage Fiskalpolitik		M 2 / S. 359 f. Orientierungswissen / S. 365
einen neueren theoretischen Ansatz zur Erklärung von Arbeitslosigkeit darstellen.	Effizienzlohne/ Effizienzlohntheorie		M 4 / S. 353 Orientierungswissen / S. 357
die wirtschaftspolitischen Leitbilder der Angebots- und Nachfrageorientierung analysieren.	John Maynard Keynes gesamtwirtschaftliche Nachfrage Fiskalpolitik Deficit Spending Milton Friedman Geldmenge/Geldmengenwachstum Monetarismus		M 2, M 3 / S. 359 ff. M 5, M 6 / S. 362 ff. Orientierungswissen / S. 365
beschäftigungspolitische Maßnahmen nach der Angebots- und Nachfrageorientierung unterscheiden und beurteilen.	Deregulierung Lohnnebenkosten Mindestlöhne Arbeitszeit Bildungsmaßnahmen		M 1 / S. 369 f. M 3 / S. 372 f. Orientierungswissen / S. 380

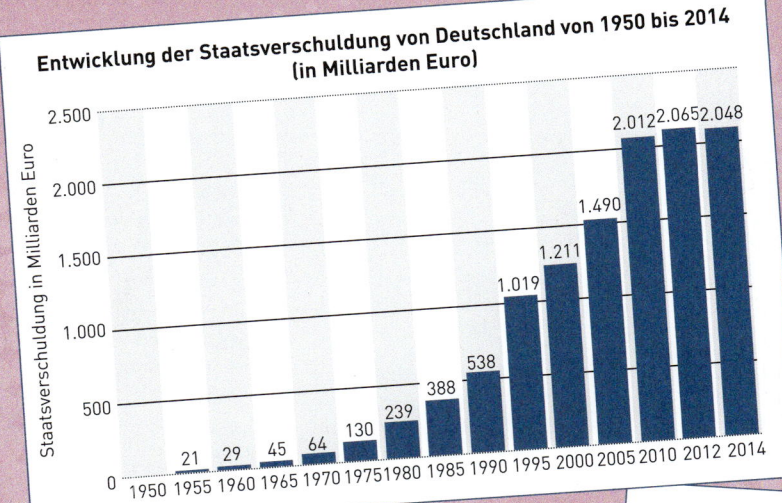

© Statista 2016

DIE WELT/McKinsey & Company © Copyright 2015

Speichergröße/Modell	iPhone 6	iPhone 6 Plus
16 GB	699 Euro	799 Euro
64 GB	799 Euro	899 Euro
128 GB	899 Euro	999 Euro

Jusuf Hatic, www.connect.de, 12.9.2014

Finanzpolitik und Staatsverschuldung 12

Der Staat hat im wirtschaftlichen Geschehen in Deutschland eine gewichtige Rolle, was sich in der Wirtschaftsordnung der Sozialen Marktwirtschaft widerspiegelt: Im Wirtschaftskreislauf ist der Staat neben dem Bankenwesen, den privaten Haushalten, den Unternehmen und dem Ausland einer von fünf Akteuren: Seine Erfüllung von Aufgaben für die Gesellschaft wie z. B. die Bereitstellung von „öffentlichen Gütern" wie innere und äußere Sicherheit, Krankenhäusern, Verwaltung, Schulen und Hochschulen führen zu immer neuen Anforderungen und Herausforderungen an die staatliche Wirtschaftspolitik, und hier speziell an die Finanzpolitik. Denn für eine positive wirtschaftliche Entwicklung gilt als Zielsetzung, dass die staatlichen Einnahmen- und Ausgabenpolitik strukturiert gestaltet ist, was bedeutet, dass sich Einnahmen und Ausgaben im Sinne des Prinzips des „Haushaltens" decken sollen.

Damit das Staatsdefizit in Zukunft nicht unkontrollierbar wird, wurde in Deutschland eine Schuldenbremse eingeführt. Sie soll das Hauptproblem der bisherigen Fiskalpolitik überwinden: In konjunkturell guten Zeiten sollen künftig Schulden getilgt werden, statt sie – wie in der Vergangenheit – sogar noch anwachsen zu lassen.

So steht die Finanzpolitik tagtäglich vor großen Herausforderungen und Entscheidungen, welche richtungsweisend für das Land und seine Bewohner sind. Denn es stellt sich die Frage: Wieviel Schulden verträgt Deutschland?

KOMPETENZEN

Am Ende dieses Kapitels sollten Sie Folgendes wissen und können:

Sie kennen die Ausgabenstruktur des Staatshaushalts und können Grundsätze der Steuerpolitik aufzeigen.

Sie kennen die Ursachen der Staatsverschuldung und können die Gefahren hoher Staatsdefizite beurteilen.

Sie können Maßnahmen zum Schuldenabbau diskutieren und bewerten.

Was wissen und können Sie schon?

1. Errechnen Sie für den gesamten Kurs/alle Schüler an Ihrer Schule, wie viele iPhone 6 Plus man sich für eine Stunde Neuverschuldung des Staates leisten kann.
2. Ist Schulden machen schlecht? Schreiben sie einen kurzen Text zur Begründung Ihrer Position. Berücksichtigen Sie dabei mögliche Unterschiede bei Schulden von Privatpersonen, Unternehmen und Staat.

12.1 Finanzpolitik

12.1.1 Was macht der Staat eigentlich mit unserem Geld?

M 1 ● Der Bundeshaushalt

Im Bundeshaushalt werden jährlich die geplanten Einnahmen und Ausgaben des Bundes festgelegt. Er ist die finanzwirtschaftliche Grundlage für die Aktivitäten des Bundes und legt unter anderem fest, wie viel Geld für welche Zwecke ausgegeben wird und wie der Finanzbedarf durch Einnahmen gedeckt werden kann. Die Bundesregierung kann zu unterschiedlichen Stellschrauben greifen, um den Haushalt zu gestalten. Die erste Stellschraube ist die der Ausgabenseite: Hier konkurrieren die unterschiedlichen Ministerien um den großen Topf des Bundeshaushaltes. Die zweite Stellschraube ist die der Steuereinnahmen. Sie sind die wichtigste Einnahmequelle des Staates. Die dritte Stellschraube ist die der Neuverschuldung. Je nach Höhe des Saldos zwischen Einnahmen und Ausgaben kann der Staat zum Mittel der Kreditaufnahme greifen.

Einen Haushalt ohne eine Neuverschuldung aufzustellen, ist immer wieder das Ziel der deutschen Haushalts- und Finanzpolitik.

Autorentext

M 2 ● Der Bundeshaushalt 2016

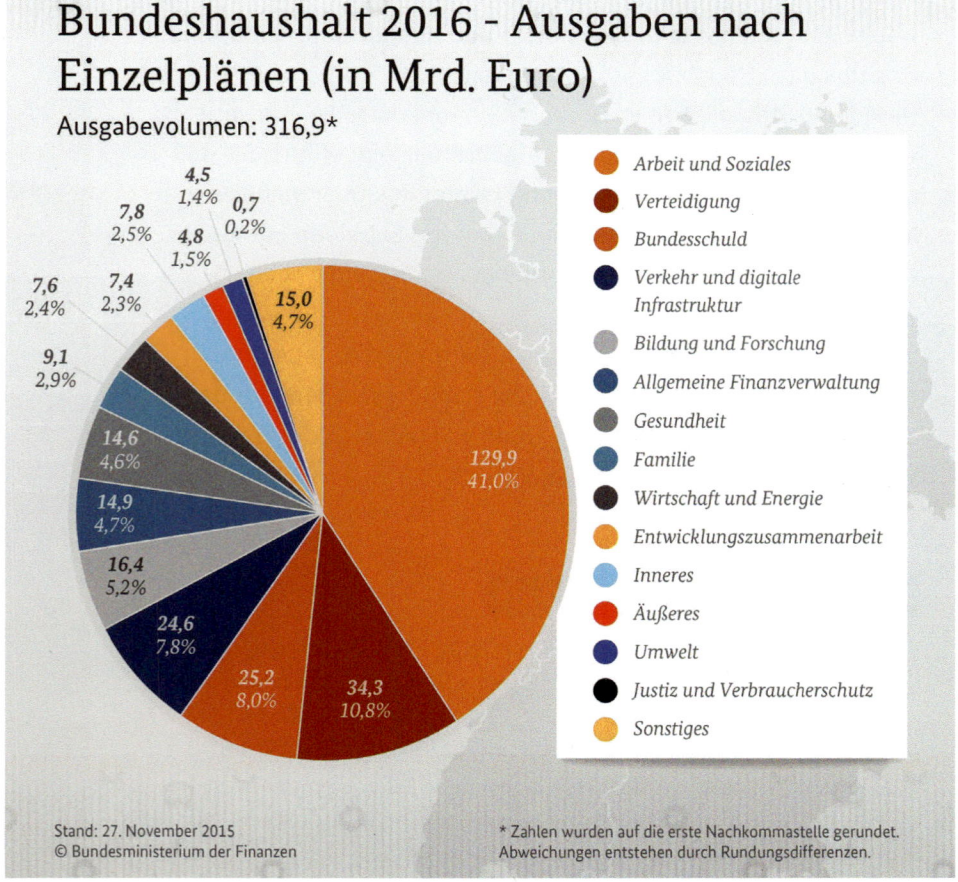

Funktionen des Staatshaushalts

Bedarfsdeckungsfunktion
Finanzierung öffentlicher Güter wie z. B. Schulen, Verkehrswege oder Krankenhäuser

Umverteilungsfunktion
Finanzierung von Maßnahmen zum Ausgleich sozialer Ungleichheiten wie z. B. Sozialhilfe oder Mietzuschüsse

Konjunktursteuerung
Steuerung der Ausgaben und Einnahmen, um unerwünschte Wirkungen von Konjunkturschwankungen wie z. B. Arbeitslosigkeit entgegenwirken zu können.

M 3 ● Entwicklung der Einnahmen und Ausgaben

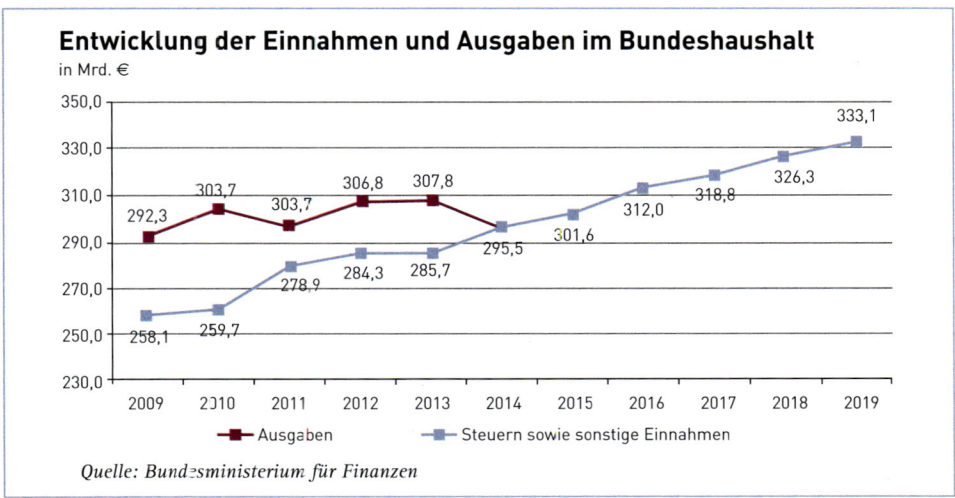

M 4 ● Ausgeglichener Haushalt 2015: Ökonomen drängen auf Abkehr vom Spardiktat

Ferdinand Fichtner muss einige Augenblicke überlegen und kurz Rücksprache halten. Dann aber fällt seine Antwort umso deutlicher aus: Ein ausgeglichener Haushalt sei
5 „aus ökonomischer Sicht zurzeit nicht angebracht", sagt der Konjunkturchef des Deutschen Instituts für Wirtschaftsforschung (DIW). Dass seine Kollegen dies ähnlich sehen, zeigt sich schon daran, dass die schwarze Null in der Gemeinschaftsdiagnose der
10 Wirtschaftsforschungsinstitute als „Prestigeobjekt" der Regierung bezeichnet werde.
Oder anders ausgedrückt: Ein Bundeshaushalt ohne neue Schulden sieht vielleicht gut
15 aus. Doch in der aktuellen Konjunkturlage hilft aus Sicht der Institute nur eines: Der Staat muss endlich für mehr Investitionen sorgen.
Damit stehen die führenden deutschen Institute
20 im klaren Widerspruch zur Großen Koalition, vor allem der Union. CSU-Landesgruppenchefin Gerda Hasselfeldt bezeichnete einen ausgeglichenen Haushalt noch in dieser Woche explizit als „eine ganz wesentliche
25 Grundlage für positive wirtschaftliche Entwicklung". Auch Joachim Pfeiffer, wirtschaftspolitischer Sprecher der Unionsfraktion, stellte apodiktisch fest: „Die Konsolidierung ist die Grundlage für Wachstum und Investitionen."
30 Der für 2015 angepeilte ausgeglichene Haushalt gehört zu den Vorzeigevorhaben der Großen Koalition: Zum ersten Mal seit vier Jahrzehnten würde der Bund unter Finanzminister Wolfgang Schäuble (CDU) nicht 35 mehr Geld ausgeben, als er einnimmt. Und eigentlich haben führende Ökonomen dieses Ziel bislang grundsätzlich unterstützt.
Dass sie es nun über ideologische Lagergrenzen hinweg infrage stellen, zeigt, wie ernst 40 sie die jüngsten wirtschaftlichen Signale nehmen:
- Der ifo-Geschäftsklimaindex ist im September zum fünften Mal in Folge gefallen. Die 7.000 befragten Manager zeigen sich 45 inzwischen so pessimistisch wie zuletzt vor fast anderthalb Jahren. Auch die Kauflaune der Konsumenten hat sich inzwischen deutlich abgekühlt.
- Der Internationale Währungsfonds kappte 50 jüngst seine Prognose für das Wachstum in Deutschland deutlich - und warnt vor einer möglichen neuen Weltwirtschaftskrise.
- Im August sind die deutschen Exporte re-

apodiktisch
keinen Widerspruch duldend

gelrecht eingebrochen. Selbst um alle saisonalen und kalendarischen Effekte bereinigt, waren sie um 5,8 Prozent niedriger als im Juli – und um ein Prozent niedriger als vor einem Jahr.

[...] Eine einzelne Ursache für die schlechtere Entwicklung wollen die Institute nicht benennen – vielmehr habe es seit April zahlreiche negative Nachrichten geben, sagte Oliver Holtemöller vom Institut für Wirtschaftsforschung Halle: Zu schwachen Signalen von deutschen Unternehmen und Konsumenten im Inland kamen die zähe Erholung der Eurozone und die nur langsam wachsende Weltwirtschaft.

Nicht zuletzt dürften dem Gutachten zufolge internationale Krisen wie der Konflikt mit Russland dafür sorgen, dass deutsche Unternehmen zurückhaltend bleiben werden. Kaum etwas spreche „dafür, dass sich die Investitionszurückhaltung bald legen wird", lautet die düstere Prognose.

In dieser Lage gehen die Experten auf Distanz zum ausgeglichenen Haushalt: Nach ihrer Ansicht besteht „durchaus Spielraum für wachstumsfördernde Maßnahmen". Zwar wollen sie keine Konjunkturprogramme nach dem Gießkannenprinzip, unterstützen aber durchaus gezielte Investitionen des Staates, etwa in Bildung und Infrastruktur.

Zugleich sollten ihrer Meinung nach die Steuerzahler entlastet werden. So sollen die Steuersätze für Unternehmen sinken, damit diese mehr Geld für Investitionen haben. Auch die Kauflaune der Arbeitnehmer könnte die Bundesregierung stimulieren – etwa durch den Abbau der sogenannten kalten Progression. Beides zusammen könnte die Binnennachfrage in den kommenden Jahren deutlich ankurbeln.

Als gänzlich unverhofftes Konjunkturprogramm für die deutsche Wirtschaft könnte sich der Eurokurs entpuppen. Sinkt der Wert des Euro gegenüber anderen wichtigen Währungen wie dem Dollar, werden deutsche Exporte im Ausland billiger.

David Böcking/Florian Diekmann, www.spiegel.de, 9.10.2014

M 5 ● Wo Schäubles schwarze Null bröckelt

Der entscheidende Satz steht in Paragraf zwei: „Im Haushaltsjahr 2016 nimmt der Bund keine Kredite zur Deckung von Ausgaben auf", heißt es im Haushaltsgesetz, das der Deutsche Bundestag an diesem Freitag verabschiedet. Bereits zum dritten Mal in Folge will Bundesfinanzminister Wolfgang Schäuble (CDU) die schwarze Null schaffen, also ohne neue Schulden auskommen. Und das obwohl die Ausgaben erneut gestiegen sind, auf knapp 317 Milliarden Euro.

Doch es gibt noch einige Faktoren, die das Vorhaben durcheinanderbringen können – nicht zuletzt die Flüchtlingskrise. Bislang sind dafür im Haushalt 7,5 Milliarden Euro eingeplant. Schäuble hatte ursprünglich angekündigt, zur Finanzierung der Flüchtlingshilfe müssten an anderer Stelle Milliarden eingespart werden.

Doch offenbar ist das gar nicht nötig. Tatsächlich will der Finanzminister Überschüsse dafür einplanen, die sonst in die Schuldentilgung geflossen wären. Sie stammen beispielsweise aus der Versteigerung von Lizenzen und möglichen Gewinnen der Bundesbank.

Bei ihren Berechnungen geht die Regierung jedoch noch von einer jährlichen Flüchtlingszahl von 800.000 aus. Schon jetzt ist absehbar, dass in diesem Jahr deutlich mehr Menschen nach Deutschland kommen. Jeder zusätzliche Flüchtling kostet den Bund monatlich 670 Euro. Bei diesem Thema fahre die Bundesregierung „ein bisschen auf Sicht", räumte Schäuble in der Haushaltsdebatte ein. Dieses Eingeständnis dürfte dem Finanzminister leichtgefallen sein. Zum einen teilt er die Skepsis vieler Unionsvertreter gegenüber der Flüchtlingspolitik von Bundeskanzlerin Angela Merkel (CDU), was auch sein umstrittener Vergleich der Migranten mit einer Lawine zeigte. Zum anderen lenkt die Debatte davon ab, dass der Haushalt auch an anderen Stellen auf Kante genäht ist.

Seine schwarze Null verdankt Schäuble überspitzt gesagt den deutschen Steuerzahlern und Mario Draghi. Erstere zahlen aufgrund der positiven Konjunkturentwicklung seit Jahren immer mehr an den Fiskus. Im kommenden Jahr werden für den Bund Einnahmen von 288 Milliarden Euro erwartet.
Doch die könnten schnell sinken, wenn sich 2016 die wirtschaftliche Lage eintrübt. Ein möglicher Grund ist eine geringere Nachfrage von Handelspartnern wie China oder Brasilien. Die Industrieländerorganisation OECD hat bereits gewarnt, die derzeitige Schwäche solcher Schwellenländer bedrohe auch das Wachstum des Westens.
Die von Draghi geleitete Europäische Zentralbank (EZB) wiederum hält im Kampf gegen die Flaute in anderen EU-Ländern seit langem die Zinsen nahe null. Außerdem finden Investoren Deutschland angesichts der Krisen in anderen Ländern besonders vertrauenswürdig und leihen Schäuble sehr günstig Geld. Durch die somit gesunkenen Zinskosten spart Deutschland im Vergleich zu früheren Planungen laut Bundesrechnungshof allein 2016 rund 17,4 Milliarden Euro ein. Draghi habe „viel mehr zur Haushaltskonsolidierung" beigetragen als Schäuble, kritisierte der haushaltspolitische Sprecher der Grünen, Sven-Christian Kindler.
Früher oder später wird die Zeit des billigen Geldes jedoch wieder vorbei sein – die US-Notenbank Fed hat noch in diesem Jahr eine Zinswende in Aussicht gestellt. Steigende Zinsen würden dann „relativ schnell und spürbar auf die Zinslast des Bundes durchschlagen", warnt der Bundesrechnungshof.
Und auch die Reaktion auf die jüngsten Terroranschläge könnte Schäubles Zahlenwerk noch durcheinander bringen. Immerhin steigt Deutschland mit der Entsendung von „Tornado"-Jets nun in einen neuen Kriegseinsatz ein.
Zwar wird Deutschlands Militäretat 2016 ohnehin erhöht. Mit 34,3 Milliarden Euro ist es nach den Ausgaben für Arbeit und Soziales der zweitgrößte Einzelposten. Wohl nicht ohne Hintergedanken wies Verteidigungsministerin Ursula von der Leyen (CDU) aber in der Haushaltsdebatte auf eine neue Umfrage hin. Demnach ist die Zahl der Deutschen, die steigende Verteidigungsaufgaben befürworten, innerhalb eines Jahres von 32 auf 51 Prozent gestiegen.

David Böcking, www.spiegel.de, 27.11.2015

Aufgaben

1. Vergleichen und bewerten Sie den Anteil der Bundesschuld mit dem anderer wichtiger Ausgabenbereiche (M 1, M 2).
2. Die Forderung nach Steuersenkungen würde zwangsläufig Einschnitte bei den Ausgaben des Bundes bedeuten. Diskutieren Sie, bei welchen Positionen Sie solche Einschnitte für richtig halten. Gehen Sie auch auf die Problematik einer solchen Forderung ein (M 1 – M 5).
3. Erörtern Sie Vor- und Nachteile des Strebens von Bundesfinanzminister Schäuble nach einem ausgeglichenen Bundeshaushalt (M 4, M 5).

12.1.2 Gibt es eine gerechte Finanzpolitik?

M 6 „Jeder zahlt Steuern"

Mehrwertsteuer ungereimt und ungerecht?:

7 % Mehrwertsteuer z. B. auf:
- Skillifttickets
- Hotelübernachtungen

19 % Mehrwertsteuer z. B. für den Kauf von:
- Schulranzen
- Kindersitze
- Babywindeln
- Kleidung und Schuhe

Nach: JAKO-O, http://www.presseportal.de, 14.5.2010

Egal, ob wir ein Auto kaufen oder in einer Kneipe ein Bier trinken, der Staat verdient mit. Das ist nicht neu. Seit jeher fordern Staaten von ihren Bürgern Abgaben. In Deutschland gibt es mehr als 30 verschiedene Steuern. Sie sind die wichtigsten Einnahmequellen von Bund, Ländern und Gemeinden. In deren Kassen fließen daneben noch Gelder aus Gebühren, Beiträgen und Krediten. Während einzelne Steuern je einer der drei öffentlichen Ebenen zustehen, werden die sogenannten Gemeinschaftssteuern auf Bund, Länder und Gemeinden aufgeteilt. Für unsere Steuerzahlungen haben wir Bürger keinen Anspruch auf bestimmte Gegenleistungen. Die Einnahmen ermöglichen dem Staat jedoch, seine öffentlichen Aufgaben im Interesse der Bürger zu erfüllen. Am ergiebigsten sind die Mehrwertsteuer sowie die Steuern auf die Einkommen (z. B. Lohnsteuer). [...] Die direkten Steuern, wie die Einkommen- oder Körperschaftsteuer, knüpfen an die Einkommensentstehung an. Sie richten sich somit nach der wirtschaftlichen Leistungsfähigkeit des Steuerpflichtigen. [...] Die indirekten Steuern – auch Verbrauchsteuern genannt – werden beim Produzenten auf Güter- und Dienstleistungen erhoben, also beim Hersteller oder Händler. Sie werden auf den Preis der Produkte und Dienstleistungen aufgeschlagen. Auf diesem Weg zahlen die Verbraucher die indirekten Steuern. Die persönliche Belastung jedes Einzelnen richtet sich dabei nach seinem Verbrauch, nicht nach seinem Einkommen. Wer viel konsumiert, zahlt mehr Steuern.

Arbeitsgemeinschaft Jugend und Bildung e. V., Finanzen und Steuern, Wiesbaden 2005, S. 8

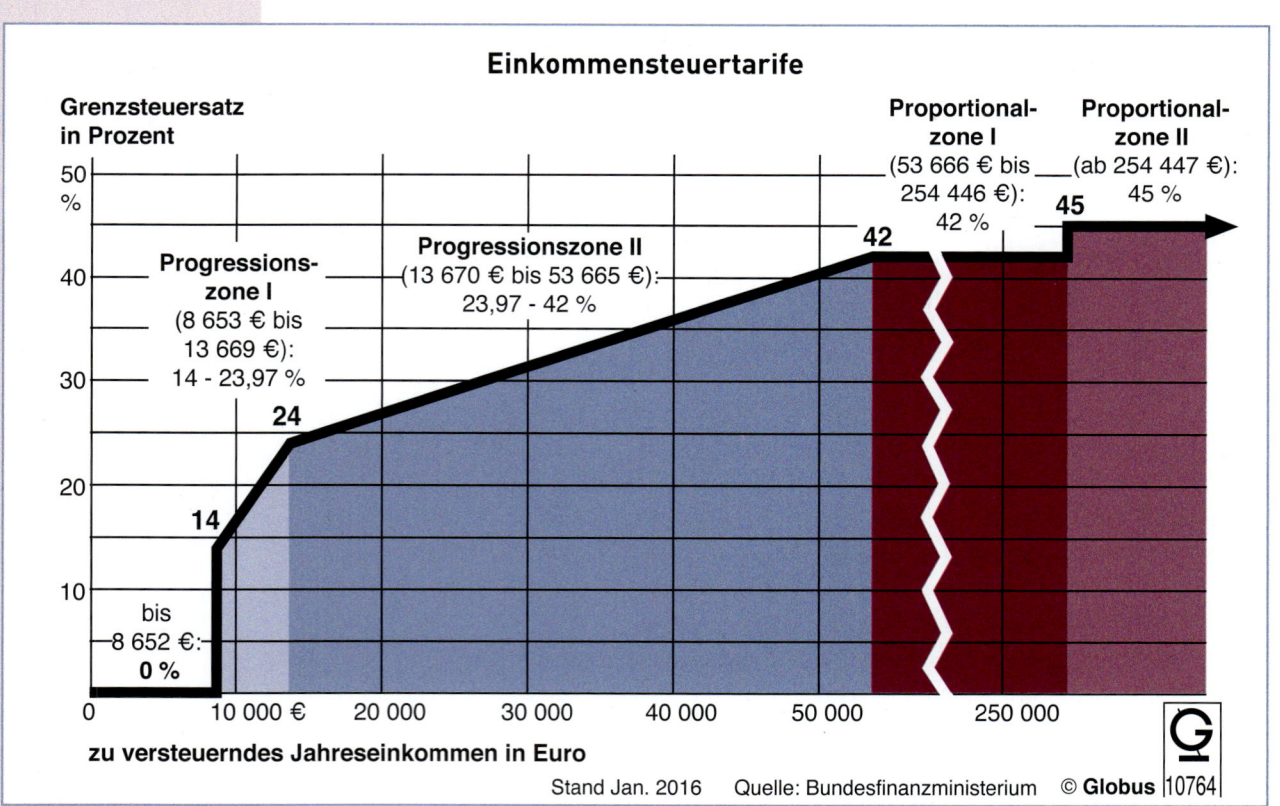

M 7 ● Das bleibt von einem Euro

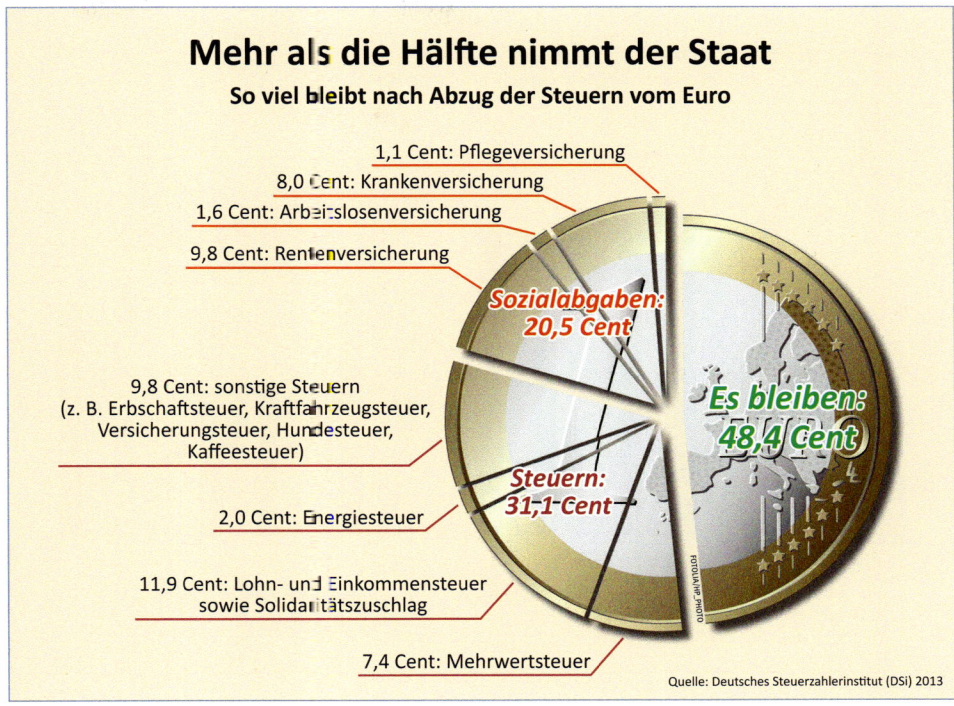

Mehr als die Hälfte nimmt der Staat
So viel bleibt nach Abzug der Steuern vom Euro

- 1,1 Cent: Pflegeversicherung
- 8,0 Cent: Krankenversicherung
- 1,6 Cent: Arbeitslosenversicherung
- 9,8 Cent: Rentenversicherung
- 9,8 Cent: sonstige Steuern (z. B. Erbschaftsteuer, Kraftfahrzeugsteuer, Versicherungsteuer, Hundesteuer, Kaffeesteuer)
- 2,0 Cent: Energiesteuer
- 11,9 Cent: Lohn- und Einkommensteuer sowie Solidaritätszuschlag
- 7,4 Cent: Mehrwertsteuer

Sozialabgaben: 20,5 Cent
Steuern: 31,1 Cent
Es bleiben: 48,4 Cent

Quelle: Deutsches Steuerzahlerinstitut (DSi) 2013

Steuer- bzw. Abgabenquote
Die Steuer- bzw. Abgabenquote gibt das Verhältnis der Steuereinnahmen bzw. der Summe von Steuer- und Sozialbeitragseinnahmen des Staates [...] zum Bruttoinlandsprodukt in Prozent an.
www.bundesfinanzministerium.de, Entwicklung der Steuer- und Abgabenquoten, 26.1.2016

M 8 ● Abgabenlast im europäischen Vergleich

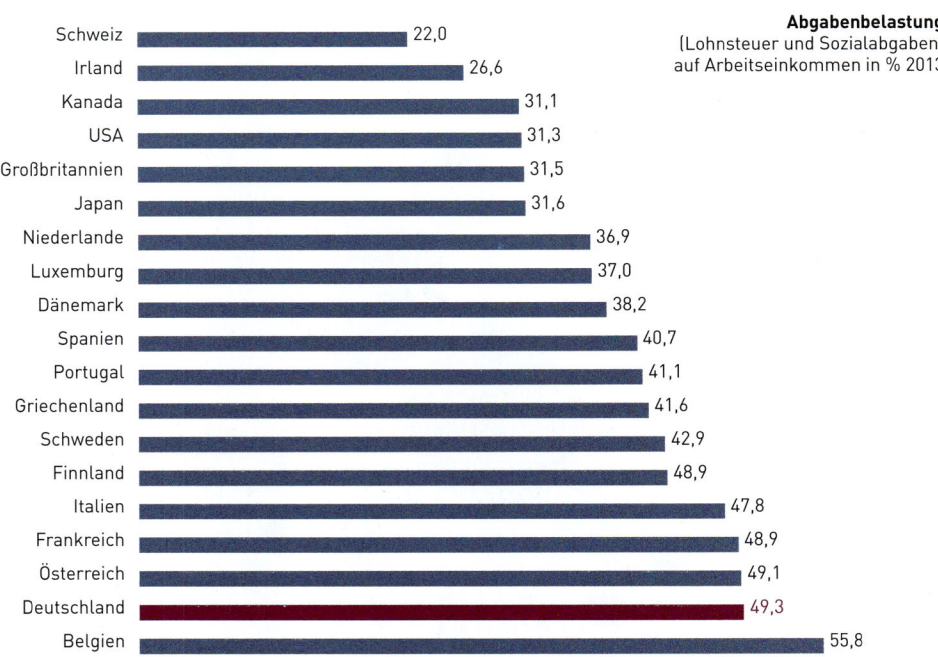

Abgabenbelastung
(Lohnsteuer und Sozialabgaben) auf Arbeitseinkommen in % 2013

Land	%
Schweiz	22,0
Irland	26,6
Kanada	31,1
USA	31,3
Großbritannien	31,5
Japan	31,6
Niederlande	36,9
Luxemburg	37,0
Dänemark	38,2
Spanien	40,7
Portugal	41,1
Griechenland	41,6
Schweden	42,9
Finnland	48,9
Italien	47,8
Frankreich	48,9
Österreich	49,1
Deutschland	49,3
Belgien	55,8

Quelle: OECD, Taxing Wages, 2014, Einzelperson ohne Kinder mit Durchschnittsarbeitseinkommen

Erklärfilm „Mehrwertsteuer"

Mediencode: 8880-18

Staatsquote

Sie umfasst die Staatsausgaben in Prozent des Bruttoinlandsprodukts (BIP) und zeigt, in welchem Umfang der staatliche Sektor die gesamte Volkswirtschaft in Anspruch nimmt. Zu den Staatsausgaben zählen alle staatlichen Investitionen und Ausgaben für Personal und Verwaltung, aber auch Zinszahlungen und vor allem Zahlungen an private Haushalte und Subventionen an Unternehmen. In Deutschland liegt die Staatsquote seit 1991 etwa zwischen 43 und 49 Prozent.

M 9 ● Staatsquoten in europäischen Staaten

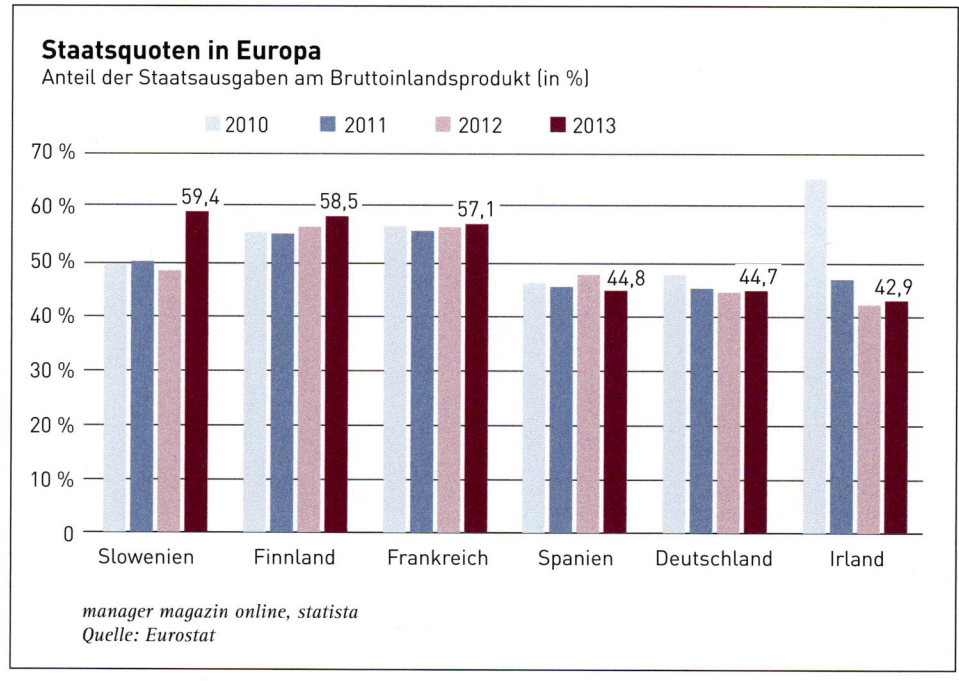

M 10 ● Die Steuerquellen von Bund und Ländern sprudeln

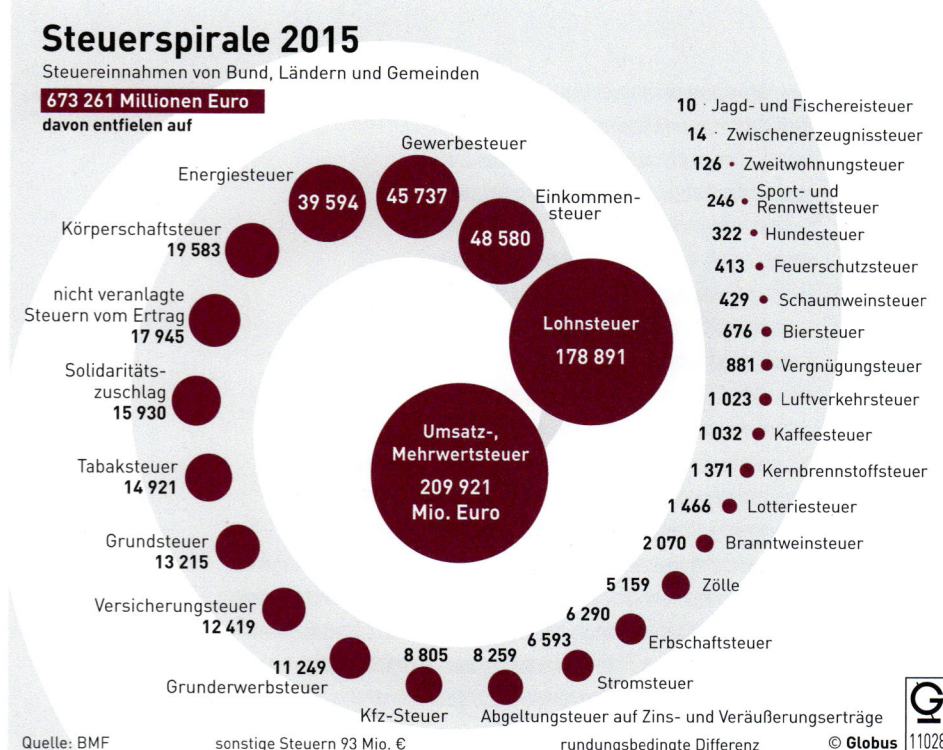

Bund und Länder haben im Juli 8,6 Prozent mehr Steuern eingenommen als im Vorjahresmonat. Das zeigt die Monatsstatistik des Bundesfinanzministeriums. Dank hoher Beschäftigungszahlen und einigermaßen florierender Konjunktur flossen damit 49,3 Milliarden Euro in die Kasse des Fiskus. Von Januar bis Juli nahmen die Finanzämter 349,4 Milliarden Euro ein – 5,9 Prozent mehr als in den ersten sieben Monaten 2014. [...] Hinter diesem Wachstum stehen vor allem die Lohn- und Umsatzsteuer (plus 6,2 und plus 3,7 Prozent), wie das Ministerium mitteilte. [...] Die FDP plädierte angesichts der steigenden Einnahmen für eine spürbare Entlastung der Bürger. Der Parteivorsitzende Christian Lindner forderte die große Koalition auf, endlich für eine angemessene Steuerentlastung zu sorgen. Als Sofortmaßnahme nannte er die kalte Progression. Zudem müsse der Solidaritätszuschlag auslaufen, wenn 2019 der Solidarpakt ende. Mitte Juni hatte der Bundestag ein kleines Entlastungspaket von insgesamt gut 5 Milliarden Euro verabschiedet, das von 2016 an auch schleichende Steuererhöhungen im Zuge der kalten Progression eindämmen soll. Daneben sieht das Paket eine Anhebung des steuerlichen Grundfreibetrags, des Kindergelds sowie des Kinderzuschlags vor. Stärker entlastet sollen auch Alleinerziehende. Der SPD-Innenexperte Burkhard Lischka sieht hingegen Spielraum für deutlich höhere Hilfen für Flüchtlinge. Der Bund hatte im Juni für dieses Jahr eine Milliarde Euro zugesagt, doppelt so viel wie zuvor. Die Flüchtlingszahlen steigen jedoch immer weiter.

jja, Frankfurter Allgemeine Zeitung, 21.8.2015

Fiskus

Das lateinische Wort „fiscus" bedeutete ursprünglich „Korb" oder auch „Geldkorb". In der römischen Kaiserzeit war die „kaiserliche Sonderkasse" oder „Privatschatulle" gemeint, im Mittellatein bedeutete das Wort auch soviel wie „Eigentum". Etwa seit dem 16. Jahrhundert ist die heutige Bedeutung „Staatskasse" überliefert. Der Fiskus ist sowohl der Staat (wo er als Herr der Staatsfinanzen auftritt und finanzwirtschaftlich tätig wird, z. B. Steuern oder Zölle erhebt und Investitionen durchführt) als auch die staatliche Finanzverwaltung.
www.wirtschaftslexikon24.com (4.1.2016)

M 11 ● Entlastung geplant: Weitere Steuersenkungen in Aussicht

Die „kalte Progression" soll zum Jahreswechsel fallen. Stehen jetzt weitere Entlastungen bevor – beim „Soli" oder für die Mittelschicht? Und von welchem Plan hätten die Steuerzahler am meisten? Manchmal kann es sehr plötzlich gehen. Seit vielen Jahren haben Politiker unterschiedlicher Parteien ihren Wählern eine Entlastung versprochen. „Kalte Progression" lautete das anfangs völlig unbekannte Stichwort, das es inzwischen zu einiger Prominenz gebracht hat. Gemeint ist das Phänomen, dass Steuerzahler allein durch turnusmäßige Gehaltsanpassungen einen höheren prozentualen Steuersatz bezahlen müssen, obwohl sie aufgrund der Inflation gar nicht mehr Kaufkraft haben als zuvor. Eigentlich müsste die Steuertabelle jedes Jahr an die Preissteigerung angepasst werden. Das macht aber keine Regierung gern, weil sich dieser Vorgang dann nicht mehr als generöse Steuersenkung vermarkten ließe. In dieser Woche ist es nun passiert, nach jahrelanger Debatte: Bundesfinanzminister Wolfgang Schäuble (CDU) hat angekündigt, dass die Steuersätze künftig alle zwei Jahre an die Inflationsrate angepasst werden. Schon zum kommenden Jahreswechsel soll es losgehen. Experten haben bereits ausgerechnet, wie viel das dem einzelnen Steuerzahler bringt. Ein Single mit einem bescheidenen Jahreseinkommen von 20.000 Euro, also knapp über Mindestlohn, spart nach Berechnungen des Bundes der Steuerzahler 17 Euro im Jahr, also knapp anderthalb Euro im Monat. [...] Im Gegenzug ist ein Begriff fast völlig in Vergessenheit geraten, der früher mit der „kalten Progression" geradezu verschwistert war – und der stets für eine große Ungerechtigkeit des deutschen Steuersystems stand. Die Rede ist vom „Mittelstandsbauch".
Denn die Steuersätze steigen in Deutschland nicht etwa parallel zum Einkommen an. Stattdessen wachsen sie in den unteren Einkommensbereichen rasant, so dass die Belastung für die mittleren Gehaltsgruppen bereits relativ hoch ausfällt. Danach flacht die Kurve wieder ab, bevor sie bei einem Jahreseinkommen von 53.000 Euro endgültig in die Horizontale übergeht: Nun steigt die Belastung nicht mehr an. Dadurch entsteht in der Mitte

Erklärfilm „Kalte Progression"

Mediencode:
8880-19

Solidaritätszuschlag (kurz: Soli)

Zuschlag auf Einkommensteuer, Körperschaftsteuer, sowie Kapitalertragsteuer, der 1991 eingeführt wurde, um die Kosten der Wiedervereinigung zu finanzieren.
https://debitoor.de (6.4.2016)

jene markante Wölbung, die in der Tat aussieht wie eine Portion Wohlstandsspeck. [...] Das bedeutet, dass die mittleren Einkommensgruppen in Deutschland vergleichsweise hohe Steuern zahlen. Hinzu kommen die Sozialbeiträge: In der Krankenkasse ist bei rund 50.000 Euro der Höchstbeitrag erreicht, in der Rentenversicherung bei 70.000. Bei höheren Einkommen steigt die Beitragslast nicht mehr. [...] Schließlich debattiert die Politik derzeit über die Abschaffung des Solidaritätszuschlags, der zum Ende des Jahres 2019 ohnehin ausläuft und nicht mehr unbegrenzt verlängert werden soll. Die Unionsparteien wollen den Aufschlag, der 5,5 Prozent der Einkommensteuer beträgt, bis zum Jahr 2029 stufenweise herunterfahren. Auch hier geht es um ganz andere Beträge. Wer 40.000 Euro im Jahr verdient, könnte nach heutigem Stand 485 Euro im Jahr sparen. Bei einem Einkommen von 100.000 Euro beträgt der Nachlass schon 1.848 Euro jährlich.

Ralph Bollmann, Frankfurter Allgemeine Zeitung, 10.5.2015

M 12 ● Steuergerechtigkeit – nur wie?

Wie sollte die Last der Steuern auf die Bevölkerung verteilt werden? Wie beurteilen wir, ob ein Steuersystem gerecht ist? Jeder ist damit einverstanden, dass das Steuersystem gerecht sein sollte, aber es herrscht Uneinigkeit darüber, was Gerechtigkeit bedeutet und wie die Gerechtigkeit eines Steuersystems beurteilt werden kann [...].
Die Gerechtigkeit eines Steuersystems hängt davon ab, ob die Steuerlast fair unter der Bevölkerung verteilt ist. Nach dem Äquivalenzprinzip ist es fair, wenn die Bürger Steuern entsprechend den aus den beanspruchten staatlichen Leistungen Hilfe des **Äquivalenzprinzips** gerechtfertigt. Die Einnahmen aus der Energiesteuer werden (im Wesentlichen) für den Bau und die Unterhaltung des öffentlichen Straßennetzes verwendet. Weil diejenigen, die Kraftstoffe kaufen, dieselben Leute sind wie diejenigen, die die Straßen benutzen, wird die Mineralölsteuer als gerechter Weg angesehen, für staatliche Leistungen zu zahlen. Mit dem Äquivalenzprinzip lässt sich auch begründen, dass reiche Bürger höhere Steuern zahlen sollten als arme. Warum? Ganz einfach, weil die Reichen mehr von öffentlichen Leistungen profitieren. Betrachten wir zum Beispiel die Vorteile des Diebstahlschutzes durch die Polizei. Bürger, die viel zu beschützen haben, ziehen einen größeren Vorteil aus der Polizei als diejenigen, die weniger zu beschützen haben. Nach dem Äquivalenzprinzip sollten sich die Reichen deshalb mehr als die Armen an den Kosten der Unterhaltung der Polizei beteiligen [...].
Einen anderen Weg, die Gerechtigkeit eines Steuersystems zu beurteilen, stellt das so genannte **Leistungsfähigkeitsprinzip** dar, das besagt, dass jeder Bürger entsprechend seiner steuerlichen Leistungsfähigkeit an der Aufbringung des Steueraufkommens beteiligt werden soll. Dieses Prinzip wird manchmal mit der Behauptung gerechtfertigt, dass alle Bürger ein „gleiches Opfer" tragen sollten, um den Staat zu unterstützen. Das Ausmaß des Opfers einer Person hängt jedoch nicht von der Höhe der Steuerzahlung ab, sondern ebenso von ihrem Einkommen und von anderen Umständen. Eine Steuer von 1.000 Euro, gezahlt von einer armen Person, kann ein größeres Opfer bedeuten als eine Steuer von 10.000 Euro, gezahlt von einer reichen Person [...].
Wenn Steuern auf der Fähigkeit basieren, Steuern zu zahlen, dann sollten reiche Steuerzahler mehr zahlen als arme Steuerzahler. Aber wie viel mehr sollten die Reichen zahlen? [...]
Es gibt keine eindeutige Antwort hierauf, und die Wirtschaftstheorie hilft nicht bei dem Versuch, eine zu finden. Gerechtigkeit liegt, ebenso wie die Schönheit, im Auge des Betrachters.

N. Gregory Mankiw/Mark P. Taylor, Grundzüge der Volkswirtschaftslehre, 5. Aufl., Stuttgart 2011, S. 309 ff. (übers. v. Adolf Wagner und Marco Herrmann)

M 13 ● Einkünfte und Steuerlast

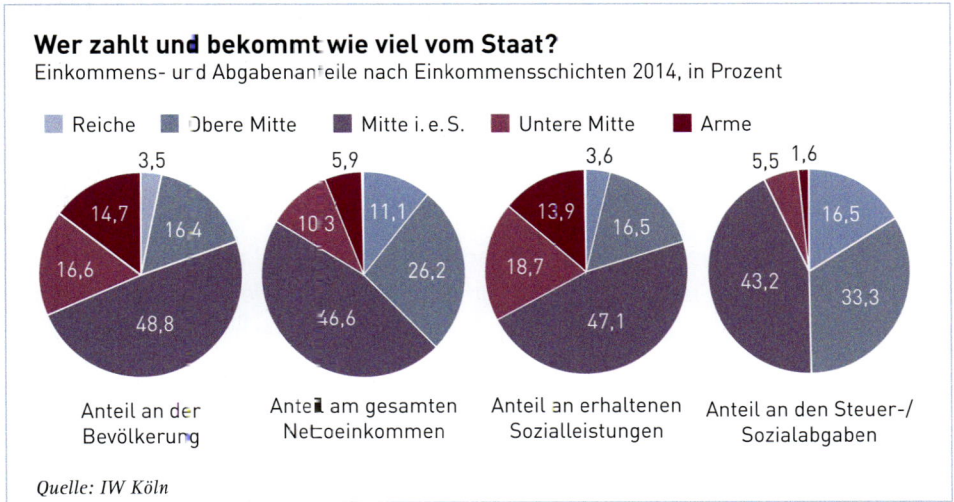

Quelle: IW Köln

M 14 ● Steuerflucht Frankreich

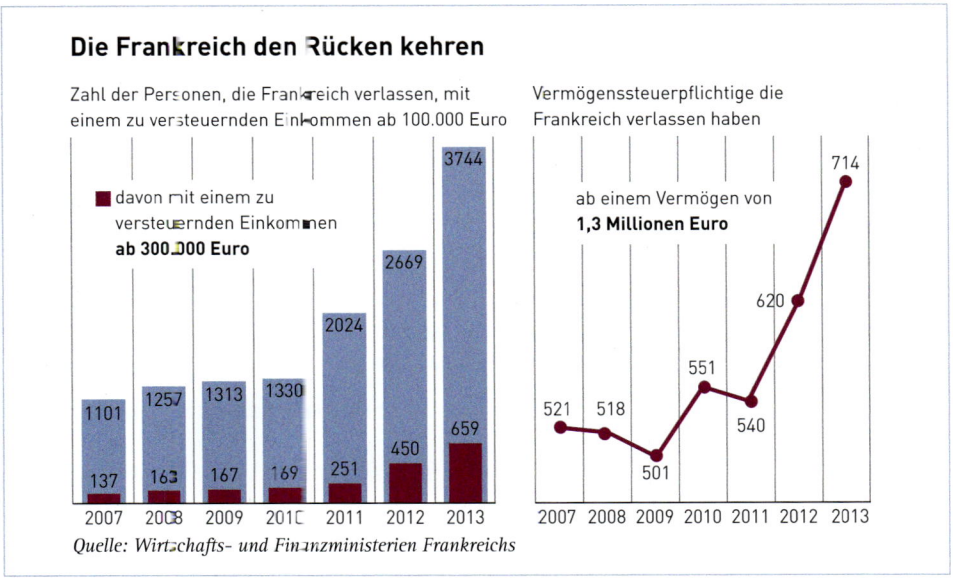

F.A.Z.-Grafik Kaiser, 8.8.2015

Steuernachrichten

„Briten wollen höhere Steuern gesetzlich verbieten"
Frankfurter Allgemeine Zeitung, 30.4.2015

„Frankreichs Sozialisten vertreiben Reiche"
Frankfurter Allgemeine Zeitung, 8.8.2015

„Frankreichs Steuersenkungen treiben Löhne hoch"
Frankfurter Allgemeine Zeitung, 10.10.2014

„Frankreich erhöht Steuern und Gebühren für seinen Rundfunk – statt Reformen"
Frankfurter Allgemeine Zeitung, 15.9.2015

Aufgaben

1. Beurteilen Sie die Abgaben- und Staatsquote von Deutschland im europäischen Vergleich (M 7 – M 9).
2. Erörtern Sie die Vorschläge zu Steuerentlastungen mit dem Hintergrund der Steuergerechtigkeit (M 6, M 10 – M 13).
3. Erörtern Sie die Folgen der Steuerpolitik von Regierungen (Steuernachrichten in Randspalte, M 14).

F Entwerfen Sie einen Ihrer Meinung nach idealen Einkommensteuertarif.

ORIENTIERUNGSWISSEN

Aufgaben der Finanzpolitik
M 1 – M 5

Im Rahmen seiner Finanzpolitik kommt dem Staat die Aufgabe zu, mit Hilfe des Steuersystems die Finanzierung der staatlichen Ausgaben zu sichern, insbesondere öffentliche Güter wie Verkehrswege oder Bildung, aber auch Maßnahmen zum Ausgleich sozialer Ungleichheiten – dem größten Posten des Bundeshaushalts – zu finanzieren. Zudem ist es wesentliche Aufgabe der Finanzpolitik, im Sinne einer aktiven Wirtschaftspolitik, die konjunkturelle Entwicklung des Staates positiv zu beeinflussen.

Steuern und Abgaben
M 6 – M 11

Die nötigen Einnahmen erzielt der deutsche Staat in erster Linie mit Hilfe zahlreicher Steuern. Dabei ist zwischen den direkten Steuern – wie etwa der Lohn- und Einkommensteuer – und den indirekten Steuern (z. B. der Mehrwertsteuer, welche Produkte und Dienstleistungen mit unterschiedlichen Sätzen zu 7 % und 19 % besteuert), die auf die Preise der Produkte und Dienstleistungen aufgeschlagen werden, zu unterscheiden.

Im Kreuzfeuer der Kritik steht, dass die Steuer- und Abgabenbelastung – ausgedrückt durch die Staatsquote – von vielen Bürgern als zu hoch angesehen wird. Denn mehr als die Hälfte ihres Einkommens werden vom Staat als Steuern und Abgaben eingezogen. Und im europäischen Vergleich ist die Abgabenlast in Deutschland fast am Höchsten. Doch die Spielräume für Steuersenkungen sind gering, will der Staat auch weiterhin seinen Verpflichtungen im Rahmen der Sozialen Marktwirtschaft nachkommen. Denn immer wieder wird von Ökonomen gefordert, dass der Staat mehr investiert und nicht nur auf einen ausgeglichenen Haushalt achtet.

Steuergerechtigkeit
M 6, M 12

Die Gerechtigkeit des Steuersystems hängt davon ab, ob die Steuerlast fair unter der Bevölkerung verteilt ist.

Nach dem Äquivalenzprinzip ist es fair, wenn die Bürger Steuern entsprechend den aus den beanspruchten Leistungen empfangenen Vorteilen zahlen.

Nach dem Leistungsfähigkeitsprinzip ist es fair, wenn die Bürger entsprechend ihrer steuerlichen Leistungsfähigkeit an der Aufbringung des Steueraufkommens beteiligt werden.

Österreich: Neuer Spitzensatz liegt bei 55 Prozent

Die Bürger werden ab dem kommenden Jahr deutlicher entlastet, als lange Zeit vermutet worden ist. Denn fast das gesamte Fünf-Milliarden-Volumen fließt in die Senkung der Lohnsteuer sowie in Steuergutschriften für jene, die weniger als 11.000 Euro im Jahr verdienen – und in Steuergutschriften für Pensionisten.

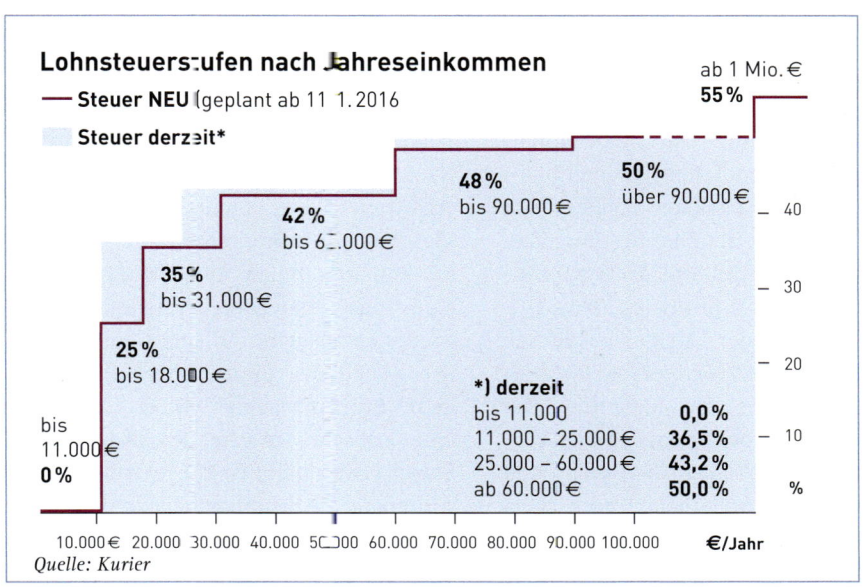

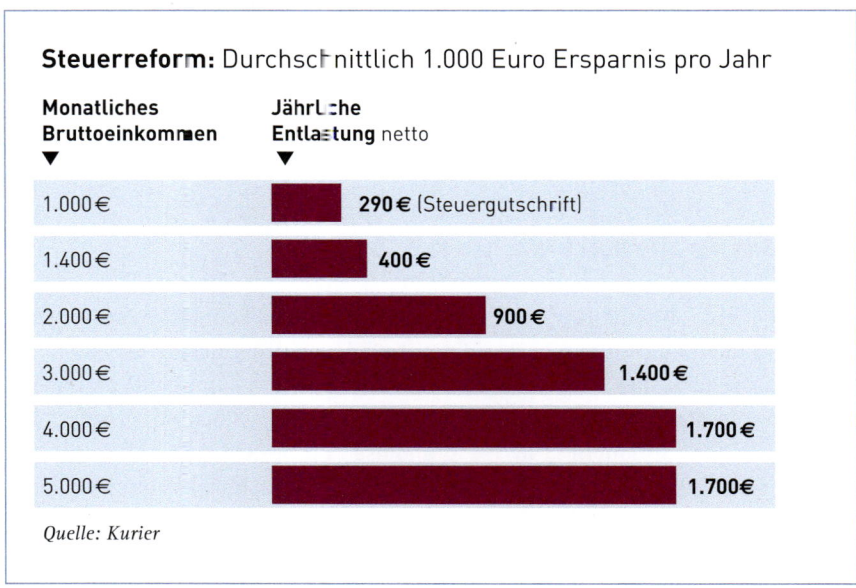

KURIER/mk/la, www.kurier.at, 12.3.2015

Aufgabe

Beurteilen Sie das neue Steuerkonzept aus Österreich aus der Sicht eines Verfechters der Steuergerechtigkeit in Bezug auf das aktuelle deutsche Steuersystem.

12.2 Ursachen und Folgen der Staatsverschuldung

12.2.1 Warum verschuldet sich der Staat?

M 1 ● Warum nimmt der Staat Kredite auf?

Zunächst einmal ist festzuhalten, dass es völlig normal und sinnvoll ist, wenn sich ein Staat verschuldet. Die Staatseinnahmen, also im wesentlichen Steuereinnah-
5 men, werden von speziellen Fachgremien beobachtet und für die Zukunft geschätzt. Da die zeitliche Verteilung der Staatseinnahmen sich nicht a priori mit der zeitlichen Verteilung der Ausgaben decken
10 wird, sind sehr kurzfristige sog. Kassenverstärkungskredite zur Sicherung der Zahlungsfähigkeit des Staates unumgänglich, zum großen Teil vorhersehbar und unproblematisch. Außerdem sind Steuer-
15 schätzungen mit Unsicherheiten behaftet und können sich als falsch erweisen, so dass auch in diesem Falle eine ausgleichende (unvorhersehbare) Kreditaufnahme erforderlich wird.
20 Eine andere Ursache staatlicher Kreditaufnahme besteht im sog. „deficit spending" im Rahmen der antizyklischen Finanzpolitik, d. h. durch bewusste Verschuldung des Staates, um eine zu schwache private Nachfrage durch staatliche Maßnahmen zu 25 ergänzen. Diese konjunkturell bedingte Verschuldung wäre mittelfristig im nächsten konjunkturellen Aufschwung aus den dann einsetzenden Steuermehreinnahmen wieder abzubauen und somit vom Prinzip 30 her gleichfalls unproblematisch (sofern dieses Prinzip beachtet wird).
Eine kritische Ursache der (wachsenden) Staatsverschuldung ist die strukturelle Verschuldung. Sie beruht auf einer anhaltenden 35 Finanzierungslücke im Haushalt, die dadurch entsteht, dass längerfristig die Struktur der Staatsausgaben zu Mittelabflüssen führt, die nicht durch entsprechende Staatseinnahmen gedeckt werden können. 40

Jörn Altmann, Wirtschaftspolitik, 8. Aufl., Stuttgart 2007, S. 335 f.

M 2 ● Wohlstand für alle durch Wachstum?

Erhard hatte 1964 ein „Stabilitätsgesetz" mit dem Ziel formuliert, die öffentlichen Haushalte vor wachsender Staatsverschuldung zu schützen und den Geldwert zu si-
5 chern. [...] Karl Schiller formulierte 1967 ein Gesetz mit ähnlichem Namen, aber vollkommen anderer Stoßrichtung: das „Gesetz zur Förderung der Stabilität und des Wachstums der Wirtschaft". Seither
10 muss der Staat für ein beständiges Wirtschaftswachstum sorgen – und zwar durch Staatsverschuldung, wie es der britische Ökonom John Maynard Keynes skizziert hatte.
15 Wachstum erlangte damit Gesetzeskraft nicht nur in Deutschland [...]. Das Ergebnis ist bekannt: Schon zehn Jahre später stieg der Anteil der öffentlichen Schulden am Bruttosozialprodukt sprunghaft an und erhöhte sich bis auf über 80 Prozent. Die 20 grandiose Zielverfehlung in Form abschwächenden Wachstums und steigender Arbeitslosigkeit bei wachsender Verschuldung führte nicht zu einer Korrektur der Politik, sondern nur zu höherem Mitteleinsatz. [...] 25
Nicht mehr der Geldwert steht seither im Zentrum der amerikanischen Notenbank Fed oder der Europäischen Zentralbank, sondern die Wachstumsförderung und notfalls die Inflation als Mittel zur Wachs- 30 tumssteigerung. Ähnlich wie zuvor die

---

Verschuldung in Begriffen

Als **Neuverschuldung** werden die jährlich aufgenommen Kredite bezeichnet, wobei die Gesamtsumme der in einem Haushaltsjahr neu eingegangenen Kreditverpflichtungen die Bruttoneuverschuldung **(= Bruttokreditaufnahme)** ergibt. Da aber im selben Haushaltsjahr auch Kreditrückzahlungen **(= Tilgungen)** zu leisten sind, ergibt sich die Netto-Neuverschuldung **(= Nettokreditaufnahme)** als Bruttokreditaufnahme minus Tilgungen. Die Nettokreditaufnahme bezeichnet also den Betrag, den ein Staat jährlich aufnehmen muss, um seinen Haushalt auszugleichen, während die **Gesamtverschuldung** den in den vergangenen Jahrzehnten insgesamt aufgelaufenen Schuldenstand aller öffentlichen Haushalte bezeichnet.

Verschuldungspolitik in den 1990er-Jahren ist auch sie am Ende ihrer Wirksamkeit angelangt: Die Zinsen liegen bei null, die Instrumente sind ausgereizt.

Diese historischen Zahlen machen schaudern angesichts der Bemühungen der Federal Reserve [...] und der Europäischen Zentralbank, die anstelle der überdehnten Fiskalpolitik jetzt die „Wachstums-Arbeit" übernommen haben. [...] Staatlich produziertes Wachstum ist keine Wunderwaffe. Nur die Schulden bleiben, und ein Ende der problematischen Geldpolitik ist nicht absehbar. [...] Wachstum ist nicht alles, im Gegenteil.

Roland Tichy, Ludwig Erhard Stiftung, 25.11.2015

Erklärfilm „Staatsverschuldung"

Mediencode: 8880-20

M 3 ● Lastenverschiebung auf Kosten der nächsten Steuerzahler?

Ob die höheren Staatsschulden für unsere Kinder und Enkel wirklich nachteilig sind, hängt von den Alternativen ab. Wenn etwa Ausgaben für Bildung, Forschung oder Investitionen in den Straßenbau gekürzt werden, damit die Staatsverschuldung nicht steigt, könnte dies ein Bärendienst sein. Die gesamtwirtschaftliche Rendite von Bildungsausgaben ist üblicherweise deutlich höher als die Zinsen, die der Staat auf seine Anleihen zahlen muss. Kaputte Straßen ziehen enorme Folgekosten in Form höherer Ausgaben für Kfz-Reparaturen und längerer Reise- und Lieferzeiten nach sich. Eine höchst profitable Investition in die Zukunft nicht zu tätigen, bloß weil man dafür (billigen) Kredit aufnehmen müsste, ist betriebswirtschaftlich wie volkswirtschaftlich Unfug. In den USA haben sogar die Bürger diese Logik verinnerlicht. Dort ist es ganz normal, für das Hochschulstudium hohe Kredite aufzunehmen – weil sich die Bildung später auszahlt.

Sebastian Dullien, Financial Times Deutschland, 12.5.2005

M 4 ● Wer zahlt die Schulden der jetzigen Generation?

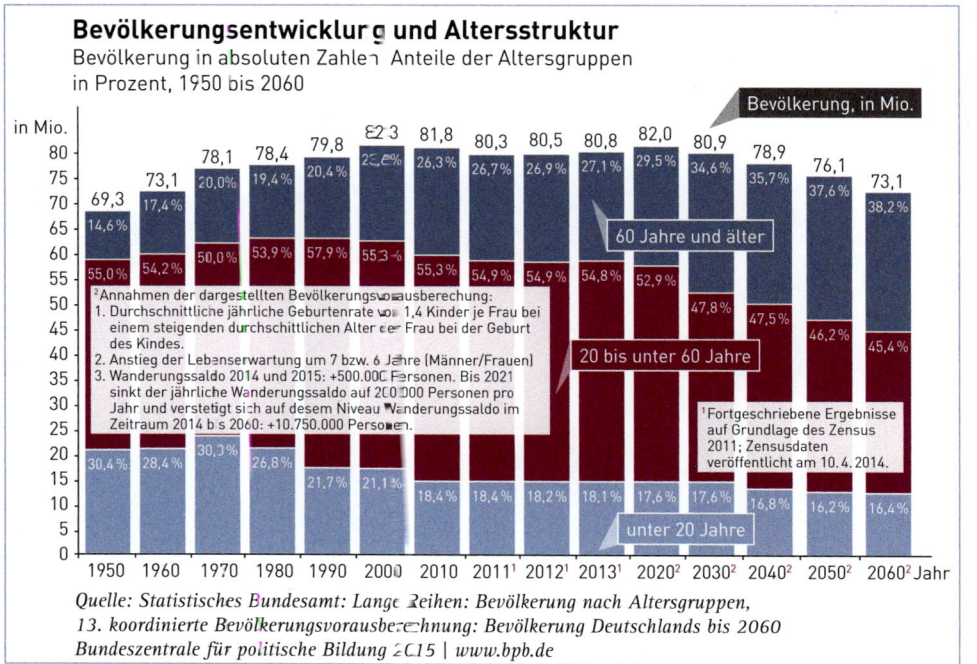

by-nc-nd/3.0/de/, www.bpb.de, 27.12.2015

Generationengerechtigkeit

Der Begriff beschreibt die Gerechtigkeit der Verteilung von materiellen Ressourcen, Lebenschancen und -qualität unter den Generationen. Anders ausgedrückt umschreibt der Begriff die Forderung, dass jede Generation so verantwortungsvoll leben soll, dass sie nachfolgenden Generationen keine unzumutbaren Lasten, z. B. in Form von Schulden oder Umweltschäden, aufbürdet.
www.wirtschaftundschule.de (20.12.2015)

M 5 ● Steigende Verschuldung – wachsende ökonomische Probleme

Wenn außer den Unternehmen auch der Staat mit seiner Kreditnachfrage die Ersparnisse der Haushalte beansprucht, so kann das zu einem Anstieg der Zinsen führen. Dadurch können private Investitionen „verdrängt" werden (Crowding-Out-Effekt). Die staatliche Nachfrage bringt dann konjunkturell keinen positiven Effekt oder schadet sogar. Außerdem ist jede Kreditaufnahme bei Banken für sich alleine mit einer Ausweitung der Geldmenge verbunden (auch wenn der Staat keine Direktkredite bei der EZB aufnehmen darf!), was den Bemühungen der Zentralbank um Preisstabilität zuwiderläuft. [...]

Steigende Staatsschulden haben [...] auch zur Folge, dass ein wachsender Anteil der öffentlichen Ausgaben auf Zinsverpflichtungen entfällt. Die Zinsausgabenquote der deutschen öffentlichen Haushalte hat sich in den letzten Jahrzehnten im Trend erhöht. Sie ist mittlerweile doppelt so hoch wie der Anteil der staatlichen Ausgaben für Sachinvestitionen. Jeder Euro, der für Zinsen ausgegeben werden muss, fehlt an anderer Stelle, etwa für Lehrer, Polizisten, Soldaten, Krankenhäuser und andere öffentliche Kernaufgaben. Die Handlungsfähigkeit des Staates wird zunehmend eingeschränkt.

Herbert Sperber, Wirtschaft verstehen, 4. Aufl., Stuttgart 2012, S. 190

M 6 ● Durch mehr Staatsausgaben zu mehr Wachstum?

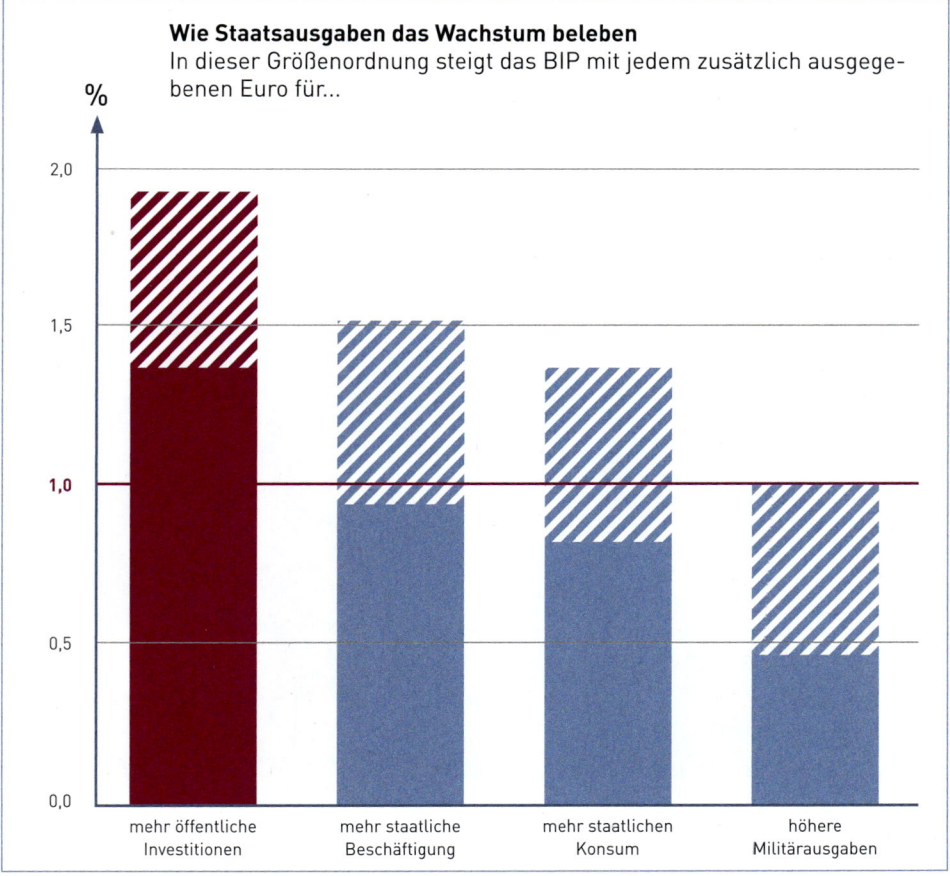

Quelle: IMK 2014; Hans Böckler Stiftung 2015

M 7 ● Staatsschulden wachsen schneller als die Wirtschaft

Entwicklung von Schulden der öffentlichen Hand und Bruttoinlandsprodukt der 28 EU-Staaten; von 2003 bis 2013, nominal, in Milliarden (Mrd.) Euro

Zuwachs Bruttoinlandsprodukt von 2003 bis 2013 um **2920 Mrd. €**

Zuwachs Staatsschulden von 2002 bis 2013 um **5110 Mrd. €**

Nach: © «Die Südostschweiz»

Nehmen wir an: Eine Aktiengesellschaft verbuchte vor zehn Jahren einen Umsatz von 100 Millionen Franken. Seither expandiert sie und erzielt im jüngsten Geschäfts-
5 jahr einen Umsatz von 130 Millionen. Gleichzeitig aber erhöht sie ihre Schulden von 60 auf 110 Millionen Franken. Würden Sie Aktien dieser Firma kaufen?
Bei der fiktiven Firma handelt es sich um
10 den Staat. Nein, nicht um einen Krisenstaat wie Griechenland oder Italien, sondern um den Durchschnitt der Europäischen Union. Konkret: Das Bruttoinlandprodukt aller 28 EU-Mitglieder wuchs von 2003 bis 2013 no-
15 minal (also inklusive Teuerung) um 2.900 Milliarden (Mrd.) auf 13.400 Mrd. Euro. Im gleichen Zeitraum erhöhte sich die Staatsverschuldung in diesen 28 Ländern, um 5.100 Mrd. auf 11.400 Mrd. Euro.
20 Die öffentliche Verschuldung in der EU stieg also seit 2003 in absoluten Zahlen 1,8-mal stärker als die wirtschaftliche Wertschöpfung. Oder umgekehrt: Ohne die zunehmende Verschuldung wäre die europäische
25 Wirtschaft in den letzten zehn Jahren (und nicht erst seit der Finanz- und Wirtschaftskrise von 2008) deutlich geschrumpft. Damit wäre es an der Zeit, sich grundlegende Fragen zu stellen. Zum Beispiel: Wie lässt sich eine Volkswirtschaft neu gestalten, 30 wenn sie ohne zusätzliche Verschuldung nicht mehr wachsen kann?
Doch Regierungen und führende Ökonomen verdrängen solche Fragen. Stattdessen predigen sie unverdrossen: Wir müssen das 35 Wachstum der Wirtschaft ankurbeln und die Staatsverschuldung reduzieren; die Priorisierung der beiden gegensätzlichen Forderungen hängt davon ob, ob die Ökonomen bei J. M. Keynes oder F. A. Hayek in den Re- 40 ligionsunterricht gingen. Fragt mal einer zurück, was zu tun wäre, wenn sich die Wirtschaft dem Wachstum auf Dauer verweigere, antworten die Ökonomen begriffsstutzig: Dann müssen wir das Wirtschafts- 45 wachstum ankurbeln.
Den neusten Beleg für das alte Argumentationsmuster liefert die OECD, der Club der westlichen Industriestaaten. Sie veröffentlichte am 25. November ihren Wirtschafts- 50 ausblick. Dessen einleitender Kommentar trägt den Titel: „Das Tempo steigern und die Wirtschaftsmotoren wieder in Gang setzen." Darunter beklagt OECD-Chefökonomin Ca-

therine L. Mann die „verringerte Geschwindigkeit der Weltwirtschaft" und im speziellen die bremsende Rolle Europas: „Der Euroraum tritt auf der Stelle und ist zu einem großen Risiko für das weltweite Wachstum geworden."

Aus dieser Analyse folgen die Empfehlungen. Es sei „dringend notwendig, mit der konjunkturstützenden Wirtschaftspolitik fortzufahren und passgenaue Strukturreformen umzusetzen, um in der gesamten Weltwirtschaft die Nachfrage ebenso wie das Angebot zu erhöhen. [...] Im Euroraum und auch für die Weltwirtschaft insgesamt sind verstärkte geldpolitische Impulse unerlässlich zur Sicherung des Wachstums."

„Geldpolitische Impulse" heißt im Klartext: Zentral- und Nationalbanken sollen die Volkswirtschaften noch stärker mit Geld fluten, die Leitzinse weiter senken (sofern sie noch über Null liegen), Kredite gewähren und marode Staatsanleihen kaufen, alles frei nach dem Motto: Und wächst Du nicht willig, so brauch ich (Zentralbank-)Gewalt.

Die geballte monetäre Gewalt, welche die OECD dem serbelnden Euroraum empfiehlt, habe sich in einigen andern Volkswirtschaften bereits positiv ausgewirkt, schreibt Chefökonomin Catherine Mann weiter: „Durch die Zufuhr von frischem Geld konnte insbesondere in den Vereinigten Staaten und im Vereinigten Königreich die Binnennachfrage angekurbelt werden."

Schauen wir also, wie sich das Bruttoinlandprodukt (BIP) und das „frische Geld" in den florierenden USA entwickelten. Beim ersten Blick über den atlantischen Ozean mögen die BIP-Zunahmen in den Jahren 2010 bis 2013 zwar blenden. Auch im Zeitraum von 2003 bis 2013 wuchs die Wirtschaft in den USA stärker als jene in den EU-Staaten, nämlich nominal um 5.850 Mrd. Dollar (rund 4.500 Mrd. Euro). Doch gleichzeitig erhöhten sich die Staatsschulden in den USA um annähernd 11.000 Mrd. Dollar. Was zeigt: Die Zunahme der Schulden übertraf im gelobten Land die Zunahme des BIP sogar um den Faktor 1,9 (EU: Faktor 1,8). Um die US-Staatsschulden von heute rund 17.600 Mrd. Dollar zu tilgen, müssten alle Menschen in den USA mehr als ein Jahr lang gratis arbeiten.

Dies- und jenseits des Atlantiks lässt sich somit das gleiche Fazit ziehen: Die Volkswirtschaften der westlichen Industriestaaten wachsen seit zehn Jahren nur dank zusätzlicher Staatsverschuldung. Die Rezepte von OECD- und andern Ökonomen, die stagnierenden Volkswirtschaften mit zusätzlicher Geldschwemme und Krediten ankurbeln, beißt sich in den eigenen Schuldenschwanz. Das führt uns oder nachfolgende Generationen unweigerlich in nächste und wohl noch schmerzhaftere Krisen.

Hanspeter Guggenbühl, www.infosperber.ch, 3.12.2014

F Vergleichen Sie den Verlauf der Staatsverschuldung (Kapitelauftaktseite) mit dem des BIP der BRD (Kap. 10/S. 308/M 1) unter dem Aspekt der Vorgaben des „deficit spending" (M 1).

Aufgaben

1. Erläutern Sie, in welchen Fällen ein Budgetdefizit gerechtfertigt sein kann (M 1).
2. Umfragen haben ergeben, dass die meisten Menschen gegen Budgetdefizite sind. Dieselben Menschen wählen jedoch Repräsentanten, die Budgets verabschieden, welche bereits bedeutende Defizite aufweisen. Stellen Sie dar, warum die Kritik an Budgetdefiziten in der Theorie stärker sein mag als in der Praxis (M 1, M 2).
3. Diskutieren Sie den Zusammenhang zwischen einer Erhöhung des Haushaltsdefizits und dem Begriff der Generationengerechtigkeit (M 3 – M 7).

12.2.2 Folgen einer hohen Staatsverschuldung

M 8 ● Wann ist ein Staat bankrott?

Das hoch verschuldete US-Territorium Puerto Rico kann eine fällige Anleihenzahlung nicht leisten. „Morgen ist der 1. August und wir haben das Geld nicht", erklärte am Freitag (Ortszeit) der Stabschef des Gouverneurs, Victor Suarez. Fällig wären 58 Millionen Dollar für ein Papier der Public Finance Corporation (PFC). „Die PFC-Zahlung wird an diesem Wochenende nicht geleistet", sagte Suarez.

Die Regierung der Insel hatte in den vergangenen Wochen bereits signalisiert, dass sie das Geld nicht werde aufbringen können. Am Mittwoch hatte Suarez betont, Puerto Rico sei damit jedoch nicht zahlungsunfähig, denn die Regierung sei nach den Bedingungen dieser Anleihe nicht dazu verpflichtet, die Summe zu begleichen. Dagegen haben die Ratingagenturen Moody's und S&P angekündigt, den Vorgang sehr wohl als Staatspleite zu werten.

Gouverneur Alejandro Garcia Padilla hatte im Juni zur Überraschung von Investoren erklärt, das Territorium werde die Staatsschulden in Höhe von 72 Milliarden Dollar – etwa ein Fünftel der von Griechenland – nicht begleichen können und benötige eine Umschuldung. Suarez zufolge geht der Regierung des US-Außengebietes im November das Geld aus, sollten keine weiteren Maßnahmen ergriffen werden. Die „New York Times" hatte zuletzt gemeldet, die Regierung suche mit ihren Gläubigern nach Wegen aus der Krise. Dabei gehe es etwa um einen Aufschub von Rückzahlungsfristen für die Schulden, die sich im vergangenen Jahrzehnt verdoppelt hatten.

Von den 3,6 Millionen Einwohnern leben 45 Prozent unterhalb der Armutsgrenze. Nach Angaben der „New York Times" sind die Schulden pro Kopf in Puerto Rico inzwischen die höchsten in den USA. Puerto Rico ist zwar kein US-Bundesstaat, gehört als Territorium aber zu den USA. Die Insel war bis 1898 spanische Kolonie und ist wie einige andere Karibikinseln mit den USA assoziiert. Die Bewohner Puerto Ricos haben darum seit 1917 die US-Staatsbürgerschaft und dienen in der Armee, sind in den USA aber nicht wahlberechtigt oder steuerpflichtig. Wegen des besonderen Status kann Puerto Rico nicht Insolvenz anmelden. Sollte der Schuldendienst tatsächlich eingestellt werden, ist laut „New York Times" mit jahrelangen Verhandlungen über eine Beilegung der Krise zu rechnen.

ler/Reuters, www.spiegel.de 1.8.2015

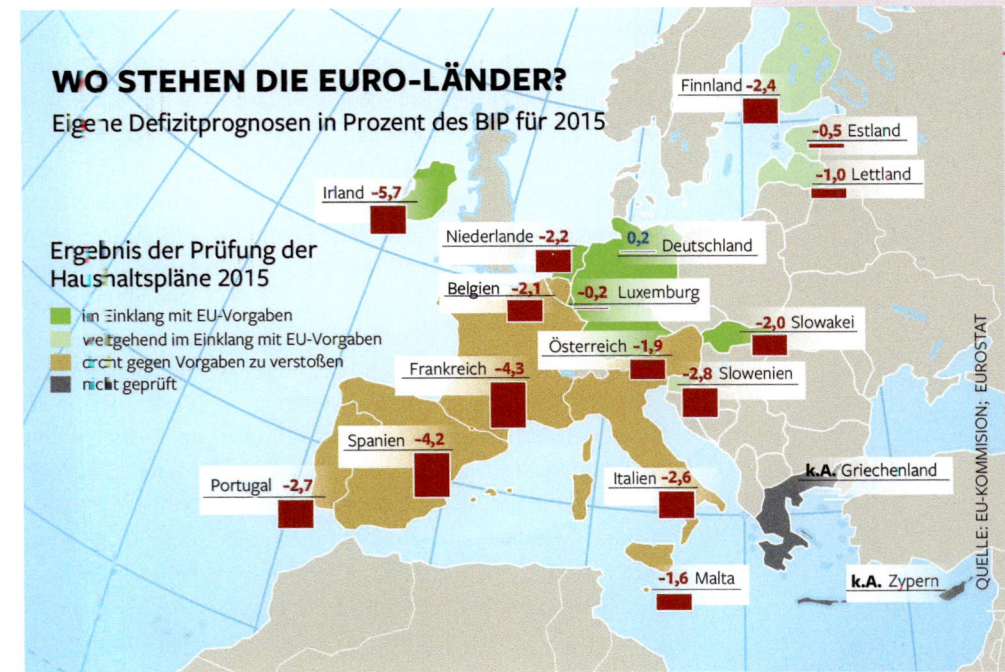

QUELLE: EU-KOMMISSION; EUROSTAT

Primärsaldo
Finanzierungsdefizit oder -überschuss des Staates abzüglich Zinsausgaben auf den bestehenden Schuldenstand des Gesamtstaates

M 9 ● Ein weiter Weg zum Schuldenabbau

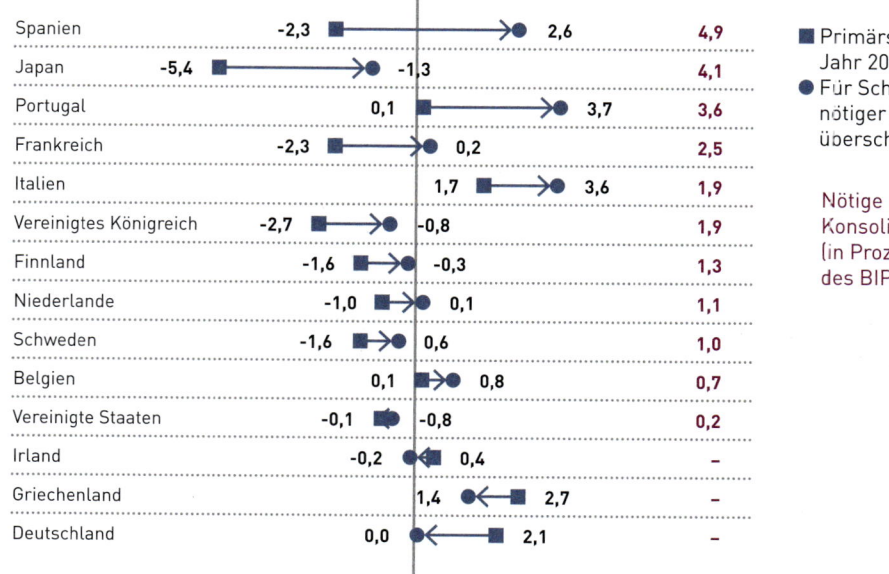

Für Schuldenabbau notwendige Konsolidierung der Staatshaushalte (in Prozent des jeweiligen BIP)

■ Primärsaldo im Jahr 2014
● Für Schuldenabbau nötiger Primärüberschuss

Nötige Konsolidierung (in Prozent des BIP)

Quelle: McKinsey Country Debt database; IMF, IHS; EIU; Oxford Economics; OECD; McKinsey Global Growth Model; McKinsey Global Institute

Erklärfilm „Ratingagenturen"

Mediencode: 8880-21

M 10 ● Was sind Ratingagenturen?

Ratingagenturen sind unabhängige Anstalten und bewerten vor allem die Finanzkraft von Staaten und Unternehmen.
In anderen Worten: Diese Agenturen prüfen im Grunde, wie hoch die Chancen sind, dass die untersuchten Firmen und Länder in Zukunft ihre Schulden zurückzahlen. Nach einer Prüfung der Kreditwürdigkeit bzw. Bonität eines Schuldners geben sie dann ein sogenanntes „Rating" ab (das Wort kommt aus dem Englischen und bedeutet auf Deutsch „Bewertung").
Warum tun sie das? Damit ein Anleger, der so einem Schuldner Geld leihen will, besser einschätzen kann, ob er sein Geld womöglich auch wieder zurückbekommen wird. In Form von diversen Staatsanleihen und Unternehmensanleihen, die man beispielsweise über Börsen kaufen kann, kann nämlich jeder einem Staat oder einer Firma Geld leihen. Im Gegenzug bekommt er dafür Zinsen.
Ratingagenturen analysieren also im Prinzip die Risikohöhe von Anleihen (Definition). Merken Sie sich diese Regel: Je schlechter die Einschätzung einer Ratingagentur, desto höher ist in der Regel das Risiko einer Anleihe. Bekommt also zum Beispiel ein Staat ein schlechtes Rating, dann muss er hohe Zinsen zahlen, damit er Anleger findet, die ihm Geld leihen. Wenn man sich für Anleihen interessiert, dann sollte man daher bei Anleihen mit hohen Zinsversprechen sehr vorsichtig sein. In so einem Fall ist der Schuldner womöglich hoch verschuldet und man läuft als Anleger Gefahr, sein Geld vielleicht nicht mehr zurückzubekommen.
Welche Rating-Agenturen gibt es? Bekannte Anstalten sind etwa Moody's, Fitch und Standard & Poor's. Und nach welchem System bewerten Ratingagenturen die Schuldner? Dazu werden Buchstaben verwendet (von A bis D absteigend). Ein dreifaches „AAA" ist die Bestnote. In diesem Fall bescheinigt eine Agentur eine sehr hohe Kreditwürdigkeit und signalisiert potenziellen

Geldgebern ein geringes Risiko. Ein „DDD"-Rating ist demzufolge das genaue Gegenteil: Sehr schlechte Kreditwürdigkeit und ein sehr hohes Risiko.

Noch etwas: Ratings können sich natürlich im Laufe der Zeit ändern, da die Agenturen Staaten und Unternehmen immer wieder neu unter die Lupe nehmen. Deutschland hat zum Beispiel nach aktuellem Stand (April 2014) der Ratingagentur Moody's ein Top-Rating von AAA.

Alexander Wolf, www.aktien-kaufen-fuer-anfaenger.de (12.12.2015)

M 11 ● Bedeutung der Buchstabenkombinationen der Ratingagenturen

	S & P	Moody's	Fitch Ratings	Bedeutung
Investement Grade	AAA	Aaa	AAA	Die Verbindlichkeiten sind von höchster Qualität und bergen ein **minimales Kreditrisiko.**
	AA	Aa	AA+	Die Verbindlichkeiten sind von hoher Qualität und bergen ein sehr geringes Kreditrisiko.
	A	A	A	Die Verbindlichkeiten werden der „oberen Mittelklasse" zugerechnet und bergen ein geringes Kreditrisiko.
	BBB	Baa	BBB	Die Verbindlichkeiten sind von mittlerer Qualität und bergen ein moderates Kreditrisiko. Sie weisen mitunter gewisse spekulative Elemente auf.
Non Investement Grade	BB	Ba	BB	Die Verbindlichkeiten weisen spekulative Elemente auf und bergen ein erhebliches Kreditrisiko.
	B	B	B	Die Verbindlichkeiten werden als spekulativ angesehen und bergen ein hohes Kreditrisiko.
	CCC	Caa	CCC	Die Verbindlichkeiten sind von geringer Qualität und bergen ein sehr **hohes Kreditrisiko.**
	CC	Ca	CC	Die Verbindlichkeiten werden als hoch spekulativ angesehen. Ein Zahlungsausfall ist möglicherweise bereits eingetreten oder steht kurz bevor. Es bestehen gewisse Aussichten auf Zins- und/oder Kapitalrückzahlungen.

Nach: www.investor-verlag.de, 15.1.2013

M 12 ● Hohe Bonität trotz einer ansteigenden Schuldenquote

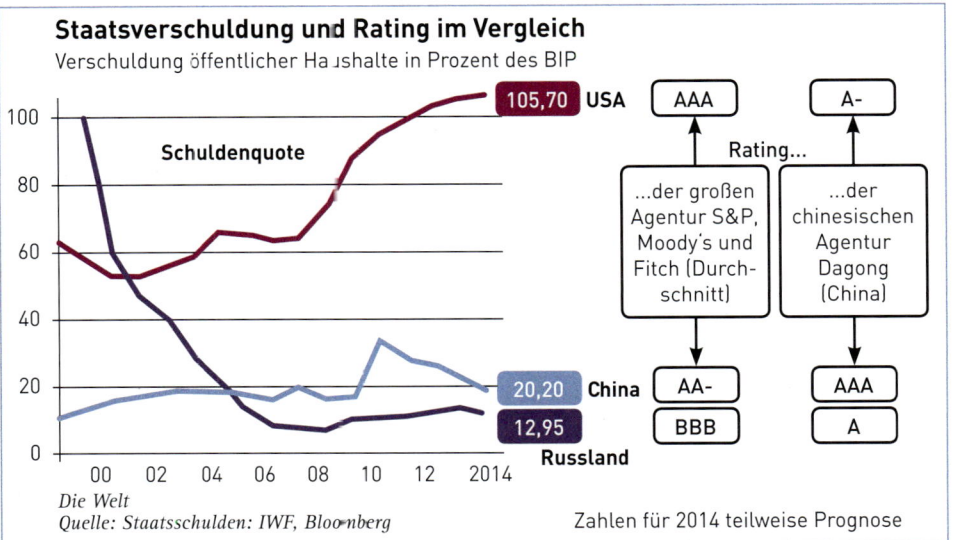

M 13 ● Staatsanleihen – frisches Geld für den Staat

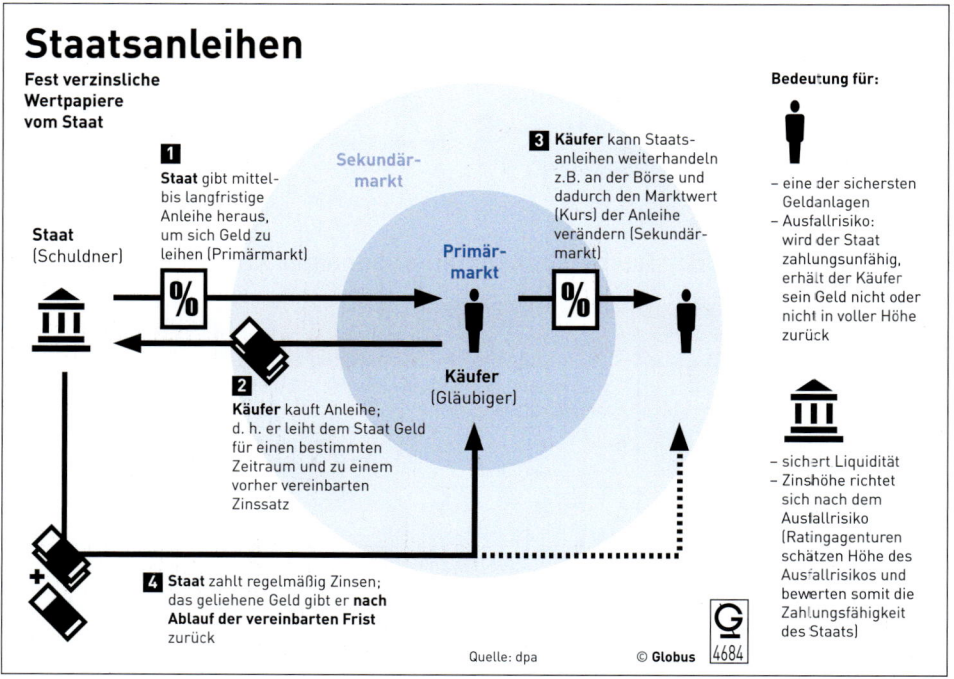

M 14 ● Teure Schulden?

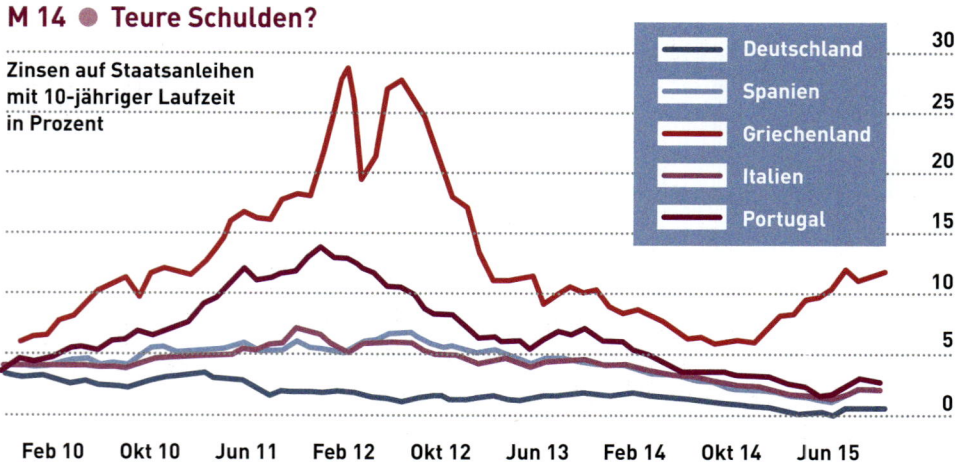

Quelle: EZB – Die starke Nachfrage nach deutschen Staatsanleihen drückte die Zinsen in Deutschland seit Beginn der Eurokrise auf Rekord-Tief. Stefan Körzell, DGB Bundesvorstand, Abteilung Wirtschafts-, Finanz- und Steuerpolitik, klartext Nr. 32/2015, 14.8.2015

Aufgaben

1. Beschreiben Sie, welche Wirkungen ein hohes staatliches Budgetdefizit auf die Dauer des Schuldenabbaus hat (M 8, M 9).
2. Analysieren Sie M 12 und erläutern Sie die Problematik der Methode des Ratings (M 10, M 11).
3. Erläutern Sie die ökonomischen Grenzen der Staatsverschuldung (M 8, M 13, M 14).

12.2.3 Raus aus den Schulden – aber nur wie?

M 15 ● Durch Wirtschaftswachstum zum Schuldenabbau?

Die Konjunktur ist günstig, nie gab es mehr Erwerbstätige: Der deutsche Staat wird daher sehr viel mehr Steuern einnehmen als gedacht. [...] Für das Jahr 2016 rechnet der
5 Finanzminister demnach mit Steuereinnahmen von 691,2 Milliarden Euro für Bund, Länder und Kommunen. Das entspricht einer leichten Erhöhung im Vergleich zu der Steuerschätzung vom ver-
10 gangenen November.
Auch könnten alle staatlichen Ebenen gleichermaßen mit guten und nachhaltigen Steuereinnahmen bis zum Jahr 2020 rechnen. Die Steuern und Mehreinnahmen ver-
15 teilten sich dabei relativ gleichmäßig auf alle Ebenen: 2,4 Milliarden Euro für den Bund, etwa 2 Milliarden für die Länder und rund 0,7 Milliarden Euro gehen an die Kommunen. [...] „Wir sind auf einem soli-
20 den Weg und ich glaube, dass diese Steuereinschätzung bestätigt, dass wir eine gute wirtschaftliche Entwicklung haben", so der Finanzminister. Trotz der Mehreinnahmen ist jedoch nicht mit Steuersenkungen oder steuerlichen Erleichterungen zu rechnen. 25
Die Sorgen seien ganz andere, so Schäuble. „Bund und Länder und Kommunen stehen unter außergewöhnlichen Anforderungen". Bislang hätten sie diese Herausforderungen [...] gut gemeistert. Allerdings müssten 30 Länder und Kommunen auch den neuen Tarifabschluss im öffentlichen Dienst schultern. Außerdem existiere ein Beschluss, für den 16 von 16 Ländern gestimmt haben, der besagt, dass es keine 35 Beschlüsse geben wird, die die Steuereinnahmen der Länder verringern würden. Der Spielraum für Steuererleichterungen sei demnach sehr gering. Schäubles Meinung teilen auch die meisten Koalitionsab- 40 geordneten. Der SPD-Finanzpolitiker Johannes Kahrs sieht keinen Spielraum für niedrigere Steuern. Das sei schon daran zu erkennen, dass Bundesfinanzminister Wolfgang Schäuble (CDU) für das Jahr 45 2018 pauschale Kürzungen von gut acht Milliarden Euro eingeplant habe.

anst., www.faz.net, 4.5.2016

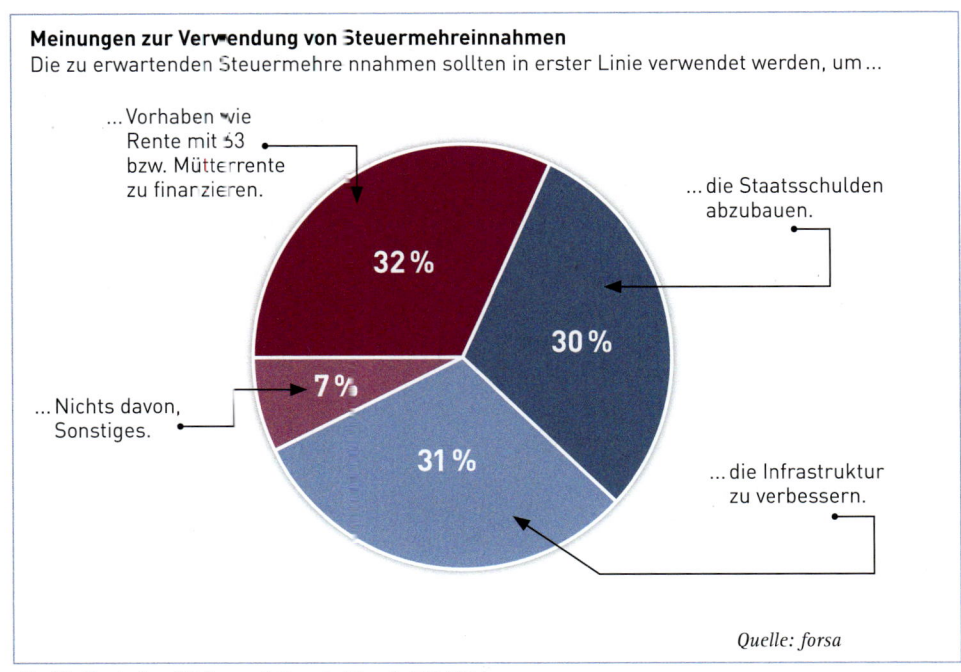

Grafik: Deutscher Städte- und Gemeindebund, 6.5.2014

M 16 ● Rechtliche Grenzen der Staatsverschuldung

Artikel 115, Abs. 1 Grundgesetz lautet: „Die Aufnahme von Krediten sowie die Übernahme von Bürgschaften..., die zu Ausgaben in künftigen Rechnungsjahren führen können, bedürfen einer ... Ermächtigung durch Bundesgesetz. Die Einnahmen aus Krediten dürfen die Summe der im Haushaltsplan veranschlagten Ausgaben für Investitionen nicht überschreiten; Ausnahmen sind nur zulässig zur Abwehr einer Störung des gesamtwirtschaftlichen Gleichgewichts...".
Kredite bedürfen also einer gesetzlichen Ermächtigung, und die Neuverschuldung darf grundsätzlich nicht höher sein als die Summe der geplanten Investitionen. [...]
Danach soll die jährliche Nettokreditaufnahme des Bundes ab 2016 in normalen Zeiten grundsätzlich auf höchstens 0,35 Prozent des Bruttoinlandsprodukts beschränkt werden, Länder sollen ab 2020 grundsätzliche keine neuen Schulden mehr machen. Diese Reform [...] orientiert sich an europäische Regelungen.

Die Vorschriften zur Zulässigkeit der Staatsverschuldung sind im EG-Vertrag (Art. 104 EGV) und dem ihn verschärfenden Stabilitäts- und Wachstumspakt der EU geregelt. Hier wurde das Ziel quantifiziert, ein übermäßiges Defizit zu vermeiden. Es gilt als verletzt bei der Überschreitung folgender Referenzwerte:

- Der Referenzwert für die Neuverschuldung, das jährliche Defizit, beträgt drei Prozent des Bruttoinlandsproduktes (**Defizitquote**) und
- der Referenzwert für den Schuldenstand insgesamt beträgt 60 Prozent des Bruttoinlandsproduktes (**Schuldenquote**).

Ulrich Baßeler u. a., Grundlagen und Probleme der Volkswirtschaftslehre, 19., überarbeitete Aufl., Stuttgart 2010, S. 436 f.

M 17 ● Verschuldung der deutschen Großstädte steigt auf Rekordniveau

Trotz steigender Steuereinnahmen kommen die deutschen Großstädte beim Schuldenabbau nicht voran – im Gegenteil: Im vergangenen Jahr stieg ihre Gesamtverschuldung um 3,2 Prozent auf 82,8 Milliarden Euro. Auf jeden Großstadtbewohner entfielen damit im Durchschnitt kommunale Schulden in Höhe von 4.299 Euro – im Vorjahr waren es 4.174.
Im Vergleich zum Vorjahr hat sich damit der Negativtrend deutlich verstärkt: Im Jahr 2013 war die Gesamtverschuldung nur um 0,7 Prozent gestiegen, immerhin 46 Prozent der 72 deutschen Großstädte hatten ihre Schulden reduzieren können. 2014 hingegen schafften nur noch 25 Prozent der Großstädte einen Schuldenabbau. Zudem steigt die Zahl der Großstädte, die sehr stark verschuldet sind und eine Pro-Kopf-Verschuldung von mindestens 6.000 Euro aufweisen kontinuierlich: 2012 waren es nur 13, 2013 schon 15, Ende 2014 sogar 16.

Ernst & Young, www.ey.com, 21.12.2015

M 18 ● Offenburg ist schuldenfrei

Die Null steht: Offenburg ist jetzt die größte schuldenfreie Kommune in Baden-Württemberg: Der Schuldenabbau ging schneller als geplant – von 60,5 Millionen Euro auf Null. Eine Blaupause für andere Kommunen ist dieser Sparerfolg aber nur bedingt.

Bundesfinanzminister Wolfgang Schäuble (CDU) kann stolz auf seinen Wohnort sein: Offenburg hat das Ziel „schuldenfrei" schneller erreicht als erwartet. Seit dem Jahr 2000 hat die große Kreisstadt (Ortenaukreis) mit ihren 59.000 Einwohnern ihren Schuldenberg abgebaut. Ursprünglich sollte es bis 2019 dauern, doch die gute Konjunktur half kräftig mit.

Wie hat Offenburg das geschafft?

In allen Bereichen wurden pauschal zehn Prozent gekürzt, nur Kindergärten und Krippen blieben verschont. Städtisches Personal wurde eingespart, aber auch die Gewerbe- und Grundsteuer erhöht. „Beim Sparen braucht es einen langen Atem", sagt Finanzbürgermeister Christoph Jopen (SPD). „Wenn über mehrere Jahre hinweg ein Sparziel verfolgt wird, dann finden sich Wege, wie dies umgesetzt werden kann, ohne dass Leistungen zusammenbrechen."

Der Bund trägt Mitschuld

„Offenburg ist einen guten Weg gegangen", sagt Schäuble. „Ich würde mir wünschen, dass weitere Kommunen ihn auch beschreiten." Denn selbst im wirtschaftsstarken Baden-Württemberg waren nach Angaben des Statistischen Landesamtes in Stuttgart Ende 2012 von den 1.101 Städten und Gemeinden im Land lediglich 85 schuldenfrei.

169 Kommunen waren zwar in den Kernhaushalten schuldenfrei, hatten aber Schulden in den städtischen Eigenbetrieben. Zahlen für 2013 sind noch nicht veröffentlicht. Laut einem Finanzreport der Bertelsmann Stiftung kletterte die Gesamtverschuldung der Städte und Gemeinden in Deutschland zwischen 2007 und 2011 von 111 Milliarden auf 130 Milliarden Euro.

Der Bund hat daran seinen Anteil: Ursache für die leeren Kassen in vielen Rathäusern sind die wachsenden Sozialausgaben wie etwa die Zuschüsse zur Unterkunft von Hartz IV-Empfängern oder Eingliederungshilfe für Behinderte. Zwischen 2002 und 2012 stiegen sie von 28 auf 44 Milliarden Euro.

Gigantischer Investitionsstau: Laut einer Umfrage der Förderbank KfW fehlen in den Kommunen 128 Milliarden Euro für die Sanierung von Straßen und Schulen. Allerdings sprudeln an vielen Orten die Steuereinnahmen aufgrund der guten wirtschaftlichen Entwicklung der vergangenen Jahre. Doch damit geht die Schere zwischen armen und reichen Gemeinden immer weiter auf. „Die deutsche Städtelandschaft entwickelt sich zu einer Zwei-Klassen-Gesellschaft", heißt es im Bertelsmann-Report. „Manche Kommunen haben überhaupt keine Chance, schuldenfrei zu werden, bei anderen ist das möglich", erläutert SWR-Wirtschaftsredakteur Christof Gaißmayer. „Eine Voraussetzung dafür ist, dass es vor Ort gute und starke Gewerbesteuerzahler gibt. Firmen, bei denen die Geschäfte laufen und die ordentlich Steuern zahlen." Weiter führt er aus: „Natürlich muss zeitgleich gespart werden – durch Stellenabbau, Einschränkung der Leistungen durch die Kommunen – zum Beispiel Schließung des Schwimmbades oder eingeschränkter Badebetrieb. Zusätzlich werden die Bürger zur Schuldentilgung zur Kasse gegeben. Der Schuldenabbau ist und bleibt ein Kraftakt. Er wird nicht überall gelingen."

Laut Studie von Ernst & Young ist in Deutschland fast jede dritte Großstadt hoch verschuldet. Besonders schlimm ist die Lage in Nordrhein-Westfalen: Mit 3,24 Milliarden Euro ist Essen der traurige Spitzenreiter.

Offenburg (hier das städtische Rathaus) ist seit 20.5.2014 schuldenfrei. Die Schuldenuhr der Stadt steht auf null.

Peter Mühlfeit, www.swr.de, 20.5.2014

M 19 ● Die Staatsfinanzen der Euroländer

M 20 ● Staatsverschuldung und Arbeitslosenquote im europäischen Vergleich

Staatsverschulden in Prozent des BIP					Arbeitslosenquote in Prozent				
	2008	2010	2012	2014		2008	2010	2012	2014
Deutschland	64,9	80,3	79,0	74,5	Deutschland	7,5	7,1	5,5	5,1
Irland	42,6	87,4	121,7	110,5	Irland	6,4	13,9	14,7	11,1
Griechenland	109,3	146,0	156,9	175,5	Griechenland	7,8	12,7	24,5	26,8
Spanien	39,4	60,1	84,4	98,1	Spanien	11,3	19,9	24,8	24,8
Frankreich	67,8	81,5	89,2	95,5	Frankreich	7,4	9,3	9,8	10,4
Italien	102,3	115,3	122,2	132,2	Italien	6,4	8,4	10,7	12,6
Portugal	71,7	96,2	124,8	127,7	Portugal	8,5	12,0	15,8	14,5

Quellen: Europäische Kommission; Eurostat

Aufgaben

1. Entscheiden Sie sich für eine Verwendungsmöglichkeit steigender Steuereinnahmen und begründen Sie Ihre Position (M 15).

2. Die Regierung eines Staates will die Staatsverschuldung durch drastische Maßnahmen reduzieren. Dabei stehen zwei Überlegungen zur Disposition: Steuererhöhungen oder Kürzungen der Staatsausgaben. Erstellen Sie zu den beiden Maßnahmen eine schlüssige Wirkungskette und diskutieren Sie die jeweiligen Folgen (M 15 – M 18).

3. „Der Euro-Stabilitätspakt spielt für die Haushaltspolitik der Regierungen keine Rolle." Bewerten Sie diese Aussage angesichts der gesetzlichen Vorgaben einerseits und der Haushaltsdefizite der Euro-Staaten andererseits (M 19, M 20).

12.2 Ursachen und Folgen der Staatsverschuldung

Gewaltige Summen zur Bankenrettung, staatliche Konjunkturpakete als Folge der globalen Finanzkrise und die Stützungsmaßnahmen für hoch verschuldete Euro-Staaten haben die Staatsverschuldung in Deutschland erheblich anwachsen lassen und eine öffentliche Diskussion über die Grenzen des Staatsdefizits ausgelöst. Es gibt gute Gründe für die staatliche Kreditfinanzierung: Öffentliche Investitionsvorhaben, vor allem im Bereich der Infrastruktur, fallen nicht gleichmäßig über die Jahre an, sondern konzentrieren sich auf bestimmte Zeiträume. Müssten sie durch Steuern finanziert werden, so wären dazu sprunghafte Änderungen im Steuersystem notwendig. Und unbestritten ist, dass staatliche Verschuldung zur Abfederung konjunktureller Schwankungen notwendig ist.

Skepsis ist allerdings angebracht, wenn die Staatsverschuldung strukturell begründet ist, also dauerhaft steigt. Die enormen Staatsdefizite sind dabei kein deutsches Phänomen, sondern für alle entwickelten Industrienationen gleichermaßen kennzeichnend.

Ursachen der Staatsverschuldung
M 1 – M 7

Die hohen Staatsdefizite der Gebietskörperschaften schränken deren Handlungsfähigkeit durch steigende Zinsverpflichtungen erheblich ein – Gelder, die an anderer Stelle fehlen, etwa für Bildung, Sicherheit und weitere öffentliche Kernaufgaben. Ob die Staatsschulden allerdings zukünftige Generationen belasten, hängt in erster Linie davon ab, wie hoch der Nutzen öffentlicher Investitionen in der Zukunft sein wird. So ist unbestritten, dass Ausgaben für Forschung und Bildung langfristig eine besonders hohe Rendite generiert.

Wird die Zahlungsfähigkeit eines Staats z. B. durch schlechte Noten von Ratingagenturen erst einmal angezweifelt, so wird es immer schwerer, Kredite auf den internationalen Kreditmärkten aufzunehmen. Es drohen schließlich die Zahlungsunfähigkeit und im schlimmsten Fall der Staatsbankrott.

Gefahren einer zu hohen Staatsverschuldung
M 8, M 9

Die positive Wirtschaftsentwicklung mit deutlich steigenden Wachstumsraten und sinkender Arbeitslosigkeit lässt die Steuereinnahmen in Deutschland kräftig wachsen und nährt die Hoffnung, die Staatsverschuldung mittelfristig zurückführen zu können. Dem trägt auch die im Grundgesetz (Art. 115) verankerte „Schuldenbremse" Rechnung, die dem Staat rechtliche Grenzen der Kreditaufnahme setzt.

Lösung des Schuldenproblems
M 15, M 16

ORIENTIERUNGSWISSEN

Schuldenbremse ist gleich Investitionsbremse

Wer ein Eigenheim baut, nimmt einen Kredit auf. Wer eine gute Geschäftsidee hat, leiht sich Geld, um zu investieren. Der Kredit macht Firmengründungen sowie spätere Gewinne und Wachstum erst möglich. Niemand käme auf die Idee, Privatpersonen oder Unternehmern den Kreditvertrag mit der Bank zu verbieten und so zukunftsfähige Investitionen zu verhindern. Nur die Politik legt sich in Deutschland selbst immer engere Fesseln an: Zuerst wurde in der EU die Schuldenregel der Maastrichter Verträge durchgesetzt. Dann kam die deutsche Schuldenbremse ins Grundgesetz. Wenig später folgte der europäische Fiskalpakt. Doch damit nicht genug: Das neue, zum Ideal erhobene, haushaltspolitische Ziel der deutschen Bundesregierung heißt „Schwarze Null". Es soll nicht mehr nur die Neuverschuldung in Grenzen gehalten, sondern ein Haushaltsüberschuss generiert werden. So wurde eine aktive Fiskalpolitik, die konjunkturelle Schwankungen ausgleicht und für stabiles Wirtschaftswachstum sorgt, faktisch außer Kraft gesetzt. Schuldenabbau wird über Konjunkturzyklen hinweg zur Priorität der Fiskalpolitik. Vor allem öffentliche Investitionen wurden zurückgefahren. Ergebnis: marode Infrastruktur, unpassierbare Brücken, zu wenig bezahlbarer Wohnraum und vieles mehr.

Um das Sparziel zu erreichen, wurden öffentliche Ausgaben gekürzt, viele öffentliche Dienstleistungen fielen dem Rotstift zum Opfer oder wurden privatisiert. Gebühren wurden angehoben und Nutzerentgelte wie LKW- und PKW-Maut eingeführt. Kurzum: Deutschland hat mit der Schuldenbremse vom Investitions- in den Sparmodus umgeschaltet.

Deutschland weist sowohl im öffentlichen wie im privaten Bereich einen Investitionsstau auf. Um auf den OECD-Durchschnitt zu kommen, muss Deutschland jährlich rund 90 Mrd. Euro investieren. Vor allem öffentliche Investitionen sind Opfer der Sparpolitik geworden, darunter kommunale Investitionen. Nach Schätzungen des KfW-Kommunalpanels beläuft sich der gesamte kommunale Investitionsrückstand mittlerweile auf 118 Mrd. Euro. [...] Das Problem wird sogar noch größer, denn Infrastruktur, die nicht in Stand gehalten wird, kostet am Ende mehr.

Deutschland hat heute eine wohl einmalige Gelegenheit seine Investitionsschwäche zu beheben, denn der Staat erwirtschaftet hohe Überschüsse und muss kaum Kreditzinsen zahlen. Die Politik sollte diese Chance ergreifen und entschieden handeln. Sanierungsbedürftige Straßen und Schienenwege, aber auch Schulen, Kitas und Stadtteilzentren könnten modernisiert werden. So würde die Grundlage für Wachstum, Beschäftigung, Wettbewerbsfähigkeit, Wohlstand und ein intaktes Gemeinwesen von morgen geschaffen. Das ist vernünftig, günstig und gerecht gegenüber den heutigen und zukünftigen Generationen.

Die deutsche Bundesregierung will die gute Haushaltslage lediglich dafür einsetzen, Schulden zu tilgen, um künftige Generationen nicht mit hohen Schulden zu belasten. Doch nicht nur Schulden belasten zukünftige Generationen. Auch heutige zu geringe private und öffentliche Investitionen gefährden Wohlstand und Beschäftigung von morgen.

Mehrdad Payandeh, www.bpb.de, 16.6.2015

Aufgabe

„Deutschland hat heute eine wohl einmalige Gelegenheit seine Investitionsschwäche zu beheben [...]. Die Politik sollte diese Chance ergreifen und entschieden handeln." (Z. 55 – 60) Diskutieren Sie diese Aussage vor dem Hintergrund des gegenwärtigen Schuldenstandes.

12 Finanzpolitik und Staatsverschuldung

SELBSTDIAGNOSE

Sie können...	Dazu benötigen Sie u. a. folgende Begriffe...	Das klappt schon...	Hier können Sie u. a. noch üben...
die Ausgabenstruktur des Staatshaushalts erklären und Grundsätze der Steuerpolitik aufzeigen.	Bundeshaushalt „Schwarze Null" Einkommensteuer Mehrwertsteuer Staatsquote Abgabenquote Steuergerechtigkeit	👍 👎	M 1 – M 14 / S. 386 – 394 Orientierungswissen / S. 396
die Ursachen der Staatsverschuldung nennen und die Gefahren hoher Staatsdefizite beurteilen.	Kreditaufnahme Neuverschuldung Generationengerechtigkeit Staatsbankrott Ratingagenturen Staatsanleihen	👍 👎	M 1 – M 14 / S. 398 – 406 Orientierungswissen / S. 411
Maßnahmen zum Schuldenabbau diskutieren und bewerten.	Schuldenbremse Stabilitäts- und Wachstumspakt der EU	👍 👎	M 15, M 16 / S. 407 f. Orientierungswissen / S. 411

Es ist ein Meilenstein in der Entwicklung künstlicher Intelligenz: Eine Google-Software hat den europäischen Champion im Spiel Go geschlagen.

APA/DPA/Red., diePresse.com, 14.3.2016

Die Fastfoodkette Domino's hat im australischen Brisbane ihren neuen Pizza-Lieferanten vorgestellt: einen Roboter. In einigen Monaten soll Domino's Roboter Unit (DRU) in Australien und Neuseeland den Kunden ihre Pizzen bringen.

AFP/t-online.de, www.t-online.de, 18.3.2016

Strukturpolitik und Strukturwandel

Strukturwandel ist nichts Neues. Umwälzende Veränderungen, wie der Übergang von der Agrar- zur Industriegesellschaft, haben mit der industriellen Revolution im 19. Jahrhundert begonnen und setzen sich heute beschleunigt im Übergang von der Industrie- zur Dienstleistungs- bzw. zur Wissens- und Informationsgesellschaft fort. In den ersten Dekaden des 21. Jahrhunderts stehen wir womöglich an der Schwelle ins digitale Zeitalter mit tiefgreifenden Veränderungen aller Lebensbereiche. Die Wirtschaft befindet sich in der vierten industriellen Revolution, kurz auch als Industrie 4.0 bezeichnet. Reale und virtuelle Welten wachsen immer mehr zu einem „Internet der Dinge" zusammen.

Dieser tiefgreifende strukturelle Wandel fordert staatliches Handeln heraus. Neben allgemeinen ethischen Fragestellungen (z. B. Datenschutz und Selbstbestimmung) stellt sich die Frage, inwieweit der Staat durch Gesetzgebung und strukturpolitische Maßnahmen in den Strukturwandel eingreifen soll.

Seit der Wiedervereinigung lassen sich am Beispiel des Transformationsprozesses in den neuen Bundesländern die Auswirkungen und Probleme staatlicher Strukturpolitik deutlich erkennen. Die Debatte um die Förderung von Elektromobilität und staatliche Subventionen allgemein zeigt die Chancen und Grenzen staatlicher Eingriffe auf.

KOMPETENZEN

Am Ende dieses Kapitels sollten Sie Folgendes wissen und können:

Sie kennen die verschiedenen Ausprägungen und Dimensionen des wirtschaftlichen Strukturwandels.

Sie können Ursachen des ökonomischen Wandels beschreiben.

Sie können die Auswirkungen des ökonomischen Wandels auf Wirtschaft und Arbeitswelt beurteilen sowie in diesem Zusammenhang die eigene Berufswahl reflektieren.

Sie können – am Beispiel des Aufbaus Ost und der Debatte um die Förderung der Elektromobilität – die Wirksamkeit staatlicher Strukturpolitik einschätzen.

Was wissen und können Sie schon?

Erstellen Sie ausgehend von den Materialien eine Concept-Map zum Thema „Auswirkungen des strukturellen Wandels heute" mit folgenden Clustern:

13.1 Strukturwandel: Wohin entwickeln sich Wirtschaft und Arbeitswelt?

13.1.1 Mit welchen Veränderungen müssen wir rechnen?

M 1 ● Die vierte industrielle Revolution

Im Vergleich zu vorherigen industriellen Revolutionen, entwickelt sich die vierte exponentiell und nicht in linearem Tempo. Sie wirbelt fast jeden Industriezweig in allen Ländern durcheinander. Und die Breite sowie die Tiefe dieser Veränderungen kündigen die Erschaffung ganz neuer Systeme an, was Produktion, Management und Governance einbezieht. [...]
Die Möglichkeiten von Milliarden von Menschen, die über Mobilgeräte mit einer noch nie da gewesenen Verarbeitungs- und Speicherkapazität miteinander verbunden sind, sind nahezu unbegrenzt, ebenso wie der Zugang zu Wissen. Und diese Möglichkeiten werden potenziert durch sich abzeichnende technische Durchbrüche in Bereichen wie künstliche Intelligenz, Robotik, das Internet der Dinge, autonome Fahrzeuge, 3-D-Druck, Nano- und Biotechnologie. [...]
Wie die vorhergehenden Revolutionen birgt auch die vierte industrielle Revolution die Chance, dass sich das Einkommen und der Lebensstandard in der gesamten Welt verbessern. Bis dato sind es diejenigen Verbraucher, die es sich leisten können, an der digitalen Welt teilzuhaben, die am meisten profitieren. Dank der Technologie verfügen wir über neue Produkte und Dienstleistungen, welche unser Dasein sowohl effizienter als auch angenehmer machen. Ein Taxi ordern, einen Flug buchen, ein Produkt kaufen, eine Zahlung tätigen, Musik hören, einen Film ansehen oder ein Spiel spielen – all das können wir nun aus der Ferne tun.
In Zukunft wird die technologische Innovation auch ein Wunder auf der Angebotsseite bewirken, was mit steigender Effizienz und Produktivität einhergeht. Die Kosten für Transport und Kommunikation werden zurückgehen, globale Logistik- und Lieferketten arbeiten effektiver, und die Kosten für den Handel werden schrumpfen – die Folge sind die Entstehung von neuen Märkten und ein beschleunigtes Wirtschaftswachstum.
Gleichzeitig jedoch, darauf weisen die Ökonomen Erik Brynjolfsson und Andrew McAfee hin, könnte die Revolution zu einer noch größeren Ungleichheit führen, insbesondere, weil sie möglicherweise die Arbeitsmärkte erschüttert. Da die Automation die menschliche Arbeitskraft quer durch die gesamte Ökonomie ersetzt, könnte ein Ungleichgewicht zwischen der Rendite auf Kapital und der Rendite auf Arbeit entstehen. Auf der anderen Seite jedoch, könnte diese Entwicklung unter dem Strich bewirken, dass nur noch lohnende und sichere Arbeitsplätze übrig bleiben.
Zum jetzigen Zeitpunkt können wir nicht vorhersagen, welches Szenario sich durchsetzen wird. Die Geschichte lehrt, dass es sich um eine Kombination aus beiden handeln wird. Ich allerdings bin davon überzeugt, dass in Zukunft das Talent mehr als das Kapital zum kritischen Produktionsfaktor werden wird. So wird ein Arbeitsmarkt entstehen, der sich in die beiden Segmente „geringe Kenntnisse/niedrige Bezahlung" und „gute Ausbildung/hohes Einkommen" teilt. Und dies wiederum führt zu wachsenden sozialen Spannungen. [...]
Auf der Angebotsseite erleben zahlreiche Industriezweige die Einführung von neuen Technologien, welche die Art, wie existierende Bedürfnisse befriedigt werden, ganz neu gestalten und die die bestehenden

Wertschöpfungsketten außer Kraft setzen. Agile, innovative Konkurrenten verursachen ebenfalls Umbrüche. Sie haben Zugang zu globalen Digitalplattformen für ihre Marktforschung, Entwicklung, das Marketing, den Verkauf und Vertrieb. Sie verdrängen etablierte Marktführer schneller als jemals zuvor, weil sie in der Lage sind, ihren Kunden eine bessere Qualität, einen schnelleren Service oder einen niedrigeren Preis für ihre Leistungen zu bieten. Auch die Nachfrageseite ist im Umbruch begriffen. Unternehmen sehen sich mit einer größeren Transparenz, kritischen Konsumenten und neuen Verhaltensweisen ihrer Kunden (bedingt durch den Zugang zu mobilen Netzwerken und Daten) konfrontiert, und sie sind deshalb gezwungen, beim Design, der Vermarktung und der Lieferung ihrer Produkte und Dienstleistungen neue Wege zu gehen. [...]
Die vierte industrielle Revolution wird nicht nur einen Einfluss haben, auf das, was wir tun, sondern auch darauf, wer wir sind. Sie wird unsere Identität und alles, was damit verbunden ist, erfassen: unseren Begriff von Privatsphäre und Eigentum, unsere Konsumgewohnheiten, die Zeit, die wir mit Arbeit oder Privatleben verbringen, wie wir unsere Karrieren planen, unsere Fähigkeiten entwickeln, uns mit anderen Menschen treffen und Beziehungen pflegen. Sie verändert bereits unsere Gesundheit und führt zu einem „quantifizierbaren" Selbst, und schneller als wir denken, könnte sie uns zu neuer Größe führen. [...] Am Ende läuft alles auf Menschen und Werte hinaus. Es muss uns gelingen, eine Zukunft zu gestalten, die für uns alle lebenswert ist, in der Menschen und deren Befähigung an erster Stelle stehen. In ihrer schlimmsten, entmenschlichten Form hat die vierte industrielle Revolution in der Tat das Potenzial, Menschen zu Robotern zu machen, die kein Herz und keine Seele mehr haben.

Klaus Schwab, Handelsblatt, 20.1.2016

Dimensionen des Strukturwandels

Sektoraler Strukturwandel
Entwicklung der Sektoren vom primären zum sekundären und vom sekundären zum tertiären; Indikatoren: Anteil der Erwerbstätigen oder Anteil an der Wertschöpfung

Intrasektoraler Strukturwandel
Wandel innerhalb der Sektoren, z. B. robotergestützte Automatisierung oder ökologischer Anbau im Agrarsektor

Regionaler Strukturwandel
Veränderung der Wirtschaftskraft einzelner Regionen (Entleerungsgebiete, Ballungsgebiete)

M 2 ● Entwicklung der Wirtschaftssektoren

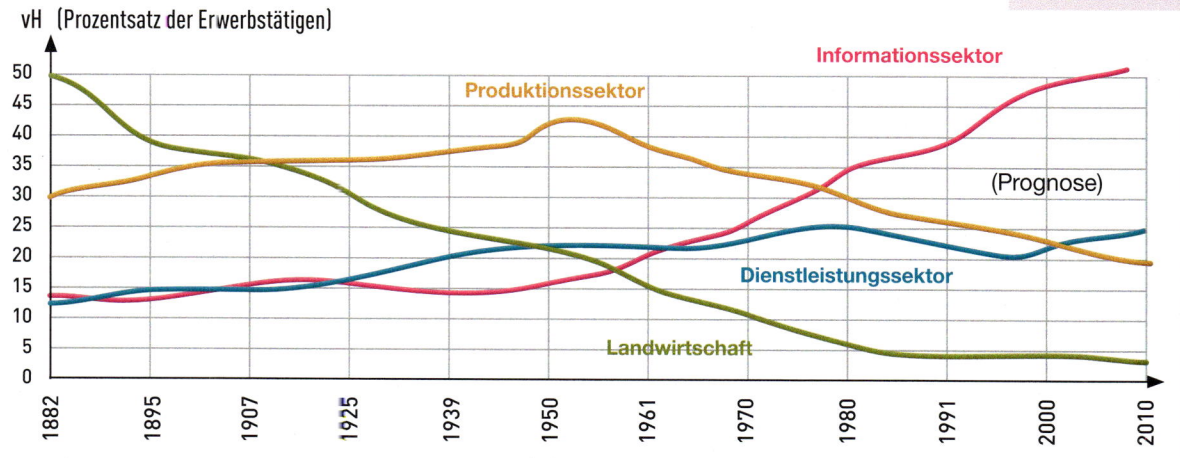

Henning Klodt u.a., Tertiarisierung in der deutschen Wirtschaft, Tübingen 1997, S. 68

Aufgaben

1. Arbeiten Sie aus M 1 die Auswirkungen der vierten industriellen Revolution auf Angebotsseite, Nachfrageseite, Berufswahl und Gesellschaft heraus.
2. Erklären Sie die Entwicklungen der Sektoren in M 2.

F zu Aufgabe 1
Beurteilen Sie die Veränderungen, die der Autor in M 1 prognostiziert.

13.1.2 Industrie oder Dienstleistungen als Wachstumsmotoren der Zukunft?

M 3 ● Schaffen Dienstleistungen Wachstum?

Die entwickelte Welt nähert sich dem postindustriellen Zeitalter, der Dienstleistungs- und Wissensgesellschaft. Bis zur Krise hörte man aber oft, Deutschland hinke auf
5 diesem Weg hinterher. Inzwischen beneiden viele die deutsche Wirtschaft um ihr starkes industrielles Rückgrat. [...] Wie tiefgreifend der Prozess der Deindustrialisierung der alten Industrieländer ist, zeigen
10 die nackten Zahlen: Großbritannien, das Ursprungsland der Industriellen Revolution, hatte Mitte der 1990er-Jahre noch einen Anteil des verarbeitenden Gewerbes von 21 Prozent am Bruttoinlandsprodukt
15 (BIP), heute sind es weniger als 13 Prozent. In Frankreich fiel der Industrieanteil von 18 auf 12,5 Prozent. Einen frühen Wandel zur Dienstleistungsgesellschaft haben die Vereinigten Staaten vollzogen. Dort be-
20 trägt der Industrieanteil noch gut 11 Prozent. Hingegen hat die Industrie in Deutschland mehr Gewicht behalten: Ihr Anteil ist sogar wieder leicht gestiegen – auf 26 Prozent. Damit sticht die deutsche
25 Volkswirtschaft unter den Industrieländern als Ausnahme hervor. Der Finanzsektor mit 5 Prozent vom BIP ist hierzulande im Vergleich mit Großbritannien und Amerika kleiner. An sich ist Strukturwandel nichts
30 Schlechtes, sondern Zeichen fortschreitender Entwicklung. Bis ins späte 18. Jahrhundert dominierten Agrargesellschaften. Dann kam der Durchbruch der Industrie. Die stark wachsende Bevölkerung, die in
35 der Landwirtschaft keine Beschäftigung mehr fand, strömte in die Fabriken in den Städten. Dort wuchs auch die Bedeutung der Dienstleistungen. Zu den ersten Ökonomen, die solche Sektorenverschiebungen
40 erforschten, gehörten der Brite Allan G. B. Fisher und der Franzose Jean Fourastié in den 1930er- und 1940er-Jahren. Sie erkannten, dass Dienstleistungen eine immer größere Rolle in der Wirtschaft spielten.
45 Dieser Strukturwandel ist zum einen vom technischen Fortschritt getrieben: Die Industrie wird durch den Einsatz von Maschinen, durch Automatisierung und Computerisierung sehr kapitalintensiv. Statt
50 Menschen stehen Roboter in den Fabrikhallen. Allerdings sind Industrie und Dienstleistungen wie Logistik, Montage, Wartung und Weiterentwicklung eng verzahnt. Zum anderen ist der Strukturwandel nachfrage-
55 getrieben. Mit steigendem Einkommen nimmt die Nachfrage nach Dienstleistungen zu – vor allem in den Bereichen Bildung, Gesundheit, Finanzberatung, Tourismus und Unterhaltung. Ihr Anteil an den
60 Budgets steigt, je wohlhabender die Leute werden. Die einen betrachten den Strukturwandel hin zu Dienstleistungen als insgesamt günstig. Fourastié sprach von der „großen Hoffnung des 20. Jahrhunderts".
65 Doch es gibt auch Kritiker, die den Strukturwandel zu weit getrieben finden, etwa der Harvard-Ökonom Dani Rodrik. Er bemängelt, dass unter den in Amerika neugeschaffenen Arbeitsplätzen zu viele Service-
70 jobs mit geringerer Arbeitsproduktivität und geringem Verdienst sind, etwa im Einzelhandel. Der Wegfall hochproduktiver Industriearbeitsplätze und der Wandel hin zu Billig-Services bremse das Produkti-
75 vitätswachstum, führe zu wachsender Einkommensungleichheit und „gefährlichen Ungleichgewichten" [...]. Während die Industrie, also die materielle Produktion, in der entwickelten Welt an Bedeutung verlo-
80 ren hat, bauen Schwellenländer – allen voran China – gewaltige verarbeitende Gewerbe auf. Der Industrieanteil in China liegt stabil um die 45 Prozent. Deutschland hat sich in der Globalisierung
85 bislang gut geschlagen. Der Hauptgrund dafür ist, dass es seine führende Stellung in

forschungsintensiven Industriezweigen – mit Autos, Maschinen, Chemie und Elektronik – gefestigt hat. Eine international
90 bewunderte Besonderheit sind die innovationsstarken Mittelständler, die sich in vielen Nischenbereichen als Marktführer hervortun. [...]
Die gezielte Bevorzugung von Industrien
95 beruht auf einem Irrtum. Der Handelstheoretiker Jagdish Bhagwati kritisiert einen „Manufacturing-Fetisch", der bis auf Adam Smith zurückgehe. Dieser hielt Dienstleister, Juristen, Ärzte, Schriftsteller und Opernsänger für „unproduktiv", da nur 100 materielle Produktion echte Werte schaffe.

Philip Plickert, Frankfurter Allgemeine Zeitung, 11.3.2013

M 4 ● Die vierte industrielle Revolution und zukünftige berufliche Anforderungen

Arbeit ist heute multilokal und mobil, morgen virtuell und im Metaversum – Wie wird sich also Arbeit in dieser Transformationsphase verändern? Die Mehrzahl der
5 Antworten geht davon aus, dass es in der Transformationsphase weniger feste Anstellungsverhältnisse und mehr freiberufliche und selbstständig Tätige geben wird, und dass sich die Formen und Inhalte von
10 Arbeit wesentlich rascher wandeln als heute und in den letzten Jahrzehnten. Die Vorstellung, sich für einen bestimmten Beruf ausbilden zu lassen und diesen dann ein Leben lang als sozial gut abgesicherte An-
15 gestellte in einem „Normalarbeitsverhältnis" auszuüben, gar für nur einen oder zwei Arbeitgeber, sei heute schon größtenteils obsolet. Und damit werden langfristig auch die entsprechenden ausbildenden In-
20 stitutionen obsolet, jedenfalls in ihrer bisherigen Form. Stattdessen müssen wir uns auf Patchwork-Karrieren, häufigere Berufswechsel, ständiges Lernen, Wechsel von einer Arbeitsform in die andere (z. B. aus Angestelltenverhältnissen in die Selbst- 25 ständigkeit und zurück) einstellen. Ein Großteil wissensbasierter Arbeit wird in Projektform abgewickelt und in Teams wechselnder Zusammensetzung, die zunehmend virtuell zusammenkommen und 30 multinational zusammengesetzt sind. Lernen wird dabei integraler Bestandteil der Arbeit, Arbeiten und Lernen verschmelzen miteinander. Zu den genannten Konsequenzen gehören darüber hinaus das Ende 35 hierarchischer Führungskulturen, das Ermöglichen flexibler und ortsunabhängiger Arbeitsformen, eine Kultur der Kooperation und der selbstorganisierten Zusammenarbeit in zunehmend virtuellen Teams oder 40 die rasch wachsende Relevanz von selbstbestimmtem Lernen in neuen Formen.

Cornelia Daheim/Ole Wintermann, 2050: Die Zukunft der Arbeit. Ergebnisse einer internationalen Delphi-Studie des Millennium Project, Bertelsmann Stiftung 2016, S. 13
Der vorliegende Text darf unter Hinweis auf die Lizenz CC BY-SA-NL4.0 frei und ohne Einschränkung weiterverwendet werden.

> **Metaversum (Meta und Universum)**
> Internetbasierte 3D-Infrastruktur, bestehend aus mehreren Servern, die zusammen eine virtuelle Umgebung bilden. All die dazugehörigen Server bilden einen Supercomputer.
>
> **Zukunftsberufe, die sich die Experten vorstellen können**
> Innenausstatter für virtuelle Räume, Kreativitätscoach, Persönlicher Gesundheitsberater, Übersetzer Mensch-Maschine & Maschine-Mensch, Freizeit-Gestalter/Beschäftigungsbeschaffer, Virtueller Team-Assistent, Persönlicher Lerncoach
> *Cornelia Daheim/Ole Wintermann, 2050: Die Zukunft der Arbeit. Ergebnisse einer internationalen Delphi-Studie des Millennium Project, Bertelsmann Stiftung 2016, S. 21*
>
> **obsolet**
> veraltet

Aufgaben

1. Beschreiben Sie Faktoren, welche zur Deindustrialisierung führen (M 3).
2. Erläutern Sie die unterschiedlichen Einschätzungen des Dienstleistungssektors in M 3 ausgehend von Adam Smiths Zitat, dass „nur materielle Produkte echte Werte schaffen".
3. Bewerten Sie die Auswirkungen der neuen beruflichen Anforderungen hinsichtlich Ihres zukünftigen Berufs (M 4).

F Recherchieren Sie, um welche konkreten Tätigkeiten es sich bei den Zukunftsberufen handeln könnte (Randspalte).

Hauptbereiche der Sharing Economy

Transport
Uber
BlaBla Car
Nearly New Car
Shared Parking

Unterkunft
AirBnB
InstantOffices
Housetrip

Güter
Kleiderkreisel
Patagonia
Kleiderkorb
Preloved

Dienstleistungen
Upwork
TaskRabbit
Helplinge
Diplomero

Finanzen
Auxomery
Cashare
Bondora

Medien/Unterhaltung
Spotiy
Netflix
Amazon Prime
Aldi Life

13.1.3 Wem nützt der Trend zur Sharing Economy?

M 5 ● Teilen macht seliger als Haben

Meine Wohnung ist deine Wohnung – das Prinzip von Airbnb: Das Bild zeigt die Website der Online-Wohnungsbörse.

Ein Gespenst geht um in der postindustriellen Gesellschaft der westlichen Welt, es ist das Gespenst des Co-Konsums. Gemeint ist der Tauschhandel, also das Leihen, Teilen
5 und Mieten von Gegenständen, Räumen und Kenntnissen, was durch Internet und Smartphone-Apps zuletzt stark vereinfacht worden ist.
Die Propagandisten dieser Meins-ist-deins-
10 Ökonomie sehen daraus eine neue Form des Wirtschaftens erwachsen, die altbekannte Probleme des Kapitalismus lösen soll: Ressourcenverschwendung, Überproduktion, Umweltbelastung. Ein postmateri-
15 elles Zeitalter soll angebrochen sein, in dem Teilen seliger macht als Haben, in dem der Zugang zu Dingen wichtiger sein soll als deren Besitz. Journalisten, Trendforscher und selbst ernannte Zukunftsvisionä-
20 re preisen die sogenannte Sharing-Economy als smarte und hippe Konsumideologie. Sie schwärmen von einer nachhaltigeren, partizipativeren Wirtschaft, in der der Gemeinschaftsgedanke auflebt und das Teilen von Dingen neue Beziehungen zu Fremden 25 entstehen lässt.
Das klingt alles sehr romantisch. Sieht man sich jedoch die Geschäftsmodelle jener Unternehmen, die aus dem Teilen ein lukratives Geschäft machen wollen, genauer an, 30 verfliegt der Eindruck, dass hier gerade der Kommunismus durch die Hintertür eingeführt wird. Die Geschäftsprinzipien der erfolgreichsten Firmen der Sharing Economy passen vielmehr hervorragend in die Wer- 35 tewelt eines unreglementierten Kapitalismus. [...]
Es ist an der Zeit, über diese dunkle Seite der sonst in flauschiger Rhetorik beschriebenen Sharing Economy zu reden. 40
Unternehmen unterlaufen Arbeitsstandards und Rechtsvorschriften.
Spätestens seit jüngst Tausende von Taxifahrern in diversen europäischen Städten gegen die US-Firma Uber demonstriert ha- 45 ben, ist deutlich geworden, dass das Unternehmen die Taxibranche und ihre Standards für Beschäftigte wie Fahrgäste in

ihrer Existenz bedroht. Uber-Kunden können per Smartphone-App einen Privatchauffeur bestellen, der das eigene Auto mit seinen Kunden „teilt". In Deutschland arbeitet zudem Wundercar mit einem ähnlichen Geschäftsmodell, zu dem die hamburgische Wirtschaftsbehörde in seiner bisherigen Form allerdings bereits Bedenken angemeldet hat.

Da bei derlei Anbietern viele Kosten entfallen, die etwa Taxifahrer üblicherweise zahlen müssen – Versicherungen für die Passagiere, Taxizentrale, Funk- und Sicherungsanlagen –, sind ihre Fahrten oft preiswerter als jene mit Taxiunternehmen. Wundercar stellt es gar ins Ermessen des Fahrgastes, was er für den Transport zahlen will. Die Fahrt an sich ist kostenlos, wer doch etwas geben will, kann per App ein „Trinkgeld" überweisen.

Anders als bei einer regulären Taxifahrt sind die Fahrgäste beim US-Konkurrenten Uber, dessen Dienste auch hierzulande abrufbar sind, nicht durch eine Haftpflichtversicherung vor Unfallfolgen geschützt. Die Fahrer müssen keine Personenbeförderungserlaubnis besitzen, in den USA wurden Fälle bekannt, in denen Uber-Fahrer nicht einmal einen Führerschein hatten.

Rechtliche Probleme existieren auch in anderen Bereichen der Sharing Economy: Wer über das Internet zahlende Gäste zum Abendessen einlädt, umgeht Regelungen (von Hygienevorschriften bis zu Tariflöhnen), die für die traditionelle Gastronomie gelten. Auch bei geliehenen Schlagbohrern, Motorbooten oder beim Hundeausführen existieren zahlreiche Gesetzeslücken.

Firmen bereichern sich an dem, was andere anbieten.
Uber behauptet, dass sein Angebot billiger sei als das klassischer Anbieter, weil die Firma die „Mittelsmänner" ausschaltet – also die Taxizentralen, die durch die Vermittlung von Fahrten Geld verdienen. Dass die Firma selbst der neue Intermediär ist, der 20 Prozent Vermittlungsgebühr vom Fahrpreis behält, kommuniziert sie weniger offensiv [...].

Menschliche Beziehungen werden zur Ware.
Die Tauschwirtschaft ermutigt uns dazu, unser ganzes Leben als Kapital zu betrachten. Das Kinderzimmer steht leer? Lasst es uns an Touristen vermieten! Ich koche gerne? Warum nicht Abendessen-Events im Internet anbieten? Ich habe freie Zeit? Schnell per App als Handlanger verdingt! Aktivitäten, die auch einem guten Zweck dienen könnten – Handarbeiten für den Adventsbasar der Kirchengemeinde, Einkaufen für die gehbehinderte Nachbarin –, erscheinen in der Sharing Economy auf einmal als unrentabler Zeitvertreib, aus dem sich kein Profit schlagen lässt. Was sich nicht ökonomisieren lässt, ist nutzlos. Stattdessen wird jeder zum Einzelunternehmer. Beziehungen zwischen Menschen werden zu wahrgenommenen oder verpassten Gelegenheiten, Geld zu verdienen. So verkehrt die Sharing Economy die ursprünglich altruistischen Motive des Teilens und Tauschens in ihr schieres Gegenteil.

Tilman Baumgärtel, Die Zeit, 15.7.2014

Aufgaben

1. Definieren Sie den Begriff Sharing Economy (M 5).
2. Arbeiten Sie heraus, wie in M 5 der Trend zur Sharing Economy beurteilt wird.
3. Bewerten Sie ausgehend von M 5 den Trend zur Sharing Economy anhand der Kriterien Effizienz, Umweltverträglichkeit, Arbeitsmarkt, Lebensqualität.

Lektüre zur Vertiefung

Jeremy Rifkin, Die Null-Grenzkosten-Gesellschaft – Das Internet der Dinge, kollaboratives Gemeingut und der Rückzug des Kapitalismus, Frankfurt, 2014

ORIENTIERUNGSWISSEN

Dimensionen des Strukturwandels
M 1, M 2

Die Entwicklung von Volkswirtschaften folgt einem typischen Muster: Im Wachstumsprozess verdrängt der sekundäre Sektor (produzierendes Gewerbe) zunächst den primären Sektor (Land- und Forstwirtschaft, Fischerei) und wird schließlich selbst vom tertiären Sektor (Dienstleistungen) verdrängt (Drei-Sektoren-Hypothese). Den größten Anteil am Sozialprodukt nimmt heute der Dienstleistungssektor ein, da sich in den hoch entwickelten Volkswirtschaften die Wertschöpfung immer mehr vom Materialverbrauch abgekoppelt hat und zunehmend das Ergebnis organisatorischer, kontrollierender, helfender, beratender, dienender und gestaltender Tätigkeiten geworden ist. Aufgrund der zunehmenden Bedeutung von Information und Kommunikation für unser Leben gliedert man diese Wirtschaftsbereiche heute aus dem tertiären Sektor aus und fasst sie zu einem eigenen stetig wachsenden vierten Sektor (Informationssektor) zusammen. Strukturwandel meint nicht nur, dass sich die Gewichte zwischen den Sektoren verschieben. Auch innerhalb der Sektoren können sich die Art der Güterproduktion, Betriebsgrößen, Fertigungsmethoden und das Beschäftigungssystem verändern. Dieser intrasektorale Strukturwandel hat z. B. in der Landwirtschaft dazu geführt, dass die harte Feldarbeit früherer Jahre durch den Einsatz von Maschinen im Zuge des mechanisch-technischen Fortschritts weitgehend ersetzt worden ist. Damit einher ging eine starke Zunahme der Produktivität.

Die vierte industrielle Revolution
M 3, M 4

Vermutlich erleben wir gerade die vierte industrielle Revolution, deren Kern die Digitalisierung aller Lebensbereiche ist. Für die Unternehmen erfasst der Einsatz der neuen digitalen Technologien alle betrieblichen Funktionen. Die Kosten für Transport und Kommunikation sinken, globale Logistik- und Lieferketten arbeiten immer produktiver – die Folge können die Erschließung neuer Märkte und ein beschleunigtes Wachstum sein. Innovative Konkurrenten können etablierte Marktführer schneller als jemals zuvor verdrängen, weil sie in der Lage sind, durch neue Technologien ihren Kunden eine bessere Qualität, einen schnelleren Service oder einen niedrigeren Preis für ihre Leistungen zu bieten. Auch die Nachfrageseite ist im Umbruch begriffen. Unternehmen sehen sich durch eine größere Markttransparenz mit kritischen Konsumenten und neuen Verhaltensweisen ihrer Kunden (bedingt durch den Zugang zu mobilen Netzwerken) konfrontiert. Sie sind deshalb gezwungen, beim Design, der Vermarktung und der Lieferung ihrer Produkte und Dienstleistungen neue Wege zu gehen und auf die Individualisierung des Konsums eine Antwort zu finden. Für die Berufswahl muss der Trend zu einem gespaltenen Arbeitsmarkt beachtet werden: einen Arbeitsmarkt für geringe Kenntnisse mit niedriger Bezahlung und einen für gute Ausbildung mit hohem Einkommen.

Sharing Economy
M 5

Gebrauchsgüter werden nicht mehr nur gekauft und individuell genutzt, sondern gemeinsam gekauft, gemeinsam benutzt oder verliehen (Sharing). Dies betrifft z. B. Formen der Mobilität (Carsharing) oder Musikportale, wo es um die zeitlich begrenzte Nutzung von Musikstücken geht. Nach der „Ökonomie des Teilens" soll man als Nachfrager etwas nicht zum Eigentum machen, sondern vorübergehend benutzen, bewohnen und bewirtschaften.

Die eigene Berufs-/Studienwahl vor dem Hintergrund des anhaltenden Strukturwandels

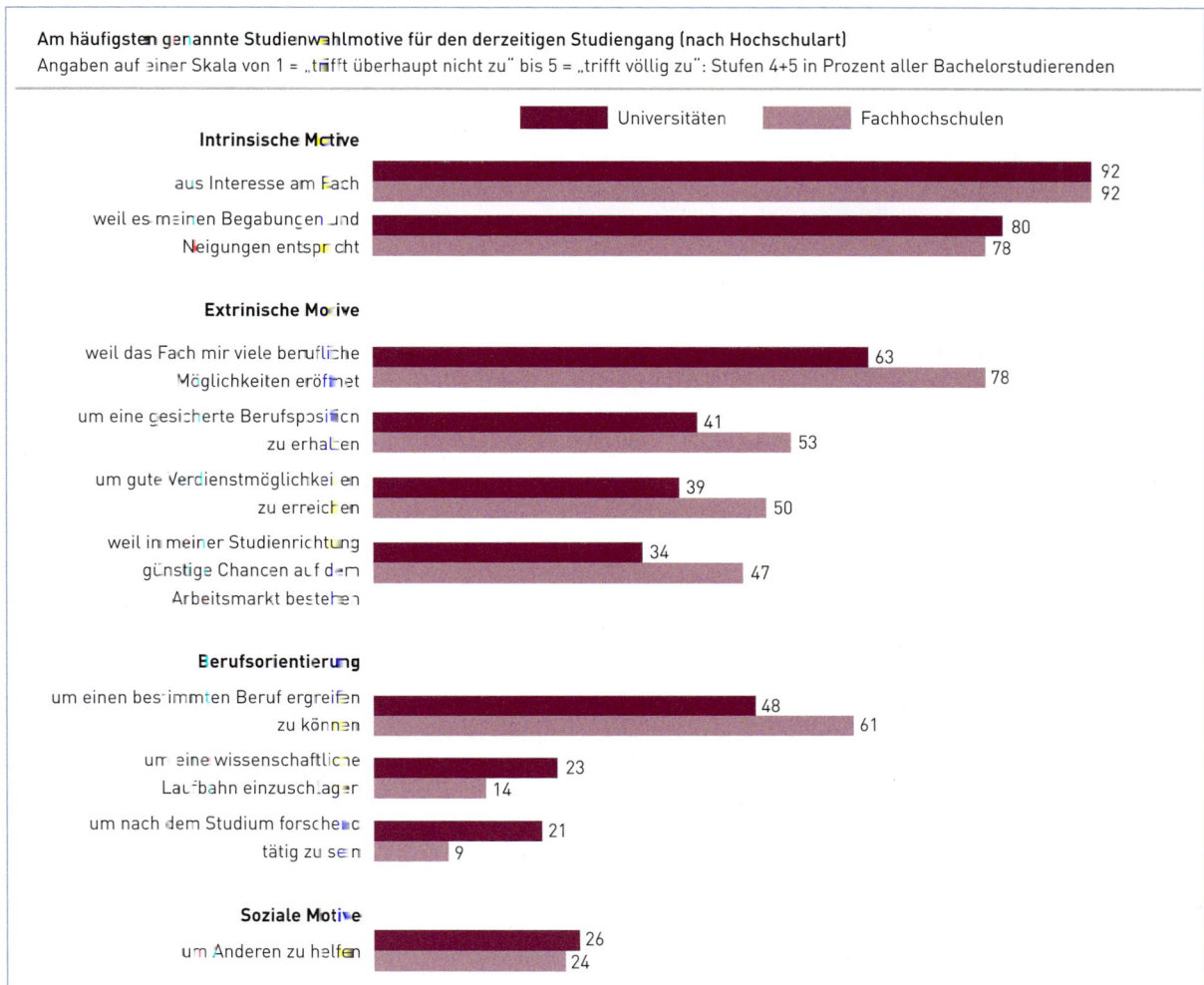

Judith Grützmacher, Andreas Ortenburger, Christoph Heine, Studien- und Berufsperspektiven von Bachelorstudierenden in Deutschland, Hannover 2011, S. 10

Berufswahl 2020 – Zukunftsberufe im Zeitalter der digitalen Revolution

	Was muss ich tun?	Was muss ich können?	Wo kann ich arbeiten?	Wie viel kann ich verdienen?
Big Data Scientist	Zunächst muss der Big Data Scientist herausfinden, in welchen Abteilungen welche Daten anfallen. Diese muss er zusammentragen, um sie anschließend auszuwerten. Dazu bedient er sich verschiedener Analysetools und programmiert Abfragen, damit der Datenwust auch die richtigen Antworten preisgibt. Je nach Größe des Unternehmens ist er aber nicht nur für die Auswertung der Daten zuständig, sondern entwickelt aus den gewonnenen Informationen auch selbst Ideen für neue Geschäftsmodelle und strategische Konzepte.	Er sollte Informatik studiert haben, braucht gleichzeitig aber eine hohe soziale Kompetenz und muss sich durchsetzen können. Schließlich ist es seine Aufgabe, den Egoismus der Fachabteilungen zu überwinden und diese dazu zu bringen, ihre jeweiligen Daten offenzulegen.	Vor allem in der Finanzwirtschaft, in der Logistikbranche, im Handel und in der Industrie werden sie eingesetzt.	bis zu 80.000 Euro
Category Manager	Über Marktrecherchen findet er heraus, was die Konkurrenz anbietet, und passt das eigene Angebot bei Bedarf an. Außerdem achtet er auf die Benutzerfreundlichkeit der Website. Er platziert Produkte und besondere Angebote so, dass Käufer sie möglichst leicht finden. Er wird auch als Online-Shop-Manager oder E-Commerce-Manager bezeichnet.	Er ist in der Regel studierter Betriebswirt, der erste Erfahrungen aus der E-Commerce-Branche mitbringt.	In Unternehmen, die ihre Produkte oder Dienstleistungen online anbieten und ein vielschichtiges Sortiment haben.	je nach Berufserfahrung zwischen 60.000 und 80.000 Euro

13.1 Strukturwandel: Wohin entwickeln sich Wirtschaft und Arbeitswelt?

Feel Good Manager	Dieser Beruf ist die moderne Variante des Personalmanagers. Er kümmert sich um das Wohlbefinden der Angestellten. Er findet heraus, was ihnen wichtig ist, und versucht, diesen Anforderungen gerecht zu werden. Das kann von der wöchentlichen Bestellung eines Obstkorbes über die Organisation eines Familienfests bis hin zur Buchung eines Firmen-Yogakurses gehen.	Die meisten Feel Good Manager kommen aus dem Personalbereich, aber auch Quereinsteiger sind nicht selten. Ein Studium ist für diesen Job keine Voraussetzung. Wichtig sind vielmehr Fähigkeiten wie Kommunikationsbereitschaft, Empathie und Organisationstalent.	Derzeit finden sich vor allem in der Digitalbranche viele Unternehmen, die einen solchen Feel Good Manager beschäftigen. Erstens, weil in diesem Bereich viele Mitarbeiter der Generation Y einsteigen, und zweitens, da der Kampf um die besten Köpfe dort besonders groß ist.	Das Einstiegsgehalt liegt bei etwa 35.000 Euro und steigt mit zunehmender Berufserfahrung bis auf 45.000 Euro an.

Kristin Schmidt, WirtschaftsWoche, 5.11.2014

KOMPETENZEN ANWENDEN

Aufgaben

1. Arbeiten Sie aus der Grafik Kriterien für Ihre eigene Studien-/Berufswahl heraus und bewerten Sie für sich, welche Kriterien Ihnen sehr wichtig / wichtig / weniger wichtig sind.
2. Fassen Sie zusammen, welche Erkenntnisse aus der Beschäftigung mit dem Strukturwandel und dem Wandel der Berufs- und Arbeitswelt Einfluss auf Ihre Berufswahl haben werden.
3. a) Schreiben Sie eine E-Mail oder einen Brief an sich selbst, in dem Sie über den derzeitigen Stand Ihrer Berufs- und Studienorientierung berichten und in dem Sie Ihre derzeitige Berufs- bzw. Studienwahl begründen. Bewahren Sie den Brief auf, um Ihre Aussagen zu einem späteren Zeitpunkt noch einmal überprüfen zu können.
   b) Prüfen Sie in diesem Zusammenhang, ob einer der vorgestellten Berufe für Sie in Frage käme.

H zu Aufgabe 3 b)
Auf der Seite www.was-studiere-ich.de können Sie mit Hilfe eines Selbsttests herausfinden, welches Studium zu Ihren Neigungen und Interessen passt.

13.2 Transformationsprozesse und die Rolle des Staates

13.2.1 Soll der Aufbau Ost weiterhin finanziert werden?

M 1 ● Ost-West-Bestandsaufnahme – 25 Jahre nach dem Mauerfall

Wirtschaft: „Blühende Landschaften" gibt es im Osten eher wenige. Die Wirtschaftskraft liegt ein Drittel unter dem Niveau der westdeutschen Länder. Und: Die Lücke schließt sich seit einiger Zeit kaum noch.

Verdienst: Ostdeutsche verdienen viel weniger. So betrug der mittlere Bruttomonatslohn im Westen zuletzt 3.094 Euro, im Osten nur 2.317 Euro.

Arbeitslose: Die Kluft zwischen Ost und West wird immer kleiner. In Ostdeutschland ist die Arbeitslosenquote auf dem tiefsten Stand seit 1991. Trotzdem beträgt sie noch 9,1 Prozent, im Westen 5,8 Prozent.

Vermögen: Ostdeutsche besitzen nicht einmal halb so viel. Während Erwachsene im Westen im Schnitt über 94.000 Euro verfügen, sind es im Osten nur 41.000 Euro. Der Durchschnittswert selbst genutzter Immobilien liegt im Westen bei 151.000, im Osten bei 88.000 Euro.

Kinderbetreuung: In der DDR gehörte die Krippe zum Alltag, das wirkt bis heute nach. 2013 war die Betreuungsquote im Osten mit 49,8 Prozent noch mehr als doppelt so hoch wie in den westdeutschen Ländern mit 24,2 Prozent.

Rente: Wegen des früheren Berufseinstiegs in der DDR sind Renten im Osten meist höher. Zuletzt bekamen Männer im Schnitt 1.096 Euro, Frauen 755 Euro. Im Westen: Männer 1.003 Euro, Frauen 512 Euro.

Kinderwunsch: In Westdeutschland ist der Kinderwunsch deutlich ausgeprägter. Nach einer Forsa-Umfrage möchten 63 Prozent der jungen Erwachsenen hier auf jeden Fall Kinder, im Osten nur 47 Prozent.

dpa, www.t-online.de, 2.10.2014

M 2 ● Was kostet die Wiedervereinigung?

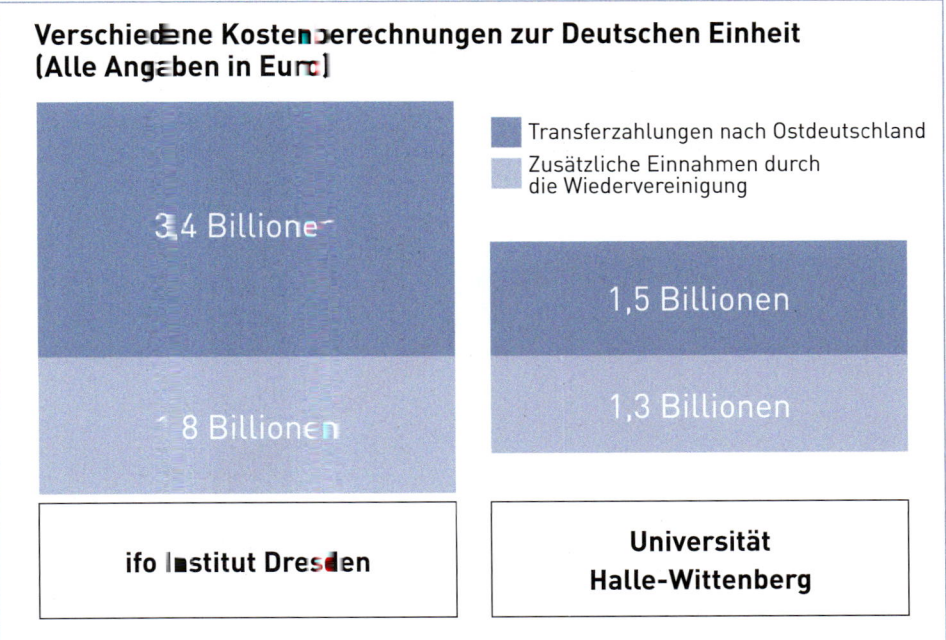

Verschiedene Kostenberechnungen zur Deutschen Einheit
(Alle Angaben in Euro)

- Transferzahlungen nach Ostdeutschland
- Zusätzliche Einnahmen durch die Wiedervereinigung

ifo Institut Dresden: 3,4 Billionen / 1,8 Billionen
Universität Halle-Wittenberg: 1,5 Billionen / 1,3 Billionen

Das Dresdner ifo Institut stellt in seiner Berechnung für den Zeitraum 1991 bis 2013 den Transferleistungen von Ost nach West die Steuer- und Beitragseinnahmen gegen-
5 über, die sich aus der Wiedervereinigung ergaben. Ein Großteil der Transferzahlungen, etwa 2,2 Billionen, floss in den Sozialbereich, etwa in die Rente. Die direkten und ausschließlichen Finanztransfers lagen
10 bei etwa 560 Milliarden Euro. Darin enthalten sind Mittel aus wachstumsorientierten Programmen wie der Investitionszulage, dem Fonds Deutsche Einheit sowie dem Solidarpakt I und II. Weitere Zahlungen
15 liefen über den Länderfinanzausgleich und allgemeine Bundesaufgaben wie Ministerien von Ost nach West. Alle Transferleistungen zusammengenommen beliefen sich laut ifo Institut auf 3,4 Billionen Euro. Dem
20 gegenüber stehen 1,8 Billionen Euro an Steuer- und Beitragseinnahmen, die infolge der Wiedervereinigung zwischen 1991 und 2013 an den Staat gingen. [...]
Der Ökonom Ulrich Blum, Wirtschaftsfor-
25 scher an der Universität Halle-Wittenberg, hat Rückflusseffekte in seine Kostenberechnungen zur Deutschen Einheit einbezogen. So richtet er sein Augenmerk auf die massenhafte Abwanderung qualifizier-
30 ter Arbeitskräfte aus dem Osten in den Westen. Etwa 1,2 Millionen Bürger verloren die ostdeutschen Bundesländer zwischen 1990 und 2006 durch Abwanderung. Darunter waren überdurchschnittlich viele
35 junge qualifizierte Menschen, insbesondere Frauen. In der Hoffnung auf bessere Berufs- und Verdienstmöglichkeiten zogen sie in den Westen und trugen dort zur Wirtschaftsleistung bei und zahlten Steu-
40 ern und Abgaben. Auch Blums Rechnung zufolge belaufen sich die Transferzahlungen, die der Westen zwischen 1990 und 2014 an den Osten leistete, auf 1,5 Billionen Euro – er stellt diesen Transfers aber
45 insgesamt 1,3 Billionen Euro Einnahmen gegenüber, die sich bis heute aus der Produktivität und den Steuern und Abgaben ostdeutscher Beschäftigter im Westen sowie aus westdeutschen Exporten in den
50 Osten ergäben. Nach Blums Berechnung hat der Osten also einen Großteil der Kosten selbst erbracht.

Bundeszentrale für politische Bildung, www.bpb.de,
Zahlen und Fakten zur Deutschen Einheit, 28.9.2015

Solidarpakt I

Nach der Wiedervereinigung 1990 einigten sich Bundesregierung und Ministerpräsidenten im März 1993 auf einen Solidarpakt zur Unterstützung der neuen Länder ab 1995.

Eckpunkte des **Solidarpakts I**:
1. Sicherung der Finanzausstattung der neuen Länder und ihrer Gemeinden durch ein Transfervolumen von 55,8 Milliarden Mark (28,5 Milliarden Euro) in 1995.
2. Beseitigung der ökologischen Altlasten sowie Sicherung und Erneuerung industrieller Kerne.
3. Absatzförderung für Produkte aus den neuen Bundesländern.
4. Notwendigkeit einer Bahnreform.
5. Stärkung des Wohnungsbaus.
6. Verstetigung der aktiven Arbeitsmarktpolitik.
7. Keine Kürzung der sozialen Regelleistungen.
8. Ausgabenkürzungen und der Abbau von Steuersubventionen sollten einen Einsparungsbetrag von über 9 Milliarden Mark (4,6 Milliarden Euro) erzielen.
9. Einführung eines Solidaritätszuschlages ab dem 1. Januar 1995 von 7,5 Prozent, ab 1998 von 5,5 Prozent auf Einkommen-, Kapitalertrag- und Körperschaftsteuer.

Solidarpakt II

Wurde am 23. Juni 2001 geschlossen und gilt von 2005 bis 2019 gilt. Der Bund verpflichtet sich, den neuen Ländern für den Aufbau Ost insgesamt 156,5 Milliarden Euro zur Verfügung zu stellen. Neu am Solidarpakt II ist u. a., dass die Länder einen Großteil der bislang nur für einen bestimmten Verwendungszweck gewährten Mittel nun gemäß ihren eigenen Vorstellungen einsetzen dürfen. Dadurch soll die Effizienz der Förderung steigen.

Tipp

Filme zur deutschen Einheit: http://www.faz.net/aktuell/wirtschaft/25-jahre-deutsche-einheit-bilanz-der-sozialen-marktwirtschaft-13835777.html

M 3 • Finanzierung der Wiedervereinigung durch den Solidarpakt I und II

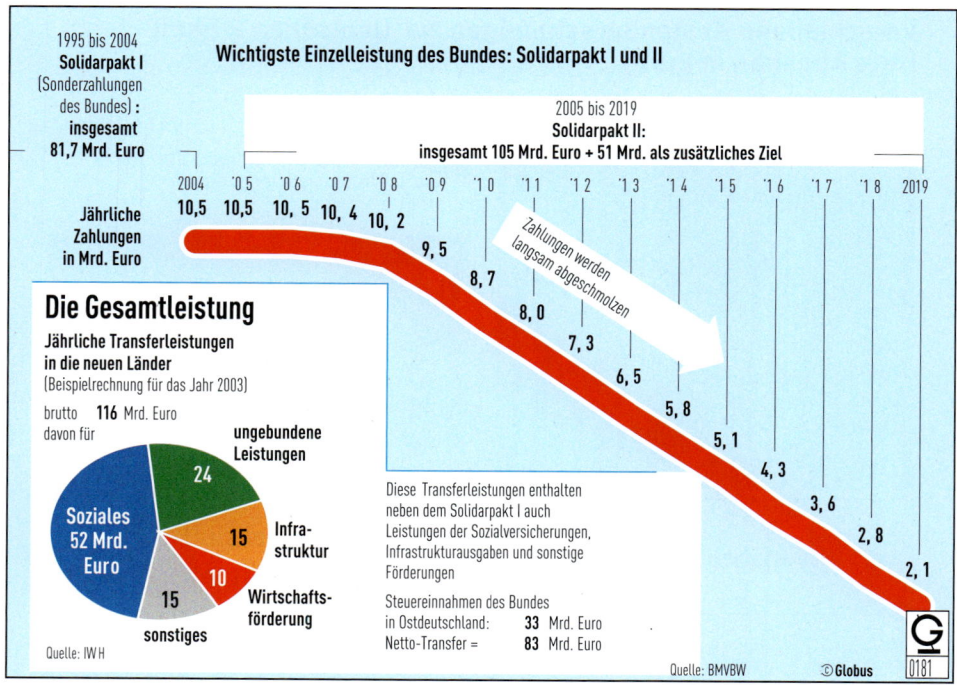

M 4 • Kontrovers diskutiert: Pro und Kontra Soli

Kontra: Das Geld wird weiter gebraucht

Politik ist manchmal ein schmutziges Geschäft. Argumente werden nicht selten zurechtgebogen, bis sie zwar etwas quietschen – aber doch noch ihre erwünschte Wirkung tun. So war es auch Anfang der 1990er-Jahre mit dem Argument, der Solidaritätszuschlag müsse für eine kurze Zeit eingeführt werden, um die Kosten der Einheit tragen zu können.

Alle Entscheider in Regierung und Parlament wussten oder ahnten zumindest, dass dies doppelt gemogelt war: denn der Aufbau Ost würde nicht kurzfristig möglich sein und der Soli wurde auch gar nicht zweckgebunden für diese Aufgabe erhoben. Das Geld floss in den Bundeshaushalt. Was der Bund davon bezahlte – ob neue Straßen bei Leipzig, neue Panzer oder eine Gehaltserhöhung für seine Beamten – blieb ihm überlassen. Die Mär von der Solidaritätsaktion für den Osten sollte nur helfen, die Steuerzahler freundlicher gegenüber dieser allgemeinen Steuererhöhung zu stimmen. Und alle Kanzler machten mit – von Kohl über Schröder bis zu Merkel.

Zugegeben, viele Bürger sind auf diese Mär reingefallen. Insofern ist ihr Ruf verständlich, dass der Staat jetzt nicht nur auf den Soli verzichtet, sondern auch auf das Geld, das er damit einnimmt. Nur sollten sie so viel Rationalität besitzen, nicht einer neuen Mär aufzusitzen. Sie lautet: Wenn der Soli geht, hat der Bürger entsprechend mehr Geld in der Tasche. Wer so argumentiert, sollte ohne Zeitverzug hinzufügen, wo er staatliche Ausgaben in Milliardenhöhe streichen und wie er für diese Streichaktion politische Mehrheiten organisieren will.

Für den Erhalt der Finanzmasse, die bisher der Soli und künftig eine variierte Form der Besteuerung bringt, spricht aber noch ein weiteres Argument. Mit dem Jahr 2019 werden nicht nur Entscheidungen über den Soli und den Solidarpakt nötig, sondern auch über den Länderfinanzausgleich. Wie

die Dinge liegen, werden sich Bund und Länder nur auf ein verbessertes Ausgleichssystem einigen, wenn hinterher keiner der
50 Beteiligten wesentlich schlechter da steht. Dazu aber ist Geld in größerem Umfang nötig – Geld, das der umgewidmete Soli bringen kann. Politik ist eben manchmal ein schmutziges Geschäft.

Rainer Pörtner, Stuttgarter Zeitung, 27.11.2014

55 **Pro: Keine Solidarität mit Rosstäuschern**
Was geht mich mein Geschwätz von gestern an, denken sich die Parteien. Die Bürger aber erinnern sich. Und sind zu Recht verdrossen [...].
60 Kaiser Wilhelm I. hat 1902 die Schaumweinsteuer eingeführt, um damit die kaiserliche Kriegsflotte und den Kaiser-Wilhelm-Kanal zu finanzieren. Nun haben wir schon lange keinen Kaiser und keine kai-
65 serliche Flotte mehr, und der damals längst fertige Kanal ist 1948 in Nord-Ostsee-Kanal umbenannt worden. Einzig die Sektsteuer, seinerzeit als „Luxus"steuer proklamiert, lebt, wächst und gedeiht, weil Sekt
70 heute – dem breiten Wohlstand sei Dank – auch für weniger Betuchte kein großer Luxus mehr ist. Man muss kein Prophet sein um vorherzusagen, dass diese Steuer auch uns überlebt. Ähnliches könnte mit dem
75 Solidaritätszuschlag passieren, wenn die Bürger der gefräßigen Politik jetzt nicht in den Arm fallen. Denn die 5,5 Prozent Zuschlag, die seit der deutschen Wiedervereinigung auf die Einkommen-, Lohn-, Kapi-
80 talertrag- und Körperschaftssteuer erhoben werden, um den maroden Osten des Landes möglichst schnell aufzubauen und in blühende Landschaften zu verwandeln, ist zwar befristet bis 2019. Doch die Parteien haben
85 keine Neigung auf das Geld zu verzichten; Volksbeglückungspolitik kostet schließlich was.
SPD und Grüne wollen ohne viel Federlesens die Milliarden mit der Einkommensteuer weiter einsacken. Die Union nennt
90 das zwar zurecht heimliche Steuererhöhung, ziert sich aber nur halbherzig; sie will das Geld ja auch und wird schon noch umfallen. Nur die FDP erinnert noch daran, dass die Politik den Bürgern im Wort steht.
95 Aber das liberale Häuflein ist so geschrumpft, dass es hübsch leicht zu überhören ist.
Deshalb bleibt nur eins: Wir Bürger sollten uns gegen die geplante Plünderung wehren.
100 Wir sind solidarisch mit den Brüdern und Schwestern im Osten und haben gern gegeben. Doch jetzt geht es gegen Rosstäuscherei. Denn die Steuereinnahmen sprudeln und werden wohl bis 2019 von derzeit
105 640 auf 760 Milliarden Euro weiter steigen. Damit sollen Bund und Länder wirtschaften, und wenn es nicht reicht, um Infrastrukturdefizite zu beheben, sollen sie sparen, Notwendiges und Wünschenswertes
110 überprüfen. Oder will jemand wirklich behaupten, dieses Land hätte keinen Spielraum mehr?

Barbara Thurner, Stuttgarter Zeitung, 27.11.2014

Aufgaben

1. Analysieren Sie M 1 unter der Fragestellung, ob die Wiedervereinigung erfolgreich war.
2. Die Kosten der Wiedervereinigung werden unterschiedlich berechnet. Erklären Sie die unterschiedlichen Ergebnisse in M 2.
3. Erläutern Sie die Finanzierung durch den Solidarpakt I und II (M 3).
4. Der Solidaritätszuschlag ist bis 2019 befristet. Bewerten Sie die Kontroverse in M 4.

13.2.2 Staatliche Strukturpolitik – Wie viel Staat verträgt die Marktwirtschaft?

M 5 ● Warum greift der Staat in den Strukturwandel ein?

In der Sozialen Marktwirtschaft der Bundesrepublik Deutschland greift der Staat über Konjunkturpolitik und Strukturpolitik ins wirtschaftliche Geschehen ein. Zwar gilt das für die marktwirtschaftliche Ordnung konstitutive Prinzip, dass der Strukturwandel von den Wirtschaftsakteuren selbst zu bewältigen ist; soziale Härten für Individuen, Unternehmen oder Regionen sollen aber in der Sozialen Marktwirtschaft vom Staat ausgeglichen werden. Grundlage dafür sind die Art. 72, Abs. 2 und Art. 106, Abs. 3 Nr. 2 des Grundgesetzes, welche den Staat verpflichten, für die Gleichwertigkeit der Lebensverhältnisse zu sorgen. Die strukturpolitischen Maßnahmen des Staates sind vielfältig. Neben der Strukturpolitik des Bundes und der Länder wird die Strukturpolitik der EU immer wichtiger. Deren Aufgabe ist es insbesondere, strukturschwachen Regionen innerhalb der EU dabei zu helfen, Standortnachteile abzubauen und Anschluss an die allgemeine Wirtschaftsentwicklung zu halten bzw. herzustellen.

Autorentext

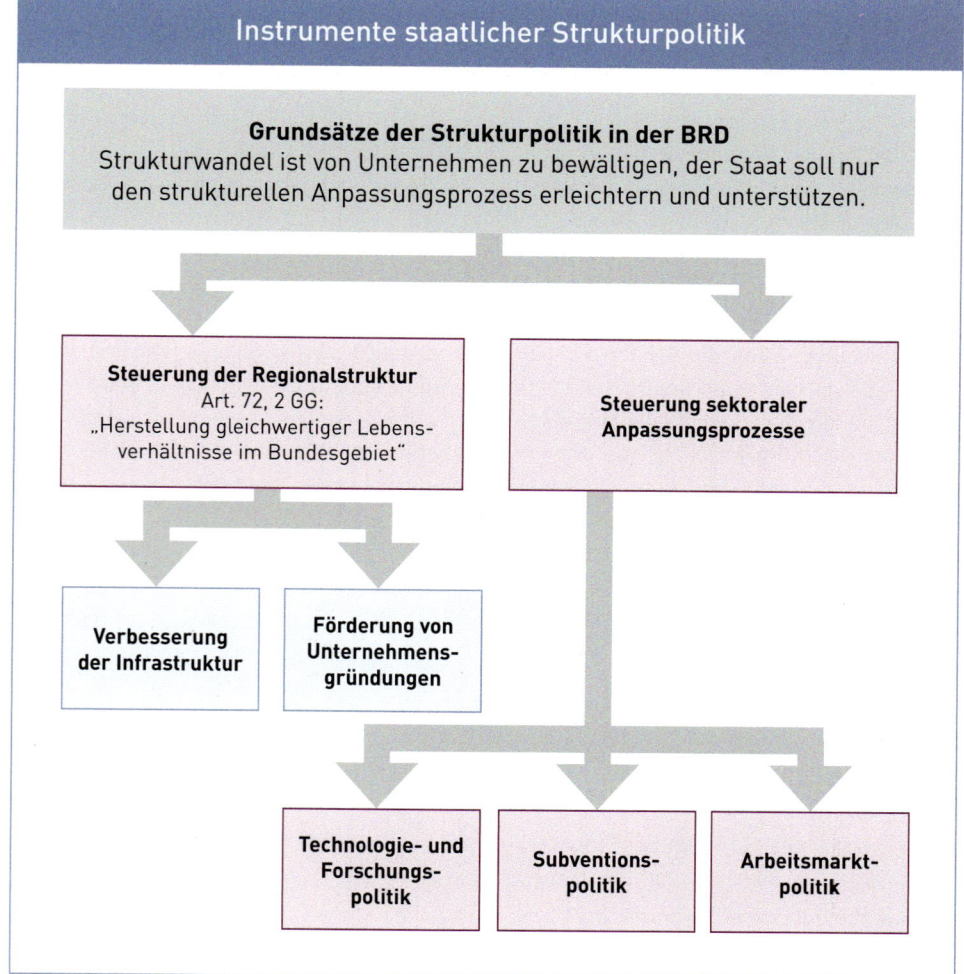

Autorengrafik

M 6 ● Europäische Strukturpolitik

Nach über 50 Jahren Popkultur wurde [mit der Popakademie Mannheim] erstmals in Deutschland die Möglichkeit geschaffen, mit akademischem Anspruch fokussiert auf die Bereiche Popularmusik und Musikwirtschaft auszubilden. Der Standort Mannheim als „heimliche Musikhauptstadt" bietet mit seiner lebendigen Kulturszene, seiner aktiven Popförderung und Institutionen wie dem Musikpark Mannheim das ideale Umfeld. In der EU-Förderperiode 2007 – 2013 wurde die Popakademie mit rund drei Mio. Euro an EFRE-Mitteln bezuschusst.

Nach: Popakademie Baden-Württemberg GmbH, www.popakademie.de (29.8.2016)

Sitz der Popakademie in Mannheim

Die LT Ultra-Precision Technology GmbH entwickelt und fertigt innovative und ultrapräzise Maschinen sowie Komponenten und Teile, die in den verschiedenartigsten Scannern, Druckmaschinen, Laser-Anlagen, großen Spiegelteleskopen oder Satelliten eingesetzt werden. In der Förderperiode 2007 – 2013 wurde das Unternehmen für seine Innovationen und wissensbasierte Wirtschaft mit 100.000 Euro EFRE-Mitteln bezuschusst.

http://presseportal.eu-kommission.de (7.4.2016)

Bauteil eines Spiegelteleskops

M 7 ● Die Kohäsionspolitik – Hauptinvestitionspolitik der EU

Die Kohäsionspolitik richtet sich an alle Regionen und Städte in der Europäischen Union, um die Schaffung neuer Arbeitsplätze, die Wettbewerbsfähigkeit der Unternehmen, das Wirtschaftswachstum, eine nachhaltige Entwicklung und die Verbesserung der Lebensqualität der EU-Bürger zu fördern.

Die Investitionen tragen dazu bei, viele andere EU-Politikziele zu erreichen. Die Kohäsionspolitik ergänzt andere EU-Politikfelder wie Bildung, Beschäftigung, Energie, Umwelt, Binnenmarkt, Forschung und Innovation. Sie bietet insbesondere den erforderlichen Investitionsrahmen und die Strategie zum Erreichen der vereinbarten Wachstumsziele.

Bis zum Jahr 2020 möchte die EU fünf konkrete Ziele in den Bereichen Beschäftigung, Innovation, Bildung, soziale Eingliederung und Klima/Energie erreichen. Jeder Mitgliedstaat hat seine eigenen nationalen Ziele in diesen Bereichen definiert.

Um diese Ziele zu erreichen und die unterschiedlichen Entwicklungsbedürfnisse in allen EU-Regionen zu berücksichtigen, wurden 351,8 Mrd. EUR – also fast ein Drittel des gesamten EU-Haushalts – für die Kohäsionspolitik im Zeitraum 2014 – 2020 vorgesehen.

Kohäsions- und Strukturpolitik der EU

Die Kohäsions- und Strukturpolitik ist einer der zentralen Politikbereiche der Europäischen Union. Etwa ein Drittel der Haushaltsmittel der EU werden dafür eingesetzt. Sie soll der Festigung des wirtschaftlichen, sozialen und territorialen Zusammenhalts („der Kohäsion") in der Union dienen und dabei insbesondere Wachstum und Beschäftigung in den Regionen mit Entwicklungsrückstand (sog. „strukturschwache Regionen") fördern.
Es gibt zwei EU-Strukturfonds, den Europäischen Fonds für regionale Entwicklung (EFRE) sowie den Europäischen Sozialfonds (ESF). Sie funktionieren nach dem Prinzip der Kofinanzierung: Werden Projekte aus den Strukturfonds gefördert, müssen stets auch öffentliche Mittel des betreffenden Landes beigesteuert werden. Außerdem gilt: Die EU-Regionalförderung erfolgt immer zusätzlich zur Unterstützung durch die Mitgliedstaaten selbst. Sie darf diese nicht ersetzen (sog. Additionalitätsprinzip).

© 2016 Bundesministerium für Wirtschaft und Energie, www.bmwi.de (29.8.2016)

Der Großteil der Kohäsionsmittel konzentriert sich auf weniger entwickelte europäische Länder und Regionen, damit diese aufschließen und so die wirtschaftlichen, sozialen und territorialen Ungleichgewichte, die nach wie vor in der EU vorhanden sind, verringern.

Die Kohäsionspolitik ist ein Katalysator für weitere öffentliche und private Mittel; nicht nur weil sie die Mitgliedstaaten dazu verpflichtet, Projekte über ihren nationalen Haushalt zu kofinanzieren, sondern auch weil sie Vertrauen für Investoren schafft.

Unter Berücksichtigung der nationalen Beiträge und anderer privater Investitionen dürfte sich der finanzielle Gesamtumfang der Kohäsionspolitik für den Zeitraum 2014 – 2020 auf ca. 450 Mrd. EUR belaufen.

Die Kohäsionspolitik hat elf thematische Ziele zur Förderung des Wachstum in der Periode 2014 – 2020 ausgewählt:

1. Ausbau von Forschung, technischer Entwicklung und Innovation
2. Verbesserung des Zugangs zu Informations- und Kommunikationstechnologien (IKT) sowie ihrer Nutzung und Qualität
3. Verbesserung der Wettbewerbsfähigkeit von KMU
4. Unterstützung der Umstellung auf eine CO_2-arme Wirtschaft
5. Anpassung an den Klimawandel, Risikoprävention und -management
6. Umweltschutz und effiziente Nutzung von Ressourcen
7. Nachhaltigkeit im Verkehr und Verbesserung der Netzinfrastrukturen
8. Förderung einer nachhaltigen und hochwertigen Beschäftigung sowie der Mobilität der Arbeitskräfte
9. Förderung der sozialen Eingliederung sowie Bekämpfung von Armut und Diskriminierung
10. Investitionen in Aus- und Fortbildung und lebenslanges Lernen
11. Verbesserung der Effizienz der öffentlichen Verwaltung

Einführung in die EU-Kohäsionspolitik 2014 – 2020, http://ec.europa.eu, Juni 2014

Aufgaben

1. Beschreiben Sie Ziele und Prinzipien der europäischen Kohäsions- und Strukturpolitik (M 6, M 7).
2. Prüfen Sie, ob die Ziele der europäischen Kohäsions- und Strukturpolitik mit den Instrumenten staatlicher Strukturpolitik in Deutschland vereinbar sind (M 5 – M 7).

Ein wissenschaftliches Poster erstellen

Die Industriestädte Wolfsburg und Eisenhüttenstadt, knapp achtzig Jahre alt die eine, rund zwölf Jahre jünger die andere, sind wohl die bedeutendsten Stadtgründungen in Deutschland im 20. Jahrhundert. Beide waren zugleich als Modell- und Musterstädte wichtig. „Stadt des Morgen", „Symbol unseres Lebens", „Stadt ohne Beispiel" sollten sie sein – junge, moderne, vorwärtsstrebende Städte. Auf dem Reißbrett entstanden, verkörpern diese zwei Städte im geteilten Deutschland Zuversicht und Aufbau-Euphorie der Nachkriegszeit, das Vertrauen in Fortschritt und Modernität, vor allem aber die Überzeugung ihrer Planer, dass nur ihrem Staat die Zukunft gehöre.

Untersuchen und vergleichen Sie die Geschichte und wirtschaftliche Entwicklung dieser beiden Städte in einem fächerverbindenden Projekt zur Industriegeschichte (zusammen mit Geschichte, Geografie). Stellen Sie Ihre Ergebnisse, die Sie z. B. in arbeitsteiliger Gruppenarbeit erarbeitet haben, in Form eines **wissenschaftlichen Posters** dar.

Poster sind meistens DIN A0 große Präsentationen, die ein klar umrissenes Thema darstellen und ohne zusätzliche Erklärung für sich selbst sprechen sollen. Für die **Verständlichkeit** und **Originalität** eines Posters sind grundsätzlich vier Kriterien maßgebend:

- Inhalt, Aussage
- Gestaltung, Gliederung
- Technik, Ästhetik
- Verständlichkeit und Originalität.

Wenn es um ein wissenschaftliches Poster geht, werden insbesondere bei Inhalt und Aussage noch zusätzliche Anforderungen gestellt, die über das hinausgehen, was man ansonsten von Plakaten oder plakatähnlichen Darstellungen erwartet. Ein wissenschaftliches Poster kann nicht wie ein Werbe- oder Veranstaltungsplakat betrachtet werden. Die inhaltliche Qualität der Aussage ist zu beurteilen wie bei jeder wissenschaftlichen Arbeit. Die Kunst besteht im Kürzen, in der Beschränkung auf das Wesentliche und für die Aussage unbedingt Notwendige, ohne dabei zu sehr zu vergröbern oder unzulässig zu verallgemeinern. Auch ein Poster sollte die übliche Gedankenfolge einer wissenschaftlichen Arbeit anbieten:

- *Problemstellung* (Bedeutung, Abgrenzung des Problems),
- *Zielsetzung* (Welche Fragen sollen beantwortet werden? Welche Ziele verfolgt die Untersuchung, das Forschungsprojekt?),
- *Methodik* (Wie ist die Vorgehensweise zur Zielerreichung?),
- *Ergebnisse* (Was ist festgestellt worden und was heißt das für die Fragestellung/Zielsetzung?) und
- *Schlussfolgerungen* (Bedeutung der Ergebnisse für den Problemzusammenhang, mögliche Konsequenzen für die Praxis und für weitere Forschung?).

Der Betrachter eines Posters will möglichst viel sehen und so wenig wie möglich lesen. Visualisierung – die bildhafte Gestaltung von Aussagen – ist gefragt. Taucht z. B. eine Tabelle auf, so fragt man sich, ob sie nicht in ein Diagramm überführbar gewesen wäre. Bei aller Umsetzung ins Visuelle darf die wissenschaftliche Aussage nicht untergehen; gerade über die Visualisierung sollte sie möglichst verständlich und eindrucksvoll vermittelt werden.

Der Text muss gut lesbar sein. Diagramme sollte man aus zwei Metern Entfernung noch mit bloßem Auge gut erkennen können. Das erleichtert eine klare Schrift. Typen ohne „Serifen", eventuell im Fettdruck (z.B. „Arial", „Letter Gothic" oder „Tahoma"), sind meist besser lesbar und daher in kleinerer Schriftgröße noch eher zu entziffern als Serifenschriften (z. B. „Times New Roman" oder „Courier"). Farbe ist ein unverzichtbares Gestaltungsmittel im Poster.

Ein Poster bietet Fläche; dieser Raum ist aufzuteilen. Aufteilen heißt nicht Zupflastern. Freifläche ist eines der wichtigsten Güter, die es im Poster zu verteidigen gilt. Reihung, Rhythmus und Dynamik sind Elemente, die letztlich den ästhetischen Eindruck bestimmen. Dieser ästhetische Eindruck sollte sich in den Dienst der Aussage stellen und den Blick auf das Wesentliche lenken. Ein ansprechendes und schönes Poster lädt zum Verweilen ein, so kommt auch das weniger Zentrale zu seinem Recht. Ein verständlicher Text zeichnet sich durch Einfachheit, Kürze und Prägnanz, Gliederung und Ordnung aus. Dies gilt auch für das Poster.

Autorentext

13.2.3 Fallstudie: Subventionen auf dem Prüfstand – Sollen Elektroautos subventioniert werden?

M 8 ● Emissionsfreies Autofahren...

Karikatur: www.superverbleit.de (7.4.2016)

M 9 ● Kaufprämie für Elektroautos – was wurde von der Bundesregierung beschlossen?

Bafa
Bundesamt für Wirtschaft und Ausfuhrkontrolle

Wer zuerst kommt, mahlt zuerst: Nach diesem Prinzip hat die Bundesregierung eine Kaufprämie für Elektroautos aufgesetzt, die sie offiziell „Umweltbonus" nennt. Der Käufer eines reinen Batterie-elektrischen Neuwagens oder eines neuen Autos mit Brennstoffzelle erhält insgesamt einen Zuschuss von 4.000 Euro. Davon übernimmt der Bund die Hälfte, die andere Hälfte muss der Automobilhersteller dem Käufer als Nachlass gewähren. Um den Vorwurf auszuräumen, der Zuschuss würde vor allem Luxusspielzeuge von Gutbetuchten unterstützen, hat der Bund eine Preisobergrenze festgelegt: Der Netto-Listenpreis des Basismodells darf 60.000 Euro netto nicht überschreiten.
Gefördert werden Fahrzeuge, die seit dem 18. Mai 2016 gekauft wurden. Insgesamt stehen 1,2 Milliarden Euro zur Verfügung – 600 Millionen Euro kommen vom Bund. Ist das Geld alle, endet automatisch die Laufzeit der Kaufprämie. Die Mittel reichen für bis zu 400.000 Fahrzeuge und damit laut Bafa voraussichtlich bis 2019. Die Regierung geht davon aus, dass der Topf aber schon früher leer sein dürfte. Bis Ende 2020 sind Elektroautos ab der Neuzulassung fünf Jahre von der Kfz-Steuer befreit. In einem Gesetz zur Förderung der Elektromobilität räumte die Regierung im vergangenen Jahr den Kommunen außerdem die Möglichkeit ein, Busspuren für Elektroautos zu öffnen, Durchfahrtsverbote für Elektroautos aufzuheben oder kostenlose Parkplätze für diese Fahrzeuge einzurichten. 100 Millionen Euro sind dafür reserviert, mehr Elektroautos für die Fahrzeugflotten des Bundes anzuschaffen. Künftig soll jeder fünfte Wagen des Bundes mit Strom fahren.

Christoph M. Schwarzer/Matthias Breitinger, Die Zeit, 27.4.2016

M 10 ● Entwicklung der Neuzulassungen

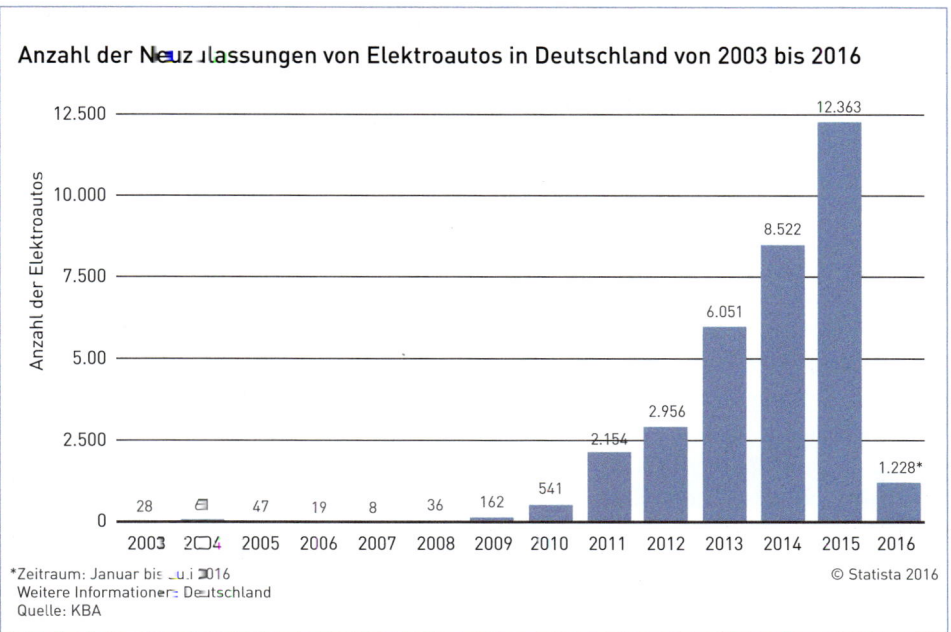

*Zeitraum: Januar bis Juli 2016
Weitere Informationen: Deutschland
Quelle: KBA

Bestand an PKW am 1.1.2015 in Baden-Württemberg und Deutschland nach ausgewählten Kraftstoffarten absolut

	BaWü	BRD
Benzin	4.038.323	29.837.617
Diesel	2.063.261	13.861.404
Flüssiggas	39.984	494.148
Erdgas	10.504	81.423
Elektro	4.042	18.948
Hybrid	14.587	107.754
insgesamt	6.171.168	44.403.124

Kraftfahrtbundesamt, www.kba.de (7.4.2016)

M 11 ● Ökobilanz: CO_2-Emissionen

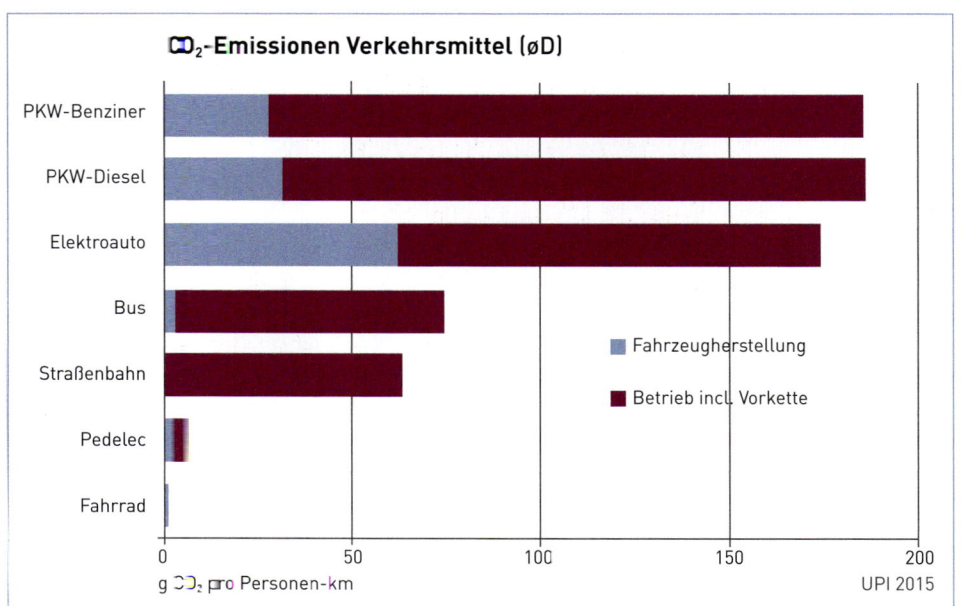

Dieter Teufel, UPI-Bericht 79: „Ökologische Folgen von Elektroautos – Ist die staatliche Förderung von Elektro- und Hybridautos sinnvoll?", August 2015

M 12 • Sechs Thesen zur Förderung der Elektromobilität

Elektromobilität und Digitalisierung sind Innovationstreiber der Automobilindustrie

Neben der Optimierung der klassischen Verbrennungsmotoren habe die deutsche Automobilindustrie in den vergangenen Jahren 14 Mrd. Euro in die Elektromobilität investiert. Rund 30 Serienmodelle (rein batterie-elektrisch, Plug-in-Hybrid, Range-Extender) deutscher Marken seien bereits verfügbar. [...] Um die notwendige Marktdurchdringung auch in Deutschland zu erreichen, müsse die Politik kluge Anreize setzen, die stimulieren und fördern.
Matthias Wissmann, Pressemeldungen Verband der Automobilindustrie, www.vda.de, 17.3.2016

1. Wir brauchen E-Autos für den Klimaschutz und für saubere Luft. Die Politik hat sich ehrgeizige Ziele gesetzt, um weltweit den Klimaschutz zu verbessern und für saubere Luft in den Städten zu sorgen. Gerade im Sektor der Mobilität besteht noch größerer Handlungsbedarf. E-Autos können dazu einen großen Beitrag leisten. Sie sind emissionsfrei, stoßen weder Stickoxide und Feinstaub noch CO_2 aus. Es ist im Übrigen auch kein Hexenwerk, eine Batterie mit Strom aus Sonne und Wind nachzuladen. Das gehört zur emissionsfreien Mobilität dazu.

2. E-Autos sind für den Industriestandort Deutschland eine schlichte Notwendigkeit. Der Wirtschaftsstandort Deutschland lebt von seinem Know-how und seinem technologischen Vorsprung. Das gilt nicht zuletzt für die Automobilindustrie. Wir dürfen die Entwicklung nicht verschlafen: Ohne Digitalisierung und eben die E-Mobilität ist der Automobilbau auf Dauer kaum vorstellbar. Wenn wir Produktion und Innovation – besonders in der Batteriefertigung als Schlüsseltechnologie – in Deutschland halten wollen, dann brauchen wir hier auch einen Markt für E-Autos. Ansonsten kaufen wir in Zukunft diese Mobilität aus Asien ein – wie schon im Bereich der Kommunikation das Handy.

3. Einer Zukunftstechnologie mit staatlichen Anreizen den Weg in den Markt zu erleichtern, ist nichts Verwerfliches, sondern im Gegenteil: Es ist vorausschauende Wirtschaftspolitik. Staatliche Anreize sind nicht ohne Beispiel. Ohne staatliche Steuerung hätten die Erneuerbaren Energien keine Chance im Markt gehabt. Inzwischen haben sie sich zu einem wichtigen Baustein der Industriepolitik entwickelt und Arbeitsplätze geschaffen. Die „Abwrackprämie" zur Unterstützung der deutschen Wirtschaft während der weltweiten Finanzkrise gilt bis heute als Erfolgsmodell. Nur sollte man kluge Modelle nicht erst in Krisenzeiten anwenden.

4. Angebliche „Mitnahmeeffekte" bei einer Kaufprämie sind zu vernachlässigen. In den vergangenen Jahren wurden rein elektrisch fahrende Autos kaum gekauft. Bundesweit sind gerade mal rund 30.000 unterwegs. Und es gibt zurzeit leider keine Anzeichen, dass sich das von alleine ändert. Wenn wir jetzt aber den Markthochlauf mit Hilfe einer Prämie schaffen, dann kann doch von einer „Mitnahme" keine Rede sein. Wir erreichen genau das, was wir erreichen wollen: mehr E-Autos auf den Straßen.

5. Eine Kaufprämie muss klug durchdacht sein. Niedersachsen hat schon 2014 eine staatliche Kaufprämie von 5.000 Euro für Privatleute bei der Anschaffung eines reinen Elektroautos vorgeschlagen. [...] Die Prämien könnten auf vier Jahre und auf zwei Milliarden Euro begrenzt werden. Wir hätten dann im Erfolgsfall mehrere hunderttausend Elektroautos auf den Straßen – und die Zukunft der Automobilindustrie und hunderttausende Arbeitsplätze ein Stück mehr abgesichert.

6. Eine Kaufprämie führt nicht zu einer Belastung des Staatshaushaltes Elektroautos werden im Moment überwiegend als zusätzliche Fahrzeuge angeschafft. Bei einem Durchschnittspreis zwischen 20.000 und 25.000 Euro wird dafür natürlich Mehrwertsteuer bezahlt. Also: 5.000 Euro Prämie gegen 5.000 Euro Mehrwertsteuer. Für den Staat und den Steuerzahler bleibt unter dem Strich eine schwarze Null. Und für die Elektromobilität haben wir den notwendigen Impuls für den Durchbruch.

Olaf Lies, www.mw.niedersachsen.de, (7.4.2016)

M 13 ● Elektroautos – die negativen Nebenwirkungen

Elektroautos haben [...] folgende negative Nebenwirkungen, die in Ökobilanzen und CO_2-Szenarienberechnungen über Elektromobilität bisher nicht berücksichtigt werden:

- Da Elektroautos in der Flottengrenzwertregelung der EU trotz ihrer Emissionen juristisch als „Null-Emissionsfahrzeuge" definiert sind, führen sie über eine Kompensation der Grenzwertüberschreitungen großer und schwerer PKW (z. B. SUV, Geländewagen) insgesamt zu einer Zunahme der CO_2-Emissionen.
- Da Elektroautos häufig als zusätzliche Zweit- oder Dritt-Wagen angeschafft werden, erhöhen sie die Anzahl der Autos. Dies verschärft den Ressourcen- und Flächenverbrauch des Straßenverkehrs und das Stellplatzproblem in Städten.
- Obwohl sie in der Anschaffung teurer sind als normale PKW, liegen Elektroautos in den Betriebskosten deutlich niedriger, u. a. da sie nicht an ihren Infrastrukturkosten beteiligt werden. Dadurch verursachen Elektroautos eine Verkehrsverlagerung vom Öffentlichen Verkehr zum Auto und eine Neu-Induktion von Verkehr. Dies würde bei einer Verbreitung von Elektroautos zu einer weiteren Überlastung des Straßennetzes und zur Schwächung des Öffentlichen Verkehrs mit negativen Folgen für die Umwelt (Zunahme von Flächenverbrauch, CO_2-Emissionen und Unfallrisiko), die Bedienqualität und das Betriebsdefizit des Öffentlichen Verkehrs führen.
- Elektroautos führen zu einem erhöhten Unfallrisiko für Fußgänger und Fahrradfahrer. [...]

Die steuerliche Ungleichbehandlung von Benzin und Elektrizität führt zu niedrigen Betriebskosten von Elektroautos und kann damit trotz höherer Anschaffungskosten zu Mehrverkehr führen.
Während Benzin- und Diesel-PKW über die Mineralölsteuer zumindest einen Teil ihrer Infrastrukturkosten finanzieren, tragen Elektrofahrzeuge keine Kosten der Straßeninfrastruktur, da auf Strom keine Mineralölsteuer erhoben wird. Elektroautos haben zwar höhere Anschaffungskosten und damit Fixkosten, liegen aber bei den fahrleistungsabhängigen Betriebskosten bei weniger als der Hälfte im Vergleich zu normalen PKW und öffentlichen Verkehrsmitteln.
Dadurch besteht bei Elektroautos ein starker Anreiz, „viel" zu fahren, damit sich die hohen Anschaffungskosten „lohnen". Sehr verstärkt wird dieser Rebound, wenn Elektrofahrzeugen kostenlose Stromtankstellen angeboten werden, wie dies etwa bei allen Elektroautos der Firma Tesla der Fall ist, die den Käufern ihrer Elektroautos kostenlose Stromtankstellen anbietet oder bei den durch ALDI Süd eingerichteten Ladestationen für Elektroautos. Im Mai 2015 sind bereits 50 ALDI-Ladestationen in Betrieb, an denen Elektroautos kostenlos geladen werden können.
Bei der Entscheidung über die Wahl eines Verkehrsmittels sind neben dem Zeitbedarf und dem Komfort des Verkehrsmittels die fahrleistungsabhängigen Betriebskosten die bestimmende Größe. Durch die niedrigen Betriebskosten der Elektroautos wird es deshalb mit der Zunahme der Zahl von Elektroautos sowohl zu einer Neuinduktion von Autoverkehr wie auch zu einer Verlagerung von Personenverkehr Öffentlichen Verkehr auf die Straße kommen.

Dieter Teufel, UPI-Bericht 79: „Ökologische Folgen von Elektroautos – Ist die staatliche Förderung von Elektro- und Hybridautos sinnvoll?", August 2015

Französische Industriepolitik als Vorbild?

Der französische Staat subventioniert Elektroautos mit einer Abwrackprämie von 10.000 Euro – bei Verschrottung alter Dieselfahrzeuge und Kauf von Elektrofahrzeugen. Die allgemeine Prämie für den Kauf eines Elektroautos beträgt 6.300 Euro.

Elektroauto-Kaufprämie

Eine Kaufprämie von 5.000 Euro würde den deutschen Staat nach Angaben der Bundesregierung rund 2 bis 2,5 Milliarden Euro bis 2020 kosten.

Nach: Gernot Heller/Reuters, Manager Magazin, 2.2.2016

M 14 ● Pro und Kontra Subventionen – Concept-Maps

Autorengrafiken

Aufgaben

1. Analysieren Sie die Karikatur M 8 unter Berücksichtigung von M 13.
2. Erörtern Sie mit Hilfe der Materialien M 8 – M 14, ob Elektrofahrzeuge bzw. der Elektroantrieb staatlich gefördert werden sollten. Gestalten Sie dazu ein Streitgespräch oder verfassen Sie ein Schreiben an den Wirtschaftsminister, in dem Sie Ihre Position darlegen.
3. Die Concept-Maps in M 14 beinhalten wichtige Thesen Pro und Kontra Subventionen. Vervollständigen Sie die Darstellung, indem Sie die einzelnen Thesen im Schaubild erläutern.
4. Bewerten Sie abschließend Subventionen aus Ihrer persönlichen Sicht.

Strukturpolitik umfasst alle Maßnahmen des Staates, die die regionale oder sektorale Struktur der Wirtschaft beeinflussen sollen. Ziele sind die Strukturerhaltung, die Strukturanpassung oder die Strukturgestaltung. Dem Staat stehen dabei zahlreiche Instrumente zur Verfügung: Zur Steuerung der Regionalstruktur dienen der Ausbau der Infrastruktur (Verkehrswege) oder die Förderung von Unternehmensgründungen in einer Region. Zur Steuerung sektoraler Wirtschaftsstrukturen kann der Staat gezielt bestimmte Technologien fördern, indem er z. B. Mittel für die Forschung bereitstellt oder selbst neue Technologien nachfragt.

Instrumente der Strukturpolitik
M 5

Grundsätzlich ist der Strukturwandel in einer Marktwirtschaft von den Wirtschaftsakteuren zu bewältigen. Doch hat der Staat auch ein Interesse an einer möglichst einheitlichen Wirtschaftsstruktur. So fordert das Grundgesetz die Herstellung „gleichwertiger Lebensverhältnisse" im Bundesgebiet (Art. 72 Abs. 2 bzw. Art. 106 Abs. 3 Nr. 2). Außerdem übernimmt der Staat in der Sozialen Marktwirtschaft die Aufgabe, durch den Strukturwandel verursachte soziale Härten für den Einzelnen, für Unternehmen und Regionen abzufedern und strukturelle Anpassungsprozesse zu erleichtern. Schließlich kann der Staat auch aus sicherheitspolitischen Erwägungen bestimmte Industriezweige fördern, wie z. B. die Energiewirtschaft oder die Landwirtschaft, um eine zu starke Abhängigkeit von Importen zu verhindern.

Grundsätze staatlicher und europäischer Strukturpolitik
M 5, M 7

Inzwischen ist die EU wichtiger Akteur, wenn es um strukturpolitische Maßnahmen geht. Die EU unterstützt mit ca. einem Drittel ihres Haushalts die besonders vom Strukturwandel betroffenen Regionen. Ihre Hilfen zielen vor allem auf die Schaffung von Arbeitsplätzen, Wirtschaftswachstum sowie die Stärkung der Wettbewerbsfähigkeit. Auch nachhaltige Entwicklungen und die Verbesserung der Lebensqualität sind Ziele der EU-Regionalpolitik. Die EU-Regionalpolitik wird über mehrere Struktur- (z. B. Europäischer Sozialfonds ESF bzw. Europäischer Fonds für regionale Entwicklung EFRE) und Kohäsionsfonds finanziert. Bei der Regionalförderung unterscheidet die EU drei Kategorien:
1. Weniger entwickelte Regionen (deren Bruttoinlandprodukt/BIP pro Kopf weniger als 75 Prozent des EU-Durchschnitts beträgt),
2. Übergangsregionen, in denen das BIP pro Kopf zwischen 75 und 90 Prozent liegt, und
3. stärker entwickelte Regionen, die mehr als 90 Prozent des BIP pro Kopf der gesamten EU aufweisen.

Mittel, Ausmaß und Wirkungen staatlicher Strukturpolitik sind stark umstritten. Der Aufbau Ost zeigt die Probleme der Strukturpolitik sehr anschaulich. Obwohl seit 1990 etwa 1,4 Billionen Euro in die neuen Bundesländer transferiert wurden, sind die strukturschwächsten Regionen mit der höchsten Arbeitslosigkeit und dem niedrigsten Pro-Kopf-Einkommen noch immer im Osten Deutschlands zu finden. Die Fortführung der Transfers in den Osten in Form des Solidaritätszuschlags ist umstritten, auch weil dieser ursprünglich zeitlich limitiert begründet wurde, inzwischen aber als dauerhafte Steuer auch für strukturschwache Regionen im Westen nach 2019 fortgeführt werden soll.

Möglichkeiten und Grenzen staatlicher Strukturpolitik – der Aufbau Ost
M 1 – M 4

ORIENTIERUNGSWISSEN

ORIENTIERUNGSWISSEN

Subventionen für Elektroantriebe
M 9, M 12, M 13

Die Debatte um die Förderung von Elektroautos zeigt die Möglichkeiten und Probleme staatlicher Subventionen. Einerseits wird argumentiert, dass der ökologische Nutzen (Luftreinhaltung) durch Elektroautos, eine Förderung im Sinne von Kaufprämien als Anreize rechtfertige, andererseits ist die Ökobilanz, je nach Stromgewinnung, differenziert zu betrachten. Deutlich werden auch das Interesse und die Lobbyarbeit der Automobilindustrie.

Subventionen Pro und Kontra
M 14

Durch Subventionen lassen sich die negativen Auswirkungen des Strukturwandels, soziale Härten (Arbeitslosigkeit) abfedern. Das Grundgesetz fordert vom Gesetzgeber für gleichwertige Lebensverhältnisse zu sorgen. Letztlich kommt es durch staatliche Strukturpolitik aber immer zu einer Marktverzerrung. Kurzfristig mögen die Folgen einer solchen Verzerrung positiv sein, langfristig überwiegen häufig die negativen Auswirkungen. Vor allem Strukturerhaltungssubventionen werden als bedenklich angesehen, da sie notwendige Anpassungsprozesse verzögern oder gar verhindern. Aber auch die Strukturgestaltung (Beispiel Förderung der Elektromobilität) ist mit erheblichen Risiken verbunden, da sie das unternehmerische Risiko mindert oder ganz auf den Staat und damit die Allgemeinheit überträgt. So wurde z. B. die Solarindustrie in Deutschland mit erheblichen Mitteln gefördert. Beim Zurückfahren der Subventionen musste man jedoch erkennen, dass durch die extensive Förderung Überkapazitäten aufgebaut wurden und viele der geförderten Unternehmen ohne die staatlichen Hilfen überhaupt nicht mehr wettbewerbsfähig waren.

Prognos Zukunftsatlas 2016 – Regionen und ihre Zukunftschancen

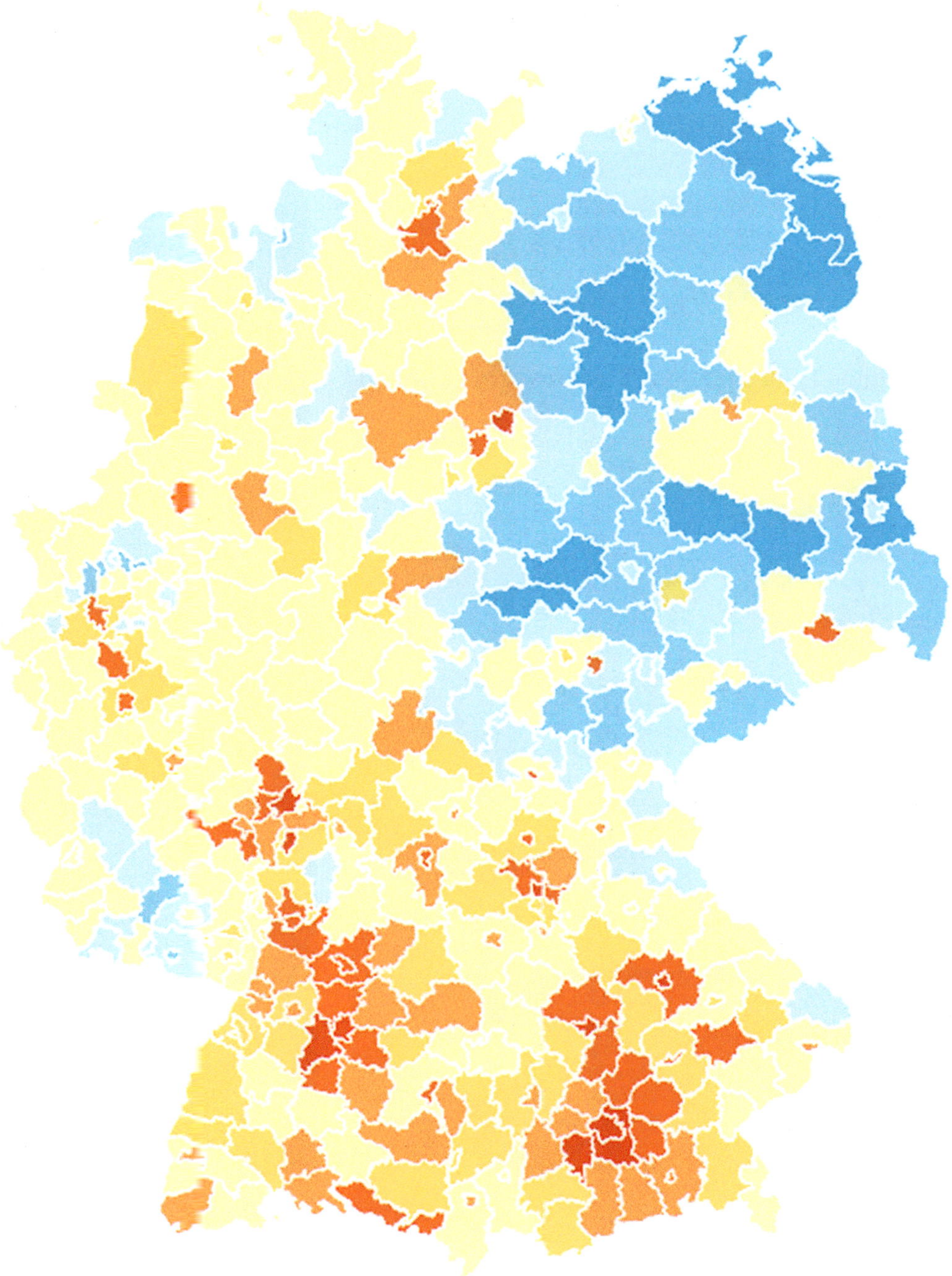

Stadt/Landreis
- 1 beste Chancen
- 2 Sehr hohe Chancen
- 3 hohe Chancen

Stadt/Landkreis
- 4 leichte Chancen
- 5 ausgeglichene Chancen/ Risiken

Stadt/Landkreis
- 1 leichte Risiken
- 2 hohe Risiken
- 3 sehr hohe Risiken

www.prognos.com (27.5.2016)

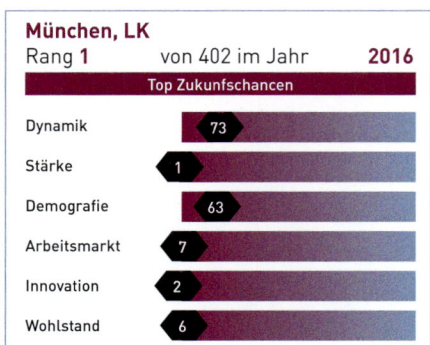
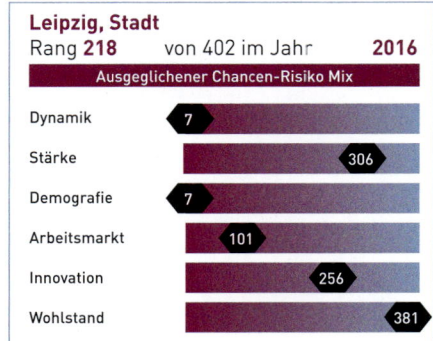

www.prognos.com (27.7.2016) – © GeoBasis-DE / BKG 2016 (Daten verändert)

Prognos Zukunftsatlas 2016: So wurde bewertet

	Stärke im Status-quo	Dynamik
Demografie	• Fertilitätsrate • Anteil Junge Erwachsene	• Bevölkerungsentwicklung • Wanderungssaldo Junge Erwachsene
Wohlstand & Soziale Lage	• Kaufkraft • Kriminalitätsrate • Kommunale Schuldenlast • Anteil der in Bedarfsgemeinschaften lebenden Personen	• Veränderung des Anteils der in Bedarfsgemeinschaften lebenden Personen
Arbeitsmarkt	• Arbeitsplatzdichte • Arbeitslosenquote • Anteil Tertiärbeschäftigung • Anteil Hochqualifizierte • Schulabbrecherquote • Unbesetzte Ausbildungsstellen	• Veränderung Arbeitslosenquote • Veränderung Anteil Hochqualifizierter
Wettbewerb und Innovation	• BIP je Beschäftigten • Gründungsintensität • FuE-Personal in der Wirtschaft • Investitionsquote der Industrie • Patentintensität • Beschäftigung in den dt. Zukunftsfeldern • Anzahl der Top 500 Unternehmen -------- • Erreichbarkeit Bundesautobahnen	• Veränderung BIP • Veränderung Gründungsintensität • Veränderung FuE-Personal • Veränderung Gesamtbeschäftigung

Quelle: Prognos Zukunftsatlas 2016 / www.progos.com/zukunftsatlas © Prognos

Aufgaben

1. Beschreiben Sie die regionalen Unterschiede bezogen auf die Zukunftsaussichten in Deutschland.
2. Prüfen Sie die dem Regionalranking zugrunde gelegten Indikatoren hinsichtlich ihrer Aussagekraft. Wie würden Sie einzelne Indikatoren gewichten?
3. a) Prüfen Sie, inwieweit angesichts der regionalen Unterschiede strukturpolitische Maßnahmen nötig sind.
   b) Entwerfen Sie anschließend in Form einer Prioritätenliste einen Katalog für strukturpolitische Maßnahmen.

13 Strukturpolitik und Strukturwandel

SELBSTDIAGNOSE

Sie können...	Dazu benötigen Sie u. a. folgende Begriffe...	Das klappt schon...	Hier können Sie u. a. noch üben...
erklären, was Strukturwandel bedeutet und die Entwicklung der Sektoren beschreiben.	sektoraler, intrasektoraler, regionaler Strukturwandel	👍 👎	M 1, M 2 / S. 416 f. Orientierungswissen / S. 422
Auswirkungen der vierten industriellen Revolution erläutern.	Auswirkungen auf Unternehmen, Arbeitnehmer, Konsumenten, Staat	👍 👎	M 3, M 4 / S. 418 f. Orientierungswissen / S. 422
den Trend zur Sharing Economy erläutern und die Entwicklung zur Sharing Economy beurteilen.	Sharing Economy Co-Konsum	👍 👎	M 5 / S. 420 f. Orientierungswissen / S. 422
die Herausforderungen des Aufbau Ost beschreiben und den Erfolg der finanziellen Transferhilfen beurteilen.	Solidarpakt I und II Wiedervereinigung Solidaritätszuschlag/Soli	👍 👎	M 1 – M 4 / S. 426 – 429 Orientierungswissen / S. 439 f.
Instrumente staatlicher Strukturpolitik unterscheiden.	Art. 72, Abs. 2 GG Art. 106, Abs. 2 Nr. 3 GG Technologie-, Forschungs-, Subventions-, Arbeitsmarktpolitik Infrastruktur Förderung Unternehmensgründungen	👍 👎	M 5 / S. 430 Orientierungswissen / S. 439
europäische Kohäsions- und Strukturpolitik erläutern.	Kofinanzierung Additionalitätsprinzip EFRE ESF	👍 👎	M 6, M 7 / S. 431 f. Orientierungswissen / S. 439
Subventionen am Beispiel der Förderung der Elektromobilität beurteilen.	Ökobilanz	👍 👎	M 9 / S. 434 M 12 – M 14 / S. 436 ff. Orientierungswissen / S. 440

Sonderbriefmarke der Deutschen Bundespost von 1988

Karikatur: Klaus Stuttmann

Deutschland im globalen Wettbewerb 14

Deutschland nimmt im Welthandel aufgrund seiner Exportstärke eine Sonderstellung ein. 2015 war Deutschland „Exportweltmeister" mit Ausfuhren im Wert von 1.112 Milliarden US-Dollar. Der Weltmarktanteil aller deutschen Exporte liegt bei ca. acht Prozent bei einem Weltbevölkerungsanteil von nur etwas mehr als einem Prozent. Den großen Exporterfolgen verdankt Deutschland einen beträchtlichen Teil seines Wohlstandes. Man rechnet damit, dass etwa jeder vierte Arbeitsplatz direkt oder indirekt vom Außenhandel abhängig ist. Deutschlands Wirtschaft steht gerade deshalb im scharfen globalen Wettbewerb, in welchem sich der Wirtschaftsstandort Deutschland gegenüber konkurrierenden Standorten behaupten muss. Dabei soll geprüft werden, inwiefern das Label „Made in Germany" als quasi Gütesiegel noch eine Rolle spielt. Zu klären ist ferner anhand von Standortfaktoren, welches die Stärken und Schwächen des Standorts Deutschland sind. Die in den letzten Jahren erwirtschafteten deutschen Leistungsbilanzüberschüsse werden nicht nur positiv gesehen. Geprüft werden muss daher, inwiefern diese zur Staatsschuldenkrise von z. B. Griechenland beigetragen haben.

KOMPETENZEN

Am Ende dieses Kapitels sollten Sie Folgendes wissen und können:

Sie können erläutern, inwiefern das Label „Made in Germany" heute noch tragfähig ist.

Sie können aufgrund von Daten ein Profil Deutschlands im Welthandel erstellen.

Sie können die Stärken und Schwächen des Wirtschaftsstandorts Deutschland beschreiben.

Sie können die Standortqualität Deutschlands beurteilen.

Sie können die Auswirkungen deutscher Leistungsbilanzüberschüsse beurteilen.

Was wissen und können Sie schon?

1. Erstellen Sie eine Mindmap zu „Made in Germany".
2. Analysieren Sie die Karikatur.
3. Beurteilen Sie, ob das Label „Made in Germany" auch angesichts der Aussage der Karikatur noch zeitgemäß ist.

14.1 „Made in Germany" – Label ohne Wert?

M 1 ● Der Fall – wann darf ein Produkt mit „Made in Germany" gekennzeichnet werden?

Entscheidungen zu „Made in Germany" sind selten und uneinheitlich. In einer Entscheidung des OLG Düsseldorf ging es um ein Besteckset, das mit „Made in Germany" beworben worden war. Konkret trug hier die Produktverpackung neben einer schwarz-rot-goldenen Flagge den Hinweis „Produziert in Deutschland". In der Verpackung fand sich ein Einleger, der den Erwerber des Bestecksets begrüßte mit den Worten: „Herzlichen Glückwunsch zum Erwerb dieses hochwertigen Bestecks MADE IN GERMANY". In Deutschland wurden die Gabeln, Löffel und Kaffeelöffel hergestellt. Die Rohmesser allerdings wurden auf deutschen Maschinen in China hergestellt und in Deutschland geschliffen und poliert. Die Wettbewerbszentrale sah hierin eine Irreführung der angesprochenen Verkehrskreise.

Thomas Seifried, www.gewerblicherrechtsschutz.pro (8.4.2016)

Was stellen sich Verkehrskreise unter „Made in Germany" vor?

Bei Industrieprodukten [...] geht der Verkehr davon aus, dass die Behauptung „Produziert in Deutschland" voraussetzt, dass alle wesentlichen Herstellungsschritte in Deutschland erfolgt sind [...]. Würde es nur um das Design gehen, wäre der Begriff „produziert" ebenso wie „made" falsch. Die Messer werden aber zu einem ganz erheblichen Teil in China hergestellt. Sie werden – auch wenn dies ein wichtiger Produktionsschritt sein mag – in Deutschland lediglich poliert. Damit besteht hinsichtlich der Messer aufgrund der Angaben auf der Packung und dem sie aufnehmenden Hinweis auf dem beigelegten Hinweisblatt die Erwartung, dass jedenfalls alle wesentlichen Herstellungsschritte in Deutschland erfolgt sind, die jedoch nicht gerechtfertigt ist, da jedenfalls grundlegende und zumindest ebenfalls bedeutende Herstellungsschritte in China erfolgt sind. Dass sie auf aus Deutschland stammenden Maschinen erfolgt sein sollen, vermag hieran nichts zu ändern.

Christian Robertz, www.lhr-law.de, 25.5.2011

M 2 ● Die Entscheidung – wann ist nun ein Produkt „Made in Germany"?

Das OLG Düsseldorf [...] hielt sich auch gar nicht damit auf, sich mit den in Deutschland hergestellten Bestecksetanteilen, nämlich Gabeln, Löffel, Kaffeelöffel sowie den deutschen Produktionsanteilen des Messers (Schliff und Polierung) zu befassen. Es stellte vielmehr auf etwas ganz Anderes ab: Einziges Kaufargument des Bestecksets sei die Werbung mit „Made in Germany" gewesen. Dadurch erwarte der Verkehr auch bei dem Messer, dass alle wesentlichen Produktionsschritte in Deutschland durchgeführt wurden. Dabei müsse der Verkehr auch gar nicht so sehr eine besondere Qualität erwarten. Der Kaufentschluss könne auch beispielsweise auf „der Sorge um hiesige Arbeitsplätze" beruhen.

Ältere Entscheidungen zu „Made in Germany" sahen eine solche Kennzeichnung dann als zulässig an, wenn es bei der Herstellung an einer „nennenswerten ausländischen Beteiligung fehlt, die Ware vielmehr von der Konzeption bis zur technisch-fabrikatorischen Fertigstellung von Deutschen stammt und in Deutschland gefertigt ist. Eine andere Entscheidung stellte darauf ab, ob 1. diejenigen Eigenschaften, die der angesprochene Verkehr als wesentlich für den Wert des Produkts ansieht, in Deutschland erbracht wurden und 2. das Produkt in Deutschland konstruiert und zumindest endgefertigt wurde.

Thomas Seifried, www.gewerblicherrechtsschutz.pro (8.4.2016)

M 3 ● „Made in Germany" ist überholt

Die Menschen assoziieren unterschiedliche Dinge mit Deutschland. Manche denken an Bratwurst und Sauerkraut, andere an reservierte Liegen am Hotelpool. Manche denken zuerst an düsterste Kapitel der Vergangenheit. Aber viele denken eben auch: an deutsche Ingenieurskunst. An Erfindergeist. Und an Zuverlässigkeit.

Mit dem Label Made in Germany versucht die deutsche Industrie, sich diese letztgenannte Assoziation zunutze zu machen. Sie versteht das nicht einfach als Herkunftsangabe, sondern vielmehr als Gütesiegel: als Abgrenzung von der vermeint-

14.1 „Made in Germany" – Label ohne Wert?

lich minderwertiger Konkurrenz aus dem Ausland. [...] In Wirklichkeit braucht das Etikett „Made in Germany" niemand mehr. Im Gegenteil: Die Idee, eine Herkunftsangabe als Qualitätsnachweis zu verstehen, ist fast schon abenteuerlich gestrig. Das liegt zum einen daran, dass Made in Germany ja längst nicht mehr bedeutet, dass ein Produkt auch tatsächlich in Deutschland entwickelt und vollständig hier produziert wurde. Wo Deutschland draufsteht, ist heute Globalisierung drin. Da werden Komponenten aus dem Ausland zugekauft, da werden Fertigungsprozesse in Länder mit niedrigeren Löhnen verlagert. Das ist nicht grundsätzlich verwerflich, aber die Produkte am Ende als explizit „deutsch" zu deklarieren, ist schlicht Etikettenschwindel.

Dazu kommt, dass die Idee von der deutschen Industrieführerschaft vielleicht noch in vielen Köpfen verankert sein mag; der Mythos aber hat Risse bekommen. Deutschland, das ist heute eben auch: ein Land, das partout keinen Hauptstadt-Flughafen zustande bekommt. Autohersteller, die bei der Entwicklung neuer Antriebe der Konkurrenz hinterherkecheln. [...]

Natürlich ändert das nichts daran, dass es im ganzen Land viele Firmen und Ingenieure gibt, die tatsächlich Produkte von höchster Qualität herstellen, in allen denkbaren Bereichen. Produkte, die brillant konzipiert und gewissenhaft gefertigt sind, vielleicht sogar zur Gänze in Deutschland. Aber die brauchen kein überholtes Länderetikett, die setzen sich aus einem anderen Grund am Markt durch: weil sie gut sind. Herkunft als identitätsstiftend zu betrachten, als etwas, das Zugehörigkeit und Abgrenzung definiert – dieses Konzept funktioniert nicht mehr. Nicht in Bezug auf Menschen und nicht in Bezug auf die Dinge, die diese Menschen herstellen. Oder anders ausgedrückt: Herkunft ist keine Leistung. Ein deutsches Auto ist nicht besser als ein rumänisches, weil es deutsch ist. Es ist besser, wenn Antrieb, Verbrauch, Sicherheit und Design überlegen sind.

In der heutigen Zeit gehen immer mehr Menschen sehr bewusst mit ihrer Macht als Konsumenten um. Viele legen nicht nur Wert auf Qualität, sondern achten etwa auch auf die Bedingungen, unter denen Produkte hergestellt werden. Sie bevorzugen Waren aus nachhaltigen Produktionsprozessen, sie möchten sicher sein, dass alle Umweltauflagen eingehalten wurden. Sie suchen nach Produkten, bei deren Herstellung die Mitarbeiter in einem sicheren Umfeld arbeiten und dafür auch menschenwürdig bezahlt werden. Um diese Produkte aus einem kaum zu überblickenden Konsumangebot herauszufiltern, nützen viele Menschen tatsächlich Gütesiegel, etwa von Umweltorganisationen oder Konsumentenschützern. Ein Pseudo-Siegel wie Made in Germany dagegen ist bei so einem Auswahlprozess gar nicht hilfreich: weil es, genau genommen, für überhaupt gar nichts garantiert. Nicht für deutsche Bauteile, nicht für mehrheitlich deutsche Arbeitsplätze, schon gar nicht für deutsches Lohnniveau.

Für die Unternehmen lautet die Aufgabe also, eine Identität zu entwickeln, die auch ohne das Etikett Made in Germany für all die vermeintlich deutschen Attribute von Zuverlässigkeit, Qualität und höchsten technischen Standards bürgt. Im Idealfall schaffen sie eine Marke, die außerdem auch noch modernen Umwelt- und Sozialstandards genügt.

Angelika Slavik, Süddeutsche Zeitung, 11.8.2013

Bewertung der Herkunftsangabe „Made in Germany" nach deutschem Recht

Das Label gilt seit Jahrzehnten als Synonym für technisch anspruchsvolle und wertbeständige Qualitätsprodukte. „Made in Germany" ist im deutschen Recht aber nicht explizit geregelt. Anhaltspunkte bieten nur das Markengesetz und das Gesetz gegen den unlauteren Wettbewerb.

Ursprung von „Made in Germany"

Der Begriff war ursprünglich als Warnhinweis gedacht. Die berühmten Messer und Scheren aus Sheffield wurden Ende des 19. Jahrhunderts von deutschen Unternehmen mit oft mäßiger Qualität kopiert. Deutsche Eisenwaren mussten daraufhin in Großbritannien mit dem Warnhinweis „Made in Germany" versehen werden. Bald aber schon wurde aus dem Warnhinweis ein Qualitätshinweis.

Aufgaben

1. Arbeiten Sie aus M 1 und der Randspalte heraus, worin genau das Problem besteht.
2. Beschreiben Sie die Entscheidung des OLG Düsseldorf (M 2).
3. Beurteilen Sie die Position der Verfasserin in M 3.

14.2 Was macht die besondere Stellung Deutschlands im globalen Handel aus?

M 4 a) Entwicklung des deutschen Handelsbilanzsaldos nach Regionen (Güter) in Mrd. Euro

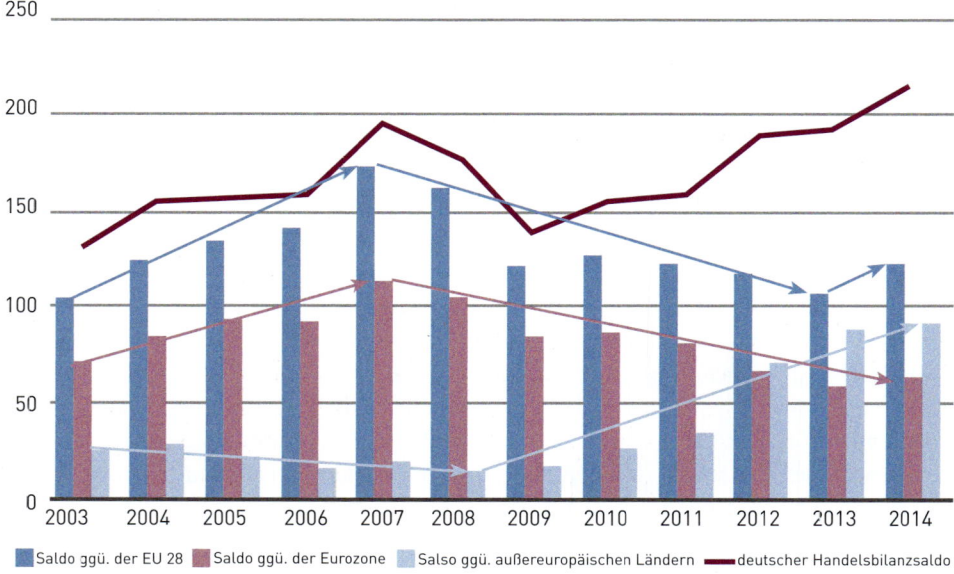

Quelle: Satistisches Bundesamt; eigene Berechnungen

Bundesministerium für Wirtschaft und Energie, Fakten zum deutschen Außenhandel, Berlin November 2015, S. 6

M 4 b) Anteile am Welthandel (Güter) – Exporte und Importe auf US-Dollar-Basis in Prozent des Welthandels

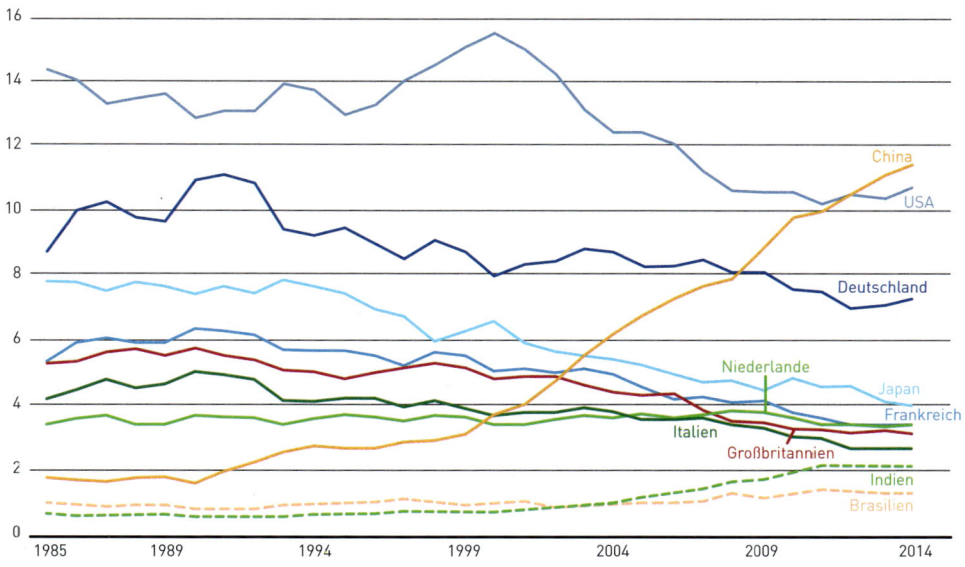

Quelle: WTO; eigene Berechnungen

Bundesministerium für Wirtschaft und Energie, Fakten zum deutschen Außenhandel, Berlin November 2015, S. 5

M 4 c) Die Ausfuhren der 10 wichtigsten Warengruppen aus Deutschland im Jahr 2014

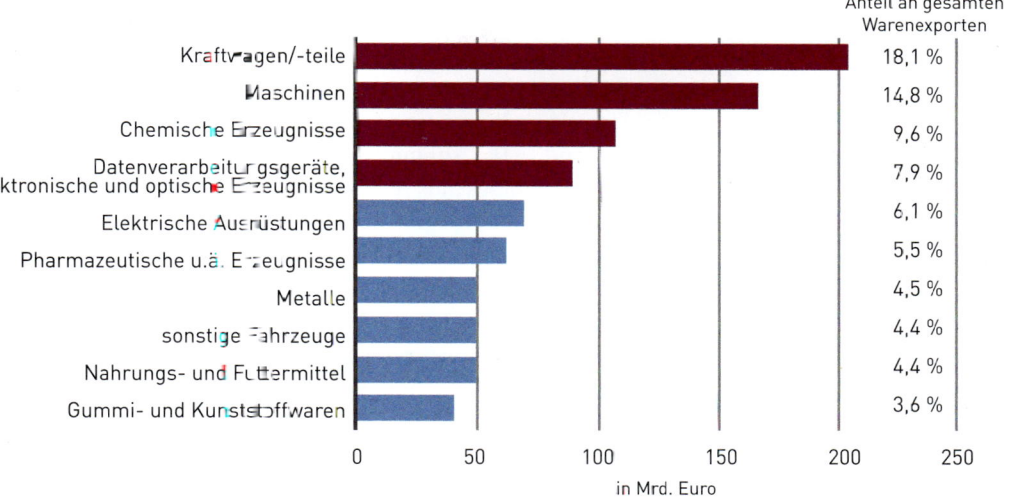

Warengruppe	Anteil an gesamten Warenexporten
Kraftwagen/-teile	18,1 %
Maschinen	14,8 %
Chemische Erzeugnisse	9,6 %
Datenverarbeitungsgeräte, elektronische und optische Erzeugnisse	7,9 %
Elektrische Ausrüstungen	6,1 %
Pharmazeutische u. ä. Erzeugnisse	5,5 %
Metalle	4,5 %
sonstige Fahrzeuge	4,4 %
Nahrungs- und Futtermittel	4,4 %
Gummi- und Kunststoffwaren	3,6 %

in Mrd. Euro

■ farbig unterlegte Warengruppen machen über 50 % der deutschen Ausfuhren aus.

Quelle: Statistisches Bundesamt; eigene Berechnungen

Bundesministerium für Wirtschaft und Energie, Fakten zum deutschen Außenhandel, Berlin November 2015, S. 10

Die größten Lieferanten (Einfuhr)	Handelsvolumen*
China	91,7 Mrd. €
Niederlande	88,0 Mrd. €
Frankreich	67,0 Mrd. €

Die größten Kunden (Ausfuhr)	Handelsvolumen*
USA	114,0 Mrd. €
Frankreich	103,0 Mrd. €
Großbritannien	89,3 Mrd. €

© Statista 2016;
* im Jahr 2015

M 4 d) Die 10 wettbewerbsfähigsten Volkswirtschaften der Welt*

Das Weltwirtschaftsforum veranstaltet einmal jährlich in Davos den sogenannten Weltwirtschaftsgipfel. Darüber hinaus gibt die Stiftung Forschungsberichte heraus, wie den alle zwei Jahre erscheinenden „Global Competitiveness Report", in dem die Wettbewerbsfähigkeit von Volkswirtschaften und damit auch tendenziell deren Standortqualität für Unternehmen anhand von 105 Faktoren in 12 Kategorien („Säulen") verglichen wird. Wettbewerbsfähigkeit ist dabei definiert als Set von Institutionen, Politikfeldern und wirtschaftlichen Standortfaktoren. Die Messgröße „Global Competitiveness Index" (GCI) wird gebildet, indem für jeden der 105 Faktoren eine Bepunktung zwischen eins und sieben vorgenommen wird. Der Vergleichbarkeit halber werden die Größen je nach wirtschaftlicher Entwicklung des Staates unterschiedlich gewichtet. Auch innerhalb der „Säulen" werden (hier aber für alle Staaten identische) Schwerpunkte gesetzt. Beispielsweise setzt sich die Bewertung von Institutionen (Säule 1) zusammen aus öffentlichen (75 %) und privaten Institutionen (25 %).

* Ergebnisse für das Jahr 2015 siehe Tabelle in der Randspalte neben M 4 d)

Autorentext

Land	Rang
Schweiz	1
Singapur	2
USA	3
Deutschland	4
Niederlande	5
Japan	6
Hongkong	7
Finnland	8
Schweden	9
Großbritannien	10

Quelle: The Global Competitiveness Report 2015-2016

Aufgabe

Analysieren Sie die Grafiken M 4 a) – 4 c) und M 4 d) mit dem Ziel, ein Profil Deutschlands in seiner Stellung innerhalb der Weltwirtschaft zu erstellen.

14.3 Wie attraktiv ist der Standort Deutschland?

M 5 ● In Vietnam laufen uns die Arbeiter weg

Europäische Bekleidungshersteller lassen seit Jahrzehnten in Asien produzieren. Firmenchef Mark Bezner des Hemdenherstellers Olymp aus Bietigheim-Bissingen wur-
5 *de zu diesem Thema von der Stuttgarter Zeitung interviewt.*
Stuttgarter Zeitung: In welchen Ländern lassen Sie Ihre Hemden fertigen?
Bezner: Wir haben langfristige Partner-
10 schaften mit sieben Fabriken: zwei in Mazedonien und jeweils eine in Kroatien, Indonesien, Vietnam, China und Bangladesch. Mit der kroatischen Fabrik sind wir seit 40 Jahren verbunden, mit der indonesischen
15 seit 25 Jahren. Außerdem bauen wir seit wenigen Wochen ein achtes Werk in Myanmar auf.
Wie muss man sich das vorstellen?
Wir richten eine Produktionslinie nach der
20 anderen ein und schulen die Mitarbeiter parallel dazu. Unser Ziel sind acht Produktionslinien, in denen später einmal 1.200 Beschäftigte zwei Millionen Hemden im Jahr herstellen sollen.
25 **Gehen Sie nach Myanmar, weil dort die Löhne noch geringer sind als in Bangladesch?**
Der Hintergrund ist ein anderer. Es fällt uns immer schwerer, noch Arbeitskräfte in
30 den Ländern zu finden, in denen wir sind. Speziell in Vietnam wird das zum Problem, da schon jetzt viele Produktionen aus China in dieses im Verhältnis dazu kleine Land verlagert werden. Da bauen koreanische
35 Konzerne neue Fabriken, in denen 100.000 Menschen beschäftigt sein sollen – und gleichzeitig laufen uns die Mitarbeiter weg. Wenn das so weitergeht, werden wir uns irgendwann wieder aus Vietnam zurück-
40 ziehen müssen, wie wir und praktisch die gesamte Textilbranche es in Hongkong und Taiwan längst getan haben. Dort finden sie heute keine Näherei mehr.
Sie waren bereits einmal in Myanmar.
Wieso sind sie damals dort weg? 45
Das stimmt, wir sind zu Beginn des Jahrtausends ins Land gegangen, aber nur fünf Jahre geblieben. Weggegangen sind wir nicht aus qualitativen Gründen. Aber damals waren weder wir noch unser Partner- 50
betrieb vor Ort in der Lage, die logistischen Herausforderungen zu lösen. Es gab zum Beispiel immer wieder Produktionsverzögerungen, weil die Rohware im Zoll stecken geblieben ist. Wenn die Ware nicht 55
pünktlich verschifft werden kann, weil die Knöpfe nicht rechtzeitig in die Fabrik gekommen sind, nützt ihnen der beste Betrieb nichts. Heute ist die Infrastruktur viel besser, außerdem sind die politischen und 60
wirtschaftlichen Risiken nach der Öffnung des Landes in den vergangenen Jahren erheblich gesunken. Wir sind überzeugt, dass es diesmal eine beständigere Kooperation werden wird. Sonst würden wir nicht unser 65
ganzes Know-how an den neuen Standort transferieren. Wir bringen den Mitarbeitern von Grund auf bei, wie man ein hochwertiges Olymp-Herrenhemd produziert.
Sie legen großen Wert darauf, nur weni- 70
ge und vor allem langfristige Partnerschaften einzugehen. Wie gewährleisten sie dabei nicht nur die Qualität der Produkte, sondern auch die Einhaltung der sozialen und ökologischen Standards? 75
Wir sind beispielsweise als eines der ersten Unternehmen dem vom Bundesentwicklungsminister Gerd Müller initiierten Textilbündnis beigetreten. Darin verpflichten sich Hersteller zur Einhaltung von umfas- 80
senden Transparenzpflichten, etwa zur Offenlegung der kompletten Lieferkette. Wir setzen schon heute auf direkte, enge und dauerhafte Beziehungen zu sorgfältig ausgesuchten Produktionspartnern. Die Unter- 85
vergabe von Aufträgen schließen wir grundsätzlich aus, während viele Konkurrenten am Markt nach wie vor auf Struktu-

ren mit Subunternehmern setzen, die die Tür für Missbrauch und die Ausbeutung von Arbeitskräften öffnen.

Verfahren andere europäische oder amerikanische Hersteller nicht auch ungefähr nach diesen Prinzipien. Wodurch heben sich Sie dann noch ab?

Wir betreiben eben keine Auftragsfertigung, bei welcher die Aufträge in einer Art Internetauktion an den preisaggressivsten Anbieter vergeben werden. Stattdessen kaufen wir unsere Stoffe selbst ein, wir stellen alle Zutaten bis hin zum Nähgarn bereit und unterstützen die Fabrikanten bei der Anschaffung der Maschinen. Außerdem planen wir die Produktion bis ins letzte Detail hier vor Ort in Bietigheim. Und wir sind überzeugt, dass nur gut ausgebildete, zufriedene und gesunde Mitarbeiter dauerhaft eine hohe Qualität fertigen können.

Sie sind offensichtlich sehr eng mit den Fabriken verflochten. Wieso eröffnen Sie nicht gleich eigene Werke in den Zulieferländern?

Das haben wir schon getan, zum Beispiel mit Olymp of Manila, die bis Mitte der 1980-Jahre existierte. Wachsende politische Spannungen auf den Philippinen haben dann allerdings dazu geführt, dass wir keine Ware mehr pünktlich produzieren und ausliefern konnten. Am Ende waren wir zum Notverkauf der Fabrik gezwungen. Dieses Risiko wollen wir heute nicht mehr eingehen. Ganz abgesehen von solchen Unsicherheiten ist es für ein ausländisches Unternehmen schon extrem schwer, eine eigene Fertigung aufzubauen. Etwa bei der Suche nach Fach- und Führungspersonal haben lokale Fabrikanten, die in der Region verwurzelt und mit den Gegebenheiten vertraut sind, einfach mehr Kompetenzen. Wir tun das, was wir am besten können – nämlich entwickeln, planen und verkaufen – mit inzwischen mehr als 700 Mitarbeitern hier in Deutschland und weiter steigender Belegschaft.

Thomas Thieme, Stuttgarter Zeitung, 21.6.2015

M 6 ● Welche Motive treiben die Auslandsinvestitionen an?

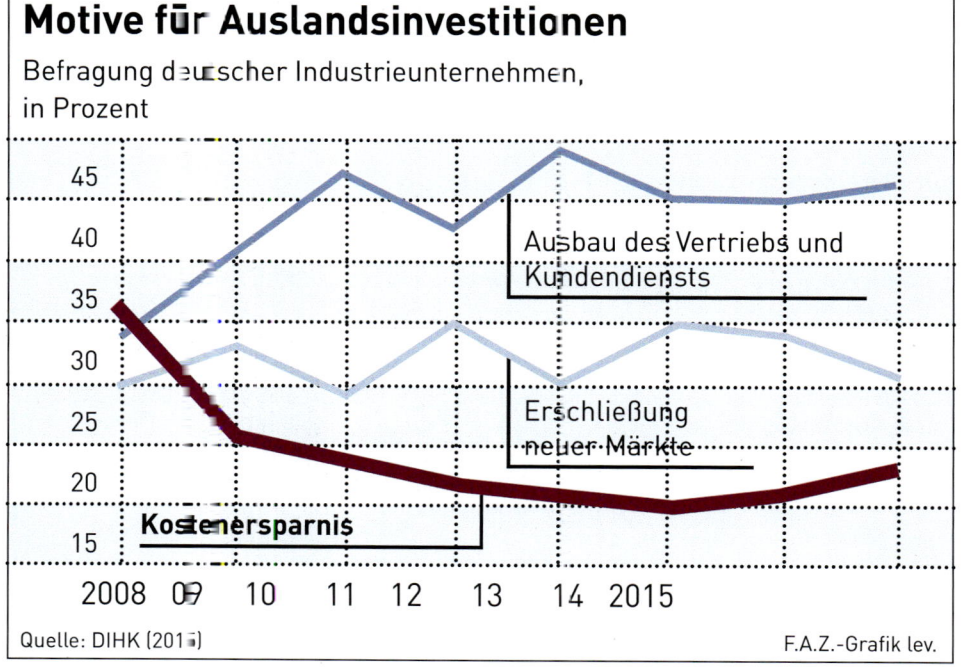

Lesehilfe zu M 6

23 Prozent der im Ausland engagierten Firmen führten im Jahr 2015 Kostengründe für ihre Auslandsinvestitionen an.

Standortfaktoren

Bezeichnung für die Standortwahl maßgeblichen Faktoren. Die Qualität der einzelnen Faktoren lässt sich nicht absolut, sondern nur in Relation zur Ausstattung konkurrierender Standorte bestimmen. Es lassen sich harte Standortfaktoren (z. B. Arbeits- oder Energiekosten) von weichen Faktoren (z. B. Bürokratie oder Bildungseinrichtungen für Mitarbeiter) unterscheiden.

M 7 ● Rückkehrer: Warum kommt einer von vieren wieder?

Motorsägen, Kuscheltiere und Kochlöffel haben eines gemeinsam: Sie lassen sich besser in Deutschland herstellen als in Übersee. Zu diesem Ergebnis sind zumindest der Werkzeughersteller Stihl, der Spielzeugfabrikant Steiff und der Küchenutensilien-Produzent Fackelmann gekommen und haben die Produktion oder Teile davon wieder nach Hause geholt.

Die drei sind nicht die Einzigen, die mit ihren Fließbändern an hiesige Standorte zurückgekehrt sind. „Auf jeden vierten Verlagerer kommt mittlerweile ein Rückverlagerer", sagt Steffen Kinkel, Professor und Experte für internationales Management an der Hochschule Karlsruhe. [...]

Die Motive sind unterschiedlich, die drei Hauptgründe sind Währungsschwankungen, Qualitätsmängel im Ausland oder steigende Löhne in früheren Billiglohnländern. Der Motorsägenhersteller Stihl mit Hauptsitz in Waiblingen bei Stuttgart und 2,8 Milliarden Euro Umsatz etwa zog 2010 Teile seiner Produktion aus Brasilien zurück. Der Wechselkurs der Landeswährung Real war damals stark gestiegen und hatte die Löhne der lokalen Mitarbeiter sowie den Preis der dort hergestellten Kettensägen in die Höhe getrieben. Die Belegschaft am deutschen Stammsitz freute sich über zusätzliche Aufträge von 50.000 Geräten jährlich.

Jedoch bedeutete die spektakuläre Rückholaktion keinen Totalrückzug aus dem Ausland. Denn das Währungsproblem betraf nur die für die internationalen Märkte bestimmte Produktion aus Brasilien. [...]

Der Kuscheltierhersteller Steiff aus Giengen an der Brenz bei Ulm dagegen machte 2010 die Produktion in China dicht, weil Qualität und Termintreue zu wünschen übrig ließen. Das biss sich mit dem Image der Marke mit dem Knopf im Ohr, die vom Vertrauen der Kunden in die Sicherheit und Sauberkeit der vor allem für Kinder gedachten Produkte lebt. Zudem waren die chinesischen Fabriken nicht flexibel genug, um vor Weihnachten die Fertigungsmenge zu erhöhen.

Bei Fackelmann schließlich führten steigende Löhne in China zur Revision der Standortentscheidung. Das Familienunternehmen mit 3.500 Mitarbeitern und 329 Millionen Euro Umsatz schaffte zudem produktivere Maschinen in der Heimat an.

Mark Fehr, WirtschaftsWoche 3.7.2014

M 8 ● Was ist bei der Standortwahl wichtig?

Die wichtigsten Standortfaktoren aus Investorensicht
„Welche Standortfaktoren sind im Hinblick auf Investitionsentscheidungen Ihres Unternehmens besonders wichtig?"

38 Stabilität und Transparenz des politischen, rechtlichen und ordnungspolitischen Umfelds	34 Attraktivität des Binnenmarkt	33 Personal-/Arbeitskosten	32 Qualifikationsniveau
28 Potenzielle Produktivitätszuwächse	20 Infrastruktur: Transport und Logistik	16 Soziales Klima	16 Umfeld für Forschung, Entwicklung und Innovation
15 Infrastruktur: Telekommunikation	10 Flexibilität des Arbeitsrechts	10 Unternehmensbesteuerung	6 Gewerbliche Schutz- und Urheberrechte

Angaben in Prozent; bis zu zwei Nennungen möglich; Grundgesamtheit: N = 202
Peter Englisch, The EY Attractiveness Survey, Neuer Schwung - Standort Deutschland 2015, S. 23, 1.3.2016

M 9 Analyse der Stärken des Standort Deutschland

Standort Deutschland: Stärke
„Wie bewerten Sie Deutschland hinsichtlich folgender Standortfaktoren?"

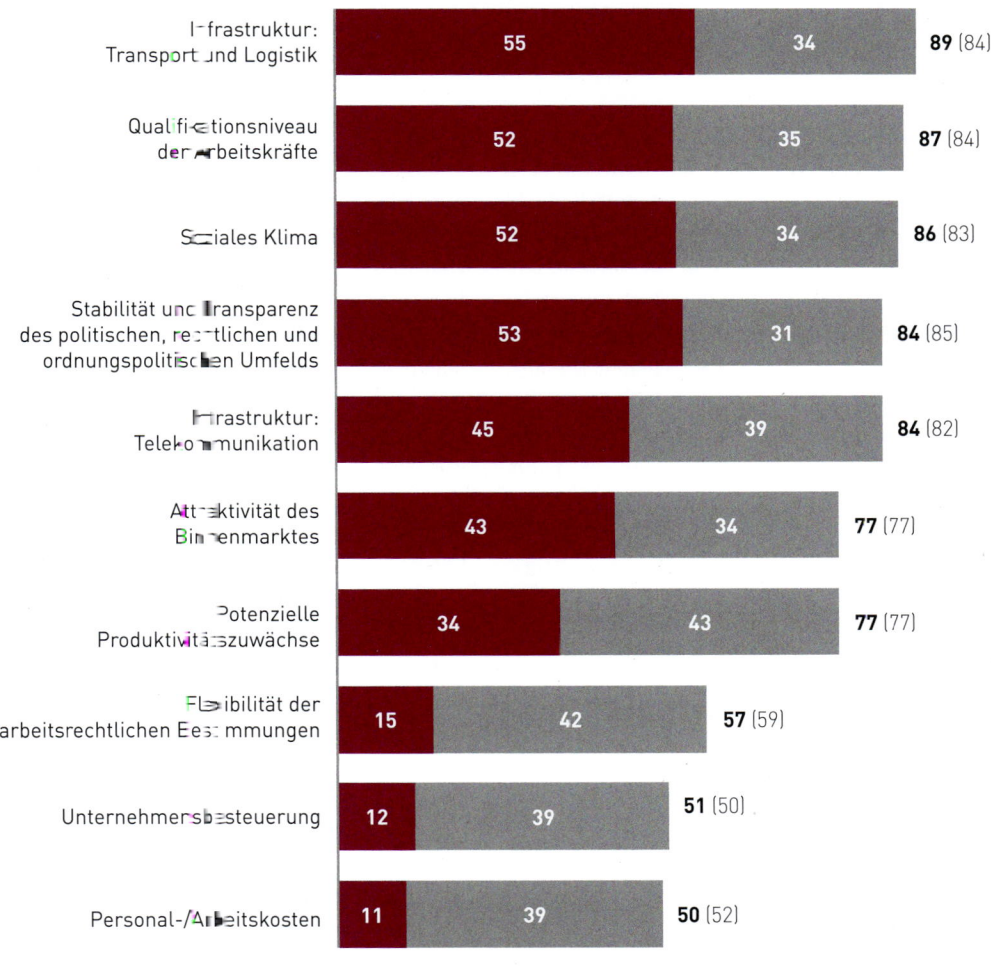

Angaben in Prozent; Vorjahreswerte in Klammern; Grundgesamtheit: N = 202
Peter Englisch, The EY Attractiveness Survey, Neuer Schwung – Standort Deutschland 2015, S. 24, 1.3.2016

> **Lesetipp zum Schaubild**
>
> Beispielsweise wird das Qualifikationsniveau der Arbeitskräfte in Deutschland von 87 Prozent der Manager positiv bewertet – von 52 Prozent sogar als sehr attraktiv.

Aufgaben

1. Erläutern Sie die Schwierigkeiten, die sich mit der Produktionsverlagerung ins Ausland für deutsche Unternehmen ergeben (M 5).
2. Analysieren Sie die Grafik M 6.
3. Arbeiten Sie aus M 7 die Motive der Unternehmen für die Rückverlagerung der Produktion nach Deutschland heraus.
4. Erklären Sie das Ranking der Standortfaktoren in M 8.
5. Erläutern Sie, wie die befragten Manager den Standort Deutschland beurteilen (M 9).

14.4 Kontrovers diskutiert: Werden die deutschen Exporterfolge auf dem Rücken hoch verschuldeter Staaten ausgetragen?

M 10 ● Sprechen wir doch mal über unsere Exportüberschüsse

EU-Grenzwerte

Die EU-Kommission hat neben einem Grenzwert für Handelsbilanzdefizite auch einen Grenzwert für die Überschüsse eingeführt. Dieser liegt bei +6 %. Im ersten Halbjahr 2013 hat Deutschland jedoch einen Überschuss von +7,2 % erzielt und erfüllt damit nicht mehr die Stabilitätskriterien der EU.

Deutschland ist stolz. Stolz auf seine Fußballnationalmannschaft und seine Exportüberschüsse. Dieser Stolz versperrt jedoch leider auch sehr oft die Fähigkeit zur
5 Selbstkritik. Immer wenn es von innen oder von außen Kritik an den deutschen Exportüberschüssen gibt, reagieren die Wortführer aus Politik und Medien wie angeschossene Pawlowsche Hunde. Es zwingt
10 doch niemand die Ausländer, deutsche Produkte zu kaufen! Man kann ein Land doch nicht für seine wirtschaftliche Stärke bestrafen! Das ist freilich alles richtig, geht jedoch meilenweit am eigentlichen Thema
15 vorbei. [...]

Man könnte Exportüberschüsse auch genauso gut als Importdefizite bezeichnen, auch wenn sich dies freilich nicht so positiv anhört, denn wir haben ja gelernt, dass
20 Überschüsse etwas Gutes und Defizite etwas Schlechtes sind. Exportüberschüsse entstehen immer dann, wenn die Löhne – in Relation zu den Handelspartnern – einerseits zu niedrig und andererseits un-
25 gleich verteilt sind. Beides trifft auf Deutschland zu. Wenn die Löhne steigen und die Ungleichverteilung der Einkommen sinkt, steigt auch der Konsum der Bevölkerung und somit die Menge der Impor-
30 te. [...]

Deutschlands Exportüberschüsse sind jedoch kein rein deutsches Problem. Gesamtwirtschaftlich betrachtet, sind die Überschüsse des einen immer zwingend die
35 Defizite des anderen. Der Welthandel ist nun einmal ein Nullsummenspiel. Wenn Deutschland immer größere Überschüsse anpeilt, so sind diese nur dann realisierbar, wenn andere Länder ihre Defizite ausbauen. Wenn ein Land permanent mehr Güter
40 aus- als einführt, muss es über kurz oder lang den Ländern, die diese Güter kaufen, Geld leihen. Die deutschen Unternehmen haben Auslandsforderungen in Höhe von 722 Milliarden Euro, die deutschen Banken
45 sitzen sogar auf Auslandsforderungen in Höhe von fast zwei Billionen Euro. So gesehen ist die Exportweltmeisterschaft gleich ein doppelter Pyrrhussieg: Die Arbeitnehmer bezahlen diese Weltmeister-
50 schaft, indem sie vergleichsweise niedrige Löhne erhalten, während die Unternehmen und Banken immer mehr Forderungen aufbauen, deren Begleichung alles andere als sicher ist. Womit soll eine chronisch defizi-
55 täre Volkswirtschaft auch ihre Schulden bezahlen?

Und hier sind wir beim Kern der Eurokrise angekommen. Es ist unstrittig, dass Volkswirtschaften wie [Griechenland], Irland
60 oder Spanien zu hoch verschuldet sind. Um die Verschuldung gesamtwirtschaftlich abzubauen, ist es jedoch notwendig, dass diese defizitären Volkswirtschaften Handelsbilanzüberschüsse erzielen. Ansonsten ver-
65 teilt man die Schulden und die Forderungen nur von der rechten in die linke Tasche. In einem Nullsummenspiel ist der Abbau von Defiziten jedoch nur dann möglich, wenn auf der anderen Seite auch die
70 Überschüsse abgebaut werden. [...]

Die deutschen Exportüberschüsse sind ein elementares Problem für Europa und die Eurozone.

Jens Berger, www.nachdenkseiten.de, 26.11.2013

M 11 ● Deutschlands preisliche Wettbewerbsfähigkeit – eine Gefahr für Europa?

Deutschland steht am Pranger: Die Wettbewerbsfähigkeit sei zu hoch, bemängeln Kritiker. Die Preise in Deutschland müssten kräftig steigen, um den Krisenländern Luft
5 zum Atmen zu geben und ihnen eine schwere Deflation mit stark sinkenden Löhnen zu ersparen. Damit befindet sich Deutschland in der Zwickmühle, denn es muss seine preisliche Wettbewerbsfähigkeit
10 auch gegenüber Ländern außerhalb der Eurozone erfolgreich verteidigen. Andernfalls droht ein Abbau gut bezahlter Arbeitsplätze in der deutschen Exportwirtschaft.
Aber: Ist die Annahme, die deutsche Wett-
15 bewerbsfähigkeit sei außergewöhnlich hoch, überhaupt richtig? [...] Mit Blick auf die Ungleichgewichte im Euroraum erscheint es zunächst naheliegend, die Entwicklung der Lohnstückkosten seit 1999 im Eu-
20 roraum zu betrachten. Diese Perspektive ist jedoch in mehrfacher Hinsicht zu eng: Es gibt auch eine Welt außerhalb des Euroraums. Deutschland muss beispielsweise auch gegenüber China, den USA und Japan
25 wettbewerbsfähig sein und auch in Europa mit diesen Ländern konkurrieren. Nur noch jeder dritte Ausfuhr-Euro wird im Euroraum verdient. Anfang der 1990er-Jahre war es noch jede zweite D-Mark. [...]
30 Ohne Wechselkursänderungen lässt sich seit 1991 kein Zeitpunkt finden, ab dem sich die Lohnstückkosten in Deutschland günstiger entwickelt haben als bei der ausländischen Konkurrenz. Wenn überhaupt
35 von einer besonderen Verbesserung der deutschen Wettbewerbsfähigkeit gesprochen werden kann, betrifft das die Jahre ab 1999 bis 2007 und nur den Vergleich zu den Partnerländern des Euroraums. Durch
40 die expansive Lohnpolitik der letzten Jahre ist diese Verbesserung aber wieder teilweise aufgezehrt. [...]

Hat die Entwicklung der deutschen Wettbewerbsfähigkeit den anderen Ländern der
45 Eurozone geschadet? Zwar ist theoretisch zu erwarten, dass Deutschland Marktanteile gewinnt, wenn sich seine Preise günstiger entwickeln als in den anderen Ländern des Euroraums. Aber die Welt endet nicht
50 an den Grenzen der Eurozone. Ist Deutschland global wettbewerbsfähig, kann es den übrigen Euroraum als Exportplattform beispielsweise bei Ausfuhren nach China dienen. So können Vorleistungen aus dem
55 Euroraum – etwa Teile aus Italien in deutschen Autos – weltweit exportiert werden. IW-Berechnungen zeigen: Eine Zunahme der deutschen Warenexporte um 10 Prozent bewirkt eine Zunahme der Vorleis-
60 tungslieferungen der EU nach Deutschland um 9 Prozent. Legen also Deutschlands Exporte zu, erhöhen sich die Importe von Lieferanten aus der EU fast im selben Tempo. Von der deutschen Stärke können also
65 auch unsere EU-Partnerländer profitieren. [...]
Überdies würde eine schwächere Wettbewerbsfähigkeit der deutschen Industrie beispielsweise den griechischen Exporteuren
70 kaum helfen. Denn deren Warenstruktur ist vollkommen anders: Machen Maschinen und Fahrzeuge zusammen mit chemischen Erzeugnissen fast zwei Drittel der deutschen Exporte aus, entfallen in Griechen-
75 land weniger als ein Fünftel der Ausfuhren auf diese Produktgruppen. Deutlich höhere Exportpreise für deutsche Produkte würden also allenfalls dazu führen, dass sich die Griechen keine deutschen Autos mehr
80 leisten können.

Michael Hüther, Institut der deutschen Wirtschaft Köln, Pressekonferenz am 25.1.2016 in Berlin; Prof. Michael Hüther ist Direktor des Instituts der deutschen Wirtschaft Köln.

M 12 • Lohnstückkosten – Nachteil Deutschland

Lohnstückkosten
Verhältnis von Arbeitskosten je Beschäftigtenstunde in Euro zur Produktivität

Produktivität
Bruttowertschöpfung je geleistete Stunde in Euro

Aussagen Michael Hüthers zum Verarbeitenden Gewerbe und Lohnstückkostenvergleich

Das Verarbeitende Gewerbe steht im Mittelpunkt des internationalen Handels. Rund 84 Prozent der deutschen Exporte werden mit Waren erzielt. Insofern ist ein Lohnstückkostenvergleich des Verarbeitenden Gewerbes aussagekräftiger als Vergleiche der Gesamtwirtschaft.
Michael Hüther, Institut der deutschen Wirtschaft Köln, Pressekonferenz am 25.1.2016 in Berlin

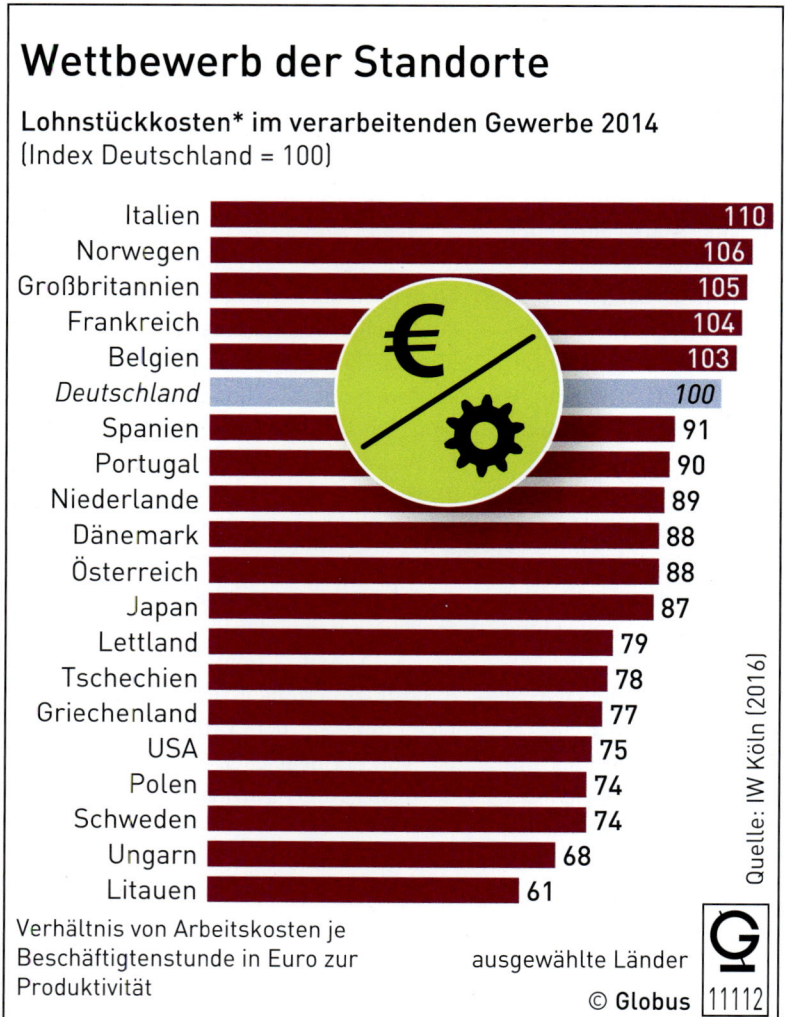

Wettbewerb der Standorte
Lohnstückkosten* im verarbeitenden Gewerbe 2014
(Index Deutschland = 100)

Italien	110
Norwegen	106
Großbritannien	105
Frankreich	104
Belgien	103
Deutschland	100
Spanien	91
Portugal	90
Niederlande	89
Dänemark	88
Österreich	88
Japan	87
Lettland	79
Tschechien	78
Griechenland	77
USA	75
Polen	74
Schweden	74
Ungarn	68
Litauen	61

*Verhältnis von Arbeitskosten je Beschäftigtenstunde in Euro zur Produktivität; ausgewählte Länder
Quelle: IW Köln (2016)
© Globus 11112

Aufgaben

1. Charakterisieren Sie die Positionen in M 10 und M 11.
2. Beurteilen Sie die Aussagekraft von M 12 hinsichtlich der Ausgangsfrage des Unterkapitels.
3. Überprüfen Sie die beiden Positionen (M 10, M 11).

Deutschland nimmt im internationalen Handel eine Sonderstellung ein. Die deutsche Wirtschaft ist in hohem Maße exportorientiert und damit auch exportabhängig. Fast jeder vierte Arbeitsplatz in Deutschland hängt vom Export ab. Gleichzeitig ist Deutschland als rohstoffarmes Land auch auf Importe angewiesen – vor allem im Energiebereich. Trotz dieser Import-Abhängigkeit liegen in Deutschland die Warenausfuhren stetig über den Wareneinfuhren. Der Anteil am gesamten Welthandel mit fast 8 % ist gemessen an dem Anteil an der Weltbevölkerung sehr hoch. Deutschland steht an vierter Stelle der wettbewerbsstärksten Länder. Die Säulen des Exporterfolgs sind Fahrzeuge, Maschinen und chemische Produkte. Die wichtigsten Handelspartner sind China und die Niederlande bei den Einfuhren und die USA und Frankreich bei den Ausfuhren.

Außenwirtschaftliches Profil
M 4 a) – M 4 d)

Das Label „Made in Germany" steht zwar noch immer für ein Gütesiegel hinsichtlich der Qualität deutscher Produkte, hat aber u. a. auch durch die Manipulationen von Abgasnormen von Fahrzeugen gelitten. Das Label ist freiwillig und nicht einheitlich geregelt. Ob es zu Recht verwendet wird, entscheiden Gerichte nach Einzelfallprüfung. Durch die zunehmende globale Arbeitsteilung der Produktionsprozesse lässt sich der Anteil deutscher Komponenten der Produktion nur schwer nachvollziehen.

„Made in Germany"
M 1 – M 3

Bei der Standortwahl sind drei Motive zu unterscheiden: Senkung der Produktionskosten, Erschließung neuer Märkte und Ausbau des Vertriebsnetzes. Die Qualität des Wirtschaftsstandorts Deutschland hat sich in den letzten Jahren verbessert. Dies äußert sich z. B. darin, dass Unternehmen an den Standort Deutschland zurückkehren. Stärken sind u. a. eine hervorragende Infrastruktur, hohe Lebensqualität (soziales Klima), stabile politische und soziale Verhältnisse, Rechtsstaatlichkeit und sehr gut qualifizierte und produktive Arbeitnehmer. Als positiv gilt auch die geografische Lage im Herzen Europas. Beispiele belegen, dass Firmen aufgrund der Attraktivität des Standorts nach Deutschland zurückkehren bzw. sich hier neu ansiedeln. Zu den Schwächen des Standorts zählen jedoch nach wie vor die im internationalen Vergleich hohen Personalkosten, die starke Reglementierung des Arbeitsmarkts sowie eine relativ hohe Steuerbelastung der Unternehmen.

Standort Deutschland – Stärken und Schwächen
M 5 – M 9, M 12

Im Zuge der Staatsschuldenkrise Griechenlands standen auch die deutschen Handelsbilanzüberschüsse zur Diskussion. Die kritische Position behauptet, Deutschland hätte seine Wettbewerbsposition durch jahrelange Lohnzurückhaltung verbessert, dadurch in großem Stile in die südeuropäischen EU-Länder exportieren können. Dies führte bei den Handelspartnern zu Leistungsbilanzdefiziten gegenüber Deutschland und trage maßgeblich zur Verschuldungskrise dieser Länder bei. Dem wird entgegengehalten, dass sich die Lohnstückkosten in Deutschland nicht besser als in anderen Staaten entwickelt hätten, Exporte eine beträchtliche Menge an positiven Vorleistungsimporten aus EU-Ländern bewirkten und im Übrigen die Wettbewerbsfähigkeit Deutschland global gesehen werden müsse, also vor allem im Vergleich zu den USA oder China.

Deutsche Dominanz im Außenhandel auf Kosten der schwachen Euroländer?
M 10, M 11

Das Wettbewerbsmodell nach Porter

Ausgangspunkt der Überlegungen Michael E. Porters ist die Hypothese, dass ein wachsender Wohlstand der Bevölkerung nur durch eine große Konkurrenzfähigkeit von Ländern, Branchen oder Unternehmen infolge von Produktivitätssteigerungen und nicht allein durch „Erbe", d. h. durch Erfolge, die in der Vergangenheit liegen, erreicht werden kann. Die internationale Wettbewerbsfähigkeit eines Landes oder einer Branche hängt seiner Meinung nach von vier Haupt- und zwei Nebenelementen der Gesamtwirtschaft eines Landes ab, die Porter zu einer „Diamanten"-Theorie zusammenfasst. Die vier Hauptelemente sind:

1. **Faktorbedingungen**, d. h. die Menge und Qualität der Einsatzfaktoren, insbesondere natürliche Ressourcen, die Ausbildung und Qualifikation der Arbeitnehmer und die Lohnhöhe,
2. **Nachfragebedingungen** eines Landes, insbesondere die Marktgröße, das Anspruchsniveau der Kunden an Produkte und Dienstleistungen sowie die Darstellungsmöglichkeiten der Produkte in den Medien,
3. **Verwandte und unterstützende Branchen** [z. B. die Qualität der Zulieferunternehmen], insbesondere die Existenz von sogenannten Unternehmensclustern,
4. **Unternehmensstrategien, Struktur und Konkurrenz**, insbesondere die Anzahl von konkurrierenden Unternehmen und die Intensität des Wettbewerbs in einer Branche sowie die Struktur privater oder staatlicher Unternehmen. [...]

Die Elemente der nationalen Wettbewerbsfähigkeit müssen sich nach Porter gegenseitig unterstützen, wenn Unternehmen oder Branchen und daraus abgeleitet ein Land international wettbewerbsfähig werden oder bleiben wollen. Diese Verflechtung versucht er mit einem Diamanten zu symbolisieren.

Nur Länder, die einen gut funktionierenden „Diamanten" haben, d. h. bei denen sich die einzelnen Elemente des „Diamanten" gegenseitig positiv verstärken, besitzen nach Porter langfristig nationale Wettbewerbsvorteile, die ihnen eine internationale Konkurrenzfähigkeit ermöglichen. Es kommt seiner Beobachtung nach kaum vor, dass ein Land von Beginn an über alle positiven Elemente des Diamanten verfügt. Deshalb erreichen Länder eine internationale Wettbewerbsfähigkeit meist in drei Schritten.

- Im ersten Schritt erlangt ein Land seine Wettbewerbsvorteile aus einem einzigen Vorteil wie den Faktorbedingungen (z. B. billige Arbeitskräfte) oder den Nachfragebedingungen (z. B. Marktgröße). Jedoch ist von Anfang an fast immer eine heimische Konkurrenzsituation notwendig, da sie die Unternehmen anspornt, [nach] Wettbewerbsvorteilen zu suchen. So entstehen allmählich international wettbewerbsfähige Unternehmen und Branchen. Um langfristig erfolgreich zu sein, muss sich das Land
- im zweiten Schritt von einer „investitionsgetriebenen" zu einer „innovationsgetriebenen" Volkswirtschaft entwickeln.
- Im dritten Schritt bilden sich „Unternehmenscluster" von Weltspitzenunternehmen, die eng miteinander verflochten sind und die durch eine extreme Inlandskonkurrenz so „gestählt" sind, dass sie die Konkurrenz auf den Weltmärkten nicht zu fürchten brauchen.

Nach: Manfred Perlitz, Internationales Management, 5., bearbeitete Aufl., Stuttgart 2004, S. 134 ff.

Aufgabe

In Deutschland gelten die Automobilbranche, der Maschinenbau und die chemische Industrie als Schlüsselbranchen für die wirtschaftliche Leistungsfähigkeit Deutschlands. Analysieren Sie für eine Branche Ihrer Wahl Zukunftsperspektiven nach dem Wettbewerbsmodell von Porter.

SELBSTDIAGNOSE

14 Deutschland im globalen Wettbewerb

Sie können...	Dazu benötigen Sie u. a. folgende Begriffe...	Das klappt schon...	Hier können Sie u. a. noch übern...
Probleme, die mit dem Label „Made in Germany" verbunden sind, erläutern.	„Made in Germany"	👍 👎	M 1 – M 3 / S. 446 f. Orientierungswissen / S. 457
anhand von Daten ein Profil des Wirtschaftsstandorts Deutschlands erstellen.	Handelsbilanzsaldo	👍 👎	M 4 a) – M 4 d) / S. 448 f. Orientierungswissen / S. 457
unterschiedliche Motive für Auslandsinvestitionen voneinander unterscheiden.	Auslandsinvestitionen	👍 👎	M 5, M 6 / S. 450 f. Orientierungswissen / S. 457
die Attraktivität Deutschlands als Wirtschaftsstandort beurteilen.	Standort Deutschland Standortwahl Standortfaktoren	👍 👎	M 7 – M 9 / S. 452 f. M 12 / S. 454 Orientierungswissen / S. 457
die Exporterfolge Deutschlands beurteilen.	Lohnstückkosten Produktivität Grenzwerte für Außenhandelsüberschüsse	👍 👎	M 10 – M 12 / S. 452 ff. Orientierungswissen / S. 457

Globale Wirtschaft – die ökonomische Globalisierung

Es entsteht eine globale Wirtschaft auf der Basis
- globaler Produktionsketten und
- globaler Güter-, Arbeits- und Finanzmärkte

→ **Gelingt in einer globalen Wirtschaft eine Wohlfahrtssteigerung und ihre gerechte Verteilung?**

Das „globale Dorf" – die kulturelle Globalisierung

- Weltumspannende Kommunikation ermöglicht
- die globale Wirkungsmacht von Marken und Kulturgegenständen

→ **Entsteht eine globale Einheitskultur?**

Globalisierung oder die Vernetzung der Welt

Weltregelwerk und Weltinnenpolitik – die politische Globalisierung

- Internationale Märkte verlangen nach internationalen, durchsetzungsfähigen Rechtsnormen und somit
- internationalen Institutionen

→ **Gestalten die Nationalstaaten angesichts dieser Herausforderungen eine gemeinsame Weltinnenpolitik?**

Ökologische Globalisierung

- Ressourcenverbrauch
- Gefährdungen des Ökosystems
- Klimawandel

→ **Ist eine nachhaltige Form globalen Wirschaftsens möglich?**

Die Weltgesellschaft – gesellschaftliche Globalisierung

- Tourismus und Migration
- Sozialstaat unter dem Druck globaler Konkurrenz

→ **Ist die Vorstellung des Wohlstands gerecht?**

15 Dimensionen des Globalisierungsprozesses

Es ist für uns heute selbstverständlich, Waren zu kaufen, deren Einzelteile in vielen verschiedenen Ländern gefertigt wurden, wir fliegen über das Wochenende privat oder geschäftlich nach London, können zeitnah erfahren, was im letzten Winkel der Welt geschieht und erleben, wie internationale Konzerne gewaltige Umsätze erwirtschaften und deren aktuelle Unternehmenswerte an den Weltbörsen rund um die Uhr gehandelt werden. Dies alles hat mit der wirtschaftlichen Globalisierung zu tun.

Der wirtschaftliche Strukturwandel, für den seit den 1990er-Jahren der Begriff Globalisierung verwendet wird, erfasst nahezu unsere sämtlichen Lebensbereiche und entfaltet eine zuvor ungekannte Dynamik. Information, Kommunikation und Mobilität sind zentrale Ressourcen, aus denen sich der Globalisierungsprozess speist. Globalisierung lässt sich auch als Strukturwandel von Wirtschaft und Gesellschaft verstehen. Sowohl der Handel über Grenzen hinweg als auch die Migration von Menschen sind keine neuen Phänomene, sondern zeigen sich bereits in der Antike und im Mittelalter. Neu ist aber die Beschleunigung und Allgegenwart des strukturellen Wandels. Zu untersuchen ist, was genau mit Globalisierung gemeint ist, welche Dimensionen Globalisierung bestimmen, welche Erklärungsansätze es gibt und wie die Auswirkungen zu beurteilen sind.

KOMPETENZEN

Am Ende dieses Kapitels sollten Sie Folgendes wissen und können:

Sie können den Begriff Globalisierung erklären.

Sie können die Entwicklung der Globalisierung anhand von Indikatoren analysieren.

Sie können erklären, welche Faktoren den Globalisierungsprozess beeinflussen und bedingen.

Sie können beschreiben, wie heute arbeitsteilig produziert wird.

Sie können Auswirkungen arbeitsteiliger Produktion beurteilen.

Sie können die Aussagekraft von Außenwirtschaftstheorien überprüfen.

Sie können die Rolle transnationaler Konzerne – insbesondere hinsichtlich kultureller Aspekte der Globalisierung – beurteilen.

Sie können ein komplexes Schaubild analysieren.

Was wissen und können Sie schon?

Globalisierung hat viele Dimensionen. Wählen Sie ein Thema der linken Seite aus, und fassen Sie Ihre Gedanken dazu in Textform oder grafisch zusammen.

15.1 Lässt sich Globalisierung erklären und messen?

M 1 ● „Globalisierung" zu Zeiten Marco Polos im 13. Jahrhundert

Marco Polo in China (Abbildung in dem Buch Il milione, 1298 – 1299)

M 2 ● Lässt sich Globalisierung definieren?

Grundlagen der Globalisierung

Die Grundlagen der Globalisierung, also der wirtschaftlichen, kulturellen und kommunikativen Verflechtung der Welt [...] wurden gelegt, als Seefahrer aus Südostasien die Banane nach Afrika brachten und italienische Handwerker mit chinesischen Techniken der Schwarzpulververwendung experimentierten. Das eine geschah am Beginn, das andere gegen Ende jener Epoche zwischen 500 und 1500, die in Europa Mittelalter genannt wird. [...] Nach China brachten Händler auf den Seidenstraßen Schmucksteine, Erze und Metalle, Pelze und Tierhäute, Nutztiere wie Pferde und Kamele, aber auch exotische Tiere wie Löwen und Elefanten. [...] Die Länder im Westen bezogen bis zum späten Mittelalter Luxusprodukte wie Gewürze und Seide über die Seidenstraße.
Thomas Ertl, Seide, Pfeffer und Kanonen – Globalisierung im Mittelalter, Darmstadt 2008, S. 7 – 15

„Globalisierung ist ein Prozess, der länderübergreifende Netzwerke zwischen Akteuren schafft – durch verschiedene Ströme von Menschen, Informationen und Ideen, Kapital und Gütern. Durch diesen Prozess werden nationale Grenzen aufgeweicht, nationale Volkswirtschaften, Kulturen, Technologien und Staatsführungen miteinander verflochten sowie komplexe Beziehungen gegenseitiger Abhängigkeit geschaffen."
Nach: Axel Dreher, KOF Swiss Economic Institute ETH Zürich, Messung der Globalisierung, Vortragsskript, Statistisches Bundesamt, 23.11.2007

„Unter Globalisierung wird die Veränderung der Weltwirtschaft verstanden, die zu mehr länderübergreifenden Transaktionen führt. Auch im kulturellen und gesellschaftlichen Bereich findet eine Globalisierung statt."
Klaus Müller, Globalisierung: Ursachen, Fakten, Folgen, www.globalisierung-infos.de (16.4.2016)

„Bezeichnung für die zunehmende Entstehung weltweiter Märkte für Waren, Kapital und Dienstleistungen sowie die damit verbundene internationale Verflechtung der Volkswirtschaften. Der Globalisierungsprozess der Märkte wird vor allem durch neue Technologien im Kommunikations-, Informations- und Transportwesen sowie neu entwickelte Organisationsformen der betrieblichen Produktionsprozesse vorangetrieben. Weltweite Datennetze, Satellitenkommunikation, computergestützte Logistik und hoch entwickelte Verkehrsmittel lösen Arbeit und Produktion, Produkte und Dienstleistungen von den nationalen Standorten und ermöglichen es den Unternehmen, die für sie günstigsten Produktions- bzw. Lieferstandorte auszuwählen und ihre Aktivitäten weltweit zu koordinieren. In immer stärkerem Maße werden dadurch Angebot und Nachfrage aus der ganzen Welt zusammengefasst und die Preisbildung vereinheitlicht."
Duden Wirtschaft von A bis Z: Grundlagenwissen für Schule und Studium, Beruf und Alltag. 5. Aufl. Mannheim: Bibliographisches Institut 2013. Lizenzausgabe Bonn: Bundeszentrale für politische Bildung 2013

„Prozess, durch den Märkte und Produktion in verschiedenen Ländern immer mehr voneinander abhängig werden – dank der Dynamik des Handels mit Gütern und Dienstleistungen und durch die Bewegung von Kapital und Technologie." (OECD)
Klaus Müller, Globalisierung: Ursachen, Fakten, Folgen, www.globalisierung-infos.de (16.4.2016)

M 3 ● Lässt sich Globalisierung messen?

Globalisierung zu messen ist notwendig, um ihre Ursachen und Auswirkungen genauer untersuchen zu können.
Ein verbreiteter Indikator für die Globalisierung ist die Handelsoffenheit gemessen als Summe aus Exporten und Importen eines Landes in Relation zum Bruttoinlandprodukt (BIP). Nachteil dieses Indikators ist, dass z. B. kleinere Länder in der Regel eine größere Handelsoffenheit aufweisen (z. B. die Schweiz und Singapur) als größere Länder (z. B. die Vereinigte Staaten von Amerika).
Analog zur Handelsoffenheit wird der Bestand an ausländischen Direktinvestitionen in Relation zum BIP oft als Maß für Globalisierung interpretiert.
Schließlich wird die sog. Weltexportquote berechnet: sie gibt den Anteil der Weltexporte am Weltsozialprodukt an.

Autorentext

Erklärfilm „Globalisierung"

Mediencode: 8880-22

M 4 ● Weltexporte und Welthandel – Gradmesser der wirtschaftlichen Globalisierung

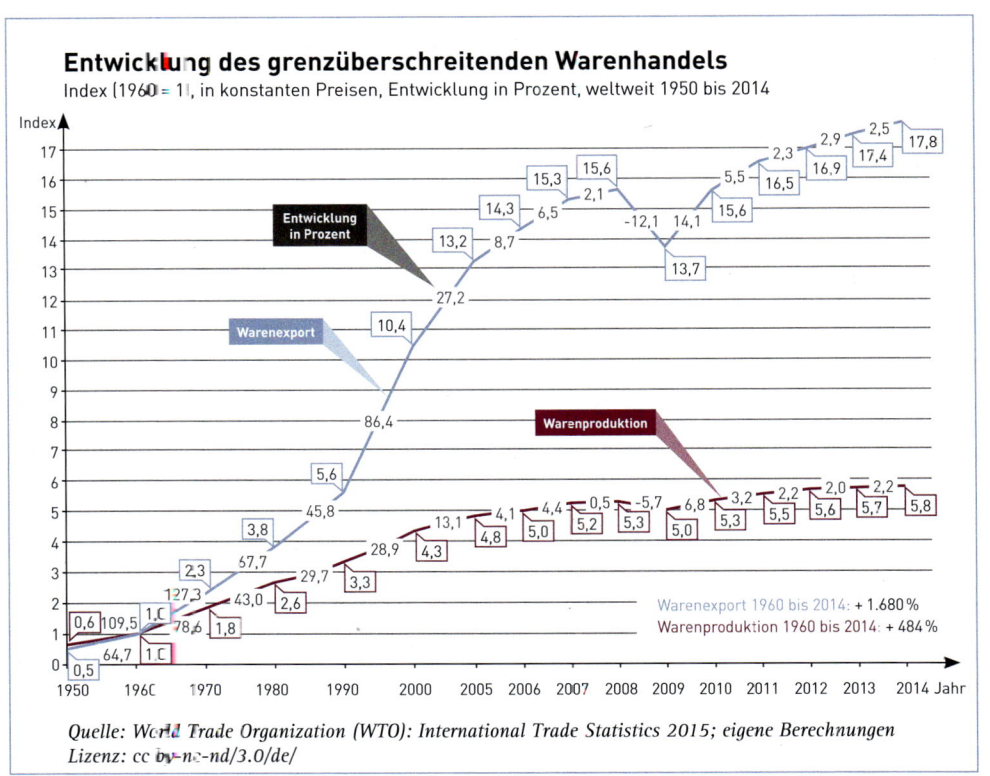

Quelle: World Trade Organization (WTO): International Trade Statistics 2015; eigene Berechnungen
Lizenz: cc by-nc-nd/3.0/de/

Bundeszentrale für politische Bildung, Zahlen und Fakten – Globalisierung, 31.12.2015

Lesehilfe zur Grafik

Im Jahr 2000 stiegen die weltweiten Exporte gegenüber 1960 um das 10,4fache. Zwischen 2000 und 2005 nahmen die Exporte um 27,2 % zu.

Bevölkerungswachstum und Weltwarenexport

Bei Berücksichtigung des Bevölkerungswachstums relativiert sich die absolute Zunahme des grenzüberschreitenden Warenhandels, da sich die Weltbevölkerung seit 1960 fast um das 2,5fache erhöht hat. Allerdings stieg auch der Weltwarenexport pro Kopf von 43 US-Dollar im Jahr 1960 auf gut 2.600 US-Dollar im Jahr 2014 um mehr als das 60fache an.

Perzentile

sind Prozentangaben. Wird bspw. die Körpergröße eines Kindes in Perzentilen ausgedrückt, bedeutet dies, dass die Körpergröße in Bezug auf die Körpergrößen der Altersgenossen angeben wird. Eine Körpergröße auf der 50. Perzentile bedeutet, dass 50 % der Kinder gleichen Alters und gleichen Geschlechts kleiner als das betreffende Kind sind; Körpergröße auf der 3. Perzentile bedeutet, dass 3 % der vergleichbaren Kinder kleiner als das betreffende Kind sind.

Der KOF Globalisierungsindex

misst die wirtschaftliche, soziale und politische Dimension der Globalisierung. Er dient der Beobachtung von Veränderungen in Globalisierungsprozessen über einen langen Zeitraum. Der KOF Globalisierungsindex 2016 untersucht mit Hilfe von 23 Variablen 187 Länder und den Zeitraum 1970 bis 2013.

M 5 ● Entwicklung der Globalisierung nach dem KOF-Index

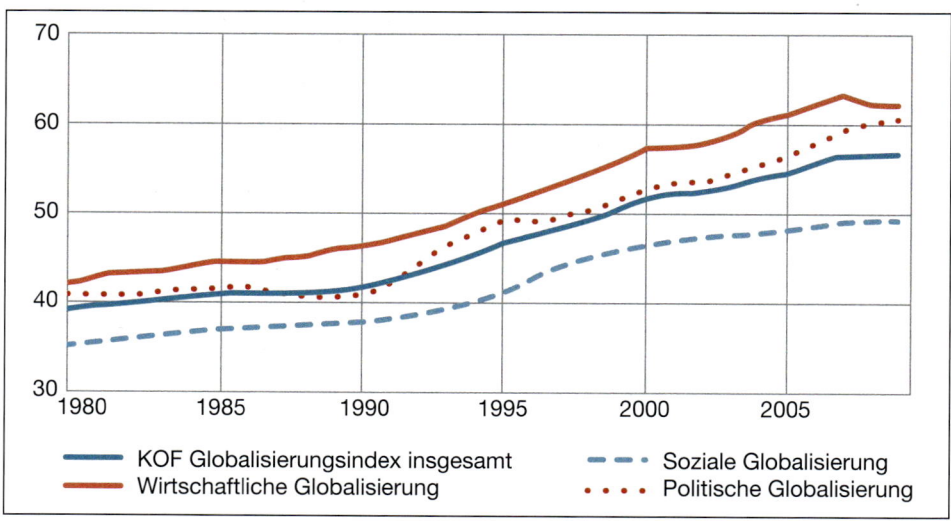

— KOF Globalisierungsindex insgesamt
— Wirtschaftliche Globalisierung
--- Soziale Globalisierung
···· Politische Globalisierung

Der KOF Index misst die Globalisierung auf einer Skala von 1 bis 100. Die Werte der zugrunde liegenden Variablen werden in Perzentile unterteilt. So werden extreme Ausschläge geglättet und es kommt zu geringeren Schwankungen im Zeitablauf. Im Schaubild werden die Durchschnitte der Indizes aller Länder abgebildet.

ETH Zürich, KOF Swiss Economic Institute, Press Release, Zürich, 4.3.2016, S. 3

M 6 ● Was misst der KOF-Globalisierungsindex?

Die **wirtschaftliche Dimension des KOF Index** misst einerseits die tatsächlichen Handels- und Investitionsströme sowie andererseits das Ausmaß, in dem die Länder Handels- und Kapitalverkehrsrestriktionen anwenden, um ihre eigenen Volkswirtschaften zu schützen.	*Wirtschaftsströme:* erfasst Daten zum Handel (Direktinvestitionen und Portfolioinvestitionen). Handel wird als Summe der Exporte und Importe eines Landes definiert; Portfolioinvestitionen sind die Summe der Aktiva und Passiva eines Landes. Enthalten sind darin die Summe der Bruttozuflüsse und -abflüsse an ausländischen Direktinvestitionen. *Index der Kapitalverkehrskontrollen:* Länder, die keinerlei Zölle erheben, werden mit 10 bewertet. Nähert sich der durchschnittliche Zollsatz 50 % (diese Schwelle wird von den meisten Ländern der dort verwendeten Stichprobe normalerweise nicht überschritten), geht die Bewertung gegen Null.
Der KOF Index klassifiziert die **soziale Globalisierung** in drei Kategorien. Die erste bezieht sich auf persönliche Kontakte, die zweite enthält Daten zu Informationsflüssen und die dritte misst kulturelle Nähe.	*Persönliche Kontakte:* Dieser Index soll die direkte Interaktion zwischen Menschen in verschiedenen Ländern erfassen. Er enthält internationalen Telefonverkehr und den Grad des Tourismus (ankommend und ausgehend). *Informationsflüsse:* Der Index enthält die Anzahl der Internetanbieter und -nutzer, die Kabelfernsehen-Abonnenten, die Anzahl der Telefon-Hauptanschlüsse, die Anzahl der Radiogeräte (jeweils pro 1.000 Personen) und den Anteil ausländischer Tageszeitungen (pro 1.000 Personen). Als Näherungswert für *kulturelle Nähe* wird die Anzahl an McDonald-Restaurants in einem Land herangezogen.
Der KOF Index misst auch die **politische Globalisierung**.	Als ein Maß für den Grad der politischen Globalisierung werden die Anzahl an Botschaften und High Commissions in einem Land, die Anzahl an internationalen Organisationen, in denen das Land Mitglied ist, und die Anzahl der UN-Friedensmissionen, an denen das Land teilgenommen hat, erfasst.

Zusammenstellung nach: Axel Dreher, KOF Swiss Economic Institute ETH Zürich, Messung der Globalisierung, Vortragsskript, Statistisches Bundesamt, 23.11.2007

M 7 ● Globalisierung als Naturgesetz?

Karikatur: Thomas Plaßmann

KOF für Deutschland

Der KOF Globalisierungsindex für Deutschland stieg in den 1990er-Jahren stetig an. Zu Beginn des neuen Jahrhunderts verlor dieser Prozess jedoch an Dynamik. Seither ließ sich eine Seitwärtsbewegung mit einigen zyklischen Änderungen beobachten. Deutschland steht derzeit auf Platz 27. In der wirtschaftlichen Globalisierung rangiert Deutschland auf Platz 81, in der politischen Globalisierung liegt Deutschland auf Platz 20. Bezüglich der sozialen Globalisierungskomponente findet sich Deutschland auf Platz 16 wieder.

Aufgaben

1. Vergleichen Sie die Definitionen in M 2. Einigen Sie sich nach der Bearbeitung des Unterkapitels im Kurs auf eine umfassende Definition von Globalisierung.
2. Arbeiten Sie aus M 4 die Entwicklung der Globalisierung heraus.
3. Beurteilen Sie den Anspruch des KOF-Index, Globalisierung messen zu können (M 5, M 6).
4. a) Analysieren Sie die Karikatur M 7.
   b) Erläutern Sie in diesem Zusammenhang Ihr Verständnis von Globalisierung.

15.2 Welche Faktoren bestimmen den Globalisierungsprozess?

M 8 ● Bedingungen und Faktoren für Globalisierung auf der Nachfrage- und Angebotsseite

Die Globalisierung erfasst heute nahezu alle Bereiche des Wirtschaftens. Die Akteure in diesem Prozess sind vor allem internationale Konzerne – auch global players genannt. Sie tragen zur weltweiten Vernetzung von Produktionsstandorten, länderübergreifenden wirtschaftlichen und politischen Verflechtungen bzw. Kooperationen bei. Tiefgreifende Veränderungen im internationalen Handel zeigen sich in der Zunahme des intraindustriellen Handels, dem Handel von gleichartigen Fertigprodukten zwischen den Industrienationen. Zur Vergrößerung des Weltmarkts trug der rasante Aufstieg von Schwellenländern – vor allem südostasiatischer Staaten – zu wichtigen Exportnationen bei. Die Expansion des weltweiten Handels mit Gütern wäre ohne die starke Verbilligung von Transport- und Kommunikationskosten seit den letzten 60 Jahren nicht möglich gewesen. Die Seeschifffahrt und die Erfindung des Containers sind dabei zum Fundament des hohen und stetigen Wachstums des Welthandels geworden. Durch den Containertransport spielen Transportkosten beim Export meist keine große Rolle mehr, so kostet die Überfahrt einer Flasche Rotwein von Australien nach Deutschland nur rund zwölf Cent. Voraussetzung dafür war die Ausbreitung des Internets, die Digitalisierung der Kommunikation seit den 1990er-Jahren. Das Internet kann mit seiner Überwindung von Zeit- und Raumdimensionen, der Beschleunigung von Kommunikation und Interaktion und damit der Vernetzung der Welt als Symbol für Globalisierung gelten.

Die Bedingungen und Faktoren für den Globalisierungsprozess lassen sich auf der Seite der Nachfrager und Anbieter unterscheiden. Auf der Nachfrageseite zeigt sich eine deutliche Tendenz zur Angleichung der Verbraucherbedürfnisse weltweit (Konvergenzthese). Hervorgerufen wird dies durch eine Annäherung des Wissensstands infolge des weltweiten Einsatzes immer effizienterer Kommunikationsmittel, welche einen länderübergreifenden Wissens- und Erfahrungsaustausch ermöglichen. Dazu trägt auch die zunehmende Reisetätigkeit und Mobilität bei (Akkulturation).

Wesentliche Faktoren der Globalisierung auf der Angebotsseite sind Marktsättigungstendenzen auf bestimmten Gütermärkten, z. B. dem Automobilmarkt in Europa. Umsatzsteigerungen und Gewinnsteigerungen sind unter den Bedingungen gesättigter Märkte nur möglich, wenn neue Absatzmärkte erschlossen werden können. Da sich zudem die Lebensdauer von Produkten auf den Märkten durch den scharfen internationalen Wettbewerb und den technischen Fortschritt ständig verkürzt (kürzere Produktzyklen), lassen sich die Forschungs- und Entwicklungskosten bei einer Vermarktung auf heimischen, räumlich beschränkten Märkten nicht mehr decken. Deshalb agieren Unternehmen global, um so über höhere Umsätze Gewinne zu ermöglichen.

Neue Märkte konnten durch die politisch durchgesetzte allgemeine Öffnung der Märkte durch den Abbau von Handelshemmnissen (Liberalisierung der Märkte) gewonnen werden. Dass freier globaler Austausch von Gütern den Wohlstand aller ermöglichen kann, ist Überzeugung einer neoliberalen Anschauung, die auch die Grundlage für die Arbeit des Allgemeinen Zoll- und Handelsabkommens (General Agreement on Tariffs and Trade, GATT 1947) sowie der WTO seit 1995 darstellt. Bedeutsam für die Globalisierung war insofern die Ausweitung internationaler Arbeitsteilung durch das Aufkommen neuer Konkurrenten,

z. B. von Schwellenländern wie Brasilien, Russland oder China bzw. die Öffnung ehemals abgeschirmter Volkswirtschaften gegenüber dem Weltmarkt.

1989 hat sich Europa fundamental verändert. Die Spaltung in Ost und West wurde überwunden, Deutschland wiedervereinigt, die ehemaligen Ostblockstaaten demokratisierten sich und öffneten ihre Märkte. Fortan führte der Handel mit den Staaten Osteuropas und Russlands zu einer starken Zunahme wirtschaftlicher Verflechtungen und damit der Globalisierung. Die Übernahmen des westlichen Marktkapitalismus statt der Fortführung zentralstaatlicher Modelle des Staatskapitalismus vollzog auch die Volksrepublik China. Die Transformation der chinesischen Wirtschaft von einer Planwirtschaft hin zu einer Marktwirtschaft vollzog sich in den 1990er-Jahren. Der Beitritt Chinas zur WTO 2001 kann als Meilenstein auf dem Weg Chinas zum global player gesehen werden.

Autorentext

M 9 ● Überblick – was treibt die Globalisierung an?

Gesellschaftliche Faktoren
- Weltweiter Wissenstransfer durch
- länderübergreifenden Erfahrungsaustausch (Reisetätigkeit)
- Nivellierung des Wissensstandes in der Forschung
- Homogenisierung der Konsumgewohnheiten und Überwindung kultureller Distanzen (Akkulturationsprozesse)

Technologische Faktoren
- Mikroelektronik und digitale Datenverarbeitung als Basistechnologie
- Fortschreitende Vernetzung und Beschleunigung digitaler Informations- und Kommunikationsstrukturen
- Sinkende Kommunikationskosten
- Sinkende Transportkosten

Faktoren für Globalisierungsprozesse

Politische Faktoren
- Weltweiter Abbau von Handelshemmnissen im Waren- und Dienstleistungsverkehr (GATT/WTO)
- Liberalisierung der Finanzmärkte
- Integration zu einem Weltfinanzmarkt
- Integration größerer Wirtschaftsräume zu Wirtschaftsbündnissen (EU, NAFTA, MERCOSUR etc.)
- Weltweite Dominanz des marktwirtschaftlichen Ordnungsmodells seit dem Untergang des sozialistischen Wirtschaftsmodells und
- Öffnung der bisher vom Weltmarkt abgeschotteten Staatshandelsländer Mittel- und Osteuropas, der VR China und Vietnams

Wirtschaftliche Faktoren
- Radikale Senkung der Transaktionskosten ermöglicht globale Aufspaltungen von Produktionsprozessen und Dienstleistungsfunktionen (Outsourcing)
- Sättigungstendenzen auf traditionellen Märkten
- Erschließung neuer Marktpotenziale durch die Herausbildung neuer Wachstumszentren in Asien und Südamerika
- Verkürzung der Produktzyklen durch technische Innovationen, erhöht den Anteil der F&E-Kosten und zwingt zur weltweiten Vermarktung bzw. zur Herausbildung von global players
- Zunehmende wirtschaftliche Bedeutung von Schwellenländern als Anbieter und Nachfrager

Autorengrafik

Aufgaben

1. Faktoren, die den Globalisierungsprozess bestimmen, sind vielschichtig (M 8). Begründen Sie, welche der Faktoren für die Entwicklung heute und in Zukunft die Globalisierung bestimmen bzw. bestimmen werden.

2. Bilden Sie vier Arbeitsgruppen. Erläutern Sie anschließend arbeitsteilig die in M 9 aufgeführten vier Hauptfaktoren für Globalisierungsprozesse, und stellen Sie Ihre Ergebnisse im Kurs vor.

15.3 Internationale Arbeitsteilung und Handelsströme

M 10 • **Das globalisierte iPhone**

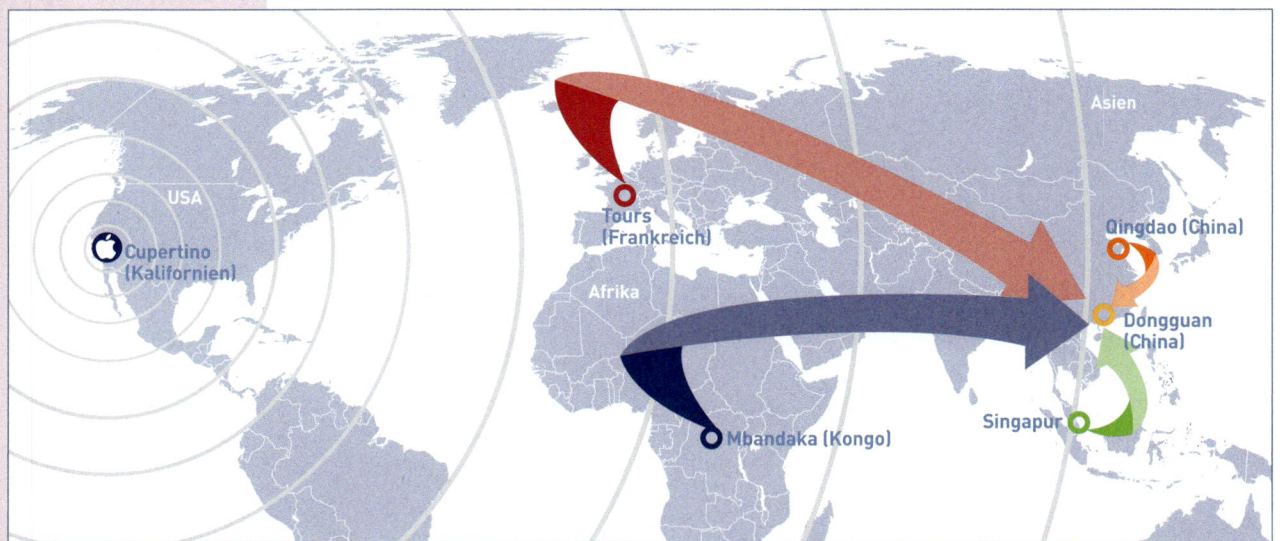

Produktion des iPhone

Beim Phone und vielen anderen technischen Produkten ist die Arbeitsteilung zwischen Nord und Süd wie folgt gekennzeichnet: Die Massenproduktion findet überwiegend in Entwicklungs- und Schwellenländern statt. Forschung und Entwicklung verbleiben dagegen in den Industrieländern.

Outsourcing

Verlagerung von Wertschöpfungsaktivitäten des Unternehmens an externe Dienstleister

Global Sourcing

weltweite Nutzung von Bezugsquellen für Vor- und Zwischenprodukte

Mit dem iPhone hat Apple von Kalifornien aus die Smartphone-Welt erobert. Vom Konzern selbst stammen nur das Design und ein paar Bauteile.

Design: Auch wenn das iPhone natürlich ein Produkt von Apple ist, wirklich produziert wird es in der Firmenzentrale im kalifornischen Ort Cupertino bei San Francisco nicht. Dort sitzen immerhin die Designer, die entwerfen und entscheiden, wie das neue Super-Handy aussehen soll und was es einmal können wird. „Made in USA" steht deshalb nicht mehr auf dem Handy, dafür aber wenigstens „Designed by Apple in California".

Rohstoffe: Im Grunde besteht auch ein iPhone nur aus einem Haufen unterschiedlichster Rohstoffe. Einer der besonders wichtigen Rohstoffe ist Tantal. Dieses chemische Element wird beispielsweise in Erzminen in Mbandaka, Demokratische Republik Kongo, gewonnen. Von dort wird es zur Weiterverarbeitung unter anderem in die Elektronikfabriken nach Asien transportiert.

Prozessor: Der A6-Chip, der das iPhone antreibt, ist von den Apple-Entwicklern entworfen worden. Produziert wird er im Falle des iPhone 5 zum Beispiel in Singapur.

Sensoren: Wo Norden und Süden ist und ob der Besitzer sein iPhone z. B. beim Spielen nach rechts, oder hinten neigt, das verraten dem Telefon seine Bewegungssensoren, die in Tours (Frankreich) produziert werden. Von dort geht es per Flugzeug zur Montage in die Fabriken nach Asien.

Kamera: Die Linse und die Elektronik des Kameramoduls liefert das Unternehmen Largan Precision aus der ostchinesischen Stadt Qingdao.

Montage: Aus allen Bauteilen viele Millionen iPhones zu produzieren, das ist der Job von zigtausend Beschäftigten der chinesischen Unternehmen Foxconn und Pegatron. Die stecken, kleben und schrauben in den Werken bei der Stadt Dongguan zusammen, was die Zulieferer aus aller Welt vormontiert haben.

Nach: Christine Düllmann, WirtschaftsSchule, Wirtschaftswoche 19.11.2012, S. 12 f.

M 11 • Globale Wertschöpfungsketten – wer profitiert vom Handel?

Internationale Wertschöpfungskette des iPhone
(in Mio. USD)

- USA → Komponenten → China: 229
- Taiwan → China: 207
- Deutschland → China: 161
- Korea → China: 800
- Rest der Welt → China: 413
- China → USA: Montage 65, Endprodukt 1875
- Vorgelagerte Lieferanten → ?

Quelle: OECD/Die Volkswirtschaft

Das Beispiel [...] iPhone illustriert, dass die Handelsbilanz der USA neu gelesen werden muss, wenn sie auf Wertschöpfungszahlen basiert. Wird die gängige Handelsstatistik herangezogen, resultiert beim iPhone mit China ein Handelsbilanzdefizit von 1.646 Mio. US-Dollar. Auf Wertschöpfungsbasis gemessen schrumpft dieses auf 65 Mio. US-Dollar, da in China fast nur die Endmontage erfolgt, welche nur einen Bruchteil der Herstellungskosten ausmacht. Dafür resultieren Handelsbilanzdefizite der USA mit Taiwan, Deutschland, Korea und anderen Ländern, die Vorleistungsprodukte für die Fertigung des iPhone in China liefern. Nicht gezeigt werden in der Abbildung u. a. die diesen Lieferantenländern weiter vorgelagerten Liefer- oder Produktionsketten sowie die Vorleistungen dieser Vorleistungen. Für eine vertiefte Analyse braucht es daher eine globale Input-Output-Tabelle mit bilateralen Handelsverflechtungen. Das Beispiel zeigt auch, dass über Handelsdaten hinaus mehr Informationen zu anderen Einkommensflüssen nötig sind, um die Frage zu beantworten, wer schlussendlich vom Handel profitiert. Insbesondere die Nutzung geistiger Eigentumsrechte ist hier relevant. Korkeamäki und Takalo (2012) schätzen, dass patentierbare Technologien allein rund 25 % des Werts eines iPhones bestimmen. Aber auch die Besitzverhältnisse spielen eine wichtige Rolle: Die Firma Foxconn, welche die iPhones in China fertigt, ist taiwanesischen Ursprungs. Ein Teil der chinesischen Wertschöpfung fließt deshalb in Form von Beteiligungserträgen nach Taiwan. Berücksichtigt man – neben den Vorleistungen in den USA – auch die Löhne der konzeptionellen Tätigkeiten, die Gewinne der Firma Apple sowie die Einnahmen aus dem Vertrieb, so verbleibt insgesamt der größte Teil der Wertschöpfung nach wie vor in den USA.

Christian Busch/Isabelle Schluep Campo, Die Volkswirtschaft - Das Magazin für Wirtschaftspolitik 6-2013, S. 47 f.

Logistik- und Kommunikationskosten

Seit 1930 sind sowohl die Kosten für den See- und Lufttransport als auch die Telekommunikationskosten massiv gesunken. Die Kosten für Seefracht und Lufttransport verringerten sich innerhalb von 70 Jahren um 65 bzw. 88 Prozent. Bei den Kommunikationskosten – etwa bei den Gebühren für ein dreiminütiges Telefongespräch von New York nach London – ist der Trend noch deutlicher: In Preisen von 1990 kostete dieses Gespräch 1930 knapp 245 US-Dollar, 1970 noch mehr als 30 US-Dollar und 2005 nur noch 30 US-Cent – eine Kostenreduzierung von 99,88 Prozent.
Matthias Busse, Bundeszentrale für politische Bildung, Zahlen und Fakten – Globalisierung, 3.3.2010

Wertschöpfungskette

Diese umfasst den gesamten Lebenszyklus von Produkten. Sie beginnt beim An- oder Abbau eines Rohstoffes und reicht über die Weiterverarbeitung und Produktionsstufen bei Zulieferern oder dem Unternehmen selbst sowie über den Handel und Zwischenhandel bis hin zur Nutzungsphase bei Geschäftskunden oder privaten Verbraucher/innen.

Aufgaben

1. Erklären Sie den Zusammenhang zwischen gesunkenen Transport- und Kommunikationskosten und globalen Wertschöpfungsketten M 10.
2. Erklären Sie, warum global agierende Unternehmen – wie bspw. Apple – internationale Arbeitsteilung praktizieren (M 10, M 11).
3. Erläutern Sie, warum die Handelsbilanz der USA laut den Autoren von M 11 neu gelesen werden müsste.

15.4 Globalisierung und Nachhaltigkeit

M 12 • Schattenseite globaler Arbeitsteilung – die ökologische Dimension

Tierschützer blicken mit Sorge nach Afrika: Um die größte Gorilla-Unterart der Welt steht es schlecht. Die Bestände der Grauergorillas sind in den letzten 20 Jah-
5 *ren laut WWF um mehr als 77 Prozent zurückgegangen. Ein Grund für den Rückgang seien die zahlreichen Coltan-Minen im Kongo. Coltan wird vor allem zur Herstellung von Mobiltelefonen genutzt.*

10 Die Tierschutzorganisation bezieht sich auf eine Studie der Wildlife Conservation Society und von Fauna & Flora International. Nur noch 3.800 Grauergorillas leben demnach in den Wäldern im Osten der Demo-
15 kratischen Republik Kongo. 1995 habe die Zahl der auch als Östlicher Flachlandgorilla bekannten Tiere noch bei 17.000 gelegen.

Einer der Hauptgründe für den Bestands-
20 schwund der Menschenaffen ist dem WWF zufolge der vermehrte Abbau von Coltan und der damit einhergehenden Lebensraumzerstörung. Das Erz ist essenziell für die Herstellung von Handys und anderen
25 elektronischen Geräten.
Aus Coltan wird das seltene Metall Tantal gewonnen. Tantal wird wiederum in Handys, Digitalkameras, Laptops oder Flachbildschirmen verwendet, da es sich zur
30 Herstellung leistungsfähiger Kondensatoren eignet. Die Funktion dieser Bauteile besteht in der Speicherung elektrischer Ladungen.

Coltan-Förderung in der Kritik
35 Insgesamt werden jährlich knapp 400 Tonnen Coltan im Kongo gefördert. Damit liegt die Republik hinter Australien auf dem zweiten Rang der größten Coltan-Förderer. Der Abbau führte seit Beginn des Jahrhun-
40 derts zu einem Wirtschaftsaufschwung im Kongo. Doch mit den Exporterlösen finanzieren auch Rebellengruppen den Bürgerkrieg im Kongo. Der Coltan-Abbau rief deshalb weltweit Kritiker auf den Plan.
45 2008 hatte die Kongo-Reportage des französischen Journalisten Patrick Forestier für Aufsehen gesorgt. Mit versteckter Kamera begab er sich in die von Warlords beherrschten Gebiete der Coltan-Minen und
50 traf auf erschreckende Zustände: Seine Aufnahmen zeigten Kinder, die zur Minenarbeit gezwungen wurden, Mädchen, die in den Minen als Sexsklavinnen dienen mussten, und Männer, die hingerichtet
55 wurden, weil sie nicht mehr arbeiten konnten.

Minenarbeiter müssen sich von Buschfleisch ernähren
Natur- und Artenschutzorganisation be-
60 klagen nun, dass sich viele der Coltan-Minen in den abgelegenen Lebensräumen der Gorillas befänden. Häufig ernährten sich Minenarbeiter von sogenanntem Buschfleisch, also von gewilderten Tieren. Darunter befänden sich oft auch Gorillas.
65 „Die hochbedrohten Grauergorillas drohen durch eine tödliche Kombination aus bewaffneten Unruhen, Jagd auf Buschfleisch und der Gier nach Coltan für Handys auszusterben", sagt Philipp Göltenboth von
70 WWF Deutschland. „Als einer der engsten Verwandten haben wir die Pflicht, die Gorillas vor dem Aussterben zu bewahren." Göltenboth warnt: „Wenn wir es nicht schaffen, diese majestätischen Tiere vor
75 dem Aussterben zu retten, dann bleibt wenig Hoffnung für andere, deutlich unbekanntere bedrohte Arten."

rev/feelgreen.de/AFP, www.feelgreen.de, 6.4.2016

M 13 ● **Der ökologische Rucksack des Smartphones**

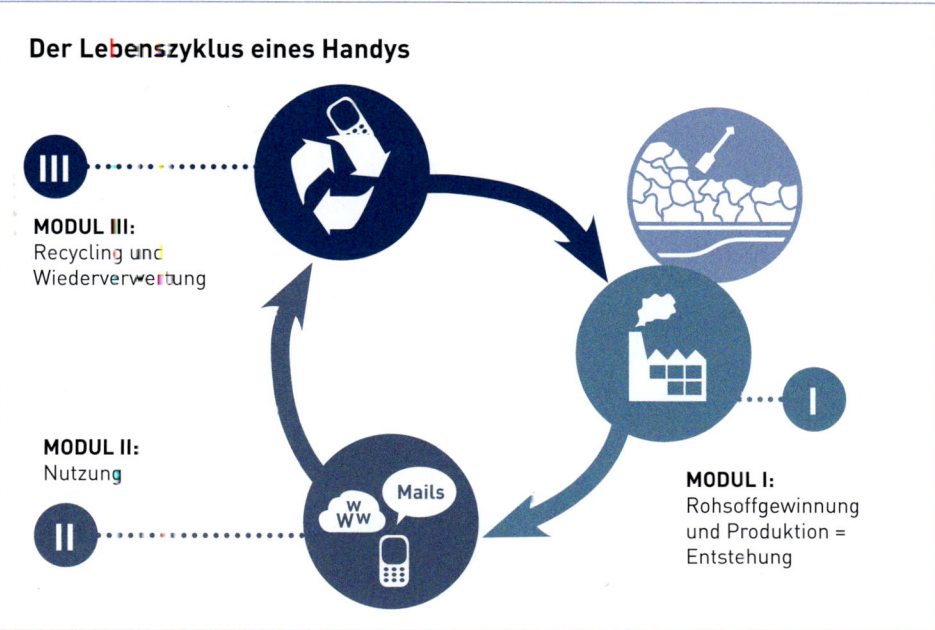

In einem Mobiltelefon stecken mehr als 60 verschiedene Stoffe, darunter rund 30 Metalle. Kupfer macht den größten Teil aus, aber auch Edelmetalle sind darunter: Die
5 1,5 Milliarden Handys, die 2010 weltweit verkauft wurden, enthalten zusammen etwa 14 Tonnen Palladium, 36 Tonnen Gold und 375 Tonnen Silber – wertvolle Rohstoffe, die überwiegend in Schwellen-
10 und Entwicklungsländern wie China, Kongo und Südafrika abgebaut werden.
Sowohl der Bau als auch der Betrieb der Minen sind umweltschädlich. Wälder werden gerodet und viele Tonnen Gestein ge-
15 sprengt, um an die Metalle zu gelangen. Um Edelmetalle aus Gestein zu lösen, werden giftige Chemikalien verwendet, die in Flüsse und Meere gelangen können. Die Industrieanlagen, in denen die Rohstoffe
20 aufbereitet werden, benötigen natürlich eine Menge Energie. Schließlich verbraucht auch der Transport der gewonnenen Rohstoffe per Schiff und LKW Treibstoff – und damit die knappe Ressource Öl.
25 Insbesondere Chips und Leiterplatten zu fertigen ist aufwendig – und dadurch energie- und ressourcenintensiv. Bei der Produktion dieser Elemente können ebenfalls giftige Chemikalien ins Abwasser gelangen. Auf den meist weiten Transportwegen 30
wird viel Energie verbraucht, was zu hohen Treibhausgasemissionen führt – etwa um die fertigen Telefone von Asien nach Europa zu transportieren.
Handys verbrauchen Strom, ein Smartpho- 35
ne übrigens fast 50 Prozent mehr als ein herkömmliches Modell. Dazu kommt der versteckte Stromverbrauch: So nutzt man mit jedem Anruf und jeder SMS das Funknetz – das seinerseits Energie und Rohstof- 40
fe, um die riesige Anlagen aufzubauen, verbraucht. Auch ältere Ladegeräte, die trotz vollem Akku noch eingesteckt sind, ziehen Strom aus der Dose.
Idealerweise werden kaputte Geräte recy- 45
celt und ein Teil der darin enthaltenen Metalle in den Rohstoffkreislauf zurückgeführt. Glas und Aluminium zum Beispiel können nicht in ihrer reinen Form zurückgewonnen werden. Sie landen in der Schla- 50
cke, die als sogenannter „Sekundärrohstoff" Verwendung findet: Sie kann etwa Zement beigemischt werden. Alles in allem entlastet Recycling zwar die Umwelt, doch

Suffizienz

Der Begriff (aus dem Lateinischen sufficere = ausreichen, genügen) steht für das richtige Maß für den Konsum. Suffizienz bezieht sich also auf Veränderungen der üblichen Konsummuster. Suffizienz wird deshalb oft im Zusammenhang mit nachhaltigem Konsum gebraucht. Die Suffizienzstrategie geht davon aus, dass ein verminderter Ressourcen- und Umweltverbrauch auch ein zufriedenstellendes (suffizientes) Leben ermöglichen kann.

Effizienz

Der Begriff beschreibt das Nutzen-Aufwand-Verhältnis und meint eine sinnvolle, wirksame Nutzung von Rohstoffen und Energie. Wichtig dabei ist das Verhältnis von Input (z. B. eingesetzte Rohstoffe) zum Output (Konsumgut). Dieses Verhältnis soll im Sinn der Effizienz durch den Einsatz moderner Technologien ständig verbessert werden.

Konsistenz

Bei der Konsistenz geht es nicht primär darum, den Energieverbrauch und die Materialflüsse zu verringern, sondern die eingesetzten Ressourcen immer wieder neu zu nutzen und Abfälle zu vermeiden (z. B. im Sinne des Recyclings)

---

als „geschenkt" kann man die so (wieder) gewonnen Stoffe nicht bezeichnen. Denn auch Recycling kostet Energie und verbraucht somit Rohstoffe. [...]

Der Ressourcenverbrauch, der sich im Laufe des Lebenszyklus eines Handys ergibt, summiert sich im Schnitt auf etwa 44 Kilogramm. Der ökologische Rucksack, das unsichtbare Gewicht eines jeden der handlichen Geräte, ist deshalb sehr groß.

Der Großteil des ökologischen Gepäcks entfällt auf den aufwendigen Abbau von Rohstoffen. Allein für die rund zehn Gramm Kupfer, die in den Kabeln, Leiterbahnen und Platinen eines einzelnen Handys stecken, werden bereits 3,48 Kilogramm Ressourcen verbraucht.

Bundesministerium für Bildung und Forschung (Hrsg.), www.die-rohstoff-expedition.de (16.4.2016)

M 14 • Dimensionen und Strategien der Nachhaltigkeit

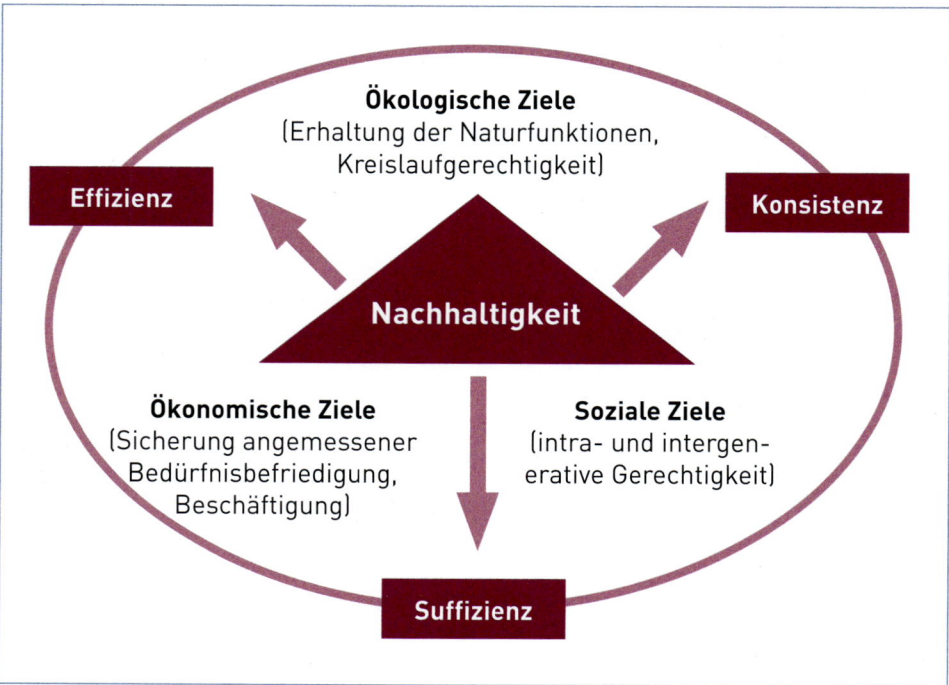

Bernd Siebenhüner, Homo sustinens, Marburg 2001, S. 78

Aufgaben

1. Erläutern Sie die Belastungen der Umwelt durch die globale Produktion. Stellen Sie diese übersichtlich dar (M 12, M 13).
2. Entwickeln Sie ausgehende von M 14 Handlungsmöglichkeiten im Sinne der Nachhaltigkeit und Schonung der Umwelt für Produzenten, Konsumenten und Staat.

Methode: Die Auswertung komplexer Schaubilder

Die Auswertung komplexer Schaubilder

Darstellungsformen

Eine Statistik ist die systematische Sammlung und Ordnung von Informationen in Form von Zahlen. Diese Zahlen werden entweder in Tabellen oder optisch aufbereitet als Diagramme und Schaubilder ausgewertet und dargestellt. Es gibt unterschiedliche Arten von Diagrammen, die für unterschiedliche Zwecke geeignet sind. Achsendiagramme dienen zur Veranschaulichung der Zusammenhänge zwischen voneinander abhängigen Werten oder Messgrößen in einem Koordinatensystem (z. B. Punktdiagramm, Liniendiagramm, Säulendiagramm, Balkendiagramm, Kreisdiagramm, Netzdiagramm). Diagramme, die zur Veranschaulichung von Strukturen, beispielsweise Organisationsstrukturen (Organigramme), Verwandtschaftsbeziehungen (Stammbaum) oder Concept-Maps verwendet werden, nennt man Graphen.

Umgang mit Statistiken

Die statistischen Ämter der EU (Eurostat), des Bundes (Destatis) und der Länder, aber auch statistische Abteilungen von wissenschaftlichen Institutionen, Interessenverbänden (Arbeitgeberverbände, Gewerkschaften usw.) und private, kommerzielle Anbieter stellen Daten zusammen bzw. bereiten Daten in Form von Statistiken und Diagrammen auf. Oft verfolgen die Anbieter bei der Auswahl und Interpretation der Daten eigene Ziele. Deshalb muss man bei der Auswertung von Statistiken, Grafiken und Diagrammen sich dessen immer bewusst sein und bei der Interpretation mit berücksichtigen, von welcher Quelle diese angeboten werden.

Vorgehen bei der Analyse von statistischem Material

1. Beschreiben

- Geben Sie das Thema, den Titel (Statistiküber- oder -unterschrift) und die Quelle der Statistik und der Zahlen an. Beachten Sie dabei Präzisierungen in Fußnoten oder Erläuterungen.
- Beschreiben Sie die Darstellungsform sowie die Zahlenangaben. Beachten Sie dabei die Einheiten (absolute Zahlen, Prozentzahlen, Indexzahlen) und die Bezeichnung der Zeilen und Spalten.

Beispiel:

Das Schaubild, eine Globusgrafik von 2016, die als Quellenangabe die WTO nennt, bildet die globalen Handelsströme in Mrd. USD im Jahr 2014 durch Pfeilstärken ab. Der intraregionale Handel wird durch unterschiedliche große Kugeln dargestellt. Ein Balkendiagramm zeigt die Veränderungen der Exporte in Prozent zwischen den Jahren 2014 und 2013.

2. Erklären

- Zeigen Sie Entwicklungen und Auffälligkeiten bei den Zahlenangaben auf (z. B. steile Anstiege oder Rückgänge, große (untypische) Ausschläge nach oben oder unten, Regelmäßigkeiten, Parallelen oder gegenläufige Entwicklungen).
- Erklären Sie, welche Zusammenhänge erkennbar sind.
- Führen Sie Ihnen bekannte Sachverhalte als Erklärung für die erkannten Auffälligkeiten an.
- Prüfen Sie, ob sich die dargestellten Zahlen vergleichen lassen.
- Fassen Sie die Einzelergebnisse zu einer Gesamtaussage zusammen. (Vorsicht mit weiter gehenden Interpretationen, wenn diese nicht in der Aufgabenstellung verlangt werden.)

Beispiele:

a) Charakterisieren Sie den interregionalen Handel. Insgesamt wurden rund um den Globus Waren im Wert von 8,9 Billionen Dollar gehandelt. Der internationale Handel findet vor allem in Ost-West-Richtung statt. Deutlich ist zu erkennen, dass sich der Welthandel im Wesentlichen im Dreieck Nordamerika-Europa-Asien abspielt, wobei die USA von Asien und Europa deutlich mehr Güter importieren als sie in diese Regionen exportieren. Die stärksten Warenströme fließen von Asien nach Nordamerika (1.065 Mrd. USD) und von Asien nach Europa (900 Mrd.) sowie von Nahost nach Asien (694 Mrd.). Die Achse Süd-Nord ist im Welthandel dagegen kaum ausgeprägt. Afrikas Handel hat insgesamt ein sehr geringes Handelsvolumen; auch Südamerika bildet im Geflecht der internationalen Handelsbeziehungen im Vergleich zu den anderen Kontinenten nur einen kleinen Knotenpunkt.

b) Charakterisieren Sie den intraregionalen Handel und vergleichen Sie diesen mit dem intraregionalen Handel.

Für Nordamerika ist der intraregionale Handel etwa gleich bedeutsam wie die Gesamtexporte (1.251 gegenüber 1.176 Mrd.); für Asien liegt der interregionale Handel mit 2.785 Mrd. unter dem intraregionalen Handel mit 3.093 Mrd.; für Europa ist das innereuropäische Handelsvolumen (4.665 Mrd.) mehr als doppelt so groß als der interregionale Handel (2.065 Mrd.). Zusammengefasst: Der Handel zwischen den Triade-Regionen bestimmt den Welthandel. Der Handel der Regionen Nordamerika, Westeuropa und Asien/Pazifik mit Lateinamerika und mit Afrika spielt eine untergeordnete Rolle im Welthandel. Die größten Handelsströme finden innerhalb der Regionen, v. a. innerhalb der EU, statt. Die Werte der Exporte der Asien-Pazifik-Region übersteigen die Werte der Importe im Handel mit allen Regionen außer mit dem Nahen/Mittleren Osten.

c) Charakterisieren Sie die Veränderungen der Exporte.
Die Steigerung der Weltexporte beträgt + 0,3 %. Am stärksten entwickelten sich die Exporte in Nordamerika (+ 3,1 %), gefolgt von Asien (+ 2,5 %) und Europa (+ 0,5 %). Afrika ist der größte Verlierer bei den Exporten (- 7,6 %), gefolgt von GUS/Russland und Lateinamerika mit jeweils - 5,8 %.

3. Bewerten
- Prüfen Sie, ob die Quellen oder die Art der Darstellung ein bestimmtes Interesse vermuten lassen.
- Prüfen Sie, ob die Datenbasis aktuell ist.
- Prüfen Sie, ob das statistische Material dem unterstellten Aussagewert entspricht.

15.5 Wie erklärt die ökonomische Theorie internationale Arbeitsteilung?

M 15 ● Zwei Positionen zur internationalen Arbeitsteilung

„Die Arbeitsteilung ist der entscheidende Grund für unseren Wohlstand. Jedes Produkt – und sei es auf den ersten Blick noch so einfach – ist das Ergebnis vieler Arbeitsschritte. Je mehr Menschen sich an der Arbeitsteilung beteiligen können, desto größer der Wohlstand. Deshalb brauchen wir vor allem eines: grenzüberschreitenden freien Handel."

© 2016 BDI – Bundesverband der Deutschen Industrie e.V., Stormy-Annika Mildner, http://bdi.eu (16.4.2016)

Internationale Arbeitsteilung und freie Märkte sind verantwortlich für wachsende Probleme in der Welt – ökonomisch: Disparitäten zwischen reichen und armen Staaten und daraus folgende Staatsverschulden; sozial: Bevölkerungswachstum, Abbau von Beschäftigung, unsichere Arbeitsverhältnisse, Erosion des Sozialstaats; ökologisch: Verschwendung von Ressourcen, Klimawandel, Artensterben.

Autorentext

M 16 ● Wem nützt die internationale Arbeitsteilung? Die Theorie der komparativen Kosten

Die Länder der Welt sind verschieden voneinander. Augenfällig ist dies, wenn man die Lage in unterschiedlichen Klimazonen und die Rohstoffvorkommen betrachtet. Dies gilt
5 aber auch für das Know-how der Bevölkerung und die Ausstattung mit Sachkapital oder die Anzahl der Arbeitskräfte. Ebenso verfügen einige Länder beispielsweise über mehr unternehmerisches Wissen als andere.
10 Es ist daher vernünftig, durch die Aufnahme von Handel Güter und Dienstleistungen aus dem Ausland ins Inland zu importieren. Zum einen vergrößern sich dadurch die Konsummöglichkeiten der heimischen Be-
15 völkerung unmittelbar, zum anderen wird durch die Einfuhr von daheim nicht vorhandenen Rohstoffen die Produktion bestimmter Güter überhaupt erst möglich. Manche Güter können zwar auch im Inland
20 produziert werden, aber nur zu unwirtschaftlich hohen Kosten. Auf diesen Fall absoluter Kostenvorteile bezieht sich die Begründung Adam Smiths für die Vorteilhaftigkeit internationaler Arbeitsteilung. Je-
25 des Land sollte sich nach Smiths Vorstellung auf die Produktion derjenigen Güter konzentrieren, die es billiger herstellen kann als seine Konkurrenten auf den Weltmärkten. Die internationale Arbeitsteilung würde Spezialisierungsvorteile nach sich ziehen, 30 die letztlich allen beteiligten Ländern Wohlstandsgewinne bringt. Smiths Außenwirtschaftstheorie ließ aber die Frage offen, ob ein Land auch dann in den internationalen Handel eingebunden werden kann, wenn es 35 bei allen produzierten Gütern Kostennachteile gegenüber dem Ausland hat. Es war David Ricardo (1772-1823), der diese Frage bejahte. Internationaler Handel, so Ricardo, kann auch dann für alle Seiten vorteilhaft 40 sein, wenn (im zwei-Länder-Beispiel) Land A im Vergleich zu Land B alle Güter kostengünstiger produzieren kann, sofern nur die relativen („komparativen") Kostenvorteile sich unterscheiden. In seinem Gedankenex- 45 periment (Modell) geht Ricardo davon aus, dass der Arbeitsaufwand die gesamten Produktionskosten ausmacht und diese den Tauschwert eines Guts bestimmen. Die schwedischen Ökonomen Eli Heckscher 50 (1879-1952) und Bertil Ohlin (1899-1979) haben die Theorie der komparativen Kos-

David Ricardo (1772-1823) war ein englischer Bankier und gehört mit John Stuart Mill und Adam Smith zu den bekanntesten Vertretern der klassischen Ökonomie. Bis heute bekannt ist seine Theorie der komparativen Kosten.

tenvorteile verallgemeinert. Sie berücksichtigen neben der Arbeit auch die übrige Faktorausstattung eines Landes. Sie argumentieren, dass die relative Knappheit der Produktionsfaktoren Arbeit, Kapital, Natur und Know-how darüber entscheidet, ob der Lohn in diesem Land in Relation zum Zins hoch oder niedrig ist, ob Know-how zu günstigen Bedingungen zur Verfügung steht und ob der „Verbrauch" von natürlichen Ressourcen als Kostenfaktor zu Buche schlägt oder (nahezu) „frei" verfügbar ist. Also werden Länder, in denen Arbeitskräfte oder Rohstoffe in Relation zu anderen Produktionsfaktoren reichlich vorhanden und dementsprechend billig sind, bei der Produktion von arbeits- oder rohstoffintensiven Gütern einen relativen Kostenvorteil aufweisen. Umgekehrt haben Volkswirtschaften, die über eine hohe Kapitalausstattung bzw. umfangreiches Know-how verfügen, bei der Herstellung von kapitalintensiven bzw. technologisch anspruchsvollen Gütern Vorteile. Die relative Knappheit der Produktionsfaktoren bestimmt die Relation der Faktorpreise in einer Volkswirtschaft, und die daraus resultierenden komparativen Kostenunterschiede bestimmen die Struktur der internationalen Arbeitsteilung (Faktorproportionentheorie).

Bundesverband deutscher Banken, Wirtschaft. Materialien für den Unterricht, Köln 2006, S. 3

M 17 ● Die Wirkung komparativer Kostenvorteile – ein Beispiel

komparativer Kostenvorteil

Wenn ein Land ein Produkt zu geringeren Opportunitätskosten (= Alternativkosten) herstellen kann, als ein anderes Land, besitzt es für dieses Produkt einen komparativen Kostenvorteil.

Deutschland zum Beispiel benötigt für die Produktion von einer Mengeneinheit (ME) Textilien 90 Arbeitsstunden und für eine Mengeneinheit Wein 80 Arbeitsstunden. England dagegen benötigt für die Produktion von einer Mengeneinheit Textilien 100 Arbeitsstunden, für Wein 120 Stunden pro Mengeneinheit. Offensichtlich ist Deutschland in diesem Beispiel in der Lage, sowohl Textilien als auch Wein schneller und damit effektiver zu produzieren. Doch trotzdem würde sich für Deutschland ein Vorteil ergeben, wenn man sich auf die Herstellung des Produkts fokussieren würde, wo der Vorteil am größten ist. Und so sieht die Berechnung aus:

	Textilien	Wein
Deutschland	90 Stunden 90/80 = 1,13	80 Stunden 80/90 = **0,88**
England	100 Stunden 100/120 = **0,83**	120 Stunden 120/100 = 1,2

Die obere Tabelle zeigt, dass es für England vorteilhafter ist, nur Textilien zu produzieren, während Deutschland sich ausschließlich auf das Herstellen von Wein spezialisieren sollte. Demnach verzichtet Deutschland auf die Produktion von Textilien, während England keinen Wein mehr produziert. In der folgenden Tabelle sieht man, dass durch die Arbeitsteilung deutliche Einsparungen vorgenommen werden können:

	Deutschland		England		Stundenzahl
	Textilien	Wein	Textilien	Wein	
Stunden ohne Arbeitsteilung	90 Std.	80 Std.	100 Std.	120 Std.	390 Std.
Stunden mit Arbeitsteilung	–	160 Std.	200 Std.	–	360 Std.
Kostenersparnis (Stunden)	10 Stunden		20 Stunden		30 Std.

Fabian Simon, www.rechnungswesen-verstehen.de (16.4.2016)

M 18 ● Faktorproportionentheorie nach Heckscher/Ohlin

Während das Ricardo-Theorem auf die Produktivitätsunterschiede, genauer auf der unterschiedlichen Arbeitsproduktivität basiert, haben die schwedischen Wissenschaftler Heckscher und Ohlin untersucht, welchen Einfluss die Faktorausstattung eines Landes im Hinblick auf die komparativen Kostenvorteile hat: Je reichlicher ein Land mit einem bestimmten Faktor ausgestattet ist, desto relativ günstiger werden die Preise des Faktors sein. Es geht also nicht darum, welche Länder absolut gesehen über mehr Kapital oder mehr Arbeitskräfte verfügen. Vielmehr kommt es auf das Verhältnis an, in dem diese Faktoren in den Ländern vorhanden sind. Nach dem Heckscher-Ohlin-Theorem wird ein Land beispielsweise das kapitalintensivere Produkt exportieren, wenn Kapital relativ reichlich vorhanden ist, dagegen das arbeitsintensivste Produkt bei relativ reichlich vorhandenen Arbeitskräften. Die Faktorproportionentheorie beschäftigt sich mit den Proportionen, in denen unterschiedliche Produktionsfaktoren in verschiedenen Ländern verfügbar sind und in der Produktion eingesetzt werden.

Autorentext

Eli Heckscher (1879 – 1952) und Bertil Ohlin (1899 – 1979)

Das sog. Heckscher-Ohlin-Theorem erklärt internationalen Handel nicht durch Produktivitätsunterschiede, sondern durch unterschiedliche Faktorpreisrelationen (Faktorproportionentheorie).

M 19 ● Internationale Arbeitsteilung entsprechend des Produktlebenszyklus – der Erklärungsansatz von Raymond Vernon (1913 – 1999)

Die Produktlebenszyklustheorie betont die Veränderung komparativer Vorteile für einzelne Güter im Zeitverlauf. In der Einführungsphase ist das technische Knowhow für den komparativen Vorteil entscheidend. Die Produkteinführung solcher Güter erfordert gute Kommunikationsmöglichkeiten zwischen Produzenten und Nachfragern, und diese sind oft im Inland eher gegeben als international.

Nach der erfolgreichen Einführung solcher Produkte entsteht in der Reifephase die Möglichkeit des Exports in Länder mit ähnlicher Nachfragestruktur. Elemente der Produktdifferenzierung und Größenvorteile (Massenproduktion) können diesen Effekt noch verstärken. Nach einer gewissen Zeit wird das Produkt standardisiert, und die erwähnten Kommunikationserfordernisse verlieren ihre Bedeutung. An deren Stelle bestimmen Kostenüberlegungen die komparativen Vorteile. Je nach Faktorausstattung der einzelnen Länder kann dann die Produktion solcher Güter in der Stagnationsphase in das Ausland wandern, und das Gut wird in weiterer Folge zu einem Importgut. Schließlich kann das Gut durch die Einführung neuer Güter im Inland vollständig ersetzt werden.

Produktzyklus-Theorie, www.economia48.com (5.1.2015)

M 20 ● Der Produktlebenszyklus am Beispiel von Apples iPod

Der iPod gilt mit weltweit über 300 Millionen verkauften Einheiten als der erfolgreichste tragbare Musik-Player. Im Oktober 2001 stellte Apple mit dem iPod einen neuen MP3-Musik-Player vor. [...] Der Unterschied zur Konkurrenz: Auf dem iPod konnten durch die 5GB große Mini-Festplatte bis zu 1.000 Musik-Songs gespeichert werden, womit der Nutzer de facto seine gesamte Musik-Bibliothek in der Hosentasche mitnehmen konnte.

Einführungsphase
Die Produktmerkmale und Vorteile gegenüber Konkurrenzprodukten stellte Apple dann auch bei seinen ersten kommerziellen Werbespots in den Mittelpunkt. Schon im Jahr 2002 stellten sich erste Erfolge ein, Apple konnte auf Jahressicht 376.000 Ein-

heiten verkaufen. [...]

Die Wachstumsphase
Der „Durchbruch" für den iPod folgte dann im Jahr 2004, als Apple im Januar 2004 den kleineren iPod mini in fünf verschiedenen Farben vorstellte. [...] Diese Neuerungen katapultierten den iPod-Absatz auf 4,4 Mio. Einheiten. [...] In der Wachstumsphase stellte Apple in den nachfolgenden Jahren weitere Produktvarianten wie z. B. den iPod Touch (2007) vor.

Diese Modelle verhalfen zu einem enormen Wachstum, wodurch die Absatzzahlen im Jahr 2007 erstmals die Marke von 50 Mio. Einheiten auf Jahressicht überschritten. [...]

Die Reifephase
In den nachfolgenden Jahren von 2007 bis 2009 fuhr Apple das Marketing für den iPod zurück und nahm nur noch geringfügige Verbesserungen an seinen bestehenden Modellen vor. Der Produktlebenszyklus am Beispiel des iPod erreichte damit seinen Höhepunkt. Die Absatzzahlen wuchsen nur noch leicht und erreichten in 2008 mit 54,83 Mio. verkauften Einheiten ihren Höchststand. [...]

Die Degenerationsphase
Seit 2009 sinken die Verkaufszahlen des iPod nunmehr kontinuierlich – seit 2011 deutlich unter die Marke von 40 Mio. Einheiten. Der Produktlebenszyklus am Beispiel des iPods nähert sich damit seinem Ende.

Alexander Mittermeier, © Verlag für die Deutsche Wirtschaft AG, 6.5.2013

M 21 ● Intraindustrieller Handel nach Paul Krugman

Die Problemstellung: über 80 % des Welthandels besteht aus intraindustriellem Handel innerhalb der OECD. Gehandelt werden gleichartige industrielle Produkte. Dies widerspricht der klassischen Außenhandelstheorie, die hingegen annimmt, dass eine Spezialisierung im internationalen Handel die größten Vorteile bringt. Es können also nicht nur komparative Kosten-Wettbewerbsvorteile zu Handelsströmen führen, sondern der Handel kann auch zwischen gleich entwickelten Staaten erfolgreich stattfinden. Dabei muss der Wohlstand, der durch den Handel entstehen kann, nicht für alle Handelspartner gleich sein. Krugman geht nicht mehr von vollkommener Konkurrenz und konstanten Skalenerträgen aus, wie das bei den klassischen Theorien der Fall ist. Er geht von unvollkommenen Märkten und steigenden Skalenerträge, also mit anderen Worten zunehmenden Gewinnen durch Massenproduktionen aus. Durch diese steigenden Skalenerträge erklärt Krugman den gestiegenen Handel gleichartiger Produkte zwischen den Industrieländern. Beim „intraindustriellen Handel" finden Im- und Export mit ähnlichen oder gleichen Gütern zwischen wirtschaftlich ähnlich ausgestatteten Ländern statt. Über den intraindustriellen Handel – die Automobilindustrie ist hierfür ein typisches Beispiel – lassen sich einige allgemeine Aussagen treffen. Die gehandelten Waren unterscheiden sich kaum im Hinblick auf die Kapital- und Arbeitsintensität, mit der sie hergestellt worden sind. Dies gilt ebenfalls für die Faktorproduktivitäten der Technologien, mit denen sie produziert worden sind. Die beteiligten Länder sind weiterhin auf einem vergleichbaren technologischen Stand. Intraindustrieller Handel tritt hauptsächlich bei Produkten des verarbeitenden Gewerbes auf, sehr viel weniger bei Rohstoffen und Vorprodukten. Entsprechend ist intraindustrieller Handel bei Industrieländern stärker ausgeprägt als bei Entwicklungsländern. Ungleich entwickelte Länder betreiben eher interindustriellen Handel (Import und Export höchst unterschiedlicher Güter zwischen Ländern mit unterschiedlichen Entwicklungsgraden). Die hohe Bedeutung des intraindustriellen Handels hat v. a. zwei Ursachen: Die Bedürfnisse und Wünsche der Konsumentinnen und Konsumenten werden immer spezieller und differenzieren sich immer weiter aus. Konsumenten besitzen eine Präferenz für Vielfalt, d. h. wenn alle Güter denselben Preis haben, möchten die Konsumenten ihre Ressourcen auf so viele Güter wie möglich verteilen, statt viel von einem zu konsumieren. Wenn unter der Annahme des Freihandels zwei ähnlich wirtschaftlich ausgestatte Volkswirtschaften Handel treiben, vergrößert sich der Markt, was den Konsumenten entgegenkommt, weil der größere Anbieterwettbewerb Preis und Qualität der Produkte verbessert. Technologische Entwicklungen ermöglichen mit wachsender Geschwindigkeit stetig neue Produktvarianten und Innovationen. Die Produktlebenszyklen werden immer kürzer.

Autorentext

Paul Krugman (* 1953), US-amerikanischer Professor für Volkswirtschaftslehre, erhielt 2008 den Alfred-Nobel-Gedächtnispreis für Wirtschaftswissenschaften. Er ist Begründer der Neuen Ökonomischen Geographie, einem neueren Ansatz der Außenwirtschaftstheorie, welcher räumliche Agglomerationsprozesse und zunehmende Skalenerträge durch Spezialisierung in den Mittelpunkt rückt und sich dadurch von der herkömmlichen Betrachtungsweise (komparativer Kostenvorteil durch Unterschiede in Ressourcenausstattung und Produktivitätsniveau; konstante Skalenerträge) absetzt.

M 22 ● Globale Arbeitsteilung und fragmentierte Entwicklung

Die Theorie der fragmentierenden Entwicklung ist nach Fred Scholz (2012) eine „erklärende Beschreibung und Analyse der Entwicklungsrealität in der Ära der Globalisierung". Das Modell der globalen Fragmentierung ist ein räumliches Modell, das auf der These fußt, dass in Zeiten der Globalisierung nicht nachholende, sondern fragmentierende Entwicklung und damit Unterentwicklung in neuer Form und Ausdehnung stattfindet.

Im Zeitalter der Globalisierung wird die bis dahin geltende internationale Arbeitsteilung abgelöst von einer globalen Arbeitsteilung, die durch exzessiven Wettbewerb gekennzeichnet ist, begünstigt durch Liberalisierung, Deregulierung und Privatisierung. Akteure dieses umstrukturierenden Prozesses stellen nicht mehr Nationalstaaten, sondern Global Player und das entgrenzte, global agierende Kapital dar. Mit dem Begriff Fragmentierung wird nach Scholz die „bruchhafte Trennung zwischen Gewinnern und Verlierern, zwischen Aufsteigern und Absteigern, zwischen Teilhabern, temporären Teilhabern (Scheingewinnern), Marginalisierten und Überflüssigen in sozialer, wirtschaftlicher und räumlicher Dimension (Fragment) verstanden" die gleichzeitig und in räumlichem Nebeneinander stattfindet.

Scholz fasst die Vielfalt an Fragmenten im Modell in drei Kategorien zusammen:
- Unter den globalen Orten [...] werden die Schaltstellen ökonomischer Entscheidungen mit globaler Reichweite und Wirkung gefasst.
- Die globalisierten Orte [...] sind den globalen Orten funktional und hierarchisch nachgeordnete Orte. Sie stellen die Empfangs- und Ausführungsstandorte der von den Akteuren globaler Orte/Regionen getroffenen Entscheidungen dar (z. B. Orte mit Filialen transnationaler Konzerne oder Produktionsstätten globaler Aufträge, Weltfabriken).
- Die neue Peripherie [...] wird von den globalen und globalisierten Orten abgegrenzt und bildhaft mit „Ozean der Armut" beschrieben.

Fragmentierung im Überblick

Die Gewinner – Globale Orte und Regionen Inseln des Reichtums	
High-Tech-Produktions-, Forschungs- und Servicezentren Schaltstellen ökonomischer Entscheidungen	z. B.: New York, Tokio, Paris und London, Zentren der High-Tech-Industrien wie das Silicon Valley

Globalisierte Orte und Regionen Die Schweingewinner Empfangs- und Ausführungsstandorte High-Tech-Services, Auslagerungsindustrie, Konsumgüterproduktion, Billiglohnstandorte, Freizeit- und Tourismusenklaven	z. B.: Bangalore in Indien oder Offshore-Finanzzentren, Räume, die von Auslagerungsindustrien (z. B. Maquiladora Industrie in Mexiko) sowie vom Billiglohnsektor und der einfachen Konsumgüterproduktion (z. B. Dhaka, Bangladesch) dominiert werden, exportorientierte Bergbau- und Agrarregionen (z. B. die Pilbara-Regionen in Westaustralien und Teile des inneren Brasiliens) Regionen des internationalen Freizeit- und Tourismusgewerbes (z. B. Phuket in Thailand).
Neue Peripherie Die Verlierer – Meer der Armut Von der ökonomischen Entwicklung abgekoppelt, ohne wirschaftliche Perspektive	z. B.: Sahelländer und Bangladesch oder strukturschwache Regionen wie das Erzgebirge und weite Teile Südosteuropas

Christian Domdey, Diercke Weltatlas – Aktuelle Ausgabe 2015, S. 270

Aufgaben

1. Bilden Sie sich eine eigene Meinung zu den beiden Positionen in M 15 und begründen Sie diese.
2. Vergleichen Sie die theoretischen Erklärungen für internationale Arbeitsteilung und den Außenhandel in Gruppenarbeit (M 16 – M 22).
3. Entwerfen Sie ein Schaubild zum Lebenszyklus des iPod (M 20; vgl. Sie hierzu auch Kap. 7/ S. 224/M 10).
4. Erläutern Sie, welche Außenhandelstheorie die Gründe für internationale Arbeitsteilung aus Ihrer Sicht am besten beschreibt (M 16 – M 22).

15.6 Welche Rolle spielen internationale Unternehmen im Globalisierungsprozess?

M 23 • **Die größten internationalen Unternehmen der Welt nach Marktwert**

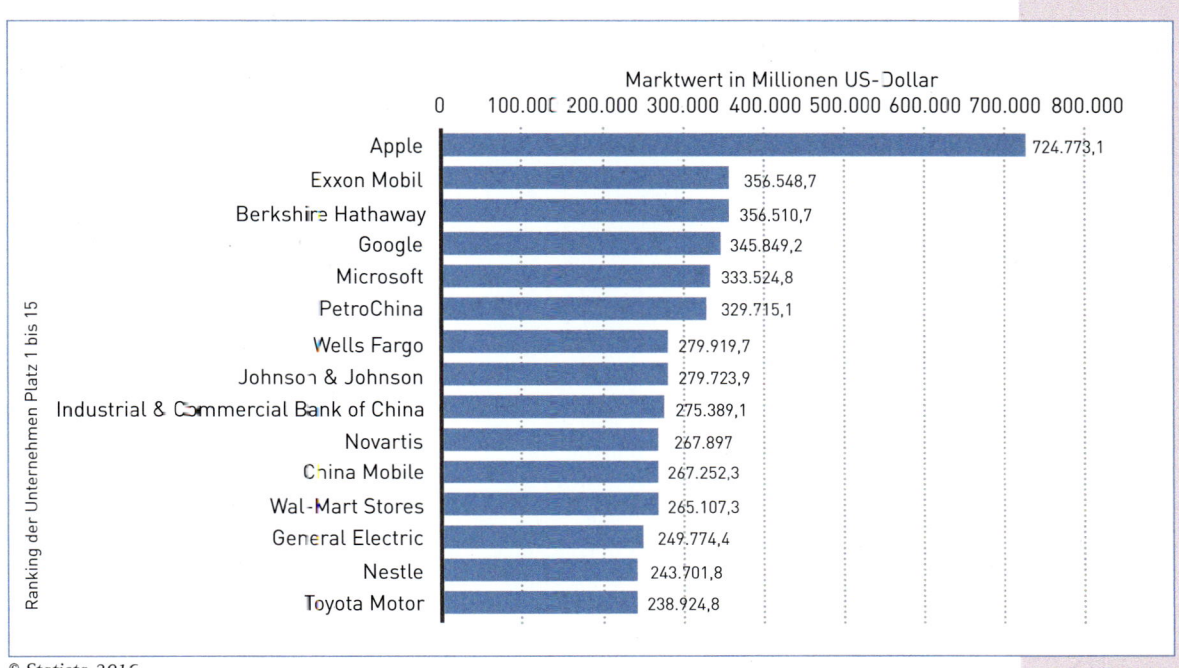

© Statista 2016

M 24 • **Transnationale Unternehmen**

Transnationale Unternehmen sind in mehreren Staaten – oft weltweit – operierende und produzierende Konzerne, wobei die in einem Staat angesiedelte Muttergesellschaft über meist rechtlich selbstständige Tochtergesellschaften in anderen Staaten Umsätze tätigt. Die umgangssprachlich auch „Multis" oder „global player" genannten Unternehmen entstehen durch internationale Kapitaltransaktionen (Direktinvestitionen). Obwohl auch mittelständische Unternehmen international tätig sind, werden unter multinationalen Unternehmen meist Großunternehmen mit entsprechender Wirtschafts- und Finanzkraft verstanden. Unternehmen wie McDonald's, Coca-Cola, Microsoft oder Apple leisteten und leisten Pionierarbeit in der Erschließung neuer Märkte weltweit. Mit ihren zahlreichen Tochterunternehmen vernetzen sie die Volkswirtschaften einzelner Länder und treiben so die internationale Arbeitsteilung an. Die internationale Tätigkeit erschließt den multinationalen Unternehmen neue und gegebenenfalls größere Absatzmärkte und bringt Kostenvorteile (Arbeits-, Rohstoff-, Energie- und Transportkostenersparnis). Zudem wird so die Abhängigkeit der Unternehmen von nationaler Wirtschaftspolitik und Gesetzgebung sowie von nationalen Konjunkturschwankungen vermieden bzw. abgeschwächt. Die transnationalen Unternehmen gelten vielen als „Schrittmacher der Globalisierung". Ihre Organisationsform ist ein Netzwerk mit einer Reihe wechselseitig abhängiger und geografisch verteilter Zentren, die von gemeinsamen Strategien, Normen und einem intensiven Austausch von Informationen, Erfahrungen und Ressourcen zusam-

Zum Vergleich – Rangliste BIP (2015)

Rang	Land	BIP [Mio US $]
1	USA	19.947
2	China	10.983
3	Japan	4.123
4	BRD	3.358
5	GB	2.849
...	...	...
15	Mexiko	1.144
16	Indonesien	859
17	Holland	738
18	Türkei	734
19	CH	665
20	Saudi-Arabien	653

© Statista 2016

mengehalten werden. Mit ihren Direktinvestitionen vernetzen transnationale Unternehmen nationale Volkswirtschaften und werden damit zum Herzstück der globalen Weltwirtschaft. Transnationale Unternehmen treiben den grenzüberschreitenden Transfer von Finanzkapital, Technologie und Managementfähigkeiten voran. Nicht zuletzt sind Sie auch maßgeblich daran beteiligt, unterschiedliche gesellschaftliche Werte und Normen und kulturelle Traditionen länderübergreifend zu verbinden. Eine Ursache für die wieder wachsende Zahl von Fusionen und Übernahmen liegt in der Deregulierung nationaler Märkte (z. B. in den Bereichen Telekommunikation, Energiewirtschaft, Bau). Dazu kommen weitere Motive der Unternehmen, die von Branche zu Branche variieren können: Sie reichen von besserer Marktpräsenz in neuen geografischen Räumen, dem Schließen von Angebotslücken bis hin zu Synergieeffekten in Forschung und Entwicklung, Produktion und Vertrieb. Die Beurteilung transnationaler Konzerne ist unterschiedlich. Einerseits können transnationale Unternehmen für die Entwicklung des jeweiligen „Gastlandes" positive Beiträge leisten durch: attraktive und im Landesvergleich gut bezahlte Arbeitsplätze und die Diffusion von Bildung und Forschung (Technologietransfer) in weniger entwickelten Ländern. Sie können zur Verbesserung der internationalen Arbeitsteilung beitragen, zur Ausweitung des Welthandels und somit häufig auch zu Fortschritt, Wohlstand und Wettbewerbsfähigkeit. Andererseits werden sie kritisiert wegen unkontrollierter wirtschaftlicher Machtkonzentration und möglicher intransparenter politischer Einflussnahme sowie Gewinntransfers und Steuervermeidungsstrategien zu Lasten der Gastländer. In der kontroversen Diskussion um global player sind auch die Wirkungen auf die Beschäftigung im Stammland umstritten.

Nicht zu unterschätzen sind aber auch die gewachsenen Anforderungen an globale Unternehmen. Global aufgestellte Unternehmen müssen nicht nur hochkomplexe betrieblich-organisatorische Leistungen erbringen. Sie müssen auch die schwierige Aufgabe lösen, eine corporate identity im vielschichtigen kulturellen Umfeld auszubilden. Je größer Unternehmen werden und je globalisierter sie sind, desto komplexer werden die organisatorischen Aufgaben und die Aufgabe, eine einheitliche Unternehmenskultur unter Berücksichtigung nicht nur der Interessen der Shareholder, sondern auch der Stakeholder zu wahren. Im scharfen globalen Wettbewerb müssen sich Unternehmen zunehmend einer kritischen Begutachtung ihrer wirtschaftlichen Aktivitäten unter ökologischen und sozialen Maßstäben unterziehen. Der Global Compact der Vereinten Nationen ist eine strategische Initiative für Unternehmen, die sich verpflichten sollen, ihre Geschäftstätigkeiten an zehn universell anerkannten Prinzipien aus den Bereichen Menschenrechte, Arbeitsnormen, Umweltschutz und Korruptionsbekämpfung auszurichten. Globale Unternehmen, die sich in erster Linie der Gewinnmaximierung und ihren Shareholdern verpflichtet fühlen, damit aber gesellschaftliche und ökologische Belange vernachlässigen, sind womöglich in Zukunft auf den Weltmärkten weniger erfolgreich.

Autorentext

Aufgaben

1. Begründen Sie, warum global player als „Schrittmacher der Globalisierung" angesehen werden (M 24, M 25).
2. Erörtern Sie, inwiefern transnationale Unternehmen einen positiven Beitrag zur Globalisierung leisten (M 26).

15.7 Schaffen global player eine einheitliche Weltkultur?

M 25 ● **Vereint McDonald's die Welt?**

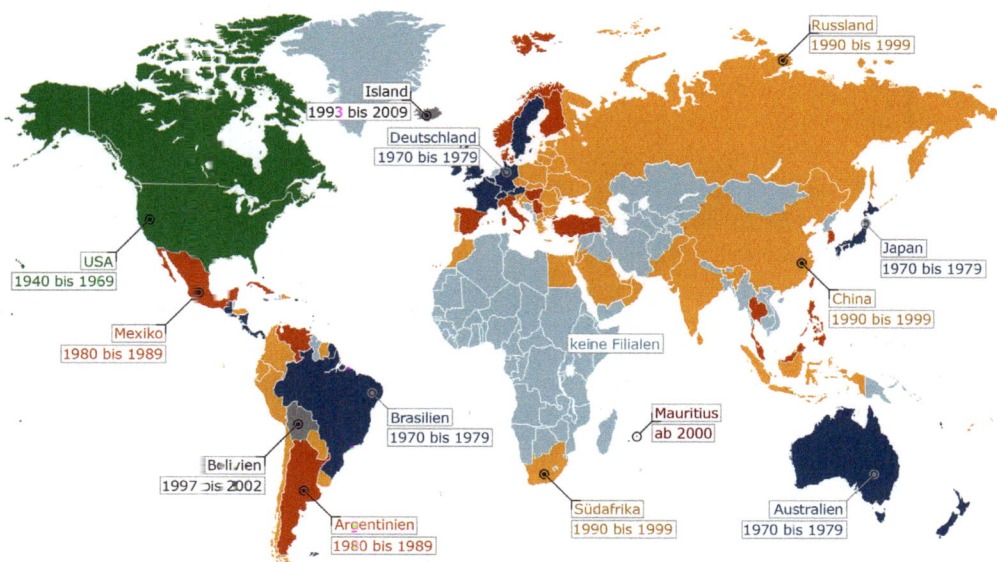

Eröffnungsjahr der jeweils ersten McDonald's-Filiale, 1940 bis 2009

Quelle: bestätigt durch McDonald's Corporation
Lizenz: Creative Commons by-nc-nd/3.0/de
Bundeszentrale für politische Bildung, 2010, www.bpb.de

Das erste McDonald's Restaurant wurde 1940 in Kalifornien eröffnet. Heute steht McDonald's sowohl für westliche Dominanz als auch für kulturelle Konvergenz.
Viele global agierende Markenkonzerne haben ihren Ursprung in den USA. Mit ihren Produkten erweitern sie nicht nur das Warenangebot in der jeweiligen Zielregion, sondern verdrängen dabei auch regionale Produkte. Das Tragen von Nike-Schuhen, das Trinken von Coca-Cola und das Essen bei McDonald's ist immer auch ein Ausdruck des kulturellen Selbstverständnisses. Im Globalisierungsdiskurs wird einerseits die Dominanz westlicher Kulturen und das damit verbundene Konsummuster kritisiert. Andererseits wird auf Homogenisierungstendenzen hingewiesen, die im Zuge von Standardisierungs- und Vereinheitlichungsprozessen zu einer Verschmelzung von Kulturen führen: Wenn sich das weltweite Konsumverhalten und andere Bereiche des Alltagslebens immer weiter angleichen, werden lokale Traditionen schrittweise durch eine Einheitskultur ersetzt.
Für beide Thesen – westliche Dominanz und kulturelle Konvergenz – wird der Konzern McDonald's als Beispiel angeführt. Für die westliche Dominanz steht das durch den amerikanischen Soziologen George Ritzer geprägte Schlagwort „McDonaldisierung". Die Fast-Food-Kette McDonald's steht in diesem Zusammenhang für die negativen Folgen der Globalisierung. Sie verkörpert den prototypischen Übergang von traditionellen zu rationalen Geschäfts- und Gedankenmodellen, die auf effizienten, kalkulierbaren und kontrollierbaren Prinzipien basieren.
McDonald's ist mit 58 Millionen Kunden am Tag [...] die größte und wohl auch bekannteste Fast-Food-Kette der Welt. Auch wegen seiner Größe und seines Bekanntheitsgrads ist der Konzern regelmäßig Ziel

von Protestaktionen von Globalisierungskritikern sowie Umwelt- und Verbraucherschützern. Darüber hinaus wurden dem Konzern die Ausbeutung von Arbeitskräften und das Verhindern gewerkschaftlicher und betriebsrätlicher Zusammenschlüsse vorgeworfen. Die Organisation CorpWatch weist darauf hin, dass McDonald's im Zusammenhang mit der Herstellung von Werbespielzeug auch dem Vorwurf der Kinderarbeit ausgesetzt war. Im Nahen Osten, Frankreich und Spanien kam es in der Vergangenheit sogar zu gewalttätigen Aktionen gegen einzelne Niederlassungen.

Gleichzeitig ist McDonald's auch ein Beispiel für die These der kulturellen Konvergenz, da der Konzern den Auftritt und die Produktpalette je nach Region den kulturellen Gegebenheiten anpasst. So wird etwa in israelischen Niederlassungen lediglich koscheres Essen angeboten und entsprechend der jüdischen Tradition bleiben die Restaurants am Sabbat geschlossen. In Indien wiederum werden keine Rindfleischgerichte verkauft und auch in islamisch geprägten Ländern werden die jeweiligen Speisevorschriften eingehalten. Im Gegensatz zum Image von McDonald's in der westlichen Welt, wo es eher für standardisiertes und ungesundes Essen steht, wird McDonald's in anderen Teilen der Welt, zum Beispiel in China (wo in Peking eine der weltweit größten McDonald's-Filialen zu finden ist), eher mit einem höheren sozialen Status in Verbindung gebracht.

Um das Image in der westlichen Welt aufzubessern, hat McDonald's sein Einrichtungskonzept, das Angebot sowie sein Erscheinungsbild verändert: Sitzwürfel aus Leder ergänzen die Plastikbänke, das Angebot von McCafé konkurriert mit dem klassischer Kaffeehäuser und in Europa wurde bei den ersten Filialen die Hintergrundfarbe „rot" durch „grün" ersetzt.

Das erste McDonald's Restaurant wurde 1940 in Kalifornien eröffnet. In den frühen 1970er-Jahren expandierte das Unternehmen in Teile Europas und Mittelamerikas sowie nach Australien und Japan. In den darauffolgenden 20 Jahren wurden Westeuropa und Lateinamerika nahezu komplett erschlossen. In den 1990er-Jahren erfolgte die Expansion vor allem nach Asien, Osteuropa und in den Nahen Osten. Auch in Afrika begann der Konzern, erste Niederlassungen einzurichten. Kurz nach dem Fall des Eisernen Vorhangs wurde 1990 in Moskau die erste russische Filiale eröffnet. [...]

McDonald's ist nach eigenen Angaben in 118 Staaten und Territorien aktiv [...]. Gegenwärtig betreibt der Konzern weltweit etwa 32.000 Restaurants. Das Unternehmen verzeichnete im Jahr 2008 einen Gesamtumsatz von rund 23,5 Milliarden US-Dollar. Insgesamt wurde 2008 ein Gewinn von 4,3 Milliarden US-Dollar erwirtschaftet.

by-nc-nd/3.0/de/, www.bpb.de, 10.4.2010

Aufgaben

1. Erläutern Sie, inwiefern McDonald's für westliche Dominanz und für kulturelle Konvergenz steht (M 25).

2. Bilden Sie drei Arbeitsgruppen und bereiten Sie eine Podiumsdiskussion vor. Formulieren Sie arbeitsteilig mit Hilfe der Thesen zur kulturellen Globalisierung eine schlüssige Argumentation mit anschaulichen Beispielen zu der Frage: Führt Globalisierung zu kultureller Einheit oder kultureller Vielfalt (M 25)?

Die langfristigen und grundsätzlichen Veränderungen innerhalb der Wirtschaft werden Strukturwandel genannt. Die Weltwirtschaft befindet sich seit den 1980er-Jahren in einem beschleunigten Strukturwandel, der heute im Begriff Globalisierung zusammengefasst wird. Globalisierung hat zahlreiche Facetten – wirtschaftliche, politische, gesellschaftlich-soziale, kulturelle, ökologische und rechtliche. Der Grad der globalen wirtschaftlichen Verflechtungen lässt sich am Anteil der Weltexporte zum Weltsozialprodukt ermitteln. Der KOF-Index misst neben der wirtschaftlichen auch die soziale und politische Dimension der Globalisierung.

Definition und Messung von Globalisierung
M 2 – M 6

Dass von der internationalen Arbeitsteilung alle beteiligten Staaten langfristig profitieren, haben Adam Smith und David Ricardo in der Theorie der komparativen Kostenvorteile zur Erklärung des interindustriellen Handels nachgewiesen. Wegen bestimmter Annahmen, z. B. eines völlig freien Handels oder der Immobilität der Produktionsfaktoren sind diese Theorien heute aber nur bedingt tragfähig. Während das Ricardo-Theorem auf die Produktivitätsunterschiede, genauer auf der unterschiedlichen Arbeitsproduktivität basiert, haben die Schweden Heckscher und Ohlin untersucht, welchen Einfluss die Faktorausstattung eines Landes im Hinblick auf die komparativer Kostenvorteile hat. Heute werden überwiegend gleichartige industrielle Produkte zwischen den Industrieländern gehandelt. Dies widerspricht der klassischen Außenhandelstheorie, die doch annimmt, dass eine Spezialisierung im internationaler Handel die größten Vorteile bringt. Es können also heute nicht nur komparative Kosten Wettbewerbsvorteile begründen, sondern der Handel kann auch zwischen gleich entwickelten Staaten erfolgreich stattfinden. Der intraindustrielle Handel stellt einen vergrößerten Markt für bestimmte gleichartige Güter her. Durch die Vergrößerung, können zusätzliche Güter verkauft und so zusätzliche Außenhandelsgewinne erwirtschaftet werden. Aus der größeren Produktionsmenge eines Gutes folgen geringere Durchschnittskosten für dieses Gut. Die gesunkenen Durchschnittskosten bewirken wiederum, dass diese Güter mit einem geringeren Faktoreinsatz produziert werden können als in zwei getrennten kleineren Märkten. Die Produktvielfalt kommt den individuellen Interessen der Konsumenten entgegen. Die Vielfalt gleichartiger Produkte auf dem Markt erhöht den Wettbewerbsdruck auf Unternehmen. Ein steigender Wettbewerb kann die Preise senken. Die „fragmentierte Entwicklung" beschreibt die Folgen der globalen Arbeitseilung als eine gleichzeitig verlaufende bruchhafte Trennung zwischen Gewinnern und Verlierern, zwischen Aufsteigern und Absteigern, zwischen Teilhabern, temporären Teilhabern (Scheingewinnern), Marginalisierten und Überflüssigen in sozialer, wirtschaftlicher und räumlicher Dimension.

Außenhandelstheorien
M 16 – M 22

Die Produktion des iPhones zeigt eindrücklich, wie globale Unternehmen heute den Produktionsprozess organisieren. Die damit verbundenen Wertschöpfungsketten sind nur schwer durchschaubar und messbar. Gleichzeitig zeigt das Beispiel aber auch negative Auswirkungen globaler Produktion und globalen Konsums auf die Umwelt.

Internationale Arbeitsteilung
M 10, M 11

ORIENTIERUNGSWISSEN

ORIENTIERUNGSWISSEN

Bedingungen für und Faktoren von Globalisierung
M 8, M 9

Zahlreiche Faktoren, in einer engen Wechselwirkung zueinander, beeinflussen den Globalisierungsprozess. Entscheidende Triebkraft ist der internationale Handel, Die Intensivierung der internationalen Arbeitsteilung wurde ermöglicht durch den weltweiten Abbau der Handelsbeschränkungen. Politisch begünstigend wirkte hier insbesondere das Ende des Kalten Krieges. Die Staaten des ehemaligen „Ostblocks" öffneten sich dem Weltmarkt und vertrauten auf demokratische Strukturen und offene Marktwirtschaften als grundlegende Organisationsprinzipien. Voraussetzungen für die Zunahme des internationalen Handels war die Mikroelektronik als kommunikations-technische Basistechnologie sowie gesunkene Kommunikations- und Transportkosten. Diese haben es ermöglicht, den Produktionsprozess global zu organisieren. Auf der Angebotsseite spielen Marksättigungen und die Verkürzung der Produktzyklen eine weitere Rolle. Auf der Nachfrageseite ist die Angleichung (Nivellierung) der Konsumgewohnheiten und Lebensstile (Akkulturation) wesentliche Voraussetzung für die globale Vermarktung von Produkten.

Globale Unternehmen
M 23, M 24

Globale Unternehmen vernetzen die unterschiedlichen Produktionsstandorte. Als Schrittmacher der Globalisierung gelten Unternehmen mit ausländischen Niederlassungen oder Tochterunternehmen, sogenannte transnationale Unternehmen (global players). Ihre Organisationsform ist ein Netzwerk mit einer Reihe wechselseitig abhängiger und geografisch verteilter Zentren, die von gemeinsamen Strategien, Normen und einem intensiven Austausch von Informationen, Erfahrungen und Ressourcen zusammengehalten werden. Internationale Konzerne können einerseits für die Entwicklung des jeweiligen Gastlandes positive Beiträge leisten, z. B. durch attraktive und im Landesvergleich gut bezahlte Arbeits- und Ausbildungsplätze, Aufbau von Forschung und Entwicklung, Technologietransfer, die Qualität der Produkte und Dienstleistungen sowie Nutzung und Förderung heimischer Zulieferbetriebe. Andererseits werden sie u. a. wegen wirtschaftlicher Machtkonzentration, mangelnder Verantwortung für die Umwelt, politischer Einflussnahme, Steuerflucht und der bislang unzureichenden öffentlichen Kontrolle, etwa durch eine internationale Wettbewerbsbehörde, kritisiert.

Kulturelle Globalisierung
M 25

Weltweit ist eine Ausbreitung westlicher Produkte zu beobachten, die zu einer Annäherung der Konsumgewohnheiten und der Lebensstile führt. Viele global agierende Markenkonzerne, Unterhaltungsformate für das Fernsehen und Kinofilme haben ihren Ursprung in den USA oder den westlichen Industriestaaten. Das Internet, ein wichtiger Träger der kulturellen Globalisierung, revolutioniert die Kommunikation hinsichtlich ihrer Raum- und Zeitdimensionen. Es ermöglicht in Sekundenschnelle die Verbreitung von Ideen, Werten und Meinungen und sorgt für die weltweite Diffusion von Wissen und Informationen. Mit ihren Produkten erweitern die Konzerne nicht nur das Warenangebot in der jeweiligen Zielregion, teilweise werden regionale Produkte und Konsumgewohnheiten verdrängt. Doch ist auch zu beobachten, dass globale Konzerne auf lokale Besonderheiten Rücksicht nehmen müssen, um ihre Produkte zu vermarkten.

Ist die internationale Arbeitsteilung ein Auslaufmodell?

Wie es um die Weltwirtschaft derzeit bestellt ist, zeigt sich in einer Fabrik im Industriegürtel von São Paulo. Mercedes-Benz baut hier Nutzfahrzeuge. Aber niemand holt
5 sie ab. Tausende nagelneuer Lastwagen, Zugmaschinen und Bus-Chassis reihen sich auf dem Werksgelände aneinander, in allen Farben und Ausführungen stehen sie da, Stoßstange an Stoßstange, und parken die
10 Wege zu. Die Produktion von fünf Monaten staut sich hier, tonnenweise totes Kapital. […] Der Markt für Laster und Busse ist in Brasilien um fast 50 Prozent eingebrochen. Mercedes hat die Produktion auf eine
15 Schicht runtergefahren und Kurzarbeit angemeldet, das Werk schreibt tiefrote Zahlen. […] Das ist keine normale Flaute, diesmal steckt mehr dahinter: ein chronisches Problem. Schon im vierten Jahr in Folge
20 wuchs der globale Handel deutlich langsamer als in allen drei Jahrzehnten zuvor. […] „Wir erleben eine Zeitenwende", sagt Thomas Straubhaar, der Hamburger Ökonom und Weltwirtschaftsexperte. […]
25 Die neue Weltordnung eröffnete westlichen Unternehmen eine einzigartige Chance: Sie verlagerten Teile ihrer Fertigung in Billigstandorte nach Übersee, Arbeitskosten und Transport fielen kaum ins Gewicht. Zu-
30 gleich eröffnete sich ihnen in den neuen Milliardenmärkten ein gigantisches Potenzial an Kunden, die begierig auf beinahe alles waren, was aus dem Westen kam: von Babywindeln bis zum BMW. So profitierte
35 die Wirtschaft gleich doppelt von der Friedensdividende. Ein Vierteljahrhundert später ist von dem Zauber nicht mehr viel übrig. Die Wirkung lässt nach, der Schwung ist dahin. Die Turbo-Globalisierung ist ins
40 Stocken geraten. […] Denn nun werden die Standorte in Asien teurer, die Volkswirtschaften reifer, sie emanzipieren sich von der Rolle als Billigproduzent und verlagern ihren Schwerpunkt auf die Binnenkon-
45 junktur. […] Chinas Wirtschaft befindet sich in einer schwierigen Transformation. Jahrzehntelang trieben Exporte das Wachs-

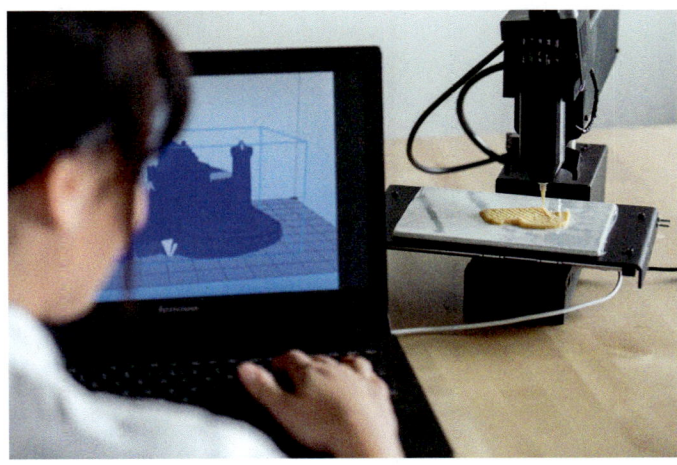

Ob Ersatzbauteile für Autos, Möbelstücke, Zahnersatz oder Lebensmittel, die neue 3-D-Drucktechnik ermöglicht ganz neue Produktionsverfahren.

tum an, nun ändert die Führung den Kurs. Sie will die Binnenkonjunktur beleben, mehr in Dienstleistung und Technologie 50 investieren und in die Verbreitung heimischer Produkte. […] Am Seeverkehr lässt sich präzise ablesen, wie die Globalisierung an Kraft verliert. Das Bremer Institut für Seeverkehrswirtschaft und Logistik erhebt 55 monatlich den Umschlag an 81 Häfen der Welt, seit einem Jahr ist der Wert tendenziell rückläufig. Dies lässt nach Ansicht der Ökonomen auf eine „außergewöhnliche Schwäche des Welthandels" schließen. Die 60 großen Reedereien haben einen Teil der Dienste zwischen Europa und Asien bereits eingestellt. Die Frachtraten sind verfallen, der Transport auf diesen Routen kostet nur noch halb so viel wie vor einem halben 65 Jahr. […] Politisch driftet die Welt auseinander, technologisch hingegen rückt sie näher zusammen, die Daten fließen mühelos und ungehindert um die Welt. Das bedeutet allerdings nicht, dass die Vernet- 70 zung auch den Handel beflügelt, im Gegenteil: Letztlich könnte die Digitalisierung die globalen Warenströme ausdünnen. Welche Kräfte hier am Werk sind, lässt sich in der Luftfrachtzentrale von UPS in 75 Louisville, Kentucky, beobachten. Dort stehen hundert 3-D-Drucker, die rund um die

Uhr Werkstücke ausspucken. Die Kunden, Firmen wie GE Aviation oder Whirlpool, schicken Datenpakete zu UPS, suchen sich Material und Spezifizierungen aus, dann springt das Hightech-Gerät an und baut Schicht für Schicht die Teile auf. Mit solchen 3-D-Druckern können Unternehmen überall dort Produkte erzeugen, wo sie sie brauchen; die Firmen müssen sie nicht mehr rund um die Welt transportieren lassen. Damit könnte die Technologie die Logistikbranche existenziell gefährden. Die Spediteure reagieren offensiv: Sie steigen selbst in das neue Geschäft ein, bevor andere kommen und ihr altes Geschäft kaputt machen. [...] Sollte der 3-D-Druck tatsächlich zu einer gängigen Produktionsmethode werden, kann er die globalen Wertschöpfungsketten sprengen. Dann setzen die Unternehmen ihre Produkte nicht mehr aus einzelnen Bauteilen zusammen, die in Niedriglohnländern gefertigt werden und wochenlang auf den Weltmeeren unterwegs sind. Sie werden sie künftig aus einem Stück an einem Ort herstellen, ob Hüftgelenksprothesen, Turbinenschaufeln oder Implantate. Schon heute fräsen manche Zahnärzte Brücken oder Kronen anhand von Digitaldaten in der eigenen Praxis, statt sie in Osteuropa oder China anfertigen zu lassen. Selbst Adidas, ein durch und durch globalisiertes Unternehmen, erforscht Alternativen zur Massenproduktion in Fernost. „Futurecraft" nennt sich das Konzept, das getestet wird: Der Fuß wird im Laden digital vermessen, ein 3-D-Drucker stellt den individuellen Schuh her. So bremst der technische Fortschritt den globalen Handel aus. Es bedarf weniger Containerschiffe, weniger Hafenterminals, weniger Spediteure: Die Erde schrumpft gewissermaßen. Larry Fink, Chef des weltgrößten Vermögensverwalters Blackrock, meint sogar, dass der Handel zum Erliegen kommen könnte. Je stärker Roboter und Rechner im Einsatz seien, so Fink im „Harvard Business Review", desto mehr könnten die Unternehmen im Inland selbst herstellen. „Wenn diese Verschiebung in einem großen Ausmaß geschieht, könnte der Welthandel zusammenbrechen", warnt der Finanzmanager. War's das also mit der Globalisierung? Eine Antwort darauf findet sich in der Entwicklung, die die Musikindustrie genommen hat. Früher presste die Branche CDs, lieferte die Alben weltweit aus und verkaufte sie in Plattenläden. Heute laden die Kunden einzelne Titel auf ihren Rechner, oder sie abonnieren einen Streamingdienst. [...] Die Globalisierung schreitet weiter voran, sie erreicht ein neues Niveau, sie wird digital und unsichtbar. Sie verliert also nicht wirklich an Schwung, das Rennen findet nur woanders statt, nicht auf den Weltmeeren, sondern in den Rechenzentren. Auch die Werte, um die es geht, fallen nicht unbedingt kleiner aus. Sie bemessen sich nicht mehr an der Stofflichkeit, an Tonnen oder Gallonen, an Mechanik oder Elektronik – sie stecken nun in den Daten.

Jens Glüsing, Alexander Jung, Bernhard Zand, Spiegel 2/2016, S. 58

Aufgaben

1. Erläutern Sie, was unter „digitalen Handelsströmen" zu verstehen ist.
2. „Letztlich könnte die Digitalisierung die globalen Warenströme ausdünnen." Überprüfen Sie diese Aussage.

15 Dimensionen des Globalisierungsprozesses

SELBSTDIAGNOSE

Sie können...	Dazu benötigen Sie u. a. folgende Begriffe...	Das klappt schon...	Hier können Sie u. a. noch üben...
verschiedene Dimensionen der Globalisierung benennen.	ökonomische Globalisierung kulturelle Globalisierung ökologische Globalisierung gesellschaftliche Globalisierung politische Globalisierung	👍 👎	Auftaktseite / S. 460 Orientierungswissen / S. 485
Globalisierung definieren und verschiedene Möglichkeiten der Messung von Globalisierung beschreiben.	Handelsoffenheit Direktinvestitionen Weltexportquote Welthandel Weltwarenexport KOF-Globalisierungsindex	👍 👎	M 2 – M 6 / S. 462 ff. Orientierungswissen / S. 485
die Bedingungen und Faktoren für Globalisierung erklären.	Konvergenzthese Akkulturation Marktsättigungstendenzen kürzere Produktzyklen GATT WTO	👍 👎	M 8, M 9 / S. 466 f. Orientierungswissen / S. 486
Wertschöpfungsketten beschreiben.	Outsourcing Global Sourcing Wertschöpfungskette	👍 👎	M 10, M 11 / S. 468 f. Orientierungswissen / S. 485
die ökologische Dimension der Globalisierung erläutern.	ökologischer Rucksack Nachhaltigkeit Effizienz Konsistenz Suffizienz	👍 👎	M 12 – M 14 / S. 470 ff. Orientierungswissen / S. 485
verschiedene Außenhandelstheorien erklären.	internationale Arbeitsteilung komparative Kosten Faktorproportionentheorie Produktlebenszyklustheorie intraindustrieller Handel fragmentierte Entwicklung	👍 👎	M 16 – M 22 / S. 475 – 480 Orientierungswissen / S. 485
die Bedeutung von global players für den Globalisierungsprozess erläutern.	internationale Unternehmen transnationale Unternehmen	👍 👎	M 23, M 24 / S. 481 f. Orientierungswissen / S. 486
die Bedeutung der global players für die kulturelle Globalisierung einschätzen.	westliche Dominanz kulturelle Konvergenz McDonaldisierung	👍 👎	M 25 / S. 483 Orientierungswissen / S. 486

Karikatur: Jürgen Janson

Artikel 127 Vertrag über die Arbeitsweise der Europäischen Union (AEU-Vertrag):

(1) Das vorrangige Ziel der ESZB [Europäisches System der Zentralbanken] ist es, die Preisstabilität zu gewährleisten.

© Europäische Zentralbank, 2012, www.ecb.europa.eu, Monatsbericht Juli 2012:

Der EZB-Rat hat außerdem deutlich gemacht, dass er in seinem Streben nach Preisstabilität darauf abzielt, mittelfristig eine Preissteigerungsrate von unter, aber nahe 2 % beizubehalten.

Artikel 3 Vertrag über die Europäische Union (EU-Vertrag):

(3) Die Union errichtet einen Binnenmarkt. Sie wirkt auf die nachhaltige Entwicklung Europas auf der Grundlage eines ausgewogenen Wirtschaftswachstums und von Preisstabilität, eine in hohem Maße wettbewerbsfähige soziale Marktwirtschaft, die auf Vollbeschäftigung und sozialen Fortschritt abzielt, sowie ein hohes Maß an Umweltschutz und Verbesserung der Umweltqualität hin. Sie fördert den wissenschaftlichen und technischen Fortschritt. [...] Sie fördert den wirtschaftlichen, sozialen und territorialen Zusammenhalt und die Solidarität zwischen den Mitgliedstaaten.

Geld- und Währungspolitik

16

Galt der Euro bis vor kurzem als Erfolgsgeschichte, stürzen die gigantischen Schuldenberge einzelner Eurostaaten die Gemeinschaftswährung immer tiefer in die Krise. Die Politik reagiert mit milliardenschweren Rettungspaketen bisher ungeahnten Ausmaßes. Und dennoch: Forderungen nach dem Ausstieg aus dem Euro sind unüberhörbar.

Zugleich aber soll die Europäische Zentralbank (EZB) mit ihrem Instrumentarium die Preisstabilität der Eurozone garantieren. So richten sich alle Blicke auf die EZB. Sie soll durch großzügige Bereitstellung von Geld die Politik im Kampf gegen die europäische Staatsschuldenkrise unterstützen und den drohenden Zerfall der Eurozone verhindern.

Wie geht die EZB mit dieser historischen Bewährungsprobe um? Kann sie mit ihrer klassischen Geldpolitik einen Beitrag zur Krisenbewältigung leisten? Oder sind die Währungshüter zu einer strategischen Neuausrichtung gezwungen, ohne vom grundlegenden Prinzip ihrer Unabhängigkeit vor politischer Einflussnahme abzurücken? Nicht nur für den europäischen Binnenmarkt, auch für die Wechselkursstabilität des Euro übernimmt die EZB Verantwortung. Doch welcher Außenwert des Euro ist im globalen Wettbewerb der richtige?

KOMPETENZEN

Am Ende dieses Kapitels sollten Sie Folgendes wissen und können:

Sie können Zielvorgaben und Zielerfüllungen in der Geldpolitik darstellen.

Sie kennen die Ziele der Europäischen Zentralbank und können die Geldpolitik der EZB vor dem Hintergrund der Staatsschuldenkrise erklären.

Sie können kontroverse Positionen zur Zukunft der europäischen Gemeinschaftswährung bewerten.

Was wissen und können Sie schon?

Beschreiben und interpretieren Sie die Karikatur.

16.1 Die Rolle des Geldes und der Kapitalmärkte für die Volkswirtschaft

16.1.1 Die Rolle des Geldes und die Geldschöpfung

M 1 ● Warum brauchen wir Geld?

„Für einen Apfel und ein Ei"

Noch im 14. Jahrhundert verwendete das Gros der Bevölkerung Naturalien als Zahlungsmittel. So entstand diese Metapher für ein Schnäppchen.

Stellen wir uns vor, wir wollten auf einem Wochenmarkt Brot kaufen, ohne dass Geld existierte. In diesem Fall müssten wir auf dem Markt selbst Güter verkaufen können, um das Brot zu bezahlen. Nehmen wir an, wir hätten uns auf die Herstellung von Runkelrüben spezialisiert. Nun wäre es aus unserer Sicht natürlich am einfachsten, wir könnten Brot gegen unsere Runkelrüben tauschen. Aber was geschieht, wenn der Brotverkäufer gar keine Runkelrüben mag? Dann kommt das Geschäft nicht zustande, zumindest nicht direkt.

Muschelgeld oder Muschelwährung – Höhlenfunde in Westeuropa belegen die Existenz von Sachgeld bereits im 25.000 v. Chr. Die Palette von „Wertgegenständen", die als Tauschobjekte genutzt wurden, ist bunt und regional verschieden: Käse, Kühe, Ketten, Kakaobohnen, Perlen und Pelze, Muscheln, Messer, Metalle, Salz und Sklaven, Federn, Frauen, Vieh und Waffen, Beile, Töpfe und Jagdtrophäen übernehmen die Funktion von Geld.

Es mag sein, dass wir durch die Einschaltung eines Dritten doch noch Brot erhalten. Wenn der Brotverkäufer zwar keine Runkelrüben, dafür aber Kichererbsen mag und ein auf dem Markt anwesender Produzent von Kichererbsen Interesse zeigte, das eingetauschte Brot gegen unsere Runkelrüben zu tauschen, kämen wir auf diesem Umweg doch noch zu unserem Brot. Aber das ist alles sehr kompliziert und unsicher.

Mit einer Ware, die von allen Beteiligten akzeptiert wird, kommen die Geschäfte dagegen ganz leicht zustande. Geld vereinfacht den Tausch von Gütern (und Dienstleistungen) ganz erheblich. Erst Geld lässt einen Markt (und damit auch eine ganze Marktwirtschaft) effizient funktionieren. Doch die Funktion des Geldes beschränkt sich nicht auf die eines Zahlungsmittels. Anders als die schnell verderblichen Runkelrüben oder Kichererbsen ermöglicht Geld, Werte zu speichern, zu bewahren und damit auch zu akkumulieren und zu verleihen. Die Bildung erheblicher Vermögen und die Finanzierung großer Investitionen waren erst in der Geldwirtschaft möglich. [...]

Um als Wertaufbewahrungsmittel zu dienen, darf Geld nicht beliebig vermehrbar sein. Aus diesem Grund dienten Metalle wie Gold und Silber lange Zeit als Geld, Kieselsteine dagegen nie.

In unsere Zeit übertragen hat diesen Gedanken der Nobelpreisträger Milton Friedman. Was passiert, fragte Friedman, wenn ein Hubschrauber so viele Banknoten abwirft, dass sich das umlaufende Geld verdoppelt? Viele Menschen mögen glauben, der unverhoffte Geldsegen würde sie reicher machen. Weit gefehlt, sagt Friedman. Denn die Produzenten würden die Gelegenheit nutzen, um ihre Preise deutlich zu erhöhen. Am Ende hätten die Menschen zwar mehr Geld in der Tasche, könnten aber nicht mehr Güter kaufen.

Geld ohne Wert ist kein Geld mehr. [...] Geld wird bis heute überwiegend von Staaten ausgegeben, doch seine Verwendung lässt sich nicht anordnen, sobald das Geld seinen Wert verloren hat, wie jede große Inflation zeigt.

[...] Um seine nutzenstiftende Rolle als Zahlungsmittel und Wertspeicher zu wahren, musste das Geld im Laufe der wirtschaftlichen Entwicklung mehrfach sein Gewand wechseln. Münzgeld war für antike und mittelalterliche Gesellschaften ideal, aber der spätestens mit der Industrialisierung einsetzende sehr rasch wachsende Geldbedarf erforderte einen neuen, leichter vermehrbaren und handlicheren „Stoff". Hier erwies sich das Papier als optimales Rohmaterial, auch wenn die „Zettel", wie man Banknoten anfangs abschätzend nannte, lange um Anerkennung kämpfen mussten. Mit dem Papiergeld wurden auch Manipulationen des Geldes leichter, und nicht zufällig fallen alle großen Inflationen in die Zeit der Banknote. Derweil kommt auch die Banknote langsam außer Mode – ein immer größerer Teil der Zahlungen findet unbar statt.

Gerald Braunberger, Frankfurter Allgemeine Sonntagszeitung, 5.11.2006

> **„Pecunia non olet" – „Geld stinkt nicht"**
> Diesen Ausspruch prägte der römische Kaiser Titus Flavius Vespasianus, als er 69 n. Chr. Steuern auf öffentliche Latrinen erhob.

Die Funktionen des Geldes im Überblick

Zahlungsmittel	Recheneinheit	Wertaufbewahrungsmittel
Geld erleichtert den Warentausch. Auch Finanztransaktionen wie die Vergabe von Krediten sind möglich.	Güterwerte lassen sich in einer Bezugsgröße ausdrücken und vergleichen. Geld fungiert als Wertmaßstab.	Gelderwerb und Geldausgabe können zeitlich auseinanderfallen. Sparen ist möglich.
Um diese Funktionen erfüllen zu können, muss der Gegenstand, der als Geld verwendet wird, gut teilbar, wertbeständig und allgemein akzeptiert sein.		

Deutsche Bundesbank, Geld und Geldpolitik, Frankfurt a. M. 2010, S. 11

M 2 ● Wie entsteht Zentralbankgeld?

Zentralbankgeld kann nur von der Zentralbank selbst hergestellt werden. Es ist hoheitliches Geld und alleiniges Zahlungsmittel. Seine Erscheinungsformen sind Bargeld und Guthaben der Geschäftsbanken auf Konten der Zentralbank. Wie aber kommt dieses Geld in den Wirtschaftskreislauf?

Dazu stellen wir uns Herrn Maier vor, der sich für 10.000 € ein Motorrad kaufen will. Dazu will Maier bei seiner Bank einen Kredit über 10.000 € aufnehmen. Wird dieser Kredit von der Geschäftsbank bewilligt, stellt ihm die Bank den gewünschten Betrag auf seinem Girokonto zur Verfügung. Hat die Bank jedoch nicht genügend Einlagen, so muss sich die Bank selbst „refinanzieren", das Geld also entweder bei einer anderen Bank oder bei der Zentralbank besorgen. Leiht sie das Geld bei der Zentralbank, so führt die Kreditgewährung an Maier zu einer Zentralbankgeldschöpfung über 10.000 €. Zentralbankgeld entsteht also durch Kreditgewährung an Geschäftsbanken. Wird der Kredit zurückgezahlt, wird Zentralbankgeld vernichtet.

Aber nicht nur die Zentralbank kann Geld schöpfen. Auch die Geschäftsbanken haben die Möglichkeit – zwar nicht Zentralbankgeld – aber Geld zu schaffen. Das

Grundprinzip dieser sog. Giralgeldschöpfung lässt sich am Beispiel des Motorradkaufs von Herrn Maier verdeutlichen: Maier überweist den Kaufpreis über 10.000 € auf das Konto des Motorradhändlers bei der A-Bank. Die A-Bank kann über diesen Betrag einen Kredit gewähren – aber nicht in voller Höhe. Sie muss erstens eine Barreserve (im Beispiel 8 %) halten, um Auszahlungen an Kunden nachzukommen. Zweitens ist sie verpflichtet, einen bestimmten Prozentsatz der Einlage als Mindestreserve bei der Zentralbank zu hinterlegen (hier 2 %). Den verbleibenden Rest in Höhe von 9.000 € kann sie als Kredit „ausleihen". Der Kreditnehmer bezahlt mit dem Kredit eine Lieferantenrechnung. Er überweist auf das Konto des Lieferers bei der B-Bank 9.000 €. Von dieser Einlage darf die B-Bank, gleiche Reservesätze unterstellt, 90 % oder 8.100 € als neuen Kredit ausgeben. Der neue Kreditnehmer bezahlt eine Rechnung mit Scheck. Der Schecknehmer reicht den Scheck der C-Bank zur Gutschrift ein. Die Einlage von 8.100 € wird die Grundlage für einen neuen Kredit über 7.290 €. Obwohl sich dieser (multiple)

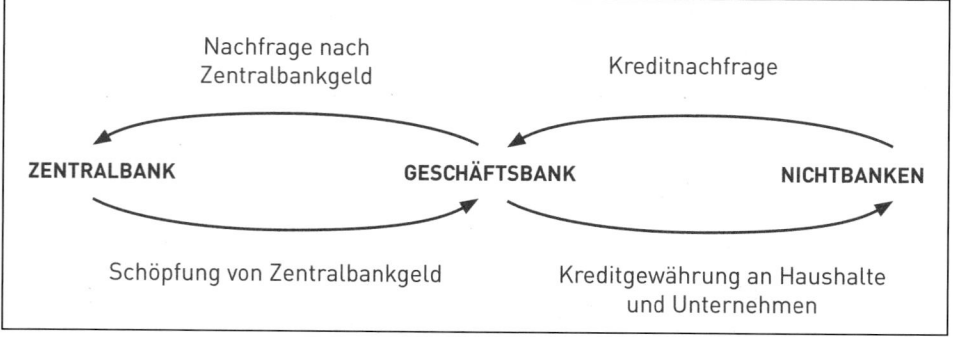

Geldschöpfungsprozess bis ins Unendliche fortsetzen lässt, stellt sich heraus, dass kein unendlich hoher Geldbetrag geschaffen werden kann. Addiert man die neu geschaffenen Kredite, wird man feststellen, dass aus 10.000 € ursprünglicher Einlagen 100.000 € Geld geschöpft werden können. Der Geldbetrag, den das Bankensystem aus jedem Euro ursprünglicher Einlagen schafft, wird Geldschöpfungsmultiplikator genannt. Im Zahlenbeispiel, bei dem aus 10.000 € Einlagen 100.000 € geschöpft werden können, beträgt der Geldschöpfungsmultiplikator 10.

Obwohl also die Kreditvergabemöglichkei-

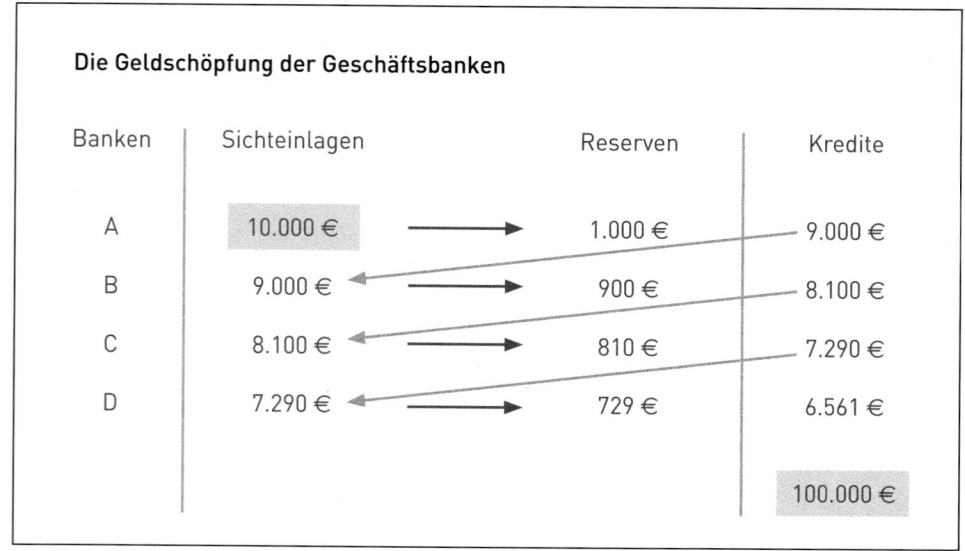

ten der einzelnen Banken immer kleiner werden, sind am Ende die Einlagen im Bankensystem um ein Mehrfaches der ursprünglichen Zentralbankgeldschöpfung gestiegen. Am Zahlenbeispiel wird deutlich, dass die Geldschöpfung abhängig ist von der Höhe der Reservesätze (R). So schränken steigende Reservesätze die Geldschöpfung ein, ebenso Bargeldauszahlungen. Am Beispiel erkennt man auch, dass der Geldschöpfungsmultiplikator der Kehrwert des Reservesatzes ist.

Autorentext

M 3 ● Finanzkonzerne wollen Abschaffung des Bargelds beschleunigen

Die Banken treiben die Verbreitung von kontaktlosen Geldkarten voran. Im deutschen Handel gibt es bereits 35.000 Karten-Lesegeräte, 300.000 weitere sind geplant. Die Banken halten die Technologie für „sicher, schnell und kostengünstig". Die Bürger können sich dem Wandel zum elektronischen Zahlen nicht entziehen.

Neue kontaktlose Geldkarten sollen in Deutschland Schritt für Schritt das Bargeld ersetzen. Kunden müssen ihre Karten beim Bezahlen dabei nur kurz an ein Lesegerät halten. Nach einem schleppenden Start gewinnt das kontaktlose Bezahlen in Deutschland zunehmend an Akzeptanz, sagen der Kartenanbieter Visa Europe und die Bankenverbände übereinstimmend.

Hauptgrund für den Aufwärtstrend sei, dass die Deutschen in immer mehr Geschäften kontaktlos ihre Rechnung begleichen können, sagte Visa-Deutschland-Geschäftsführer Ottmar Bloching am Mittwoch in einer Starbucks-Filiale in Frankfurt. Dort ist diese schnelle Zahlungsweise bereits möglich.

„Wir gewinnen täglich neue Händler hinzu, weil das kontaktlose Bezahlen von Kleinbeträgen für den Handel sicher, schnell und kostengünstig ist", sagte Bloching.

Laut Visa Europe ist kontaktloses Zahl im Handel in Deutschland mittlerweile an 35.000 Terminals möglich Neben Starbucks ist dies unter anderem bei Tengelmann, Karstadt, Kaufhof und Aral-Tankstellen möglich. In den nächsten Jahren erwartet Bloching einen weiteren Schub. Dann müssten 200.000 bis 300.000 Lesegeräte ausgetauscht werden. „Wir gehen davon aus, dass die neuen Terminals dann so ausgestattet sind, dass an ihnen kontaktloses Bezahlen möglich ist."

Sparkassen und Genossenschaftsbanken, die die Technik in Pilotprojekten getestet haben, ziehen ebenfalls eine positive Zwischenbilanz. „Kontaktloses Bezahlen wird sich als logische technische Weiterentwicklung der Kartentechnik sukzessive am Markt etablieren", sagte eine Sprecherin der Deutschen Kreditwirtschaft (DK), dem gemeinsamen Sprachrohr der fünf deutschen Bankenverbände.

Das kontaktlose Bezahlen hat sich in Deutschland bisher langsamer als in anderen europäischen Ländern verbreitet. Mittlerweile sei kontaktloses Bezahlen aber auch hierzulande auf dem Vormarsch, so

Früher hatte Bargeld auch einen hohen künstlerischen Wert – was auch ein Grund war, warum man die Scheine gerne zu Hause aufbewahrt hat.

Visa Europe. Der Konzern hat die Zahl der Karten, mit denen kontaktloses Bezahlen möglich ist, in Deutschland 2013 mehr als verdreifacht auf 1,7 Millionen. Zu den Abnehmern zählen unter anderem die Postbank, Comdirect und die DKB. [...]

Seit Ende 2013 bietet der Konzern mit Vodafone eine Technologie an, mit der Bezahlen über das Smartphone möglich ist. Wenn Kunden sich ein Mobiltelefon mit einer entsprechend ausgestatteten SIM-card anschaffen, können sie das Gerät beim Einkauf – wie bisher die Bankkarte – an das Lesegerät halten. In den kommenden Wochen wollen die Unternehmen das Angebot, das es bisher nur in Düsseldorf gibt, auf weitere deutsche Großstädte ausweiten.

Europaweit arbeitet der Kartenanbieter zudem an einem Zahlungssystem für den Online-Handel – und macht damit der Ebay-Tochter PayPal und Google Wallet Konkurrenz. In Deutschland will Visa Europe die digitale Geldbörse „V.me", die es in Frankreich, Großbritannien, Polen und Spanien gibt, im vierten Quartal 2014 einführen.

Die deutschen Sparkassen wollen bis 2015 alle 45 Millionen SparkassenCards mit der girogo-Funktion ausrüsten, mit der Einkäufe bis 20 Euro kontaktlos bezahlt werden können. Die Technologie soll bundesweit durchgesetzt werden. Geldkarten ohne die girogo-Technologie wird es dann nicht mehr geben.

Deutsche Wirtschafts Nachrichten, http://deutsche-wirtschafts-nachrichten.de, 23.1.2014

M 4 ● Weg mit dem Bargeld?

Neue Geräte wie Apples Uhr machen das bargeldlose Zahlen immer leichter. Sind Scheine und Münzen also ein Anachronismus? Sollten wir das Bargeld abschaffen? – eine Debatte

Philip, wir müssen über Geld sprechen. Nicht über mein Geld oder über dein Geld, sondern über das Geld als solches. Genauer gesagt: über das Bargeld.

Bargeld ist in unserer Zeit ein Anachronismus. Es ist heutzutage möglich, praktisch den gesamten Zahlungsverkehr elektronisch abzuwickeln. Für kleinere Transaktionen gäbe es noch Münzen. Aber statt Scheinen hätten wir nur noch eine Plastikkarte im Portemonnaie. Das wäre nicht nur erheblich bequemer – es brächte auch eine Reihe von Vorteilen mit sich.

Denn die Besonderheit des Bargelds liegt darin, dass es Anonymität garantiert. Für Überweisungen oder Kreditkartengeschäfte gilt: Sie müssen über Banken abgewickelt werden. Damit kann der Staat auf die Daten zugreifen. Er kann die Transaktion sogar unterbinden.

Wer bar bezahlt, der hinterlässt keine Spuren. Deshalb ist das Bargeld bei Rauschgiftschmugglern, Steuerhinterziehern und anderen Kriminellen beliebt. Kenneth Rogoff, ehemals Chefvolkswirt des Internationalen Währungsfonds, hat darauf hingewiesen, dass bei der Verhaftung des Drogenbosses Joaquín Guzmán 200 Millionen Dollar in 100-Dollar-Noten gefunden wurden.

Mit der Abschaffung des Bargelds könnte ein entscheidender Schlag gegen die Organisierte Kriminalität und den internationalen Terrorismus gelingen. Außerdem würde der Staat sich neue Steuerquellen erschließen, weil die Schattenwirtschaft ausgetrocknet würde. Es wäre zum Beispiel fast unmöglich, den Handwerker oder die Putzfrau am Fiskus vorbei zu bezahlen, um Sozialversicherungsbeiträge zu sparen.

Vielleicht noch wichtiger: In einer Welt ohne Bargeld wäre es für den Staat leichter, Konjunkturkrisen zu bekämpfen. Denn im Moment stoßen die Notenbanken an ihre Grenzen. Eigentlich wären niedrige Zinsen nötig, um Unternehmen und Verbraucher dazu zu bewegen, mehr Geld auszugeben.

Die Zinsen liegen aber bereits bei annähernd null Prozent – und weniger geht in der Praxis nicht. Denn wenn die Zinsen negativ würden, dann würde das Guthaben der Sparer auf der Bank automatisch immer kleiner werden. Die Sparer würden ihr Geld abheben und in bar aufbewahren. Deshalb lassen sich die Notenbanker – wie jetzt die Europäische Zentralbank – allerlei riskante Kniffe einfallen, um die Wirtschaft zu stimulieren

Wenn es kein Bargeld mehr gibt, ist das nicht mehr möglich. Gewiss: Das bedeutet nicht, dass das Geld sofort vollständig in den Konsum fließt. Ein Teil bliebe trotz der negativen Zinsen auf der Bank. Auch würden vermehrt Immobilien oder Aktien gekauft, um das Ersparte doch noch irgendwie in Sicherheit zu bringen.

Das muss aber nicht unbedingt ein Problem sein. Denn es geht ja genau darum, dass das Geld nicht mehr nutzlos auf dem Konto herumliegt, sondern produktive Investitionen finanziert. Auch der Neubau eines Wohnhauses ist in gewisser Weise eine solche Investition – die Aufsichtsbehörden müssen nur darauf achten, dass sich keine Blase herausbildet.

Die Abschaffung des Bargelds würde mit anderen Worten völlig neue Perspektiven für die staatliche Steuerung der Konjunktur eröffnen. Der Staat würde sich Handlungsspielräume zurückerobern, die er durch die zunehmende Globalisierung in den vergangenen Jahren verloren hat.

Dein Mark

Mark, wenn nur du das Bargeld abschaffen wolltest, wäre ich nicht beunruhigt. Dem ist aber nicht so. Deine Idee hat mächtige Fürsprecher in der Finanzwelt, und zwar aus einem einfachen Grund: In einer Welt ohne Bargeld würden sich die Machtverhältnisse dramatisch zuungunsten der Bürger und Konsumenten verschieben.

Denn kein Datensatz sagt so viel über unser Leben aus wie jener unserer Transaktionen. Würden wir das Bargeld abschaffen, wäre keines unserer Alltagsgeschäfte mehr anonym: Ob wir Tabak oder Alkohol kaufen, in welches Kino oder Theater wir gehen, welche Geschäfte oder Märkte wir besuchen – es gäbe keinen Bereich unseres Lebens mehr, der nicht elektronisch gespeichert würde. Banken und Firmen hätten noch bessere Daten, um ein Profil unserer Wünsche und Gewohnheiten zu zeichnen. Und für Staaten und Geheimdienste wäre es noch einfacher, die Überwachung unseres Alltags zu organisieren.

Spätestens seit den Enthüllungen von Edward Snowden wissen wir doch, dass Staaten nicht davor zurückschrecken, die wachsenden Datenmengen auszuwerten, die wir täglich hinterlassen. Das Bargeld ist ebendeshalb kein Anachronismus, wie du schreibst. Es ist vielmehr eine der letzten Möglichkeiten, in modernen Konsumgesellschaften die eigene Privatsphäre zu bewahren. Und es ermöglicht Geschäfte, die ohne Banken und Finanzdienstleister abgewickelt werden können, die daran gut verdienen.

Man kann es auch als einen Vertrauensvorschuss des Staates interpretieren: Wir geben euch Geld und vertrauen darauf, dass ihr mit eurer Freiheit gut umgeht. Das kann man wie du schlecht finden, weil es auch Kriminelle oder Terroristen leichter haben, Gelder zu verstecken. Aber so ist das nun mal im Spannungsfeld von Freiheit und Sicherheit: Ein Mehr vom einen gibt es oft nur gegen ein Weniger vom anderen.

Es ist ohnehin naiv, zu glauben, die Kriminalität würde mit dem Ende des Bargelds verschwinden. Längst richtet der Betrug mit Kreditkarten und dem Ausspähen von Onlinekonten größeren Schaden an als der Schwindel mit falschen Geldscheinen. Und das Beispiel Bitcoin zeigt, dass sich auch mit digitalem Geld kriminelle Geschäfte finanzieren lassen. Bargeld ist zwar die wichtigste anonyme Zahlungsart, aber bei Weitem nicht die einzige. Wer sein Geld weiter horten will, wird Edelmetalle kaufen. Und wer seine Putzfrau schwarz beschäfti-

---

Bitcoin (Währungskürzel BTC)

Eine digitale Kunstwährung, die momentan hauptsächlich bei einigen Online-Diensten akzeptiert wird. Da es sich bei Bitcoins nicht um ein gesetzliches Zahlungsmittel handelt, ist deren Annahme jedoch in keinem Fall verpflichtend.
www.finanzen.net
(31.12.2015)

gen will, wird dazu auch ohne Bargeld Wege finden.

Es stimmt schon: Die Politik und die Notenbanken hätten es ohne Bargeld leichter, die Konjunktur zu steuern. Vielleicht ließe sich sogar erreichen, dass mehr Menschen ihr Geld ausgeben, statt es zu verstecken. Dein Vorschlag zur Ankurbelung der Konjunktur zeigt aber letztlich, was Bargeld auch ist: ein Schutz vor staatlicher Willkür und ein Garant von Eigentumsrechten. Negative Zinsen bedeuten schließlich, dass die Sparer gegen ihren Willen Geld verlieren.

Eine Welt ohne Bargeld mag deshalb Bankern und Notenbankern gefallen. Aber wie bei jedem großen Eingriff sollte am Anfang die Frage der Verhältnismäßigkeit stehen, denn jedes Mehr an Kontrolle und Überwachung bedeutet eben auch eine Einschränkung der Freiheit. Ich bin sicher: Der Preis wäre zu hoch. **Dein Philip**

Philip Faigle/Mark Schieritz, www.zeit.de, 11.9.2014

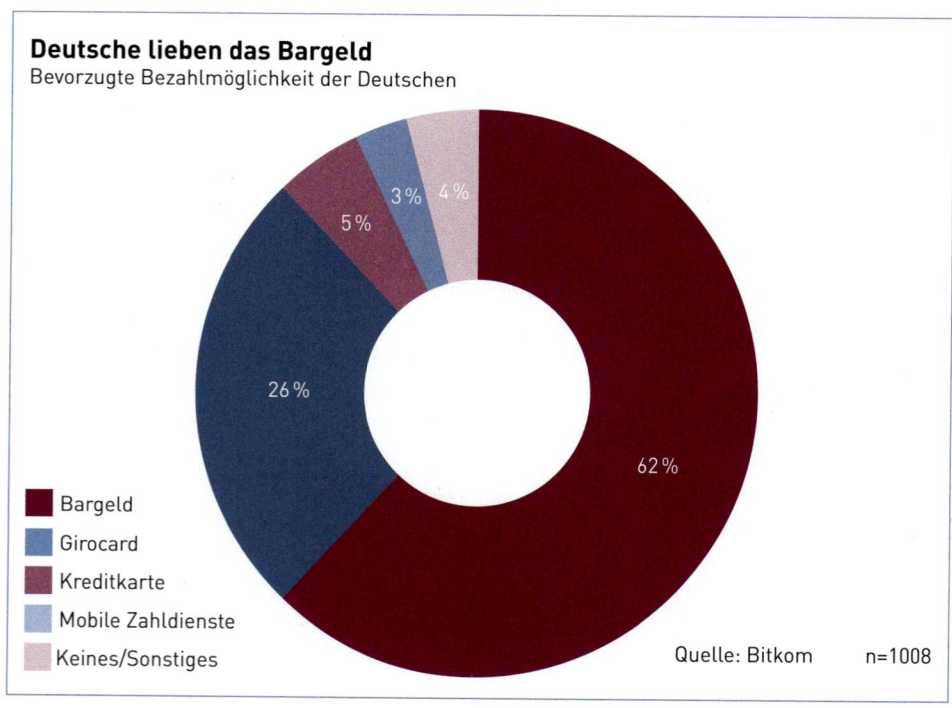

© *Statista/Zeit online 2016*

H Beschreiben Sie den Zustand in Europa, wenn der Tausch von Naturalien als Zahlungsinstrumentarium allgemein akzeptiert werden würde.

Aufgaben

1. Beschreiben Sie die Rolle des Geldes in der Volkswirtschaft (M 1).
2. Erläutern Sie die Bedeutung des Zentralbankgelds für die Kreditgewährung der Geschäftsbanken und für die Entwicklung der volkswirtschaftlichen Geldmenge (M 2).
3. Führen Sie in Ihrem Kurs eine Umfrage zur Frage „Soll das Bargeld abgeschafft werden?" durch. Diskutieren Sie ausgehend vom Ergebnis der Umfrage, die Auswirkungen einer Bargeldabschaffung (M 3, M 4).

16.1.2 Welche Rolle spielen die Kredit- und Aktienmärkte?

M 5 ● Warum braucht die Volkswirtschaft den Kapitalmarkt?

Der Kapitalmarkt stellt die Verbindung der Beziehungen von Kapitalgebern (= Anbieter von Kapital) und Kapitalnehmern (= Nachfrager von Kapital) dar und ist der Markt für die langfristige Kapitalbeschaffung (langfristiges Fremdkapital und Eigenkapital) durch Wertpapiererwerb. Die wirtschaftliche Bedeutung des Kapitalmarktes liegt insbesondere darin, dass den Investoren langfristig Mittel in Form von Eigen- oder Fremdkapital zur Verfügung gestellt werden und dass die Kapitalgeber hierfür einen variablen Ertrag (z. B. Dividenden) oder einen festen Betrag (z. B. Fremdkapitalzins) erhalten. Hierbei kommt dem Sekundärmarkt (z. B. den Börsen) eine besondere Bedeutung zu, da hier der Austausch des Kapitals zwischen den Anlegern sowie die Preisbildung für die Wertpapiere stattfinden.

www.wirtschaftslexikon24.com (12.5.2012)

M 6 ● Zinsen als Finanzmarktpreise

Der Zins ist nicht etwa der Preis des Geldes, für den man ihn zunächst halten könnte. Denn das Geld wird ja nicht verkauft, sondern nur auf Zeit verliehen. Entsprechend ist der Zins der Preis für die Zeit, in der das Geld dem Gläubiger nicht zur Verfügung steht. Wie jeder Preis ergibt sich aber auch der Zins aus dem Zusammenspiel von Angebot und Nachfrage, konkret aus Kapitalangebot und aus Kapitalnachfrage: Ein „Überangebot" an Kapital wird dazu führen, dass die Zinsen sinken, während bei einer „Übernachfrage" nach Kapital zu erwarten ist, dass die Zinsen steigen. Das Verhältnis von Kapitalangebot und -nachfrage unterliegt nur massiver gesamtwirtschaftlichen Einflüssen.
Im Konjunkturaufschwung – wenn die Konsumausgaben der Haushalte und die Investitionen der Unternehmen steigen – nimmt die Kapitalnachfrage zu. Deshalb tendieren die Zinsen für Kredite und neu emittierte Anleihen nach oben, während die Kurse der umlaufenden Papiere sinken. Im Zuge einer konjunkturellen Expansion werden sich auch die Güterpreise erhöhen. Preissteigerungen bedeuten jedoch für die Kapitalanleger eine laufende Entwertung ihres Geldvermögens. Als Ausgleich verlangen diese einen höheren Zinssatz – eine so genannte Inflationsprämie. Die Differenz zwischen dem Nominalzins und der erwarteten Inflationsrate wird als Realzins bezeichnet. Er entspricht dem Zinssatz, den ein Kreditgeber tatsächlich erhält, wenn man die Wirkung der Preissteigerung berücksichtigt. [...] Letztlich wirkt sich nur der Realzins auf das ökonomische Verhalten aus, insbesondere auf die Investitionen und damit auf Wachstum und Beschäftigung. Weitere Bestimmungsfaktoren der Zinsentwicklung sind die Fiskal- und vor allem natürlich die Geldpolitik. Hinzu treten außenwirtschaftliche Einflüsse wie etwa die Höhe des ausländischen Zinsniveaus. Für den Prognostiker liegt das Problem darin, dass die beschriebenen Einflüsse nicht isoliert wirken, sondern sich überlagern. Insgesamt ist aber von einer Dominanz des Einflusses der Geldpolitik auszugehen.
Folgendes muss man noch wissen: Es gibt nicht den Zins, sondern ein Zinsniveau. Dieses resultiert aus den für die verschiedenen Laufzeiten an den Geld-, Kredit- und Kapitalmärkten gültigen Einzelzinssätzen. Zinsen für Geldanlagen bzw. Kreditaufnahmen mit kurzer Laufzeit lie-

gen typischerweise niedriger als die für lange Zeiträume. Man spricht dann von einer normalen Zinsstruktur. Es kann aber auch umgekehrt sein. [...]
Neben der Laufzeit bzw. den Erwartungen geht im Einzelfall auch die Bonität des Schuldners in den Zinssatz ein. Auf den internationalen Finanzmärkten wird heutzutage etwa eine steigende Staatsverschuldung von den Märkten mit Zinserhöhungen „bestraft".

Herbert Sperber, Wirtschaft verstehen, 4. Auflage, Stuttgart 2012, S. 258 f.

M 7 ● Warum sind Banken so wichtig für die Wirtschaft?

Grundsätzlich nehmen Banken in modernen Volkswirtschaften eine zentrale Stellung ein, da sie Geld von Sparern verwalten und es anderen Akteuren wie Unternehmen und Privatpersonen, deren eigene Mittel nicht ausreichen, als Kredit zur Verfügung stellen. In dieser Funktion tragen Banken ganz wesentlich zur Funktionsfähigkeit des volkswirtschaftlichen Kreislaufs bei. Banken dienen also gewissermaßen als Mittler zwischen denjenigen, die sparen und denjenigen, die investieren. Dabei führen sie vor allem drei zentrale Funktionen aus: die Transformation von Beträgen, von Risiken und von Fristen.

Bei der Betragstransformation (auch als Losgrößentransformation bezeichnet) schaffen Banken einen Ausgleich zwischen dem Angebot vieler relativ kleiner Spareinlagen – die vor allem von Privatleuten getätigt werden – und der Nachfrage nach großen Krediten, die vor allem von Unternehmen ausgeht. Bei der Risikotransformation bringt die Bank ferner die unterschiedliche Risikobereitschaft von Investoren (Kreditnehmern) und Sparern zusammen unter der Prämisse, eine möglichst breite Streuung der Risiken zu erreichen.

Die Fristentransformation besteht darin, dass die Bank unterschiedliche Laufzeitinteressen der Schuldner (Unternehmen, der Staat oder Privatpersonen) und der Sparer in Einklang bringt. Kredite sind oft langfristiger Natur, während Sparer eine jederzeitige Verfügbarkeit ihres angelegten Kapitals zu schätzen wissen. Es ist nun Aufgabe der Bank, dafür zu sorgen, dass beide Parteien zufriedengestellt werden, ohne dass sie selbst in Zahlungsnöte gerät. Die „Goldene Bankregel" besagt, dass kurzfristig aufgenommenes Geld nur kurzfristig ausgeliehen werden darf, während langfristig aufgenommenes Kapital auch langfristig ausgeliehen werden darf. Sie ist aber aufgrund der unterschiedlichen Präferenzen von Anlegern und Sparern kaum praktikabel. Mittels Fristentransformation nehmen Banken kurz- oder mittelfristige Gelder auf und leihen diese als langfristige Beträge wieder aus. In der Finanzkrise hat die Nichteinhaltung dieser goldenen Regel allerdings zu Problemen geführt, wie z. B. der Fall der US-amerikanischen Investmentbank Bear Stearns zeigt: Aus Panik zogen Anleger über Nacht ihr kurzfristig angelegtes Geld ab, während die Bank langfristig vergebene Kredite nicht schnell genug zu Geld machen konnte.

Eine weitere wichtige volkswirtschaftliche Funktion von Banken liegt darin, dass sie ihre Kreditnehmer in der Regel aus eigenem Interesse (nämlich an einer Rückzahlung der Schuld) gründlich auswählen. So sorgen sie dafür, dass Ersparnisse in eine möglichst produktive Verwendung fließen und beeinflussen damit auch die Durchführung zukunftsträchtiger Investitionen. Voraussetzung dafür ist, dass Banken für eventuelle Fehlentscheidungen haften müssen. Am US-amerikanischen Hypothekenmarkt – als besonders eklatantes Beispiel – war diese wichtige Bedingung nicht gegeben: Die Hypothekenbanken Fannie Mae und Freddie Mac hatten nicht nur den Staat als Sicherheit im Rücken, auch reichten sie die Risiken ihrer Schuldner als verbriefte Kredite an Investitionsbanken weiter. Die Finanzkrise hat auch die Problematik der „Systemrelevanz" von Banken hervorgebracht. Aufgrund ihrer Größe bzw. ihres Kundenkreises würden viele Banken durch eine Pleite enorme Verwerfungen auf dem (globalen) Finanzmarkt auslösen. Ihr Niedergang würde die volkswirtschaftliche Kreditversorgung und auch Ersparnisse und Altersvorsorgemaßnahmen weiter Bevölkerungsschichten gefährden. Als erschreckendes Beispiel für die Folgen einer Bankenpleite im großen Stil wird oft auf die amerikanische Investitionsbank Lehman Brothers verwiesen. Ihre Insolvenz gab der Reichweite der Finanzkrise einen großen Schub, auch Deutschland bekam das zu spüren. Um die in Zukunft zu vermeiden, sind die Maßnahmen der Regierungen zur Bankenstabilisierung so wichtig. Sie sind auch wichtig, um den sogenannten Interbankenmarkt wieder in Schwung zu bringen. Im Normalfall stellen sich Finanzinstitute – national wie international – gegenseitig Kredite zur Verfügung, vor allem um kurzfristige Finanzierungsengpässe zu überbrücken oder vorübergehende Überschüsse gegen eine Gebühr zu verleihen. Dieser Prozess ist im Zuge der Finanzkrise erheblich eingeschränkt worden, da ein großes Misstrauen gegenüber der Zahlungsfähigkeit anderer Banken herrschte und zum Teil weiterhin herrscht.

© *Konrad-Adenauer-Stiftung 2016*

M 8 ● Was ist der Aktienmarkt?

Der Aktienmarkt ist ein Teilbereich des Kapitalmarkts. Hier kommen Käufer und Verkäufer von Aktien zusammen und handeln Anteilsscheine von Unternehmen. Gehandelt wird dabei an Handelsplätzen, den so genannten Börsen. Diese können sowohl rein elektronisch existieren oder aber Präsenzbörsen sein.

Die wichtigste Börse der Welt ist die Wall Street in New York. Die wichtigste Präsenzbörse in Deutschland ist die Börse in Frankfurt. Elektronische Handelssysteme wie NASDAQ (USA) oder Xetra (Deutschland) drängen die Präsenzbörsen inzwischen an den Rand.

Der Aktienmarkt dient der Finanzierung von Unternehmen. Anders als beim Anleihemarkt geben Unternehmen am Aktienmarkt jedoch keine Schuldscheine sondern Anteilsscheine heraus. Damit sind keine festen Zinsversprechen verbunden und auch muss das so eingesammelte Kapital nicht zu bestimmten Stichtagen zurückgezahlt werden. Strebt ein Unternehmen an den Aktienmarkt, ergibt sich die Chance, Investitionskapital einzusammeln. Im Gegenzug dazu müssen börsennotierte Aktiengesellschaften Informationspflichten erfüllen und sind dazu gezwungen, Aktionäre über die Jahreshauptversammlung, bei der jede Stammaktie ein Stimmrecht hat, an wichtigen Entscheidungen zu beteiligen.

© *2016 ATLAS RESEARCH GmbH, Stefan Böhm, www.boehms-dax-strategie.de (22.12.2015)*

M 9 ● Was sind Aktien?

Definition Aktien: Eine Aktie ist ein Wertpapier. Aktien sind Anteile am Eigenkapital einer Aktiengesellschaft (AG). Die AG ist eine Unternehmensform, die sich vor allem für große Unternehmen eignet, weil über die Ausgabe von Aktien an einer Börse viel Kapital beschafft werden kann. Zudem ist die AG eine eigene Rechtspersönlichkeit, was bedeutet, das im Konkursfall nur das Aktienkapital aber nicht das private Vermögen der Geschäftsführer haftet.

Beispiel: Zur Zeit des Eisenbahnbooms um das Jahr 1850, war der Bau einer neuen Bahnlinie mit hohen Kosten und unternehmerischen Risiko verbunden. Da niemand im eigenen Namen ein so großes Projekt allein stemmen wollte, taten sich verschiedene Investoren zusammen und gründeten eine Eisenbahn-Aktiengesellschaft. Weil damit ein großes Geschäft winkte, fanden sich genügend Aktionäre, gleichzeitig konnten die Kosten und das Risiko auf verschiedene Schultern verteilt werden.

Wird die Aktie an einer Börse gehandelt, kann sie dort zum aktuellen Kurs gekauft werden. Der Aktienkurs bewegt sich ständig und wird von Angebot und Nachfrage getrieben. Mit dem Kauf einer Aktie erhalten sie u. a. folgende Rechte: Recht auf Gewinnausschüttung (Dividende), Recht auf Anteil am Aktienkapital des Unternehmens und Recht am Liquidationserlös im Konkursfall. Die Aktie von einem Unternehmen wird also in der Erwartung gekauft, dass a) in Zukunft stabile oder steigende Dividendenausschüttung erfolgen, und dass b) Gewinn und Umsatz der AG gesteigert werden können und somit der Aktienkurs steigt.

Rechenbeispiel: Sie kaufen 100 Nestlé-Aktien zum Kurs von 50 Schweizerfranken. Für das laufende Jahr erwarten Sie je Aktie eine Dividende von 2 CHF sowie ein Wertzuwachs von 50 auf 60 CHF. Nach einem Jahr stellt sich heraus, dass Ihre Prognose genauso eingetroffen ist und Sie verkaufen die Aktien und lösen 6.000 CHF. Unter dem Jahr haben Sie bereits eine Dividendenzahlung von 200 CHF erhalten. Damit haben Sie mit der Nestlé Aktie 1.200 CHF verdient, was einer Rendite von +24 % auf dem investierten Kapital von 5.000 CHF entspricht.

Wenn Sie Aktien kaufen, werden Sie zum Aktionär und somit zum Mit-Inhaber eines Unternehmens. Allen Aktionären zusammen gehört das Unternehmen nämlich. Sie kommen einmal jährlich zur Aktionärsversammlung (auch Generalversammlung, Hauptversammlung) zusammen und bestimmen über die Zukunft des Unternehmens. Das geschieht in einer demokratischen Abstimmung: Jede Aktie hat eine Stimme. Wer nicht zur Aktionärsversammlung erscheint, kann seine Stimme auch schriftlich abgeben. Als Inhaber ist die Aktionärsversammlung die höchste Instanz in einer Aktiengesellschaft. Die Aktionäre bestimmen an der Versammlung mitunter folgende Punkte:
- Genehmigung der Jahresrechnung und Budget
- Wahl des Vorstands (auch Verwaltungsrat)
- Höhe der Dividende
- Strategie, Übernahmen, Kapitalerhöhungen und weitere Punkte.

Rechenbeispiel: Angenommen Sie kaufen 100 Apple-Aktien zum Kurs von 400 $ pro Aktie. Das kostet Sie 40.000 $. Damit werden Sie zum Mitinhaber von Apple und besitzen 100 von total 929.409.000 Aktien des Konzerns. Also gehört Ihnen 100/929.409.000 oder 0.00001 % von Apple.

Wenn Sie viel Geld haben oder Aktien von einem kleinen Unternehmen kaufen, das nur wenige Aktien im Umlauf hat, können Sie Mehrheitsaktionär werden. Wenn Ihnen 50 % plus 1 Aktie gehören, sind sie der Mehrheitsaktionär und können an der Aktionärsversammlung die anderen Aktionäre immer überstimmen. Sie kontrollieren damit das Unternehmen und können faktisch im Alleingang über die Strategie, Dividende und Zusammensetzung des Vorstands entscheiden. Meist sind es finanzkräftige Investoren, die aus strategischen Gründen eine Mehrheitsbeteiligung aufbauen. Zum Beispiel wenn ein großes Unternehmen ein kleines übernehmen will oder wenn der Staat aus Landesinteressen eine Unternehmensbeteiligung hält. Sollten Sie persönlich auf die Idee kommen eine Mehrheitsbeteiligung aufzubauen, müssen Sie die Meldevorschriften beachten. Je nach Land und Börsengesetz sind Beteiligungen an börsengehandelten Aktien an die Finanzaufsicht zu melden, sobald sie z. B. mehr als 3 % der Aktien kontrollieren. Dafür müssten Sie aber schon über einige dutzend Millionen aufbringen.

Andreas Schönenberger, www.finanz-seiten.com (22.12.2015)

M 10 ● Erfolgskurs der Apple-Aktie

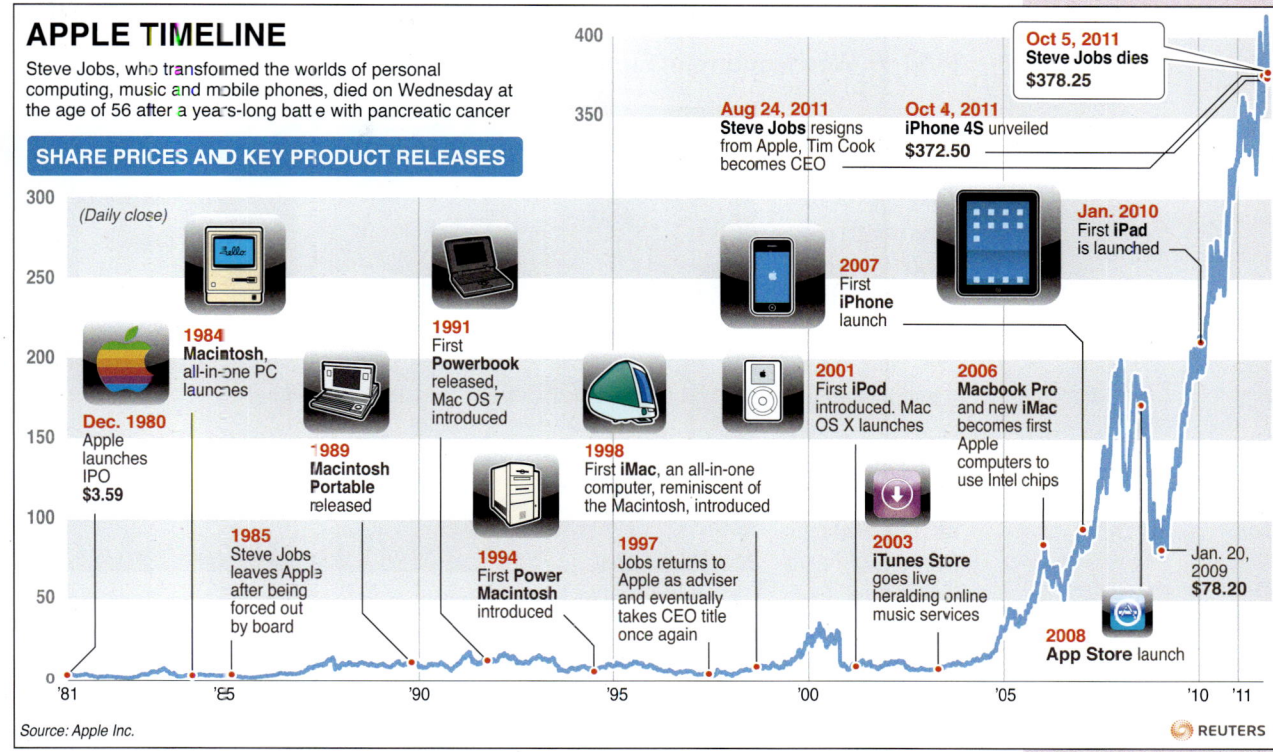

Markus, www.iphone-news.org, 9.10.2011

Aufgaben

1. Erläutern Sie Ursachen und Auswirkung einer steigenden Nachfrage nach Kreditmitteln (M 5, M 6).
2. Beschreiben Sie die Rolle der Banken bei der Regulierung des Geldflusses in einer Volkswirtschaft (M 5, M 7).
3. Erklären Sie die Notwendigkeit von Börsen und Aktienhandel für die heutige Weltwirtschaft (M 8, M 9).

F. Recherchieren Sie den aktuellen Aktienkurs von Apple und ergänzen Sie M 10 um die zusätzlich auf den Markt gebrachten Produkte.

16.1.3 Warum sind stabile Preise so wichtig?

M 11 ● Wechselkurs in Simbabwe – „35.000.000.000.000.000 Dollar, bitte"

Renminbi wird gesetzliches Zahlungsmittel in Simbabwe

Laut der britischen Tageszeitung The Guardian hat Simbabwes Finanzminister Patrick Chinamasa am Montag bekannt gegeben, dass die chinesische Währung Renminbi seit 2016 neben US-Dollar (USD) und Südafrikanischem Rand (ZAR) in Simbabwe als offizielles Zahlungsmittel gelten wird. Dadurch möchte das Land den Außenhandel mit China weiter fördern. Zuvor hat China schon bestätigt, die Schulden Simbabwes im Wert von 40 Millionen US-Dollar zu tilgen. Derzeit ist das Reich der Mitte der größte Handelspartner von Simbabwe. Nach einer Hyperinflation 2009 wurden die beiden ausländischen Zahlungsmittel USD und ZAR als gesetzliches Zahlungsmittel in Simbabwe zugelassen. Am 1. Oktober 2015 verlor der Simbabwe-Dollar den Status als gesetzliches Zahlungsmittel.

people.cn, http://german.china.org.cn, 25.12.2015

Im Jahr 2010 hält ein Simbabwer eine 10-Billionen-Simbabwe-Dollar-Note in der Hand.

Einkaufen ist in Simbabwe eine ausgesprochen umständliche Angelegenheit. Mit Plastiktüten voller Geld gingen die Menschen in den vergangenen Jahren auf den Markt und in Geschäfte, um einfache Dinge wie Brot und Milch kaufen zu können.

Die letzte Banknote, die die Zentralbank neu herausgab, war eine Hundert-Billionen-Dollar-Note. Arbeitnehmer sollten so ihren Lohn mit weniger Noten ausgezahlt bekommen. Doch die Summe reichte nicht einmal, um eine Woche mit dem Bus zu fahren. Bislang verkauften viele Simbabwer ihre Banknoten mit den absurd hohen Werten deshalb an Touristen und erhielten dafür im Gegenzug harte Währung wie US-Dollar oder Euro.

Das bitterarme Land steckt seit einer umstrittenen Landreform in einer tiefen Krise. Es kämpft mit einer absurd hohen und unkontrollierbaren Inflationsrate – einer sogenannten Hyperinflation. Diese erreichte im November 2011 nach Angaben der Zentralbank des Landes mit 89,7 Trilliarden Prozent gegenüber dem Vorjahreszeitpunkt einen Höhepunkt. Im Zuge der Landreform wurden die weißen Bauern vertrieben – die landwirtschaftliche Produktion ging daraufhin drastisch zurück. Die Regierung hingegen macht Sanktionen des Westens für die Krise verantwortlich. Jahrelang begegnete die Zentralbank dem Problem dadurch, dass sie entweder mehr Geld druckte – oder einfach einige der vielen Nullen strich. Eine richtige Strategie aber fehlte. Das soll sich nun ändern.

Ab Montag können Bankkunden, die auf ihren Konten bereits vor März 2009 Simbabwe-Dollar (ZWD) hatten, sie automatisch in US-Dollar umschreiben lassen. Konten mit bis zu 175 Billiarden ZWD (175.000.000.000.000.000) bekommen dafür schlappe fünf US-Dollar bezahlt. Der Wechselkurs liegt bei einem US-Dollar für 35 Billiarden ZWD (35.000.000.000.000.000). Der Rest der Simbabwer hat bis September Zeit, seine alten Banknoten einzutauschen. Die Regierung hofft, mit dem Währungswechsel den rasanten Niedergang der Wirtschaft stoppen zu können. In den vergangenen Jahren unterlag der Simbabwe-Dollar dem zweithöchsten Wertverfall einer Währung überhaupt. Schlimmer traf es nur den ungarischen Pengő im Jahr 1946. Um den geplanten Umtausch zu stemmen, hat die Zentralbank Simbabwes Berichten zufolge 20 Millionen US-Dollar auf die Seite gelegt.

Patrick Wehner, Süddeutsche Zeitung, 12.6.2015

M 12 ● In Venezuela wächst die Gefahr vor einer Hyperinflation

In Venezuela steigen die Preise immer schneller. Nach Schätzung regierungsunabhängiger Ökonomen hat sich die galoppierende Inflation im Mai auf eine Jahresrate von 108 Prozent beschleunigt. Das ergab eine Umfrage der Agentur Reuters unter Banken und Instituten. Offizielle Daten zur Preissteigerung und zur Wirtschaftsentwicklung hat die Regierung in diesem Jahr bislang nicht ausgewiesen. Vor den Parlamentswahlen im Dezember kann Staatspräsident Nicolás Maduro keine schlechten Nachrichten gebrauchen. Doch im Alltag sind die Folgen des Preisanstiegs nicht zu übersehen.

Der größte Geldschein über 100 Bolívar reicht nicht einmal mehr für ein Dutzend Eier oder einen Schokoriegel. Auf dem Schwarzmarkt ist der Schein keine 20 Eurocents mehr wert. Banken klagen über steigende Kosten für den Geldtransport, weil sich die Geldautomaten immer schneller leeren. Der dringende Appell der Geldhäuser an die Regierung, endlich Banknoten mit höherem Wert zu drucken, blieb bislang ungehört. Auch Kreditkartenzahlungen und Überweisungen funktionieren häufig nicht mehr, weil Limits überschritten werden, berichten Experten des Lateinamerikavereins (LAV) in Hamburg. Ökonomen rechnen für das Gesamtjahr mit einer Inflationsrate von bis zu 200 Prozent.

Es bestehe gar „eine ernsthafte Gefahr, dass sich das Szenario zu einer Hyperinflation entwickeln könnte", warnt der Venezuela-Experte Francisco Rodriguez von der Bank of America Merrill Lynch. Die Preisdynamik zeige die typischen Symptome beim Beginn einer solchen Entwicklung. Die Regierung finanziere ein Staatsdefizit von etwa 20 Prozent des Bruttoinlandsprodukts in hohem Umfang durch die Notenpresse. Kaum ein anderes Land wird so stark wie Venezuela von Verfall der Erdölpreise getroffen. Der Ölexport erbringt 96 Prozent aller Exporterlöse und mehr als die Hälfte der Staatseinnahmen des Landes.

Staatspräsident Nicolás Maduro wolle vor den Parlamentswahlen im Dezember offenbar keine unpopulären Maßnahmen wie eine offizielle Abwertung der Währung oder eine Erhöhung der extrem niedrigen Benzinpreise durchführen, glaubt die Bank of America. Schon jetzt stimmt nur noch einer von vier Venezolanern Maduros Amtsführung zu. Die Oppositionsparteien kämen laut Umfragen bei der Wahl derzeit auf fast doppelt so viele Stimmen wie die regierenden Sozialisten.

Zwar hat die Regierung den Mindestlohn innerhalb eines Jahres bereits fünf mal angehoben. Doch auch die jüngste Erhöhung um 45 Prozent reicht nicht, um den Schwund der Kaufkraft auszugleichen. Zum offiziellen Wechselkurs hätte der Mindestlohn von 7.422 Bolívar mit umgerechnet fast 1.000 Euro zwar das mit Abstand höchste Niveau in Lateinamerika. Zum Schwarzmarktkurs entspricht er hingegen gerade einmal 12 Euro monatlich. Viele Waren sind zu offiziellen Preisen kaum erhältlich. Milch und Fleisch fehlen ebenso wie Hygieneartikel oder Mineralwasser und wichtige Medikamente. Die Importe, von denen Venezuelas Industrie ebenso abhängt wie der Handel, sind aufgrund der Devisenknappheit gegenüber 2012 um die Hälfte eingebrochen. Venezuelas Bruttoinlandsprodukt wird 2015 um 7 Prozent sinken, erwartet der Internationale Währungsfonds, nachdem die Wirtschaft schon 2014 um 3,6 Prozent geschrumpft war.

Volkswirte der Deutschen Bank warnen vor der Gefahr von Zahlungsausfällen. Das Geschäft deutscher Unternehmen mit Venezuela habe deutlich abgenommen oder sei ganz zum Erliegen gekommen, berichtet der LAV. Die Unternehmen müssten bis zu sechs Monate auf Zahlungen warten, einige Firmen lieferten darum nur noch gegen Vorkasse an das südamerikanische Land.

Carl Moses, Frankfurter Allgemeine Zeitung, 10.7.2015

Die Inflationsrate Venezuelas (gegenüber dem Vorjahr)

Jahr	Inflation in %
2006	13,65
2007	18,70
2008	30,37
2009	27,08
2010	27,97
2011	26,83
2012	21,54
2013	39,52
2014*	62,17
2015*	121,74
2016*	481,52

© Statista 2016;
* Schätzung

M 13 • Die steigende Inflationsrate hat viele Verlierer

Für die Deutschen rangiert die Geldwertstabilität traditionell ganz oben auf der Werteskala. Das Trauma der zwei Hyperinflationen, die das Land in dem vergangenen Jahrhundert erlebte, hat sich tief ins kollektive Bewusstsein der Bevölkerung eingegraben. Entsprechend sensibel reagieren die Bürger auf Inflationsgefahren. [...]
Neben der amtlichen Teuerung gibt es auch die „gefühlte Inflation", also die Teuerung, wie sie die Verbraucher bei ihren täglichen Einkäufen subjektiv wahrnehmen. „Dabei werden die einzelnen Waren anders gewichtet als in der amtlichen Statistik", erklärt Hans Wolfgang Brachinger von der Universität Fribourg in der Schweiz. Konkret bedeutet das: Die Preisentwicklung von Brötchen, Butter, Getränken und anderen Waren des Alltags hat ein größeres Gewicht als die von seltener erworbenen Produkten wie Flachbildschirmen oder Autos.
„Viele solcher seltener gekauften Produkte werden nämlich seit Jahren billiger", betont Brachinger. Der Verbraucher nehme aber weniger die günstiger zu bekommende Elektronik wahr, sondern viel eher die kräftig gestiegenen Brötchenpreise oder das viel teurere Gemüse. „Denn das kauft man quasi jeden Tag ein", gibt der Fachmann zu bedenken.
Liegt die „gefühlte Inflation" nun deutlich über der amtlichen Inflation so etwa kurz nach Einführung des Euros, als vom „Teuro" die Rede war –, geht nach Ansicht Brachingers die Kaufbereitschaft insgesamt zurück. „Denn die Verbraucher warten mit größeren Anschaffungen erst einmal ab." Diese Entwicklung könnte sich seiner Ansicht nach in den kommenden Monaten verschärfen und dazu führen, dass die Kaufbereitschaft der Verbraucher erheblich nachlässt mit entsprechend dämpfenden Folgen für die Konjunktur. Im Ausland hält man diese „German Angst" vielfach für übertrieben. Im Kampf gegen die Staatsschuldenkrise plädiert etwa der internationale Währungsfonds dafür, die geldpolitischen Zügel zu lockern. [...]
Der Finanzwissenschaftler Bernd Raffelhüschen verweist darauf, dass die EZB im großen Stile die Staatsanleihen der Krisenstaaten aufkaufe und dadurch Geldschöpfung betreibe. „Da ist eine Menge Geld draußen", sagt der Ökonom, und es sei nur eine Frage der Zeit, wann sich dies in höheren Inflationsraten niederschlage. Man werde abwarten müssen, ob die EZB das im Griff habe. Denn Inflation sei wie Zahnpasta: Sie lasse sich leicht aus der Tube drücken, aber nur schwer wieder hinein, warnt Raffelhüschen. „Die hohen Lohnforderungen der hiesigen Gewerkschaften zeigen, dass man hier schon mit höheren Inflationsraten kalkuliert." Hohe Tarifabschlüsse treiben die Preise. Denn die Arbeitgeber geben die steigenden Lohnkosten an die Verbraucher weiter – die Gefahr einer Lohn-Preis-Spirale wächst.
Auch wenn die Ökonomen vor Panik warnen und keineswegs das Gespenst galoppierender Preise an die Wand malen, so hat doch selbst eine Inflation von fünf, sechs oder sieben Prozent, wie sie in den 1970er-Jahren in Deutschland auftrat, spürbare Auswirkungen.
Inflationsgewinnler ist stets der Staat. Denn die Anleihen, die er ausgegeben hat, verlieren real an Wert, die Staatsschuld entwertet sich, ohne dass die Politiker Sparmaßnahmen beschließen müssen.
Verlierer sind hingegen diejenigen, die diese Schuldtitel halten. Laut Raffelhüschen sind dies vor allem die Lebensversicherungen. „Eine höhere Inflation drückt mit voller Wucht auf die private Altersvorsorge", warnt der Finanzexperte. Sowohl die Riesterrente als auch die berufständischen Versorgungswerke für Ärzte und andere Freiberufler würden massiv in Mitleidenschaft gezogen, da diese Finanzinstitute ihr Vermögen zum überwiegenden Teil in Staatspapieren investiert hätten. Ob die Arbeitnehmer ebenfalls zu den Verlierern zählen, hängt von der Verhandlungsmacht der Ge-

werkschaften und der Lage am Arbeitsmarkt ab. Boomt die Beschäftigung, so werden die Lohnabschlüsse die erwartete Inflation vorwegnehmen und möglicherweise sogar überkompensieren. Dies war in den 1970er-Jahren der Fall. Damals setzten die Gewerkschaften Steigerungen von bis zu zehn Prozent durch und trieben somit die Preise stark an. Hohe Inflationsraten aber belasten die Wirtschaft, da sie die Signalwirkung der Preise außer Kraft setzen. Üblicherweise zeigt ein Preisanstieg eine Knappheit an und der Hersteller weitet die Produktion aus. Hohe Inflationsraten verunsichern jedoch die Wirtschaft, so dass es am Ende zu weniger Investitionen kommt. In Deutschland endete der Ausflug in die lockere Geldpolitik der 1970er-Jahre denn auch in der Stagflation: Die Wirtschaft stagnierte, während die Preise weiter kletterten. Nachteilig ist Inflation zudem für Rentner und andere Transferempfänger. Denn die Leistungen werden im Regelfall mit einer zeitlichen Verzögerung an die Geldentwertung angepasst. „Die Reichen sind dagegen meist fein raus", sagt Raffelhüschen.

Denn ihr Geld stecke oft in Immobilien oder Aktien und sei damit vor Inflation geschützt. „Inflation ist eine Steuer für kleine Leute und Sparer", so der Finanzexperte. Die Umverteilungswirkungen seien erheblich und anders als viele Menschen dächten.

Gewinner einer Politik des instabilen Geldes sind hingegen diejenigen, die Schulden haben. Wer für sein Haus eine Hypothek aufgenommen hat, freut sich, wenn seine Schulden inflationiert werden. Allerdings steigen in der Regel die Zinsen. Und so mancher Hausbesitzer bekommt dann Schwierigkeiten, seinen Schuldendienst zu leisten. Konjunkturforscher Scheide beobachtet mit Sorge, dass die Angst um ihr Geld viele Deutsche in Sachwerte flüchten lässt. Die Preise auf dem Immobiliensektor sind vor allem in Städten wie Frankfurt oder Hamburg in den vergangenen Monaten deutlich in die Höhe geklettert – und mit ihnen die Mieten, was große Bevölkerungsteile zu spüren bekommen.

Dorothea Siems, www.welt.de, 14.5.2012

Aufgaben

1. Erläutern Sie die Folgen der Geldentwertung in Simbabwe und Venezuela und stellen Sie davon ausgehend die Bedeutung der Geldwertstabilität für die Funktionen des Geldes dar (M 11 – M 13).

2. Stellen Sie sich eine Situation mit hohen bzw. steigenden Inflationsraten vor. Bewerten Sie unter diesen Bedingungen folgende Szenarien (M 11 – M 13):
   a) Sie beabsichtigen ein Haus zu bauen, das Sie aus Sparguthaben finanzieren wollen.
   b) Sie finanzieren das Eigenheim durch einen Kredit mit einem langfristig vereinbarten Zinssatz.
   c) Ihre Altersversorgung wollen Sie mit einer Lebensversicherung ergänzen, in die Sie regelmäßig Beiträge einzahlen.

F Verfassen Sie in Zusammenarbeit mit dem Fach Geschichte ein Referat zum Thema „Ursachen und Auswirkungen der Inflation in Deutschland von 1923".

16.1.4 Muss die EZB unabhängig sein, um stabile Preise zu sichern?

M 14 ● Der Aufbau der EZB

Die Unabhängigkeit der EZB

Sie ist in Art. 130 und 282 des Vertrages über die Arbeitsweise der Europäischen Union (AEUV) verankert. Danach dürfen weder die EZB noch eine nationale Zentralbank Weisungen von politischen Instanzen einholen oder entgegennehmen. Die Unabhängigkeit manifestiert sich im institutionellen, operativen und personellen Bereich. Die <u>institutionelle</u> Unabhängigkeit wird dadurch erreicht, dass die im EZB-Rat vertretenen nationalen Zentralbanken selbst unabhängig sind. Die <u>operative</u> Unabhängigkeit wird dadurch deutlich, dass die EZB freie Hand bei der Festlegung der Strategie, der Auswahl und dem Einsatz der geldpolitischen Instrumente hat. Die lange Amtszeiten für die Mitglieder des EZB-Rates (8 Jahre, keine Wiederwahl möglich) garantieren die <u>personelle</u> Unabhängigkeit.

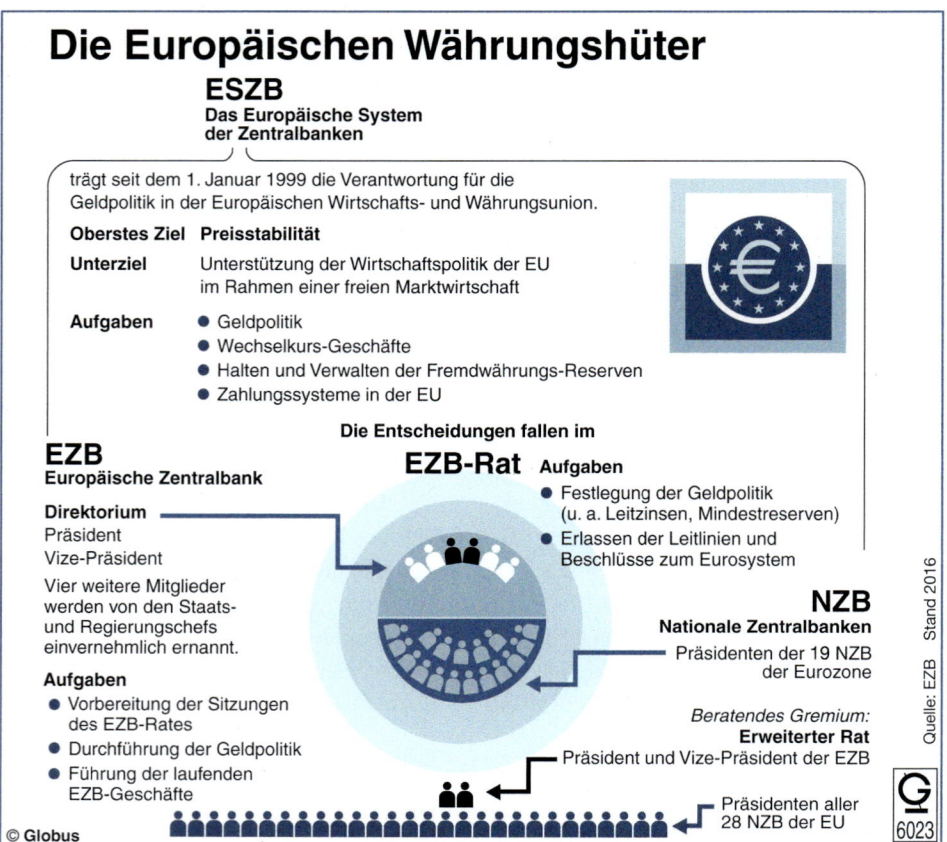

M 15 ● Wie gefährdet ist die Unabhängigkeit der EZB?

Seit mittlerweile 14 Monaten kauft die EZB im Rahmen ihres QE-Programms Anleihen europäischer Staaten und Institutionen auf. Die Kritik an der EZB ist seitdem nicht
5 weniger geworden. Immer wieder dreht sich die Debatte auch um die Unabhängigkeit der Zentralbank. [Ein Debattenzweig] dreht sich um die Frage, ob die EZB durch die Folgen der aktuellen Fiskalpolitik ihre
10 Unabhängigkeit de facto schon verloren hat bzw. gerade dabei ist, sie zu verlieren, ohne dass ihr Mandat überhaupt grundsätzlich verändert wird. [...] In der ökonomischen Theorie gibt es dazu ein passendes
15 Konzept, das bisher eher mit Blick auf Schwellen- und Entwicklungsländer zum Einsatz kam, aber auch die europäische Politik in den kommenden Jahren noch verstärkt beschäftigen dürfte: Das Konzept der
20 fiskalischen Dominanz [...]. Als fiskalische Dominanz versteht man einen Zustand, in dem die Zentralbank eines Landes ihr Inflationsziel vernachlässigt, um die öffentlichen Finanzen zu retten – die Geldpolitik
25 wird der Fiskalpolitik untergeordnet. Man könnte auch sagen: Die Geldpolitik sichert die Solvenz der öffentlichen Finanzen. Oder noch drastischer: Die Gelpolitik verhindert die Staatspleite. Das Problem an
30 einem Zustand der fiskalischen Dominanz

liegt darin, dass die Geldpolitik ab einem gewissen Grad so sehr auf die Haushaltspolitik angewiesen ist, dass sie keine eigenständigen Entscheidungen mehr treffen kann – ihre Unabhängigkeit würde zwar formal noch bestehen, wäre aber de facto aufgehoben. Diese Debatte wird von Ökonomen quer durch die verschiedenen Konfessionen geführt. So kamen kürzlich bei einer DGB-Diskussionsveranstaltung Ludger Schuknecht, Chefökonom des Bundesfinanzministeriums und erklärter Kritiker der momentanen Geldpolitik, und DIW-Präsident Marcel Fratzscher, ein Befürworter der EZB-Politik, übereinstimmend zu dem Ergebnis, dass die EZB momentan tatsächlich durch die Fiskalpolitik der einzelnen Mitgliedsstaaten getrieben wird. Begründet wird diese Einschätzung von beiden mit den hohen Schuldenständen in der Eurozone. Diese beschränken die Nationalstaaten in der Möglichkeit, die Wirtschaft durch eine expansive Ausgabenpolitik zu stimulieren. Folglich obliegt diese schwere Aufgabe einzig und allein der EZB, die auf Grund ihres Mandats in der jetzigen Situation gezwungen ist, eine expansive Geldpolitik zu fahren – ungeachtet der möglichen Risiken z. B. für die Finanzmarktstabilität, die damit einhergehen können.

Lukas Nüse/Philipp Stachelsky, http://makronom.de, 26.5.2016

M 16 ● Die Unabhängigkeit der EZB – ein Mythos mit Macken

Die Geldpolitik muss politischem Einfluss entzogen sein, darauf pocht vor allem Deutschland. Doch diese Haltung ist überholt. Dass ausgerechnet Wolfgang Schäuble die Idee von der Unabhängigkeit der Zentralbank nachhaltig beschädigt hat, ist ein durchaus überraschendes Verdienst des Bundesfinanzministers. Denn eigentlich hat ja die Unabhängigkeit der Bundesbank wie der Europäischen Zentralbank (EZB) gerade in Deutschland den Status eines unumstößlichen Glaubenssatzes, an dem zu zweifeln den Ausschluss aus jeder seriösen wirtschaftspolitischen Debatte nach sich zieht. Jene Unabhängigkeit war ein Totem der BRD: Grundlage für das heilbringende Wirken der Bundesbank vom Wirtschaftswunder bis zum Euro und Garant einer harten D-Mark. Kein Wunder also, dass die BRD ihren Glaubenssatz von der Zentralbankunabhängigkeit im Maastricht-Vertrag 1992 der Eurozone aufgenötigt hat. Nun kritisiert ausgerechnet Schäuble die EZB immer forscher: Es sei Zeit, die extrem expansive Geldpolitik zu beenden, die inzwischen „mehr Ursache als Lösung des Problems" sei. [...] Bayerns Finanzminister Markus Söder (CSU) legte noch einen drauf und forderte ein Ende der Niedrigzinsen, die deutsche Sparer verdrießen: „Die Bundesregierung muss einen Richtungswechsel in der Geldpolitik einfordern." Beiden dürfte Artikel 107 des Maastricht-Vertrages bekannt sein [...]. Würde sich ein Politiker aus Griechenland, Italien oder Portugal erdreisten, der EZB ins Handwerk zu pfuschen wie Schäuble und Söder, dann würde ihm gewiss aus Deutschland alsbald mit dem Hinweis auf das hehre Prinzip der Unabhängigkeit der EZB Einhalt geboten. In dieser paradoxen Konstellation aber, dass gerade die Gralshüter der Zentralbankunabhängigkeit eben diese mit den Füßen treten, wird sichtbar, in welche Widersprüche die Idee der Unabhängigkeit selbst verstrickt ist. Die Kritik an der EZB lässt zunächst eines klar erkennen: Draghi und der Rest des EZB-Direktoriums sind der demokratischen Kontrolle enthoben. Man kann sie nicht abwählen. Es ist dies ja eigentlich die Idee der unabhängigen Zentralbank selbst, dass sie antidemokratisch ist, die Geldpolitik bewusst politischer Kontrolle und demokratischer Willensbildung entzieht und einer Riege von Experten anvertraut.

Pepe Egger, der Freitag, 1.6.2016

Art. 107 Maastricht-Vertrag

„Die Regierungen der Mitgliedstaaten verpflichten sich, nicht zu versuchen, die Mitglieder der Beschlussorgane der EZB oder der nationalen Zentralbanken bei der Wahrnehmung ihrer Aufgaben zu beeinflussen."

Verfassen eines Kommentars

Als **Kommentar** wird eine meinungsbildende und journalistische Textsorte bezeichnet, wobei auch die Sammlung von Anmerkungen zu einem literarischen Text unter diesem Begriff gefasst wird sowie eine persönliche Anmerkung zu einem beliebigen Thema.

Merkmale und Aufbau des Kommentars

Innerhalb der journalistischen Textsorten gehört der Kommentar zu den meinungsbetonten Texten und ähnelt insofern der Glosse. Der Kommentar teilt sich vornehmlich in die Sonderformen Leitartikel und Kolumne. Der Leitartikel ist meist auf der Titelseite zu finden, ein besonders herausgestellter Meinungsartikel und meist neben den wichtigsten Meldungen einer Zeitung platziert. Der Leitartikel spiegelt allerdings immer die Meinung eines Redakteurs, meist des Chefredakteurs, wider und ist eben keine aktuelle Nachricht, sondern gewissermaßen Ansichtssache. Alles, was einen Nachrichtenwert hat, kann Inhalt eines solchen Kommentars sein. Wichtig ist aber, dass das Thema eine Meinungsäußerung provoziert und öffentliches Interesse am Thema besteht, wobei der Kommentar den Blickwinkel ändern soll.

Merkmale der journalistischen Textsorte

1. Da der Kommentar eine meinungsbetonte Textsorte ist, steht natürlich die Ansicht, Perspektive und Meinung des jeweiligen Redakteurs im Vordergrund. Die subjektive, persönliche Meinung zum Sachverhalt ist also die Kernaussage des Textes. Meist werden anfangs alle relevanten Informationen des Themas knapp angerissen und durch den Autor analysiert. Anschließend findet sich meist eine Stellungnahme und Bewertung des jeweiligen Themas, die die weiteren Folgen erläutern.
2. Oftmals zeichnet er sich durch eine reißerische Überschrift und einen prägnanten Untertitel aus, der den Leser zum Lesen des Textes animieren soll.
3. Die Textsorte zeichnet sich vornehmlich durch die Stilmittel Ironie, Sarkasmus, Polemik, Humor oder durch einen absichtlich aggressiven Sprachstil aus. Diese können den Leser maßgeblich beeinflussen, was durch treffsichere, zum Inhalt passende Adjektive unterstrichen wird.
4. Sehr häufig zeichnen sich Kommentare durch Parataxen aus. Das meint, dass die Sätze nicht sehr lang sind. Dies kann die Aussage verstärken und vor allem dafür Sorge tragen, dass die Gedankengänge für jeden Leser nachvollziehbar bleiben.
5. Verstärkt wird die eigene Meinung des Kommentators oftmals dadurch, dass die eigene, ganz individuelle Meinung so formuliert wird, als würde viele Menschen diese teilen, wodurch sie gewissermaßen zum Zeitgeist erhoben wird (Zeitgeist ~ Denkweise eines Zeitalters).
6. Der Leser soll sich mit der Meinung des Kommentars zumeist identifizieren. Deshalb werden komplexe Sachverhalte für die jeweilige Leserschaft sehr häufig vereinfacht dargestellt und verallgemeinert, wobei komplizierte Theorien meist auf der Strecke bleiben.

Aufbau eines Kommentars

1. Die Überschrift ist kurz und prägnant, oft reißerisch und soll den Leser zum Lesen animieren.
2. These, um Kontakt zum Leser aufzubauen. Umso mehr Widerstand seitens der Leserschaft zu erwarten ist, umso effektiver ist sie auch.
3. Zusammenfassung der Nachricht oder des Sachverhalts auf die sich der Kommentar bezieht. Hierfür werden nur wenige Zeilen beansprucht, die aber wichtig sind, um den Leser ins Thema zu bringen.
4. Argumentation des Autors für seine Sichtweise. Sie verdeutlicht den Standpunkt des Redakteurs.
5. Wiederlegung gegnerischer Argumente, wenn nötig
6. Schluss, wobei die anfängliche These aufgegriffen wird und die Folgerungen, Forderungen oder Mahnungen, die sich aus der Argumentation ergeben haben, dargelegt werden.
7. Der Name des Kommentators steht grundsätzlich am Ende des Beitrags.

Autorentext

Aufgabe

Verfassen Sie mit Hilfe der Methode einen Kommentar zur Unabhängigkeit der Europäischen Zentralbank (M 15, M 16).

16.1.5 Welche geldpolitische Strategie verfolgt die EZB?

M 17 ● Wo die Geldpolitik ansetzt

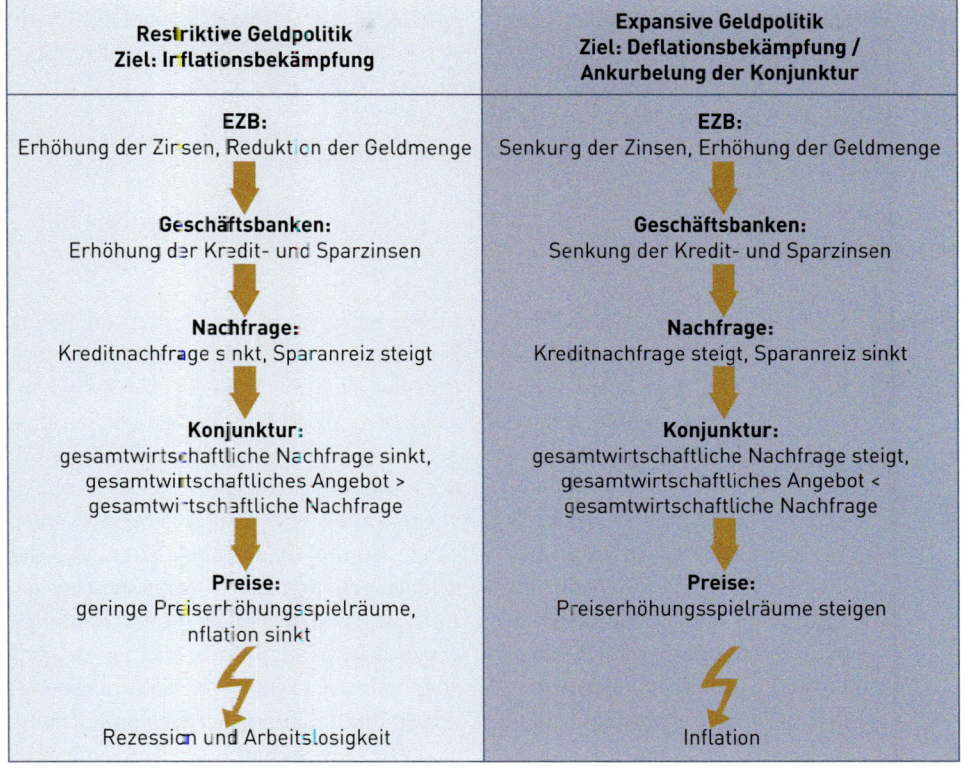

Autorengrafik

Geldpolitik nennt man alle Maßnahmen, mit denen eine Zentralbank versucht, die ihr gestellten Aufgaben zu erfüllen. Einerseits ist die EZB verpflichtet, die Versor-
5 gung der Wirtschaft mit Geld knapp zu halten. Auf der anderen Seite ist Geld so reichlich zur Verfügung zu stellen, dass nicht aus Mangel an Geld Produktion und Beschäftigung leiden. Neben der Geldmen-
10 ge als zentraler Steuerungsgröße sind aber auch die Zinsen ein wichtiger Ansatzpunkt der Währungsbehörde. Im geldpolitischen Werkzeugkasten der EZB befinden sich daher liquiditäts- und zinspolitische Instru-
15 mente. Die Zentralbank kann aber ihre geldpolitischen Ziele nur indirekt erreichen und bedient sich dabei der Geschäftsbanken. Was heißt das? Will ein Unternehmen investieren oder ein privater Haushalt ein
Auto anschaffen, wird meist ein Kredit bei 20 einer Bank aufgenommen. Um Kredite gewähren zu können, müssen sich die Banken aber selbst mit Geld versorgen, d. h., sie müssen sich „refinanzieren" – und das können sie bei der Zentralbank. Und wie 25 bei jeder Kreditgewährung werden auch hier Zinsen fällig. Genau da setzt die EZB mit ihrem Instrumentarium an. Erhöht sie die Zinsen, zu denen sie Zentralbankgeld an die Banken abgibt, verteuert sie deren 30 Kreditaufnahme. Die Banken geben aber ihre höheren Geldbeschaffungskosten an die privaten Kreditnehmer – Unternehmen und private Haushalte – weiter, indem sie höhere Zinsen für den Bankkredit verlan- 35 gen. Manche kreditfinanzierte Investition wird für Unternehmer jetzt unrentabel, weil die höheren Kreditkosten sich im Ver-

Warum gerade 2 Prozent?

Wir haben uns ganz bewusst für die 2 Prozent entschieden, weil bis zu diesem Wert der Inflationsrate die Bevölkerung den Eindruck stabiler Preise hat. Dementsprechend richten – ökonomisch gesehen – die Wirtschaftssubjekte ihre Handlungen an der Preisstabilität aus. Steigen die Preise um deutlich mehr als 2 Prozent, wähnen sich die Menschen in einem inflationären Umfeld. Das findet dann seinen Niederschlag in höheren Lohnabschlüssen oder im Investitionsverhalten. Aller Erfahrung nach beginnt die Bevölkerung bei Teuerungsraten von mehr als 2 Prozent, Inflation in ihre Verhaltensweisen einzuplanen.
Der ehemalige Vizepräsident der EZB Christian Noyer, Frankfurter Allgemeine Zeitung, 2.1.1999

gleich zum erwarteten Gewinn nicht rechnen. Auch mancher Bauherr oder Autokäufer wird angesichts höherer Zinsen seine kreditfinanzierten Bau- oder Kaufpläne erst einmal nicht realisieren. Gleichzeitig sorgen steigende Zinsen dafür, dass die Sparneigung zunimmt. Die restriktive Maßnahme der EZB wirkt also doppelt: Sie dämpft die kreditfinanzierte Nachfrage und trägt durch Sparanreize dazu bei, dass dem Wirtschaftskreislauf Geld entzogen wird und auch auf diesem Wege die Nachfrage nach Waren und Dienstleistungen zurückgeht, damit sich der Preisanstieg verlangsamt. So kann die EZB also den Kreditspielraum der Geschäftsbanken erweitern, verengen oder über veränderte Konditionen das Zinsniveau regeln.

Autorengrafik und -text

M 18 ● Die Ziele der Geldpolitik

Jahr	Gemittelter Leitzins der EZB	Inflationsrate BRD
1999	2,71 %	0,60 %
2000	4,03 %	1,40 %
2001	4,28 %	2,00 %
2002	3,18 %	1,40 %
2003	2,26 %	1,10 %
2004	2,00 %	1,60 %
2005	2,02 %	1,60 %
2006	2,78 %	1,50 %
2007	3,52 %	2,30 %
2008	3,88 %	2,60 %
2009	1,16 %	0,30 %
2010	1,00 %	1,10 %
2011	1,25 %	2,10 %
2012	0,88 %	2,00 %
2013	0,55 %	1,50 %
2014	0,16 %	0,90 %
2015	0,05 %	0,30 %

Quellen: Statistisches Bundesamt, EZB; © Statista 2016

Über die Zielsetzung der Geldpolitik wird unter Wissenschaftlern und Politikern kontrovers diskutiert. Umstritten ist vor allem, ob die EZB ausschließlich dem Ziel der Geldwertstabilität verpflichtet sein soll oder ob sie auch das Erreichen weiterer wirtschaftspolitischer Ziele, insbesondere einen hohen Beschäftigungsstand, aktiv unterstützen soll. Die Diskussion wird immer dann besonders heftig geführt, wenn stabile Preise mit drückender Unterbeschäftigung einhergehen. Das zentrale geldpolitische Ziel der EZB ist allerdings durch Art. 105 EU-Vertrag klar vorgegeben und wird von ihr im Hinblick auf den durch eine Geldentwertung verursachten volkswirtschaftlichen Schaden konsequent verfolgt. Nach Art. 104 EU-Vertrag ist sie verpflichtet, ihr Handeln vorrangig am Erreichen der Geldwertstabilität auszurichten. Maßgröße dabei ist der Harmonisierte Verbraucherpreisindex, der einen Anstieg der Verbraucherpreise für alle beteiligten Eurostaaten in prinzipiell gleicher Weise erfasst und der jährlich um weniger als 2 Prozent ansteigen soll. Die Quantifizierung ist allerdings nicht ausdrücklich als direktes „Inflationsziel" zu verstehen, das bei Abweichungen automatisch zu geldpolitischen Reaktionen der EZB führen muss, auch deshalb, weil die Politik der EZB nur mit gewissen Zeitverzögerungen und auch nur indirekt über Zwischenzielgrößen greift. Und die Zwischenzielgröße, die in sehr engem Zusammenhang mit der Inflationsrate steht und auch relativ genau durch die EZB gesteuert werden kann, ist die Geldmenge. Grundlage der geldmengenorientierten Strategie ist die Auffassung, dass ein zu hohes Geldmengenwachstum letztlich immer zu steigendem Preisniveau führen wird. Zur bestmöglichen Durchführung der Geldpolitik muss die EZB die wirtschaftlichen und monetären Entwicklungen gründlich analysieren. Um sicherzustellen, dass keine relevanten Informationen übersehen werden, hat sie das sogenannte „Zwei-Säulen-Konzept" entwickelt, das zum einen auf der wirtschaftlichen und zum anderen auf der monetären Analyse beruht. Die wirtschaftliche Analyse ist auf die Beurteilung der kurz- bis mittelfristigen Bestimmungsfaktoren der Preisentwicklung – mit Schwerpunkt auf realer Wirtschaftstätigkeit und Finanzierungsbedingungen in der Wirtschaft – ausgerichtet. Sie trägt der Tatsache Rechnung, dass die Preisentwicklung über diese Zeithorizonte hinweg weitgehend vom Zusammenspiel von Angebot und Nachfrage an den Güter-, Dienstleistungs- und Faktormärkten beeinflusst wird. Eine solche Beurteilung stützt sich auf eine breite Palette von Indikatoren, wie die Entwicklung der Löhne, Wechselkurse, Arbeitskosten oder Rohstoffpreise.

Die **monetäre Analyse** ist auf einen längeren Horizont ausgerichtet und stützt sich dabei auf den langfristigen Zusammenhang zwischen Geldmenge und Preisen. Ein zu hohes Geldmengenwachstum führt demnach zu steigenden Inflationsraten.

Autorentext

M 19 ● Das Instrumentarium der EZB – Hauptrefinanzierungsgeschäfte im Mittelpunkt

Im Mittelpunkt des geldpolitischen Instrumentariums der EZB stehen die den Banken wöchentlich angebotenen Hauptrefinanzierungsgeschäfte mit einer Laufzeit von einer Woche. Dabei handelt es sich um Refinanzierungskredite, mit denen die Zentralbank den Geschäftsbanken während der Laufzeit Zentralbankgeld zur Verfügung stellt. Die EZB verrechnet hierfür einen Zinssatz – den Hauptrefinanzierungssatz –, der als europäischer Leitzins gilt. Zur Kreditsicherung überlassen die Banken der EZB während der Laufzeit einen entsprechenden Bestand an besonders sicheren Wertpapieren, der nach Beendigung des Refinanzierungskredits von den Geschäftsbanken wieder zurückgenommen werden muss. Neben den Hauptrefinanzierungsgeschäften (Haupttender), mit denen der größte Teil an Zentralbankgeld zur Verfügung gestellt wird, wird zusätzlich einmal im Monat ein Refinanzierungsgeschäft mit einer Laufzeit von drei Monaten, der so genannte Basistender, angeboten. Durch das nahtlose Aneinanderreihen von Refinanzierungsgeschäften – d. h. bei Fälligkeit eines Refinanzierungsgeschäfts wird in ähnlicher Betragshöhe ein neues ausgeschrieben – bleibt ein Sockelbetrag an Zentralbankgeld ständig in Umlauf. Verfolgt die EZB die Zielsetzung, die Kreditvergabemöglichkeiten der Geschäftsbanken zu erhöhen, wird sie das auslaufende Refinanzierungsgeschäft durch ein neues mit einem größeren Volumen ersetzen. Je nachdem, ob die Differenz vom alten zum neuen Refinanzierungsgeschäft also positiv oder negativ ausfällt, kann die Zentralbank die Liquidität der Geschäftsbanken erhöhen oder vermindern. Durch derartig exakte Beeinflussung der Liquidität und durch eventuell leicht veränderte Zinskonditionen kann die EZB ihre geldpolitischen Ziele steuern.

Autorentext

Erklärfilm „Leitzins"

Mediencode: 8880-23

Tenderverfahren

Ein Ausschreibungs- bzw. Zuteilungsverfahren beim Verkauf von Wertpapieren, das von der Europäischen Zentralbank (EZB) im Rahmen ihrer Offenmarktpolitik eingesetzt wird. Die EZB setzt verschiedene Tender zur befristeten Versorgung der Kreditinstitute mit Liquidität (flüssigen Mitteln) ein. Beim Mengentender legt die EZB den Zins fest und die Kreditinstitute geben Gebote über die Menge von Wertpapieren ab, die sie an die EZB abgeben wollen. Beim Zinstender geben die Kreditinstitute den Zinssatz an, zu dem sie eine bestimmte Menge Wertpapiere an die EZB abgeben wollen. Beim Zinstender überlässt die EZB also die Zinsfindung dem Markt und setzt damit im Gegensatz zum Mengentender kein geldpolitisches Signal.
Duden Wirtschaft von A bis Z: Grundlagenwissen für Schule und Studium, Beruf und Alltag. 5. Aufl. Mannheim: Bibliographisches Institut 2013. Lizenzausgabe Bonn: Bundeszentrale für politische Bildung 2013

Aufgaben

1. Beschreiben Sie die ökonomischen Rahmenbedingungen, die die EZB zu einer Senkung des Leitzinses veranlassen könnten (M 17).
2. Die EZB sieht sich Kritik an ihrer stabilitätsorientierten Ausrichtung ausgesetzt. Kritiker fordern, die EZB solle ihren stabilitätsorientierten Kurs zugunsten einer stärkeren Wachstumsorientierung aufgeben. Diskutieren Sie diese Forderung (M 18).
3. In der gegebenen wirtschaftlichen Situation kommt es zu einer starken Ausweitung von Konsumentenkrediten. Zeigen Sie mit einer schlüssigen Wirkungskette die Folgen auf und erläutern Sie sinnvolle geldpolitische Maßnahmen und deren idealtypische Wirkungen (M 17, M 19).

16.1.6 Die Geldpolitik der EZB in der Realität

M 20 ● Die EZB in der Kritik: die Crux mit der Kreditvergabe

Seit Jahren kämpft die Europäische Zentralbank (EZB) mit zahlreichen Geldspritzen dafür, dass die Kreditvergabe in der Euro-Zone wieder ansteigt. Vor allem vom billigen Geld für Europas Banken erhofft sich EZB-Chef Mario Draghi einen Impuls für die Kreditvergabe und damit für Konjunktur und Inflation.

Zuletzt sah es laut Zahlen der Notenbank auch so aus, als würden Deutschlands Banken zumindest wieder etwas mehr Kredite vergeben. Nun deuten Zahlen der KfW allerdings in eine andere Richtung. Für die EZB kommt die Nachricht zur Unzeit, denn die Kritik an der ultra-expansiven Politik der Zentralbank wird immer lauter.

Die KfW schätzt in ihrem aktuellen Kreditmarktausblick, dass die Vergabe von neuen Darlehen im ersten Quartal 2016 um vier Prozent gegenüber dem Vorjahr zurückgehen dürfte. Ein Grund ist, dass die Banken im entsprechenden Vorjahreszeitraum ihr Kreditgeschäft mit Unternehmen deutlich gesteigert haben. Schon im vierten Quartal des vergangenen Jahres ist die Kreditvergabe um 2,3 Prozent gegenüber dem Vorjahr geschrumpft, im Vorquartal waren es sogar 3,3 Prozent. [...]

Angesichts der Niedrigzinsen setzen Sparer auf Betongold und wollen um jeden Preis die niedrigen Baufinanzierungszinsen nutzen. Entsprechend driftet der Immobilienmarkt in Deutschland immer weiter auseinander, gerade in gefragten Lagen in den Großstädten warnen Experten schon länger vor einer Blase. [...]

Ab Juni beginnt die EZB mit der Ausgabe von extrem günstigen Krediten für Banken. Die besten Konditionen erhalten dabei Institute, deren Kreditvergabe sich zuletzt verbessert hat. Auch hier sollen Immobilienkredite nicht berücksichtigt werden.

Gründe für die schwächelnde Kreditvergabe gibt es einige. Zum einen horten die Unternehmen dank des billigen Geldes viele Eigenmittel. Zum anderen lastet weiterhin eine hohe Unsicherheit auf der Investitionslust der Unternehmen. Ökonom Zeuner erwartet, dass die Investitionsbereitschaft erst wieder wachsen wird, wenn in den Unternehmen das Vertrauen in die globale Konjunktur zurückkehrt. Zuletzt signalisierten Stimmungsindikatoren dagegen Sorgen um die Realwirtschaft.

Für EZB-Chef Mario Draghi sind die neuen Prognosen der EZB keine gute Nachricht. Der Italiener verkündete im März ein wahres Feuerwerk an Maßnahmen, um dem EZB-Inflationsziel von knapp unter zwei Prozent endlich näher zu kommen. Unter anderem senkte die Zentralbank den Leitzins auf null Prozent und weitere das Anleihekaufprogramm, welches im März vergangenen Jahres startete, um 20 auf 80 Milliarden Euro monatlich aus.

Die neuen Kreditprognosen könnten einmal mehr darauf hindeuten, dass das billige Geld der Notenbank ins Leere läuft und sein Ziel verfehlt. Zumindest in Deutschland wurde die Kritik an der EZB-Politik zuletzt immer lauter. Mehrere Politiker der Union riefen zuletzt zu einer Kehrtwende der Geldpolitik auf. „Die EZB fährt einen hoch riskanten Kurs und nimmt enorme Risiken in Kauf", warnte Bundesverkehrsminister Alexander Dobrindt (CSU) [...]. „Der Wegfall der Zinsen produziert eine klaffende Lücke in der Altersvorsorge der Bürger." Gleichzeitig werde ein „fatales Signal" gesetzt: „Nämlich, dass Vorsorge und Sparen keinen Sinn haben." Bayerns Finanzminister Markus Söder klagte [...]: „Die Nullzinspolitik ist ein Angriff auf das Vermögen von Millionen Deutschen, die ihr Geld auf Sparkonten und in Lebensversicherungen angelegt haben".

Saskia Littmann, www.wiwo.de, 11.4.2016

M 21 • Warum die EZB massenhaft Staatsanleihen kauft

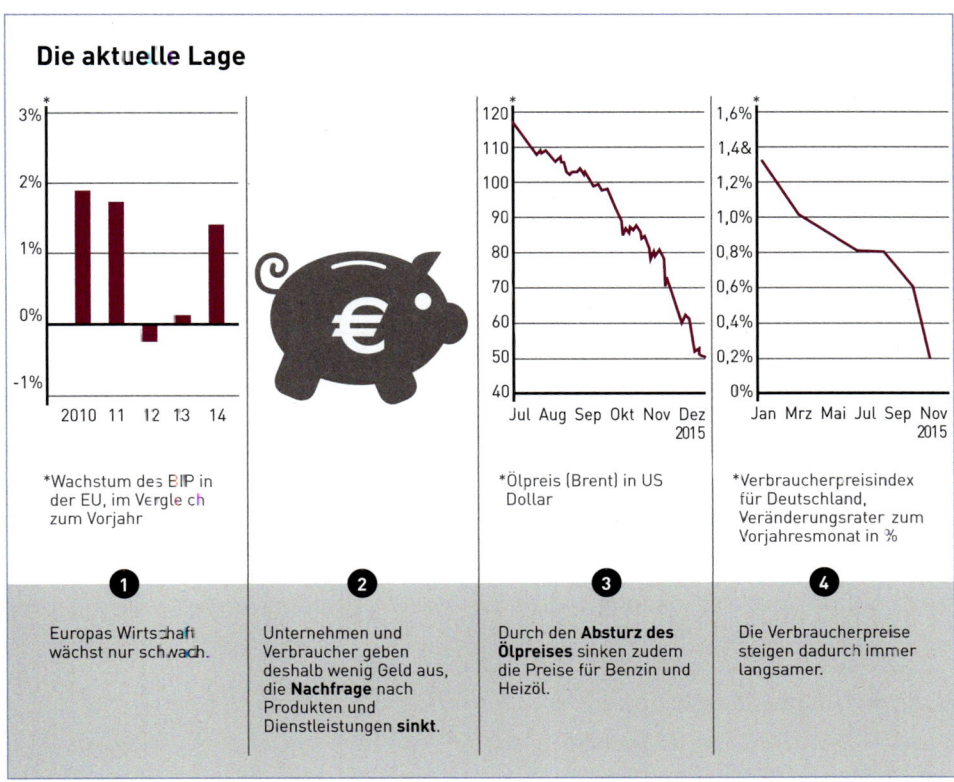

Die aktuelle Lage

*Wachstum des BIP in der EU, im Vergleich zum Vorjahr

*Ölpreis (Brent) in US Dollar

*Verbraucherpreisindex für Deutschland, Veränderungsrater zum Vorjahresmonat in %

1 Europas Wirtschaft wächst nur schwach.

2 Unternehmen und Verbraucher geben deshalb wenig Geld aus, die **Nachfrage** nach Produkten und Dienstleistungen **sinkt**.

3 Durch den **Absturz des Ölpreises** sinken zudem die Preise für Benzin und Heizöl.

4 Die Verbraucherpreise steigen dadurch immer langsamer.

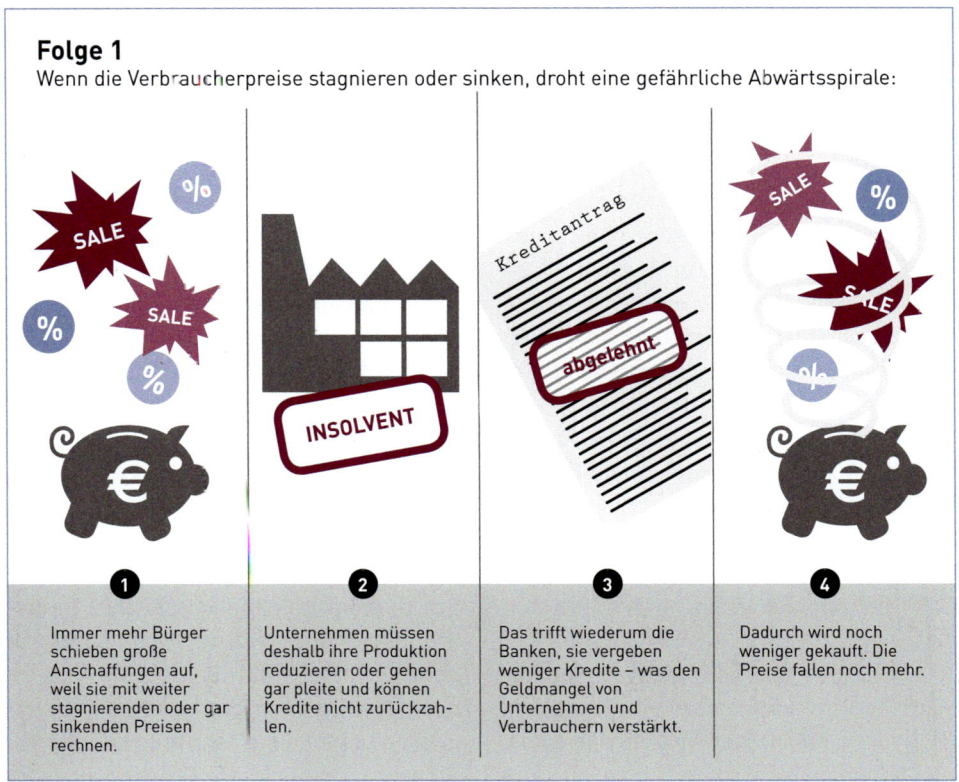

Folge 1
Wenn die Verbraucherpreise stagnieren oder sinken, droht eine gefährliche Abwärtsspirale:

1 Immer mehr Bürger schieben große Anschaffungen auf, weil sie mit weiter stagnierenden oder gar sinkenden Preisen rechnen.

2 Unternehmen müssen deshalb ihre Produktion reduzieren oder gehen gar pleite und können Kredite nicht zurückzahlen.

3 Das trifft wiederum die Banken, sie vergeben weniger Kredite – was den Geldmangel von Unternehmen und Verbrauchern verstärkt.

4 Dadurch wird noch weniger gekauft. Die Preise fallen noch mehr.

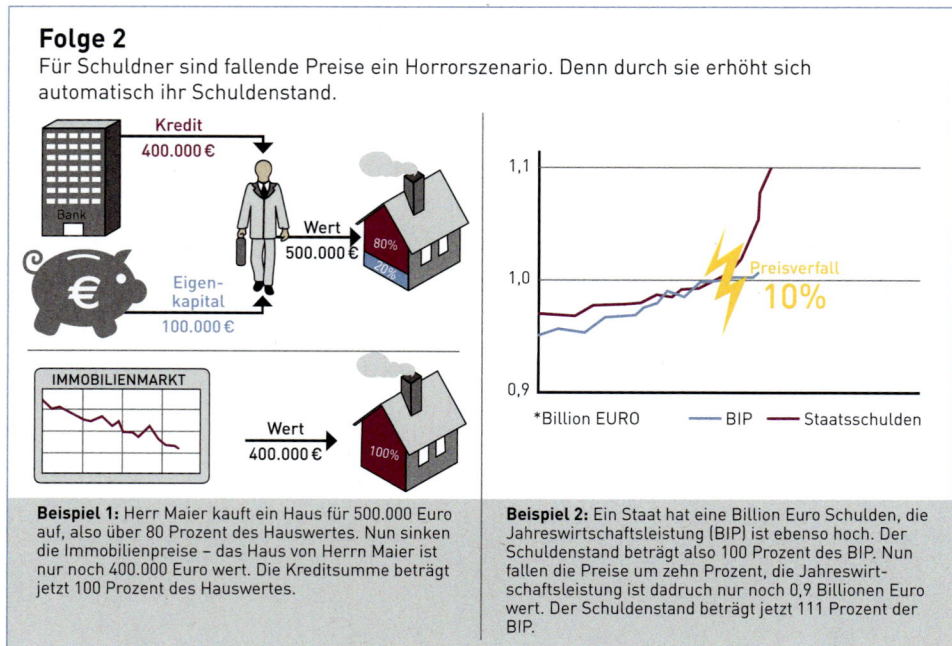

Erklär-Comic: Warum die EZB massenhaft Staatsanleihen kauft, www.spiegel.de, 21.1.2015

M 22 ● Die große Geldflut

Man werde ein „erweitertes Anleihenkaufprogramm" starten, das neben dem bereits laufenden Ankauf von Unternehmensanleihen nun bald auch Schuldscheine europäischer Staaten umfassen werde, sagte Draghi. Man kann das Programm auch bei seinem umgangssprachlichen Namen nennen: Bazooka. Das große Geschütz der Geldpolitik. Mit dieser Bazooka hofft Draghi der Deflationsgefahr im Euroraum vorbeugen zu können. Die Verbraucherpreise hatten sich zuletzt bedenklich entwickelt. Im Dezember waren sie erstmals seit 2009 leicht gesunken. Vieles deute darauf hin, dass die Preise auch in den kommenden Monaten stagnieren dürften, sagte Draghi. Eine „machtvolle" Reaktion der EZB sei deshalb geboten. [...] Dass die Bazooka kommt, war klar. Unklar war nur, wie die EZB ihr Programm genau ausgestaltet. [...]

1. Volumen – Die EZB will von Anfang März 2015 bis mindestens Ende September 2016 jeden Monat Anleihen im Wert von 60 Milliarden Euro kaufen, rund 80 Prozent davon sind Staatsanleihen. Das Gesamtvolumen des Programms beträgt damit zunächst gut 1,1 Billionen Euro, rund 920 Milliarden Euro davon sind Staatsanleihen. Kritiker werfen Draghi vor, er verschieße gerade leichtfertig sein letztes Pulver. Doch das stimmt so nicht. Der Nachrichtenagentur dpa zufolge sind derzeit staatliche Schuldscheine im Gesamtwert von rund 6,5 Billionen Euro im Umlauf, die die EZB im Rahmen ihres Anleihenprogramms kaufen könnte. Draghi sagte, die EZB würde notfalls bis zu ein Drittel der Staatsanleihen eines jeden Eurolandes aufkaufen.

Das wären rein rechnerisch Papiere im Wert von mehr als zwei Billionen Euro - gut doppelt so viel, wie das derzeitige Anleihenprogramm vorsieht. Ob die EZB im Ernstfall tatsächlich Staatsanleihen in dieser Höhe kaufen würde, hängt noch von anderen Faktoren ab. Klar ist aber, dass sie noch deutlich mehr kaufen könnte. Und so deutete Draghi denn auch an, er könne das Programm notfalls über den September

2016 hinaus verlängern.

2. Haftung – Die Haftung der einzelnen Länder für das Anleihenkaufprogramm der Notenbank ist zumindest auf dem Papier stark begrenzt. So sollen die nationalen Notenbanken vor allem Staatsanleihen ihres jeweiligen Landes kaufen. Nur für 20 Prozent der Anleihen werde die gemeinsame Risikohaftung der Eurostaaten gelten, sagte Draghi. Experten sind allerdings skeptisch, ob sich die eingeschränkte Risikohaftung tatsächlich gelten würde, falls doch einmal der Ernstfall eintritt und ein Staat pleiteginge. „Die gegenseitige Haftung ist vertraglich festgelegt", sagt Unicredit-Chefvolkswirt Erik Nielsen. Hoffnungen im Zweifelsfall nicht für die Verluste anderer nationaler Notenbanken geradestehen zu müssen, seien eine Illusion.

3. Griechenland – Das Sorgenkind der Eurozone ist vom Anleihenprogramm der EZB zunächst einmal ausgeschlossen. Denn die Staaten müssen zwei Kriterien erfüllen, damit die EZB ihre Anleihen kauft.
- Die EZB darf nicht mehr als 33 Prozent der Anleihen eines Staates kaufen.
- Die Bewertung für die Kreditwürdigkeit eines Staates, das sogenannte Rating, darf ein bestimmtes Niveau nicht unterschreiten. Falls das Rating zu schlecht ist, muss der betroffene Staat durch ein Rettungsprogramm vor der Pleite geschützt sein.

Derzeit erfüllt Griechenland das erste Kriterium nicht. Die EZB und die nationalen Notenbanken haben im Rahmen zahlreicher anderer Rettungsprogramme schon mehr als 33 Prozent der griechischen Staatsanleihen aufgekauft. Ändern könnte sich das im Juli. Dann laufen laut Draghi zahlreiche dieser Anleihen aus, so dass die EZB neue nachkaufen könnte. Allerdings drohen die Griechen dann das zweite EZB-Kriterium nicht mehr zu erfüllen. Die Ratings für griechische Staatsanleihen liegen deutlich unter dem Mindestniveau der EZB, und das Rettungsprogramm für Griechenland läuft voraussichtlich im Februar aus. Ohne neue externe Unterstützung wird es eng für Griechenland. Diese aber dürfte es nur geben, wenn die Hellenen nach der Parlamentswahl an diesem Sonntag noch eine reformwillige Regierung haben.

Die EZB ist nicht die erste Notenbank, die mit dem Kauf von Staatsanleihen versucht, Wirtschaft und Verbraucherpreise anzukurbeln. Die Erfahrungen anderer Zentralbanken sind höchst gegensätzlich: Ein Anleihenprogramm in Japan etwa verpuffte. In den USA und in Großbritannien dagegen stieg das Wirtschaftswachstum nach Anleihenkäufen der Notenbank deutlich an. Fragt sich nur, wie stark das an den Eingriffen der Notenbanken lag. Experten zufolge können Anleihenkäufe nur dann etwas bewirken, wenn sie von einer passenden Wirtschaftspolitik im jeweiligen Währungsraum flankiert werden. In den USA etwa waren das höhere Staatsausgaben, in Japan hingegen fehlte es an Strukturreformen. Auch Draghi forderte diesen Politikmix am Donnerstag ein. Die EZB könne nur das „Fundament" für Wachstum schaffen, sagte er. Damit die Wirtschaft aber tatsächlich anspringt, brauche es höhere staatliche Investitionen in jenen Euroländern, die es sich leisten könnten, also vor allem in Deutschland. Und mutige Reformen im Rest der Eurozone. „Ohne Reformen kein Vertrauen und ohne Vertrauen keine Investitionen", sagte Draghi. Doch ausgerechnet solche Reformen könnte Draghi mit seinem neuen Programm erschweren. Denn die Anleihenkäufe der EZB dürften die Zinskosten auch für jene Staaten senken, die sich schon in der Vergangenheit viel zu sehr aufs Schuldenmachen verlassen haben – wie etwa Italien. Das erhöht den Anreiz, sich auch in Zukunft mit geliehenem Geld durchzuwursteln statt echte Reformen anzugehen. Die Zentralbank hat zudem wenig Kontrolle, ob die künstlich gedrückten Zinsen tatsächlich zu mehr Investitionen und dadurch zu Wachstum und

Arbeitsplätzen führen. Ebenso gut kann es sein, dass Investoren ihr Geld in allerlei spekulative Anlageformen stecken, von überbewerteten Aktien über zweitklassige Immobilien bis hin zu Kunstwerken zweifelhafter Qualität. Wenn sich in diesen Märkten Preisblasen bilden, die irgendwann platzen, könnte ein neuer Wirtschaftseinbruch die Folge sein. Die EZB hätte dann mit ihrer Krisenbekämpfung die nächste Krise ausgelöst.

Stefan Schultz/Christian Rickens, www.spiegel.de, 22.1.2015

M 23 ● Geldpolitik: So verändert Amerikas Zinswende die Welt

Es ist nur ein kleiner Schritt, doch er wird große Folgen haben: Am Mittwochabend hat die US-Notenbank Fed den Leitzins leicht erhöht. Statt einer Bandbreite von 0 bis 0,25 Prozent gilt nun eine Spanne von 0,25 bis 0,5 Prozent. Die Anhebung ist eine geldpolitische Zäsur: Nach dem Ausbruch der Finanzkrise im Jahr 2007 hatten viele Notenbanken zentrale Zinssätze stark verringert, um die Weltwirtschaft mit billigem Geld zu stimulieren. Nun geht es, zumindest in den USA, wieder leicht nach oben. [...]

Was bedeutet die Zinswende für Europa?
Der gestiegene US-Zins dürfte sich für Verbraucher und Firmen vor allem über den Wechselkurs bemerkbar machen. Schon kurz nach der Entscheidung der Fed verlor der Euro im Vergleich zum Dollar weiter an Wert. Damit dürfte sich ein langfristiger Trend fortsetzen. Denn wenn die Zinsen in den USA steigen, wird der Dollar für Anleger attraktiver. Das hat viele Folgen, unter anderem diese: Ein stärkerer Dollar würde Importe aus dem Dollarraum verteuern; die Inflation in Europa könnte dadurch leicht steigen. Die Benzinpreise dürften leicht zulegen, weil Rohöl in Dollar gehandelt wird. Produkte aus Europa würden auf dem Weltmarkt günstiger. Das könnte die Exportwirtschaft der EU leicht stimulieren. Urlauber müssten bei Reisen in die USA mit einem schlechteren Wechselkurs leben.

Stefan Schultz, www.spiegel.de, 17.12.2015

Aufgaben

1. Erklären Sie ausgehend von M 20, warum manche Ökonomen behaupten, dass das Handeln von Mario Draghi „an ein Glücksspiel erinnert" (Saskia Littmann, in: Wirtschaftswoche, 11.4.2016).
2. Erklären Sie den Comic M 21. Stellen Sie Überlegungen dazu an, wie der Comic fortgeführt werden könnte.
3. Erörtern Sie die Erfolgsaussichten des Anleihekaufprogramms der EZB (M 21, M 22).
4. Erläutern Sie die möglichen Folgen der Anhebung des amerikanischen Leitzinses für die europäische Wirtschaft (M 23).

16.1 Die Rolle des Geldes und der Kapitalmärkte für die Volkswirtschaft

Geld dient in einer Volkswirtschaft als universelles Zahlungsmittel (es erleichtert den Tausch), als Recheneinheit (Werte von Gütern lassen sich vergleichen), als Wertaufbewahrungs- (Sparen wird möglich) und Wertübertragungsmittel (Vererben wird möglich). In der heutigen Zeit stellt sich nun aber die Frage, ob das Bargeld seine Bedeutung verliert, denn viele Transaktionen werden heute schon bargeldlos vorgenommen. Mobilgeräte wie das Smartphone oder evtl. auch internetfähige Uhren erleichtern das Bezahlen ohne Geld ebenso wie kontaktlose Geldkarten.

Der Kapitalmarkt ist der Finanzmarkt für mittel- und langfristige Kapitalbeschaffung und dient den Unternehmen, den Haushalten und dem Staat zur Finanzierung von Investitionen und andere Ausgaben. Die Kapitalgeber erhalten für die Überlassung des Kapitals einen variablen (z. B. Dividende) oder festen Betrag (z. B. Zins). Banken übernehmen eine zentrale Rolle bei der Organisation der Geldströme einer Volkswirtschaft. Als „Makler" sorgen sie für eine effiziente Verteilung der vorhandenen Geldmittel. Dafür müssen sie Informationen über die Kreditnehmer sammeln und die Einlagen der Sparer absichern.

Rolle des Geldes und des Kapitalmarkts
M 1 – M 7

Der Aktienmarkt ist ein Teilbereich des Kapitalmarkts. Hier kommen Käufer und Verkäufer von Aktien zusammen und handeln Anteilsscheine von Unternehmen. Gehandelt wird dabei an Handelsplätzen, den so genannten Börsen. Diese können sowohl rein elektronisch existieren oder aber Präsenzbörsen sein. Die Aktie ist ein Wertpapier, wodurch der Aktieninhaber Anteile am Eigenkapital einer Aktiengesellschaft (AG) erwirbt.

Aktienmarkt
M 8, M 9

Damit Länder ihre Haushalte finanzieren können, benötigen sie Kapital. Sie haben unter anderem die Möglichkeit, sich des Kapitalmarktes zu bedienen und durch die Ausgabe von Staatsanleihen Geld zu leihen. Durch den Kauf dieser Anleihen wird der Käufer ebenso zum Gläubiger wie bei Unternehmensanleihen, der Staat wird zum Schuldner, der die Verzinsung und die Rückzahlung gewährleistet. Die Forderung des Gläubigers gegenüber dem Schuldner ist in einer Urkunde, der Anleihe, verbrieft. Durch die Bonität (Kreditwürdigkeit) des Landes wird der Wert der Staatsanleihen beeinflusst. Die Kreditwürdigkeit der Länder wird durch Rating-Agenturen wie z. B. Standard & Poor's überwacht. Länder mit einer schlechten Kreditwürdigkeit (das bedeutet, dass sie Zinsen oder sogar das geliehene Kapital nicht zurückzahlen können) müssen den Anlegern einen höheren Zins für die Anleihen bieten – je höher der Zins, desto höher die Rendite (Gesamterfolg einer Kapitalanlage), desto höher aber auch das Risiko.

Staatsanleihen
M 21, M 22

ORIENTIERUNGSWISSEN

Aufgabe und Unabhängigkeit der EZB
M 14 – M 16

Mit der Einführung des Euro wurde die geld- und währungspolitische Kompetenz von den nationalen Notenbanken auf die Europäische Zentralbank übertragen, die zusammen mit allen nationalen Zentralbanken der EU-Staaten das europäische System der Zentralbanken (ESZB) bildet. Die Hauptaufgabe der EZB besteht darin, im Euroraum für stabile Preise zu sorgen. Nach dem Vorbild der deutschen Bundesbank ist die EZB von politischen Weisungen unabhängig. Zur Rettung hoch verschuldeter Euro-Staaten kaufte sie (indirekt) jedoch Staatsanleihen auf und sah sich so dem Vorwurf ausgesetzt, ihre politische Unabhängigkeit zu verspielen.

Geldpolitische Strategie der EZB
M 17, M 18

Inflation hängt letztlich immer auch mit einer Zunahme des Geldvolumens zusammen. Die geldpolitische Strategie der EZB zur Sicherung der Geldwertstabilität orientiert sich deshalb neben der Analyse der wirtschaftlichen Lage auch an der Entwicklung der Geldmenge. Mit dem Kauf von Staatsanleihen – eine Maßnahme, die der EZB eigentlich durch das EU-Regelwerk verboten ist – verlässt sie ihre bis dahin ausschließlich auf die Stabilität des Euro ausgerichtete Politik. Das Problem: Mit dem Erwerb der Anleihen gelangen zusätzlich große Mengen Zentralbankgeld in den Wirtschaftskreislauf, die einen inflationären Prozess auslösen können.

Instrumentarium und Grenzen der Geldpolitik
M 19, M 20

Die EZB richtet ihre geldpolitischen Instrumente – insbesondere die Hauptrefinanzierungsgeschäfte – vorrangig darauf, die Zinskonditionen und die Knappheitsverhältnisse am Geldmarkt so zu steuern, dass die Volkswirtschaften einerseits ausreichend mit Geld ausgestattet sind, andererseits die Preisniveaustabilität nicht gefährdet wird. Die Wirkungsweise geldpolitischer Maßnahmen zur Inflationsbekämpfung stellt sich vereinfacht so dar: Erhöht die EZB die Leitzinsen, so trifft dies zunächst nur die Geschäftsbanken, die aber ihre höheren Geldbeschaffungskosten an die privaten Kreditnehmer – Haushalte und Unternehmen – weitergeben. Deren kreditfinanzierte Nachfrage soll dadurch sinken, der Preisanstieg verlangsamt sich. Doch können selbst niedrige Zinsen die Investitions- und Konsumbereitschaft nicht fördern, wenn eine pessimistische Grundstimmung herrscht. Im umgekehrten Fall werden Unternehmen auch bei steigenden Kreditkosten investieren, wenn sich eine ausreichend hohe Rendite erzielen lässt.

Umstrittene EZB-Strategie

Selten waren die Wirtschaftsexperten so uneins: Ist die lockere Geldpolitik der EZB nun dringend geboten oder höchst riskant? Die Argumente in der Übersicht.

Für eine expansive Geldpolitik spricht
- Die Inflation war 2014 mit weniger als 1 Prozent 2014 extrem niedrig. In ersten drei Monaten des Jahres 2015 sind die Verbraucherpreise sogar gesunken.
- Experten rechnen auch für die Zukunft mit Deflation. Da solche Erwartungen den Charakter einer Self Fullfilling Prophecy haben, muss die Geldpolitik ihnen entgegensteuern.
- Die maßgebliche Geldmenge wächst im Euroraum weiterhin schwächer als gewünscht, davon gehen keine Inflationsgefahren aus.
- Die Privathaushalte und der Staat sind in vielen Euroländern immer noch so hoch verschuldet, dass ein Zinsanstieg eine erneute Schuldenkrise auslösen würde.
- Der aus der lockeren Geldpolitik resultierende schwache Eurokurs hilft der Exportwirtschaft.

Gegen eine expansive Geldpolitik spricht
- Die niedrigen Zinsen bestrafen Sparer und machen die Altersvorsorge über klassische Kapitalanlagen wie Lebensversicherungen weniger lohnend.
- Versicherungen haben es schwer, mit dem ihnen anvertrauten Kapital den gesetzlichen Garantiezins* zu erwirtschaften, geschweige denn eine angemessene Rendite.
- Die Kombination aus niedrigen Zinsen und sehr viel freiem Geld, das angelegt werden will, begünstigt die Entstehung von Spekulationsblasen an Immobilien- und Aktienmärkten.
- Kreditnehmer profitieren von niedrigen Zinsen, Kreditgeber werden benachteiligt.
- Der Anreiz zum Schuldenabbau ist für hochverschuldete Länder klein, so lange die Zinsen niedrig sind und die EZB Staatsanleihen kauft.

*Garantiezins: Genau genommen heißt es Höchstrechnungszins. Laut Gesetz dürfen die Lebensversicherungen ihren Kunden nicht mehr als diesen garantieren – aber sie müssen diese versprochene Mindestverzinsung auch leisten. Zwar wird der Garantiezins regelmäßig an das allgemeine Zinsniveau angepasst, seit Januar 2015 liegt er bei 1,25 Prozent. Der neue Zins gilt aber nur für Neuverträge. Die garantierte Verzinsung der alten Verträge zu erfüllen, stellt die Versicherungen im aktuellen Niedrigzinsumfeld vor große Schwierigkeiten.

Wirtschaft und Unterricht Nr. 5, Juni 2015

Aufgabe

Beurteilen Sie die Notwendigkeit einer expansiven Geldpolitik durch die EZB anhand der genannten Argumente sowie der der beiden vorangegangenen Unterkapitel 16.1.5 und 16.1.6.

16.2 Währungspolitik in der Europäischen Union

16.2.1 Freie oder flexible Wechselkurse?

M 1 ● Wie bilden sich Wechselkurse?

Wechselkurse bilden sich an den Devisenmärkten durch die Veränderung von Angebot und Nachfrage nach Währungen. Wie auch die Preise von Gütern unterliegen die
5 Wechselkurse dem Prinzip marktwirtschaftlicher Preisbildung.
Die Wechselkursbildung kann man mit Hilfe des Marktmodells anschaulich darstellen. Die Zusammenhänge lassen sich an
10 einem Beispiel verdeutlichen:
Werden deutsche Güter in die Vereinigten Staaten exportiert, werden diese entweder mit US-Dollar bezahlt und die deutschen Exporteure tauschen die erhaltenen US-
15 Dollar in Euro um, oder der Umtausch erfolgt bereits beim US-Importeur und dieser bezahlt den deutschen Exporteur mit Euro. In beiden Fällen steigen die Nachfrage nach Euro und das Angebot an US-Dollar
20 an den Devisenmärkten. Bei unverändertem Euro-Angebot steigt damit der Kurs des Euro gegenüber dem Dollar.
Im Marktmodell bedeutet die Erhöhung der Nachfrage nach Euro eine Rechtsverschie-
25 bung der Nachfragekurve von N_0 zu N_1. Der Wechselkurs des Euro steigt von k_0 auf k_1. Im umgekehrten Fall – wenn also ein deutscher Importeur beispielsweise Güter aus den USA importiert – bezahlt er diese
30 mit US-Dollar, die er vorher gegen Euro eingetauscht hat oder mit Euro, die der US-Exporteur dann gegen US-Dollar eintauscht. In beiden Fällen kommt es also zu einer Ausweitung des Angebots an Euro
35 und der Nachfrage nach US-Dollar. Bei unveränderter Nachfrage nach Euro an den Devisenmärkten sinkt damit der Wechselkurs des Euro gegenüber dem US-Dollar.
Im Marktmodell bedeutet die Ausweitung
40 des Angebots an Euro eine Rechtsverschiebung der Angebotskurve von A_0 nach A_1. Der Wechselkurs des Euro sinkt von k_0 auf k_1. Im Beispiel bildet sich der Wechselkurs allein aufgrund von Angebot und Nachfra-
45 ge an den Devisenmärkten. Man spricht von einem freien (flexiblen) Wechselkurssystem.
Bei einem festen (fixen) Wechselkurssystem dagegen werden die Wechselkurse zwischen Staaten vereinbart. 50

Autorentext und -grafiken

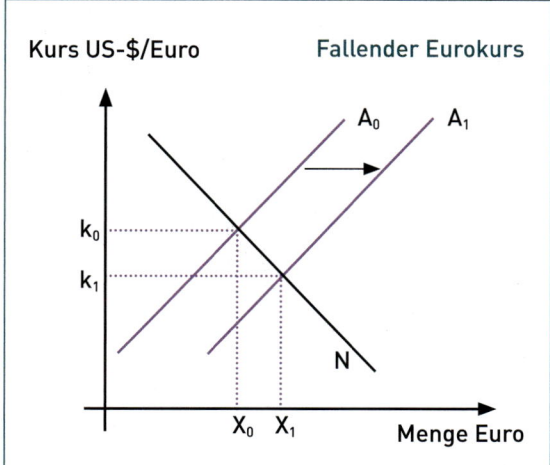

Der Wechselkurs

Unter dem Wechselkurs versteht man das Austauschverhältnis zweier Währungen (z. B. 1 Euro = 1,50 US-Dollar – sogenannte Mengennotierung oder 1 US-Dollar = 0,66 Euro – so genannte Preisnotierung). Zahlungsanweisungen in fremder Währung werden auch als „Devise" bezeichnet. Deshalb wird auch häufig vom Devisenkurs gesprochen. Mit dem Wechselkurs werden Preise international vergleichbar. Wenn ein Big Mac in New York 1,50 Dollar kostet und in Frankfurt 1 Euro, dann sind diese Preise über den Wechselkurs 1 Euro = 1,20 Dollar vergleichbar: Der Big Mac in Frankfurt kostet 1,20 Dollar und ist damit, in Dollar gerechnet, billiger als in New York. Und wenn der Wechselkurs sich ändert, dann ändern sich auch die Preisrelationen der Güter: Steigt der Wechselkurs des Euro auf 1,50 Dollar, dann kostet der Big Mac in Frankfurt umgerechnet 1,50 Dollar, genauso viel wie in New York. Der Euro hat eine Aufwertung erfahren. Sinkt der Wechselkurs, handelt es sich um eine Abwertung des Euro.

M 2 ● Verschiedene Typen von Wechselkurssystemen

Floaten – Sind Währungen untereinander frei umtauschbar (konvertibel) und sind die Devisenmärkte frei von staatlicher Beeinflussung, so findet sogenanntes „freies Floating" statt, d. h. der Wechselkurs bildet sich allein aus Angebot und Nachfrage nach den verschiedenen gehandelten Devisen. Daneben gibt es sog. „kontrolliertes" oder „schmutziges" (manipuliertes) Floaten, bei dem Währungsinstitutionen (i. d. R. Zentralbanken) durch Kauf und Verkauf von Devisenreserven das Geschehen auf dem freien Markt zu beeinflussen versuchen, insbesondere um zu starke Schwankungen von Wechselkursen zu verhindern. Beim Floating sind Edelmetalle grundsätzlich demonetisiert, d. h. nur Devisen (Guthaben in Fremdwährung) dienen als Reservemedium.

Systeme der Wechselkursfixierung – Wenn das kontrollierte Floaten nicht nur dem Ziel dient, bestimmte Wechselkurse zwischen Ländern zu stabilisieren, sondern in einem Verbund von verschiedenen Währungszonen (Ländern) bestimmte feste Wechselkursziele verfolgt werden, so spricht man von Systemen der Wechselkursfixierung. Hierbei wird, wie z. B. im System von Bretton Woods (1944 – 1973) oder im Europäischen Währungssystem (seit 1979, 1999 weitgehend in der EWU aufgegangen), zwischen verschiedenen Ländern ein Zielwechselkurs (Parität) fixiert, dessen Aufrechterhaltung innerhalb bestimmter Schwankungsbreiten (Bretton Woods: ursprünglich +/- 1 %, EWS: bis 1993 +/- 2,25 %, ab 1993 +/- 15 %) durch An- und Verkäufe von Devisenreserven auf dem freien Markt die Zentralbanken zu sichern haben. Die Stabilität solcher Währungssysteme ist [...] insbesondere davon abhängig, dass die Preis- und Zinsentwicklung der verschiedenen Teilnehmer nicht zu unterschiedlich verlaufen, weil sonst ständige Anpassungsnotwendigkeiten (Auf- und Abwertungen des Leitkurses) das System auf Dauer destabilisieren und anfällig für Spekulationen machen, was das Ziel solcher Währungsregimes (Entscheidungssicherheit für Wirtschaftssubjekte durch stabile Kurse) bedroht.

Currency Board Systeme – Neben bi- oder multilateralen Fixkurssystemen gibt es auch die Möglichkeit, dass Länder ihre Währung einseitig an die eines anderen Landes binden. Eine extreme Form ist das Currency-Board-System, in dem die eigene Währung [...] vollständig durch Devisenreserven der Ankerwährung (bzw. der Ankerwährungen bei Koppelung an einen Währungskorb) gedeckt wird. Dies führt dazu, dass das Handeln der Zentralbank dieses Landes sich im Wesentlichen darauf beschränkt, die Deckung der eigenen Währung durch die Reservewährung zu gewährleisten, indem sie neues Geld nur im Umtausch gegen Ankerwährungseinheiten in Umlauf bringt. Die Institution, die dies erledigt, heißt Currency Board. Solche Anbindung wird heute meist gewählt, wenn die eigene Währung stark inflationsgefährdet und/oder national wie international nicht ausreichend vertrauenswürdig ist (Bsp.: 1 Argent. Peso = 1 US-$ von April 1991 – Januar 2002). Früher diente sie v. a. im britischen Kolonialreich dazu, die (Anker-)Währung des Mutterlandes nicht den Risiken der Zirkulation in den Kolonien auszusetzen.

Währungsunion – Die Europäische Währungsunion (EWU, seit 1999) ist kein Wechselkurssystem mehr, sondern geht einen Schritt weiter, indem sie die Währungen der Mitgliedsländer ohne Schwankungs- und Kursanpassungsmöglichkeiten fixiert und damit bereits vor der Einführung von Euro-Bargeld (2002) de facto vereinheitlicht hatte. Die nationalen Zentralbanken haben hierbei ihre geldpolitischen Handlungsspielräume vollkommen an die Europäische Zentralbank abgetreten. Die nationalen Währungen verschwanden.

© 2004 Georg Fertig/Ulrich Pfister (Hrsg.), Markus Lampe, www.uni-muenster.de (22.12.2015)

M 3 ● **Wo liegen die Vor- und Nachteile von freien und festen Wechselkurssystemen?**

Freie Wechselkurssysteme
Vorteile:
- Kursänderungen eher langsam als plötzlich
- Ausgleich unterschiedlicher Lohn- und Preistrends im Ausland
- Gefahr des Imports einer Inflation aus dem Ausland begrenzt
- Ermöglicht eigene Wirtschaftspolitik

Nachteile:
- Planungsunsicherheit für Im- und Exporteure
- Kurssicherungskosten fallen an
- Finanzsektor kann über Kapitalströme und Spekulationen den Güter- und Dienstleistungssektor beeinflussen
- Erschwert internationale Arbeitsteilung bei starken Ungleichgewichten

Feste Wechselkurssysteme
Vorteile:
- Keine Transaktionskosten zur Kurssicherung
- Bessere Kalkulation von Auslandstransaktionen
- Abwertung der Währung zur Förderung des Exports wird verhindert
- Andere Länder können im Fall einer Währungsunion (z. B. in der EU) herangeführt werden;
- fördert politische Integration und Arbeitsteilung zwischen Volkswirtschaften

Nachteile:
- Koordination der Wirtschaftspolitik erforderlich
- Gefahr, Inflation zu importieren bzw. Arbeitslosigkeit zu exportieren
- Abrupte Kursänderung bei längeren Ungleichgewichten nötig
- Förderung von Währungsspekulationen bei großen Ungleichgewichten
- Abhängigkeit von der Leitwährung
- Keine autonome Geld- oder Konjunkturpolitik möglich

Autorentext

Aufgaben

1. Erklären Sie unter Verwendung des Marktmodells, was im System freier Wechselkurse unter Aufwertung einer Währung verstanden wird und wie sie zustande kommen kann (M 1).
2. Durch Käufe bzw. Verkäufe von Währungen kann die EZB in den Handel an den internationalen Devisenmärkten eingreifen. Zeigen Sie mit Hilfe des Marktmodells, wie die EZB die Senkung eines spekulativ überhöhten Dollarkurses erreichen könnte (M 1, M 2).
3. Diskutieren Sie den Vorschlag, den US-Dollar und den Euro in ein System fester Wechselkurse einzubinden (M 2, M 3).

16.2.2 Wie beeinflussen die Wechselkurse den Außenhandel?

M 4 ● Schwacher Euro? Gut so!

In den USA zeichnet sich die erste Leitzinserhöhung seit Ausbruch der Finanzkrise vor sechs Jahren ab, und in Europa dürfte die Europäische Zentralbank (EZB) am 22. Januar den Kauf von Staatsanleihen beschließen. Das eine stärkt den Dollar, weil er für Investoren attraktiver wird. Das andere schwächt den Euro, weil die EZB die Geldmenge erhöht. Die Wirkung ist seit einigen Tagen an den Devisenmärkten zu beobachten: Der Euro verliert gegenüber dem Dollar, zeitweise sank der Kurs der Gemeinschaftswährung auf unter 1,20 Dollar und damit auf den tiefsten Stand seit fast neun Jahren. Die Entwicklung bekommen etwa Touristen zu spüren, die jetzt in die USA reisen und dort bekannte Mitbringsel wie Marken-Jeans nicht mehr ganz so günstig kaufen können wie früher. Volkswirte gehen davon aus, dass der Eurokurs im Lauf des Jahres bis auf 1,15 Dollar abrutscht. Doch für die Gesamtwirtschaft ist der schwache Euro kein Grund zur Sorge – im Gegenteil. Die Vorteile überwiegen.

1. Wachstumsschub für Deutschland
[...] Im Herbstgutachten erwarteten die führenden Ökonomen einen BIP-Anstieg um 1,2 Prozent. Der schwächere Euro stützt vor allem die exportorientierten Unternehmen. Autohersteller wie Daimler, BMW oder Volkswagen können ihre Fahrzeuge in den USA günstiger anbieten. Das gleiche gilt für Branchen, deren Geschäfte in US-Dollar abgewickelt werden. Der Flugzeugbauer Airbus etwa profitiert vom schwächeren Euro beziehungsweise dem stärkeren Dollar. Indirekt wirkt der Eurokurs sich auch auf weitere Branchen positiv aus, zum Beispiel die Autozulieferer. Allerdings fließt der größere Teil des deutschen Exports in andere Euroländer, dadurch ist die Wechselkurswirkung begrenzt. Der Euro hat seit seinem Hoch im Mai 2014 gegenüber dem US-Dollar kräftig an Wert verloren. [...]

2. Entlastung für die Krisenstaaten
Tendenziell können auch Länder wie Portugal oder Italien von dem schwächeren Euro profitieren. Sebastian Dullien, Wirtschaftsprofessor an der Hochschule für Technik und Wirtschaft in Berlin, verweist auf wichtige Branchen in diesen Ländern: Portugal habe eine bedeutende Textilindustrie, in Italien sei unter anderem die Schuhproduktion ein wichtiger Exportzweig. Die Hersteller konkurrieren vor allem mit Erzeugern in Billiglohn-Ländern, sodass ein günstigerer Wechselkurs dem Export der in Italien oder Portugal gefertigten Waren hilft. Eine gegenüber dem Euro stärkere Drittwährung verteuert gleichzeitig Waren von dort, also etwa Textilien aus Thailand. Der thailändische Baht hat gegenüber dem Euro seit dem Sommer um mehr als zehn Prozent aufgewertet.

3. Schwacher Euro nimmt Deflationsangst
Der schwächere Euro kommt vor allem der EZB entgegen. Die sorgt sich vor einer möglichen Deflation in der Eurozone. Am Mittwoch wird die Inflationsrate für Dezember veröffentlicht. Einige Analysten befürchten, dass die Preise im Euroraum bereits fallen. In Deutschland lag der Preisauftrieb im Dezember bei nur noch 0,2 Prozent. Die EZB will eine Deflation vermeiden, weil sie die Wirtschaft lähmen könnte. Fallende Preise sorgen für sinkende Gewinne und Einkommen und steigende Arbeitslosigkeit. Erwarten die Menschen dauerhaft sinkende Preise, zögern sie Konsum und Investitionen hinaus, was die Krise noch verstärkt. Dass die Inflation derzeit so niedrig liegt, liegt am schwachen Wachstum und der immer noch hohen Arbeitslosigkeit in der Eurozone, aber auch am Preissturz beim Rohöl. Binnen eines

halben Jahres hat sich Öl um rund die Hälfte verbilligt. Die Energiepreise fielen zum Jahresende allein in Deutschland um 6,6 Prozent. Die EZB versucht diese Entwicklung aufzuhalten. Die Zinsen hat sie schon auf nahe null gesenkt, um die Konjunktur zu stützen. Geholfen hat es bislang nur wenig. In zwei Wochen will sie deshalb den Kauf von Staatsanleihen beschließen und so weiteres Geld in die Märkte pumpen, um den Euro zu schwächen. Die Hoffnung: Importierte Waren werden teurer und sorgen dafür, dass die Inflationsrate wieder zulegt. Von dieser Warte aus betrachtet sei der niedrigere Euro „ganz praktisch", sagt Sebastian Dullien. Der Kauf von Staatsanleihen soll außerdem dafür sorgen, dass die Banken mehr Kredite vergeben, damit die Konjunktur anzieht und am Ende auch die Preise wieder steigen.

Matthias Breitinger, www.zeit.de, 6.1.2015

M 5 ● Dänemark kämpft um seine Kronen

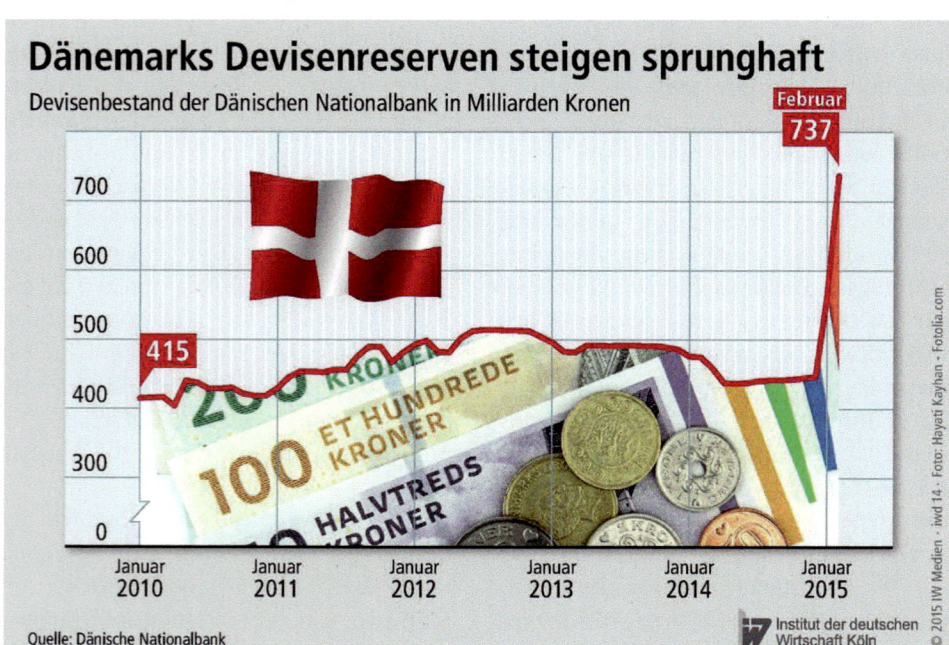

Der Euro wertet seit mehr als einem Jahr fast ununterbrochen ab. Deshalb haben jene Länder, die ihre Währung an die Gemeinschaftswährung gebunden haben, große Probleme, den gewünschten Wechselkurs zu halten. Nach der Schweiz trifft es jetzt Dänemark.

In der europäischen Geldpolitik geht es seit geraumer Zeit äußerst turbulent zu. Zuerst hat die Europäische Zentralbank (EZB) ihren Leitzinssatz auf nahezu null Prozent gesenkt. Dann wurde beschlossen, dass Banken für ihre Einlagen bei der EZB keine Zinsen mehr bekommen, sondern – ein Novum – seit Juni 2014 Zinsen zahlen müssen.

Und seit März dieses Jahres kaufen die europäischen Notenbanker jeden Monat für bis zu 60 Milliarden Euro Staatsanleihen auf, um die lahmende Wirtschaft im Euroraum anzukurbeln.

All diese Maßnahmen haben nicht nur einen Einfluss auf Inflation und Inflationserwartungen, sondern auch auf den Wechselkurs des Euro:

Dieser Abwertungsdruck besteht grundsätzlich gegenüber den meisten anderen Währungen.

Ein besonderes Problem haben allerdings Länder, die ihre Währungen in einem festen Wechselkurssystem an den Euro gebunden haben. Denn für sie bedeutet der Kursverfall, dass ihre Notenbanken in großem Stil Euro aufkaufen müssen, damit ihre eigene Währung nicht aufwertet.

Die Ersten, die vor diesem Dilemma standen, waren die Schweizer. Weil es für die Eidgenossen immer aufwendiger wurde, den gewünschten Mindestkurs von 1,20 Franken je Euro zu halten, haben sie Anfang des Jahres 2015 die Notbremse gezogen und den Kurs freigegeben.

Das wiederum hat Spekulationen entfacht, wonach es die Dänen den Schweizern gleichtun könnten. Doch im Unterschied zur Schweizer Nationalbank betrachtet die Dänische Nationalbank einen festen Wechselkurs traditionell als oberstes Ziel ihrer Geldpolitik.

War die Krone von 1982 bis zur Einführung des Euro fest an die D-Mark gebunden, ist sie heute mit der Gemeinschaftswährung verknüpft: Der Kurs liegt bei 7,46 Kronen je Euro und darf nur in der Bandbreite von mindestens 7,29 bis höchstens 7,63 Kronen schwanken.

Tut er das nicht, muss die Nationalbank mit dem Kauf oder Verkauf von Devisen nachhelfen. Seit der Schweizer Aufgabe des Mindestkurses im Januar ist genau das passiert. Lag der Devisenbestand der dänischen Notenbank in den vergangenen fünf Jahren bei durchschnittlich 465 Milliarden Euro im Monat, so ist er seit Anfang dieses Jahres sprunghaft gestiegen. Im Januar und Februar 2015 erhöhte die Dänische Nationalbank ihre Devisenreserven um nahezu 60 Prozent auf mehr als 730 Milliarden Kronen. Dieses milliardenschwere Engagement in Fremdwährungen ist der Preis, den Dänemark zahlt, um eine Aufwertung der Krone zu verhindern – denn das würde nicht nur die dänischen Exporte verteuern, sondern auch den heimischen Tourismus belasten.

Immerhin: Der Dänischen Nationalbank ist es gelungen, mit ihren Interventionen den Wechselkurs tatsächlich auf dem gewünschten Niveau von 7,46 Kronen zu halten.

Institut der Deutschen Wirtschaft Köln, Medien GmbH, iw-dienst 14; 2.4.2015, S. 3

M 6 ● Was den Euro bewegt: Ursachen von Wechselkursschwankungen

Wer Höhe und Veränderungen von Wechselkursen erklären will, muss wissen, wovon Angebot und Nachfrage nach Währungen abhängen. Es lassen sich drei dominierende Einflüsse ausmachen:

• Einer der ältesten Ansätze zur Erklärung von Wechselkursen setzt bei den **Preisen der international gehandelten Güter** an. Wenn ein im Außenhandel verwendetes Gut, beispielsweise ein von Unternehmen nachgefragtes Chemieprodukt, zum aktuellen Wechselkurs in Deutschland billiger ist als in der Schweiz, dann werden schweizerische Verwender dieses Gut aus Deutschland einführen und zu diesem Zweck am Devisenmarkt Euro nachfragen. Als Folge dieser Nachfrage wird der Wechselkurs des Euro gegenüber dem Franken steigen. Damit wird das in Deutschland hergestellte Gut für die Verwender in der Schweiz teurer. Sie werden das Produkt so lange in Deutschland nachfragen, bis der Wechselkurs des Euro jene Höhe erreicht, die den Preis des deutschen Gutes an den des schweizerischen Produkts angleicht. Da bei diesem Wechselkurs die Kaufkraft beider Währungen – wenigstens in Bezug auf international gehandelte Güter – gleich ist, nennt man diesen Erklärungsansatz die **Kaufkraftparitätentheorie**. Die Praxis zeigt allerdings, dass sich die meisten Wechselkurse nur sehr selten kurz- oder mittelfristig entsprechend der Kaufkraftparitätentheorie verändern. Dies erklärt sich unter anderem aus der Tatsache,

dass heute nur noch rund 5 % aller Umsätze an den Währungsmärkten auf Gütergeschäfte zurückzuführen sind. [...]
- In den vergangenen Jahren haben die **internationalen Kapitalbewegungen**, begünstigt durch die Öffnung nationaler Kapitalmärkte für ausländische Anleger, ein früher ungekanntes Ausmaß angenommen. Folglich gibt es Ansätze, Veränderungen von Wechselkursen als Ergebnis grenzüberschreitender Kapitalbewegungen zu erklären. Dabei geht man davon aus, dass international ausgerichtete Anleger, beispielsweise Versicherungen und Investmentfonds, dort Geld anlegen, wo sie sich den höchsten Ertrag versprechen. Erwarten die britischen Anleger beispielsweise für deutsche Anleihen höhere Renditen als für vergleichbare britische Papiere, werden sie ihr Geld in Deutschland anlegen. Dadurch steigt der Wechselkurs des Euro gegenüber dem Pfund, gleichzeitig sinkt wegen des höheren Kapitalangebots das deutsche Zinsniveau. Die Aufwertung des Euro wird sich so lange fortsetzen, bis sich die erwarteten Renditen deutscher und britischer Papiere aus Sicht der Anleger angeglichen haben. [...]
- Kurzfristige Veränderungen der Wechselkurse ergeben sich oft als Ergebnis von **Spekulationen** der Marktteilnehmer auf Kursänderungen. Jeden Vormittag wird in den großen Banken die Strategie für den Handelstag festgelegt, also beispielsweise, ob in Erwartung eines steigenden Dollarkurses große Beträge an Dollar gekauft werden sollen. Ihre Einschätzung der jeweiligen kurzfristigen Kurstendenz leiten die Händler unter anderem aus den vorliegenden Informationen und ihrem Gefühl für den Markt ab. Sie studieren die jeweilige politische und ökonomische Situation und sprechen mit anderen Marktteilnehmern, um ein Gefühl für die Stimmung am Markt zu erhalten. [...] Gewöhnlich beeinflussen diese Spekulationen den Wechselkurs nur kurzfristig, während mittel- und langfristig die Kurstendenz eher von ökonomischen Grunddaten wie dem Preisniveau oder dem Zinssatz abhängt.

Jürgen Jeske/Hans D. Barbier: Handbuch Wirtschaft – So nutzt man den Wirtschafts- und Finanzteil einer Tageszeitung, Frankfurt/M. 2000, S. 224 ff.

F Recherchieren Sie die Folgen des Franken-Euro-Wechselkurses auf den Tourismus in der Schweiz und den Handel in der Bundesrepublik Deutschland.

Aufgaben

1. Stellen Sie die Vor- und Nachteile eines „schwachen" Euros in einer übersichtlichen Darstellung aus deutscher Sicht dar (M 4).
2. Erklären Sie die Folgen, welche sich für Dänemark aus dem schwachen Eurokurs ergeben (M 5).
3. Erläutern Sie, warum die Kaufkraftparitätentheorie nur eingeschränkt zur Erklärung von Wechselkursschwankungen geeignet ist (M 6).

16.2.3 Hat der Euro noch eine Zukunft?

M 7 ● **Welche Folgen hat das Handeln der EZB für den Euro?**

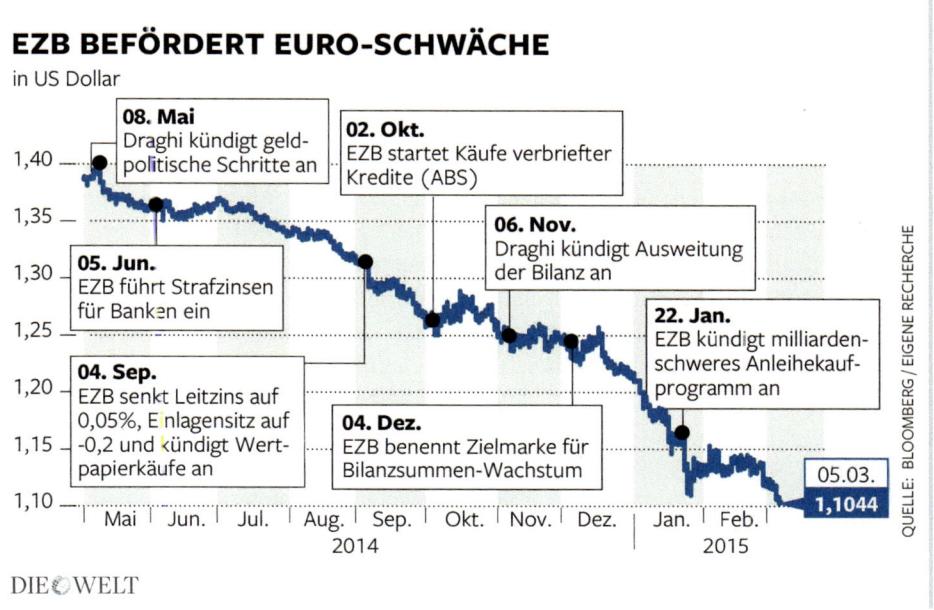

M 8 ● **Aufschwung nach der Krise: Irischer Frühling**

Reformstau in Frankreich, Stillstand in Italien, Endspiel in Griechenland – in der Flut der schlechten Nachrichten aus dem ökonomischen Krisengebiet Eurozone droht ein Hoffnungszeichen weitgehend unterzugehen: Am westlichen Zipfel Europas erlebt Irland eine verblüffende wirtschaftliche Wiederauferstehung. Die kleine Inselrepublik erreichte vergangenes Jahr das höchste Wirtschaftswachstum in Europa und wird voraussichtlich auch dieses Jahr Wachstumsspitzenreiter sein. 2014 stieg das irische Bruttoinlandsprodukt um fast 5 Prozent – sechsmal so stark wie die Eurozone insgesamt.

Gut vier Jahre ist es her, dass Irland von einer gewaltigen Immobilienmarkt- und Bankenkrise in die Knie gezwungen wurde und als zweites Mitgliedsland der Währungsunion nach Griechenland einen internationalen Notkredit aufnahm. Auf dem Höhepunkt der Krise im Sommer 2011 stieg die Rendite zehnjähriger irischer Staatsanleihen vorübergehend auf prohibitiv hohe 14 Prozent. Vergangene Woche dagegen fiel die Rendite unter 1 Prozent und war damit so niedrig wie noch nie.

Natürlich hat Irland die guten Nachrichten nicht nur eigenen Anstrengungen zu verdanken. Dass die Anleger dem Land zu Minizinsen Kredit gewähren, liegt vor allem an der Geldschwemme mit der die Europäische Zentralbank die Anleihemärkte sediert und realistische Risikoprämien weitgehend eliminiert hat. Das stark vom Außenhandel abhängige Irland profitiert außerdem von dem glücklichen Umstand, dass es den beiden wichtigsten Handelspartnern des Landes gut geht: Sowohl Großbritannien als auch die Vereinigten Staaten wachsen viel stärker als die meisten anderen Industrieländer. Die irischen

Reformfreudige Eurozonenländer profitieren

Die Eurozone sendet erfreuliche Wachstumssignale aus. Erstmals seit 2006 wachsen wieder aller Länder der Eurozone. Die reformorientierten Länder Spanien, Portugal, Irland und zuletzt auch Italien werden mit einer höheren Beschäftigung belohnt. Gerade in Italien sind die Unternehmen optimistisch – bei plus 65 Saldopunkten. Damit lässt die Eurozone vorerst ihre Rolle als Sorgenkind hinter sich. Die Betriebe in den Eurozonenländern sind bei einem Saldo von plus 37 Punkten [...] ähnlich zuversichtlich wie die Unternehmen weltweit. Sie profitieren derzeit von einem schwächeren Euro, der die internationale Wettbewerbsfähigkeit der Unternehmen zumindest kurzfristig verbessert. Allerdings hat sich auch in diesen Wirtschaftsregionen die Zuversicht geschmälert.
Felix Neugart/Heiko Schwiderowski/Dirk Schlotböller, AHK World Business Outlook 2015/2016, Oktober 2015, S. 4

Exportunternehmen sind die Nutznießer davon.

Trotzdem können andere Euro-Krisenstaaten von Irland lernen: Früher als andere in Europa haben die Iren harte persönliche Einschnitte in Kauf genommen und so internationale Wettbewerbsfähigkeit zurückgewonnen. In der privaten Wirtschaft sanken die Lohnstückkosten rascher und stärker als in den anderen Peripheriestaaten der Währungsunion.

Auch den Angestellten im öffentlichen Dienst wurden Gehaltseinbußen abverlangt. Um den maroden Staatshaushalt zu sanieren, kürzte die Regierung unter anderem die Arbeitslosenhilfe, das Kindergeld und vorübergehend den Mindestlohn. Die Mehrwertsteuer wurde erhöht.

Bedeutende Reformen wurden, abgesehen vom zuvor grotesk aufgeblähten Bankensektor, zwar kaum ins Werk gesetzt. Aber das ist kein Argument dafür, dass diese in anderen Krisenstaaten nicht dringend nötig wären. Im Gegenteil: Dass Irland heute vergleichsweise gut dasteht, liegt maßgeblich daran, dass das Land schon vor dem Absturz über eine deregulierte und flexible Wirtschaft verfügte. Beispiel Kündigungsschutz: Im Vergleich zu den anderen Eurostaaten ist dieser in Irland rudimentär. Hunderttausende Arbeitnehmer, die fast über Nacht ihre Jobs verloren, bekamen das schmerzhaft zu spüren.

Aber der wenig reglementierte Arbeitsmarkt begünstigte zugleich die nachfolgende Erholung. Wenn Unternehmen wissen, dass sie in schwierigen Zeiten schnell Arbeitsplätze abbauen können, stellen sie eben auch schneller wieder neue Leute ein, wenn Licht am Ende des Tunnels zu sehen ist.

In Irland wurden in den vergangenen vier Jahren fast 100.000 neue Arbeitsplätze geschaffen. Zwar ist die Arbeitslosigkeit weiterhin ein drückendes Problem. Aber mit 11 Prozent ist die Erwerbslosenquote weniger als halb so hoch wie in Griechenland und Spanien.

All das bedeutet nicht, dass Irland aus der Gefahrenzone ist. Die enormen Schulden im Land sind noch immer die größte Bedrohung. Der Wirtschaftsaufschwung und die Sparmaßnahmen haben zwar das staatliche Haushaltsdefizit seit 2011 um zwei Drittel auf 4 Prozent der Wirtschaftsleistung gedrückt. Aber der Schuldenstand des Staates ist mit mehr als 110 Prozent noch immer bedenklich hoch. Einschließlich der Verbindlichkeiten von privaten Haushalten und Unternehmen sitzt das Land auf einem Schuldenberg von fast 400 Prozent der Wirtschaftsleistung – ein einsamer Rekordwert in Europa und einer der höchsten Schuldenpegel der Welt.

Auch Irland hat deshalb noch einen langen Weg vor sich, bevor das Land finanziell wieder festen Boden unter den Füßen hat. Die Gefahr von Rückschlägen ist nicht gebannt. Wenn etwa das für den Schuldendienst dringend benötigte Wirtschaftswachstum verebben sollte, oder durch ein Ausscheiden Griechenlands aus der Eurozone Zweifel über die Zukunft anderer Peripherie-Staaten der Währungsunion neu aufflammen sollten, könnte es schlimmstenfalls auch für Irland wieder eng werden. Dennoch hat das Land unter den Notfallpatienten der Eurozone die besten Genesungsaussichten. Irland ist jedenfalls das bisher überzeugendste Beispiel dafür, wie in der Währungsunion auch schwerste Wirtschaftskrisen mit entschlossenen Sanierungsschritten und finanzieller Hilfe aus dem Ausland überwunden werden können.

Marcus Theuer, Frankfurter Allgemeine Zeitung, 4.3.2015

M 9 ● Immer mehr Finnen wollen raus aus der Gemeinschaftswährung

Die finnische Bürgerinitiative für den Ausstieg des Landes aus der Eurozone hat in den ersten fünf Tagen seit ihrer Gründung […] mehr als 27.000 Stimmen gesammelt. Diese Idee stammt vom ehemaligen Außenminister und heutigen Abgeordneten von der stärksten Parlamentspartei „Zentrum" Paavo Väyrynen.

Dieser Vorschlag kann dem finnischen Parlament zur Erörterung vorgelegt werden, wenn noch mindestens 23.000 Bürger innerhalb eines halben Jahres den Euro-Austritt unterstützen werden. Laut dem Experten Arkadi Rjabitschenko von der Baltischen Föderalen Immanuel-Kant-Universität hat diese Idee einen guten Nährboden gefunden, der von der Griechenland-Krise geschaffen worden sei. „Der Euro passt den Finnen nicht ins Konzept. Finnland hat bereits eine 15-jährige Erfahrung damit. Die jüngsten Ereignisse in Griechenland haben ihnen Angst eingejagt – in zwei Punkten. Erstens erhob sich die Frage, wer Griechenland als nächster folgen werde. Ob Finnland? Zweitens: ob die griechischen Schulden schon jetzt aus der Tasche der finnischen Bürger bezahlt werden müssen?", sagte Rjabitschenko der Agentur sputniknews.

Der Experte zweifelt nicht daran, dass das finnische Parlament diese Initiative schließlich erörtern wird. Laut Rjabitschenko hat Väyrynen vor kurzem in der EU-Kommission vorgeschlagen, dass jeder Staat neben der einheitlichen Währung Euro auch seine eigene Landeswährung hat. Der Abgeordnete sieht das Hauptproblem in den Unterschieden zwischen den nationalen Wirtschaftssystemen innerhalb der Eurozone. Rjabitschenko verwies darauf, dass Finnlands Nachbarländer Dänemark und Schweden nicht zur Eurozone gehören. Ihre Wirtschaftslage sei stabiler als die der Euro-Staaten, so der Experte.

http://de.sputniknews.com, 21.7.2015

Euroländer

Alle Mitgliedstaaten der EU – mit Ausnahme von Großbritannien und Dänemark – haben sich dazu verpflichtet, den Euro als gemeinsame Währung einzuführen und auf die Erreichung und Einhaltung der Konvergenzkriterien hinzuarbeiten. Schweden gilt als Sonderfall, da es absichtlich – und von der Europäischen Kommission geduldet – nicht am Wechselkurssystem des Europäischen Währungssystems teilnimmt und dadurch einen Eurobeitritt vermeidet.

Konvergenzkriterien

Die EU-Mitglieder einigten sich 1992 mit dem Vertrag von Maastricht auf Mindestkriterien, die von den Ländern der zukünftigen Eurozone zu erfüllen sind:
1. Preisstabilität: Die Inflationsrate darf nicht mehr als 1,5 % über den durchschnittlichen Preissteigerungsraten der drei preisstabilsten Länder liegen.
2. Haushaltsdisziplin: Die Neuverschuldung der öffentlichen Haushalte darf nicht mehr als 3 % des BIP betragen. Der Schuldenstand der öffentlichen Haushalte darf 60 % des BIP nicht übersteigen.
3. Zinshöhe: Der langfristige Zinssatz darf nur 2 % über den Zinsen für langfristige Anleihen der drei preisstabilsten Länder liegen.

Aufgaben

1. Beurteilen Sie anhand der Beispiele Irland, Griechenland und Finnland die Chancen für ein Weiterbestehen der Währungsunion (M 7 – M 9).
2. Recherchieren Sie für weitere potentielle Euro-Beitrittsländer die aktuellen wirtschaftlichen Fakten und stellen Sie eine Prognose auf, ob deren Beitritt für die Zukunft der Währungsunion ein Gewinn wäre.

ORIENTIERUNGSWISSEN

Bedeutung des Außenwertes
M 1, M 4

Der Außenwert des Euro – speziell im Verhältnis zum Dollar – unterliegt seit seiner Einführung starken Schwankungen. Die Auswirkungen eines schwachen bzw. starken Euro nach außen sind ambivalent: So fördert ein schwacher Euro die Exporte aus der Eurozone, während sich die Importe verteuern. Bei einem starken Euro stellt sich die Situation genau umgekehrt dar.

Ursachen von Wechselkursschwankungen
M 6

Traditioneller Erklärungsansatz für Wechselkursschwankungen ist die Kaufkraftparitätentheorie: Realisiert ein Land z. B. aufgrund günstiger Produktionskosten Exportüberschüsse, führt dies zu einer steigenden Nachfrage nach der Währung dieses Landes, um die dort gekauften Güter bezahlen zu können. Als Folge dieser Nachfrage wird der Wechselkurs dieser Währung steigen und die Produkte verteuern – so lange, bis kein Preisvorteil mehr durch den hohen Wechselkurs besteht. Zur Erklärung heutiger Kursschwankungen ist die Kaufkraftparitätentheorie immer weniger geeignet, da die durch Handelsströme ausgelösten Devisenbewegungen nur einen sehr kleinen Teil an den gesamten Währungsbewegungen ausmachen. Wechselkursschwankungen sind heute auf die immensen Kapitalbewegungen der globalen Investmentfondgesellschaften und Versicherungen zurückzuführen.

Wechselkurssysteme
M 2, M 3, M 5

Die gemeinsame europäische Währung wird in zwei Wechselkurssysteme eingebunden. Frei schwankende (flexible) Wechselkurse kennzeichnen die Außenbeziehungen des Euro zu Drittländern wie den USA, Japan oder China. Hier bestimmen Angebot und Nachfrage auf den Devisenmärkten den Außenwert der Währung. Innerhalb der EU wurde zwischen den Euroteilnehmern und den Nichtteilnehmern („Outs") ein System weitgehend fester Wechselkurse, der Wechselkursmechanismus II (WKM II) eingerichtet.

Krise des Euro
M 7 – M 9

Durch die Weltwirtschaftskrise 2008/2009 mussten die Staaten mit massiven Finanzmitteln Banken retten und teure Konjunkturprogramme finanzieren. Dadurch wuchsen die Staatsschulden aller Länder stark an. Hinzu kam, dass insbesondere Griechenland schon lange über seine Verhältnisse lebte und das wahre Ausmaß seiner Schulden über Jahre hinweg beschönigte. Nach Bekanntwerden der tatsächlichen Wirtschaftslage Griechenlands begannen die Finanzmärkte an der Bonität auch anderer europäischer Staaten mit hohem Schuldenstand zu zweifeln. Die Zahlungsfähigkeit Griechenlands konnte nur durch massive Unterstützung der EU und des IWF garantiert werden. Gleichzeitig stiegen die Zinsen für Anleihen durch schlechte Bewertungen der Ratingagenturen, so dass es für Griechenland und andere Staaten mit hohem Schuldenstand immer schwerer wurde, sich über den Kapitalmarkt zu finanzieren. Bürgschaften und Kredite in Form eines europäischen Rettungsschirms sollten eine Kettenreaktion und drohende Staatspleiten verhindern. Doch ist unsicher, ob die Rettungsversuche langfristig Erfolg versprechen. Dabei galt der Euro als Erfolgsmodell: Er hat die Stellung Europas im globalen Wettbewerb gefestigt und wurde zum Symbol des europäischen Einigungsprozesses. Heute wird jedoch die Tatsache, dass es in der Eurozone keine einheitliche Wirtschafts- und Finanzpolitik gibt, als Konstruktionsfehler des Euro betrachtet.

Daran wird der Euro zerbrechen

Meine Erkenntnis des Jahres: Der Euro ist gar keine Währungsunion. Er ähnelt vielmehr dem Goldstandard* – und der ist auseinandergeflogen. Ich sage dem Euro das-
5 *selbe voraus.*

Am Ende eines Jahres frage ich mich oft: Was habe ich gelernt? Was hat mich am meisten überrascht? Rückblickend war es für mich eine tiefe Erkenntnis über den
10 Euro, die wir ausgerechnet Wolfgang Schäuble zu verdanken haben: Der Euro ist nicht das Geld einer Währungsunion, wie ich früher immer dachte. Er ist das Geld eines festen Wechselkursmechanismus mit
15 gemeinsamer Währung. Ich meine das nicht ironisch. Dem Finanzminister sei Dank für eine wichtige Klarstellung.

Zwischen den Konzepten einer Währungsunion und eines Systems fester Wechsel-
20 kurse besteht ein Riesenunterschied, ungefähr vergleichbar in der Politik dem zwischen einer Föderation und einer Konföderation. Eine Föderation wie die Bundesrepublik oder die Schweiz ist ein zent-
25 raler Verfassungsstaat, in dem bestimmte hoheitliche Rechte den Ländern vorbehalten sind. Die Konföderation ist eine lockere Verbindung, die man eingeht, um gemeinsame Interessen wahrzunehmen. Zur Mit-
30 gliedschaft besteht kein Zwang. Ein gutes Beispiel für solch einen Interessenbund ist die Hanse.

Der Euro war zunächst als das ökonomische Äquivalent eines Föderalstaates ange-
35 dacht. Das Jahr 2015 hat uns jedoch gezeigt, dass es so nicht kommen wird. Während der Verhandlungen mit Griechenland hatte Schäuble die Möglichkeit eines Austritts im Ministerrat vorgetragen.
40 Im Juli standen wir kurz davor, als der griechische Ministerpräsident Alexis Tsipras in allerletzter Minute einlenkte und plötzlich Bedingungen für ein weiteres Hilfsprogramm akzeptierte, die er vorher
45 abgelehnt hatte. Damit kam in letzter Minute ein fauler Kompromiss zustande, der ein Ausscheiden Griechenlands aus dem Euroraum kurzfristig verhinderte.

Vorbild Goldstandard

Mit diesem scheinbaren Happy End änderte 50 sich aber nichts an der Realität: Im Zuge dieser Verhandlungen verkam der Euroraum von einer Währungsunion zu einem System fester Wechselkurse mit gemeinsamer Währung. Ein fester Wechsel- 55 kursmechanismus ist ein auf unbestimmte Zeit angelegtes Währungsregime, das so lange hält, bis sich ein Land aus dem Verband verabschiedet. Häufig sind es wirtschaftliche Entwicklungen, die Länder zu 60 diesem Schritt bewegen, etwa hohe Defizite, Überschüsse in der Leistungsbilanz oder Finanzkrisen.

Das berühmteste aller festen Wechselkursregime war der Goldstandard, der unter 65 dem Druck der Deflation der Dreißigerjahre zusammenbrach. Der Euro funktioniert heute ökonomisch sehr ähnlich wie der Goldstandard. Wer sich nicht anpasst, hat immer größere Schwierigkeiten, sich im 70 System zu halten. Griechenland ist da nur ein Beispiel. Italiens Wirtschaft ist seit dem Eintritt des Landes in die Währungsunion nicht mehr gewachsen, und auch dort stellen sich immer mehr Leute die Frage, ob 75 der Euro noch das richtige Währungssystem ist.

In einer Föderation oder in einer echten Währungsunion käme niemand auch nur auf die Idee, den Fortbestand der Währung 80 infrage zu stellen. In einem Staat wie der Bundesrepublik erfolgt die wirtschaftliche Anpassung über eine ganze Reihe von Kanälen – über den Bund, die sozialen Versicherungssysteme oder durch die Mobilität 85 von Arbeitnehmern.

Transferleistungen sind tabu

In einem System fester Wechselkurse wie dem Goldstandard gab es dagegen nur eine Art der Anpassung: Wer im Goldstandard 90 in Schwierigkeiten geriet, musste sparen. Transferleistungen von anderen Ländern

KOMPETENZEN ANWENDEN

waren keine Option. Und so kam es zu einer prozyklischen Haushaltspolitik, damals wie heute. Die Anpassungen, die die Südländer zuletzt durchgemacht haben, waren ähnlich hoch wie die Anpassungen in den USA oder England in den Dreißigerjahren. Das Einzige, was an dem Vergleich zwischen Euro und Goldstandard hinkt – aber wie sich herausstellt nur oberflächlich –, ist die gemeinsame Währung. Im Goldstandard gab es feste Beziehungen zwischen nationalen Währungen und einem in Dollar festgelegten Goldpreis. Eine gemeinsame Währung mag psychologisch anders anmuten als ein komplexer Mechanismus, in dem alle Währungen an den Goldpreis gebunden sind. Ökonomisch ist es aber egal, ob man ein Währungssystem mit einer Einzelwährung festzurrt oder ob jeder seine Währung behält.

Die Wirkungsmechanismen sind dieselben. Und damit sind wir bei meiner Erkenntnis des Jahres: Der Euro ist ein moderner Goldstandard. Schäuble hat genau das artikuliert, als er von einer Pause für Griechenland im Euro warb. Da in diesem System die Staaten souverän bleiben, bedeutet das dann natürlich auch, dass sie das System verlassen werden, wenn es ausgedient hat. Das kann lange dauern wie bei der Hanse oder plötzlich zu Ende gehen wie mit dem Goldstandard in den Dreißigerjahren.

Was wir mit Gewissheit sagen können: Auch die Zeit des Euro wird begrenzt sein.

* *Goldstandard: Er ist dadurch charakterisiert, dass die Geldmenge eines Landes entweder buchstäblich in Gold definiert ist [...] oder, dass die Notenbank einen bestimmten Preis zwischen der Geldeinheit (z. B. Euro) und Gold garantiert [...]. Wenn dies mehrere Länder zugleich tun, dann sind auch die relativen Preise zwischen den verschiedenen nationalen Währungen, d. h. die nominellen Wechselkurse fixiert.*
Carsten Weerth, http://wirtschaftslexikon.gabler.de (25.12.2015)

Wolfgang Münchau, www.spiegel.de, 25.12.2015

Aufgabe

„Der Euro wird nur mit einer gemeinsamen europäischen Finanz- und Wirtschaftspolitik überleben." Diskutieren Sie ausgehend vom Text diese These.

16 Geld- und Währungspolitik

SELBSTDIAGNOSE

Sie können...	Dazu benötigen Sie u. a. folgende Begriffe...	Das klappt schon...	Hier können Sie u. a. noch üben...
die Rollen und Aufgaben von Kapital-, Kredit- und Aktienmärkten erläutern.	Rolle und Funktionen des Geldes Abschaffung des Bargeldes Zinsen Börse und Aktie	👍 👎	M 1 – M 9 / S. 492 – 502 Orientierungswissen / S. 519
die Bedeutung eines stabilen Preisniveaus erklären.	Inflation Hyperinflation	👍 👎	M 11 – M 13 / S. 504 – 507
die Funktion und Arbeitsweise einer Zentralbank analysieren.	Europäische Zentralbank Unabhängigkeit der EZB Geldpolitik Hauptrefinanzierungs-geschäfte Leitzins Staatsanleihen	👍 👎	M 14 – M 22 / S. 508 – 518 Orientierungswissen / S. 519 f.
unterschiedliche Wechselkurssysteme voneinander unterscheiden und Wechselkurse von Währungen beschreiben.	Wechselkurssysteme Wechselkurs-schwankungen Kaufkraftparitäten-theorie	👍 👎	M 1 – M 6 / S. 522 – 528 Orientierungswissen / S. 532
die Zukunft des Euros bewerten.	Konvergenzkriterien Euroländer Goldstandard	👍 👎	M 7 – M 9 / S. 529 ff. Orientierungswissen / S. 532

Karikatur: Klaus Stuttmann

17 Globale Finanzmärkte und Finanzmarktordnung

Globalisierte Finanzmärkte sind gleichsam Ausdruck und Spiegelbild grenzenloser ökonomischer Verflechtungen. Die Entwicklung und breite Anwendung digitaler Kommunikation seit den 1980er-Jahren ermöglichten Kapitaltransfers in fast beliebiger Höhe auch über große Entfernungen fast zeitgleich zu veranlassen und auszuführen. Der internationale Wertpapier- und Devisenhandel, der rund um die Uhr an den Weltbörsen stattfindet, wäre ohne elektronische Handelssysteme nicht möglich. Die Bedeutung der globalen Finanzmärkte verdeutlichen folgende Zahlen: Der weltweite Aktienbestand 2014 betrug 67,5 Billionen US-Dollar, der gesamte Aktienhandel 111,4 Billionen. Zum Vergleich belief sich das Bruttoinlandsprodukt der EU 2014 auf ca. 14 Billionen US-Dollar. Die schwere globale Finanzkrise, die 2007 als Immobilienkrise auf dem Hypothekendarlehen-Markt in den USA begann, hat fast überall auf der Welt zu einem deutlich abgeschwächten Wirtschaftswachstum oder gar zur Rezession geführt und das Vertrauen in die Finanzmärkte erschüttert. Die Finanzkrise wurde dadurch ausgelöst, dass die jahrelang steigenden Immobilienpreise in den USA, die sich zu einer Immobilienblase entwickelt hatten, stagnierten und gebietsweise fielen. Bei steigenden Kreditzinsen und fallenden Wiederverkaufswerten konnten viele Kreditnehmer ihre Kredite nicht mehr zurückzahlen.

KOMPETENZEN

Am Ende dieses Kapitels sollten Sie Folgendes wissen und können:

Sie können die Funktionsweisen globaler Finanzmärkte beschreiben.

Sie können den Zusammenhang der Finanzkrise 2007/08 und der anschließenden Weltwirtschaftskrise darstellen.

Sie können Gründe für das Entstehen von Finanzkrisen erläutern.

Sie können Maßnahmen zur Kontrolle der Finanzmärkte beschreiben.

Sie können die Wirksamkeit der Maßnahmen zur Kontrolle der Finanzmärkte beurteilen.

Sie können die Steuervermeidungspolitik von Unternehmen beurteilen.

Was wissen und können Sie schon?

Formulieren Sie möglichst viele Fragen, die sich Ihnen bei der Analyse der Materialen stellen.

17.1 Krisenindikatoren und deren Zusammenhang

M 1 ● Finanzmärkte als Vorboten der Konjunkturkrise

a) Der Verlauf des DAX von Januar 2008 – September 2011

b) Abschwung des DAX – Vorbote einer Rezession

17.1 Krisenindikatoren und deren Zusammenhang

M 2 • Die globalen realwirtschaftlichen Folgen der Finanzkrise 2007/08

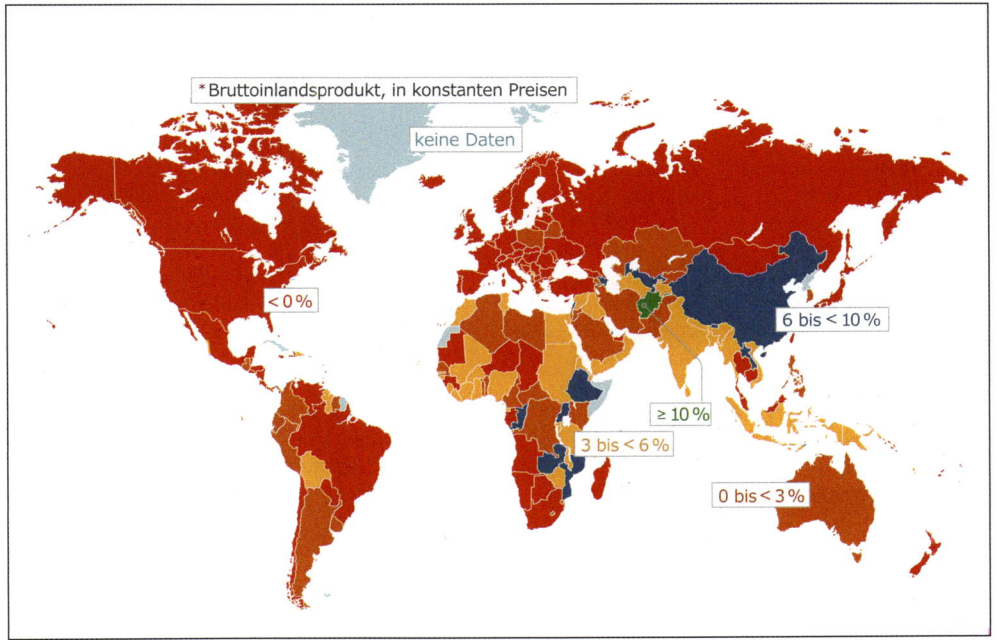

Quelle: International Monetary Fund (IMF): World Economic Outlook, April 2010; Lizenz: Creative Commons by-nc-nd/3.0/de; Bundeszentrale für politische Bildung, 2010, www.bpb.de

M 3 • Die Kreditwürdigkeit ausgewählter Staaten

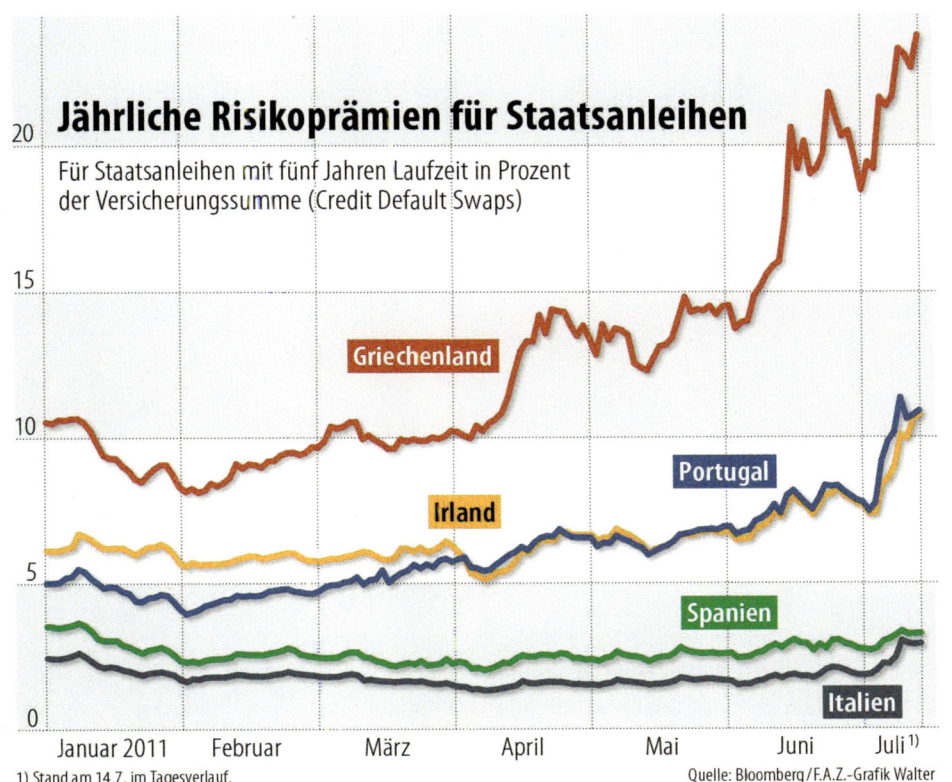

1) Stand am 14.7. im Tagesverlauf. Quelle: Bloomberg / F.A.Z.-Grafik Walter

Credit Default Swaps (CDS)

Instrument zur Absicherung eines Zahlungsausfalls bei einem Kreditnehmer (bei Staatsanleihen der Staat). Sehr vereinfacht: ein CDS schützt wie eine Kreditausfallversicherung vor dem Totalverlust des geliehenen Kapitals (zumeist Anleihen) im Falle der Zahlungsunfähigkeit des Schuldners; Gläubiger zahlen einen bestimmten Betrag z. B. an ihre Bank, der auf dem Nominalwert der Anleihe beruht, damit sie im Falle des Zahlungsausfalls einspringt. Da CDS an den Finanzmärkten auch frei, d. h. getrennt von ihren zugehörigen Anleihen, gehandelt werden dürfen, gehört deren Handel zu spekulativen Geschäften. Je höher die Wahrscheinlichkeit des Zahlungsausfalls, desto höher die zu zahlende Prämie.

M 4 • Staatsverschuldung und Sparpolitik

Sparpakete der PIIGS-Staaten

	Portugal	Italien	Irland	Griechenland	Spanien
Umfang Sparpaket(e)	k.A.	93,5 Mrd. Euro	15 Mrd. Euro	78 Mrd. Euro	15 Mrd. Euro
Maßnahmen (Auswahl)	• Gehaltskürzungen im öffentlichen Dienst • Rentenkürzungen • Kürzung des Arbeitslosengeldes • Steuererhöhungen • Privatisierungen	• Stelleneinsparungen im öff. Dienst • Zusammenlegung von Kommunen • frühere Erhöhung des Rentenalters der Frauen auf 65 Jahre • Steuererhöhungen z.B. auf Tabak und Kapitalerträge	• Kürzung öffentlicher Ausgaben, u.a. durch Stellenabbau • Steuererhöhungen • Senkung des Mindestlohns • Trinkwasser ab 2014 kostenpflichtig	• Gehaltskürzungen und Entlassungen im öffentlichen Dienst • Erhöhung der direkten und indirekten Steuern (z.B. auf Tabak) • Privatisierungen z.B. von Häfen und Flughäfen	• Kürzung der Beamtengehälter • Nullrunde für Rentner • Erhöhung u.a. der Tabaksteuer • Teilprivatisierung von Flughäfen
Ziel	Finanzierungsdefizit unter 3 % bis 2013	ausgeglichener Haushalt bis 2013	Senkung des Finanzierungsdefizits	Senkung des Finanzierungsdefizits	Finanzierungsdefizit unter 3 % bis 2013
Finanzierungsdefizit 2011* (in % des BIP)	-5,9 %	-4,0	-10,5	-9,5	-6,3
Schuldenstand 2011* (in % des BIP)	101,7 %	120,3	112,0	157,7	68,1

dpa•15319   Quelle: EU, dpa   * Frühjahrsprognose der EU-Kommission

Aufgaben

F Erläutern Sie, warum die Sparpolitik der sog. PIIGS-Staaten in Wissenschaft und Politik umstritten ist.

1. Analysieren Sie die Schaubilder M 1 und M 2.
2. Erklären Sie mögliche Zusammenhänge zwischen dem Börsenverlauf und der konjunkturellen Entwicklung 2008 – 2011.
3. Beschreiben Sie mögliche Zusammenhänge zwischen M 3 und M 4.

17.2 Von der Finanz- zur Weltwirtschaftskrise

M 5 ● **Wie konnten US-amerikanische Hausbesitzer und deren Banken eine weltweite Wirtschaftskrise auslösen?**

Krisenursachen

Boni: An Umsatz gekoppelte Lohnkomponenten für Bankmanager und Kreditvermittler (ohne Beteiligung an finanziellen Risiken der Abschlüsse)

niedriger Leitzins: Die US-amerikanische Notenbank Federal Reserve (FED) legt einen niedrigen Leitzinssatz fest. Ziel ist es, die Wirtschaft anzukurbeln.

staatliche Immobilienförderung: Bau und Kauf von Eigenheimen werden z. B. durch Steuernachlässe in den USA staatlich gefördert.

fehlende Regulierung der Finanzmärkte: Kredite können in Wertpapiere umgewandelt und international gehandelt werden (Verbriefung). Verbriefungsrisiken erscheinen nicht unbedingt in der Bankbilanz. Ratingagenturen bewerten „verbriefte" Kredite als extrem sicher.

Vergabe von Krediten an Schuldner mit schlechter Zahlungsfähigkeit: Auch Arbeitslose und Geringverdiener erhalten Kredite für Immobilien (sogenannte Subprime-Kredite). Sie bürgen für die Kredite nicht mit existierenden Sicherheiten, sondern mit dem Wert der – kreditfinanzierten – Immobilien. Die Nachfrage nach Immobilien steigt kontinuierlich und damit deren Preis. Die Preise übersteigen den Wert der Immobilien deutlich (Immobilienblase).
Teilweise werden mit der „Sicherheit" gestiegener Häuserpreise neue Kredite für Konsumausgaben (Autos, Reisen...) vergeben.

Banken- bzw. Subprimekrise (USA)

Verfall der Immobilienpreise in den USA: Mit dem Erkennen der deutlich überhöhten Häuserpreise sanken die Marktpreise schlagartig und der Immobilienmarkt brach zusammen.

Zahlungsunfähigkeit der Hausbesitzer: Bei privater Insolvenz können die Hausbesitzer ihre Kredite nicht zurückzahlen.

Misstrauen im Bankensektor:
→ Die Banken geben einander keine Kredite mehr.
→ Bankkunden fürchten den Zusammenbruch der Banken und ziehen ihre Einlagen zurück (Gefahr des bank run).

weltweite Finanzkrise

Boni: Auszahlung oft trotz angeschlagenen Bankensektors

Bankenpleiten: Weltweit geraten Banken, die verbriefte Kredite gekauft haben, in Schwierigkeiten: z. B. Pleite der Investmentbank Lehman Brothers (USA, September 2008) und Verstaatlichung der Hypo Real Estate (Deutschland, Oktober 2009).

Folgen für Staaten: Hohe Kosten für „Bankenrettung"
→ zusätzliche Belastung des Staatshaushalts

weltweite Wirtschaftskrise

Einschränkung der Kreditvergabe: Banken weltweit vergeben deutlich weniger Kredite an Wirtschaftsunternehmen.

deutlicher Rückgang der Wirtschaftsleistung Es entstehen besonders Absatzschwierigkeiten für stark exportorientierte Volkswirtschaften wie die Deutschlands (weltweite Ungleichgewichte der Leistungsbilanz) sowie BIP-Einbrüche für Staaten mit großem Finanz- (z. B. Großbritannien, Irland) oder Bausektor (z. B. Spanien)
→ Einnahmeverluste letztlich auch eine Ursache für die Staatsschuldenkrise in mehreren Euro-Staaten ab 2010.

Gefahr steigender Arbeitslosigkeit
→ staatliche Einnahmeverluste (Steuern) und Ausgabenerhöhungen (Sozialleistungen)

Grafik nach: Jana Bretschneider, Weltwirtschaftskrise, Bamberg 2011, S. 87

M 6 • Gründe für die Finanz- und Weltwirtschaftskrise

Moral Hazard
Englische Bezeichnung für moralisches Wagnis. Hierunter versteht man das Risiko, dass eine Person sich unmoralisch oder unachtsam verhält, weil eine Versicherung, ein Gesetz oder eine andere Institution bei Verlusten schützt, die durch ihr Verhalten ansonsten entstünden.
© Campus Verlag, www.onpulson.de (19.4.2016)

Ratingagentur
Soll das Kreditrisiko und damit die Kreditwürdigkeit (Bonität) von Unternehmen, Bankprodukten und Staaten beurteilen. Dabei werden Wahrscheinlichkeiten eines Ausfalles berechnet. Als Ergebnis vergeben die Agenturen wie Standard & Poor`s, Moody`s oder Fitch einen Ratingcode. Für das beste Rating bzw. die höchste Bonität wird der Code AAA, bei Zahlungsausfall ein DDD vergeben.

inkohärent
unzusammenhängend

1. **Herdentrieb und irrationales Marktverhalten:** An den US-Immobilienmärkten war es über Jahre zu übertriebenen Preissteigerungen gekommen. Ursache dürften hier die Verbreitung eines Narrativs („soziale Ansteckung") ewig steigender Immobilienpreise gewesen sein und damit irrationale Erwartungen über die künftige Hauspreisentwicklung. [...]
2. **Moral Hazard:** [...] Banken sind Kreditnehmer ihrer Sparkunden. Wie aus der Literatur zu Finanzbeziehungen bekannt ist, haben sie damit einen Anreiz, insbesondere bei geringer Eigenkapitalausstattung übermäßige Risiken einzugehen, denn damit steigt die erwartete Rendite auf das Eigenkapital. [...] Da die Banken und Hypothekenfinanzierer davon ausgehen konnten, die Kreditrisiken der Hypotheken auf die Käufer der CDOs abzuwälzen und damit aus den eigenen Bilanzen zu entfernen, senkten sie nach und nach die Kreditstandards. Hypotheken wurden zum Teil mit Drücker-Methoden vergeben – ohne eine Kreditprüfung, die diese Bezeichnung verdient hätte.
3. **Too big to fail:** Gerade große Banken konnten darauf vertrauen, dass sie im Krisenfall von der eigenen Regierung gerettet würden. Daher konnten diese Institute noch einmal größere Risiken eingehen. [...]
4. **Exzessive Komplexität:** Die Vertrauenskrise nach dem Zusammenbruch der Investmentbank Lehman Brothers ist vor allem darauf zurückzuführen, dass Risiken sowohl in komplexen Finanzprodukten als auch bei ganzen Instituten weder von Geschäftspartnern noch von Aufsichtsbehörden adäquat zu bewerten waren.
5. **Inkohärente Aufsichtsstrukturen:** Aufsichtsstrukturen sowohl in Europa als auch in den USA hatten sich oft historisch entwickelt und waren den modernen Strukturen des Finanzsektors nicht gewachsen. So waren in den USA Hypothekengesellschaften, die zeitweise für den Großteil der neu vergebenen Subprime-Hypotheken verantwortlich waren, legal keine Banken und damit nur auf der Ebene der Einzelstaaten reguliert. In Europa lag die Verantwortung für Aufsicht und Regulierung auf nationaler Ebene, was dazu führte, dass einige Länder wie etwa Irland mit bewusst laxen Regeln riskante Geschäftätigkeiten anzogen, die am Ende zu Problemen in anderen Ländern führten.
6. **Interessenkonflikte:** Vor der Krise verkauften Ratingagenturen oftmals nicht nur ihre Ratings für bestimmte Produkte an Banken, sondern berieten diese gleichzeitig, wie man mit geringen Änderungen an der Struktur komplexer Produkte ein besseres Rating erreichen könnte. Da die Ratingagenturen von den Gebühren aus den Rating-Aufträgen der Banken lebten, gab es einen Anreiz, nicht ganz objektiv zu bewerten. [...]
7. [...] Banken verlagerten riskante Aktivitäten in den **Schattenbankensektor**, blieben aber über Kredit- und Kapitalbeziehungen für einen beträchtlichen Teil der Risiken haftbar. [...]
8. **Makroökonomische Ungleichgewichte** [...] sowie die wachsende Ungleichheit bei der Einkommensverteilung innerhalb der USA: Aufgrund des schwachen Wachstums der Masseneinkommen dort [...] blieb über Jahre das aus Einkommenszuwächsen gespeiste Konsumwachstum schwach. Nur durch eine wachsende Verschuldung der Privathaushalte konnte diese Lücke in der gesamtwirtschaftlichen Nachfrage ausgeglichen werden. Dies wurde von der Fed und der US-Regierung akzeptiert, um einen Anstieg der Arbeitslosigkeit zu verhindern.

Sebastian Dullien, Umbau der Finanzmärkte: Übermäßiges Vertrauen in Marktrationalität hält an, Wirtschaftsdienst 2013, Sonderheft ZBW – Leibniz-Informationszentrum Wirtschaft, Heft Nr. 13, S. 25

17.3 Fehler im System – warum sind Finanzmärkte so krisenanfällig?

M 7 ● Risiko, Unsicherheit, Ignoranz und Gier

[Als] weitere Ursache für die Krisenanfälligkeit von Finanzsystemen ist die Gier nach immer höheren Gewinnen zu nennen. Das wurde schon vor Jahrzehnten von Hyman Minsky dargelegt. Minsky vertraute nicht auf Gleichgewichte, die automatisch von Marktteilnehmern hergestellt werden. Finanzmarktkrisen sind in seiner Sicht Ergebnis eines zur Instabilität neigenden Kapitalismus, der immer stärker von Finanzgeschäften dominiert wird.

In langen Phasen wirtschaftlichen Wachstums verlieren Banken, Unternehmen und Anleger das Gefühl für die Möglichkeit von Risiken. Getrieben von der Sucht nach immer höheren Gewinnen werden diese zunehmend missachtet. Die Finanzierungen werden von Mal zu Mal riskanter. Immer stärker umgehen Banken Regulierungen, so durch die Herausnahme von Krediten aus den Bilanzen, um sie in Wertpapieren zu bündeln, versehen mit einem vermeintlichen Werteetikett. Dann werden sie um den Globus geschickt und jenen verkauft, die Rendite über alles lieben und Risiken nicht zur Kenntnis nehmen. Zudem zwingt der Wettbewerb Banken, immer wieder neue, noch komplexere Finanzprodukte auf den Markt zu werfen, deren Konstruktion kaum noch zu verstehen ist. Je länger der Boom anhält, desto waghalsiger werden die Finanzierungen. Nach Kreditnehmern, die den Schuldendienst ordentlich verrichten, kommen schließlich auch Schwindler zum Zuge, [...] nämlich Unternehmen oder Privatpersonen, die allein bei sehr niedrigen Zinssätzen den Schuldendienst leisten können, weil sie auf künftige Preissteigerungen von Vermögensgütern setzen, die sie auf Kredit gekauft haben. Dieses Kartenhaus bricht zusammen, wenn die Vermögenspreise nicht weiter steigen oder Zinssätze angehoben werden. Das kann die gesamte Finanzbranche in eine Krise stürzen. Kommt es dazu, so sind Aufsichtsbehörden und Zentralbanken gefordert, den Kollaps von Finanzsystemen abzuwenden. Das ist seit August 2007 als Folge des Zusammenbruchs des Marktes geringwertiger Hypothekenkredite in den USA zu beobachten.

Schwere wirtschaftliche Verwerfungen können die Folge sein, wenn Finanzmärkte ein Eigenleben entwickeln und nicht das leisten, wozu sie geschaffen worden sind, nämlich Dienste für Produktion, Einkommen und Beschäftigung zu erbringen. [...] Nach Freigabe der Wechselkurse lösten sich Finanzmärkte zunehmend von Gütermärkten. Zusammen mit zunehmenden Salden in Leistungsreihen – so Leistungsbilanzsalden und steigende Staatsverschuldung – ergaben sich drei Probleme an Finanzmärkten, die miteinander verwoben sind.

Erstens ein Mengenproblem. Es beinhaltet, dass das Geldvermögen weitaus stärker wächst als das Sozialprodukt oder das Sachvermögen der Welt. [...] Damit kommt es zu einem Abkoppeln des finanzwirtschaftlichen Bereichs von der Güterwirtschaft, zu dem Bestreben von Vermögensanlegern, aus reinen Finanztransaktionen kurzfristig die höchsten Erträge zu erzielen. Das führt zu rasch reversiblen Kapitalströmen zwischen Ländern, immer auf der Suche nach den besten Anlagemöglichkeiten. Die Summe der Auslandsforderungen und Auslandsverbindlichkeiten bezogen auf das Bruttoinlandsprodukt ist in den Industrieländern in den letzten dreißig Jahren von knapp 50 auf über 300 Prozent gestiegen. Die täglichen Umsätze an Devisenmärkten stiegen von 650 Mrd. US-

---

Finanzmarkt

Finanzmarkt ist der Obergriff für drei Teilmärkte:
- die Kreditmärkte,
- die Wertpapiermärkte und
- die Devisenmärkte

Hedgefonds

Investmentfonds, die mithilfe von Fremdkapital bzw. Kreditfinanzierung ein Vielfaches ihres Eigenkapitals z. B. in Devisen, festverzinslichen Wertpapieren, Aktien, Rohstoffen oder Derivaten anlegen, eine hochspekulative Anlagepolitik betreiben, auch Leerverkäufe betreiben und Verlustrisiken durch verschiedenartige Hedginginstrumente zu begrenzen suchen. So werden z. B. Gelder in bestimmte Hochzinswährungen investiert und durch Kreditaufnahmen in Niedrigzinswährungen finanziert. Hedgefonds sind wegen ihrer kurzfristig renditeorientierten und spekulativen Geschäftspolitik, die als Gefahr für die internationalen Finanzmärkte gesehen wurde und auch zur Zerschlagung ganzer Unternehmen führte, an denen sich solche Fonds beteiligten, stark in die Kritik geraten.

Duden Wirtschaft von A bis Z: Grundlagenwissen für Schule und Studium, Beruf und Alltag. 5. Aufl. Mannheim: Bibliographisches Institut 2013. Lizenzausgabe Bonn: Bundeszentrale für politische Bildung 2013

Erklärfilm „Hedgefonds und Leerverkäufe"

Mediencode: 8880-24

Dollar im April 1989 auf 3,2 Billionen im April 2007. Zum Vergleich: Der weltweite Güterexport machte 2006 14,7 Billionen US-Dollar aus. Zur Abwicklung des internationalen Leistungsaustauschs hätte es genügt, die Devisenmärkte für drei Tage zu öffnen.

Dieses Mengenproblem löste zweitens ein Preisproblem aus: Die Schwankungen von Preisen, Kursen und Zinssätzen an Finanzmärkten haben drastisch zugenommen. Schon das geringste Rumoren führt nun zu abrupten Preisänderungen an Vermögensmärkten, so für Aktien, Devisen und Immobilien. Damit können sich spekulative Blasen herausbilden, die auch aus nichtigem Anlass platzen können, mit katastrophalen Auswirkungen für Wirtschaftswachstum, Beschäftigung und Lebenssituation der Menschen.

Das Preisproblem bewirkte drittens ein rasantes Wachstum derivativer Finanzprodukte. Finanzderivate, von einem finanziellen Grundgeschäft abgeleitete Instrumente, haben mit Finanzierung im Grunde nichts zu tun. Derivate werden genutzt, um die mit der Finanzierung verbundenen Risiken handelbar zu machen. Freilich gelingt es dadurch nicht, Risiken aus Finanzkontrakten auszuschalten. Finanzderivate sind mit Wetten auf künftige Preisänderungen verbunden. Geht die Wette aber nicht auf, so erleiden jene Verluste, die Finanzderivate erworben haben. Diese Verluste können in einer Kettenreaktion auf andere Finanzmarktteilnehmer übertragen werden, auch auf den güterwirtschaftlichen Bereich, auf andere Länder; Kontaminierung kann die Folge sein, und das weltweit.

Diese drei Problembereiche sind miteinander verbunden. Verschärft sich das Mengenproblem, etwa wegen hoher Leistungsbilanzsalden der Länder, so nimmt bei Umschichtungsvorgängen des Geldvermögens zwischen Währungsräumen die Anfälligkeit des Finanzsystems für abrupte Preis- und Renditeschwankungen zu. Zugleich steigt der Bedarf an Finanzderivaten. Sie erleichtern die Verteilung von Risiken, verlocken aber auch – und vor allem – zur Spekulation, laden dazu ein, sich an Wetten über Kurs- und Renditeänderungen zu beteiligen, mit der Folge, dass die Mengen- und Preisprobleme weiter zunehmen. Der Teufelskreis ist perfekt. Das ist das Systemrisiko instabiler Finanzmärkte.

Der Verlauf eines Finanzzyklus und dessen Auswirkungen auf die Realwirtschaft werden folgendermaßen beschrieben: „Ihren Ursprung haben Finanzzyklen in der Regel in einer Woge von Optimismus, die von günstigen Entwicklungen in der Realwirtschaft ausgelöst wird. Folgen dieser optimistischen Erwartungshaltung sind die Unterschätzung von Risiken, eine überhöhte Kreditgewährung, ein übermäßiger Anstieg der Preise von Vermögenswerten, Überinvestitionen in Sachanlagen und in einigen Fällen ein allzu ausgabefreudiges Verbraucherverhalten. Wenn sich dann schließlich realistischere Erwartungen durchsetzen, müssen die während des Booms entstandenen Ungleichgewichte wieder korrigiert werden, was manchmal sowohl im Finanzsystem als auch in der Realwirtschaft zu erheblichen Störungen führt".

Hierin zeigt sich die gewachsene Einsicht, dass es mit der früher als garantiert erachteten jederzeitigen Effizienz von Finanzmärkten nicht weit her ist. Finanzmärkte können von Panik oder Manie geprägt werden, nicht von einem rationalen Abwägen. Zudem laden Deregulierung und Internationalisierung der Finanzbeziehungen ein, schwankende Zinssätze, Kurse und Preise an Finanzmärkten allein für Spekulation zu nutzen. Und nichts stellt sicher, dass spekulative Transaktionen zu Gleichgewichtswerten führen.

Eine Ursache hierfür sind Informationsprobleme. [...] Bei ungleich verteilten Informationen kann ein Marktteilnehmer einen Informationsvorsprung zum Nachteil des anderen nutzen. So sind Kreditgeber über die Erfolgsaussichten und Risiken der Investitionsprojekte von Kreditnehmern schlechter informiert als diese selbst. Und Kreditnehmer werden es vermeiden, dem

Gläubiger schlechte Nachrichten preiszugeben, weil beim Offenlegen der Karten die Finanzierung platzen könnte. Der Nachfrager nach Finanzmitteln aber ist allein an der Auszahlung interessiert, die er für Investitionen mit Aussichten auf hohen Gewinn aber großem Verlustrisiko verwenden kann, wenn das dem Kreditgeber verborgen bleibt.

Läuft das Geschäft gut, ist der Kreditnehmer der Gewinner, geht es nicht auf, so ist der Gläubiger der Dumme. Von Effizienz der Finanzmärkte kann dann keine Rede sein. Die gegenwärtige Finanzkrise als Folge einer Risiken ausblendenden und von Profitgier getriebenen Hypothekenkreditblase in den USA ist hierfür Beleg.

Wolfgang Filc, Stabilität des internationalen Finanzsystems, in: Aus Politik und Zeitgeschichte 07/2008, gekürzt

DERIVATEMARKT
Derivate sind Termingeschäfte, die zur Absicherung von Risiken dienen, die aber auch zu riskanten Spekulationsgeschäften genutzt werden können. Zu den Derivaten zählen auch die Credit Default Swaps (CDS) – Versicherungen auf Kreditausfälle.

Nominalwert außerbörslich gehandelter Derivate Mitte 2011:
708 Billionen $
Quelle: BIZ

IMMOBILIENMARKT
Weltweiter Umsatz mit Gewerbeimmobilien 2011:
0,4 Billionen $
Schätzung: Jones Lang Lasalle

ANLEIHENMARKT
Anleger leihen Schuldnern, z. B. Staaten oder Unternehmen, Geld auf Zeit zu einem festen Zins. Umsatz im Anleihenhandel an den Weltbörsen 2010:
24 Billionen $
Quelle: World Federation of Exchanges

DEVISENMARKT
Auf dem größten Finanzmarkt der Welt werden Währungen getauscht, Dollar gegen Euro etwa oder britische Pfund gegen japanische Yen. Am Wechselkurs lässt sich das Vertrauen in eine Volkswirtschaft ablesen – und ihre Stärke. Weltweiter Jahresumsatz 2010:
1007 Billionen $
Quelle: BIZ; Hochrechnung auf Basis eines im April 2010 erhobenen Tagesumsatzes

zum Vergleich
GLOBALE WIRTSCHAFTSLEISTUNG
Quelle: IWF

Wert aller weltweit geschaffenen Güter und Dienstleistungen 2011:
70 Billionen $

ARBEITSMARKT
Weltweit gibt es rund 3,1 Milliarden Beschäftigte. Sie verdienen im Jahr rund
55 Billionen $

AKTIENMARKT
Auf dem Aktienmarkt werden Anteile von Unternehmen gehandelt; die Kurse zeigen an, was die Anleger künftig für die Wirtschaft erwarten.
Umsatz an den Weltbörsen 2010:
63 Billionen $
Quelle: World Federation of Exchanges

ENERGIEMARKT
Wert der global verbrauchten fossilen Brennstoffe (Öl, Gas, Kohle) 2010:
7 Billionen $
Quelle: BP, eigene Berechnung

GELDMARKT
Auf dem Interbankenmarkt, Teil des Geldmarktes, leihen sich die Banken untereinander kurzfristig Geld. Wenn diese einander misstrauen, stockt das Leihgeschäft. Zentralbanken müssen dann die Finanzinstitute mit zusätzlichem Geld versorgen.

Der Spiegel, 12.12.2011, S. 42 f.

Aufgabe

Prüfen Sie anhand von M 5 – M 7, wer in welcher Weise für die Finanz- und Wirtschaftskrise Verantwortung trägt: Zentralbanken, die ihre Zinsen gesenkt haben, wodurch Kredite besonders billig zu haben waren. / Bankmanager, die immer neue Finanzprodukte auf dem Markt verkauften, die sie selbst nicht mehr verstanden und deren Risiken sie ignorierten. / Rating-Agenturen, die risikoreiche Finanzprodukte fälschlicherweise als gut und sicher bewerteten./Anleger, die auf der Suche nach hohen Renditen in risikoreiche Finanzprodukte investierten. / Konsumenten, die Produkte auf Kredit finanzierten, die sie sich eigentlich nicht leisten konnten. / Politiker, die keine Regeln und Kontrollen für die Finanzwirtschaft aufgestellt und dadurch Spekulationen erleichtert haben. / Wirtschaftsexperten von IWF und Weltbank, die jahrelang die Lehre vom freien Markt vertraten und Staaten zur Deregulierung ihrer Finanzmärkte drängten.

Leerverkäufe
Verkauf von Wertpapieren an der Börse, die der Verkäufer zum Zeitpunkt des Abschlusses noch nicht besitzt. Der Leerverkäufer spekuliert darauf, dass die Kurse bis zum Erfüllungstermin sinken und er sich dann billiger mit den entsprechenden Wertpapieren eindecken kann. Die Differenz zwischen Verkaufs- und Einkaufskurs ist sein Gewinn bzw. Verlust. Leerverkäufe gelten als hochspekulativ. In Deutschland sind Aktien-Leerverkäufe ohne Besitz der Basis-Wertpapiere seit 2010 untersagt. Auch ungedeckte Leerverkäufe von Staatsanleihen von Ländern der Eurozone sowie Kreditausfallversicherungen (CDS) auf diese Bonds sind verboten. Seit November 2012 ist auch eine entsprechende EU-Richtlinie in Kraft.
Bundeszentrale für politische Bildung, www.bpb.de, 16.6.2015

F Entwickeln Sie erste Vorschläge, mit denen das krisenverursachende Verhalten der Akteure zukünftig verhindert werden könnte.

17.4 Können Finanzmärkte kontrolliert und reguliert werden?

M 8 ● Es kann weitergehen…!

Karikatur: Gerhard Mester

M 9 ● Kann die Systemic Risk Tax Bankencrashs verhindern?

Die bisherigen Patentrezepte wirken nicht. Es müssen völlig neue Lösungen her. Vorschläge, die das Bankensystem sicherer machen, die verhindern, dass erneut eine Finanzkrise ausbricht und die gesamte Wirtschaft mit in die Tiefe reißt. So manches wurde bereits auf den Weg gebracht, darunter auch die Finanztransaktionssteuer, die demnächst in elf Euro-Ländern eingeführt werden soll. Bis heute gibt es harte Meinungskämpfe über die Effekte dieser „Tobin Tax". Ein Hin und Her, dem Stefan Thurner nun ein Ende bereiten möchte. Der Leiter des Instituts „Wissenschaft komplexer Systeme" in Wien hat ihre Auswirkungen mit realen Daten simuliert. „In ihrer jetzigen Form führt sie zu Liquiditätsverlust, höheren Kreditkosten und Produktivitätseinbrüchen", fand er und schlägt stattdessen eine andere, neue Steuer vor: die Systemic Risk Tax, die das komplexe System „Bankenmarkt" so verändern soll, dass es sich von innen heraus selbst stabilisiert. [...]
Erstmals ist es den Forschern gelungen zu berechnen, wie systemisches Risiko durch Vernetzung und Wechselwirkung entsteht und wie es sich ausbreitet. „Zentral ist: Jede noch so kleine Veränderung kann Auswirkungen bis in die letzten Seitenarme des Netzwerks haben", erklärt der Physiker. Ein Beispiel: Eine brave Landsparkasse ohne systemische Bedeutung borgt sich bei einer Zockerbank Geld. Deren systemisches Risiko ist hoch, was heißt, ein

Großteil des Systems bräche zusammen, stieße dieser Bank etwas zu. Durch den Kredit „erbt" die Kleinbank einen Teil davon. Geht sie nun bankrott, reißt sie die Zockerbank mit in den Abgrund – und mit ihr das gesamte Netzwerk. Es geht dabei also nicht darum, dass ein Kredit ausfallen könnte. Es geht um die Verknüpfung der Risiken untereinander. „Selbst winzige Rädchen können zu systemischen Katastrophen führen", betont Thurner. [...]

Um sie zu bestimmen, wird, Schritt eins, das systemische Risiko jeder einzelnen Bank festgestellt. „Wir haben eine Maßzahl entwickelt, die angibt, wie hoch der Beitrag jeder Bank zum Gesamtschaden wäre, wenn der Finanzmarkt kollabiert." Eine Großbank könnte etwa 45 Prozent des Ausfallschadens, ein kleines Institut nur 0,2 Prozent verantworten.

In Schritt zwei „will man so viel Geld auf die Seite legen, dass ein solcher Schaden gedeckt wäre". Dieses Geld bringt die Systemic Risk Tax herein, deren Höhe sich am systemischen Risiko der einzelnen Finanztransaktion bemisst. Sie wird mit Thurners Algorithmus von der Zentralbank errechnet und den Kreditkosten aufgeschlagen. Eine Finanztransaktion mit hohem systemischem Risiko wird hoch, eine ohne wird gar nicht besteuert. Die dafür nötigen Daten liegen vielen Zentralbanken, denen jeder Bankkredit ab einer gewissen Höhe gemeldet werden muss, bereits vor. [...]

Die Banken schichten um von hohen Risiken zu niedrigen Risiken. Nicht, weil sie plötzlich Gutmenschen geworden sind, sondern weil es billiger ist. Dadurch wird das System stabiler. [...] Die Simulationen zeigen, dass große, risikoreiche Banken durch die neue Steuer schrumpfen, was in mancher Chefetage auf wenig Gegenliebe stoßen dürfte. Thurner plädiert deshalb für eine Übergangsphase, in der die Banken ihr Risiko umbauen könnten. [...]

„Belassen wir das System, wie es ist, können wir jederzeit wieder in eine Krise schlittern", warnt Thurner und legt die neueste Studie seiner Gruppe vor: Ihr zufolge ist das systemische Risiko in manchen Ländern heute bis zu viermal höher als vor 2008. Ein Crash würde somit das Vierfache kosten. „Die Systemic Risk Tax wurde einzig dafür entwickelt, das System zu stabilisieren. Wir sollten also ein Interesse daran haben, sie großflächig einzuführen, in einem Währungsraum oder, besser, in den USA und Europa gleichzeitig." In den Augen von Thurner ist ein sicherer Finanzmarkt in greifbare Nähe gerückt.

Verena Ahne, Süddeutsche Zeitung, 25.11.2014

Tobin-Steuer

James Tobin (1918 – 2002), Nobelpreisträger für Wirtschaft, beklagte 1972 die zunehmende Spekulationsorientierung der Finanzmärkte. Hierdurch würden erhebliche Finanzmittel im Finanzsektor gebunden, die dann im Realsektor der Wirtschaft fehlen. Tobin schlug deshalb vor, spekulative Transaktionen bzw. deren Gewinne hoch zu besteuern, um den Anreiz für spekulative Geldgeschäfte zu dämpfen. Befürworter dieser Finanztransaktionsteuer betonen deren ausgleichende und stabilisierende Wirkung auf die Finanzmärkte. Kurzfristige Spekulationsgeschäfte (sog. High Frequency Trade) würden unattraktiver, da diese Geschäfte meist auf minimalen Gewinnspannen bei maximalen Einsätzen basieren. Selbst mit einer sehr niedrigen Besteuerung fielen bei solchen Geschäften kaum Gewinne mehr ab. Bei langfristigen Investitionen hingegen fiele die Steuerbelastung kaum ins Gewicht.

Aufgaben

1. Analysieren Sie die Karikatur M 8.
2. Arbeiten Sie aus M 9 den Vorschlag zur Stabilisierung der Finanzmärkte heraus.
3. Erläutern Sie die Unterschiede der Systemic Risk Tax zur Tobin-Steuer.
4. „Wenn ein Markt aus den Fugen gerät und die Selbstheilungskräfte zu versagen scheinen, kommt regelmäßig der Ruf nach mehr Regulierung. Nur: Regulierung schränkt immer Freiräume ein. Freiräume aber sind wichtig, damit Unternehmen Kreativität entwickeln und zum Wachstum beitragen können." (Kaspar Villinger, in: Neue Zürcher Zeitung, 1.4.2008) Setzen Sie sich mit dieser Auffassung des Schweizer Politikers und Unternehmers auseinander.

17.5 Können die beschlossenen Maßnahmen zur Finanzmarktregulierung Finanzkrisen verhindern?

M 10 ● Finanzmarktregulierung in den USA und der EU nach 2008

	USA („Dodd-Frank-Act")	EU
Finanzaufsichtsbehörden	• US-Notenbank Federal Reserve darf auch nicht bankenförmige Finanzinstitute beaufsichtigen. • Financial Stability Oversight Council als neue Aufsichtsbehörde mit Informationsrechten	• 3 neue Aufsichtsbehörden (für Banken, Versicherungen und Wertpapiermärkte) zur Koordinierung der voll zuständigen nationalen Aufsichtsbehörden • European Systemic Risk Board zur Beobachtung systemischer Risiken
Wertpapiermärkte	• Verbriefungen: Mindestens 5% müssen in Bilanz des emittierenden Instituts bleiben.	
	• Börsen- und Bankaufsicht kann auch abweichende Verbriefungsanteile in Bilanz festlegen.	• bei erneuten Verbriefungen verbleibt höherer Anteil in Bankbilanz
	• Derivate: Überwachung durch Börsenaufsicht; kein reiner Interbanken- oder Börsenhandel mehr, sondern nur noch über eine sogenannte Clearing-Stelle	• Derivate: kein reiner Interbanken- oder Börsenhandel mehr, sondern nur noch über eine sogenannte Clearing-Stelle (Ausnahmen noch ungeklärt)
Hedge- und Private Equity-Fonds	• Registrierungspflicht bei der Börsenaufsicht • Börsenaufsicht darf Finanzdaten abfragen.	• Lizenzierungspflicht im Herkunftsland • Regelmäßige Informationspflicht an die Aufsichtsbehörde über Volumina und Anlagestrategien
Banken	• „Basel III": Bis 2015 mind. 4,5% und bis 2019 Aufbau von mind. 7% Eigenkapital für risikoreiche Anlagegeschäfte	
	• Begrenzung des Eigenhandels mit Finanzprodukten	• „EU-Bankenunion": Von Banken zwangsfinanzierter „Abwicklungsfonds" in Höhe von 55 Mrd. Euro; Entscheidung über Bankenrettung/-schließung bei EU-Ministerrat
Insolvenz „systemrelevanter" Banken („too big to fail")	• Ab 2012 müssen die 29 „globally systemically important financial institutions (G-SIFIS)" Abwicklungspläne bei einer möglichen Insolvenz vorlegen. • zusätzlicher Eigenkapitalpuffer von bis zu 3,5% (aufzubauen 2016–2019)	
Ratingagenturen	• Haftung bei grober Fahrlässigkeit • Börsenaufsicht darf Ratings untersagen, wenn die Agentur nicht die Mittel für eine zuverlässige Bewertung aufweist. • rechtliche Trennung der Verkaufs- von der Ratingabteilung innerhalb der Agentur • gesetzlicher Zwang zu Ratings für Finanzprodukte abgeschafft	• Überwachung durch die Wertpapier-Aufsichtsbehörde • Wechsel der Ratingagentur alle 3 Jahre (noch nicht beschlossen) • Haftung der Agentur bei grob fahrlässigen Ratings (noch nicht beschlossen) • Gründung einer öffentlichen EU-Ratingagentur (diskutiert)
Finanzmanager-Gehälter (inkl. Boni)	• Nicht bindende Aktionärsabstimmung über Managervergütung • Bezahlsysteme, die „unangemessene Risiken" vergüten, können durch Aufsichtsbehörden verboten werden.	• mind. 40% der variablen Gehaltsbestandteile („Boni") erst mit Verzögerung auszuzahlen • mind. 50% der Boni in Wertpapieren aus den eigenen Institutsbeständen • aktuelle und zukünftige Risiken in Leistungsvergütung einbezogen

Zusammenstellung des Autors nach: Sebastian Dullien, Anspruch und Wirklichkeit der Finanzmarktreform, IMK Study, 26.3.2012, S. 7 ff.

M 11 ● Projekt „Europäische Bankenunion" – Zuständigkeit im Einheitlichen Aufsichtsmechanismus

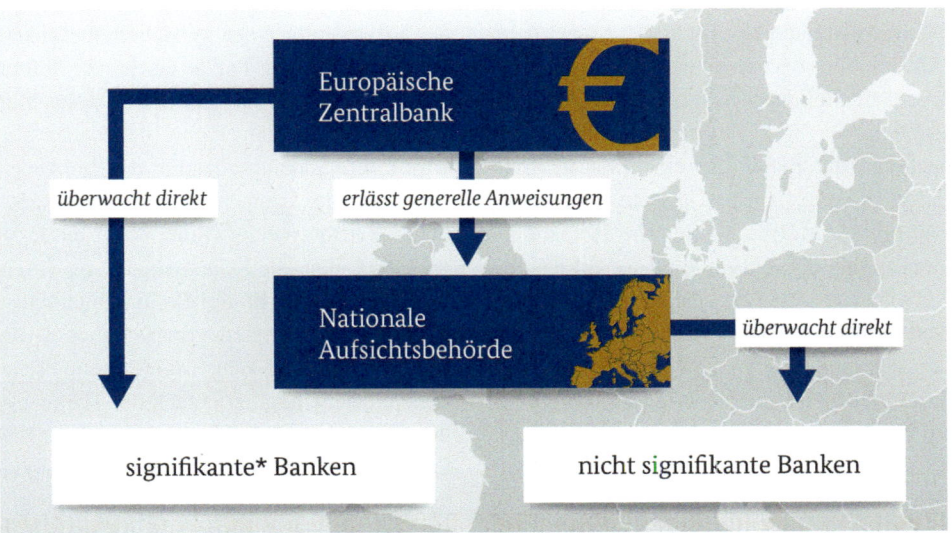

*Kriterien: über 30 Mrd. Euro Bilanzsumme, über 20 % des BIP des Mitgliedstaates, mind. drittgrößte Bank des Mitgliedstaates, Opt-in für Nicht-Eurozonen-Staaten; Stand: September 2014
© Bundesministerium der Finanzen

Einheitliche Bankenaufsicht – Die Europäische Zentralbank (EZB) hat 2014 die Verantwortung für den einheitlichen europäischen Bankenaufsichtsmechanismus (Single Supervisory Mechanism, SSM) übernommen und fungiert jetzt als zentrale Bankenaufsichtsbehörde im Euroraum. Dabei übernimmt sie die direkte Aufsicht über diejenigen Banken und Bankengruppen, die als „signifikant" eingestuft werden. Sie machen circa 85 % der Bilanzsumme aller Institute im Euroraum aus. EU-Länder, die nicht dem Euroraum angehören, können ebenfalls am SSM teilnehmen

Einheitliche Bankenabwicklung – Die Instrumente des einheitlichen Abwicklungsmechanismus (Single Resolution Mechanism, SRM) werden ab 2016 anwendbar sein. Dann werden Abwicklungsentscheidungen für Banken unter direkter EZB-Aufsicht sowie für alle grenzüberschreitend tätigen Banken mit Sitz in einem am SRM teilnehmenden Mitgliedstaat in einer neu geschaffenen einheitlichen Abwicklungsinstitution getroffen, dem Single Resolution Board (SRB). In den übrigen Fällen bleibt grundsätzlich die nationale Abwicklungsbehörde zuständig. Ein „Single Resolution Fund" soll von 2016 – 2024 als bankenfinanzierter Sicherheitspuffer für Liquiditätsengpässe in Höhe von 55 Milliarden Euro aufgebaut werden.

Harmonisierte Einlagensicherung – Abgerundet wird die Bankenunion durch harmonisierte Reglungen der Einlagensicherung. Die Anforderungen an nationale Einlagensicherungssysteme werden mit der überarbeiteten Einlagensicherungsrichtlinie (Deposit Guarantee Schemes Directive) weiter angepasst. Alle EU-Länder sind nun verpflichtet, bankenfinanzierte Einlagensicherungsfonds aufzubauen, damit im Entschädigungsfall Bankeneinlagen bis zu 100.000 € garantiert sind. Zudem wird die Auszahlungsfrist schrittweise von 20 auf sieben Arbeitstage verkürzt. Damit sollen das Vertrauen und der Schutz der Bankkunden weiter gestärkt werden.

Presse- und Informationsamt der Bundesregierung, www.bundesfinanzministerium.de (19.4.2016)

Finanztransaktionssteuer

Diese könnte dazu beitragen, Spekulationsgeschäfte einzudämmen und die Finanzkonzerne an den Kosten der Finanz- und Wirtschaftskrise zu beteiligen. Sie wäre bei jedem Kauf oder Verkauf von Aktien, Devisen, Derivaten, festverzinslichen Wertpapieren und anderen wichtigen Finanzprodukten zu bezahlen. Der Gegenvorschlag des Internationalen Währungsfonds ist die **Finanzaktivitätssteuer.** Sie soll auf Gewinne von Banken und anderen Finanzkonzernen erhoben werden. Auch Gehälter und Bonuszahlungen will der IWF einbeziehen. Vorrangig geht es dabei darum, Banken und Fonds an staatlichen Kosten bei der Bewältigung der Finanzkrise zu beteiligen. Keiner der beiden Vorschläge ist bis zum Jahr 2016 umgesetzt worden.

M 12 ● Welche Schwachstellen hat die „Europäische Bankenunion?"

Rechtliche Hindernisse

Nicht vollständig klar ist, ob der Einheitliche Abwicklungsmechanismus seine weitreichenden Befugnisse bei der Abwicklung auch in die Praxis umsetzen kann. Da es sich bei der BRRD um eine EU-Richtlinie handelt, kann sich die Umsetzung in nationales Recht in Details unterscheiden. Außerdem nimmt die Richtlinie Bezug auf das Insolvenzrecht, das in jedem Staat unterschiedlich geregelt ist. Sollten europäische mit nationalen Regeln in Konflikt geraten, könnte das zu Gerichtsverfahren und damit zu Verzögerungen führen. [...]

Glaubwürdigkeit gegenüber Politik und Märkten

Das neue System entfaltet seine stabilisierende Wirkung hauptsächlich über seine Glaubwürdigkeit. Doch noch ist es unerprobt. Insbesondere bestehen Zweifel, ob die Gläubigerbeteiligung an den Restrukturierungskosten lückenlos durchgesetzt werden wird. [...] Dies illustriert, wie groß der politische Druck ist, im Ernstfall doch Anleger und Gläubiger zu schonen.

Verwundbarkeit in großen Krisen

Sollte es trotz der neuen Präventionsmaßnahmen zu einer größeren Finanzkrise kommen, steht in Frage, ob der Einheitliche Abwicklungsfonds groß genug ist, um die Märkte zu beruhigen. Die angestrebte Summe von 55 Mrd. Euro wird erst 2024 erreicht werden. Selbst dann ist sie nach Ansicht einiger Experten zu klein, wenn man sie mit der Bilanzsumme der versicherten Banken vergleicht. Ist der Fonds erschöpft, haften die Mitgliedsstaaten zumindest zeitweilig selbst und bringen damit gegebenenfalls wieder ihre Staatsfinanzen in Gefahr. Andererseits ist der Fonds – anders als die staatlichen Rettungsgelder früher – nur ein letztes Mittel, dem die Risikoreduzierung durch verbesserte Aufsicht und die Gläubigerbeteiligung an den Kosten vorausgeht. [...] Die dritte Säule, eine gemeinsame europäische Einlagensicherung, ist derzeit das Thema einer heftigen politischen Kontroverse. Die Kommission hat einen Zeitplan vorgestellt, der die nationalen Systeme zur Einlagensicherung schrittweise zusammenführen soll. Bis 2020 soll dabei eine Rückversicherungsregelung gelten, bei der die europäische Ebene nur unter strengen Auflagen haftet. In den folgenden vier Jahren würde das europäische Einlagensicherungssystem einen zunehmend größeren Anteil tragen und ab 2024 würde es alle Einlagen im Euroraum absichern. In Deutschland treffen diese Pläne auf eisernen Widerstand. Eine große Rolle spielt dabei die Sorge, dass in anderen Euroländern die Politik übermäßigen Einfluss auf Banken ausübt und die daraus entstehenden Risiken vergemeinschaften will, anstatt sie zu reduzieren.

Jörg Haas, www.delorsinstitut.de, 26.1.2016

Aufgaben

1. Charakterisieren Sie die Maßnahmen in M 10 – M 12 hinsichtlich der Ziele, die erreicht werden sollen.
2. Beurteilen Sie die Maßnahmen hinsichtlich ihrer Wirksamkeit (M 10 – M 12).

17.6 Weltfinanzordnung – lässt sich die weltweite Steuervermeidungspolitik von Unternehmen politisch kontrollieren?

M 13 ● Briefkastenfirmen

Karikatur: Harm Bengen

M 14 ● Legale Steuertricks – ein Problem?

Die meisten Kunden merken es wohl nicht: Wer auf amazon.de ein Buch, eine DVD oder etwas anderes bestellt, schließt einen Vertrag mit einer Firma in Luxemburg. Der
5 Name: Amazon EU Sarl. So steht es dann auch auf der Rechnung (wobei Sarl das französische Kürzel für eine GmbH ist).
Warum Luxemburg? Es sind nicht die unterschiedlichen Mehrwertsteuersätze in
10 Deutschland (19 Prozent) und in Luxemburg (15 Prozent), die Amazon vor Jahren bewogen haben, seine Europazentrale in dem Großherzogtum anzusiedeln. Deutsche Kunden zahlen bei dem amerikani-
15 schen Onlinehandelshaus in aller Regel deutsche Mehrwertsteuern. Die Steuer fällt da an, wo der Konsument wohnt.
Es sind aber auch nicht die Steuersätze für Unternehmensgewinne, die Amazon nach
20 Luxemburg lockten. Sie liegen dort effektiv bei 25 Prozent und bei etwas über 28 Prozent in Deutschland – kein allzu großer Unterschied. Die eigentliche Attraktion für Amazon ist die besondere Luxemburger
25 Art, Gewinne aus der Nutzung von geistigem Eigentum zu besteuern. Solche Profite, die aus dem Einsatz von Patenten, Marken, Design und einigen Urheberrechten entstehen, werden dort mit effektiv nur 5,7
30 Prozent besteuert. [...]
Die entscheidende Rolle beim Steuersparen spielt die Amazon Europe Holding Technologies. In diese Firma hat der Konzern 2005 Markenrechte, Patente und anderes geld-
35 wertes Know-how eingebracht. Diese immateriellen Vermögenswerte hatten zuvor einer Amazon-Firma im US-Bundesstaat Nevada gehört. Sie bekam im Gegenzug erhebliche Summen aus Luxemburg über-
40 wiesen. Diese fielen aber wohl geringer aus

Milliardenbeträge gehen der EU jedes Jahr verloren.

„Wir verlieren jedes Jahr zwischen 50 und 70 Milliarden Euro in der EU dadurch, dass Steuern durch die Steuertricks internationaler Unternehmen verschoben werden", so EU-Wirtschaftskommissar Pierre Moscovici.
Nach: Nicole Sagener, www.euractiv.de, 28.1.2016

Erklärfilm „Panama Papers"

Mediencode: 8880-25

Panama Papers

Streng vertrauliche Unterlagen des panamaischen Offshore-Dienstleisters Mossack Fonseca, die im April 2016 an die Öffentlichkeit gelangten und zahlreiche Geldwäsche- und Steuerdelikte belegen sollen. Offshore-Vermögen, welches nach Panama transferiert wurde, ist Kapital, das in einem Land deponiert ist, in dem der Anleger keinen Wohn- oder Steuersitz hat. Panama hat ein liberales Bankengesetz, sehr niedrige Steuersätze und wurde dadurch zu einem der bedeutendsten Finanzplätze Lateinamerikas.

Reiche horten Billionen in Steueroasen

Bis zu 32.000.000.000.000 US-Dollar verstecken die Wohlhabenden dieser Welt einer Studie zufolge vor dem Fiskus. Den Staaten entgehen dadurch Einkommensteuern in Milliardenhöhe.

Reuters/jobr/Oliver Klasen, www.sueddeutsche.de, 22.7.2012

Erklärfilm „Steuerflucht"

Mediencode: 8880-26

als die Beträge, die die Luxemburger Firma ihrerseits von anderen Amazon-Gesellschaften kassierte. Im Ergebnis ist es dem amerikanischen Multi nach einer Recherche von Reuters gelungen, in Luxemburg rund zwei Milliarden US-Dollar weitgehend steuerfrei zu bunkern – Kapital für die weitere Expansion des Handelsriesen.

Das Nachsehen hatten dabei nicht nur viele europäische Staaten, in denen Amazon hohe Umsätze macht, sondern auch die Steuerbehörden der Vereinigten Staaten. Der Internal Revenue Service, die Bundessteuerbehörde der USA, hat von Amazon deshalb im Oktober 2011 zusätzliche Steuern in Höhe von 1,5 Milliarden Euro gefordert und das mit den Gewinnen der ausländischen Töchter begründet. [...]

Amazon ist bei Weitem nicht der einzige Multi, der mit einer gezielten Strategie der Steuerminimierung in die Kritik geraten ist. Apple, Google, Microsoft und viele andere Unternehmen aus der Digitalwirtschaft gelten ebenfalls als aggressive Steuervermeider.

Aber auch konventionelle Firmen beherrschen die Tricks. In Großbritannien hat der Fall Starbucks für Empörung gesorgt. Die in Amerika beheimatete Kaffeehauskette hat in Großbritannien in den vergangenen 14 Jahren keine neun Millionen Pfund Steuern gezahlt, obwohl sie in diesem Zeitraum mehr als drei Milliarden Pfund eingenommen hat.

Großbritanniens Premierminister David Cameron erklärte im Januar der in Davos versammelten Wirtschaftselite, Unternehmen hätten eine „moralische Verpflichtung", Steuern zu zahlen. Diejenigen, die sich um ihren gerechten Anteil drückten, müssten „aufwachen und den Kaffee riechen". Im Fall Starbucks hat der Weckruf gewirkt, das Unternehmen will in Großbritannien 20 Millionen Pfund zusätzlich abführen. Bundeskanzlerin Angela Merkel wetterte [bereits] gegen „riesige Unternehmen", die „riesige Umsätze bei uns" machten, sie dann aber „in einem Steuerparadies" versteuerten.

Die Fachleute sind schon länger alarmiert. Michael Sell, Chef der Steuerabteilung im Bundesfinanzministerium, beklagt eine „zunehmend aggressive Steuergestaltung bei multinationalen Konzernen". [...] Die beliebteste Methode der Steuervermeidung ist seit Langem: Man verkauft Güter und Dienstleistungen zwischen Gesellschaften eines Konzerns in verschiedenen Ländern so, dass am Ende die Gewinne in dem Land mit den niedrigsten Steuern landen. Kosten werden möglichst dort verbucht, wo die Steuern hoch sind. Das Ziel der Übung: dort keinen Gewinn auszuweisen, wo er mit dem Finanzamt geteilt werden muss. Das Ganze funktioniert besonders gut in der Technologiebranche und in der Pharmaindustrie, denn in diesen Unternehmen besteht das Vermögen zu großen Teilen aus Wissen und Können. Solche immateriellen Werte in Zahlen zu fassen ist nicht einfach und unterlag immer schon einer gewissen Willkür. Zwar wird international vorgeschrieben, dass die Preise im Handel zwischen Firmen eines Konzerns denen entsprechen müssen, die zwischen unabhängigen Firmen berechnet werden, aber das durchzusetzen ist in der Praxis extrem schwierig.

Wie soll ein Finanzbeamter einer Softwarefirma und ihren Steueranwälten beweisen, dass der Wert eines Patents bei einem Verkauf im Konzern viel zu hoch angesetzt worden ist?

Eine andere bewährte Methode von weltweit operierenden Unternehmen, die Steuerlast zu minimieren, besteht darin, innerhalb des Konzerns Kredite über die Grenzen hinweg zu vergeben. Tochterfirmen, die in Ländern mit hohen Steuern arbeiten, erhalten Geld von Tochterfirmen, die in Ländern mit niedrigen Steuersätzen arbeiten. Die gezahlten Zinsen werden im Hochsteuerland von den zu versteuernden Gewinnen abgezogen, sodass von diesen möglichst wenig übrig bleibt. Im Niedrigsteuerland führen die Zinseinnahmen umgekehrt zwar zu ansehnlichen Gewinnen, aber eben nicht zu hohen Abgaben. [...]

17.6 Weltfinanzordnung – lässt sich die weltweite Steuervermeidungspolitik von Unternehmen politisch kontrollieren?

Der amerikanische Softwarekonzern Microsoft zum Beispiel hat 2011 mehr als die Hälfte seines weltweiten Gewinns über drei Tochterfirmen in Puerto Rico, Irland und Singapur verbucht, wie Stephen Shay, ein Steuerprofessor von der Universität Harvard, vorgerechnet hat. Dass es dabei nicht mit rechten Dingen zugegangen sein könne, liege auf der Hand. Der effektive Steuersatz betrug vier Prozent.

Rüdiger Jungbluth, Zeit online, 2.3.2013

OECD

Die Organisation für wirtschaftliche Zusammenarbeit und Entwicklung (OECD) ist eine internationale Organisation mit 34 Mitgliedstaaten, die sich der Demokratie und Marktwirtschaft verpflichtet fühlt. Die Ziele der Organisation sind zu einer optimalen Wirtschaftsentwicklung, hoher Beschäftigung und einem steigenden Lebensstandard in ihren Mitgliedstaaten beizutragen, das Wirtschaftswachstum zu fördern und zu einer Ausweitung des Welthandels auf multilateraler Basis beizutragen.

M 15 ● G20 – Akteur des Global Governance

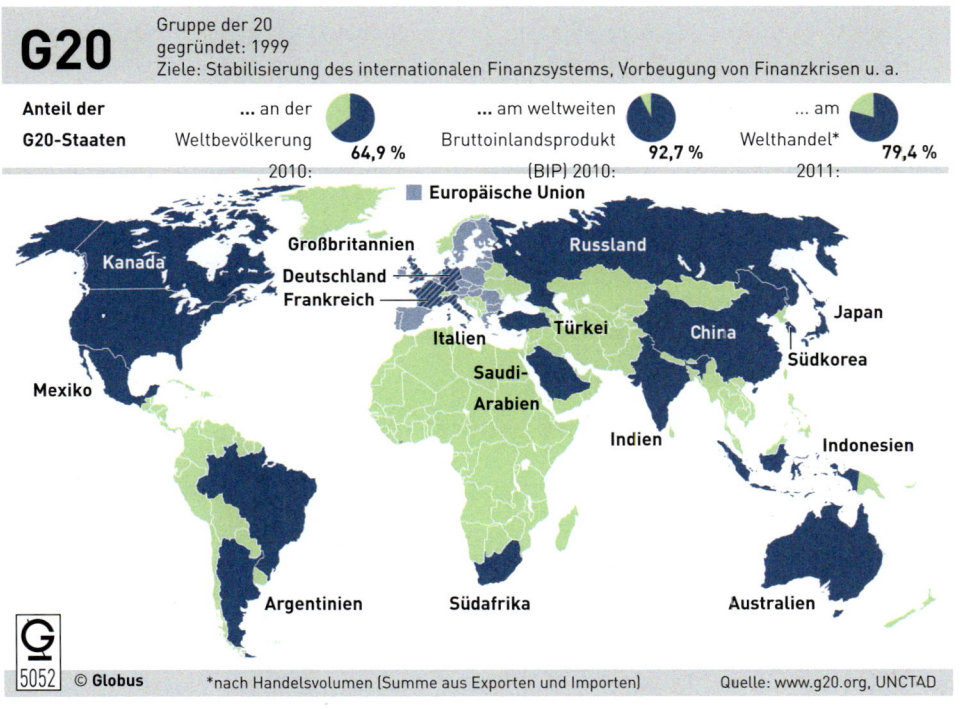

M 16 ● Staaten gehen gegen Steuerdumping vor

Mehr als drei Dutzend Industrie- und Schwellenländer wollen gegen den aggressiven Steuerwettbewerb von Großkonzernen vorgehen. Die Staaten haben die Organisation für wirtschaftliche Zusammenarbeit und Entwicklung (OECD) in Paris beauftragt, konkrete Maßnahmen gegen Gewinnverlagerungen in Niedrigsteuerländer auszuarbeiten. Die OECD stellte am Dienstag den ersten Teil eines Aktionsplans vor, der zweite Teil soll 2015 folgen. Die 20 großen Industrie- und Schwellenländer (G20) sind sich im Grundsatz einig, dass internationale Konzerne einen größeren Beitrag zum Steueraufkommen in ihren Absatzmärkten leisten müssen. – Die Stoßrichtung umschreibt der OECD-Steuerabteilungsleiter Achim Pross so: „Wir wollen erreichen, dass Einkünfte weniger auf Steueroasen versteuert werden, sondern dort, wo die wirtschaftlichen Aktivitäten stattfinden." Das Ziel sei, dass internationale Großkonzerne – wie der Normalverbraucher auch – angemessene Steuern entrichteten, so Pross. Im Kampf gegen die Steuerhinterziehung von Privatleuten erwarb sich die Pariser Organisation Verdienste. Steueroasen wie die Schweiz und Liechtenstein

Kampf gegen Steuerbetrug

Um Steuerbetrügern Grenzen zu setzen, unterzeichneten bei einer Konferenz in Berlin 51 Länder ein Abkommen über den Austausch von Finanzdaten. Diese Vereinbarung soll in den meisten Staaten ab 2017 gelten. In dem Regelwerk verpflichten sich die Länder von Curaçao bis San Marino zur gegenseitigen Information über die Kontodaten von Privatpersonen. Durch den automatischen Informationsaustausch soll es für Steuerbehörden einfacher werden, Geldströme ins Ausland zu kontrollieren und so Steuerflucht weiter einzudämmen.

dab/dpa, Spiegel Online, 29.10.2014

Maßnahmenpaket der EU-Kommission gegen Steuerdumping

Zuletzt hatten die europäischen Wettbewerbshüter Starbucks und Fiat wegen ihrer Steuersparmodelle zu Rückzahlungen in Millionenhöhe verdonnert. [...] Jetzt wird die Kommission auch gesetzgeberisch aktiv und will Steuerdumping von vornherein vereiteln. Das Paket soll einen Teil des OECD-Aktionsplans gegen Steuervermeidung und Gewinnverlagerung [...] in Europa umsetzen. Konkret schlägt die Kommission vor, eine länderübergreifende Finanzberichterstattung nach dem OECD-Standard einzuführen, Auslandsgewinne und Vermögensverlagerungen in Niedrig-Steuer-Länder zu besteuern, die steuerliche Abzugsfähigkeit von Zinszahlungen zu begrenzen, Missbrauchsklauseln in Doppelbesteuerungsabkommen einzufügen und Regeln zum Umgang mit ausländisch beherrschten Unternehmen zu vereinheitlichen.

Sven Giegold, www.sven-giegold.de, 27.1.2016

❻ Entwerfen Sie einen Katalog mit weiteren Maßnahmen zur Kontrolle des Weltfinanzsystems.

mussten ihr Bankgeheimnis aufgeben, weil sie Gefahr liefen, auf „schwarze Listen" der OECD gesetzt zu werden. Die G20 will für Konzerne Mindeststandards festsetzen. Ob die Maßnahmen überall umgesetzt werden, ist aber fraglich. Länder wie Großbritannien, die Niederlande und Luxemburg sträuben sich beispielsweise nach wie vor dagegen, ihre Vorzugsbesteuerung für Patent- und Lizenzgebühren aufzugeben. In der Vergangenheit versuchten mehrere Staaten, mit steuerlichen Anreizen die Forschungsaktivitäten von Konzernen anzuziehen. Was in Fachkreisen als „Patentbox" bekannt ist, umschreibt den Umstand, dass Lizenz- und Patenteinnahmen in einigen Ländern mit einem niedrigeren Firmensteuersatz belegt werden. Diese Privilegierung ist problematisch: In vielen Fällen finden in dem entsprechenden Land kaum Forschungsaktivitäten statt. Europäische Konzerne verlagern ihre Patent- und Lizenzeinnahmen etwa in die Niederlande, obwohl ihre Forschungs- und Entwicklungsabteilungen anderswo angesiedelt sind. Einziger Grund: die Niederlande sehen dafür einen günstigen Steuersatz vor. Konkret geht es der Mehrheit der G20-Länder darum, die Sonderbesteuerung für Patent- und Lizenzeinnahmen stärker an die wirtschaftlichen Aktivitäten eines Unternehmens zu knüpfen. Konkret heißt das: je mehr Forschungseinrichtungen ein Konzern in einem Staat besitzt, desto größer dürfen die Steuervergünstigungen sein. Dies würde aber bedeuten, dass Steueroasen einen Teil ihres Geschäftsmodells verlieren würden. Es ist daher unsicher, ob alle Staaten die Mindestregeln mittragen.

Roland Pichler, Stuttgarter Zeitung, 17.9.2014

M 17 ● Ist das Weltfinanzsystem politisch beherrschbar?

Global Governance ist im Bereich der internationalen Finanzbeziehungen weitaus weniger ausgebildet als in vielen anderen Bereichen. Oft wird argumentiert, erfolgreiche Global Governance gehe mit der Globalisierung einher. Demgegenüber könnte man die Global Governance der Finanzmärkte als Verlierer der Globalisierung bezeichnen. Die aktuelle Finanzkrise könnte bei allen zerstörerischen Effekten dazu beitragen, einen Konsens darüber zu erzielen, dass die internationalen Finanzbeziehungen weiterhin im Zentrum der globalen Politik stehen und keine abstrakt gebildete Resultante zahlloser Marktvektoren sein können. Es stellt sich allerdings die Frage, ob die finanzielle Globalisierung, die der Welt im Durchschnitt mehr Wohlstand und Wachstum ermöglicht hat, zumindest zeitweilig Opfer ihres eigenen Erfolgs geworden ist. Die Industrienationen sehen sich mit der Frage konfrontiert, ob ihre gemeinsame Regierungs-, Regulierungs- und Kooperationskapazität noch ausreicht, um temporären Exzessen des von ihnen geschaffenen Phänomens freier Kapitalflüsse einigermaßen Herr werden zu können.

Autorentext

Aufgaben

❶ Fassen Sie die aktuellen Probleme der Weltfinanzordnung zusammen (M 13, M 14).

❷ Diskutieren Sie in Ihrem Kurs, ob die Maßnahmen gegen Steuerdumping ihrer Meinung nach ausreichend sind (M 16, M 17). Begründen Sie Ihre Meinung.

Die kategoriale Urteilsbildung – wie ist die Steuervermeidungspolitik großer Konzerne zu beurteilen?

So tricksen die Konzerne in Luxemburg

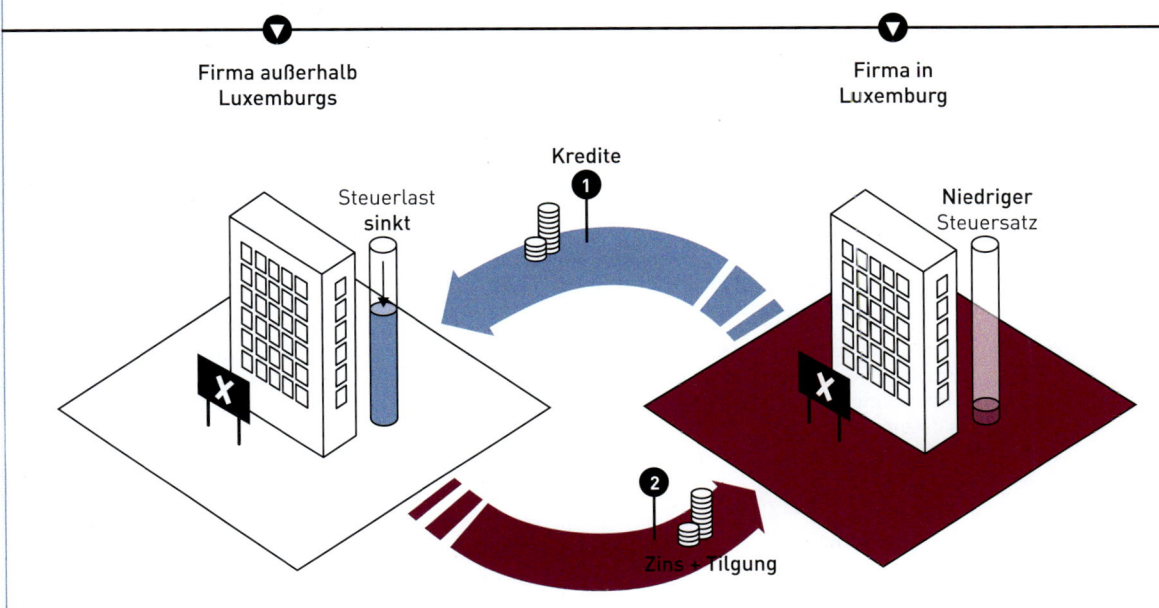

Der Kredit-Trick
Der Konzern X gründet eine Finanztochter in Luxemburg. Diese agiert als hausinterne Bank und verschiebt so Gewinne aus europäischen Nachbarstaaten ins Großherzogtum. Die Einnahmen der Luxemburger Niederlassung können steuerfrei sein, wenn die Konstruktion geschickt genug aufgebaut ist.

1 Die Niederlassungen außerhalb Luxemburgs müssen den Milliardenkredit zurückzahlen. Obendrauf kommen Zinsen, die auch höher sein können als die Rate, die eine fremde Bank für den Kredit verlangt hätte.

2 Die Finanztochter in Luxemburg hat zwar keine oder kaum Angestellte – aber sie vergibt Kredite in Milliardenhöhe. Die Schulden belasten die profitablen Konzerntöchter im Ausland.

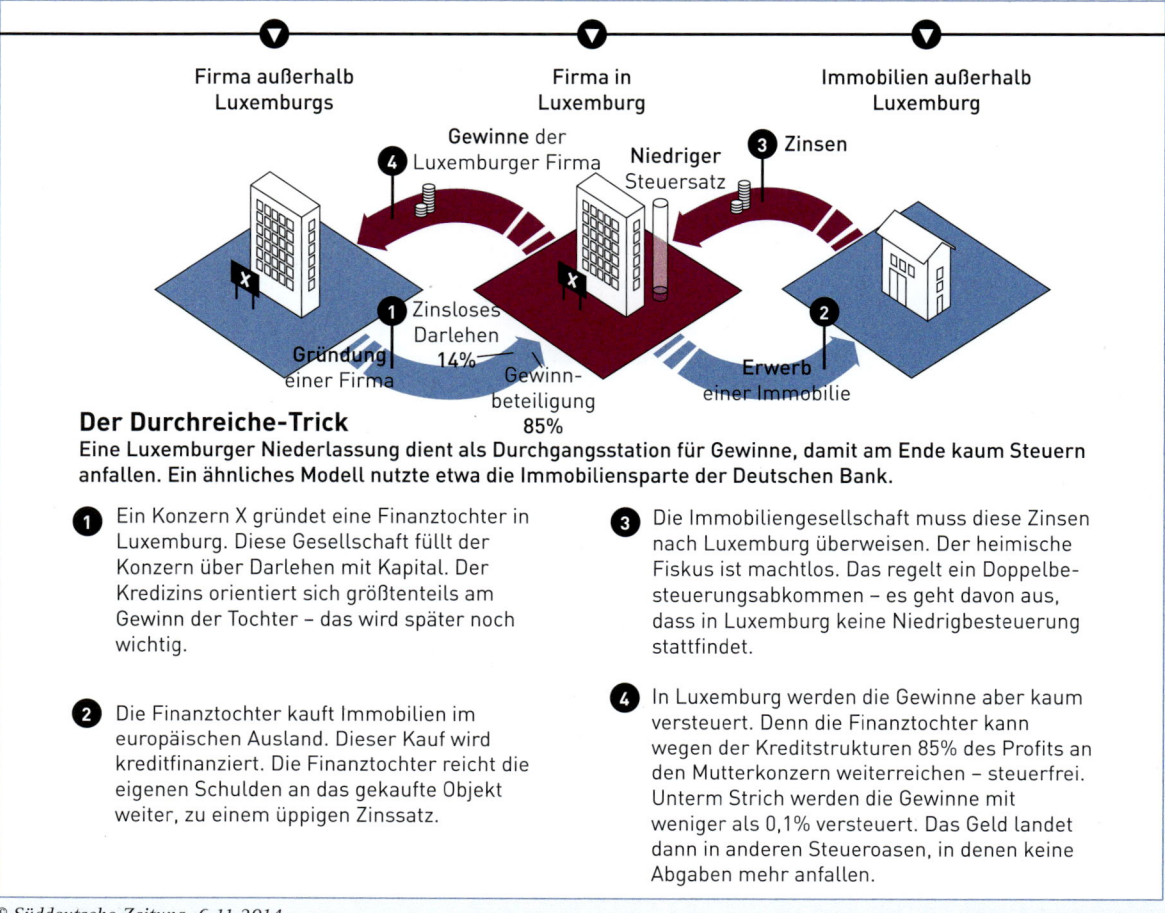

© Süddeutsche Zeitung, 6.11.2014

Um ein politisches oder wirtschaftliches Problem zu beurteilen, ist es hilfreich drei Analysenstufen zu beachten.

1. Stufe – die Situationsanalyse: Was ist? Worin besteht das Problem? Was ist der Sachverhalt? Welche Akteure sind zu unterscheiden? Wer ist überhaupt betroffen?

2. Stufe – die Möglichkeitserörterung: Was ist möglich? Welche Lösungen sind möglich unter Berücksichtigung der Interessen von Akteuren und Betroffenen?

3. Stufe – das Urteil: Was soll sein?

Zur Strukturierung der Begründungen bieten sich Kategorien der Urteilsbildung an. Grundsätzlich sind dabei Sachurteile von Werturteilen zu unterscheiden:

Sachurteile stellen eine Tatsachenbehauptung auf, die überprüfbar sind. Auf dem Wege der Faktenprüfung kann die Richtigkeit einer Aussage belegt werden. Sie beziehen sich auf das, was ist, und wollen erklären, warum die Wirklichkeit so ist, wie sie ist. In der Realität ergibt sich oft die Schwierigkeit, dass wir mit sich widersprechenden Sachurteilen konfrontiert werden. Kriterien, die zu den Sachurteilen gehören sind **Effizienz** und **Stabilität**.

Beispiel Effizienz
Pro: Wenn Unternehmen Steuerschlupflöcher ausnutzen, ist dies betriebswirtschaftlich wirksam und ein sinnvolles Mittel, weil so größere Gewinne ermöglicht werden, die dem Unternehmen zugute kommen (Arbeitsplätze, Investitionen etc.).

Kontra: Der Erfolg eines Unternehmens bemisst sich heute nicht nur nach dem shareholder value (dem Unternehmenswert), sondern zunehmend müssen die

Interessen der stakeholder (alle Gruppen, die das Erreichen der Unternehmensziele beeinflussen können) berücksichtigt werden. Ein Unternehmen, welches in einem Land so gut wie keine Steuern zahlt, ist schlecht angesehen, was sich auf den wirtschaftlichen Erfolg auswirken kann.

Das Effizienzkriterium lässt sich auch auf die staatlichen Maßnahmen zur Eindämmung der Steuerflucht anwenden: Wie wirksam sind die Mittel der Gegenmaßnahmen der Politik? Sorgen diese für mehr oder weniger Stabilität in der Weltwirtschaft?

Werturteile stellen keine Tatsachenbehauptungen auf, sondern bewerten Sachverhalte als gut oder schlecht. Diese Bewertung geschieht auf Grund von individuell verschiedenen Werten, die letztlich nicht objektiv überprüfbar sind. Werturteile beziehen sich auf das, was sein soll. Sie formulieren Bekenntnisse und Appelle und beinhalten eine subjektive Stellungnahme. Kriterien für Werturteile sind: Legitimität, Gerechtigkeit, Nachhaltigkeit, Freiheit, Gleichheit.

Beispiel Legitimität
Pro: Das Verhalten der Konzerne, Steuern zu vermeiden, ist solange zu akzeptieren wie staatliche Gesetze und Regeln eingehalten werden. Man kann einem Konzern keinen Vorwurf machen, wenn er Steuerzahlungen auf legalem Weg umgeht.

Kontra: Das Verhalten mag zwar legal sein, ist aber nicht legitim. Ein Konzern der in einem Land sämtliche Einrichtungen der Infrastruktur und positive Standortbedingungen (Bildung, Verkehr, Kultur etc.) nutzt, aber selbst nichts zur Finanzierung beiträgt – also alle anderen dafür bezahlen lässt – handelt unredlich und lebt auf Kosten der Allgemeinheit.

Beispiel Gerechtigkeit
Pro: Unternehmerische Freiheit bedeutet auch verantwortungsvoll für das eigene Unternehmen und seine Mitarbeiter zu handeln. Wenn Unternehmen durch intelligente Steuersparmodelle den Bestand des Unternehmens sichern können und dadurch womöglich Wettbewerbsvorteile erlangen, ist dies nach dem Leistungsprinzip gerecht.

Kontra: In der Regel sind nur große Unternehmen in der Lage, die Steuerschlupflöcher zu nutzen. Kleine Unternehmen, die nicht global aufgestellt sind, haben diese Möglichkeiten nicht. Somit besteht keine Chancengleichheit im Wettbewerb.

Die kategoriale Urteilsbildung in der Übersicht

Autorengrafik

ORIENTIERUNGSWISSEN

Finanzkrise 2007/08
M 5, M 6

Die globale Finanzmarktkrise nahm ihren Anfang in der Krise des amerikanischen Hypothekenmarktes, der sogenannten Subprime-Krise. Im Zuge des Immobilienbooms wurden zunehmend auch Kredite an Schuldner geringer Bonität vergeben. Um die Risiken für die Hypothekenbanken zu begrenzen, wurden diese Kredite verbrieft, d. h. am Kapitalmarkt weiter verkauft. Da die Kredite durch Immobilienwerte gesichert schienen, wurden die entsprechenden Wertpapiere von Ratingagenturen zumeist mit der höchsten Bonitätsstufe bewertet. In den Jahren 2007 und 2008 brach dann der US-Immobilienmarkt fast vollständig zusammen. Zahlreiche Kreditnehmer niedriger Bonität konnten ihre Hypothekenschulden nicht mehr bedienen. Die „faulen Kredite" gingen als toxische Papiere in die Bilanzen der Banken ein. Bedingung für das Entstehen der Finanzmarktkrise war, dass die amerikanische Notenbank eine Politik extrem niedriger Zinsen betrieben hatte. Im Verlauf des Jahres 2008 hatte sich die Finanzkrise zunehmend auf die Realwirtschaft ausgewirkt. In der Folge verzeichneten die Aktienkurse weltweit einen starken Rückgang. Die Börse nahm damit die negative Entwicklung des Sozialprodukts bzw. die Rezession vorweg.

Finanzmärkte
Kapitelauftaktseite

Nur mithilfe der globalen Finanzmärkte kann der weltweite Handel finanziert und abgesichert werden, können international integrierte, global agierende Unternehmen entstehen. Die Finanzmärkte hatten ursprünglich drei Funktionen: den internationalen Zahlungsverkehr zu organisieren (Devisenmarkt), die Finanzierung von Investitionen (Kreditmarkt) und den Handel mit Wertpapieren (Aktien und Staatsanleihen) zu ermöglichen (Wertpapiermarkt). Damit hatten die Finanzmärkte eine der Realwirtschaft nachgeordnete und dienende Funktion. Mit der Herausbildung eines globalen Finanzmarktes durch Deregulierung wird der Geldhandel zu einer eigenständigen Renditequelle. Die Verbriefung von Bankkrediten, die vormals ein bilaterales Geschäft zwischen Gläubiger und Schuldner waren, werden jetzt in Wertpapiere verwandelt, die dann auf dem Markt gehandelt, d. h. beliebig ge- und verkauft werden. Damit wird das Kreditrisiko auf andere Marktteilnehmer verteilt. Zugleich sind neue spekulative Finanzprodukte entstanden, die Derivate. Neue Akteure in diesem Bereich sind Pensionsfonds, Versicherungen, Investmentfonds, Hedgefonds oder Immobilienfonds.

Regulierung der Finanzmärkte
M 9 – M 11

Folgende Regelwerke zur Stabilisierung und Kontrolle des Finanzsystems sind zu unterscheiden. In den USA 2010 der Dodd-Frank-Act. Für die EU Basel III: Strengere Regulierungen insbesondere für Verbriefungen und das Marktrisiko. Europäische Bankenunion (2014): Bessere Regulation, Überwachung und Steuerung des finanziellen Sektors, verschärfte Kriterien in Verbindung mit den vorgelagerten Stress-Tests der European Banking Authority (EBA) für systemrelevante Banken. Schonung des Steuerzahlers im zukünftigen Krisenfalle: Kapitaleigner und Gläubiger, also auch Anleger, tragen das Risiko. Eine Einlagensicherung sichert die Anlagen von Privathaushalten und kleinen Unternehmen bis 100.000 Euro ab. Single Resolution Fund: Ein von 2016 – 2024 aufzubauender bankenfinanzierter Sicherheitspuffer für Liquiditätsengpässe in Höhe von 55 Milliarden Euro.

Die internationalen Finanzmärkte bergen heute eine Fülle von Risiken, die vor allem aus dem starken Wachstum der Geldvermögen und der Möglichkeit, dieses global zu investieren, resultieren. Zu diesen sich teils gegenseitig verstärkenden Risiken zählen: Leichtfertige und unzureichend kontrollierte Kreditvergabe der Banken aufgrund der Aussicht auf steigende Kurse und Vermögenswerte (insbesondere Immobilien); starke Ausdifferenzierung der angebotenen Finanzinstrumente (Derivate), die nur der Absicherung von Kursrisiken dienen; große Leistungsbilanzungleichgewichte zwischen einzelnen Ländern (insbesondere der USA mit Asien) mit der Gefahr der Verschuldung bzw. Anhäufung von Devisenreserven; starkes Wachstum von Hedgefonds, die große Mengen von Kapital zu spekulativen Zwecken einsetzen. Diese Investmentgesellschaften werden kaum kontrolliert und wetten auf steigende und fallende Kurse von Aktien, Rohstoffen oder Anleihen. Dazu sammeln sie Geld von privaten und institutionellen Anlegern ein und ergänzen dieses oft noch um Kredite.

Risiken und Ursachen
M 7, M 12

Steueroasen zeichnen sich dadurch aus, dass maximale Steuerbelastungen im Vergleich zu anderen Ländern sehr niedrig angesetzt sind oder aber auch dadurch, dass bestimmte Anlagestrategien in Bezug auf die Steuerabgaben oder Abgaberegelungen privilegiert behandelt werden. Damit bieten diese einen sehr hohen Anreiz, steuerliche Vorteile zu erlangen. Ziel ist hierbei immer, die Steuerlast zu reduzieren, indem Einkommen, welches in Ländern mit sehr hohen Steuersätzen entsteht, in Steueroasen versteuert wird. Ein Beispiel veranschaulicht die Vorgehensweise: Angenommen ein Produkt wird vom Unternehmen im Produktionsland nicht selbst eingekauft, sondern das Geschäft wird durch ein eigenes Unternehmen mit Sitz im Ausland also in der Steueroase erledigt. Von diesem wir dann das Produkt legal zu einem entsprechend höheren Preis erworben. Der Gewinn der durch diese Einkaufsdienstleistung entsteht wird zu den jeweiligen Steuersätzen und Steuerbedingungen des Landes in der Steueroasen versteuert und nicht zu den wesentlich höheren Steuersätzen im Heimatland. Ebenso können von Unternehmen in sog. Steuerparadiesen z. B. Lizenzgebühren für die Nutzung von Marken erhoben werden. Diese Gebühren können so hoch ausfallen, dass bei dem jeweiligen Gebührenzahler, am Ort wo normalerweise ohne diese Lizenzgebühren ein Gewinn anfallen würde, eben kein Gewinn bzw. ein deutlich geringerer Gewinn anfällt, was wiederum die Steuerlast senkt oder vermeidet.

Steueroasen und Off-Shore-Finanzplätze
M 14, M 16, M 17

Braucht der Finanzmarkt mehr Moral?

Wenn die [Immobilien- und Finanz-]Krise eines geleistet hat, dann die Widerlegung der bis dahin herrschenden Arbeitshypothese, der Marktpreis bilde alle für die unternehmerische Entscheidung relevanten Informationen ab. Die Preise der in Wertpapiere umgewandelten Immobilienkredite haben das in ihnen steckende Risiko bekanntlich nicht gespiegelt. Zu Recht rät [George] Soros von der illusionären Unterstellung ab, die Marktteilnehmer seien umfassend informiert oder würden mit den vorhandenen Informationen stets rational umgehen. Das aber bedeutet, dass der Markt einen Kreislauf zwischen halbwissenden und halbrationalen Marktteilnehmern und ihren Produkten organisiert. Im Zweifel schließt er sich mit seinen eigenen Irrtümern kurz – ohne über verlässliche immanente Korrektur-Instrumente zu verfügen. Daher braucht er eine Supervision von außen. [...]

Er bedarf einer mitdenkenden Rahmensetzung, das heißt einer verantwortlichen politischen Ökonomie. [...] Da aber politische Verantwortung für den Markt ihrerseits der Macht und Manipulation von Interessengruppen, Dilettanten und populistischen Stimmungen unterliegt, ist auch der nächste Schluss zwingend: Es bedarf der offenen, sich selbst kontrollierenden Gesellschaft, um den naheliegenden politischen Pathologien vorzubeugen. Bei näherem Hinsehen drängt daher schon die defizitäre Eigenlogik des Marktes auf eine sehr implikationsreiche politische Moral. Und diese Folgerungen erhalten, soweit es um den Finanzmarkt geht, einen noch dramatischeren Zug. Nicht zufällig führen die Preisbewegungen auf diesem ganz besonderen Markt zu extremen Höhenflügen und schädlicheren Abstürzen als beim „realen" Gütermarkt. [...]

Denn während der normale Gütermarkt sich nicht vollständig vom alltagsmoralischen Kontakt mit der sozialen Umwelt lösen kann, schon weil er hier seine Konsumenten findet, bezieht der Kapitalmarkt seine Stärke aus dem Gegenteil, aus der totalen Unempfindlichkeit gegenüber der sozialen Realität. Ob Immobilienpreise in Kalifornien steigen oder in den Keller stürzen (mit entsprechenden sozialen Folgen), spielt keinerlei Rolle, solange man sich auf der richtigen Seite der derivativen Wette befindet. Doch die Summe der Wetten wirkt auf die Immobilienpreise und damit auf die soziale Lage zurück. Würde man dem Finanzmarkt Einsicht in diese Rückkopplung und damit sozialen Realismus beibringen, wäre dies weit mehr, als nur das Gewissen der Trader und Broker zu aktivieren: Es wäre eine Revolution dieses Marktes.

Schließlich müsste er seine Anlagestrategien, Transaktionen, Portfolios und Finanzmathematik völlig neu, nämlich sozialsensibel ausrichten. Eine solche politische Ökonomie des Finanzmarkts hat bisher noch niemand ausgearbeitet oder auch nur ausgemalt. Trotzdem muss sie das Ziel sein. Das gebieten die immensen Schädigungspotentiale dieses Marktes für die Weltwirtschaft, aber auch seine Selbstzerstörungskräfte.

Andreas Zielcke, Weltwirtschaftsforum in Davos: Über Umwege zur Moral, www.sueddeutsche.de, 28.01.2011

Aufgaben

1 „Wenn die [Immobilien- und Finanz-]Krise eines geleistet hat, dann die Widerlegung der bis dahin herrschenden Arbeitshypothese, der Marktpreis bilde alle für die unternehmerische Entscheidung relevanten Informationen ab." Erläutern Sie diese These.

2 Wie könnten konkrete politische Maßnahmen aussehen, die dem Markt wie vom Autor gefordert „die Moral von außen injizieren"?

3 Beurteilen Sie, ob Finanzkrisen durch mehr Moral vermieden werden können.

SELBSTDIAGNOSE

Sie können...	Dazu benötigen Sie u. a. folgende Begriffe...	Das klappt schon...	Hier können Sie u. a. noch üben...
anhand von Indikatoren die Finanzkrise 2007/08 beschreiben.	DAX Risikoprämie Staatsanleihen CDS	👍 👎	M 1 – M 3 / S. 538 f.
Krisenursachen und Auswirkungen der Finanzkrise erklären.	PIIGS-Staaten Subrime-Krise Moral Hazard Ratingagenturen	👍 👎	M 4 – M 6 / S. 540 ff. Orientierungswissen / S. 558
allgemein die Gründe für die Krisenanfälligkeit der Finanzmärkte erläutern.	Hedgefonds Leerverkäufe Kreditmärkte Wertpapiermärkte Devisenmärkte	👍 👎	M 7 / S. 543 ff. Orientierungswissen / S. 559
Möglichkeiten, Finanzmärkte zu kontrollieren voneinander unterscheiden und beurteilen.	Systemic Risk Tax Tobin-Steuer	👍 👎	M 9, M 10 / S. 546 ff. Orientierungswissen / S. 558
Regelungen der Europäischen Bankenunion beschreiben.	Einheitliche Bankenaufsicht einheitliche Bankenabwicklung harmonisierte Einlagensicherung	👍 👎	M 11, M 12 / S. 549 f. Orientierungswissen / S. 558
am Beispiel der Steuervermeidungspolitik von transnationalen Unternehmen Möglichkeiten der Gestaltung der Weltfinanzordnung erläutern.	Panama Papers Steueroasen OECD G20 Steuerdumping	👍 👎	M 14 – M 17 / S. 551 – 554 Methode / S. 555 ff. Orientierungswissen / S. 559

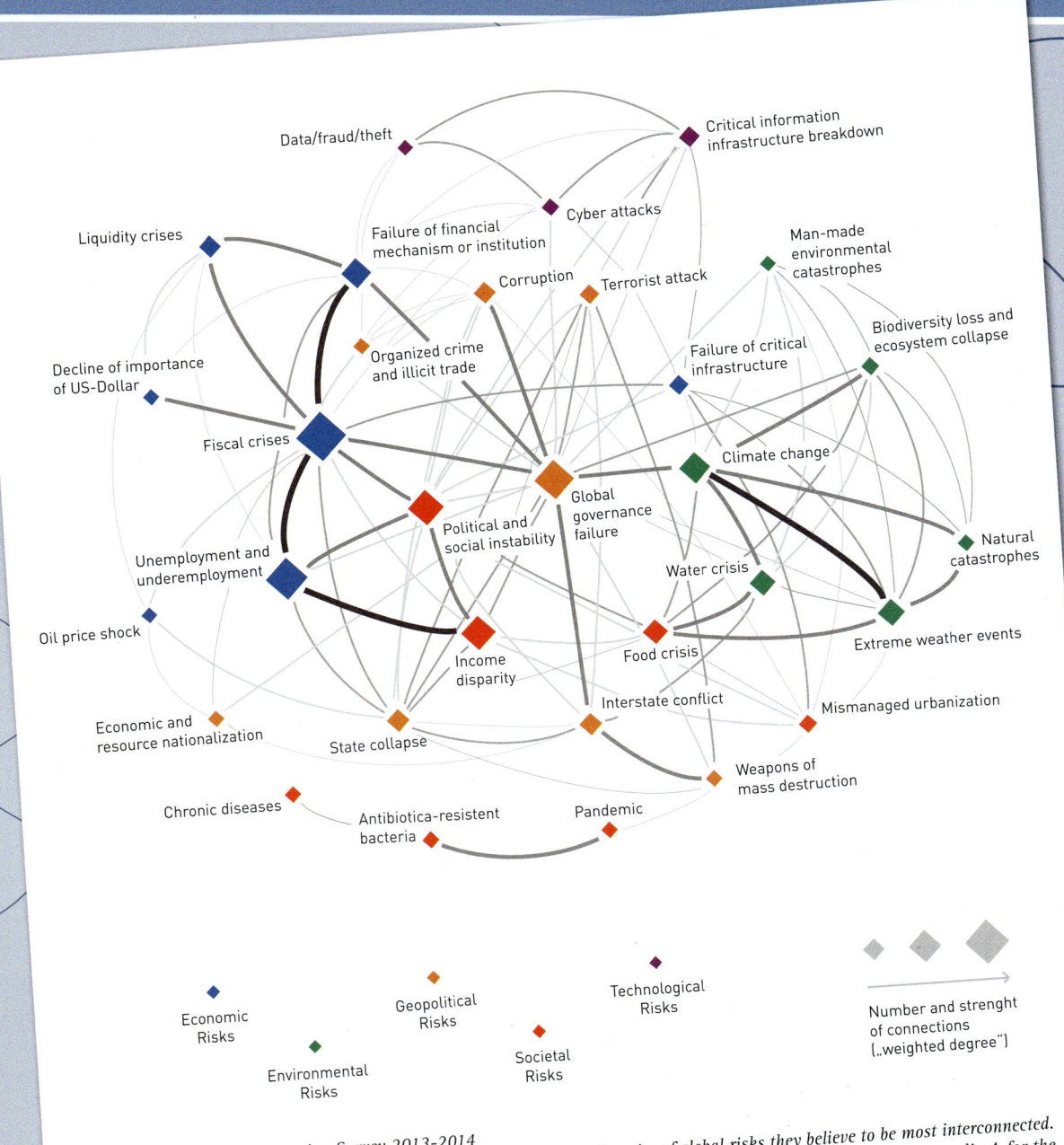

18 Globalisierungsgewinner und -verlierer – Global Economic Governance

Was gefährdet die heutige Weltwirtschaftsordnung und damit die Grundlagen der Globalisierung? Inwieweit lässt sich der Globalisierungsprozess politisch steuern? Die Weltwirtschaftsordnung besteht aus drei Hauptsäulen, der Welthandelsordnung, der Weltwährungsordnung und der Weltfinanzordnung. Bei der Welthandelsordnung geht es vor allem um den Freihandel, den Abbau von Protektionismus und dessen Auswirkungen auf die globale Verteilung von Reichtum und Armut. Die weltweite Migration vom Süden in den Norden, spiegelt die weltweiten Disparitäten wider und stellt die Frage, inwieweit Entwicklungsländer als Verlierer der Globalisierung gelten dürfen. Immer deutlicher wird zudem, dass die Gefährdungen unserer natürlichen Lebensgrundlagen politisches Handeln notwendig macht. Besonders betroffen von den Auswirkungen des Klimawandels zum Beispiel sind gerade Entwicklungsländer. Im Mittelpunkt der Welthandelsordnung steht die WTO, deren Aufgabe, Freihandel zu schaffen, von der liberalen Überzeugung geprägt ist, dass nur Freihandel zu Wohlstand führen könne. Gleichzeitig ist zu beobachten, dass weltweit immer mehr und größere Freihandelszonen an der WTO vorbei vereinbart werden. Die Auseinandersetzungen um das transatlantische Freihandelsabkommen zwischen der EU und den USA (TTIP) veranschaulicht eindrucksvoll Möglichkeiten und Grenzen solcher bilateraler Abkommen und stellt Fragen nach der zukünftigen Rolle der WTO in der Welthandelsordnung.

KOMPETENZEN

Am Ende dieses Kapitels sollten Sie Folgendes wissen und können:

Sie können globale Risiken und deren Interdependenzen beschreiben.

Sie können Möglichkeiten der politischen Steuerung von Globalisierungsprozessen an einem Beispiel beurteilen.

Sie können Auswirkungen der Globalisierung auf Entwicklungsländer beurteilen.

Sie können Gründe für Unterentwicklung nennen.

Sie können die Rolle der WTO in der Welthandelsordnung beschreiben.

Sie können Protektionismus beurteilen.

Sie können Chancen und Risiken von Freihandelszonen, besonders im Hinblick auf gerechte Verteilung und Nachhaltigkeit, beurteilen.

Was wissen und können Sie schon?

1. Fassen Sie die globalen Risiken in den Kategorien
   - Economic Risks,
   - Environmental Risks,
   - Geopolitical Risks,
   - Societal Risks und
   - Technological Risks
   zusammen.
2. Erstellen Sie eine Prioritätenliste der größten Risiken.
3. Entwickeln Sie eigene Vorschläge, wie man gegen die Risiken konkret vorgehen könnte.

18.1 Wodurch ist die Weltwirtschaft gefährdet und wer kümmert sich darum?

Ökonomische Risiken

lassen sich als Risiken definieren, deren Ursachen in gesellschaftlichen, technologischen, ökonomischen, ökologischen und/oder politischen Entwicklungen begründet liegen und deren Wirkungen sich in der globalen Ökonomie entfalten.

Jan Arpe u. a., Die ökonomischen Risiken der Globalisierung, Hrsg. Bertelsmann Stiftung, Global Choices 1/2012, S. 129

M 1 ● Schadenspotenzial der Risikofelder für die Weltwirtschaft – Ergebnisse einer weltweiten Expertenumfrage

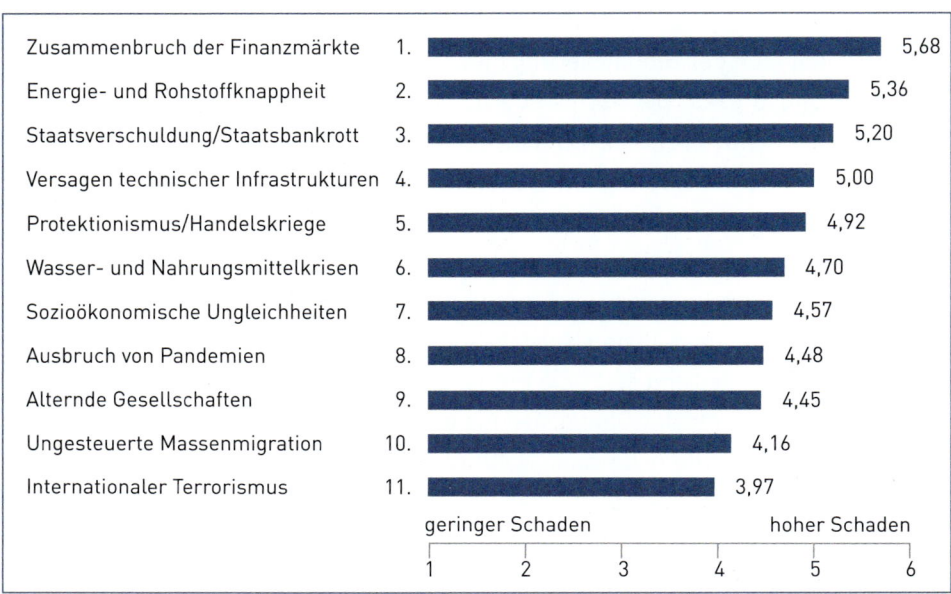

Jan Arpe u. a., Bertelsmann Stiftung (Hrsg.), Die ökonomischen Risiken der Globalisierung, Global Choices 1/2012, S. 12

M 2 ● Wie alles miteinander zusammenhängt

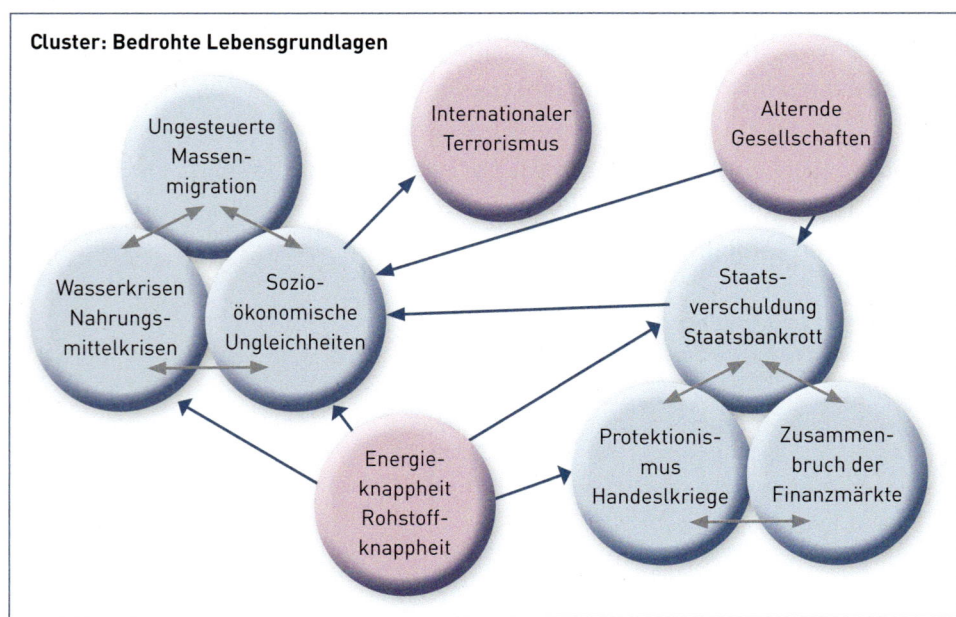

Jan Arpe u. a., Bertelsmann Stiftung (Hrsg.), Die ökonomischen Risiken der Globalisierung, Global Choices 1/2012, S. 24

M 3 ● Ist der traditionelle Nationalstaat in der Lage, die neuen Risiken zu beherrschen?

Der moderne Nationalstaat bildet sich im Laufe des 16. Jahrhunderts heraus und wird mit dem Westfälischen Frieden von 1648 zum dominanten Akteur internationaler Beziehungen. Er ist definiert durch ein eindeutig umrissenes Territorium, einem Staatsvolk sowie einer souveränen Ausübung von Staatsgewalt. Er war auch der wichtigste Akteur in der bipolaren Welt bis 1990. In dieser Welt war die Ordnung durch das übersichtliche und festgefügte Zwei-Parteien-Nullsummenspiel geprägt. Das staatenzentrische Weltbild war durch überschaubare Freund-Feind-Schemata gekennzeichnet. Die Krise des Nationalstaats formulierte der amerikanische Soziologe Daniel Bell so: „Der Nationalstaat ist für die kleinen Probleme zu groß und für die großen Probleme zu klein geworden". Der Nationalstaat wird von zwei Seiten in die Zange genommen: durch die zunehmend transnationalisierenden und globalisierenden gesellschaftlichen Handlungszusammenhänge einerseits, durch die Kräfte der Abgrenzung und Fragmentierung andererseits. Der zunehmende Machtverlust der Nationalstaaten angesichts dieser globalen Probleme wird mit den Schlagworten „Denationalisierung" und „Entgrenzung" bezeichnet.

Welche weiteren Antworten werden auf das fragile interpendente Weltsystem gegeben?

Eine erste Antwort ist der Versuch der Wiederherstellung der nationalstaatlichen Souveränität durch Abschottung vom globalen Strukturwandel. Diese äußert sich z.B. im wirtschaftlichen Protektionismus oder in Maßnahmen zur Einschränkung der globalen Migration. Staaten versuchen den Verlust an Macht und Steuerungskapazität durch intensive Verregelungs- und Institutionenbildungsprozesse zu kompensieren oder durch Abschottungen zu verlangsamen. Abschottungen fördern aber die Fragmentierung. Das Gegenteil dazu ist die marktwirtschaftliche Vorgehensweise: Der Nationalstaat stellt sich dem marktwirtschaftlichen Wettbewerb durch aktive Strategien der Standortverbesserung, treibt damit den nationalstaatlichen Wettbewerb voran. Eine weitere Lösungsmöglichkeit wird in der Etablierung internationaler Organisationen gesehen: Die Weltgesellschaft wird als vergrößerter Nationalstaat betrachtet, diese ist durch eine Weltregierung, Weltparlament und Weltjudikative geordnet. Dabei wird häufig der UN eine solche zukünftige Aufgabe zugedacht – der Sicherheitsrat als Weltregierung, die Generalversammlung als Weltparlament, ein Weltstrafgerichtshof als Judikative, der IWF als Weltzentralbank, die WTO u. a. als Weltkartellamt. Da dabei das Problem der Verbindlichkeit und Durchsetzbarkeit von Entscheidungen entsteht, sehen manche realistisch nur ein Weltordnungssystem, welches durch eine Hegemonialmacht, z. B. den Vereinigten Staaten, hergestellt und gesichert wird. Schließlich spielt das Konzept des Global Governance („Regieren ohne Regierung") eine wichtige Rolle für die zukünftige Bewältigung globaler Herausforderungen.

Das Global Governance-Konzept beruht auf einer schlichten Erkenntnis: Wenn sich die Probleme globalisieren, muss sich auch die Politik globalisieren. Das Konzept meint nicht die Idee einer zentralen Weltregierung und auch nicht das Ende des Nationalstaats. Vielmehr will Global Governance eine multilaterale Kooperationskultur schaffen. Damit sollen den Nationalstaaten in einer Mehr-Ebenen-Architektur dort Handlungskompetenzen zurückgegeben werden, wo sie diese durch die Globalisierungstendenzen zu verlieren drohen. Allerdings müssen sich die Nationalstaaten zunehmend mit geteilten Souveränitäten und weltweiten Kooperations- und Integrationsräumen abfinden. Global Governance geht über das Mehr an staatlich or-

---

Was bedeutet Global Governance?

Global Governance – ein unscharfer Begriff, der im Deutschen meist als „weltweites Regieren" oder „globale Struktur- und Ordnungspolitik" bezeichnet wird – stellt den Versuch dar, globale Probleme mit einem neuen politischen Ordnungsmodell zu bewältigen. Dabei sollen weltweit operierende Netzwerke verschiedener staatlicher und nichtstaatlicher Akteure zusammenwirken.

ganisiertem Multilateralismus noch hinaus. Das Konzept bedeutet ein Zusammenwirken von staatlichen und nichtstaatlichen Akteuren von der globalen bis zur lokalen Ebene, das in einer „public-private partnership" die Wirtschaft und die Zivilgesellschaft in vernetzten Strukturen und Dialogforen einbezieht. Global Governance bezeichnet also mehr als die internationalen Organisationen. Das Konzept umfasst auch Vertragswerke und Konsenspapiere etwa der großen Weltkonferenzen der 1990er-Jahre (z. B. Umweltgipfel 1992 in Rio de Janeiro, Sozialgipfel 1995 in Kopenhagen oder Weltfrauenkonferenz 1996 in Peking).

Z. 1 – 74: Autorentext / Z. 75 – 108: Reinhold Weber, Landeszentrale für politische Bildung Baden-Württemberg, Politik & Unterricht, Heft 04/2003, S. 10

M 4 ● Wichtige internationale Organisationen der Global Governance-Architektur

	Welthandels-ordnung	Weltwährungs-ordnung	Weltfinanzmarkt-ordnung	Weltumwelt-ordnung	Weltsozial-ordnung
Internationale Organisationen	WTO	IWF Weltbank G20	IWF BIZ* FSB* G20	UNO	UNO

*BIZ (Bank für Internationalen Zahlungsausgleich); Internationale Organisation des Finanzwesens. Eine Mitgliedschaft ist Zentralbanken oder vergleichbaren Institutionen vorbehalten. Die Deutsche Bundesbank zählt zu den gegenwärtig 60 Mitgliedern (Stand: 2016). Die BIZ gilt als „Bank der Zentralbanken" und nimmt eine Schlüsselrolle bei der Kooperation der Zentralbanken und anderer Institutionen aus dem Finanzbereich ein.

*FSB (Der Finanzstabilitätsrat, Financial Stability Board); Er koordiniert auf internationaler Ebene die Arbeit der nationalen Finanzaufsichtsbehörden sowie der Institutionen, die internationale Regulierungsstandards für das Finanzwesen setzen. Ihm gehören Vertreter von Zentralbanken, Finanzministerien, Aufsichtsbehörden und internationalen Organisationen an.

M 5 ● Global Governance-Akteure unter dem Dach der Vereinten Nationen

Internationale Regime
Bezeichnen in der internationalen Politik ein von internationalen Akteuren (z. B. Staaten) akzeptiertes Regel- und Normensystem (einschließlich notwendiger Entscheidungsverfahren), um bestimmte Problemfelder und Spannungssituationen dauerhaft zu steuern.
Klaus Schubert/Martina Klein, Das Politiklexikon, 5. aktual. Aufl., Bonn/Dietz 2011

Die Vereinten Nationen

Hauptorgane

General-versammlung	Sicherheitsrat	Wirtschafts- und Sozialrat	Sekretariat	Internationaler Gerichtshof	Treuhandrat
Sitz in New York	New York	New York	Hauptsitz New York	Den Haag	New York
193 Mitgliedstaaten	15 Mitglieder	54 Mitglieder	mit Generalsekretär	15 Richter/innen	5 Mitglieder

Ausgewählte Fachorganisationen und Nebenorgane

Sonderorganisationen*
Auswahl — *Sitz in*
- UNESCO — Bildung, Kultur — Paris
- ILO — Arbeitsorganisation — Genf
- WHO — Weltgesundheits-organisation — Genf
- FAO — Ernährungs-organisation — Rom
- IWF — Internat. Währungsfonds — Washington
- Weltbankgruppe — Washington

Spezialorgane
Auswahl
- UNCTAD — Handel — Genf
- UNHCR — Flüchtlingshilfe — Genf
- WFP — Welternährungsprog. — Rom
- UNICEF — Kinderhilfswerk — New York
- UNDP — Entwicklung — New York
- UNFPA — Bevölkerungsfonds — New York
- UNEP — Umwelt — Nairobi
- HABITAT — Wohnungsprog. — Nairobi
- UNU — UN-Universität — Tokio

Verwandte Organisationen
Auswahl
- WTO — Welthandel — Genf
- IAEA — Atomenergie — Wien
- OPCW — Verbot chemischer Waffen — Den Haag

Quelle: Vereinte Nationen, Stand Frühjahr 2014   *rechtlich und finanziell selbstständig   © Globus 6433

M 6 ● Schwindet die politische Gestaltungsmacht traditioneller Institutionen? – das Beispiel IWF

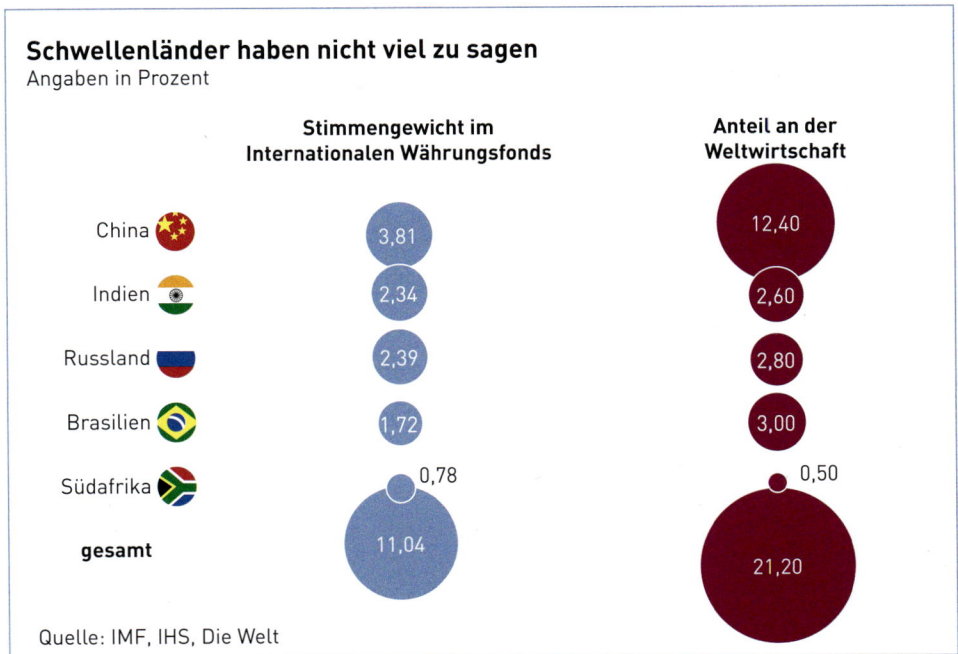

Quelle: IMF, IHS, Die Welt

BRICS-Staaten
Sie (Brasilien, Russland, Indien, China und Südafrika) repräsentieren etwa 40 Prozent der Weltbevölkerung. Dank überdurchschnittlich hoher Wachstumsraten im Vergleich zur EU und zu den USA ist ihr Anteil an der Weltwirtschaftsleistung in der Vergangenheit kontinuierlich gewachsen. Lag er im Jahr 2004 noch bei etwa 16 Prozent, so ist er im Jahr 2014 auf mehr als 25 Prozent gestiegen. Daneben halten die BRICS-Staaten 2.800 Mrd. Dollar, was 42 % der weltweiten Devisenreserven entspricht.
Nach: Bundeszentrale für politische Bildung, www.bpb.de, 9.7.2015

Die Kritik am IWF lässt sich in drei Punkten zusammenfassen:
Erstens: der IWF knüpft die Bedingungen, der Kreditvergabe an zahlungsunfähige Länder an harte Bedingungen: radikale Einschnitte in die Staatshaushalte (Austeritätspolitik) häufig verbunden mit Kürzungen sozialer Leistungen sowie an die Öffnung der Märkte und Privatisierungen. Diese neoliberale angebotstheoretische Wirtschaftspolitik wird (nicht nur von Globalisierungsgegnern) abgelehnt, weil das Vorgehen die Krisen nach Ansicht der Kritiker oft noch weiter verschärfe.
Zweitens: der IWF spiegelt nicht mehr die tatsächlichen wirtschaftlichen Kräfteverhältnisse auf der Welt wider (schwindende Repräsentation), was sich im Stimmengewicht in den Führungsgremien und im Kapitalanteil zeigt. Besonders die inzwischen selbstbewusst auftretenden Schwellenländer Brasilien, Russland, Indien, China und Südafrika (BRICS-Länder) halten die Kräfteverhältnisse im IWF für ungerecht. China z. B. steht für rund ein Achtel der Weltwirtschaft. Doch sein Gewicht im IWF beträgt weniger als vier Prozent. Selbst Frankreichs Stimmanteil ist höher, obwohl seine Wirtschaftskraft gerade mal ein Drittel jener Chinas beträgt.
Drittens äußert sich die Dominanz der USA darin, dass sie praktisch ein Vetorecht besitzen (mangelnde Mitbestimmung). Alle wichtigen Entscheidungen bedürfen einer Stimmen-Mehrheit von 85 Prozent. Da die Vereinigten Staaten auf knapp 17 Prozent kommen, entspricht dies quasi einem Veto. Deshalb konnten auch die 2010 geplanten Reformen nicht umgesetzt werden. Offenbar wollen die westlichen Länder ihre Vorherrschaft nicht aufgeben und wehren bisher alle Versuche einer Reform ab. Z. B. wollen sie den Führungsanspruch, die Chefs von Weltbank und IWF sollen jeweils aus den USA bzw. Europa kommen, nicht preisgeben. Die BRICS-Länder haben daraus die Konsequenzen gezogen. 2015 nahm die New Development Bank (NDB) ihre Arbeit auf. Die BRICS-Bank soll zum Beispiel Infrastrukturprojekte in ärmeren Staaten fi-

Ziele des IWF

Der IWF wurde geschaffen, um die internationale Zusammenarbeit auf dem Gebiet der Währungspolitik zu fördern; die Ausweitung und ein ausgewogenes Wachstum des Welthandels zu erleichtern; die Stabilität der Wechselkurse zu fördern; bei der Errichtung eines multilateralen Zahlungssystems mitzuwirken; den Mitgliedsländern in Zahlungsbilanzschwierigkeiten die allgemeinen Fondsmittel zeitweilig und unter angemessenen Sicherungen zur Verfügung zu stellen und die Dauer und das Ausmaß der Ungleichgewichte der internationalen Zahlungsbilanzen der Mitgliedsländer zu verringern.

www.imf.org, Der IWF auf einen Blick – Informationsblatt, Juli 2000

nanzieren. Dafür hat sie zunächst einen Kapitalstock von gut 45 Milliarden Euro, der zu etwa 2/3 für Kreditvergabe zur Verfügung stehen kann. Die BRICS-Staaten
55 wollen weitere Länder integrieren, beispielsweise Argentinien und Mexiko. So könnten bis zu 100 Milliarden Dollar an Eigenkapital zusammenkommen, wodurch wiederum Projekte von rund 68 Milliarden Dollar pro Jahr finanziert werden könnten. 60 Damit tritt die NDB in direkte Konkurrenz zur Weltbank, die bisher weltweit Entwicklungsprojekte finanziert.

Autorentext

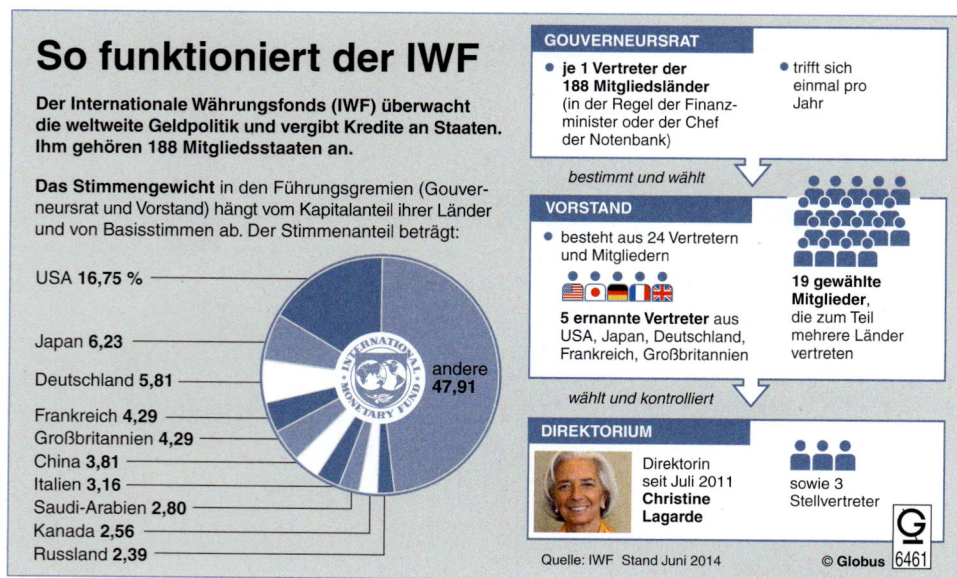

F Vorschlag für Gleichwertige Feststellung von Schülerleistungen oder Referat: Wählen Sie eine Institution aus M 4, und beurteilen Sie deren Bedeutung für die Steuerung von Globalisierung. ein.

Aufgaben

1. Werten Sie die Expertenumfragen aus, und vergleichen Sie die Ergebnisse mit Ihren eigenen Einschätzungen zu den Risikofeldern der Kapitelauftaktseite (M 1, M 2).
2. Arbeiten Sie aus M 3 die Strategien, globalen Bedrohungen zu begegnen, heraus.
3. Beschreiben Sie die Global Governace-Architektur (M 4, M 5).
4. Das Beispiel des IWF zeigt, dass sich die Kräfteverhältnisse im globalen „Regieren" wandeln. Charakterisieren Sie diesen Wandel (M 6).

18.2 Entwicklungsländer – Verlierer der Globalisierung?

M 7 • **Führt die Globalisierung zu „Sozialtourismus"?**

Karikatur: Schwarwel

M 8 • **Turbo-Globalisierung und Flüchtlingsströme**

Die Flüchtlingsströme haben viele Ursachen. Eine davon ist die Globalisierung. Sie erschwert wirtschaftliches Aufholen der weniger entwickelten Länder und lässt Nationen scheitern. [...]
Die jüngere Geschichte der Entwicklungspolitik ist eine Geschichte der falschen Institutionen. Die Ökonomen der Weltbank haben Entwicklung vor allem als ein Problem des Transfers von Technologie gesehen. Deshalb haben sie versucht, den Entwicklungsländern durch die Ansiedlung von Multis zum Sprung nach vorne zu verhelfen. Zu diesem Zweck müsse man das Entwicklungsland für das ausländische Kapital attraktiv machen. Was das konkret bedeutet, wurde im Washingtoner Konsens festgehalten: Freie Kapitalmärkte, Flexibilisierung der Arbeitsmärkte, Deregulierung, tiefe Löhne, Privatisierung und Sparprogramme des Staates.
Doch kann das wirklich funktionieren? Damit sich ein Land mit geringem Kapitalstock dem Niveau eines Landes mit sehr hohem Kapitalstock nähern kann, muss es seine Produktivität in allen Bereichen erhöhen und gleichzeitig die Konsumgewohnheiten und den Produktemix radikal umkrempeln. Weg von der Landwirtschaft, hin zur Industrie und dann zu den persönlichen Dienstleistungen, Tourismus, Gesundheit etc. Das setzt einiges voraus: Alle Arbeitnehmer müssen sich flexibel an die neuen Bedingungen anpassen und sie müs-

Kapitalstock
Anlagevermögen

sen an den Produktivitätssteigerungen voll beteiligt werden, damit die Nachfrage jederzeit ausreicht, um den Strukturwandel zu realisieren.

Dieser Weg ist steinig und überall droht der Absturz: Bessere Technologie setzt Investitionen in Maschinen, Saatgut etc. voraus. Die Geldgeber sitzen am längeren Hebel und werden den Mehrwert abkassieren, falls es den Arbeitnehmern nicht rechtzeitig gelingt, sich zu organisieren oder der Staat ihnen stützend zu Hilfe kommt. Dass die alten Bauern und neuen Fabrikarbeiter Reallöhne erstreiten könnten, die ihrer gestiegenen Produktivität entsprechen, ist fast nirgendwo in der Welt von Entwicklungsländern realisiert worden, mit Ausnahme der asiatischen Aufholer, in erster Linie Japan, Korea und China. In Lateinamerika, Afrika, dem Nahen Osten und dem Mittleren Osten kann von einem solchen Prozess in keiner Weise die Rede sein und die westlichen Institutionen haben nichts dazu getan, um ihn zu fördern. [...] Die Entwicklungsländer sind deindustrialisiert worden, noch bevor sie eine namhafte eigene Industrie aufbauen konnten. [...] Die Industrieländer haben ihre Überschüsse in der Dritten Welt entsorgt und damit das Entstehen einer eigenen Industrie erschwert oder gar unterbunden.

Gravierender als die verlorenen Arbeitsplätze sind die politischen und sozialen Folgen dieser verhinderten Industrialisierung: Die Entwicklungsländern haben zwar punktuell technologisches Know-how importiert, aber ihnen Fehlen mehr denn je die sozialen Institutionen, die nötig sind, um technologisches Können in allgemeinen Wohlstand umzuwandeln. [...] Unter diesen Umständen ist er für die „Nicht-Eliten" unmöglich, [...] sich in Parteien und Gewerkschaften zu organisieren und eine demokratische Kultur zu entwickeln. Stattdessen dominieren ethnische und religiöse Gegensätze. [...] Statt Rechtsstaatlichkeit herrscht Willkür.

Werner Vontobel, www.flassbeck-economics.de, 10.9.2015

M 9 ● Wo auf der Welt gibt es Fortschritte bei der Lebensqualität?

Index der menschlichen Entwicklung und seine Komponenten, 2010 und 2013

Gruppe der menschlichen Entwicklung oder Region	Index der menschlichen Entwicklung		Lebenserwartung bei der Geburt (Jahre)		Durchschnittliche Schulbesuchsdauer (Jahre)		Voraussichtliche Schulbesuchsdauer (Jahre)		Bruttonationaleinkommen pro Kopf (KKP $ 2011)	
	2010	2013	2010	2013	2010	2013	2010	2013	2010	2013
sehr hohe menschliche Entwicklung	0,885	0,890	79,7	80,2	11,7	11,7	16,2	16,3	38.548	40.046
hohe menschliche Entwicklung	0,723	0,735	73,9	74,5	8,1	8,1	13,1	13,4	11.548	13.231
mittlere menschliche Entwicklung	0,601	0,814	67,1	67,9	5,5	5,5	11,3	11,7	5.368	5.980
niedrige menschliche Entwicklung	0,479	0,493	58,2	59,4	4,1	4,2	8,7	9,0	2.631	2.904
Arabische Staaten	0,675	0,682	69,7	70,2	6,2	6,3	11,7	11,8	15.281	15.817
Ostasien und Pazifik	0,688	0,703	73,5	74,0	7,4	7,4	12,3	12,5	8.628	10.499
Europa und Zentralasien	0,726	0,738	70,7	71,3	9,6	9,7	13,3	13,6	11.280	12.415
Lateinamerika und Karibik	0,734	0,740	74,2	74,9	7,9	7,9	13,8	13,7	12.926	13.767
Südasien	0,573	0,588	66,4	67,2	4,7	4,7	10,6	11,2	4.732	5.195
Afrika südlich der Sahara	0,468	0,502	55,2	56,8	4,8	4,8	9,4	9,7	2.935	3.152
Welt	0,693	0,702	70,3	70,8	7,7	7,7	11,9	12,2	12.808	13.723

KKP = Kaufkraftparität
Quelle: Berechnungen des HDR-Büros

Khalid Malik, UNDP – Bericht über die menschliche Entwicklung 2014, S. 42, übersetzt von: Klaus Birker, Angela Grössmann, Diethelm Hofstra, Christina Kamp und Gabriele Lassen-Mock

M 10 ● Wie Unterentwicklung zementiert wird

Dass Handel den Entwicklungsländern mehr nütze als helfe, ist herrschende Meinung. Andererseits wird die Praxis des Handels vor allem mit Afrika seit Jahren heftig kritisiert. Zum Beispiel mit Hinweis auf europäische Hähnchen-, Tomaten- und Milchpulverexporte heißt es, afrikanische Bauern könnten mit den niedrigen Preisen der importierten Ware nicht mithalten und würden „in den Ruin getrieben" (Greenpeace), „Exporte schaffen Hunger" (Misereor), „ungerechte Welthandelsregeln" (Oxfam).

Entwicklungsminister Müller schließt sich den Klagen an und fordert „Fairhandel statt Freihandel". Diese Anschuldigungen sind geprägt von einer Einstellung, die sich am Beispiel der Geflügelfleischexporte gut aufzeigen lässt: Bestimmte Körperteile durchaus guter Qualität (Flügel, Rückenteile), für die es in Deutschland nur geringe Nachfrage gibt, werden auf dem Weltmarkt angeboten. Händler unter anderem aus Ghana, Benin und Gabun kaufen sie gern. Auf den Märkten dieser Länder entscheiden sich viele Kunden für die ausländische Ware. Einheimische Bauern haben also das Nachsehen. Der systemische Hintergrund ist, dass eine hochproduktive deutsche auf eine unproduktive afrikanische Agrarwirtschaft trifft. Die Regierungen dieser Länder könnten die Einfuhr von Geflügelfleisch – WTO-konform – verbieten, wie die Elfenbeinküste, Kamerun und Nigeria es getan haben. Ein Grund, warum andere es nicht tun, könnte sein, dass ihnen die Versorgung der städtischen Bevölkerung mit preiswertem Importfleisch wichtiger ist als das Los der Bauern. Vielleicht lassen sie sich aber auch von dem richtigen Gedanken leiten, dass ein Importverbot die eigene unproduktive Wirtschaft schützt und damit der Entwicklung des Landes schadet. In einer merkwürdigen Neigung zur Selbstbezichtigung und in Verkehrung der Zuständigkeiten klagen weite Kreise der deutschen Dritte-Welt-Szene nicht etwa afrikanische Regierungen an, weil sie ihre Bauern nicht schützten, sondern europäische Exporteure, die afrikanischen Verbrauchern die Möglichkeit geben, zwischen verschiedenen Angeboten zu wählen. Dieser angebliche Skandal wird mit dem Hinweis ergänzt, die schädigenden Exporte würden von der EU auch noch mit sog. Ausfuhrerstattungen subventioniert. Auf der Website des BMZ heißt es bis heute, die Industrieländer müssten diese Agrarexportsubventionen abbauen. Dabei gibt es sie in Richtung Subsahara-Afrika de facto schon lange nicht mehr. Als die EU sie auch rechtlich 2013 abschaffte, war dies der Presseabteilung des BMZ keine Meldung wert. [...] Die Neigung, die Handelsbeziehungen zwischen Europa und Afrika verzerrt darzustellen, betrifft auch die Ausfuhr von Afrika nach Europa. Dass die EU durch Vorschriften die Afrikaner daran hindere, Waren nach Europa zu exportieren, ist in weiten Kreisen der „Szene" festgefügte Meinung. [...]

Dabei können zum Beispiel die meisten afrikanischen Staaten, weil sie zu den Least Developed Countries gehören, alles zoll- und kontingentfrei in die EU exportieren – außer Waffen. Und die Welthandelsorganisation (WTO) hat nicht etwa deswegen die EU gedrängt, ihre Handelsbeziehungen zu vielen Entwicklungsländern neu zu verhandeln, weil diese unter Handelsbehinderungen zu leiden hätten, sondern weil die EU ihnen zu viele Privilegien gewähre!

Man könnte die Falschmeldungen von Medien, Politik und Hilfsorganisationen als wohlmeinende Verirrungen abbuchen, wenn sie nicht afrikanischer Entwicklung schadeten. Die notorisch falsche Zuweisung von Zuständigkeiten führt dazu, dass afrikanische Politiker sich entlastet fühlen und ihre entwicklungsfeindliche Politik weiterbetreiben können. Die wahren Gründe afrikanischer Rückständigkeit werden so verschleiert. Dass Rohstoffe wie Kakao oder Baumwolle nicht auf dem Kontinent

---

HDI (engl. Human Development Index)

Der Index der menschlichen Entwicklung erfasst die durchschnittlichen Werte eines Landes in grundlegenden Bereichen der menschlichen Entwicklung. Aus einer großen Zahl solcher Einzelindikatoren wird eine Rangliste errechnet. Der HDI kann Werte zwischen Null und Eins einnehmen. Länderbezogen lag 2013 Norwegen mit einem Wert von 0,944 an erster Stelle, die letzten 18 von 187 Staaten sind alles afrikanische, Schlusslicht ist Niger mit dem Wert 0,337.

95 verarbeitet werden, hat afrikanische Gründe und keine europäischen. Schwarzafrika hat auf dem Weltmarkt fast nichts aus eigener Verarbeitung anzubieten, keinen Kugelschreiber, keinen Tauchsieder und keine
100 Luftpumpe. [...] Dies wiederum nützt unserer Entwicklungshilfe-Industrie, die damit rechnen kann, auf diese Weise endlos im Geschäft zu bleiben.

Kurt Gerhardt, Frankfurter Allgemeine Zeitung, 5.2.2016

M 11 ● Theoretische Erklärungen für Unterentwicklung

	Theorien	Maßnahmen/Strategien
endogene Ursachen	Modernisierungstheorie: Erklärt Entwicklungsrückstände durch Modernisierungsdefizite der Entwicklungsländer (Defizite z. B. Infrastruktur, Bildung, Mentalität); Tribalismus: von traditionellen Stammesstrukturen beherrschtes politisch-gesellschaftliches System mit wenig individuellen Entscheidungsspielräumen und hohem innerstaatlichem Konfliktpotenzial.	Weltmarktintegration, Sickereffekte (Trickle-Down-Effect) führen nach Phasen ungleichmäßigen Wachstums der wirtschaftlichen Zentren auch zu Entwicklungsfortschritten im gesamten Land (Peripherie).
exogene Ursachen	Dependenztheorie: Entwicklungsrückstände erklären sich durch ökonomische Abhängigkeiten der Entwicklungsländer von den Industrieländern. Historisch aufgrund des Kolonialismus, heute aufgrund ungleichen Handels bei dem die stärkeren Industrieländer mit Ihren transnationalen Unternehmen dank ihrer Marktmacht den schwächeren Entwicklungsländern Preisstrukturen und Lieferbedingungen diktieren können – häufig auch mithilfe protektionistischer Methoden. Große Abhängigkeiten von Rohstoffweltmarkt-preisen.	Abkoppelung vom Welthandel, autozentrierte Entwicklung
	Geodeterminismus: Forschungsansatz aus der Geographie. Ursachen der Unterentwicklung sind in erster Linie durch die natürliche Ausstattung des Wirtschaftsraumes bestimmt.	Possibilismus: Den menschlichen Entscheidungs-, Interpretations- und Gestaltungsspielräumen werden innerhalb bestimmter sozialer und physischer Grenzen Möglichkeiten der Veränderungen eingeräumt.

Autorentext

H zu Aufgabe 3
Zur Beantwortung der Aufgabe ist es erforderlich, die Positionen der Autoren von M 8 und M 10 zu analysieren und Unterschiede herauszuarbeiten. Bedeutsam ist auch die Analyse der Tabelle M 9 zur globalen Entwicklung des HDI.

Aufgaben

1. Analysieren Sie die Karikatur M 7.
2. Ordnen Sie die Theorien der Unterentwicklung in M 11 den Positionen in M 8 und M 10 zu.
3. Beurteilen Sie mit Hilfe der Materialien M 7 – M 11, inwiefern Entwicklungsländer als Verlierer der Globalisierung bezeichnet werden können.

18.3 Welthandelspolitik – die Rückkehr des Protektionismus

M 12 • Die europäische Stahlindustrie vor dem Zusammenbruch

Um die eigene Stahlindustrie zu schützen, geht die EU verstärkt gegen Billigimporte vor. Die EU-Kommission kündigt an, auf bestimmte Einfuhren aus China und Russland Anti-Dumping-Zölle zu erheben. Sie brachte zudem drei neue Untersuchungen zum selben Thema gegen Stahllieferungen aus der Volksrepublik auf den Weg. EU-Handelskommissarin Cecilia Malström wolle alles unternehmen, um Waffengleichheit unter den Produzenten zu erreichen. Die Handelspartner müssten sich an die Spielregeln halten. „Wir können keinen unfairen Wettbewerb durch künstlich billige Importe zulassen, die unsere Industrie bedrohen."

Zuletzt hatten sich Deutschland, Großbritannien, Frankreich und weitere EU-Länder in einem Brandbrief an die EU-Kommission gewandt, in dem sie vor einem Zusammenbruch der Branche warnten und einen raschen Schutz vor der Billigkonkurrenz forderten. [...]

Die Hersteller der Volksrepublik drängen verstärkt auf die Weltmärkte, da die heimische Nachfrage schwächelt. Die Stahlpreise sind massiv gefallen – auch wegen internationaler Überkapazitäten. Die europäischen Stahlkocher haben nach Verbandsangaben seit 2008 rund 85.000 Stellen abgebaut, mehr als 20 Prozent aller Beschäftigten.

Bei den Anti-Dumping-Untersuchungen gehe es um drei Stahlprodukte aus China, bei denen Preise unter den Herstellungskosten verlangt worden sein könnten. [...]

Die vorläufigen Zölle auf kaltgewalzten Flachstahl aus China bewegten sich zwischen 13,8 und 16 Prozent, für die aus Russland zwischen 19,8 und 26,2 Prozent. Die EU kann Zölle erheben, wenn sie befindet, dass Importe zu Preisen unterhalb des fairen Marktniveaus angeboten werden und europäischen Produzenten schaden. [...]

Bundesweit fanden am 11.4.2016 Demonstration gegen Billigimporte aus China und Klimaschutzauflagen der EU statt. Hier tragen Lehrlinge der Völklinger Saarstahl AG Masken der Comicfigur Iron Man (Eisenmann).

Wie zuvor bereits China warnte auch der russische Konzern Severstal die EU vor der Einführung von Strafzöllen. Das sei ein Verstoß gegen die Regeln der Welthandelsorganisation WTO.

Wie tief die Branchenkrise in Europa ist, zeigen die Bilanzen von Branchengrößen. So schloss Weltmarktführer ArcelorMittal das vergangene Jahr mit einem Rekordverlust ab und braucht nun Finanzspritzen in Milliardenhöhe. Auch ThyssenKrupp schrieb im vergangenen Quartal rote Zahlen.

brt/Reuters/AFP, www.spiegel.de, 12.2.2016

Anteile an der weltweiten Stahlproduktion 2015

Land/Region	Anteil
EU-28	10 %
Japan	7 %
China	50 %
USA	5 %
Südkorea	4 %
Rest der Welt	23 %

Quelle: World Steel Association

M 13 • Protektionismus schadet: Wie Staaten ihre Märkte abschotten

Import- und Exportzölle, Zusatzabgaben, quantitative Einfuhrbeschränkungen oder auch unnötig komplizierte technische Standards sind Beispiele für protektionistische Maßnahmen. Die Politik greift zu solchen Mitteln, um einheimische Unternehmen besser zu stellen oder Produktions- und Weiterverarbeitungsprozesse im Land zu fördern.

Diese Maßnahmen diskriminieren jedoch andere Unternehmen und führen zu unfairen Wettbewerbsbedingungen. Für lokale Firmen und Konsumenten endet eine solche Marktabschottung in der Regel in einer sinkenden internationalen Wettbewerbsfähigkeit, in einer geringeren Angebotsvielfalt und überteuerten Preisen. Ob hingegen wirklich Arbeitsplätze gerettet werden können, indem heimische Unternehmen vor ausländischer Konkurrenz geschützt werden, ist fraglich. Im Welthandel bestehen weiterhin viele solcher Handelshemmnisse. […]

Hauptziel dieser Maßnahmen ist oftmals, die lokale Wirtschaft zu bevorzugen und vor dem internationalen Wettbewerb zu schützen. Während solche Maßnahmen im Land als legitimes politisches Mittel bezeichnet werden, werden sie im Ausland in der Regel als ungerechte Diskriminierung der Wirtschaftspartner empfunden. […]

In vielen Sektoren gibt es zudem immer noch hohe Spitzenzölle. In der EU werden bei den Milchprodukten Spitzenzölle von bis zu 511 Prozent erhoben. In den USA erreichen die Spitzenzölle bei Getränken und Tabak bis zu 350 Prozent. […]

Nicht-tarifäre Handelshemmnisse (engl.: Non-Tariff Barriers, NTB) bezeichnen alle Politikmaßnahmen, die Handelsströme einschränken können, aber keine Zölle darstellen. Es lassen sich drei Arten von NTB unterscheiden:

1. **NTB auf Importe:** Dies sind unter anderem Importquoten, Importbeschränkungen, Importlizenzen, Zollverfahren- und Verwaltungsgebühren. Beispiel: Der Staat legt Höchstmengen für den Import von bestimmten Produkten fest.

2. **NTB auf Exporte:** Dazu gehören Exportsteuern, Exportquoten, Exportverbote und andere Exportbeschränkungen. Beispiel: Der Staat bindet den Export von Rohstoffen an aufwendige und teure Lizenzverfahren.

3. **NTB in der inländischen Wirtschaft:** Solche Maßnahmen, die hinter der Grenze auferlegt werden, umfassen unter anderem Offenlegungspflichten für sensible Unternehmensdaten, Joint-Venture-Zwang, technische Standards, Steuern oder auch Abgaben sowie inländische Subventionen. Beispiel: Der Staat erlaubt den Vertrieb von Waren im Inland nur über Gesellschaften mit 100 Prozent einheimischen Mitarbeitern.

Jobst-Hinrich Wiskow, Bundesverband der Deutschen Industrie e.V., http://bdi.eu (19.4.2016)

Aufgaben

1. Arbeiten Sie heraus, mit welchen Argumenten protektionistische Maßnahmen gerechtfertigt werden (M 12).
2. Gestalten Sie eine Grafik zu den in M 13 genannten protektionistischen Instrumenten.
3. Erörtern Sie ausgehend von M 12 und M 13 Pro und Kontra Protektionismus.

18.4 Multilaterale Handelsordnung unter dem Dach der WTO oder regionale Handelsabkommen?

M 14 ● Die Liberalisierung des Welthandels durch GATT und WTO – was bisher geschah

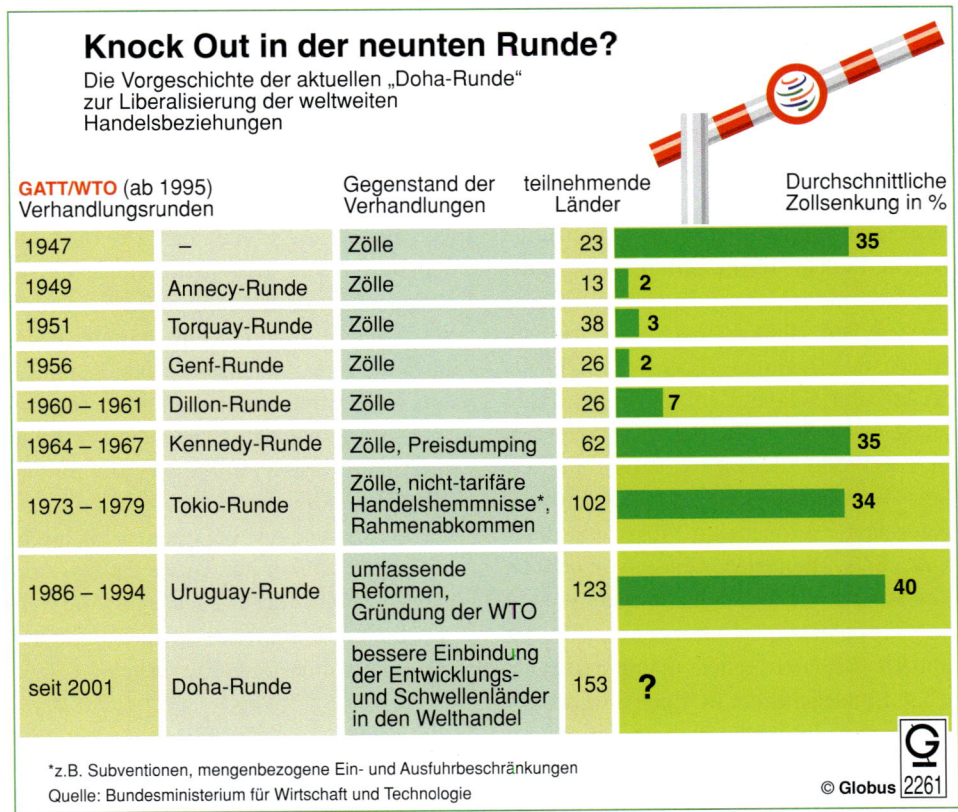

Knock Out in der neunten Runde?
Die Vorgeschichte der aktuellen „Doha-Runde" zur Liberalisierung der weltweiten Handelsbeziehungen

GATT/WTO (ab 1995) Verhandlungsrunden	Gegenstand der Verhandlungen	teilnehmende Länder	Durchschnittliche Zollsenkung in %
1947	–	23	35
1949	Annecy-Runde	Zölle	13	2
1951	Torquay-Runde	Zölle	38	3
1956	Genf-Runde	Zölle	26	2
1960 – 1961	Dillon-Runde	Zölle	26	7
1964 – 1967	Kennedy-Runde	Zölle, Preisdumping	62	35
1973 – 1979	Tokio-Runde	Zölle, nicht-tarifäre Handelshemmnisse*, Rahmenabkommen	102	34
1986 – 1994	Uruguay-Runde	umfassende Reformen, Gründung der WTO	123	40
seit 2001	Doha-Runde	bessere Einbindung der Entwicklungs- und Schwellenländer in den Welthandel	153	?

*z.B. Subventionen, mengenbezogene Ein- und Ausfuhrbeschränkungen
Quelle: Bundesministerium für Wirtschaft und Technologie
© Globus 2261

Weltweites Zollniveau – durchschnittliche weltweite Zollsätze (alle Produkte)

Jahr	Zollniveau %
1996	9,74
1997	10,79
1998	10,51
1999	10,19
2000	10,10
2001	9,68
2002	9,37
2003	8,27
2004	8,27
2005	8,01
2006	7,34
2007	7,05
2008	7,13
2009	6,90
2010	6,30
2011	6,80
2012	7,30

Bundesverband der Deutschen Industrie e.V., http://bdi.eu (19.4.2016)

M 15 Vom Multilateralismus zum exzessiven Bilateralismus

Ungeachtet des mutmaßlichen Scheiterns der Doha-Entwicklungsrunde hat sich die WTO keineswegs als ineffektiv erwiesen. Ihre Funktionsweise und das durch sie eta-
5 blierte Geflecht der handelspolitischen Kooperation haben maßgeblich dazu beigetragen, die liberale Handelsordnung in der Weltwirtschaftskrise 2008/09 zu stabilisieren. Über die Status quo-Stabilisierung hi-
10 naus sind allerdings kaum neue Impulse gesetzt worden. Bis heute verfügt die WTO über keine entwicklungspolitische Agenda, und auch bei der Liberalisierung von Dienstleistungen, der Beseitigung von NTBs („nicht-tarifären Handelshemmnis- 15 sen") und der Verankerung eines umfassenden Investitionsschutzes kam sie nicht wirklich voran. Offenkundig handelt es sich bei den letztgenannten Bereichen um Aktivitäten einer „behind the border libe- 20 ralisation", die die Handlungsprärogative der nationalen Regierungen und politischen Akteure beschneiden und entsprechende Widerstände generieren, die ihrer-

WTO

(Welthandelsorganisation, engl. World Trade Organization)
Seit 1995 die Nachfolgeorganisation des GATT (Allgemeine Zoll- und Handelsabkommen von 1947 – 1995; engl. General Agreement on Tariffs and Trade) mit Sitz in Genf und derzeit (Stand: 2016) 162 Mitgliedsstaaten (22 Staaten mit Beobachterstatus). Die Mitglieder der WTO haben sich auf mehrere Grundsätze verständigt, die im Welthandel gelten sollen: Die Meistbegünstigung legt fest, dass ein WTO-Mitglied alle Partner im Handel gleich behandeln muss. Wer einem anderen Land bestimmte Vorteile einräumt, muss dies grundsätzlich gegenüber allen Ländern tun. Das Inländerprinzip schreibt vor, dass ausländische Waren und Dienstleistungen nicht anders behandelt werden dürfen als solche aus dem Inland. Das Prinzip der Gegenseitigkeit besagt, dass in den Verhandlungen die jeweiligen Zugeständnisse der Partner ausgewogen sein sollen. Nur die Entwicklungsländer können davon ausgenommen werden.

seits nur unter beträchtlichem Druck auszuhebeln sind.

Innerhalb des multilateralen Handelsregimes lässt sich ein solcher Druck nur unzureichend aufbauen. Etwas anders stellt sich die Situation dar, wenn die wirtschaftlich entwickelten Länder – mit Verweis auf die Aktivitäten potenzieller Investoren und den Zugang zum eigenen Binnenmarkt – in bilaterale Verhandlungen mit Entwicklungsländern eintreten. Diesen fällt es dann häufig schwer, sich der Drohkulisse zu entziehen oder auf die erhofften positiven Investitions- und Beschäftigungseffekte von Liberalisierungs- und Investitionsschutzvereinbarungen zu verzichten. Welche Kalküle im Einzelfall auch immer entscheidend gewesen sein mögen, hat sich der seit den 1990er-Jahren beobachtbare Trend zu Regional Trade Agreements (RTAs) und Bilateral Investment Treaties (BITs) verstetigt. Die UNCTAD zählt im letzten World Investment Report für das Jahr 2014 insgesamt 3.271 International Investment Agreements (IIAs), darunter 2.926 BITs. Die meisten dieser Abkommen sind von den USA und den Mitgliedstaaten der Europäischen Union abgeschlossen worden. Offenbar sehen die transatlantischen Handelsmächte in ihnen eine attraktive Option, die Verhandlungsblockaden in der WTO zu umgehen und auf dem Wege eines exzessiven Bilateralismus eine WTO-Plus-Agenda zu realisieren. Der politische Druck, diese Aktivitäten zu entwickeln, kam maßgeblich von den Anbietern unternehmensnaher Dienstleistungen, also aus den Sektoren Finanzen und Versicherungen, Energie, Telekommunikation, Transport, e-Commerce, Werbung und Verkauf oder Rechts- und Unternehmensberatung. Die in diesen Sektoren tätigen TNKs (transnationalen Konzerne) hatten sich in der EU in diversen Verbänden zusammengeschlossen, unter anderem im „European Services Forum" (ESF) oder auch im „Investment Network" (IN), um Fragen der Dienstleistungsliberalisierung und des Investitionsschutzes im globalen und bilateralen Kontext Nachdruck zu verleihen. [...] Die neue Generation von BITs wird entsprechend nicht mehr von den nationalen Regierungen, sondern in vergemeinschafteter Form unter Führung der Europäischen Kommission ausgehandelt. Dies gilt auch für das bereits ausverhandelte Comprehensive Trade Agreement (CETA) mit Kanada und für das TTIP. Diese Abkommen unterscheiden sich von den bisherigen BITs zudem dadurch, dass sie sich nicht auf Entwicklungs- und Schwellenländer beziehen, sondern die weitere Integration zweier hochentwickelter Wirtschaftsräume zum Ziel haben.

Landeszentrale für politische Bildung Baden-Württemberg (Hrsg.), Hans-Jürgen Bieling, TTIP im Kontext der globalen WTO-Agenda. Liberalisierungs- und machtstrategische Erwägungen, in: Deutschland & Europa, Heft 70-2015, S. 18

Aufgaben

1. Erklären Sie, warum die WTO als Pfeiler der Welthandelsordnung womöglich an Bedeutung verliert (M 14, M 15).
2. Mit den regionalen Integrationsabkommen entsteht so etwas wie eine zweite Welthandelsordnung. Erläutern Sie Chancen und Risiken dieser Entwicklung (M 15).

18.5 TTIP – Soll die EU mit den USA ein Freihandelsabkommen schließen?

M 16 ● Freihandelszonen bestimmen den Welthandel

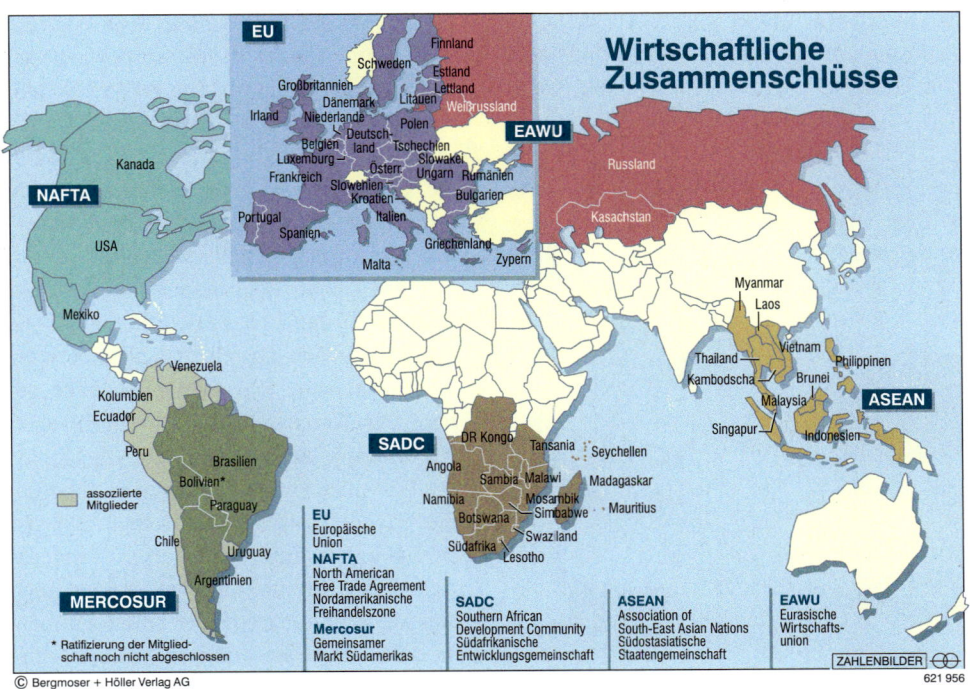

M 17 ● Kraftzentren der Globalisierung

Formen wirtschaftlicher Integration

bilaterale Handelsabkommen	zwei Staaten schließen untereinander Handelsverträge
Freihandelszone	Zölle und andere Handelsschranken werden zwischen den Partnerländern aufgehoben. Gegenüber Drittländern setzt jedes Land weiterhin seine Zölle fest (NAFTA).
Zollunion	Zusammenschluss zweier oder mehrerer Staaten zur Liberali-sierung des Handels untereinander und zur Festsetzung eines gemeinsamen Außenzolls gegenüber Drittländern (Deutscher Zollverein).
Binnenmarkt	Über den freien Warenverkehr hinaus Freizügigkeit für Arbeitskräfte, Dienstleistungen und Kapital, Harmonisierung (EU-Binnenmarkt).
Wirtschafts- und Währungsunion	Vollständig integriertes Wirtschaftsgebiet mit einheitlicher Währung. Geld- und Währungspolitik werden auf Gemeinschaftsinstitutionen übertragen.

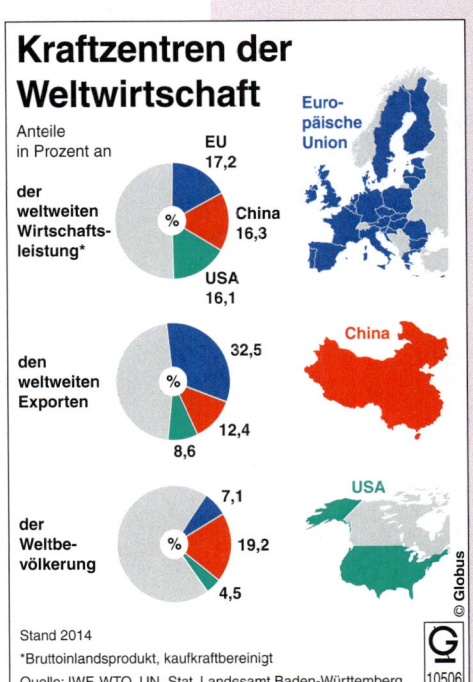

Nach: Klaus-Peter Kruber, Anna Lena Mees, Christian Meyer-Heidemann, in: Internationale Wirtschaftsbeziehungen, Informationen zur politischen Bildung Nr. 299, 2/2008, S. 38

M 18 • Auf dem Altar des Freihandels

Die Europäische Union ist eine Kapitalismusmaschine und bietet zugleich den besten Schutz vor ihr. Wer über Jahre einen grenzenlosen Markt mit 500 Millionen Konsumenten geschaffen hat, dringt auch im Umgang mit anderen auf den Abbau unternehmerischer Hürden. In weiterer Globalisierung steckt neben der Chance auf Wohlstandsgewinne freilich das Risiko, dass hart erkämpfte soziale oder ökologische Errungenschaften unter die Räder kommen. Die EU als noch immer weltgrößter Handelsblock und Antreiber neuer Liberalisierungsrunden hat dabei auch die Möglichkeit, globale Standards zu setzen. Man muss sie nur nutzen. Idealerweise würden solche Normen in den Weltorganisationen gesichert. Doch liegen fortschrittlichere Abkommen dort auf Eis oder werden in der Praxis ignoriert. Daher kommt der Fülle bilateraler Verträge, die derzeit ausgehandelt werden, so große Bedeutung zu. Je größer die beteiligten Volkswirtschaften, desto größer die Chance, dass das Vereinbarte zum Weltmaßstab wird. Darin liegen auch Chance und Gefahr der transatlantischen Freihandelszone TTIP, über die EU und USA verhandeln. Und das macht auch das Abkommen, das als Testlauf gilt und am Freitag beim EU-Kanada-Gipfel vorgestellt worden ist, so bedeutsam. Es geht um das Gesicht der künftigen Weltwirtschaft. Neben all den Kriegen findet derzeit auch ein globaler Verteilungskampf statt. Und es ist kein Geheimnis, dass Europa langfristig von Asiens aufstrebenden Volkswirtschaften ins Abseits gestellt zu werden droht. Europas Sozialmodell oder zumindest das, was davon übrig ist, geriete in Gefahr. So muss es in den anstehenden Handelsverträgen auch um eine bessere Balance gehen. Der Warenaustausch sichert in einer Exportnation wie Deutschland Arbeitsplätze. Wie aber Unternehmen darauf hoffen dürfen, Zölle und bürokratischen Aufwand zu sparen, da ihre technischen Standards weltweit Verbreitung finden, müssen auch die Menschen darauf vertrauen können, dass ihre Anliegen als Arbeitnehmer, Bürger und Verbraucher nicht auf dem Altar des Freihandels geopfert werden. Das ist nach allem, was man weiß, bis jetzt nur bedingt der Fall. Es muss nachgebessert werden. So enthält der Ceta-Vertrag gute Punkte – so wollen die Kanadier nun auch Rindfleisch ohne Hormone anbieten. Das sollte der wegen TTIP verbreiteten deut-

Karikatur: marka

TTIP
Abkürzung für das geplante transatlantische Freihandelsabkommen „Transatlantic Trade and Investment Partnership" zwischen den USA und der EU

Das Chlorhühnchen ist zum Symbol der Kritik am geplanten TTIP-Abkommen mit Amerika geworden.

schen Chlorhühnchen-Angst die Spitze nehmen. Andere Kapitel aber lassen die Alarmglocken schrillen – etwa das zum Schutz geistigen Eigentums, in dem beim Urheberrecht Pflöcke eingeschlagen werden, ehe der Gesetzgeber die geplante Reform überhaupt auf den Weg gebracht hat. Ein demokratisches Unding sind die Schiedsverfahren, die Konzernen die Möglichkeit einräumen, Staaten auf Schadenersatz zu verklagen, wenn sie ihre Gewinne auf unfaire Weise geschmälert sehen. Die Zusagen, die Verfahren blieben auf wenige Fälle wie Enteignungen beschränkt und wären der Öffentlichkeit zugänglich, sind nicht gut genug – dazu sind die Formulierungen zu vage. Wer sagt denn, dass nicht auch ein neu verabschiedetes Umweltgesetz als unfaire Benachteiligung ausgelegt wird? So etwas hat in Verträgen zwischen Rechtsstaaten nichts verloren. – [...] Freihandel kommt nur dann allen zugute, wenn er nach fairen Regeln abläuft.

Christopher Ziedler, Stuttgarter Zeitung, 26.9.2014

M 19 ● Die Krake TTIP

TTIP = TRANSATLANTIC TRADE AND INVESTMENT PARTNERSHIP

M 20 ● Warum TTIP wünschenswert ist

Eine TTIP ist aus vielerlei Gründen wünschenswert. Zwar ist der transatlantische Handel bereits stark liberalisiert – laut WTO mit durchschnittlichen angewandten Zollsätzen für Industriegüter von 4 Prozent in der EU bzw. 3,3 Prozent in den USA sowie für Agrargüter von 13,9 Prozent (EU) bzw. 5 Prozent (USA). Doch auch der Abbau der verbleibenden Zölle verspricht angesichts des hohen bilateralen Handelsvolumens nicht zu unterschätzende Wachstumseffekte. Zudem sollten die niedrigen Durchschnittszölle nicht darüber hinwegtäuschen, dass es noch eine Vielzahl an Spitzenzöllen gibt. In der EU finden sich diese vor allem im Agrarhandel (bis zu 205 Prozent), in den USA bei vereinzelten Industriegütern, insbesondere Textilien (42 Prozent), Bekleidung (32 Prozent) sowie Leder und Schuhwerk (56 Prozent). Hohe Zölle gibt es zudem auf beiden Seiten des Atlantiks im Handel mit Chemikalien, Transportausrüstung und medizinischen Gütern. Neben Zöllen stellen jedoch insbesondere NTBs gravierende Handels- und Investitionshemmnisse dar. Technische (regulative) Handelsbarrieren existieren vor allem in der Pharma- und Kosmetikindustrie, der Kraftfahrzeugbranche sowie der Textil- und Bekleidungsindustrie. Die EU und die USA würden erheblich profitieren, sollte es gelingen, im bilateralen Handel Zölle abzuschaffen und NTBs zu reduzieren.

Am Londoner Centre for Economic Policy Research (CEPR) erschien im März 2013 die Studie „Reducing Transatlantic Barriers to Trade and Investment". Sie prognostiziert die Wohlfahrtseffekte einer TTIP für verschiedene Liberalisierungsszenarien, ausgedrückt als Veränderung des Bruttoinlandsproduktes (BIP).

Werden nur die Zölle abgebaut (Szenario „Begrenztes Abkommen": Abschaffung von 98 Prozent aller Zölle), erwarten die Autoren einen jährlichen Wachstumsimpuls von 0,1 Prozent (23,8 Milliarden Euro) für die EU und 0,04 Prozent (9,4 Milliarden Euro) für die USA.

Anders sieht es aus unter dem „umfassenden Szenario/ambitioniert", bei dem die Autoren den Abbau von 98 Prozent aller Zölle, 25 Prozent aller NTBs im Güter- und Dienstleistungshandel und 50 Prozent aller NTBs im öffentlichen Beschaffungswesen annehmen. Als Folge würde das BIP der EU um 119,2 Milliarden Euro und das der USA um 94,9 Milliarden Euro steigen – ein willkommener Schub für Europas und Amerikas Wirtschaft [...].

Eine stärkere transatlantische Integration würde zudem die Wettbewerbsfähigkeit der beiden Partner gegenüber aufstrebenden Schwellenländern wie China und Indien erhöhen.

Annika Mildner/Claudia Schmucker, Abkommen mit Nebenwirkungen? Die EU und die USA stehen vor Verhandlungen über eine Transatlantische Handels- und Investitionspartnerschaft, SWP-Aktuell 26, Mai 2013, S. 2

Aufgabe

Soll Ihrer Meinung nach eine transatlantische Freihandelszone geschaffen werden? Beurteilen Sie diese Frage, indem Sie die Materialien M 16 – M 20 auswerten.

Gefahrenpotenziale der Weltwirtschaft und Global Governance-Archtiektur
M 1 – M 6

Experten sehen zahlreiche Risiken für die globalisierte Wirtschaft, mit unterschiedlich ausgeprägten Schadenspotenzialen. Die Gefahren sollten aber nicht isoliert voneinander betrachtet werden, vielmehr stehen sie in einem interdependenten Zusammenhang. Der Nationalstaat allein ist nicht mehr in der Lage, globale Risiken zu beherrschen. Denn wenn sich die Probleme globalisieren, muss sich auch die Politik globalisieren. Global Governance will keine zentrale Weltregierung schaffen, sondern eine neue multilaterale Kooperationskultur. Die Nationalstaaten agieren dabei in einer Mehr-Ebenen-Architektur, in der sie sich zunehmend weltweiten Kooperations- und Integrationsräumen anpassen müssen. Im Zentrum einer Global Governance-Architektur stehen internationale Organisationen wie die UNO, die WTO, der IWF oder die Weltbank. Deren Kompetenzen, globale Probleme lösen zu können, wird zunehmend in Frage gestellt: So wird z. B. der IWF aufgrund seiner einseitigen wirtschaftspolitischen Ausrichtung, der mangelnden Repräsentation von Schwellenländern und der Vormacht der USA in Frage gestellt. Nicht zuletzt deshalb gewinnen unterhalb einer festen Organisationsform stabile und dynamische multilaterale Abkommen und Konferenzen (internationale Regime) zunehmend an Bedeutung. Weitere wichtige Akteure sind Vertreter der Zivilgesellschaft (NGOs).

WTO
M 14, M 15

Seit 1995 regelt die WTO (World Trade Organization) als einzige weltweit anerkannte Vertragsinstitution den zwischenstaatlichen Handel. Sie fördert den freien Welthandel, den Abbau von Handelshemmnissen und übernimmt im Konfliktfall eine wichtige Schlichtungsfunktion. Im Zentrum der Organisation stehen dabei grundlegende Prinzipien, die von den Mitgliedstaaten anerkannt werden müssen: Meistbegünstigung (alle handelspolitischen Zugeständnisse, die sich zwei Staaten untereinander machen, gelten automatisch auch für alle anderen Staaten), Reziprozität (die Handelserleichterungen sollen gegenseitig sein) und Inländerbehandlung/Nichtdiskriminierung (nach der Einfuhr sind die aus den WTO-Ländern stammenden Waren wie inländische zu behandeln). Durch die Bereitstellung von Regeln führt die WTO zu einer stärkeren Verhaltensverlässlichkeit der Staaten. Nicht zuletzt durch das Scheitern der Doha-Runde bestimmen allerdings verstärkt bilaterale Handelsabkommen und Freihandelszonen die Welthandelsordnung. Die Tendenz zur Bildung regionaler Wirtschaftszusammenschlüsse ist ambivalent zu betrachten: Freihandelszonen praktizieren Freihandel im Inneren, erheben aber Zölle nach außen und verstoßen so gegen das Prinzip der Meistbegünstigung. Dadurch werden Handelsströme umgelenkt, der „Binnenhandel" wächst. Zwar können Modelle regionaler Wirtschaftsintegration als Vorstufe und Vorbild für eine liberale Welthandelsordnung betrachtet werden, doch besteht auch die Möglichkeit regionaler Blockbildung mit protektionistischem Verhalten.

Globalisierung und die Verteilungsfrage
M 8 – M 11

Viele Staaten, insbesondere in Südostasien, konnten von einer Integration in den Weltmarkt überproportional profitieren. Das Wachstum anderer Länder, allen voran die afrikanischen Staaten südlich der Sahara, weist dagegen eine deutlich geringere Dynamik auf. Zwar geht die Armut insgesamt weltweit zurück, doch vergrößert sich das Wohlstandsgefälle zwischen reichen und armen Staaten immer weiter. Die Theorie der komparativen Kostenvorteile (Ricardo) besagt, dass sich der Handel auch für das unterlegene Land lohne, weil es dadurch ebenfalls Wohlstandsgewinne erzielen könne. Untersuchungen zeigen, dass das Ausmaß von Wohlstandsgewinnen vom Grad der Marktöffnung abhängig ist. Entwicklungserfolge aufgrund der Liberalisierungsstrategie stellen sich aber längst nicht für alle Länder ein. Wenn Märkte sich öffnen, ist das für das betroffene Land oft ein sehr schmerzhafter Vorgang. Branchen, die auf dem abgeschotteten heimischen Markt gut platziert waren, brechen zusammen, Menschen werden teilweise dauerhaft arbeitslos. Eine staatliche Strukturpolitik oder Sozialpolitik, die Härten abfedern könnte, fehlt in vielen Entwicklungsländern. Armut und Verelendung können sich so als Modernisierungshemmnisse erweisen, welche die politische Stabilität untergraben und gewaltsame Konflikte hervorrufen. Obwohl es unterschiedliche Entwicklungsstrategien gibt, ist allgemein anerkannt, dass folgende Bedingungen für eine erfolgreiche wirtschaftliche Entwicklung unabdingbar sind: stabile staatliche Institutionen und ein klar definiertes Eigentums- und Vertragsrecht, ein intaktes Bildungssystem, das gut ausgebildete Arbeitskräfte hervorbringt, und eine gute Infrastruktur mit einem ausgebauten Verkehrs- und Kommunikationsnetz. Sind diese Voraussetzungen erfüllt, so hat ein Land gute Chancen, von der Globalisierung zu profitieren.

Protektionismus
M 12, M 13

Das Beispiel des globalen Stahlmarktes zeigt, dass der Protektionismus zunimmt. Protektionistische Maßnahmen umfassen tarifäre Handelshemmnisse (Zölle) sowie auch die weit verbreiteten und vielfältigen nichttarifären Handelshemmnisse (z. B., Exportsubventionen, Produktstandards, administrative Regelungen etc.). Anpassungslasten, wie Arbeitslosigkeit, als Folge des globalen strukturellen Wandels können durch protektionistische Maßnahmen zwar kurzfristig abgefedert werden, doch ist davon auszugehen, dass eine abgeschirmte Volkswirtschaft langfristig langsamer wächst als eine offene.

TTIP
M 16 – M 18, M 20

TTIP würde die EU und den US-amerikanischen Markt umfassen. Zusammen bilden beide Regionen den größten weltweiten bilateralen Wirtschaftsraum. Freihandelsabkommen haben neben ökonomischen auch (geo-)politische Ziele: Der Handel zwischen den Partnern soll Beschäftigung und Wohlstand steigern; Unternehmen sollen von einem verbesserten Marktzugang und den Vorteilen von erhöhter Marktgröße, den sog. Skaleneffekten, profitieren; Verbraucher sollen Vorteile aus niedrigeren Preisen ziehen können; der damit verbundene schärfere Wettbewerb soll zu Produktivitätssteigerungen und Innovationen führen. Doch die Proteste gegen TTIP machen deutlich, dass es beim Freihandel womöglich nicht nur Gewinner, sondern auch Verlierer gibt. So könnten bisher subventionierte Wirtschaftsbereiche, z. B. die Landwirtschaft Verlierer der Marktöffnung werden. Die Kritiker verweisen vor allem auf die in der EU gültigen Produktstandards, die womöglich aufgegeben werden müssten sowie auf Schiedsgerichte, die rechtsstaatliche Prinzipien unterlaufen.

Auswirkungen von Freihandelszonen auf Entwicklungsländer – am Beispiel TTIP

EurActiv.de: Welche unmittelbaren Folgen müssen Entwicklungsländer durch TTIP befürchten?

LIESER: Durch TTIP kann es zu Verzerrungen im Handel kommen – zu so genannten Handelsumlenkungseffekten. Die Leidtragenden solcher Effekte sind oft die Entwicklungsländer.

Wie meinen Sie das konkret?

Wenn die EU und die USA ihre Märkte gegenseitig stärker öffnen, können Importe aus Drittländern, und damit auch aus Entwicklungsländern, verdrängt werden. Ein Beispiel ist Florida: Der Ostküsten-Staat in den USA produziert exotische Früchte. Sollte von dort mehr Ware in die EU gelangen, dann wäre es denkbar, dass Obst aus Entwicklungsländern Marktanteile verliert. Aber zum jetzigen Zeitpunkt ist so etwas natürlich schwer zu prognostizieren.

Befürworter und Gegner von TTIP berufen sich ja auf ganz verschiedene Prognosen. Welcher dieser Studien kann man denn glauben schenken?

Die meisten Studien sind mit großer Vorsicht zu genießen. [...] Nehmen wir die aktuelle Studie des Münchner ifo-Instituts im Auftrag des Bundesministeriums für wirtschaftliche Zusammenarbeit und Entwicklung (BMZ). Laut dieser Untersuchung sind die Effekte für Entwicklungsländer insgesamt gering, für einige wird ein leicht negatives, für andere ein leicht positives Wirtschaftswachstum prognostiziert.

Und wo liegt das Problem?

Etwa Kenia: Laut der ifo-Studie könnten dessen Agrar-Exporte schrumpfen. Gleichzeitig soll der Tourismus des Landes florieren, wenn Reisende aus dem Transatlantikraum durch Wachstum infolge von TTIP mehr Geld in der Tasche haben. Diese These ist sehr gewagt, doch nehmen wir mal kurz an, dass dieser Effekt wirklich eintreten sollte: Wer profitiert denn von dem Tourismus-Boom? – Wer sorgt dafür, dass nicht nur eine kleine Gruppe diese Gewinne einstreicht und Wachstumsverluste in anderen Bereichen von der Gesellschaft getragen werden?

Aber wenn Sie als Kritikpunkt die Handelsumlenkungen nehmen – dann aber sagen, dass Modellberechnungen zu vage sind – wie können Sie denn glauben, dass Entwicklungs- und Schwellenländer durch TTIP verlieren?

Man kann sich anschauen, was Freihandelsabkommen in der Vergangenheit gebracht haben. Mexiko etwa hat sich gegenüber USA und Kanada durch NAFTA und gegenüber der EU durch ein bilaterales Freihandelsabkommen geöffnet. Mexiko ist seitdem instabiler geworden, die Ungleichheit hat sich innerhalb des Landes verschärft, zu den Gewinnern zählen vor allem große Unternehmen, die ihre Marktanteile ausbauen konnten. [...]

Aber ist die Harmonisierung von Standards in einem wirtschaftlich starken Wirtschaftsblock EU-USA nicht ein Schritt in die richtige Richtung, um zumindest einem Teil der Exporteure das Leben einfacher zu machen?

Die USA und die EU können gerne technische Normen angleichen. Aber nicht mit dem Anspruch, diese Normen anderen Ländern der Welt aufzudrängen. Vielmehr sollten sie sich dafür einsetzen, multilaterale Standards zu entwickeln. [...] Es gibt zu fast jedem Thema internationale Foren, um Standards zu setzen. Wer nun aber im Duett neue globale Standards setzen will, verabschiedet sich vom Multilateralismus.

Verhandlungsführer aus der Wirtschaft sagen aber, dass die globalen Verhandlungen auf Ebene der Welthandelsorganisation (WTO) seit Jahren stocken.

Seit Beginn der Doha-Runde gibt es Lippenbekenntnisse von den Industriestaaten, wie wichtig der Multilateralismus ist. Die EU und die USA haben sich aber seit Jahren kaum bewegt. Dabei verlangen die Interessengegensätze innerhalb der Runde, dass die Akteure miteinander zielorientiert reden. In ihren Reden beschwören Spitzenpolitiker auf beiden Seiten des Atlantiks, wie wichtig die WTO ist. Aber im tatsächlichen Tagesgeschäft verfolgen sie lieber ihre bilateralen Agenden. [...]

Wäre es nicht schlauer für Entwicklungsländer, mit Blick auf TTIP auch regionale Blöcke auszubauen?

Diese Trends gibt es schon. Es gibt stärkere regionale Integration in Lateinamerika, in Südostasien, und auch in Afrika – 26 Länder haben dort vor wenigen Wochen eine neue Freihandelszone gegründet. Zudem gibt es verstärkte Süd-Süd-Handelsbeziehungen. Afrikanische Länder bauen den Handel mit China, Südkorea oder Brasilien aus. Und trotzdem: Es wäre wünschenswert, wenn Verhandlungen wieder innerhalb einer multilateralen Organisation stattfinden, dort, wo alle an einem Tisch sitzen. Es ist ja nicht wünschenswert, wenn wir eine zersplitterte Welt haben. [...]

Bei all Ihren Forderungen für multilaterale Handelsübereinkommen: Sind Sie gegen TTIP?

TTIP in der geplanten Form ist einer nachhaltigen Entwicklung nicht zuträglich. Wenn die USA und die EU allerdings ihre bilateralen Verhandlungen nutzen, um ihre Wirtschaftssysteme stärker in Einklang mit sozialer und ökologischer Nachhaltigkeit zu bringen, wenn sie bilateral eine Agenda verabschieden, wie man im Klimaschutz und Arbeitnehmerschutz vorankommt und Ungleichheit reduziert, dann hätte TTIP eine sinnvolle Funktion. Aber das wäre dann ein ganz neues TTIP.

Interview mit Marion Lieser, Oxfam-Chefin in Deutschland, durch EurActiv-Redakteur Dario Sarmadi, www.euractiv.de, 2.7.2015

Interdependente Zielperspektiven für die Bildung nachhaltiger Entwicklung

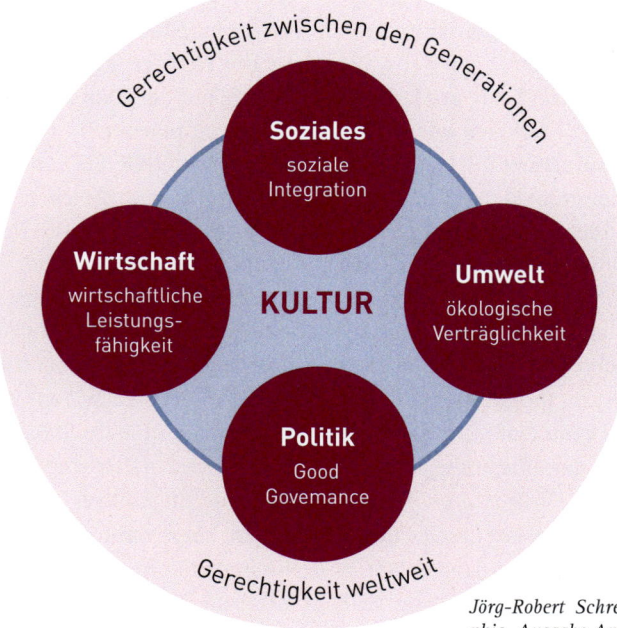

Jörg-Robert Schreiber, Praxis Geographie, Ausgabe April Heft 4/2005, S. 5

Aufgaben

1. Erläutern Sie, warum Entwicklungsländer zu den größten Verlierern des Freihandelsabkommens TTIP zählen könnten.
2. Entwickeln Sie einen Katalog von Leitprinzipien und dessen Begründungen nachhaltiger Entwicklung (vgl. Schaubild) für die Schaffung von Freihandelszonen.

18 Globalisierungsgewinner und -verlierer – Global Economic Governance

SELBSTDIAGNOSE

Sie können...	Dazu benötigen Sie u. a. folgende Begriffe...	Das klappt schon...	Hier können Sie u. a. noch üben...
globale Risiken und deren Interdependenzen beschreiben.	ökonomische Risiken umweltbedingte Risiken geopolitische Risiken soziale Risiken technologische Risiken	👍 👎	Kapitelauftaktseite / S. 562 M 1, M 2 / S. 564 Orientierungswissen / S. 581
Möglichkeiten der politischen Steuerung von Globalisierungsprozessen an einem Beispiel beurteilen.	Global Governance Internationale Organisationen Internationale Regime IWF BRICS-Staaten	👍 👎	M 3 – M 6 / S. 565 – 568 Orientierungswissen / S. 581
Auswirkungen der Globalisierung auf Entwicklungsländer beurteilen.	Flüchtlingsströme Armut HDI Unterentwicklung	👍 👎	M 8 – M 10 / S. 569 – 572 Orientierungswissen / S. 581 f.
Gründe für Unterentwicklung nennen.	endogene Ursachen exogene Ursachen Modernisierungstheorie Dependenztheorie Geodeterminismus	👍 👎	M 11 / S. 572 Orientierungswissen / S. 581 f.
die Rolle der WTO in der Welthandelsordnung beschreiben.	WTO GATT Regional Trade Agreements (RTA) Bilateral Investment Treaties (BIT) Inländerprinzip Meistbegünstigung	👍 👎	M 14, M 15 / S. 575 f. Orientierungswissen / S. 581
Protektionismus beurteilen.	Zölle Strafzölle nicht-tarifäre Handelshemmnisse (NTB)	👍 👎	M 12, M 13 / S. 573 f. Orientierungswissen / S. 582
Chancen und Risiken von Freihandelszonen, besonders im Hinblick auf gerechte Verteilung und Nachhaltigkeit, beurteilen.	TTIP Wohlfahrtseffekte Wohlstandsgewinne Wachstumseffekte (bilaterale) Handelsblöcke undemokratische/nichtrechtsstaatliche Schiedsverfahren Verlust von Umwelt- und Produktionsstandards	👍 👎	M 16 – M 20 / S. 577 – 580 Orientierungswissen / S. 582

A

Abgaben 396
Abgabenquote 391
Ablenkungseffekt 243
Absatzfunktion 198
AIDA-Regel 234
Aktie 256, 501
Aktiengesellschaft 256
Aktienmarkt 501, 519
Aktionär 257
Alleinstellungsmerkmal 231
Allmende 29
Angebot 41 f., 46, 50
Angebotskurve 46
Angebotsmenge 41
Angebotspolitik 369
Angebotstheorie 362, 365
Angebotsüberschuss 51
Angelsächsischer Kapitalismus 94
Anlagevermögen 264
Anreiz 80, 96
Antizyklische Konjunkturpolitik 360
Antizyklische Wirtschaftspolitik 365
Äquivalenzprinzip 394
Arbeitskampf 293
Arbeitslosigkeit 317 ff., 352
Arbeitslosigkeit, demografische 351
Arbeitslosigkeit, persönlichkeitsbedingte 352
Arbeitslosigkeit, regionale 352
Arbeitslosigkeit, sektorale 351
Arbeitslosigkeit, strukturelle 350 f., 357
Arbeitslosigkeit, strukturelle i.w.S. 351
Arbeitslosigkeit, technologische 351
Arbeitsmarkt 355, 357
Assessment Center (AC) 283
Assessment 284
Atypische Erwerbsform 278
Atypisches Beschäftigungsverhältnis 278
Aufbau Ost 426, 439
Aufbauorganisation 196
Aufschwung 335
Auslandsinvestition 451
Außenhandel 324, 457, 525
Außenhandelstheorie 485
Außenwert 532
Außenwirtschaftliches Gleichgewicht 324, 332
Aussperrung 293 f.

B

Bank 500
Bargeld 495 ff.
Bedarfsprinzip 137
Bedürfnis 10
Beschaffungsfunktion 197
Betriebliche Grundfunktion 197, 213
Betriebliche Mitbestimmung 303
Betriebliche Produktionsfaktoren 199
Betriebsverfassungsgesetz 303
Betriebsrat 297
Betriebsrats-Beteiligung 299
Big Data 274
Bilanz 264, 269
Bitcoin 497
Boom 335
Branchen- oder Flächentarifvertrag 292
BRICS-Staaten 567
Bruttoinlandsprodukt (BIP) 313 ff., 331
Bruttoinvestition 251
Budgetgerade 12
Bundeshaushalt 386 f.
Businessplan 178 f.

C

Carry-over-Effekt 243
Ceteris paribus-Klausel 35, 45
Cobweb-Modell 57 f.
Comprehensive Trade Agreement (CETA) 576
Controlling 245
Corporate-Social-Responsibility (CSR) 205 f., 213
Couponing 238
Credit Default Swaps (CDS) 539
Crowdfunding 259, 263
Crowdinvesting 259
Crowdinvesting-Markt 263
Crowdworking 274
Currency Board System 523

D

Defizitquote 408
Deflation 322
Degenerationsphase 223
Dependenztheorie 572
Depression 335
Dilemma-Situation 25, 29
Dimension des BIP 314
Direkte Steuern 135
Disruptive Innovation 174
Distributionspolitik 237
Donation-based Crowdfunding 261
Drittelbeteiligungsgesetz von 2004 300

E

EBIT 229
Effizienz 55, 472
Effizienzlöhne 353, 357
Effizienzprinzip 55
Egalitätsprinzip 137
Eigenkapitalrentabilität 268
Eigenschaften eines Unternehmers 175
Eigentumsform 83
Einführungsphase 223
Eingetragene Genossenschaft (eG) 187
Einkommensquelle 124, 138
Einkommenssteuertarife 390
Einkommensverteilung 125, 132, 138
Einkommensverwendung 138
Einstellungsverfahren 286
Einzelunternehmen 183
Emissionshandel 162 f., 165
Entscheidungsmatrix 188
Entwicklungsphase 223
Equity-based Crowdfunding 260
Erfolgsrechnung 266, 269
Erhard, Ludwig 98
Eröffnungsbilanz 265
Ersatzinvestition 250 f.
Erweiterungsinvestition 250
Euro 525 ff., 529, 532
Euroländer 531
Europäische Bankenunion 549 f.
Europäische Zentralbank (EZB) 508 f., 520
Exogene (außerwirtschaftliche) Theorie 339
Exportüberschuss 325, 454
Externe Effekte 161

F

Faktoren für Globalisierung 466
Faktoren für Globalisierungsprozesse 467
Faktorproportionentheorie nach Heckscher/Ohlin 477
Fertigungsfunktion 198
Finanzierung 252, 269
Finanzierungsfunktion 198
Finanzkrise 539, 541 f., 558

Finanzkrise, weltweite 541
Finanzmarkt 543, 558
Finanzmarktpreis 499
Finanzmarktregulierung 548
Finanzpolitik 396
Finanztransaktionssteuer 547, 549
Firmen- oder Haustarifvertrag 292
Fiskalpolitik 360
Fiskus 393
Flächenstreik 293
Fließfertigung 199
Fließschema 60
Floaten 523
Fragmentierte Entwicklung 479
Freie Marktwirtschaft 86, 94
Freihandelszone 577
Friedman, Milton 362
Frühindikator 336
Funktionelle Einkommensverteilung 125
Funktionen des Geldes 493

G

GATT 575
Gefangenendilemma 25 f., 29
Geld 492, 519
Geldpolitik 511 f., 514, 520
Geldschöpfung 492
Gemeinschaftswährung 531
Generationengerechtigkeit 399
Geodeterminismus 572
Gesamtwohlfahrt 52, 73
Geschäftsidee 178, 190
Geschäftsplan 178
Gesellschaft des bürgerlichen Rechts (GbR oder BGB-Gesellschaft) 184
Gesellschaft mit beschränkter Haftung (GmbH) 185
Gesetz zur Förderung der Stabilität und des Wachstums der Wirtschaft (Stabilitätsgesetz, StabG) 309
Gewerkschaft 291
Gewinnrechnung 266 f.
Gini-Koeffizient 139
Gleichgewichtsmenge 73
Gleichgewichtspreis 51, 57, 73
Global Governance 565
Global Governance-Akteure 566
Global Governance-Architektur 566, 581
Global Sourcing 468
Globale Arbeitsteilung 479
Globale Unternehmen 486
Globalisierung 460, 462 f., 467, 485 f.
Globalisierung, gesellschaftliche 460
Globalisierung, kulturelle 460
Globalisierung, ökologische 460
Globalisierung, ökonomische 460
Globalisierung, politische 460
GmbH & Co. KG 185
Goldstandard 533 f.
Grad der finanziellen Unabhängigkeit 267
Greenwashing 207
Grenzerlös 42
Grenzkosten 41, 46
Grenznutzen 45
Gründungsinvestition 250
Gründungsmotive 178
Guerilla-Marketing 239

H

Handelsbilanzsaldo 448
Hauptrefinanzierungsgeschäft 513
Hausse 256
Heckscher, Eli 475, 477
Hedgefonds 544
Hoher Beschäftigungsstand 332
Homo Oeconomicus 19, 22
Human Development Index (HDI) 315, 571
Hyperinflation 505

I

Idealtypus 92
Identitätsgleichung 253
Importdefizit 454
Indikatorenansatz 315
Indirekte Steuern 135
Inferiore Güter 36
Inflation 321
Inflationsrate 321 f.
Inflationswahrnehmung 323
Informationsasymmetrie 142
Informations-Overload 243
Internationale Arbeitsteilung 475, 477, 485
Internationale Kapitalbewegung 528
Internationale Regime 566
Internationale Unternehmen 481
Internationaler Währungsfonds (IWF) 568
Intraindustrieller Handel nach Paul Krugman 478
Investieren 253, 269
Investionsarten 250
Investition 250, 252, 269
Investitionsquote 255
IWF 567

J

Journalistische Textsorte 510

K

Kapitalgesellschaft 185
Kapitalmarkt 499, 519
Kartell 75
Kategoriale Urteilsbildung 555, 557
Käufermarkt 218
Kaufkraftparitätentheorie 527
Kaufkrafttheorie 377 ff.
Keynes, John Maynard 359
Kleine Aktiengesellschaft (AG) 186
Klimasteuer 166
Klimazölle 166
Knappheit 10, 22
KOF-Globalisierungsindex 464
Kohäsionspolitik 431, 432
Kommanditgesellschaft (KG) 185
Kommentar 510
Kommunikationspolitik 237
Komparativer Kostenvorteil 476
Komplementärgüter 36
Komplexe Schaubilder 473
Konjunktur 335 ff.
Konjunkturelle Schwankung 339
Konjunkturindikator 336, 345
Konjunkturphase 345
Konjunkturprognose 340
Konjunkturprogramm 342, 345
Konjunkturschwankung 339
Konjunkturtheorie 345
Konjunkturzyklus 335
Konsistenz 472
Konsument 152
Konsumentenrente 52, 73
Konsumentensouveränität 151 f.
Konvergenzkriterien 531
Koordinierter Kapitalismus 94
Kosten, private 158
Kosten, soziale 158
Kosten-Nutzen-Prinzip 11, 22
Kreditvergabe 514
Kreislaufdiagramm 59
Kulturelle Globalisierung 486
Kulturelle Konvergenz 483

L

Laufende Investition 250
Leerverkäufe 545
Leistungsbilanz 324 f.
Leistungsfähigkeitsprinzip 394
Leistungsprinzip 136
Leitungsfunktion 197
Lending-based Crowdfunding 260
Lenkungsform 83
Liberaler Kapitalismus 94
Libertärer Paternalismus 80
Lohn- und Gehaltsvertrag 292
Lohnquote 138
Lohnstückkosten 456
Lorenzkurve 138

M

Made in Germany 446 f., 457
Magisches Viereck 310, 331
Management 176
Manteltarifvertrag 292
Marketing 218 f., 244 f.
Marketing-Controlling 238 f.
Marketinginstrument 245
Marketing-Mix 219, 237, 245
Marketingprozess 239, 245
Marketingstrategie 219, 244
Markt 29, 34, 88
Marktanalyse 219
Marktanteil 222
Marktbildungsform 83
Marktform 43 f., 47
Marktforschung 226, 228, 244
Marktkonformität 102
Marktnachfrage 35
Marktversagen 167
Marktwachstum 222
Marktwirtschaft 24, 88, 96
McDonaldisierung 483
Mehrwertsteuer 390
Mietpreisbremse 69
Mindestlohn 372 f.
Mismatch-Arbeitslosigkeit 351
Mitbestimmung 300
Mitbestimmungsgesetz von 1976 301, 303
Mitbestimmungsrecht 296, 299
Mitwirkungsrecht 299
Mobilitätsdefizit-Arbeitslosigkeit 351
Modernisierungstheorie 572
Monetäre Theorie 339
Monetarismus 362, 365
Monopol 44, 47, 107
Montanmitbestimmung von 1951 300
Moral Hazard 542
Müller-Armack, Alfred 103

N

Nachfrage 34, 36, 45, 50
Nachfrageelastizität 39
Nachfragekurve 45
Nachfragepolitik 370
Nachfragetheorie 359, 365
Nachhaltige Entwicklung 327, 584
Nachhaltigkeit 472
Nationaler Wohlfahrtsindex 315
Negative externe Effekte (NEE) 158
Nettoinvestition 251
Neues magisches Viereck 312
Nicht-tarifäre Handelshemmnisse 574 f.
Nominallohn 356
Non-Tariff Barriers (NTB) 574
Normalarbeitsverhältnis 278

O

OECD 553
Offene Handelsgesellschaft (OHG) 184
Öffentliche Güter 159, 309
Ohlin, Bertil 475, 477
Ökologischer Rucksack 471
Ökonomische Verhaltenstheorie 15, 22
Ökonomisches Verhaltensmodell 16
Ökosteuer 165
Oligopol 44, 47, 66, 68
Opportunitätskosten 13, 22
Outsourcing 468
Overpromising 243

P

Panama Papers 551
Pareto-Kriterium 54
Pareto-Optimum 74
Partnergesellschaft (PartG) 184
Partnergesellschaft mit beschränkter Haftung (PartGmbH) 184
Paternalismus 80
Personalmarketing 280
Personalwesen 286
Personalwirtschaft 280
Personelle Einkommensverteilung 125
Personengesellschaft 184
Perzentile 464
Planungsform 83
Planwirtschaft 91

Polypol 44
Porter, Michael E. 232, 458
Portfolio-Analyse 222
Positive externe Effekte 159
Präsensindikator 336
Preis 50, 73
Preisbildungsform 83
Preise der international gehandelten Güter 527
Preiselastizität der Nachfrage 38, 45
Preiselastizität des Angebots 46
Preismechanismus 73
Preis-Mengen-Diagramm 71
Preisniveaustabilität 332
Preispolitik 237
Prekäre Beschäftigung 278
Primäre Einkommensverteilung 125
Primärsaldo 404
Prinzipal-Agent-Theorie 142
Produktivität 268, 456
Produktivitätsorientierte Lohnpolitik 376
Produktlebenszyklus 223 f., 477
Produktpolitik 237
Produzentenrente 52, 73
Produzentensouveränität 151 f.
Prognosefehler (Root-mean-square error) 341
Prohibitivpreis 35
Pro-Kontra-Debatte 374
Protektionismus 574, 582
Punktstreik 293

R

Ratingagentur 404 f., 542
Rationalisierungsinvestition 250
Reallohn 355
Realtypus 92
Rechnungswesen 268
Rechtsform 182 f., 191
Recruitainment 285
Reifephase 223
Reward-based Crowdfunding 262
Rezession 335
Rheinischer Kapitalismus 94
Ricardo, David 475

S

Saisonschwankung 340
Sättigungsmenge 35
Sättigungsphase 223
Saysches Theorem 361
Schöpferischer Unternehmer 174
Schuldenabbau 404, 407

Schuldenbremse 412
Schuldenquote 408
Schumpeter, Joseph A. 91
Schweinezyklus 56, 74
Schwerpunktstreik 293
Sekundäre Einkommensverteilung 125
Shareholder-Value-Ansatz 213
Sharing Economy 420, 422
Sleeper-Effekt 243
Smith, Adam 29, 485
Social Media Marketing 239
Soli 428 f.
Solidaritätszuschlag 394
Solidarpakt I 427 f.
Solidarpakt II 428
Soziale Gerechtigkeit 110
Soziale Marktwirtschaft 98 ff., 102, 108 f., 112, 117
Soziale Verantwortung 205 f.
Sozialstaat 112, 114, 118
Sozialstaatsgebot 108
Sozialstaatsprinzip 102
Sparen 253, 269
Sparquote 255
Spätindikator 336
Staatlicher Paternalismus 81
Staatsanleihe 406, 519
Staatshaushalt 386
Staatsquote 392
Staatsschulden 401
Staatsverschuldung 398, 403, 408, 410 f., 540
Stabile Preise 504
Stabilitäts- und Wachstumsgesetz 309, 331
Stabilitätsziele 332
Stagnationsarbeitslosigkeit 350
Standort Deutschland 450, 453, 457
Standortanalyse 188
Standortentscheidung 191
Standortfaktoren 189, 191, 452
Standortwahl 188, 452
Steuerdumping 553
Steuergerechtigkeit 394, 396
Steuern 390, 396
Steueroase 559
Steuerquelle 392
Steuerquote 391
Streik 292
Strukturelle Schwankung 339
Strukturpolitik 430, 439
Strukturpolitik, europäische 431, 439
Strukturpolitik, staatliche 439
Strukturwandel 350, 422, 430

Strukturwandel, intrasektoraler 417
Strukturwandel, regionaler 417
Strukturwandel, sektoraler 417
Substitutionsgüter 36
Subvention 438, 440
Suffizienz 472
Superior Güter 36
SWOT-Analyse 220
Systeme der Wechselkursfixierung 523
Systemic Risk Tax 546

T

Tarifautonomie 289, 303, 376
Tarifeinheitsgesetz 289 ff.
Tarifpartner 376, 380
Tarifvertrag 292
Taylorismus 203
Tenderverfahren 513
Tobin-Steuer 547
Tragedy of the commons 158
Transatlantisches Freihandelsabkommen (TTIP) 576, 578 f., 582
Transnationale Unternehmen 481

U

Überinvestitionstheorie 339
Ultimatumspiel 18, 22
Umlaufvermögen 264
Umverteilung 134, 139
Umwelt 156 f.
Umweltpolitik 161, 167
Umweltproblem 167
Ungleichheit 328
Unsichtbare Hand des Marktes 24
Unterentwicklung 571 f.
Unterkonsumtionstheorie 339
Unternehmen 196, 200, 204, 213
Unternehmensbilanz 267
Unternehmensfinanzierung 251
Unternehmensform 83
Unternehmensgründung 178, 182, 190
Unternehmenskennzahl 267
Unternehmensmitbestimmung 300, 302
Unternehmensziele 205
Unternehmergesellschaft (UG) 186
Unvollkommener Markt 44
Ursache, endogene 572
Ursache, exogene 572

V

Verbraucher 146 ff.

Verbraucherpolitik 144, 150, 152 f.
Verbraucherschutz 145
Verkäufermarkt 218
Verlustrechnung 266 f.
Vernon, Raymond 477
Verschmutzungsrechte 163
Verschuldung 398, 400
Verschuldungsgrad 268
Verteilungsgerechtigkeit 55
Verteilungsnormen 139
Verteilungspolitik 132
Vertragsfreiheit 145
Vierte industrielle Revolution 416, 419, 422
Virales Marketing 238
Vollkommener Markt 43, 47

W

W3-Indikatoren 316
Wachstum 337
Wachstum, angemessenes 331
Wachstum, stetiges 331
Wachstumsphase 223
Wachstumsstrategie 244
Wachstumsstrategien (nach Ansoff) 231
Währungsunion 523, 530
Warnstreik 293
Wear-out-Effekt 243
Wechselkurs 522
Wechselkursschwankung 527, 532
Wechselkurssystem 523, 532
Wechselkurssystem, festes (fixes) 522, 524
Wechselkurssystem, freies (flexibles) 522, 524
Wellblech-Konjunktur 335
Wellenstreik 293
Weltbank 567
Weltexport 463
Welthandel 448, 463
Welthandelsorganisation (WTO) 575 f., 581
Weltwarenexport 463
Weltwirtschaftskrise 541 f.
Werbung 243
Werkstattfertigung 199
Werkvertrag 279
Wertschöpfungskette 469
Westliche Dominanz 483
Wettbewerbsordnung 106
Wettbewerbspolitik 75
Wettbewerbsprinzip 102, 104
Wettbewerbsstrategie 232, 244
Wettbewerbsvorteil 231
Win-win 25

Win-win-Situation 24, 29
Wirkungsdiagramm 62
Wirkungsgefüge 60
Wirtschafswachstum 313
Wirtschaftliche Schwankung 345
Wirtschaftlichkeit 53
Wirtschaftskreislauf einer offenen Volkswirtschaft 344
Wirtschaftskreislauf 254, 343
Wirtschaftskreislauf, einfacher 343
Wirtschaftskreislauf, erweiterter 344
Wirtschaftskrise, weltweite 541
Wirtschaftsordnung 82 f., 94, 96, 117
Wirtschaftspolitik 308, 369
Wirtschaftspolitische Grundkonzeption 365
Wirtschaftspolitische Zielsetzung 310
Wirtschaftssektor 417
Wirtschaftssystem 82
Wirtschaftswachstum 407
Wirtschaftswachstum, nominales 337
Wirtschaftswachstum, reales 337
Wissenschaftliches Poster 433

Z
Zahlungsbilanzkrise 326
Zeitarbeit 279
Zentralbankgeld 493
Zentralverwaltungswirtschaft 88, 91, 94, 96
Zielkomplementarität 311
Zielkonflikte 311
Zielneutralität 311
Zinsen 499

© 2013, IW Medien • iwd 11 – S. 131; © 2013, IW Medien • iwd 3 – S. 324; © 2013, IW Medien • Kurzstudie "Externe Kosten des Straßenverkehrs in Deutschland", Seite 7 – S. 160; © 2015, IW Medien • iwd 14 – S. 526;
© Zeitung „Finanz und Wirtschaft", Zürich – S. 326

AFP / Matthias Bollmeyer – S. 317; akg-images – S. 475; Archiv für Christlich - Demokratische Politik der Konrad-Adenauer-Stiftung, St. Augustin – S. 103

Baaske Cartoons / Gerhard Mester, Müllheim – S. 546; - / Harm Bengen – S. 551; - / Jan Tomaschoff – S. 110; - / Kai Felmy – S. 175; - / Thomas Plaßmann – S. 278, 295, 304, 465; Hanno Beck / Hochschule Pforzheim / Foto: Kittner – S. 14; Bergmoser + Höller Verlag, Aachen – S. 350, 577; Bildarchiv Preußischer Kulturbesitz / Herbert Hoffmann – S. 359; Bilder Box / Erwin Wodicka, A-Hörsching – S. 197; Bundesministerium der Finanzen, Berlin – S. 136, 386, 387, 549; Bundeszentrale für politische Bildung, Bonn – S. 255 (2), 399, 463, 483

Caro / Kaiser – S. 261; Cartoon: Jürgen Schanz – S. 434; Cartoonstock / Dave Carpenter – S. 196; - / Chris Wildt – S. 276

Daimler AG, Stuttgart – S. 230; DER HAUPTSTADTBRIEF 2014, Berlin – S. 391; Der Spiegel, Hamburg – S. 545; - / 34/2011 – S. 536; Deutsche Bundesbank, Frankfurt am Main – S. 495; Deutscher Städte- und Gemeindebund, Bonn – S. 407; DFKI, „Im Fokus: Das Zukunftsprojekt Industrie 4.0. Handelsempfehlungen zur Umsetzung.", 2011 – S. 272; Die Welt, Berlin – S. 403, 405, 529; DIZ / Süddeutscher Verlag / Bilderdienst – S. 119; dpa Infografik – 129, 130 (2), 135, 141, 179, 293, 308, 317, 319, 322, 352, 390, 392, 406, 410, 428, 456, 508, 538, 540, 553, 566, 568, 575, 577, 474; dpa Picture Alliance – S. 218; - / akg-images – S. 98, 177; - / AP Photo – S. 234; - / AP Photo / Rebecca Blackwell – S. 177; - / Matthias Balk – S. 487; - / Bifab 145486 – S. 54; - / Daniel Bockwoldt – S. 180; - / Tim Brakemeier – S. 106; - / DB Microsoft HO – S. 176; - / Oliver Dietze – S. 573; - / EPA / Aaron_Ufumeli – S. 504; - / epa – Bildfunk, Frankfurt – S. 376; - / Fishman – S. 115; - / Horst Galuschka – S. 19; - / Uwe Gerig – S. 92; - / Ralph Goldmann – S. 288; - / Lars Halbauer – S. 460; - / Christoph Hardt / Geisler-Fotopress – Cover; - / Ralf Hirschberger – S. 69; - / Rainer Jensen – S. 154; - / Keystone / Jochen Zick – S. 182; - / Franziska Kraufmann – S. 173; - / Marcel Kusch – S. 143; - / maxppp / © Selva / Leemage – S. 177; - / Guido Meisenheimer – S. 460; - / Nasa / NASA Goddard Space Flight C – S. 168; - / Stephanie Pilick – S. 122; - / Pressensbild – S. 17; - / Patrick Seeger – S. 409; - / Ole Spata – S. 276; - / Themendienst / Franziska Gabbert – S. 384; - / zbarchiv – S. 100; - / Zentralbild / Jens Büttner – S. 372; - / Zentralbild / Paul Glaser – Cover; - / Zentralbild / Thomas Lehmann – S. 122; - / Zentralbild / Karlheinz Schindler – S. 147

Jochen Eckel, Berlin – S. 198

F.A.Z.-Grafik / Felix Brocker – S. 165; - / Thomas Heumann – S. 113; - / Eckhard Kaiser – S. 395; - / Sabine Levinger – S. 451; - / Stefan Walter – S. 102, 538, 539; Fotolia / coralimages – S. 259; - / Konstanze Gruber – S. 492; FR-Grafik, Frankfurt am Main – S. 210; Prof. Dr. Ulrich Fritsche, Universität Hamburg – S. 341

Getty Images / Chesnot – S. 155; - / Christof Stache – S. 578; - / Justin Sullivan – S. 420; „Gleichheit. Warum gerechte Gesellschaften für alle besser sind" von Richard Wilkinson und Kate Pickett, ISBN 978-3-942989-92-3, © 2016 Haffmans & Tolkemitt, Berlin – S. 129

Isabelle Hartmann / www.isaheartsart.com – S. 579

ifo Institut, München – S. 250; Institut der deutschen Wirtschaft, Köln – S. 395; iStockphoto / Aleksej – S. 274

Jürgen Janson, Landau – S. 490

Marlis Kahlsdorf, Cuxhaven – S. 578; Koufogiorgos / toonpool.com – S. 211; KURIER, Wien – S. 397

mauritius images / Maria Heyens / Alamy – S. 259; Dirk Meissner, Köln – S. 86

Sachverständigenrat zur Begutachtung der gesamtwirtschaftlichen Entwicklung, Wiesbaden – S. 134; Schwarwel / toonpool.com – S. 569; SPIEGEL ONLINE GmbH, Hamburg –S. 515, 516; Statista GmbH, Hamburg – S. 124, 379, 384, 435, 481, 498, 505, 512; Klaus Stuttmann, Berlin – S. 348, 444, 536

BILDNACHWEIS

The New Yorker Magazine / Ed Arno – S. 8
Thinkstock / Creatas – S. 100; Thinkstock / DigitalVision / Thomas Northcut – S. 260; - / iStockphotos / eduardrobert – S. 31, 77, 121, 169, 193, 215, 247, 271, 305, 347, 383, 413, 443, 459, 489, 535, 561; - /Thinkstock / FogStock Collection – S. 48; Thinkstock / iStockphoto – S. 414; - / iStockphoto / assalve – S. 23: - / iStockphoto / DragonImages – S. 248; - / iStockphoto / higyou – S. 414; - / iStockphoto / Mckyartstudio – S. 248; - / Monkey Business Images – S. 101; - / iStockphoto / phongphan5922 – S. 248; - / iStockphoto / rilueda – S. 49; - / iStockphoto / Sashkinw – S. 460; - / iStockphoto / sorawat_c – S. 78; - / iStockphoto / tcly – Cover; - / iStockphoto / vladimir_n – S. 431; - / iStockphoto / zanskar – S. 460
Thomson Reuters – S. 325; - / Thomson Reuters Graphics – S. 503; Jürgen Tomicek, Werl-Westönnen – S. 264

Ullstein Bild / Financial Times – S. 363; - / Granger, NYC – S. 51; - / JOKER / Alexander Stein – S. 460; - / Kasperski, Berlin – S.100; - / Top-Foto, Berlin – S. 359

ver.di Bundesvorstand, Berlin – S. 131; VISUM / Stefan Sobotta, Hamburg – S. 198; VOLKSWAGEN Aktiengesellschaft, Wolfsburg – S. 209

www.formaposte-iledefrance.de – S. 285; www.prognos.com – S. 441, 442; www.sozialpolitik-aktuell.de – S. 127, 134, 278, 358; www.wikimedia.org – S. 51, 177, 444, 462; www.wikimedia.org / Andrzej Barabasz / cc-by-sa 3.0 – S. 364; - / Scott Bauer, USDA / cc-0 – S. 56; - / Hubert Berberich / cc-by-sa 3.0 – S 431; - / Niccolò Caranti / cc-by-sa 4.0 – S. 329; - / J. Patrick Fischer – S. 120; - / Greg Gjerdingen / cc-by-sa 2.0 – S. 84; - / International Students' Committee / cc-by-sa 3.0 – S. 90; - / Eva K. / cc-by-sa 2.5 – S. 101; - / kiwaner / cc-by-sa 3.0 – S. 27; - / Michael Louc / cc-by-sa 3.0 – S. 328; - / Dr. Alexander Meyer / cc-by-sa 3.0 – S. 100; - / MichaSpa / cc-by-sa 4.0 – S. 67; - / Micropix / cc-by-sa 3.0 – S. 21; - / Prolineserver (talk) / cc-by-sa 2.0 – S. 479; - / Michael Thaidigsmann / cc-by-sa 4.0 – S. 212; - / Unukorno / cc-by-sa 3.0 – S. 327; - / User Clicgauche on fr.wikipedia / cc-by-sa 3.0 – S. 122; - / Christos Vittoratos / cc-by-sa 3.0 – S. 32; - / Vwexport 1300 / cc-by-sa 3.0 – S. 101